JN323694

日本難訓難語大辞典

井上辰雄　監修

遊子館

監修のことば

古い日本語の文章は難しい、とよく耳にする。一つには不慣れによると思われるが、伝統的に言葉のニュアンスを愉しんできた和文は、時代の変遷にともなって意味するところを微妙に変えていく場合が少なくない。たとえば、古語でいう「あはれ」「をかし」がその顕著な例である。

また、慣用語の漢語でも、発音の違いによって意味がまったく異なることもしばしば経験させられる。この辞典から例をあげると、「不便」がそれである。現在では一般的に「フベン」と読み、便利でないこと、自由がきかないことを意味するが、古典や古文書などでは多く「フビン」と読み、かわいそうとか、気の毒の意に用いている。

そうかと思うと、意味はまったく変らないが、発音を変えていく漢語も多くある。「畿内」は現在ではもっぱら「キナイ」と読むが、古くは「キダイ」が正しい。ほかにも、「内」を「ダイ」と読む例には「内裏(だいり)」などがある。

奈良の都であった平城京は、今日ではほとんど「ヘイジョウキョウ」と発音するが、古代には「ヘイゼイキヤウ」と読まれていた。歴史名称としては、桓武天皇の御子の平城天皇も、正しくは「ヘイゼイ」天皇と読まなければならない。宮中の官人でも、「内侍」は「ナイシ」と呼びながら、「内舎人」は「ウドネリ」と称している。漢音で読むか訓(くん)で読むかは、それぞれの慣例に従わなければならないのである。

さらに、漢字そのものの発音が一つだけではないことも、日本語を複雑にしている要因と思われる。中国から漢字が伝えられたとき、その時代や地域によって、それぞれ異なった音(おん)が入ってきたためである。現在でも慣習的に儒教の典籍は漢音で読まれるが、仏典は主として呉音で読まれてきた。孔子は「聖人(せいじん)」と称されるが、親鸞は「聖人(しょうにん)(上人)」と呼ぶ。道元の主著は『正法眼蔵(しょうほうげんぞう)』で、「セイホウガンゾウ」とは読まない。

日本人はまた、洒落てものを言うことを好んだ。この辞典にも収録されているが、儒教の聖人である孔子を「クジ(籤)」

の宛字に用いている。『万葉集』にも書聖の王羲之（おうぎし）を「テシ（手師）」と読んでいる例があるから、このような知的遊戯は早くから見られたようである。『万葉集』といえば、鏡を「可我見（かがみ）」と書くのは、その傑作の一つといってよいだろう。「互角（ごかく）」を「牛角（ごかく）」と表記するのも、牛が角を突き合わせ、お互いに一歩も引かぬ姿からの着想によるものであろう。

このような駄洒落に近い表記も少なくないが、意外に難しいのが手紙の類（たぐい）である。手紙は「消息（しょうそく）（しょうそこ）」とも称するが、息をしているか、消しているか、つまり、元気か死んでいるかを尋ねることが原義であるとすれば、まことに面白い名称というべきであろう。古い時代の書簡は漢語や慣用句が多く、判読がきわめて困難である。もちろん、それぞれの時代の約束事を一つ一つ覚えると、次第に慣れてくる。現在では手紙を書いたとき、男性は「敬具」、女性は「かしこ」と結ぶが、古くは「恐惶謹言（きょうこうきんげん）」と重々しく書いた。その文章も「以為（おも）へらく」とか「乍去（さりながら）」「仍如件（よってくだんのごとし）」など、やたらに難しい文章を綴っている。

しかし、古くから男性と女性がそれぞれの言葉をもっていたことは、日本語に特徴的な豊かさといってよいであろう。また、歴史上の身分差や職業などでも、用語は顕著な違いを見せていた。そのことをひとたび了解すれば、日本語の多様性とそのニュアンスを秘かに玩味することができると思う。

さらに、幕末から明治期になると、外国語や外国の地名などを漢字で表記する必要が生じ、先達は大変な苦心を払ってきた。これがまた難解で、謎かけのようなものである。ゲーテの故郷フランクフルト・アム・マインは「仏朗仏」である。そういわれればなるほどとも思うが、とっさに差し出されると判読に苦しむ。イギリスのシェークスピアも「世句斯彼」と書かれると、誰のことかと首をかしげたくなる。「比羅三井天」と示されると、阿倍比羅夫（あべのひらふ）の親戚かと思いたくなるが、これは「ピラミッド」と聞いて、またビックリさせられるのである。たしかに難しいことに違いはないが、視点を変えると、当時の人々の息づかいや、言葉に対する機智をかいま見る思いがすることが少なくない。

言葉は精神の脈絡といわれるが、本辞典に収録された圧倒的な数の難訓難語を通覧すると、漢字の読みの多様性と、その一つ一つの読みや原義には、日本人の思惟や感情が深く根ざしていることが理解できる。

本辞典は、通常の「読み方」では国語辞典で引くことが困難な慣用語や、日本独自の訓読みのために漢和辞典でも引くことが困難な用語、さまざまな宛字、古文書などの歴史資料の難訓難語を幅広く採語した検索辞典として編集されている。国文学や歴史学の研究者をはじめ、郷土資料にかかわる人々などが用語の読解につまずいたとき、本辞典は大いに役に立つものと考える。また、広く日本語に興味をもたれる人々にとっても、すべてのページが漢字のクイズのようで、楽しみながら日本語の豊かな表現力を知ることができる辞典となっている。

二〇〇六年一〇月

監修者　井上辰雄

編集例言

編集趣意

1　本書は難訓難語の漢字（単語や熟語）の解読辞典である。すなわち、読めないために国語辞典でも見つけられない、異体字や和訓のため漢和辞典でもひけない、宛字のためまったく手がかりがないなどの難訓難語の「読み」と「語義」を、できるだけ労力をかけずに知る機能をもたせたものである。

2　本辞典では、「通常の読みでは読み取れない漢字」を多数収録しているが、とくに、人文科学の研究者の利用に資するべく、関係する難訓難語の採録につとめた。もちろん自然科学の研究者や一般読者にとっても、歴史書や古典文学を読むときなど、漢字はわかるが、読みと語義がわからないといったときに、本辞典はすみやかにその漢字へと導き、「読み」と「語義」を提供する機能を持っている。次の各項は、類似の難訓難語の解説辞典に比して、本辞典の特色ともなるべき項目である。

①　難訓難語の時代幅は、古代から近現代の全時代を対象とし、約一万六〇〇〇語を収録した。

②　採録資料は、国文学資料・歴史民俗資料を主とした。古典文学はもちろんであるが、なかでも古文書・古記録に見られる歴史用語にも重点を置いた。その意味で、本辞典には古文書・古記録の難訓難語を解読するための要素が充分にあるといってよい。

③　現在、学名・通称名として固定している動植物にも、かつてはさまざまな異称があり、古典文学や歴史民俗資料にはこれらの異称が数多く登場し、しばしば読解し難いことがある。本辞典では、それらの動植物名の同定を可能にするため、難読の動植物名の収録にも配慮した。

④　江戸末期から明治期には多くの外来語が流入し、その語義を翻訳するためにさまざまな漢字が使われた。いわゆる「宛字」である。これらの翻訳作業は、脱亜欧入を国是とした明治期の国語革命ともいうべきものであり、人文科学・自然科学のみならず、日本の文化全体に膨大な「新語」の誕生をもたらした。これらの宛字は、語義や読みを漢字に宛てたものであり、フリガナなしでは読解できないものがじつに多い。本辞典では、それらの中から難読な宛字を収録することにもつとめた。

⑤　本辞典の難訓難語の収録基準であるが、どこまでを「難訓難語」とするかは個人差があり、したがってその基準も流動的である。（2）で記したように、本辞典では「通常の漢字の読みでは読み取れない漢字」、さらには、「漢字本来の音訓読みではあるが、一般的に難読とされる漢字（難語）」を目安として採録した。

⑥　本辞典では、「姓氏・地名」の難訓難語は国語辞典に頻出するものにとどめて収録した。「姓氏・地名」の難訓難語は数が膨大であり、読みも多様であるので、別企画として刊行を実現したいと考えている。

検索機能

1　本辞典では、検索に万全を期すために、巻頭に「頭字音訓索引」「早引き頭字総画索引」を、巻末に「頭字部首別総画索引」を収録した。

①**〔頭字音訓索引〕**　難訓難語の第一字の漢字を、その一般的な音訓によって配列した索引である。第一字目の漢字の一般的な読みから、ただちに収録頁に到達できる索引である。

②**〔早引き頭字総画索引〕**　難訓難語の第一字の漢字の総画数順・部首順索引である。本文の配列構成に準じた早引き索引であり、「頭字音訓索引」で検索できないときに利用されたい。

③**〔頭字部首別総画索引〕**　難訓難語の第一字の漢字を、部首別・総画数順に配列した索引である。手がかりとなる部首からすばやくその漢字を検索することができる。

2　なお、画数の算定には個人差もあり、同一漢字でも旧字・異体字があるものはそれぞれに収録しているので、めざす難訓難語が見つからない場合は、前後の画数の項目にもあたって検索されたい。

凡　例

一、本書の構成

本書『日本難訓難語大辞典』は、「頭字音訓索引」「早引き頭字総画索引」「難訓難語本編」「頭字部首別総画索引」よりなる。

二、見出し語・読み・画数

1 見出し語の配列は、第一字目より、総画数順・部首順に配列した。見出し語の画数・部首配列は、おおむね『漢語林』第六版（大修館）に依拠した。ただし、同一ないし分類上同じ部首群として表記されている部首は、検索の混乱を避けるため、一つの部首として統合して表記した。その中で、画数の違うものを次に掲げる。

三画〈艹（艹・艸）部〉 艹は四画、艸は六画
四画〈旡（旡・无）部〉 旡は五画
四画〈爿（丬）部〉 丬は三画
四画〈牙（牙）部〉 牙は五画
五画〈玉（王）部〉 王は四画
六画〈老（耂）部〉 耂は四画
六画〈臼（臼）部〉 臼は七画
六画〈舛（舛）部〉 舛は七画
七画〈辵（辶・辶）部〉 辶は四画、辶は三画
七画〈邑（阝〈右〉）部〉 阝は三画
八画〈阜（阝〈左〉）部〉 阝は三画
十一画〈麥（麦）部〉 麦は七画
十一画〈黃（黄）部〉 黄は十二画
十二画〈黑（黒）部〉 黒は十一画
十四画〈齊（斉）部〉 斉は八画
十五画〈齒（歯）部〉 歯は十二画
十六画〈龍（竜）部〉 竜は十画

2 見出し語の画数のうち、「くさかんむり」は三画とし、漢字表記も「艹」で表記した。また、『漢語林』第六版に収録されていない漢字は他の漢和辞典の画数を参考とし、適宜配列した。

3 見出し語のうち、画数の異なる新字・旧字・異体字があるものの一部を、検索の便を考慮してそれぞれの画数に掲載した。

4 見出し語の漢字表記は常用漢字・正字を原則とした。ただし、難訓難語の解読辞典という本書の機能上、出典に異体字・略字が用いられているものは、おおむね出典通りとした。また、古典資料の多くは送り仮名を省略した

【例】**充用** あてもちいる
　　如何して しかして

5 見出し語の読みを平仮名で表記した。ただし、外国の地名・人名・度量衡などは、カタカナで表記した。また、異なる二つ以上の音訓がある場合は「・」で区切って並列表記をした。

【例】**可坊** べらぼう
　　泊夫藍 サフラン
　　喜馬垃 ベルリン
　　交睫 まどろみ・まばたき

三、解　説

1 見出し語の主要な語義を簡潔を旨として解説した。本辞典は語義の解説を主とした辞典ではないので、多様な語義のある用語は国語辞典・漢和辞典などを参照されたい。

2 見出し語に別表記がある場合は、解説の最初に示した。

【例】**搔敷** かいしきい
「搔敷・皆敷・苴」とも書く。食物を盛る器に敷く杉の葉・紙など。『類聚雑要抄』

3 見出し語と同義の漢字表記が近くにある場合は、語義解説の重複を避けるため、原則として初出に解説をほどこし、別表記は「↓」で参照させた。

【例】**僉儀** せいぞろい
「僉義」とも書く。『算法地方大成』↓僉義

4 見出し語の語義が複数ある場合は、①②③…と分けて解説した。

【例】 **滑瓢** ぬらりひょん
①漫然としてしまりのないこと。②瓢箪鯰（ひょうたんなまず）のようにつかみどころのない化物。

5 見出し語の読みによって語義が異なる場合は、それぞれの音訓ごとに解説した。

【例】 **昵近** じっこん・じっきん
じっこん・じっきん―「昵懇」とも書く。親密なこと。親しんで近づくこと。『甲子夜話』
じっきん―「昵近・直近衆（じっきんしゅう）」の略。将軍が上洛したときの接待役。『地方凡例録』

6 見出し語の出典は、解説の末尾に『 』で表記した。既存の国語辞典・古語辞典など（後出、依拠・参考資料）から採録した用語については、それらの出典を転載した。

【例】 **思郷病** ノスタルジア
故郷をなつかしみ、寄せる思い。ノスタルジー。『即興詩人』

依拠・参考辞典

本辞典に収録した難訓難語（見出し語）の出典名は、それぞれの解説の中に記したので省略する。ここでは読者の便のため、依拠・参考とした主な辞典類を掲げる。

＊＊

谷川士清『和訓栞』一七七七～一八八七
上代語辞典編修委員会編『時代別国語大辞典（上代編）』三省堂、一九六七
日本国語大辞典刊行会『日本国語大辞典』小学館、一九七二
日本植物友の会編『日本植物方言集』八坂書房、一九七二
林英夫監修、若尾俊平・浅見恵・西口雅子編『近世古文書解読辞典』柏書房、一九七二
若尾俊平『実習・近世古文書辞典』柏書房、一九七七
児玉幸多編『くずし字用例辞典』近藤出版社、一九八〇
池田正一郎編『古文書用語辞典』新人物往来社、一九八一
日本史用語辞典編集委員会編『日本史用語辞典』柏書房、一九八一
横山篤美『古文書難語辞典』柏書房、一九八一
日本魚類学会編『日本産魚名大辞典』三省堂、一九八一
大槻文彦『新編・大言海』冨山房、一九八二
中村幸彦・岡見正雄・阪倉篤義編『角川古語大辞典』角川書店、一九八二～八七
飯倉晴武・高橋正彦・他編『古文書用語辞典』柏書房、一九八三
三省堂編修所編『広辞林』三省堂、一九八三
大野晋・浜西正人『角川類語新辞典』角川書店、一九八四
浅井潤子・藤本篤編『古文書大字典』柏書房、一九八七
木村陽二郎監修『草木辞苑』柏書房、一九八八
吉井正『コンサイス鳥名辞典』三省堂一九八八
井上宗雄・中村幸弘編『福武古語辞典』福武書店、一九八八
林陸朗監修『古文書古記録難訓用例大辞典』柏書房、一九八九
大久保忠国・木下和子編『江戸語辞典』東京堂出版、一九九一
日外アソシエーツ編『動植物名よみかた辞典』日外アソシエーツ、一九九一
平山輝男・他編『現代日本語方言大辞典』明治書院、一九九二
岩波書店辞典編集部編『逆引き広辞苑』岩波書店、一九九二
尾上兼英監修『成語林（故事ことわざ慣用句）』旺文社、一九九二

桜井満・宮腰賢編『全訳古語辞典』旺文社、一九九四

杉本つとむ編『あて字用例辞典』雄山閣、一九九四

高柳光寿・竹内理三編『角川日本史辞典』角川書店、一九九四

松村明編『大辞林（第二版）』三省堂、一九五五

日外アソシエーツ編『漢字異体字字典』日外アソシエーツ、一九九五

三省堂編修所編『何でも読める難読漢字辞典』三省堂、一九九五

文部省・日本植物学会編『学術用語集〈植物学編〉』丸善、一九九五

梅棹忠夫・金田一春彦・他監修『日本語大辞典』講談社、一九九六

折口信夫全集刊行会編『折口信夫全集（一一）「万葉集辞典」』中央公論社、一九九六

三省堂編修所編『難読語便覧』三省堂、一九九九

宛字外来語辞典編集委員会編『宛字外来語辞典』柏書房、一九九七

新村出編『広辞苑（第五版）』岩波書店、一九九八

鈴木一雄・伊藤博・外山映次・小池清治編『全訳読解古語辞典』三省堂、一九九八

大岡信監修『日本うたことば表現辞典〈植物編（上・下）〉』遊子館、一九九九

大岡信監修『日本うたことば表現辞典〈動物編〉』遊子館、二〇〇〇

大野晋・佐竹昭広・前田金五郎編『岩波古語辞典（補訂版）』岩波書店、二〇〇〇

諸橋轍次『大漢和辞典（修訂増補）』大修館書店、二〇〇〇

学研辞典編集部編『漢字に強くなる難読語漢字辞典』学研、二〇〇〇

室町時代語辞典編修委員会編『時代別国語大辞典（室町時代編一～五）』三省堂、一九八五～二〇〇一

吉田金彦編『語源辞典〈植物編〉』東京堂出版、二〇〇一

鎌田正・米山寅太郎『新版・漢語林』大修館書店、二〇〇一

笹間良彦『絵解き・江戸っ子語大辞典』遊子館、二〇〇三

前田勇編『江戸語大辞典（新装第一版）』講談社、二〇〇三

三省堂編修所編『俳句難読語辞典』三省堂、二〇〇三

府川充男編纂『難読語辞典』太田出版、二〇〇五

鎌田正・米山寅太郎『新漢語林』大修館書店、二〇〇五

協力者

文献資料の調査等、本辞典の編集にあたり、つぎの機関・個人の方々にご協力をいただいた。

国立国会図書館、内閣文庫、東京都立中央図書館、東京都立日比谷図書館、麻生九美、太田奈緒子、篠原雄次、高橋優子、高橋由絹子、玉置紀、中村豪志、西山由美子

頭字音訓索引

一、この索引は、本辞典に収録の難訓難語の検索の便を図るため、第一字目の漢字を一般的な音訓読みの五十音に順に配列し、その収録頁を示したものである。
二、同一見出しの中では画数順に配列した。
三、音訓表記は、外来語以外は平仮名表記とした。

【あ】

あ	亜	一〇三
あ	阿	一五九
あ	婀	二三五
あ	鴉	三四七
あ	錏	三五六
あ	鐚	三八二
ああ	嗚	二九六
あい	哀	一六五
あい	相	一八七
あい	埃	二〇二
あい	欸	二四七
あい	愛	三〇一
あい	隘	三一四
あい	鞋	三四六
あい	噯	三四八
あい	藍	三六八
あい	藹	三七四
あい	靄	三九〇
あい	靉	三九一
あいだ	間	二九二
あう	会	八二
あう	合	八五
あう	遘	三二九
あえて	敢	二七六
あお	青	一六〇
あおい	葵	二七五
あおい	蒼	三〇〇
あおぐ	仰	八二
あおる	煽	三二二
あか	赤	一二二
あか	垢	一六六
あか	淦	二四一
あか	緋	三二六
あか	頳	三五五
あかい	赫	三二九
あかし	証	二八八
あかつき	暁	二七八
あかつち	赭	三五五
あがなう	贖	三八八
あかね	茜	一七七
あき	秋	一九〇
あきなう	商	二三一
あきらか	明	一四九
あきらか	亮	一六三
あきらめる	諦	三五五
あきれる	呆	一〇九
あく	偓	二三一
あく	悪	二四四
あく	喔	二六六
あく	幄	二六八
あく	齷	三九一
あくた	芥	一一六
あけ	朱	九五
あげる	挙	二一二
あげる	揚	二七三
あご	腮	三〇三
あこめ	袓	一九〇
あこめ	衵	二二一
あさ	麻	二六一
あさ	朝	二七九
あざ	字	八九
あさい	浅	一七五
あざける	嘲	三三四
あざやか	鮮	三六六
あし	足	一二四
あし	脚	二四五
あし	葦	二七四
あし	葭	二七五
あじ	味	一三二
あずける	預	三一五
あずさ	梓	二四六
あせ	汗	九二
あぜ	畦	二四八
あそぶ	遊	二九一
あたい	価	一二八
あたい	値	一九九
あたえる	与	一五
あたたか	暖	三〇三
あたたかい	温	二七三
あたたかい	煖	三〇五
あたま	頭	三五八
あたり	辺	八〇
あたる	当	九〇
あつ	圧	六五
あつ	軋	一五六
あつ	遏	三一二
あつ	斡	三二〇
あつ	閼	三五七
あつい	厚	一六五
あつい	熱	三四〇
あつい	醇	三四六
あつかう	扱	九二
あつい	篤	三五三
あっぱれ	適	三一二
あつまる	聚	三二七
あつめる	集	二九三
あつめる	蒐	三〇〇
あて	宛	一三五
あてる	充	八三
あと	迹	二二六
あと	跡	三一二
あな	孔	四二
あな	穴	七九
あな	坎	一〇九
あなどる	侮	一二九
あに	兄	六〇
あに	豈	二二五
あね	姉	一三五
あばく	暴	三三八
あばら	肋	九五
あびる	浴	二〇九
あぶない	危	八五
あぶら	油	一四四
あぶら	脂	二一四
あぶる	炙	一五二
あぶる	焙	二八一
あふれる	溢	二九九
あふれる	濫	三六八
あま	天	四〇
あま	尼	六六
あまい	甘	七二
あまねく	偏	二七二
あまる	余	一〇五
あみ	罔	一五六
あみ	罨	三〇八
あみ	網	三二六
あむ	編	三四三
あめ	雨	一六〇
あめ	飴	三三一
あや	紋	二三三
あや	漢	二九九
あや	綺	三二五
あや	綾	三二六
あやしい	怪	一四〇
あゆ	鮎	三五九
あら	[illegible]	三八三
あらい	荒	一七七
あらい	粗	二五〇
あらう	洗	一七五
あらかじめ	予	三三
あらそう	争	八一
あらそう	諍	三四四
あらた	新	三〇二
あらたま	璞	三五二
あらためる	改	一一七
あられ	霰	三八二
あらわす	表	一五六
あらわす	著	二四三
あらわれる	現	二四七
あり	蟻	三七六
ある	在	八七
ある	有	九四

あるく 歩 一五一
あわ 泡 一四四
あわ 粟 二八六
あわい 淡 二四二
あわせ 袷 二四九
あわせ 褶 三五三
あわせる 併 一二九
あわび 鮑 三五九
あわび 鰒 三八三
あわれ 哀 一六五
あわれむ 愍 三〇二
あわれむ 憫 三三五
あわれむ 憐 三三五
あん 安 八九
あん 杏 一一八
あん 按 一七一
あん 晏 二一三
あん 案 二一四
あん 庵 二三七
あん 菴 二四三
あん 暗 三〇三
あん 罨 三〇八
あん 鞍 三四六
あん 諳 三五五
あん 闇 三六六
あん 餡 三六六
あん 鮟 三六六
あん 鵪 三八六
あんず 杏 一一八

【い】

い 已 二八
い 井 三四
い 以 五八
い 匜 六二
い 伊 八一
い 夷 八八
い 衣 一〇一
い 医 一〇七
い 囲 一〇九
い 依 一二七
い 委 一三四
い 怡 一四〇
い 易 一四八
い 威 一六七
い 胃 一八〇
い 為 一八三
い 畏 一八五
い 迤 一九三
い 韋 一九六
い 倚 一九九
い 倭 二〇〇
い 恚 二一一
い 袘 二二一
い 訑 二二五
い 尉 二二六
い 帷 二三七
い 惟 二三九
い 猪 二四二
い 萎 二四三
い 異 二四八
い 移 二四九
い 椅 二七九
い 貽 二八九
い 逶 二九〇
い 意 三〇一
い 楲 三〇五
い 違 三一二
い 蔚 三一九
い 維 三二五
い 慰 三三七
い 熨 三四〇
い 遺 三四六
い 縊 三五三
い 螠 三五四
い 頤 三五七
い 鰄 三八二
いう 云 三二
いう 言 一二二
いう 謂 三五五
いえ 舎 一二九
いえ 家 二〇三
いおり 庵 二三七
いおり 菴 二四三
いかり 錨 三五七
いかる 怒 一七八
いかる 嗔 二九七
いかる 鵤 三七三
いかるが 鵤 三七三
いき 息 二一二
いき 粋 二二二
いき 閾 三五七
いきおい 勢 二九六
いきどおる 憤 三三五
いきる 生 七二
いきる 活 一七四
いく 行 九一
いく 育 一四九
いく 昱 一七九
いく 郁 一九四
いく 幾 二六八
いくさ 戦 三〇二
いさお 功 六一
いさぎよい 潔 三三六
いささか 些 一二七
いさましい 勇 一六五
いさめる 諫 三五五
いし 石 七八
いすか 鶍 三七九
いずみ 泉 一八三
いそ 磯 三六三
いそぐ 急 一七八
いた 板 一五一
いたい 痛 二八四
いたす 致 二二四
いただき 頂 二五九
いただく 戴 三六一
いたち 鼬 三七三
いたる 至 一〇一
いち 一 一
いち 市 六七
いち 壱 一一〇
いつ 佚 一〇三
いつ 逸 二五五
いつ 溢 二九九
いつ 鎰 三七一
いつ 鷸 三八九
いつくしむ 慈 三〇二
いつわる 佯 一二九
いつわる 偽 二二二
いと 糸 九八
いと 綸 三二六
いと 緡 三四三
いとう 厭 三一七
いとなむ 営 二六八
いとま 遑 三一二
いどむ 挑 一七二
いな 否 一〇九
いなご 蝗 三四三
いなご 螽 三六四
いぬ 犬 五六
いぬ 狗 一四四
いね 稲 三三三
いのち 命 一二九
いのる 祈 一五四
いばら 棘 二七九
いま 今 三四
いましめる 戒 一一七
いまだ 未 七〇
いまわしい 忌 一一六
いも 芋 九三
いも 薯 三六一
いもうと 妹 一三五
いやしい 卑 一六五
いり 圦 六五
いり 杁 九五
いる 居 一三七
いる 射 二〇四
いる 煎 三〇五
いる 熬 三四〇
いる 鋳 三四六
いろ 色 一〇一
いろどる 彩 二三八
いわ 岩 一三七
いわ 磐 三四一
いわ 巌 三八〇
いわう 祝 一八八
いわく 曰 四八
いん 允 三五
いん 引 四三
いん 印 八五
いん 因 八六
いん 茵 一七六
いん 員 二〇一

いん 院 二一八
いん 淫 二四〇
いん 陰 二五七
いん 飲 二九四
いん 螾 三一八
いん 蔭 三二〇
いん 慇 三二〇
いん 隠 三三〇

【う】

う 于 一六
う 卯 六三
う 右 六四
う 宇 八九
う 羽 九九
う 盂 一五三
う 雨 一六〇
う 紆 一九一
う 雩 二五八
う 傴 二九六
う 嗚 二九六
う 嫗 三一八
うい 茴 一七六
うえ 上 一四
うお 魚 二五九
うかがう 伺 一〇四
うかがう 窺 三五三
うがつ 穿 一九〇
うく 浮 二〇九
うぐいす 鶯 三八六
うけたまわる 承 一四八
うける 受 一三一
うごく 動 二三四
うごめく 蠢 三八四
うさぎ 兎 一二九
うし 牛 五六
うじ 氏 五二
うしなう 失 六六
うしろ 後 一七〇
うす 碓 三〇七
うす 碾 三四一
うすい 薄 三五〇
うずくまる 跼 三四五
うずめる 塡 二九七
うずら 鶉 三七九
うそ 嘘 三一七
うそ 鸒 三九一
うた 哥 二〇一
うた 歌 三二二
うたがう 疑 三三三
うち 内 三七
うちかけ 袿 二四九
うちかけ 褂 三〇八
うちかけ 襧 三〇八
うつ 打 六八
うつ 討 二二五
うつ 搏 二九九
うつ 誅 三一一
うつ 蔚 三一九
うつ 撃 三三八
うつ 鬱 三九三
うつくしい 美 一九二
うったえる 訴 二八八
うつぼ 靫 二九四
うつる 映 一七九
うつる 移 二四九
うつる 遷 三四六
うつわ 器 三三四
うで 腕 二七九
うとい 疎 二八四
うない 髫 三四七
うながす 促 一六三
うなぎ 鰻 三八八
うなずく 頷 三五七
うね 畝 二一八
うばう 奪 三一八
うべなう 肯 一五〇
うま 午 三九
うま 馬 二二八
うまれる 生 七二
うみ 海 一七二
うむ 産 二四八
うめ 梅 二一六
うめく 呻 一三三
うめる 埋 二〇二
うやうやしい 恭 二一二
うやまう 敬 二七六
うら 浦 二〇九
うら 裏 三一〇
うらなう 占 六三
うらやむ 羨 三〇九
うり 瓜 七二
うる 売 一一〇
うるし 漆 三一九
うるち 粳 三〇八
うるむ 潤 三三六
うるわしい 麗 三七九
うれい 愁 三〇二
うれい 憂 三三七
うれる 熟 三四〇
うろこ 鱗 三八九
うん 云 三二
うん 吽 一〇八
うん 耘 二二四
うん 運 二九〇
うん 雲 二九三
うん 暈 三〇三
うん 熅 三二二
うん 醞 三六五
うん 饂 三七七

【え】

え 江 九二
え 荏 一七七
え 柄 一八二
えい 永 七一
えい 曳 九三
えい 英 一四四
えい 映 一七九
えい 栄 一八一
えい 盈 一八七
えい 郢 二二七
えい 営 二六八
えい 詠 二八八
えい 裔 三一〇
えい 睿 三二三
えい 影 三三五
えい 瑩 三四〇
えい 叡 三四八
えい 衛 三四九
えい 穎 三五三
えい 嬰 三六〇
えい 翳 三六四
えい 瀛 三七四
えい 蠑 三八一
えい 嬴 三八二
えい 鱏 三八九
えい 魘 三九〇
えがく 描 二四〇
えき 役 一一二
えき 易 一四八
えき 奕 一六七
えき 帟 一六九
えき 疫 一八五
えき 益 二一八
えき 液 二四一
えき 腋 二七八
えき 駅 三三一
えき 鶍 三七八
えぐる 剔 二〇一
えそ 鱠 三八九
えだ 枝 一五〇
えつ 悦 二〇八
えつ 粤 二八六
えつ 越 二八九
えつ 噎 三三四
えつ 閲 三四六
えつ 噦 三四八
えび 鰕 三八二
えびす 夷 八八
えびら 箙 三二五
えぶり 朳 九五
えら 鰓 三八三
えらぶ 撰 三三六
えらぶ 擇 三四九
えり 衽 一九〇
えり 魞 三一六
えり 襟 三六九
える 得 二三八
える 獲 三五〇
えん 円 三六
えん 奄 一三四
えん 宛 一三五
えん 延 一三八

えん　沿　一四一
えん　苑　一四五
えん　炎　一五二
えん　兗　一六四
えん　衍　一六九
えん　怨　一七八
えん　爰　一八四
えん　冤　二〇〇
えん　剡　二〇〇
えん　烟　二一七
えん　偃　二三一
えん　焉　二四七
えん　堰　二六六
えん　淵　二七三
えん　焱　二八〇
えん　園　二九七
えん　塩　二九七
えん　猿　三〇〇
えん　煙　三〇五
えん　筵　三〇八
えん　遠　三一二
えん　厭　三一七
えん　嫣　三一八
えん　演　三一九
えん　鳶　三三二
えん　縁　三四二
えん　蝘　三四三
えん　燕　三五二
えん　鋺　三五六
えん　閻　三五七
えん　鴛　三五九
えん　轅　三六五
えん　櫞　三七五
えん　簷　三七六
えん　艶　三七六
えん　臙　三八〇
えん　鼴　三八八
えん　鼹　三九〇
えん　黶　三九二
えん　灩　三九三

【お】

お　汚　九二
お　尾　一一一
お　牡　一一九
お　於　一四八
お　洿　一七二
お　淤　二四一
お　嗚　二九六
おいて　於　一四八
おいる　老　九九
おう　王　五七
おう　尩　一一一
おう　応　一一六
おう　往　一三九
おう　押　一四〇
おう　枉　一五〇
おう　欧　一五一
おう　瓮　一八五
おう　追　一九四
おう　桜　二一四
おう　秧　二二〇
おう　翁　二二三
おう　奥　二六七
おう　嘔　三一七
おう　鞅　三三一
おう　潢　三三六
おう　横　三三九
おう　墺　三四八
おう　隩　三五七
おう　鴨　三五九
おう　襖　三六九
おう　鶯　三八六
おう　鷗　三八六
おう　鸚　三九三
おうぎ　扇　二二二
おうち　楝　三〇五
おうな　媼　三一八
おうむ　鸚　三九三
おおい　多　八八
おおい　稠　三〇七
おおう　蓋　三〇〇
おおかみ　狼　二一〇
おおきい　大　一九
おおとり　鳳　三三三
おおにら　薤　三五〇
おおむね　概　三三一
おおやけ　公　三五
おか　丘　五八
おか　岡　一三八
おかす　犯　六九
おかす　侵　一六三
おかす　冒　一八〇
おがむ　拝　一四一
おき　沖　一一四
おぎなう　補　二八五
おぎのる　賒　三三八
おきる　起　二二五
おく　屋　一六八
おく　奥　二六七
おく　置　三〇八
おく　億　三三四
おく　憶　三四九
おく　臆　三六一
おくりな　諡　三五五
おくる　送　一九四
おくる　贈　三七〇
おくれる　遅　二九〇
おけ　桶　二四六
おこす　興　三五四
おこぜ　鰧　三八六
おこたる　怠　一七八
おこたる　惰　二七二
おこたる　慢　三一八
おさえる　抑　一一三
おさない　幼　六一
おさない　稚　三〇七
おさめる　収　三九
おさめる　治　一四二
おさめる　修　二〇六
おさめる　納　二二三
おしえる　教　二四四
おしどり　鴛　三五九
おしむ　惜　二三九
おす　牡　一一九
おす　押　一四〇
おす　推　二四〇
おす　雄　二九三
おそう　襲　三八七
おそれ　恐　二一二
おそれ　虞　三〇九
おそれる　慄　二九八
おだやか　穏　三五三
おちいる　陥　二三八
おちる　落　二七五
おちる　墜　三三四
おつ　乙　四
おつ　膃　三三〇
おつ　榲　三三一
おっと　夫　四二
おと　音　一九六
おとうと　弟　一一二
おとこ　男　一二〇
おとす　貶　二五四
おどす　威　一六七
おとずれる　訪　二五四
おとり　囮　一〇九
おどる　踊　三三九
おとろえる　衰　二二五
おどろく　驚　三八八
おなじ　同　八四
おに　鬼　三三九
おの　斧　一四八
おのれ　己　二八
おび　帯　二〇五
おびえる　怯　一四〇
おびただしい　夥　三一八
おびる　佩　一二九
おぼえる　覚　二八八
おぼろ　朧　三八〇
おもい　重　一九四
おもう　思　一七八
おもう　想　三〇二
おもかげ　俤　一六四
おもて　表　一五六
おもて　面　一九五
おもむき　趣　三四五
おもんぱかる　慮　三三七
おや　親　三五四
およそ　凡　一六
およぶ　及　一六
おり　滓　三〇〇
おり　檻　三七五
おりる　降　二二八

おる　折　一一三
おる　織　三七〇
おろか　愚　三〇一
おろか　魯　三四七
おろし　卸　一六五
おろし　颪　二九四
おろす　堕　二六七
おわる　終　二五一
おん　怨　一七八
おん　音　一九六
おん　恩　二一二
おん　御　二六九
おん　温　二七三
おん　榲　三四二
おん　穏　三五三
おん　縕　三五三
おんな　女　二三

【か】

か　个　一六
か　化　三四
か　火　五四
か　加　六一
か　可　六三
か　瓜　七二
か　仮　八一
か　划　八四
か　何　一〇三
か　伽　一〇四
か　囮　一〇九
か　花　一一五
か　価　一二八
か　佳　一二八
か　卦　一三一
か　呵　一三一
か　河　一四一
か　苛　一四五
か　果　一五〇
か　哉　一六六
か　架　一八一
か　柯　一八一
か　科　一九〇
か　迦　一九三
か　個　一九九
か　哥　二〇一
か　夏　二〇二
か　家　二〇三
か　荷　二一〇
か　華　二一〇
か　痂　二一八
か　蚜　二二四
か　蚊　二二四
か　舸　二五二
か　訛　二五三
か　跏　二八九
か　軻　二九〇
か　過　二九〇
か　嫁　二九七
か　暇　三〇三
か　瑕　三〇六
か　禍　三〇七
か　窠　三〇八
か　遐　三一二
か　靴　三一五
か　嘉　三一七
か　夥　三一八
か　寡　三一八
か　樺　三二一
か　歌　三二二
か　窩　三二三
か　箇　三二四
か　蜾　三二七
か　裹　三二七
か　稼　三四一
か　蝦　三四三
か　蝌　三四三
か　蝸　三四三
か　課　三四四
か　踝　三四五
か　歟　三六二
か　罅　三六四
か　譌　三七七
か　鰕　三八二
が　牙　七一
が　瓦　七二
が　我　一一七
が　画　一三〇
が　芽　一四五
が　俄　一六三
が　臥　一九二
が　峨　二〇四
が　賀　二八九
が　蛾　三〇九
が　雅　三一四
が　蝦　三四三
が　餓　三四七
が　鵝　三七三
が　鵞　三七三
かい　介　三四
かい　夬　四〇
かい　会　八二
かい　回　八六
かい　灰　九七
かい　快　一一二
かい　芥　一一六
かい　戒　一一七
かい　改　一一七
かい　貝　一二三
かい　乖　一二七
かい　怪　一四〇
かい　拐　一四〇
かい　廻　一六九
かい　悔　一七〇
かい　挂　一七一
かい　海　一七二
かい　洄　一七四
かい　枴　一八一
かい　疥　一八五
かい　皆　一八六
かい　迴　二二六
かい　偕　二三二
かい　晦　二四五
かい　傀　二六五
かい　絓　二八六
かい　開　二九二
かい　階　二九三
かい　塊　二九七
かい　褂　三〇八
かい　解　三一〇
かい　槐　三一一
かい　楷　三一三
かい　誡　三一八
かい　魁　三三二
かい　磈　三四一
かい　磕　三四一
かい　噲　三四八
かい　壊　三四八
かい　懐　三四九
かい　懈　三四九
かい　薤　三五〇
かい　諧　三五五
かい　檜　三六二
かい　檞　三六二
かい　邂　三六五
かい　醢　三六五
かい　鱠　三九〇
がい　外　六五
がい　苅　一一六
がい　咳　一六六
がい　孩　一六七
がい　害　二〇三
がい　豈　二二五
がい　崖　二三六
がい　涯　二四一
がい　盖　二四九
がい　街　二六九
がい　慨　二九八
がい　蓋　三〇〇
がい　概　三一一
がい　駭　三五八
がい　骸　三五八
かいこ　蚕　二二四
かいらぎ　鰄　三八二
かう　買　二八九
かう　飼　三一五
かえす　返　一二五
かえで　楓　三〇四
かえで　槭　三三九
かえりみる　顧　三八五
かえる　帰　二〇五
かえる　替　二七八
かえる　蛙　二八八
かお　顔　三七二
かおり　香　一九七

読み	漢字	頁
かおる	薫	三五〇
かかあ	嚊	三六〇
かかげる	掲	二三九
かかげる	搴	三二〇
かかと	踵	三五五
かがむ	屈	一三七
かがやく	暉	三〇三
かがやく	煌	三〇五
かがりび	燎	三五二
かかる	係	一六三
かき	垣	一六六
かき	柿	一八二
かぎ	勾	三八
かぎ	鉤	三一三
かぎる	限	一九五
かく	角	一二一
かく	画	一三〇
かく	恪	一七〇
かく	挌	一七一
かく	狢	一七六
かく	茖	一七六
かく	革	一九六
かく	埆	二〇二
かく	書	二一三
かく	格	二一五
かく	核	二一五
かく	桷	二四六
かく	殻	二四七
かく	瓠	二四八
かく	郭	二五五
かく	喀	二六六
かく	确	二八五
かく	覚	二八八
かく	掻	二九九
かく	貉	三一一
かく	較	三一二
かく	隔	三一四
かく	赫	三一九
かく	閣	三三〇
かく	膕	三三八
かく	確	三四一
かく	濩	三五〇
かく	獲	三五〇
かく	霍	三五七
かく	擱	三六〇
かく	癨	三六二
かく	闕	三七一
かく	矍	三八一
かく	鶴	三八六
かく	攫	三八九
かく	攪	三八九
かく	钁	三九二
かぐ	嗅	二九六
がく	学	一三五
がく	岳	一三七
がく	額	三七二
がく	顎	三七二
がく	鰐	三八二
がく	鶚	三八三
がく	鸑	三九一
かくす	隠	三三〇
かげ	陰	二五七
かげ	蔭	三三〇
かげ	影	三三五
がけ	崖	二三六
かける	欠	五一
かける	架	一八一
かける	掛	二三九
かける	翔	二八七
かける	駆	三三二
かける	駈	三四七
かける	賭	三五五
かける	懸	三八〇
かご	籠	三八七
かこむ	囲	一〇九
かさ	笠	二五〇
かさ	傘	二六五
かさ	暈	三〇三
かさ	瘡	三四〇
かささぎ	鵲	三七九
かざす	翳	三六四
かし	樫	三五二
かじ	梶	二四七
かじ	舵	二五二
かじ	楫	三〇四
かじか	鰍	三八三
かしこい	賢	三五五
かしわ	柏	一八二
かしわ	槲	三三九
かす	貸	二八九
かず	数	三〇二
かすか	微	二九八
かすがい	鎹	三七一
かすり	綛	三〇九
かせ	桛	二一六
かぜ	風	一九六
かせぐ	稼	三四一
かぞえる	数	三〇二
かぞえる	算	三二五
かた	方	四七
かた	片	五五
かた	肩	一四九
かた	型	一六六
かたい	堅	二六七
かたき	仇	三四
かたくな	頑	三一五
かたじけない	忝	一四七
かたち	形	一一二
かたち	貌	三一八
かたつむり	蝸	三四三
かたな	刀	九
かたまり	塊	二九七
かたまる	固	一三三
かたむく	傾	二九六
かたよる	偏	二三三
かたる	語	三一八
かたわら	旁	二一三
かたわら	傍	二六五
がちょう	鵝	三七三
がちょう	鵞	三七三
かつ	且	五八
かつ	刮	一三〇
かつ	活	一七四
かつ	曷	一七九
かつ	悍	二〇八
かつ	捍	二〇八
かつ	栝	二一五
かつ	渇	二四一
かつ	割	二六五
かつ	勝	二六五
かつ	喝	二六六
かつ	葛	二七五
かつ	筈	二八五
かつ	聒	二八七
かつ	蛞	二八八
かつ	滑	二九九
かつ	褐	三二四
かつ	獦	三三七
かつ	羯	三四三
かつ	轄	三六五
かつ	黠	三七三
かつ	蠍	三七六
がつ	月	四八
かつぐ	担	一四一
かて	粮	三〇八
かて	糈	三四二
かど	角	一二一
かど	門	一五九
かど	稜	三〇七
かな	哉	一六六
かなしい	悲	二七六
かなでる	奏	一六七
かなめ	要	一九二
かならず	必	六九
かに	蟹	三七六
かね	金	一五七
かね	鉦	三一三
かね	鐘	三八二
かねる	兼	二〇〇
かのえ	庚	一三八
かば	樺	三三一
かび	黴	三九〇
かぶ	株	二一六
かぶと	甲	七四
かぶと	兜	二三三
かぶら	蕪	三三七
かべ	壁	三四八
かま	釜	二一七
がま	蒲	三〇〇
がま	蟇	三五四
がま	蟆	三五四
かまえる	搆	二九八
かまえる	構	三三一
かます	叺	六四

かまど 竈 三八四
かまびすしい 囂 三八四
かみ 神 一八九
かみ 紙 二二二
かみ 髪 三三二
かみなり 雷 三一五
かむ 咬 一六六
かむ 齦 三八六
かめ 亀 二六三
かめ 甕 三六九
かも 鳧 三一六
かも 鴨 三五九
かもじ 髢 三一六
かもす 釀 三八二
かや 茅 一四六
から 唐 二〇一
から 殼 二四七
がら 柄 一八二
からい 辛 一二五
からい 辣 三三九
からす 烏 二一七
からす 鴉 三四七
からすみ 鱲 三九二
からだ 体 一〇五
からたち 枳 一八一
からむ 絡 二八七
からむし 苧 一四六
からむし 葈 二七六
からめる 搦 二九八
かり 仮 八一
かり 狩 一七六
かり 雁 二九三
かりる 借 一九九
かる 刈 三八
かるい 佻 一二九
かるい 軽 二九〇
かれ 彼 一三九
かれる 枯 一八一
かれる 涸 二四一
かれる 嗄 二九六
かわ 川 二八
かわ 皮 七七
かわ 河 一四一
かわ 革 一九六
かわ 側 二三二
かわうそ 獺 三七四
かわかす 乾 二三一
かわく 渇 二四一
かわせみ 翡 三三六
かわら 瓦 七二
かわら 甃 三三三
かわる 代 五九
かわる 変 一六六
かん 干 二九
かん 丱 五八
かん 甘 七二
かん 奸 八八
かん 汗 九二
かん 缶 九九
かん 串 一〇三
かん 坎 一〇九
かん 完 一一〇
かん 旱 一一七
かん 杆 一一八
かん 侃 一二八
かん 函 一三〇
かん 坩 一三三
かん 官 一三五
かん 泔 一四二
かん 姦 一六七
かん 姧 一六七
かん 巻 一六八
かん 柑 一八一
かん 柬 一八一
かん 看 一八七
かん 竿 一九一
かん 莞 二一一
かん 莧 二一一
かん 陥 二一八
かん 乾 二三一
かん 勘 二三三
かん 淦 二四一
かん 患 二四四
かん 蚶 二五三
かん 貫 二五四
かん 喚 二六六
かん 堪 二六六
かん 寒 二六七
かん 嵌 二六八
かん 萱 二七五
かん 敢 二七六
かん 款 二八〇
かん 稈 二八五
かん 酣 二九一
かん 間 二九二
かん 閑 二九三
かん 勧 二九六
かん 寛 二九八
かん 幹 二九八
かん 漢 二九九
かん 感 三〇一
かん 鉗 三一三
かん 管 三二四
かん 箝 三二四
かん 銜 三二九
かん 関 三三〇
かん 澗 三三六
かん 監 三四一
かん 緩 三四二
かん 緘 三四二
かん 橄 三五一
かん 諫 三五五
かん 還 三五六
かん 環 三六二
かん 鍰 三六五
かん 韓 三六六
かん 骭 三六七
かん 簡 三六九
かん 鯇 三七三
かん 轗 三八二
かん 鰔 三八三
かん 鰥 三八五
かん 鬟 三八九
かん 鑵 三九一
がん 丸 一六
がん 含 一〇八
がん 岸 一三七
がん 岩 一三七
がん 紈 一九一
がん 莟 二一一
がん 眼 二四九
がん 雁 二九三
がん 頑 三一五
がん 翫 三四三
がん 頷 三五七
がん 顔 三七二
がん 願 三七七
がん 巌 三八〇
がん 龕 三八八
かんぬき 閂 一九五
かんばしい 芳 一一六
かんむり 冠 一六四

【き】

き 几 九
き 己 二八
き 无 四七
き 木 四九
き 伎 八二
き 危 八五
き 机 九五
き 気 九六
き 岐 一一一
き 希 一一一
き 芰 一一六
き 忌 一一六
き 杞 一一八
き 其 一二九
き 奇 一三四
き 季 一三五
き 祈 一五四
き 咥 一六六
き 洎 一七四
き 枳 一八一
き 剞 二〇一
き 帰 二〇五
き 既 二一三
き 耆 二二四
き 記 二二五
き 起 二二五
き 鬼 二二九
き 匭 二三四
き 基 二三四
き 寄 二三五

読み	漢字	頁
き	悸	二三九
き	晞	二四五
き	規	二五三
き	跂	二五四
き	黄	二六一
き	亀	二六三
き	喜	二六六
き	幾	二六八
き	攲	二七六
き	期	二七九
き	稀	二八五
き	貴	二八九
き	媿	二九七
き	愧	二九八
き	暉	三〇三
き	棄	三〇四
き	毀	三〇五
き	睢	三〇六
き	跬	三一一
き	匱	三一七
き	旗	三二〇
き	箕	三二四
き	綺	三二五
き	豨	三二八
き	器	三三四
き	槻	三三九
き	麾	三四七
き	冀	三四八
き	機	三五一
き	樹	三五一
き	窺	三五三
き	燬	三六二
き	磯	三六三
き	虧	三六四
き	覬	三六五
き	簣	三七〇
き	騎	三七二
き	餼	三七七
き	饑	三八五
き	鰭	三八五
き	驥	三九二
ぎ	技	一一三
ぎ	宜	一三六
ぎ	祇	一八八
ぎ	偽	二二二
ぎ	義	三〇九
ぎ	疑	三二三
ぎ	儀	三三四
ぎ	戯	三三七
ぎ	誼	三四四
ぎ	劓	三四八
ぎ	擬	三六〇
ぎ	巍	三八四
きえる	消	二〇九
きく	菊	二四三
きく	聞	三二七
きく	聴	三六四
きく	鞠	三六六
きく	鞫	三七二
きく	麴	三七九
きさき	后	八五
きさき	妃	八九
きざむ	刻	一三〇
きし	岸	一三七
きじ	雉	三一四
きしる	軋	一五六
きず	傷	二九六
きず	瑕	三〇六
きずく	築	三五三
きずな	絆	二五一
きそう	競	三八一
きた	北	六一
きたえる	鍛	三六六
きち	吉	八五
きつ	仡	五九
きつ	吉	八五
きつ	吃	八五
きつ	屹	九〇
きつ	佶	一二八
きつ	桔	二二五
きつ	訖	二二五
きつ	詰	三一一
きつ	橘	三五一
きつね	狐	一四四
きぬ	帛	一三八
きぬ	絹	三〇九
きぬた	砧	二二〇
きね	杵	一五〇
きば	牙	七一
きび	黍	二九五
きび	稷	三四一
きびしい	苛	一四五
きびしい	緊	三四二
きびしい	厳	三六〇
きみ	君	一〇八
きめる	決	一一三
きも	胆	一八一
きゃ	伽	一〇四
きゃく	却	一〇七
きゃく	卻	一六五
きゃく	客	一六七
きゃく	脚	二四五
きゃく	屩	三六八
ぎゃく	虐	一九二
ぎゃく	逆	一九三
ぎゃく	瘧	三三三
きゅう	九	六
きゅう	久	一五
きゅう	及	一六
きゅう	弓	二九
きゅう	仇	三四
きゅう	丘	五八
きゅう	旧	六九
きゅう	休	八二
きゅう	芎	九三
きゅう	朽	九五
きゅう	岌	一一一
きゅう	汲	一一三
きゅう	求	一一九
きゅう	灸	一一九
きゅう	皀	一二〇
きゅう	究	一二〇
きゅう	糺	一二〇
きゅう	虬	一二二
きゅう	咎	一三一
きゅう	泣	一四二
きゅう	虯	一五六
きゅう	急	一七八
きゅう	級	一九一
きゅう	糾	一九一
きゅう	韭	一九六
きゅう	笈	二二一
きゅう	釚	二二八
きゅう	救	二四四
きゅう	梟	二四六
きゅう	毬	二四七
きゅう	蚯	二五三
きゅう	給	二八六
きゅう	嗅	二九六
きゅう	裘	三一〇
きゅう	鳩	三一六
きゅう	窮	三四一
きゅう	鮁	三四七
きゅう	糗	三五三
きゅう	鬮	三九二
ぎゅう	牛	五六
きょ	巨	六二
きょ	去	六三
きょ	居	一三七
きょ	拒	一四〇
きょ	拠	一四〇
きょ	炬	一八三
きょ	挙	二一二
きょ	粔	二五〇
きょ	虚	二五二
きょ	許	二五四
きょ	渠	二七三
きょ	距	二八九
きょ	裾	三〇八
きょ	筥	三〇八
きょ	嘘	三一七
きょ	踞	三四五
きょ	歔	三五二
ぎょ	魚	二五九
ぎょ	御	二六九
ぎょ	漁	三一九
きよい	清	二四一
きょう	凶	三七
きょう	共	八三
きょう	匡	八四
きょう	夾	一一〇
きょう	狂	一一五
きょう	京	一二七
きょう	供	一二八

きょう 怯 一四〇
きょう 況 一四二
きょう 侠 一六三
きょう 恟 一七〇
きょう 洶 一七四
きょう 狭 一七六
きょう 矜 一八八
きょう 莢 二一一
きょう 恭 二一二
きょう 恐 二一二
きょう 胸 二一四
きょう 脇 二一四
きょう 強 二三七
きょう 教 二四四
きょう 皎 二四九
きょう 眶 二四九
きょう 竟 二四九
きょう 経 二五〇
きょう 郷 二五五
きょう 卿 二六六
きょう 喬 二六六
きょう 筺 二八五
きょう 蛺 三〇九
きょう 兢 三一七
きょう 境 三一七
きょう 誑 三一八
きょう 蕎 三三七
きょう 篋 三四二
きょう 薑 三五〇
きょう 襁 三五三
きょう 頬 三五七
きょう 彊 三六二
きょう 矯 三六三
きょう 繦 三七〇
きょう 鷮 三七三
きょう [illegible] 三七六
きょう 競 三八一
きょう 響 三八二
きょう 囂 三八四
きょう 饗 三八八
きょう 驚 三八八
きょう 驕 三八八
ぎょう 仰 八二
ぎょう 行 九一
ぎょう 暁 二七八
ぎょう 業 三〇四
ぎょう 僥 三一七
ぎょう 澆 三三六
ぎょう 凝 三四八
ぎょう 翹 三七〇
きょく 曲 九三
きょく 局 一一一
きょく 亟 一二七
きょく 極 二七九
きょく 棘 二七九
きょく 跼 三二九
ぎょく 玉 七二
きらう 嫌 二九七
きらめく 煌 三〇五
きり 桐 二一六
きる 切 三八
きる 伐 八三
きる 剪 二三三
きる 着 二八四
キログラム 瓩 一五三
キロメートル 粁 一九一
きわ 際 三三〇
きわめる 究 一二〇
きわめる 極 二七九
きわめる 窮 三四一
きん 巾 二八
きん 忻 一一二
きん 近 一二五
きん 欣 一五一
きん 金 一五七
きん 觔 一九三
きん 衾 二二五
きん 菌 二四三
きん 菫 二四三
きん 勤 二六五
きん 琴 二八三
きん 窘 二八五
きん 筋 二八五
きん 釿 二九一
きん 僅 二九六
きん 禁 三〇七
きん 槿 三三九
きん 緊 三四二
きん 噤 三四八
きん 擒 三四九
きん 錦 三五六
きん 懃 三六一
きん 謹 三六五
きん 襟 三六九
ぎん 吟 一〇八
ぎん 听 一〇八
ぎん 銀 三三〇
ぎん 憖 三五一
ぎん 嚚 三七四
ぎん 齗 三七九

【く】

く 九 六
く 工 二八
く 区 三九
く 句 六三
く 佝 一〇四
く 劬 一〇七
く 狗 一四四
く 苦 一四五
く 枸 一八一
く 栩 二一五
く 痀 二一八
く 矩 二二〇
く 蒟 三〇〇
く 駆 三三二
く 駒 三四七
く 駈 三四七
く 窶 三五三
く 瞿 三六九
く 軀 三七一
く 懼 三八七
く 衢 三九〇
ぐ 具 一三〇
ぐ 倶 一九九
ぐ 愚 三〇一
ぐ 虞 三〇九
くい 杙 一一九
くい 杭 一五〇
くう 空 一五五
くう 食 一九七
くう 鵼 三七八
ぐう 禺 一九〇
ぐう 宮 二〇三
ぐう 偶 二三二
ぐう 寓 二六八
ぐう 耦 三四三
ぐう 藕 三六八
くき 茎 一四五
くぎ 釘 二二七
くさ 草 一七七
くさい 臭 一九二
くさむら 叢 三六八
くさめ 嚔 三六〇
くさり 鎖 三七一
くさる 腐 三二七
くし 串 一〇三
くし 梳 二四六
くし 籤 三八九
くしゃみ 嚔 三六〇
くじら 鯨 三七八
くしろ 釧 二五七
くず 屑 二〇四
くず 葛 二七五
くすのき 樟 三三九
くすり 薬 三五〇
くずれる 崩 二三七
くそ 糞 三六三
くだ 管 三二四
くだく 砕 一八八
くだく 摧 三一八
くだん 件 八二
くち 口 一七
くちなし 梔 二四六
くちばし 觜 三一〇
くちる 朽 九五
くつ 屈 一三七
くつ 沓 一五二
くつ 掘 二三九
くつ 靴 三一五
くつ 歘 三五二
くつわ 轡 三八八
くに 国 一三三
くぬぎ 栩 二一五

くぬぎ 椚 二八〇
くび 首 一九七
くび 頸 三五七
くびれる 縊 三五三
くぼ 窪 三三三
くぼみ 洿 一七二
くま 隈 二九三
くま 熊 三三二
くむ 汲 一一三
くむ 組 二五一
くむ 斟 三〇二
くも 雲 二九三
くもる 曇 三五一
くやむ 悔 一七〇
くら 倉 一九九
くら 蔵 三三七
くら 鞍 三四六
くらい 暗 三〇三
くらべる 比 五一
くらべる 較 三一二
くらむ 眩 二一八
くり 栗 二一六
くる 来 一一九
くる 刳 一三〇
くる 繰 三七六
くるう 狂 一一五
くるしい 苦 一四五
くるぶし 踝 三四五
くるま 車 一二五
くれ 昏 一四八
くれ 暮 三三〇
くれない 紅 一九一
くろ 玄 七一
くろ 黒 二六三
くろ 緇 三三五
くろがね 鉄 三一三
くわ 桑 二一六
くわ 鍬 三六六
くわえる 加 六一
くわしい 詳 三一一
くん 君 一〇八
くん 捃 二〇八
くん 訓 二二五
くん 梱 二四六
くん 裙 二八五
くん 皹 三三三
くん 薫 三五〇
くん 燻 三六九
ぐん 軍 一九三
ぐん 郡 二二七
ぐん 群 三〇九

【け】

け 毛 五一
け 気 九六
け 卦 一三一
げ 下 一一
げ 解 三一〇
けい 兄 六〇
けい 刑 八四
けい 圭 八七
けい 形 一一二
けい 系 一二〇
けい 京 一二七
けい 茎 一四五
けい 係 一六三
けい 型 一六六
けい 契 一六七
けい 荆 一七七
けい 扃 一七九
けい 計 一九三
けい 奚 二〇二
けい 笄 二二一
けい 啓 二三四
けい 掲 二三九
けい 渓 二四一
けい 脛 二四六
けい 畦 二四八
けい 桂 二四九
けい 経 二五〇
けい 蛍 二五三
けい 頃 二五九
けい 卿 二六六
けい 敬 二七六
けい 景 二七八
けい 笄 二八五
けい 軽 二九〇
けい 傾 二九六
けい 徯 二九八
けい 携 二九八
けい 縈 三〇五
けい 継 三〇八
けい 熒 三二二
けい 褉 三二三
けい 閨 三三〇
けい 慶 三三七
けい 稽 三四一
けい 磬 三五二
けい 螢 三五四
けい 螇 三五四
けい 頸 三五七
けい 瓊 三六九
けい 蟪 三七〇
けい 繋 三七六
けい 警 三七七
けい 鶏 三七八
けい 黥 三八三
けい 鼷 三九〇
げい 迎 一二五
げい 睨 三〇六
げい 鯨 三七八
げい 鯢 三七八
げい 囈 三八四
けがす 汚 九二
けき 犰 六九
げき 屐 二〇四
げき 郤 二二七
げき 隙 三一四
げき 覡 三一八
げき 劇 三三四
げき 撃 三三八
げき 激 三四九
けしかける 嗾 三一七
けす 消 二〇九
けずる 削 一六四
けつ 夬 四〇
けつ 欠 五一
けつ 穴 七九
けつ 血 一〇一
けつ 抉 一一三
けつ 決 一一三
けつ 頁 一九六
けつ 桔 二一五
けつ 訐 二二五
けつ 結 二八六
けつ 碣 三三三
けつ 竭 三三三
けつ 潔 三三六
けつ 闋 三六六
けつ 闕 三七一
けつ 蹶 三七七
けつ 纈 三八四
げつ 孑 二三
げつ 月 四八
げつ 蘖 三八〇
げつ 齧 三八六
げつ 蘖 三八七
けむり 煙 三〇五
けもの 獣 三五二
けら 螻 三六四
ける 蹴 三七七
けわしい 嶮 三四九
けん 犬 五六
けん 件 八二
けん 芡 一一六
けん 見 一二一
けん 肩 一四九
けん 建 一六九
けん 県 一八七
けん 研 一八八
けん 兼 二〇〇
けん 剣 二〇一
けん 哯 二〇二
けん 涓 二〇八
けん 狷 二一〇
けん 痃 二一八
けん 軒 二二五
けん 健 二三二
けん 捲 二三九
けん 牽 二四七
けん 眷 二四九
けん 眴 二四九
けん 傔 二六五
けん 喧 二六六

けん 堅 二六七
けん 萱 二七五
けん 検 二八〇
けん 鈐 二九一
けん 嫌 二九七
けん 犍 三〇六
けん 献 三〇六
けん 絹 三〇九
けん 遣 三一三
けん 鉗 三一三
けん 搴 三二〇
けん 甄 三二三
けん 蜷 三二七
けん 慳 三三五
けん 権 三三九
けん 嶮 三四九
けん 撿 三四九
けん 縑 三五三
けん 褰 三五四
けん 賢 三五五
けん 謙 三六五
けん 羂 三六九
けん 繭 三七〇
けん 顕 三七二
けん 験 三七三
けん 懸 三八〇
けん 譴 三八五
げん 元 三五
げん 玄 七一
げん 芫 一一六
げん 言 一二二
げん 弦 一三八
げん 泫 一四二
げん 限 一九五
げん 原 二〇一
げん 玆 二一八
げん 眩 二一八
げん 衒 二三八
げん 現 二四七
げん 絃 二五〇
げん 減 二七三
げん 嫌 二九七
げん 鉉 三二三
げん 厳 三六〇

【こ】

こ 子 二三
こ 己 二八
こ 戸 四五
こ 乎 五八
こ 古 六三
こ 估 一〇四
こ 児 一〇五
こ 刳 一三〇
こ 呼 一三一
こ 呱 一三一
こ 固 一三三
こ 姑 一三五
こ 孤 一三五
こ 岵 一三八
こ 弧 一三九
こ 拠 一四〇
こ 沽 一四二
こ 狐 一四四
こ 股 一四九
こ 虎 一五六
こ 故 一七九
こ 胡 一八〇
こ 柧 一八一
こ 枯 一八一
こ 炬 一八三
こ 個 一九九
こ 庫 二〇五
こ 胯 二一四
こ 涸 二四一
こ 扈 二四四
こ 瓠 二四八
こ 蛄 二五三
こ 壺 二六七
こ 湖 二七三
こ 葫 二七五
こ 琥 二八三
こ 誇 三一一
こ 鼓 三一六
こ 箇 三二四
こ 糊 三四二
こ 錮 三五六
こ 瞽 三六九
こ 餬 三七二
こ 鯝 三七八
こ 顧 三八五
こ 蠱 三八九
ご 五 三二
ご 午 三九
ご 呉 一〇八
ご 吾 一〇八
ご 後 一七〇
ご 梧 二四六
ご 御 二六九
ご 期 二七九
ご 碁 三〇七
ご 蜈 三一〇
ご 寤 三一八
ご 語 三二八
ご 護 三八一
ご 齬 三八三
こい 濃 三五〇
こいねがわくは 冀 三四八
こう 口 一七
こう 工 二八
こう 公 三五
こう 勾 三八
こう 孔 四二
こう 功 六一
こう 叩 六四
こう 巧 六七
こう 広 六八
こう 弘 六八
こう 甲 七四
こう 交 八一
こう 伉 八二
こう 光 八三
こう 向 八五
こう 后 八五
こう 好 八八
こう 行 九一
こう 扛 九二
こう 扣 九二
こう 江 九二
こう 匣 一〇七
こう 吭 一〇八
こう 吼 一〇八
こう 攻 一一七
こう 更 一一七
こう 杠 一一八
こう 汞 一一九
こう 呷 一三一
こう 岡 一三八
こう 幸 一三八
こう 庚 一三八
こう 拘 一四一
こう 狗 一四四
こう 狎 一四四
こう 苟 一四五
こう 杲 一四八
こう 肯 一五〇
こう 肱 一五〇
こう 杭 一五〇
こう 矼 一五四
こう 厚 一六五
こう 咬 一六六
こう 哄 一六六
こう 垢 一六六
こう 巷 一六九
こう 恒 一七〇
こう 恰 一七一
こう 恍 一七一
こう 拱 一七一
こう 洪 一七四
こう 洽 一七四
こう 狡 一七六
こう 荒 一七七
こう 荇 一七七
こう 胛 一八〇
こう 皇 一八六
こう 紅 一九一
こう 訇 一九三
こう 香 一九七
こう 候 一九九
こう 倥 一九九
こう 哮 二〇一
こう 哽 二〇一
こう 浤 二〇八

こう 杏 二二一
こう 晃 二二三
こう 格 二二五
こう 校 二二五
こう 栲 二二五
こう 烘 二二七
こう 盍 二二八
こう 耕 二二四
こう 耗 二二四
こう 耿 二二四
こう 豇 二二五
こう 貢 二二五
こう 降 二二八
こう 高 二二九
こう 寇 二三六
こう 皎 二四九
こう 皐 二四九
こう 袷 二四九
こう 釦 二五七
こう 黄 二六一
こう 喉 二六六
こう 皓 二八四
こう 筕 二八六
こう 絞 二八六
こう 絎 二八六
こう 絖 二八七
こう 蛟 二八八
こう 蛤 二八八
こう 隍 二九三
こう 項 二九四
こう 搆 二九八
こう 滈 二九九
こう 溝 二九九
こう 蒿 三〇〇
こう 煌 三〇五
こう 粳 三〇八
こう 詬 三一一
こう 遑 三一二
こう 鉤 三一三
こう 嘐 三一七
こう 膏 三二〇
こう 構 三二一
こう 榼 三二一
こう 熇 三二二
こう 犒 三二二
こう 綱 三二五
こう 遘 三二九
こう 鉸 三三〇
こう 墝 三三四
こう 潢 三三六
こう 膠 三三八
こう 磕 三四一
こう 蝗 三四三
こう 請 三四四
こう 靠 三四六
こう 薨 三五〇
こう 縞 三五三
こう 興 三五四
こう 鬨 三五八
こう 磽 三六三
こう 糠 三六三
こう 鴻 三六七
こう 鵁 三六七
こう 鎬 三七一
こう 曠 三七五
こう 鏗 三八二
こう 鰉 三八二
こう 纐 三八四
こう 攪 三八九
こう 黌 三九〇
ごう 号 六四
ごう 合 八五
ごう 劫 一〇七
ごう 昂 一四八
ごう 拷 一七一
ごう 剛 二〇一
ごう 敖 二四四
ごう 郷 二五五
ごう 業 三〇四
ごう 嗷 三一七
ごう 豪 三二八
ごう 熬 三四〇
ごう 濠 三六一
ごう 轟 三八五
ごう 鼇 三九一
こうがい 笄 二二一
こうがい 笄 二八五
こうじ 麴 三七九
こうぞ 楮 三〇四
こうむる 被 二二一
こうむる 蒙 三〇一
こえ 声 一一〇
こえる 肥 一五〇
こえる 膏 三二〇
こおり 氷 七一
こおる 凍 二〇〇
こく 告 一〇八
こく 谷 一二二
こく 刻 一三〇
こく 国 一三三
こく 剋 一六四
こく 哭 二〇一
こく 尅 二〇四
こく 斛 二四五
こく 梏 二四六
こく 黒 二六三
こく 熇 三二二
こく 穀 三三三
こく 酷 三一九
こく 槲 三三九
こく 轂 三六五
こく 鵠 三七三
ごく 漕 三一九
ごく 獄 三一九
こけ 苔 一四六
こけら 柿 一五一
こげる 焦 二八一
ここ 此 九六
こころ 心 四四
こころ 意 三〇一
こころざす 志 一一七
こころみる 試 三一一
こころよい 快 一一二
こし 腰 三〇三
こしき 甑 三六二
こしらえる 拵 一七二
こす 越 二八九
こす 漉 三一九
こずえ 梢 二四六
こたえる 答 二八五
こち 魰 三六七
こち 鯒 三七三
こつ 乞 一六
こつ 兀 一六
こつ 忽 一四七
こつ 矻 一五四
こつ 笏 二三一
こつ 骨 二三九
こつ 榾 三三一
ごつ 兀 一六
ごつ 仡 五九
こと 事 一二七
こと 殊 二一六
こと 琴 二八三
こと 箏 三三五
ごと 毎 九六
ことごとく 悉 二四四
ことなる 異 二四八
ことぶき 寿 一一〇
ことわる 断 二四五
こな 粉 二三三
こねる 捏 二〇八
このしろ 鮗 三五九
このしろ 鯯 三七八
このしろ 鰶 三八八
このむ 好 八八
こはぜ 鞐 三四七
こばむ 拒 一四〇
こぶ 瘤 三四〇
こぼつ 毀 三〇五
こま 駒 三四七
こまい 榀 三〇五
ごまめ 鱓 三八九
こまる 困 一〇九
こみち 徯 二九八
こめ 米 九八
ごり 鮴 三六七
こりる 懲 三六八
こる 凝 三四八
これ 是 一七九
ころ 頃 二五九
ころがる 転 二五五
ころす 殺 二一六
ころも 衣 一〇一

ころも　褞　三四二
こわい　怖　一四〇
こわれる　壊　三四八
こん　今　三四
こん　困　一〇九
こん　佷　一二九
こん　坤　一三三
こん　昏　一四八
こん　昆　一四九
こん　悃　二〇八
こん　捆　二〇八
こん　根　二一五
こん　婚　二三五
こん　崑　二三六
こん　混　二四一
こん　菎　二四三
こん　臬　二四五
こん　梱　二四六
こん　紺　二五〇
こん　渾　二七三
こん　溷　二九九
こん　蒟　三〇〇
こん　献　三〇六
こん　跟　三一一
こん　滾　三一九
こん　褌　三二四
こん　魂　三三二
こん　閫　三四六
こん　墾　三四八
こん　闇　三五七
こん　懇　三六一
こん　餛　三六六
こん　鯤　三七八
こん　鶤　三八三
こん　齦　三八六
ごん　言　一二二
ごん　権　三三九

【さ】

さ　叉　一七
さ　乍　五八
さ　左　六七
さ　扠　九二
さ　佐　一〇四
さ　沙　一一四
さ　杈　一一八
さ　些　一二七
さ　茶　一七八
さ　砂　一八八
さ　娑　二〇三
さ　差　二〇四
さ　莎　二一一
さ　紗　二二二
さ　做　二二三
さ　梭　二四六
さ　釵　二五七
さ　詐　二八八
さ　嗟　二九六
さ　嗄　二九六
さ　蓑　三〇〇
さ　槎　三〇四
さ　瑣　三二二
さ　樝　三三九
さ　磋　三四一
さ　魦　三四七
さ　鮓　三五九
さ　蹉　三六五
さ　鎖　三七一
ざ　坐　一〇九
ざ　座　二〇五
さい　才　二九
さい　再　八四
さい　西　一〇二
さい　災　一一九
さい　妻　一三五
さい　采　一五〇
さい　斉　一六二
さい　洒　一七四
さい　砕　一八八
さい　宰　二〇三
さい　晒　二一三
さい　柴　二一五
さい　豺　二三五
さい　崔　二三六
さい　彩　二三八
さい　済　二四一
さい　猜　二四二
さい　菜　二四三
さい　祭　二四九
さい　細　二五一
さい　釵　二五七
さい　斎　二六三
さい　最　二七八
さい　焠　二八〇
さい　裁　二八八
さい　催　二九六
さい　塞　二九七
さい　滓　三〇〇
さい　腮　三〇三
さい　歳　三〇五
さい　摧　三一八
さい　際　三三〇
さい　撕　三三六
さい　縡　三五三
さい　鞖　三五七
さい　賽　三六五
さい　齋　三六七
さい　題　三七二
さい　灑　三八七
さい　霽　三八八
ざい　在　八七
ざい　罪　三〇八
さいわい　幸　一三八
さえぎる　遮　三二九
さお　竿　一九一
さか　坂　一一〇
さかい　境　三一七
さかえる　栄　一八一
さかき　榊　三二二
さかずき　杯　一五一
さかずき　盞　三〇六
さかな　魚　二五九
さからう　逆　一九三
さかり　盛　二四九
さかん　熾　三五二
さき　先　八三
さきがけ　魁　三三二
さく　冊　六〇
さく　作　一〇四
さく　咋　一三一
さく　削　一六四
さく　咲　一六六
さく　昨　一七九
さく　柵　一八二
さく　柞　一八二
さく　朔　二一四
さく　窄　二三一
さく　索　二三三
さく　蚱　二五三
さく　策　二八五
さく　裂　二八八
さく　酢　二九一
さく　搾　二九八
さく　蒴　三〇一
さく　嘖　三一七
さく　醋　三四六
さく　掞　三四九
さく　錯　三五六
さく　簀　三六三
さく　賾　三七〇
さく　鑿　三九二
さくら　桜　二一四
さぐる　探　二四〇
さけ　酒　二二七
さける　避　三五六
さげる　提　二七三
ささ　笹　二五〇
ささえる　支　四六
ささげる　捧　二四〇
さざなみ　漣　三一九
ささら　簓　三六三
さじ　匙　二三四
さす　刺　一三〇
さす　指　一七一
さす　差　二〇四
さす　挿　二〇八
さす　插　二七二
さずける　授　二四〇
さそう　誘　三二八
さだめる　定　一三六
さち　幸　一三八
さつ　冊　六〇
さつ　札　六九
さつ　刷　一三〇

さつ　刹　一三〇
さつ　拶　一七一
さつ　殺　二一六
さつ　紮　二五一
さつ　察　三一八
さつ　颯　三三一
さつ　撮　三三五
さつ　擦　三六一
さつ　薩　三六一
ざつ　雑　三三一
さて　扨　九二
さと　里　一二五
さとい　睿　三三三
さば　鯖　三七八
さばく　捌　二〇八
さびしい　寂　二三六
さびしい　淋　二四二
さま　様　三二一
さまよう　彷　一一二
さむい　寒　二六七
さむらい　侍　一二八
さめ　鮫　三六六
さめる　寤　三一八
さや　鞘　三五七
さより　鱵　三九二
さら　皿　七七
さら　更　一一七
さらい　杷　一五一
さらう　攫　三八九
さらす　晒　二一三
さらす　曝　三七五
さる　去　六三
さる　申　七五
さる　猿　三〇〇
ざる　笊　二二二
さわ　沢　一一四
さわぐ　騒　三七三
さわやか　爽　二四七
さわら　椹　三〇四
さわら　鰆　三八三
さわる　触　三一一
さわる　障　三三〇
さん　三　一二
さん　山　二六
さん　刪　一〇六
さん　参　一三一
さん　珊　一八五
さん　閂　一九五
さん　剗　二〇一
さん　桟　二一五
さん　蚕　二二四
さん　産　二四八
さん　傘　二六五
さん　散　二七六
さん　蒜　三〇〇
さん　盞　三〇六
さん　算　三二五
さん　酸　三二九
さん　撒　三三六
さん　糝　三六三
さん　霰　三八二
さん　纔　三八九
さん　鑚　三八九
さん　鑽　三九二
さん　爨　三九三
ざん　残　二一六
ざん　惨　二三九
ざん　塹　三一七
ざん　慙　三三七
ざん　暫　三三八
ざん　竄　三六九
ざん　鏨　三七七
ざん　懺　三八〇
ざん　讒　三九〇

【し】

し　厶　一〇
し　之　一五
し　士　一九
し　子　二三
し　尸　二六
し　支　四六
し　止　五一
し　氏　五二
し　仕　五九
し　仔　五九
し　史　六四
し　司　六四
し　只　六四
し　四　六四
し　市　六七
し　矢　七八
し　弛　九一
し　旨　九四
し　此　九六
し　死　九六
し　糸　九八
し　至　一〇一
し　伺　一〇四
し　巵　一一一
し　志　一一七
し　私　一二〇
し　使　一二八
し　刺　一三〇
し　始　一三五
し　姉　一三五
し　枝　一五〇
し　咫　一六六
し　哆　一六六
し　屍　一六八
し　屎　一六八
し　思　一七八
し　柿　一八二
し　枲　一八二
し　祇　一八八
し　師　二〇五
し　恣　二一二
し　脂　二一四
し　砥　二二〇
し　祠　二二〇
し　祗　二二〇
し　紙　二二二
し　翅　二二三
し　者　二二四
し　舐　二二四
し　蚩　二二四
し　匙　二二四
し　厠　二二四
し　徙　二三八
し　梓　二四六
し　梔　二四六
し　瓷　二四八
し　眥　二四九
し　眦　二四九
し　笥　二五〇
し　絁　二五一
し　視　二五三
し　豉　二五四
し　趾　二五四
し　啻　二六六
し　弑　二六九
し　葈　二七六
し　斯　二七七
し　竢　二八五
し　粢　二八六
し　紫　二八七
し　歯　二九五
し　嗜　二九六
し　嗤　二九七
し　嗣　二九七
し　塒　二九七
し　滓　三〇〇
し　獅　三〇〇
し　蓍　三〇〇
し　肆　三〇九
し　胔　三一〇
し　試　三一一
し　資　三一一
し　貲　三一一
し　飼　三一五
し　馳　三一五
し　緇　三二五
し　誌　三二八
し　雌　三三一
し　澌　三三六
し　緦　三四三
し　鰤　三四七
し　熾　三五二
し　諮　三五五
し　謚　三五五
し　錙　三五六
し　鴟　三五九
し　鵄　三六七
し　贄　三七〇

読み	字	頁
し	鸍	三九一
し	釃	三九二
じ	地	八七
じ	字	八九
じ	寺	九〇
じ	次	九六
じ	耳	一〇〇
じ	自	一〇〇
じ	似	一〇四
じ	児	一〇五
じ	事	一二七
じ	侍	一二八
じ	治	一四二
じ	峙	一六八
じ	恃	一七一
じ	持	一七二
じ	時	二一三
じ	孳	二六七
じ	慈	三〇二
じ	路	三一二
じ	辞	三一二
じ	爾	三一二
じ	磁	三一三
じ	鮞	三六六
じ	邇	三七一
じ	轜	三八五
じ	鰣	三八六
しい	弑	二六九
しいたげる	虐	一九二
しいら	鱰	三九一
しいら	鱪	三九一
しお	汐	九三
しお	塩	二九七
しお	潮	三三七
しおつち	鹵	二六〇
しおれる	凋	二〇〇
しか	鹿	二六〇
しかして	而	一〇〇
しかと	聢	三一七
しかばね	尸	二六
しかばね	屍	一六八
しかめる	顰	三九〇
しき	式	九一
しき	色	一〇一
しぎ	鷸	三八九
じき	直	一五三
しきい	閾	三五七
しきみ	梻	二四七
しきりに	頻	三五八
しく	舗	三三四
しく	敷	三三八
しく	鋪	三四六
じく	忸	一一二
しげる	茂	一四六
しころ	錏	三五六
しころ	錣	三五六
しころ	[illegible]	三五七
しし	獅	三三〇
しずか	静	三三一
しずく	滴	三一九
しずむ	沈	一一四
しずめる	鎮	三七一
した	下	一一
した	舌	一〇一
したがう	従	二〇六
したがう	順	二九四
したむ	釃	三九二
しち	蟋	三六四
しつ	失	六六
しつ	室	一六七
しつ	疾	二一八
しつ	執	二三四
しつ	悉	二四四
しつ	湿	二七三
しつ	蛭	二八八
しつ	蒺	三〇〇
しつ	漆	三一九
しつ	膝	三三八
しつ	質	三四五
じつ	日	四八
じつ	実	一三六
じつ	昵	一七九
じつ	衵	一九〇
じつ	昵	二一八
しとど	鵐	三七三
しとね	褥	三四二
しどみ	樝	三三九
しな	品	一六六
しのぐ	凌	二〇〇
しのぶ	忍	一一七
しば	芝	九三
しば	柴	二一五
しばしば	屢	三一八
しばらく	暫	三三八
しばる	縛	三五四
しびれる	痲	三〇六
しぶい	渋	二四一
しべ	蕊	三三七
しぼる	絞	二八六
しぼる	搾	二九八
しま	島	二〇四
しま	縞	三五三
しめ	〆	六
しめる	湿	二七三
しも	霜	三六六
しもべ	僕	三一七
しゃ	社	一二〇
しゃ	車	一二五
しゃ	舎	一二九
しゃ	炙	一五二
しゃ	者	一五六
しゃ	柘	一八二
しゃ	娑	二〇三
しゃ	射	二〇四
しゃ	紗	二三二
しゃ	偖	二三二
しゃ	捨	二三九
しゃ	斜	二四五
しゃ	這	二五五
しゃ	奢	二六七
しゃ	煮	二八一
しゃ	硨	二八五
しゃ	賒	三一八
しゃ	遮	三一九
しゃ	赭	三五五
しゃ	藉	三六一
しゃ	麝	三八六
しゃ	鷓	三八八
じゃ	邪	一二五
じゃ	邪	一五七
じゃ	蛇	二五三
しゃく	尺	四三
しゃく	灼	一一九
しゃく	赤	一二二
しゃく	借	一九九
しゃく	笏	三三一
しゃく	婥	二三五
しゃく	淖	二四二
しゃく	釈	二五六
しゃく	綽	三三五
しゃく	爍	三七五
じゃく	若	一四五
じゃく	弱	二〇六
じゃく	迹	二二六
じゃく	寂	二三六
じゃく	雀	二五八
じゃく	楉	二八〇
じゃく	搦	二九八
じゃく	箬	三二五
じゃく	鵲	三七九
じゃく	鶸	三八六
しゃち	鯱	三七八
しゃっくり	噦	三四八
しゅ	手	四五
しゅ	殳	五一
しゅ	主	五八
しゅ	守	八九
しゅ	朱	九五
しゅ	侏	一二九
しゅ	取	一三一
しゅ	狩	一七六
しゅ	茱	一七七
しゅ	炷	一八三
しゅ	首	一九七
しゅ	殊	二一六
しゅ	珠	二一八
しゅ	酒	二二七
しゅ	娵	二三五
しゅ	硃	二四九
しゅ	種	三三三
しゅ	趣	三四五
しゅ	麈	三五九
しゅ	繻	三八一
しゅ	鬚	三八八

読み	字	頁
じゅ	寿	一一〇
じゅ	受	一三一
じゅ	呪	一三一
じゅ	授	二四〇
じゅ	竪	三二四
じゅ	綬	三二五
じゅ	儒	三四八
じゅ	儔	三四八
じゅ	樹	三五一
じゅ	豎	三五五
じゅ	孺	三六〇
じゅ	懦	三六〇
じゅ	濡	三六一
しゅう	収	三九
しゅう	囚	六五
しゅう	舟	一〇一
しゅう	秀	一二〇
しゅう	周	一三一
しゅう	岫	一三八
しゅう	柊	一八二
しゅう	秋	一九〇
しゅう	臭	一九二
しゅう	修	二〇六
しゅう	售	二三四
しゅう	執	二三四
しゅう	終	二五一
しゅう	羞	二五二
しゅう	習	二五二
しゅう	啾	二六六
しゅう	就	二六八
しゅう	愀	二七二
しゅう	湫	二七三
しゅう	衆	二八八
しゅう	集	二九三
しゅう	溲	三〇〇
しゅう	蒐	三〇〇
しゅう	愁	三〇二
しゅう	楸	三〇四
しゅう	楫	三〇四
しゅう	遒	三一二
しゅう	甃	三一三
しゅう	聚	三一七
しゅう	蝤	三四四
しゅう	賙	三四五
しゅう	蕺	三五〇
しゅう	褶	三五三
しゅう	踵	三五五
しゅう	螽	三六四
しゅう	鍬	三六六
しゅう	醜	三六六
しゅう	鞦	三七二
しゅう	繡	三七六
しゅう	蹴	三七七
しゅう	鰍	三八三
しゅう	襲	三八七
しゅう	讎	三八九
しゅう	鷲	三八九
しゅう	驟	三九〇
じゅう	十	一〇
じゅう	什	三四
じゅう	充	八三
じゅう	戎	九三
じゅう	狃	一一五
じゅう	拾	一七二
じゅう	柔	一八二
じゅう	重	一九四
じゅう	従	二〇六
じゅう	渋	二四一
じゅう	糅	三四二
じゅう	獣	三五二
じゅう	縦	三五三
しゅうとめ	姑	一三五
しゅく	夙	八四
しゅく	祝	一八八
しゅく	宿	二三六
しゅく	淑	二四一
しゅく	倏	二四七
しゅく	粛	二五二
しゅく	縮	三六三
しゅく	縬	三六四
しゅく	蹙	三七〇
じゅく	孰	二三五
じゅく	熟	三四〇
しゅつ	出	六〇
しゅつ	蟀	三六四
じゅつ	朮	六九
じゅつ	述	一五六
じゅつ	恤	一七一
じゅつ	術	二三八
しゅん	春	一七九
しゅん	峻	二〇四
しゅん	眴	二四九
しゅん	駿	三六六
しゅん	瞬	三六九
しゅん	鰆	三八三
しゅん	蠢	三八四
じゅん	旬	九四
じゅん	巡	一〇二
じゅん	肫	一五〇
じゅん	徇	一七〇
じゅん	洵	一七四
じゅん	荀	一七七
じゅん	准	二〇〇
じゅん	殉	二一六
じゅん	笋	二三一
じゅん	純	二三三
じゅん	隼	二三八
じゅん	淳	二四一
じゅん	順	二九四
じゅん	準	三〇〇
じゅん	馴	三一五
じゅん	蓴	三二〇
じゅん	潤	三三六
じゅん	諄	三四四
じゅん	遵	三四六
じゅん	醇	三四六
しょ	処	六〇
しょ	初	一〇六
しょ	苴	一四六
しょ	所	一四七
しょ	杵	一五〇
しょ	杼	一五一
しょ	書	二一三
しょ	庶	二三七
しょ	渚	二四一
しょ	湑	二七三
しょ	黍	二九五
しょ	睢	三一四
しょ	糈	三四二
しょ	諸	三四四
しょ	薯	三六一
しょ	鱮	三九〇
じょ	女	二三
じょ	如	八八
じょ	汝	九三
じょ	助	一〇七
じょ	序	一一二
じょ	抒	一一三
じょ	叙	一六五
じょ	徐	二〇六
じょ	除	二二八
じょ	舒	二八七
じょ	滁	三〇〇
じょ	耡	三〇九
しょう	小	二四
しょう	少	四二
しょう	升	四三
しょう	召	六四
しょう	正	七〇
しょう	庄	九一
しょう	床	一一二
しょう	抄	一一三
しょう	肖	一一八
しょう	妾	一三五
しょう	姓	一三五
しょう	尚	一三七
しょう	招	一四一
しょう	沼	一四二
しょう	戕	一四七
しょう	承	一四八
しょう	松	一五〇
しょう	牀	一五二
しょう	俏	一六三
しょう	省	一八七
しょう	倡	一九九
しょう	倘	一九九
しょう	哨	二〇一
しょう	将	二〇四
しょう	悚	二〇八
しょう	悄	二〇八
しょう	消	二〇九
しょう	浹	二〇九
しょう	祥	二二〇
しょう	称	二二〇

しょう 笑 二二二
しょう 陞 二二八
しょう 商 二三一
しょう 唱 二三四
しょう 娼 二三五
しょう 徜 二三八
しょう 捷 二四〇
しょう 渉 二四一
しょう 猖 二四二
しょう 菖 二四三
しょう 梢 二四六
しょう 章 二四九
しょう 舂 二五二
しょう 逍 二五五
しょう 勝 二六五
しょう 掌 二七六
しょう 晶 二七八
しょう 椒 二八〇
しょう 焼 二八〇
しょう 焦 二八一
しょう 硝 二八五
しょう 稍 二八五
しょう 粧 二八六
しょう 翔 二八七
しょう 証 二八八
しょう 詔 二八八
しょう 象 二八九
しょう 傷 二九六
しょう 奨 二九七
しょう 照 三〇五
しょう 詳 三一一
しょう 頌 三一五
しょう 嘗 三一七
しょう 獐 三一九
しょう 精 三二五
しょう 裳 三二七
しょう 誦 三二八
しょう 障 三三〇
しょう 衝 三三五
しょう 憔 三三五
しょう 樟 三三九
しょう 漿 三四〇
しょう 箱 三四二
しょう 銷 三四六
しょう 麨 三四七
しょう 嘯 三四八
しょう 霎 三五七
しょう 聶 三七〇
しょう 觴 三七〇
しょう 蹤 三七一
しょう 醤 三七一
しょう 鯧 三七八
しょう 鐘 三八二
しょう 讋 三八八
しょう 鷦 三八九
しょう 顳 三九二
じょう 上 一四
じょう 丈 一五
じょう 仍 三五
じょう 冗 三七
じょう 仗 五九
じょう 丞 八一
じょう 条 一一八
じょう 杖 一一八
じょう 状 一一九
じょう 定 一三六
じょう 帖 一三八
じょう 乗 一六三
じょう 城 一六六
じょう 剰 二三三
じょう 常 二三七
じょう 情 二三九
じょう 場 二六七
じょう 畳 二八三
じょう 嫋 二九八
じょう 蒸 三〇〇
じょう 縄 三四三
じょう 壌 三四八
じょう 嬢 三四九
じょう 遶 三五六
じょう 錠 三五六
じょう 擾 三六八
じょう 繞 三七〇
じょう 攘 三八〇
じょう 醸 三八二
じょう 饒 三八五
じょう 躡 三九一
じょう 鑷 三九二
じょう 驤 三九二
しょく 色 一〇一
しょく 拭 一七二
しょく 食 一九七
しょく 埴 二三五
しょく 喞 二六六
しょく 殖 二八〇
しょく 蜀 三一〇
しょく 触 三一一
しょく 軾 三一二
しょく 嘱 三三四
しょく 稷 三四一
しょく 燭 三六二
しょく 織 三七〇
しょく 職 三七〇
しょく 贖 三八八
じょく 辱 二二六
じょく 褥 三四二
しらべる 検 二八〇
しらべる 調 三四四
しり 尻 六六
しりぞく 退 一九四
しりぞける 斥 六九
しる 知 一五四
しるし 印 八五
しるし 記 二二五
しるし 徴 三一八
しるし 標 三三九
しるす 誌 三二八
しろ 白 七五
しろ 城 一六六
しわ 皺 三四〇
しん 心 四四
しん 申 七五
しん 囟 八七
しん 伸 一〇四
しん 芯 一一六
しん 臣 一二一
しん 身 一二四
しん 辛 一二五
しん 呻 一三二
しん 信 一六三
しん 侵 一六三
しん 津 一七四
しん 怎 一七八
しん 矧 一八八
しん 神 一八九
しん 宸 二〇三
しん 振 二〇八
しん 真 二一八
しん 秦 二三〇
しん 針 二三七
しん 深 二四一
しん 晨 二四五
しん 梣 二四七
しん 進 二五五
しん 軫 二九〇
しん 嗔 二九七
しん 寝 二九八
しん 寖 二九八
しん 蓁 三〇〇
しん 斟 三〇二
しん 新 三〇二
しん 蜃 三一〇
しん 榛 三一一
しん 賑 三一八
しん 審 三三五
しん 瞋 三四一
しん 箴 三四二
しん 震 三四六
しん 親 三五四
しん 譖 三七七
しん 顖 三七七
しん 襯 三八四
しん 讖 三九〇
じん 刃 一七
じん 仁 三五
じん 尽 九〇
じん 荏 一七七
じん 甚 一八五
じん 衽 一九〇
じん 恁 二一二
じん 陣 二二八
じん 袵 二四九
じん 尋 二六八
じん 腎 三〇三

じん 飪 三一五
じん 塵 三一七
じん 蕁 三三七
じん 糂 三四二
じん 贐 三八五
じん 鱏 三八九

【す】

す 素 二二三
す 巣 二三六
す 酢 二九一
す 須 二九四
す 窠 三〇八
す 酸 三二九
す 醋 三四六
す 簀 三六三
す 鬆 三七三
ず 図 一〇九
ず 豆 一二二
すい 水 五二
すい 吹 一〇九
すい 忰 一二二
すい 垂 一三三
すい 炊 一五二
すい 帥 一六九
すい 粋 二二二
すい 衰 二二五
すい 彗 二三八
すい 悴 二三九
すい 推 二四〇
すい 捶 二四〇
すい 酔 二五六
すい 晬 二七八
すい 遂 二九〇
すい 瘁 三〇六
すい 睢 三〇六
すい 睡 三〇六
すい 綏 三〇九
すい 榱 三二一
すい 翠 三二六
すい 穂 三四一
すい 誰 三四四
すい 錘 三五六
すい 燧 三六二
ずい 随 二九三
ずい 瑞 三〇六
ずい 綏 三二五
ずい 蕊 三三七
ずい 髄 三七八
すう 枢 一五〇
すう 崇 二三七
すう 菘 二四三
すう 陬 二五七
すう 数 三〇二
すう 皺 三四〇
すう 雛 三七二
すえ 末 七〇
すえ 裔 三一〇
すえ 甄 三三三
すき 耒 一〇〇
すき 犂 二八三
すき 鉏 三二三
すき 隙 三二四
すき 鋤 三四六
すぎ 杉 一一八
すぎ 榲 三二一
すぎる 過 二九〇
すく 好 八八
すくう 救 二四四
すくない 少 四二
すくない 寡 三一八
すけ 介 三四
すけ 輔 三二九
すける 透 二二六
すこやか 健 二二二
すさ 莇 一一六
すし 鮓 三五九
すじ 筋 二八五
すず 鈴 三一四
すず 錫 三五六
すすき 芒 九三
すずき 鱸 三九二
すずしい 涼 二四二
すすむ 進 二五五
すずめ 雀 二五八
すすめる 勧 二九六
すすめる 奨 二九七
すする 啜 二三四
すする 歃 三〇五
すそ 裾 三〇八
すっぽん 鼈 三九一
すでに 既 二一三
すてる 捨 二三九
すてる 棄 三〇四
すな 砂 一八八
すね 脛 二四六
すべる 辷 八〇
すべる 統 二八七
すべる 滑 二九九
すみ 炭 一八三
すみ 墨 三一八
すみれ 菫 二四三
すむ 栖 二一六
すむ 済 二四一
すむ 棲 二八〇
すむ 澄 三三七
する 刷 一三〇
する 摩 三三八
する 擂 三四九
する 擦 三六一
ずるい 狡 一七六
するめ 鯣 三七八
すわる 坐 一〇九
すん 寸 二四

【せ】

せ 世 五八
せ 背 一八一
せ 畝 二一八
ぜ 是 一七九
せい 井 三四
せい 正 七〇
せい 生 七二
せい 成 九三
せい 西 一〇二
せい 声 一一〇
せい 制 一三〇
せい 姓 一三五
せい 征 一三九
せい 青 一六〇
せい 斉 一六二
せい 政 一七九
せい 星 一八〇
せい 砌 一八八
せい 栖 二一六
せい 眚 二二〇
せい 圊 二三四
せい 清 二四一
せい 旌 二四五
せい 盛 二四九
せい 猩 二七四
せい 棲 二八〇
せい 勢 二九六
せい 腥 三〇三
せい 歳 三〇五
せい 聖 三〇九
せい 誠 三一一
せい 鉦 三一三
せい 精 三二五
せい 蜻 三二七
せい 誓 三二八
せい 静 三三一
せい 撕 三三六
せい 請 三四四
せい 儕 三四八
せい 薺 三六一
せい 臍 三六八
せい 韲 三七七
せい 鯯 三七八
せい 蠐 三八一
せい 躋 三八五
せい 霽 三八八
せい 鰶 三八八
ぜい 枘 一五一
ぜい 蚋 二二四
ぜい 毳 二八〇
ぜい 税 二八五
ぜい 筮 三〇八
ぜい 蛻 三一〇
ぜい 噬 三四八
せがれ 悴 二三九
せがれ 躮 二五五
せき 夕 一九
せき 尺 四三

読み	字	頁
せき	斥	六九
せき	石	七八
せき	汐	九三
せき	呎	一〇九
せき	赤	一二二
せき	咳	一六六
せき	席	二〇五
せき	脊	二一四
せき	迹	二二六
せき	隻	二二八
せき	惜	二三九
せき	淅	二四二
せき	腊	二七九
せき	跡	三一二
せき	摭	三一九
せき	関	三三〇
せき	槭	三三九
せき	積	三五三
せき	錫	三五六
せき	藉	三六一
せき	績	三六三
せき	蹠	三七一
せき	齣	三八三
せき	鶺	三八六
せつ	切	三八
せつ	折	一一三
せつ	刹	一三〇
せつ	拙	一四一
せつ	窃	一九〇
せつ	接	二四〇
せつ	紲	二五一
せつ	設	二五四
せつ	雪	二五八
せつ	摂	二九九
せつ	節	三〇八
せつ	截	三二〇
せつ	説	三二八
せつ	褻	三六五
せつ	竊	三八七
ぜつ	舌	一〇一
ぜつ	絶	二八七
ぜに	銭	三三〇
せまい	狭	一七六
せまい	褊	三二四
せまる	迫	一五六
せまる	逼	三一二
せみ	蜩	三二七
せめる	攻	一一七
せり	糶	三九一
せん	千	一七
せん	川	二八
せん	仙	五九
せん	占	六三
せん	先	八三
せん	吮	一〇九
せん	沾	一四二
せん	苫	一四六
せん	疝	一五三
せん	宣	一六七
せん	専	一六八
せん	浅	一七五
せん	洗	一七五
せん	茜	一七七
せん	荐	一七七
せん	染	一八二
せん	泉	一八三
せん	穿	一九〇
せん	倩	一九九
せん	扇	二一二
せん	栓	二一六
せん	訕	二二五
せん	剪	二三三
せん	旋	二四五
せん	笘	二五〇
せん	船	二五二
せん	釧	二五七
せん	孱	二六八
せん	楠	二八〇
せん	筌	二八五
せん	僉	二九六
せん	戦	三〇二
せん	煎	三〇五
せん	羨	三〇九
せん	詮	三一一
せん	跣	三一二
せん	遄	三一二
せん	僭	三一七
せん	僎	三一七
せん	煽	三二二
せん	綫	三二五
せん	銭	三三〇
せん	銑	三三〇
せん	嘶	三三四
せん	嬋	三三四
せん	撰	三三六
せん	潜	三三六
せん	潺	三三七
せん	箭	三四二
せん	線	三四三
せん	遷	三四六
せん	暹	三五一
せん	磚	三五三
せん	氈	三六二
せん	繊	三六三
せん	餞	三六六
せん	鮮	三六六
せん	燹	三六九
せん	瞻	三六九
せん	蟾	三七六
せん	蘚	三八〇
せん	譫	三八一
せん	闡	三八二
せん	饌	三八五
せん	饘	三八八
せん	籤	三八九
せん	鱓	三八九
せん	鸇	三九一
ぜん	冉	六〇
ぜん	全	八二
ぜん	前	一六四
ぜん	善	二六六
ぜん	然	二八一
ぜん	禅	三〇七
ぜん	漸	三一九
ぜん	潺	三三七
ぜん	髯	三四七
ぜん	膳	三五一
ぜん	繕	三七〇
ぜん	蠕	三八一
センチメートル	糎	三四二

【そ】

読み	字	頁
そ	岨	一三八
そ	沮	一四二
そ	泝	一四二
そ	狙	一四四
そ	阻	一六〇
そ	俎	一六三
そ	胙	一八一
そ	祖	一九〇
そ	素	二二三
そ	菹	二四三
そ	梳	二四六
そ	粗	二五〇
そ	組	二五一
そ	疏	二八三
そ	疎	二八四
そ	詛	二八八
そ	訴	二八八
そ	想	三〇二
そ	楚	三〇四
そ	鉏	三一三
そ	麄	三一六
そ	鼠	三一六
そ	蘇	三七四
そ	麤	三九四
そう	双	三九
そう	爪	五五
そう	匆	六一
そう	争	八一
そう	壮	八八
そう	早	九四
そう	抓	一一三
そう	皂	一二〇
そう	走	一二四
そう	沿	一四一
そう	奏	一六七
そう	草	一七七
そう	怱	一七八
そう	相	一八七
そう	送	一九四
そう	倉	一九九
そう	挿	二〇八

そう　桑　二一六
そう　笊　二二二
そう　蚤　二二四
そう　掃　二四〇
そう　悤　二四四
そう　曹　二四五
そう　爽　二四七
そう　窓　二四九
そう　觘　二五三
そう　插　二七二
そう　葬　二七五
そう　惣　二七六
そう　曾　二七八
そう　棕　二八〇
そう　装　二八八
そう　僧　二九六
そう　勦　二九六
そう　搔　二九九
そう　滄　三〇〇
そう　蒼　三〇〇
そう　想　三〇二
そう　椶　三〇四
そう　楤　三〇四
そう　歃　三〇五
そう　嘈　三一七
そう　嗾　三一七
そう　漕　三一九
そう　槍　三二一
そう　箏　三二五
そう　総　三二五
そう　綜　三二五
そう　瘡　三四〇
そう　瘦　三四〇
そう　諍　三四四
そう　駔　三四七
そう　艙　三五四
そう　鞘　三五七
そう　燥　三六二
そう　甑　三六二
そう　矰　三六三
そう　糟　三六三
そう　蹌　三六五
そう　霜　三六六
そう　叢　三六八
そう　鎗　三七一
そう　騒　三七三
そう　鬆　三七三
そう　藻　三七四
そう　繰　三七六
そう　蹲　三七七
そう　孀　三八〇
そう　竈　三八四
ぞう　造　二二六
ぞう　象　二八九
ぞう　像　三一七
ぞう　増　三一七
ぞう　慥　三一八
ぞう　雑　三三一
ぞう　蔵　三三七
ぞう　贈　三七〇
そうろう　候　一九九
そえる　添　二四二
そく　仄　三九
そく　即　一〇七
そく　足　一二四
そく　促　一六三
そく　則　一六四
そく　息　二二二
そく　速　二二六
そく　側　二三二
そく　惻　二七二
そく　餗　三五八
ぞく　俗　一六三
ぞく　族　二四五
ぞく　属　二六八
ぞく　粟　二八六
ぞく　続　三〇九
そこ　底　一三八
そこなう　損　二九九
そしる　誹　三四五
そしる　讒　三九〇
そそぐ　注　一四二
そそぐ　洎　一七四
そそぐ　澆　三三六
そそぐ　灑　三八七
そだつ　育　一四九
そつ　卒　一二七
そで　袖　二二一
そと　外　六五
そなえる　備　二六五
その　園　二九七
そば　蕎　三三七
そばだつ　峙　一六八
そびえる　聳　三六四
そま　杣　一一九
そめる　染　一八二
そら　空　一五五
そり　橇　三五一
そる　反　三九
そる　剃　一六四
そん　存　八九
そん　村　一一八
そん　拵　一七二
そん　孫　二〇三
そん　尊　二六八
そん　損　二九九
そん　遜　三二九
そん　樽　三五二

【た】

た　太　四〇
た　他　五九
た　田　七四
た　多　八八
た　佗　一〇四
た　汰　一一四
た　侘　一二九
た　哆　一六六
た　爹　二一七
た　訑　二二五
た　詫　三一一
た　躱　三二二
だ　打　六八
だ　朶　九五
だ　妥　一一〇
だ　陀　一六〇
だ　垜　一六六
だ　茶　二一一
だ　拿　二二二
だ　舵　二五二
だ　蛇　二五三
だ　堕　二六七
だ　惰　二七二
だ　駄　三三二
だ　懦　三六〇
だ　鬌　三七八
だ　儺　三八四
たい　太　四〇
たい　体　一〇五
たい　対　一一一
たい　苔　一四六
たい　待　一七〇
たい　怠　一七八
たい　胎　一八一
たい　殆　一八三
たい　玳　一八五
たい　迨　一九三
たい　退　一九四
たい　帯　二〇五
たい　泰　二一六
たい　袋　二五三
たい　逮　二五五
たい　替　二七八
たい　貸　二八九
たい　躰　二八九
たい　瑇　三〇六
たい　碓　三〇七
たい　態　三二〇
たい　頽　三五八
たい　戴　三六一
だい　大　一九
だい　代　五九
だい　台　六四
だい　廼　一六九
だい　第　二五〇
だい　餒　三七八
だいだい　橙　三五二
たいら　平　六七
たいら　坦　一三四
たえ　栲　二一五
たえる　堪　二六六
たえる　絶　二八七
たおやか　嫋　二九八
たおれる　仆　三五

たおれる　倒　一九九
たおれる　弊　三三五
たおれる　斃　三六八
たか　鷹　三九一
たかい　高　二三九
たかべ　鯖　三八三
たかべ　鸊　三九一
たがやす　耕　二二四
たから　宝　一三六
たく　宅　九〇
たく　托　九二
たく　沢　一一四
たく　卓　一三一
たく　拆　一四一
たく　炊　一五二
たく　託　二二五
たく　啄　二三四
たく　橐　三三二
たく　縮　三三六
たく　磔　三四一
たく　擇　三四九
たく　謫　三七〇
たく　鐸　三八五
だく　抱　一四一
だく　諾　三四四
だく　濁　三四九
たくみ　巧　六七
たくわえる　貯　二八九
たけ　丈　一五
たけ　竹　九八
たけ　岳　一三七
たけなわ　闌　三六六
たけのこ　筍　二八五
たこ　凧　六〇
たしか　慥　三一八
たしか　確　三四一
たしかに　諚　三三七
たしなむ　嗜　二九六
たすける　助　一〇七
たずさえる　携　二九八
たずねる　尋　二六八
ただ　只　六四
ただ　唯　二三四
たたえる　湛　二七四
たたかう　戦　三〇二
たたかう　闘　三七二
たたく　叩　六四
ただし　但　一〇五
ただしい　正　七〇
ただしい　佶　一二八
ただす　督　三〇六
たたずむ　佇　一〇五
ただちに　直　一五三
たたみ　畳　二八三
ただよう　漂　三一九
ただれる　爛　三八四
たちばな　橘　三五一
たちまち　忽　一四七
たつ　立　八〇
たつ　竜　二三〇
たつ　断　二四五
たつ　裁　二八八
たつ　達　二九〇
たつ　截　三三〇
たつ　龍　三五九
だつ　脱　二四六
だつ　奪　三一八
だつ　獺　三七四
たて　竪　三二四
たて　縦　三五三
たてまつる　奉　一三四
たてまつる　献　三〇六
たてる　建　一六九
たとえ　譬　三八一
たとえる　例　一二九
たな　棚　二八〇
たなご　鱮　三九〇
たなごころ　掌　二七六
たに　谷　一二二
たに　澗　三三六
だに　蜱　三三七
たね　種　三三三
たのしい　楽　三〇三
たのむ　頼　三五八
たび　度　一六九
たび　旅　二一三
たぶのき　椨　二八〇
たぶらかす　誑　三二八
たべる　食　一九七
たぼ　髱　三四七
たま　玉　七二
たま　圭　八七
たま　珠　二一八
たま　弾　二六九
たま　霊　三四六
たまう　給　二八六
たまご　卵　一〇七
たましい　魂　三三二
だまる　黙　三四七
たみ　民　七一
ため　為　一八三
ためる　矯　三六三
たもつ　保　一六四
たより　便　一六三
たりる　足　一二四
たる　樽　三五二
たるき　椽　三〇四
だれ　誰　三四四
たれる　垂　一三三
たわむれる　戯　三三七
たわら　俵　一九九
たん　反　三九
たん　旦　六九
たん　坦　一三四
たん　担　一四一
たん　単　一六八
たん　胆　一八一
たん　炭　一八三
たん　袒　二二一
たん　探　二四〇
たん　淡　二四二
たん　蛋　二五三
たん　酖　二五六
たん　湛　二七四
たん　湍　二七四
たん　短　二八四
たん　覃　二八八
たん　赧　二八九
たん　端　三二四
たん　憚　三三五
たん　歎　三四〇
たん　殫　三五二
たん　鍛　三六六
たん　簞　三七〇
たん　黮　三八六
たん　攤　三八七
たん　鐔　三八七
だん　団　八七
だん　男　一二〇
だん　段　一八三
だん　断　二四五
だん　弾　二六九
だん　暖　三〇三
だん　椴　三〇四
だん　煖　三〇五
だん　談　三四四
だん　擅　三四九
だん　檀　三六二

【ち】

ち　千　一七
ち　地　八七
ち　血　一〇一
ち　知　一五四
ち　致　二二四
ち　遅　二九〇
ち　痴　三〇六
ち　稚　三〇七
ち　置　三〇八
ち　雉　三一四
ち　蜘　三二七
ち　螭　三六四
ち　癡　三七五
ち　鮐　三八三
ち　魑　三八五
ち　黐　三八九
ちいさい　小　二四
ちかい　近　一二五
ちかう　誓　三一八
ちがう　違　三一二
ちから　力　九
ちぎる　契　一六七
ちく　竹　九八
ちく　逐　二二六

ちく　筑　二八五
ちく　築　三五三
ちく　鱁　三八八
ちち　父　五五
ちち　乳　一二七
ちぢむ　縮　三六三
ちつ　帙　一三八
ちつ　秩　二二〇
ちつ　窒　二四九
ちまた　巷　一六九
ちまた　衢　三九〇
ちゃ　茶　一七八
ちゃく　着　二八四
ちゃく　嫡　三一八
ちゅう　中　三三
ちゅう　仲　八二
ちゅう　虫　一〇一
ちゅう　沖　一一四
ちゅう　抽　一四一
ちゅう　注　一四二
ちゅう　忠　一四七
ちゅう　昼　一八〇
ちゅう　柱　一八二
ちゅう　紐　二二三
ちゅう　鈕　二九一
ちゅう　稠　三〇七
ちゅう　誅　三一一
ちゅう　綢　三二五
ちゅう　鋳　三四六
ちゅう　疇　三七五
ちゅう　籌　三八一
ちゅう　躊　三八五
ちょ　佇　一〇五
ちょ　苧　一四六
ちょ　杼　一五一
ちょ　猪　二四二
ちょ　著　二四三
ちょ　貯　二八九
ちょ　楮　三〇四
ちょ　樗　三三九
ちょ　儲　三六八
ちょ　攄　三六八
ちょう　丁　五
ちょう　刁　九
ちょう　庁　六八
ちょう　弔　八六
ちょう　佻　一二九
ちょう　帖　一三八
ちょう　長　一五八
ちょう　挑　一七二
ちょう　冢　二〇〇
ちょう　凋　二〇〇
ちょう　帳　二三七
ちょう　張　二三八
ちょう　窕　二四九
ちょう　蛁　二五三
ちょう　釣　二五七
ちょう　頂　二五九
ちょう　鳥　二六〇
ちょう　朝　二七九
ちょう　瓺　二八三
ちょう　貂　二八九
ちょう　腸　三〇三
ちょう　楪　三〇四
ちょう　誂　三一一
ちょう　徴　三一八
ちょう　暢　三二〇
ちょう　肇　三二七
ちょう　蜩　三二七
ちょう　輒　三二九
ちょう　銚　三三〇
ちょう　嘲　三三四
ちょう　澄　三三七
ちょう　潮　三三七
ちょう　蝶　三四四
ちょう　調　三四四
ちょう　輙　三四五
ちょう　髫　三四七
ちょう　嬥　三六〇
ちょう　聴　三六四
ちょう　懲　三六八
ちょう　寵　三七四
ちょう　蟶　三七六
ちょう　糶　三九一
ちょく　直　一五三
ちょく　勅　一六四
ちり　埃　二〇二
ちり　塵　三一七
ちる　散　二七六
ちん　沈　一一四
ちん　枕　一五一
ちん　珍　一八五
ちん　酖　二五六
ちん　陳　二五七
ちん　椿　三〇四
ちん　椹　三〇四
ちん　鴆　三四七
ちん　鎮　三七一

【つ】

つ　津　一七四
つい　追　一九四
つい　墜　三三四
つう　通　二三六
つう　痛　二八四
つえ　仗　五九
つえ　杖　一一八
つが　栂　一八二
つかう　使　一二八
つかう　遣　三一三
つかえる　仕　五九
つかえる　閊　二五七
つかさ　司　六四
つかれる　疲　二一八
つかれる　瘁　三〇六
つき　月　四八
つき　槻　三三九
つぎ　次　九六
つきる　尽　九〇
つきる　竭　三二三
つく　突　一五五
つく　鈂　二五七
つく　就　二六八
つく　搗　二九九
つく　衝　三三五
つく　撞　三三六
つぐ　接　二四〇
つぐ　嗣　二九七
つぐ　継　三〇八
つくえ　机　九五
つくだ　佃　一〇五
つぐみ　鶇　三七九
つぐみ　鶫　三八三
つくる　作　一〇四
つくる　造　二三六
つくろう　繕　三七〇
つける　付　五九
つける　漬　三一九
つげる　告　一〇八
つたわる　伝　八二
つち　土　一八
つちかう　培　二三五
つつ　筒　二八六
つつが　恙　二一二
つづく　続　三〇九
つつしむ　謹　三六五
つづみ　鼓　三一六
つつむ　包　六一
つづる　綴　三二五
つとに　夙　八四
つとめる　努　一〇七
つとめる　勉　二〇一
つとめる　勤　二六五
つな　維　三二五
つな　綱　三二五
つね　常　二三七
つの　角　一二一
つばき　椿　三〇四
つばめ　燕　三五二
つぼ　坪　一三四
つぼ　壺　二六七
つぼみ　莟　二一一
つま　妻　一三五
つま　褄　三〇八
つまずく　跌　二八九
つまずく　蹉　三六五
つみ　罪　三〇八
つむ　摘　三一九
つむ　錘　三五六
つむぐ　紡　二二三
つめ　爪　五五
つめたい　冷　一〇六
つめる　詰　三二一
つもる　積　三五三

つや　艶　三七六
つよい　侃　一二八
つよい　剛　二〇一
つよい　強　二三七
つらなる　連　三二六
つらぬく　貫　二五四
つる　弦　一三八
つる　釣　二五七
つる　鉉　三一三
つる　蔓　三三〇
つる　霍　三五七
つる　鶴　三八六
つるす　吊　八六

【て】

て　手　四五
てい　叮　六四
てい　汀　六九
てい　低　一〇五
てい　弟　一一二
てい　定　一三六
てい　底　一三八
てい　抵　一四一
てい　町　一五六
てい　邸　一五七
てい　亭　一六三
てい　剃　一六四
てい　帝　一六九
てい　洟　一七二
てい　牴　一八五
てい　梃　二〇八
てい　逓　二二六
てい　釘　二二七
てい　停　二三二
てい　梯　二四六
てい　飣　二五九
てい　提　二七三
てい　渟　二七四
てい　棣　二八〇
てい　睇　二八四
てい　程　二八五
てい　詆　二八八
てい　蜓　三一〇
てい　遉　三一二
てい　髢　三一六
てい　蔕　三三〇
てい　綴　三三五
てい　蝃　三三七
てい　霆　三四六
てい　諦　三五五
てい　頳　三五五
てい　蹄　三五六
てい　騁　三六六
てい　鵜　三七三
てい　鯷　三八三
でい　泥　一四二
てき　彳　二九
てき　的　一五三
てき　剔　二〇一
てき　惕　二三九
てき　摘　三一九
てき　滴　三一九
てき　適　三二九
てき　擢　三六一
てき　擲　三六八
てき　蹢　三七一
てき　糴　三八七
てき　覿　三八八
てき　躑　三八八
でこ　凸　六一
デシグラム　瓰　一八五
てつ　佚　一〇三
てつ　咥　一六六
てつ　啜　二三四
てつ　跌　二八九
てつ　鉄　三一三
てつ　錣　三五六
てつ　轍　三七七
でつ　涅　二〇九
てら　寺　九〇
てる　照　三〇五
でる　出　六〇
てん　天　四〇
てん　典　一三〇
てん　店　一三八
てん　忝　一四七
てん　恬　一七一
てん　殄　一八三
てん　点　一八四
てん　展　二〇四
てん　添　二四二
てん　甜　二四八
てん　転　二五五
てん　奠　二六七
てん　覘　二八八
てん　貂　二八九
てん　貼　二八九
てん　填　二九七
てん　椽　三〇四
てん　蜓　三一〇
てん　槙　三二一
てん　碾　三四一
てん　諂　三四五
てん　顛　三七七
てん　纏　三八四
てん　癲　三九〇
でん　田　七四
でん　伝　八二
でん　佃　一〇五
でん　甸　一〇七
でん　殿　三〇五
でん　電　三一五
でん　鮎　三五九
でん　臀　三六二

【と】

と　戸　四五
と　斗　四七
と　吐　八六
と　図　一〇九
と　妒　一一〇
と　杜　一一八
と　兎　一二九
と　妬　一三五
と　徒　二〇六
と　荼　二一一
と　莵　二一一
と　砥　二三〇
と　途　二二六
と　兜　二三三
と　菟　二四三
と　都　二五五
と　渡　二七四
と　塗　二九七
と　覩　三五五
と　賭　三五五
と　鍍　三六六
と　闍　三六六
と　蠹　三八七
ど　土　一八
ど　奴　六六
ど　努　一〇七
ど　呶　一三二
ど　孥　一三五
ど　弩　一三九
ど　度　一六九
ど　怒　一七八
とい　問　二三四
とい　樋　三三九
とう　刀　九
とう　冬　六五
とう　当　九〇
とう　灯　九七
とう　投　一一三
とう　豆　一二二
とう　苳　一四六
とう　東　一五一
とう　沓　一五二
とう　逃　一九四
とう　迯　一九四
とう　倒　一九九
とう　凍　二〇〇
とう　唐　二〇一
とう　套　二〇二
とう　島　二〇四
とう　桃　二一六
とう　桐　二一六
とう　疼　二一八
とう　討　二一五
とう　透　二二六
とう　偸　二三二
とう　剳　二三三

とう 掏 二四〇
とう 淘 二四二
とう 桶 二四六
とう 盗 二四九
とう 陶 二五七
とう 塔 二六七
とう 媮 二六七
とう 湯 二七四
とう 棟 二八〇
とう 棠 二八〇
とう 痘 二八四
とう 登 二八四
とう 答 二八五
とう 等 二八五
とう 筒 二八六
とう 統 二八七
とう 搗 二九九
とう 搯 二九九
とう 榻 三一一
とう 稲 三一三
とう 綯 三一六
とう 骰 三三二
とう 幢 三三五
とう 蕩 三三七
とう 踏 三四五
とう 擋 三四九
とう 瞳 三五一
とう 橙 三五二
とう 燈 三五二
とう 糖 三五三
とう 縢 三五四
とう 頭 三五八
とう 擣 三六一
とう 璫 三六二
とう 盪 三六二
とう 螳 三六四
とう 蹋 三六五
とう 藤 三六八
とう 櫂 三六九
とう 礑 三六九
とう 鬪 三七二
とう 蟷 三七六
とう 鐙 三八二
とう 騰 三八二
とう [illegible] 三八五
とう 鐺 三八五
とう [illegible] 三八六
とう 儻 三八七
とう 攩 三八九
とう 讜 三九二
どう 同 八四
どう 呶 一三三
どう 洞 一七五
どう 胴 二一四
どう 動 二三四
どう 堂 二三五
どう 淖 二四二
どう 童 二八五
どう 道 二九〇
どう 閙 三一四
どう 僮 三一七
どう 銅 三三〇
どう 撞 三三六
どう 撓 三三六
どう 納 三四七
どう 瞳 三六二
どう 檸 三六九
どう 鐃 三八二
とうとい 尊 二六八
とうとい 貴 二八九
とおい 遠 三一二
とおる 通 三二六
とが 咎 一三一
とが 栂 一八二
とき 時 二一三
とき 閧 三五八
とき 鴇 三六七
とき 牘 三七五
とぎ 伽 一〇四
とく 匿 二〇一
とく 特 二一八
とく 得 二三八
とく 督 三〇六
とく 解 三一〇
とく 徳 三一八
とく 説 三一八
とく 篤 三五三
とく 犢 三七五
とく 黷 三九二
とぐ 研 一八八
どく 毒 一五二
どく 独 一七六
どく 読 三一八
どく 髑 三八九
どく 黷 三九二
どくだみ 蕺 三五〇
とげる 遂 二九〇
とこ 床 一二二
ところ 処 六〇
ところ 所 一四七
とし 年 九〇
とし 歳 三〇五
どじょう 鰌 三八三
とじる 閉 二五七
とじる 緘 三四二
とち 橡 三五二
とつ 凸 六一
とつ 吶 一〇九
とつ 咄 一三二
とつ 突 一五五
とつ 訥 二五四
とつぐ 嫁 二九七
とても 迚 一五六
とどろき 轟 三八五
となえる 唱 二三四
との 殿 三〇五
とばり 帷 二三七
とび 鳶 三三二
とび 鴟 三五九
とび 鵄 三六七
とぶ 飛 一九六
とぼしい 乏 三二
とま 苫 一四六
とまる 止 五一
とまる 泊 一四三
とまる 停 二三二
とみ 富 二六八
とめ 留 二一八
とも 友 四〇
とも 共 八三
とも 供 一二八
ともえ 巴 四三
ともなう 伴 一〇五
ともに 倶 一九九
どもる 吃 八五
とら 彐 九
とら 虎 一五六
とらえる 捕 二〇八
とらわれる 囚 六五
とり 鳥 二六〇
とりこ 俘 一六三
とりで 塞 二九七
とる 取 一三一
とる 執 二三四
とる 摂 二九九
とる 撮 三三五
ドル 弗 六八
どろ 泥 一四二
どろ 淤 二四一
とん 屯 四三
とん 敦 二七七
とん 遁 三一二
とん 頓 三一五
とん 噸 三四八
トン 瓲 一八五
どん 貪 二五四
どん 鈍 二九一
どん 嫩 三一八
どん 緞 三四三
どん 曇 三五一

【な】

な 名 八六
な 那 一二五
な 奈 一三四
な 菜 二四三
な 梛 二四六
ない 亡 一六
ない 内 三七
ない 無 二八一
なう 綯 三二六
なえる 萎 二四三
なお 猶 二七四
なか 中 三二

なか　仲　八二
ながい　永　七一
ながえ　長　一五八
ながえ　轅　三六五
なかば　半　六二
ながら　乍　五八
ながれる　流　二一〇
なきがら　骸　三五八
なぎさ　渚　二四一
なく　泣　一四二
なく　哭　二〇一
なく　鳴　三三二
なぐさめる　慰　三三七
なげうつ　抛　一四一
なげく　嗟　二九六
なげく　慨　二九八
なげく　歎　三四〇
なげる　投　一一三
なし　梨　二四七
なす　做　二三二
なずな　薺　三六一
なぞ　謎　三六五
なぞらえる　准　二〇〇
なぞらえる　準　三〇〇
なつ　夏　二〇二
なでる　撫　三三六
なな　七　五
ななめ　斜　二四五
なに　何　一〇三
なべ　鍋　三六五
なまぐさい　腥　三〇三
なまり　訛　二五三
なみ　波　一四三
なみ　浪　二一〇
なめらか　滑　二九九
なめる　舐　二二四
なめる　嘗　三一七
ならう　習　二五二
なる　成　九三
なれる　馴　三一五
なわ　縄　三四三
なん　男　一二〇
なん　南　一六五
なん　軟　二五五
なん　喃　二六六
なん　難　三七二
なんじ　汝　九三
なんじ　爾　三二二

【に】

に　二　六
に　仁　三五
に　尼　六六
に　荷　二一〇
にい　新　三〇二
にえ　銋　三四六
にえ　贄　三七〇
にお　鳰　三一六
におう　匂　三九
にかわ　膠　三三八
にぎやか　賑　三二八
にく　肉　一〇〇
にく　宍　一一〇
にげる　逃　一九四
にごる　濁　三四九
にし　西　一〇二
にしき　錦　三五六
にしん　鰊　三八三
にせ　偽　二三二
にち　日　四八
にな　螺　三六四
にぶい　鈍　二九一
にべ　鮸　三七三
にゅう　入　七
にゅう　乳　一二七
にょ　如　八八
にょう　尿　一一一
にら　韮　一九六
にらむ　睨　三〇六
にる　似　一〇四
にる　煮　二八一
にる　飪　三一五
にれ　楡　三〇四
にわ　庭　二〇五
にわか　俄　一六三
にわとり　鶏　三七八
にん　人　七
にん　任　八三
にん　妊　一一〇
にん　忍　一一七
にん　認　三二八

【ぬ】

ぬう　縫　三五四
ぬえ　鵼　三七八
ぬえ　鵺　三七九
ぬか　糠　三六三
ぬく　抜　一一三
ぬぐ　脱　二四六
ぬぐう　拭　一七二
ぬけがら　蛻　三一〇
ぬさ　幣　三三五
ぬし　主　五八
ぬすむ　盗　二四九
ぬの　布　六七
ぬのこ　褐　三二四
ぬま　沼　一四二
ぬめかわ　鞦　三四七
ぬる　塗　二九七
ぬれる　濡　三六一

【ね】

ね　値　一九九
ね　涅　二〇九
ね　根　二一五
ね　禰　三七五
ねい　佞　一〇五
ねい　寧　三一八
ねがい　願　三七七
ねぎ　葱　二七五
ねぐら　塒　二九七
ねこ　猫　二四二
ねじる　捩　二四〇
ねじれる　拗　一四〇
ねずみ　鼠　三一六
ねたむ　妬　一三五
ねつ　捏　二〇八
ねつ　熱　三四〇
ねばる　粘　二五〇
ねむる　睡　三〇六
ねや　閨　三三〇
ねる　寐　二六八
ねる　寝　二九八
ねる　練　三三六
ねる　錬　三五六
ねん　年　九〇
ねん　拈　一四一
ねん　念　一四七
ねん　捻　二四〇
ねん　粘　二五〇
ねん　然　二八一
ねん　撚　三三六
ねんごろ　懇　三六一

【の】

の　乃　六
の　野　二五六
のう　衲　一九一
のう　能　二一四
のう　納　二一三
のう　農　三一二
のう　濃　三五〇
のう　嚢　三八四
のがれる　遁　三一二
のき　軒　二二五
のき　簷　三七六
のこる　残　二一六
のし　熨　三四〇
のぞく　除　二二八
のぞむ　望　二四六
のぞむ　臨　三七〇
のど　吭　一〇八
のど　喉　二六六
ののしる　罵　三四一
のばす　延　一三八
のびる　伸　一〇四
のびる　蒜　三〇〇
のべる　述　一五六
のべる　演　三一九
のぼり　幡　三三五
のぼる　登　二八四
のみ　蚤　二二四

読み	字	頁
のみ	鑿	三九二
のむ	飲	二九四
のり	則	一六四
のり	糊	三四二
のる	乗	一六三
のろう	呪	一三一

【は】

読み	字	頁
は	刃	一七
は	巴	四三
は	叵	六四
は	把	一一三
は	波	一四三
は	杷	一五一
は	玻	一八五
は	破	二二〇
は	笆	二二二
は	菠	二四三
は	葩	二七五
は	葉	二七五
は	歯	二九五
は	頗	三三一
は	簸	三七六
は	覇	三七七
ば	芭	一一六
ば	馬	三二八
ば	婆	二三五
ば	場	二六七
ば	罵	三四一
はい	灰	九七
はい	吠	一〇九
はい	坏	一一〇
はい	孛	一一〇
はい	沛	一一四
はい	佩	一二九
はい	拝	一四一
はい	杯	一五一
はい	柿	一五一
はい	肺	一八一
はい	背	一八一
はい	俳	一九九
はい	徘	二三八
はい	排	二四〇
はい	敗	二四四
はい	輩	三四五
はい	癈	三六二
ばい	売	一一〇
ばい	玫	一五三
ばい	倍	一九九
ばい	梅	二一六
ばい	培	二三五
ばい	陪	二五八
ばい	媒	二六七
ばい	買	二八九
ばい	黴	三九〇
はう	匍	一六五
はう	這	二二六
はう	匐	二三四
はう	這	二五五
はえ	蠅	三七六
はか	墓	二九七
はか	墳	三三四
はかる	図	一〇九
はかる	計	一九三
はかる	量	二九一
はかる	課	三四四
はかる	諮	三五五
はかる	謀	三五五
はく	白	七五
はく	吐	八六
はく	伯	一〇五
はく	帛	一三八
はく	帕	一三八
はく	怕	一四〇
はく	拍	一四一
はく	泊	一四三
はく	迫	一五六
はく	柏	一八二
はく	掃	二四〇
はく	舶	二五二
はく	博	二六六
はく	搏	二九九
はく	薄	三五〇
はく	璞	三五二
はく	鮊	三五九
はく	鎛	三七一
はぐ	剝	二〇一
ばく	麦	一二六
ばく	莫	二一一
ばく	貉	三一一
ばく	駁	三三二
ばく	縛	三五四
ばく	貘	三六一
ばく	曝	三七五
ばく	爆	三七五
ばく	驀	三八二
はげ	禿	一〇六
はげしい	激	三四九
ばける	化	三四
はこ	匣	一〇七
はこ	函	一三〇
はこ	匭	二三四
はこ	笥	二五〇
はこ	筥	三〇八
はこ	篋	三四二
はこ	箱	三四二
はこぶ	運	二九〇
はさみ	鋏	三三〇
はし	端	三二四
はじ	愧	二九八
はじかみ	薑	三五〇
はしけ	艀	三〇九
はじめ	肇	三二七
はじめる	始	一三五
はしら	柱	一八二
はしる	走	一二四
はじる	羞	二五二
はじる	媿	二九七
はす	蓮	三〇一
はす	鰣	三八六
はず	筈	二八五
はずかしめる	辱	二二六
はぜ	櫨	三八一
はせる	馳	三一五
はた	旗	三二〇
はた	幢	三三五
はた	機	三五一
はだ	肌	九四
はだか	裸	三〇八
はだき	襯	三八四
はだし	跣	三一二
はたす	果	一五〇
はたはた	鰰	三八六
はたはた	鱩	三九一
はち	八	八
はち	蜂	三一〇
はつ	発	七五
はつ	初	一〇六
はつ	発	一八六
はつ	髪	三三二
はつ	撥	三三六
はつ	潑	三三七
ばつ	伐	八三
ばつ	抜	一一三
ばつ	跋	二八九
はつかねずみ	鼷	三九〇
はと	鳩	三一六
はな	花	一一五
はな	華	二一〇
はな	鼻	三三三
はなきる	劓	三四八
はなし	咄	一三二
はなす	放	一四八
はなはだ	甚	一八五
はなむけ	餞	三六六
はなれる	離	三七七
はに	埴	二三五
はね	羽	九九
はねる	刎	八四
はねる	撥	三三六
はは	母	七一
はば	巾	二八
はば	幅	二六八
はばかる	憚	三三五
はばき	鎺	三七一
はばむ	阻	一六〇
はぶく	省	一八七
はま	浜	二〇九
はまぐり	蛤	二八八
はも	鱧	三九〇
はや	鮠	三六六
はやい	早	九四
はやい	速	二二六
はやし	林	一五一

はやぶさ　隼　二三八
はら　原　二〇一
はら　腹　三〇三
はらう　払　六九
はらむ　孕　六六
はららご　鮞　三六六
はり　針　二二七
はり　榛　三二一
はり　箴　三四二
はりつけ　磔　三四一
はる　春　一七九
はる　張　二三八
はる　貼　二八九
はるか　遥　二九一
はるか　遙　三二九
はん　反　三九
はん　半　六二
はん　犯　六九
はん　汎　九三
はん　伴　一〇五
はん　判　一〇六
はん　坂　一一〇
はん　泛　一一四
はん　版　一五二
はん　叛　一六五
はん　班　二一八
はん　畔　二一八
はん　袢　二三一
はん　般　二二四
はん　絆　二五一
はん　販　二五四
はん　斑　二七七
はん　煩　三〇五
はん　頒　三一五
はん　幡　三三五
はん　蕃　三三七
はん　樊　三三九
はん　繁　三五四
はん　蟠　三七〇
はん　蹣　三七一
はん　攀　三七五
はん　礬　三八〇
ばん　板　一五一
ばん　挽　二〇八
ばん　晩　二七八
ばん　番　二八三
ばん　輓　三二九
ばん　播　三三六
ばん　蕃　三三七
ばん　盤　三四一
ばん　磐　三四一
ばん　礬　三八一
ばん　鰻　三八八
はんぞう　楾　三〇五
はんぞう　[illegible]　三二三

【ひ】

ひ　匕　九
ひ　日　四八
ひ　比　五一
ひ　火　五四
ひ　丕　五八
ひ　皮　七七
ひ　妃　八九
ひ　灯　九七
ひ　否　一〇九
ひ　屁　一一一
ひ　庇　一一二
ひ　披　一四一
ひ　狒　一四四
ひ　肥　一五〇
ひ　杼　一五一
ひ　非　一六一
ひ　卑　一六五
ひ　飛　一九六
ひ　俾　一九九
ひ　匪　二〇一
ひ　疲　二一八
ひ　秘　二二〇
ひ　被　二二一
ひ　粃　二二二
ひ　紕　二二三
ひ　蚍　二二四
ひ　菲　二四三
ひ　悲　二七六
ひ　腓　二七九
ひ　賁　二八九
ひ　蓖　三〇〇
ひ　鈚　三一四
ひ　緋　三一六
ひ　翡　三一六
ひ　蜚　三一七
ひ　蜱　三一七
ひ　鄙　三一九
ひ　樋　三三九
ひ　罷　三四一
ひ　誹　三四五
ひ　燈　三五二
ひ　避　三五六
ひ　霏　三五七
ひ　嚊　三六〇
ひ　髀　三七三
ひ　譬　三八一
び　尾　一一一
び　眉　一八八
び　美　一九二
び　娓　二〇三
び　梶　二四七
び　備　二六五
び　媚　二六七
び　寐　二六八
び　琵　二八三
び　微　二九八
び　蓖　三〇〇
び　楣　三〇四
び　鼻　三三三
び　薇　三五〇
び　糒　三五三
び　彌　三六〇
び　縻　三六三
び　麋　三六七
び　瀰　三八〇
び　獼　三八〇
ひいでる　秀　一二〇
ひいらぎ　柊　一八二
ひうち　燧　三六二
ひがい　鰉　三八二
ひがし　東　一五一
ひかり　光　八三
ひき　匹　三九
ひきいる　率　二三一
ひく　引　四三
ひく　曳　九三
ひく　挽　二〇八
ひく　弾　二六九
ひく　輓　三二九
ひくい　低　一〇五
ひげ　髯　三四七
ひげ　鬚　三八八
ひこばえ　蘖　三八〇
ひざ　膝　三三八
ひさぎ　楸　三〇四
ひさげ　匜　六二
ひさご　瓢　三五二
ひさし　廡　三三五
ひさしい　久　一五
ひし　菱　二四三
ひし　蔆　三二〇
ひじ　肱　一五〇
ひしこ　鯷　三八三
ひしめく　犇　二八三
ひじり　聖　三〇九
ひたい　額　三七二
ひたき　鶲　三八六
ひたす　寖　二九八
ひたす　漬　三一九
ひだり　左　六七
ひつ　必　六九
ひつ　畢　二四八
ひつ　弼　二六九
ひつ　筆　二八六
ひつ　逼　三一二
ひつ　匱　三一七
ひつ　觱　三五五
ひつ　篳　三六三
ひつじ　未　七〇
ひつじ　羊　九九
ひつじさる　坤　一三三
ひづめ　蹄　三五六
ひでり　旱　一一七
ひと　人　七
ひどい　酷　三二九
ひとしい　等　二八五
ひとみ　瞳　三六二

ひとり　独　一七六
ひな　鄙　三二九
ひな　雛　三七二
ひねる　拈　一四一
ひのき　檜　三六二
ひび　皹　三二三
ひびき　響　三八二
ひま　閑　二九三
ひま　暇　三〇三
ひめ　姫　二〇三
ひめる　秘　二三〇
ひも　紐　二二三
ひゃく　百　九七
びゃく　白　七五
ひょう　氷　七一
ひょう　兵　一〇六
ひょう　凭　一三〇
ひょう　拍　一四一
ひょう　表　一五六
ひょう　俵　一九九
ひょう　莩　二一一
ひょう　豹　二二五
ひょう　評　二八八
ひょう　剽　二九六
ひょう　漂　三一九
ひょう　標　三三九
ひょう　慓　三四〇
ひょう　憑　三五一
ひょう　瓢　三五二
ひょう　瘭　三五二
ひょう　瞟　三五二
ひょう　縹　三六四
ひょう　螵　三六五
ひょう　飄　三八二
ひょう　飆　三八五
ひょう　鰾　三八八
ひょう　鑣　三八九
ひょう　驫　三九三
びょう　苗　一四六
びょう　杪　一五一
びょう　眇　一八八
びょう　病　二一八
びょう　描　二四〇
びょう　猫　二四二
びょう　渺　二七四
びょう　淼　二八〇
びょう　錨　三五七
びょう　藐　三六一
ひよどり　鵯　三七九
ひらく　開　二九二
ひらめ　鮃　三五九
ひる　昼　一八〇
ひる　蛭　二八八
ひる　蒜　三〇〇
ひるがえる　翻　三七〇
ひれ　鰭　三八五
ひろい　広　六八
ひろい　弘　六八
ひろい　汎　九三
ひろい　博　二六六
ひろい　寛　二九八
ひろう　拾　一七二
ひろう　摭　三一九
ひん　牝　九七
ひん　品　一六六
ひん　浜　二〇九
ひん　彬　二三八
ひん　貧　二五四
ひん　斌　二七七
ひん　賓　三四五
ひん　頻　三五八
ひん　擯　三六一
ひん　臏　三六九
ひん　檳　三六九
ひん　殯　三六九
ひん　嚬　三七四
ひん　蘋　三七四
ひん　顰　三九〇
ひん　髕　三九〇
びん　旻　一四九
びん　便　一六三
びん　敏　二一二
びん　紊　二二三
びん　瓶　二四八
びん　閔　二九三
びん　愍　三〇二
びん　憫　三三五
びん　緡　三四三
びん　鬢　三九〇

【ふ】

ふ　不　三〇
ふ　仆　三五
ふ　夫　四二
ふ　父　五五
ふ　付　五九
ふ　布　六七
ふ　孚　一一〇
ふ　巫　一一一
ふ　扶　一一三
ふ　怖　一四〇
ふ　斧　一四八
ふ　阜　一五九
ふ　附　一六〇
ふ　俘　一六三
ふ　負　一九三
ふ　俯　一九九
ふ　浮　二〇九
ふ　莩　二一一
ふ　桴　二四七
ふ　趺　二五五
ふ　傅　二六五
ふ　富　二六八
ふ　普　二七八
ふ　蒲　三〇〇
ふ　艀　三〇九
ふ　蜉　三一〇
ふ　鳧　三一六
ふ　腐　三一七
ふ　誣　三一八
ふ　輔　三一九
ふ　敷　三一八
ふ　賦　三四五
ふ　麩　三四七
ぶ　侮　一二九
ぶ　武　一五一
ぶ　歩　一五一
ぶ　部　二五六
ぶ　葡　二七五
ぶ　鳧　三一六
ぶ　誣　三一八
ぶ　嘸　三三四
ぶ　廡　三三五
ぶ　撫　三三六
ぶ　蕪　三三七
ぶ　舞　三四三
ふう　封　一六八
ふう　風　一九六
ふう　楓　三〇四
ふう　諷　三五五
ふえる　殖　二八〇
ふか　鱶　三九二
ふかい　深　二四一
ふく　伏　八三
ふく　吹　一〇九
ふく　服　一五〇
ふく　副　二三三
ふく　匐　二三四
ふく　袱　二四九
ふく　幅　二六八
ふく　復　二七二
ふく　腹　三〇三
ふく　蔔　三三〇
ふく　箙　三二五
ふく　噴　三三四
ふく　蝮　三四四
ふく　輻　三五六
ふく　輹　三五六
ふく　覆　三七〇
ふく　鞴　三七七
ふく　鰒　三八三
ぶく　茯　一七八
ふくさ　袱　二四九
ふくむ　含　一〇八
ふくらはぎ　腓　二七九
ふくろ　袋　二五三
ふくろ　橐　三三二
ふくろう　梟　二四六
ふける　更　一一七
ふし　節　三〇八
ふじ　藤　三六八
ふす　偃　二三一
ふすま　衾　二二五
ふすま　麬　三五九

ふせぐ　防　一二五
ふせる　伏　八三
ふた　双　三九
ふだ　札　六九
ふたたび　再　八四
ふち　淵　二七三
ふち　縁　三四二
ふつ　弗　六八
ふつ　払　六九
ふつ　沸　一四三
ふつ　艴　二五二
ふつ　黻　三六七
ぶつ　仏　三五
ぶつ　勿　三八
ぶつ　物　一五二
ふで　筆　二八六
ふとい　太　四〇
ふところ　懐　三四九
ふね　舟　一〇一
ふね　船　二五二
ふみ　文　四六
ふみ　史　六四
ふむ　踏　三四五
ふゆ　冬　六五
ぶよ　蚋　二二四
ふる　振　二〇八
ふるい　古　六三
ふるい　旧　六九
ふるえる　震　三四六
ふれる　触　三一一
ふん　刎　八四
ふん　汾　一一四
ふん　芬　一一六
ふん　忿　一四七
ふん　枌　一五一
ふん　粉　二二二
ふん　紛　二二三
ふん　噴　三三四
ふん　墳　三三四
ふん　憤　三三五
ふん　糞　三六三
ふん　鱝　三九一
ぶん　分　三八
ぶん　文　四六
ぶん　紊　二二三
ぶん　聞　三一七
ふんどし　褌　三二四

【へ】

へ　屁　一一一
へい　平　六七
へい　兵　一〇六
へい　併　一二九
へい　苹　一四六
へい　秉　一五五
へい　屏　一六八
へい　柄　一八二
へい　炳　一八三
へい　萍　二四三
へい　閉　二五七
へい　閇　二五七
へい　睥　三〇六
へい　聘　三〇九
へい　箆　三三五
へい　幣　三三五
へい　弊　三三五
へい　餅　三四七
へい　嬖　三四九
へい　篦　三五三
へい　鮃　三五九
へい　斃　三六八
へい　鼙　三八六
べい　米　九八
ページ　頁　一九六
へき　辟　三一二
へき　僻　三三四
へき　劈　三三四
へき　壁　三四八
へき　霹　三八五
へき　鷿　三九一
へさき　艫　三八七
べし　可　六三
へそ　臍　三六八
へた　蔕　三三〇
へだたる　隔　三一四
べつ　別　一〇六
べつ　瞥　三六二
べつ　襪　三七六
へつらう　佞　一〇五
へつらう　諂　三四五
べに　紅　一九一
へび　蛇　二五三
へら　箆　三三五
へる　経　二五〇
へる　減　二七三
へる　歴　三三二
へん　片　五五
へん　辺　八〇
へん　返　一二五
へん　変　一六六
へん　扁　一七九
へん　砭　一八八
へん　偏　二三三
へん　貶　二五四
へん　徧　二七二
へん　遍　二九一
へん　褊　三二四
へん　編　三四三
へん　蝙　三四四
へん　騙　三七七
べん　弁　六八
べん　抃　一一三
べん　便　一六三
べん　眄　一八八
べん　勉　二〇一
べん　箯　三四二
べん　鮸　三七三

【ほ】

ほ　甫　一一九
ほ　歩　一五一
ほ　保　一六四
ほ　匍　一六五
ほ　捕　二〇八
ほ　浦　二〇九
ほ　哺　二四五
ほ　脯　二四六
ほ　逋　二五五
ほ　堡　二六七
ほ　葡　二七五
ほ　補　二八五
ほ　蒲　三〇〇
ほ　輔　三三九
ほ　舗　三三四
ほ　穂　三四一
ほ　鋪　三四六
ぼ　母　七一
ぼ　莫　二一一
ぼ　墓　二九七
ぼ　暮　三二〇
ぼ　模　三三一
ほう　方　四七
ほう　包　六一
ほう　呆　一〇九
ほう　芳　一一六
ほう　奉　一三四
ほう　宝　一三六
ほう　抱　一四一
ほう　抛　一四一
ほう　法　一四三
ほう　泡　一四四
ほう　苞　一四六
ほう　放　一四八
ほう　昉　一四九
ほう　胞　一八一
ほう　枹　一八二
ほう　炮　一八三
ほう　峰　二〇四
ほう　疱　二一八
ほう　舫　二二四
ほう　逢　二二六
ほう　堋　二三五
ほう　崩　二三七
ほう　捧　二四〇
ほう　萌　二四三
ほう　脬　二四六
ほう　烽　二四七
ほう　烹　二四七
ほう　訪　二五四
ほう　幇　二六八
ほう　焙　二八一
ほう　琺　二八三
ほう　滂　三〇〇
ほう　蓬　三〇一

ほう 蜂 三一〇
ほう 豊 三一一
ほう 蓬 三二〇
ほう 鳳 三三二
ほう 磅 三四一
ほう 褒 三四四
ほう 髱 三四七
ほう 魴 三四七
ほう 鴇 三四七
ほう 縫 三五四
ほう 鮑 三五九
ぼう 亡 一六
ぼう 乏 三二
ぼう 卯 六三
ぼう 妄 八九
ぼう 芒 九三
ぼう 坊 一一〇
ぼう 尨 一一一
ぼう 彷 一一二
ぼう 忘 一一七
ぼう 防 一二五
ぼう 茅 一四六
ぼう 茫 一七八
ぼう 冒 一八〇
ぼう 某 一八二
ぼう 旁 二一三
ぼう 紡 二二三
ぼう 耄 二二四
ぼう 蚌 二二五
ぼう 惘 二三九
ぼう 望 二四六
ぼう 眸 二四九
ぼう 傍 二六五
ぼう 帽 二六八
ぼう 棒 二八〇
ぼう 滂 三〇〇
ぼう 膀 三一〇
ぼう 榜 三一一
ぼう 膀 三二二
ぼう 貌 三一八
ぼう 鉾 三三〇
ぼう 儚 三三四
ぼう 暴 三三八
ぼう 犛 三四〇
ぼう 蟒 三四四
ぼう 謀 三五五
ぼう 謗 三六五
ぼう 鴾 三六七
ほうむる 葬 二七五
ほえる 吽 一〇八
ほえる 吼 一〇八
ほえる 吠 一〇九
ほえる 哮 二〇一
ほお 頬 三五七
ほか 他 五九
ほく 北 六一
ほく 蔔 三二〇
ぼく 卜 一〇
ぼく 攴 四六
ぼく 朴 九五
ぼく 沐 一一五
ぼく 牧 一五三
ぼく 僕 三一七
ぼく 墨 三一八
ぼく 樸 三五二
ほくろ 黶 三九二
ほこ 戈 四四
ほこ 殳 五一
ほこ 鉾 三三〇
ほこら 祠 二二〇
ほこる 誇 三一一
ほこる 詫 三一一
ほし 星 一八〇
ほしいい 糒 三五三
ほしいまま 肆 三〇九
ほす 干 二九
ほぞ 枘 一五一
ほそい 細 二五一
ほた 榾 三三一
ほたる 蛍 二五三
ほたる 螢 三五四
ほつ 発 七五
ぼつ 孛 一一〇
ぼつ 没 一一五
ぼつ 勃 一六四
ぼつ 悖 二〇八
ぼつ 艴 二五二
ほっけ 鯱 三七三
ほど 程 二八五
ほとけ 仏 三五
ほね 骨 二二九
ほのお 炎 一五二
ほのか 仄 三九
ほまれ 誉 三一一
ほめる 褒 三四四
ほら 洞 一七五
ぼら 鯔 三七八
ぼら 鰡 三八六
ほり 塹 三一七
ほる 掘 二三九
ほれる 惚 二三九
ほろ 縨 三五四
ぼろ 襤 三八一
ほろびる 滅 三〇〇
ほん 本 六九
ほん 奔 一三四
ほん 叛 一六五
ほん 畚 二一八
ほん 犇 二八三
ほん 翻 三七〇
ほん 飜 三八五
ぼん 凡 一六
ぼん 梵 二四七
ぼん 煩 三〇五
ポンド 磅 三四一

【ま】

ま 真 二一八
ま 麻 二六一
ま 間 二九二
ま 痲 三〇六
ま 摩 三三八
ま 碼 三四一
ま 蟇 三五四
ま 蟆 三五四
まい 毎 九六
まい 米 九八
まい 妹 一三五
まい 枚 一五一
まい 玫 一五三
まい 味 一八〇
まい 埋 二〇二
まいる 参 一三一
まう 舞 三四三
まえ 前 一六四
まがき 籬 三九一
まかせる 任 八三
まがる 曲 九三
まき 牧 一五三
まき 槇 三三一
まぎれる 紛 二二三
まく 巻 一六八
まく 捲 二三九
まく 撒 三三六
まく 播 三三六
まくら 枕 一五一
まける 負 一九三
まご 孫 二〇三
まこと 允 三五
まこと 信 一六三
まこと 誠 三一一
まさ 柾 一八二
まさに 将 二〇四
まさる 愈 三〇二
まじる 混 二四一
まじる 糅 三四二
まじわる 交 八一
ます 升 四三
ます 増 三一七
まずしい 貧 二五四
また 又 一〇
また 叉 一七
また 股 一四九
また 俣 一六四
また 胯 二一四
また 復 二七二
またたく 瞬 三六九
まだら 斑 二七七
まち 街 二六九
まつ 末 七〇
まつ 抹 一四一
まつ 沫 一四四
まつ 茉 一四六

読み	字	頁
まつ	松	一五〇
まつ	俟	一六三
まつ	待	一七〇
まつ	秼	三二一
まったく	全	八二
まつり	祭	二四九
まつりごと	政	一七九
まてがい	魷	三六七
まと	的	一五三
まど	窓	二四九
まとう	纏	三八四
まどう	惑	二七六
まどか	円	三六
まないた	俎	一六三
まなこ	眼	二四九
まなぶ	学	一三五
まぬかれる	免	一二九
まねく	招	一四一
まま	儘	三四八
まむし	蝮	三四四
まめ	豆	一二二
まもる	守	八九
まもる	護	三八一
まゆ	眉	一八八
まゆ	繭	三七〇
まよう	迷	一九四
まり	毬	二四七
まり	鞠	三六六
まる	丸	一六
まれ	希	一一一
まれ	稀	二八五
まわり	周	一三一
まわる	回	八六
まわる	廻	一六九
まん	万	一五
まん	曼	二四五
まん	満	二七四
まん	慢	三一八
まん	漫	三一九
まん	蔓	三二〇
まん	縵	三六四
まん	鏝	三七七
まん	饅	三八二
【み】		
み	未	七〇
み	身	一二四
み	味	一三三
み	実	一三六
み	躱	三二二
み	箕	三二四
み	彌	三六〇
みまかる	薨	三五〇
みき	幹	二九八
みぎ	右	六四
みぎわ	汀	六九
みこ	巫	一一一
みこ	覡	三一八
みことのり	詔	二八八
みさご	雎	三一四
みさご	鶚	三八三
みささぎ	陵	二五八
みじかい	侏	一二九
みじかい	短	二八四
みじめ	惨	二三九
みず	水	五二
みず	瑞	三〇六
みずうみ	湖	二七三
みずから	自	一〇〇
みせ	店	一三八
みぞ	溝	二九九
みそか	晦	二四五
みそぎ	禊	三三三
みだら	淫	二四〇
みだら	猥	二七四
みだりに	漫	三一九
みだれる	乱	一〇三
みだれる	溷	二九九
みち	道	二九〇
みち	路	三一二
みちる	盈	一八七
みちる	満	二七四
みつ	密	二三七
みつ	樒	三三九
みつぐ	貢	二二五
みとめる	認	三一八
みどり	緑	三二六
みどり	翠	三一六
みどりご	嬰	三六〇
みな	皆	一八六
みなみ	南	一六五
みにくい	醜	三六六
みね	峰	二〇四
みの	蓑	三〇〇
みみ	耳	一〇〇
みや	宮	二〇三
みゃく	脈	二一四
みやこ	都	二五五
みやびやか	雅	三一四
みょう	茗	一七八
みょう	冥	二〇〇
ミリグラム	瓱	一八五
ミリメートル	粍	三二二
ミリリットル	竓	一九〇
みる	見	一二二
みる	看	一八七
みん	民	七一
【む】		
む	武	一五一
む	無	二八一
む	夢	二九七
むかえる	迎	一二五
むぎ	麦	一二六
むく	向	八五
むくげ	槿	三三九
むぐら	葎	二七六
むささび	鼯	三八三
むさぼる	貪	二五四
むし	虫	一〇一
むじな	狢	三一一
むしろ	筵	三〇八
むす	蒸	三〇〇
むずかしい	難	三七二
むすぶ	結	二八六
むすめ	娘	二〇三
むせぶ	哽	二〇一
むせぶ	噎	三三四
むなしい	虚	二五二
むね	旨	九四
むね	胸	二一四
むね	棟	二八〇
むら	村	一一八
むらさき	紫	二八七
むれ	群	三〇九
むろ	室	一六七
むろあじ	鰘	三八三
【め】		
め	目	七七
め	芽	一四五
め	瑪	三三二
めい	名	八六
めい	命	一二九
めい	明	一四九
めい	茗	一七八
めい	迷	一九四
めい	冥	二〇〇
めい	盟	三〇六
めい	榠	三三二
めい	鳴	三三二
めい	瞑	三四一
めい	螟	三五四
めい	謎	三六五
めぐる	巡	一〇二
めぐる	斡	三二〇
めす	召	六四
めす	牝	九七
めす	雌	三三一
めずらしい	珍	一八五
めつ	滅	三〇〇
めでる	愛	三〇一
めどき	蓍	三〇〇
めどき	筮	三〇八
めばる	鮴	三六七
めん	免	一二九
めん	面	一九五
めん	黽	三一六
めん	綿	三二六
めん	緬	三四三
めん	麪	三四七
めん	麵	三八三

【も】

も 茂 一四六
も 模 三二一
も 裳 三二七
も 麼 三三二
も 藻 三七四
もう 毛 五一
もう 妄 八九
もう 孟 一三五
もう 罔 一五六
もう 莔 二一一
もう 耄 二二四
もう 耗 二二四
もう 猛 二四三
もう 蒙 三〇一
もう 網 三二六
もう 檬 三六二
もうける 設 二五四
もうす 申 七五
もえる 萌 二四三
もく 木 四九
もく 目 七七
もく 沐 一一五
もく 苜 一四六
もく 黙 三四七
もぐる 潜 三三六
もず 鵙 三七三
もたれる 凭 一三〇
もち 勿 三八
もち 餅 三四七
もち 黐 三八九
もちいる 用 七四
もつ 物 一五二
もつ 持 一七二
もって 以 五八
もっとも 尤 四三
もっとも 最 二七八
もっぱら 専 一六八
もてあそぶ 弄 一一二
もと 元 三五
もと 本 六九
もと 基 二三四
もと 資 三一一
もどす 戻 一一七
もとどり 髻 三五八
もとめる 求 一一九
もの 物 一五二
もの 者 一五六
ものうい 懶 三七四
もも 股 一四九
もも 桃 二一六
もや 靄 三九〇
もよおす 催 二九六
もり 杜 一一八
もり 森 二八〇
もる 盛 二四九
もる 漏 三一九
もろもろ 諸 三四四
もん 門 一五九
もん 紋 二二三
もん 問 二三四
もん 悶 二七六

【や】

や 矢 七八
や 夜 一三四
や 弥 一三九
や 哉 一六六
や 屋 一六八
や 耶 一九二
や 埜 二三五
や 野 二五六
や 椰 三〇四
や 箭 三四二
や 鵺 三七九
やがて 軈 三九〇
やかましい 喧 二六六
やから 輩 三四五
やく 厄 三九
やく 役 一一二
やく 疫 一八五
やく 約 一九二
やく 益 二一八
やく 訳 二五四
やく 焼 二八〇
やく 薬 三五〇
やく 鑰 三九一
やさしい 易 一四八
やさしい 優 三六〇
やし 椰 三〇四
やしなう 養 三四七
やしろ 社 一二〇
やす 杈 一一八
やすい 安 八九
やすい 廉 二九八
やすい 寧 三一八
やすむ 休 八二
やせる 痩 三四〇
やつ 奴 六六
やど 宿 二三六
やとう 傭 二九六
やなぎ 柳 一八二
やなぎ 楊 三〇五
やぶる 破 二二〇
やぶれる 敗 二四四
やま 山 二六
やまい 病 二一八
やまと 倭 二〇〇
やみ 闇 三六六
やめる 辞 三一二
やめる 罷 三四一
やもめ 孀 三八〇
やや 稍 二八五
やり 槍 三三一
やり 鎗 三七一
やり 鑓 三八八
やわらか 軟 二五五
やわらかい 柔 一八二
やわらぐ 和 一三三

【ゆ】

ゆ 由 七五
ゆ 油 一四四
ゆ 喩 二六六
ゆ 湯 二七四
ゆ 愈 三〇二
ゆ 楡 三〇四
ゆ 瑜 三〇六
ゆ 窳 三四一
ゆ 輸 三五六
ゆ 癒 三六九
ゆい 唯 二三四
ゆい 遺 三四六
ゆう 夕 一九
ゆう 友 四〇
ゆう 尤 四三
ゆう 有 九四
ゆう 佑 一〇五
ゆう 勇 一六五
ゆう 宥 一六七
ゆう 幽 一六九
ゆう 柚 一八二
ゆう 疣 一八五
ゆう 祐 一九〇
ゆう 涌 二〇九
ゆう 莠 二一一
ゆう 蚰 二五三
ゆう 揖 二七三
ゆう 湧 二七四
ゆう 猶 二七四
ゆう 遊 二九一
ゆう 釉 二九一
ゆう 雄 二九三
ゆう 裛 三一〇
ゆう 熊 三三二
ゆう 誘 三二八
ゆう 憂 三三七
ゆう 諛 三五五
ゆう 優 三六〇
ゆえ 故 一七九
ゆか 床 一一二
ゆがむ 歪 一八三
ゆがむ 窳 三四一
ゆき 裄 二五〇
ゆき 雪 二五八
ゆく 之 一五
ゆずりは 楪 三〇四
ゆずる 禅 三〇七
ゆたか 豊 三一一
ゆだねる 委 一三四
ゆび 指 一七一
ゆみ 弓 二九
ゆみ 弧 一三九

読み	頭字	頁
ゆむし	蝓	三五四
ゆめ	夢	二九七
ゆるい	縵	三六四
ゆるす	許	二五四
ゆるむ	弛	九一
ゆるやか	緩	三四二
ゆれる	揺	二七三
【よ】		
よ	与	一五
よ	予	三三
よ	世	五八
よ	代	五九
よ	余	一〇五
よ	誉	三一一
よ	預	三一五
よ	歟	三六二
よい	良	一二〇
よい	佳	一二八
よい	善	二六六
よい	嘉	三一七
よう	夭	四二
よう	幼	六一
よう	孕	六六
よう	用	七四
よう	羊	九九
よう	妖	一一〇
よう	佯	一二九
よう	拗	一四〇
よう	杳	一四九
よう	洋	一七五
よう	殃	一八三
よう	要	一九二
よう	容	二〇三
よう	涌	二〇九
よう	恙	二一二
よう	窈	二三一
よう	窅	二三一
よう	庸	二三七
よう	酔	二五六
よう	揚	二七三
よう	揺	二七三
よう	葉	二七五
よう	遥	二九一
よう	陽	二九三
よう	傭	二九六
よう	暘	三〇三
よう	腰	三〇三
よう	楊	三〇五
よう	様	三二一
よう	榕	三二二
よう	踊	三三九
よう	遙	三三九
よう	養	三四七
よう	壅	三四九
よう	膺	三六五
よう	曜	三六八
よう	颺	三七二
よう	耀	三八一
よう	鷂	三八六
よう	鱅	三八八
よう	醫	三八九
よう	鷹	三九一
ようやく	漸	三一九
よく	弋	二九
よく	抑	一一三
よく	沃	一一五
よく	杙	一一九
よく	浴	二〇九
よく	翌	二五二
よこ	横	三三九
よし	由	七五
よし	葦	二七四
よし	葭	二七五
よしみ	誼	三四四
よそおう	粧	二八六
よそおう	装	二八八
よつぎ	嫡	三一八
よぶ	呼	一三一
よみがえる	蘇	三七四
よむ	詠	二八八
よむ	読	三一八
よめ	娵	二三五
よめ	嫁	二九七
よもぎ	蒿	三〇〇
よもぎ	蓬	三〇一
よもぎ	蓬	三二〇
よる	因	八六
よる	依	一二七
よる	夜	一三四
よる	倚	一九九
よる	寄	二三五
よる	撚	三三六
よる	憑	三五一
よろこぶ	喜	二六六
よろこぶ	慶	三三七
よわい	弱	二〇六
よん	四	六四
【ら】		
ら	拉	一四一
ら	蓏	三〇一
ら	裸	三〇八
ら	螺	三六四
ら	羅	三七六
ら	囉	三八七
ら	蘿	三八七
ら	邏	三八九
ら	籮	三九一
らい	礼	七九
らい	耒	一〇〇
らい	来	一一九
らい	莱	二四三
らい	雷	三一五
らい	畾	三四〇
らい	磊	三四一
らい	擂	三四九
らい	頼	三五八
らい	檑	三七五
らい	罍	三八一
らい	癩	三八四
らい	罍	三八四
らく	洛	一七六
らく	落	二七五
らく	絡	二八七
らく	楽	三〇三
らく	犖	三三二
らく	駱	三五八
らく	擽	三六八
らち	埒	二〇二
らつ	拉	一四一
らつ	剌	一六四
らつ	喇	二六六
らつ	辣	三二九
らつ	蝲	三四四
らん	乱	一〇三
らん	卵	一〇七
らん	闌	三六六
らん	濫	三六八
らん	藍	三六八
らん	嬾	三七四
らん	懶	三七四
らん	蘭	三七四
らん	欄	三八〇
らん	襤	三八一
らん	爛	三八四
らん	襴	三八七
らん	欒	三八九
らん	纜	三九二
らん	鸞	三九三
【り】		
り	吏	八六
り	利	一〇七
り	里	一二五
り	俚	一六四
り	哩	二〇二
り	浬	二一〇
り	莅	二一一
り	梨	二四七
り	理	二四八
り	裏	三一〇
り	釐	三七一
り	離	三七七
り	籬	三九一
り	驪	三九三
りき	力	九
りく	陸	二五八
りく	鯥	三七八
りつ	立	八〇
りつ	律	一七〇
りつ	栗	二一六
りつ	率	二三一
りつ	葎	二七六

りつ 慄 二九八
りゃく 掠 二四〇
りゃく 略 二四九
りゅう 立 八〇
りゅう 柳 一八二
りゅう 流 二一〇
りゅう 留 二一八
りゅう 竜 二三〇
りゅう 笠 二五〇
りゅう 隆 二五八
りゅう 瘤 三四〇
りゅう 龍 三五九
りゅう 霤 三七二
りゅう 靇 三九四
りょ 呂 一〇九
りょ 旅 二一三
りょ 膂 三二〇
りょ 慮 三三七
りょ 閭 三四六
りょ 穭 三八一
りょ 驢 三九二
りょう 了 六
りょう 両 八一
りょう 良 一二〇
りょう 亮 一六三
りょう 凌 二〇〇
りょう 料 二一三
りょう 涼 二四二
りょう 猟 二四三

りょう 菱 二四三
りょう 聊 二五二
りょう 陵 二五八
りょう 椋 二八〇
りょう 量 二九一
りょう 稜 三〇七
りょう 裲 三〇八
りょう 粮 三〇八
りょう 寥 三一八
りょう 漁 三一九
りょう 蔆 三二〇
りょう 綾 三二六
りょう 領 三三一
りょう 諒 三四五
りょう 燎 三五二
りょう 遼 三五六
りょう 繚 三七〇
りょく 緑 三二六
りん 吝 一〇九
りん 林 一五一
りん 倫 二〇〇
りん 悋 二〇八
りん 淋 二四二
りん 稟 三〇七
りん 鈴 三一四
りん 綸 三二六
りん 輪 三四五
りん 醂 三四六
りん 廩 三四九

りん 燐 三五二
りん 霖 三五七
りん 磷 三六三
りん 臨 三七〇
りん 躙 三八九
りん 鱗 三八九

【る】

る 屢 三一八
る 縷 三六四
るい 累 二五一
るい 誄 三一一
るい 樏 三三九
るい 類 三七二
るい 羸 三七六
るつぼ 坩 一三三

【れ】

れい 令 五九
れい 礼 七九
れい 冷 一〇六
れい 戻 一一七
れい 例 一二九
れい 茘 一七八
れい 柃 一八三
れい 捩 二四〇
れい 犂 二四七
れい 羚 二五二
れい 蛉 二五三

れい 犂 二八三
れい 鈴 三一四
れい 零 三一五
れい 霊 三四六
れい 澪 三五〇
れい 藜 三六八
れい 礪 三七五
れい 邌 三七七
れい 麗 三七九
れい 糲 三八一
れい 醴 三八二
れい 黧 三八三
れい 櫺 三八四
れい 蠡 三八五
れき 歴 三二二
れき 瀝 三七四
れき 櫟 三七五
れき 櫪 三八〇
れき 礫 三八一
れつ 列 八四
れつ 裂 二八八
れん 連 二二六
れん 廉 二九八
れん 蓮 三〇一
れん 楝 三〇五
れん 嗹 三一七
れん 漣 三一九
れん 練 三二六
れん 憐 三三五

れん 輦 三四五
れん 鍊 三五六
れん 聯 三六四
れん 鎌 三七一
れん 瀲 三八〇
れん 蘞 三八〇
れん 鰊 三八三
れん 孌 三八七
れん 攣 三八七
れん 鏈 三八八
れん 鑾 三九一

【ろ】

ろ 呂 一〇九
ろ 炉 一五二
ろ 鹵 二六〇
ろ 絽 三〇九
ろ 路 三一二
ろ 滷 三一九
ろ 魯 三四七
ろ 盧 三五二
ろ 壚 三七四
ろ 蘆 三七五
ろ 臚 三八〇
ろ 櫨 三八一
ろ 艫 三八七
ろ 驢 三九二
ろ 鱸 三九二
ろう 老 九九

ろう 労 一〇七
ろう 弄 一一二
ろう 牢 一一九
ろう 挊 一七二
ろう 郎 一九四
ろう 陋 一九五
ろう 拼 二〇八
ろう 浪 二一〇
ろう 狼 二一〇
ろう 莨 二一一
ろう 稂 二八五
ろう 僂 二九六
ろう 漏 三一九
ろう 潦 三三七
ろう 蒚 三五一
ろう 螻 三六四
ろう 壟 三七四
ろう 攏 三七四
ろう 臘 三七五
ろう 朧 三八〇
ろう 蠟 三八五
ろう 籠 三八七
ろう 聾 三八七
ろく 仂 三五
ろく 六 三六
ろく 肋 九五
ろく 朸 九五
ろく 勒 二五九
ろく 鹿 二六〇

ろく　碌　三〇七
ろく　漉　三一九
ろく　簏　三六三
ろく　轆　三七一
ろば　驢　三九二

【わ】

わ　和　一三二
わ　窩　三三三
わ　窪　三三三
わ　輪　三四五
わい　歪　一八三
わい　淮　二四二
わい　猥　二七四
わい　煨　三〇五
わい　矮　三〇六
わい　穢　三六九
わかい　若　一四五
わかい　嫩　三一八
わかさぎ　鰙　三七八
わかれる　分　三八
わかれる　別　一〇六
わき　脇　二一四
わく　沸　一四三
わく　涌　二〇九
わく　湧　二七四
わく　惑　二七六
わけ　訳　二五四
わざ　伎　八二
わざ　技　一一三
わざ　業　三〇四
わざと　態　三三〇
わざわい　災　一一九
わざわい　禍　三〇七
わし　鷲　三八九
わずらう　患　二四四
わずらう　煩　三〇五
わすれる　忘　一一七
わた　綿　三三六
わたし　私　一二〇
わだち　轍　三七七
わたる　渉　二四一
わたる　渡　二七四
わな　罠　三三一
わに　鰐　三八二
わび　侘　一二九
わめく　喚　二六六
わら　藁　三六一
わらう　笑　二三二
わらう　嗤　二九七
わらじ　鞋　三四六
わらべ　童　二八五
わる　割　二六五
わるい　悪　二四四
われ　吾　一〇八
われ　我　一一七
わん　盌　二一八
わん　埦　二三五
わん　腕　二七九
わん　椀　二八〇
わん　綰　三三六

早引き頭字総画索引

一、この索引は、本辞典に収録の難訓難語の第一字目の漢字を総画数順に配列し、その収録頁を示したものである。
二、同画数内では部首順に配列した。

【一画】

〈一部〉
一　一

〈乙(乚)部〉
乙　四

【二画】

〈一部〉
七　五
丁　五

〈丿部〉
乃　六
〆　六

〈乙(乚)部〉
九　六

〈亅部〉
了　六

〈二部〉
二　六

〈人部〉
人　七

〈入部〉
入　七

〈八部〉
八　八

〈几部〉
几　九

〈刀部〉
刀　九
刁　九

〈力部〉
力　九

〈匕部〉
匕　九

〈十部〉
十　十

〈卜部〉
卜　一〇

〈厶部〉
厶　一〇

〈又部〉
又　一〇

【三画】

〈一部〉
下　一一
三　一二
上　一四
丈　一五
万　一五
与　一五

〈丶部〉
之　一五

〈丿部〉
久　一五
及　一六

〈乙(乚)部〉
丸　一六
乞　一六

〈二部〉
于　一六

〈亠部〉
亡　一六

〈人部〉
个　一六

〈儿部〉
兀　一六

〈几部〉
凡　一六

〈刀部〉
刃　一七

〈十部〉
千　一七

〈又部〉
叉　一七

〈口部〉
口　一七

〈土部〉
土　一八

〈士部〉
士　一九

〈夕部〉
夕　一九

〈大部〉
大　一九

〈女部〉
女　二二

〈子部〉
孑　二三
子　二三

〈寸部〉
寸　二四

〈小部〉
小　二四

〈尸部〉
尸　二六

〈山部〉
山　二六

〈巛(川)部〉
川　二八

〈工部〉
工　二八

〈己(已・巳)部〉
己　二八
已　二八

〈巾部〉
巾　二八

〈干部〉
干　二九

〈弋部〉
弋　二九

〈弓部〉
弓　二九

〈彳部〉
彳　二九

〈手(扌)部〉
才　二九

【四画】

〈一部〉
不　三〇

〈丨部〉
中　三一

〈丿部〉
乏　三二

〈亅部〉
予　三二

〈二部〉
云　三二
五　三二
井　三四

〈人部〉
化　三四
介　三四
仇　三四
今　三四
什　三四
仍　三五
仁　三五
仆　三五
仏　三五
仿　三五

〈儿部〉
允　三五
元　三五

〈八部〉
公　三五
六　三六

〈冂部〉
円　三六
内　三七

〈冖部〉
冗　三七

〈凵部〉
凶　三七

〈刀部〉
切　三八
分　三八

〈刂部〉
刈　三八

〈勹部〉
勾　三八
勿　三八
匂　三九

〈匚(匸)部〉
区　三九
匹　三九

〈十部〉
午　三九

〈厂部〉
仄　三九
厄　三九

〈又部〉
収　三九
双　三九
反　三九
友　四〇

〈大部〉
夬　四〇
太　四〇
天　四〇
夫　四二
夭　四二

〈子部〉
孔　四二

〈小部〉
少　四二

〈尢(尣・兀)部〉
尤　四三

〈戸部〉

尺 四三
〈屮(屮)部〉 屯 四三
〈己(巳・已)部〉 巴 四三
〈廾部〉 升 四三
〈弓部〉 引 四三
〈心(⺗)部〉 心 四四
〈戈部〉 戈 四四
〈戶(戸)部〉 戸 四五
〈手部〉 手 四五
〈支部〉 支 四六
〈攴(攵)部〉 攴 四六
〈文部〉 文 四六
〈斗部〉 斗 四七
〈方部〉 方 四七
〈旡(旡・无)部〉 旡は五画 无 四七
〈日(曰)部〉 日 四八 曰 四八
〈月部〉 月 四八
〈木部〉 木 四九
〈欠部〉 欠 五一
〈止部〉 止 五一
〈殳部〉 殳 五一
〈比部〉 比 五一
〈毛部〉 毛 五一
〈氏部〉 氏 五二
〈水部〉 水 五二
〈火部〉 火 五四
〈爪(⺥・⺤)部〉 爪 五五
〈父部〉 父 五五
〈片部〉 片 五五
〈牛部〉 牛 五六
〈犬部〉 犬 五六
〈玉(王)部〉 王は四画 王 五七

【五画】

〈一部〉 丘 五八 且 五八 世 五八 丕 五八
〈丨部〉 丱 五八
〈丶部〉 主 五八
〈丿部〉 乎 五八 乍 五八
〈人部〉 以 五八 仡 五九 仕 五九 仔 五九 仗 五九 仙 五九 他 五九 代 五九 付 五九 令 五九
〈儿部〉 兄 六〇
〈冂部〉 冊 六〇 冉 六〇
〈几部〉 処 六〇 凧 六〇
〈凵部〉 出 六〇 凸 六一
〈力部〉 加 六一 功 六一 幼 六一
〈勹部〉 匆 六一 包 六一
〈匕部〉 北 六一
〈匚(匸)部〉 巨 六二 匜 六二
〈十部〉 半 六二
〈卜部〉 占 六三
〈卩(㔾)部〉 卯 六三
〈厶部〉 去 六三
〈口部〉 可 六三 句 六三 古 六三 叩 六四 号 六四 史 六四 司 六四 只 六四 召 六四 台 六四 叮 六四 叵 六四 右 六四 叺 六四
〈囗部〉 四 六四 囚 六五
〈土部〉 圧 六五 圦 六五
〈夂(夊)部〉 冬 六五
〈夕部〉 外 六五
〈大部〉 失 六六
〈女部〉 奴 六六
〈子部〉 孕 六六
〈尸部〉 尻 六六 尼 六六
〈工部〉 巧 六七 左 六七
〈巾部〉 市 六七 布 六七
〈干部〉 平 六七
〈广部〉 広 六八 庁 六八
〈廾部〉 弁 六八
〈弓部〉 弘 六八 弗 六八
〈扌部〉 打 六八 払 六九
〈氵部〉 汀 六九
〈犭部〉 犯 六九 犰 六九
〈心(⺗)部〉 必 六九
〈斤部〉 斥 六九
〈日(曰)部〉 旧 六九 旦 六九
〈木部〉 札 六九 朮 六九 本 六九 末 七〇 未 七〇
〈止部〉 正 七〇
〈毋部〉 母 七一
〈氏部〉 民 七一
〈水部〉 永 七一 氷 七一
〈牙(牙)部〉 牙は五画 牙 七一
〈玄部〉 玄 七一
〈玉(王)部〉 王は四画 玉 七二
〈瓜部〉 瓜 七二

〈瓦部〉
瓦　七二

〈甘部〉
甘　七三

〈生部〉
生　七三

〈用部〉
用　七四

〈田部〉
田　七四
甲　七四
申　七五
由　七五

〈癶部〉
発　七五

〈白部〉
白　七五

〈皮部〉
皮　七七

〈皿部〉
皿　七七

〈目部〉
目　七七

〈矢部〉
矢　七八

〈石部〉
石　七八

〈示（礻）部〉
礼　七九

〈穴部〉
穴　七九

〈立部〉
立　八〇

〈辵（辶・辶）部〉辶は四画、辶は三画
辷　八〇
辺　八〇

【六画】

〈一部〉
丞　八一
両　八一

〈亅部〉
争　八一

〈亠部〉
交　八一

〈人部〉
伊　八一
仮　八一
会　八二
伎　八二
休　八二
仰　八二
件　八二
伉　八二
全　八二
仲　八二
伝　八二
任　八三
伐　八三
伏　八三

〈儿部〉
光　八三
充　八三
先　八三

〈八部〉
共　八三

〈冂部〉
再　八四
同　八四

〈几部〉
凩　八四

〈刂部〉
划　八四
刑　八四
刎　八四
列　八四

〈匚（匸）部〉
匡　八四

〈卩（㔾）部〉
印　八五
危　八五

〈口部〉
吉　八五
吃　八五
向　八五
后　八五
合　八五
吊　八六
吐　八六
名　八六

更　八六

〈囗部〉
因　八六
回　八六
囟　八七
団　八七

〈土部〉
圭　八七
在　八七
地　八七

〈士部〉
壮　八八

〈夕部〉
多　八八

〈大部〉
夷　八八

〈女部〉
奸　八八
好　八八
如　八八
妃　八九
妄　八九

〈子部〉
存　八九

〈宀部〉
安　八九
宇　八九
字　八九
守　八九
宅　九〇

〈寸部〉
寺　九〇

〈小部〉
当　九〇

〈尸部〉
尽　九〇

〈山部〉
屹　九〇

〈干部〉
年　九〇

〈广部〉
庄　九一

〈弋部〉
式　九一

〈弓部〉
弛　九一

〈彳部〉
行　九一

〈扌部〉
扛　九二
扣　九二
扠　九二
扱　九二
托　九二
扨　九二

〈氵部〉
汚　九二
汗　九二
江　九二
汝　九三
汐　九三
汎　九三

〈艹（艹・艸）部〉艹は四画、艸は六画
芋　九三
芎　九三
芝　九三
芒　九三

〈戈部〉
戎　九三
成　九三

〈日（曰）部〉
曳　九三
曲　九三
旨　九四
旬　九四
早　九四

〈月部〉
肌　九四
有　九四
肋　九五

〈木部〉
机　九五
朽　九五
朱　九五
朶　九五
朴　九五
朳　九五
朸　九五

〈欠部〉
次　九六

〈止部〉
此　九六

〈歹部〉
死　九六

〈毋部〉
毎　九六

〈气部〉
気　九六

〈火部〉
灰　九七
灯　九七

〈牛部〉
牝　九七

〈白部〉
百　九七

〈竹部〉
竹　九八

〈米部〉
米　九八

〈糸部〉
糸　九八

〈缶部〉
缶　九九

〈羊（⺷）部〉
羊　九九

〈羽（羽）部〉
羽　九九

〈老（耂）部〉耂は四画
老　九九

〈而部〉
而　一〇〇

〈耒部〉
耒　一〇〇

〈耳部〉
耳　一〇〇

〈肉部〉
肉　一〇〇

〈自部〉
自　一〇〇

〈至部〉
至 一〇一
〈舌部〉
舌 一〇一
〈舟部〉
舟 一〇一
〈色部〉
色 一〇一
〈虫部〉
虫 一〇一
〈血部〉
血 一〇一
〈衣部〉
衣 一〇一
〈襾（西）部〉
西 一〇二
〈辵（⻌・辶）部〉 ⻌は四画、辶は三画
巡 一〇二

【七画】

〈丨部〉
串 一〇三
〈乙（乚）部〉
乱 一〇三
〈二部〉
亜 一〇三
〈人部〉
佚 一〇三
何 一〇三
伽 一〇四
佝 一〇四
估 一〇四
佐 一〇四
作 一〇四
伺 一〇四
似 一〇四
伸 一〇四
佗 一〇四
体 一〇五
但 一〇五
佇 一〇五
低 一〇五
佃 一〇五
佞 一〇五
伯 一〇五
伴 一〇五
佑 一〇五
余 一〇五
〈儿部〉
児 一〇五
禿 一〇六
〈八部〉
兵 一〇六
〈冫部〉
冷 一〇六
〈刀部〉
初 一〇六
〈刂部〉
删 一〇六
判 一〇六
別 一〇六
利 一〇七
〈力部〉
劫 一〇七
劬 一〇七
助 一〇七
努 一〇七
労 一〇七
〈勹部〉
匍 一〇七
〈匚（匸）部〉
医 一〇七
匣 一〇七
〈卩（㔾）部〉
却 一〇七
即 一〇七
卵 一〇七
〈口部〉
吽 一〇八
含 一〇八
吟 一〇八
听 一〇八
君 一〇八
呉 一〇八
吾 一〇八
吭 一〇八
吼 一〇八
告 一〇八
吹 一〇九
呎 一〇九
吮 一〇九
呐 一〇九
吠 一〇九
否 一〇九
呆 一〇九
呂 一〇九
吝 一〇九
〈囗部〉
囲 一〇九
囮 一〇九
困 一〇九
図 一〇九
〈土部〉
坎 一〇九
坐 一〇九
坏 一一〇
坂 一一〇
坊 一一〇
〈士部〉
壱 一一〇
声 一一〇
売 一一〇
〈大部〉
夾 一一〇
〈女部〉
妥 一一〇
妒 一一〇
妊 一一〇
妖 一一〇
〈子部〉
孛 一一〇
孚 一一〇
〈宀部〉
完 一一〇
宍 一一〇
〈寸部〉
寿 一一〇
対 一一一
〈尢（尣・兀）部〉
尨 一一一
尪 一一一
〈尸部〉
局 一一一
尿 一一一
屁 一一一
尾 一一一
〈山部〉
岐 一一一
岌 一一一
〈工部〉
巫 一一一
〈己（已・巳）部〉
巵 一一一
〈巾部〉
希 一一一
〈广部〉
序 一一二
床 一一二
庇 一一二
〈廾部〉
弄 一一二
〈弓部〉
弟 一一二
〈彡部〉
形 一一二
〈彳部〉
彷 一一二
役 一一二
〈忄部〉
快 一一二
忻 一一二
忸 一一二
忰 一一二
〈扌部〉
技 一一三
抉 一一三
抒 一一三
抄 一一三
折 一一三
抓 一一三
投 一一三
把 一一三
抜 一一三
扶 一一三
抃 一一三
抑 一一三
〈氵部〉
汲 一一三
決 一一三
沙 一一四
汰 一一四
沢 一一四
沖 一一四
沈 一一四
沛 一一四
泛 一一四
汾 一一四
没 一一五
沐 一一五
沃 一一五
〈犭部〉
狂 一一五
狃 一一五
〈艹（艹・艸）部〉 艹は四画、艸は六画
花 一一五
芥 一一六
芮 一一六
芟 一一六
芡 一一六
芫 一一六
芯 一一六
芭 一一六
芬 一一六
芳 一一六
芴 一一六
〈心（⺗）部〉
応 一一六
忌 一一六
志 一一七
忍 一一七
忘 一一七
〈戈部〉
我 一一七
戒 一一七
〈戸（戶）部〉
戻 一一七
〈攴（攵）部〉
改 一一七
攻 一一七
〈日（曰）部〉
旱 一一七
更 一一七
〈月部〉
肖 一一八
〈木部〉
杆 一一八
杞 一一八
杏 一一八
杠 一一八
杈 一一八
杉 一一八
条 一一八
杖 一一八
村 一一八
杜 一一八

杙 一一九
来 一一九
柚 一一九

〈氷部〉
求 一一九
汞 一一九

〈火部〉
灸 一一九
災 一一九
灼 一一九

〈牛部〉
牡 一一九
牢 一一九

〈犬部〉
状 一一九

〈用部〉
甫 一一九

〈田部〉
男 一二〇

〈白部〉
皀 一二〇
皂 一二〇

〈示（ネ）部〉
社 一二〇

〈禾部〉
私 一二〇
秀 一二〇

〈穴部〉
究 一二〇

〈糸部〉
糺 一二〇
系 一二〇

〈艮部〉
良 一二〇

〈虫部〉
虬 一二一

〈臣部〉
臣 一二一

〈見部〉
見 一二一

〈角部〉
角 一二一

〈言部〉
言 一二一

〈谷部〉
谷 一二一

〈豆部〉
豆 一二一

〈貝部〉
貝 一二一

〈赤部〉
赤 一二一

〈走部〉
走 一二四

〈足（⻊）部〉
足 一二四

〈身部〉
身 一二四

〈車部〉
車 一二五

〈辛部〉
辛 一二五

〈辵（⻌・⻍）部〉 ⻌は四画、⻍は三画
近 一二五
迎 一二五
返 一二五

〈邑（⻏〈右〉）部〉 ⻏は三画
那 一二五
邪 一二五

〈里部〉
里 一二五

〈阜（⻏〈左〉）部〉 ⻏は三画
防 一二五

〈麥（麦）部〉 麦は七画
麦 一二六

【八画】

〈丿部〉
乖 一二七

〈乙（乚）部〉
乳 一二七

〈亅部〉
事 一二七

〈二部〉
亟 一二七
些 一二七

〈亠部〉
京 一二七
卒 一二七

〈人部〉
依 一二七
価 一二八
佳 一二八
侃 一二八
佶 一二八
供 一二八
使 一二八
侍 一二八
舎 一二九
侏 一二九
侘 一二九
佻 一二九
佩 一二九
侮 一二九
併 一二九
命 一二九
佯 一二九
例 一二九
佷 一二九

〈儿部〉
兎 一二九
免 一二九

〈八部〉
其 一二九
具 一三〇
典 一三〇

〈几部〉
凭 一三〇

〈凵部〉
画 一三〇
函 一三〇

〈刂部〉
刮 一三〇
刳 一三〇
刻 一三〇
刷 一三〇
刺 一三〇
制 一三〇
刹 一三〇

〈十部〉
卓 一三一

〈卜部〉
卦 一三一

〈厶部〉
参 一三一

〈又部〉
取 一三一
受 一三一

〈口部〉
呵 一三一
咎 一三二
呼 一三二
呱 一三二
呷 一三二
咋 一三二
呪 一三二
周 一三二
呻 一三三
呶 一三三
咄 一三三
味 一三三
和 一三三

〈囗部〉
固 一三三
国 一三三

〈土部〉
坩 一三三
坤 一三三
垂 一三三
坦 一三四
坪 一三四

〈夕部〉
夜 一三四

〈大部〉
奄 一三四
奇 一三四
奈 一三四
奉 一三四
奔 一三四

〈女部〉
委 一三四
姑 一三五
妻 一三五
始 一三五
姉 一三五
妾 一三五
姓 一三五
妬 一三五
妹 一三五

〈子部〉
学 一三五
季 一三五
孤 一三五
孥 一三五
孟 一三五

〈宀部〉
宛 一三五
官 一三五
宜 一三六
実 一三六
定 一三六
宝 一三六

〈小部〉
尚 一三七

〈尸部〉
居 一三七
屈 一三七

〈山部〉
岳 一三七
岸 一三七
岩 一三七
岵 一三八
岡 一三八
岫 一三八
岨 一三八

〈巾部〉
帙 一三八
帖 一三八
帛 一三八
帕 一三八

〈干部〉
幸 一三八

〈广部〉
庚 一三八
底 一三八
店 一三八

〈廴部〉
延 一三八

〈弓部〉
弦 一三八
弧 一三九
弩 一三九
弥 一三九

〈彳部〉
往 一三九
征 一三九
彼 一三九

〈忄部〉
怡 一四〇
怪 一四〇
怯 一四〇
怕 一四〇
怖 一四〇

〈扌部〉
押 一四〇
拗 一四〇
拐 一四〇
拒 一四〇
拠 一四〇
拘 一四一
招 一四一
拙 一四一
拆 一四一
担 一四一
抽 一四一
抵 一四一
拈 一四一
拝 一四一
拍 一四一
披 一四一
抱 一四一
拋 一四一
抹 一四一
拉 一四一

〈氵部〉
沿 一四一
河 一四一
泔 一四二
泣 一四二
況 一四二
泫 一四二
沽 一四二
治 一四二
沼 一四二
沾 一四二
沮 一四二
泝 一四二
注 一四二
泥 一四二
波 一四三
泊 一四三
沸 一四三
法 一四三
泡 一四四
沫 一四四
油 一四四

〈犭部〉
狗 一四四
狐 一四四
狎 一四四
狙 一四四
狒 一四四

〈艹（艹・艸）部〉
艹は四画、艸は六画
英 一四四
苑 一四五
苛 一四五
芽 一四五
苦 一四五
茎 一四五
苟 一四五
若 一四五
苴 一四六
苫 一四六
苔 一四六
苧 一四六
苳 一四六
苗 一四六
苹 一四六
苞 一四六
茅 一四六
茉 一四六
茂 一四六
苜 一四六

〈心（⺗）部〉
忽 一四七
忠 一四七
忝 一四七
念 一四七
忿 一四七

〈戈部〉
戕 一四七

〈戸（戶）部〉
所 一四七

〈手部〉
承 一四八

〈攴（攵）部〉
放 一四八

〈斤部〉
斧 一四八

〈方部〉
於 一四八

〈日（曰）部〉
易 一四八
昂 一四八
杲 一四八
昏 一四八
昆 一四九
旻 一四九
昉 一四九
明 一四九
杳 一四九

〈月部〉
育 一四九
肩 一四九
股 一四九
肯 一五〇
肱 一五〇
肫 一五〇
肥 一五〇
服 一五〇

〈木部〉
枉 一五〇
果 一五〇
杭 一五〇
采 一五〇
枝 一五〇
杵 一五〇
松 一五〇
枢 一五〇
枘 一五一
杼 一五一
枕 一五一
東 一五一
杷 一五一
杯 一五一
杮 一五一
板 一五一
杪 一五一
枌 一五一
枚 一五一
林 一五一

〈欠部〉
欧 一五一
欣 一五一

〈止部〉
武 一五一
歩 一五一

〈毋部〉
毒 一五二

〈氺部〉
沓 一五二

〈火部〉
炎 一五二
炙 一五二
炊 一五二
炉 一五二

〈爿（丬）部〉
丬は三画
牀 一五二

〈片部〉
版 一五二

〈牛部〉
物 一五二
牧 一五三

〈玉（王）部〉
王は四画
玫 一五三

〈瓦部〉
瓩 一五三

〈疒部〉
疝 一五三

〈白部〉
的 一五三

〈皿部〉
盂 一五三

〈目部〉
直 一五三

〈矢部〉
知 一五四

〈石部〉
矼 一五四
矻 一五四

〈示（礻）部〉
祈 一五四

〈禾部〉
秉 一五五

〈穴部〉
空 一五五
突 一五五

〈网部〉
罔 一五六

〈老（耂）部〉
耂は四画
者 一五六

〈耳部〉
耵 一五六

〈虍部〉
虎 一五六

〈虫部〉
虬 一五六

〈衣部〉
表 一五六

〈車部〉
軋 一五六

〈辵（辶・⻌）部〉
辶は四画、⻌は三画
迚 一五六
述 一五六
迫 一五六

〈邑（阝〈右〉）部〉
阝は三画
邪 一五七
邸 一五七

〈金部〉
金 一五七

〈長部〉
長 一五八

〈門部〉
門 一五九

〈阜（阝〈左〉）部〉
阝は三画
阜 一五九
阿 一五九
阻 一六〇
陀 一六〇
附 一六〇

〈雨（⻗）部〉
雨 一六〇

〈靑（青）部〉
青 一六〇

〈非部〉
非 一六一

〈齊（斉）部〉
斉は八画
斉 一六二

【九画】

〈丿部〉
乗 一六三

〈亠部〉
亭 一六三
亮 一六三

〈人部〉
俄 一六三
俠 一六三
係 一六三
俟 一六三

俏 一六三
信 一六三
侵 一六三
俎 一六三
促 一六三
俗 一六三
俘 一六三
便 一六三
保 一六四
俚 一六四
俤 一六四
俣 一六四
〈儿部〉
兗 一六四
〈冖部〉
冠 一六四
〈刂部〉
剋 一六四
削 一六四
前 一六四
則 一六四
剃 一六四
剌 一六四
〈力部〉
勅 一六四
勃 一六四
勇 一六五
〈勹部〉
匍 一六五
〈十部〉
南 一六五
卑 一六五
〈卩(㔾)部〉
卻 一六五
卸 一六五
〈厂部〉
厚 一六五
〈又部〉
叙 一六五
叛 一六五
〈口部〉
哀 一六五
咳 一六六
咥 一六六
咬 一六六
哄 一六六
哉 一六六
咫 一六六
哆 一六六
咲 一六六
品 一六六
〈土部〉
垣 一六六
型 一六六
垢 一六六
城 一六六
垜 一六六
〈夊(夂)部〉
変 一六六
〈大部〉
奕 一六七
契 一六七
奏 一六七
〈女部〉
威 一六七
姦 一六七
姧 一六七
〈子部〉
孩 一六七
〈宀部〉
客 一六七
室 一六七
宣 一六七
宥 一六七
〈寸部〉
専 一六八
封 一六八
〈⺍部〉
単 一六八
〈尸部〉
屋 一六八
屍 一六八
屎 一六八
屏 一六八
〈山部〉
峙 一六八
〈己部〉
巻 一六八
巷 一六九
〈巾部〉
帟 一六九
帥 一六九
帝 一六九
〈玄部〉
幽 一六九
〈广部〉
度 一六九
〈廴部〉
廻 一六九
建 一六九
廼 一六九
〈彳部〉
衍 一六九
後 一七〇
徇 一七〇
待 一七〇
律 一七〇
〈忄部〉
悔 一七〇
恪 一七〇
恂 一七〇
恒 一七〇
恰 一七一
恍 一七一
恃 一七一
恤 一七一
恬 一七一
〈扌部〉
按 一七一
挌 一七一
拱 一七一
挂 一七一
拷 一七一
拶 一七一
指 一七一
持 一七二
拾 一七二
拭 一七二
拵 一七二
挑 一七二
拝 一七二
〈氵部〉
洟 一七二
洿 一七二
海 一七二
洄 一七四
活 一七四
洎 一七四
洶 一七四
洪 一七四
洽 一七四
洒 一七四
洵 一七四
津 一七四
浅 一七五
洗 一七五
洞 一七五
洋 一七五
洛 一七六
〈犭部〉
狢 一七六
狭 一七六
狡 一七六
狩 一七六
独 一七六
〈艹（艹・艸）部　艹は四画、艸は六画〉
茵 一七六
茴 一七六
茖 一七六
荆 一七七
荒 一七七
荇 一七七
茱 一七七
荀 一七七
荏 一七七
茜 一七七
荐 一七七
草 一七七
茶 一七八
茯 一七八
茫 一七八
茗 一七八
茘 一七八
〈心(⺗)部〉
怨 一七八
急 一七八
思 一七八
怎 一七八
怱 一七八
怠 一七八
怒 一七八
〈戸(戶)部〉
扃 一七九
扁 一七九
〈攴(攵)部〉
故 一七九
政 一七九
〈日(曰)部〉
昱 一七九
映 一七九
曷 一七九
昨 一七九
昵 一七九
春 一七九
是 一七九
星 一八〇
昼 一八〇
冒 一八〇
昧 一八〇
〈月部〉
胃 一八〇
胡 一八〇
胛 一八〇
胙 一八一
胎 一八一
胆 一八一
胏 一八一
背 一八一
胞 一八一
〈木部〉
栄 一八一
架 一八一
柯 一八一
枴 一八一
柑 一八一
柬 一八一
枳 一八一
枸 一八一
柧 一八一
枯 一八一
柵 一八二
柞 一八二
柿 一八二
枲 一八二
柘 一八二
柊 一八二
柔 一八二
染 一八二
柱 一八二
柏 一八二
枹 一八二
柄 一八二
某 一八二
柚 一八二
柳 一八二
栂 一八二
柾 一八二
柃 一八三
〈止部〉
歪 一八三
〈歹部〉
殃 一八三
殆 一八三
殄 一八三
〈殳部〉
段 一八三
〈水部〉
泉 一八三

〈火部〉
炬　一八三
炷　一八三
炭　一八三
炳　一八三
炮　一八三
〈灬部〉
為　一八三
点　一八四
〈爪(爫・⺤)部〉
爰　一八四
〈牛部〉
牴　一八五
〈玉(王)部〉 王は四画
珊　一八五
玳　一八五
珍　一八五
玻　一八五
〈瓦部〉
瓮　一八五
瓱　一八五
瓩　一八五
瓫　一八五
〈甘部〉
甚　一八五
〈田部〉
畏　一八五
〈疒部〉
疫　一八五
疥　一八五
疣　一八五
〈癶部〉
発　一八六
〈白部〉
皆　一八六
皇　一八六
〈皿部〉
盈　一八七
〈目部〉
看　一八七
県　一八七
省　一八七
相　一八七
眉　一八八
眇　一八八
眄　一八八
〈矛部〉
矜　一八八
〈矢部〉
矧　一八八
〈石部〉
研　一八八
砂　一八八
砕　一八八
砌　一八八
砭　一八八
〈示(礻)部〉
祇　一八八
祝　一八八
神　一八九
祖　一九〇
祐　一九〇
〈禸部〉
禺　一九〇
〈禾部〉
科　一九〇
秋　一九〇
〈穴部〉
窃　一九〇
穿　一九〇
〈立部〉
竓　一九〇
〈衤部〉
袓　一九〇
衽　一九〇
衲　一九一
〈竹部〉
竿　一九一
〈米部〉
粁　一九一
〈糸部〉
紆　一九一
紈　一九一
級　一九一
糾　一九一
紅　一九一
約　一九二
〈羊部〉
美　一九二
〈耳部〉
耶　一九二
〈自部〉
臭　一九二
〈虍部〉
虐　一九二
〈西(襾)部〉
要　一九二
〈臣部〉
臥　一九二
〈角部〉
觔　一九三
〈言部〉
計　一九三
訇　一九三
〈貝部〉
負　一九三
〈車部〉
軍　一九三
〈辵(辶・辶)部〉 辶は四画、辶は三画
迤　一九三
迦　一九三
迨　一九三
逆　一九三
送　一九四
退　一九四
追　一九四
逃　一九四
迯　一九四
迷　一九四
〈邑(阝〈右〉)部〉 阝は三画
郁　一九四
郎　一九四
〈里部〉
重　一九四
〈門部〉
門　一九五
〈阜(阝〈左〉)部〉 阝は三画
限　一九五
陋　一九五
〈面部〉
面　一九五
〈革部〉
革　一九六
〈韋部〉
韋　一九六
〈韭部〉
韭　一九六
〈音部〉
音　一九六
〈頁部〉
頁　一九六
〈風部〉
風　一九六
〈飛部〉
飛　一九六
〈食(飠・𩙿)部〉
食　一九七
〈首部〉
首　一九七
〈香部〉
香　一九七

【十画】

〈人部〉
倚　一九九
倶　一九九
個　一九九
候　一九九
倥　一九九
借　一九九
倡　一九九
倘　一九九
倩　一九九
倉　一九九
値　一九九
倒　一九九
俳　一九九
倍　一九九
俾　一九九
俵　一九九
俯　一九九
倫　二〇〇
倭　二〇〇
〈八部〉
兼　二〇〇
〈冖部〉
冤　二〇〇
冢　二〇〇
冥　二〇〇
〈冫部〉
准　二〇〇
凋　二〇〇
凍　二〇〇
凌　二〇〇
〈刂部〉
剡　二〇〇
剞　二〇一
剣　二〇一
剛　二〇一
剗　二〇一
剔　二〇一
剥　二〇一
〈匚(匸)部〉
匿　二〇一
匪　二〇一
〈力部〉
勉　二〇一
〈厂部〉
原　二〇一
〈口部〉
員　二〇一
哥　二〇一
哮　二〇一
哽　二〇一
哭　二〇一
哨　二〇一
唐　二〇一
哩　二〇二
哯　二〇二
〈土部〉
埃　二〇二
埆　二〇二
埋　二〇二
埒　二〇二
〈夊(夂)部〉
夏　二〇二
〈大部〉
奚　二〇二
套　二〇二
〈女部〉
姫　二〇三
娑　二〇三
娘　二〇三
娓　二〇三
〈子部〉

孫　二〇三

〈宀部〉
家　二〇三
害　二〇三
宮　二〇三
宰　二〇三
宸　二〇三
容　二〇三

〈寸部〉
尅　二〇四
射　二〇四
将　二〇四

〈尸部〉
屐　二〇四
屑　二〇四
展　二〇四

〈山部〉
峨　二〇四
峻　二〇四
島　二〇四
峰　二〇四

〈工部〉
差　二〇四

〈巾部〉
帰　二〇五
師　二〇五
席　二〇五
帯　二〇五

〈广部〉
庫　二〇五
座　二〇五
庭　二〇五

〈弓部〉
弱　二〇六

〈彡部〉
修　二〇六

〈彳部〉
従　二〇六
徐　二〇六
徒　二〇六

〈忄部〉
悦　二〇八
悍　二〇八
悃　二〇八
悚　二〇八
悄　二〇八
悖　二〇八
恪　二〇八

〈扌部〉
捍　二〇八
捃　二〇八
捆　二〇八
振　二〇八
挿　二〇八
梃　二〇八
捏　二〇八
捌　二〇八
挽　二〇八
捕　二〇八
拼　二〇八

〈氵部〉
涓　二〇八
浤　二〇八
消　二〇九
浹　二〇九
涅　二〇九
浜　二〇九
浮　二〇九
浦　二〇九
涌　二〇九
浴　二〇九
浬　二一〇
流　二一〇
浪　二一〇

〈犭部〉
狷　二一〇
狼　二一〇

〈艹（艹・艸）部〉艹は四画、艸は六画
荷　二一〇
華　二一〇
莞　二一一
莧　二一一
莟　二一一
莢　二一一
莎　二一一
荼　二一一
莵　二一一
莫　二一一
莩　二一一
莠　二一一
莅　二一一
莨　二一一
莔　二一一

〈心（小）部〉
恚　二一一
恩　二一二
恭　二一二
恐　二一二
恣　二一二
恁　二一二
息　二一二
恙　二一二

〈戸（戶）部〉
扇　二一二

〈手部〉
挙　二一二
拿　二一二

〈攴（攵）部〉
敏　二一二

〈斗部〉
料　二一三

〈方部〉
旁　二一三
旅　二一三

〈旡（旡・无）部〉旡は五画
既　二一三

〈日（曰）部〉
晏　二一三
晃　二一三
晒　二一三
時　二一三
書　二一三

〈月部〉
胸　二一四
脇　二一四
膀　二一四
朔　二一四
脂　二一四
脊　二一四
胴　二一四
能　二一四
脈　二一四

〈木部〉
案　二一四
桜　二一四
格　二一五
核　二一五
栝　二一五
桔　二一五
栩　二一五
校　二一五
栲　二一五
根　二一五
柴　二一五
桟　二一五
株　二一六
栖　二一六
栓　二一六
桑　二一六
桃　二一六
桐　二一六
梅　二一六
栗　二一六
栴　二一六

〈歹部〉
残　二一六
殊　二一六
殉　二一六

〈殳部〉
殺　二一六

〈水部〉
泰　二一六

〈火部〉
烟　二一七
烘　二一七

〈灬部〉
烏　二一七

〈父部〉
爹　二一七

〈牛部〉
特　二一八

〈玄部〉
玆　二一八

〈玉（王）部〉王は四画
珠　二一八
班　二一八

〈田部〉
畔　二一八
畝　二一八
畚　二一八
留　二一八

〈疒部〉
痂　二一八
痀　二一八
痃　二一八
疾　二一八
疼　二一八
疲　二一八
病　二一八
疱　二一八

〈皿部〉
益　二一八
盍　二一八
盌　二一八

〈目部〉
眤　二一八
眩　二一八
真　二一八
眚　二二〇

〈矢部〉
矩　二二〇

〈石部〉
砥　二二〇
砧　二二〇
破　二二〇

〈示（ネ）部〉
祠　二二〇
祗　二二〇
祥　二二〇

〈禾部〉
秧　二二〇
称　二二〇
秦　二二〇
秩　二二〇
秘　二二〇
秣　二二一

〈穴部〉
窄　二二一
窈　二二一
窅　二二一

〈罒部〉
罠　二二一

〈衤部〉
袘　二二一
袖　二二一
袒　二二一
袙　二二一
袢　二二一
被　二二一

〈竹部〉
笈　二二一
笄　二二一
笏　二二一
笋　二二一
笑　二二二
笊　二二二
笆　二二二

〈米部〉
粋　二二二
粃　二二二
粉　二二二

粍　二二三

〈糸部〉

紗　二二三
索　二二三
紙　二二三
純　二二三
素　二二三
紐　二二三
納　二二三
紕　二二三
紊　二二三
紛　二二三
紡　二二三
紋　二二三

〈羽（羽）部〉

翁　二二三
翅　二二三

〈老（耂）部〉耂は四画

耆　二二四
耄　二二四

〈耒部〉

耘　二二四
耕　二二四
耗　二二四

〈耳部〉

耿　二二四

〈至部〉

致　二二四

〈舌部〉

舐　二二四

〈舟部〉

般　二二四
舫　二二四

〈虫部〉

蚜　二二四
蚕　二二四
蚩　二二四
蚋　二二四
蚤　二二四
蚍　二二四
蚊　二二四
蚌　二二五

〈衣部〉

衾　二二五
衰　二二五

〈言部〉

訑　二二五
記　二二五
訖　二二五
訓　二二五
訐　二二五
訕　二二五
託　二二五
討　二二五

〈豆部〉

豈　二二五
豇　二二五

〈豸部〉

豺　二二五
豹　二二五

〈貝部〉

貢　二二五

〈走部〉

起　二二五

〈車部〉

軒　二二五

〈辰部〉

辱　二二六

〈辵（辶・辶）部〉辶は四画、辶は三画

迴　二二六
迹　二二六
這　二二六
造　二二六
速　二二六
逐　二二六
通　二二六
逓　二二六
途　二二六
透　二二六
逢　二二六
連　二二六

〈邑（阝〈右〉）部〉阝は三画

郢　二二七
郡　二二七
郤　二二七

〈酉部〉

酒　二二七

〈金部〉

針　二二七
釘　二二七
釜　二二七
釚　二二八

〈阜（阝〈左〉）部〉阝は三画

院　二二八
陥　二二八
降　二二八
除　二二八
陞　二二八
陣　二二八

〈隹部〉

隼　二二八
隻　二二八

〈馬部〉

馬　二二八

〈骨部〉

骨　二二九

〈高部〉

高　二二九

〈鬼部〉

鬼　二二九

〈龍（竜）部〉竜は十画

竜　二三〇

【十一画】

〈乙（乚）部〉

乾　二三一

〈亠部〉

商　二三一
率　二三一

〈人部〉

偓　二三一
偃　二三一
偕　二三二
偽　二三二
偶　二三二
健　二三二
做　二三二
偖　二三二
側　二三二
停　二三二
偸　二三二
偏　二三三

〈儿部〉

兜　二三三

〈刀部〉

剪　二三三

〈刂部〉

剰　二三三
副　二三三
剳　二三三

〈力部〉

勘　二三三
動　二三四

〈勹部〉

匐　二三四

〈匕部〉

匙　二三四

〈匚（匸）部〉

匭　二三四

〈厂部〉

厠　二三四

〈口部〉

啄　二三四
啓　二三四
售　二三四
唱　二三四
啜　二三四
問　二三四
唯　二三四

〈囗部〉

圊房　二三四

〈土部〉

基　二三四
執　二三四
埴　二三五
堂　二三五
培　二三五
堋　二三五
埜　二三五
埦　二三五

〈女部〉

婀　二三五
婚　二三五
婥　二三五
娵　二三五
娼　二三五
婆　二三五

〈子部〉

孰　二三五

〈宀部〉

寄　二三五
寇　二三六
寂　二三六
宿　二三六

〈寸部〉

尉　二三六

〈⺍部〉

巣　二三六

〈山部〉

崖　二三六
崑　二三六
崔　二三六
崇　二三七
崩　二三七
密　二三七

〈巾部〉

帷　二三七
常　二三七
帳　二三七

〈广部〉

庵　二三七
庶　二三七
庸　二三七

〈弓部〉

強　二三七
張　二三八

〈彑（彐）部〉

彗　二三八

〈彡部〉

彩　二三八
彬　二三八

〈彳部〉

衒　二三八
徙　二三八
術　二三八
徜　二三八
得　二三八
徘　二三八

〈忄部〉

惟　二三九
悸　二三九
惚　二三九
惨　二三九
情　二三九
悴　二三九
惜　二三九
惕　二三九
惘　二三九

〈扌部〉

掛　二三九
掘　二三九
掲　二三九

捲 二三九　捨 二三九　授 二四〇　捷 二四〇　推 二四〇　捶 二四〇　接 二四〇　掃 二四〇　探 二四〇　掬 二四〇　捻 二四〇　排 二四〇　描 二四〇　捧 二四〇　掠 二四〇　捩 二四〇

〈氵部〉
淫 二四〇　液 二四一　淤 二四一　涯 二四一　渇 二四一　淦 二四一　渓 二四一　涸 二四一　混 二四一　済 二四一　渋 二四一　淑 二四一　淳 二四一　渚 二四一　渉 二四一　深 二四一　清 二四一　淅 二四二　淡 二四二　添 二四二　淘 二四二　淖 二四二　涼 二四二　淋 二四二　淮 二四二

〈犭部〉
猜 二四二　猖 二四二　猪 二四二　猫 二四二　猛 二四三　猟 二四三

〈艹（艹・艸）部〉艹は四画、艸は六画
菴 二四三　萎 二四三　菊 二四三　菌 二四三　菫 二四三　菎 二四三　菜 二四三　菖 二四三　菘 二四三　菹 二四三　著 二四三　菟 二四三　菠 二四三　菲 二四三　萍 二四三　萌 二四三　萊 二四三　菱 二四三

〈心（⺗）部〉
悪 二四四　患 二四四　悉 二四四　悤 二四四

〈戶（戸）部〉
扈 二四四

〈攴（攵）部〉
救 二四四　教 二四四　敖 二四四　敗 二四四

〈斗部〉
斛 二四五　斜 二四五

〈斤部〉
断 二四五

〈方部〉
旌 二四五　旋 二四五　族 二四五

〈日（曰）部〉
晦 二四五　晞 二四五　晨 二四五　曹 二四五　晡 二四五　曼 二四五　冕 二四五

〈月部〉
脚 二四五　脛 二四六　脱 二四六　脯 二四六　脬 二四六　望 二四六

〈木部〉
桷 二四六　梟 二四六　桾 二四六　梧 二四六　梏 二四六　梱 二四六　梭 二四六　梓 二四六　梔 二四六　梢 二四六　梳 二四六　梯 二四六　桶 二四六　梛 二四六　梶 二四七　桴 二四七　梵 二四七　梨 二四七　梻 二四七　梼 二四七

〈欠部〉
欸 二四七

〈殳部〉
殻 二四七

〈毛部〉
毬 二四七

〈火部〉
烽 二四七

〈灬部〉
焉 二四七　烹 二四七

〈爻部〉
爽 二四七

〈牛部〉
牽 二四七　犁 二四七

〈犬部〉
倏 二四七

〈玉（王）部〉王は四画
現 二四七　理 二四八

〈瓜部〉
瓠 二四八

〈瓦部〉
瓷 二四八　瓶 二四八

〈甘部〉
甜 二四八

〈生部〉
産 二四八

〈田部〉
異 二四八　畦 二四八　畢 二四八　略 二四九

〈白部〉
皎 二四九　皐 二四九

〈皿部〉
盖 二四九　盛 二四九　盗 二四九

〈目部〉
眼 二四九　眶 二四九　眷 二四九　眴 二四九　眥 二四九　眦 二四九　眸 二四九

〈石部〉
硃 二四九

〈示（ネ）部〉
祭 二四九

〈禾部〉
移 二四九

〈穴部〉
窓 二四九　窒 二四九　窕 二四九

〈立部〉
竟 二四九　章 二四九

〈衤部〉
袿 二四九　袷 二四九　袵 二四九　袱 二四九　裄 二五〇

〈竹部〉
笥 二五〇　笞 二五〇　第 二五〇　笠 二五〇　笹 二五〇

〈米部〉
粔 二五〇　粗 二五〇　粘 二五〇

〈糸部〉
経 二五〇　絃 二五〇　紺 二五〇　細 二五一　紮 二五一　絁 二五一　終 二五一　紲 二五一　組 二五一　絆 二五一　累 二五一

〈羊（⺶）部〉
羞 二五二　羚 二五二

〈羽（羽）部〉
習 二五二　翌 二五二

〈耳部〉
聊 二五二

〈聿部〉
粛 二五二

〈臼（臼）部〉臼は七画
舂 二五二

〈舟部〉
舸 二五二　船 二五二　舵 二五二　舶 二五二

〈色部〉
艴 二五二

〈虍部〉
虚 二五二

〈虫部〉
蚶 二五三　蚯 二五三　蛍 二五三

蛄　二五三
蚱　二五三
蛇　二五三
蛋　二五三
蛁　二五三
蚰　二五三
蛉　二五三

〈衣部〉
袋　二五三

〈見部〉
規　二五三
視　二五三

〈角部〉
觖　二五三

〈言部〉
訛　二五三
許　二五四
設　二五四
訥　二五四
訪　二五四
訳　二五四

〈豆部〉
豉　二五四

〈貝部〉
貫　二五四
貪　二五四
販　二五四
貧　二五四
貶　二五四

〈足（⻊）部〉
跂　二五四
趾　二五四
趺　二五五

〈身部〉
躮　二五五

〈車部〉
転　二五五
軟　二五五

〈辵（⻌・⻍）部　⻌は四画、⻍は三画〉
這　二五五
逍　二五五
逋　二五五
逸　二五五
進　二五五
逮　二五五

〈邑（阝〈右〉）部　阝は三画〉
郭　二五五
郷　二五五
都　二五五
部　二五六

〈酉部〉
酔　二五六
酖　二五六

〈釆部〉
釈　二五六

〈里部〉
野　二五六

〈金部〉
釦　二五七
釵　二五七
釧　二五七
釣　二五七
釻　二五七

〈門部〉
閉　二五七
閇　二五七
閊　二五七

〈阜（阝〈左〉）部　阝は三画〉
陰　二五七
陬　二五七
陳　二五七
陶　二五七
陪　二五八
陸　二五八
隆　二五八
陵　二五八

〈隹部〉
雀　二五八

〈雨（⻗）部〉
雩　二五八
雪　二五八

〈革部〉
勒　二五九

〈頁部〉
頃　二五九
頂　二五九

〈食（飠・𩙿）部〉
飣　二五九

〈魚部〉
魚　二五九

〈鳥部〉
鳥　二六〇

〈鹵部〉
鹵　二六〇

〈鹿部〉
鹿　二六〇

〈麻（麻）部〉
麻　二六一

〈黄（黃）部　黄は十二画〉
黄　二六一

〈亀部〉
亀　二六三

〈黑（黒）部　黒は十一画〉
黒子　二六三

〈齊（斉）部　斉は八画〉
斎　二六三

【十二画】

〈人部〉
傀　二六五
傔　二六五
傘　二六五
備　二六五
傅　二六五
傍　二六五

〈刂部〉
割　二六五

〈力部〉
勤　二六五
勝　二六五

〈十部〉
博　二六六

〈卩（㔾）部〉
卿　二六六

〈口部〉
喝　二六六
喔　二六六
喀　二六六
喚　二六六
喜　二六六
喬　二六六
喧　二六六
喉　二六六
啻　二六六
啾　二六六
喞　二六六
善　二六六
喃　二六六
喩　二六六
喇　二六六

〈土部〉
堰　二六六
堪　二六六
堅　二六七
場　二六七
堕　二六七
塔　二六七
堡　二六七

〈士部〉
壺　二六七

〈大部〉
奥　二六七
奢　二六七
奠　二六七

〈女部〉
媮　二六七
媒　二六七
媚　二六七

〈子部〉
孳　二六七

〈宀部〉
寒　二六七
寓　二六八
寐　二六八
富　二六八

〈寸部〉
尋　二六八
尊　二六八

〈⺍部〉
営　二六八

〈尢（尣・兀）部〉
就　二六八

〈尸部〉
孱　二六八
属　二六八

〈山部〉
嵌　二六八

〈巾部〉
幄　二六八
幅　二六八
幇　二六八
帽　二六八

〈幺部〉
幾　二六八

〈弋部〉
弑　二六九

〈弓部〉
弾　二六九
弼　二六九

〈彳部〉
街　二六九
御　二六九
復　二七二
徧　二七二

〈忄部〉
愀　二七二
惻　二七二
惰　二七二

〈扌部〉
插　二七二
提　二七三
揖　二七三
揚　二七三
揺　二七三

〈氵部〉
淵　二七三
温　二七三
渠　二七三
減　二七三
湖　二七三
渾　二七三
湿　二七三
湫　二七三
湑　二七三
湛　二七四
湍　二七四
渟　二七四
渡　二七四
湯　二七四
渺　二七四
満　二七四
湧　二七四

〈犭部〉
猩　二七四
猶　二七四
猥　二七四

〈艹（艹・艸）部〉 艹は四画、艸は六画
葺 二七四
葭 二七五
葛 二七五
葵 二七五
萱 二七五
葫 二七五
葬 二七五
葱 二七五
葩 二七五
葡 二七五
葉 二七五
落 二七五
葎 二七六
菓 二七六

〈心（⺗）部〉
惣 二七六
悲 二七六
悶 二七六
惑 二七六

〈手部〉
掌 二七六

〈支部〉
攲 二七六

〈攴（攵）部〉
敢 二七六
敬 二七六
散 二七六
敦 二七七

〈文部〉
斑 二七七
斌 二七七

〈斤部〉
斯 二七七

〈日（曰）部〉
暁 二七八
景 二七八
最 二七八
晶 二七八
曾 二七八
替 二七八
晩 二七八
普 二七八
晬 二七八

〈月部〉
腋 二七八
期 二七九
腊 二七九
朝 二七九
腓 二七九
腕 二七九

〈木部〉
椅 二七九
極 二七九
棘 二七九
検 二八〇
椒 二八〇
森 二八〇
棲 二八〇
棈 二八〇
棕 二八〇
棣 二八〇
棟 二八〇
棠 二八〇
棚 二八〇
棒 二八〇
椋 二八〇
椀 二八〇
椚 二八〇
椨 二八〇
椦 二八〇

〈欠部〉
款 二八〇

〈歹部〉
殖 二八〇

〈毛部〉
毳 二八〇

〈水部〉
淼 二八〇

〈火部〉
焱 二八〇
焠 二八〇
焼 二八〇
焙 二八一

〈灬部〉
煮 二八一
焦 二八一
然 二八一
無 二八一

〈牛部〉
犇 二八三
犂 二八三

〈玉（王）部〉 王は四画
琴 二八三
琥 二八三
琵 二八三
琺 二八三

〈瓦部〉
瓺 二八三

〈田部〉
畳 二八三
番 二八三

〈疋（⺪）部〉
疏 二八三
疎 二八四

〈疒部〉
痛 二八四
痘 二八四

〈癶部〉
登 二八四

〈白部〉
皓 二八四

〈目部〉
着 二八四
睇 二八四

〈矢部〉
短 二八四

〈石部〉
确 二八五
硨 二八五
硝 二八五

〈禾部〉
稈 二八五
稀 二八五
稍 二八五
税 二八五
程 二八五
稂 二八五

〈穴部〉
窘 二八五

〈立部〉
竢 二八五
童 二八五

〈衤部〉
裙 二八五
補 二八五

〈竹部〉
筈 二八五
筐 二八五
筋 二八五
筓 二八五
策 二八五
筍 二八五
筌 二八五
筑 二八五
答 二八五
等 二八五
筒 二八六
筆 二八六
筕 二八六

〈米部〉
粤 二八六
粢 二八六
粧 二八六
粟 二八六

〈糸部〉
絓 二八六
給 二八六
結 二八六
絞 二八六
絎 二八六
絖 二八七
紫 二八七
絶 二八七
統 二八七
絡 二八七

〈羽（羽）部〉
翔 二八七

〈耳部〉
聒 二八七

〈舌部〉
舒 二八七

〈虫部〉
蛙 二八八
蛞 二八八
蛟 二八八
蛤 二八八
蛭 二八八

〈血部〉
衆 二八八

〈衣部〉
裁 二八八
装 二八八
裂 二八八

〈襾（覀）部〉
覃 二八八

〈見部〉
覚 二八八
覘 二八八

〈言部〉
詠 二八八
詐 二八八
証 二八八
詔 二八八
詛 二八八
訴 二八八
詆 二八八
評 二八八

〈豕部〉
象 二八九

〈豸部〉
貂 二八九

〈貝部〉
貽 二八九
賀 二八九
貴 二八九
貸 二八九
貯 二八九
貼 二八九
買 二八九
貰 二八九

〈赤部〉
赧 二八九

〈走部〉
越 二八九

〈足（⻊）部〉
跚 二八九
距 二八九
趺 二八九
跋 二八九

〈身部〉
躰 二八九

〈車部〉
軻 二九〇
軽 二九〇
軫 二九〇

〈辵（⻌・⻍）部〉 ⻌は四画、⻍は三画
透 二九〇
運 二九〇
過 二九〇
遂 二九〇
達 二九〇
遅 二九〇
道 二九〇
遍 二九一
遊 二九一
遥 二九一

〈酉部〉
酣 二九一
酢 二九一
〈釆部〉
釉 二九一
〈里部〉
量 二九一
〈金部〉
釿 二九一
鈐 二九一
鈕 二九一
鈍 二九一
〈門部〉
開 二九二
間 二九二
閑 二九三
閔 二九三
〈阜（阝〈左〉）部〉 阝は三画
階 二九三
隍 二九三
随 二九三
陽 二九三
隈 二九三
〈隹部〉
雁 二九三
集 二九三
雄 二九三
〈雨（⻗）部〉
雲 二九三
〈革部〉
靫 二九四
〈頁部〉
項 二九四
須 二九四
順 二九四
〈風部〉
颪 二九四
〈食（飠・𩙿）部〉
飲 二九四
〈黍部〉
黍 二九五
〈齒（歯）部〉 歯は十二画
歯 二九五

【十三画】

〈人部〉
傴 二九六
僅 二九六
傾 二九六
催 二九六
傷 二九六
僉 二九六
僧 二九六
傭 二九六
僂 二九六
〈刂部〉
剽 二九六
〈力部〉
勧 二九六
勢 二九六
勦 二九六
〈口部〉
嗚 二九六
嗅 二九六
嗟 二九六
嗄 二九六
嗜 二九六
嗤 二九七
嗣 二九七
嗔 二九七
〈囗部〉
園 二九七
〈土部〉
塩 二九七
塊 二九七
塞 二九七
塒 二九七
塡 二九七
塗 二九七
墓 二九七
〈夕部〉
夢 二九七
〈大部〉
奨 二九七
〈女部〉
嫁 二九七
媿 二九七
嫌 二九七
嫋 二九八
〈宀部〉
寛 二九八
寝 二九八
寖 二九八
〈干部〉
幹 二九八
〈广部〉
廉 二九八
〈彳部〉
徯 二九八
微 二九八
〈忄部〉
慨 二九八
愧 二九八
慄 二九八
〈扌部〉
携 二九八
搆 二九八
搾 二九八
搦 二九八
摂 二九九
搔 二九九
損 二九九
搗 二九九
搯 二九九
搏 二九九
〈氵部〉
溢 二九九
滑 二九九
漢 二九九
溘 二九九
溝 二九九
溷 二九九
滓 三〇〇
溲 三〇〇
準 三〇〇
滁 三〇〇
滄 三〇〇
滂 三〇〇
滅 三〇〇
〈犭部〉
猿 三〇〇
獅 三〇〇
〈艹（艹・艸）部〉 艹は四画、艸は六画
蓋 三〇〇
蒿 三〇〇
蒟 三〇〇
蓑 三〇〇
蒜 三〇〇
蓍 三〇〇
蒺 三〇〇
蒐 三〇〇
蒸 三〇〇
蓁 三〇〇
蒼 三〇〇
蓖 三〇〇
蒲 三〇〇
蒙 三〇一
蓏 三〇一
蓮 三〇一
蓬 三〇一
蒴 三〇一
〈心（⺗）部〉
愛 三〇一
意 三〇一
感 三〇一
愚 三〇一
慈 三〇二
愁 三〇二
想 三〇二
愍 三〇二
愈 三〇二
〈戈部〉
戦 三〇二
〈支（攵）部〉
数 三〇二
〈斗部〉
斟 三〇二
〈斤部〉
新 三〇二
〈日（曰）部〉
暗 三〇三
暈 三〇三
暇 三〇三
暉 三〇三
暖 三〇三
暘 三〇三
〈月部〉
腮 三〇三
腎 三〇三
腥 三〇三
腸 三〇三
腹 三〇三
腰 三〇三
〈木部〉
楽 三〇三
棄 三〇四
業 三〇四
楂 三〇四
楸 三〇四
楫 三〇四
楚 三〇四
椶 三〇四
楤 三〇四
椵 三〇四
楮 三〇四
楪 三〇四
椿 三〇四
椹 三〇四
椽 三〇四
楣 三〇四
楓 三〇四
椰 三〇四
楡 三〇四
楊 三〇五
楝 三〇五
榀 三〇五
椂 三〇五
椷 三〇五
〈欠部〉
歃 三〇五
〈止部〉
歳 三〇五
〈殳部〉
毀 三〇五
殿 三〇五
〈火部〉
煙 三〇五
煢 三〇五
煌 三〇五
煖 三〇五
煩 三〇五
煨 三〇五
〈灬部〉
照 三〇五
煎 三〇五
〈牛部〉
犍 三〇六
〈犬部〉
献 三〇六
〈玉（王）部〉 王は四画
瑕 三〇六
瑞 三〇六
瑇 三〇六
瑜 三〇六
〈疒部〉
瘁 三〇六
痴 三〇六
痲 三〇六

〈皿部〉 盞 三〇六 盟 三〇六
〈目部〉 睢 三〇六 睨 三〇六 睡 三〇六 督 三〇六 睥 三〇六
〈矢部〉 矮 三〇六
〈石部〉 碁 三〇七 碓 三〇七 碌 三〇七
〈示（ネ）部〉 禁 三〇七 禍 三〇七 禅 三〇七
〈禾部〉 稚 三〇七 稠 三〇七 稟 三〇七 稜 三〇七
〈穴部〉 窠 三〇八
〈罒部〉 罨 三〇八 罪 三〇八 置 三〇八
〈ネ部〉 褂 三〇八 裾 三〇八 裸 三〇八 裲 三〇八 褄 三〇八
〈竹部〉 筵 三〇八 筥 三〇八 筮 三〇八 節 三〇八
〈米部〉 粳 三〇八 粮 三〇八
〈糸部〉 継 三〇八 絹 三〇九 綏 三〇九 続 三〇九 絽 三〇九 綛 三〇九
〈羊（⺷）部〉 義 三〇九 群 三〇九 羨 三〇九
〈耒部〉 耡 三〇九
〈耳部〉 聖 三〇九 聘 三〇九
〈聿部〉 肆 三〇九
〈舟部〉 艀 三〇九
〈虍部〉 虞 三〇九
〈虫部〉 蛾 三〇九 蛺 三〇九 蜆 三一〇 蜀 三一〇 蜃 三一〇 蛻 三一〇 蜒 三一〇 蜉 三一〇 蜂 三一〇
〈衣部〉 裔 三一〇 裘 三一〇 裛 三一〇 裏 三一〇
〈角部〉 解 三一〇 觜 三一〇 触 三一一
〈言部〉 詰 三一一 誇 三一一 詬 三一一 試 三一一 詳 三一一 誠 三一一 詮 三一一 詫 三一一 誅 三一一 誂 三一一 誉 三一一 誄 三一一
〈豆部〉 豊 三一一
〈豸部〉 貉 三一一
〈貝部〉 資 三一一 貲 三一一
〈足（⻊）部〉 跬 三一一 跟 三一一 跡 三一二 跣 三一二 路 三一二
〈身部〉 躱 三一二
〈車部〉 較 三一二 軾 三一二
〈辛部〉 辞 三一二 辟 三一二
〈辰部〉 農 三一二
〈辵（⻌・⻍）部 ⻌は四画、⻍は三画〉 遏 三一二 遐 三一二 遑 三一二 遒 三一二 遄 三一二 遉 三一二 遁 三一二 逼 三一二 適 三一二 違 三一二 遠 三一二 遣 三一三
〈金部〉 鉗 三一三 鉉 三一三 鉤 三一三 鉏 三一三 鉦 三一三 鉄 三一三 鈸 三一四 鈴 三一四
〈門部〉 閘 三一四
〈阜（阝〈左〉）部 阝は三画〉 隘 三一四 隔 三一四 隙 三一四
〈隹部〉 雅 三一四 雎 三一四 雉 三一四
〈雨（⻗）部〉 電 三一五 雷 三一五 零 三一五
〈革部〉 靴 三一五
〈頁部〉 頑 三一五 頌 三一五 頓 三一五 頒 三一五 預 三一五
〈食（飠・𩙿）部〉 飪 三一五 飼 三一五
〈馬部〉 馴 三一五 馳 三一五
〈髟部〉 髢 三一六
〈魚部〉 魞 三一六
〈鳥部〉 鳩 三一六 鳧 三一六 鳰 三一六
〈鹿部〉 麁 三一六
〈黽部〉 黽 三一六
〈鼓部〉 鼓 三一六
〈鼠部〉 鼠 三一六

【十四画】

〈人部〉 僥 三一七 僣 三一七 像 三一七 僮 三一七 僕 三一七 僎 三一七
〈儿部〉 兢 三一七
〈匸（匚）部〉 匱 三一七
〈厂部〉 厭 三一七
〈口部〉 嘔 三一七 嘉 三一七 嘘 三一七 嘐 三一七 嗽 三一七 嘖 三一七 嘗 三一七 嘈 三一七 嗾 三一七 嗹 三一七
〈土部〉 境 三一七 塹 三一七 塵 三一七 増 三一七 墨 三一八
〈夕部〉 夤 三一八 夥 三一八
〈大部〉 奪 三一八
〈女部〉 嫗 三一八 嫣 三一八 嫡 三一八 嫩 三一八
〈宀部〉 寡 三一八 寤 三一八 察 三一八 寧 三一八

寥 三一八
〈戸部〉
屢 三一八
〈彳部〉
徴 三一八
徳 三一八
〈忄部〉
慥 三一八
慢 三一八
〈扌部〉
摧 三一八
摭 三一九
摘 三一九
〈氵部〉
演 三一九
漁 三一九
滾 三一九
漬 三一九
漆 三一九
漸 三一九
漕 三一九
滴 三一九
漂 三一九
漫 三一九

漣 三一九
滷 三一九
漏 三一九
漉 三一九
〈犭部〉
獄 三一九
獐 三一九
〈艹(艹・艸)部〉 艹は四画、艸は六画
蔚 三一九
蔭 三二〇
蓴 三二〇
蔕 三二〇
蔔 三二〇
蓬 三二〇
蔓 三二〇
蔆 三二〇
〈心(⺗)部〉
慇 三二〇
態 三二〇
〈戈部〉
截 三二〇
〈手部〉
摹 三二〇

〈斗部〉
斡 三二〇
〈方部〉
旗 三二〇
〈日(曰)部〉
暢 三二〇
暮 三二〇
〈月部〉
膃 三二〇
膏 三二〇
膀 三二〇
膂 三二〇
〈木部〉
榲 三二一
樺 三二一
槐 三二一
概 三二一
構 三二一
榼 三二一
榾 三二一
榛 三二一
榱 三二一
槍 三二一
槙 三二一
榻 三二一

榜 三二一
榠 三二一
模 三二一
様 三二一
榕 三二二
榊 三二二
槖 三二二
〈欠部〉
歌 三二二
〈止部〉
歴 三二二
〈火部〉
熅 三二二
熒 三二二
熇 三二二
煽 三二二
〈灬部〉
熊 三二二
〈爻部〉
爾 三二二
〈片部〉
牓 三二二

〈牛部〉
犒 三二二
犖 三二二
〈玉(王)部〉 王は四画
瑣 三二二
瑪 三二二
〈瓦部〉
甄 三二三
甃 三二三
甌 三二三
〈疋部〉
疑 三二三
〈疒部〉
瘧 三二三
〈皮部〉
皹 三二三
〈目部〉
睿 三二三
〈石部〉
碣 三二三
磁 三二三

〈示(ネ)部〉
禊 三二三
〈禾部〉
穀 三二三
種 三二三
稲 三二三
稽 三二三
〈穴部〉
窩 三二三
窪 三二三
〈立部〉
竭 三二三
竪 三二四
端 三二四
〈衤部〉
褐 三二四
褌 三二四
褊 三二四
〈竹部〉
箇 三二四
管 三二四
箝 三二四
箕 三二四
算 三二五

箏 三二五
箙 三二五
箆 三二五
箸 三二五
〈米部〉
精 三二五
〈糸部〉
維 三二五
綺 三二五
綱 三二五
緇 三二五
綽 三二五
綬 三二五
綏 三二五
綫 三二五
総 三二五
綜 三二五
綢 三二五
綴 三二五
綯 三二六
緋 三二六
綿 三二六
網 三二六
綾 三二六
緑 三二六
綸 三二六
練 三二六

緡 三二六
〈羽(羽)部〉
翠 三二六
翡 三二六
〈耳部〉
聚 三二七
聞 三二七
聢 三二七
〈聿部〉
肇 三二七
〈肉部〉
腐 三二七
〈虫部〉
蜾 三二七
蜷 三二七
蜻 三二七
蜘 三二七
蜩 三二七
蝃 三二七
蜚 三二七
蜱 三二七
〈衣部〉
裹 三二七

裳 三二七
〈見部〉
覡 三二八
〈言部〉
誡 三二八
誑 三二八
語 三二八
誌 三二八
誦 三二八
誓 三二八
説 三二八
読 三二八
認 三二八
誣 三二八
誘 三二八
〈豕部〉
豨 三二八
豪 三二八
〈豸部〉
貌 三二八
〈貝部〉
賖 三二八
賑 三二八

〈赤部〉
赫 三二九
〈足(⻊)部〉
踢 三二九
踊 三二九
〈車部〉
輒 三二九
輓 三二九
輔 三二九
〈辛部〉
辣 三二九
〈辵(⻌・辶)部〉 ⻌は四画、辶は三画
遙 三二九
遣 三二九
遜 三二九
遮 三二九
適 三二九
〈邑(⻏〈右〉)部〉 ⻏は三画
鄙 三二九
〈酉部〉
酷 三二九

酸 三一九

〈金部〉
銜 三一九
銀 三二〇
鉸 三二〇
銭 三二〇
銑 三二〇
銚 三二〇
銅 三二〇
鉾 三二〇

〈門部〉
閤 三二〇
関 三二〇
閨 三二〇

〈阜（阝〈左〉）部〉 阝は三画
隠 三二〇
際 三二〇
障 三二〇

〈隹部〉
雑 三二一
雌 三二一

〈青（靑）部〉
静 三二一

〈革部〉
鞅 三二一

〈頁部〉
頗 三二一
領 三二一

〈風部〉
颯 三二一

〈食（食・飠）部〉
飴 三二一

〈馬部〉
駅 三二一
駆 三二二
駄 三二二
駁 三二二

〈骨部〉
骰 三二二

〈髟部〉
髪 三二二

〈鬼部〉
魁 三二二
魂 三二二

〈鳥部〉
鳶 三二二
鳳 三二二
鳴 三二二

〈麻（麻）部〉
麼 三二二

〈鼻部〉
鼻 三二三

【十五画】

〈人部〉
億 三二四
儀 三二四
僻 三二四
儚 三二四

〈刀部〉
劈 三二四

〈刂部〉
劇 三二四

〈口部〉
噎 三二四
器 三二四
嘱 三二四
嘶 三二四
嘲 三二四
嘸 三二四
噴 三二四
舗 三二四

〈土部〉
墝 三二四
墜 三二四
墳 三二四

〈女部〉
嬋 三二四

〈宀部〉
審 三二五

〈巾部〉
幢 三二五
幡 三二五
幣 三二五

〈广部〉
廡 三二五

〈廾部〉
弊 三二五

〈彡部〉
影 三二五

〈彳部〉
衝 三二五

〈忄部〉
慳 三二五
憔 三二五
憚 三二五
憫 三二五
憤 三二五
憐 三二五

〈扌部〉
撮 三二五
撒 三二六
撕 三二六
撰 三二六
撞 三二六
撓 三二六
撚 三二六
播 三二六
撥 三二六
撫 三二六

〈氵部〉
潤 三二六
澆 三二六
潔 三二六
潢 三二六
澌 三二六
潤 三二六
潜 三二六
潺 三二七
澄 三二七
潮 三二七
潑 三二七
潦 三二七

〈犭部〉
獝 三二七

〈艹（艹・艸）部〉 艹は四画、艸は六画
蕎 三二七
蕁 三二七
蕊 三二七
蔵 三二七
蕩 三二七
蕃 三二七
蕪 三二七

〈心（⺗）部〉
慰 三二七
慶 三二七
慙 三二七
憂 三二七
慮 三二七

〈戈部〉
戯 三二七

〈手部〉
撃 三二八
摩 三二八

〈支（攵）部〉
敷 三二八

〈日（曰）部〉
暫 三二八
暴 三二八

〈月部〉
膕 三二八
膠 三二八
膝 三二八

〈木部〉
横 三二九
槻 三二九
槿 三二九
権 三二九
槲 三二九
樝 三二九
樟 三二九
槭 三二九
樗 三二九
樋 三二九
樊 三二九
標 三二九
榼 三二九
樏 三二九

〈欠部〉
歎 三四〇

〈水部〉
漿 三四〇

〈火部〉
熨 三四〇
熛 三四〇

〈灬部〉
熬 三四〇
熟 三四〇
熱 三四〇

〈牛部〉
犛 三四〇

〈玉（王）部〉 王は四画
瑩 三四〇

〈田部〉
畾 三四〇

〈疒部〉
瘡 三四〇
瘦 三四〇
瘤 三四〇

〈皮部〉
皺 三四〇

〈皿部〉
監 三四一
盤 三四一

〈目部〉
瞋 三四一
瞑 三四一

〈石部〉
磈 三四一
磕 三四一
確 三四一
磋 三四一
磔 三四一
碾 三四一
磐 三四一
磅 三四一
碼 三四一
磊 三四一

〈禾部〉
稼 三四一
稽 三四一
稷 三四一
穂 三四一

〈穴部〉
窮 三四一
窳 三四一

〈罒部〉
罵 三四一
罷 三四一

〈衤部〉
褞 三四二
褥 三四二

〈竹部〉
篌 三四二
箱 三四二
箴 三四二
箭 三四二
篋 三四二

〈米部〉
糊 三四二
糅 三四二
糈 三四二

糕　三四二
糎　三四二
〈糸部〉
縁　三四二
緩　三四二
緘　三四二
緊　三四二
緫　三四三
縄　三四三
線　三四三
緞　三四三
縉　三四三
編　三四三
緬　三四三
〈羊（⺷）部〉
羯　三四三
〈羽（羽）部〉
翫　三四三
〈耒部〉
耦　三四三
〈舛（舛）部〉舛は七画
舞　三四三

〈虫部〉
蝘　三四三
蝦　三四三
蝌　三四三
蝸　三四三
蝗　三四三
蝤　三四四
蝶　三四四
蝮　三四四
蝙　三四四
蟒　三四四
蝲　三四四
〈衣部〉
褒　三四四
〈言部〉
課　三四四
誼　三四四
諄　三四四
諸　三四四
誰　三四四
請　三四四
諍　三四四
諾　三四四
談　三四四
調　三四四
諂　三四五
誹　三四五

諒　三四五
〈貝部〉
質　三四五
賙　三四五
賓　三四五
賦　三四五
〈走部〉
趣　三四五
〈足（⻊）部〉
踝　三四五
踞　三四五
踏　三四五
〈車部〉
輙　三四五
輩　三四五
輪　三四五
輦　三四五
〈辵（⻌・⻍）部〉⻌は四画、⻍は三画
遺　三四六
遵　三四六
遷　三四六
〈酉部〉

醋　三四六
醇　三四六
醂　三四六
〈金部〉
鋤　三四六
銷　三四六
鋳　三四六
鋪　三四六
錵　三四六
〈門部〉
閲　三四六
閻　三四六
閭　三四六
〈雨（⻗）部〉
震　三四六
霆　三四六
霊　三四六
〈非部〉
靠　三四六
〈革部〉
鞋　三四六
鞍　三四六
鞛　三四七
鞄　三四七

〈食（⻞・⻟）部〉
養　三四七
餅　三四七
餓　三四七
〈馬部〉
駒　三四七
駈　三四七
駔　三四七
〈髟部〉
髯　三四七
髫　三四七
髭　三四七
〈魚部〉
魦　三四七
魳　三四七
魴　三四七
魯　三四七
魶　三四七
魬　三四七
〈鳥部〉
鴉　三四七
鴆　三四七
鴇　三四七

〈麥（麦）部〉麦は七画
麩　三四七
麪　三四七
麭　三四七
〈麻（麻）部〉
麿　三四七
〈黑（黒）部〉黒は十一画
黙　三四七

【十六画】

〈人部〉
儕　三四八
儒　三四八
儘　三四八
儔　三四八
〈八部〉
冀　三四八
〈冫部〉
凝　三四八
〈刂部〉
劓　三四八

〈文部〉
叡　三四八
〈口部〉
噯　三四八
噦　三四八
噲　三四八
噤　三四八
嘯　三四八
噬　三四八
噸　三四八
〈土部〉
墺　三四八
壊　三四八
墾　三四八
壌　三四八
壁　三四八
壅　三四九
〈女部〉
嬢　三四九
嬖　三四九
〈山部〉
嶮　三四九
〈广部〉
廩　三四九

〈彳部〉
衛　三四九
〈忄部〉
憶　三四九
懐　三四九
懈　三四九
〈扌部〉
擇　三四九
擒　三四九
撿　三四九
擅　三四九
擂　三四九
擈　三四九
擋　三四九
〈氵部〉
激　三四九
濁　三四九
濃　三五〇
澪　三五〇
濩　三五〇
〈犭部〉
獲　三五〇
〈艹（⺿・艸）部〉⺿は四画、艸は六画

薙　三五〇
薑　三五〇
薫　三五〇
薨　三五〇
蕺　三五〇
薄　三五〇
薇　三五〇
薬　三五〇
薦　三五一
〈心（⺗）部〉
憖　三五一
憑　三五一
〈日（⺜）部〉
暹　三五一
曈　三五一
曇　三五一
〈月部〉
膳　三五一
〈木部〉
橄　三五一
機　三五一
橘　三五一
橇　三五一
樹　三五一
橡　三五二

樽　三五二
橙　三五二
樸　三五二
樫　三五二
〈欠部〉
歔　三五二
歙　三五二
〈歹部〉
殫　三五二
〈火部〉
燈　三五二
熾　三五二
燎　三五二
燐　三五二
〈灬部〉
燕　三五二
〈犬部〉
獣　三五二
〈玉（王）部〉王は四画
璞　三五二
〈瓜部〉

瓢 三五二

〈疒部〉
瘴 三五二

〈皿部〉
盧 三五二

〈目部〉
瞟 三五二

〈石部〉
磬 三五二
磚 三五三

〈禾部〉
穎 三五三
穏 三五三
積 三五三

〈穴部〉
窺 三五三
窶 三五三

〈衤部〉
襁 三五三
褶 三五三

〈竹部〉
築 三五三
篤 三五三
篦 三五三

〈米部〉
糗 三五三
糖 三五三
糒 三五三

〈糸部〉
縊 三五三
縕 三五三
縑 三五三
縞 三五三
縡 三五三
縦 三五三
縢 三五四
縛 三五四
繁 三五四
縫 三五四
縨 三五四

〈臼(臼)部〉 臼は七画
興 三五四

〈舟部〉
艙 三五四

〈虫部〉
螢 三五四
螠 三五四
螇 三五四
螟 三五四
蟇 三五四
蟆 三五四

〈衣部〉
褰 三五四

〈見部〉
親 三五四
覩 三五五

〈角部〉
觱 三五五

〈言部〉
諳 三五五
謂 三五五
諧 三五五
諫 三五五
諸 三五五
諡 三五五
諦 三五五
諷 三五五
謀 三五五
諛 三五五

〈豆部〉
豎 三五五

〈貝部〉
賢 三五五
賭 三五五

〈赤部〉
赭 三五五
赬 三五五

〈足(⻊)部〉
踵 三五五
蹄 三五六

〈車部〉
輻 三五六
輹 三五六
輸 三五六

〈辵(⻌・⻍)部〉 ⻌は四画、⻍は三画
遶 三五六
遼 三五六
還 三五六
避 三五六

〈金部〉
錏 三五六
鋺 三五六
錦 三五六
錮 三五六
錯 三五六
錙 三五六
錫 三五六
錠 三五六
錘 三五六
錣 三五六
錬 三五六
錨 三五七

〈門部〉
閼 三五七
閾 三五七
閻 三五七
闍 三五七

〈阜(阝〈左〉)部〉 阝は三画
隩 三五七

〈雨(⻗)部〉
霍 三五七
霎 三五七
霏 三五七
霖 三五七

〈革部〉
鞘 三五七
鞖 三五七
鞠 三五七

〈頁部〉
頤 三五七
頷 三五七
頰 三五七
頸 三五七
頹 三五八
頭 三五八
頼 三五八
頻 三五八

〈食(⻞・⻟)部〉
餗 三五八

〈馬部〉
駭 三五八
駱 三五八

〈骨部〉
骸 三五八

〈髟部〉
髻 三五八

〈鬥部〉
鬩 三五八

〈魚部〉
鮓 三五九
鮎 三五九
鮃 三五九
鮑 三五九
鮗 三五九
鮊 三五九

〈鳥部〉
鴛 三五九
鴨 三五九
鴡 三五九

〈鹿部〉
麈 三五九

〈麥(麦)部〉 麦は七画
麬 三五九

〈龍(竜)部〉 竜は十画
龍 三五九

【十七画】

〈人部〉
優 三六〇

〈口部〉
嚏 三六〇
嚊 三六〇

〈女部〉
嬰 三六〇
嬥 三六〇

〈子部〉
孺 三六〇

〈⺍部〉
厳 三六〇

〈弓部〉
彌 三六〇

〈忄部〉
懦 三六〇

〈扌部〉
擱 三六〇
擬 三六〇
擦 三六一
擢 三六一
擣 三六一
擯 三六一

〈氵部〉
濠 三六一
濡 三六一

〈艸(⺾・艹)部〉 ⺾は四画、艸は六画
藁 三六一
薩 三六一
藉 三六一
薯 三六一
薺 三六一
藐 三六一

〈心(⺗)部〉
懃 三六一
懇 三六一

〈戈部〉
戴 三六一

〈月部〉
臆 三六一
臂 三六二

〈木部〉
檜 三六二
檞 三六二
檀 三六二
檬 三六二

〈欠部〉
歟 三六二

〈歹部〉
殭 三六二

〈毛部〉
氈 三六二

〈火部〉
燬 三六二
燭 三六二
燧 三六二
燥 三六二

〈玉(王)部〉 王は四画
環 三六二
瑠 三六二

〈瓦部〉
甑 三六二

〈疒部〉
癈 三六二
癔 三六二

〈皿部〉
盪 三六二

〈目部〉
瞳 三六二
瞥 三六二
〈矢部〉
矯 三六三
矰 三六三
〈石部〉
磯 三六三
磽 三六三
磷 三六三
〈竹部〉
簣 三六三
簞 三六三
簏 三六三
簓 三六三
〈米部〉
糠 三六三
糝 三六三
糟 三六三
糞 三六三
〈糸部〉
縮 三六三
績 三六三
繊 三六三
縻 三六三
縹 三六四
縵 三六四
縷 三六四
縅 三六四
〈缶部〉
罅 三六四
〈羽(羽)部〉
翳 三六四
〈耳部〉
聳 三六四
聴 三六四
聯 三六四
〈虍部〉
虧 三六四
〈虫部〉
蟋 三六四
螽 三六四
蟀 三六四
螭 三六四
螳 三六四
螺 三六四
螻 三六四
螵 三六五
〈衣部〉
褻 三六五
〈見部〉
覬 三六五
〈言部〉
謹 三六五
謙 三六五
謗 三六五
謎 三六五
〈貝部〉
賽 三六五
賸 三六五
〈足(⻊)部〉
蹉 三六五
蹌 三六五
蹋 三六五
〈車部〉
轅 三六五
轄 三六五
轂 三六五
〈辵(辶・辶)部〉 辶は四画、辶は三画
邂 三六五
〈酉部〉
醞 三六五
醢 三六五
〈金部〉
鍋 三六五
鍰 三六五
鍬 三六六
鍛 三六六
鍍 三六六
〈門部〉
闇 三六六
闋 三六六
闍 三六六
闌 三六六
〈雨(⻗)部〉
霜 三六六
〈革部〉
鞠 三六六
〈韋部〉
韓 三六六
〈食(飠・𩙿)部〉
餡 三六六
餛 三六六
餞 三六六
〈馬部〉
駿 三六六
騁 三六六
〈鬼部〉
醜 三六六
〈魚部〉
鮟 三六六
鮠 三六六
鮫 三六六
鮞 三六六
鮮 三六六
鮲 三六七
鮴 三六七
〈鳥部〉
鴻 三六七
鴿 三六七
鵄 三六七
鵆 三六七
〈鹿部〉
麋 三六七
〈黹部〉
黻 三六七
〈鼻部〉
鼾 三六七
〈齊(斉)部〉 斉は八画
齋 三六七

【十八画】

〈人部〉
儲 三六八
〈文部〉
叢 三六八
〈戸部〉
屩 三六八
〈扌部〉
擾 三六八
攄 三六八
擲 三六八
擽 三六八
〈氵部〉
濫 三六八
〈艹(艹・艸)部〉 艹は四画、艸は六画
藕 三六八
藤 三六八
藍 三六八
藜 三六八
〈心(⺗)部〉
懲 三六八
〈攴(攵)部〉
斃 三六八
〈日(曰)部〉
曜 三六八
〈月部〉
臍 三六八
臏 三六九
〈木部〉
櫂 三六九
檸 三六九
檳 三六九
〈歹部〉
殯 三六九
〈火部〉
燻 三六九
燹 三六九
〈玉(王)部〉 王は四画
瓊 三六九
〈瓦部〉
甕 三六九
〈疒部〉
癒 三六九
〈目部〉
瞿 三六九
瞽 三六九
瞬 三六九
瞻 三六九
〈石部〉
礌 三六九
〈禾部〉
穢 三六九
〈穴部〉
竄 三六九
〈罒部〉
羂 三六九
〈衤部〉
襖 三六九
襟 三六九
〈竹部〉
簡 三六九
簣 三七〇
簟 三七〇
〈糸部〉
繦 三七〇
繭 三七〇
繞 三七〇
織 三七〇
繕 三七〇
繚 三七〇
〈羽(羽)部〉
翹 三七〇
翻 三七〇
〈耳部〉
聶 三七〇
職 三七〇
〈虫部〉
蟪 三七〇
蟠 三七〇
〈襾(覀)部〉
覆 三七〇
〈臣部〉
臨 三七〇
〈角部〉
觴 三七〇
〈言部〉
謫 三七〇
〈貝部〉
賾 三七〇
贄 三七〇
贈 三七〇
〈足(⻊)部〉
蹙 三七〇
蹤 三七一
蹠 三七一
蹢 三七一
蹣 三七一
〈身部〉
軀 三七一
〈車部〉
轆 三七一

〈辵（辶・辶）部〉辶は四画、辶は三画
邇　三七一
〈酉部〉
醫　三七一
〈里部〉
釐　三七一
〈金部〉
鎰　三七一
鎬　三七一
鎖　三七一
鎗　三七一
鎮　三七一
鎛　三七一
鎌　三七一
鎹　三七一
鎺　三七一
〈門部〉
闕　三七一
闘　三七二
〈隹部〉
雛　三七二
難　三七二

〈雨（⻗）部〉
霤　三七二
〈革部〉
鞠　三七二
鞦　三七二
〈頁部〉
額　三七二
顎　三七二
顔　三七二
顕　三七二
題　三七二
類　三七二
〈風部〉
颺　三七二
〈食（⻝・飠）部〉
餬　三七二
〈馬部〉
騎　三七二
験　三七三
騒　三七三
〈骨部〉
髀　三七三

〈髟部〉
鬆　三七三
〈魚部〉
鯇　三七三
鮸　三七三
鯒　三七三
𩸽　三七三
〈鳥部〉
鵝　三七三
鵞　三七三
鵟　三七三
鵙　三七三
鵠　三七三
鵜　三七三
鵐　三七三
鵃　三七三
〈黑（黒）部〉黒は十一画
點　三七三
〈鼠部〉
鼬　三七三

【十九画】

〈口部〉
囂　三七四
嚬　三七四
〈土部〉
壚　三七四
壟　三七四
〈女部〉
嬾　三七四
〈宀部〉
寵　三七四
〈忄部〉
懶　三七四
〈扌部〉
攏　三七四
〈氵部〉
瀛　三七四
瀝　三七四
〈犭部〉
獺　三七四
〈艹（艹・艸）部〉艹は四画、艸は六画
藹　三七四

蘇　三七四
藻　三七四
蘋　三七四
蘭　三七四
蘆　三七五
〈手部〉
攀　三七五
〈日（曰）部〉
曠　三七五
曝　三七五
〈月部〉
臘　三七五
〈木部〉
櫞　三七五
檻　三七五
櫚　三七五
櫟　三七五
〈火部〉
爍　三七五
爆　三七五
〈片部〉
牘　三七五

〈牛部〉
犢　三七五
〈田部〉
疇　三七五
〈疒部〉
癡　三七五
〈石部〉
礪　三七五
〈示（礻）部〉
禰　三七五
〈罒部〉
羅　三七六
〈衤部〉
襪　三七六
〈竹部〉
簷　三七六
簸　三七六
〈糸部〉
繋　三七六
繡　三七六
繰　三七六

〈羊（⺶）部〉
羸　三七六
〈色部〉
艶　三七六
〈虫部〉
蟹　三七六
蠍　三七六
蟻　三七六
蠁　三七六
蟾　三七六
蟶　三七六
蟷　三七六
蠅　三七六
〈襾（西）部〉
覇　三七七
〈言部〉
譌　三七七
警　三七七
譖　三七七
〈足（⻊）部〉
蹶　三七七
蹴　三七七
蹲　三七七

〈車部〉
轍　三七七
〈辵（辶・辶）部〉辶は四画、辶は三画
邃　三七七
〈金部〉
鏨　三七七
鏝　三七七
〈隹部〉
離　三七七
〈革部〉
鞴　三七七
〈韭部〉
韲　三七七
〈頁部〉
願　三七七
顛　三七七
顗　三七七
〈食（⻝・飠）部〉
饈　三七七
饇　三七七

〈馬部〉
騙　三七七
〈骨部〉
髄　三七八
〈髟部〉
鬐　三七八
〈魚部〉
鯣　三七八
鯨　三七八
鯢　三七八
鯤　三七八
鯔　三七八
鯧　三七八
鯖　三七八
鯯　三七八
鯱　三七八
鯥　三七八
鯺　三七八
鯝　三七八
鯘　三七八
〈鳥部〉
鶏　三七八
鵱　三七八
鵲　三七九
鶉　三七九

鶫　三七九
鵯　三七九
鵺　三七九
鶍　三七九
〈鹿部〉
麗　三七九
〈麥（麦）部〉麦は七画
麴　三七九
〈齒（歯）部〉歯は十二画
齗　三七九

【二十画】

〈女部〉
孀　三八〇
〈山部〉
巌　三八〇
〈忄部〉
懺　三八〇
〈扌部〉
攘　三八〇

〈氵部〉
瀰　三八〇
瀲　三八〇
〈犭部〉
獮　三八〇
〈艹（艹・艸）部〉艹は四画、艸は六画
蘖　三八〇
蘚　三八〇
蘗　三八〇
蘞　三八〇
〈心（⺗）部〉
懸　三八〇
〈月部〉
臙　三八〇
臚　三八〇
朧　三八〇
〈木部〉
欄　三八〇
櫪　三八一
櫨　三八一
〈目部〉
矍　三八一

〈石部〉
礬　三八一
礫　三八一
〈禾部〉
穭　三八一
〈立部〉
競　三八一
〈衤部〉
襤　三八一
〈竹部〉
籌　三八一
〈米部〉
糲　三八一
〈糸部〉
纁　三八一
〈缶部〉
罌　三八一
〈羽（羽）部〉
耀　三八一
〈虫部〉
蠑　三八一
蠐　三八一
蠕　三八一
〈言部〉
護　三八一
譫　三八一
譬　三八一
〈貝部〉
贏　三八二
〈車部〉
轗　三八二
〈酉部〉
醸　三八二
醴　三八二
〈金部〉
鐚　三八二
鏗　三八二
鐘　三八二
鐙　三八二
鐃　三八二
〈門部〉
闡　三八二

〈雨（⻗）部〉
霰　三八二
〈音部〉
響　三八二
〈風部〉
飄　三八二
〈食（飠・𩙿）部〉
饅　三八二
〈馬部〉
騰　三八二
驀　三八二
〈魚部〉
鰔　三八二
鰕　三八二
鰐　三八二
鰉　三八二
鰓　三八三
鰌　三八三
鰍　三八三
鰆　三八三
鯷　三八三
鰒　三八三
鰊　三八三
鰘　三八三
鰚　三八三
鯖　三八三
〈鳥部〉
[illegible]　三八三
鶚　三八三
鶫　三八三
〈鹵部〉
鹹　三八三
〈麥（麦）部〉麦は七画
麵　三八三
〈黑（黒）部〉黒は十一画
黥　三八三
黧　三八三
〈鼠部〉
鼯　三八三
〈齒（歯）部〉歯は十二画
齣　三八三
齝　三八三

【二十一画】

〈人部〉
儺　三八四
〈口部〉
囂　三八四
囈　三八四
〈山部〉
巍　三八四
〈日（曰）部〉
曩　三八四
〈木部〉
櫺　三八四
〈火部〉
爛　三八四
〈疒部〉
癩　三八四
〈穴部〉
竈　三八四
〈衤部〉
襯　三八四

〈糸部〉
纈　三八四
纏　三八四
纇　三八四
〈缶部〉
罍　三八四
〈虫部〉
蠢　三八四
蠡　三八五
蠟　三八五
〈言部〉
譴　三八五
譶　三八五
〈貝部〉
贐　三八五
〈足（⻊）部〉
躋　三八五
躊　三八五
〈車部〉
轟　三八五
轜　三八五
〈金部〉
鐸　三八五
鐺　三八五
〈雨（⻗）部〉
霹　三八五
〈頁部〉
顧　三八五
〈風部〉
飆　三八五
〈飛部〉
飜　三八五
〈食（飠・𩙿）部〉
饑　三八五
饒　三八五
饌　三八五
〈鬼部〉
魑　三八五
〈魚部〉
鰥　三八五
鰭　三八五
鰣　三八六
鰧　三八六
鰰　三八六
鰡　三八六
〈鳥部〉
鷃　三八六
鶯　三八六
鷄　三八六
鶴　三八六
鷂　三八六
鶮　三八六
鶲　三八六
〈鹿部〉
麝　三八六
〈黑（黒）部〉黒は十一画
黯　三八六
〈鼓部〉
鼙　三八六
〈齒（歯）部〉歯は十二画
齧　三八六
齦　三八六

【二十二画】

〈人部〉
儻　三八七
〈口部〉
囉　三八七
〈女部〉
孌　三八七
〈子部〉
孿　三八七
〈扌部〉
攤　三八七
〈氵部〉
灑　三八七
〈艹（艹・艸）部〉艹は四画、艸は六画
蘿　三八七
〈木部〉
欋　三八七
〈穴部〉
竊　三八七
〈衤部〉
襴　三八七

〈竹部〉
籠　三八七
〈米部〉
糴　三八七
糵　三八七
〈缶部〉
罏　三八七
〈耳部〉
聾　三八七
〈舟部〉
艫　三八七
〈虫部〉
蠹　三八七
〈衣部〉
襲　三八七
〈見部〉
覿　三八八
〈貝部〉
贖　三八八
〈足（⻊）部〉
躑　三八八
〈車部〉
轡　三八八
〈金部〉
鑓　三八八
〈雨（⻗）部〉
霽　三八八
〈食（飠・𩙿）部〉
饗　三八八
饘　三八八
〈馬部〉
驚　三八八
驕　三八八
〈髟部〉
鬚　三八八
〈魚部〉
鰶　三八八
鰻　三八八
鰾　三八八
鰱　三八八
鱅　三八八
鱁　三八八
〈鳥部〉
鷗　三八八
〈鹿部〉
麞　三八八
〈鼠部〉
鼴　三八八
〈龍（竜）部〉竜は十画
龕　三八八

【二十三画】

〈扌部〉
攫　三八九
攪　三八九
攩　三八九
〈木部〉
欒　三八九
〈竹部〉
籤　三八九
〈糸部〉
纔　三八九
〈虫部〉
蠱　三八九
〈言部〉
讎　三八九
〈足（⻊）部〉
躙　三八九
〈辵（辶・⻌）部〉辶は四画、⻌は三画
邏　三八九
〈金部〉
鑚　三八九
鑣　三八九
〈面部〉
靨　三八九
〈骨部〉
髑　三八九
〈髟部〉
鬟　三八九
〈魚部〉
鱒　三八九
鱓　三八九
鱗　三八九
鱛　三八九
〈鳥部〉
鷸　三八九
鷲　三八九
鷦　三八九
〈黍部〉
黐　三八九
〈黑（黒）部〉黒は十一画
黴　三九〇
〈鼠部〉
鼹　三九〇
鼷　三九〇

【二十四画】

〈彳部〉
衢　三九〇
〈疒部〉
癲　三九〇
〈言部〉
讒　三九〇
讖　三九〇
〈身部〉
軈　三九〇
〈雨（⻗）部〉
靄　三九〇
〈頁部〉
顰　三九〇
〈馬部〉
驟　三九〇
〈骨部〉
髕　三九〇
〈髟部〉
鬢　三九〇
〈鬼部〉
魘　三九〇
〈魚部〉
鱠　三九〇
鱟　三九〇
鱮　三九〇
鱧　三九〇
鱪　三九一
鱩　三九一
鱝　三九一
〈鳥部〉
鷽　三九一
鸇　三九一
鸊　三九一
鷹　三九一
〈黽部〉
鼇　三九一
〈齒（歯）部〉歯は十二画
齷　三九一

【二十五画】

〈竹部〉
籮　三九一
籬　三九一
〈米部〉
糶　三九一
〈肉部〉
臠　三九一
〈足（⻊）部〉
躡　三九一
〈金部〉
鑰　三九一
鑵　三九一
〈雨（⻗）部〉
靉　三九一
〈魚部〉
鱰　三九一
〈鳥部〉
鸍　三九一
〈黽部〉
鼈　三九一

【二十六画】

〈酉部〉
釃　三九二
〈金部〉
鑷　三九二
〈馬部〉
驢　三九二
〈門部〉
闤　三九二
〈魚部〉
鱶　三九二
鱵　三九二
鱷　三九二
〈黑（黒）部〉黒は十一画
黶　三九二

【二十七画】

〈言部〉
讜　三九二
〈金部〉
鑽　三九二
〈頁部〉
顳　三九二
〈馬部〉
驥　三九二
驤　三九二
〈魚部〉
鱸　三九二
〈鳥部〉
鸕　三九二
〈黑（黒）部〉黒は十一画
黷　三九二

【二十八画】

〈糸部〉
纜　三九二
〈金部〉
钁　三九二
鑿　三九二
〈鳥部〉
鸚　三九三

【二十九画】

〈火部〉
爨　三九三
〈馬部〉
驪　三九三
〈鬯部〉
鬱　三九三

【三十画】
〈馬部〉
驫　三九三
〈鳥部〉
鸞　三九三

【三十一画】
〈氵部〉
灩　三九三

【三十三画】
〈雨（⻗）部〉
靇　三九四
〈鹿部〉
麤　三九四

一画

〈一部〉

一 ひ・ひい・ひと・ひとつ・いち
①ひとつ。②一度。③或る。④すべて。

一つ竈 ひとつべっつい
歌舞伎の鬘のひとつ。月代（さかやき）と額を剃った形。

一に いつに
①ひとつには。②ひとえに。

一七日 いちしちにち・ひとなぬか
①七日間。加持や祈祷、修業などの宗教行事の単位に用いられることが多い。②人の死後七日目。

一二 つまびらか・つぶさに・ひふ
つまびらか・つぶさに―「詳・審」とも書く。くわしいさま。『雲州消息』
ひふ―ひ（一）、ふ（二）の意で、手玉遊びなどをいう。

一人 いちのひと・いちじん
天子の尊称。一般には摂政・関白など政治の最高位の人をいう。

一人静 ひとりしずか
センリョウ科の多年草。『綱目啓蒙』

一入 ひとしお
「一倍」とも書く。①染物を染液に一回浸すこと。「一入染（ひとしおぞめ）・初入（はつしお）」に同じ。『宇津保物語』。②いっそう。ひときわ。『南総里見八犬伝』

一入再入 いちじゅうさいじゅう
布を染液で何度も染めること。染色が濃いこと。『平家物語』

一八 いちはつ・チーハ
いちはつ―「鳶尾」とも書く。アヤメ科の多年草。
チーハ―「字華」とも書く。中国語。中国の賭博。三六の熟語を書いた罫紙を配り、その中から胴元の伏せた熟語を当てるもの。明治に日本伝来。

一匕 いっぴ
①ひとさじ。②ひとふりの短刀。

一十 ひとそじ
数の十。『撰集抄』

一十日 ひととおか
佐渡金銀山で坑内作業の工賃を十日単位で計算したこと。

一三 いっさん
「一参」とも書く。①三つの要素を一つにする意から、鞍・鐙（あぶみ）・手綱を巧みにさばいて乗馬をすること。②駆け足。

一三昧 いっさんまい
雑念をはらって一心不乱に修業をすること。

一上 いちのかみ・いちのしょう
左大臣の異称。第一の公卿の意。「一大臣（いちのおとど）」に同じ。『宇津保物語』

一口 いっく
①一人。②生物一匹。③一人分の給料。④口のあいた器や刀剣などの単位。『東寺百合文書』

一大臣 いちのおとど・いちのだいじん
左大臣。「一上」に同じ。『浜松中納言物語』

一寸 ちょっと
「鳥与・鳥渡」とも書く。①ほんのすこし。②ほんのついでに。③かなり。④しばらく。

一寸物 いっすもの
「一種物」とも書く。①各人が一種ずつの肴を持ち寄って催す酒宴。『御堂関白記』。②銭二〇文を重ねた厚みが一寸であることからの語で、各自が二〇文を出し合って催す酒宴。『塵嚢鈔』

一寸髷 ちょんまげ
「丁髷」とも書く。江戸中期以降の男の髪型の一。『多情多恨』

一切 いっさい・いっせつ
①すべて。『徒然草』。②全然。まったく。『史記抄』

一切り ひとしきり
「一頻り」とも書く。しばらくの間。盛んに。『今の女』

一手限 ひとてぎり
江戸時代、奉行が独自におこなった裁判。『算法地方大成』

一文半銭 いちもんきなか
貨幣一文とその半分で、わずかな金額のたとえ。

一文字挵蝶 いちもんじせせり
セセリチョウ科のチョウ。

一斤染 いっこんぞめ
紅花一斤で絹一匹（布帛二反）を薄紅に染めること。また、その染めた布。

一方一方 ひとかたひとかた
どちらかいっぽう。『源氏物語』

一日正月 ひひてしょうがつ・ひとひしょうがつ
二月一日。「ひひて」は「日一日」の訛り。「太郎の朔日（たろうのついたち）・次郎太郎の日」に同じ。

一日回 ひとひめぐり
兵事や凶事をつかさる陰陽道の神。日ごとに方向を変え、その方向への行動は凶事を招くという。「一夜回」「太白神（たいはくじん）」に同じ。

一日花 とろろ・とろろあおい
「黄蜀葵・黄葵・秋葵」とも書く。アオイ科の一年草。

一片 ひとひら
「一枚」とも書く。薄くて平らな物の一枚。『草枕』

一片食 ひとかたけ
一回の食事。『亨和句帖』

一牛鳴地 いちごみょうち・いちぎゅうめいち
牛の鳴き声が聞こえるほどの近い地。「牛吼地」に同じ。

一左右 いっそう
安否などを伝える一度の便り。一報。『信長公記』

一本薄 ひともとすすき
カヤツリグサ科の多年草。

一母同胞 ひとつおもはらから
母を同じくする兄弟。

一白眼 ひとにらみ
「ひと睨み」とも書く。『西洋道中膝栗毛』

一矢 いっし
一本の矢。「一矢を報いる」と用いる。

一石日和 いちこくびより
「降ろう如（ごと＝五斗）、降るまい如（ごと＝五斗）」の意で、降るか降らないか定まらない天気をいう。『物類称呼』

一伍一什 いちぶしじゅう
「一部始終」とも書く。書物の初めから終りまで。物事のはじめから終りまで。顛末。『牡丹灯籠』

一列 ひとつら
「一連」とも書く。①ひとつらなり。『平家物語』。②同程度。『世説新語茶』

一向 ひたすら・ひたぶる
「只管・頓」とも書く。①すっかり。『源氏物語』。②いちずに。ただただ。『源氏物語』。③ひたぶる。『観音岩』

一向心 ひたぶるごころ
ひたすらに思いつめた心。『狭衣物語』

一行 ひとくだり・いちぎょう
①武家が発給する許可・推挙状。安堵の文書。②きまりきった口上。③文章の一行。④文章の一部分。

一曲 ひとくねり
①ひとまがり。②すこしすねること。『一言芳談』

一色 いっしき・ひといろ
①荘園制での負担の一つ。「一色田」は公事を免除され年貢だけをだす田地。『今川仮名目録』。②ひと色。③純一。④ひとつ。

一坂 いちのさか
キク科の多年草フキの異称。

一抔土 いっぽうど
①手のひらですくえるほどの少量の土。②墳墓のたとえ。『史記』

一牡多牝 いちぼたひん
一頭の雄が多数の雌を従えること。「一雄多雌（いちゆうたし）」に同じ。

一見 いちげん
初めて対面すること。遊廓などの初会の客を一見客（いちげんきゃく）という。『心中天の網島』

一刻 ひととき
「一時」とも書く。いっとき。かつて。『上田敏全訳詩集』

一季居 いっきすえ・ひときおり
一年間を契約期間とする江戸時代の雇用形態での奉公人。「一季奉公人・一季者」「一季公人」に同じ。

一宗構 いっしゅうかまえ
近世、僧侶に科せられた刑罰。所属する宗門から除籍されること。

一定 いちじょう
①確実なこと。その通りであること。②かならず。きっと。『沙石集』

一所 いちのところ
朝廷の儀式で第一の席につく摂関家をいう。「一家（いちのいえ）」に同じ。

一枝黄花 あきのきりんそう
「秋の麒麟草」とも書く。キク科の多年草。

一枚 ひとひら
「一片」とも書く。→一片

一物 ひとつもの
神社の祭で神の憑坐（よりまし）となる子供。着飾り馬に乗ることが多い。『中右記』

一秉 ひとにぎり
「一握」とも書く。近世の稲の刈籾の単位。

一品 いっぽん
①親王の位階の第一。②経巻中の一章。

一品経和歌懐紙 いっぽんぎょうわかかいし
平安時代頃にはじまる仏教信仰で、法華経二八品の一品ずつを歌題として和歌を詠み懐紙にしたためたもの。

一度再度 いちどふたたび
「一度」を強調した語。

一荘 イーチャン
中国語。麻雀（マージャン）の一ゲーム。

一昨日 おととい・おとつい・いっさくじつ
昨日の前の日。『浮雲』

一昨年 おととし・おとどし・いっさくねん
昨年の前の年。『みだれ髪』

一昨昨日 さきおととい・さきおとつい・いっさくさくじつ
一昨日の前の日。『暗夜行路』

一昨昨年 さきおととし・さきおとどし・いっさくさくねん
一昨年の前の年をいう。

一炷 いっしゅ
①一本の線香、または灯心。②香を燻らすこと。

一食 いちじき
①一度の食事。②仏家で一日一回昼に食事をとること。短い時間の譬えに用いられる。『柿山伏』

一倍 ひとしお
「一入」とも書く。『此処やかしこ』→一入

一夏 いちげ
僧侶が夏の一定期間（旧暦四月一六日から七月一五までの九〇日間）籠もって修業すること。「夏安居（げあんご）」に同じ。『梁塵秘抄』

一家 いちのいえ
「一所（いちのところ）」に同じ。→一所

一家衆 いっけしゅう
真宗本願寺法主の血縁者。

一庫炭 いちくらずみ
池田炭の異称。兵庫県川西市一庫（ひとくら）で生産される黒炭。

一書 ひとつがき
箇条書きで、各項目のはじめに「一（ひとつ）何々」と一の文字をつけて書きだすこと。またその文書。「書立（かきたて）・一打（いちうち）」に同じ。

一時 ひとしきり
「一頻り」とも書く。しばらくの間。『多情多恨』

一時花 いっときばな
ヒガンバナ科の多年草ヒガンバナの異称。

一時雨 ひとしぐれ
ひとしきりふる通り雨。『風雅和歌集』

一途 いちず・いっと
いちず―ひたむきなさま。『天保改革町触史料』
いっと―①ひとすじの道。②一つの方向。ただそれだけ。

一連 ひとつら
「一列」とも書く。①ひとつらなり。『平家物語』。②同程度。『世説新語茶』

一張一弛 いっちょういっし
①張ったり緩めたりすること。②働かせたり、休ませたりすること。

一張手 いっちゃくしゅ
「一塔手・一搩手・一磔手」とも書く。親指と中指を伸ばした長さ。仏像などをはかる単位。約八寸（約二四・二センチ）。↓一搩手

一掬 いっきく
①両手でひとすくいすること。また その程度の水。『芭蕉俳文』。②ほんの少し。

一葉 はらん
「葉蘭・紫蘭・蜘蛛抱蛋」とも書く。ユリ科の常緑多年草。

一葉楓 ひとつばかえで
カエデ科の落葉高木。

一転 いちころ
①京都の方言で「無造作」。②ばくちで、大きな目がいっぺんに出ること。③あっという間に負けてしまうこと。

一逸 いっち
もっとも。いちばん。『誹風柳多留』

一喫煙 いっぷく
「一服」とも書く。ひと休みすること。煙草を一回吸うこと。『当世書生気質』

一喉 いっこん
魚の一尾。『鱸包丁』

一塔手 いっちゃくしゅ
「一張手」とも書く。↓一張手

一壺天 いっこてん
壺の中に入って別世界を楽しむ故事より、別世界。酒を飲んで俗世界を忘れること。『後漢書』

一寐 ひとい
「一寝」とも書く。ひとねむり。『貫之集』

一弾指 いったんじ・いちだんし
一度指を弾くきわめて短い時間。『日葡辞書』

一御子 いちのみこ
天皇の長男。『源氏物語』。「一宮（いちのみや）」に同じ。

一揃 ピンぞろ
①博奕で二つの賽子（さいころ）を振って、ともに一の目がでること。②単物（ひとえもの）を二枚重着していることをあざける語。

一揖 いちゆう
ちょっと頭を下げて礼をすること。

一葉艾 ひとつばよもぎ
キク科の多年草。

一期 いちご
人の誕生から死までの期間。一生。一生涯。『沙石集』

一期分 いちごぶん
中世、生存中のみ知行を認められた所領。

一番 ひとつがい
「一雌雄」とも書く。①動物の雄雌の一組。②夫婦。

一寝 ひとい
「一寐」とも書く。↓一寐

一廉 ひとかど
「一角・一稜・一閣」とも書く。①一つの事柄。『算法地方大成』。②きわだってすぐれていること。ひときわめだつこと。『醒睡笑』。③一人前であること。

一稜 ひとかど
「一廉」とも書く。↓一廉

一節切 ひとよぎり
「一節截・一箇切」とも書く。尺八の一種。竹の縦笛で指穴は表四、裏一。節が一つだけあることから呼ばれた呼称。「洞簫（どうしょう）・小竹（こたけ）」に同じ。

一節竹 ひとよたけ
一尺一寸一節（ふし）の尺八。江戸中期まで流行。『古事記』

一節截 ひとよぎり
「一節切」とも書く。↓一節切

一雅意 いちがい
「一概」とも書く。①一様であること。②あることを思いこむこと。強情。『日葡辞書』

一搩手 いっちゃくしゅ・いったくしゅ
「一張手」とも書く。↓一張手

一種 ひとくさ
一種類。『源氏物語』

一種物 ひとくさもの・いっすもの
公卿などがそれぞれ一種類の肴を出し合って催した小宴会。また、その肴。

一端駆け いちはなかけ・いちはながけ
①一番最初に駆けつける。②まっさき。『浮世風呂』

一閣 ひとかど
「一廉」とも書く。↓一廉

一雌雄 ひとつがい
「一番」とも書く。『西洋道中膝栗毛』↓一番

一領 ひとくだり
「一下り」とも書く。「くだり」はそろいの衣装などを数える単位。装束などのひとそろい。『源氏物語』

一暴十寒 いちばくじっかん
一日だけ日光を当てても十日寒気にさらしては種子は十分育たないこと。良い条件を十分に与えないと成果があがらないことの譬え。『孟子』

一磔手 いっちゃくしゅ
「一張手」とも書く。↓一張手

一緡 ひとさし
緡（ぜにさし）で銭を連ねたことから、銭一〇〇文、または一〇〇〇文。

一臂 いっぴ
かたうで。かたひじ。

一瞥 いちべつ
ちらっと見ること。流し目で見ること。

一簇 ひとむら
「一群・一叢」とも書く。①ひとかたまりに群れていること。『戸隠山紀行』。②植物が一か所にむらがって生えていること。また、その植物。『万葉集』

一縷 いちる
①一本の細い糸。②わずかにつながっているさま。

一闋 ひとくさり
「一齣」とも書く。謡い物、語り物、話などのまとまった一区切り。ひとこま。

一擲 いってき
一度に全部をなげうつこと。「一

擲千金（いってきせんきん）」は一度に莫大なお金を惜しげもなく使うこと。

一瞬 ひとまたたき

一回まばたきをするくらいのほんの短い時間。『みだれ髪』

一瞻一礼 いっせんいちらい

仏を一度仰ぎ見ては一度拝礼すること。『長谷寺験記』

一箇切 ひとよぎり

「一節切」とも書く。→一節切

一簣 いっき

「簣」はもっこ。縄などで編んだ四角い網の四角につりひもをつけ、石や土などを入れてかついで運ぶ用具。もっこ一盛りの土。『書経』

一翻 イーファン

麻雀（マージャン）で点数が二倍になる上がり役。

一職 いっしき

①室町以降の語で、遺産や遺領。『小早川文書』。②「一色・一式」とも書く。いっさい。全部。③一つの色。④まじりけのないこと。『正法眼蔵』

一齣 ひとくさり

「一闋」とも書く。→一闋

一饋 いっき

一度の食事。

一顰一笑 いっぴんいっしょう

顔をしかめたり、笑ったり。顔にあらわれる表情。機嫌。

〈乙（乚）部〉

乙 きのと・めり

きのと―十干（じっかん）の第二。『曾丹集』

めり―①減ること。②調子を低くすること。

乙子 おとご・おとね

おとご―「弟子」とも書く。末っ子。『今昔物語集』

おとね―月の下旬の子（ね）の日。『宇津保物語』

乙子月 おとごづき

旧暦十二月の異称。

乙子朔日 おとごのついたち

「弟子朔日」とも書く。旧暦十二月一日の異称。一年最後の朔日。『世間胸算用』

乙小昼 おとこびる

農繁期、農家では一日に七回ほど食事をするが、そのうちの最後の中間の食事。

乙文字 おともじ

①末娘の愛称。②おたふく。おかめ。「乙御前（おとごぜん）」に同じ。

乙甲 めりかり・おつかつ・おっつかっつ

めりかり―邦楽で、音高を標準よりも微妙に高くしたり低くしたりする技巧。

おつかつ・おっつかっつ―優劣がないさま。

乙矢 おとや

「弟矢」とも書く。一手（ひとて＝二本の矢）のうち、二本目に射る矢。

乙名 おとな

①一族・一家の長。『平家物語』。②中・近世、村落の代表者。乙名百姓（おとなびゃくしょう）。

乙名成 おとななり

室町・江戸時代に、村落の代表者である乙名になること。また、その儀式。

乙名百姓 おとなびゃくしょう

「長百姓」とも書く。近世の村落で長老・顧問・年寄格の農民。

乙名敷 おとなしく

「大人しく」とも書く。落ち着いて穏やかなさま。『西郷隆盛全集』

乙兵 おくびょう

「臆病」とも書く。気が弱く、ささいなことでもこわがってびくびくすること。『沙石集』

乙夜 いつや・おつや

五夜（甲夜・乙夜・丙夜・丁夜・戊夜）の一つ。亥の刻に当たる。現在の午後九時から十一時頃の間。「二更（にこう）」に同じ。

乙度 おっと

「越度・落度」とも書く。①律令制で、鈴鹿・不破・愛知（のちに逢坂）の三関やその他の関所を許可証なく通過すること。『上杉家文書』。②あやまち。失敗。敗北。『保元物語』

乙息子 おとむすこ

「弟息子」とも書く。長男以外のむすこ。また、末のむすこ。『曾我五人兄弟』

乙張 めりはり

「減張」とも書く。音声や演技で緩めることと張り上げること。音の高低。抑揚。『役者論語』

乙鳥 つばめ

「玄鳥・鳥衣」とも書く。スズメ目ツバメ科の鳥。

乙御前 おとごぜ

「おとごぜん」の約。「乙文字」に同じ。→乙文字

乙護法 おとごほう

仏法を守護するために姿を現す童形の鬼神。「乙護童子・護法天童」に同じ。

二画

〈一部〉

七 ちぇえ・チー

ちぇえ—拳（けん）で七つ。チー—中国語の七(しち)。ななつ。

七七日 なななぬか・なななのか・しちしちにち

人の死後四九日目。「四十九日」に同じ。

七八遣 しちはちづかい

近世、各宿場で非常時用に備えた人馬。東海道の宿場では人馬一〇〇人一〇〇匹と定められ、平時にはそのうち七〇人八〇匹を使用したことから。

七夕 たなばた

「棚機」とも書く。①「たなばたつめ」の略。②七月七日に星を祭る行事。五節句の一つ。『蜻蛉日記』。③横板のついた織機。

七夕馬 たなばたうま

七月七日に藁でつくる馬。

七寸 みずつき・みずき

「承鞚」とも書く。①馬の轡（くつわ）の一部で手綱を結びつける引手（ひきて）。『倭名類聚鈔』。②手綱の両端。

七五三貰い しめもらい

「標貰い・注連貰い」とも書く。正月十五日の左義長（さぎちょう）で焼くために、取り払った門松や注連飾りを子供たちが貰うこと。

七五三飾 しめかざり

「注連飾」とも書く。正月や祭礼のときに、神を迎え、神を祀るしるしとして、門や神棚に注連縄を張って飾ること。また、その飾り。

七五三縄 しめなわ

「注連縄・標縄」とも書く。神前や神事の場を画し、不浄なものが入ることを禁ずるしるしとして張る縄。

七星子 むかごにんじん

「零余子人参」とも書く。セリ科の多年草。

七出 しちしゅつ

律令制で、夫が妻を離縁できる七つの理由。父母（舅姑）に従わない・無子・多言・窃盗・嫉妬・淫乱・悪疾をさす。「七去(しちきょ)」に同じ。

七曲 ななわた・ななわだ

「ななまがり（七曲）」に同じ。幾重にも曲がること。『枕草子』。

七糸緞 しゅちん

「繻珍・朱珍」とも書く。五本以上の経緯（たてよこ）糸を組み合わせた繻子織(しゅすおり)の地に、黄・赤などの緯糸で文様を織り出した絹織物。『梅津政景日記』。

七対子 チートイツ

麻雀（マージャン）の上がり役の一つ。

七里結界 しちりけっぱい・しちりけっかい

①仏教で、修業を妨げる魔障を入れないため、七里四方に境界を設けること。②転じて、人を忌み嫌って寄せつけないこと。

七宝 しっぽう

①七種の宝物。「七珍（しっちん）」に同じ。②紋所の名。③「七宝焼」の略。

七所祝 ななとこいわい

南九州に見られる習俗。七つの児が正月七日に近所の七軒の家から雑炊を貰って食べること。「ななとこ雑炊」に同じ。

七歩 ななあゆみ

「七歩の才（七歩あるく間に名詩を詠む才能）」の略。作詩の才に優れ、しかも早いこと。『世説新語』。

七星瓢虫 ななほしてんとう

テントウムシ科の甲虫。

七島藺 しちとうい

カヤツリグサ科の多年草。

七座星 ななますほし

北斗七星の異称。『夫木和歌抄』。

七桔梗 ななつぎきょう

ナス科の多年草ハシリドコロの異称。

七葉樹 とち・とちのき

「栃・橡」とも書く。トチノキ科の落葉高木。

七節菅 ななふすげ

カヤツリグサ科の多年草カサスゲの異称。

七種 ななくさ

「七草」とも書く。①七種類。②春の七草。『五元集』。③秋の七草。

七種爪 ななくさづめ

正月七日に、邪気をはらうため、七種粥（ななくさがゆ）の残りの汁やナズナを漬けた水に爪を浸して切る江戸の風習。

七編 ななふ

「七布」とも書く。七筋に編んだ敷物など。また、それくらいの広さの形容。

七縦七擒 しちしょうしちきん

敵を従わせる諸葛孔明の故事より、敵を七回逃がして七回捕えること。

七顛八倒 しちてんばっとう・しってんばっとう・じたばた

「七転八倒」とも書く。しちてんばっとう・しってんばっとう—転げ回ってもだえ苦しむこと。『太平記』。じたばた—①手足をむやみに動かして抵抗したり暴れたりするさま。『塩原多助一代記』。②あわてふためくさま。

七顛八起 しちてんはっき・なころびやおき

「七転八起」とも書く。①何回失敗してもくじけずに立ち上がり、奮起すること。『こがね丸』。②人生で浮沈の多いこと。

七竈 ななかまど

バラ科の落葉小高木。「山南天・山槐（やまえんじゅ）」に同じ。

丁 ひのと・よほろ・よぼろ

ひのと—十干（じっかん）の第四。よほろ・よぼろ—「膕」とも書く。①膝の裏側のくぼんでいる部分。「ひかがみ」に同じ。『日葡辞書』。②古代に土木工事などに使役された男子。『類聚類聚名義抄』

丁と ちゃんと

①ただしく。②すばやく。『椿姫』

丁丁 とうとう・ちょんちょん・ほとほと

とうとう—斧で木を伐る音や碁を打つ音の形容。

ちょんちょん―①拍子木を続けて打つ音。②芝居の幕切れに拍子木を打つことから、転じて物語の終り。
ほとほと―「丁々」とも書く。①戸を叩く音。②「とうとう」に同じ。③ひじょうに。ほとんど。『こがね丸』

丁丁発止 ちょうちょうはっし
「打打発止」とも書く。激しく打ち合うさま。

丁子 ちょうじ
「丁字・丁香」とも書く。フトモモ科の常緑高木。

丁子風炉 ちょうじぶろ
フトモモ科の常緑高木丁子のつぼみを乾燥させたものを煎じて香気を出す、香炉に似た風炉。

丁列綿油 テレメンゆ
松類からつくられる揮発性の精油。「テレビン油・松脂（まつやに）油」に同じ。

丁抹 デンマーク
北ヨーロッパの立憲王国。

丁斧掛 ちょんがけ
「ちょん掛け」とも書く。①相撲の決まり手の一つ。相手の差し手を抱え、踵で相手の踵を内側から掛け倒すもの。②環でかける羽織りの紐。『自惚鏡』。③釣で、針にちょっと引っかけるだけの餌のつけ方。

丁香茄児 はりあさがお
「針朝顔・天茄児」とも書く。ヒルガオ科の蔓性一年草。

丁翁 あけび
「木通・通草」とも書く。アケビ科の蔓性低木。

丁幾 チンキ
①薬品をアルコールに溶かした液体。②「チンキ剤」に同じ。

丁稚 でっち
年季奉公をする年少者。『日本永代蔵』

丁髷 ちょんまげ
江戸中期以降の男の髪型の一つ。

〈丿部〉

乃 すなわち・いまし
「則・即・便・廼・輙」とも書く。すなわち―①すぐに。即座。②それゆえ。③いいかえれば。いまし―たった今。

乃公 おれ・だいこう
わが輩。一般には「だいこう」で汝（なんじ）の君主の意。おれさま。『塩原多助一代記』

乃米 のうまい
「能米・納米」とも書く。①年貢米を納入すること。②玄米で出す年貢米。『宝簡集』。③玄米。『源平盛衰記』

乃至 ないし
①あるいは。または。②…から…にかけて。

乃刻 ないこく・のうこく・のこく
「廼刻」とも書く。即刻。すぐに。ただ今。

乃祖 だいそ
祖父。先祖。『戴恩記』

乃時 ないじ
「廼時」とも書く。即刻。すぐに。ただ今。

乃翁 だいおう
老人が子や目下の者に対して自分をさしていう言葉。おれ。わし。

乃貢 のうぐ
年貢。『高野山文書』

乃堂 だいどう
他人の母に対する敬称。

乃楽 なら
「平城・寧楽・名良・平」とも書く。古都「奈良」。

〆而辻 しめてつじ
辻は「つじつまが合う」の意で合計。総数の合計をいう場合に用いる語。

〆治 しぬち
担子菌類の食用茸シメジ。

〈乙（乚）部〉

九十九三 つくもさん
和歌の三十一文字を九・十・九・三に区切って書くこと。

九十九髪 つくもがみ・しらが
「江浦草髪」とも書く。白髪。百に一画足りない「白」の意。『伊勢物語』

九十 ここのそじ
九十歳。「じ」は接尾語。

九生如来 くしょうにょらい
①大日如来の異称。②阿弥陀如来の異称.

九会 くえ
真言密教で、金剛曼荼羅をかたちづくる九つの領域。

九折 つづらおり
「九十九折・葛折」とも書く。①ひどく曲がりくねった坂道。『更科紀行』。②馬術で、馬が左右に横歩きするとき、制御しないで馬の意のままにさせること。

九品 くぼん・くほん
極楽往生のために生前に行った功徳を九等に分けた階級。

九泉 よみじ
「黄泉・黄泉路」とも書く。冥土へ行く道、また、あの世。『浮城物語』

九面芋 やつがしら
「八頭」とも書く。サトイモの一品種。

九棘 きゅうきょく
公卿の異称。『本朝文粋』

〈亅部〉

了 おわんぬ・さとる
おわんぬ―「畢んぬ」とも書く。…し終わった。…してしまった。『多聞院日記』
さとる―「悟る・覚る」とも書く。真理を会得する。道理を知る。『教行信証』

了得 さすが
「流石」とも書く。期待にたがわず。実力などにふさわしいだけのものがある。『緑嚢談』

了鳳草 いわがねそう
「岩根草・蛇眼草」とも書く。イノモトソウ科の多年草。

了簡 りょうけん
「料簡・了見・量見」とも書く。①考えをめぐらせること。『金色夜叉』。②処置。対策。『地方凡例録』。③堪えること。『怪談牡丹灯籠』

〈二部〉

二女狂 ふためぐるい
「二妻狂」とも書く。二人の女に溺れて情欲に耽ること。

二才衆　にせんし・にせんしゅ
若者たち。鹿児島県（薩摩）特有の呼称。

二才踊　にーせーおどり
琉球舞踊の男踊り。

二布　ふたの
「二幅」とも書く。①女の腰巻き。『好色一代男』。②船具で、筈緒（はずお）の最上部に付ける垂布。「蛇袋（じゃぶくろ）」に同じ。

二合半　こなから
「小半」とも書く。①半分の半分。四分の一。②米・酒一升の二合五勺。

二別　にべち
花押（かおう）を書くとき、上の文字を通常の字体で、下の文字を草書体にくずしたもの。

二妻狂　ふためぐるい
「二女狂」とも書く。→二女狂

二河白道　にがびゃくどう
浄土教で、水と火の河にはさまれた白い細道を、浄土への清らかな道にたとえた語。

二重成　にじゅうなし
二重に年貢を納めること。また、納めさせること。

二進も三進も　にっちも さっちも
行き詰まって身動きのとれないさま。「どうにもこうにも」に同じ。

二幅　ふたの
「二布」とも書く。→二布

二豎　にじゅ
病魔が二人の子供（豎）となって現れたという故事より、病魔。転じて、病気。『春秋左氏伝』

〈人　部〉

人乞丐　ひとかたい
「人癩」とも書く。仁義や恥など人の道を知らない者。

人工　にんく
土木建築関係で、作業量を表わす語。仕事に必要な延べ人数。

人中　みぞおち・にんちゅう
みぞおち—「鳩尾」とも書く。肋骨の下の窪んだ部分。にんちゅう—鼻の下の窪んだ部分。『倭名類聚鈔』

人勾引　ひとかどい
人をかどわかすこと。人さらい。『日葡辞書』

人主　ひとしゅう
人を使う身分の者。主人。

人兄　ひとごのかみ
「魁帥・首長」とも書く。上代、一群の集団の長。『日本書紀』

人矢　しもごえ
「下肥」とも書く。人の糞尿を肥料としたもの。

人作　じんさく
人が作ったもの。『地方凡例録』

人来鳥　ひとくどり
ヒタキ科ウグイス亜科の鳥ウグイスの異称。

人状　ひとざま
「人様」とも書く。人柄。『竹取物語』

人定　いのとき・にんじょう・じんてい・にんてい・よふけ
人の寝静まる時刻。亥の刻。午後十時頃。『色葉色葉字類鈔』

人歩　にんぷ
「人夫」とも書く。公役に徴用された人民。『風流志道軒伝』

人肩摩　じんけんすり
肩が擦れ合うほどに人の往来が激しいさま。『根南志具佐』

人城　ひとき・ひとぎ
「棺」とも書く。死体をおさめて葬る木製の箱。『日本書紀』

人面竹　ほていちく
「布袋竹」とも書く。マダケの変種。「五三竹（ごさんちく）」に同じ。

人飛礫　ひとつぶて
「人礫」とも書く。小石のように人を軽々と投げ飛ばすこと。『太平記』

人莧　ひゆ
「莧」とも書く。ヒユ科の一年草。広くはヒユ属の総称。

人情　みやけ
「土宜」とも書く。①人を訪問するときに持参する贈物。②旅先などから持ち帰るその土地の産物。

人給　ひとだまい
①人々に物を与えること。また、その物。『宇津保物語』。②従者に貸し与えられる車。「副車（そえぐるま）」に同じ。『宇津保物語』

人躰　にんたい・にんてい
人の外見や人柄。人品。『秋田藩採集文書』

人間　じんかん
人が住んでいるこの世。世の中。『太平記』

人勢　へのこ
「男根・陰核」とも書く。①睾丸。『倭名類聚鈔』。②陰茎。

人詮　ひとがい
「人甲斐」とも書く。人として生まれた生甲斐。『烏帽子折』

人様　ひとざま
「人状」とも書く。「人躰」に同じ。『竹取物語』→人躰

人誑し　ひとたらし
人をだますこと。また、だます人。『好色一代男』

人戯え　ひとそばえ
人に甘えて戯れること。また、人前で力むこと。『丹波与作』

人頽　ひとなだれ
群衆が押されて雪崩のように崩れ落ちること。『太平記』

人騒　ひとぞめき
人が込みあって騒がしいこと。

人礫　ひとつぶて
「人飛礫」とも書く。『太平記』→人飛礫

人癩　ひとかたい
「人乞丐」とも書く。『源平盛衰記』→人乞丐

〈入　部〉

入内　じゅだい・にゅうない
じゅだい—皇后・中宮・女御などが正式に宮中に入ること。『御触書天明集成』
にゅうない—位階制で外位（げい）から内位（ないい）にすすむこと。『貞丈雑記』

入木道　じゅぼくどう
書聖王義之（おうぎし）が板に書いた書は墨がしみ込んでいたので、

板を削っても文字が読めたという故事より、書道。

入句 はめく
「陥句」とも書く。俳諧の雑俳で、他人の句を自分の前句題などにあてはめること。

入札 いれふだ・にゅうさつ
①請負などでもっとも有利な条件を出す者と契約するため、多数の競争者に見積書を出させて契約者を決めること。『日本永代蔵』。②江戸時代、村役人などを選出するときの投票用紙。また、投票すること。

入会 いりあい
「入相・入合」とも書く。河川の魚場や山野木材などを、住民が権益として共同で管理利用すること。『地方凡例録』

入百姓 いりびゃくしょう
江戸時代、村の荒地などを開墾させるため入れた他村の百姓。

入作 いりさく・にゅうさく・いれさく
いりさく・にゅうさく—江戸時代、村内の耕地を他村農民が耕作すること。『算法地方凡例録』
いれさく—「小作（こさく）」に同じ。『算法地方大成』

入来 じゅらい・にゅうらい
他者の来訪の尊敬語。「光来」に同じ。

入牢 じゅろう・にゅうろう
牢に入れられること。

入定 にゅうじょう
①禅定（ぜんじょう）に入ること。『平家物語』。②聖者が死ぬこと。『平家物語』。③修行して即身仏なること。

入洛 じゅらく
貴人が都に入ること。とくに京都に入ること。『嫗山姥』

入穿 いりほが
「鑿」とも書く。①和歌などで技巧が過ぎて嫌みになること。『八雲御抄』。②調べすぎて的はずれになること。

入音声 いりおんじょう
舞楽で、舞人が舞いながら退場するときに演奏される音楽。

入首 しおくび
「潮頸・塩首」とも書く。槍の穂刃と柄が接している部分。「螻蛄首（けらくび）・穂首」に同じ。『日葡辞書』

入畝 いりせ
年貢などの石高を決める際に、その計算から控除された土地。

入情 にゅうせい
気持ちを込めること。

入深 むつまじ
「昵敷」とも書く。①親密である。仲がよい。『日本書紀』。②なつかしい。『源氏物語』

入眼 じゅがん・じゅげん
じゅがん—仏像を開眼（かいげん）すること。
じゅげん—除目（任官の人名を記した目録）に氏名を記入すること。

入部 いるとものお
古代、皇室の私有民であった御名代（みなしろ）・御子代（みこしろ）の民を治める長（おさ）。

入黒子 いれぼくろ
心中立てのために情人の名前などを腕などに入墨すること。また、その入墨。『犬子集』

入御 じゅぎょ
天皇が宮中・内裏に入ること。

入湯 おりゅ
「居湯・坐湯」とも書く。釜の無い風呂桶に湯を入れて入浴すること。『保元物語』

入満 いるまん
カトリックで司祭・神父の次の地位にある聖職者。修道者。

入棺 にかん・にゅうかん
遺体を棺に納めること。

入間様 いるまよう
武蔵の入間川は流れが逆流することがあることから、「月の鏡」を「鏡の月」というように、語順を逆にしたり、反対語を用いたりする言い方。「入間詞（いるまことば）」に同じ。

入銀 いれぎん
手付金。

入魂 じっこん・じゅこん・じゅっこん
①親密であること。『千利休自筆書状』。②頼み込むこと。また、口添えすること。

〈八　部〉

八入 やしお
染汁に何度も浸して色濃く染めること。『万葉集』

八十万 やそよろず
きわめて多い数の形容。「八百万（やおよろず）」に同じ。

八十平瓮 やそひらか
数多い平瓮(平たい土器の皿)。『古事記』

八十石階 やそのいわばし
播磨国印南郡東神村（現在の加古川市辺）にあった古跡。『夫木和歌抄』

八十楫 やそか
「八十梶」とも書く。多くの楫（かじ＝舟を進めるために水をかく道具）。『万葉集』

八尺 やさか
八尺（はっしゃく）の長さ。また、長いことの形容。『万葉集』

八尺瓊 やさかに
「瓊」は大きな玉。八尺の緒に多くの玉を貫いて繋ぎとめたもの。『日本書紀』

八尺瓊勾玉 やさかにのまがたま
大きな玉で作った勾玉。八尺の緒に勾玉を貫いて繋ぎとめたもの。三種の神器の一つ。『日本書紀』

八尺瓊曲玉 やさかにのまがたま
「八尺瓊勾玉」とも書く。↓八尺瓊勾玉

八房梅 ざろんうめ・やつぶさうめ
「座論梅・重葉梅」とも書く。梅の栽培品種の一つ。

八手風呂敷網 はちだふろしきあみ
「八田風呂敷網・八駄風呂敷網」とも書く。四艘張網（しそうはりあみ）の一つ。浮子（あば）と錘（いわ）の無い網。カツオ・サバ漁などで用いる。

八方 やも
「八面・八維」とも書く。あらゆる方面。天地・左右・前後。『日本書紀』

八木 はちぼく・はちもく

①松・柏・桑・棗（なつめ）・橘・柘植（つげ）・楡（にれ）・竹のこと。②米の異称。「米」の字を分解すると「八木」となることから。『日葡辞書』

八仙花　あじさい
「紫陽花・紫陽草・瑪理花・天麻裹」とも書く。ユキノシタ科の落葉低木。

八百万　やおよろず
きわめて多い数の形容。「八十万（やそよろず）」に同じ。

八百稲　やおしね
きわめて多くの稲。『祝詞』

八色　やくさ
「八種」とも書く。①八種類。②多くの種類の形容。『日本書紀』

八坂方　やさかた
「城玄・屋坂方・屋佐方」とも書く。平曲の流派の一つ。「都方（いちかた）」に対する。

八重生　やえなり
①「緑豆」とも書く。小豆の変種。「青小豆」に同じ。②一つの植物に実がたわわに結実していること。

八角金盤　やつで
「八手・金剛纂」とも書く。ウコギ科の落葉低木。

八角鷹　はちくま・はちくまだか
「蜂熊」とも書く。蜂やその幼虫を食う猛禽類の鳥。

八枚手　やひらで
八枚の枚手（神饌の祭祀用の器）。元は柏の葉で作った。『和泉式部集』

八咫　やた
「咫」は上代の長さの単位。長いこと。また、巨大なこと。『播磨風土記』

八咫草　やわたそう
「八幡草」とも書く。ユキノシタ科の多年草。

八咫烏　やたがらす
①神武天皇が熊野から大和に入る時に先導したという大きな鳥。『日本書紀』。②古代中国の説話で、太陽に生息する三本足の赤い鳥。『倭名類聚鈔』

八咫鏡　やたのかがみ
①大きな鏡。②三種の神器の一つ。『日本書紀』

八面　やも
「八方」とも書く。↓八方

八峰　やつお
多くの峰や山々。『万葉集』

八拳　やつか
「八束・八握」とも書く。束（拳の小指から人差指までの長さ）が八つの長さ。また、たけが長いこと。

八朔　はっさく
①旧暦の八月朔日（一日）。『御触書宝暦集成』。②ミカンの一品種。八朔柑。

八握　やつか
「八拳」とも書く。『古事記』↓八拳

八道　むさし
「八格戯・六指」とも書く。①「じゅうろくむさし（十六武蔵・十六六指）」の略。親石一個と子石一六個を盤上に並べ、親石と子石で競う遊び。親石が子石の間に入れば左右の子石は死に、子石が親石を囲めば親石が負ける。②「六つ六指（むつむさし）」の略。碁石の白と黒を三つずつ持ち合い、それぞれ自分の石を三つ並べた方が勝ちとなる遊び。③地面に大路小路の形を描き、そこに銭を投げ入れて勝負を競う遊び。

八道行成　やさすかり・やさすがり・やさかり
八条の線のある盤上で棋子（きし）を動かす昔の遊戯。『倭名類聚鈔』

八節　やふ
「八封」とも書く。①垣根などの結び目が八つあること。②結び目や編み目が多いことの形容。『日本書紀』

八種　やくさ
「八色」とも書く。↓八色

八維　やも
「八方」とも書く。↓八方

八衢　やちまた
「衢」は道が分かれる所。道が数多く分岐する場所。迷いやすいことの形容。『万葉集』

〈几　部〉

几　おしまずき・つくえ
①座ったときに肱をかけ、体を支える脇息（きょうそく）。『倭名類聚鈔』。②牛車（ぎっしゃ）の前後の口の下に張った仕切り板。『類聚名義抄』。③女房詞で机。

〈刀　部〉

刀子　とうす
古代の携帯用の小さな刀。

刀心　こみ
「小身・忍・込」とも書く。刀身の柄（つか）に入る部分の呼称。『武家名目抄』

刀自　とじ・とうじ
とじ—①主婦。『日本霊異記』。②女性の敬称。『万葉集』。③宮中の御厨子などの女房。『紫式部日記』
とうじ—①「とじ」に同じ。②「杜氏」とも書く。酒造で酒を醸造する責任者。

刀豆　なたまめ
「鉈豆」とも書く。マメ科の蔓性一年草。江戸時代に渡来。

刀背　みね・むね・はむね
刀剣の刃の背の部分。刀の峰の部分。

刀徒　もがり
「虎落・儲胥」とも書く。先端を斜めに切り落とした竹を筋違いに組み合せ、縄で結った柵。『日葡辞書』

刀鋒　きっさき
「切っ先・鋒」とも書く。刃物の最先端部。『里見勝元』

刀禰　とね
①律令制で主典（さかん）以上の官人。②郷・村などの役人。『今昔物語集』。③役人、神官、船頭、組織などの長。

刀禰争　とねあらそい
力競べや腕相撲など。

刁刁　ちょうちょう
①風で木の葉などがかすかに揺れ動くさま。『歌仙の讃』。②風が吹くさま。そよそよ。

〈力　部〉

力所　なるたけ・なりたけ
できるだけ。なるべく。

〈匕　部〉

匕首　あいくち・どす

「合口・相口」とも書く。鍔（つば）のない短剣。『武蔵野』

〈十　部〉

十　そ
数の一〇。

十二黄　きれんじゃく
「黄蓮雀」とも書く。キレンジャク科の鳥。

十千万貫　とちまんがん
巨万の銭。

十大功労　ひいらぎなんてん
「柊南天」とも書く。メギ科の常緑低木。

十寸　ぶた・とき
ぶた―①カルタ博奕の「おいちょかぶ」で、札の合計が九になれば上がりになるのに、札を引いて一〇または二〇になったこと。『江戸十歌仙』。②愚劣なこと。
とき―丈（たけ）が五尺の馬。

十寸鏡　ますかがみ・まそかがみ
「真澄鏡・真寸鏡」とも書く。①澄んだ鏡。②「見る・照る・影」などにかかる枕詞。『古今和歌集』

十六六指　じゅうろくむさし
「八道」①に同じ。→八道

十六夜　いざよい
旧暦十六日。またその夜の月。

十六島海苔　うっぷるいのり
紅藻類の海藻の甘海苔の一種。出雲国（島根県楯縫郡）の十六島岬（うっぷるいみさき）の沿岸で採れるところからの名。

十六豇豆　じゅうろくささげ
「十六大角豆」とも書く。マメ科の一年生作物ササゲの一品種。

十方　とほう
「途方」とも書く。方策。手段。

十日夜　とおかんや
旧暦十月十日の夜。東日本で刈入れが終るこの夜に行われる田の神を山に送る祭。

十代　そしろ
①古代、田の面積を計測した単位。「代」は稲一束を収穫する面積で、その十倍。②田地の狭いことの形容。

十列　とおつら
平安時代以降、賀茂祭の際などに、官人が奉した一種の競馬（くらべうま）。『大鏡』

十字　クルス
キリシタン用語。十字架。

十呂盤　そろばん
「十露盤・算盤」とも書く。中国で発明され、日本に伝来した計算器。

十姉妹　じゅうしまつ
スズメ目カエデチョウ科の鳥。

十河額　そごうびたい
髪の生え際を深く剃り込んだり、髪を抜いて広くした男の額。単に「十河」ともいう。

十炷香　じしゅこう・じしゅごう
「十種香」とも書く。①三種の香三包と一種の香一包の計十種をたいて聞き当てる遊び。『言国卿記』。②著名な一〇種類の組み香。

十拳　とつか
「十握」とも書く。拳の小指から人差指の巾の一〇倍の長さ。

十拳剣　とつかのつるぎ
「十握剣」とも書く。刀身の長い剣。拳の小指から人差指の巾の一〇倍の長さもある剣。『日本書紀』

十握　とつか
「十拳」とも書く。→十拳

十握剣　とつかのつるぎ
「十拳剣」とも書く。→十拳剣

十路　そじ
一〇を単位とした数の呼称。『土佐日記』

十錦　シーチン
「什錦」とも書く。多くの種類の食材で調理した中国料理。

十露盤　そろばん
「十呂盤」とも書く。→十呂盤

〈卜　部〉

卜兆　うらかた
「占形・占象」とも書く。①占いの手法で、鹿骨や亀甲に現れた形。『日本書紀』。②占い。『源平盛衰記』。③占いを行う者。

卜部　うらべ
「卜部」とも書く。卜占を職とした神官。『万葉集』

卜筮　ぼくぜい
亀甲や筮竹（ぜいちく）を用いて占うこと。

〈ム　部〉

ムいます　ございます
「御座います」とも書く。『今の女』

〈又　部〉

又者　またもの
家来のそのまた家来。「又家来（またげらい）」に同じ。

三画

〈一部〉

下下　げげ
①身分の低い者。『日葡辞書』。②下等のさらに下等。③「芥下」とも書く。金剛草履、藁草履の異称。『平家物語』。④草履取の異称。

下三連　あさんれん
漢詩の韻で、句末に平字（ひょうじ）あるいは仄字（そくじ）のみが連なること。

下口　くちとり
「口取肴（くちとりざかな）」の略。吸物と一緒に出す取り肴。

下寸板　げすいた
「下衆板」とも書く。長火鉢の端に渡す引板。猫がうずくまるところから「猫板」ともいう。

下毛　しもつけ
「下野国（現在の栃木県）」の古称で「下毛野（しもつけの）」の略。古くは下毛野国（しもつけぬのくに）といった。

下化冥闇　げけみょうあん
菩薩が誓願して衆生を教化済度（さいど）すること。「下化衆生」に同じ。

下化衆生　げけしゅじょう
「下化冥闇」に同じ。『敦盛』→下化冥闇

下午　ひるすぎ
「昼過ぎ」とも書く。午後。

下夫　したお
「前夫」とも書く。前に連れ添った夫。『類聚類聚名義抄』

下文　くだしぶみ
太政官の弁官からくだす公文書。『地方凡例録』

下方　したへ・したべ
「黄泉」とも書く。死者の行く世界。あの世。『万葉集』

下火　あこ
「下炬」とも書く。禅宗で遺骸を火葬にする際の点火の作法。また、その役僧。秉炬（ひんこ）。『太平記』→下炬

下代　げだい
①下級の役人。②訴訟のために江戸に来た者の世話をする者。『上杉文書』

下司　げし・げす
げし―中世、荘園の事務を司った現地の荘官。
げす―「下衆・下種」とも書く。①身分の低い者。使用人。『源氏物語』。②心が卑しいこと。またその者。

下尼　さげあま
「垂尼」とも書く。在家のまま尼になった者。また、肩のあたりで切り揃えたその髪型。『新撰六帖』

下札　さげふだ
江戸時代、文書や帳簿の回りの余白に訂正や覚えを書いて貼り付けた紙札。「下紙（さげがみ）」に同じ。

下矢　おろしや
低い方に向かって射おろす矢。「落し矢・おろし矢」に同じ。『源平盛衰記』

下向　げぎょう・げこう
げぎょう―「下行」とも書く。臣下に物を与えること。『藤原景基寄進状』
げこう―①高所から低所へ下りて行くこと。②都から地方に行くこと。③「還向（げこう）」に同じ。

下名　おりな
叙位のときに中務・兵部の二省の丞に名を書いて下付すること。『建武年中行事』

下地　したじ・しもじ・げじ
中世、年貢など収益の対象となる田畑や山林などの土地そのもの。

下行　げぎょう・げこう
「下向」とも書く。『貞丈雑記』→下向

下米　あめ
「雨」とも書く。恵みの雨。

下材　かねとり
金山の職人。

下野　しもつけ・しもつけの
「下毛」とも書く。→下毛

下野草　しもつけそう
バラ科の多年草。

下姓　げしょう
氏素性がいやしい身分の者。

下肩　げけん
仏教で、自分より下位にあたる人。

下枝　しずえ・したえ
下の方の枝。「したえだ」に同じ。

下歩　おろしあゆみ
足をまっすぐに踏みおろし、ゆっくりと歩くさま。『傾城反魂香』

下沓　しとうず
「襪」とも書く。束帯用の沓の下に履く一種の足袋。『類聚類聚名義抄』

下物　さかな・かぶつ・したもの
さかな・かぶつ―酒の肴（さかな）。
したもの―①品質が下等で安価なもの。②女の腰巻（宮崎・鹿児島の方言）

下物職　おろしもののつかさ
「監物」とも書く。古代、中務省の属官。大蔵省・内務省などの出納などをつかさどった。

下直　げじき
①値段が安いこと。安値。『算法地方大成』。②価値がないこと。

下直衣　さげのうし
天皇・上皇の日常の直衣。通常の直衣より裾が長い。「引直衣（ひきなおし・ひきのうし）」に同じ。

下知　げじ・げち
身分の上の者が下の者に命令すること。指図。『太平記』

下品　げぼん
①死後、極楽浄土に往生する者の生前に積んだ功徳を九品の段階にわけた最下位。『枕草子』。②下等。下級。『連理秘抄』

下括　げくくり
指貫（さしぬき＝衣冠や直衣などを着用するときの袴）の裾を足首のところでくくること。『枕草子』

下炬　あこ
「下火」とも書く。→下火

下炬文　あこもん
葬儀のときに僧侶が死者に送る言

葉。

下風 おろし・したかぜ・しもかぜ・かふう
おろし―「颪」とも書く。山地など高いところから吹き下ろす風。
したかぜ―木立などの下を吹く風。『千載和歌集』
しもかぜ―漢方で腰腹部の疼痛。「疝気（せんき）」に同じ。
かふう―かざしも。

下食 げじ・げじき
陰陽道で、天狗星の精が食を求めるという日。この日に沐浴すると天狗に頭をなめられて髪の毛が抜け落ちるという。「下食日（げじきにち）」に同じ。

下食日 げじきにち
「下食」に同じ。→下食

下家司 しもげいし・しものけいし
下級の家司。『源氏物語』

下恋 うらこい
「心恋」とも書く。ひそかに恋慕うこと。『万葉集』

下根 げこん
仏教で、修養する能力・素質が乏しいこと。「下機（げき）」に同じ。

下紙 さげがみ
「下札」に同じ。→下札

下配 すそわけ
「裾分け」とも書く。貰い物の一部を分けて人に与えること。その分配物。『実隆公記』

下著 げちゃく
都を出発して目的地の地方に到着すること。『結城宗広書状』

下祭 あさい
亡霊を弔うこと。

下御 げぎょ
天皇や皇后などの貴人が車馬からおりること。

下散 げさん
「下算」とも書く。①鎧の胴の下につける被護具の草摺（くさずり）。『平家物語』。②剣術で胴下や腰周りを被護するもの。

下棒 あぼう
禅宗で、禅問答のとき師が弟子を杖で打つこと。

下衆 げす
「下司」とも書く。→下司

下衆板 げすいた
「下寸板」とも書く。→下寸板

下衆瓶 げすがめ
「下種瓶」とも書く。便所に埋めて糞便を溜めておく瓶。「下衆桶・下種桶」に同じ。

下腹 このかみ・こがみ
「小腹・水腹」とも書く。腹の下部。『伊曾保物語』

下路下路 おろおろ
①どうしてよいかわからず、取り乱すさま。②泣いて、目がうるんだり、声がふるえるさま。③不十分なさま。おぼつかないさま。『宇治拾遺物語』

下墨 さげすみ
「垂準」とも書く。①大工が墨縄を垂直に下げて柱などの傾きを見定めること。②転じて、おしはかる。見積る。『太閤記』

下種 げす
「下司」とも書く。→下司

下種下種し げすげすし
はなはだげすな感じがする。ひどく卑しい。『源氏物語』

下種瓶 げすがめ
「下衆瓶」とも書く。→下衆瓶

下総 しもうさ・しもつふさ
千葉県の北部と茨城県の一部の地域の旧国名。総州。

下語 あぎょ
禅宗で、参禅者に出される課題に自分の見解をのべること。

三一 さんぴん
①双六などで二個の賽（さい）の目に三と一が出ること。②「三一侍（さんぴんざむらい）」の略。一年に三両と一人扶持の俸禄をうけた身分の低い侍。「三一奴（さんぴんやっこ）」に同じ。

三一奴 さんぴんやっこ
「三一」②に同じ。→三一

三一侍 さんぴんざむらい
「三一」②に同じ。→三一

三十 みそ・みそじ
「三十路」とも書く。さんじゅう。三十歳。

三十一文字 みそひともじ
三十一文字で詠むことから、短歌の異称。

三十三才 みそさざい
「鷦鷯・溝鷦鷯・溝三歳・巧婦鳥」とも書く。スズメ目ミソサザイ科の鳥。

三十日 みそか
「晦日・晦」とも書く。月の末日。「尽日（じんじつ）」に同じ。

三三九 さんざく
「三尺」とも書く。流鏑馬（やぶさめ）の的を挟む的串（まとぐし）の高さが三尺のもの。

三千年草 みちとせぐさ
バラ科の落葉小高木木モモの異称。

三寸 みき
「神酒・御酒」とも書く。神に供える酒。

三戸 さんし
道教で、人の腹に住む三匹の虫。人が眠っている間に、その人の罪を天帝に報告するために抜け出すという。

三五 しめ
「注連」とも書く。ある領域への立入りを禁じたり、場所を限るために、縄を張ったり木を立てて標（しるし）とするもの。『信長公記』

三五月 もちづき
「望月」とも書く。陰暦十五夜の満月。三×五＝一五の洒落。

三尺 さんせき・さんざく
さんせき―①古代中国で法律。長さ三尺の竹簡に法律を書いたことから。③刀・剣。『漢書』
さんざく―「三三九」とも書く。→三三九

三日厨 みかぐり
古代、国司が着任した際、三日間、赴任先の主要人物を饗応したこと。

三木張 さぎちょう
「三毬杖」とも書く。小正月に行われる火祭りの行事。

三世 さんぜ
①仏教で、前世・現世・来世。『今昔物語集』。②父・子・孫の三代。③主従の関係。

三代格 さんだいきゃく

「三代格式（きゃくしき）」の略。嵯峨・清和・醍醐の三天皇の時代に定められた格式。弘仁（こうにん）格式・貞観（じょうがん）格式・延喜（えんぎ）格式。

三平二満　おたふく
「阿多福・お多福」とも書く。おたふく面に似たみにくい女をののしる語。

三白草　かたしろぐさ・はんげしょう
「三葉白草・半夏生」とも書く。ドクダミ科の多年草。

三会　さんえ・さんね
仏が衆生を済度するため行う三回の法会。

三宅　みやけ
「三家・屯倉・屯家・官家」とも書く。古代、朝廷領の屯田から収穫した稲米を貯蔵した米倉。転じて、朝廷の直轄領。

三行半　みくだりはん
「三下半」とも書く。江戸時代、夫から妻に出す離縁状。

三有　さんぬ
①仏教でいう「三界（さんがい）」に同じ。欲界、色界（しきかい）、無色界。②現在と未来の間の存在を三種に分けたもの。本有（現世）、当有（来世）、中有（その中間）。

三衣　さんめ
仏教でいう三種の袈裟。大衣（だいえ）・中衣（ちゅうえ）・中着衣（ちゅうちゃくえ）の総称。

三位　さんみ
正三位または従三位。『御伽草子』

三角柏　みつのかしわ・みつのがしわ
「御津柏・御角柏・三津野柏」とも書く。①宮中の豊明節会（とよのあかりのせちえ）などの行事で酒を盛るために用いた木の葉。②伊勢神宮で占いに用いた三枚の柏の葉。

三底堤　さまじ・さんまじ
「三昧地・三摩地・三摩底・三摩帝」とも書く。天台宗で、心が一つに集中し、安定した境地。

三弦　ねこ
猫の皮を胴張りに用いることから、三味線。「三絃」に同じ。

三泡折　さんのあおり
古代の軍船で、船の後部。

三明　みつあしじろ
「三足白」とも書く。馬の足の三本だけが白毛のもの。

三枝　さきくさ
①茎が三つに分かれて花をつける草。吉兆の草とされた。「幸草（さきくさ）」の意。『古事記』。②ヒノキの異称。『夫木和歌抄』

三枝祭　さいぐさまつり
奈良市の率川（いざかわ）神社の祭。酒樽を三枝の花で飾り供える。

三狐神　さぐじ
①田の守り神。農家で祭る。②神体として祀った石。「石神（しゃくじ）」に同じ。

三味地　さまじ・さんまじ
「三底堤」とも書く。→三底堤

三家　みやけ
「三宅」とも書く。→三宅

三従兄弟　またいとこ・みいとこ・いやいとこ
「又従兄弟・又従姉妹」とも書く。親同士がいとこの子の間柄。『倭名類聚鈔』

三流　さんる
律に定められた三つの流罪。遠流（おんる）・中流（ちゅうる）・近流（こんる）。

三途川　さんずがわ・そうずか・そうずがわ・しょうずか
「象頭川」とも書く。仏教で、人が死んで七日目に渡るという冥土に至る途中にある川。

三途川の婆　しょうずかのばば
「葬頭河の婆」とも書く。三途の川にいる鬼婆で、亡者の衣類を奪い、懸衣翁（けんえおう）に渡す。「奪衣婆（だつえば）」に同じ。

三悪道　さんなくどう・さんまくどう
仏教で、人が自らの業によって至る六道の中の地獄・餓鬼・畜生の三道。「三悪趣」に同じ。

三悪趣　さんなくしゅ・さんまくしゅ
「三悪道」に同じ。→三悪道

三教指帰　さんごうしいき
空海の著。儒教・道教・仏教の三教を対話形式で比較し、仏教がもっとも優れていることを著した書。

三毬杖　さぎちょう
「三木張」とも書く。→三木張

三絃　さみせん
三味線の異称。「三弦」に同じ。

三葉白草　かたしろぐさ・はんげしょう
「三白草」とも書く。→三白草

三葉溲疏　みつばうつぎ
「三葉空木・省沽油」とも書く。ミツバウツギ科の落葉低木。

三椏　みつまた
「三叉」とも書く。ジンチョウゲ科の落葉低木。和紙の原料となる。

三焦　みのわた・さんしょう
「三臙」とも書く。漢方で内蔵の呼称。『倭名類聚鈔』

三答状　さんとうじょう
中世の訴訟用語。被告側の三度目の陳情。

三飯　さば・さんば・さんぱ・さんばん・さんぱん・しょうばん
「生飯・散飯・三把」とも書く。食事に盛った飯の上部を取り分け、鬼子母神や鬼などに供する飯。通常は屋根などに置く。『枕草子』

三稜草　みくり
「荊三稜・黒三稜・実栗」とも書く。ミクリ科の水生多年草。『倭名類聚鈔』

三辣　ばんうこん・ばんうっこん
「山奈」とも書く。ミョウガ科の草。

三摩地　さまじ
「三底堤」とも書く。→三底堤

三摩底　さまじ
「三底堤」とも書く。→三底堤

三摩帝　さまじ
「三底堤」とも書く。→三底堤

三摩耶戒　さんまやかい・さまやかい
密教で、諸仏と衆生とを平等一如にさせるという戒律。

三臙　みのわた・さんしょう
「三焦」とも書く。『倭名類聚鈔』→三焦

三槲 みつがしわ
「三柏」とも書く。リンドウ科の抽水生多年草。

三篶 みすず
ササの一種のシノタケの異称。「みすずたけ」に同じ。

三鞭 シャンペン
「三鞭酒」とも書く。発泡性の白葡萄酒シャンパン。『三四郎』

三鞭酒 シャンペン
「三鞭」とも書く。『椿姫』→三鞭

三潴県 みずまけん
一八七一（明治四）年に九州の柳川・三池・久留米の三県を統合してできた県。

上下 しょうか・じょうげ
①上と下。②為政者と人民。『算法地方大成』。③あげさげ。

上下し たたかわし
激しく競い合うこと。『内地雑居未来之夢』

上不見桜 うわみずざくら
「上溝桜」とも書く。バラ科サクラ属の落葉高木。

上不知 うえしらず
目上や上位の人をうやまわないこと。

上分 じょうぶん
古代・中世に、年貢以外に納めた物品。社寺への上納品。

上手 こうて・じょうず・うわて・かみて
こうて―網の左側の大網。
じょうず―物事の処理や動作が巧みなこと。器用。
うわて―①相撲で、相手の差し手の上からまわしを取る組み手。②相手より技量などがすぐれていること。
かみて―①上（かみ）の方。②舞台に向かって右方。

上日 つこうるひ
①月の最初の日。②役所に出勤する日。「仕日（つかえび）」に同じ。

上毛野 かみつけの
「上野」とも書く。群馬県の旧国名。上州。

上左 うわさ
「噂」とも書く。①ある人のことを陰で話題に取り上げること。『草根集』。②風説。

上交 うわがい・うわがえ
①着物のおくみ。『新撰字鏡』。②着物の上前（うわまえ）。

上件 かみくだん・じょうくだん
前に述べた内容。

上地 あげち・あがりち・じょうち
「上知」とも書く。①近世、農民の逃亡や年貢の不納などの理由で農地を没収すること。②幕府が大名や旗本の領地を没収すること。

上気 うわき
「浮気」とも書く。①気持ちが落ち着かず浮ついていること。『葉隠』。②多情。③陽気ではなやかな気質。『好色一代男』

上米 あげまい
江戸時代、享保の改革で幕府財政建て直しのため、諸大名に一万石に対し百石の割で米を上納をさせた制度。また、その米。

上供 じょうぐ
仏前や祖師の霊前に供物を供えること。またその供物。

上咀 うわぐい
歯を食いしばり、下唇で上唇を強く押さえること。『太平記』

上官 あげづかさ
官位の昇進。『平治物語』

上所 あげどころ・じょうしょ
「謹上・謹奉」など、書状で相手の名前の上部に尊敬の意を込めて書く語。

上枝 ほつえ・はつえ
「秀枝・末枝」とも書く。新しくのびた枝。『古事記』

上林下若 じょうりんかじゃく
「上林」は酒の肴（さかな）、「下若」は酒。

上知 あげち・あがりち・じょうち
「上地」とも書く。→上地

上表 じょうひょう
辞表。文書。また、辞表や文書を主人や主君に提出すること。『平家物語』

上冑 あがりかぶと
「上り兜・揚り甲」とも書く。①古代、儀式に用いたかぶと。②端午の節句に飾る紙製のかぶと。

上巻 うわまき
文書を包む用紙。

上洛 じょうらく
地方から都にのぼること。

上荊芥 あったそう・ルーダそう
あったそう―アカザ科の一年生帰化植物。「有田草（ありたそう）・荊芥（けいがい）」に同じ。
ルーダそう―「ありたそう」の異称。

上枻 うわだな
「上棚」とも書く。和船の舷側板の最上部。

上卿 しょうけい
朝廷の公務を担当する首席の公卿。『貞丈雑記』

上家司 かみけいし・かみげいし・かみのけいし
①公家の事務を担当した上級の家司。②鎌倉幕府の政所などの長官。

上座 しょうざ・じょうざ・かみざ
上席。『平家物語』

上械 あげほだし
「上羈絆」とも書く。罪人の手足をつり上げたままにしておく枷（かせ）。『出世景清』

上野 こうずけ・かみつけの
「上毛野」とも書く。→上毛野

上野焼 あがのやき
安土桃山時代、朝鮮よりの帰化人上野（あがの）喜蔵が開いた焼物の呼称。

上御衣 うえのおんぞ・うえみぞ
束帯や衣冠などのときに着る袍（ほう）の敬称。

上疏 じょうそ
事由を書き添えて上申すること。『明治天皇紀』

上衆 じょうず
「上種」とも書く。上流の人。「下衆」の対。『源氏物語』

上裁 じょうさい
天皇や将軍の決裁。

上達部 かんだちべ・かんだちめ
三位以上の公卿と四位の参議の異称。『竹取物語』

上道 みちだち

「道立」とも書く。出発。出立。『万葉集』

上溝桜　うわみずざくら
「上不見桜」とも書く。↓上不見桜

上意　じょうい
将軍や主君の命令。『室町幕府追加法』

上種　じょうず
「上衆」とも書く。『源氏物語』↓上衆

上総　かずさ・かみつふさ
千葉県中央部の旧国名。

上総笠　かずさがさ
饅頭笠（まんじゅうがさ＝上がゆるやかに丸く、饅頭を横に切った形に似たかぶり笠）の異称。

上雑子　うえぞうし
古代、中宮や女御の入内（じゅだい）などのときに臨時に置かれた女官。

上薬　うわぐすり
「釉」とも書く。素焼きの陶磁器の表面にかける化合物。高熱によってガラス質になり、水などを通さなくなると同時に、器に光沢を与える。「釉薬（ゆうやく）」に同じ。

上賢輪　かみさかわ
槍の柄の上部についている金具。

上翳　うわひ
「外障眼」とも書く。瞳の上が曇り、視力を失う眼病。

上鬘　あげみずら・あげびんずら
古代の子供の結髪の一つ。左右側面の毛を頭上に束ね結いにした髪形。

上羈絆　あげほだし
「上械」とも書く。『出世景清』↓上械

丈夫　ますらお・ますらたけお・ますらおのこ
「益荒男・大夫」とも書く。①勇ましく強い男。『万葉集』。②古代、朝廷に仕える男。『万葉集』。③猟師『日葡辞書』

万一　ひょっと・もし・もしも・もしや
ひょっとして。まんがいち。

万力　せみ
轆轤（ろくろ）。滑車。『暗夜行路』

万日記　よろずにっき
近世、農民が農作業や販売、金銭出納など農業経営のためにつけた帳面。「万覚帳」に同じ。

万年青　おもと
ユリ科の多年草。秋に赤色の液果を結ぶ。

万灯火　まとび
東日本の習俗で、新盆を迎える家や村落が共同で焚く松明（たいまつ）。「百八炬火（ひゃくはちたひ）」に同じ。

万劫　まごう・まんごう
非常に長い年月。「永劫」に同じ。『永久百首』

万寿果　パパヤ・パパイア
「蕃瓜樹」とも書く。パパイア科の高木。果実は食用。

万春楽　ばんずんらく・ばんすらく・ばんずらく・ばんすんらく・ばんしゅんらく・
中国より伝来し、古代、年始に宮中で行われた足を踏みならして歌い舞う舞踏。『源氏物語』

万秋楽　まんずらく・まんじゅらく・まんじゅらく
古代、中国より伝来した雅楽の一つ。盤渉調（ばんしきちょう）の唐楽。

万通帳　よろずかよいちょう
買掛けの物品の品名・数量・月日などを記録する帳面。

万頃　ばんきょう
地面や水面が広大であるさま。『雑談集』

万覚帳　よろずおぼえちょう
「万日記」に同じ。↓万日記

万雑公事　まんぞうくじ
中世、荘園における年貢以外の雑役や夫役。

万鍬　まんが・まぐわ
牛や馬に牽かせて耕す鍬（くわ）。

与　むた
「共」とも書く。…と共に。『万葉集』

与する　くみする
「組する」とも書く。①味方となる。力を貸す。『平家物語』。②関与する。

与る　あずかる
①関わる。『枕草子』。②分配をうける。『源氏物語』。③恩恵を受ける。『平家物語』

与力　よりき
①力をかすこと。②中世では、大名に仕える武士。③近世では、同心を指揮する奉行所などの役人。『御成敗式目』

与同　よどう
同意して助力すること。『室町幕府追加法』

与風　ふと
「不斗・不図」とも書く。はからずも。思いもかけず。『相良家文書』

与荷　よない
余分に負担をすること。

与奪　よだつ
与えたり奪ったりすること。『六角氏式目』

〈丶部〉

之呂女銭　しろめせん
江戸時代、江戸深川の平野新田で鋳造した銭貨。

之繞　しんにょう・しんにゅう
「辵」とも書く。漢字の構成要素。「辶」などの「十」を取った偏。

〈ノ部〉

久三　きゅうざ
久三郎の略。下男の通称。

久成正覚　くじょうしょうがく
仏が永遠の昔から正覚（しょうがく）していること。釈迦如来をいう。「久遠実成（じつじょう）・久遠成実」に同じ。

久米三　くめさ
江戸時代の女性の結髪の一つ。

久我梨　こがなし
「古河梨・空閑梨・雪梨」とも書く。梨の一種。

久我爾　くがね
黄金（こがね・くがね）の写音字。

久延毘古　くえびこ・くえひこ
上代の説話に見える精霊の類。今の案山子（かかし）とされる。『古事記』

久遠 くおん
時の限りの無いこと。永遠。

久遠劫 くおんごう
無限に遠い過去。はるか大昔のこと。

久邇都 くにのみやこ
「恭仁都・恭仁京」とも書く。京都相楽（そうらく）郡に、聖武天皇が七四〇（天平一二）～七四四年まで置いた都。

久離 きゅうり
「旧離・旧里」とも書く。近世に、罪科の連帯責任などを逃れるため、目下の者に親族関係の断絶を言い渡すこと。

及く及く しくしく
「頻頻」とも書く。波の寄せくるように、つぎつぎと絶え間のないさま。『万葉集』

及已 ふたりしずか・つきねぐさ
ふたりしずか―センリョウ科の多年草。
つきねぐさ―フタリシズカの異称。『倭名類聚鈔』

〈乙（乚）部〉

丸雪 あられ
「霰」とも書く。雪の結晶に水滴が付着して凍り、氷の小塊となって降るもの。

丸葉蔦蘿 まるばるこう
「丸葉留紅」とも書く。ヒルガオ科の一年生蔓草。「ルコウアサガオ」に同じ。

丸燭 がんそく
油かすに榛の木の実などをまぜ入れ、灯火用としたもの。

乞 いでや
「咄哉」とも書く。それでは。さらば。

乞丐 こつがい・かたい・きっかい
①物を乞うこと。乞食。『今昔物語集』。②人をののしる語。ろくでなし。ばか者。『土佐日記』

乞巧針 きこうしん
七夕祭に供える五色の糸をつけた針。

乞巧祭会 きこうさいえ
「乞巧奠」に同じ。→乞巧奠

乞巧奠 きっこうでん・きこうでん
旧暦七月七日に行う裁縫や芸能などの上達を願う儀式。『太平記』

乞児 ほがいびと・かたい・かったい
物もらい。乞食。『万葉集』

乞食調 こつじきちょう
雅楽の古式の調子の一つ。

乞胸 ごうむね
近世に路傍などで遊芸を行って銭を乞い、生計をなした乞食。『嬉遊笑覧』

乞索状 こっさくじょう
無理やり譲状を書かせて、他人の物を奪うための文書。『沙汰未練書』

乞寒 きかん
「桔桿・古干・吉簡」とも書く。雅楽の一つ。

乞願 こいねがう
懇願して強く望む。

〈二　部〉

于今 いまに
いまだに。『大友宗麟書状』

于思 うさい
鬚の多い相貌。

于時 ときに
いま現在。文書などの奥書に用いられる。

于撥干引 うばねかんびき
漢字の「于」と「干」の区別を教える語。「于」は下をはね、「干」ははねない。

〈亠　部〉

亡八 くつわ
「忘八・轡」とも書く。①遊女屋。遊里。②遊女屋の主人。

亡妹 ぼうまい
死んだ妹。

亡骸 なきがら
「亡軀」とも書く。死体。魂のぬけがら。『源氏物語』

亡軀 なきがら
「亡骸」とも書く。→亡骸

〈人　部〉

个 け
「箇・個」に同じ。『御成敗式目』

〈儿　部〉

兀兀 こつこつ・まじまじ・むんむん
こつこつ―着実に地道にやるさま。
まじまじ―平気なさま。『多情多恨』
むんむん―熱気や臭気が立ちこめるさま。

兀子 ごっし・ごし
四角の板に四脚を付けた椅子。宮廷の儀式などに用いた。『権記』

兀突 にょっきり
細長いものが単独で高くそびえているさま。

兀然 ごつぜん・こつぜん・つくねん
ごつぜん・こつぜん―①不動なさま。『沙石集』。②高くて平らなさま。③無知なさま。
つくねん―一人で何もせずにぼんやりしているさま。

兀僧 がっそう
「喝僧」とも書く。近世、男の髪形の一つ。月代（さかやき）を剃らない総髪。

兀爾 ごつじ
不動なさま。『正法眼蔵』

〈几　部〉

凡 およそ・おおよそ・すべて
「大凡・大約・都」とも書く。①ほぼ。『大鏡』。②おしなべて。そもそも。『古今著聞集』

凡夫 ぼんぷ
①煩悩にとらわれた俗人。②普通の人。『今昔物語集』

凡客 わろもの
「悪者」とも書く。平凡な者。つまらない者。『源氏物語』

〈刀　部〉

1 2 3 4 5 6 7 8 9 10 11 12 13 14 15 16 17 18 19 20 21 22

刃傷　にんじょう
刃物で人を傷つけること。

〈十　部〉

千　せん
「泉銭」とも書く。日本の貨幣単位。近世まで、貫の一〇〇〇分の一。文（もん）。『菅江真澄随筆集』

千入　ちしお
何度も染めること。『後拾遺和歌集』

千千穢い　じじむさい
「爺むさい」とも書く。年寄りじみている。むさくるしい。『浮世床』

千五百　ちいお
数が多いことの形容。

千五百秋　ちいおあき
長い年月の形容。永遠。『日本書紀』

千手巻　せんだまき
「千段巻」とも書く。①籐巻（とうまき）の弓の下地に籐を巻き付けたもの。②槍の刀身が柄に入る部分を麻糸で巻き、漆を塗ったもの。

千世保具礼　ちょぼくれ・ちょんがれ
①近世後期、大道芸人が木魚を叩いて舞いながら唄った俗謡。②一枚刷りの歌詞や折り本。

千本八千本　ちもとやちもと
数の多いこと。『浮雲』

千年　ちとせ
「千歳」とも書く。①千年。②多くの年。

千百秋　ちおあき・ちいおあき
多くの年月。

千里光　あわびがら
「鮑殻・蚫殻」とも書く。ミミガイ科の巻貝アワビの殻。

千里竹　ねざさ
①「根笹」とも書く。アズマネザサなど山野に自生する丈の低い小型のササの総称。②紋所の一つ。

千屈菜　みそはぎ・みぞはぎ
「溝萩」とも書く。ミソハギ科の多年草。

千金藤　はすのはかずら・はすのはづる
「蓮の葉葛」とも書く。ツヅラフジ科の蔓性常緑多年草。

千秋万歳　せんずまんざい
年の初めに家々を訪れ、長久の言祝（ことほぎ）と舞をして門付けした下級の法師や陰陽師。

千座置戸　ちくらのおきど
祓物（はらえもの＝罪を贖うために出すもの）を載せた多くの台。『古事記』

千尋　せんじん
「千仞」とも書く。山や谷など、高さや深さがはなはだしいこと。

千葉梔子　こくちなし
「小梔子・水梔子」とも書く。アカネ科の常緑低木クチナシの変種。

千歯扱　ごけだおし
「後家倒し」とも書く。①稲穂を扱（こ）く千把扱（せんばこき）が普及し、後家の仕事が少なくなったことの形容。②「千把扱」の異称。

千僧供　せんぞうく
「千僧供養」の略。千人の僧侶を招いて催す供養。『宇治拾遺物語』

千話　ちわ
「痴話・昵話」とも書く。①情事の相手と戯れてする談話。『誹諧初学抄』。②情事。『色道大鏡』

千篦入　ちのり
「千箭」とも書く。一つの靫（ゆぎ＝矢を入れて携帯する容器）の中に多くの矢を入れたもの。

千箭　ちのり
「千篦入」とも書く。『日本書紀』↓千篦入

千葉萱草　やぶかんぞう
「藪萱草」とも書く。ユリ科の多年草。

〈又　部〉

叉　あざう・くむ
手を組む。『今昔物語集』

叉手　さで・さす・しゃす・さしゅ
さで―①「小網」とも書く。二本の竹を交叉させて作った三角状の掬網。『万葉集』
さす・しゃす―「杈首」とも書く。①切妻造の屋根の両端に交叉させて合掌風に立てる木。『倭名類聚鈔』。②先が二股になっていて横木を掛けられるようになっている木。
さす・さしゅ―①両手を組み合せること。②物事に手を出さないこと。

叉倉　あぜくら
「校倉・叉庫・甲蔵」とも書く。建材を横に組んで造った倉。

叉庫　あぜくら
「叉倉」に同じ。↓叉倉

〈口　部〉

口　こう
人・刀などを数える単位。

口入　くにゅう
①意見をのべること。『古今著聞集』。②金銭の貸借や不動産売買、奉公人の斡旋などをすること。

口上籠　くしょうこ
牛馬が道草をしないように、また噛みつかないように口にはめる籠。「口籠」に同じ。

口代　くだい
古代、夫役（ぶやく）に従事する代わりに上納した田畑。

口占　くちずさみ
「口号」とも書く。↓口号（くちずさび・くちずさみ）①

口号　くつうた・くちずさび・くちずさみ・こうごう
くつうた―「口歌」とも書く。心に感じたことを書きとめず、そのまま声に出して詠じる歌。
くちずさび・くちずさみ―「口遊・口吟」とも書く。①詩歌などを気の向くままに口にだすこと。『源氏物語』。②うわさをすること。また、うわさの種。『太平記』
こうごう―口号（くちずさび・くちずさみ）①

口永　くちえい
近世、金納の付加税。銀または銭で納める。

口目銭　くもくせん
武家政権時代に、畑地から徴収した税金。

口吸独楽　くちすいごま
独楽の曲芸の一つ。二つの独楽をわずかに触れ合わせる。

口合　しゃれ

「洒落」とも書く。①気のきいた文句。『西洋道中膝栗毛』。②いきなこと。『高漫斉行脚日記』

口米 くちまい
年貢米の不足を補うため、あらかじめ余分に納めさせる付加米。『御触書宝暦集成』

口舌 くぜつ・くぜち
「口説」とも書く。痴話げんか。『西鶴織留』

口利 くちきき
①口のききかた。②弁舌が達者なこと。③交渉が巧みな人。『義経記』。④とりなし。

口吟 くちずさみ
「口号」とも書く。↓口号（くちずさび・くちずさみ）

口形餅 くつがたのもち
「沓形餅」とも書く。矢開きの祝いの餅。食いかけの口形を残しておくことからの名称という。

口忠実 くちまめ
①口達者。②口数が多いこと。

口宣 くぜん
天皇の勅旨を蔵人が書きとめ、太政官などの上卿（しょうけい）に伝えること。

口屋 くちのうえ
上唇。

口書 くちがき・こうしょ
近世、訴訟のときの供述書。『地方凡例録』

口能 こうのう・くのう
「口納」とも書く。①斡旋すること。②長々と話すこと。③弁解をすること。

口納 こうのう・くのう
「口能」とも書く。↓口能

口唱 くそう
自分の口で名号（みょうごう＝仏・菩薩の名）を唱えること。「口称（くしょう）」に同じ。『栄花物語』

口強 くちごわ
①相手に負けずに強く言い張ること。『狭衣物語』。②馬の気性が荒くて口取りが困難なこと。

口授 くじゅ・こうじゅ
口伝えで教えをさずけること。

口訣 くけつ
文書にせず、言葉で秘伝をさずけること。「口義」に同じ。

口琴 びやぼん
「琵琶笛」とも書く。近世の子供の玩具。鋼を曲げて二股にし、その間に針のような鉄を何本もつけたもの。閉じている方を横ぐわえにし、鉄を指で弾いて鳴らすもの。

口達 こうたつ・こうだつ・くだつ
口頭による命令。『地方凡例録』

口遊 くちずさみ
「口号」とも書く。『源氏物語』↓口号（くちずさび・くちずさみ）

口業 くごう
仏教で三業（さんごう）の一つ。言語がもたらす苦楽の果報。

口義 くぎ
「口訣」に同じ。↓口訣

口説 くぜち・くぜつ
「口舌」とも書く。『伊勢物語』↓口舌

口説節 くどきぶし
俗曲の一つ。瞽女（ごぜ）などが男女の情事を題材にして唄うもの。「やんれ節」ともいう。

口鋭田 くちとだ
水の出入りが激しく、稲の成育に不適な田。『日本書紀』

口養 くよう
生計。生活の状態。『太平記』

口頭三昧 くとうざんまい
仏教で、経文を読むだけで、真の座禅の修養を実践しないこと。

口頭瘡 あくち
「緊唇」とも書く。①幼児の口元にできる湿疹。『日葡辞書』。②雛鳥のくちばしの根元の黄色い部分。『日葡辞書』。

口臙脂 くちべに
「口紅・口脂」とも書く。①唇に塗る紅。②陶磁器などの縁に赤い彩色をほどこすこと。

口籠 くつこ・くつろご
「口上籠」に同じ。↓口上籠

口籠声 くぐもりごえ
音が口の中にこもってはっきりしない声。『徒然草』

〈土　部〉

土公 どくう
「土公神（どくじん）」の略。陰陽道で、土をつかさどる神。「土神」に同じ。

土公神 どくじん
「土公」に同じ。↓土公

土木通 つちあけび
「土通草」とも書く。ツチアケビラン科の多年草。

土代 ついしろ
地面に敷く敷物。

土伏苓 かでぐさ・どぶくりょう
「土茯苓」とも書く。ユリ科の蔓性低木サンキライの根茎。また、これを乾燥した生薬。

土圭間 とけいのま
①江戸城中の一室の名称。時刻報告をつかさどった部屋。②大名家の屋敷などで時計を置いた部屋。

土地諷経 どじふぎん
毎月二日と十六日に土地の守護神を祀る土地堂で読経をすること。

土当帰 のだけ・うど
「野竹」とも書く。セリ科の多年草。

土芋 ほど
「塊芋・塊・保度」とも書く。①マメ科の蔓性多年草。②「松露（しょうろ）」の異称。

土耳古 トルコ
小アジア半島とバルカン半島にまたがる共和国。

土参 とちばにんじん・ちくせつにんじん
「栃葉人参・七葉樹葉人参・竹節人参」とも書く。ウコギ科の多年草。

土受船 どうけせん
浚渫船の泥土を受け入れて運ぶ船。「土運船（どうんせん）」に同じ。

土宜 みやけ
「人情」とも書く。「土産」に同じ。

土物 はにもの
「埴生」とも書く。埴輪など埴（きめの細い黄赤の粘土）でつくった物。

土青木香 うまのすずくさ
「馬の鈴草・馬兜鈴」とも書く。ウマノスズクサ科の蔓性多年草。

土茯苓　どぶくりょう
「土伏苓」とも書く。『書言字考』→土伏苓

土師器　はじき
古墳時代以降の素焼の赤褐色の土器。

土豹　うごろもち・うぐろもち
モグラ科のモグラの異称。『倭名類聚鈔』

土通草　つちあけび
「土木通」とも書く。→土木通

土馬　はにま
「埴馬」とも書く。瓦製の埴輪の馬。『日本書紀』

土竜　もぐら・むぐら・うぐら・もぐらもち・むぐらもち・うぐらもち・うごろもち
「鼹鼠」とも書く。モグラ科の動物。地中にトンネルを掘り虫類を食べる。

土常山　きあまちゃ・あまちゃのき
「甘茶の木・木甘茶」とも書く。ユキノシタ科の落葉低木。

土掘子　ついふぐせ
土を掘り返す道具の一つ。

土筆　つくし・つくづくし
トクサ科の多年生シダ植物スギナの地下茎から早春に出る胞子茎。

土器　かわらけ
①素焼きの土器。『枕草子』。②素焼の酒杯。転じて、酒宴。『宇津保物語』

土覆盆子　つちいちご
「土苺」とも書く。バラ科の常緑小低木のフユイチゴの異称。「寒苺（ふゆいちご）」に同じ。

土瀝青　アスファルト
石油の蒸留残渣より製した黒色の固体。道路の舗装などの材料となる。

〈士　部〉

士帳　さむらいちょう
「侍帳」とも書く。近世に藩で藩士を掌握するために作成した文書。藩士の役職・禄高・履歴などを記したもの。「分限帳（ぶんげんちょう）」に同じ。

〈夕　部〉

夕卜　ゆうけ
「夕占」とも書く。夕方、辻に立って行き交う人々の話を聞いて吉凶などを占うこと。また、そのうらない。『万葉集』

夕占　ゆうけ
「夕卜」とも書く。→夕卜

夕東風　ゆうごち
夕方に吹く東からの風。

夕星　ゆうずつ
「大白星・長庚」とも書く。夕方、西天に見える金星。宵の明星。

夕食　ゆうげ
「夕飯・夕餉」とも書く。夕方の食事。

夕御食　ゆうみけ
夕食の丁寧語。「朝御飯」の語もあり。『祝詞』

夕景　せっけい
①夕景色。②夕日の光。

夕飯　ゆうげ
「夕食」とも書く。→夕食

夕暉　せっき
夕日。入り日。

夕餉　ゆうげ
「夕食」とも書く。→夕食

夕曛　せっくん
夕日の残光。

〈大　部〉

大人　うし・おとな
うし―①支配する人。転じて、領主や貴人の尊称。②学者や歌人など、男の師への尊称。
おとな―①十分に成長した人。②成年になった人。

大刀自　おおとじ
①天皇に仕える女性。皇后に準ずる夫人。『万葉集』。②往時、造酒司（みきのつかさ）にあった酒壷の一つ。

大三十日　おおみそか
「大晦日」とも書く。十二月末日。

大凡　おおよそ
「凡そ」とも書く。①すべてを数えて。『今昔物語集』。②大体において。あらまし。『大鏡』。③世間一般。普通。『源氏物語』

大凡下　だいぼんげ
身分の低い人をののしっていう言葉。『太平記』

大口魚　たら
「鱈」とも書く。タラ科の魚の総称。『下学集』

大士　ますらお
「益荒男・大夫・丈夫」とも書く。①朝廷に仕える官僚。『万葉集』。②男性の通称。『万葉集』。③強く勇ましい男。『万葉集』。③猟師。『日葡辞書』

大女　えむすめ
「姉娘」とも書く。長女。「大女子」に同じ。『日本書紀』

大女子　おおめのこ
「大女」に同じ。→大女

大工匠　おおたくみ
大工の棟梁。『古事記』

大己貴神　おおなむちのかみ
「大国主命」の異称。「大名持命」に同じ。

大元帥　だいげん
八大夜叉大将の一で、「大元帥明王」の略。「大元帥尊（だいげんそん）・大元尊」に同じ。

大内記　おおいうちのしるす・つかさ・だいないき
朝廷の中務省で、宮中の諸事のすべてを記録した「内記」の上位官。

大内裏　だいだいり・たいだいり
平城京・平安京の内郭にあった宮城。

大夫　だいぶ
律令制で、職（しき）坊の長官。

大夫鷺　たゆうさぎ
律令制で、五位を大夫（たゆう）といったところから、鳥の「五位鷺（ごいさぎ）」をもじって大夫鷺といったもの。

大方　おおかた
①大部分。『土佐日記』。②世間一般。『古今和歌集』

大日本　おおやまと
「大倭・大養徳」とも書く。①日本の古称。『日本書紀』。②大和国の古称。『倭名類聚鈔』

大日孁貴 おおひるめのむち
「天照大神」の異称。

大欠 おおあくび
大きなあくび。

大水萍 ほていあおい
「布袋葵」とも書く。ミズアオイ科の多年生帰化植物。

大犬睾丸 おおいぬふぐり
ゴマノハグサ科の二年草。「大犬の陰嚢」に同じ。

大王 おおぎみ
「大君」とも書く。天子。みかど。

大主典 おおいそうかん・だいさかん
律令制で、四等官の上位にあるもの。

大圧 おおべし
「大癋」とも書く。①能楽の鬼畜面の一つ。②能楽の囃子の一つ。

大圧見 おおべしみ
「大癋見」とも書く。能楽の鬼畜の面の一つ。「大圧」に同じ。

大外記 おおいとのしるすつかさ・だいげき
律令制で、太政官の主典の一つ。詔勅や奏文の起草やその記録をつかさどった。

大弁 おおいおおともい
律令制で、太政官に直属の官名。左大弁、右大弁があり、それぞれ四省、計八省をつかさどり、行政の中心となった。

大白衣 おおびゃくえ
①装束の下に着る白小袖。②鎧の下に着る帷子（かたびら）。

大白星 ゆうづつ
「夕星」とも書く。↓夕星

大白檜 おおしらべ
マツ科モミ属の高木。「大白會」に同じ。

大白檜會 おおしらびそ
「大白檜」に同じ。↓大白檜

大目麁籠 おおまあらこ
編み目の荒い大きな籠。『日本書紀』

大矢幹 おおやがら
ミクリ科の多年草ミクリの異称。『本草和名』

大立挙 おおたてあげ
鉄製の臑当（すねあて）。『太平記』

大仰 おおぎょう
「大行・大形・大業」とも書く。おおげさであること。

大安殿 おおやすみどの・おおあむどの
古代、大内裏（だいだいり）の朝堂院（八省院）の中央にあった正殿。天皇が政務をとった。「大極殿（だいごくでん）」に同じ。

大行 おおぎょう
「大仰」に同じ。↓大仰

大曲 おおわだ・おおかね
おおわだ―入江。『万葉集』
おおかね―「大矩」とも書く。建物の角度を見るための分度器。十二尺の貫（規格の薄板）を五・四・三の比率で切り、これを組合せると直角定規となる。

大旨 おおむね
「大率・大較・概」とも書く。①おおよその。②あらまし。大意。

大早計 たいそうけい
軽率すぎること。早まりすぎること。

大羊蹄 おおし・だいおう
「大黄」とも書く。タデ科の多年草。

大衣 だいえ・はえ
だいえ―僧尼の着る三種の衣のうち、もっとも大きな僧伽梨（そうかり）。
はえ―『延喜式』にある職名。

大体 たいてい
「大底・大抵」とも書く。①あらかた。大部分。②骨子。

大伯皇女 おおくのひめみこ
天武天皇の皇女。

大呉風草 はんかいそう
「樊噲草」とも書く。キク科の多年草。

大形 おおかた・おおぎょう
おおかた―「大方」②に同じ。『信長公記』↓大方
おおぎょう―「大仰」に同じ。↓大仰

大芥菜 たかな
「高菜」とも書く。アブラナ科の一・二年草カラシナの一品種。

大忌 おおみ
「大斎」とも書く。①大嘗祭などの際に公卿が着る覆服。『新葉和歌集』②大嘗祭などの際に、卜定（ぼくじょう＝占い）で凶と出た者。

大臣 おおいもうぎみ・おおいまちぎみ・おおきまえつぎみ・おとど・おおおみ
おおいもうぎみ・おおいまちぎみ・おおきまえつぎみ―大臣（だいじん）の呼称。
おとど―①大臣・公卿の敬称。②古代で夫人の敬称。『宇津保物語』③立派な屋敷に住む身分の高い人。④遊廓などで豪勢に遊ぶ人。
おおおみ―古代で臣（おみ）の姓（かばね）をもつ一族の長。

大臣兼 おとどがね
大臣の候補者。大臣の予定者。

大角 はら・はらのふえ
獣角に似た形の古代の軍用の笛。『倭名類聚鈔』

大角豆 ささげ
①「豇豆・豇」とも書く。ササゲ、ヤッコササゲなどマメ科の一年生作物。②歌舞伎で禿（かむろ）などが袖口に下げている五色の紐。

大角草 いささぐさ
マメ科の二年生作物ソラマメの異称。

大辛螺 あき
アッキガイ科の巻貝アカニシの古称。『倭名類聚鈔』

大阪冬青 おおさかもち
モチノキ科の常緑低木ソヨゴの異称。

大使 おおづかい・たいし・だいし
身分の高い権門勢家（けんもんせいか）などからの使い。『室町将軍家御教書』

大使主 おおみ
古代渡来人に多かった姓（かばね）の「使主」のうちの有力者。

大舎人寮 おおどねりのつかさ
律令制で、中務（なかつかさ）省に属し、宮中で大舎人の名帳や宿直などをつかさどった役所。

大学寮 ふみのつかさ・おおつかさ
律令制で、式部省に属する官吏の

養成機関。

大宣津比売　おおげつひめ
食物をつかさどる女神。『古事記』。『日本書紀』では保食神（うけもちのかみ）。

大底　たいてい
「大体」とも書く。→大体

大抵　たいてい
「大体」とも書く。→大体

大波斯菊　おおハルシャぎく
キク科の一年草コスモスの異称。

大明竹　だいみんちく
ササの一種。「寒山竹」に同じ。

大歩　だいぶ
往古の土地面積の単位。一反（一段とも書く。＝三〇〇歩）の三分の二。

大炊殿　おおいどの
公卿などの邸宅で料理をする建物。『源氏物語』

大門　おど
大きな出入口。大きな門。

大青　はとくさ・くるくさ・たいせい
アブラナ科の越年草。藍染の染料の材料となった。『本草和名』

大垂髪　おおすべらかし
宮中の女性が唐衣などを着用するときの結髪。前髪と鬢（びん）を横に張り、長髢（ながかもじ）とともに髪を背中に長く垂れ下げたもの。

大前張　おおさいばり
神楽（かぐら）歌の前張の一つ。

大前駆　おおさき
行列などで、先払いの者が前方の通行人を追い払うために声を長く引くこと。『枕草子』

大城戸　おおきど
①「大城門」とも書く。大きな城門。②「大木戸」とも書く。江戸時代、国境や都市の入口に設けた関門。

大城門　おおきど
「大城戸」とも書く。→大城戸

大後日　しあさって
「明明後日」とも書く。

大海　おおわた
大海。大洋。

大海松草　おおみるくさ
ナス科の多年草ハシリドコロ（走野老・莨菪）の異称。

大茴香　アニス
セリ科の一年草。

大政人　おおまつりごとびと・おおいまつりごとびと
古代、太政官に置かれた大・中納言につづく職。「参議」に同じ。

大政所　おおまんどころ
①摂政関白の母の尊称。②豊臣秀吉の母の尊称。

大胡蜂　くまばち・くまんばち
「熊蜂・大黄蜂」とも書く。ミツバチ科のハチ。

大皇　おおぎみ
「大君」とも書く。天皇。みかど。天子。

大相　たいそう
「大造・大層」とも書く。程度や量などがはなはだしいさま。おおげさなさま。『誹風柳多留』

大眉目　おおみめ
普通より劣る容貌。『色道大鏡』

大神主　おおごう
古代、伊勢神宮に属した神官の一つ。禰宜（ねぎ）の上位に位置した。

大神祭　おおみわまつり
奈良県桜井市にある大神神社の祭。大和国の一の宮。

大祖母　おおおば・おおおおば
祖父母の母。ひいばあさん。『倭名類聚鈔』

大祖父　おおおじ・おおおおじ
祖父母の父。ひいじいさん。

大約　およそ
「凡」とも書く。①おおよそ。たいがい。②そもそも。『古今著聞集』

大逆　おおさが
「大佐賀」とも書く。カサゴ属の深海魚。

大郎女　おおいらつめ
「大娘・大嬢」とも書く。貴人の長女に対する敬称。『万葉集』

大倭　おおやまと・やまと
「大日本」とも書く。→大日本

大原女　おはらめ・おおはらめ
大原の里（京都左京区の大原）から、薪や花などを頭にのせて京都市中を売り歩いた女。

大原巫　おはらみこ
梓弓を弾き鳴らして死霊や生霊などを口寄せする巫女。「あずさみこ（梓巫女・梓神子）」に同じ。

大娘　おおいらつめ
「大娘女」とも書く。『万葉集』→大郎女

大娘子　だいじょうし
おかみさん。お内儀。

大容　おおよう
「大様」とも書く。①おおまか。②度量が大きいこと。

大将　おおいくさのきみ
「大将（たいしょう）」の古称。

大矩　おおかね
「大曲」とも書く。→大曲

大納言　おおいものもうすつかさ
「大納言（だいなごん）」の古称。

大蚊　がかんぼ
ハエ目ガガンボ科の昆虫。

大造　たいそう
「大相」とも書く。『地方凡例録』→大相

大造成　たいそうなる
おおげさな。『御触書宝暦集成』

大途　たいと・だいと
①大切なもの。②大規模。③概略。④殿様・国守。

大連　おおむらじ
大臣（おおおみ）とともに執政した大和朝廷の最高官僚。『日本書紀』

大竜仙　あおもりとどまつ
「青森椴松」とも書く。マツ科の常緑針葉樹オオシラビソの異称。

大率　おおむね
「大旨」とも書く。→大旨

大宿直所　おおとのいどころ
古代、大内裏を守護した者の詰所。「大宿直（おおとのい）」とも略称する。

大巣菜　からすのえんどう
「烏豌豆」とも書く。マメ科の越年草。

大強盗 おおがんどう
①大泥棒。②人を罵倒する語。大盗人（ぬすっと）。

大晦日 おおつもごり・おおつもご・おおみそか
一年の最終日。十二月三十一日。

大略 ほぼ・たいりゃく
だいたい。おおよそ。『大内氏掟書』

大細 おほそ
「御細」とも書く。女房詞で「帯・鰯（いわし）」の隠語。

大蛇 おろち
大蛇（だいじゃ）。うわばみ。『古事記』

大都 おおず・おおよそ
だいたいにおいて。ほぼ。

大麻蝿 しまばえ
「縞蝿」とも書く。①シマバエ科のハエの総称。②ニクバエ科のハエの異称。

大黄 おおし・だいおう
「大羊蹄」とも書く。『倭名類聚鈔』→大羊蹄

大黄楊 おおつげ
モチノキ科の常緑低木イヌツゲの異称。

大黄蜂 くまばち・くまんばち
「大胡蜂」とも書く。→大胡蜂

大喝食 おおがっしき
能面の一つ。禅宗で食事を知らせる老年僧（喝食行者）の面。

大御巫 おおみかんこ・おおみかんのこ
律令制で、神祇官の八神に仕えた巫女。

大御身 おおみま
天皇・貴人のからだ。玉体。

大御息所 おおみやすどころ・おおみやすんどころ
①先帝の御息所（みやすんどころ＝天皇の寝所に侍する宮女）。②天皇の母親。

大御祖 おおみおや
①天皇の祖先。②天皇の母親。

大御食 おおみけ
神・天皇が口にする食物。『万葉集』

大御酒 おおみき
酒の敬称。神・天皇に捧げる酒。『古事記』

大御稜威 おおみいつ
天皇の威光・威徳。

大御燈明 おおみあかし・おみあかし
神前・仏前に供える灯火。

大御饗 おおみあえ・おおみあるじ
おおみあえ—①天皇の食事。『日本書紀』。②宮中で群臣に賜る酒宴。おおみあるじ—盛大な饗宴。「大振舞（おおぶるまい）」に同じ。

大湯女 おおゆな
年増（としま）の湯女。『百合若大臣野守鏡』

大葉藻 あまも・おおも
「甘藻」とも書く。ヒルムシロ科の海産多年草。

大戟 たかとうだい
「高灯台」とも書く。トウダイグサ科の多年草。

大番 おおばん
①「大番役」の略。宮廷の内裏と院御所の警固役。『吾妻鏡』。②「大番組」の略。近世の幕府の職名。旗本によって組織された江戸幕府の軍事組織で要地の警固に当った。

大越家 だいおっけ
山伏の位。熊野・大和の大峰に峰入を九回した者に与えられる称号。

大軽率鳥 おおおそどり
かるはずみであわてものの鳥。鳥をののしっていう語。『万葉集』

大間 おおま
①「大間書（がき）」の略。平安時代、朝廷で任官の儀式に用いた文書。②広い部屋。広間。

大葡萄 おおえびかずら
葡萄（ぶどう）の古称。

大蒜 にんにく
「葫」とも書く。ユリ科の多年草。

大業 おおぎょう
「大仰」とも書く。→大仰

大殿 おとど
貴人の邸宅。『宇津保物語』

大殿油 おおとなぶら
御殿でともす灯火。『源氏物語』

大殿祭 おおとのほがい
大嘗祭や皇居の移転などのときに宮殿の災害を祓う祭。

大禍時 おおまがとき・おおまどき
「逢魔が時」とも書く。禍いが起こる、また起こりやすい黄昏時（たそがれどき）。

大較 おおむね
「大旨」とも書く。→大旨

大粮 たいろう
律令制で、官人の給料。また、諸衛府・院宮などが申請した糧米。『権記』

大鼠 おおねら・おねら
大きな鼠。『風俗文選』

大嘗 おおにえ・おおべ
①「大嘗祭」の略。『類聚名義抄』。②「大贄」とも書く。神や朝廷に捧げるその地方の物産をいう。『古事記』

大嘗祭 おおなめまつり・おおにえまつり・だいじょうえ
天皇の即位後、最初に行う新嘗（にいなめ）祭。

大層 たいそう
「大相」とも書く。→大相

大様 おおよう
「大容」とも書く。→大容

大算役 おおよみやく
江戸時代、銀座（貨幣鋳造所）で貨幣の出来数を数える役の者。

大語 こわだか・たいご
こわだか—大声。話し声が大きいこと。たいご—大きなことをいうこと。

大酸実 おおずみ
「大桷」とも書く。バラ科の落葉高木。リンゴの一種。

大領 おおくび・おおきみやつこ
おおくび—「衽」とも書く。衣服の前衿。「おくみ」に同じ。『平家物語』おおきみやつこ—①所領が広大であること。②古代、郡の長官。

大領巾 おおひれ
平安時代から行われた歌舞の東遊（あずまあそび）の曲名。

大𡱝脊 はだつけ

「肌付・膚付」とも書く。馬具の一つ。鐙（あぶみ）が当たる部分を被うもの。

大蔘　せんにんそう・うまのはこぼれ・うしのはこぼれ
「仙人草」とも書く。キンポウゲ科の多年草。

大皺　おおしぼ
①しぼが粗く大きなもの。②しぼの粗い烏帽子。③のしぼの粗いサントメ革（なめし革）。

大監　だいげん
古代、太宰府の判官。

大監物　おおいおろしもののつかさ
古代、中務省に属し、出納などをつかさどった役。

大養徳　おおやまと
「大日本」とも書く。↓大日本

大凝菜　ところてんぐさ
「心太草・石花菜・天草」とも書く。紅藻類の海藻。

大嬢　おおいらつめ
「大郎女」とも書く。『万葉集』↓大郎女

大膳職　おおいかしわでのつかさ・だいぜんしき
律令制で、宮内省に属し、貢調の管理や食膳の調進をつかさどった役。

大鋸　おおが・おが
大きなのこぎり。『下学集』

大鋸屑　おがくず
大鋸で木材をひくときにでる木屑。のこくず。

大鮃　おひょう
カレイ科の海産硬骨魚。

大癋見　おおべしみ
「大圧見」とも書く。↓大圧見

大縮　おおちぢみ
厚手で縮緬のような皺のある白い和紙。「檀紙（だんし）」に同じ。

大饅頭錏　おおまんじゅうしころ
「大饅頭鞠」とも書く。兜の「しころ」が饅頭形にもりあがったもの。

大饅頭鞠　おおまんじゅうしころ
「大饅頭錏」とも書く。↓大饅頭錏

大鷦鷯　おおさざい
スズメ目イワヒバリ科の小鳥カヤクグリの異称。

〈女　部〉

女子　めこ
女の子供。『栄花物語』

女夫　めおと・みょうと
「妻夫・夫婦」とも書く。妻と夫。夫婦。『今昔物語集』

女夫事　つまごと
夫婦仲。

女日芝　めひしば
「雌日芝」とも書く。イネ科の一年草。

女犯　にょぼん
僧が戒律を犯して女性と交合すること。

女形　おやま・おんながた
女を演じる男役者。

女男　めお
「妻夫」とも書く。①女と男。②妻と夫。『発心集』

女若　にょにゃく
女と若衆。女色と男色。

女青　へくそかずら
「屁屎葛・牛皮凍」とも書く。アカネ科の蔓性多年草。

女貞　たずのき・ねずみもち
たずのき―①モクセイ科の常緑低木ネズミモチの異称。②スイカズラ科の落葉大低木ニワトコの異称。『本草和名』
ねずみもち―「鼠梓木」とも書く。「たずのき」①に同じ。

女軍　めいくさ
女の編成による軍隊。『日本書紀』

女郎花　おみなえし・おみなべし
オミナエシ科の多年草。秋の七草の一つ。『万葉集』

女郎花月　おみなえしづき
陰暦七月の異称。

女衒　ぜげん
「女見」とも書く。近世の江戸で、遊女奉公の周旋業者。上方では「人置（ひとおき）」といった。『娘節用』

女陰　ほと
「陰所」とも書く。①女性の陰部。『古事記』。②蔭の部分。

女萎　えみあなかと・ぼたんづる
キンポウゲ科の蔓性多年草。

女菀　ひめしおん
「姫紫菀」とも書く。キク科の多年草。

女髪長　めかみなが・おみなかみなが
尼。斎宮（いつきのみや）の忌み言葉。『延喜式』

女銭　びたせん
「鐚銭」とも書く。粗悪な銭。室町時代、永楽銭以外の銭。江戸時代、寛永通宝鋳造以後の鉄銭。

女墻　ひめがき
「姫垣」とも書く。宮殿・城などに設置する低い垣根。『日本書紀』

女蘿　さるおがせ
「猿麻桛・松蘿・普賢線」とも書く。サルオガセ属の地衣類の一群。

〈子　部〉

孑孒　ぼうふら
「孒孑」とも書く。蚊の幼虫。

孒孑　ぼうふら
「孑孒」とも書く。↓孑孒

子の子　ねのこ
ねのこ餅。亥の子餅を二日後の子の日に三日の餅（みかのもちい）としたことを洒落て言った語。『源氏物語』

子下　こおろし
「子堕」とも書く。堕胎。

子月　ねづき
陰暦十一月の異称。

子共　こども
「子供」とも書く。おさない者。小児。『保元物語』

子祝　ねほがい
子（ね）の日の祝い。

子婚　こだわけ
親が子と通じること。

子規 ほととぎす
「時鳥・杜鵑・不如帰・杜宇・沓手鳥・蜀魂・郭公・霍公鳥」とも書く。カッコウ目カッコウ科の鳥。

子肆 でみせ
「出店」とも書く。①路上などに出した臨時の店。『柳橋新誌』。②支店。

子鼠 こねら
小さい鼠。『風俗文選』

子銭子 かねかし
「金貸し」とも書く。金銭を貸して利息を取ることを職業とする者。

〈寸　部〉

寸 き
馬の丈（たけ）を示す語。『宇津保物語』

寸寸 ずたずた
「寸断寸断・寸許」とも書く。乱暴に細く切り裂かれたさま。きれぎれ。『彦根権現』

寸切 すっきり
爽快。さっぱりすること。『西郷隆盛全集』

寸半 きなか
「半銭」とも書く。銭一文の半分。「半文」に同じ。

寸白 すばく
サナダムシなど条虫の異称。それによって罹患する病気。『栄花物語』

寸莎 すさ・つた
「苆」とも書く。藁・麻・紙に海藻の煮汁などをまぜ、壁土にまぜて亀裂をふせぐ繊維質の混合材料。『日葡辞書』

寸胴切 ずんどぎり
①古木の幹の上部を切り、茶室などの庭に置いて眺めとするもの。②まっすぐ切ること。③竹筒の花瓶。

寸断寸断 ずたずた
「寸寸」とも書く。『嗚呼広丙号』↓寸寸

寸袋 すぶくろ
「栖袋」とも書く。刀や脇差を納める鞘袋。『日葡辞書』

寸許 ずたずた
「寸寸」とも書く。↓寸寸

寸楮 すんちょ
簡単な手紙。自分の手紙を謙譲していう語。「寸紙（すんし）・寸書」に同じ。『西郷隆盛全集』

〈小　部〉

小八梢魚 くじら
「鯨・海鰌」とも書く。哺乳類クジラ目の海獣。「勇魚（いさな）」に同じ。

小刀 さすが
「刺刀・裁刀」とも書く。こがたな。

小刀自 ことじ
往時、造酒司（みきのつかさ）にあった酒壺の一つ。

小口俵 さんだわら
「桟俵」とも書く。米俵の両側にあてる、わらで編んだ円い蓋。

小口緘 こぐちからげ
物を入れた容器などの口に封をすること。『地方凡例録』

小女 こあま
少女をののしっていうことば。

小女子 こうなご
イカナゴ科の海産硬骨魚イカナゴの異称。また、佃煮などイカナゴの加工品。

小小ん坊 しゃしゃんぼ
「南燭」とも書く。ツツジ科の常緑低木。

小才な ちょこざいな
「猪口才な」とも書く。なまいきな。『多情多恨』

小五十集 こいさば
近世の小型の廻船。

小水葱 こなぎ
①ミズアオイ科の一年草。②ミズアオイの古称。『万葉集』

小以 こい
検地帳に記入した石高の小計。

小半 こなから
「二合半」とも書く。①半分のさらに半分。②酒・米一升の四分の一（二合五勺）。

小台星 しろたてがみ
「白鬣」とも書く。馬のたてがみの白いもの。

小四方 こじお・こしほう
神供（じんぐ）や食器をのせる膳の一種で、四方に穴の開いているもの。

小札 こざね
鎧の材料の小板「札（さね）」の小さいもの。

小白薇 こうなばら
ガガイモ科イケマ属の多年草スズサイコの異称。

小石 さざれいし・さざれ・さざら・いし・こいし
「細石・礫石」とも書く。小さく細かい石。

小石積 いそざんしょう
「磯山椒」とも書く。バラ科の常緑低木テンノウメの異称。

小名 こな
町や村を小分けにした名称。『地方凡例録』。「小字（こあざ）」に同じ。

小好男 ささらえおとこ
「月」の異称。

小灰蝶 しじみちょう
「蜆蝶」とも書く。シジミチョウ科のチョウの総称。

小竹 しの・しぬ・ささ
「篠」とも書く。「笹竹」の略。イネ科の常緑多年生植物。

小竹生 ささふ
「笹生」とも書く。笹の生い茂ったところ。

小竹筒 ささえ
竹筒で作った携帯用の酒入れ。

小応帝 こインデン
「小印伝」とも書く。羊や鹿のなめしがわ。漆で絵模様を描き、袋物などの材料とする。山梨県の名産。

小忌 おみ
「小斎」とも書く。①大嘗祭などの重要な儀式の際に厳重に行う斎戒（ものいみ）。『源氏物語』。②大嘗祭などで小忌衣（おみごろも）をつけて神事に奉仕すること。また、その人。

小牡鹿 さおしか
「棹鹿」とも書く。「さ」は接頭語。雄の鹿。

小角 くだ・くだのふえ・くだぶえ

「管の笛」とも書く。戦場などで用いた管状の小さな笛。『倭名類聚鈔』

小言無　しからない　叱らないこと。『団々珍聞』

小豆鼠　あずきねず　「赤小豆鼠」とも書く。染色の一つ。ねずみ色がかった小豆色。

小貝母　こばいも　ユリ科の多年草。

小舎人　ことねり・こどねり　①殿上の雑役に従事した蔵人所の下役。『今昔物語集』。②摂関家の雑役に従事した者。『義経記』

小刻苧　こくそ　「木屎・粉糞」とも書く。刻んだ麻や繊維のくず。木粉などを漆で練り込めたもの。漆塗りの下地のすき間などを塡（う）めるために用いる。『傾城禁短気』

小夜降　さよくだつ　「狭夜降」とも書く。夜が更けること。

小夜着　かいまき・どてら　「掻巻（かいまき）・褞袍（どてら）」とも書く。綿入れの夜着。『春色梅児誉美』

小妹　しょうまい　①妹をへりくだっていう呼称。②手紙などで、若い女性の自称。

小性　こしょう　「小姓」とも書く。①こども。②古代、貴人に仕えて雑用をした少年。③将軍に近侍する少年。

小波　さざなみ　①「細波・漣」とも書く。細かく寄せる波。②小さなもめごと。③近江国の古名。

小法師　ささほうし　年齢の若い法師。小僧。

小股　さまた　①「股（また）」に同じ。②相撲の決め手の一つ。相手の股の間に足を割り込ませ、その股の下から手をかけて相手を吊り上げて倒すこと。

小枝　こやで・さえだ　小さな木の枝。『万葉集』

小枝草　さえだぐさ　竹の異称。

小物成　こものなり　近世、田畑以外に課せられた雑税。『算法地方大成』

小直衣　こなおし　襴（らん＝すそつき）のついた狩衣（かりぎぬ）。

小迫合　こぜりあい　「小競合」とも書く。①小人数の群衆や小部隊が衝突して争うこと。②小さなもめごと。

小雨　さあめ・こぶり・こさめ　細く降る雨。少し降る雨。

小前　こまえ　①農村における大部分の農民。近世、裕福な百姓である大前に対する語。②小百姓で、通常の百姓の一段下の百姓。

小前張　こさいばり　神楽（かぐら）歌の歌曲の一つ。

小前駈　こさき　行列などで、先払いの者が前方の通行人を追い払うために声を短く引くこと。『枕草子』

小拾帳　こびろいちょう　近世、個人の土地所有などの明細を記した帳簿。

小草生月　こぐさおうつき　陰暦二月の異称。

小臭木　こくさぎ　ミカン科の落葉低木。

小啄木鳥　こげら　日本のキツツキ類の最小の鳥。

小夏蠅い　こうるさい　「小煩い」とも書く。少しわずらわしい。少しうるさい。『鉄仮面』

小栗　ささぐり　「笹栗」とも書く。クリの一品種。「柴栗・茅栗」に同じ。

小納戸　こなんど　①小さな納戸。②江戸幕府の職制の一つ。若年寄の下に属し、将軍に近侍して理髪・馬方などの事務をつかさどった。

小連翹　おとぎりそう　「弟切草」とも書く。オトギリソウ科の多年草。

小竜仙　しらびそ　「白檜曾・白檜」とも書く。マツ科の常緑針葉樹。

小尉　こじょう　能面の一つで、小ぶりな老翁の面。

小巣菜　すずめのえんどう　「雀野豌豆」とも書く。マメ科の二年草。

小菊紙　はながみ　「鼻紙・花紙」とも書く。鼻汁などを拭うときに用いる紙。『巷説児手柏』

小晦日　こつごもり　旧暦の十二月二十九日。大晦日（おおつごもり）の前日。

小袿　こうちき　上級公家の女房装束の略装で、一番上に着る衣服。

小陵鳥　こがら・こがらめ　「小雀・小雀女」とも書く。スズメ目シジュウカラ科の鳥。

小雀　こがら・こがらめ　「小陵鳥」とも書く。『山家集』→小陵鳥

小黄楊　こつげ　モチノキ科の常緑低木イヌツゲの異称。

小斎　おみ　「小忌」とも書く。→小忌

小御衣　こおんぞ・こみぞ・こおぞ　小袖の裄（ゆき）・丈（たけ）の長い小形の寝衣。

小葉莢蒾　こばのがまずみ　スイカズラ科の落葉低木。

小葉梣　こばのとねりこ　モクセイ科の落葉高木アオダモの異称。

小腕　こがいな・こうで　①うでさき。『太平記』。②小さい腕。力量が劣ることの形容。『太平記』

小検見　こけんみ・こけみ　下級役人による村全体の検見（年貢高を定めること）。『算法地方大成』

小無花果　こいちじく　クワ科の落葉低木。「犬枇杷」に同じ。

小确　おそね　石が交じった農耕に適さないやせ

地。

小税 おちから・こぢから
稲一把を一束とした貢物。五把を一束とした大税（おおちから）に対する語。『延喜式』

小童 こじょく・こわっぱ
こじょく―①遊女の小間使いをする少女。②女の子を見下して言う語。
こわっぱ―年少の者をを見下して言う語。小僧。

小筒 ささえ
「竹筒・酒筒」とも書く。酒を入れる携帯用の竹筒。『廻国雑記』

小紋 こしぼ
「小皺」とも書く。→小皺

小間 こま・さま
こま―公役を課す屋敷地の単位。一般に二十坪を一小間とした。『地方凡例録』
さま―「狭間」とも書く。①すき間。②敵に向かって矢を射たり、石など落すために城壁に設けられた窓。

小集楽 おずめ
歌垣（かがい）の類。男女が歌舞などで遊んだ集まり。一種の集団見合い的な求婚方式で性的解放が行われた。『万葉集』

小腹 このかみ・こがみ・ほがみ
下腹。『倭名類聚鈔』

小殿原 ごまめ・ことのばら
①「小鯯」とも書く。カタクチイワシの乾製食品。正月などの祝賀に用いられる。田作。『門』。②若い殿原（身分の高い人々）。

小煩い こうるさい
「小夏蝿い」とも書く。『おらが春』→小夏蝿い

小蛸魚 するめ
「鯣」とも書く。イカを開いて内蔵をとり、乾燥させたもの。

小鉤 こはぜ
「鞐」とも書く。①本の帙（ちつ）や足袋などの合わせ目を留める爪。②屋根葺きなどで金属板の端を折り曲げてつなぎとめる方法。

小鼠 こねら
小さな鼠。

小鳴き ささなき
「笹鳴き」とも書く。冬の鶯の声がまだ本調子ではなく、舌鼓を打つように鳴くこと。

小掴 おつかみ
頭を剃った僧侶の髪の毛が伸びてつかめるほどになること。

小態 そぶり
「素振り」とも書く。表情や身振りにあらわれたようす。気配。

小槐花 みそなおし
「味噌直」とも書く。ミソナオシマメ科の落葉小低木。

小稲 おしね
「お」は接頭語。「稲」に同じ。

小綬鶏 こじゅけい
キジ目キジ科の鳥。

小網 さで
「叉手」とも書く。二本の竹で作った魚をすくいとる小さな網。『万葉集』

小雑色 こぞうしき
若い雑色（雑事に当たる下級役人や召使いなど）。『十訓抄』

小領 こくび
衣服の衿（えり）。『催馬楽』

小皺 こしぼ・こさび
「小紋」とも書く。烏帽子などの皺（しぼ）の小さいもの。

小確 こじっかり
市場の売買が活発となり、相場が上向き気味であること。

小濁り ささにごり
「細濁り・薄濁り」とも書く。水がやや濁ること。

小螺 しただみ
「小羸子・細螺・相思螺」とも書く。①小さな巻貝の総称。②ニシキウズガイ科の巻貝のキサゴに同じ。『古事記』

小瀟洒 こざっぱり
さわやかでこぎれいなこと。『椿姫』

小蟹 ささがに・ささがね
ちいさな蟹。

小羸子 しただみ
「小螺」とも書く。『古事記』→小螺

小蘖 めぎ
「目木」とも書く。メギ科の落葉小低木。

小競合 こぜりあい
「小迫合」とも書く。→小迫合

小艪船 ころぶね
船頭が一人で艪をこぐ早船。『大弐高遠集』

小鰭 こはだ
「江鰶魚」とも書く。ニシン科の海産硬骨魚コノシロの中等大のもの。

小鯯 ごまめ
「小殿原」とも書く。『易林本節用集』→小殿原

小鷹狩 はっとがり・こたかがり
「初鳥狩」とも書く。秋に初めて行う鷹狩。『万葉集』

〈尸 部〉

尸 かばね・しかばね・かたしろ
死体。『太平記』

尸者 ものまさ
①神霊の代わりとなって祖先の祭礼を受ける者。②死者に代わって弔問を受ける者。『日本書紀』

尸毗 しび
釈迦が出家をする前に王であったときの名。

尸素 しそ
「尸位素餐（しいそさん）」の略。ふさわしい才能がないのに高位にいて、高禄をむさぼること。

尸諫 しかん
「死諫」とも書く。死をもって主君を諫めること。

〈山 部〉

山女 やまめ・あけび
やまめ―「山女魚」とも書く。サケ科の魚。陸封型をヤマメといい、降海型をサクラマスという。
あけび―「木通・通草・丁翁・蔔子・蔔藤・紅姑娘」とも書く。アケビ科の蔓性落葉低木。

山女魚 やまめ
「山女」とも書く。→山女

山小菜 ほたるぶくろ
「蛍袋」とも書く。キキョウ科の多年草。

山丹　ひめゆり
「姫百合」とも書く。百合の一種。「唐百合（からゆり）」に同じ。

山毛欅　ぶな
「橅・椈」とも書く。ブナ科の落葉高木。

山火口　やまぼくち
キク科の多年草。

山白竹　くまざさ
「熊笹・隈笹・箬竹」とも書く。ササの一種。

山竹　めだけ
「女竹・雌竹」とも書く。ササの一種。

山何首烏　やまがしゅう
ユリ科の蔓性多年草。

山芹菜　なべな
「続断」とも書く。マツムシソウ科の越年草。

山豆根　みやまとべら
「深山海桐花・深山梅桃花」とも書く。マメ科の常緑小低木。

山車　だんじり・だし
「檀尻・楽車・台尻」とも書く。関西・西日本で、屋台の上に人物などの飾りを載せて曳き廻る祭礼の練物。関東では「だし」という。

山奇量　さんきらい
「山帰来」とも書く。①ユリ科の蔓性低木。②サルトリイバラの異称。

山芥菜　いぬがらし
「犬芥・犬辛子」とも書く。アブラナ科の多年草。

山茱萸　さんしゅゆ
ミズキ科の落葉小高木。

山茶　つばき
「海石榴・椿」とも書く。ツバキ科の常緑高木。「椿」は国字。『古事記』

山茶花　さざんか
ツバキ科の常緑高木。

山胡桃　くるみ・おぐるみ・おにぐるみ・やまこうばし
くるみ―「胡桃」とも書く。クルミ科クルミ属の落葉高木。またその果実。
おぐるみ・おにぐるみ―野生のクルミ。
やまこうばし―「山香・山胡椒」とも書く。クスノキ科の落葉低木。

山胡椒　やまこうばし
「山胡桃」とも書く。↓山胡桃

山査子　さんざし
「山樝子・山楂子」とも書く。バラ科の落葉低木。

山珊瑚　つちあけび
「土木通・土通草」とも書く。ラン科の多年草。

山祇　やまつみ
「山神」とも書く。山の神。山の霊。『万葉集』

山香　やまこうばし
「山胡桃」とも書く。↓山胡桃

山原水鶏　やんばるくいな
沖縄県、本島北部一帯に生息するツル目の鳥クイナの一種。天然記念物。

山啄木鳥　やまげら
キツツキの一種。日本では北海道に生息する。

山家　やまが
山里の家。『算法地方大成』

山振　やまぶき
「山吹・款冬・棣棠」とも書く。バラ科の落葉低木。

山桜桃　ゆすらうめ・ひざくら
ゆすらうめ―「桜桃・梅桃」とも書く。バラ科の落葉低木。
ひざくら―「緋桜」とも書く。つぼみが紅色の桜の一種。

山笑　やまえ・やまえみ
「黄精」とも書く。ユリ科の多年草ナルコユリの異称。

山衒　やまこかし
「山転」とも書く。巧みに話を持ち掛けて鉱山や山林に投資をさせ、その金を横取りする詐欺師。『商人家職訓』

山猟師　やまさつ
山の猟師。「さつ」は「猟男（さつお）」の略。『為忠百首』

山梅花　ばいかうつぎ
「梅花空木・梅花溲疏」とも書く。ユキノシタ科の落葉小低木。

山梗葉　さわぎきょう
「沢桔梗」とも書く。キキョウ科の多年草。

山梔子　くちなし
「梔子・巵子」とも書く。アカネ科の常緑低木。

山梔子玉　くちなしだま
表面にいくつか溝をつけた玉。後期古墳から出土する。山梔子の実に似るところからの名。

山転　やまこかし
「山衒」とも書く。↓山衒

山陰　そとも
「背面」とも書く。日の当たる山の南面に対し、北面をいう。『万葉集』

山雀　やまがら
スズメ目シジュウカラ科の鳥。

山魚狗　やませみ
「山翡翠」とも書く。ブッポウソウ目の鳥カワセミの一種。山間部の渓流に生息する。

山斎　しま・やま
①古代築庭で、池や疏水の中に造った島。景色を造形した庭。②山中に設けた休息の部屋。

山葵　わさび
アブラナ科の多年草。

山落　やまおとし
山賊。『秋田藩採集文書』

山萹豆　かわらけつめい
「河原決明」とも書く。マメ科の一年草。

山蛤　あかがえる・あかひき
「赤蛙・赤蛤」とも書く。アカガエル科の両生類の総称。また、背面が赤褐色いの中型の蛙の一群。

山楂子　さんざし
「山査子」とも書く。↓山査子

山楝蛇　やまかがし
「赤楝蛇」とも書く。水辺などに生息する蛇の一種。

山漆草　さんしちそう
「三七草」とも書く。キク科の多年草。

山蒜　のびる
「野蒜」とも書く。ユリ科の多年草。

山慈姑　かたくり・あまな・あまいも
かたくり―「片栗・車前葉」とも

書く。ユリ科の多年草。あまな・あまいも―「甘菜・老鴉弁」とも書く。ユリ科の多年草。

山榴 あいつつじ
ツツジ科の常緑低木サツキツツジの異称。

山翡翠 やませみ
「山魚狗」とも書く。→山魚狗

山樝子 さんざし
「山査子」とも書く。→山査子

山賤 やまがつ
①山中に暮らす身分の低い人。②人をあざけるときに用いる語。『筆のまにまに』

山靛 やまあい
「山藍」とも書く。①トウダイグサ科の多年草。②キツネノマゴ科の小低木の異称。

山樓斗菜 やまおだまき
「山苧環」とも書く。キンポウゲ科の多年草。

山藤 くまやなぎ
「熊柳」とも書く。クロウメモドキ科の半蔓性落葉樹。

山蘭 ひよどりばな
「鵯花」とも書く。キク科の多年草。

山鵲 さんじゃく
スズメ日カラス科の鳥。「山喜鵲・尾長山鵲」に同じ。

山蘿蔔 まつむしそう
「松虫草」とも書く。マツムシソウ科の多年草。

山鷸 やましぎ
チドリ目の鳥シギの一種。

〈巛（川）部〉

川支 かわづかえ
川の増水で川越しを禁止すること。「川留」に同じ。

川水雲 かわもずく
河川の清流の底石に着生する紅色藻。「川青海苔」に同じ。

川成 かわなり
河川の洲を畑にした土地。『算法地方大成』

川曲 かわわ・かわわた・かわくま
川の流れが蛇行して、岸に入りくんだ所。『日本書紀』

川郎 かわろう
「川童・河伯」とも書く。河童。

川原大角豆 かわらささげ・かわらさざぎ
ノウゼンカズラ科の落葉高木キササゲの異称。

川原母子 かわらぼうこ・かわらははこ
「荻」とも書く。キク科の多年草。

川原柴胡 かわらさいこ・かわらざいこ
「委陵菜」とも書く。バラ科の多年草。

川原茱萸 かわらぐみ
グミ科の落葉低木アキグミの異称。

川除 かわよけ
河川の氾濫を防止するために工事。『地方凡例録』

川骨 こうほね
「河骨」とも書く。①スイレン科の多年草。②紋所の一つ。

川副柳 かわそいやなぎ
川沿いに生えている柳。『日本書紀』

川童 かわろう
「川郎」とも書く。→川郎

川穀 じゅずだま・ずずだま・ずずご
イネ科の多年草ジュズダマの異称。

川鰧魚 かわおこぜ
カジカ科の淡水産硬骨魚カジカの異称。

〈工　部〉

工手間 くでま
①職人などがある仕事に要した日数や時間。また、その工賃。②手間がかかること。面倒。

工巧明 くぎょうみょう
仏教の学問の分類法による五明（ごみょう）の一つ。

工合 ぐあい
「具合」とも書く。①調子。健康状態。②都合。なりゆき。③方法。

〈己（巳・已）部〉

己 おのれ・つちのと
おのれ―自分。『椿説弓張月』
つちのと―十干（じっかん）の第六。

己っち おらっち
男が自分のことをいう俗な言葉。江戸っ子語で「おいらっち」ともいう。『東海道四谷怪談』

己時 しがとき
自分の絶頂期。自分の思いのままになるとき。

己惚 うぬぼれ
「自惚」とも書く。自負。高慢。

己等 おれら
①おまえたち。『平家物語』。②われわれ。『讃岐典侍日記』

己様 おれさま
「俺様」とも書く。自分自身を尊大にいう語。

已下 いか・いげ
「以下」とも書く。そこからあと。

已来 このかた
「此の方」とも書く。それ以来。

已前 いぜん
「以前」とも書く。その時点より前。『御触書宝暦集成』

已後 いご
「以後」とも書く。その時点より後。『信長公記』

已訖 すでにおわんぬ
「已畢」とも書く。すでに終った。済んだ。

已畢 すでにおわんぬ
「已訖」とも書く。→已訖

已還 このかた
「此の方・以来」とも書く。①こちらの方向。②「以来（いらい）」に同じ。

巳無午 みなしうま
二月の第一日が午の日に当たること。火の災難が起きやすいとされる俗信がある。

〈巾　部〉

巾子 こじ
冠の頂上後部で、髻（もとどり）

を入れて簪（かんざし）を挿す部分。『菅原伝授手習鑑』

巾子形　こじがた
門の中央の地面で左右の扉を受け止める石具。

巾子紙　こじかみ
冠の纓（えい）を後から前に折り曲げ、巾子を挟むようにして留めるための紙。

巾幗　きんかく
①女性の頭飾り。②喪中の女性が被る頭巾。③転じて、女。

〈干　部〉

干小魚　ひこお
「乾小魚」とも書く。小魚を天日干ししたもの。

干反　ひぞり
「乾反」とも書く。①乾燥して反り返ること。また、そのもの。②すねて腹を立てること。

干反独楽　ひぞりごま
「乾反独楽」とも書く。くねくね回るように作った独楽。

干戈　かんか
①たてとほこ。武器。②転じて、戦い。『大内氏掟書』

干支　えと
①十干（じっかん）十二支。②十二支。

干海鼠　ほしこ
「乾海鼠」とも書く。はらわたを取りのぞいた海鼠（なまこ）を茹でて干したもの。

干梭魚　ひがます
①カマス科の海産硬骨魚のカマスを干したもの。②痩せて骨張った人の形容。

干減　ほしべり
収穫した穀物などを乾燥させるために生じる目減り。『算法地方大成』

干鮭　からざけ
「乾鮭」とも書く。鮭のはらわたをとりのぞき、そのまま乾燥させたもの。『今昔物語集』

干鰯　ほしか
「乾鰯・干鰮・乾鰮」とも書く。脂肪分を絞った鰯や鯨を乾燥させて肥料としたもの。

〈弋　部〉

弋　いぐるみ
「矰繳」とも書く。矢に糸や網をつけて、目標に当たるとからみつくようにしたもの。

弋射　いつる
「弋」に同じ。→弋

〈弓　部〉

弓手　ゆんで
「左手」とも書く。弓を持つほうの手。馬の手綱を持つ手の意の馬手（めて）手の対語。『保元物語』

弓削　ゆげ
弓を削って作ること。また、弓を作る職人。

弓場殿　ゆばどの
天皇が射芸を見るために造営された施設。『権記』

弓雄　さつお
猟師。『万葉集』

弓箭　きゅうせん
①弓と矢。②転じて、弓矢を持つ武士。③戦い。『今昔物語集』

弓矯　ゆだめ
弓の弾力を強くするために弓幹（ゆがら）を矯（た）めてそらせること。『梁塵秘抄』

〈彳　部〉

彳亍　たたずむ・てきちょく
「彳立」とも書く。立ち止まっている。「彳む」に同じ。

彳立　たたずむ
「彳亍」とも書く。→彳亍

彳聞　たちぎき
「立ち聞き」とも書く。他人の話を盗み聞きすること。『春色梅児誉美』

〈扌　部〉

才　ざい・ざえ・さい・わずかに・かど
ざい・ざえ・さい―①才能。『栄花物語』。②学問。③神楽で音楽を奏する役。
わずかに―すくないこと。『太平記』
かど―「ざい・ざえ・さい」①に同じ。

才めき　かどめき
才能がありそうに見える。『源氏物語』

才才し　かどかどし
才能にめぐまれている。かしこい。『宇津保物語』

才男　せいのお・さいのお
「細男」とも書く。①奈良の春日大社で行われる若宮祭に立烏帽子姿で登場する六人の男。②祭の行列の先頭の人形。またその代りに歌舞をする人。

才無し　みつなし
才能がない。『日本書紀』

四画

〈一部〉

不一方 ひとかたならず
「不一形・一方ならず」とも書く。ひととおりでないこと。なみでないこと。

不一形 ひとかたならず
「不一方」とも書く。→不一方

不二価 かけねなし
正当な価格。「掛値なし」に同じ。

不入 ふにゅう
荘園に公権力の検田使の立入を禁止、拒否すること。『久我家文書』

不凡事 ただごとならず
普通のことではない。

不大方 おおかたならず
「不大形・不成大形」とも書く。なみでないこと。『下野滝田文書』

不大形 おおかたならず
「不大方」とも書く。→不大方

不仁身 ふじみ
「不死身」とも書く。①打たれても切られても死なない異常に強靭な体。②どんな困難にもくじけないさま。

不分明 ふぶんみょう
明確にはわからない。『算法地方大成』

不少 すくなからず
「不尠」とも書く。はなはだ。たいそう。

不斗 ふと
「不図・与風」とも書く。はからずも。偶然に。『堤中納言物語』

不日 ふじつ
①日を経ることなしに。まもなく。『保元物語』。②日付を書かないこと。

不弁 ふへん・ふべん
「不辨」とも書く。知識・財力・体力などが不足していて、物事が思うようにならないこと。貧しいこと。『甲陽軍鑑』

不生女 うまずめ
「石女」とも書く。子供を生めない女。『愚管抄』

不列顛 ブリテン
大ブリテン島（グレート・ブリテン・北アイルランド連合王国の主島）。

不好 うそ
「嘘」とも書く。真実ではないこと。『其面影』

不好い いけない
①よくない。『其面影』。②…すべきではない。

不如 いっそ
①本当に。まったく。②思い切って。『金色夜叉』

不如帰 ほととぎす
「杜鵑・時鳥・子規・沓手鳥・蜀魂・杜宇・霍公鳥」とも書く。カッコウ目カッコウ科の鳥。

不如意 ふにょい
①事態が思ったようにならないこと。『結城氏新法度』。②金銭の都合がつかないこと。

不行 よどむ・ふこう
よどむ—「淀む・澱む」とも書く。①水がよく流れずにたまる。②事態が思った通りに進まない。
ふこう—「不品行」に同じ。『宇津保物語』

不行馬 いかじうま
前に進もうとしない馬。

不成太形 おおかたならず
「不大方」とも書く。→不大方

不成就日 ふじょうじゅにち
陰陽道で、事をはじめても成就しない凶日。「不成日」に同じ。

不死甲斐 しなずがい
「不死詮」とも書く。死なないでいるのがせめての救いというほどの不幸。『曾根崎心中』

不死詮 しなずがい
「不死甲斐」とも書く。→不死甲斐

不孝 ふきょう
①不孝者であるとして勘当すること。『保元物語』。②親孝行でないこと。『宇津保物語』

不乱次 ふしだら
「不検束・不仕鱈・不品行」とも書く。だらしのないこと。『黴』

不作余食 ふさよじき
仏教で、斎（とき＝午前中にとる食事）以外には食事をとらないこと。

不図 ふと
「不斗」とも書く。→不斗

不図なし おもいがけなし
「思い掛け無し」とも書く。予期しない。意外だ。『西洋道中膝栗毛』

不妥 ふろく
①土地などが平らでない。『算法地方大成』。②おだやかでない。

不束 ふつつか
①ゆきとどかないこと。②江戸時代、過失による犯罪の裁判に用いられた語。②不格好で風情がないこと。『源氏物語』。③太くしっかりとしていること。『宇津保物語』

不見辛 みずから
「昆布辛」とも書く。山椒を入れて昆布で結んだ菓子。

不言色 いわぬいろ
①梔子（くちなし）色（紅みのある濃い黄色）。『古今和歌集』。②襲（かさね）の色目の一つ。表裏が黄色。

不事行 ことゆかず
物事がねらい通りに進まないこと。指示した通りに行われないこと。『鎌倉幕府追加法』

不例 ふれい
貴人の体調が悪いこと。『御触書天明集成』

不具謹言 ふぐきんげん
手紙の末尾の言葉。気持ちを十分尽くせないことを表す。『雲州消息』

不取敢 とりあえず
「取り敢えず」とも書く。さしあたって。『椿姫』

不実 あだ・ふじつ
①誠実でないこと。『伊勢物語』。②花が咲いても実を結ばないこと。『源氏物語』。③無駄。無用。『堤中納言物語』

不易 ふい・ふえき
ふい—①簡単ではない。②やすら

かではない。『宮寺縁事抄筥崎』
ふえき—不変であること。

不明門　あけずのもん
①普段は開くことを禁止された門。②京都御所の偉鑒門（いかんもん）の異称。

不知　いざ・いさ・いつか
いざ—「率・去来」とも書く。なにかをはじめようとするときにいう言葉。さあ、やろう。
いさ—下に「知らず」の語をともなって、「いかにあろう・いなしらず」の意。
いつか—いつのまにか。『暗夜行路』

不知不識　しらずしらず
「知らず識らず」とも書く。意識しないで。ついつい。『多情多恨』

不知火　しらぬい
旧暦七月末頃の夜に、九州の八代（やつしろ）海の沖合いに見える無数の火影。

不知名　ふちみょう
名称が不明であること。

不知行　ふちぎょう
①領地を持っているのに支配権を行使しないこと。『御成敗式目』。②領地を持たないこと。③領地を失うこと。『日葡辞書』

不知夜　いさよい・いざよい
「十六夜」とも書く。陰暦十六日の夜。また、その夜の月。

不知哉川　いさやがわ
「不知也川」とも書く。「いさ」にかかる枕詞。

不知顔　しらぬかお・しらずがお
知らないふりをすること。「しらんかお」に同じ。『浮雲』

不管　かまわぬ
「構わぬ」とも書く。気にしない。『此処やかしこ』

不便　ふびん
①かわいそう。気の毒。『古今著聞集』。②都合の悪いこと。

不品行　いたずら・ふしだら
行いが良くないこと。特に男女間の行為に用いることが多い。『其面影』

不変　とこしえ
「永久」とも書く。いつまでも変らないこと。『日本書紀』

不洩様　もれざるよう
もれないように。

不思　おもわず
無意識のうちに。『二人比丘尼色懺悔』

不為緩　こととせず
かまわず。それに負けずに。

不相変　あいかわらず
いつもと変わりなく。『猫』

不貞寝　ふてね
ふてくされて寝ること。

不貞腐　ふてくされ
不満があって従わず、意固地になること。

不負嫌　まけずぎらい
他人に負けることをとりわけいやがること。

不負魂　まけじだましい
人に負けまいと気負い、競いたつ気持。『源氏物語』

不退　ふたい
①仏教で、修行の成果を失うことのない境地。『今昔物語集』。②修業中に退歩しないこと。

不食独活　くわずうど
セリ科の多年草ハナウドの異称。

不食嫌　くわずぎらい
①食べて味を確認したこともないのに嫌いだと思い込んでしまうこと。②そのものの真価を確かめることなく嫌うこと。

不倒翁　おきあがりこぼし
「起上小法師」とも書く。達磨（だるま）に似せて作った、倒してもすぐ起き上がる仕掛けをした玩具。

不倫い　おかしい
あやしい。『もしや草紙』

不埒　ふらち
①ふとどき。②物事の決着がつかないこと。『好色五人女』

不容易　おっくう
「億劫」とも書く。面倒くさくて気乗りがしないこと。『塩原多助一代記』

不庭　まつろわぬ
「服わぬ・順わぬ（まつろわぬ）」とも書く。服従しない。

不能　あたわず
できない。道理にあわない。『今昔物語集』

不祥　けち
縁起の悪いこと。『誹風柳多留』

不問語　とわずがたり
「問わず語り」とも書く。問われていないことを自分から話し出すこと。『春色梅児誉美』

不得止　よんどころなし
「拠無し」とも書く。やむをえず。『西洋道中膝栗毛』

不斜　ななめならず・なのめならず
ひとかたならず。

不断　ふんだん
豊かにあるさま。『浮世風呂』

不断達磨　ふんだんだるま
達磨（だるま）の形に似せた起上小法師（おきあがりこぼし）。

不欲　いな
「否」に同じ。不同意をあらわす語。

不理　たのもしからず
あてにならない。

不陸　ふろく
①普通でない。『地方凡例録』。②ふぞろい。

不亀手　ふきんしゅ
手のひびわれを防止する薬。

不喰芋　くわずいも
サトイモ科の多年草。

不幾　いくばくならず
ものの分量や度合いがわずかである。『貞信公記』

不悪　あしからず
意向にそえず申し訳ないという思いをあらわす語。悪く思わないでほしい。『暗夜行路』

不敢　いかでか
「如何でか」とも書く。どうして。どうして…することがあろうか。何とかして。『即興詩人』

不検束　ふしだら
「不乱次」とも書く。『暗夜行路』
↓不乱次

不覚　すずろ
「漫ろ（すずろ）」とも書く。漫然と。

不鈍不臆　おめずおくせず
「怖めず臆せず」とも書く。いささかも気おくれしない。

不飲酒戒　ふおんじゅかい
仏教で、五戒・十戒の一つ。酒を飲むことを禁じる戒め。

不寝の番　ねずのばん
寝ないで一晩中番をすること。またその人。

不慥　ふたしか
「不確か」とも書く。あやふやなこと。『門』

不葺御門　ふかずのごもん
神社の前に建てる鳥居。

不意　ゆくりなく・ゆくりか・たけそか
偶然に。思いがけなく。

不楽　さぶし
楽しくない。さびしい。『万葉集』

不解節　ほうかいぶし
「法界節」とも書く。明治年間に流行した俗謡。

不尠　すくなからず
「不少」とも書く。→不少

不関ない　かまわない
「構わない」とも書く。気にしない。『団々珍聞』

不審る　いぶかる
「訝る」とも書く。怪しむ。不審に思う。『当世書生気質』

不諾　いや
「否・嫌・厭」とも書く。不承知であること。

不論理非　りひをろんぜず
良し悪し、是と非を論じないこと。『御成敗式目』

〈丨部〉

中ケ間　なかま
仲間。『近世法制史料集』

中分　ちゅうぶん
半分に分けること。『六波羅下知状』

中比　なかさだ
古風でも今風でもない中間の風（ふう）であること。『源氏物語』

中単　チョッキ
洋服で、袖のない短い胴着。『即興詩人』

中括　ちゅうぐくり
①概算。大まかに見積もること。『日本永代蔵』。②いいかげんにあしらうこと。『傾城禁短気』

中柤　なかだな
和船の舷側板で、上・中・根（下）の中の板。

中異色　なかかわりいろ
鎧（よろい）の縅（おどし）の一つ。草摺（くさずり）・袖の中央と左右の色を変えて縦におどしたもの。

中陰　ちゅういん
人が死亡してから四十九日間のこと。人が死んでからつぎの生を受けるまでの間。『御触書天明集成』

中棒　ちんぼ・ちんこ・ちんぽこ・ちんぼう・ちゅうぼう
陰茎。男根。

中障子　なかそうじ
二つの部屋を仕切る襖障子（ふすましょうじ）。『源氏物語』

〈丿部〉

乏少　ぼくしょう
①とぼしく少ないこと。『今昔物語集』。②貧乏であること。『福富長者物語』

乏妻　ともしづま
逢う機会が乏しい妻の意で、七夕の織女星。『万葉集』

〈亅部〉

予予　かねがね
まえまえから。『平家物語』

予言　かねごと
「兼言」とも書く。今後の出来事を予測していう言葉。約束の言葉。『源氏物語』

予価　かけね
「掛値」とも書く。正価より高い値段をつけること。またその値段。

予参　よさん
「預参」とも書く。参加すること。『御触書宝暦集成』

〈二部〉

云云　うんぬん・しか・しかじか
「然然」とも書く。引用文や話の続きをぼかしたり、省略するときに用いる語。『門』

云号　いいなずけ
「許嫁」とも書く。子供がまだ幼少のうちに、双方の親の合意で将来の婚姻を取り決めること。また、その当人同士。

云何　いかんぞ
「如何ぞ」とも書く。①どうして。②どんなだ。

云彼云此　かれといいこれといい
「云彼云是」とも書く。いずれにしても。とにかく。『吉川家文書』

云彼云是　かれといいこれといい
「云彼云此」とも書く。『吾妻鏡』→云彼云此

云為　しわざ・ありさま
しわざ—「仕業・為業」とも書く。目的をもった人の行為。おもに、よくない行為についていう。ありさま—「分野・有様」とも書く。様子。状態。

云爾　しかいう
「然云う」とも書く。前述の通りである。文章の末尾に用いる語。

五　ぐ
博奕の隠語で、采（さい）の目の「五」。

五二　ぐに
双六などで二つの采（さい）に五と二の目が出ること。

五十　いそ
五の十倍。

五十日　いか
①五十日。「い」は五十、「か」は日（ひ）の複数形。『土佐日記』。②子供が生まれて五十日目に当る日の祝い。『源氏物語』

五十日百日　いかももか
子供が生まれて五十日目と百日目の祝いを略し、その中間の日に祝うこと。

五十串　いぐし・いみぐし

①玉や幣（ぬさ）などをかけて神前に捧げる榊や竹など。②竹串の異称。

五十津　いつ
茂り生えて多いさま。「津（つ）」は助辞。

五十雀　ごじゅうから
スズメ目ゴジュウカラ科の鳥。

五十集　いさば
①魚。『算法地方大成』。②魚を売る店や行商人。③魚市場。④江戸時代、小形の舟。磯辺舟。

五十路　いそじ・いそ
五十歳。

五十槻　いつき
「斎槻」とも書く。神木として清められた槻（けやき）。「五百槻」に同じ。

五十瀬　いせ
数多くの瀬。『後撰和歌集』

五内　ごたい
漢方でいう心・肝・脾・肺・腎の五臓。「五臓」に同じ。

五分月代　ごぶさかやき
芝居で用いる鬘（かずら）の一つ。月代が五分の長さに伸びたもの。老人や病人などの扮装用。

五月女　さつきめ
田植えをする少女の呼称。「早乙女」に同じ。

五月苗　さなえ
「早苗」とも書く。稲の苗。

五月雨　さみだれ・さつきあめ
旧暦の五月頃に降る長雨。『枕草子』

五月雨豆　さみだれまめ
マメ科の二年生作物ソラマメの異称。

五月雨桃　さみだれもも
バラ科サクラ属の落葉小高木スモモの異称。

五月胡頽子　さつきぐみ
グミ科の常緑低木ナワシログミの異称。

五月蠅　さばえ・うるさい
さばえ—旧暦の五月頃に多く群がる蠅。『古事記』
うるさい—「煩い」とも書く。「さばえ」から転じて、しつこくてやりきれない。『徒然草』

五爪籠　やぶからし
「藪枯らし・烏蘞苺・烏薇苺」とも書く。ブドウ科の多年生蔓草。

五加　うこぎ・むこぎ
ウコギ科の落葉低木。

五目　ぐのめ
双六や博奕の采（さい）の目で五の数が出ること。

五百　いお・ゆ
数が多いこと。「い」は五、「お」は百。「五百箇」に同じ。『竹取物語』

五百入　いおのり
「五百箭」とも書く。矢を入れる容器の靫（ゆき）の中に、多くの矢が入っていること。『古事記』

五百万　いおよろず
数が非常に多いこと。『万葉集』

五百小竹　ゆざさ
「湯小竹」とも書く。群生する多くの笹。『万葉集』

五百引石　いおひきのいわ・いおびきいわ
「五百引岩」とも書く。多人数で引かなければ動かないほどの大きな石。『古事記』

五百代小田　いおしろおだ
広大な面積の田。「代」は田地。『万葉集』

五百年　いおとせ
多くの年。

五百枝　いおえ
数多くの枝。『万葉集』

五百重　いおえ
いくえにも重なっていること。『万葉集』

五百税　いおちから
多くの租税。『祝詞』

五百箇　ゆつ・いおつ・いおち
「湯津」とも書く。「五百」に同じ。『日本書紀』→五百

五百箇御統　いおつみすまる
多くの玉を一つの糸に貫いたもの。「五百箇統」に同じ。『日本紀竟宴歌』

五百箇統　いおつすばる
「五百箇御統」に同じ。→五百箇御統

五百箇集　いおつつどい
多くのものが集まっていること。

五百槻　ゆつき
「弓槻」とも書く。「五十槻」に同じ。『万葉集』→五十槻

五百箭　いおのり
「五百入」とも書く。『古事記』→五百入

五百機　いおはた
多くの機（はた）。『万葉集』

五更　よあけ・ごこう・あかとき
戊夜（ぼや＝午前三～五時）。あけがた。『万葉集』

五度土器　ごどうかわらけ・ごとかわらけ
「五斗土器」とも書く。大きな素焼の杯。

五倍子　ふし
「付子・附子・塩麩子」とも書く。昆虫などがヌルデの若葉などに寄生してできる瘤状の部分。

五倍子虫　ふしむし
五倍子（昆虫などがヌルデの若葉などに寄生してできる瘤状の部分）をつくるアブラムシの類の虫。

五倍子鉄漿　ふしかね
五倍子の粉を鉄漿に浸して作った黒色の染料。お歯黒に用いられた。

五部　いつとも
「五部書（いつとものふみ）」の略。①五種の書を一そろいにしたもの。②「五経」の異称。

五幅　いつの
「五幅蒲団（ふとん）」の略。五幅（はば）の布で仕立てた蒲団。

五墓　ごむ
陰陽道で、生気の無い日として忌む日。

五墓日　ごむにち
陰陽道で、万物がすべて土に戻るという悪いの日。

五節　ごせち
①古代から朝廷で新嘗祭・大嘗祭のときに行われた行事。『権記』。②五節の舞姫。『枕草子』

五種　いつくさ

五つの種類。『祝詞』

五綴 ごてつ
僧侶が托鉢のときに用いる鉄の鉢の破損したものを、五回にわたって補綴（ほてい）して使用すること。

五調 たっしゃ
「達者」とも書く。①達人。②体が丈夫で健康であること。③ぬけめがないこと。

五濁 ごじょく
仏法に災いをもたらす五つのけがれ。

五斂子 ごれんし
カタバミ科の熱帯常緑小高木。

五聴 ごてい
古代、訴訟の取り調べの手法。（辞聴・色聴・気聴・耳聴・目聴）。

五蘊 ごうん
仏教で、すべての存在を構成する精神的・物質的な五つの要素。

井口辺草 いのもとそう
「鳳尾草」とも書く。シダ類イノモトソウ科の多年草。

井土 いど
「井戸」とも書く。地を深く掘り、地下水を汲み上げるようにしたもの。『信長公記』

井水 せいすい
井戸の水。

井目 せいもく
「聖目・星目」とも書く。①碁盤の目の上につけた九つの黒点。②棋力に差があるとき、下位の者があらかじめ①の九つの黒目に碁石を置いて始める対局。

井臼 せいきゅう
①井戸と臼。②転じて、水をくみ、米を搗（つ）くこと。

井底 せいてい
井戸の底。

井華 せいか
夜明け前の四時頃に汲む水。もっとも澄んでいることを華にたとえた語。

井料 いりょう
中世、農民が納入した灌漑施設の使用料。『今川仮名目録』

井料米 いりょうまい
当初は、灌漑施設などの使用料として徴収された米。のちには、領主から修理・維持費として農民に与えられた米。『算法地方大成』

井然 せいぜん
区画などが整っているさま。

井蛙 せいあ
井の中の蛙。見識の狭い者を嘲っていう語。

井堰 いせき
「堰」とも書く。水を他所に引くために、川を塞き止めたところ。『算法地方大成』

井楼 せいろう
①戦場で、敵陣を偵察するために設けたやぐら。②船の帆柱の上部に設けたものみやぐら。『日葡辞書』

〈人　部〉

化 あだ・なる
あだ―「空・徒」とも書く。はかないこと。空しいこと。『太平記』なる―「生る・成る・為る」とも書く。物事などが変化していき、完全な姿をあらわす。

化功 けく
仏教で、人を帰依させた功徳。

化外 けげ
仏陀の教化（きょうけ）区域の外の領域。

化行 けあん
寺院で化主（高僧の僧・住職）の下で雑務を行う役の者。

化作 けさ
仏などが衆生教化（きょうけ）のために姿を変えて現れること。『今昔物語集』

化言 あだごと
「徒言」とも書く。①実（じつ）のない言葉。②むだな言葉。

化契 けちぎり
「仮契」とも書く。下級の遊女。『色道大鏡』

化香樹 のぐるみ・のぶのき
「野胡桃・兜櫨樹」とも書く。のぐるみ―クルミ科の落葉高木。のぶのき―ノグルミの異称。

化迹 けしゃく
仏陀が衆生教化（しゅじょうきょうけ）をした遺跡。「教跡（きょうしゃく）」に同じ。

化転 けでん
「怪顛」とも書く。突然の出来事に動転すること。『文明本節用集』

化野 あだしの
「徒野・仇野」とも書く。①京都小倉山の麓の地名。古くは火葬場。②転じて、墓場をもいう。

化粧 けわい・けそう
顔や身体を美しくよそおい飾ること。身づくろい。

化想文 けそうぶみ
「懸想文」とも書く。①恋文。『好色一代男』。②江戸時代、畳紙に米粒を入れた男女間の良縁の縁起物。

介意 かまい
「構い」とも書く。相手をすること。もてなすこと。『当世書生気質』

仇 あた・あだ
敵。『椿説弓張月』

仇気無 あどけない
無邪気である。

今形 いまなり
「今成」とも書く。今の状態、今の様子。『西郷隆盛全集』

今良 こんりょう・ごんりょう・ごんろう・こんら・いままいり
律令制で、官戸・官奴婢などの賤民が解放され、良民の身分となった者。

今案 こんあん
いま思いついた考え。『能登中井家文書』

今朝斎 けさどき
僧侶の朝食。『柿山伏』

什物 じゅうもつ
①日常に使う器具類。②宝物（ほうもつ）。『地方凡例録』

什麼 なんぞや
なにごとであるか。

什器 どうぐ
「道具」とも書く。物を作るためなどに用いる器具の総称。『根南志具佐』

什錦 しーちん
「十錦」とも書く。多くの食材で調理した中国料理。

仍　よりて
「因・依・仗」とも書く。だから。ゆえに。

仍旧　やっぱり
「矢っ張り」とも書く。思った通り。『多情多恨』

仍如件　よってくだんのごとし
古文書などで文章の末尾につける慣用句。したがって前記記載の通りである。『算法地方大成』

仍執啓如件　よってしっけいくだんのごとし
意見などを取り次いで奏上するときの文末の慣用句。したがって取り次いで申し上げることは前記記載の通りでございます。『東寺文書』

仍執達如件　よってしったつくだんのごとし
教書の末尾にくる慣用句。したがって…のお考えは前記記載の通りである。『大内氏掟書』

仁天　にて
…において。…によって。口語の「…で」に当る文語の格助詞。『鎌倉幕府追加法』

仁心　じんしん
情け心。仁愛の心。『無事志有意』

仁体　にんたい
人柄。身分の高い人。『大乗院寺社雑事記』

仁恤　じんじゅつ
あわれみ。『地方凡例録』

仁慈　なさけ
「情け」とも書く。あわれみや思いやりの感情。『五重塔』

仆　ふす
「偃」とも書く。たおれふすこと。

仏手柑　ぶしゅかん
ミカン科シトロン類の常緑低木。

仏甲草　まんねんぐさ・めのまんねんぐさ・つめれんげ
まんねんぐさ—「万年草」とも書く。ベンケイソウ科の多年草。めのまんねんぐさ—「雌の万年草」とも書く。ベンケイソウ科の多年草。つめれんげ—「爪蓮華」とも書く。ベンケイソウ科の常緑多年草。

仏供　ぶく・ぶっく
①仏前に供える供物（くもつ）。②仏前に置く香炉など。『栄花物語』

仏供机　ぶくづくえ
仏供を載せるために仏前に置く机。

仏朗仏　フランクフルト
ドイツ中部の都市名。正式名称は「フランクフルト・アム・マイン」

仏桑　ぶっそうげ
「仏桑華・扶桑」とも書く。アオイ科の常緑低木。

仏桑華　ぶっそうげ
「仏桑」とも書く。→仏桑

仏勒里達　フロリダ
アメリカ合衆国南部の、大西洋とメキシコ湾を分ける半島。

仏頂面　ぶっちょうづら
愛想のない顔。『鹿の子餅』

仏掌薯　つくねいも・つくいも
「捏ね芋」とも書く。つくねいも—ヤマイモ科の蔓性多年草ヤマノイモの一栽培品種。つくいも—「つくねいも」の異称。

仏餉　ぶっしょう
「仏聖」とも書く。仏に供える飯。

仏蘭西　フランス
ヨーロッパ大陸西部の共和国。

仂ない　はしたない
慎みがない。みっともない。『多情多恨』

〈儿部〉

允　じょう
古代の官職で、四部官の一つ。

允当い　むりもない・むりはない
「無理もない」とも書く。もっともである。道理である。『西洋道中膝栗毛』

允許　いんきょ
認めて許すこと。『公議所日誌』

元日草　がんじつそう・がんにちそう
キンポウゲ科の多年草フクジュソウの異称。

元来　もとより
「元より・素・固・故・旧・雅素・従前」とも書く。はじめから。

元興寺　がごうじ・がごじ・がごぜ
①元興寺（奈良市）の鐘楼に鬼がいたという伝説から、鬼の異称。『清水』。②鬼のまねをして子供をおどかすこと。『俚言集覧』

〈八部〉

公人奉行　くにんぶぎょう
室町時代、おもに奉公人の進退をつかさどった上位の奉行。

公人朝夕人　くにんちょうじゃくにん
江戸時代、将軍が束帯をつけて出行するとき、尿筒（しとづつ）を持って従う役目の者。

公文　くもん
律令制の公文書。公家や社寺が下す文書。またそれを取り扱う役人や僧侶。『鎌倉将軍家政所下文』

公文奉行　くもんぶぎょう
室町幕府で、五山などの禅寺の住職の移転などにともなう補任（ぶにん）文書をつかさどった役職名。

公方　くぼう
①朝廷や天皇の尊称。『曾我物語』。②荘園領主や守護の尊称でもあり、鎌倉時代以降では征夷大将軍や幕府の尊称。江戸時代は将軍の尊称。『貞丈雑記』

公出挙　くすいこ
古代、国が行った利子付の貸付。

公平　くびょう
①かたよりや不正のないこと。『東寺百合文書』。②年貢。

公平本　きんぴらぼん
「金平本」とも書く。江戸初期、桜井丹波掾（たんばのじょう）が創作した浄瑠璃本。坂田金時（さかたのきんとき）の子「金平」を主人公とする。

公用　くよう・こうよう
税の一つとして課せられた銭貨。「公用銭」に同じ。『算法地方大成』

公用銭　くようせん
「公用」に同じ。『大乗院寺社雑事記』→公用

公田　くでん・こうでん
日本古代の班田法で、公の所有する田。人民に貸して使用料をとった。

公辺 こうべ・こうへん
江戸時代、諸藩などが幕府を漠然と呼ぶ際に「公儀筋・公儀辺」の意で用いた語。

公役 くやく
江戸時代、領主が庶民に課した年貢や夫役などの課役。また、河川の改修など、幕府が諸藩に課した普請役など。『相良氏法度』

公事 くじ
①公務。『続日本紀』。②朝廷の儀式。『古今著聞集』。③年貢や夫役。『平家物語』。④中世以降の民事訴訟。『御触書天明集成』

公事家 くじや
中世・近世の税の徴収単位となった自営農民。『高野山文書』

公事師 くじし
江戸時代、訴訟者の代理人。『世事見聞録』

公事場 くじば
裁判所。「公事所」に同じ。『国事雑抄』

公帖 くじょう
室町時代、幕府が出した禅宗寺院の住職の任命書。

公物 くもつ
官の所有するもの。おおやけのもの。『今昔物語集』

公界 くがい
①公儀。公務。『太平記』。②世間。世間一般の慣習。『鶉衣』。③年貢や夫役。④他の権力が及ばない域。

公界者 くがいもの
世間で良く知られている者。

公卿 まえつきみ・まえつぎみ・もうちきみ・まちぎみ・まつぎみ
「卿・大夫」とも書く。天皇に伺候することのできる身分の高い人の敬称。

公孫樹 いちょう
「銀杏・鴨脚樹」とも書く。イチョウ科の落葉高木。

公家悪 くげあく
歌舞伎の役柄の一つ。悪役の公家。

公魚 わかさぎ
「若鷺・鰙」とも書く。キュウリウオ科の硬骨魚。汽水・淡水域に生息。「アマサギ、サクラウオ」とも呼ばれる。

公達 きんだち
「君達」とも書く。①公家の子供。『竹取物語』。②王族。『日本書紀』

公道 きんとう
「緊当・禁当」とも書く。①几帳面。『漢語大和故事』。②借りた物品をすぐに返却すること。

公麼 すこしき
①数量などが少ないこと。②容量などが小さいこと。

公請 くじょう・くしょう
朝廷から経典の講義や法会などに召されること。また、その召される僧侶。『宇治拾遺物語』

公廨 くげ・くがい
官物。稲を庶民に貸し付けて、その利益を官人の俸禄にあてたため、官人の俸禄をもさした。「公廨稲」の略。『続日本紀』

公廨稲 くげとう
「公廨」に同じ。→公廨

公験 くげん
①古代、私有地の所有権の移動を公認する文書。『三浦家文書』。②僧尼の身分証明書。

公饗 くぎょう
神供（じんぐ）や食器をのせる三方（さんぼう）の一種で穴がないもの。

六ケ敷 むつかし
「六借・六借敷」とも書く。①解決しにくい。②面倒である。③困難である。

六尺給米 ろくしゃくきゅうまい
「六尺」は雑役人夫。その俸給の財源として天領に課した租税。『算法地方大成』

六月菊 みやまよめな
「深山嫁菜」とも書く。キク科の多年草。

六月雪 はくちょうげ
「白丁花・白蝶花・満天星」とも書く。アカネ科の常緑小低木。

六出 りくしつ・りくしゅつ
雪の異称。雪の結晶を六弁の花に見立てたもの。「六花（むつのはな）」ともいう。

六合 りくごう
天地と四方をあわせた世界。宇宙。『内外詣』

六米 りくべい
六種類の穀物。「黍（もちきび）・穄（うるちきび）・稲・粱（あわ）・大豆」のこと。

六糸緞 むりょう
中国から渡来した繻子（しゅす）の織物。

六芸 りくげい
古代中国で士以上の者が習得すべきとされた六つの科目。

六所遠流 ろくしょおんる
江戸時代、罪人を送った七つの流刑地。

六借 むつかし
「六ケ敷」とも書く。『日本永代蔵』→六ケ敷

六借敷 むずかし
「六ケ敷」とも書く。『島津家文書』→六ケ敷

六徳 りくとく
六つの徳目。

六親 りくしん
父・母・兄・弟・妻・子、また、父・子・兄・弟・夫・婦の総称。『平家物語』

〈冂部〉

円円 つぶつぶ
まるまると太っているさま。『源氏物語』

円居 まとい・まどい
「団居」とも書く。①人々が車座になって座ること。『古今和歌集』。②親密で楽しい会合。『神楽歌』

円廻状 つぶらかいじょう
江戸時代、百姓一揆の申し合わせをした署名状。

円柱 まるばしら
「丸柱」とも書く。断面が円形の柱。

円座 わろうだ
「藁蓋・藁座」とも書く。藁の縄を渦状に巻いて平に編んだ円座。『枕草子』

円葉白英 まるばのほろし
ナス科の蔓性多年草。

円椎　つぶらじい
ブナ科の常緑高木。

円濡　ずぶぬれ
全身びしょぬれになること。

内人　うちんど・うちびと
伊勢神宮・熱田神宮・日前国懸（ひのくまくにかかす）神宮に奉仕した神職の一つ。

内外　うちと
①うちとそと。国内と国外。表向きと奥向き。②仏教と儒教。

内甲　うちかぶと
「内冑」とも書く。①兜の内側。転じて内側にあたる額の部分。②表に出したくない内情。弱味。

内辺　うちわたり
宮中。内裏。『源氏物語』

内匠寮　たくみのつかさ・たくみづかさ・たくみりょう
①古代、中務省に属し、宮中の調度の製作や殿舎の装飾などをつかさどった役所。『源氏物語』。②明治時代、宮内省の一部局。宮殿の土木・建築などを管理した。

内匠頭　たくみのかみ・うちのたくみのかみ
内匠寮の長官。

内抜　うつぬき
「全抜」とも書く。中身を全部抜き取ること。『古事記』

内応　うらぎり・ないおう
うらぎり―「裏切り」とも書く。ひそかに敵側につくこと。内通すること。
ないおう―「うらぎり」に同じ。

内見　ないけん・ないみ
①内々に見ること。『直江兼続自筆書状』。②江戸時代、検見（けみ＝収穫前に稲の豊凶を検査し、年貢高を決めること）を受ける前に村で収穫量を調べること。

内見帳　ないみちょう
村落で検見（けみ＝収穫前に稲の豊凶を検査し、年貢高を決めること）を受ける前に作成した帳簿。

内供奉　ないぐぶ
宮中の内道場（ないどうじょう）で読師（とくじ）などを務めた学徳優秀な僧。

内侍　ないし
①天皇の身辺の世話をした女官。『御堂関白記』。②厳島神社に奉仕した巫女（みこ）。

内舎人　うとねり・うどねり・うちのとねり
内裏の宿衛・行幸の警護などの任にあたった官人。『栄花物語』

内官家　うちつみやけ・うちのみやけ
古代、朝鮮半島の三韓に置かれた日本の官庁。

内帑　ないど
君主が所有する財貨。天皇の意志で金品を下賜することを「御内帑金」という。

内虎落　うちもがり
いくさで、敵の侵入を防ぐために設けた二重の柵の内側のもの。大将の陣所などに設けた。

内記　ないき・うちのしるすつかさ
宮中の記録の全般を担当した官。『権記』

内寄合　ないよりあい・うちよりあい
①村落の人や親類の者などが非公式に会合をもつこと。『地方凡例録』。②江戸時代、三奉行が月番の役宅で公事訴訟を審判すること。

内済　ないさい
事件などを表沙汰にしないで内々で解決すること。『春色梅児誉美』

内戚　ないしゃく・ないじゃく・ないせき
父方の親戚。『宇津保物語』

内陰　うちぐもり
「内曇」とも書く。①鳥の子紙で、上下に雲形を漉（す）きだしたもの。②杯とする土器（かわらけ）で、内側に三つの黒い星文様のあるもの。③京都市左京区鳴海産の砥石。

内検　ないけん
冷害などで、正規の検見（けみ＝収穫前に稲の豊凶を検査し、年貢高を決めること）以外に臨時に行う検見。『淡路国守護書』

内裡　だいり
「内裏」とも書く。皇居。天皇の居住する御殿。

内裏　だいり
「内裡」とも書く。→内裡

内裏住み　うちずみ
①宮中で暮らすこと。『源氏物語』。②女官として宮中に出仕すること。『徒然草』

内障　そこひ
「底翳・内障眼」とも書く。白内障・緑内障など、眼球内の疾病の総称。

内幡　うつはた
「全服」とも書く。未詳。裁縫をほどこさないで、衣装となるように織り上げた織物といわれる。『常陸風土記』

内蔵使　くらづかい
賀茂祭で、内蔵寮（くらりょう）からでる勅使。

内蔵寮　くらのつかさ・くらづかさ・うちのくらのつかさ・くらりょう
律令制で、中務省に属し、宮中の宝物や御膳、衣服など日常用品の管理をつかさどった役所。

内蔵頭　くらのかみ・うちのくらのかみ
律令制で、内蔵寮（くらりょう）の長官。

内膳司　うちのかしわでのつかさ
律令制で、天皇の飲食物の調進をつかさどった役所。

内膳正　うちのかしわでのかみ
律令制で、内膳司の長官

内諭　ないゆ
内々に諭すこと。

〈冖　部〉

冗足　むだあし
「無駄足・徒足」とも書く。出かけたことが無駄に終わること。『塩原多助一代記』

冗話　むだばなし
「無駄話・徒話」とも書く。役にたたない話。『五重塔』

〈凵　部〉

凶凶し　まがまがし
「禍禍し・曲曲し」とも書く。①いまわしい。不吉な感じである。『源氏物語』。②いまいましい。『宇治拾遺物語』

凶会 くえ
陰陽道で、陰と陽が拮抗して凶事が起きること。

凶棄物 あしきらいもの
祓いのとき、足の爪を形代（かたしろ）とすること。

〈刀 部〉

切 せち
痛切に。『栄花物語』

切に しきりに
「頻りに」とも書く。何度も。しばしば。『多情多恨』

切刃 きっぱ
刀剣の刃の部分。

切切 せつせつ
心をこめて。大変親切に。『御触書宝暦集成』

切文 きりふ
「切斑・切生・切符」とも書く。①矢羽にする鷲（わし）の尾羽で、羽に黒いまだらが幾筋かあるもの。②斑（ふ）入りの葉。

切米 きりまい
江戸時代、知行地を持たない旗本や御家人が、幕府や大名から支給された扶持米。『御触書宝暦集成』

切角 せっかく
「折角」とも書く。わざわざ。『島津斉彬書状』

切妻破風 きりづまはふ
建築で、切妻屋根の破風。「切破風」に同じ。

切虎落 きりもがり
芝居で、見物人の周囲にしつらえた竹矢来（竹の囲い）。

切金 きりがね・きりきん
①江戸時代、借金を分割して返済すること。また、その金。『御触書天明集成』。②鋳造した金を必要に応じて切り、秤にかけて使用した貨幣。

切荒布 きりあらめ
褐藻類の海藻アラメを刻んだもの。

切斑 きりふ
「切文」とも書く。→切文

切破風 きりはふ
「切妻破風」に同じ。→切妻破風

切馬道 きりめどう
廊下のように厚板を渡して殿舎と殿舎の間をつないだもの。必要なときには外して、馬を引き入れる通路とした。

切匙 せっかい
「狭匙」とも書く。しゃもじを縦に切ったような形のもので、擂鉢（すりばち）の内側などについたものをかき取る道具。『女重宝記』

切麻 きりぬさ
「切幣」とも書く。神前にまき散らす幣で、細くした紙と榊の葉に米をまぜたもの。

切断なし ひっきりなし
「引っ切り無し」とも書く。絶え間なく。『黴』

切節 きりよ
切った竹の節と節の間。

切端 きっぱし
きれはし。かたわれ。

切諌 せっかん
強く諌めること。

切籠 きりこ
「切子」とも書く。①四角い物の四隅を切り落とした形。②「切子ガラス」の略。③「切籠燈籠」の略。

切籠燈籠 きりこどうろう
「切子燈籠」とも書く。枠を切籠の形に作った燈籠。

分分し わいわいし
物事が分明である。『日本書紀』

分別 わいだめ
「弁別」とも書く。けじめ。区別。

分明 さやか
「亮か」とも書く。①きわだってはっきりとしているさま。『万葉集』。②さえて明確に見えるさま。『源氏物語』

分限者 ぶげんしゃ・ぶげんじゃ
裕福な人。金持。『四河入海』

分捕る ぶんどる
戦場で敵の首を取ったり、武器などを奪い取る。

分野 ありさま
「云為」とも書く。物事の状態。

分葱 わけぎ
ユリ科の一・二年草の葉菜ネギの一品種。

分疏 ことわり・ぶんそ
①弁解。いいわけ。『金色夜叉』。②箇条を分けて述べること。

分説 いいわけ
「言い分け」とも書く。弁解。『当世書生気質』

分餅 へぎもち
「折餅」とも書く。①正月の鏡餅を刃物で切ることを忌み、手で砕いて小さくしたもの。②かきもち。

〈刂 部〉

刈旬 かりしゅん
「苅旬」とも書く。稲や麦などを刈り入れるのにちょうどよい時期。「苅栈」に同じ。→刈機

刈様 かりだめし
苗代跡の田地。

刈標 かりしめ
草刈りの区域を定めた標示。

〈勹 部〉

勾引 かどわかし・かどわし・かどう・かどい・こういん
「略人・誘」とも書く。①人をだまして売ること。またそれを職業とする人。誘拐。『春色梅児誉美』。②「かどわかし・かどわし」は、古語では「誘はし」とも書く。人を拘束して連れていくこと。『今昔物語集』

勾玉 まがたま
「曲玉」とも書く。古代の装身具の玉。『古事記』

勾欄 てすり
「手摺」とも書く。①階段や廊下などに通行と安全のため、腰の高さに渡した横木。②人形浄瑠璃の舞台の前面に設けた三段の仕切り。こうらん。

勿 まな・なかれ・もつ・はらう
まな—…してはならぬ。『枕草子』
なかれ—「莫」とも書く。「まな」に同じ。『紀伊国司庁宣』
もつ—「持つ」とも書く。手に取る。『三河物語』
はらう—ふりおとす。『看聞御記』

勿勿　なかなか
相当。ずいぶん。

勿体　もったい
「物体」とも書く。①ものものしいさま。②尊大であるさま。『好色一代女』

勿告藻　なのりそ
「莫告藻・名乗藻・神馬藻」とも書く。海産の褐藻ホンダワラの異称。この海藻を干して米俵の形につくったものを穂俵（ほだわら）といい、正月の蓬莱盤の飾り物とする。『万葉集』

勿忘草　わすれなぐさ
ムラサキ科の多年草。

勿来　なこそ
古代、奥羽の関所「勿来関」の略。もとは菊多関（きくたのせき）といった。所在地は、福島県いわき市に比定されている。「勿来」は「夷人来るなかれ」とも「波越」の意ともされる。『蜻蛉日記』

勿事主義　ことなかれしゅぎ
「事勿れ主義」とも書く。なにごとも起らないように無事を願い、つねに消極的に考え、行動する姿勢。

勿居　もちい
「用い」とも書く。使用すること。『三河物語』

勿怪　もっけ
「物怪」とも書く。①異変。不吉。『今昔物語集』。②意外。『女殺油地獄』

勿滑　ぬめる
油断してしくじる。「ぬかる」に同じ。

勿緒　こっしょ
「忽諸」とも書く。おろそかにすること。軽んずること。『兼仲卿記弘安元年冬巻裏文書』

勿論　もちろん
いうまでもなく。むろん。『源平盛衰記』

匂紫羅蘭花　においあらせいとう
「香紫羅欄花・匂紫羅欄」とも書く。アブラナ科の多年草。

〈匚（匸）部〉

区区　まちまち
個々によってそれぞれ異なること。『太平記』

匹夫　ひっぷ
身分の低い男。道理を十分理解しない男。『梅田雲浜自筆建白書案』

匹如　するすみ・するつみ・するつび
「匹如身」とも書く。体以外に何も無いこと。身一つ。無一物。『徒然草』

匹如身　するすみ
「匹如」とも書く。→「匹如」

匹似　さながら
あたかも。『不信不語』

匹偶　つれあい
「連合い」とも書く。①配偶者。『塩原多助一代記』。②連れ立つ仲間。

匹儔なし　たぐいなし
「類なし」とも書く。くらべるものがない。『即興詩人』

〈十部〉

午夜　よなか
「夜中」とも書く。午前零時。真夜中。

午砲　どん
一八七一（明治四）年九月から、旧江戸城の本丸で昼の十二時を知らせた一発の空砲。

〈厂部〉

仄か　ほのか
「側か」とも書く。①かすかなさま。ぼんやり聞こえたり、見えたりするさま。『万葉集』。②光・色などがわずかに感じられるさま。『宇津保物語』

仄仄　ほのぼの
①ほんのり。ほのかに明るくなるさま。『源氏物語』。②心がほんのりとあたたかくなるさま。③ほのかに見聞き・感じるさま。うすうす。『源氏物語』

厄　わざわい
難儀にあうこと。厄年。

〈又部〉

収納倉　しのぐら
物置小屋。九州南部の語。

双井　そうせい
二つの井戸。「八十」の意の謎語。「井」には四つの「十」があるので四十、その二つで「八十」。

双六　すごろく・すぐろく
「双陸」とも書く。室内遊戯で、盤双六・絵双六などがある。『源氏物語』

双日　ちょうび
「偶日・丁日」とも書く。偶数の日。「奇日」に対する語。

双本　ひたもと
旋頭歌。五七七、五七七の句の反復歌。

双向　もろむき
「諸向」とも書く。①どちらの方向にも向かうこと。『万葉集』。②ウラジロ科の常緑シダ、ウラジロの異称正月の注連飾りに用いる。『日葡辞書』

双瓶梅　にりんそう
「二輪草」とも書く。キンポウゲ科の多年草。

双陸　すごろく・すぐろく
「双六」とも書く。→双六

双髻鮫　しゅもくざめ
「撞木鮫・犁頭魚」とも書く。シュモクザメ科の海産硬骨魚。

双鸞菊　かぶとぎく
「兜菊」とも書く。キンポウゲ科の多年草トリカブトの異称。「かぶとばな」に同じ。

反　かえって
「却・還」とも書く。逆に。反対に。別に。

反古　ほご・ほうご・ほうぐ・ほぐ・ほんご
「反故」とも書く。①文字や画などを書き損じていらなくなった紙。『徒然草』。②転じて、不用な物事。『世間胸算用』

反古張　ほうぐばり
障子や襖などに反古を貼ってあるもの。『好色一代男』

反生　かえりふ
「撫生」とも書く。上半分が黒く、下半分が切斑（きりふ）となっている矢羽。

反吐 へど
「嘔吐」とも書く。飲食したものを吐き戻すこと。吐き出した食物。『日葡辞書』

反歩 たんぶ
「段部」とも書く。「反（段）」の単位で数える田畑の面積。一反は三〇〇坪（歩）。『地方凡例録』

反取 たんどり
「段取」とも書く。田畑の良否により年貢率を決め、反（段）ごとに年貢を徴収すること。『地方凡例録』

反故 ほご・ほうご・ほうぐ・ほぐ・ほんご
「反古」とも書く。↓反古

反倒 こいふす
「展臥」とも書く。非常な喜びや悲しみに転げまわる。『万葉集』

反側す こいふす
「臥伏す・臥す」とも書く。倒れて横になる。ねころぶ。『万葉集』

反訳 ほんやく
「翻訳・飜訳」とも書く。ある言語で書かれた文章を他の言語で表現しなおすこと。

反転 くるべき・くるべく・くるべきもの
糸を繰る具。『万葉集』

反閉 へんばい
「反閇・反陪・返陪」とも書く。①陰陽道の呪法。天皇・貴人が外出するとき、魔除けと無事を祈るために行った独特の足づかい。貴人の出行に際して行われた。『平家物語』。②神楽などで演じられる呪術的な足づかい。

反閇 へんばい
「反閉」とも書く。↓反閉

反陪 へんばい
「反閉」とも書く。↓反閉

反歯 そっぱ
前歯が普通より前方に突き出ているもの。

反様 かえさま・かいさま
裏返し。さかさま。あべこべ。『枕草子』

反魂草 はんごんそう
「返魂草・劉寄奴」とも書く。キク科の多年草。

反魂香 はんごんこう
「返魂香」とも書く。中国の故事で、焚くと煙の中に死んだ者の姿が現れるという香。

友なう ともなう
「伴う」とも書く。連れ添う。『徒然草』

友立 ともだち
「友達」とも書く。親しく交わっている人。『軽口露がはなし』

友挊 ともかせぎ
「共稼ぎ」とも書く。夫婦がともに働き、収入を得ること。『菅原伝授手習鑑』

友噪 ともさわぐ
多数の人が一緒になって騒ぐこと。『好色一代男』

〈大　部〉

夬夬 かいかい
決断して実行するさま。

太 はなはだ・いとど
はなはだ―「甚」とも書く。たいそう。非常に。
いとど―「専・最・弥」とも書く。いよいよ。ますます。

太小腹 ふたほがみ
未詳。二心あり、情のない人。国守の意などあり。『万葉集』

太占 ふとまに
「太兆」とも書く。鹿の肩甲骨を焼き、その亀裂で吉凶を占う古代の占法。『古事記』

太平簫 ちゃるめら・ちゃるめる
「哨吶」とも書く。中国より渡来したとされる管楽器の一つ。現在では、屋台の中華そば屋などが用いる。

太兆 ふとまに
「太占」とも書く。↓太占

太早 いとはやし
たいへん早い。

太抵 たいてい
「大抵・大体・大底」とも書く。おおよそ。あらかた。

太柄 だぼ
「駄枘・枘柄」とも書く。二つの木材や石をつなぐ少片。

太祝詞 ふとのりとごと
「太詔戸事」とも書く。「祝詞（のりと・のりとごと）」の美称。

太息 といき
「吐息」とも書く。ためいき。

太馬 ふつま
肥え太った馬。「ふとうま」の約。『万葉集』

太絓 ふとじけ
粗悪な太い絹糸で織った布。『通言総籬』

太極殿 だいごくでん・たいきょくでん
古代、大内裏の中央奥に位置する正殿。天子や天皇が政務をとったところ。

太凝菜 ところてんぐさ
「心太草・石花菜」とも書く。紅藻類の海藻テングサの異称。

天女 あまつめ
天上に住むという少女。「天津少女」に同じ。

天女花 おおやまれんげ
「大山蓮華」とも書く。モクレン科の落葉低木。

天山 あめやま・あまやま
「雨山」とも書く。空と山。はかり知れないほど大きいこと。転じて、おおいに、このうえもなく、こころから。『平家物語』

天弓 にじ
「虹・霓」とも書く。夕立などのあとに、太陽と反対側の空に円弧状にかかる七色の帯。

天木香樹 むろのき
「室の木・杜松」とも書く。ヒノキ科の常緑高木ハイネズの異称。『万葉集』

天牛 かみきりむし・かみきり
「髪切虫」とも書く。①カミキリムシ科の甲虫の総称。『新撰字鏡』。②元結（もとゆい）を切る想像上の虫。『嬉遊笑覧』

天王立 てんのうだて・てんのうだち
①能・狂言の囃子（はやし）の一つ。②歌舞伎の囃子の一つ。貴人の出入りのときなどに用いる。

天仙果 いぬびわ
「犬枇杷」とも書く。クワ科の落葉低木。

天仙草　たばこ
「煙草・烟草・莨・莨菪」とも書く。ナス科の大形一年草タバコの異称。

天尓乎波点　てにをはてん
漢文の訓読のために漢字の隅に付けた点や線の符号。「乎古止点（をことてん）」に同じ。

天辺　てへん・てっぺん
「頂辺」とも書く。①兜の鉢の頂上。『平家物語』。②頂上。いただき。『浮世風呂』

天名地鎮　あないち
日本の神代文字（じんだいもじ）の一つ。

天名精　やぶたばこ・いのしりぐさ
「薮煙草・猪尻草」とも書く。キク科の越年草。

天瓜粉　てんかふん
ウリ科の蔓性多年草キカラスウリの根から作った澱粉。

天糸瓜　へちま
「糸瓜」とも書く。①ウリ科の蔓性一年草。『日葡辞書』。②つまらないもののたとえ。『一休狂歌問答』

天児　あまがつ
「尼児・天倪」とも書く。祓（はらえ）などで子供のそばに置き、凶事をうつして身代わりにさせた形代（かたしろ）の人形。『源氏物語』

天役　てんやく
「点役」とも書く。中世、朝廷の造営などのために臨時に課した雑税。『太平記』

天足夜　あまのたりよ
満ち足りた夜。『万葉集』

天咎　てんきゅう
天地自然に起こるさまざまな異変。天変地異。

天河石　アマゾンせき
微斜長石の一種。アマゾナイト。

天沼矛　あまのぬぼこ・あまのぬほこ
「天瓊矛」とも書く。玉で装飾した美しい鉾。『日本書紀』

天沼琴　あまのぬごと
「天瓊琴」とも書く。神代、素戔嗚尊（すさのおのみこと）が持っていたとされる琴。

天狗誑　てんぐたらし
日光山で山霧が立籠めて暗くなったときに修行中の僧がまく札。

天明　ほのぼの
明けがた。

天竺牡丹　ダリヤ
キク科の球根植物ダリアの異称。

天竺桂　こがのき
クスノキ科の常緑高木。「ヤブニッケイ」に同じ。

天竺桂蠟　こがろう
クスノキ科の常緑高木ヤブニッケイの種子より採取した蠟。

天邪古　あまのざこ
「天探」に同じ。→天探

天門冬　すべるぐさ・すまろぐさ・てんもんとう
ユリ科の多年生蔓草クサスギカズラの異称。

天南星　てんなんしょう
①サトイモ科テンナンショウ属の植物の総称。②サトイモ科の多年草マムシグサの根茎より製した生薬。

天津少女　あまつおとめ
「天女」に同じ。→天女

天津神籬　あまつひもろぎ・あまつひもろき
玉垣や榊などで囲み、神が宿るところとして祀った神聖なところ。『日本書紀』

天津御祖　あまつみおや
天照大神から始まる天皇の祖先の神々。『日本書紀』

天津御食　あまつみけ
食物の美称。『祝詞』

天津磐境　あまついわさか
神が鎮座する場所の美称。『日本書紀』

天柱　ちりけ・てんじゅ
ちりけ―「身柱・塵気」とも書く。①灸点の一つ。『好色一代男』。②夜泣きなど子供の発作的な病。てんじゅ―「転手・依手・点手」とも書く。三味線などの棹（さお）の頭部にある、糸を巻きつける棒。

天柱本　ちりけもと
「身柱元」とも書く。①「天柱」①に同じ。『独吟一日千句』。②首筋の辺り。

天殃　てんおう
朝廷による処罰。天罪。

天皇　すめろき・すめろぎ・すめらぎ・すべらぎ・すべらみこと・すめらみこと
「皇祖」とも書く。①天皇（てんのう）。『万葉集』。②その土地の最高位にある男。首長。『万葉集』

天飛　あまとぶ・あまたむ・あまだむ
①大空を飛ぶこと。『古事記』。②「かり（雁）・かる（軽）」にかかる枕詞。

天倪　あまがつ
「天児」とも書く。→天児

天孫　すめみま・あめみま
「皇孫」とも書く。①瓊々杵尊（ににぎのみこと）。『日本書紀』。②天照大神の子孫。

天蚕　やままゆ・やまこ
「山繭」とも書く。ヤママユ科のガ。

天蚕糸　てぐす・てぐすいと・てんさんし
楓蚕（ふうさん）や樟蚕（くすさん）の幼虫の体内から絹糸腺を取り、精製した透明な糸。釣糸などに用いる。

天透垣　あまのすがい
宮中にある竹で粗く編んだ垣。

天降　あもる
①天から地上にくだる。『万葉集』。②天皇が行幸すること。『万葉集』

天骨　てんこち・てんこつ
①天性。②天性の風采。③天性の才能。『日葡辞書』

天舐酒　あまのたむさけ・あまのたむざけ
美酒の美称。『日本書紀』

天探　あまのざこ・あまのじゃく・あまのさく・あまのじゃこ
「天邪鬼・天探女」とも書く。①人に害をおよぼす精霊。②四天王の像が踏み付けている醜い鬼。『驢鞍橋』。③でしゃばり。『乳母草子』

天探女　あまのじゃく・あまのさく・あまのざこ・あまのじゃこ
「天探」とも書く。『夢十夜』→天探

天窓　あたま
①人の頭や物の上部。②他人の利益の一部をかすめ取ること。

天陰く ひしく
空模様が悪くなる。暗くなる。『日本書紀』

天魚 あまご
サケ科のビワマスおよびその幼魚。

天麻裏 あじさい
「紫陽花」とも書く。ユキノシタ科の観賞用落葉低木。

天尊 すめらみこと・すべらみこと
天皇。

天晴 あっぱれ
「適」とも書く。感動したり、ほめたたえるときに言う言葉。『西郷隆盛全集』

天朝 あまつみかど
「天津御門」とも書く。朝廷。

天道干 てんとぼし
日光に干すこと。

天漢 あまのがわ
「天川・天河・銀漢」とも書く。夏秋の夜空に見られる帯状の星群。「銀河」に同じ。

天稟 うまれつき・てんぴん
もってうまれた性質や才能。『長者鑑』

天鼠子 くすね
「薬煉」とも書く。松ヤニと油を交ぜ、煮込んで作った粘着力のある塗り物。弓弦などに塗る。

天墨 いれずみ
「入墨・刺青・黥刺・文身・剳青」とも書く。①人の肌に色墨で文様・絵・文字などを描き施したほりもの。②五刑の一つ。顔や腕に色墨を施し、前科のあるしるしとした刑。

天領る あめしる
①天界の高天原（たかまがはら）を治める。②崩御される。

天聳 あまそそる・あまそぎ
峰などが天高く聳えるさま。『万葉集』

天瓊矛 あまのぬぼこ
「天沼矛」とも書く。→天沼矛

天瓊琴 あまのぬごと
「天沼琴」とも書く。→天沼琴

天鵞絨 ビロード
西洋から渡来したパイル織物。ベルベット。

天離 あまさかる
「ひな（鄙）・むか（向）」にかかる枕詞。

天霧 あまぎる・あまぎらす・あまぎろう
雲や霧などで空が曇るさま。『古今和歌集』

天鷚 ひばり
「雲雀・告天子」とも書く。スズメ目ヒバリ科の小鳥。

天蘿 へちま
「糸瓜・天糸瓜」とも書く。ウリ科の蔓性一年草。

夫 それ・せな
それ―「其」とも書く。人・物事・場所などをさししめす語。「夫丈（それだけ）」などと用いる。せな―「兄な」とも書く。女性から夫や兄をいう語。『源氏物語』

夫丸 ぶまる
人夫。人夫役。『日葡辞書』

夫子 せこ
「兄子・背子」とも書く。①女性が親しみを込めて兄や弟、夫、甥を呼ぶ語。『万葉集』。②男性が親しみを込めて男性を呼ぶ言葉。『万葉集』

夫公事 ぶくじ
古代、夫役の代わりに金銭・米を納めた税。

夫役 ぶやく
中世から近世、人々に強制的に課せられた労役。『算法地方大成』

夫米 ぶまい
江戸時代、役夫（やくぶ）の代わりに徴収された米。『算法地方大成』

夫形 それなり
そのまま。『西郷隆盛全集』

夫波 おなみ
「男波」とも書く。女波（低い波）のつぎに寄せてくる高い波。『仙覚抄』

夫食 ふじき・ぶじき
近世、農民の主食一般。米・麦・粟・稗など。『御触書宝暦集成』

夫恋 せなごい
夫を恋慕うこと。『日本書紀』

夫婦 めおと・みょうと・せなせこ
「女夫・妻夫」とも書く。夫と妻。『今昔物語集』

夫遣 ふづかい
近世、公用のために人夫を使役すること。

夫銭 ぶせん
夫役の代わりに徴収された銭。『算法地方大成』

夫嚊 ととかか
夫より妻が強く、いばっていること。「嚊天下（かかあでんか）」に同じ。

夫羅凌斯 フィレンツェ
イタリア中部の都市名。

夭 なかなわ
若くして死ぬこと。「夭折」に同じ。『日本霊異記』

〈子 部〉

孔 はなはだ
「甚」とも書く。たいそう。非常に。

孔子 くじ
①「籤・鬮・鬮子」とも書く。複数の紙片や竹片などに印を付けて、それを抜き取り、決定しにくいことを決める方法。くじびき。『三所十聴衆評定事書』。②孔子の古訓。『枕草子』

孔子倒 くじだおれ
馬の鐙（あぶみ）をしばしば踏み外すこと。『宇治拾遺物語』

孔方 まるしき
金銭。『当世書生気質』

孔方兄 こうほうけい・ぜに
銭。親しみを込めていう語。

孔道 きりどおし
「切通し」とも書く。山や丘を切り開いて通した道路。

〈小 部〉

少 すなし
すくないこと。わずか。

少と ちと
「些と」とも書く。①すこし。『右京大夫集』。②しばらく。『宇治拾遺物語』

少女 おとめ

「乙女・処女」とも書く。①年若い女。②未婚の娘。

少見　ほのぼの
「仄仄」とも書く。①ほのかに明るいさま。②ほんのりと心があたたまるさま。

少妹　しょうまい
「小妹」とも書く。①妹の謙称。②手紙の末尾に書く年下の女性の自称。

少彦名神　すくなひこなのかみ
日本神話の神。高皇産霊神（たかみむすひのかみ）の子。『古事記』では神産巣日神（かみむすひのかみ）の子。

少彦神　すくなみのかみ
「少彦名神」に同じ。→少彦名神

少時　わずか
「僅か」とも書く。ほんの少しの時間。『魔風恋風』

少焉　しばらく
「少頃・少選」とも書く。①当分の間。『武蔵野』。②ひさしぶり。「暫く」に同じ。③たちまち。

少頃　しばらく・しょうけい
「少焉」とも書く。『柳橋新誌』→少焉

少勧　ちとかん
勧進のために少しの額の喜捨を乞うこと。熊野比丘尼の口ぐせ。『五十年忌歌念仏』

少数い　すくない
「少ない」とも書く。わずかである。とぼしい。『魔風恋風』

少選　しばらく
「少焉」とも書く。『浮雲』→「少焉」

〈尢（尣・兀）部〉

尤　もっとも・むべ・とがむ
もっとも・むべ―道理にかなっていること。なるほど。『平家物語』とがむ―手ぬかりなどをとがめること。

〈尸　部〉

尺　あた・さか・さく
「咫・尺咫」とも書く。古代の長さの一単位。親指と中指を広げた長さ。

尺木　さかもぎ・さかもがり
「逆茂木・逆木」とも書く。とげのある茨を鹿の角のように逆立てて防禦用の垣根としたもの。

尺咫　あた
「尺」とも書く。→尺

尺障泥　しゃくのあおり
泥よけの馬具で、長方形の革製のもの。

尺牘　せきとく
漢文や、漢字だけで書かれた手紙。男性の手紙。

尺蠖　せっかく
シャクガ科のガの幼虫の俗称シャクトリムシの異称。

〈屮（屮）部〉

屯　いわれ・つどう・たむろ
いわれ―「謂われ」とも書く。理由。『菅江真澄随筆集』
つどう―「集う」とも書く。寄り集まる。『菅江真澄随筆集』
たむろ―集合した軍隊。またその集まる場所。『風来六部集』

屯田　みた
「御田」とも書く。①神領の田地。『日本書紀』。②大化前代、皇室の田地。『日本書紀』。③律令制で、官司直属の田地。『日本書紀』

屯食　とんじき・どんしき・とじき
①糯米を蒸した強飯（こわめし）を握ったもの。『源氏物語』。②公家で、握り飯。『安斎随筆』

屯倉　みやけ
「官家・屯家・屯宅・三宅」なども書く。①朝廷の稲米を収蔵する倉。転じて、朝廷の直轄地。朝廷。②大和朝廷が朝鮮半島に設けた官府。『日本書紀』

〈己（巳・已）部〉

巴旦杏　あめんどう
「扁桃」とも書く。バラ科の落葉高木。「アーモンド」に同じ。

巴西　ブラジル
「伯剌西爾」とも書く。南アメリカ東部に位置する連邦共和国。

巴豆　はず
トウダイグサ科の常緑小高木。

巴奈麻　パナマ
「巴奈馬」とも書く。中央アメリカ南東端に位置する共和国。

巴蛇　うわばみ
「蟒蛇」とも書く。①大蛇。②大酒飲みのたとえ。

巴幹　バルカン
「巴爾幹」とも書く。黒海と地中海に面するバルカン半島一帯の地域名。

〈廾　部〉

升麻　うたかぐさ
ユキノシタ科の多年草トリアシショウマの古称。『本草和名』

升遐　しょうか
「昇遐」とも書く。天皇や貴人の死。崩御。

〈弓　部〉

引入合子　ひきれごうし
「挽入合子」とも書く。轆轤細工（ろくろざいく）の木製の椀。

引上会　いんじょうえ
報恩講（親鸞の忌日の法要）の予習。「お取越」に同じ。

引文　ひきぶみ
物事の根拠や論拠となる文書。

引合紙　ひきあわせがみ
中世、公家や武家が文書に用いたとされる紙の名称。

引声　いんじょう・いんぜい
声に節をつけ、その声を長くひきのばしながら経文を唱えること。

引声念仏　いんじょうねんぶつ
僧が曲節をつけて阿弥陀の名号（みょうごう）をうたい唱えること。

引板　ひた・ひきた
流れ落ちる水に板をあて、揺れて鳴り響くようにした仕掛け。『源氏物語』

引物　いんもつ・いんぶつ
相手に好意をあらわすための進物。『御触書寛保集成』

引直衣　ひきなおし
天皇が着る、裾を三尺ほど長くし

た直衣。

引倍木 ひきへぎ・ひへぎ・ひっぺぎ
ひきへぎ・ひへぎ—夏用の裏なしの衣（きぬ）。『栄花物語』ひっぺぎ—盃や器類をのせる四角い薄板。『日葡辞書』

引副 ひきぞえ
馬を贈物とするとき、鞍をのせた馬に添えて連れていくはだか馬。

引得 ひかえ
「控え・扣え」とも書く。①予備としてそなえておくこと。②備忘のため書きとめておくこと。③待機すること。

引接 いんじょう
「引摂」とも書く。「引接摂取」に同じ。①阿弥陀仏が来迎して、臨終の念仏行者を極楽浄土に導くこと。②仏が衆生を導くこと。

引接摂取 いんじょうしょうじゅ
「引接」に同じ。→引接

引釈き ひきほどき
「引き解き」とも書く。結んであるものを解くこと。『内地雑居未来之夢』

引摂 いんじょう
「引接」とも書く。→引接

引業 いんごう
仏教の因果説で、前世の善悪の業によって現世の吉凶の運命が決まること。また、現世善悪の業によって来世の吉凶の運命が決まること。

引敷 ひっしき
①敷物。②猟師など、山仕事をする者が尻敷き用につける敷皮。「尻皮(しりかわ)」に同じ。③「引敷の板」の略。

引請 いんじょう
仏教で、僧となるための得度や、戒を受ける者のために、介添となって本師に請い願う者。

引請闍梨 いんじょうじゃり
引請の介添者となる阿闍梨（あじゃり）。

引磬 いんきん
禅寺で、時刻を知らせるために鳴らす仏教楽器。

引鮑 のしあわび
「熨斗鮑・熨鮑」とも書く。アワビの肉を薄くそいで、ひきのばして干したもの。『庭訓往来』

〈心（小）部〉

心 うら・けけれ
うら—①表（おもて）に見えない意から「こころ」。『古事記』。②「うら悲し」など、思いや感情表現の接頭語。
けけれ—上代東国方言で「こころ」。『古今和歌集』

心太 こころぶと・ところてん・こころてい
こころぶと—①紅藻類の海藻テングサの異称。『正倉院文書』。②「瓊脂」とも書く。ところてん。『沙石集』。③「こころぶと」で気が強いこと。大胆なこと。『毛利家文書』
ところてん・こころてい—「こころぶと」②に同じ。

心太草 ところてんぐさ・てんぐさ
「心太」に同じ。→心太①

心会 うらあい
相互の心がよく似ること。

心地 ここち
①気分。心の状態。『源氏物語』。②体の状態。異常感。『栄花物語』。③思慮。心の中。『源氏物語』

心安 うらやす
心がやすらかなこと。『万葉集』

心耳 しんに・しんじ
心で聞くこと。心を耳にすること。

心利 こころど
気力。しっかりした心。『万葉集』

心泣 したなき・うらなく
心の中で泣くこと。しのびなき。『古事記』

心若 うらわかし
年が若くういういしい。『蜻蛉日記』

心荒ぶ うらさぶ
心が荒涼としていること。『万葉集』

心思 うらおもい・うらもい
考えがまとまらず、あれこれと思うこと。心配すること。『類聚名義抄』

心珍 うらめずらし
珍しく思う。

心神 こころど
「精神」とも書く。①しっかりした心。『万葉集』。②たましい。『万葉集』

心恋 うらこい・うらごい・したごい
心の内で恋しく思うこと。『万葉集』

心殊 こころこと
「心異」とも書く。心の状態や感覚がなみなみでないこと。『源氏物語』

心寂 うらさびし
「心淋」とも書く。心さびしい。心細い。

心悸 こころときめき
①期待や不安で胸がどきどきすること。『枕草子』。②あわてること。『宇津保物語』

心情 うらなさけ
秘めた愛情。なさけ。情愛。

心淋しい うらさびしい
なんとなくさびしい。『古今和歌集』

心異 こころこと
「心殊」とも書く。→心殊

心細 うらぐわし
①こまやかで美しい。『万葉集』。②おもしろい。

心許無し うらもとなし・こころもとなし
①気がかりで待ち遠しい。『伊勢物語』。②不満である。『源氏物語』。③かすかである。『枕草子』

心悲 うらがなし
なんとなくかなしい。『万葉集』

心算 つもり
心づもり。『観音岩』

心緒 しんしょ・しんちょ
心の内で考えていること。考えの筋道。『天草尚種書状』

〈戈　部〉

戈壁 ゴビ
モンゴル地方のゴビ砂漠。

戈鐇 ほこたつ

戈と楯。武器。『菅江真澄随筆集』

〈戸（戶）部〉

戸人　へびと
戸主に対する語。家族。

戸札　へふだ・へふんだ
「戸籍」とも書く。古代、良民の戸籍。「戸文板（へふみいた）」の略。

戸閉蜘蛛　とたてぐも
トタテグモ科およびカネコトタテグモ科のクモの総称。

戸隠升麻　とがくししょうま
メギ科の多年草。

戸閾　とじきみ
①門戸の内外の仕切りとするために敷く横木。敷居。『倭名類聚鈔』。②牛車の軾（車の前の横木）。『枕草子』

戸籍　へふだ・へふんだ
「戸札」とも書く。→戸札

〈手部〉

手子　てこ
「木挺・挺子・手木」とも書く。①大きな物を動かすときなどに用いる木の棒。『枕草子』。②①を使って働く下級の労働者。『大坂独吟集』

手巾　ハンカチ・しゅきん
ハンカチ―「手帛・手帕」とも書く。小形で正方形の手ふき。『嗚呼広丙号』
しゅきん―①てふき。②僧侶が用いた腰帯。「手巾帯」に同じ。『正法眼蔵』

手不引膏　てひかずこう
手を引かない内に傷が直ってしまう意から、すぐ効く膏薬。『浮世風呂』

手手に　てんでに
手に手に。それぞれの手に。『算法地方大成』

手支　てつかえ・てづかえ
「手閊」とも書く。さしつかえ。手詰まり。『地方凡例録』

手木　てこ
「手子」とも書く。→手子

手水　ちょうず
①手や顔を洗う水。②寺社の参拝で手などを清める水。③厠（かわや）。『沙石集』。④厠に行くことの隠語。⑤大小便。

手水舎　ちょうずや
寺社で、参詣者などが利用する手洗所。「水屋」に同じ。

手爪　てづま
「手妻」とも書く。①他の者の配下となって動く者。手先。『西鶴俗つれづれ』。②手品。『東海道中膝栗毛』

手仕　てつがい
「手番・手結」とも書く。①古代、正月に建礼門前で行われた弓射の行事。②手順。

手打胡桃　てうちぐるみ
クルミ科の落葉高木。

手末　たなすえ
手の先。『東大寺諷誦文稿』

手甲　てっこう
手の甲を覆って保護する布や革。武具・労働・旅行に用いた。

手白　てじ
猫などで、前足の先が白いもののこと。『西鶴織留』

手次　たづき・てつぎ
「手継」とも書く。①手段。『根南志具佐』。②代々受け継ぐこと。『日葡辞書』。③浄土真宗で、檀家が所属する寺社を呼ぶ言葉。

手向　たむけ
「手酬・供養」とも書く。①神仏や死者の霊に供物を捧げること。『万葉集』。②旅立つ人への餞別。はなむけ。『後撰和歌集』。③峠。坂の上。『万葉集』

手安　たやすし
容易である。『地方凡例録』

手自　てずから
自らの手で。『古今著聞集』

手余地　てあまりち
近世、農民が労働不足から耕作を放棄した田畑。

手児　てこ・てご
①幼児。『万葉集』。②少女。娘。『万葉集』

手弄り　てまさぐり
手先でもてあそぶこと。手慰み。『源氏物語』

手抉　たくじり
丸めた土の中央に指先で窪みをつけて作った粗末な土器。『日本書紀』

手沢本　しゅたくぼん
著名な人物が手垢がつくほどに愛読した書籍。

手束　たつか
①弓の握りの部分。②手で握り持つこと。『出雲風土記』

手足れ　てだれ・てたれ
「手練」とも書く。技量のすぐれていること。また、その人。『平家物語』

手帛　ハンケチ
「手巾」に同じ。『三四郎』→手巾

手帕　ハンケチ
「手巾」に同じ。『不言不語』→手巾

手実　しゅじつ・てまめ
しゅじつ―律令制で、各戸の戸主が国司に提出した戸籍帳。戸内にいる者の氏名・続柄などを記した。
てまめ―物事を面倒と思わずに処理すること。

手抱き　たむだき
「拱き」とも書く。手をつけかねる。手をこまねく。『万葉集』

手斧　ちょうな
大工道具の一つ。鍬（くわ）形の斧。

手斧斫　ちょうなはつり
手斧の跡を残して木材を削り仕上げること。

手股　たなまた
「指間」とも書く。指と指の間。『古事記』

手肱　たなひじ
上腕と前腕をつなぐ関節。『祝詞』

手段　てだて
「手計・手立」とも書く。手段。方法。『春色梅児誉美』

手計　てだて
「手段」とも書く。『離れ鶯』→手段

手限　てぎり
独自に行う裁判。「手限裁判」の略。『算法地方大成』

手限裁判　てぎりさいばん
「手限」に同じ。→手限

手屓 ておおす
傷つける。『平治物語』

手師 てし
文字を書くことが上手な人。能筆家。『宇津保物語』

手弱女 たおやめ・たわやめ
たおやかな女性。なよなよとした女性。『源氏物語』

手桎 てかせ
「手機」とも書く。罪人などの手を拘束する刑具。『平治物語』

手透 てすき
「手隙」とも書く。仕事が途絶えてひまなこと。『算法地方大成』

手配 てくばり
準備。『地方凡例録』

手寄 たより
「頼り」とも書く。つて。頼みとする人・物・資力。『甲子夜話』

手掛 てかけ
「妾女・妾」とも書く。正妻のほかに、妻と同じような関係をもち、養っている女。『書言字考』

手械 てかせ
「手桎」とも書く。→手桎

手閊 てづかえ
「手支」とも書く。→手支

手傀儡 てくぐつ
手で人形をあやつる芸。くぐつまわし。

手腓 たくふら・たこむら・たくぶら
「臂」とも書く。手の筋肉のふくれた部分。『日本書紀』

手棒蝦 てんぼえび・てんぼうえび
片方の手が長く、一方の手が短い蝦。

手棒蟹 てんぼがに
片方の手が長く、一方の手が短い蟹。

手番 てつがい
「手仕」とも書く。→手仕

手遊び てすさび
なぐさみに、手先で物品をもてあそぶこと。てなぐさみ。『金葉和歌集』

手量 たはかり
舞を舞う際の手の拡げかた。『日本書紀』

手搦の緒 てがらのお
管槍（くだやり）の管につける緒。「手貫（てぬき）の緒」に同じ。

手蓋 てがい
武具の籠手（こて）。『平家物語』

手酬 たむけ
「手向」とも書く。→手向

手馴草 てなれぐさ
「菊」の異称。

手馴種 てなれぐさ
「扇」の異称。

手蔓纏 てづるもづる
テヅルモヅル科のクモヒトデの総称。

手練 てだれ
「手足れ」とも書く。『平家物語』→手足れ

手障 てざわり
手で触れたときの感覚。『地方凡例録』

手暴 てあら
「手荒」とも書く。①暴力的。『吾輩は猫である』。②粗略。

手熨斗 てのし
①貴人が目下の者と面会するときの礼法の一つ。三方にのせた結んである熨斗鮑を手にとって与える。②火熨斗（皺伸ばし用の器具）の代わりに手で衣類や布の皺をのばすこと。

手懐ける てなずける
①手をかけてなつくようにする。②さまざまな手段を用いて味方に引き入れる。

手繦 たすき
「襷」とも書く。袖をたくし上げるために、肩から脇にかけて結ぶ紐。『万葉集』

手輿 たごし
長柄（ながえ）を腰のあたりまで持ち上げて運ぶ輿。『竹取物語』

手穢 てむさし
きたない。むさくるしい。

手鎖 てじょう・てぐさり
「手桎」に同じ。『地方凡例録』→手桎

手繰 たぐる
手元にひきよせる。『椿説弓張月』

手纏 たまき
「環・鐶」とも書く。①古代、玉などを紐に通した腕飾り。『万葉集』。②射弓の際に左肱を覆う具。『倭名類聚鈔』

〈支　部〉

支 さわり
さまたげ。障害。『吉田松陰全集』

支人 さえにん
仲裁者。「裁人（さいにん）」に同じ。

支申仁 ささえもうすにん・ささえもうすひと
支持する人。不都合を申し出る人。『足利基氏書状』

支状 ささえじょう
中世、訴訟のときに被告人がさし出す訴状。

支柱 こうばり・ついばり
物や家屋などの傾きを支える斜めの柱。

〈攴（攵）部〉

攴繞 ぼくにょう
漢字の構成要素である繞の一つ。

〈文　部〉

文女 あやめ
裁縫が巧みな女。

文山賊 ふみやまだち
「文山立」とも書く。狂言の題目の一つ。

文月 ふづき・ふみづき
陰暦七月の異称。

文史 しるしぶみ
「伝記」とも書く。①記録。『日本書紀』。②文学と史学。『日本書紀』

文目 あやめ
「綾目」とも書く。①模様。色合い。②物事の条理。すじみち。『古今和歌集』

文目鳥 あやめどり

カッコウ科の鳥ホトトギスの異称。

文字金　ぶんじきん
「文」の字の印がある江戸時代の金貨。

文色　あいろ
①様子。『浅井三代記』。②区別。けじめ。『丹州三家物語』

文作事　ふづくりごと
巧みに仕組んでごまかすこと。たくらみ。『西鶴織留』

文身　いれずみ
「入墨・天墨・黥刺・剳青・刺青」とも書く。①肌に絵柄・文字などを朱墨で描いたほりもの。②五刑の一つ。肌に墨汁を入れて前科のしるしとしたもの。『今の女』

文車　ふぐるま
①室内で書物を載せて運搬する車。『徒然草』。②文庫で、書物を保管する車つきの櫃（ひつ）。

文匣　ぶんこう
書類などを入れる厚紙で作った小箱。『伊曾保物語』

文書理　もんじょのことわり
所領関係の文書の内容などが正当であること。『後白河院庁下文案』

文桐　あやぎり
アオギリ科の落葉高木アオギリの異称。

文珠蘭　はまゆう・はまおもと
「浜木綿・浜万年青」とも書く。ヒガンバナ科の常緑多年草。

文無鳥　あやなしどり
カッコウ科の鳥ホトトギスの異称。

文蛤　はまぐり・いたや・いたやがい
はまぐり—「蛤・蚌」とも書く。①マルスダレガイ科の二枚貝。『倭名類聚鈔』。②紋所の一つ。
いたや・いたやがい—「板屋貝・半辺蚶」とも書く。イタヤガイ科の二枚貝。

文殿　ふどの
①宮中で文書を納めるところ。『源氏物語』。②太政官などで、書物を納める書庫。

文鰩魚　とびのうお
「飛魚」とも書く。トビウオ科の海産硬骨魚トビウオ。

〈斗　部〉

斗　ばかり
「計・許」とも書く。…ほど。ぐらい。

斗格　とかき
「斗掻・概」とも書く。升で穀類などを盛り入れてはかるとき、升の縁にそった高さにならす短い棒。

斗桶　かもかも
穀類などの量をはかる桶。東国方言。

斗筲　とそう・としょう
①器量の小さいこと。『性霊集』。②俸禄などが少ないこと。

斗藪　とそう
「抖擻・斗擻」とも書く。食を乞いながら仏道の修行をする僧侶。

斗鶏　めざまし
鶏の一番鳴き。『平家物語』

〈方　部〉

方　まさに・すべ・けた
まさに—まさしく。ちょうど。『西洋紀聞』
すべ—「術」とも書く。手段。てだて。『古事談』
けた—「角」とも書く。①四角いもの。『西洋紀聞』。②まじめなさま。『戯言浮世瓢箪』

方人　かたうど・かたひと・かたびと
かたうど—①仲間。『義経記』。②左右二組に分かれた人々の一方の組。『枕草子』
かたひと・かたびと—「かたうど」②に同じ。『天徳四年内裏歌合』

方目　ばん
「鷭」とも書く。ツル目クイナ科の鳥。

方目御成　ばんおなり
「鷭御成」とも書く。江戸時代、四月五日に将軍が隅田川の川辺で鷭（ばん）の狩をしたこと。

方舟　はこぶね
「箱船」とも書く。旧約聖書に描かれた「ノアの方舟」の略。

方技　いしゃ
「医者」とも書く。医術をほどこす人。

方忌　かたいみ
陰陽道で、閉ざされた方角を避けること。『御堂関白記』

方見　うたてし
「転てし」とも書く。①心が痛む。『太平記』。②情けない。『源氏物語』

方明　かたあき
陰陽道で、閉ざされた方角が開けること。

方金　いちぶ
江戸時代の方形の金貨。「一分金」に同じ。一両の四分の一に当る。

方便　たずき・たずか・たどき・てだて
たずき・たずか・たどき—「跡状」とも書く。①てがかり。手段。『万葉集』。②様子。『万葉集』
てだて—「手立・手達」とも書く。策略。軍事行動。『真木島昭光連署副状』

方桴　はこむね
「箱棟」とも書く。日本建築で、箱形に組んで造った大棟。

方違　かたたがえ
目的地が禁忌の方角になることをさけて別の道を行くこと。『後二条師通記』

方繋　ほうけい
紙の異称。

方頭　ほうず
「方図」とも書く。さだめ。範囲。『博多小女郎波枕』

方頭魚　くずな・かながしら・あまだい
くずな—西日本での甘鯛の異称。『好色盛衰記』。
かながしら—「金頭・火魚」とも書く。ホウボウ科の海産硬骨魚。
あまだい—アマダイ科の海産硬骨魚の総称。

〈无（旡・无）部〉　旡は五画

无　なし
「無」とも書く。存在しないこと。『官宣旨案』

无二　むに
「無二」とも書く。二つとはないこと。かけがえのないもの。『大神貞遠解』

无双 むそう
「無双」とも書く。ならぶものがない。『僧賢秀陳状案』

无火殯斂 ほなしあがり
上代、天皇の死亡を秘密にして門燎(かどひ)をつけなかったこと。『日本書紀』

无事 ぶじ
「無事」とも書く。事変のない状態。『理性院文書』

无実 むじつ
「無実」とも書く。冤罪(えんざい)。『高野山文書』

无故 ゆえなし
「無故」とも書く。理由がない。

无爲 ぶい・むい
「無為」とも書く。①平穏なこと。『太平記』。②何もしないでいるさま。

无道 むどう・ぶどう
「無道」とも書く。道理にそむくこと。『高野山文書』

无愛 ぶあい
「無愛・不愛」とも書く。愛想のないこと。『今昔物語集』

无暫 むざん
「無慚・無慙・無残・無惨」とも書く。仏教で、良くないことをしながら、心に恥じないこと。『今昔物語集』

〈日(曰)部〉

日の経 ひのたて
「日の縦」①に同じ。『万葉集』→日の縦

日の縦 ひのたたし
①東。「日の経」に同じ。②東西。東西に通じる道。転じて、東海道・東山道・西海道。『日本書紀』

日女 ひるめ
「日霊・日孁」とも書く。天照大神(あまてらすおおみかみ)の異称。『万葉集』

日比 ひごろ
「日者」とも書く。『和泉式部日記』→日者

日外 いつぞや・いつか
いつの頃であったか。『菅原伝授手習鑑』

日本武尊 やまとたけるのみこと
「倭建命」とも書く。古代の伝説上の英雄。景行天皇の王子。

日次 ひなみ
「日並」とも書く。①日ごとの記録。②日ごとの予定。『古今著聞集』。③日の良し悪し。『好色一代男』

日向 ひなた
「日南」とも書く。日のあたる方。日の照すところ。『相模集』

日耳曼 ドイツ・ゲルマン
中部ヨーロッパのゲルマン民族を主とする国家。現在のドイツ連邦共和国。

日佐 おさ
「訳・訳語」とも書く。通訳をする人。

日来 ひごろ
「日者」とも書く。『徒然草』→日者

日並 ひなみ
「日次」とも書く。→日次

日和 ひより
①海上の天気が良いこと。『地方凡例録』。②晴天。『日本永代蔵』。③事のなりゆき。『日本永代蔵』

日者 ひごろ
「日頃・日比・日来」とも書く。①ふだん。『源氏物語』。②幾日も。『枕草子』

日長 けながし
日数が長い。時日が経って久しい。『古事記』

日南 ひなた
「日向」とも書く。→日向

日計 ひばかり
「竹根蛇・熇尾蛇」とも書く。蛇の一種。

日域 じちいき
日本の異称。日の出る国の意。『教行信証』

日済金 ひなしがね
日割りで返済する条件の借金。

日晡 じつほ
夕方。日の暮れ。『ささめごと』

日陰躑躅 ひかげつつじ
ツツジ科の常緑低木。

日雀 ひがら
シジュウカラ科の小鳥。

日晷 にっき
①日光。②時間。日脚。

日雇 ひよう
「日傭」とも書く。日雇い。『地方凡例録』

日置流 へきりゅう
弓術の一派。

日遣番匠 ひやりばんじょう
①仕事の中途でたびたび休む大工。②物事を中途半端でやめる人。

日霊 ひるめ
「日女」とも書く。→日女

日縦 ひたたし
東西の道。

日離 ひがれ
恋人どうしが昼間いっしょにいないこと。『源平盛衰記』

日孁 ひるめ
「日女」とも書く。→日女

曰 のたまわく・いわく
のたまわく―「宣わく」とも書く。おっしゃるには。『竹取物語』
いわく―①言うことには。②わけ。事情。『心中天の網島』

〈月　部〉

月 がち
「瓦智」とも書く。野暮。『傾城禁短気』

月天子 がってんし
インドの神話で、月の神。

月代 さかやき・さかいき・つきしろ
「月額」とも書く。男の前額部の髪を中央にかけて半月形に剃ったもの。『浮世風呂』

月白 あさぎいろ
「浅黄色」とも書く。かすかに緑色を帯びた薄い青。

月光菩薩 がっこうぼさつ
薬師如来の右脇に侍する菩薩。

月次 つきなみ
「月並」とも書く。①月ごとに。月に一度。『枕草子』。②平凡である

こと。

月次印形　つきなみいんぎょう
江戸時代、大坂で月ごとに行われた人別改め（戸籍改め）。

月尽　つごもり
「晦日・晦」とも書く。①陰暦で月の最終日。②月が隠れて見えなくなること。

月忌　がっき
故人などの毎月の忌日。またその法要。

月来　つきごろ
「月頃」とも書く。数ヵ月来。『源氏物語』

月夜霊　つくよみ
「月読・月夜見」とも書く。①月の神。『日本書紀』。②月。『万葉集』

月被　つきかずき
鎧の背上部の胸板に対応した板。

月牌　がっぱい
毎月の命日に故人の供養をしてもらうこと。

月読　つくよみ
「月夜霊」とも書く。↓月夜霊

月額　さかやき
「月代」とも書く。↓月代

〈木　部〉

木乃伊　ミイラ
人間・動物などの死体が乾固したもの。

木勺鮪　しびれえい
「痺れ鱏・痺れ鱝」とも書く。シビレエイ科の海産硬骨魚。

木大角豆　きささげ
「木豇豆・木角豆・梓」とも書く。ノウゼンカズラ科の落葉高木。

木工　こだくみ
「木匠」とも書く。木材で家屋や器物などをつくる職人。『日本書紀』

木五倍子　きぶし
「木付子」とも書く。キブシ科の落葉木。黒色の染料となる。

木天蓼　またたび・わたたび
サルナシ科の蔓性落葉植物。

木片　こっぱ
「木端・木屑」とも書く。①木の削り屑。②取るに足らないもの。『出世景清』

木半夏　なつぐみ・まるばぐみ
「夏茱萸・夏胡頽子・丸葉胡頽」とも書く。グミ科の落葉低木。

木尻　きじら・きじり
囲炉裏の下座。囲炉裏で焚く薪の後部を出しておく側。

木汁怪士　きじるあやかし
能面の一つ。妖気を表わした男の面。

木末　こぬれ
木の若い枝先。『万葉集』

木本黄精葉鉤吻　どくうつぎ
「毒空木」とも書く。ドクウツギ科の落葉低木。

木瓜　もっこう・ぼけ・かりん・マルメロ
もっこう—ユキノシタ科の落葉低木バイカアマチャの異称。ぼけ—「鉄脚梨・放春花」とも書く。バラ科の落葉低木。かりん—「花櫚・花梨・榠櫨」とも書く。バラ科の落葉高木。マルメロ—「榲桲」とも書く。バラ科の落葉高木。

木瓦斯　もくガス・きガス
木炭を製造するときに発生する可燃性のガス。

木匠　こだくみ
「木工」とも書く。↓木工

木守　きまぶり・きまもり
①次の果実が良く実るようにと、木に残しておく最後の果実。②転じて、残党。遺族。

木耳　きくらげ
「木茸」とも書く。①担子菌類のキノコ。『日葡辞書』。②人の耳。

木兎　つく・ずく
「木菟・角鴟」とも書く。フクロウ科の鳥ミミズクの異称。『日本書紀』

木兎然　つくねん
なにもしないでぼんやりしているさま。『牡丹灯籠』

木形　きなり
「気質・気生」とも書く。自分の気持ちをそのままあらわすこと。『荘子抄』

木把　こまざらい
土をならしたり、落葉をかき集める農具。『教訓雑長持』

木花之佐久夜毘売　このはなのさくやびめ
「木花之開耶姫」とも書く。日本神話の瓊々杵尊（ににぎのみこと）の妃で、後世、富士山の神とされた。

木花之開耶姫　このはなのさくやびめ
「木花之佐久夜毘売」とも書く。↓木花之佐久夜毘売

木角豆　きささげ・きささぎ
「木大角豆」とも書く。↓木大角豆

木足座　きあぐら
木で組み上げた足場。

木防已　しじらふじ・つづらふじ・あおつづら
ツヅラフジ科の蔓性落葉木ツヅラフジの異称。

木杷　さらい
「竹杷」とも書く。土をかきならすことなどに使う熊手に似た農具。『倭名類聚鈔』

木毟茄子　きみしりなすび
収穫時が過ぎて根こそぎにした枝からむしり取った小さい茄子。

木兔　つく・ずく・みみずく
「木兎」とも書く。↓木兎

木屎　こくそ
「粉糞」とも書く。木粉を漆糊に交ぜたもの。『傾城禁短気』

木茸　きくらげ
「木耳」とも書く。↓木耳

木香油　きがゆ
杉の根から採取した油。

木屑　こけら・こっぱ・こつ
こけら—「杮・木端」とも書く。木材を加工するときにでる木片。『倭名類聚鈔』
こっぱ・こつ—「木片」とも書く。↓木片

木梃　てこ
「手子・梃子・手木」とも書く。①大きな物を動かすときに用いる木の棒。『枕草子』。②テコを使って働く下級の労働者。『大坂独吟集』

木栓 コルク
ブナ科の常緑高木コルクガシで作った瓶などの栓。

木豇 きささげ
「木大角豆」とも書く。↓木大角豆

木豇豆 きささげ
「木大角豆」とも書く。↓木大角豆

木通 あけび
「通草・山女・丁翁・蔔子・蔔藤」とも書く。アケビ科の蔓性落葉低木。

木連子 もくれんじ
「木欒子」とも書く。ムクロジ科の落葉高木モクゲンジの異称。

木連格子 きつねごうし
「狐格子」とも書く。木組の一つ。木を縦横正方形に組み合せたもの。外部から木組が見えないところからの名。

木偶 でく
①木彫りの人形。②操り人形。③役立たず。

木偶坊 でくのぼう
「傀儡坊」とも書く。木偶（人形）の擬人名。役立たずの人。

木偶箱 でくばこ
木偶（人形）を入れる箱。

木強 きごわ
「気強」とも書く。ぶこつ。きごちない。こわばっている。

木淡 きざわし
「木醂」とも書く。木についたまま甘く熟した柿。『下学集』

木菟 つく・ずく・みみずく
「木兎」とも書く。『日本書紀』↓木兎

木菟入 ずくにゅう
僧侶や坊主頭の人をののしっていう語。『平家女護島』

木菟鳥 つくとり
フクロウ科の鳥ミミズクの異称。

木理 きめ
「木目・肌理」とも書く。①もくめ。②皮膚の肌あい。③てざわり。

木斛 もっこく
ツバキ科の常緑高木。

木訥 ぼくとつ
「朴訥」とも書く。真面目で無口で飾り気のないこと。『論語』

木訥漢 むっつり
口数が少なく無愛想であること。『多情多恨』

木菟 つく・ずく・みみずく
「木兎」とも書く。↓木兎

木菟引 ずくひき
①目隠しをした木菟を囮（おとり）にして、他の鳥を捕らえること。②田舎者をだまして金品を取り上げる「ぽん引き」の隠語。

木菟鳥島 つくとりのしま
「筑紫」の異称。

木菟落 ずくおとし
「木菟引」①に同じ。↓木菟引

木葉木菟 このはずく
「木葉角鴟」とも書く。フクロウの科の鳥の一種。

木葉角鴟 このはずく
「木葉木菟」とも書く。↓木葉木菟

木葉銜 このはばみ
鏡板を杏葉形にした轡（くつわ）。「杏葉轡（ぎょうようぐつわ）」に同じ。

木椎頭 さいづちあたま・さいづちがしら
「才槌頭」とも書く。後頭もしくは前頭が突き出て、木槌の頭部に似た形の頭の形容。

木犀 もくせい
モクセイ科の常緑小高木の総称。

木賊 とくさ
「砥草」とも書く。トクサ科の常緑シダ植物。『栄花物語』

木蓮子 いたび
クワ科の常緑蔓性低木。『日本書紀』

木槍 きぼこ
「木桙」とも書く。古代、儀仗に用いた槍。

木端 こっぱ
「木片」に同じ。↓木片

木綿 ゆう・パンヤ
ゆう—楮（こうぞ）の繊維で作った幣（ぬさ）。『万葉集』パンヤ—「斑枝花」とも書く。パンヤ科の熱帯産常緑高木。『日本永代蔵』

木綿付鳥 ゆうつけどり
「木綿着鳥」とも書く。鶏の異称。

木綿四手 ゆうしで
「木綿垂」とも書く。木綿で作った垂（しで）。『蜻蛉日記』

木綿垂 ゆうしで
「木綿四手」とも書く。↓木綿四手

木綿鹿毛 ゆうかげ
全体が茶色で四肢が白い馬の毛色の名。

木綿着鳥 ゆうつけどり
「木綿付鳥」とも書く。↓木綿付鳥

木鉾 きぼう
「木棒」とも書く。木を丸棒のようにして先端を一文字にした鏃（やじり）。

木障 こさ
木陰になる不利な条件の田畑地。また、その原因となる木や茂み。

木霊 こだま
「谺」とも書く。①樹木の精霊。『源氏物語』。②山びこ。『日葡辞書』。③山びこを表現した歌舞伎の囃（はやし）。

木履 ぼくり・ぼっくり・ぽっくり
①駒下駄の一種。②足駄。『大和田重清日記』

木槿 むくげ・もくげ・きばちす・きはちす
「槿」とも書く。アオイ科の落葉低木。『色葉色葉字類鈔』

木槵子 もくげんじ
「欒樹」とも書く。ムクロジ科の落葉高木。

木槵樹 もくげんじゅ
「木槵子」に同じ。↓木槵子

木醂 きざわし
「木淡」とも書く。↓木淡

木舞 こまい
「榀」とも書く。軒の垂木に渡す細長い材木。『宇治拾遺物語』

木頭　もくず
「木屑」とも書く。「木片」に同じ。『浮雲』→木片

木糞　こつみ
「木積・木屑」とも書く。海岸や川岸などに流れ寄る木屑。『万葉集』

木鍬　こくわ
木製の鍬。『古事記』

木藜蘆　はなひりのき
「嚔の木」とも書く。ツツジ科の落葉低木。

木蠹　きくいむし
「木蠹虫・木喰虫・木食虫」とも書く。ワラジムシ目の甲殻類。林業の害虫。

木蠹虫　きくいむし
「木蠹」とも書く。→木蠹

木鷚　びんずい
「便追」とも書く。セキレイ科の鳥。

木欒子　むく・むくろじ・もくれんじ
「木連子」とも書く。→木連子

〈欠部〉

欠　あくび
「欠伸」とも書く。血中酸素を補うため、大きく口をあけて酸素を吸い込む生理現象。

欠片　かけら
物が欠けた一片。僅かであることのたとえ。

欠付　かけつけ
駆けつけること。『葉隠』

欠込　かけこむ・かけこみ
「駆け込む」とも書く。走って入る。『春色辰巳園』

欠米　かんまい
近世、年貢の不足分を補うために徴収された米。

欠伸　あくび
「欠」とも書く。→欠

欠負　かんぷ
古代、租税をまだ納めていないこと。「未進」に同じ。

欠陥　へこむ
「凹む」とも書く。物の表面がくぼむ。

欠脣　いぐち・みつくち
「兎脣（としん）・兎唇・三つ口」とも書く。胎生期の癒合の不整で、うわくちびるが縦に裂けた形状。

欠落　かけおち
「駆落・駈落・馳落・闕落」とも書く。①密かに逃げて行方をくらますこと。②近世、庶民が重税などのため別な地域に逃げること。『北条氏康朱印状写』。③恋しあう男女が一緒になるために密かに他の地へ逃げること。

〈止部〉

止云　てふ
「と言ふ」の約。

止事无　やむことなし・やんごとなし
捨てておけない。転じて、貴重である、一流である。

止宿　ししゅく
宿泊すること。『地方凡例録』

〈殳部〉

殳旁　ほこつくり
漢字の構成要素である旁の一つ。「るまた」に同じ。

〈比部〉

比　たぐい・かたよって・ころおい
たぐい―「類」とも書く。①同程度のもの。似たような種類。②兄弟・姉妹。『源氏物語』。③仲間。
かたよって―「片寄って・偏って」とも書く。一方に寄る。
ころおい―「頃・比及」とも書く。①時分。②時世。

比える　たぐえる・よそえる
たぐえる―「類える」とも書く。①ならばせる。『古今和歌集』。②まねる。③比較する。『平家物語』
よそえる―「寄える」とも書く。①かかわりをもたせる。『万葉集』。②かこつける。③比較する。なぞらえる。『古今和歌集』

比及　ころおい
「比」とも書く。→比

比巴　びわ
「枇杷」とも書く。バラ科の常緑高木。

比日　このごろ
「比来・此比」とも書く。近ごろ。このところ。『正倉院文書』

比比丘女　ひふくめ
子供の遊び「子を捕ろ子捕ろ」の古称。

比丘　びく
①修行僧。出家得度して具足戒を受けた男子。『徒然草』。②女性を蔑称していう語。

比丘尼　びくに
①修行僧。出家得度して具足戒を受けた女子。尼僧。『徒然草』。②鎌倉・室町時代、尼の姿をして遊行した芸人。江戸時代には尼の姿をした私娼をもいった。『好色一代女』

比目魚　ひらめ
「平目・鮃」とも書く。ヒラメ科の海産硬骨魚。

比来　このごろ
「比日」とも書く。→比日

比律賓　フイリピン
アジア東部の共和国フィリピン。

比笞　ひち
笞刑をおこうとき、規定にしたがって執行すること。

比興　ひきょう・ひっきょう
「卑怯」とも書く。卑劣なこと。『葉隠』

比羅三井天　ピラミッド
ピラミッド。紀元前のエジプトでおもに国王や王族の墓として建造された巨大な石造墓。

〈毛部〉

毛寸莎　けずさ・けつた
古い絨毯などをほぐして壁土などに交ぜ、亀裂を防ぐための寸莎（＝つなぎ）としたもの。

毛莨　きんぽうげ・うまのあしがた
きんぽうげ―「金鳳花」とも書く。キンポウゲ科の多年草。
うまのあしがた―キンポウゲの異称。

毛毬　いが
「毬・毬彙・栗毬」とも書く。①栗の実を包む棘のある外皮。『倭名類聚鈔』。②鯵（あじ）などのあご

から尾に一直線に連なる鱗。

毛毬斗 いがと
「毬斗」とも書く。建築用語で、隅肘木（すみひじき）の上にある斗形（ますがた）。

毛毬栗 いがぐり
「毬栗」とも書く。①棘のある外皮に包まれた栗の実。②「いがぐり頭」の略。頭髪を短く刈った頭。

毛斯綸 モスリン
梳毛織物（長い毛を平行・直線にそろえた織物）の一つ。

毛蓮菜 こうぞりな
「髪剃菜」とも書く。キク科の多年草。

毛頭 もうとう
毛の先ほども。少しも。『日本永代蔵』

〈氏　部〉

氏上 このかみ
「兄」とも書く。①長男。『日本書紀』。②年上。兄または姉。『宇津保物語』

氏宗 うじのかみ
「氏長・氏宗」とも書く。一族の統括者。

氏長 うじのかみ
「氏宗」とも書く。↓氏宗

〈水　部〉

水 かわ
「川・河」とも書く。水が集まって流れているところ。『今昔物語集』

水分 みくまり
山から流れ出る水が別れるところ。『祝詞』

水夫 かこ
「水主・水手・船手・船子・船夫・楫子・櫂子・加子・舸子・鹿子」とも書く。舟乗り。舟をこぐ人。『万葉集』

水夫極め かこぎめ
「漁夫定め」とも書く。船主と漁夫の間で交わされる雇用契約。

水手 かこ
「水夫」とも書く。『万葉集』。↓水夫

水水葱 みずなぎ
①ミズアオイ科の一年草コナギの異称。②ヒルムシロ科の水生多年草ヒルムシロの異称。

水主 かこ
「水夫」とも書く。↓水夫

水主浦 かこうら
「舸子浦・楫子浦・加子浦」とも書く。水主役（かこやく）を請け負った漁村。

水付 みずつき
「承鞚」とも書く。馬の轡（くつわ）の両側にあって手綱を結びつける金属製の馬具。『平家物語』

水占 みなうら
川の水の流れで吉凶を占うこと。『万葉集』

水母 くらげ
「海月」とも書く。海の中をただよって生息する腔腸動物。『古事記』

水生菌 みずかび
「水黴」とも書く。卵菌類の一種。水中に沈んだ昆虫などの死骸に寄生。

水田 こなた
「熟田」とも書く。良く耕された水田。『新撰字鏡』

水曲 みわた・みわだ
川が蛇行して水の流れのよどんでいるところ。『千載和歌集』

水机周 こたにわたり
「小谷渡り」とも書く。ウラボシ科のシダ。

水瓜 すいか
「西瓜」とも書く。ウリ科の一年生果菜。『毛吹草』

水竹葉 いぼとりぐさ
「疣草」とも書く。ツユクサ科の一年草イボクサの異称。

水尾 みお
「水脈・澪」とも書く。川や海で水深があり、船の通行に適したところ。

水沢瀉 さじおもだか・へらおもだか
さじおもだか―オモダカ科の多年草。
へらおもだか―オモダカ科の有毒多年草。

水花 かるいし
「軽石」とも書く。溶岩が冷え、ガスが抜けて海綿状となった石。

水芹 せり
「芹・芹子」とも書く。セリ科の多年草。

水旱 すいかん
洪水とひでり。それによる災害。『地方凡例録』

水押 みよし・みおし・によし
みよし・みおし―「舳」とも書く。和船の舳の先に突き出て波を切る木。転じて船首をいう。
によし―「子丑・荷吉」とも書く。「みよし・みおし」に同じ。『蒙求抄』

水波 すっぱ
「透波・素波・水破」とも書く。①戦国時代、敵陣を偵察した忍びの者。②スリ。『和漢通用集』

水泡 みなわ
「水沫」とも書く。水の泡。『万葉集』

水泡銭 あぶくぜに
「泡銭」とも書く。苦労をしないで得た金銭。『牡丹灯籠』

水沫 みなわ
「水泡」とも書く。↓水泡

水松 みる
「海松」とも書く。浅海に着生する緑藻の一つ。

水松布 みるめ
「海松布・水松和布」とも書く。「水松」に同じ。『古今和歌集』↓水松

水松和布 みるめ
「水松布・海松布」とも書く。「水松」に同じ。↓水松

水松食 みるくい
「海松食」とも書く。バイガイ科の二枚貝ミルクイガイの異称『国性爺合戦』。

水松樹 いちい
「一位・櫟・紫松・朱樹」とも書く。イチイ科の常緑高木。笏（しゃく）の材料としたので「一位」の位に因んだ表記。

水爬虫 たがめ
「田鼈」とも書く。カメムシ目コオイムシ科の水生昆虫。

水虎 かはく・かっぱ
かはく―「河伯」とも書く。河の神。

かっぱ―「河童」とも書く。水陸両生の想像上の動物。

水門 みと・みなと
「水戸」とも書く。①大河が海に出るところ。『土佐日記』。②すいもん。堰（いせき）。『倭名類聚鈔』

水城 みずき
外敵防備のために水辺に築いた土塁・水濠。とくに、古代に太宰府に築かれたものをいう。『万葉集』

水派 みまた・みお
みまた―「水俣」とも書く。山から流れ出る水が分かれるところ。『日本書紀』
みお―「水尾」とも書く。→水尾

水香稜 はなすげ・やまし
はなすげ―「花菅」とも書く。ユリ科の多年草。
やまし―「知母」とも書く。「はなすげ」の異称。『倭名類聚鈔』

水席 みなむしろ
水底の石。『散木奇歌集』

水脈 みお
「水尾」とも書く。『万葉集』→水尾

水脈引 みおびき
「澪引」とも書く。水先案内をすること。『万葉集』

水脈釣 みおづり
「澪釣」とも書く。黒鯛の釣方の一つ。

水破 すっぱ
「水波」とも書く。→水波

水豹 あざらし
「海豹」とも書く。食肉類アザラシ科の哺乳類の総称。

水針魚 さより
「細魚・針魚」とも書く。サヨリ科の海産硬骨魚。

水除 みずよけ
水を防ぐこと。堤防。『算法地方大成』

水馬 みずすまし・あめんぼ・あめんぼう・まいまい
みずすまし―①「水澄まし」とも書く。ミズスマシ科の甲虫の総称。②アメンボの異称。
あめんぼ・あめんぼう―カメムシ目アメンボ科の昆虫の総称。
まいまい―「舞舞被・蝸牛被」とも書く。オサムシ科の甲虫。

水馬歯 みずはこべ
「水繁縷」とも書く。アワゴケ科の多年草。

水竜 みずきんばい
「水金梅」とも書く。アカバナ科の多年草。

水竜骨 うらぼし
「裏星」とも書く。シダ植物の一科。

水亀 いしがめ
「石亀」とも書く。イシガメ科のカメの総称。

水湛草 みたえぐさ
「水絶草」とも書く。スイレン科の多年草ハスの異称。

水菰 みこも
「水薦」とも書く。水中に成育するイネ科の多年草コモ。『千載和歌集』

水椀 みずまり
水を盛るために用いる椀。

水無月 みなづき
陰暦六月の異称。

水無月無礼 みなづきむらい
真夏の暑さに対処して、身をくつろがせること。『平家物語』

水絶草 みたえぐさ
「水湛草」とも書く。→水湛草

水雲 もずく
「海蘊・海雲・苔菜」とも書く。ホンダワラ類に着生する褐藻。『倭名類聚鈔』

水準 みずはかり
「準縄」とも書く。水平を測る水盛（みずもり）に使用する器具。『倭名類聚鈔』

水葱 なぎ
「菜葱」とも書く。ミズアオイ科の一年生水草ミズアオイの古称。『万葉集』

水腹 このかみ・こがみ・ほがみ
「小腹・下腹」とも書く。腹の下部。『倭名類聚鈔』

水楊 かわやなぎ
「川柳・水楊檉」とも書く。ヤナギ科の落葉低木。『新撰字鏡』

水楊檉 かわやなぎ
「水楊」とも書く。→水楊

水綿 あおみどろ
「青味泥」とも書く。接合藻類の淡水緑藻。「青緑（あおみどり）」に同じ。

水黽 みずすまし
「水馬」とも書く。→水馬①

水鼠 かわねずみ
「川鼠」とも書く。モグラ目トガリネズミ科の哺乳類。

水増雲 みずまさぐも
川などの水かさを増す前兆という雲。『拾玉集』

水腐 すいふ
水害によって稲が良く熟さないこと。『地方凡例録』

水端 みずはな
①流れていく水の尖端。『万葉集』。②物事のはじめ。『難太平記』

水銀粉 はらや
「軽粉」とも書く。伊勢で産出した水銀の白色粉末。駆虫剤などに用いたもの。『日葡辞書』

水隠草 みこもりぐさ・みごもりぐさ
水中に隠れて生えている草。「水陰草」に同じ。

水潦 にわたずみ・いさらみず
にわたずみ―「庭潦・潦水」とも書く。①にわかに降って流れる水。『古事記』。②雨後、庭にできたたまり水。『拾遺和歌集』。③「ながる」などにかかる枕詞。『万葉集』
いさらみず―「細小水・潦水」とも書く。少しあふれ出る水。『日本書紀』

水蝨 とびむし
①「飛虫・跳虫」とも書く。トビムシ目の昆虫の総称。「蚤虫」に同じ。②ハマトビムシ科のヨコエビの総称。

水薦 みこも
「水菰」とも書く。→水菰

水蕗 みずふぶき・みずぶき
「芡」とも書く。スイレン科の一年生水草オニバスの異称。『倭名類聚鈔』

水篶 みすず・すずだけ
「三篶」とも書く。ササの一種スズタケの異称。

水縹 みはなだ
水色。藍色を薄くした色。『万葉集』

水翻 みずこぼし
「水覆」とも書く。室内で、茶碗をすすいだ水を捨てる器。「建水（けんすい）」に同じ。

水覆 みずこぼし
「水翻」とも書く。→水翻

水獺 かわおそ・かわうそ・おそ
「獺・川獺・趾獺」とも書く。イタチ科の哺乳類。

水蠆 やご・やまめ
やご―トンボ類の幼虫の総称。やまめ―「やご」の異称。

水霧う みなぎらう
景色がぼんやり見えるくらいに水煙がたつ。『日本書紀』

水鶏 くいな
『秧鶏』とも書く。ツル目クイナ科の鳥の総称。『源氏物語』

水蠟 いぼた
「疣取」とも書く。①モクセイ科の落葉低木「イボタノキ」の略。②「いぼた蠟」の略。

水蠟虫 いぼたむし・いぼたのむし・いぼたろうむし
「水蠟樹蠟虫」とも書く。モクセイ科の落葉低木イボタノキに寄生するカメムシ科カタカイガラムシ科の昆虫。

水蠟樹 いぼたのき
「水蠟」に同じ。→水蠟

水蠟樹蠟虫 いぼたむし・いぼたのむし・いぼたろうむし
「水蠟虫」とも書く。→水蠟虫

水鼈 とちかがみ
トチカガミ科の水生多年草。

〈火　部〉

火口 ほくち
火打ち石でおこした火をうつし取るもの。

火斗 ひのし
「火熨・火熨斗」とも書く。金属でできた柄杓（ひしゃく）型の器具。火を入れ、その底を押し当ててアイロンのように布の皺を伸ばすもの。『碧岩抄』

火代 ほしろ
漁夫や海女が暖をとるために蜑舟（あまぶね）に備えた炉。

火処 ほどころ
神祭や神楽の行われる場（にわ）で焚く火。「庭火」に同じ。

火打合 ひうちいし
「燧石」とも書く。火打ち道具として用いた石英の一種。

火光 かぎろい
「陽炎」とも書く。①夜明けに東の空を薄明るくする光。『万葉集』。②かげろう。③ほのお。

火串 ほくし・ほぐし
①烽火（のろし）に用いる柴などをかける杙（くい）。『倭名類聚鈔』。②鹿狩に用いる照射（ともし＝松に火をつけたもの）をはさむ木。『栄花物語』

火伴 こはん・こばん
「小番」とも書く。禅宗で、火を管理する役の僧侶。

火床 ほど
①囲炉裏の中心部分。②鍛冶の炉。

火把 たいまつ
「松明・炬」とも書く。松の枝などを束ね、火をつけて屋外の照明に用いたもの。『風流志道軒伝』

火炉 ひたき
「火焼・火焚・火炬」とも書く。①いろり。『色葉字類集』。②火をたくこと。③照明や監視のため火をたくこと。『古事記』。④鞴祭（ふいごまつり）

火客 こか
「火伴」に同じ。→火伴

火炬 ひたき
「火炉」とも書く。→火炉

火炬屋 ひたきや
「火焼屋・火焚屋」とも書く。①宮中で衛士（えじ）が篝火などを焚いて、警固のため控える小屋。『枕草子』。②斎宮（いつきのみや）の野の宮で、神に捧げる調理をするために火を絶やさずに焚いておく所。

火点し ひとぼし
①火を灯すこと。②「神殿（こうどの）」の異称。

火神 かぐつち
「迦具土」とも書く。日本神話の火の神。伊弉諾（いざなぎ）・伊弉冉（いざなみ）の子。『日本書紀』

火退 ほそけ
「燹・逆焼」とも書く。野火などのせまってくる火に対して、こちらからも火を放って防ぐこと。『倭名類聚鈔』

火浣布 かかんぷ
①石綿を入れて織った布。『風来六部集』。②中国の南方の火山に住んでいる火鼠の毛で織ったという火に入れても焼けないという中国の説話にでてくる布。『国性爺合戦』

火酒 ウオッカ・ブランデー
ウオッカ―ロシア産の蒸留酒。『耶宗門』
ブランデー―果樹酒を蒸留した酒。『緑蓑談』

火珠 ひさくがた・ひとるだま
ひさくがた―塔などに据え置く火炎型の宝物。『椿説弓張月』
ひとるだま―「火取玉・火精」とも書く。古代、太陽光の焦点をあてて火をとるために、艾（もぐさ）などを玉状にしたもの。

火産霊神 ほむすびのかみ
「火結神」とも書く。日本神話の火の神。

火魚 かながしら
「金魚・方頭魚」とも書く。ホウボウ科の海魚。

火焔菜 かえんさい
「珊瑚樹菜」とも書く。アカザ科の一年生または二年生根菜。

火焼屋 ひたきや
「火炬屋」とも書く。→火炬屋

火焚 ほたき
京阪地方の冬の火祭の神事。「御火焚（おひたき）」に同じ。『為忠朝臣家百首』

火斑剝 あまみはぎ
能登半島の小正月の行事。火にあたりすぎて足にできる火斑を剝ぎに回る。

火傷 やけど
「焼処」とも書く。皮膚が火や熱湯などにふれて損なわれること。

火照り ほてり
「熱り」とも書く。①のぼせて顔

が熱くなること。『日本書紀』。②夕焼け。『新撰六帖』。③風が吹き出すまえに海面が赤く染まること。

火遠理命　ほおりのみこと
日本神話の彦火火出見尊（ひこほほでみのみこと）の異称。

火鈴　こりん
火の用心のため、禅寺で鳴らす鈴。

火榻　こたつ
「炬燵・火燵」とも書く。熱源に櫓（やぐら）をのせ、蒲団などをかぶせて暖をとる暖房器。

火窪　ほくぼ
囲炉裏で火を燃やす中心部。

火箸　こじ
「火筋」とも書く。禅宗や香道の語。火箸（ひばし）に同じ。『日葡辞書』

火精　ひとるだま
「火珠」とも書く。→火珠

火影　ほかげ
灯火に照らされた人や物の影。『源氏物語』

火熨　ひのし
「火斗」とも書く。→火斗

火熨斗　ひのし
「火斗」とも書く。→火斗

火燧　ひうち
①「火打ち」とも書く。火打石。『ひらかな盛衰記』。②鷹の翼の最下部「火打羽（ひうちば）」の略。③建築用語。材木のゆがみを少なくするための補強材。

火燵　こたつ
「火榻」とも書く。→火榻

火糞　ほくそ
①蠟燭の燃え屑。『新撰字鏡』。②「火口」に同じ。『新撰六帖』→火口

火闌降命　ほのすそりのみこと・ほすそりのみこと
日本神話の瓊瓊杵尊（ににぎのみこと）の子「火照命（ほでりのみこと）」の異称。

火燼　ほたくい
燃え残りの木。燃えさし。『日本書紀』

火鑽臼　ひきりうす
弥生時代の発火具。火鑽杵（ひきりきね）とともに用いる小穴のある板。『古事記』

火鑽杵　ひきりきね
弥生時代の発火具。火鑽臼とともに用いる細い棒。『古事記』

〈爪（⺥・⺤）部〉

爪士　そうし
主君を守る武士。手足となる者。「爪牙（そうが）」に同じ。

爪引き　つまひき
①弓の弦を爪のさきで引く。『万葉集』。②爪で絃をはじくこと。『源氏物語』

爪木　つまき
薪にするために折り取った木。『万葉集』

爪外れ　つまはずれ
「褄外れ」とも書く。身のこなし。動作。『玉吟抄』

爪本　つまもと
爪の生え際。『宇津保物語』

爪印　つまじるし
①書物などに、心覚えのため爪でつけるしるし。『源氏物語』。②遊女が自身の心情を相手に示すこと。またその証し。

爪折　つまおり
「端折」とも書く。物の端を折ること。

爪哇　ジャワ
インドネシア共和国の首都ジャカルタがある島。

爪紅　つまべに・つまくれない
つまべに―「爪紅粉」とも書く。①女の化粧で、爪に紅をつけること。②ツリフネソウ科の一年草ホウセンカの異称。
つまくれない―「端紅」とも書く。①「つまべに」①に同じ。『猿蓑』鳳仙花の異称。②扇などの縁を紅で染めること。③「つまべに」②に同じ。

爪紅粉　つまべに
「爪紅」とも書く。→爪紅

爪音　つまおと
①琴の爪で絃をはじく音。『源氏物語』。②馬の蹄（ひづめ）がたてる音。

爪根花　つまねばな
ツリフネソウ科の一年草ホウセンカの異称。

爪弾き　つまはじき
親指の腹に人さし指・中指の爪先を当ててはじくこと。不満などを表す表現。『土佐日記』

爪隠　つまがくし
鼻緒を上にそらせ、足の指が隠れるようにした草履（ぞうり）。享保年間に、おもに江戸吉原の遊女が用いた。

爪調べ　つましらべ
琴や琵琶などを弾くとき、音調をととのえるために爪弾くこと。『源平盛衰記』

爪繰り　つまぐり
爪の先であやつる。『文明本節用集』

〈父　部〉

父　かぞ
奈良時代、父の呼称。『日本書紀』

父打母打　ててうちははうち
父母に冷たい仕打ちを受けること。『ひらかな盛衰記』

父母　かぞいろ・かぞいろは・あもしし
かぞいろ・かぞいろは―父母。両親。『千載和歌集』
あもしし―東国の古方言で、父母。『万葉集』

父無金　ててなしがね
もとでなしで儲けた金。『傾城酒呑童子』

〈片　部〉

片　へぐ・ペニー・ペンス
へぐ―「扮ぐ・剥・折」とも書く。木を薄く削り取る。
ペニー・ペンス―イギリスの貨幣単位。かつてポンドの二四〇分の一。現在はポンドの一〇〇分の一。

片才　かたかど
わずかな才能。『源氏物語』

片日向　かたひなた
①えこひいき。「片贔屓」に同じ。②一方だけに日が当っていること。

片生　かたなり
①発育が十分でないこと。『源氏

物語』。②未熟。『源氏物語』

片秀　かたほ

「偏」とも書く。不十分。完全でないこと。『源氏物語』

片思　かたもい

一方だけが相手を思い慕うこと。「かたおもい（片思い）」の約。『万葉集』

片食　かたけ

「半食」とも書く。朝晩二食のうちの一食。『大徳寺文書』

片垸　かたもい

水くみ用の蓋なしの土製の椀。『万葉集』

片旅籠　かたはたご

宿屋に泊まって、夕食か朝食のどちらか一方だけしかとらないこと。

片設　かたまく

待ち望んでいたその時が近づく。時になる。『万葉集』

片鳥屋　かたとや

鳥屋で、陰暦四月から七月にかけて鳥の毛が抜け代わること。

片葉　かきは

一片の葉。『祝詞』

片鄙　へんぴ

都から遠く離れたところ。『算法地方大成』

片髪鬢　かたころびん

片方の鬢（びん）。

片膳　かたしき・かたじき

「片食」とも書く。①仏家で、一日一回午前中にとる食事。②斎宮（いつきのみや）の忌言葉で「斎（とき）」。『延喜式』

片頬打　かたほうち

江戸時代、参勤交代で二組の大名が同じ宿に泊まることになったとき、宿駅を左右に分けて使用したこと。

〈牛　部〉

牛王　ごおう

①「牛王宝印」の略。『太平記』。②「牛黄」とも書く。牛の腸や肝にできる結石で、霊薬とされた。

牛王札　ごおうふだ

「牛王宝印・牛玉宝印」などと記された厄除の護符で、その裏を誓約書や起請文などに使った。

牛王宝印　ごおうほういん

「牛王札」に同じ。→牛王札

牛皮凍　へくそかずら

「屁糞葛・屁屎葛・女青」とも書く。アカネ科の蔓性多年草。

牛皮消　いけま

「生馬」とも書く。ガガイモ科の蔓性多年草。

牛舌魚　うしのした

海底に生息するウシノシタ科の硬骨魚の総称。

牛尾菜　しおで

ユリ科の蔓性多年草。

牛尾魚　こち

「鯒・鮍・鮲」とも書く。コチ科の海産硬骨魚の総称。

牛忍　うしのにんにく

ヒガンバナ科の多年草ヒガンバナの異称マンジュシャゲの異称。

牛角　ごかく

「互角」とも書く。お互いの力が拮抗していること。

牛車　ぎっしゃ

平安時代以降の、牛に牽かせた屋形車。

牛麦　なでしこ

「撫子・瞿麦」とも書く。ナデシコ科の多年草の総称。

牛淫　うしたわけ

「牛婚」とも書く。人が牛と交わること。『古事記』

牛索麺　うしのそうめん

ヒルガオ科の蔓性一年草の寄生植物。『物類称呼』

牛健児　うしこでい

①牛車の牛をひく者。「牛飼童（うしかいわらわ）」に同じ。『平家物語』。②江戸時代、仲間（ちゅうげん）や足軽の異称。

牛黄　ごおう・うしのたま

ごおう―「牛王」とも書く。→牛王②

うしのたま―「牛王」②に同じ。→牛王

牛蒡尻　ごぼじり

尾の短い猫。「株猫（かぶねこ）」に同じ。

牛儈　うしばくろう

「牛博労」とも書く。牛の売買をする者。

牛膝　いのこずち・えのこずち・ごしつ

いのこずち・えのこずち―ヒユ科の多年草。

ごしつ―イノコズチの異称。その根の生薬名。『好色一代男』

牛頭　ごず

牛頭人身の地獄の獄卒。

牛頭馬頭　ごずめず

牛頭人身と馬頭人身の地獄の獄卒。

牛頭栴檀　ごずせんだん

麝香（じゃこう）の香りのする香料。「牛頭香（ごずこう）」に同じ。

牛縻　はなづら

「牛縻」とも書く。牛の鼻につける鼻縄。

牛蘩縷　うしはこべ

「牛繁縷」とも書く。ナデシコ科の越年草。

〈犬　部〉

犬土当帰　いぬうど

「犬独活」とも書く。セリ科の大形多年草シシウドの異称。

犬子　えのこ・えのころ

「犬児・狗・狗児」とも書く。犬の子。『平家物語』

犬公方　いぬくぼう

「生類憐みの令」をだした徳川四代将軍津徳川綱吉のあだ名。

犬反吐草　いぬのへどぐさ

ドクダミ科の多年草ドクダミの異称。

犬付　いんつき

狩をするときの勢子（せこ＝鳥獣を駆りたてる人）。

犬児　えのこ・えのころ

「犬子」とも書く。→犬子

犬沢瀉　いぬおもだか

オモダカ科の多年草サジオモダカの異称。

犬独活　いぬうど

「犬土当帰」とも書く。→犬土当

帰

犬神人　いぬじにん
京都の八坂神社に所属し、祇園会の神幸に道路を清めあたり、市中の死屍の始末などをした神人（じんにん）。

犬黄楊　いぬつげ
モチノキ科の常緑低木。『書言字考』

犬睾丸　いぬのふぐり・いぬふぐり
「犬の陰囊」とも書く。ゴマノハグサ科の二年草。

犬酸漿　いぬほおずき
「竜葵」とも書く。ナス科の多年草。

〈玉（王）部〉　王は四画

王瓜　からすうり
「烏瓜」とも書く。ウリ科の蔓性多年草。

王事鞅掌　おうじおうしょう
幕末、天皇制樹立のために奔走すること。

王茸　しめじ
「湿地・占地・玉蕈」とも書く。担子菌類の食用キノコ。

五画

〈一　部〉

丘　お・つかさ

お—「峰」とも書く。①山の稜線。尾根。『古事記』。②山の小高いところ。『古事記』

つかさ—「阜・高処」とも書く。土地の小高いところ。『古事記』

丘垤　ありづか

「蟻塚・蟻垤・蟻封」とも書く。地表に丘のように盛り上がった蟻の巣。

且　かつ・かつがつ・かつうは・しばらく・かりそめ

かつ・かつがつ・かつうは—二つのことなどが同時に、または相前後して行われることを示す。『平家物語』

しばらく—すこしの間。『正法眼蔵』

かりそめ—「仮初・苟・苟且・初」とも書く。その場限りであること。また、はかないこと。

且千　しょせん・ちぢばかり

しょせん—「所詮」とも書く。つまるところ。

ちぢばかり—限りのないこと。はなはだしいこと。『高倉天皇書状』

且座　しゃざ

茶道の形式の一つ。客に花・炭・香を持ってきてもらい、亭主と副亭主が茶事を行うもの。

世上　せじょう

世間。『算法地方大成』

世乞　ゆうくい

沖縄の八重山地方の行事。豊年をあらわす「世（ゆう）」を乞う意。海から来訪神を迎えて新年が始まる。

世句斯彼　シェークスピア

「沙翁」とも書く。イギリスの劇作家・詩人。

不に　おおいに

「大いに」にとも書く。はなはだ。盛大に。『岩倉公実記』

不基　ひき

天子の国家統治のもとい。大事業の基礎。

〈丨　部〉

丱女　かんにょ・かんじょ

髪を総角（あげまき）に結った童女。『宇津保物語』

丱童　かんどう

髪を総角（あげまき）に結った童子。

〈丶　部〉

主る　かどる

「制る」とも書く。統括する。管理する。『大唐西域記』

主水司　もいとりのつかさ・もんどのつかさ・もとりのつかさ・しゅすいし

「水取司」とも書く。律令制で宮内省に属し、供御の水・氷室などをつかさどった役所。

主礼　しゅらい

弔問客を接待する役割の人。

主典　さかん・そうかん

律令制の四等官（しとうかん）の最下位。

主保　なぬし

「名主」とも書く。村の長（おさ）。

主計寮　かぞえりょう・かずえのつかさ

律令制で民部省に属し、調・庸などを計算し、国の財政の収支をつかさどった役所。

主計頭　かずえのかみ・かぞえのかみ

律令制の組織である主計寮の長官。

主基　すき

「須岐・主紀・須基・須伎」とも書く。大嘗祭（だいじょうさい）で西方に設けられる祭場。

主基田　すきでん

「須伎田・須基田・主紀田」とも書く。大嘗祭（だいじょうさい）で、主基に神饌とする新穀を育てる田。

主税寮　ちからりょう・ちからのつかさ

律令制で民部省に属し、諸国の田租や米倉の出納などをつかさどった役所。

主殿司　とのもりづかさ・とのもづかさ

「殿司」とも書く。律令制で、後宮十二司の一つ。火燭や薪炭などをつかさどった。

主鷹司　たかつかさ

律令制で兵部省に属し、鷹や犬の調教を管轄した役所。

〈丿　部〉

乎古止点　おことてん

「遠己登点・袁古刀点」とも書く。漢文を読み下すために、漢字の周辺につけた記号。「てには点・てにをは点」に同じ。

乍　たちまち

「乍地・忽ち」とも書く。急に。にわかに。

乍去　さりながら

「然り乍ら」とも書く。しかしながら。…ではあるが。『もしや草紙』

乍地　たちまち

「乍」とも書く。『内地雑居未来之夢』→乍

〈人　部〉

以　もって・おもんみる・おもう

もって—…によって。『算法地方大成』

おもんみる・おもう—よく考える。『平家物語』

以一察万　いちをもってばんをさっす

少しの情報で事態の全体を把握できる。聡明であること。

以丁堡　エディンバラ

スコットランドの中心都市。もとスコットランド王国の首都。

以之外　もってのほか

「以外」とも書く。とんでもないこと。常軌を逸脱したこと。『早雲寺殿廿一箇条』

以太利　イタリア

「伊太利亜・伊太利」とも書く。ヨー

ロッパ南部地中海に突出した半島に位置する共和国。

以外　もってのほか　「以之外」とも書く。『保元物語』↓以之外

以参　さんをもって　参上して。伺って。『大石良雄書状』

以為　おもえらく　「以為えらく・謂えらく・思えらく」とも書く。思っていることには。考えるには。『大唐西域記』

以牒　もってちょうす　「牒」は組織間で取り交わす文書。…によって牒を送る。『宗像文書』

以解　もってげす　…によって解（げ＝中世の訴状や逮捕状）をさし出す。『宮内引付』

仡仡　きつきつ　「屹屹」とも書く。いかめしい。勇ましいこと。『町人嚢』

仕付　しつけ　①「躾け」とも書く。礼儀作法を身につけさせること。『かたこと』②作物を植えつけること。『算法地方大成』

仕形　しかた　「仕方」とも書く。やりかた。ふるまい。『算法地方大成』

仕来　しきたり　「為来」とも書く。慣例。ならわし。

仕奉　つかえまつる　「仕える」の謙譲語。『正倉院文書』

仕法　しほう　やりかた。『算法地方大成』

仕度　つかまつりたし　…させていただきたい。『戴恩記』

仕馴　しなれ　物事をやりなれていること。『地方凡例録』

仕損　しそんず　「為損ずる」とも書く。やりそこなう。

仕舞屋　しもたや・しもうたや　商売をやめた家。借家の家賃や資財で生活する裕福な人。『永日小品』

仕人声　つこどごえ・つこうどごえ　無愛想な荒々しい声。

仔虫　しちゅう　幼虫。

仔細　わけ・しさい　「子細」とも書く。理由。『緑蓑談』

仗　よりて　「因・依・仍」とも書く。ゆえに。だから。

仙　セント　①アメリカ・カナダなどの貨幣の単位。一ドルの百分の一。②平均律音程で、半音の百分の一の音程。

仙人帽　きぬがさだけ　「絹傘茸」とも書く。担子菌類のキノコ。

仙人掌　サボテン・シャボテン　サボテン科の常緑多年草。「覇王樹（はおうじゅ）」に同じ。

仙洞　せんとう　上皇の御所。「仙洞御所」に同じ。

仙蓼　われもこう　「吾木香・吾亦紅・地楡・我毛香」とも書く。①バラ科の多年草。②ワレモコウの花文様。『狭衣物語』

仙蹕　せんびつ・せんぴつ・せんひつ　行幸の行列。また、貴人の乗物。『太平記』

他人　あだしびと　ほかの人。『日本書紀』

他人事　ひとごと　「人事」とも書く。自分には無関係な事。

他女　あだしおみな・あだしおんな　「徒女」とも書く。①ほかの女。情婦。②浮気な女。

他夫　ひとづま　「人妻・他妻」とも書く。他人の妻または夫。『万葉集』

他処　よそ　「他所・余所・余処」とも書く。①ほかの所。『万葉集』②直接関係のない所・物事など。『古今和歌集』③他人の家。『続猿蓑』

他犯　たぼん　姦通。『吉川氏法度』

他行　たぎょう　外出。よそへ行くこと。『軽口露がはなし』

他男　あだしおとこ　「徒男」とも書く。①ほかの男。情夫。②薄情な男。

他見　おかめ・たけん　おかめ─「傍目・岡目」とも書く。第三者の立場で見ること。はため。『春色梅児誉美』たけん─他人に見せること。『日葡辞書』

他事　あだしごと　「徒事」とも書く。他のこと。無駄なこと。『椿説弓張月』

他妻　ひとづま　「他夫」とも書く。『万葉集』↓他夫

他所　よそ　「余所」とも書く。①別の場所。『万葉集』②自分には関係がないこと・人など。『万葉集』

他契　あだしちぎり　「徒契」とも書く。むなしい約束。

代　しろ　①代わりの物。『播磨風土記』②代金。③他の目的のために取っておく部分。④田。田地。『栄花物語』

代物　しろもの　「代呂物」とも書く。①商品。②代金。③評価の対象となる人や人物。『蕩子筌枉解』④隠語的に容貌の良い女性。『東海道中膝栗毛』

代物替　しろものがえ・だいもつがえ　①金銭によらず物品を交換すること。②江戸時代、長崎で行われた貿易法の一つ。『町人考見録』

代指　つまばらみ・つめばらめ　爪が化膿すること。「瘭疽（ひょうそ）」の古称。『易林本節用集』

代割帳　しろわりちょう　近世、大規模な漁業で漁獲高の配分帳簿。

付子面　ぶすつら　しかめつら。不機嫌な顔。

付子鉄漿　ふしかね　「附子鉄漿」とも書く。お歯黒に使う染料。

令　せしむ　…させる。『今昔物語集』

令ち のりごち
「宣ち」とも書く。命令する。『日本書紀』

令外 りょうげ
律令制で、令の規定以外の官。内大臣、中納言、遣唐使など。「令外官（りょうげかん）」の略。

令旨 りょうじ
親王・三后（皇后・皇太后・太皇太后）などの下達文書。『貞丈雑記』

令法 りょうぶ
リョウブ科の落葉小高木。

令浴地書 あびせじがき
蒔絵で、一面に薄く塗る地書き。

令献す まつりだす
人を仲介にしてさしあげること。

令鋪 しかしむ
敷かせる。『西宮記』

〈儿 部〉

兄 このかみ・え・せ・せなな・せな
このかみ—「氏上」とも書く。①兄または姉。『宇津保物語』。②年長の者。『源氏物語』。③氏の長。『日本書紀』。④優れた人。『日本書紀』
え—「このかみ」①に同じ。
せ・せなな・せな—「夫」とも書く。女性から夫や兄を親しんでいう呼称。『万葉集』

兄子 せこ・あっこ
せこ—「夫子・背子」とも書く。①姉妹が兄弟を親しんでいう呼称。『万葉集』。②女性が夫や恋人を親しんでいう呼称。『日本書紀』③女性が甥を親しんでいう呼称。『万葉集』
あっこ—年長者。「あにご」の約。

兄方 えほう
「吉方」とも書く。陰陽道で、歳徳神がいるその年のもっとも縁起の良い方角。

兄矢 はや
「甲矢・早矢」とも書く。三立羽（みたてば）のうち、矢羽の表が外側に向いた、一番先に射る矢。

兄姫 えひめ
年上の姫。長女。『日本書紀』

兄娘 あにょう・えむすめ
あねむすめ。『日本書紀』

兄部 このこうべ
①集団の指導者。②禅宗で、雑役を担う僧侶の長。③中世、護衛武士の長。④中世、職人の長。

兄野郎 あにのら
兄をのらくら者と卑しめていう呼称。

兄御前 あにごぜ
兄の尊称。『曾我物語』

兄鼓 えつづみ
大きな鼓。「弟鼓（おとつづみ）」に対する語。

兄鶏 このり
タカの一種ハシタカの雄。『倭名類聚鈔』

兄鷹 しょう
「雄鷹」とも書く。タカ目の小・中形の鳥タカの雄。『源氏物語』

〈冂 部〉

冊 とじる・かしずく
とじる—「綴じる」とも書く。製本する。重ねてつづり合わせる。
かしずく—「傅く」とも書く。子供を大事に育てる。大事に世話をする。

冊子 そうし
「草子・草紙・双紙」とも書く。①綴じた書冊。②仮名書き文の書冊。③中世・近世の絵入りの読本。④下書き用の帳面類。「手習草子（てならいぞうし）」の略。

冉冉 ぜんぜん
①花などがふくよかに垂れ下がるさま。②移り変わるさま。『懐風藻』

〈几 部〉

処 ど・と
「所」とも書く。他の語について場所を表わす。

処分 そうぶん
「荘分・庄分」とも書く。財産や遺産を分与すること。『落窪物語』

凧 いか・いかのぼり
「紙鳶」とも書く。関西で「凧（たこ）」のこと。風力を利用して空高くあげて遊ぶ玩具。『好色一代男』

〈凵 部〉

出矢倉 だしやぐら
「出櫓」とも書く。①城郭の外部に出して造った櫓。②和船の舳（へさき）や艫（とも）に突きだしたやぐら。

出石焼 いずしやき
兵庫県出石町で生産される磁器。

出立 でたち・いでたち
①よそおい。身づくろい。『春色梅児誉美』。②旅に出ること。③宿泊者が出発のときにとる食事。『好色一代男』

出奔 しゅっぽん
逃げて姿をくらますこと。『地方凡例録』

出来 しゅったい・しゅつらい
①事件が起こること。『御成敗式目』。②物事ができあがること。『葉隠』

出居 いでい・でい
①庭に近いところに出て座ること。『御堂関白記』。②朝廷の儀式で、庭などに臨時に設けられる座。『蜻蛉日記』。③寝殿造の居間兼応接間。『源氏物語』

出所 でんど
①人なか。晴れ舞台。『曾根崎心中』。②奉行所。法廷。『曾根崎心中』

出埃及記 しゅつエジプトき
旧約聖で、モーゼのエジプト脱出についての記述。

出家 すけ
「しゅっけ（出家）」の直音化。俗世間を出て仏門に入ること。『源氏物語』

出師 すいし
軍隊をだすこと。出兵。

出座 いでまし
天皇や皇子がおでましになること。「行幸」に同じ。『万葉集』

出挙 すいこ
古代、官・寺社などが稲・銭などを貸し付け、利息とともに返済させた制度。『東大寺百合文書』

出寄留 できりゅう
本籍地以外の土地に一時的に住むこと。

出張 でばり・ではり
①戦いなどで、出向くこと。出兵すること。『細川高国書状』。②別宅

『浮世床』

出遣　でづかい
①人形を操ること。『誹風柳多留』。②無駄遣いをすること。

出落栗　でておちぐり
丹波栗の異称。自然に毬から出て地上に落ちるところからの名称。

出精　しゅっせい・すいしょう
しゅっせい―精をだしてはげむこと。『御触書宝暦集成』
すいしょう―「水晶」とも書く。無色透明の石英。

凸凹　たかびく・でこぼこ
高低。『地方凡例録』

〈力　部〉

加之　しかのみならず・しかも
「加称・加旃ず・尓乃・至苦・如以」とも書く。
しかのみならず―そればかりでなく。『浮雲』
しかも―なおそのうえに。『初恋』

加之に　おまけに
「御負けに」とも書く。その上に。さらに加えて。『椿姫』

加子　かこ
「水主・水夫・船手・船子・船夫・楫子・櫂子・舸子・鹿子」とも書く。船を操る人。江戸時代には船頭を除く一般の船乗りをいった。

加加阿　カカオ・ココア
アオギリ科の常緑高木。

加必丹　カピタン
「甲必丹・甲比丹・加比丹」とも書く。①江戸時代、長崎の出島の商館長。②オランダ船などの船長。③オランダ渡来の縞織物。

加地子　かじし
中世、田畑の耕作者が地主や名主に納めた年貢。耕作者はこのほかに本年貢を領主に納めた。『東大寺百合文書』

加行　けぎょう・げぎょう
正式の修行の前に行う準備的な修行。

加汲　かきゅう
「加級」とも書く。位や階級が上がること。『厳島神社文書』

加利福尼　カリフォルニヤ
アメリカ合衆国西海岸の州カルフォルニア。

加役流　かえきる・かやくる
平安時代、流刑の中でもっとも重いもの。

加豆及店　かずのこ
「数の子」とも書く。ニシンの卵巣を塩漬または乾燥させた食品。

加非木　コーヒーのき
アカネ科の常緑低木。種子はコーヒー豆。

加持力教　カトリックきょう
ローマ教皇を首長とするキリスト教の一派。

加点　がってん・かてん
①文書の内容に承認の意の点や線をほどこすこと。②漢文を読むために訓点などをほどこすこと。

加拿太　カナダ
「加奈陀」とも書く。北アメリカ大陸北部に位置し、イギリス連邦に属する連邦国家。

加旃ず　しかのみならず
「加之」とも書く。『即興詩人』↓加之

加称　しかのみならず
「加之」とも書く。↓加之

加密爾列　カミルレ・カミツレ
「加密児列」とも書く。キク科の一年草。

加陪従　かべいじゅう
臨時に召し加えられた楽人。

加答児　カタル
粘膜に炎症を起こす病気。

加農砲　カノンほう
長距離用の大砲。

加様　かよう
このように。『北条重時家訓』

加諸　さしくわえる
「差し加える」とも書く。つけ加える。

功力　くりき
修行によって身に付けた力。『日葡辞書』

功夫　カンフー・くふう
カンフー―中国拳法。
くふう―「工夫」とも書く。①いろいろ考えてよりよい方法を見つけようとすること。②精神の修養。

功付　くうづく
多年の功労がつく。熟練する。『源氏物語』

功田　くでん・こうでん
律令制で、功績のあったものに与えられた田。

功徳衣　くどくえ
僧侶が安居（あんご）の行（ぎょう）を終えた後、五ヵ月間だけ着用を許される普段着。

幼　いとけなし・いとけし・わかし
「稚し」とも書く。おさない。『沙石抄』

幼者　いどけなきもの
おさない者。子供。『折たく柴の記』

〈勹　部〉

匆匆　そうそう・そこそこ
「怱怱」とも書く。あわただしいさま。『浮雲』

匆遑　そそくさ
あわただしいさま。『黒い目と茶色の目』

包ね隠す　かねかくす
包み隠す。『日本書紀』

包裹　ほうか
包むこと。

〈匕　部〉

北　にぐ・のがる
うしろを見せて逃げる。戦いに敗れて逃げる。『常山紀談』

北五味子　ちょうせんごみし
「朝鮮五味子」とも書く。モクレン科の落葉蔓性低木。

北明翰　バーミンガム
イングランド中部ウェストミッドランズ州にある大工業都市。

北東風　きたごち
北東から吹く風。

北政所　きたのまんどころ
①摂政や関白など、高位の公家の妻。またそれに属する政所。『源氏物語』。②豊臣秀吉の妻の高台院の呼称。

北叟笑 ほくそえみ・ほくそわらい
思い通りになったと思い、ひそかににんまり笑うこと。『内地雑居未来之夢』

北寄貝 ほっきがい
バカガイ科の二枚貝ウバガイの異称。

北陸道 くにがのみち・くぬがのみち・くるがのみち
「北陸道」の古称。

〈匸（匚）部〉

巨大り かさばり
「嵩張り」とも書く。さまたげになるほどにかさが大きいこと。『内地雑居未来之夢』

巨巨等 ここら
「此所等・爰等」とも書く。このへん。このあたり。

巨多 こた
数が多いこと。『御成敗式目追加』

巨益 こやく
仏教で、大きな利益。『徒然草』

巨細 こさい
大小。大きいことも小さいこともすべて。『地方凡例録』

巨細い くわしい
「精しい・詳しい・委しい」とも書く。精通している。『西洋道中膝栗毛』

巨頭鯨 ごんどうくじら
歯クジラ類のイルカの大形のもの。「ゴトウクジラ」の訛。

匜 はんぞう
「楾・半挿・䢻」とも書く。水・湯を注ぐ器。柄に水・湯を通じる穴があり、柄が容器に差し込まれているもの。『宇津保物語』

〈十部〉

半 わん・なかば
わん— …だろう。『芭蕉文集』
なかば—途中。真ん中あたり。半分。『神皇正統記』

半月 はにわり
男女両性の性器をもつ者。半陰陽。『倭名類聚鈔』

半半尺 なからはんじゃく・なからばんじゃく
中途半端。いいかげん。『鎌腹』

半平 はんぺん・はべん・はんぺい
魚のすり身にヤマノイモ・デンプンなどを加え、茹でたり蒸したりして作った食品。

半辺蚶 いたや・いたやがい
「板屋貝・文蛤」とも書く。イタヤガイ科の二枚貝。

半辺蓮 みぞかくし
「溝隠」とも書く。キキョウ科の小形多年草。

半死 なからじに
生きるか死ぬかの境。半死半生。『日葡辞書』

半庇車 はんびさしのくるま
物見の上に庇のある太上天皇・親王用の牛車（ぎっしゃ）。

半枡 なからます
五合ます。

半牀 はんしょう
一人者の租税の率。夫婦者を一牀とした。

半物 はしたもの
女中など、召使女の蔑称。

半面 はたかくす・はたがくれ
少し隠れること。「半隠る（はたかくる）」に同じ。『新猿楽記』

半風子 しらみ
「虱・蝨・半風」とも書く。シラミ目の昆虫の総称。漢字表記の「虱」が「風」の一画を欠いたところからの表記。

半食 かたけ
「片食」とも書く。朝夕二回の食事のうちの一回。『大徳寺文書』

半首 はつぶり
「半頭」とも書く。兜の下に装具し、額から両頰を保護する鉄面（かなめん）の一種。『保元物語』

半夏 からすびしゃく・はんげ・へそくび・へそくり
「烏柄杓」とも書く。サトイモ科の多年草。

半夏生 はんげしょう
①七十二候の一つ。夏至から十一日目に当る日で、新暦では七月二日頃。田植えの終る時期。②ドクダミ科の多年草。

半夏黄 あきまめ
「秋豆・梅豆」とも書く。マメ科の一年生作物ダイズの異称。

半挿 はんぞう
「匜」とも書く。↓匜

半息子 なからむすこ
婿（むこ）の異称。『和訓栞』

半被 はっぴ
「法被」とも書く。①江戸時代、下級武士や中間（ちゅうげん）が着た上着。②印半纏。③禅宗で、僧が座る椅子の背にかける布。

半途 みちのそら
「道の空」とも書く。旅の途中。

半済 はんぜい
①年貢の半分を納めること。②室町時代に、兵糧米を現地で調達した制度。『室町幕府追加法』

半童 はしたわらわ
「端童」とも書く。召使いの子供。『落窪物語』

半過 なからすぎ
半分過ぎ。大半。「なかばすぎ」に同じ。『古今著聞集』

半靴 ほうか
騎馬用の靴。

半蔀 はじとみ
下半分が格子で、上半分が蔀（しとみ）で外側に上げるようにした戸。『源氏物語』

半銭 ひらなか・きなか
一文の半分。ほんの少しの形容。『誹風柳多留』

半髪 はんこう
「半頭・半額」とも書く。①頭髪の前半分を剃り、後ろ髪を残す髪形。②子供の頭髪を両耳脇だけ剃り残した髪形。

半頭 はんこう・はつぶり
はんこう—「半髪」とも書く。↓半髪
はつぶり—「半首」とも書く。『保元物語』↓半首

半臂 はんぴ
束帯のときに着る袖無しの胴衣。『古事談』

半額 はんこう

「半髪」とも書く。→半髪

〈卜部〉

占子の兎 しめこのうさぎ
兎を「絞める」にかけて、うまくいったときにいう語。「しめた」の意の地口（じぐち）。『東海道中膝栗毛』

占方 うらかた・うらがかた
占いをする人。占い。

占兆 うらわい
占いにあらわれたしるし。『日本書紀』

占地 しめじ
「湿地」とも書く。担子菌類の食用キノコ。

占形 うらかた
「卜兆・占象」とも書く。①「占兆」に同じ。『日本書紀』→占兆。②占いをする人。『大江山』

占城 チャンパ・チャンバン
「占婆」とも書く。インドシナ半島南東部にあり、中継貿易で栄えた国。織豊・江戸時代、多くの日本の商人も渡来した。

占婆 チャンパ・チャンパン
「占城」とも書く。→占城

〈卩（㔾）部〉

卯木 うつぎ
「空木」とも書く。ユキノシタ科の落葉低木。

卯花月夜 うのはなづくよ
白い卯の花が満開になっているさまを月夜にみたてた語。

卯花腐 うのはなくたし・うのはなくだし
卯の花も腐るほどに雨が降り続く意で、五月雨（さみだれ）の異称。『千載和歌集』

卯杖祝 うづえほがい
祭祀で、神に卯杖を奉るときに奏する寿詞（よごと）。『栄花物語』

卯酒 ぼうしゅ・ぼうす・ばうしゅ
卯（う）の刻に飲む酒。寝酒。『大鏡』

〈厶部〉

去文 さけぶみ
「避文」とも書く。所領を譲与するときに作成する文書。

去年 こぞ
①昨年。『万葉集』。②今夜。『古事記』

去来 いざ・いざわ
人を誘ったり、これからなにかを始めようとするときの語。さあ。どれ。『太平記』

去来去来 いざいざ
「去来」に同じ。→去来

去社 さればこそ
「然ればこそ」とも書く。そうであればこそ。

去迚 さりとて
「左有迚・然りとて」とも書く。そうだけれども。そうではあっても。

去前 いんさき
「往前・往先」とも書く。むかし。往時。

去頃 さいつころ
「近曾」とも書く。このあいだ。先日。

〈口部〉

可也 かなり
「可成」とも書く。まずまず。『地方凡例録』

可也八合 かなりはちごう・かなれはちごう
七、八分通り良いこと。ほぼ良いこと。『御所桜堀川夜討』

可内 べくない
武家の下僕の呼称。

可成 かなり
「可也」とも書く。→可也

可成丈 なるべきだけ
できるだけ。『御触書天明集成』

可坊 べらぼう
「便乱坊」とも書く。①人を罵るときに言う語。たわけ。『燕石雑志』。②異常なこと。③江戸時代、見世物に出た全身が黒い猿のような人間。『日本永代蔵』

可我身 かがみ
「鏡」とも書く。光の反射で形や容姿を見る金属・ガラス製の道具。『万葉集』

可怜国 うましくに
「美国」とも書く。美しい国。国を褒め称える語。『万葉集』

可杯 べくさかずき
底に小さな穴がある坏。穴を指でふさいで酒を受け、飲み干すまで下に置くことができない。底が尖っていて、置くと倒れるものもある。

可祝 かしく
「恐・畏」とも書く。おもに女性が手紙の末尾に書く語。「かしこ」に同じ。

可笑 おかし
おろかしく、笑うべきさまである。『西郷隆盛全集』

可惜 あたら・あたらし・おしむべき
もったいないことに。『源氏物語』

可漆 ベクうるし
ミャンマーの古都ペグーから渡来した上等の漆。

可傷し いたまし
「痛まし・傷まし」とも書く。ふびんである。『新生』

可厭 いや・いやな・いやみ・うるさい
不快なこと。いやがらせ。『当世書生気質』

可憫し いじらし
痛々しく可憐である。『五重塔』

可漏子 かろす
「殻漏子」とも書く。①仏教で、肉体の蔑称。②転じて、文書を入れる封筒。

句読 くとう
①文章の句点と読点。②文章の読み方。③漢文学習の初歩とされた素読（すどく）。

古女 ごまめ
「鱓」とも書く。小さいカタクチイワシの乾製品。「田作り」に同じ。

古反故 ふるほご・ふるほぐ
書画などで、書き損じて不用となった紙の古くなったもの。

古矢辣 くじら
「久知良・鯨」とも書く。哺乳類クジラ目の大形海獣。

古名告 ふるなのり
古くから知れ渡った名称を告げて知らせること。『為忠朝臣家百首』

古兵 ふるつわもの
「古強者」とも書く。①戦いの経験が豊富な古武士。『平家物語』。②経験豊かで、その道に通じたしたたか者。

古利留 くりる
千島列島の異称。

古里利 コレラ
「虎列剌」とも書く。急性伝染病の一つ。

古受領 ふるずろう
もと国司の最上席であった者。『源氏物語』

叩子 ボタン
「釦」とも書く。①衣服で合わせ目をとめるもの。②機器を作動させるために指で押すスイッチの突出している部分。

叩解 こうかい
製紙のため、原料のパルプを水中で切断させること。

叩頭虫 ぬかずきむし・こめつきむし
「額突虫」とも書く。コメツキムシ科の甲虫の総称。『枕草子』

号 すさむ
「遊む」とも書く。口遊む。

史 ふひと・ふびと・さかん
ふひと・ふびと―①古代、朝廷の書記官。②古代の姓(かばね)の一つ。
さかん―古代の官制で、四部官中の最下位。

史部 ふひとべ・ふびとべ
古代、朝廷で文書や記録の作成に従事した品部（しなべ）。応神天皇の時代に帰化した王仁（わに）・阿知使主（あちのおみ）にはじまるという。

司 みこともち
「宰」とも書く。天皇の命により地方の国政を司った官人。国司。『日本書紀』

只中 ただなか
「真中・正中」とも書く。①まんなか。矢の的となったものの中央部。『平家物語』。②真っ最中。③真髄となるもの。

只且 かくばかり
「斯く許り」とも書く。こんなにも。

只事 ただごと
「徒事・啻事・唯事・直事」とも書く。あたりまえのこと。

只管 ひたすら
「頓・一向」とも書く。①いちずに。『源氏物語』。②すっかり。まったく。『日本書紀』

召文 めしぶみ
中世の裁判で、訴訟当事者を召喚するために発給した書状。『六角氏式目』

召名 めしな
除目（じもく）に、任官される人々の名を列記し、太政官から奏聞する文書。『御堂関白記』

召仰 めしおおせ
召して命ずること。『中右記』

台尻 だんじり
「山車・檀尻」とも書く。祭礼で引き回される練物。

台詞 せりふ
「科白」とも書く。①劇中で俳優が話す言葉。②言い草。③決まり文句。『浮世風呂』

台盞 とさん
「渡盞」とも書く。盃を置く木の台。『好色一代男』

台辞 せりふ
「台詞」とも書く。『此処やかしこ』
↓台詞

叮嚀 ていねい
「丁寧」とも書く。礼儀正しく心がゆきとどいていること。『古今著聞集』

叵 がたし
「難」とも書く。…するのはむずかしい。できない。『宇都宮家式条』

右に左く とにかく
「兎に角」とも書く。さておき。

右手 めて
「馬手」とも書く。①右の手。『今昔物語集』。②右の方面。『平家物語』。

右往左往 かゆきかくゆき
あちこちと行きめぐる。『万葉集』

右筆 ゆうひつ
「祐筆」とも書く。武家社会で、文書の草案・執筆・記録などを担当する武家の職名。『信長公記』

右僕射 うぼくや
「右大臣」の唐名。

右端 うびた
料理用語。鯉の腹鰭（びれ）で、四番目の右側のもの。

叺 かます
①むしろを二つ折りにして両端を縫い合わせた袋。穀物や塩などを入れる。『日本書紀』。②刻み煙草を入れる革製の袋。

〈口　部〉

四入 よついり
年貢徴収などの基準となる一斗枡。一斗は四升。『相良氏法度』

四十物 あいもの
「相物・合物・間物・四十集」とも書く。塩処理をほどこした魚類の総称。

四十雀 しじゅうから
スズメ科シジュウカラ科の鳥。

四十集 あいもの
「四十物」とも書く。↓四十物

四手辛夷 しでこぶし
「幣辛夷」とも書く。モクレン科の落葉小高木。

四方八方 よもやも・しほうはっぽう
「四方山・四表八表・四表八方・四極山」とも書く。①さまざまな方向。『日本書紀』。②いろいろ。『椿説弓張月』

四方山 よもやま
①「四方八方」に同じ。↓四方八方。②世間。『川渡甚大夫一代記』

四方手 しおで
「四緒手・鞖」とも書く。馬具の紐。鞍につけた紐で胸懸（むながい）と鞦（しりがい）をとめるもの。『源平盛衰記』

四布蒲団 よのぶとん
「四幅蒲団」とも書く。表裏それぞれ並幅四枚分の布で作った蒲団。

四弘誓願 しぐせいがん
すべての菩薩が発する四つの誓願。

四生　ししょう
仏教で、生まれ方によって生物を分けたもの。胎生（たいしょう）・卵生（らんしょう）・湿生（しっしょう）・化生（けしょう）の四種。

四辺　あたり
「辺」とも書く。その辺一帯。

四至　しいし・しし
所領の東西南北の境界。『相良氏法度』

四至牓示　しいしぼうじ
所領などの境界を示す標識。『伊賀国庁官人等申状案』

四応花　やまぼうし
「山帽子・山法師」とも書く。ミズキ科の落葉高木。

四表八方　よもやも
「四方八方」とも書く。『日本書紀』→四方八方

四表八表　よもやも
「四方八方」とも書く。→四方八方

四阿屋　あずまや
「四阿・東屋・阿舎」とも書く。四方の柱だけで壁のない家屋。『上田敏全訳詩集』

四度公文　よどのくもん・しどのくもん
律令制の公文書の帳簿類。大計帳、生税帳・調帳・朝集帳。

四幅袴　よのばかま
膝あたりで裾をすぼめ、前後を並幅二枚の布で仕立てた袴。中間（ちゅうげん）や小者（こもの）が着用した。

四幅蒲団　よのぶとん
「四布蒲団」とも書く。→四布蒲団

四極　よものはて・しわす
よものはて―四方のはて。世界のはて。『即興詩人』
しわす―「極月・師走」とも書く。陰暦十二月の異称。

四極山　よもやも
「四方八方」とも書く。→四方八方

四象　ししょう
①易の呼称。少陽（春）・太陽（夏）・少陰（秋）・太陰（冬）の総称。②地中の水・火・土・石の総称。

四間草　よつまぐさ
ヒノキ科の常緑高木ヒノキの異称。

四調　たっしゃ
「達者」とも書く。とくに牛馬が元気なことに用いられる表記。

囚　ひとや
「人屋・獄・囚獄」とも書く。牢屋。『筆のまにまに』

囚人　めしうど
捕らえられ、獄に入れられた者。

囚獄　ひとや
「囚」とも書く。『宇治拾遺物語』→囚

〈土　部〉

圧状　おうじょう
①人をおどして無理やり書かせた文書。②「往生」とも書く。無理やり承知させること。

圦　いり
①水の出入りを調節するために水門に設けた樋（とい）。②山間の谷川の上流。

圦樋　いりひ
「入樋」とも書く。「圦」①に同じ。→圦

〈夂（夊）部〉

冬子　どんこ
「冬菇」とも書く。マツタケ科の食用キノコ・シイタケの一品種。

冬瓜　とうが・とうがん・かもうり
ウリ科の一年生果菜。

冬安居　とうあんご・ふゆあんご
僧侶が陰暦十月十六日から正月十五日まで行う冬の修行。

冬虫夏草　のむしたけ・とうちゅうかそう
①地中にいる昆虫の幼虫や蜘蛛などに寄生する菌類。②①を乾燥させた生薬名。

冬青　そよご
モチノキ科の常緑低木。

冬眠鼠　やまね
「山鼠」とも書く。ネズミ目ヤマネ科の哺乳類。

冬菇　どんこ
「冬子」とも書く。→冬子

〈夕　部〉

外　と
①そと。ほか。『万葉集』。②厠（かわや）。『日葡辞書』

外方　そっぽ・そっぽう・ほかざま・とざま
「外様」とも書く。
そっぽ・そっぽう・ほかざま―よその方向。『竹取物語』
とざま―①武家時代、譜代の主従関係をもたない家臣。②表向き。③傍系であること。また、その人。

外印　げいん
太政官の官印。

外用　げゆ・げゆう
仏教で、さとりによって外に顕れる作用。仏・菩薩が教え導く作用。

外矢　とのや
犬追物（いぬおうもの）で、的になる犬を射る矢。

外侍　とざむらい・とおさぶらい
鎌倉時代以降、武家の屋敷で、主殿から離れた中門や玄関近くに設けられた、警備などに当る武士の詰所。

外待　ほまち
「帆待」とも書く。①船乗りが契約外の船荷を積んで利益を得ること。②臨時の収入。③主人に内密で使用人などが開墾した田。

外持　ほまち
「穂待」とも書く。奉公人がひそかに貯めた財産。役得。へそくり。

外相　げそう
仏教で、言葉や所作など、外にあらわれるもの。『無名抄』

外郎　ういろう
①痰や口臭止めの薬。『貞丈雑記』。②蒸し菓子。

外重　とのえ
宮城の外郭。左右衛門府があった所。『万葉集』

外面　そとも・とのも
外部。そとがわ。『宇津保物語』

外宮　げくう
伊勢神宮の豊受大神宮。

外宮所 とつみやどころ
①離宮のあるところ。『万葉集』。②外宮のあるところ。『殷富門院大輔集』

外座 げざ
「下座」とも書く。歌舞伎芝居で、囃子方のいる場所。またその囃子方。

外記 げき
律令制で、太政官執務の記録をつかさどる職名。『権記』

外連 けれん
①演劇で、観客の俗受けをねらった演出や演技。②ごまかし。はったり。

外戚 げしゃく・げさく
①母方の親戚。『宇津保物語』。②妾。

外戚腹 げしゃくばら
「下借腹」とも書く。本妻以外の女が産んだ子。

外痙 げぎょう
「外経・外境」とも書く。医学の一分科。「外科」に同じ。

外幕 とまく
軍陣で、本陣からもっとも外側に張る幕。

外様 とざま・ほかざま
「外方」とも書く。『町人見録』↓外方

外精霊 ふけじょろ・ふけじろ
無縁仏。九州南部地方の語。

外聞実儀 がいぶんじつぎ
表向きの姿と真実の姿。『相良家文書』

外障眼 うわひ
「上翳」とも書く。瞳が曇る眼病。

外題 げだい
①書物の標題。『伊勢大輔集』。②芝居などの標題。③申文（もうしぶみ）や解状（げじょう）などの欄外に記した認証や指示。

外繋 とつなぎ
馬つなぎ用に野外に立てた柱。

〈大　部〉

失 とが
罪。『沙石集』

失列禿骨 シレトコ
北海道東端の半島部の地名「知床」。

失声 ひこえ
「乾声」とも書く。声がかすれて出ないこと。枯れた声。『倭名類聚鈔』

失物 うせもの
紛失した物。

失計 しこり
失敗。やりそこない。『万葉集』

失勃児杜 シーボルト
来日したドイツ人医師・博物学者。

失部喇旋 シベリア
「西比利亜」とも書く。ロシア連邦の一地域。

〈女　部〉

奴 つぶね
下僕。『大和物語』

奴要子鳥 ぬえこどり
「鵼子鳥」とも書く。①スズメ目ヒタキ科の鳥トラツグミの異称。②夜行性の鳥フクロウ・ミミズクなどの総称。

奴原 やつばら
「奴儕」とも書く。奴等（やつら）。『保元物語』

奴紙鳶 やっこだこ
「奴凧」とも書く。奴が袖を広げた格好の凧。

奴袴 さしぬき・さすき・ぬばかま
さしぬき・さすき―衣冠や狩衣（かりぎぬ）などを着用するときに用いる袴。『源平盛衰記』
ぬばかま―「さしぬき」の異称。『倭名類聚鈔』

奴儕 やつばら
「奴原」とも書く。『竹取物語』↓奴原

〈子　部〉

孕女 うぶめ
「産女」とも書く。①産婦。②死亡した産婦の霊が化した「孕女鳥」の略。

孕女鳥 うぶめどり
「産女鳥・産婦鳥・姑獲鳥・射姑女鳥」とも書く。「孕女」に同じ。↓孕女

〈尸　部〉

尻小端 しりこぶた・しりたむら
臀部の肉の多い部位。「尻辺・尻臀」に同じ。『双生隅田川』

尻切 しきれ・しきり
①水除けに、底を革で包んだ草履。②往時、夏季に女が腰に着用したもの。

尻付 しづけ・しりづけ
新任者の官位・氏名の下に年齢・略歴・叙任の理由などを小さく注記すること。

尻辺 しりべた
「尻小端」に同じ。↓尻小端

尻尾 しっぽ
動物の尾。

尻居 しすえ・しずえ
土器（かわらけ）の下に敷くもの。「撃子（けいし）」に同じ。

尻棚 しだな
船の後部につける板。

尻臀 しりたむら
「尻小端」に同じ。『新撰字鏡』↓尻小端

尻繋 しりがい
「鞦」とも書く。牛や馬の臀部にかけて、車の轅（ながえ）などを固定する紐。『枕草子』

尻籠 しこ
「矢壺・矢籠」とも書く。矢を入れて背負う容器。『義経記』

尼公 あまぎみ
「尼君」とも書く。尼に対する尊敬語。『源氏物語』

尼児 あまがつ
「天児・天倪」とも書く。祓（はらえ）のとき、子供の身代わりとしてさまざまな凶事を移し背負わせる人形。

尼前 あまぜ
尼に対する尊敬語。「尼御前」の略。

尼師壇 にしだん
尼が座るときに使う敷物の布。

尼御前　あまごぜ・あまごぜん
「尼前」に同じ。→尼前

尼達蘭　ネーデルランド
西ヨーロッパの立憲王国オランダの正式呼称。

〈工　部〉

巧　ぎょう
技術。わざ。

巧婦　みそさざい・たくみどり
みそさざい—「巧鳥・巧婦鳥」とも書く。スズメ目ミソサザイ科の鳥ミソサザイ。
たくみどり—「ミソサザイ」の異称。『倭名類聚鈔』

巧婦鳥　たくみどり・みそさざい
「巧婦」とも書く。→巧婦

左　あかし
「信・証・験」とも書く。証拠。

左に右　とにかく
「兎に角」とも書く。そのことはさておき。『金色夜叉』

左手　ゆんで
「弓手」とも書く。弓を持つ方の手。ひだりて。『三四郎』

左右　そう・おそば・とかく・とにかく
そう—左と右。『源氏物語』。②たより。音信。『太平記』。③命令。『源平盛衰記』。④あれこれ言うこと。『保元物語』
おそば—かたわら。『椿姫』
とかく・とにかく—①何にせよ。『金色夜叉』。②いろいろに。『源氏物語』。③ややもすれば。

左右無し　そうなし
①無造作だ。『古今著聞集』。②良否など、どちらとも決まらない。『枕草子』

左而已　さのみ
①さほどにも。たいして。②そのように。

左言　かたこと
「片言・訛言」とも書く。①言葉の一部分。②たどたどしい話し方。③方言。

左計　しくじる
失敗する。

左面　さつら・しゃっつら
「しゃ面」とも書く。相手の顔を罵っていう語。

左袒　さたん
中国の故事より、味方すること。

左副　さう
左方近くにつき従う者。『太平記』

左義長　どんど・さぎちょう
「三毬杖・三木張・散鬼杖」とも書く。古代、宮中で行われた小正月の火祭りの行事。民間では、正月の門松や飾りを焼き、その火で焼いた餅を食べると無病息災を得られるとした。

〈巾　部〉

市尹　しいん
市の長（おさ）。

市座　いちくら・いちぐら
「肆」とも書く。奈良・平安時代、市場で商品を売っていたところ。後世の店。

市高俄　シカゴ
アメリカ合衆国中部、イリノイ州北東部の都市。

布　め
「海布」とも書く。食用となる海藻。

布布　のんの
衣服の縫い目を解いて一枚一枚の布にすること。『浮世風呂』

布衣　ほい・ほうい・ほえ・ふい
ほい・ほうい—「狩衣」の異称。六位以上で御目見以上の身分の者が着たもの。『御触書天明集成』
ほえ・ふい—①官服ではない普段着。②江戸時代、官位のない者。

布帛　ふはく
綿・麻布と絹布。織物。『算法地方大成』

布哇　ハワイ
太平洋のほぼ中央部に位置するアメリカ合衆国の州。

布恬廷　プチャーチン
日露和親条約を結んだロシアの提督。

布海苔　ふのり
「海蘿・布苔・麻角菜」とも書く。①海産紅藻類の一つ。②①を板状に乾燥させたもの。煮て糊として用いる。

布袴　ほうこ
①衣冠や狩衣などを着用するときの袴「指貫（さしぬき）」の異称。②指貫と下袴の装束。

布細布　しきたえ
「敷栲・敷妙」とも書く。①寝床に敷く布。②女房詞で「枕」。

布袋　ほてい
中国の禅僧。七福神のうちの一人。

布袋竹　ほていちく
マダケの変種。

布袋葵　ほていあおい
ミズアオイ科の多年生帰化植物。

布袋蘭　ほていらん
ラン科の多年草。

布雲　にのぐも
布を敷きひろげたような雲の形容。上代東国方言。『万葉集』

布穀鳥　ふふどり・ふくどり
カッコウ科の鳥カッコウの古称。『倭名類聚鈔』

布護　ほご
古代、宮中の守護の任についた「隼人（はやと）」の唐名。

〈干　部〉

平　ならし・なら
ならし—「坪・均・算・撫・慣・概・鏟・平均」とも書く。平らにすること。平均にすること。
なら—大和の地名「奈良」。

平久安久　たいらけくやすらけく
宣命や祝詞などで、神仏に平穏無事などを祈願するときに述べる慣用表現。『続日本紀』

平文　ひょうもん
「狂文」とも書く。①漆面にはった金銀の模様を漆で塗り込み、漆地を平らに磨いたもの。『今昔物語集』。②装束に織込んだ色変わりに染めた文様。

平平等　へらへいとう
「平等平等」とも書く。一様であること。区別をしないこと。

平旦　よのひきあけ・へいたん
夜明けの頃。『太平記』

平礼 ひれ・いらい・へいれい
漆を薄く塗った烏帽子（えぼし）。

平安城 たいらのみや
京都の旧称。

平江帯 ひごたい・びんごうたい
①「漏蘆」とも書く。キク科の多年草。②中国宋代に平江府で作られた帯。

平均 ならし
「平」とも書く。→平

平城 なら
大和の地名「奈良」。

平建水 ひらこぼし
「平翻」とも書く。点茶で、茶器をすすいだ水を捨てる浅いうつわ。

平胡帯 へこおび
「兵児帯」とも書く。男子や子供のしごき帯。

平胡籙 ひらやなぐい
「平胡簶」とも書く。平らに作った携帯用の矢入容器。

平胡簶 ひらやなぐい
「平胡籙」とも書く。→平胡籙

平瓮 ひらか
平らな土器の皿。『日本書紀』

平産樹 こやすのき
クスノキ科の落葉小高木。「油瀝青（あぶらチャン）」に同じ。

平葱柱 ひらきばしら
「葱台」とも書く。橋の両側の渡り口にある擬宝珠（ぎぼし）のついた柱。『倭名類聚鈔』

平極附書 ひらごくつけがき
平蒔絵の一種。もっとも微細な金銀粉を地に蒔く下級の蒔絵。

平等平等 へらへいとう
「平平等」とも書く。→平平等

平精 ひらしらげ
「糲」とも書く。黒米。玄米。『倭名類聚鈔』

平頭 ひんず
①予想外のこと。②無駄なこと。

平翻 ひらこぼし
「平建水」とも書く。→平建水

平題箭 いたつき
練習用に用いる先の丸い矢じり。『宇治拾遺物語』

平糲 ひらしらげ
くろごめ。玄米。『倭名類聚鈔』

〈广 部〉

広深無極 おぎろなし
「賾」とも書く。広大無辺。『万葉集』

庁 まつりごと・まんどころ
まつりごと—政治。『今昔物語集』
まんどころ—「政所」とも書く。政務をつかさどった機関。

〈廾 部〉

弁 よ
花びら。『万葉集』

弁える わきまえる
①よく判断して行動する。『源氏物語』。②弁償する。返済する。『今昔物語集』

弁む わきたむ
弁別する。『日本書紀』

弁才 べざい・べさい
「弁財」とも書く。菱垣廻船・樽廻船など、千石船と呼ばれた荷船用の和船。

弁才天 べざいてん・べんざいてん
インドの女神で、音楽・弁才（弁舌の才能）・財福をつかさどる神。「弁天」に同じ。

弁才造 べざいづくり
和船「弁才」の建造法。→弁才

弁別 わいだめ・わきまえ・わきため・わき
①「分別」とも書く。区別。けじめ。『日本書紀』。②弁償する。つぐなう。『証如上人日記』

弁済 へんせい・べんさい
借りていた金銭や物品を返すこと。『関東知下状案』

〈弓 部〉

弘戒 ぐかい
仏教で、戒壇を設営して戒をひろめること。

弘法 ぐほう
仏法を広く世に広めること。

弘宣 ぐせん
「弘法」に同じ。→弘法

弘通 ぐづう
「弘法」に同じ。→弘法

弘経 ぐきょう
「弘法」に同じ。→弘法

弘暉殿 こきでん・こうきでん
「弘徽殿」とも書く。①平安京の後宮。②①に住む女性。

弘誓 ぐぜい
一切の衆生を救済しようとする仏・菩薩の誓願。『平家物語』

弘徽殿 こきでん・こうきでん
「弘暉殿」とも書く。『権記』→弘暉殿

弗 ず・ドル
ず—漢文の訓読みで「不」に同じ。
ドル—アメリカ・カナダなどの貨幣の単位。

弗と ふっと
①急に。『武蔵野』。②息を吹きかけるさま。

弗り ふっつり
急に途絶えること。糸などが切れるさま。『其面影』

〈扌 部〉

打 ちょうず・ダース
ちょうず—たたく。うつ。『小右記』
ダース—物品を数える単位。十二個を一単位とする。

打双 うちならぶ
並ぶ。『保元物語』

打平 うちひらめ
室町時代、銭を叩いて平たくのばした悪銭。

打打 ちょうちょう
「丁丁」とも書く。物を続けて強く打つ音の形容。

打扮 いでたち
「出立ち」とも書く。装い。扮装。『当世書生気質』

打延 うちはう
①長く引いて。長々と。『枕草子』。②特別に。『今昔物語集』。③延ばす。『古事記』

打所　うちど・あてど
「打処」とも書く。①刀を打ち当てるべきところ。うちどころ。②刀身で、中央から切っ先にかけての、物を斬る部分。

打服　うつはた
打って柔らかくした布帛。

打莅　うちのぞむ
その場に行く。『太平記』

打毬　まりうち・だきゅう
打杖で毬を打ち合う古代の競技。『万葉集』

打毬楽　だきゅうらく
雅楽の曲名の一つ。打杖で毬を掻き打つように舞う。『源氏物語』

打麻　うちそ・うつそ
打って柔らかくした麻。『万葉集』

打番　うちつがう
組み合う。『太平記』

打裂　ぶっさき
①強く裂くこと。②「打裂羽織」の略。

打裂羽織　ぶっさきばおり
武士が乗馬などの際に用いた羽織。

打飯　たはん
「攤飯」とも書く。僧侶が食事をすること。『運歩色葉集』

打違　うちかい・うっちがい・ぶっちがい
「打交」とも書く。①互いに交叉すること。ゆきちがい。『新撰六帖』。②衣の交叉する個所。『万葉集』

打違袋　うちがいぶくろ・うちがえぶくろ
①「打飼袋」とも書く。両端に口のある筒状の細長い袋。狩のとき犬に与える餌を入れた。②旅人などが携行する食糧・金銭などを入れる袋。腰に巻いて用いた。『女殺油地獄』

打遣　うっちゃり
①相撲の決り手の一つ。②進退きわまった場面で形勢を逆転させること。③石・泥・ゴミなどを海中に遺棄する場所。

打飼袋　うちがいぶくろ・うちがえぶくろ
「打違袋」とも書く。→打違袋

打擲　ちょうちゃく
笞・拳・棒などで打ちたたくこと。『戴恩記』

払子　ほっす
禅僧が煩悩を払う法具。獣毛や麻を束ねて柄をつけたもの。『正法眼蔵』

払子貝　ほっすがい
ホッスガイ目の海綿。

払底　ふってい
物がまったく無くなること。『地方凡例録』

払暁　ふつぎょう
あけがた。『信長公記』

〈氵　部〉

汀渚　ていしょ
なぎさ。

〈犭　部〉

犯科　ぼんか
罪を犯すこと。また、犯した罪。『太平記』

犯過人　はんかにん
罪を犯した者。『六角氏式目』

犰狳　よろいねずみ
「鎧鼠」とも書く。アルマジロ科の哺乳類の総称。

〈心（⺗）部〉

必死与　ひっしと・ひしと
「必至与・緊と・犇と」とも書く。①力をこめて抱いたりつかんだりするさま。しっかりと。②強く身に迫るさま。

必至与　ひっしと・ひしと
「必死与」とも書く。→必死与

必定　てっきり・ひつじょう
きっと。かならず。『天衣紛上野初花』

必竟　ひっきょう
「畢竟」とも書く。つまるところは。結局。

〈斤　部〉

斥候　うかみ
「窺見」とも書く。敵方の様子を偵察すること。また、その人。『日本書紀』

〈日（曰）部〉

旧　もと・もとより
「素・固」とも書く。以前から。本来。

旧巣　ふるす
「古巣」とも書く。①雛を育て終わった巣。②以前に住んでいたり、働いていたところ。

旧離帳外　きゅうりちょうがい
親族関係を離れた者を人別帳から外すこと。『地方凡例録』

旦　あした・つとに
あした—早朝に。『根南志具佐』。つとに—「夙に」とも書く。以前から。

旦夕　たんせき・あさゆう
①朝と暮。②事態が切迫しているさま。『雨月物語』

旦方　だんぽう
「檀方」とも書く。①檀家。②仲間。

旦過　たんが
禅宗の行脚僧が一晩泊まること。また、その宿泊所。『太平記』

旦過屋　たんかや
禅宗の行脚僧が一晩泊まる宿。

〈木　部〉

札　さね
鎧の材料となる鉄・革の小板。

札頭　さねがしら
鎧の札（さね）の上部。→札

朮　おけら・うけら
おけら—キク科の多年草。うけら—「おけら」の古名。『万葉集』

本方　もとへ
「本辺」とも書く。①根元の方。下の方。『日本書紀』。②山の麓（ふもと）の方。『万葉集』

本有　ほんぬ・ほんう
①仏教で、三有（さんう）の一つ。現在の生。②四有（しゅう）の一つ。生から死までの間。

本居　うぶすな

「産土・産土神」とも書く。①生まれた土地を守護する神。②生まれた土地。

本弭 もとはず
「本筈」とも書く。弓の下部の弦(つる)をかけるところ。

本途 ほんと
検地後、田畑に課せられた本年貢。『算法地方大成』

本疎 もとあら
植物の株の生えぎわがまばらであること。『古今和歌集』

本筈 もとはず
「本弭」とも書く。→本弭

本意 ほい
本来の目的。意図。『源氏物語』

本懸魚 おもげぎょ
左右の破風(はふ)板が合うところの下部、また、その左右に付ける装飾。

末 うら・うれ
①すえ。はし。②こずえ。『万葉集』

末子古矢刺 まつこくじら
「抹香鯨」とも書く。歯クジラの一種。

末木 うらき
こずえ。樹木の先端。

末尼火祆教 まにかけんきょう
ペルシャのゾロアスター教を基本とした拝火教。

末生り うらなり
「末成り」とも書く。①ウリなどで、蔓の末端に成る小ぶりの実。②顔色が悪く活力のない人の形容。③末の方の子。『誹風柳多留』

末成り うらなり
「末生り」とも書く。→末生り

末乱葉 うれわくらば
こずえのうら枯れた葉。『万葉集』

末枝 ほつえ
「秀枝・上枝」とも書く。枝の先。

末弭 うらはず
「末筈」とも書く。弓の上部の弦(つる)をかけるところ。『夫木和歌抄』

末枯 うらがれ・すがれ・すがり
うらがれ—晩秋に草木の葉先や枝先が枯れてくること。
すがれ・すがり—「尽」とも書く。①盛りを過ぎて衰えかけてきたもの。②香の名残。『好色一代女』

末矧 うらはぎ
矢竹に矢羽をつけ、紙などを巻きつけた部分で、矢筈に近いところ。

末桑の木 うらぐわのき
①桑の木の枝先。②「桑の木」の古称。『日本書紀』

末黒 すぐろ
野焼きのあと、葉先や枝先が黒くなっていること。また、その草木。『後拾遺和歌集』

末葉 うらば・うれは・うれば
植物の生長していく先端の葉。『万葉集』

末筈 うらはず
「末弭」とも書く。『夫木和歌抄』→末弭

末紫 うらむらさき
花弁や染色の端の部分が紫色であること。『拾遺和歌集』

末摘花 うれつむはな・すえつむはな
①キク科の一年草ベニバナの古称。②『源氏物語』の巻名。

末濃 すそご・すそごう
「裾濃」とも書く。①衣服や鎧の縅(おどし)などで、上部の色を薄く、下部を濃くしたもの。②琵琶の名器の名称。『太平記』

末額 まこう・もこう・まっこう
「抹額・冒額」とも書く。中古、冠のふちに巻いた緋絹の鉢巻。『今昔物語集』

末羅 まら
「魔羅・摩羅」とも書く。①仏教で、修行を妨げ惑わすもの。②僧侶の隠語で陰茎。『日本霊異記』

未央柳 びようやなぎ
オトギリソウ科の小低木。

未申 ひつじさる
「坤」とも書く。未と申の方角の間。南西の方角。

未来際 みらざい・みらいさい
未来永劫に誓うこと。『高野山文書』

未草 ひつじぐさ
スイレン科の多年生水草。

未通女 おとめ
少女。処女。『万葉集』

未惚女 おぼこ
世間なれしていない初々しい娘。『浮雲』

未通 うぶ
「初・初心」とも書く。世間なれしていない初々しいさま。『牡丹灯籠』

未曾有 みぞう
いままで一度もなかったこと。希有なこと。

未審 いぶかし
「訝し」とも書く。怪しい。不審だ。

未醤 みそ
「味噌・味醤」とも書く。大豆を主原料とした発酵食品。

〈止　部〉

正 まさに・かみ・おおい
まさに—「当・将・応・方」とも書く。ちょうど。たしかに。間違いなく。
かみ—古代の官職で第一に位するもの。
おおい—「正一位」など、同じ位で上位のもの。

正中 ただなか
「真中・只中」とも書く。①中央。『平家物語』。②真髄。③まっさかり。

正心 うつしごころ
正気の心。しっかりした心。

正坐り かしこまり
「畏まり」とも書く。①恐れつつしむこと。『蜻蛉日記』。②かたくるしいこと。『浮雲』

正身 むざね・そうじみ
「実」とも書く。当人。まさにその身。『日本書紀』

正妻 むかいめ
「正妃・嫡妻」とも書く。本妻。『日本書紀』

正東風 まこち
「真東風」とも書く。真東(まひがし)から吹いてくる風。

正面 まとも

「真面」とも書く。①しっかり向き合うこと。②きちんとしていて非難される点がないこと。まじめ。

正真　ほんま
ほんとう。そのとおり。おもに関西で用いる語。

〈母　部〉

母刀自　あもとじ・おもとじ
「刀自」は敬称。古代、東国で母。『万葉集』

母父　おもちち・あもしし
父母。『万葉集』

母衣　ほろ
「幌・保衣・縨・保侶・保呂」とも書く。流矢を防ぐために鎧の背中にかけた布帛（ふはく）。後に装飾化した。『平家物語』

母衣蚊屋　ほろがや
母衣の形に作った幼児用の小さな蚊屋。

母良　おもら
伊勢神宮に奉仕する女。

母屋　おもや・もや
「表屋・面屋」とも書く。①家の中央部。『竹取物語』。②屋敷の中で中心となる建物。③本家。本店舗。

〈氏　部〉

民地　かきどころ
民の住む土地。

民部　かきべ
「部曲」とも書く。大和朝廷の豪族の私有民。大化改新で公民となる。『日本書紀』

〈水　部〉

永久　とこしえ・とことわ・とこ・とわ
「不変」とも書く。いつまでもかわらないこと。『万葉集』

永永　ようよう
「永久」に同じ。『曾我物語』→永久

永沈　ようちん
①浄土双六（すごろく）で、そこに入ると終りまで出られない場所。②転じて、「地獄」。

永言　うた
短歌・詩など。「詠」の解字（永と言）。

永定直段　えいじょうねだん
恒久的に定めた価格。『算法地方大成』

永取　えいどり
江戸時代、税金を金銭で納めさせたこと。「永納」に同じ。『地方凡例録』

永荒　えいあれ・えいこう
自然災害で耕作不可能になった田畑。また、その年貢が差し引かれる分。『地方凡例録』

永納　えいのう・えいおさめ
「永取」に同じ。→永取

永高　えいだか
室町時代、永楽銭を基準に換算した年貢の収納高。『地方凡例録』

永尋　えいたずね・ながたずね
逃走した罪人を、所属した村落などの長に命じて永久に探索させること。放火などの重罪以外は六一年で時効となった。『地方凡例録』

永積　えいづもり・えいづみ・えいつみ
「永高」に同じ。→永高

氷下魚　こまい
「氷魚」とも書く。タラ科の海産硬骨魚。

氷室　ひむろ
冬の氷を夏まで貯蔵しておく貯蔵庫。洞窟なども利用した。

氷面鏡　ひもかがみ
氷の表面が鏡のようにきらきらと輝いているさま。『雪玉集』

氷魚　ひお・ひうお・こまい
ひお・ひうお―アユ科の硬骨魚アユの稚魚。『万葉集』
こまい―「氷下魚」とも書く。→氷下魚

氷魚縅　ひおどし
「緋縅・火縅」とも書く。紅色の革を用いて縅した鎧。

氷割船　ざいわりふね・ざいわりせん
松前藩で、春にはじめて入港する弁財船。

氷椽　ひぎ
「氷木」とも書く。社殿の本殿で、板が屋根の上に突き出して交差している装飾材。「千木（ちぎ）」に同じ。『古事記』

氷様　ひのためし
古代、前年に氷室に貯蔵した氷の厚さや形などを奏上したこと。その年の豊凶を占う儀式であった。『公事根源』

氷頭　ひず
鯨・鮭などの頭部の軟骨。『倭名類聚鈔』

〈牙（牙）部〉　牙は五画

牙骨　きぼね
顎（あご）の上下の骨。

牙婆　すあい・すわい
「牙儈・数間・仲」とも書く。売買の仲介をすること。また、仲介人。『好色一代女』

牙彫　げぼり
象牙に彫ること。また、彫ったもの。

牙欹　があい
歯ぎしりして怒ること。

牙開　おくば
「奥歯」とも書く。臼歯（きゅうし）。

牙歯草　ひるむしろ
「蛭蓆・眼子菜」とも書く。ヒルムシロ科の水生多年草。

牙儈　すあい・さいとり
「牙婆」とも書く。→牙婆

牙籤　こはぜ
「小鉤・鞐」とも書く。足袋や書物の帙（ちつ）などの合わせ目をとめる爪。

〈玄　部〉

玄人　くろうと
①専門家。熟練者。②芸者。娼妓。

玄参　きしくさ・ごまのはぐさ・ごまのくさ・ごまくさ
ゴマノハグサ科の多年草。

玄度　げんど
月。『雲州消息』

玄圃梨　けんぽなし
クロウメモドキ科の落葉高木。

玄孫 やしゃご
曾孫の子。

玄猪 げんじ・げんちょ・いのこ
①旧暦十月の亥の日。『御触書宝暦集成』。②農村の「亥の子の祝」に食う亥の子餅。

玄鳥 つばめ
「燕・乙鳥・鳥衣」とも書く。スズメ目ツバメ科の鳥。

玄蕃石 げんばいし
敷石や蓋石などに用いる長方形の石。花崗岩や安山岩などが用いられる。

〈玉（王）部〉 王は四画

玉茎 はせ
陰茎の異称。『倭名類聚鈔』

玉扆 ぎょくい
玉座。『太平記』

玉珧 たいらぎ
ハボウキガイ科の二枚貝。

玉梓 たまずさ
「玉章」とも書く。①手紙の美称。『古今和歌集』。②使者。『万葉集』

玉章 たまずさ
「玉梓」とも書く。『好色一代男』
→玉梓

玉堅磐 たまがしわ
「玉」は美称。堅い岩。『堀河百首』

玉筋魚 いかなご
イカナゴ科の海産硬骨魚。

玉蜀黍 とうもろこし
イネ科の一年生作物。

玉趕網 たまさで
小魚をすくう小さな丸網。『徒然草』

玉燕 ひおうぎ
「檜扇・射干・夜干」とも書く。アヤメ科の多年草。

玉螺 つめたがい
「津免多貝・乾螺」とも書く。タマガイ科の巻貝。

玉蟬花 はなしょうぶ
「花菖蒲」とも書く。アヤメ科の多年草。

玉蘭 はくもくれん
「白木蓮」とも書く。モクレン科の落葉高木。

玉環菜 ちょろぎ
「草石蚕」とも書く。シソ科の多年草。

玉響 たまゆら
ほんの少しのあいだ。一瞬。『方丈記』

玉蘿 たまひかげ
「玉日蔭」とも書く。ヒカゲノカズラ科の常緑シダ・ヒカゲノカズラの美称。

〈瓜部〉

瓜生 うりゅう
瓜畑。

瓜金花虫 うりはむし
「瓜羽虫」とも書く。ハムシ科の甲虫。

瓜哇 ジャワ
「沙巴・闍婆」とも書く。東南アジア大スンダ列島の南東部に位置するインドネシア共和国の島。

瓜葉虫 うりばえ
「瓜蠅・守瓜」とも書く。ハムシ科の甲虫。

〈瓦部〉

瓦 グラム・ガロン
グラム―質量・重さの単位。
ガロン―液体の容積の単位。

瓦斯 ガス
①気体の総称。②燃料用の気体。③屁。

瓦斯骸炭 ガスコークス
石炭からガスを揮発させるときに副生する燃料物質。

〈甘部〉

甘 うまみ・うまし・くつろぐ・くつろぎ
うまみ―「旨み・旨味」とも書く。食べ物のおいしさの程度。『算法地方大成』
うまし―おいしい。
くつろぐ―「寛・寃」とも書く。ゆったりした気分になる。『地方凡例録』

甘子 あめご
「似嘉魚」とも書く。サケ科の硬骨魚マスの稚魚。

甘松 かのこそう
「鹿子草・纈草」とも書く。オミナエシ科の多年草。

甘野老 あまどころ
「萎蕤」とも書く。ユリ科の多年草。

甘御衣 かんのおんぞ
太上天皇（譲位した天皇）が着る小直衣（このうし）。

甘葛 あまづら
①アマチャヅル・ツタなどに比定。『新撰字鏡』。②また、それから作った甘味料。『今昔物語集』

甘遂 にわそ・あきざくね
トウダイグサ科の多年草ナツトウダイの異称。

甘蔗 さとうきび
「砂糖黍」とも書く。イネ科の多年草。

甘蕉 バナナ
バショウ科の多年草。

甘藍 はぼたん・たまな
はぼたん―「葉牡丹」とも書く。アブラナ科の多年草。
たまな―「玉菜・球菜」とも書く。アブラナ科の越年草キャベツの異称。

甘藷 さつまいも
「薩摩芋・紅薯・蕃薯」とも書く。ヒルガオ科の一年生作物。

甘露児 ちょろぎ
「草石蚕」とも書く。シソ科の多年草。

〈生部〉

生 き・ふ・お・うぶ
き―手を加えず、もとのままであること。
ふ・お―草木の多く成育している所。
うぶ―「産・初・生真」とも書く。①生まれたときのままであること。②若く、世間ずれしていないこと。③男女の情に通じていないさま。

生下戸 きげこ
酒をまったく飲めない者。

生上達部 なまかんたちめ
年功を積まない公卿。『太平記』

生口 いけくち・いけぐち
共犯の容疑がある刑事訴訟の証人。『近衛家文書』

生五倍子 きぶし
ヌルデの枝や葉に生じる瘤状の虫癭（ちゅうえい）。

生公家 なまくげ
「生公卿」とも書く。身分の低い公家。

生木綿 きもめん
織り上げたままの、未晒しの木綿。

生欠 なまあくび
「生欠伸」とも書く。中途半端なあくび。

生世話 きぜわ
江戸時代の庶民生活をもっとも写実的に描いた歌舞伎の世話物。

生半 なまなか
中途半端。『好色三代男』

生台 さんだい
仏教で、生飯（さんぱん＝食膳に取り分けた少量の飯）をのせて禽獣にほどこす台。

生平 きびら
苧（からむし）や大麻で織った未晒しの麻布。

生生世世 しょうじょうせぜ
この世もあの世も。生まれかわり死にかわりして生を得た世。永遠。『宇津保物語』

生皮苧 きびそ
繭（まゆ）から生糸を取るときの糸くずなどを乾燥させたもの。

生地 きじ
「素地」とも書く。もとのままの性質。②素肌。③加工をほどこしていない布地。④麺類やパンなどの火を通す前の状態。

生血 のり
まだ凝固していない血。『平家女護島』

生労 なまいたわり
うわべだけのいたわり。『枕草子』

生男 きおとこ
「木男」とも書く。①無粋な男。『傾城禁短気』。②童貞。

生足 すばしり
「洲走」とも書く。ボラ科の海産硬骨魚ボラの稚魚。

生身供 いきみぐ
人身をいけにえとして神に捧げること。「人身御供」に同じ。

生身魂 いきみたま
「生見玉・生御霊」とも書く。陰暦七月の盆に健在の父母に祝い物を贈るなどしてもてなす行事。

生受領 なまずりょう
実力も権勢もない国司。『源氏物語』

生直 きす・きすぐ
性格が素直で飾り気のないこと。『源氏物語』

生直人 きすくびと
素直で飾り気のない人。『源氏物語』

生金巾 きガナキン
薄地の平織綿布で、漂白していないもの。

生垣 くね
竹などで編んだ垣根。

生姜 しょうが
「生薑・薑」とも書く。ショウガ科の多年草。

生海布 なまめ
なまの海藻。『拾遺和歌集』

生海鼠 なまこ
「海鼠・沙噀」とも書く。ナマコ綱の棘皮動物の総称。

生孫王 なまそんのう
皇族ではないが、皇族に近い血統の人。『源氏物語』

生害 しょうがい
①自殺。『桐一葉』。②「殺害」に同じ。殺すこと。『曾我物語』

生真 うぶ
「生」とも書く。↓生

生馬 いけま
ガガイモ科の多年草。

生粋 きっすい
純粋そのものであること。

生掏摸 いきずり
スリの蔑称。『心中天の網島』

生悪 なまわろ
なんとなく体裁が悪いこと。『源氏物語』

生酛 きもと
清酒の醸造に用いる酒母（しゅぼ）。

生魚主 しょうぬし
瀬戸内海で、釣った魚を扱った仲買人。

生魚槽 いきおぶね
生簀（いけす）の一種。水中に入れ、魚を生きたまま入れておく箱。側面に小孔があり、水が通る仕組みになっている。

生御調 いきみつき
生きている動物を朝廷に献上すること。『祝詞』

生御霊 いきみたま
「生身魂」とも書く。↓生身魂

生替 ふがわり
「斑替」とも書く。①植物の葉・動物の毛色などが変っていること。②物事の状態が普通でないこと。

生飯 さば・さんぱん・さんぱ
「散飯・三把・三飯」とも書く。食前の飯の上部を取り、さまざまな鬼神に供える風習。鳥獣にほどこすとする説もある。『枕草子』

生業 なりわい・すぎわい
①家業。職業。②農業。耕作。

生絹 すずし
生糸の織物で、加工して柔らかくしていないもの。『源氏物語』

生絽 きろ
織りたてで、加工して柔らかくしていない絽（絹織物の一種）。

生憎 あいにく・あやにく・あなにく
期待はずれで不都合なさま。

生漉 きずき
糊などを混入せず、楮（こうぞ）や三椏（みつまた）などの原材料だけで紙を漉く方法。

生綿 きわた
①パンヤ科の落葉高木パンヤの異称。②綿花。

生擒 いけどり
「生け捕り」とも書く。生きたま

ま捕らえること。また、捕らえた人や動物。

生蕃 せいばん
台湾で、清国に服従しなかった先住民。

生霊 いきすだま・いきりょう
「生魑魅」とも書く。生きている人の怨霊（おんりょう）。『源氏物語』

生蕎麦 きそば
蕎麦粉だけで打った蕎麦。

生薑 しょうが
「生姜」とも書く。→生姜

生薬 きぐすり
まだ調合されていない薬。

生樽 きだる
「木樽」とも書く。物品のかわりに金銭で渡す祝儀。

生親族 なましぞく
「生氏族」とも書く。①血縁のあまり近くない親族。『蜻蛉日記』。②多少は良い家筋。

生膾箸 まなばし
「真魚箸」とも書く。魚を料理するときに用いる箸。

生魑魅 いきすだま
「生霊」とも書く。→生霊

〈用　部〉

用夫 いぶ
「要夫」とも書く。薩摩藩で、小集団の「門」という単位で農民に土地を割当てた。その門に属する十五歳から六十歳の健康な男子の称。

〈田　部〉

田中螺 たつび
淡水産巻貝タニシの異称。『倭名類聚鈔』

田五加木 たうこぎ
キク科の一年草。

田夫 いなかもの
「田舎者」とも書く。①田舎育ちの人。②粗野な人をさげすんでいう語。『団々珍聞』

田心姫命 たごりひめのみこと
天照大神（あまてらすおおみかみ）と素戔嗚尊（すさのおのみこと）が祈請（神に祈り吉凶などを占うこと）をしたときに生れたという宗像（むなかた）三女神の一人。

田令 たつかい・たづかい
「田領」とも書く。大和朝廷から派遣されて屯倉（みやけ）を管理した役人。『日本書紀』

田平子 たびらこ
キク科の二年草。

田伏 たぶせ
「田廬」とも書く。田を耕作したり、見張りなどをするために作った仮小屋。『万葉集』

田字草 でんじそう
デンジソウ科の多年生の水性シダ。

田宅 なりどころ
「業所」とも書く。①田と宅地。『日本書紀』。②荘園を管理するために荘園内に建てた別宅。『日本書紀』

田作 ごまめ・たつくり・たづくり
「鱓・古女・倍真米」とも書く。小形のカタクチイワシを素干しにした食品。

田芥 たがらし
①「田辛子」とも書く。キンポウゲ科の二年草。②アブラナ科の二年草。『日葡辞書』

田実節 たのむのせつ・たのみのせつ
陰暦八月一日に新穀を贈答して祝った行事。「田面」に同じ。

田品 でんぽん
田に課税する負担を公平にするため、田の条件に応じてつけた等級。

田圃 たはた・たんぼ
田畑。『地方凡例録』

田計里 たげり
「田鳧」とも書く。チドリ科の鳥。

田面 たのみ・たのも・たのむ・たもせ
「恃怙・田実」とも書く。「田実節」に同じ。→田実節

田面行燈 たのもあんど
江戸時代、吉原の遊廓で、警備用に廓外の土手に灯した行燈（あんどん）。

田桂 しこくびえ
「四国稗・竜爪稗」とも書く。イネ科の一年生作物。

田畔 たぐろ
土を盛り上げて田と田を仕切ったところ。あぜ。

田畝 たんぼ
「田圃」とも書く。→田圃

田租 たちから・たぢから・でんそ
律令制で、田地に課した租税。『日本書紀』

田鹿 たじし
「田獣」とも書く。東国で、牛の異称。

田鳧 たげり
「田計里」とも書く。→田計里

田領 たつかい・たづかい
「田令」とも書く。『日本書紀』→田令

田調 たのみつぎ
律令制で、没収した土地に課せられた現物納租税。

田螺 たにし・たつぶ・つぶ・たつび・たつぼ
タニシ科の淡水産巻貝の総称。

田廬 たぶせ
「田伏」とも書く。→田伏

甲乙仁 こうおつにん
「甲乙人」とも書く。不特定の人。『大内家掟書』

甲子 きのえね・かっし・こうし
干支（えと）の第一番目。

甲比丹 カピタン
「甲必丹・加比丹・加必丹」とも書く。江戸時代、長崎のオランダ商館長。

甲必丹 カピタン
「甲比丹」とも書く。→甲比丹

甲矢 はや
「兄矢・早矢」とも書く。手に二本の矢を持って射るとき、最初に射る矢。

甲地乙地 あっちこっち
あちらこちら。『当世書生気質』

甲声 かんごえ
高く冴えわたる声。

甲走る かんばしる
声が高く、鋭く響く。

甲刹　かっさつ
室町時代、禅宗の寺格の一つ。五山・十刹につぐ禅宗寺院。

甲拆菜　かいわりな・かいわれな
「貝割菜・穎割菜」とも書く。大根などの発芽したばかりの双葉。

甲所　かんどころ・かんどこ
「勘所・肝所」とも書く。①三味線などで、一定の音を出すための弦の押さえどころ。②肝心なところ。急所。

甲香　かいこう・へなたり・あきのふた
かいこう・へたなり—「貝香」とも書く。辛螺貝（あきがい）の蓋を練香（ねりこう）の調整に用いるときの呼称。香が良くなる。『徒然草』
あきのふた—辛螺貝（あきがい）の蓋のように拳を握って放さないことから、吝嗇（りんしょく）な人の蔑称。

甲酒　こうらざけ
「甲羅酒」とも書く。蟹の甲に入れて温めた酒。

甲張声　かんばりごえ
甲高い声。

甲斐絹　かいき
「海気・改機・海黄」とも書く。染色した練糸を用いた平織の絹布。甲斐国（山梨県）で多く産した。

甲蔵　あぜくら
「校倉・甲倉・叉倉」とも書く。柱を用いず、木材を井桁（いげた）状に組んで壁を作るもの。古代の倉。

甲繰　かんぐり
謡曲で、もっとも高い音。

甲嬴　かせ・がせ
「石陰子」とも書く。棘皮動物ウニの古称。『催馬楽』

申明亭　せいさつば
禁令の箇条などをかかげる所。「高札場（こうさつば）」に同じ。

申通　もうしつうじ
①内通する。『看聞御記』。②親しく交際する。③申し伝える。

由由し　よしよしし
わけがありそうである。趣がありそうである。『宇津保物語』

由跋　かきつはな
サトイモ科の多年草ムサシアブミの異称。

由縁　ゆかり
「縁・所縁」とも書く。①血縁、何らかの関係があること。②アカジソの葉を乾燥させて粉末にした食品。

〈癶　部〉

発燭　つけぎ
「付木」とも書く。スギ・ヒノキの薄い木片の端に硫黄を塗りつけたもの。火を他の物に移すのに用いた。

〈白　部〉

白　あきらか・もうす・せりふ
あきらか—明白。『聖玄書状』
もうす—「告げる・言う」の謙譲語。『正法眼蔵』
せりふ—「台詞・科白」とも書く。①劇中で役者が言う言葉。②決まり文句。

白丁　こびと・はくてい・はくちょう
「小人・白張」とも書く。武家の使用人。仲間（ちゅうげん）の下に位置し、傘持・沓持・口取などの役をする者。

白及　しらん
「紫蘭・朱蘭」とも書く。ラン科の多年草。

白大衆　しらだいす・しらだいしゅ
官位のない僧侶たち。『平家物語』

白子　しらす
①ハゼ科の海産硬骨魚シロウオの異称。②カタクチイワシ・ウナギ・アユなどの稚魚。

白心　びゃくしん
「柏槙・白身」とも書く。ヒノキ科の常緑高木イブキの一品種。

白月　びゃくがつ・びゃくげつ
古代インドの暦法。陰暦で一日から十五日まで。

白木質　しらた
「白太」とも書く。①材質の杉。②木材の樹皮に近い白い部分。『日葡辞書』

白水郎　あま
「海人・海士・海女」とも書く。海に潜って貝などをとることを職業とする者。『万葉集』

白朮　びゃくじゅつ
キク科オケラ属の植物の根茎を乾燥させた生薬。

白地　あからさま
「偸閑・苟且」とも書く。①たちまち。急なさま。『今昔物語集』。②一時的にちょっと。『宇津保物語』。③かくすことなく。ありのまま。『好色一代女』

白地蔵　かくれあそび
①遊びの「隠れん坊」に同じ。『宇津保物語』。②ひそかに遊里で遊ぶこと。

白芋　はすいも
「蓮芋」とも書く。サトイモ科の多年草。

白耳義　ベルギー
ヨーロッパ北西部に位置する立憲王国。

白衣　びゃくえ
①白い衣服。②俗人。③白小袖に指貫または袴だけの下着姿。④転じて、非礼。無礼。

白妙　しろたえ
穀（かじ）の木の皮の繊維で織った白い布。『万葉集』

白沢王　はくたおう
「縛多王」とも書く。清涼殿の鬼の間に描かれていた勇士。鬼を捕らえたとされる古代インドの王。

白辛樹　あさがら
エゴノキ科の落葉高木。

白里　ペルリ
幕末に来航したアメリカの海軍軍人。

白兎藿　いけま
「生馬・牛皮消」とも書く。ガガイモ科の蔓性多年草。

白屈菜　くさのおう
「草の王・草黄」とも書く。ケシ科の二年草。

白芷　よろいぐさ・びゃくし・すいくち
よろいぐさ—「鎧草・甲草・白芝」とも書く。①セリ科の多年草。②ボタン科の落葉低木のボタンの異称。
びゃくし—ヨロイグサの異称。

すいくち―カタバミ科の多年草カタバミの異称。

白茅 ちがや
「茅」とも書く。イネ科の多年草。

白物 しれもの
「白徒・痴れ者」とも書く。①おろかもの。『栄花物語』。②乱暴者。③したたか者。

白雨 ゆうだち
「夕立」とも書く。夏の夕方近く、急に降り出すどしゃぶりの雨。『好色一代男』

白前 のかがみ
ガガイモ科イケマ属の多年草スズメノオゴケの異称。『倭名類聚鈔』

白屋 はくおく
貧しい者の住む家。貧民。『町人嚢』

白柿 ころがき
「転柿・枯露柿・胡盧柿」とも書く。渋柿の皮をむいて天日乾しにしたもの。

白砂 しらまなご
しらすな。『万葉集』

白面 しらふ
「素面」とも書く。まったく酒を飲んでいない平常の状態。『東海道中膝栗毛』

白飛白 しろがすり
「白絣」とも書く。夏の衣服で、白地の布に紺や黒のかすりの模様を表したもの。

白夏 びゃくげ
仏教で、夏安居（げあんご）の期間中に、大衆に精進を進めること。

白帯下 はくたいげ・こしけ
女性器からの分泌物で、血液以外のもの。不快を感じるほど量が多いものをいう。

白帯魚 たちうお
「太刀魚」とも書く。タチウオ科の海産硬骨魚。

白徒 しれもの
「白物」とも書く。『春色梅児誉美』
→白物

白粉 おしろい・ほうに
おしろい―「御白」とも書く。化粧に用いる白い粉。
ほうに―「おしろい」の古名。

白酒 しろき
大嘗祭などで、神前に供える白色の酒。『万葉集』

白馬 あおうま・あおむま
①邪気を払うため、宮中で正月に白馬を天覧する儀式。「白馬の節会（せちえ）」の略。『公事根源』。②白毛・青毛の馬。『枕草子』

白馬節会 あおうまのせちえ
「白馬」①に同じ。→白馬

白竜 ペーロン
「飛竜・劉竜・划竜」とも書く。中国から渡来した競漕行事で知られる。長崎の競漕用の船。

白菖 あやめぐさ
「菖蒲草」とも書く。サトイモ科の多年草。

白梨樹 うらじろのき
「裏白木」とも書く。バラ科の落葉高木。

白眼 さめ
両眼の縁が白い牛・馬。また、白毛の牛・馬。『太平記』

白眼こ にらめっこ
「睨めっこ」とも書く。たがいに睨みあうこと。またその遊びで、先に笑った方が負けとなる。『西洋道中膝栗毛』

白眼牛 さめうし
「佐目牛・鮫牛」とも書く。両眼の縁が白い牛。

白眼合い にらみあい
「睨み合い」とも書く。たがいににらみあうこと。『五重塔』

白眼馬 さめうま
「佐目馬・鮫馬」とも書く。両眼の縁が白い馬。『太平記』

白魚 しみ・にごい
しみ―「紙魚・衣魚・蠹魚」とも書く。紙や衣服を食べるシミ科の原始的な昆虫の総称。『風流志道軒伝』
にごい―「似鯉」とも書く。コイ科の淡水産硬骨魚。『毛吹草』

白湯 さゆ
なにも入れない湯。『春色梅児誉美』

白散 びゃくさん
正月に飲む屠蘇の一種。『土佐日記』

白椎 びゃくつい
「白槌」とも書く。禅宗で、長老との対説の前に槌を打ち鳴らすこと。

白痢 なめ・びゃくり
白い色の下痢。『倭名類聚鈔』

白蛤 うむき
「海蛤」とも書く。ハマグリの古名。『日本書紀』

白飲 こみず
「濃水・濃漿」とも書く。水の量を多くして米を煮たもの。おもゆ。『倭名類聚鈔』

白歯者 あおばもの
「青歯者」とも書く。雑兵。『甲陽軍鑑』

白蒿 しろよもぎ
「白艾」とも書く。キク科の多年草。

白業 びゃくごう
仏教で、安楽を招く善業（ぜんごう）。『栄花物語』

白楡 あきにれ
「秋楡・椰楡」とも書く。ニレ科の落葉高木。

白楊 どろのき・でろ・はこやなぎ
どろのき・でろ―ヤナギ科の落葉高木。
はこやなぎ―「箱柳」とも書く。ヤナギ科の落葉高木。

白楊樹 ポプラ
ヤナギ科の落葉高木。

白槐 ふじき
「藤木」とも書く。マメ科の落葉高木。「ヤマエンジュ」に同じ。

白熊 はぐま
ウシ科の哺乳類ヤクの尾の毛の白いもの。仏具の払子（ほっす）や旗などの装飾に用いられる。

白銀 しろがね・はくぎん
しろがね―銀。『菅江真澄随筆集』
はくぎん―江戸時代の贈答用の銀。

白幣 しらにぎて
穀物の皮の繊維で作った布。『ひらかな盛衰記』

白撞 ひるごうとう
昼間の強盗。また、人をののしる語。

白膠　ぬるで・ぬりで・ふしのき・ぬで
ウルシ科の落葉小高木。

白膠木　ぬるで・ぬりで・ふしのき・ぬで
「白膠」とも書く。→白膠

白壁　とうふ
「豆腐」とも書く。女房詞で、白い壁。

白薇　みなしごぐさ・まかご
みなしごぐさ―ガガイモ科の多年草フナバラソウの異称。
まかご―ゼンマイ科の大形多年生シダ・ゼンマイの異称。『新撰字鏡』

白頭公　おきなつつ
「白頭翁」に同じ。→白頭翁

白頭翁　おきなぐさ
「翁草」とも書く。キンポウゲ科の多年草。

白頭鳥　ひよどり
「鵯」とも書く。スズメ目ヒヨドリ科の鳥。

白檀　びゃくだん
ビャクダン科の半寄生常緑高木。

白檀弓　しらまゆみ
「白真弓」とも書く。ニシキギ科の落葉高木マユミの白木で作った弓。『万葉集』

白鮮　ひつじぐさ
ミカン科の多年草。

白蘞　びゃくれん
ブドウ科の蔓性多年草。

白露　ペルー
「秘露」とも書く。南アメリカ西北、太平洋岸に位置する共和国。

白露鶏　しちめんちょう
「七面鳥・吐綬鶏」とも書く。キジ目シチメンチョウ科の鳥。

白癬　しらくも・しらくもあたま
「白禿瘡・白雲頭」とも書く。皮膚病の一種。『文明本節用集』

白鑞　なまり
「鉛」とも書く。金属元素の一つ。

〈皮　部〉

皮蛋　ピータン
中華料理の食材。アヒルの卵を塩・草木の灰・石炭・泥土などに漬けたもの。

〈皿　部〉

皿鉢　さはち
「砂鉢・沙鉢」とも書く。①皿の浅い大形の鉢。「あさはち」の略。②脳天。頭蓋骨。

皿鉢料理　さわちりょうり
土佐の名物料理。大皿に魚介類や野菜などを盛り、皆で取り分ける。

〈目　部〉

目上　ぼくじょう
目上の人に盃をさしだすこと。『日葡辞書』

目六　もくろく
「目録」とも書く。『吾妻鏡』

目処　めど
「目所」とも書く。おおよその見当。めあて。

目交　まなかい・めまぜ
まなかい―「眼間」とも書く。眼と眼の間。眼前。『万葉集』
めまぜ―めくばせ。

目合　まぐわい・まくなぎ
まぐあい―①目を見合せて愛情を通わせること。『古事記』②性交。『古事記』
まくなぎ―「まぐあい」①に同じ。

目庇　まびさし
「眉庇」とも書く。兜の前面に額を保護するために、庇のように出ている部分。『日葡辞書』

目弛い　まだるい
「間怠い」とも書く。①じれったい。『鯛の味噌津』。②やぼである。『御前義経記』

目見　めみえ
「会う」の謙譲語。お目にかかる。『地方凡例録』

目所　めど
「目処」とも書く。→目処

目明　めあかし
江戸時代、町奉行所の与力や同心の配下として働く町人身分の者。『御触書宝暦集成』

目金　めがね
「眼鏡」とも書く。『軽口露がはなし』

目長　めだけ
目のとどく範囲。『籾井家日記』

目草　まぐさ
「楣」とも書く。門扉の上に渡した横木。『倭名類聚鈔』

目差　まなざし
「眼指」とも書く。目つき。『太平記』

目振　あさり
「歯振」とも書く。鋸（のこぎり）の歯を交互に左右に振り分けること。材木などの切り口と鋸の身との摩擦抵抗が減るのと同時に、鋸屑（のこくず）を掻き出す機能をもつ。

目眠　まどろむ
「微睡む」とも書く。うとうとする。『太平記』

目通　めどおり
①眼の高さ。②立木の目の位置の幹の太さ。『算法地方大成』。③貴人に拝謁すること。

目細し　まぐわし
美しい。麗しい。『万葉集』

目間　まなかい
「目交」とも書く。『万葉集』→目交

目溢れ　めこぼれ
見落とすこと。

目暗　めくる
目がくらむさま。『今昔物語集』

目蔭　まかげ
①遠くを見るときなどに、手を目の上にかざして陽の光をさえぎること。『日葡辞書』。②疑っているような目つきをすること。『源氏物語』

目障　めざわり
邪魔であること。『御触書天明集成』

目論見　もくろみ
計画。予定。『地方凡例録』

目論見帳　もくろみちょう
土木関係の工事計画を記した帳面。

目薬師　めくすし
眼医者。

〈矢　部〉

矢 さ
「矢（や）」の古称。「箭（さ）」に同じ。『万葉集』

矢比 やごろ
「矢頃」とも書く。矢を射って的に当てるのに適当な距離。「矢丈（やだけ）」に同じ。『平家物語』

矢払 やらい
「矢来・行馬」とも書く。丸太や竹などを粗く組んだ仮囲い。

矢母衣 やほろ
矢を入れる容器の箙（えびら）・空穂（うつぼ）にかぶせる布製の筒。

矢作 やはぎ
「矢矧」とも書く。矢を作ること。また、その職人。

矢来 やらい
「矢払」とも書く。『御触書宝暦集成』。→矢払

矢所 やつぼ
矢のねらいどころ。『太平記』

矢飛白 やがすり
「矢絣」とも書く。矢羽根の文様の絣。

矢間 さま・やざま・やま
さま—城の中から外を見たり、矢を射ったりする小窓。『太平記』
やざま・やま—矢をねらい射る甲冑のすき間。

矢壺 しこ
「矢籠・尻籠」とも書く。矢を入れて背負う容器。『義経記』

矢頭 じんどう
「神頭・磁頭」とも書く。的（まと）を傷めないように、鏃（やじり）の先端を平らに切ったもの。

矢籠 しこ
「矢壺」とも書く。→矢壺

〈石　部〉

石刀柏 アスパラガス
「竜髭菜・石刁柏」とも書く。ユリ科の多年草。

石刁柏 まつばうど
「松葉独活」とも書く。「石刀柏」の和名。→石刀柏

石上 いそのかみ
枕詞として詠まれた奈良県天理市の地名。『万葉集』

石丈 いしんじょ
「石千代」とも書く。石のように頑固であることの形容。

石千代 いしんじょ
「石丈」とも書く。→石丈

石女 うまずめ
「不生女」とも書く。子を産めない女。『愚管抄』

石子 いしなご・いしなんご
「石投子」とも書く。昔の子供の遊び。小石をばらまき、その一つの石を空中に投げ、落ちてくる間に石を拾って、共に取り、早く拾い尽くすことを競う遊び。

石子銭 いしなごせん
子供の物買いの遊びで、銭の代わりとする小石。

石火箭 いしびや
「石火矢」とも書く。①石・鉛などの塊を飛ばす攻城戦用の弩（おおゆみ）。②江戸時代、西洋より渡来した大砲の呼称。

石氷柱 いしのつらら
鍾乳石。「石乳（いしのちち）」に同じ。

石竹 なでしこ
「瞿麦・撫子・牛麦」とも書く。ナデシコ科の草本の総称。秋の七草の一つ。『万葉集』

石位 いわくら
「岩座・磐座」とも書く。神の鎮座する場所。

石床 いわとこ
「岩床」とも書く。①上部が床のようにたいらになっている岩。『万葉集』。②墓所。

石投 いしずえ・いしなぎ
いしずえ—石を投げること。
いしなぎ—スズキ科の海産硬骨魚。

石投子 いしなご・いしなんご
「石子」とも書く。→石子

石投取 いしなどり
「石子」に同じ。→石子

石決明 あわび
「鮑・鰒・蚫」とも書く。ミミガイ科の巻貝の大形の種類の総称。

石花 ひとつば
「一葉・石葦」とも書く。ウラボシ科の常緑シダ。

石花菜 ところてんぐさ・てんぐさ
「天草・心太草・大凝菜」とも書く。紅藻類の海藻。

石花湖 せのうみ
往古、富士山麓の北方にあった湖。

石防風 はまぼうふう
「浜防風」とも書く。セリ科の多年草。

石乳 いしのち・いしのちち
「石氷柱」に同じ。→石氷柱

石松 ひかげのかずら
「日蔭蔓・日陰蔓」とも書く。ヒカゲノカズラ科の常緑シダ植物。

石長生 はこねそう
「箱根草・鳳尾草」とも書く。イノモトソウ科の常緑多年生シダ・ハコネシダの異称。

石南 しゃくなげ・しゃくなんげ・さくなげ
「石南花・石楠花」とも書く。ツツジ科の常緑低木。

石南花 しゃくなげ
「石南」に同じ。→石南

石南草 さくなむざ・とびらのき
「石南」に比定される。『倭名類聚鈔』→石南

石城 いしき
「石槨」とも書く。棺を納めるため、上下四方を石で積み重ねた部屋。『古事記』

石茸 いわたけ
「岩茸」とも書く。岩面に生える地衣類の一つ。

石胡荽 ちどめぐさ
「血止草」とも書く。セリ科の多年草。

石神 しゃくじん・しゃぐじ・いしがみ
「三狐神」とも書く。関東・中部地方で、石を神体として祭った祠（ほこら）。

石韋　ひとつば
「石花」とも書く。↓石花

石首魚　いしもち
「石持」とも書く。ニベ科の海産硬骨魚シログチの異称。『倭名類聚鈔』

石流　さすが
「流石」の逆書き。そうはいってもやはり。

石桂魚　さけ・しゃけ
「鮭・鮏」とも書く。サケ目サケ科の魚の総称。

石根　いそもと
岩の根。『万葉集』

石蚕　いさごむし・みどりいし
いさごむし―「砂虫」とも書く。トビケラ類の幼虫の総称。
みどりいし―「緑石」とも書く。ミドリイシ科のイシサンゴの総称。

石竜子　とかげ
「蜥蜴」とも書く。トカゲ目トカゲ亜目の爬虫類の総称。

石菖蒲　せきしょう
「石菖」とも書く。サトイモ科の多年草。

石斛　すくなひこのくすね・すくなひこくすり
「少彦薬」とも書く。ラン科の常緑多年草セッコクの異称。

石釧　いしくしろ
古墳時代の碧玉製の腕飾り。

石陰子　かせ
「甲贏」とも書く。ウニ綱の棘皮動物の総称ウニの古称。『催馬楽』

石斑魚　うぐい・いしぶし
うぐい―「鯎」とも書く。淡水または海水に生息するコイ科の魚。
いしぶし―「石伏・杜父魚」とも書く。カジカ科の淡水産硬骨魚カジカの異称。

石着　しづく
沈む。『万葉集』

石蒜　ひがんばな・まんじゅしゃげ
「彼岸花・曼珠沙華」とも書く。ヒガンバナ科の多年草。

石楠花　しゃくなげ
「石南」に同じ。↓石南

石漆　せしめうるし
ウルシの木から採取したままの漆液。『百合若大臣野守鏡』

石蓴　あおさ
「石蕾・礪菜」とも書く。緑藻類の海藻の総称。

石榴　ざくろ・じゃくろ
「柘榴・若榴・安石榴」とも書く。ザクロ科の落葉高木。

石榴口　ざくろぐち
「柘榴口」とも書く。江戸時代の銭湯で、湯が冷めるのを防ぐため、浴槽の入口の前部を鳥居形の板戸で覆ったもの。『浮世風呂』

石榴鼻　ざくろばな
「柘榴鼻」とも書く。過度の飲酒などで鼻の頭が赤くぶつぶつして、ザクロの実のように見えるもの。

石綱　いわづな
「岩綱」とも書く。①キョウチクトウ科の蔓性植物テイカカズラの古名。②綱におもりを結びつける綱。

石蕊　はなごけ
「花苔」とも書く。ハナゴケ科の地衣類。

石槨　いしき
「石城」とも書く。↓石城

石選　いしえり
近世、鉱山で鉱石の良否を選別すること。また、その作業をする職人。

石蕾　あおさ
「石蓴」とも書く。↓石蓴

石蕗　つわ・つわぶき
「槖吾・急就草」とも書く。キク科の常緑多年草。

石櫧　いちい・いちいがし
「櫟・赤檮」とも書く。ブナ科の常緑高木。『万葉集』

石巖　きりしまつつじ
「霧島躑躅」とも書く。ツツジ科の常緑低木。

石鹸　シャボン・せっけん
洗濯・化粧用の洗剤。

石鼈　じいがせ
「爺背」とも書く。ヒザラガイ綱の軟体動物ヒザラガイの異称。

石鼈貝　ひざらがい
「膝皿貝・火皿貝」とも書く。「石鼈」に同じ。↓石鼈

〈示（ネ）部〉

礼　うや・いや
うやまうこと。『類聚名義抄』

礼かく　うやかく
おそれつつしむこと。『今鏡』

礼代　いやしろ
「礼物」とも書く。敬意を表して贈る品。『古事記』

礼礼し　いやいやし
礼儀正しい。丁重である。『源氏物語』

礼物　いやしろ・いやじろ
「礼代」とも書く。↓礼代

礼烏帽子　うやえぼし
礼装用の烏帽子。『十訓抄』

礼紙　らいし
敬意を表すため、書状の本文に儀礼的に添える同質の白紙。

礼記　らいき
中国の周末から漢代の古礼を編纂した書。

礼堂　らいどう
寺院で、礼拝や読経をするための堂舎。『蜻蛉日記』

礼奠　れいてん
供物を添えて神仏や死者の霊を祀ること。また、その供物。

礼無し　いやなし・うやなし
礼儀を失していること。『日本書紀』

〈穴部〉

穴止木　あなめき
熊のいる穴の入口に立てる木。

穴生　あのう
石垣を造る工人。近江国穴生の石工が名高いことから。

穴賢　あなかしこ・あなかしく
「恐惶・穴惶」とも書く。①手紙の文末に書く挨拶の語。②恐れ多いこと。『沙石集』

穴織　あなはとり
古代、応神天皇の代に、中国の呉から連れてきたという伝説上の織女。

〈立 部〉

立ち徘徊る たちもとおる
歩きまわる。『万葉集』

立毛 たちげ
作物の成育具合。収穫前の米・麦。『算法地方大成』

立毛斯 たてモス
絹と綿の混合織物。

立年 りゅうねん
三十歳。壮年。論語の「三十而立」による。

立色 いろをたつ
離反・蜂起する。

立明 たてあかし
薪などを束ねて松明（たいまつ）としたもの。『中右記』

立物 たてもの
①兜につける装飾。『甲陽軍鑑』。②埴輪の異称。

立柧棱 たちそば
ニシキギ科の落葉低木ニシキギの古名。『古事記』

立破 たてわり
「縦割り」とも書く。①縦に割ること。②組織などが上下関係に基づいていること。

立鼓 りゅうご
「輪鼓・輪子」とも書く。①鼓の胴のようにくびれた形。②鼓の形をした玩具。胴の部分に紐を巻き付けて回転させて遊ぶ。③紋所の名。

立繁竹 たしみだけ
生い茂っている竹。『古事記』

立願 りつがん・りゅうがん
神仏に願をかけること。とくに、造仏の供養など、大きな仏事・神事を営んだうえで願をかけること。

〈辵（⻌・辶）部〉

⻌は四画、辶は三画

辷 すべる
「滑る」とも書く。①滑る。『浮世風呂』。②静かに退出する。『源氏物語』。③退位する。『平家物語』

辷髻 すべしもとどり
「垂髻・垂髪」とも書く。女性の髪形でさげ髪の一種。「すべらかし」に同じ。『日本書紀』

辺津鏡 へつかがみ
八種の神宝の一つ。船中に祭った鏡。

辺鄙 あずまず・あずまど
「阿豆万豆」とも書く。古代、東国の人。

六画

〈一部〉

丞相 しょうじょう・じょうしょう
①古代中国で、天子を補佐し国政をつかさどった最高位の官。②大臣。

両下 まや
「真屋」とも書く。切妻造りのこと。『催馬楽』

両手肩 まてがた
①製塩のため海人（あま）が両手・両肩を使って潮水を汲み取ること。②海人がマテガイ科の二枚貝マテガイを採る意とも。『斎宮女御集』

両当 うちかけ
「両襠・裲襠・打掛」とも書く。①律令制で、武官の礼服。②舞楽の衣服の一つ。③江戸時代の婦人の上着。現在も婚礼衣装に用いる。

両襠 うちかけ
「両当」とも書く。→両当

〈亅部〉

争 いかで
「如何で」とも書く。①どうして。何で。疑問や反語の表現。『保元物語』。②なんとかして。『竹取物語』

〈亠部〉

交 こもごも
「交交」とも書く。①かわるがわる。②入り交じって。③互いに。③それぞれ。

交交 こもごも
「交」とも書く。『類聚名義抄』→交

交名 きょうみょう
「夾名」とも書く。上申書など複数の人名を書き連ねた文書。連名書。『吾妻鏡』

交尾 つるび・つるむ
「遊牝・孳尾」とも書く。交尾をすること。

交剪 しみ
「蠹・蠹魚・蟫・衣魚・紙魚」とも書く。シミ目シミ科の昆虫の総称。

交飯 かちいい
「搗飯」とも書く。つきまぜた飯。『今昔物語集』

交喙 いすか
「鶍」とも書く。アトリ科の渡り鳥。

交睫 まどろみ・まばたき
まどろみ―「微睡」とも書く。うとうと眠ること。『上田敏全訳詩集』
まばたき―「瞬き」とも書く。①まぶたを閉じ、すぐに開くこと。『浮雲』。②灯火などが明滅すること。

交譲木 ゆずりは
「譲葉・楪」とも書く。ユズリハ科の常緑高木。『枕草子』

交纈 こうけち
「纐纈・夾纈」とも書く。飛鳥から平安時代中頃までに用いられた絞り染め。『倭名類聚鈔』

〈人部〉

伊万里焼 いまりやき
佐賀県伊万里で作られた陶磁器。通称、有田焼。

伊予飛白 いよがすり
「伊予絣」とも書く。愛媛県（伊予国）松山地方で生産された木綿がすり。

伊太利 イタリア
ヨーロッパの南部に位置する共和国。

伊児汗国 イルハンこく
モンゴル四汗国の一つ。

伊美吉 いみき
「忌寸」とも書く。六八四年に制定された八色姓（やくかのかばね）の第四位。主に渡来系氏族に与えられた。

伊部焼 いんべやき
「因部焼・尹部焼」とも書く。岡山県備前市伊部で作られる陶器。

伊富 いとう
「伊富魚・伊当」とも書く。サケ科の淡水産硬骨魚。日本最大の淡水魚。

伊富魚 いとう
「伊富」とも書く。→伊富

伊達 だて
①意気・侠気を誇示し、派手に飾り振る舞うこと。『雪女五枚羽子板』。②粋で洗練されていること。『鑓の権三重帷子』

伊蒲塞 いぶそく
「優婆塞・烏婆塞（うばそく）」に同じ。在家の仏教徒の総称。

伊蘇普 イソップ
『イソップ物語』の作者とされるギリシャ人。

仮 け
仏教で、すべては実体がなく、仮の存在であること。

仮山 つきやま
「築山」とも書く。庭園などで山をかたどるため、土・砂・岩などを盛りあげたもの。『南総里見八犬伝』

仮文 けもん
「暇文」とも書く。病気などで休職・退職を申請する文書。「いとまぶみ」に同じ。

仮令 たとい・たとえ
「縦・縦令」とも書く。かりに。よしんば。『坊っちゃん』

仮名 かんな
「かりな」の音便。平仮名・片仮名の総称。かな。『源氏物語』

仮有 けう
「仮」に同じ。→仮

仮声 こわいろ
「声色」とも書く。①声の調子や口調。『門』。②役者の声やせりふの言い回しをまねること。

仮初 かりそめ
①その場かぎり。②かるがるしい。③あまり重大なことではない。

仮門 けもん
①仏教で、人々を救う仮の教え。②真宗で、念仏以外の修養。

仮契 けちぎり
「化契」とも書く。下級の遊女。端女郎（はしじょろう）。『色道大鏡』

仮相 けそう

「仮」に同じ。→仮

仮借 けそう
異性を恋い慕うこと。『今昔物語集』

仮庪 さずき
「桟敷（さじき）」の古語。仮に据え付けた棚や床。『日本書紀』

仮病 けびょう
①病気のふりをすること。②偽ること。

仮庵 かりほ
「仮廬」とも書く。「かりいほ」の略で、仮に建てた庵（いおり）。『万葉集』

仮瑕 けが
「怪我」とも書く。①負傷。②過ち。『好色萬金丹』

仮髪 すえ
「仮髻」とも書く。奈良・平安時代、女性が用いた添え髪の一種。『倭名類聚鈔』

仮髻 すえ
「仮髪」とも書く。→仮髪

仮廬 かりほ
「仮庵」とも書く。→仮庵

仮蘇 けいがい
「荊芥」とも書く。シソ科の一年草。

仮鬘 かつら
「鬘」とも書く。①蔓草・花・羽などを頭髪につけて飾りとしたもの。『航米日録』。②添え髪。『源氏物語』。③俳優が扮装のためにかぶるさまざまな形の手作りの髪。

会 たまたま
「偶・適」とも書く。偶然。

会下 えか・えげ
仏教で、師僧のもとで仏法を学び、修行すること。また、その僧。

会尺 あいしらう
「あしらう」の古形。相手をする。応対する。『朝倉英林壁書』

会合 えごう
①寄り集まること。②僧侶の定期的な集会。『多聞院日記』

会式 えしき
①仏教の法会の儀式。②日蓮宗で、宗祖の忌日に行われる法会。

会符 あいふ
「合符」とも書く。①江戸時代、特権をもつ武家・公家・門跡などの荷物を運ぶときの証札。②明治時代、旅客の手荷物引換証。

会期 おうご
「逢期」とも書く。①人、特に異性に会う機会。②機会に恵まれる。

伎術 ぎじゅつ
「技術」とも書く。物事をなしとげるわざ。『世間胸算用』

休息 くそく
仏教でいう「休息」。『浄土和讃』

仰分 おおせわく
①善し悪しの判断をされる。②弁解をされる。『義経千本桜』

仰合 おおせあわす
「相談する・聞く」の敬語。

仰含 おおせふくむ
言い含める。

仰書 おおせがき
①上位の人の命令を書きしるした文書。②女房奉書の異称。

仰兜 のけかぶと
「除甲」とも書く。兜の緒がゆるみ頭のうしろに傾くこと。『平家物語』

仰詞 おおせことば
天皇の命令のことば。

仰遣 おおせつかわす
命令するために使いを出される。

仰領 のけくび
女性の着物で、襟を後ろに下げて、襟足をひろく見せて着ること。『枕草子』

件 くだん・くだり・けん
以前にあげた事柄を指し示す語。例の。いつもの。前述の。『平家物語』

伉儷 こうれい
夫婦。『恨の介』

全 まっとうす
①任務を完全に果たす。『室町将軍家袖判御教書』。②完全にする。

全人 まとうど
①欠点のない人。②正直者。律義者。『鶏智』。③愚かなこと。馬鹿。

全手葉椎 まてばしい
「馬刀葉椎」とも書く。ブナ科の常緑高木。

全抜 うつぬき
全部を抜き取ること。『古事記』

全服 うつはた
「内幡」とも書く。そのまま服として着られるように機で織りあげたもの。『常陸風土記』

全剥 うつはぎ
すべてをはぎ取ること。『日本書紀』

全匏 おうしひさご
浮標（うき）に用いた匏（ひさご）＝ユウガオ・ヒョウタンなどの果実。『日本書紀』

全部 がらり
すべて。そっくり。

全濡 ずぶぬれ
体や衣類などがひどく濡れること。『五重塔』

仲 すあい
「牙儈・牙婆・数間」とも書く。室町時代以降、売買取引の仲介をして手数料を取った業者。『好色一代女』

仲間 ちゅうげん
「中間」とも書く。①中世、公家・武家・寺院に仕えた従者。②近世、武家の奉公人の一。『鹿の子餅』

伝尸病 てんしびょう
結核。

伝手 つて・てんじゅ
つて―「伝」とも書く。てづる。てんじゅ―「天柱・転手・点手」とも書く。三味線や琵琶の頭部にある糸を巻き付ける棒。

伝衣 でんえ
禅宗で、師から弟子へ法を伝えること。また、その証として与える法衣。

伝供 でんぐ
仏教で、手から手へ仏前に供物を伝え渡す儀式。『増鏡』

伝奏 てんそう・でんそう
①取り次いで奏上する。②親王家・摂家・社寺・武家の奏請を天皇・上皇に取り次ぐ公家の役職名。

伝馬 てんま
官人の公用の旅行や物資の輸送な

どに備え、街道の宿駅に置かれた乗継ぎ用の馬。

伝馬子　てんまし
古代、宿駅で伝馬の取り扱いをした者。

伝馬船　てんまぶね・てんません
本船と岸との間で、人や荷物を運搬する小型の和船。はしけぶね。

伝餐　でんそん
空腹を満たすため、そのつど少量の食事をとること。

任　まく・まけ・まき・まま・たえる
まく・まけ・まき―「任命する」の古語。
まま―「儘・随」とも書く。①なりゆきに任せること。『源氏物語』②思いどおり。『源氏物語』。
たえる―「耐・堪」とも書く。①対応できる。『源氏物語』。②我慢する。③もちこたえる。

任他　さもあらばあれ・さばれ・さまれ
「遮莫」とも書く。どうであろうとも。ままよ。『伊勢物語』

伐子　きりこ
木炭の材料となる木を伐採する者。

伐折羅　ばざら
「縛日羅・跋折羅」とも書く。仏教で金剛のこと。

伏免　ふと
油で揚げた餅。

伏屈　ふしかまり・ふせかまり・ふくかまり
ひそかに敵情を探る斥候。『甲陽軍鑑』

伏転　ふしまろぶ
喜びや悲しみのあまり、伏してころげまわる。『菅原伝授手習鑑』

伏翼　こうもり・かわほり
「蝙蝠」とも書く。コウモリ目のほ乳類。

伏籠　ふせご
火桶の上にかぶせる籠。衣類を入れ、乾かしたり香をたきしめたりする。『源氏物語』

〈儿　部〉

光参　きんこ
「金海鼠」とも書く。キンコ目のナマコ。

光明供　こうみょうく
光明真言を唱える密教の法会。『蝉丸』

光桃　つばいもも
「椿桃」とも書く。古くからあるモモの栽培品種の一つ。

光儀　すがた
「姿」とも書く。①外見。『万葉集』。②全体の様子。③一首の歌の仕上り具合。

光螺　きさご・きしゃご
「細螺・扁螺・小贏子」とも書く。ニシキウズカイ科の巻き貝。

充下　あてくだす
「宛下」とも書く。①役所の文書などを、宛先を指定して下達（かたつ）すること。②用途を指定して年貢を割り当てること。

充文　あてぶみ
「宛文」とも書く。家臣に所領や禄物などを割り当てて与える旨を書面にした公・私文書。

充用　あてもちいる
「宛用」とも書く。収納物を特定の目的のために割り当てること。

充行　あてがい・あておこない
「宛行」とも書く。上位の者が下位の者に所領や禄物を与えること。『吾妻鏡』

充行扶持　あてがいぶち
「宛行扶持」とも書く。主君・雇主が家臣や使用人に与える金品。

充行状　あてがいじょう
「宛行状」とも書く。「充文」に同じ。→充文

充所　あてどころ
「宛所」とも書く。①あてがき。②目当て。

充徴　あてちょうす
「宛徴」とも書く。年貢を割り当てて徴収すること。

先生　せんじょう・せんしょう・ぜんじょう
①前世。『日本霊異記』。②師匠。③春宮坊（とうぐうぼう）の帯刀舎人（たちはきとねり）の長官。『貞丈雑記』

先判　せんぱん
複数作成された同じ証文のうち、先に作成されたもの。

先妣　せんぴ
死んだ母親。『山塊記』

先役　せんやく
前にその役を勤めた人。『地方凡例録』

先非　せんぴ
過去に犯したあやまち。『日葡辞書』

先剋　せんこく
「先刻」とも書く。少し前。『甲子夜話』

先度　せんど
せんだって。このあいだ。『古今著聞集』

先後月　さあとげつ
「先跡月」とも書く。先々月。先月の前の月。

先矩　せんく
①前例。②以前からのしきたり。

先規　せんき・せんぎ
前例。先例。『九条家文書』

先頃　さいつころ
先頃（さきごろ）の古称。

先達　せんだって・さきだって
先頃。このあいだ。『算法地方大成』

先跡月　さあとげつ
「先後月」とも書く。→先後月

先蹤　せんしょう
先例。以前の模範。

先繰　せんぐり
順番に。順繰りに。『地方凡例録』

先懸　さきがけ
戦場で、先頭に立って敵に攻め込むこと。『信長公記』

〈八　部〉

共　むた
「与」とも書く。「と共に」の意を表す古語。

共命鳥　ぐみょうちょう
仏教で、一つの体に二つの頭をもつ想像上の鳥。

共食者 あいたげひと
もてなしの席で同席をする人。『日本書紀』

〈冂 部〉

再吹 まぶき
「真吹」とも書く。製銅法の一つ。

再従兄 さいじゅうけい
自分より年上のまたいとこ。

再従兄弟 はいとこ・はとこ・またいとこ
親同士がいとこである男子。『三河物語』

再従姉妹 はとこ・またいとこ
親同士がいとこである女子。

同 おやじ
同じ。『万葉集』

同母 いろ
生母が同じ(同腹)であること。『日本書紀』

同母兄 いろね・いろせ・いろえ
同じ母から生まれた弟・妹から兄を呼ぶ語。『日本書紀』

同母弟 いろせ・いろど
同じ母から生まれた兄・姉から弟を呼ぶ語。『古事記』

同母姉 いろね・いろえ
同じ母から生まれた弟・妹から姉を呼ぶ語。『日本書紀』

同母妹 いろど・いろも
同じ母から生まれた兄・姉から妹を呼ぶ語。『古事記』

同輩児 よちこ
同じ年ごろの子ども。『万葉集』

〈几 部〉

夙 まだき
①まだその時期ではないのに。②早くから。『拾遺和歌集』

夙に つとに
①朝早く。『万葉集』。②早くから。以前から。③若い時から。

夙の者 しゅくのもの
「宿の者・祝の者」とも書く。近世、賤民視され、差別を受けていた人々。おもに漫才・獅子舞などの遊芸に従事した。『世間胸算用』

夙志 しゅくし
「宿志」とも書く。早くからもち続けていたこころざし。

夙夜 しゅくや
①朝早くから夜遅くまで。『連理秘抄』。②朝早くから夜遅くまで同じことをして過ごすこと。『宴曲集』。③たえず。

夙昔 しゅくせき
「宿昔」とも書く。①昔。②以前から。

夙起 しゅっき
早起き。

夙殿 しゅくどの
「宿殿」とも書く。敬称の「殿」をわざと付けて「夙の者」を侮蔑した語。→夙の者

夙慧 しゅくけい
幼いころから聡明であること。

夙興 しゅっこう
早起きして仕事などに励むこと。

〈刂 部〉

刬竜 ぺーロン
「飛竜・剗竜・白竜」とも書く。中国から伝わった舳先の細長い競漕用の船。六月に行われる長崎のものが有名。

刑部省 うたえただすつかさ・ぎょうぶしょう
うたえただすつかさ・ぎょうぶしょう―律令制で、八省の一つ。裁判や刑の執行をつかさどった役所。ぎょうぶしょう―一八六九(明治二)年、明治政府が設置した司法機関。

刑部梨子地 ぎょうぶなしじ
金粉を平らにほどこした蒔絵の技法の一つ。

刎木 はねき
江戸時代の間尺(けんじゃく)改めで、疵(きず)や寸法不足で基準に適合しなかった材木。

刎米 はねまい
「撥米」とも書く。江戸時代、年貢米を納める際、不良の米をより分けて除いたこと。また、その米。

刎俵 はねだわら
江戸時代、年貢米として不合格にされた米俵。米が不良だったり、俵の出来が悪かったり、重量が不足しているもの。

刎荷 はねに
「撥荷」とも書く。①船が事故にあったとき、船の安全を守るため、荷物を海に投げ捨てること。また、その荷物。

刎銭 はねせん
「撥銭」とも書く。上前をはねること。仲介により他人の利益の一部を自分のものにすること。②江戸時代、宿駅問屋を助成するために、渡し場の通行料や馬の賃料の一部を徴収したこと。

刎橋 はねばし
「桔橋」とも書く。跳ね橋。通行しないときは綱などで吊り上げておく橋。

刎襷 はねだすき
「撥襷」とも書く。歌舞伎の荒事(あらごと)で用いる襷で、芯に針金が入っており、結び目の端をはねあげた形にできる。

列列椿 つらつらつばき
つらなってたくさん咲いている椿。『万葉集』

列卒 せこ
「勢子」とも書く。狩で、鳥獣を駆り立てたり、逃げるのを防ぐ人夫。

列卒楯 せこいた
「勢子板」とも書く。狩で列卒(せこ)が用いる楯。

列葉装 れっちょうそう
「列帖装」とも書く。和本の装丁方法の一つ。「綴葉装(てっちょうそう)」に同じ。

列樹 つらき
並木。

〈匚(匸)部〉

匡正 きょうせい
誤りを正しく直すこと。

匡励 きょうれい
悪をただして、善をはげますこと。

匡済 きょうさい
①悪をただして救い、善に導くこと。②悪事をただし、世の乱れを救うこと。

〈卩（㔾）部〉

印　かね
所有者や品質などを示すために、牛馬の股（もも）に押す焼印。「印焼（かねやき）」に同じ。

印形　いんぎょう
印判。

印焼　かねやき・かなやき
「鉄焼・金焼」とも書く。「印」に同じ。→印

危　あよし・あようし
「あやうし」の方言。

危宿　うしやめぼし・うみやめほし
二十八宿の一。

〈口部〉

吉丁　きちじょう
「吉上・吉祥」とも書く。平安時代以降、六衛府の下役。衛士の上位に位置する門衛。

吉丁虫　たまむし
「玉虫」とも書く。タマムシ科の甲虫の総称。金属のような光沢のある虫。

吉方　えほう
「兄方」とも書く。歳徳神（としとくじん）のいるもっとも良い方角。

吉方参　えほうまいり
「恵方詣」とも書く。その年の吉方に位置する神社に参詣すること。

吉左右　きっそう
①良い知らせ。②良いか悪いか、どちらかの知らせ。

吉吉　よしよし
ことさらに。『今昔物語集』

吉利支丹　キリシタン
「鬼理死丹・切死丹・切支丹」とも書く。一五四九（天文一八）年、日本に伝来したキリスト教。また、その教徒。

吉言　よごと
「寿詞・賀詞」とも書く。①天皇の治世の繁栄を祝う言葉。『日本書紀』。②祈願の言葉。『竹取物語』

吉事　よごと
めでたいこと。『万葉集』

吉祥　きちじょう・きっしょう
①吉上（大吉）の前兆。『沙石集』。②「吉丁」とも書く。→吉丁

吉祥果　きちじょうか
鬼子母神が持っている果実。魔よけとされる。柘榴（ざくろ）で表わされることが多い。

吉備団子　きびだんご
岡山名産の菓子。吉備国にちなむ。

吉棄物　よしきらいもの
祓（はらえ）の際に手の爪を棄てて清めること。

吉程　よつぼと
ちょうどよい程度であるさま。「よっぽど」に同じ『太平記』

吃　ままなき
吃音（きつおん）。『新撰字鏡』

吃度　きっと
「急度・忩度・屹度・屹与」とも書く。確かに、必ず。

吃逆　しゃくり・しゃっくり・さくり
「噦り」とも書く。①しゃくり上げて泣く。『栄花物語』。②横隔膜の収縮で空気がいっきに吸い込まれるときに発する音。「しゃっくり」に同じ。

吃驚　きっきょう
「喫驚」とも書く。びっくりすること。

向日別　しらびわけ
筑紫（九州）。

向日葵　ひまわり
「日回り」とも書く。キク科の一年草。

向丘　むかつお
「向峰・向つ嶺」とも書く。向こうに見える尾根。

向拝　ごはい
「御拝」とも書く。社殿・仏堂の正面に張りだしている庇（ひさし）がある部分。参詣者が礼拝する所。「こうはい（向拝）」に同じ。

向変月　むかわりづき
満一年に当る月。十二カ月目。

向後　きょうこう・きょうごう・きょうご・こうご
「嚮後」とも書く。今後。将来。『沙石集』

向背　きょうはい・こうはい
①従うことと背くこと。②反抗すること。『関東下文案』

向夏山　きたやま
北方に位置する山。

向峰　むかつお
「向丘」とも書く。『万葉集』→向丘

向買　むかえかい
運搬途中の商品を買うこと。または、生産地まで行って買うこと。『雑事記』

后　きさい
「きさき（后）」の音便。

后町　きさいまち
「きさきまち(后町)」の音便。皇后・女御の居所である常寧殿の異称。

后宮　きさいのみや
「きさき（后）」の敬称。『栄花物語』

后料　きさきがね
后の候補者。『宇津保物語』

后腹　きさいばら
「きさきばら（后腹）」の音便。后を母として生まれた皇子・皇女。『源氏物語』

合力　ごうりき・ごうりょく・こうりょく
①力添えをすること。②金品をめぐむこと。『思出の記』

合子草　ごきづる
「合器蔓」とも書く。ウリ科の蔓性一年草。

合毛　ごうげ
中世・近世、検見に先立って、村方で行う米の収穫量調査。『算法地方大成』

合羽　カッパ
「紙羽」とも書く。来日した宣教師のゆったりとした法服に似せて作った防寒・雨よけの外套。『御触書天明集成』

合决　あいじゃくり
建築で、板をつぎ合わせる方法の一つ。

合点　がってん・がてん
「加点」とも書く。文書などで、

同意・承諾済みのしるしに自分の名前の上などにつけた斜線。『山内首藤家文書』

合点虫 がてんむし
コメツキムシ科の甲虫の総称コメツキムシの異称。

合従 がっしょう
①中国の戦国時代、秦に対抗するため、蘇秦が唱えた同盟政策。六国が連合して攻守に当たるもの。②転じて、国と国との同盟。

合格 がっきゃく
国司の勤務態度が弘仁格（こうにんきゃく）に則していたこと。

合萌 くさねむ
「草合歓」とも書く。マメ科の一年草。

合野帳 あいのちょう
江戸時代、検地の際に作成された控帳。

合器 ごき
「御器・五器・呉器」とも書く。食物を盛る器。

合器蔓 ごきづる
「合子草」とも書く。↓合子草

合膝 がっし
「臥し」とも書く。能や狂言で、身を乗り出しながら片膝をつく所作。

合歓 ねむ・ねぶ・ねむりぎ・ねぶりぎ
「合歓木」とも書く。マメ科の落葉高木。

合歓木 ねぶ・ねむのき・ごうかのき・ごうか
「合歓」に同じ。↓合歓

合鑑 あいかん
荷物の預り証。

弔 とむらう
「弔う」とも書く。人の死を悲しみ、いたむ。『甲子夜話』

弔詞 くやみ
人の死を悲しみ、遺された人にかけるなぐさめの言葉。弔詞。『石倉新五左衛門』

吊蒸籠 つりせいろう
「釣井籠」とも書く。軍事用の臨時の望楼。敵を偵察する見張りを乗せる滑車付きの箱。

吐嗟 あわや
あやうく。すんでのところで。

吐綬鶏 しちめんちょう
「七面鳥・白露鶏」とも書く。キジ目シチメンチョウ科の鳥。

名与 めいよ
「名誉」とも書く。体面。面目。『信長公記』

名子 なご
中世以降、主家のもとで小作を行った下層農民。

名仁 めいじん
「名人」とも書く。その分野でとくにすぐれた人。『信長公記』

名代 みょうだい
他人の代理をつとめる者。代理をすること。『結城氏新法度』

名字 みょうじ
姓。家の名。『毛利元就書状』

名利 みょうり
名声と利益。「名聞利養」に同じ。

名告 なのり
「名乗」とも書く。①戦場などで自分の姓名・身分などを大声で知らせる行為。②公家・武家の男子が元服の際に、幼名に変えて加えた通称とは別の実名。

名所 などころ
検地帳などに記入される地名。『地方凡例録』

名寄帳 なよせちょう
中世・近世の土地台帳の一つ。『算法地方大成』

名細し なぐわし
名前が美しい。よい名である。『万葉集』

名琴 ピアノ
鍵盤楽器の一つ。

名跡 みょうせき
跡目。受け継ぐべき家名。『結城氏新法度』

名聞 みょうもん・めいもん
世に知れわたる名誉。世間の評判。『徒然草』

名聞利養 みょうもんりょう
「名利」に同じ。『太平記』↓名利

名謁 なだいめん
「名対面」とも書く。①宮中で毎晩行われる点呼で、宿直の官人らが姓名を名のること。『枕草子』。②戦場で互いに名乗りあうこと。『源平盛衰記』

名簿 みょうぶ
「名符」とも書く。官位・姓名・日付などを記した名札。古代・中世、これを師や主人などに渡すことで従属の意を表した。

吏道 りと
「吏吐・吏読」とも書く。ハングルが作られる以前の朝鮮で、漢字の音訓による朝鮮語の表記法。

吏読 りと
「吏道」とも書く。↓吏道

〈口　部〉

因 よりて・よすが
よりて―「仍・依・仗」とも書く。よって。ゆえに。
よすが―「縁・便」とも書く。①たより。②頼みとする相手。③手がかり。

因循 まごまご
どうすべきかわからず、うろたえるさま。『西洋道中膝栗毛』

因業 いんごう
①仏教で、因と業。②頑固でむごいこと。

因竭陀 いんかだ
十六羅漢の一人。

因縁 いんねん
①仏教で、物事の起こる原因。運命。②由来、起源。③ゆかり、縁。④動機、きっかけ。

因縁尽 いんねんずく
因縁によって起こった、自力ではどうしようもないこと。

因縁舞 いんねんまい
因縁を唱えながら舞い、物乞いをすること。

回礼 ういれい
仏教で、他寺院のもてなしなどに対する返礼。

回向 えこう
「廻向」とも書く。①自らが積ん

だ功徳を他者の成仏などのために振り向けること。『ひらかな盛衰記』。②死者を供養すること。③「回向文」の略。

回回教　ふいふいきょう・ういういきょう
イスラム教の異称。

回回蒜　きつねのぼたん
「狐牡丹」とも書く。キンポウゲ科の越年草。

回青橙　だいだい
「橙」とも書く。ミカン科の常緑低木。

囟門　ひよめき・ひよむき
「顖門・顋門」とも書く。乳児の頭蓋骨（とうがいこつ）が完全に接合していない時期に、鼓動のたびに動く前・後頭の一部。

団乱旋　とらでん
雅楽の一つ。

団居　まどい
「円居」とも書く。①複数の人が丸く座ること。車座。『古今和歌集』。②親しい人々が集うこと。『神楽歌』。

団洲　なりたや
「成田屋」とも書く。歌舞伎俳優の市川団十郎とその一門の屋号。『此処やかしこ』

団扇　うちわ
「箑」とも書く。あおいで風を起こす用具。

団扇葛　うちわかずら
ヒルガオ科の多年草グンバイヒルガオの異称。

団栗　どんぐり
カシ・クヌギ・ナラなど、ブナ科の果実の総称。

団亀　どんがめ
カメの一種スッポンの異称。

〈土　部〉

圭　はしは
物の先端が尖っていること。『類聚名義抄』

圭冠　はしはこうぶり
上部が円錐形で、下部が方形の漆塗りのかぶり物。『日本書紀』

圭烏帽子　はしはえぼうし
「端芝烏帽子」とも書く。圭冠に似た烏帽子。

在　まします・います
「有り・居り」の尊敬語。いらっしゃる。おいでになる。『今昔物語集』

在方　ざいかた・ありまさ
ざいかた―いなか。地方。農村。『地方凡例録』
ありまさ―占い者の異称。十五世紀の占いの名人加茂在方に因む。『俚言集覧』

在処　ありか
「在所」とも書く。物のある場所。所在。人のいる所。『源氏物語』

在在　ありさる
「在り去る」とも書く。それまでと同じ状態で経過する。生き長らえる。『万葉集』

在来　ありきたる
「有来」とも書く。今まで通りである。『地方凡例録』

在廻　ざいまわり
地方廻り。『地方凡例録』

在所　ありか
「在処」とも書く。↓在処

在昔　むかし
以前。

在釜　ざいふ
この語を書いた旗や張り紙を寺院の門口などに掲げ、人々に茶の湯の準備が出来ていることを知らせる。

在郷　ざいご・ざいごう
都会から遠く離れた地方。田舎。

在郷歌　ざいごうた・ざいごううた
①民謡。田舎歌。②歌舞伎芝居の下座歌で、田舎の場面などで演じられるもの。

地下　じげ
①清涼殿の殿上の間に上ることを許されない階級。『貞丈雑記』。②転じて、公的な地位をもたない者。農民など。

地下人　じげにん
「地下」②に同じ。『浮世物語』↓地下

地下網　じげあみ
土地の人たちで網を共有し、共同作業で行う網漁業。

地子　ちし・じし
律令制で、荘園の領主が農民に耕作させ、徴収する小作料。『算法地方大成』

地方　じかた
①江戸時代、町方に対する語。農民や漁民などが生活を営む村方。『地方凡例録』。②室町幕府の役所名。

地主神　とこぬしのかみ・じぬしのかみ
その土地の守護神。

地血　あかね
「茜・赤根・茜草」とも書く。アカネ科の蔓性多年草。

地衣苔　うめのきごけ
「梅樹苔」とも書く。ウメノキゴケ科の地衣類。

地均　じならし
①地面を平らにし、整えること。②転じて、物事が支障なく運ぶよう、事前に行う調整。

地形　じぎょう
①地勢。②「地業」とも書く。建築前の地ならし・地固め。

地炉　すびつ
「炭櫃」とも書く。いろり。炉。

地胆　つちはんみょう・にわつつ
つちはんみょう―「土斑猫」とも書く。ツチハンミョウ科の甲虫。
にわつつ―ツチハンミョウの古称。『倭名類聚鈔』

地柏　あたごごけ・くらまごけ
「愛宕苔」とも書く。イワヒバ科の多年性常緑シダ。

地殃　ちよう
「地妖」とも書く。天変地異。『地方凡例録』

地菘　いぬのしり
「犬尻」とも書く。キク科の越年草ヤブタバコの異称。

地蛍　つちぼたる
「蛍蛆」とも書く。ホタルのうち、羽が退化した雌の成虫、または幼虫。

地黄　さおひめ・じおう
ゴマノハグサ科の多年草。

地楡　われもこう
「割木瓜」とも書く。バラ科の多年草。秋の七草の一つ。『源氏物語』

地蜘蛛 じぐも
「地蟷」とも書く。ジグモ科のクモ。

地銭 ぜにごけ
「銭苔」とも書く。苔類ゼニゴケ科のコケ植物。

地膚 ははきぎ・ははきぐさ
「帚草・箒草」とも書く。アカザ科の一年草ホウキグサの異称。

地漿水 つくりみず
赤土を掘って水を入れ、かき混ぜた後の上澄み。

地震 ない
「地震」の古称。『方丈記』

地錦 つた
「蔦・烏蘞母」とも書く。ブドウ科の蔓性多年草。

地蟷 じぐも
「地蜘蛛」とも書く。→地蜘蛛

地鞴 じだんだ
「地蹈鞴・地団駄・地団太」とも書く。怒りや悔しさで激しく地面を踏みならすこと。『其面影』

地蹈鞴 じだんだ
「地鞴」とも書く。→地鞴

地臙脂 じべに
「地紅」とも書く。地色が紅色の染め物。

地籠 つちばち・あなばち
「土蜂・穴蜂」とも書く。ツチバチ科のハチの総称。

〈士 部〉

壮佼 わかもの
偉丈夫。

〈夕 部〉

多に ふさに
いろいろと。たくさん。『蜻蛉日記』

多山 さわやま
「沢山」とも書く。たくさん。

多太多太 とうとう
たくさん。『信長公記』

多明米 ためつよね
「多米都米」とも書く。大嘗祭のとき、下賜される酒の材料となる米。

多武峰祭 とうのみねまつり
「談武峰祭・田武峰祭・塔の峰祭」とも書く。奈良県の多武峰にある談山（だんざん）神社の祭礼。

多島海 エーゲかい
地中海東部の海域。

多遅 たじ
タデ科の多年草イタドリの古名。『日本書紀』

多集 すだく
「集」とも書く。鳥などが多く集まって鳴く。『万葉集』

〈大 部〉

夷子 えびす
「夷・戎・恵美須・蛭子」とも書く。①七福神の一人。②「恵比寿舁（か）き」の略。

夷守 ひなもり
北九州・東北で朝鮮・蝦夷（えぞ）の防衛に当たった官。『日本書紀』

夷曲 ひなぶり
「鄙振・夷振」とも書く。①古代歌謡の曲名。『古事記』。②田舎くさく洗練されていない歌。『椿説弓張月』。③狂歌。『浮世風呂』

夷折敷 えびすおしき
膳の側面を人の正面に向けて据えること。礼儀を欠く行為。「夷膳（えびすぜん）」に同じ。

夷振 ひなぶり
「夷曲」とも書く。→夷曲

〈女 部〉

奸囮 つつもたせ
「美人局」とも書く。妻が夫と共謀して姦通し、相手の男から金品をゆすりとること。『誹風柳多留』

好 よしみ
「誼」とも書く。①親しい付き合い。『平治物語』。②ゆかり。因縁。『義経記』

好身 よしみ
親しい人。『地方凡例録』

好事 こうず
①風変わりなものを好むこと。②風流を好むこと。

好事家 こうずか
①風変わりなものを好む人。②風流を好む人。

好悪 こうお
好むことと憎むこと。好き嫌い。

好様 よさま
「善様」とも書く。良い様子。『源氏物語』

如 ごとし・もころ・しく
ごとし―「若」とも書く。…のようだ。
もろこ―「ごとし」に同じ。『万葉集』
しく―「若・及」とも書く。同じだ。『地方凡例録』

如之哉 これにしかんや
これに匹敵するだろうか。『応仁私記』

如己男 もころお
自分と同等の男。自分に匹敵する男。『万葉集』

如才 じょさい
「如在」とも書く。不注意による失策。手落ち。手ぬかり。

如月 きさらぎ・きさらぎづき
「衣更着・衣更着月」とも書く。陰暦二月の異称。

如件 くだんのごとし
前述の通りである。文書の末尾に用いる文言。

如在 じょさい・にょざい
じょさい―「如才」とも書く。『御成敗式目』→如才
にょざい―目の前に神がおられるかのように、つつしみかしこまること。『神皇正統記』

如何 いかに・いかで・いかん・いかが
どうして。なんで。

如何して どうして
①なぜ。②どのようにして。

如何の斯うの どうのこうの
なんだかんだ。不満などがあり、あれこれと言い立てるさま。

如何児 いかなご
「玉筋魚・鮊子・梭魚子」とも書く。イカナゴ科の海産硬骨魚。

如何斯う どうこう

とやかく。いろいろ言うさま。

如何体　いかてい
「何躰・如何躰」とも書く。どのような様子。『醒睡笑』

如何躰　いかてい
「如何体」とも書く。→如何体

如何物　いかもの
①偽物。②おもに食べ物で、普通とは異なる変な物。

如何物食　いかものぐい
①普通、人が食べないような変な物をあえて好んで食べること。また、その人。②普通とは異なる趣味嗜好のもちぬし。

如何様　いかよう・いかさま
いかよう―「何様」とも書く。どのよう。『竹取物語』
いかさま―①「いかさまもの」の略。いんちき。②「いかよう」①に同じ。『万葉集』

如何様立　いかさまだち
相撲の立ち合いで、「待った」をかけるふりをして先手を取る卑劣な行為。「ぺてんだち」に同じ。

如何敷　いかがわし・いかがし
どうかと思われる。疑わしい。『東海道中膝栗毛』

如泥　じょでい
ぐずぐずすること。だらしのないこと。

如雨露　じょうろ
植物への水やりに用いる道具。

如船　うきぶくろ
「浮袋」とも書く。人体などを水に浮かせるために用いる空気を満たしたゴム製などの環状の袋。

如意輪供　にょいりんぐ
雷如意輪観音を供養すること。

如露如電　にょろにょでん
仏教で、この世に存在するものは朝露や雷光のごとくはかないものであるということ。

妃　みめ
「御妻」とも書く。后・女御などの敬称。『日本書紀』

妄　みだり
「浪・猥・漫・濫」とも書く。①秩序を乱すさま。②いいかげん。

妄闇　むやみ
「無闇」とも書く。①度が過ぎているさま。②あとさきを考えずに事を行うこと。『塩原多助一代記』

〈子　部〉

存え果つ　ながらえはつ
長生きをして天寿をまっとうする。

存命える　ながらえる
「永らえる・長らえる」とも書く。生き続ける。長生きする。『こがね丸』

存寄　ぞんじよる
「思いつく」の謙譲語。『井伊直弼大老就任起請文』

存意と　わざと
「態と」とも書く。故意に。『ばアや』

〈宀　部〉

安土　あづち
「射垜・垜・堋」とも書く。弓の的を掛けるために盛り土をした所。

安心　あんじん
浄土宗で、阿弥陀仏の救いを信じて往生を祈る心。

安石榴　ざくろ・じゃくろ
「石榴・柘榴・若榴」とも書く。ザクロ科の落葉高木。『本草和名』

安名尊　あなとうと
催馬楽（さいばら）の呂（りょ）の曲の一つ。

安宅船　あたけぶね
「阿武船」とも書く。室町末期から江戸初期にかけて建造された大きく堅牢な軍船。『信長公記』

安坐　あぐら
「胡坐・胡床・趺・趺坐・盤座」とも書く。両足首を組んで座る座り方。

安居　あんご
夏期に僧侶が一室にこもり、修行すること。『江談抄』

安城楽　あんぜいらく
「安世楽」とも書く。唐楽の一つ。

安律密紕謨　アルミニウム
金属元素の一つ。

安倍川　あべかわ
「安倍川餅」の略。

安特堤　アムステルダム
オランダ王国の首都。

安排　かたつけ
散らかっているものを整理すること。「片づけ」に同じ。『浮城物語』

安産樹　えるこそう・あんざんじゅ
「含生草」とも書く。アブラナ科の一年草。

安寝　やすい
安眠。『万葉集』

安楽祭　やすらいまつり
「夜須礼祭」とも書く。京都市北区の今宮神社で四月に行なわれる、疫病神を鎮める祭礼。

安幣帛　やすみてぐら
安らかな幣帛。「幣（ぬさ）」をほめたたえる語。『祝詞』

安質母　アンチモン
金属元素の一つ。「安質母尼（アンチモニイ）」に同じ。

安養　あんにょう
極楽浄土。「安養浄土」の略。『太平記』

安穏　あんのん
「あんおん」の音便。安らかで穏やかなこと。無事なこと。

宇内　うだい
天下。世界。『中御門家文書』

宇瓦　のきがわら
「軒瓦」とも書く。軒先に葺く瓦。

宇流鉤　うるじ
不吉な事柄を釣るとされる針。「于楼該鉤（うるけじ）」に同じ。

字　あざな・やしなう
あざな―満二十歳になったときに実名のほかにつける名。『地方凡例録』
やしなう―「養う」とも書く。扶養する。『和漢朗詠集』

字花　チーハ
「字華・一八」とも書く。明治初めに中国から伝わった賭博の一つ。

字華　チーハ
「字花」とも書く。→字花

守の殿　こうのとの

「長官の殿・督の殿・頭の殿」とも書く。衛門府・兵衛府などの長官・国司の敬称。「守主（こうのぬし）」に同じ。

守公神 すくじん・すくうじん
「守君神・守宮神」とも書く。①宮殿・官庁の守護神。②技芸の守護神。

守主 こうのぬし
「守の殿」に同じ。→守の殿

守瓜 うりばえ
「瓜蝿」とも書く。ハムシ科の害虫ウリハムシの異称。『倭名類聚鈔』

守君神 すくじん・すくうじん
「守公神」とも書く。→守公神

守宮 やもり・いもり
やもり—「家守・壁虎」とも書く。トカゲ目ヤモリ科の爬虫類の総称。いもり—「井守」とも書く。サンショウウオ目イモリ科の両生類の総称。

守宮神 すくじん・すくうじん
「守公神」とも書く。『教訓抄』→守公神

宅 やけ・やか
家。『播磨風土記』

宅つ神 やかつかみ
家の守護神。また、かまどの神。『為忠朝臣家百首』

〈寺　部〉

寺啄 てらつつき
キツツキ科の鳥キツツキの異称。『倭名類聚鈔』

寺解 じげ
寺社から役所に提出する公文。

〈小　部〉

当 まさに・あて・そこ
まさに—「正・将・応・方」とも書く。間違いなく。ちょうど。『今昔物語集』
あて—見込み。『地方凡例録』
そこ—底。『徒然草』

当寸法 あてずっぽう
根拠などがなく、いいかげんな推量で事を行なうこと。

当今 とうぎん
①今。このごろ。『菅原伝授手習鑑』。②当大の天皇。『平家物語』

当毛 とうげ
今年収穫する農作物。『算法地方大成』

当尻皮 あてしか
尻に当てる敷皮。鉱夫や杣夫（そまふ）が用いる。

当色 とうしき・とうじき
律令制で、その人の位階によって定められた衣服の色。また、同じ階層・身分の人。

当初 そのかみ
はじめのうち。『今昔物語集』

当面 おもがい・おもがき
「面懸・面繋」とも書く。馬の頭と首に轡（くつわ）をつなぐ組紐または革の馬具。

当座情 できごころ
「出来心」とも書く。もののはずみでふと生じた悪心。『春色梅児誉美』

当帰 うまぜり
セリ科の多年草トウキの異称。

当時 そのかみ
そのとき。その昔。『平家物語』

当麻派 たいまは
神奈川県相模原市にある清浄光寺（しょうじょうこうじ）を本山とする時宗の一派。

当逢 あたりあい
「当合」とも書く。船同士の衝突。

当罪 おもてつみ
有罪が明白であること。現行犯。『雨月物語』

当薬 せんぶり・とうやく
「千振・胡黄連」とも書く。リンドウ科の二年草。

〈戸　部〉

尽 ことごとく
「悉く」とも書く。一つ残らず。

尽未来際 じんみらいさい・みらいさいをつくす
永久に。長期間。

尽期 じんご
物事の尽きるとき。最後。『正法眼蔵随聞記』

尽頭 はずれ
「外れ」とも書く。ある範囲を出たところ。『黴』

〈山　部〉

屹与 きっと
「屹度・吃度・急度・忩度」とも書く。かならず。

屹度 きっと・きと
「屹与」とも書く。『地方凡例録』→屹与

〈干　部〉

年三 ねぞう
「年星」とも書く。陰陽道で、自分の生まれた年にあたる星を祭り、開運・除災を願うこと。また、年に三度仏事を行い、長精進すること。『源氏物語』

年不足 としよわ
「年弱」とも書く。数え年で年齢を数えるとき、一年の後半に生まれたこと。また、その人。『此処やかしこ』

年比 としごろ
「年来・年頃」とも書く。数年来。

年世積月 としよつむづき
陰暦十二月の異称。

年行 ねんぎょう
毎年の修行。

年毎 としのは
毎年。『万葉集』

年来 としごろ
「年比」とも書く。→年比

年延 としばえ
①としごろ。「年倍（としばい）」に同じ。『傾城禁短気』。②年をとっていること。

年年引 ねんねんびき
①江戸時代、陣屋敷・郷蔵（ごうくら）屋敷など、公的な地の税を免除したこと。②荒廃した田畑の税が免除になること。『地方凡例録』

年星 ねぞう
「年三」とも書く。→年三

年魚 あゆ

「鮎・香魚」とも書く。アユ科の硬骨魚。『万葉集』

年端月　としはづき
陰暦正月の異称。

年薪　としぎ
「歳木・年木」とも書く。①元旦の門松に飾る木。②新年のために年末に用意しておくたきぎ。

〈广 部〉

庄分　そうぶん
「処分・荘分」とも書く。財産・遺産を分配すること。分与。『落窪物語』

〈弋 部〉

式微　おとろえ
「衰え」とも書く。勢いが弱くなること。衰弱。『詩経』

〈弓 部〉

弛み　たゆみ
「懈み」とも書く。張りつめていたものがゆるむ。

弛気味　だれぎみ
緊張感が欠けているさま。

〈彳 部〉

行　てだて
「道・方便・手立」とも書く。手段。方法。対策。

行人　ぎょうにん・おこないびと・こうじん
ぎょうにん―①仏教の修行者。行者。『今昔物語集』。②延暦寺の堂衆。『源平盛衰記』。③高野山衆徒三派の一つ。俗務に携わる僧。行人方(ぎょうにんがた)。
おこないびと―「ぎょうにん」①に同じ。『源氏物語』
こうじん―歩く人。旅人。使者。

行乞　ぎょうこつ
僧が乞食(こつじき)をすること。「托鉢」に同じ。

行火　あんか
炭火を入れて暖をとる道具。「行炬」に同じ。

行在　あんざい
天皇が行幸する際の仮の宮居。「行宮」に同じ。『太平記』

行在所　あんざいしょ
「行在」に同じ。→行在

行年　ぎょうねん
死んだときの年齢。「享年」に同じ。

行灯　あんどん
「行燈」とも書く・①紙を貼った木枠の中に油皿を入れ、灯心に火を灯す照明具。②四〇の隠語。『東海道中膝栗毛』

行作　ぎょうさ
振る舞い。行ない。行儀作法。

行声　おこないごえ
仏教で、読経の声。『夫木和歌抄』

行李　あんり・こうり・こり
「梱」とも書く。①竹・柳で編んだ旅行用の荷物入れ。衣類入れ。②旅行の荷物。旅支度。③使者。

行供養　ぎょうくよう
仏教で、経を読み、仏戒にしたがって修業すること。

行夜　へひりむし・へっぴりむし・へこきむし
「放屁虫・屁放虫・気虫」とも書く。身の危険を察知すると異臭・ガスを放出する昆虫の俗称。

行幸　ぎょうこう・みゆき
天皇が外出すること。『権記』

行歩　ぎょうほ・ぎょうぶ・ぎょうぼ
歩くこと。

行者　ぎょうざ・ぎょうじゃ・あんじゃ
ぎょうざ・ぎょうじゃ―①仏道を修める修行者。②修験道の修行者。③「役行者(えんのぎょうじゃ)」の略。
あんじゃ―①剃髪せず、寺に宿泊して修業する者。②禅寺で、さまざまな雑用に従事する者。

行者房　あんじゃぼう
行者のいる所。「行堂」に同じ。

行者韮　ぎょうじゃにんにく
「行者忍辱・茖葱・行者葫」とも書く。ユリ科の多年草。

行者蒜　ぎょうじゃびる
①「行者韮」に同じ。→行者韮。②「薤・辣韮(らっきょう)」に同じ。

行炬　あんこ
「行火(あんか)」に同じ。→行火

行香　こうか・ぎょうこう・ぎょうごう
法会などの際に香を配ること。

行香机　ぎょうこうづくえ
行香に使う香炉の類いなど用具を置く机。→行香

行宮　あんぐう
「行在」に同じ。『信長公記』→行在

行酒　ぎょうしゅ
酒席で酌をすること。また、その人。

行馬　やらい
「矢来・矢払」とも書く。竹や丸太を粗く組んだ仮の囲い。

行啓　ぎょうけい
太皇太后・皇太后・皇后・皇太子・皇太子妃・皇太孫が外出すること。『平家物語』

行堂　あんどう
「行者房」に同じ。→行者房

行堂主　あんどうす
禅寺で、行堂を管理する者。

行脚　あんぎゃ
①各地を歩いて旅すること。②僧が修行のために全国をめぐり歩くこと。『折たく柴の記』

行厨　べんとう
「弁当」とも書く。容器に入れて携行し、外出先で食べるもの。『おぼえ帳』

行粧　ぎょうそう
「行装」とも書く。外出時や儀式などのときの装い。『吾妻鏡』

行装　ぎょうそう
「行粧」とも書く。→行粧

行間書　ぎょうかんがき
書状で、追而書(おってがき)は右袖に書くが、それでも収まらずに本文の行間に書き進んだもの。

行業　ぎょうごう
仏教で行為。また、仏道の修行。

行跡　ぎょうせき・ふるまい
「行迹」とも書く。日ごろの行い。『地方凡例録』

行徳 ぎょうとく
「塩」の異称。芝居の隠語として用いられた。江戸時代、下総国の行徳は塩業地であった。

行器 ほかい
「外居」とも書く。食物を入れて運搬する木製の容器。円柱状で、外に三本脚が付いている。『宇津保物語』

行履 あんり
禅宗で、日常の一切の行為。『正法眼蔵随聞記』

行潦 にわたずみ
「潦」とも書く。地面にたまって流れる雨水。『万葉集』

行縢 むかばき・むかはき
「行騰」とも書く。武士が騎馬の際に着用した、腰から脚にかけてのおおい。鹿や熊などの毛皮で作った。『万葉集』

行燈 あんどん・あんどう・あんど
「行灯」とも書く。→行灯

行燈水母 あんどんくらげ
ハチクラゲ目のクラゲ。

行燈袴 あんどんばかま
襠（まち）のない袴。

行懸 いきがかり・ゆきがかり
①行く途中。②これまでの事情。経緯。

行騰 むかばき
「行縢」とも書く。→行縢

行纏 はばき
「脛巾・脛衣」とも書く。遠出などの際に、脛（はぎ）に巻いて保護するもの。布や藁などで作った。後世の脚半。『枕草子』

〈扌部〉

扛秤 ちぎばかり・ちぎり
「杠秤・杠斤」とも書く。近世、重い物を量るのに用いた大型の棹秤（さおばかり）。

扣木 ひかえぎ
建造物などが傾くのを防ぐため、支えとして用いる木材。「ひかえぐい（控杙・控杭）」に同じ。

扣鈕 ボタン
「鈕・釦」とも書く。衣服の合わせ目などを留めるもの。『風流仏』

扠首 さす
①切妻屋根で、棟木（むなぎ）などを支えるために木材を山形に組んだもの。「叉手（さしゅ）」に同じ。『倭名類聚鈔』②横木をかけるため、丸太の先が二股になっているもの。『源平盛衰記』

扱 こく・こぐ・しごく
細長いものを何かの間にはさんで強く引き、かき落とす。しごく。『算法地方大成』

扱帯 しごき
腰帯の一つ。一幅（ひとはば）の布をそのまま用いる帯。「しごきおび」に同じ。

托胎虫 なめくじ・なめくじり
なめくじら
「蛞蝓・蛐蜒」とも書く。マイマイ目の有肺類。

托辞け かこつけ
言い訳。口実。『浮雲』

扨 さて
「偖」とも書く。話題を転換するときに用いる接続詞。

扨措 さておき
「扨置」とも書く。別にして。

扨置 さておき
「扨措」とも書く。→扨措

〈氵部〉

汚苦しい むさくるしい
だらしがなく、きたならしい。不潔である。『吾輩は猫である』

汚点抜き しみぬき
「染み抜き」とも書く。布地などについたしみを取ること。またそのための洗剤など。

汚穢 わえ・おわい
きたないこと。きたないもの。また、糞尿。『今昔物語集』

汗手拭 あせたなごい
「あせてぬぐい」の古語。

汗衫 かざみ・じゅばん・じばん・はだぎ
かざみ—①汗取りのための単（ひとえ）の服。『宇治拾遺物語』。②平安時代以降、童女の正装用の上衣。『源氏物語』
じゅばん・じばん—「襦袢」とも書く。和服用の下着。『即興詩人』
はだぎ—「肌着」とも書く。体に直接触れる衣類。下着。『即興詩人』

汗疹 あせも
汗のために皮膚にできる赤い発疹。『倭名類聚鈔』

汗端 あめ
雨。

江戸元結 えどもっとい・えどもとゆい
「元結（もとゆい）」の異称。江戸で作られたことから。『西鶴置土産』

江戸清掻 えどすががき
「江戸菅掻」とも書く。歌のない三味線の器楽曲。

江戸野老 えどところ
ヤマノイモ科の蔓性多年草。

江南 かぐなみ
「漢南」とも書く。刀の鍔（つば）の一つ。江戸時代、中国の江南より伝来。

江南豆 はぶそう
「波布草・蛇滅草・望江南・槐葉柄」とも書く。マメ科の多年草。

江浦草 つくも
カヤツリグサ科の多年草フトイの異称。

江浦草髪 つくもがみ
「九十九髪」とも書く。老人の白髪。ツクモは水草の名。老人の白髪に似ていることから。『伊勢物語』

江桁敷 えげたしき
土手の敷地。『地方凡例録』

江豚 いるか・いるかうお
「海豚」とも書く。小型の歯クジラ類の総称。

江都 えど
江戸。『教訓雑長持』

江湖談 うきよばなし
「浮世話」とも書く。①世間話。『安愚楽鍋』。②色っぽい話。

江鮭 あめ・あめのうお
「鯇魚・雨魚」とも書く。サケ科の淡水産硬骨魚ビワマスの異称。琵琶湖の固有種。

江鰶魚 こはだ
「小鰭」とも書く。ニシン科の海水魚コノシロの中等大のもの。

江籬　うご・おご・おごのり
「海髪・頭髪菜・小凝菜・於期海苔」とも書く。紅藻類の海藻。

汝　い・いまし・なれ・うぬ
い—「なんじ」の古語。おまえ。『古事記』
いまし・なれ—「あなた・おまえ・君」の古語。
うぬ—相手をののしっていう語。おのれ。

汝人　なびと
「なんじ」の古語。

汝兄　なせ
女から男に向けて親しみを込めた呼称。『古事記』

汝弟　なおと
弟に対する親しみを込めた呼称。『万葉集』

汝姉　なね
女に対する親しみと敬意を込めた呼称。

汝妹　なにも
男から女に向けて親しみを込めた呼称。『古事記』

汝等　なむだち
おまえたち。『三蔵法師伝』

汐除堤　しおよけつつみ
海近くの田を塩害から守るための堤防。『地方凡例録』

汎竜舟　はんりゅうす・はんりょうしゅ
「泛竜舟」とも書く。雅楽の一つ。

〈艹（艹・艸）部〉

艹は四画、艸は六画

芋茎　ずいき・いもがら
ずいき—「芋苗」とも書く。里芋の生(なま)の茎。食用。『書言字考』
いもがら—「芋幹」とも書く。①里芋の茎を乾かしたもの。②「下り鮎」の異称。

芋苗　ずいき
「芋茎」とも書く。→芋茎

芎窮　おんなかずら・せんきゅう
「川芎」とも書く。セリ科の多年草。

芷　さわうど・よろいぐさ
「沢独活・白芷」とも書く。セリ科の多年草ヨロイグサの異称。

芝井　しばい
「芝居」とも書く。演劇。とくに歌舞伎など、日本の伝統的な演劇。『御触書宝暦集成』

芒墨　のいずみ
「肉刺」とも書く。履物で擦れてできる足のまめ。『倭名類聚鈔』

〈戈　部〉

戎克　ジャンク
中国の海洋や河川で使用される木造小型船の総称。

戎狄　じゅうてき
「戎翟」とも書く。都から離れた未開の地に住む人々。また、外国人をあなどっていう語。

戎軒　じゅうけん
①戦争に使う車。②転じて、戦争。

戎翟　じゅうてき
「戎狄」とも書く。→戎狄

成丈　なるたけ
なるべく。できるだけ。『地方凡例録』

成吉思汗　ジンギスカン
モンゴル帝国の祖。

成程　なるほど
たしかに。『御触書宝暦集成』

成選　じょうせん・せいせん
律令時代、官人が叙位されること。『九条年中行事』

〈日（曰）部〉

曳　はる・まく
はる—「張る」とも書く。布・糸・網などをたるまないように広げ、固定する。『筆のまにまに』
まく—「巻く」とも書く。ひも・糸などを物の周囲にからみつける。『筆のまにまに』

曳手切　ひきちぎる
「引きちぎる」とも書く。無理やり引っぱって切る。『筆のまにまに』

曳倍支　ひへぎ・ひっぺき
「引倍木」とも書く。「ひきへぎ」の略。夏から秋にかけて着用する裏のない衣。『栄花物語』

曲　つぶさに・くせ・わだ
つぶさに—「具・委・悉・備」とも書く。詳細に。
くせ—「九世・久世・九節」とも書く。謡曲の中心部分。曲舞（くせまい）の節を取り入れた、一曲の聞かせどころ。
わだ—入り曲がっていること。また、その場所。『万葉集』

曲人　くせびと
「癖人」とも書く。ひとくせある人。変わり者。『義経記』

曲尺　かねざし・かねじゃく
「矩尺」とも書く。大工などが使う金属製の物差しで、直角に曲がっているもの。

曲水の宴　ごくすいのえん・きょくすいのえん
古代、朝廷で行われた行事。朝臣らが庭園に造られた曲溝に臨み、上流から流れてくる盃が通り過ぎないうちに詩歌を作り、盃を取り上げて酒を飲み、水に流す。『色葉字類抄』

曲処　くまと
「限処・限所」とも書く。物かげ。奥まったところ。『万葉集』

曲玉　まがたま
「勾玉」とも書く。古代の装身具。『古事記』

曲曲　まがまがし
「凶凶」とも書く。①不吉な感じがする。『源氏物語』。②いまいましい。『宇治拾遺物語』。③真実らしい。『好色万金丹』

曲礼　こくらい・きょくらい
細かく定められた礼儀作法。『南留別志』

曲形　くせがた
湾曲した形。

曲見　しゃくみ
能面の一。しゃくれ顔の女面。

曲事　くせごと・ひがごと・きょくじ・まがりごと
①道理にそむくこと。まちがっている。『明恵遺訓』。②処罰。『地方凡例録』

曲彔　きょくろく
僧侶が用いる椅子。『太平記』

曲直　わけ
「訳」とも書く。ものの道理。筋道。『西洋道中膝栗毛』

曲突　くど
「竈・竈突」とも書く。①かまど

後部の煙出しの穴。②かまど。

曲者 くせもの
①ひとくせある者。②怪しい者。

曲独楽 きょくごま
独楽（こま）を使った曲芸。

曲浦 わだのうら
港、入江。

曲馬 くせうま
騎乗者の指示に従わないことがよくある、気むずかしい馬。『因果物語』

曲舞 くせまい
「久世舞」とも書く。南北朝から室町時代に流行した芸能。「曲舞舞」に同じ。

曲舞舞 くせまいまい
「曲舞」に同じ。↓曲舞

曲輪 くるわ
「郭・廓」とも書く。①城などの廻りにめぐらせた土や石の囲い。『御触書宝暦集成』。②遊女屋が集まっている場所。

曲輪沙汰 くるわざた
「郭沙汰」とも書く。遊廓での評判・うわさ。

旨 むね・うまし
むね―趣旨。『地方凡例録』
うまし―おいしい。『ひらかな盛衰記』

旨味 うまみ
おいしさ。『鹿の子餅』

旬日 しゅんじつ
十日間。『権記』

早 とう
早くに。『貞丈雑記』

早乙女花 さおとめばな
センリョウ科の多年草フタリシズカの異称。

早子 はす
「鰣」とも書く。コイ科の淡水魚。

早天 あさまだき
夜が明けきらない早朝。『内地雑居未来之夢』

早少女 さおとめ
「早乙女」とも書く。①田植えをする娘。『栄花物語』。②おとめ。『山家集』

早少女葛 さおとめかずら
アカネ科の蔓性多年草ヘクソカズラの異称。

早月 さつき
「五月・皐月」とも書く。陰暦五月の異称。

早月躑躅 さつきつつじ
「五月躑躅・杜鵑花」とも書く。ツツジ科の常緑低木。

早旦 そうたん
朝早く。『権記』

早生 わせ
「早稲」とも書く。①早く開花・結実する稲の品種。②早く開花・結実する作物・果実。③早熟な人。また、その人。

早矢 はや
「甲矢・兄矢」とも書く。一手（二本一組の矢）で射る矢のうち、初めに射る矢。『古今著聞集』

早花咲月 さはなさづき
陰暦三月の異称。

早足 さそく・さっそく
さそく―急ぎ足。『菅原伝授手習鑑』
さっそく―すぐに。『地方凡例録』

早苗月 さなえづき
陰暦五月の異称。『千五百番歌合』

早苗船 さなえぶね
田植えのとき、早苗を積む小舟。

早苗鳥 さなえどり
カッコウ科の鳥ホトトギスの異称。

早苗開 さなえひらき
早苗の植え付けを始めること。

早苗蜻蛉 さなえとんぼ
トンボ目サナエトンボ科のトンボの総称。

早苗饗 さなぶり・さなぼり
田植えを終えたあとの祝い。

早松茸 さまつたけ
シメジ科のキノコ。五、六月頃に生えてくるマツタケに似る。『細川忠興文書』

早附木 マッチ
「燐寸」とも書く。摩擦によって発火させ、火を得る用具。『此処やかしこ』

早急 さっきゅう・そうきゅう
非常に急ぐこと。至急。

早桃 さもも
①バラ科の落葉小高木スモモの一品種。②早生のモモ。

早湍 はやせ
「早瀬」とも書く。水の流れが早い瀬。『万葉集』

早朝 つと・つとめて
つと―早朝。暁。『万葉集』
つとめて―①早朝。②前夜、事があったその翌朝。『更級日記』

早飯 わさいい
「早稲飯」とも書く。もっとも早く結実した稲の飯。

早稲 わせ
「早生」とも書く。↓早生

早稲田 わさだ・わせだ
もっとも早く結実する稲を作る田のこと。「早穂田」に同じ。

早稲穂 わさほ
もっとも早く結実する稲の穂。

早緑月 さみどりづき
陰暦正月の異称。

早蕨 さわらび
①発芽したばかりのワラビ。『万葉集』。②襲（かさね）の色目の一つ。

早穂田 さほだ
「早稲田」に同じ。『壬二集』↓早稲田

〈月　部〉

肌理 きめ
「木目・筋目」とも書く。①皮膚などの表面に見られる細かいあや。『多聞院日記』。②木の断面に見られる年輪などの模様。もくめ。

肌理細か きめごまか
「木目細か」とも書く。①皮膚などの表面が滑らかなさま。肌理が細かいさま。『好色一代女』②気配りが細かいさま。

有之間敷 あるまじき
「有間敷・有間鋪」とも書く。あってはならない。『夜久文書』

有毛検見　ありげけみ
江戸時代の検見法の一つ。田地の良し悪しにかかわらず、毎年の収穫高を検査して年貢高を決めること。

有否　ありなむ
「有りいなむ」の略。相手の弁を否定して争う。『万葉集』

有体　ありてい
「有躰」とも書く。①ありのまま。『地方凡例録』。②型通り。

有来　ありきたる
「在来」とも書く。今までと変わらないこと。『地方凡例録』

有来銭　ありこぜに
江戸時代、京都で鋳造された銅貨。

有実　ありのみ
①「梨の実」の忌詞。『山家集』。②バラ科の落葉高木ヤマナシの異称。

有若亡　ゆうじゃくぼう・あれどもなきがごとし・ありてなきがごとし
有名無実。無能。

有封　うぶ
神社・寺が朝廷から与えられた家屋や田地。

有度　ありたし
…でありたい。『葉隠』

有為顔　したりがお
得意げな顔。してやったという顔。『金色夜叉』

有情　うじょう
①仏教で、情をもつもの。生き物のすべて。②感情があること。

有理　げにも
「実にも」とも書く。じつに。まさしく。『浅尾よし江の履歴』

有躰　ありてい
「有体」とも書く。→有体

有間敷　あるまじき
「有之間敷」とも書く。『葉隠』→有之間敷

有間鋪　あるまじき
「有之間敷」とも書く。『御触書宝暦集成』→有間之敷

有増　あらまし
「荒増」とも書く。①大体のところ。『東海道中膝栗毛』。②予期。『堀河百首』

有徳　うとく
「有得」とも書く。①裕福なこと。②徳のあること。『算法地方大成』

有漏　うろ
仏教で、煩悩のあること。

有漏路　うろじ
煩悩のある世界。現世。

有繋　さすが
そうはいうもののやはり。『多情多恨』

有職　ゆうそく・ゆうそこ
①学者。『源氏物語』。②官職・典例などの故実に詳しいこと。また、その人。『宇津保物語』。③美人。『大鏡』

有難　ありがたし
①めったにない。『宇津保物語』。②転じて、もったいないほどの。

肋木　ろくぼく
肋骨のように横木を多数固定した梯子状の体操用具。

〈木部〉

机　つき
「机」の古語。『古事記』

机下　きか
「几下」とも書く。書簡の宛名に添える脇付の一つ。机の下に手紙を差し出す意で、敬意を表す。

朽鶏　くだかけ・くたかけ
「鶏」とも書く。早朝に鳴く鶏を罵っていう語。『伊勢物語』

朱鳥　あかみどり
赤い鳥。

朱具足　あかぐそく
「赤具足」とも書く。金具や札（さね）を朱塗りにし、赤い緒で威（おど）した具足。

朱桜　ははか
「波波迦」とも書く。バラ科の落葉高木ウワミズザクラの古名。『古事記』

朱桜火　ははかび
卜占（ぼくせん）で鹿角・亀甲を焼くときの火。朱桜を用いたことによる。

朱雀　しゅじゃく・すざく
しゅじゃく―四神の一。南方に位置する。
すざく―天武朝における年号の異称。

朱雀門　すざくもん・しゅじゃくもん
平安京大内裏の外郭十二門の一つ。南門。

朱蘭　しらん
「紫蘭・白及・白芨」とも書く。ラン科の多年草。

朱樹　いちい
「一位・櫟・紫松・水松樹」とも書く。イチイ科の常緑高木。この材で笏（しゃく）を作るところから「イチイ（一位）」とよばれる。

朱欒　ザボン
「香欒」とも書く。ミカン科の常緑高木。

朱鷺　とき
「鴇」とも書く。トキ科の鳥。日本では絶滅。

朶頤　だい
①食欲旺盛なさま。②転じて、強国が弱国を支配しようとすること。

朴　ほお・ほおのき・ほおがしわ
「厚朴」とも書く。モクレン科の落葉高木。

朴樹　えのき
「榎・榎木」とも書く。ニレ科の落葉高木。

朴訥　ぼくとつ
「木訥」とも書く。無口で武骨なこと。

朳　えぶり
「柄振」とも書く。横板に長い柄をつけた農具の一つ。土をならしたり、穀物の実をかき寄せたりするのに用いる。『新撰字鏡』

朳摺　えぶりすり
小正月に豊作を祈る東北地方の行事。

朸　おうご
「枴」とも書く。てんびん棒。『古今和歌集』

〈欠部〉

次　ついで・すがい・すがう
ついで―「序・第・次第・次而・次手」とも書く。①あることを行うときに、合せて別のことも行うちょうどよい機会。②順序。
すがい―①次ぐ。追いつく。『源氏物語』。②すれ違う。互いに行き合う。『散木奇歌集』
すがう―①「すがい」に同じ。②匹敵する。

次次　すがいすがい
つぎつぎ。あとからあとから。『山家集』

次妻　うわなり
「後妻」とも書く。第二夫人や妾など、最初の妻に対し、後にめとった妻。

次拍子　すがいびょうし
①交互にとる拍子。②ちょうど同時。その途端。『太平記』

次第　ついで
「次」とも書く。→次

次儲　すがいもうけ
両者の間に立って、双方から利益を得ること。

次嶺経　つぎねふ
「継苗生」とも書く。「山城（やましろ）」にかかる枕詞。『古事記』

〈止　部〉

此　こね・かく・ここに
こね―「これ」の転。『末ひろがり』
かく―「斯」とも書く。このように。
ここに―「是・爰・茲・粤」とも書く。そこで。

此中　このじゅう
これまで。従来。沖縄で用いられる語。

此方　こち・こちら・こつち・こなた・こんた
こち・こちら・こつち・こなた―①こちら。②あなた。③私。われ。
こんた―「こなた」②の転。

此方人　こなひと・こちと
こなひと―この人。あなた。『女殺油地獄』
こちと―われわれ。自分。『役者評判蚰蜒』

此方人等　こちとら
われわれ。『一谷嫩軍記』

此方彼方　こなたかなた
①こちらとあちら。『古今和歌集』。②あちらこちら。『源氏物語』

此方様　こなたさま・こなさま・こなさん・こなん
こなたさま―あなたさま。『西鶴織留』
こなさま・こなさん・こなん―「こなたさま」の略。親しみを込めた二人称。

此比　このごろ
「比日・比来」とも書く。近ごろ。

此処　ここ
「此所」とも書く。この場所。

此処許　ここもと
①ここ。『源氏物語』。②こちら側。『源氏物語』。③この辺。

此奴　こいつ・このやつ・こやつ
相手をさげすんでいう語。

此辺　ここら
「此所等・爰等」とも書く。この辺。『四河入海』

此行　このこう
このたび。『木戸孝允日記』

此者　くは
こは。これはまあ。『宇治拾遺物語』

此許　ここもと
「爰許・爰元」とも書く。①ここ。『源氏物語』。②わたくし。一人称の謙称。『源氏物語』

此間　こないだ
「このあいだ」の略。①この頃。『浮世風呂』。②先頃。

此様　こんな
このような。

〈歹　部〉

死天山　しでのやま
「死出山」とも書く。仏教で、死者が秦広王の庁に向かう途中の山。死者が越える苦難にたとえていう。

死軍　しにいくさ
決死の戦い。『佐々木大鑑』

死期　しご
死に際。臨終の時。末期（まつご）。

〈毋　部〉

毎　ごとに
…するたびに。『今昔物語集』

毎一筆券状　いっぴつごとけんじょう
まとめて記載するのではなく、一枚の用紙に一区切りの土地だけを記載した地券。

毎年　としのは
「年毎」とも書く。毎年。『万葉集』

〈气　部〉

気　いき・い
いき―「息・息気・気息」とも書く。口・鼻で呼吸する空気。『今昔物語集』
い―「息」の古語。

気上　けあがり・けあげ
のぼせ。興奮して取り乱すこと。

気生　きなり
「木形・気質」とも書く。気持ちを素直に出すこと。『蒙求抄』

気任　きまま
「気儘」とも書く。気の向くままに行動すること。

気劣　けおとる
何となく劣る。『源氏物語』

気色　きそく・けしき
きそく―「きしょく」の転。気持ちが顔色に表れること。気分。『徒然草』
けしき―①様子。『枕草子』。②「きそく」に同じ。『古今著聞集』。③おぼえ。④御意。素振りを見せること。『源氏物語』。⑤変わったこと。『落窪物語』。⑥情趣。『徒然草』。⑦不興。『栄花物語』

気虫　へひりむし・へっぴりむし・へこきむし
「放屁虫・屁放虫」とも書く。触れると異臭・ガスを放出する昆虫の俗称。

気冴　けざやか
「気亮」とも書く。目立ってさわやかなさま。『源氏物語』

気亮　けざやか
「気冴」とも書く。→気冴

気風　きっぷ・きっぷう
「きふう」の転。気性。気だて。

気草臥　きくたびれ
精神的な疲労。『双生隅田川』

気息　いき
「気」とも書く。→気

気息精　いきせ・いきせい
「息精」とも書く。呼息と精力。意気込み。『長町女腹切』

気虚　きけ
精根尽き果てること。

気疎　きょうとい
「けうとし」の転。①うとましい。②疎遠である。③人気がない。④恐ろしい。

気触　かぶれ
①植物・薬品などの刺激で、皮膚に生じた炎症・発疹。

気障　きざ
「気ざわり」の略。①服装・言動などが気取っていて、いやみなこと。②心配。気がかり。

気質　かたぎ・きなり
かたぎ—「形気・容気」とも書く。身分・職業・地域などによる独特の気風・性質。
きなり—「気生」とも書く。→気生

気質物　かたぎもの
江戸時代、浮世草子の一つ。庶民を類型化して特徴的に描いたもの。

気儘　きまま
「気任」とも書く。→気任

気鎮　けち・おけち・けいちん・けっちん
「結鎮」とも書く。近畿地方の村で行われる、おもに弓を射る正月行事。

〈火　部〉

灰汁　あく
①灰を溶かした水の上澄み。『葉隠』②食品に含まれるえぐみなどの不快な成分。③癖や個性が強く、なじみにくい性質。

灰身　けしん
仏教で、身を無にした境地のこと。

灰堀　セメント
「灰砂」とも書く。土木建築用の接合剤や、コンクリート・モルタルの主原料。

灰砂　セメント
「灰堀」とも書く。→灰堀

灰酒　あくざけ
醸造中に灰を入れる熊本名産の酒。

灯蛾　ひとりが
ヒトリガ科のガの総称。

灯籠木　とうろぎ
カマキリ目の昆虫カマキリの異称。「蟷螂」に同じ。『山之井』

〈牛　部〉

牝伴　うなとも
子連れの猪。牝が先頭、雄が最後尾につく習性があることから。

牝牡乗　ににんのり
「二人乗り」とも書く。『郵便報知』

〈白　部〉

百八十神　ももやそがみ
数多くの神々。

百子池　ももこのいけ
「天の川」の異称。

百小竹　ももしの
数多くの小竹。『万葉集』

百方　さまざま
「百端・様々」とも書く。個々に異なっていること。『其面影』

百日　ももか
①ひゃくにち。また、日数の多いこと。『万葉集』②生後百日目。また、その日の祝い。『宇津保物語』

百日紅　さるすべり
「猿滑り・紫薇花」とも書く。①ミソハギ科の落葉高木。②ツバキ科の落葉高木ヒメシャラの異称。

百日斎　ももかいも・ももかい　もじ
百日間、心身を浄めること。

百吉草　ふなばらそう・みなしごぐさ
「船腹草・白薇」とも書く。ガガイモ科の多年草。

百百一　どどいつ
「都々逸・都々一」とも書く。おもに男女間の情を七・七・七・五調にまとめた俗謡の一つ。『此処やかしこ』

百百夜　もももや
数多くの夜。『伊勢集』

百羽掻　ももはがき
①鴫がくちばしを使って何度も羽をしごくこと。②転じて、回数が多い事柄のたとえ。『古今和歌集』

百舌　もず
「百舌鳥・鵙」とも書く。スズメ目モズ科の鳥。

百舌鳥　もず
「百舌」とも書く。→百舌

百足　むかで
「蜈蚣」とも書く。ムカデ綱の節足動物。

百和香　はくわこう・はくわごう
多くの種類の香を調合して作った香。

百夜　ももよ
①百日間の夜。②数多くの夜。『万葉集』

百夜草　ももよぐさ
菊・露草などの異称。どの草を指すかは諸説ある。『万葉集』

百姓　おおみたから
「大御宝・公民」とも書く。農業に従事する人民。国民。『日本書紀』

百官　もものつかさ
多くの役人。『日本書紀』

百度食　ひゃくどじき
平安時代、大炊寮の米と大膳職の魚・塩を役人に毎日支給したこと。

百脈根　みやこぐさ
「都草」とも書く。マメ科の多年草。

百残　くだら
「百済・伯済」とも書く。古代朝鮮の国名。

百将　ひゃくしょう
「百姓」とも書く。①農民。『三河物語』②人民。

百鬼夜行日　ひゃっきやぎょうにち
陰陽道で、百鬼が列をなして夜中に歩くとして、人が夜の外出を忌避する日。

百済 くだら
「百残」とも書く。→百残

百萎莪 あまどころ
「甘野老・萎莪・甘草蘚・玉女萎・萎女王」とも書く。ユリ科の多年草。

百部 ひゃくぶ・びゃくぶ・ほどつら
ビャクブ科の蔓性多年草。

百部根 ほどつら
ビャクブ科の蔓性多年草ホドツラの根を材料とした薬。

百斯杜 ペスト
「黒死病」とも書く。ペスト菌による伝染病。

百歳 ももとせ
百年。また数多くの年。『万葉集』

百端 さまざま
「百万」とも書く。『青葡萄』→百万

百敷 ももしき
「百磯城」とも書く。禁中。内裏。皇居。『古今和歌集』

百緡 ひゃくざし
銭百文を通す緡（ぜにさし）。『緡縄』

百積 ももさか・ももつみ
多くの荷を積むこと。『万葉集』

百篝 ももかがり
「稲妻」の異称。『秘蔵抄』

百磯城 ももしき
「百敷」とも書く。→百敷

〈竹　部〉

竹刀 しない
剣道の稽古に用いる竹製の刀。

竹尻籠 たかしこ
「竹矢壺・竹矢籠」とも書く。竹製の箙（えびら＝矢を持ち歩くための容器）。

竹矢壺 たかしこ
「竹尻籠」とも書く。→竹尻籠

竹矢籠 たかしこ
「竹尻籠」とも書く。『古今著聞集』→竹尻籠

竹麦魚 ほうぼう
「魴鮄」とも書く。ホウボウ科の海産硬骨魚。

竹杷 さらい
「木杷・杷・杈・櫂」とも書く。土ならしなどに用いる、熊手に似た農具。

竹虎落 たかもがり
竹を筋かいに組み、縄でしばった柵。「竹矢来」に同じ。

竹柏 なぎ
「梛・南木」とも書く。マキ科の常緑高木。熊野地方で神木とされる。『平治物語』

竹瓫 たつべ
水底に沈めて魚を捕まえる道具。丸い籠で、沈めるときに口が開き、引き上げるときに口が閉じる。

竹席 たかむしろ
「簟」とも書く。竹で編んだ夏用の敷物。『三冊子』

竹根蛇 ひばかり
「日計・熇尾蛇」とも書く。ヘビの一種。本州以南に分布。

竹笥 たかけ
竹で作った容器。「竹かご」に同じ。『新撰字鏡』

竹葉 ささ
「笹」とも書く。酒の異称。

竹筒 ささえ
「酒筒・小筒」とも書く。酒を入れる竹筒の容器。『廻国雑記』

竹量 たかばかり
「尺」とも書く。竹で作った物差し。『倭名類聚鈔』

竹筴魚 あじ
「鯵」とも書く。アジ科の海産硬骨魚の総称。

竹節虫 ななふし
ナナフシ目の昆虫の総称。

竹篦 しっぺい
①禅家で、師家（しけ）が参禅者の指導に用いる法具。②親指でほかの指をはじき、相手の顔や手首などを打つこと。また、人さし指と中指の二本を揃えて打つこと。しっぺ。『日葡辞書』

竹篦返し しっぺいがえし
仕返しをすること。しっぺがえし。『役者論語』

〈米　部〉

米 メートル・メーター
「米突」とも書く。メートル法による長さの単位。

米虫 よなむし
オサゾウムシ科の甲虫コクゾウムシの異称。『倭名類聚鈔』

米利堅 メリケン
「アメリカン」の訛り。①アメリカ人。アメリカ。②げんこつ。

米花袋 はぜぶくろ
「糀袋」とも書く。もち米を炒ってはじけさせた糀（はぜ）を入れた袋。

米苞 こめだわら
「米俵」とも書く。米を入れる俵。

米突 メートル
「米」とも書く。→米

米淅 こめかし
①米をとぐこと。②「米淅桶」の略。

米笊 かたまき
米を洗う笊（ざる）のこと。

米搗蜈蚣 こめつきばった
「米搗飛蝗」とも書く。バッタ科の昆虫ショウリョウバッタの異称。

米銭 べいせん
米と金。また、米代。

米雑魚 こめんじゃこ・こめざこ
メダカ科の淡水産硬骨魚メダカの異称。『物類称呼』

〈糸　部〉

糸 いと
とても。きわめて。『今昔物語集』

糸引粘 いとひきぬめり
ネズッポ科の海産硬骨魚。

糸瓜 へちま・いとうり・とうり
「天糸瓜」とも書く。へちま・いとうり・とうり—ウリ科の蔓性一年草。へちま—つまらないもののたとえ。『一休歌問答』

糸矢籠 いとしこ

木製の箙（えびら＝矢を持ち歩くための容器）。

糸雨　いとさめ
小雨。細かい雨。こぬか雨。

糸惜　いとおし
①いとおしい。②かわいそうだ。③つらい。『沙石集』

糸経　いとだて
たて糸に麻、よこ糸にわらを使って織ったむしろ。『東海道中膝栗毛』

糸葱　あさつき
「浅葱」とも書く。ユリ科の多年草。『倭名類聚鈔』

糸遊　いとゆう・かげろう
①陽炎（かげろう）。②「糸遊（いとゆう）結び」の略。

糸蜻蛉　いととんぼ
「豆娘」とも書く。イトトンボ科のトンボの総称。

糸鞋　しがい
絹の組糸を編んで作った履（くつ）。『増鏡』

〈缶　部〉

缶　ほとぎ
①酒や湯水を入れる素焼きの土器。口が小さく胴が太い。『宇津保物語』。②湯殿で産湯（うぶゆ）に使用した甕（かめ）。『栄花物語』

缶偏　ほとぎへん
漢字の偏の一つ。

〈羊（⺷）部〉

羊皮　ヤンピー
羊の皮。

羊乳　つるにんじん
「蔓人参」とも書く。キキョウ科の蔓性多年草。

羊栖菜　ひじき
「鹿尾菜」とも書く。ホンダワラ科の海藻。

羊桃　いらら・いららぐさ
マメ科の越年草カラスノエンドウの異称。

羊麻草　どくだみ・どくだめ
「蕺草・蕺菜・蕺薬」とも書く。ドクダミ科の多年草。

羊歯　しだ
「歯朶」とも書く。①シダ植物の総称。②ウラジロ科の常緑シダ・ウラジロの異称。

羊駝　リャマ
ラクダ科の哺乳類。南米アンデス高地で運搬用などに飼育される。

羊蹄　ぎしぎし・しのね・し
ぎしぎし―「羊蹄菜」とも書く。タデ科の多年草。しのね―「羊蹄菜」とも書く。ギシギシの根。薬用となる。『本草和名』し―「ぎしぎし」の古語。

羊蹄菜　ぎしぎし・しのね
「羊蹄」とも書く。→羊蹄

羊頭　ようず
「陽吹・南風」とも書く。春の南東風。

羊躑躅　れんげつつじ・もちつつじ・ひざつくつつじ
れんげつつじ―「蓮華躑躅・老虎花・黄杜鵑」とも書く。ツツジ科の落葉低木。もちつつじ―「黐躑躅・紫躑躅」とも書く。①ツツジ科の落葉低木。②レンゲツツジの古名。ひざつくつつじ―ツツジの異称。

〈羽（羽）部〉

羽交重　はがいがさね
①鳥が羽を重ねるさま。②また、そのように周囲から集まり重なること。

羽含　はぐくむ
「育む」とも書く。大切に養う。『今昔物語集』

羽魚　かじきまぐろ・かじき
「梶木・旗魚・舵木真黒・梶木鮪」とも書く。マカジキ科とメカジキ科の海産硬骨魚の総称。

羽鳥　ばんどり
蓑（みの）の一種。晴の日も用いる。北陸中部地方の語。

羽葉海苔　はばのり
一年生褐藻類の海藻。

羽節和　はぶしあえ
キジの羽軸（羽毛の中央部の硬い部分）を使った食べ物。

羽裏もる　はぐくもる
「育もる」とも書く。ひな鳥が親鳥の羽に包まれている。大切に育まれている。『万葉集』

羽隠虫　はねかくし
「隠翅虫」とも書く。ハネカクシ科の昆虫の総称。

羽觴　うしょう
スズメの姿を模した盃。『公事根源』

羽鞴　はぶき
「ふいご（鞴）」の古称。『日本書紀』

〈老（⺹）部〉　⺹は四画

老女　おうな
「嫗・媼」とも書く。年老いた女。『日本霊異記』

老次　おいなみ
「老並」とも書く。老境。『万葉集』

老成　ひね・ませ
「陳」とも書く。ひね―①古くなった穀物や野菜。②大人びていること。早熟。また、その人。ませ―「ひね」②に同じ。

老成人　ねびびと
経験を積み、円熟した老人。『源氏物語』

老成御達　ねびごたち
経験を積み、円熟した老女たち。『源氏物語』

老成鶏　ひねどり
産卵を終えた雌鶏。

老男　およしお
年老いた男。『万葉集』

老茄　ろうきゃ
「老茄（ろうか）」の転。茄子の形をした茶入れ。

老虎花　れんげつつじ
「羊躑躅」とも書く。→羊躑躅

老金鼠　ほや
「保夜・海鞘・老海鼠」とも書く。ホヤ目の海産原索動物の総称。

老海鼠　ほや
「老金鼠」とも書く。→老金鼠

老翁　おじさん
ヒメジ科の海産硬骨魚。

老耄 おいぼれ
もうろくすること。また、その人。『五重塔』

老肆 しにせ
「老舗」とも書く。先祖代々続いている店。『内地雑居未来之夢』

老貉 おふくろ
「御袋」とも書く。母親を親しんで呼ぶ語。『柳橋新誌』

老敷 おとなし
大人である。年長である。

老舗 しにせ
「老肆」とも書く。→老肆

老懐 ろうかい
老人の考え。『実隆公記』

老鴉弁 あまな・あまいも
「山慈姑・甘菜」とも書く。ユリ科の多年草。

〈而　部〉

而ると すると
前の事柄に続いてつぎの事柄が起こることを示す接続詞。そうすると。『魔風恋風』

而已 のみ
…だけ。『此処やかしこ』

而今 しきん・いま
しきん―今後。『正法眼蔵』
いま―「今」とも書く。現在。『正法眼蔵』

〈耒　部〉

耒 まぐわ・まぐわ
「馬杭・馬鍬」とも書く。牛や馬にひかせて田畑の土を耕す農具。『かたこと』

耒底 いさり
犂（からすき）の底土に触れる部分。『類聚名義抄』

耒耜 らいし
「鋤（すき）」に同じ。

〈耳　部〉

耳外 にがい
耳に入れないこと。聞き捨てにすること。『太平記』

耳末濃 はたすそご
「端裾濃・耳裾濃・耳坐滋・鰭裾濃」とも書く。鎧の札（さね）を継ぎ合わせる「緘（おどし）」の一つ。

耳坐滋 はたすそご
「耳末濃」とも書く。→耳末濃

耳塵 にじん
耳の垢。『日葡辞書』

耳語 ささやき
「囁き」とも書く。声をひそめて言うこと。『門』

〈肉　部〉

肉叉 フォーク・にくさし
「肉刺」とも書く。食べ物を口に運ぶための洋食器の一つ。江戸後期・明治期には「にくさし」といった。『三四郎』

肉合い ししあい
人体の肉付き。『日葡辞書』

肉刺 のいずみ・まめ・フォーク
のいずみ・まめ―「芒墨」とも書く。履き物で擦れて足にできる炎症。『倭名類聚鈔』
フォーク―「肉叉」に同じ。→肉叉

肉置き ししおき
「肉合い」に同じ。『好色一代女』→肉合い

肉叢 ししむら
「臠」とも書く。肉塊。また、肉体。『宇治拾遺物語』

肉醤 ししびしお
①動物の肉を刻み、塩や麹（こうじ）に漬けたもの。『新撰字鏡』。②人体を塩漬けにする刑罰。『太平記』

肉癢ゆい こそばゆい
くすぐったい。『浮雲』

〈自　部〉

自今 いまより・じこん
今から。今後。『鎌倉遺文』

自安我楽 じゃんがら
「治安和楽」とも書く。盆に長崎県平戸で行われる芸能。豊作を祈願する踊りとされる。囃（はやし）の鉦（かね）などの音から。

自性真如 じしょうしんにょ
この世の本性は不滅・普遍であること。

自金 じばら
「自腹」とも書く。自分の財布。『石倉新五左衛門』

自惚 うぬぼれ・おのぼれ
「己惚」とも書く。実際以上に自分が優れていると思うこと。自負。

自然 じねん・しぜん
なるがままに任せること。『今昔物語集』

自然以降 しかりしよりこのかた・しかしてよりこのかた
それ以来。

自棄 やけ
「自暴・焼け」とも書く。思い通りにならないために、なげやりな行動にでること。

自棄酒 やけざけ
「焼酒」とも書く。やけになって飲む酒。『暗夜行路』

自棄腹 やけばら・やけっぱら
「焼腹」とも書く。やけを起こし、腹を立てること。

自棄糞 やけくそ
「焼糞」とも書く。「やけ（自棄）」を強調した語。

自解 じげ
仏教で、師に教えられる前に、自ら理解し悟ること。『正法眼蔵随聞記』

自業自得 じごうじとく
自分の善悪の行為の結果を我が身が受けること。

自暴 やけ
「自棄」とも書く。『其面影』→自棄

自縄自縛 じじょうじばく
自分の言動によって、自分自身が身動きできなくなって苦しむこと。

自讃毀他 じさんきた
自分の説を熱心に吹聴し、他人の説をけなすこと。仏教で禁じられている行為。

〈至　部〉

至当　もっとも
道理にかなっていること。『柳橋新誌』

至極　しごく・そき
しごく―きわめてもっともなこと。『御触書宝暦集成』
そき―遠く離れた地。『万葉集』

〈舌部〉

舌風　したぶり
「舌振」とも書く。①物の言い方。「口調」に同じ。『源氏物語』。②驚き恐れて舌をふるわすさま。『日葡辞書』

舌疾　したど
早口であること。『源氏物語』

〈舟部〉

舟夫　かこ
「舟子・水夫・舟手・舵子」とも書く。船を漕ぐ人。『万葉集』

舟子　かこ
「舟夫」とも書く。→舟夫

舟手　かこ
「舟夫」とも書く。→舟夫

舟笭　ふなどこ
「笭・舟床」とも書く。舟の床に敷く簀（すのこ）。

舟葬　しゅうそう
舟に遺体を納める葬法。

〈色部〉

色丹松　しこたんまつ
マツ科の落葉高木グイマツの異称。

色丹草　しこたんそう
ユキノシタ科の多年草。色丹島で発見された。

色丹蘩蔞　しこたんはこべ
ナデシコ科の多年草。色丹島で発見された。

色弗　しこぶち・しこぶつ
粗野で無骨なこと。『宇津保物語』

色弟　いろと・いろど
「伊呂弟・同母弟・同母妹」とも書く。兄・姉が弟・妹に対し、親しみを込めて使う呼称。『古事記』

色取検見　いろどりけみ
江戸時代の検見法の一つ。田畑の良し悪しによって年貢高を決める方法。

色姉　いろね
「伊呂姉・同母兄・同母姉」とも書く。兄・姉に対する親しみを込めた呼称。『日本書紀』

色妹　いろも
「伊呂妹・同母妹」とも書く。妹に対する親しみを込めた呼称。『古事記』

色無草　いろなぐさ
松の異称。『蔵玉集』

色硝子　いろガラス
着色ガラス。

色駕籠　いろかご
遊女の送り迎えに使われる駕籠。『心中重井筒』

〈虫部〉

虫白蠟　いぼたろう
「疣取蠟」とも書く。イボタロウムシの幼虫が分泌する蠟。ロウソク、織物などの光沢づけ、薬品などに用いた。

虫唾　むしず
「虫酸」とも書く。胸がむかつくときに口内に逆流してくる酸味の強い胃液。『俳諧如何』

虫酸　むしず
「虫唾」とも書く。→虫唾

虫簿　まぶし
「蔟・簿」とも書く。養蚕の用具。蚕が糸をかけ、繭を作るための仕掛け。

〈血部〉

血脈　けちみゃく
①先祖から受け継いだ血統。②仏教で、師から弟子へと宗門の正法が伝わっていくこと。

血樝　あかがし
「赤樫・赤橿」とも書く。ブナ科の落葉高木。

〈衣部〉

衣　そ
ころも。衣服。『源氏物語』

衣衣　きぬぎぬ
「後朝」とも書く。①お互いの衣を重ねて共寝をした男女が、翌朝それぞれの衣を身につけ別れること。また、そのような朝のこと。『古今和歌集』。②転じて、離別。『武道伝来記』

衣更着　きさらぎ・きぬさらぎ
「如月・衣更着月」とも書く。陰暦二月の異称。『竹取物語』

衣更着月　きさらぎづき
「衣更着」とも書く。→衣更着

衣帛　ポケット
「衣嚢」とも書く。洋服についている小さな物入れ袋。『椿姫』

衣物　そぶつ
「麁物」とも書く。奉公人に盆暮に与える衣服など。「仕着せ」に同じ。『宇治拾遺物語』

衣帯　えたい
仏教で、法衣（ほうえ）。

衣被　えい・えび
「裛被・葉皮」とも書く。栴檀を材料にした香の名。『源氏物語』

衣紋　えもん
「衣文」とも書く。①着付け。着こなし。着方。②和服の襟を合わせる部分。③衣服、身なり。

衣紋人形　えもにんぎょう・えもんにんぎょう
江戸時代の土人形の一つ。後襟を落とした抜き衣紋姿の女性を形取ったもの。

衣紋流　えもんながし
けまりの技の一つ。体を前屈させて、まりを一方の腕から項（うなじ）の襟を渡らせ、もう一方の腕に流すこと。

衣紋掛　えもんかけ
①戸幅ほどの長さの棒の中央にひもをつけ、衣服をかけて吊るす用具。②「衣桁（いこう）」に同じ。

衣通姫　そとおりひめ
允恭天皇の妃・弟姫（おとひめ）の異称。衣を通して皮膚が美しく輝いたという。『日本書紀』

衣魚 しみ
「紙魚・蠹魚」とも書く。シミ目シミ科の昆虫の総称。『新撰字鏡』

衣鉢 えはつ・いはつ・えはち
①仏教の師が法をついだ弟子に伝える袈裟と鉢。『正法眼蔵』。②転じて、その道の奥義。

衣鉢閣 いほかく
開祖など、高僧の衣鉢等を収めた禅寺の宝蔵。

衣鉢簿 いほぼ・えほぼ
禅寺の金銭出納簿。

衣裳 とば
「苫（とま）」の異称「とば」の俗語。苫は船や家屋を覆うものなので、同じ意味から体を覆う衣裳のこと。

衣領樹 えりょうじゅ
仏教で、三途の川のほとりにあるという大樹。

衣蝨 しらみ
「虱・蝨」とも書く。シラミ目の昆虫の総称。

衣嚢 ポケット・かくし
「衣帛」とも書く。『三四郎』↓衣帛

〈襾（覀）部〉

西比利亜 シベリア
ウラル山脈からベーリング海にかけての広大な地域。

西北風 ならい
冬の強い風。『与謝野晶子歌集』

西瓜 すいか
「水瓜」とも書く。ウリ科の蔓性一年草。

西国米 さんごべい・さごべい
「沙穀米」とも書く。マレーシアに自生するサゴヤシから採った米粒状の白い澱粉。『玉海集』

西風 まぜ
西の方角から吹く風。

西南風 やまぜ
西南の方角から吹く風。

西海子 さいかち
「皀莢」とも書く。マメ科の落葉高木。

西班牙 スペイン
南ヨーロッパのイベリア半島に位置する立憲君主国。

西貢 サイゴン
「柴棍」とも書く。ベトナム南部の都市。ホーチミン市の旧称。

西穀 さご
「沙穀・沙菰・沙谷」とも書く。サゴヤシから採取した澱粉。

西蔵 チベット
中国南西部に位置する自治区。

西竄 せいざん
西へ逃れること。

〈辵（辶・辶）部〉
辶は四画、辶は三画

巡化 じゅんげ
僧侶が巡回して説法を行ない、人々を教化し導くこと。

巡狩 じゅんしゅ
「巡守」とも書く。天子が諸国をまわり、視察すること。『地方凡例録』

七画

〈丨部〉

串海鼠 くしこ
ナマコの腸を取り、干して串に刺したもの。

串戯 じょうだん
「冗談・串談」とも書く。ふざけて言う話。『春色梅児誉美』

串談 じょうだん
「串戯」とも書く。『鉄仮面』↓串戯

〈乙（乚）部〉

乱次 しどけなし
乱雑でだらしがないこと。『不言不語』

乱吹 ふぶき
「吹雪」とも書く。①激しく吹くこと。②激しい風を伴った雪。『千載和歌集』

乱声 らんしょう・らんじょう
①太鼓・鐘を乱打し、鬨の声をあげること。『平家物語』。②雅楽で舞人の出るときに奏する曲。『枕草子』。③相撲・競馬（くらべうま）で勝った方が太鼓・笛などで合奏すること。『源氏物語』

乱波 らっぱ
戦国時代の隠密の一種。忍びの者。「透波（すっぱ）」に同じ。

乱銭 みだしぜに・みだけぜに
緡（ぜにさし）に通していないばらの銭。

乱雑 しどろ
秩序なく乱れたさま。

乱壊 らんえ
「爛壊」とも書く。肉がただれて崩れること。『日葡辞書』

乱離 らり
「乱離骨灰」の略。↓乱離骨灰

乱離骨灰 らりこっぱい
「乱離巨灰・羅利粉灰」とも書く。めちゃくちゃに乱れ、散り散りになること。

乱顚 らんてん
秩序なく入り乱れること。「混乱」に同じ。

〈二部〉

亜米利加 アメリカ
「亜墨利加」とも書く。アメリカ大陸。また、アメリカ合衆国。

亜刺比亜 アラビア
「亜拉比亜・亜拉毘亜」とも書く。アジア大陸の南西にある世界最大の半島。

亜拉比亜 アラビア
「亜刺比亜」とも書く。↓亜刺比亜

亜非利加 アフリカ
「阿弗利加」とも書く。ヨーロッパ南方に位置する大陸。六大州の一つ。

亜細亜 アジア
六大州の一つ。東半球の北東部を占める大陸。

亜爾加里 アルカリ
水溶性塩基の総称。

亜爾箇保児 アルコール
「酒精」とも書く。炭化水素の水素原子を水酸基で置き換えた化合物の総称。

亜墨利加 アメリカ
「亜米利加」とも書く。↓亜米利加

〈人部〉

佚文 いつぶん
「逸文」とも書く。①散逸して一部分だけ残っている文章。『風土記』。②世の中に知られていない文章。

何 なんぞ・いかん・いかに・いかで・いかなる・いかならむ・いくら・いかんとなれば・いくばく・いずれ・いつも・あ
なんぞ―なにごとだ。何か。『御成敗式目』
いかん・いかに・いかで・いかなる・いかならむ―どのように。どういうわけで。『今昔物語集』
いくら―どのくらい。『今昔物語集』
いかんとなれば―なぜかというと。『古今著聞集』
いくばく―どのくらい。『沙石集』
いずれ―どの。いつ。『今昔物語』
いつも―いつでも。『信長公記』
あ―なに。『万葉集』

何不分 おしなべて
概して。

何方 いずかた・いずべ・いずち
どっち。どこ。『雨月物語』

何方風 どちかぜ
どの方角からか吹いてくる風。

何比 いつごろ
「何来」とも書く。おおよその時を漠然とさす語。いつ頃。

何処 いずこ・いずく・どこ
「何所」とも書く。不定の場所を示す、または問う語。『将門記』

何処其処 どこそこ
「何所某所」とも書く。具体的に特定しない場所。

何辺 いずれのへん・いずべ
いずれのへん―「何篇」とも書く。どちらにせよ。
いずべ―どちら。『万葉集』

何在 いずら
①どこか。どちらか。『躬恒集』。②相手をうながすときの言葉。さあさあ。どうした。『源氏物語』

何地 いずち
「何方」とも書く。『春雨物語』↓何方

何如我 なんのその
どれほどのものか、何でもない。『東海道四谷怪談』

何体 いかてい
「何躰・如何躰」とも書く。どのような。『大内氏掟書』

何国 いずく
どこ。『菅原伝授手習鑑』

何況 なんぞいわんや・いかにいわんや
なんぞいわんや―どうしてか。
いかにいわんや―ましてや。『沙石集』

何所 いずこ・いずく・どこ
「何処」とも書く。→何処

何所某所 どこそこ
「何処其処」とも書く。→何処其処

何所許 どこもと
「何処許」とも書く。どこのあたり。どの辺。

何者 いかんとなれば
なぜかというと。『古今著聞集』

何哉 なにがな
なにか。何物か。『軽口露がはなし』

何為 なぜ・いかにせん
なぜ―「何故」とも書く。どういうわけで。『金色夜叉』
いかにせん―どうしよう。困った。

何計 いかばかり
①どのくらい。『沙石集』。②どれほどか。

何首烏 かしゅう・つるどくだみ
タデ科の蔓性多年草ツルドクダミ。

何首烏諸 かしゅういも
「何首烏芋」とも書く。ヤマノイモ科の蔓性多年草。

何時何時 いつなんどき
「いつ」を強めた語。

何許 いかばかり
どんなに。どのくらい。『古今著聞集』

何鹿 いつしか
いつの間にか。

何躰 いかてい
「何体」とも書く。→何体

何様 いかよう
「如何様」とも書く。どんな具合。どのよう。

何篇 いずれのへん・いずれへん
「何辺」とも書く。→何辺

伽 とぎ
①夜、かたわらで話し相手をつとめること。『ひらかな盛衰記』。②寝所で床をともにすること。また、その人。③看病すること。また、その人。

伽南香 きゃら
「伽羅」とも書く。香の一つ。ジンチョウゲ科の常緑高木・沈香（じんこう）から採取される香料のうちの最良品。

伽這子 とぎぼうこ
天児（あまがつ）の一つ。凶事を避けるため、子供の傍らに置いた幼児姿の人形。「おとぎぼうこ（御伽這子・御伽婢子）」に同じ。

伽羅 きゃら
①「伽南香」とも書く。→伽南香。②優れたもの。『隠簑』。③金銭を意味する遊里の隠語。④お世辞。

伽羅木 きゃらぼく
イチイ科の常緑低木。

伽羅代 きゃらだい
江戸時代、客が遊女に与えたこづかい銭。

伽羅油 きゃらのあぶら
江戸初期に用いた鬢付（びんつけ）油の一つ。

伽羅者 きゃらもの
世事に長けた人。愛想の良い人。

伽羅蕗 きゃらぶき
細い蕗（ふき）の茎を醤油で伽羅色に煮たつくだ煮。

佝僂病 くるびょう
「痀僂病」とも書く。おもにビタミンD不足によって発生する小児期の骨格異常。

估価 こか
「沽価」とも書く。売買価額。

佐 たすく
手助けする。『解体新書』

佐久左女 さくさめ
夫または妻の母親。「姑（しゅうとめ）」に同じ。

作口舌 つくりくぜつ
とりたてて作った話。『好色一代女』

作手 つくて・さくて
農民の土地保有権。

作毛 さくげ・さくもう
①農作物の収穫。『算法地方大成』。②稲の実り。『日葡辞書』

作礼 さらい
仏教で、仏に敬礼すること。

作物所 つくもどころ・さくもつどころ
「造物所」とも書く。平安時代、宮中・院で調度品の製造などをつかさどったところ。『権記』

作為える こしらえる
作り上げる。『魔風恋風』

作略 さりゃく
取り計らい。『地方凡例録』

作善 さぜん
仏像の彫刻・写経・僧への施しなど、善根を積むこと。『徒然草』

作楽 さくら
「桜」の異字。古歌などに用いられる。

作麽生 そもさん
「怎麽生」とも書く。なに。いかに。どうなのか。禅宗で、問答の際に用いられる語。『正法眼蔵』

伺候 しこう
貴人のもとに参上すること。『貞丈雑記』

似而非 えせ・にてひなり
えせ―「似非」とも書く。にせもの。
にてひなり―「似て非なり」とも書く。外見は似ていても実体が違う。『上田敏全訳詩集』

似非 えせ
「似而非」とも書く。→似而非

似非者 えせもの
①価値のない者。つまらない者。身分の卑しい者。『枕草子』。②にせ者。『今昔物語集』

似非笑 えせわらい
あざ笑うこと。冷笑。

似絵 にせえ
似顔絵。『吾妻鏡』

似嘉魚 あまご・あめご
「天魚・甘子」とも書く。サケ科の魚ビワマスの稚魚、また陸封魚。

伸単 のしひとえ
張りのある練絹の単衣。『枕草子』

伸縮 のべしじめ
「延縮」とも書く。伸ばしたり縮めたりすること。進退。駆け引き。『落窪物語』

侘 わぶ
俗から離れて、閑静な場所での静かな暮らしを楽しむ。『かたこと』

侘言　わびごと
①愚痴。②あやまりの言葉。願い事をする言葉。『甲州法度之次第』。③辞退する言葉。

侘傺　たてい・たくさい
「侘傺」とも書く。失意困窮すること。落ちぶれること。『東寺百合文書』

体　てい
「態」とも書く。様子。『地方凡例録』

体態　ていたらく
「為体」とも書く。ありさま。ざま。『風流仏』

但馬牛　たじまうし
但馬国（兵庫県）産の牛。神戸牛。

佇立　たたずまい
そこにあるものからかもし出される雰囲気。『上田敏全訳詩集』

低人　ひきうど・ひきと・ひきびと・ひきひと
「矮人・短人・侏儒・矬」とも書く。背がきわめて低い人。『宇治拾遺物語』

低低　ひきひき
低い様子を表す語。『申楽談儀』

低声　こごえ
「小声」とも書く。小さく低い声。『魔風恋風』

低頭　おじぎ
「お辞儀」とも書く。頭を下げて礼をすること。『此処やかしこ』

佃　つくる
耕す。『菅江真澄随筆集』

佃戸　けざい
小作人。

佞む　かだむ
「奸む」とも書く。①偽る。『続日本紀』。②姦通する。『日本書紀』。③悪事などをたくらむ。『続日本紀』

佞人　ねいじん
よこしまな心をもった人。『椿説弓張月』

佞悪　ねいあく
口がうまく、悪だくみに長けていること。心がねじけていること。

伯　かみ
律令制の四等官の第一位で、「かみ」は「上」の意。官司によって字が異なり、「伯」は神祇官の長官を指す。

伯児離　ペリー・ペルリ
米国の海軍将校。一八五三（嘉永六）年、浦賀に来航。

伯労　もず
「鵙・鴃・百舌・百舌鳥・伯労鳥」とも書く。スズメ目モズ科の鳥。

伯労鳥　もず
「伯労」とも書く。→伯労

伯林　ベルリン
ドイツ連邦共和国の首都。

伯剌西爾　ブラジル
南アメリカの連邦共和国。

伯済　くだら
「百残・百済」とも書く。古代朝鮮の国名。

伯楽　ばくろう
「博労・馬喰」とも書く。①馬の善し悪しをみる人。②また、馬を診る獣医。③馬の売買をする人。

伴天連　バテレン
「破天連」とも書く。①キリシタン用語で司祭のこと。②キリスト教の俗称。

伴当　ばんとう
「伴頭・番頭」とも書く。①商家などの雇人のかしら。『根南志具佐』。②仲間のかしら。

伴造　とものみやつこ
大和朝廷に仕えた人民集団の統率・管理者。『古事記伝』

伴頭　ばんとう
「伴当」とも書く。『東海道中膝栗毛』→伴当

佑　じょう
律令制の四等官の第三位。官司によって字が異なり、「佑」は司の官を指す。

余戸　あまべ・あまるべ
「余部」とも書く。大化改新後、「里」の規準である五十戸に満たなかった集落。

余木　あもしぎ
節などがあって用材とならず、持て余す木。

余外　ことのほか
思いのほか。とりわけ。

余多　あまた
「数多・許多」とも書く。たくさん。『御触書宝暦集成』

余波　なごり
①波が引いたあとに渚に残っている波。『万葉集』。②「名残・余残」とも書く。物事が過ぎ去ったあとに残る気配など。『浮雲』

余所子　よそご
他人の子供。『栄花物語』

余所目　よそめ
①見るともなく見ること。②他人の見る目。はた目。③よそ見。『為忠百首』

余所余所　よそよそ
①別々。『源氏物語』。②よそよそしい。③そのあたり。

余所見　よそみ
①わき見。②はた目。③見て見ぬふりをすること。

余所事　よそごと
他人事。「ひとごと」に同じ。

余所者　よそもの
他の土地から来た人。他国者。

余歩　よぶ
検地で、実際より小さめに面積を測ること。『地方凡例録』

余炎　ほとぼり
感情・興奮などのなごり。『黒い目と茶色の目』

余殃　よおう
罪の報いが子孫にまで及ぶこと。『神皇正統記』

余荷　よない
「余内」とも書く。江戸時代、役者などが請求した給料の割増。

余残　なごり
「名残」とも書く。『浮雲』

余部　あまべ・あまるべ
「余戸」とも書く。→余戸

〈儿部〉

児手柏　このてがしわ
「側柏」とも書く。ヒノキ科の常

緑低木。

児枕痛　しりはら
「後陣痛」とも書く。出産後の腹痛。『倭名類聚鈔』

児草　やまし
「知母・水香稜」とも書く。ユリ科の多年草ハナスゲの異称。

禿　かぶろ・つぶれ
かぶろ―遊女の世話をする十歳前後の童女。『夏祭浪花鑑』
つぶれ―『潰れ百姓』の略。江戸時代、凶作などによって破産した農民。

禿びる　ちびる
筆の先などがすり減ること。『太平記』

禿入　つぶれいり
村や家が疲弊し、滅びてしまうこと。

〈八　部〉

兵児帯　へこおび
男子や子供が用いるしごき帯。

兵料　ひょうろう
「兵粮・兵糧」とも書く。戦時に、軍兵に支給する食料や米。

兵部省　つわもののつかさ
「兵司」とも書く・律令制で、八省の一つ。軍政を担当した。

兵粮　ひょうろう
「兵料」とも書く。↓兵料

兵糧　ひょうろう
「兵料」とも書く。↓兵料

〈冫　部〉

冷　すさまじ
①恐怖を感じるほどものすごい。②荒涼としている。「凄まじい」に同じ。

冷灰　れいかい
火が消えて冷たくなった灰。

冷風　したかぜ
秋に吹く冷たい風。『千載和歌集』

冷笑い　あざわらい・せせらわらい
あざけり笑うこと。『こがね丸』

冷評　ひやかし
「冷語」とも書く。からかうこと。『こころ』

冷暖　ぬるい
「温い・微温い」とも書く。少しあたたかい。『塩原多助一代記』

冷語　ひやかし
「冷評」とも書く。『五重塔』↓冷評

〈刀　部〉

初　かりそめ
「仮初・苟且」とも書く。①その場限りであること。②おろそか。③偶然。

初七日　しょなぬか・しょなのか
人が死んで七日目の日。

初入　はつしお
①染色で、最初に染汁に浸すこと。②春の新芽や秋の紅葉で、木の葉が色づき始めること。『風雅和歌集』。③涙で衣の袖の色が変わること。『新千載和歌集』

初入染　はつしおぞめ
一度だけ染汁に浸して染め上げたもの。『夫木和歌抄』

初位　そい
律令制で、最下級の位階。

初参　ういざん
中世の武家社会で、従者となる者が主君にはじめて会って主従関係を結ぶ儀式。

初夜　よい・そや
よい―「宵」とも書く。夜の初め。そや―「初夜（しょや）」の略。夜を三分した最初の時間（午後六時から一〇時頃）に行う勤行（ごんぎょう）。『源氏物語』

初草取　おぼくさとり
田植え後、はじめての草取り。

初松魚　はつがつお
「初鰹」とも書く。陰暦四月頃、その年初めて出回るカツオ。

初冠　ういこうぶり・ういかぶり
「始冠」とも書く。①元服し、男子がはじめて冠をつけること。『伊勢物語』。②はじめて任官すること。『今昔物語集』

初発　しょほつ
はじまり。『町人考見録』

初陣　ういじん
初めて出陣すること。また、その戦い。

初産　ういざん
初めての出産。

初鷹狩　はつとがり
「初鳥狩」とも書く。その秋に初めて行う鷹狩。『万葉集』

〈刂　部〉

刪正　さんせい
字句をけずって文章を整えること。「刪定（さんてい）」に同じ。『法規分類大全』

判形　はんぎょう
自筆の署名。『大内氏掟書』

判官　じょう・ほうがん
じょう―律令制で、四等官の第三位。官司によって字が異なる。
ほうがん―①検非違使の四等官の第三位・尉（じょう）のこと。②尉の位にあった源義経。

判物　はんもつ
将軍や大名の自署の花押のある文書。『御触書寛保集成』

判者　はんざ
「判者（はんじゃ）」の転。優劣・可否を判定する者。とくに歌合わせの判定者。『源氏物語』

判取帳　はんとりちょう
金品の授受の際、相手から受領の証印を受けておく帳簿。

判頭　はんがしら
五人組の筆頭。『地方凡例録』

判鑑　はんかがみ
照合のために関所や番所に届ける印影。『地方凡例録』

別天神　ことあまつかみ
天地開闢のはじめに出現したといわれる神。『古事記』

別引　とおりきって
「通り切手」とも書く。旅行者が関所や番所を通過したり、宿泊する際に見せる身元や行き先の証明書。「通り手形」に同じ。

別刺敦那　ベラドンナ
ナス科の多年草。

別倭種　ことやまとのうじ
日本人と外国人の間に生まれた子。

別将　すけいくさのきみ
副将。『日本書紀』

別義　べちぎ
「別儀」とも書く。①別のこと。②特別な事情。

別様　うたて
「転」とも書く。「うたた」の転。意思とは無関係に物事・心情などが変化してしまうさまを表す語。①ますますはなはだしく。『万葉集』。②異様である。『源氏物語』

別儀　べちぎ
「別義」とも書く。→別義

利　するどし・とし・きく
するどし・とし—鋭い。『往来要集』きく—機能や能力が働く。

利心　とごころ
しっかりした心。『万葉集』

利平　りへい・りびょう
利息。『鎌倉幕府追加法』

利生　りしょう
仏が衆生に利益（りやく）を与えること。『今昔物語集』

利目　ききめ
「効目」とも書く。効果。効能。

利杙　とぐい
先端が尖っている杭。『源平盛衰記』

利所　ききどころ・ききどこ
利き目のあるところ。要所。急所。

利者　ききもの・きけもの
手腕のある者。勢力ある者。『古契三娼』

利茶　ききちゃ
「聞茶」とも書く。茶の香りを嗅ぎ、良し悪しを判断すること。

利神　ききがみ
霊験あらたかな神。

利益　りやく
①仏教で、世の人々に恩恵を与えること。②神仏から授かる利福。

利酒　ききざけ
「聞酒」とも書く。酒の良し悪しを鑑定すること。

利鬼　いららぐ・いららく
「苛ぐ」とも書く。①尖る。②鳥肌が立つ。

利腕　ききうで
きき手。

利篤謨斯苔　リトマスごけ
リトマスゴケ科の地衣類の総称。

〈力　部〉

劫濁　こうじょく
仏教で、五濁（ごじょく＝五つの悪い現象）の一つ。飢饉・疫病・争乱などの社会的な災難。

劬労　くろう
努めて尽力すること。苦労して働くこと。『武田信玄書状』

助丁　すけお
①防人（さきもり）の中男（ちゅうなん）、または次丁（じてい）。『万葉集』。②「助男」とも書く。好色な男。

助枝窓　したじまど
「下地窓」とも書く。壁を塗り残したように、竹や細木などの下地を見せた窓。『好色一代男』

努　ゆめ・ゆめゆめ
「努力・努努」とも書く。ゆめ—決して（…するな）。ゆめゆめ—「ゆめ」を強調する語。『今昔物語』

努力　ゆめ
「努」とも書く。『雲州消息』→努

努努　ゆめゆめ
「努」とも書く。『源平盛衰記』→努

労　いたずく・いたつく
①懸命に骨を折ること。苦労・苦心する。『大和物語』。②病気になる。『古今和歌集』

労い　ねぎらい
相手の苦労をなぐさめ、感謝を示すこと。『色葉字類抄』

労疲れる　くたびれる
「草臥れる」とも書く。疲労する。『此処やかしこ』

労敷　いたわし
「痛敷」とも書く。いたわしい。気の毒だ。

〈勹　部〉

甸服　でんぷく
中国で、宮城から五百里以内の地。

〈匚（匸）部〉

医師　くすし
「医者」に同じ。『日本永代蔵』

匣鉢積　さやづみ
陶磁器を焼く際、すすなどがかからぬよう、作品を入れる容器（匣鉢）を窯に積み込むこと。

〈卩（㔾）部〉

却　けく・かえりて・かえって
かえって。反対に。『雨月物語』

却却　なかなか
すぐには。簡単には。『暗夜行路』

却含　はにかむ
恥ずかしがる。

却歩　あとしざり
前を向いたまま後退する。「あとずさり」に同じ。『即興詩人』

却退る　ひきさがる
「引き下がる」とも書く。その場から離れる。『浮雲』

却略　ごうりゃく
脅かして物品を奪うこと。『金剛峯寺衆徒陳状案』

却説　さても・さて
それはそうと。『此処やかしこ』

即　すなわち
「則ち・乃ち」とも書く。①即座に。②つまり。それゆえ。

卵子　かいこ・かいご
①たまご。『万葉集』。②卵などの殻（から）。『日本霊異記』

卵糖　カステラ
「家主貞良・賀須底羅」などとも書く。小麦粉と卵、砂糖などで作る菓子。

卵襲　とりのこがさね
「鳥子襲」とも書く。襲（かさね）の色目の一つ。表が白瑩（みがき）、は白と黄色。

〈口 部〉

吽 うん
口を閉じている状態。

含 ふふむ
①（恨みなどを）ふくむ、抱く。『日本書紀』。②（つぼみなどが）ふくらむ。『万葉集』

含生草 えるこそう・あんざんじゅ
「安産樹」とも書く。アブラナ科の一年草。

含羞草 おじぎそう・ねむりぐさ
マメ科の小低木。

含隠る ふほごもる
「含籠る」とも書く。中に隠れている。含まれている。『日本書紀』

含嬌 はじらう
「恥じらう」とも書く。はにかむ。

含籠る ふほごもる
「含隠る」とも書く。→含隠る

吟 さまよう
「憂吟・彷徨」とも書く。詩心にまかせ、あてもなく歩き回ること。

听 きこえ・ポンド
きこえ—「聴」に同じ。『伊達家文書』
ポンド—重さの単位。

君士但丁 コンスタンチノープル
トルコ共和国の都市イスタンブールの旧称。

君達 きんだち
「公達」とも書く。①貴族の息子や娘。『源氏物語』。②あなた方。『源氏物語』

君遷子 しなのがき
「信濃柿」とも書く。カキノキ科の落葉高木。

呉母 くれのおも
セリ科の多年草ウイキョウの古称。

呉呉 くれぐれ
こまごまと念を入れるさま。よくよく。

呉床 あぐら
①「胡坐」とも書く。足を組んで床に座ること。『雑兵物語』。②「胡床」とも書く。折り畳み式の椅子。『源氏物語』

呉服 くれはとり・くれは
「呉織」とも書く。古代、呉の国から渡来した機織りの技術者。また、その織法で織った織物。『後撰和歌集』

呉某 くれがし
人の名を明言しないときに用いる語。なにがし。『源氏物語』

呉茱萸 ごしゅゆ・こにすい
ごしゅゆ—ミカン科の落葉小高木。
こにすい—「ごしゅゆ」の古称。

呉蚯蚓 くれのみみず
「蚕」の異称。

呉椒 くれのはじかみ
ショウガ科の多年草ショウガの異称。『倭名類聚鈔』

呉階 くれはし
「呉橋」とも書く。屋根や欄干がある階段。『枕草子』

呉織 くれはとり
「呉服」とも書く。→呉服

吾子 あご
「吾子（あこ）」の古語。①我が子。『万葉集』。②親しみを込めて幼児を呼ぶ語。『源氏物語』

吾子女 あこめ
親しみを込めて我が娘・童女を呼ぶ語。

吾仏 あがほとけ
①我が持仏。②自分の大切な人。『竹取物語』

吾木香 われもこう
「吾亦紅・我毛香」とも書く。バラ科の多年草。『源氏物語』

吾兄 あせ
男に対する親しみを込めて男を呼ぶ語。あなた。『古事記』

吾亦紅 われもこう
「吾木香」とも書く。→吾木香

吾君 あぎ・あぎみ
相手に対する親しみを込めて相手を呼ぶ語。あなた。「あぎみ」は古語。『日本書紀』

吾妻 あづま・あがつま
あづま・あがつま—「吾嬬」とも書く。我が妻。『古事記』
あづま—「吾嬬・東」とも書く。①日本の東部。境界は時代により異なる。『日本書紀』。②京都から見た関東。鎌倉・江戸。

吾妻水押 あづまによし・あづまみよし・あづまみおし
「吾妻表（あづまおもて）」の異称。船の船首に近い部分。

吾妹 わぎも
「わがいも」の略。男性が親愛の情を込めて女性を呼ぶ語。『古事記』

吾妹子 わぎもこ
「吾妹」に愛称を付けた語。『万葉集』→吾妹

吾家 わぎえ
「我が家」の古語。

吾許 あがり
自分のところ。こちら。

吾御前 わごぜ
「我御前・和御前」とも書く。親愛の情を込めて女性を呼ぶ二人称。『平家物語』

吾御許 あがおもと・わおもと
親愛の情を込めて女性を、とくに宮中の女房を呼ぶ語。『源氏物語』

吾儕 わなみ
①自分を卑下したいい方。自分など。『色葉字類抄』。②相手を卑しめたいい方。おまえ。

吾嬬 あづま
「吾妻」とも書く。→吾妻

吭の鎖 ふえのくさり
喉（のど）の気管が通っている部分。『菅原伝授手習鑑』

吼噦 こんかい
狐の鳴き声。また、狐のこと。『釣狐』

告天子 ひばり
「雲雀」とも書く。スズメ目ヒバリ科の小鳥。

告文 ごうもん・こうもん
起請文。神仏に誓いをたてる文。

告言 のりごと
「宣言・詔」とも書く。目上の人からのことば。命令。おおせ。『日本書紀』

告朔　ついたちもうし・つきたちもうし・こうさく

ついたちもうし・つきたちもうし―「視告朔（こうさく）」の異称。古代、毎月一日に、天皇が大極殿で役人の勤務状況などを記した文書を閲覧した儀式。

こうさく―①「ついたちもうし」に同じ。②中国の儀式。天子から受けた暦を諸侯が祖廟に納め、毎月一日にいけにえの羊を供えてその暦を施行した。

吹子　ふいご

「吹革・鞴・韛」とも書く。金属の精錬のため、鍛冶屋が火力を上げるのに用いる送風器。

吹毛　すいもう

①あらさがしをして大げさに責めること。『鎌倉遺文』。②よく切れる刀剣。『太平記』

吹呿　おくび

「噯・噯気」とも書く。げっぷ。

吹革　ふいご・ふいごう

「吹子」とも書く。『教訓雑長持』→吹子

吹挙　すいきょ

「推挙」とも書く。ある地位に適当だとして人を推薦すること。『かたこと』

吹笛　フルート

管楽器の一つ。『邪宗門』

吹雪　ふぶき

「乱吹」とも書く。①激しい風を伴う雪。暴風雪。『千載和歌集』。②激しく散るさま。③乱れた白髪交じりの頭。

吹雪月　ふぶきづき

陰暦五月の異称。

吹聴　ふいちょう

言い広めること。

吹螺　ほらがい

①「法螺貝・梭尾螺」とも書く。フジツガイ科の大型の巻貝。②この貝の殻頂に穴を開けて、吹き鳴らすようにしたもの。

呎　フィート

ヤード・ポンド法における長さの単位。一フィートは一二インチで、三〇・四八センチ。

呎封度　フィートポンド

「呎磅」とも書く。仕事の単位。重量一ポンドの物体を一フィート持ち上げるときの仕事量。

呎磅　フィートポンド

「呎封度」とも書く。→呎封度

吮　すう

「吸う」とも書く。すする。

吶吶　とつとつ

「訥訥」とも書く。つかえながら話すさま。

吶喊　とっかん

大勢が一気に大声で叫ぶこと。鬨の声をあげること。

吠瑠璃　べいるり

「瑠璃」に同じ。青色の宝石。また、ガラスのこと。『下学集』

否不替　いなかえじ

「笙（しょう）」の異称。

否風　いやふう

「嫌風」とも書く。いやらしい様子。いやな感じ。『男色大鑑』

否然　いなせ

①「否諾」とも書く。不承知と承知。いやおう。『丹後風土記逸文』。②安否。『出世景清』

否諾　いなせ・いなう

「否然」に同じ。→否然

呆然　うっかり・うっけ・あっけ

うっかり―ぼんやりとして。『暗夜行路』

うっけ―「空気」とも書く。「うっかり」の転。まぬけ。おろか。

あっけ―驚きあきれること。『郵便報知』

呂宋　ルソン

フィリピンの首都マニラがある島。

吝　しわし・やぶさし

しわし―けちである。『百姓分量記』

やぶさし―もったいない。『町人嚢』

吝ん坊　しわんぼう

けちんぼう。けちな人。

吝太郎　しわたろう

「吝ん坊」に同じ。→吝ん坊

吝虫　しわむし

けちな人を侮蔑する語。『鶉衣』

吝惜　りんじゃく・りんしゃく

①物惜しみすること。けち。『日葡辞書』。②嫉妬。

吝嗇　けち・りんしょく

「吝惜」①に同じ。→吝惜

〈囗部〉

囲人馬　かこいじんば

江戸時代、旅客や文書、荷を輸送するために五街道の宿場に置かれていた人や馬のうち、幕府御用などのために確保されていたもの。

囲山　かこいやま

江戸時代、緊急事態に備えて伐採を禁止していた林。

囲米　かこいまい

江戸時代、緊急事態に備えて、幕府が大名や町人に蓄えを命じていた米。

囮　おとり・ててれ

①他の鳥獣をおびき寄せて捕らえるための鳥獣。『新撰字鏡』。②他の者をおびき寄せる手段。

困　たしなめる

「窘める」とも書く。①とがめる。反省をうながす。②不作法などを軽く叱る。

図書寮　ふみのつかさ

「書司・大学寮」とも書く。律令制で、書物の保管や書写などをつかさどった役所。

〈土部〉

坎日　かんにち

陰陽道で、諸事にわたって凶とされる日。『源氏物語』

坎坷　かんか

「坎軻」とも書く。運に恵まれず、行き詰まっていること。

坎軻　かんか

「坎何」とも書く。→坎何

坐ら　いながら

「居乍ら」とも書く。座ったまま。動くことなく。『平家物語』

坐作　ざさ

「座作」とも書く。動作。立ち居振る舞い。

坐夏 ざげ
夏季の一定期間、僧が外出せずに閉じこもって修行すること。夏安吾（げあんご）に同じ。

坐睡 いねむり
「居眠り」とも書く。座ったまま眠ること。『おぼえ帳』

坐湯 おりゆ
「居湯・入湯」とも書く。釜のない風呂桶に他で沸かした湯を入れ、入浴すること。『言継卿記』

坐鋪 ざしき
「座敷」とも書く。酒席。『甲子夜話』

坏 つき
古代に使用された飲食物を盛る器。『万葉集』

坂立 しなだつ・しなてる
地形に起伏があること。地名「筑摩（つくま）」にかかる枕詞。

坊様育 ぼっちゃんそだち
「坊ちゃん育ち」とも書く。甘やかされて育った、世間知らずの男。

〈士　部〉

壱団楽 いとらく
唐楽の一つ。

壱越調 いちこちちょう・いちこつちょう
雅楽の六調子の一つ。

声色 こわいろ
①声の調子や感じ。声音（こわね）に同じ。②役者のせりふなどをまねること。

声花 はなやか
きわだって美しいさま。

声状 こわざま
「声様」とも書く。声の状態。『源氏物語』

声明 しょうみょう
仏教の儀式で僧が唱える声楽。仏教歌謡。『御触書天明集成』

声枕 こわまくら
謡の途中で一瞬の間をとること。『申楽談儀』

声風 こわぶり
歌声の調子。『宇津保物語』

声様 こわざま
「声状」とも書く。→声状

声聞師 しょうもんじ
「唱門師・唱聞師」とも書く。中世、下級の陰陽師。

売子 まいす
「売師・売僧」とも書く。①商売をする僧侶。②人をだます悪徳の僧侶。『夏祭浪花鑑』。③僧に対する侮蔑の語。

売子木 さんたんか・えごのき・ちさのき・ちしゃのき・ちさ・ちしゃ
さんたんか―「山丹花・三丹花」とも書く。アカネ科の常緑低木イソクラの異称。
えごのき・ちさのき・ちしゃのき・ちさ・ちしゃ―「斉墩果」とも書く。エゴノキ科の落葉高木。

売師 まいす
「売子」とも書く。→売子

売僧 まいす
「売子」とも書く。→売子

〈大　部〉

夾名 きょうみょう
人名が多数書き連ねられている文書。『玉葉和歌集』

夾形 はさがた
結髪具の一つ。薄い織物で作った紐。

夾侍 わいだち・きょうじ
「脇侍・脇仕・脇士・挟侍」とも書く。衆生を導くのを助けるため、仏の両脇に侍するもの。本尊の両脇の菩薩など。

夾竿 きょうさん
「夾算」とも書く。竹で作ったしおり。書物にはさんで用いる。

夾算 きょうさん
「夾竿」とも書く。→夾竿

夾纈 こうけち
飛鳥・奈良時代の染色法。絞染めの類。

〈女　部〉

妥 ろく
水平。まっすぐなこと。物が正しくおちつくこと。

妒 にくむ
ねたむ。

妊娠酒 みござけ
壱岐の風習。漁船の乗組員のうち、妻が妊娠した者は物忌みのため下船するが、忌明けに仲間に酒をふるまって船霊を祭る。

妖人 およずれびと
偽りの言葉で人を惑わす者。

妖言 およずれごと
人を惑わす言葉。『日本書紀』

妖物 まじもの
「蠱物」とも書く。①まじないをして、相手に災いが起こるよう呪うこと。『祝詞』。②魔物。『雨月物語』

〈子　部〉

孛う ひころう
光が集まる。『日本書紀』

孚 はごくむ・まこと
はごくむ―育てる。はぐくむ。まこと―「真・実・誠」とも書く。誠実であること。

〈宀　部〉

完骨 みみせせ
耳のうしろの小高くなっている部分。『倭名類聚鈔』

宍 しし
「肉」とも書く。にく。食用のけものの肉。人体の肉。

宍人 ししびと
肉を料理する人。『日本書紀』

宍串ろ ししくしろ
枕詞。肉を串に刺して焼いたものはうまい、良い味であることから、「熟睡（うまい）・黄泉（よみ）」にかかる。『万葉集』

〈寸　部〉

寿 ほぎ・ほがい
「祝」とも書く。たたえ祝うこと。

寿う ほがう
「祝う」とも書く。良い結果を祈って祝いを述べること。祝うこと。

寿仙魚 かがみだい

「鏡鯛」とも書く。マトウダイ科の海水魚。

寿光木　さわぐるみ
「沢胡桃」とも書く。クルミ科の落葉高木。

寿言　ほぎごと
「寿詞」とも書く。祝いの言葉。

寿詞　ほぎごと・よごと
ほぎごと—「寿言」とも書く。↓寿言
よごと—「賀詞・吉言」とも書く。祝いの言葉。特に天皇の繁栄を祈り、祝福する言葉。『日本書紀』

寿歌　ほぎうた
「祝歌」とも書く。祝って詠じる歌。『古事記』

対手　あいて
「相手」とも書く。①共に物事をする一方の人。②対抗する人。

対捍　たいかん
逆らうこと。中世ではとくに年貢課役の義務を遂行しないこと。

対頭　あいて
訴訟の相手。

〈尢（尣・兀）部〉

尨毛　むくげ
「毳」とも書く。①動物などのふさふさと長く垂れた毛。②薄くてやわらかい毛。

尨犬　むくいぬ
毛がふさふさとした犬。『徒然草』

尪弱　おうじゃく・ひよわ
おうじゃく—①弱いこと。虚弱なこと。『色葉字類抄』。②勢力や財力、能力などが乏しいこと。『源平盛衰記』
ひよわ—よわよわしいこと。『黴』

〈尸 部〉

局舗　ながや
「長屋」とも書く。独立したいくつかの住居が、隣合って一棟となっている住居。『西洋道中膝栗毛』

局蹐　きょくせき
「跼蹐」とも書く。かしこまって身を縮めていること。『建武式目』

尿　ばり
小便。『東海道名所記』

尿の箱　しのはこ
便器。『倭名類聚鈔』

尿筒　しとづつ
平安時代、小便をするための竹筒。

屁放虫　へひりむし・へっぴりむし・へこきむし
「行夜・放屁虫・気虫」とも書く。触れると異臭・ガスを放出する昆虫の俗称。

尾叺鯣　びこうずるめ
竹串に刺して天日に干し、櫛を抜いてまた干したスルメ。

尾能　きりのう
「切能」とも書く。その日の最後に演ずる能。

尾宿　あしたれぼし
「足垂星」とも書く。二十八宿の一つ。蠍座の尾部に当たる。

尾類　ずり
沖縄地方、遊女。

尾籠　おこ・びろう
おこ—「痴・烏籠」とも書く。おろか。ばか。『古事記』
びろう—不作法。『台記』

尾籠絵　おこえ
「烏滸絵・鳴呼絵・痴絵」とも書く。おどけた絵。戯画。

〈山 部〉

岐　ちまた
「巷・衢」とも書く。『万葉集』。①道の分かれるところ。②転じて、にぎやかな通り。

岐神　ふなとのかみ・くなと
道の分岐点にまつられ、邪神の侵入を防ぐ神。「道祖神」に同じ。『祝詞』

岐嶷　いこよか
堂々としたさま。『日本書紀』

岌岌　きゅうきゅう
①高いさま。②危険なさま。『経国美談』。③動きが早いさま。『金色夜叉』

〈工 部〉

巫　かむなぎ・かんなぎ・こうなぎ
「覡」とも書く。神に仕え、音楽や舞で神の心をなごやかにし、神意を伺う人。『日本書紀』

巫女　みこ
「巫」に同じ。↓巫

巫山戯る　ふざける
おどける。たわむれる。『吾輩は猫である』

巫祝　ふしゅく
神に仕える人。神職。『万葉集』

巫鳥　しとど
「鵐」とも書く。①ホオジロ科ホオジロの異称。②ホオジロ科クロジ・アオジなどの総称。

巫覡　きね・ふげき
神に仕える者。神楽を奏し舞う。『拾遺和歌集』

〈己（巳・已）部〉

巵　さかずき
「盃」とも書く。『春色梅児誉美』

巵子　くちなし
「梔子・山梔子」とも書く。アカネ科の常緑低木。

〈巾 部〉

希　まれ
「稀」とも書く。『信長公記』

希くは　こいねがわくは
「庶幾くは・冀くは」とも書く。ねがわくは。『三蔵法師伝』

希代　きたい・けったい
「稀代」とも書く。①世にまれなこと。『平家物語』。②あやしいこと。不思議なこと。「けったい」は②の意の俗語。

希伯来　ヘブライ
「希布来」とも書く。イスラエル民族の呼称。

希夷　きい
道理。『江談抄』

希有　けう・けぶ
「稀有」とも書く。①めったにないこと。②不思議なこと。『源氏物語』

希求　けく
仏教で、こいねがい、求めること。

希布来　ヘブライ
「希伯来」とも書く。↓希伯来

希異 きい
めずらしいこと。『信長公記』

希臘 ギリシア
ヨーロッパ南東部に位置する共和国。『もしや草紙』

〈广部〉

序 ついで
「次而・次手」とも書く。ちょうどよい機会に。

床 ゆかし
心がひかれる。『枕草子』

床子 しょうじ・そうじ
四本の脚がある机に似た台。上に敷物などを敷いて座る。『北山抄』

床納涼 とこすずみ
「床涼」とも書く。夏の夜、屋外の床で涼むこと。特に京都、鴨川の河原に設けた床の納涼をいう。

庇う かばう・たばう
「貯う・惜う」とも書く。①他から守る。『平家物語』②大切にしまっておく。『風姿花伝』

庇間の子 ひやしのこ
私生児。

〈廾部〉

弄 ろうず・いじる・まさぐる・いろう
ろうず―からかう。
いじる・まさぐる―手でもてあそぶ。
いろう―「綺う」とも書く。扱う。関わる。『源氏物語』

弄瓦 ろうが
女子が生まれること。

弄臣 とぎ
「伽」とも書く。相手をすること。とくに寝所にはべること。

弄物 まさぐりもの
手でもてあそぶ物。『源氏物語』

弄鈴 すずとり
「鈴取」とも書く。複数の鈴を用いて手玉をする遊戯。『倭名類聚鈔』

弄槍 ほこゆけ・ほことり
ほこゆけ―「矛行」とも書く。矛で突きやること。『日本書紀』
ほことり―「矛取」とも書く。槍をさまざまに扱う雑芸。『倭名類聚鈔』

弄戯 そばえ
「戯・戯え」とも書く。①ふざけること。②ある所だけに降っている雨。通り雨。『万代和歌集』

〈弓部〉

弟子 おとご
「乙子」とも書く。末っ子。『祝詞』

弟子朔日 おとごのついたち
「乙子朔日」とも書く。十二月一日。『世間胸算用』

弟見悪阻 おとみづわり
乳離れしないうちに母親が妊娠し、母乳がよく出なくなって子供が栄養不良になること。『言継卿記』

弟御前 おとごぜ
「乙御前」とも書く。おたふくの異称。

弟鷹 だい
オオタカの雌。

〈彡部〉

形代 かたしろ
陰陽道で祓いなどに用いる紙の人形（ひとがた）。また、身代わりとなるもの。

形行 なりゆき
「成行」とも書く。物事が移り変ってゆく様子。過程。

形気 かたぎ
「気質・容気」とも書く。身分・職業・地域などによる独特の気風・性質。

形体 ぎょうてい・けいたい
かたち。姿。

形貌 なりかたち
「形姿」とも書く。姿かたち。なりふり。

形儀 ぎょうぎ
「行儀」とも書く。①立ち居振る舞いの作法。②行状。品行。

形臙脂 かたべに
「形脂」とも書く。「口紅」の異称。

〈彳部〉

彷彿 そっくり
よく似ていること。『新生』

彷徨う さまよう
①あてもなく歩き回る。『宇津保物語』②決しかねて動き回る。『源氏物語』

役 えだち・え
古代、人民に課せられた労役。『古事記』

役丁 えだちのよぼろ・えよぼろ
役に従事する人夫。

役小角 えんのおづぬ・えんのおづの・えんのしょうかく
修験道の祖とされる伝説的な人物。奈良時代の山岳修行者。「役行者（えんのぎょうじゃ）」に同じ。

役夫工米 やくぶたくまい・やくぶまい
平安時代以降、伊勢大神宮遷宮の費用に充てるため、全国一律に課せられた米。

役行者 えんのぎょうじゃ
「役小角」に同じ。→役小角

〈忄部〉

快楽 けらく
こころよく楽しいこと。

忻然 きんぜん
「欣然」とも書く。喜んでこころよく物事を行うことの形容。『大内義隆書状』

忸 はじ
「恥」とも書く。面目を失うこと。

忸怩 じくじ
心のうちで恥じ入ること。『渋江抽斎』

忰世帯 かせじょたい
「悴世帯・迫世帯」とも書く。貧乏な世帯。

忰地 かせち・かせじ
「悴地・迫地」とも書く。不毛な土地。「痩地（やせち）」に同じ。

忰者 かせもの・かせきもの・かせぎもの・こもの
「悴者」とも書く。
かせもの・かせきもの・かせぎもの―室町時代、武家に仕えた従者。

侍身分の最下位。

こもの―琉球王朝時代、首里王府の地頭層によって使役されていた百姓。

〈扌部〉

技　かいがいし
骨身を惜しまず、きびきびしているさま。「甲斐甲斐しい」に同じ。

抉る　くじる・えぐる
「剜る・剔る」とも書く。刃物や棒などを刺し、まわしてくりぬく。『今昔物語』

抒　ひく
「挽」とも書く。臼などで粒状のものを粉にする。

抄若　うらわかし
①若くういういしい。②草木の葉・枝がみずみずしい。

抄書　ぬきがき
「抜き書き」とも書く。必要な部分を抜きだして書いたもの。『地方凡例録』

折　へつる・へずる
「剥る」とも書く。一部を削り取る。一部をごまかして採る。

折ぎ焼　へぎやき
杉の折板（へぎいた）あるいは箱に鴨肉などを並べて焼き、杉の移り香とともに賞味する料理。「杉焼き」に同じ。

折伏　しゃくぶく
仏教で、相手の誤りなどを問答でねじ伏せ、真実の信仰に導くこと。

折折敷　へぎおしき
「剥折敷」とも書く。折板（へぎいた）を折り曲げて縁にした角盆。

折角　せっかく
「切角」とも書く。わざわざ。苦労して。

折板　へぎいた
「剥板」とも書く。杉や檜を薄く削って作った板。

折金　へつりがね
へそくり。『冥途の飛脚』

折境　おりふし
「折節」とも書く。その時どき。『重編応仁記』

折敷　おしき
四方に縁のある角形の盆。『枕草子』

折餅　へぎもち
「分餅」とも書く。薄く切った餅を乾燥させたもの。あぶって食べる。「かき餅」に同じ。

抓む　つまむ
「撮む・摘む」とも書く。指の先で挟んで持つ。

投　おくる・いたす・しずむ・すつ
おくる―「贈る」とも書く。『雲州消息』
いたす―「致す」とも書く。『今昔物語集』
しずむ―「沈める」に同じ。『筆のまにまに』
すつ―「捨てる」に同じ。『久保田の落穂』

投子　さいころ
「骰子・賽子・骰子転」とも書く。双六（すごろく）・賭事などに使う道具。

投胡　あないち
「穴一」とも書く。おもに正月に行なう遊技の一つ。

把手　ハンドル
ドアなどの取っ手。

把利　わり
中世、利率のこと。『鎌倉幕府追加法』

把藁　たわし
「束子」とも書く。器物の汚れを落とし洗う道具。

抜巾子　ぬきこじ
元服の際にかぶった冠。「放巾子（はなちこじ）」に同じ。

抜頭　ばとう
「撥頭・髪頭」とも書く。雅楽の一つ。長い髪がついた面をつけて舞う。『枕草子』

扶芳藤　つるまさき
「蔓正木・蔓柾」とも書く。ニシキギ科の蔓性常緑低木。

扶服　ほふく
「匍匐・扶匐」とも書く。手と足で這うこと。

扶持　ふち・ふじ
家臣に与えられる俸禄。『算法地方大成』

扶持米　ふちまい
扶持として与えられる米。『算法地方大成』

扶桑花　ぶっそうげ
「仏桑華・仏桑花」とも書く。アオイ科の常緑小低木。

扶匐　ほふく
「扶服」とも書く。→扶服

扶疎　まばら
間があいており、密集していないこと。

抃悦　べんえつ
手を打って喜ぶこと。『鎌倉遺文』

抑　そもそも
「抑抑」とも書く。①新たに物事を説き起こすとき、冒頭に用いる接続詞。②元来。

〈氵部〉

汲田　かえた
高所にあり、水を汲み上げる必要がある田。

汲汲　きゅうきゅう
一事にとらわれてゆとりがないさま。

汲索　つるべなわ
「釣瓶縄」とも書く。車井戸の二つのつるべに結びつけてある縄。

決　さくり
「刳り」とも書く。くわで掘ったところ。また、その畝。畑の畦。

決し　うつなし
必然である。疑いない。『大唐西域記』

決る　しゃくる
「剔る・抉る」とも書く。①中をえぐる。②すくい取る。③おだててそそのかす。

決入　さくりばみ
「決り食み」とも書く。①柱などを削った部分に他の木材を埋めて接合すること。②板を接ぎ合わせるときの合わせ目。

決走　さくりはしり
馬術で、馬の歩幅を大きくさせる走らせ方。「鹿子足（かのこあし）」

に同じ。

決定 けつじょう・けちじょう
①決まっていること。『地方凡例録』。②かならず。きっと。

決明子 えびすぐさ
ボタン科の多年草シャクヤクの古名。

決拾 ゆがけ
「弓懸・弽・韘・韝」とも書く。弓を射るときに用いる革手袋。

決徹 さっぱり
さわやかなさま。『浮雲』

沙木 おらんだもみ
「広葉杉（こうようざん）」とも書く。スギ科の常緑高木。

沙皮 さめがわ
「鮫皮」とも書く。鮫の皮を乾燥させたもの。刀剣の柄やワサビのすりおろしなどに使う。

沙汰居 さたしすえ・さたしすう
理非を明らかにすること。「沙汰」に同じ。『東寺百合文書』

沙参 しゃじん
キキョウ科の多年草。ツリガネニンジンの根の生薬名。

沙室 シャム
「暹羅」とも書く。タイ王国の旧国名

沙挼草 ありじごく
「蟻地獄」とも書く。ウスバカゲロウの幼虫。

沙翁 シェークスピア
英国の劇作家・詩人。

沙蚕 ごかい
ゴカイ科多毛類の一種。

沙魚 はぜ
「鯊・蝦虎魚」とも書く。ハゼ科の硬骨魚の総称。

沙穀 サゴ
「沙谷・沙菰」とも書く。マレーシアに自生するサゴヤシの樹幹から採る白い澱粉。食用。

沙穀米 さんごべい・さごまい
「沙谷米・沙菰米」とも書く。「沙穀」に同じ。→沙穀

沙噀 なまこ
「生子・海鼠」とも書く。ナマコ綱棘皮動物の総称。

沙駱 かもかわらげ
「鴨河原毛」とも書く。馬の毛色の一つ。

汰 すべる
「滑る・辷る」とも書く。試験に落ちる。

沢山毛欅 さわぶな
カバノキ科の落葉高木タケカンバの異称。

沢沢し みずみずし
「瑞瑞し」とも書く。つやがあって生気にあふれている。「みずみずしい」に同じ。『五重塔』

沢茄子 さわなすび
①ビャクブ科の多年草ナベワリの異称。②ナス科の多年草ハシリドコロの異称。

沢独活 さわうど
「芝・白芷」とも書く。セリ科の多年草ヨロイグサの異称。

沢茱萸 さわぐみ
グミ科の落葉低木ナツグミの異称。

沢胡桃 さわぐるみ
クルミ科の落葉低木。

沢桔梗 さわぎきょう
「山梗菜」とも書く。キキョウ科の多年草。

沢紫陽花 さわあじさい
ユキノシタ科の落葉低木。

沢萵苣 さわぢさ・さわぢしゃ
キク科の多年草サワオグルマの異称。

沢蒜 ねびる
ユリ科の多年草ノビルの異称。

沢漆 とうだいぐさ
「灯台草・漆柳」とも書く。トウダイグサ科の越年草。

沢潦 さわたずみ
沢にわき出る水。『万葉集』

沢瀉 おもだか
「面高」とも書く。オモダカ科の多年草。『本草和名』

沢鵟 ちゅうひ
タカ類の一群。日本には冬鳥として飛来。

沢蘭 さわあららぎ・さわふじばかま
キク科の多年草サワヒヨドリの異称。

沖好爺 おきごんべ
「沖権兵衛」とも書く。ゴンベ科の海産硬骨魚。

沖東風 おきごち
海上や海沿いの地で吹く東風。

沖津潮騒 おきつしおざい
「奥津潮騒」とも書く。潮がみちてくるとき、沖合で波が立てる音。

沖醤蝦 おきあみ
オキアミ目の甲殻類。

沈丁花 じんちょうげ
「瑞香」とも書く。ジンチョウゲ科の常緑低木。

沈子 いわ・いかり
「錘・墜子」とも書く。漁網につけるおもり。また、石の碇（いかり）。

沈香 じんこう
ジンチョウゲ科の常緑高木。また、それから採取した香料。

沈菜 キムチ
朝鮮の漬物。

沈着 しづく
①水底に沈み着くこと。『万葉集』。②水に映って見えること。『万葉集』

沈鳧 たかべ
「鸍」とも書く。鴨の一種であるコガモの古名。『万葉集』

沛艾 はいがい
気性の荒い馬。『源平盛衰記』

泛子 うき
「浮き・浮子」とも書く。①水に浮かべる目標物。②浮力を与えるためのもの。「浮袋」に同じ。

泛泛 はんぱん
「汎汎」とも書く。①水に浮かびただようさま。②河水などが満ちているさま。③落ちつきのないさま。『太平記』

汾草 かんぞう・あまくさ
「甘草」とも書く。マメ科の多年草。また、その根を用いた生薬名。

汾陽 かわきた
川の北側・山の南側にある土地。

没分暁漢　わからずや
「分らず屋」とも書く。道理を理解しない人。聞き分けのない人。『多情多恨』

没収　もっしゅ
中世、犯罪人やその家族の財産・地位を取り上げること。『御成敗式目』

没官　もっかん・ぼっかん
刑罰として犯罪人やその家族の財産などを朝廷や幕府が取り上げること。『平家物語』

没食子　もっしょくし・ぼっしょくし・ふし
タマバチ類の昆虫の産卵によって、ブナ科の植物の若芽に生じる異常発育をした球形の部分。

没食子蜂　ふしばち・もっしょくしばち
タマバチ科のハチ・タマバチの異称。

没倒　もっとう
没収し、横領すること。『平家物語』

没義道　もぎどう
「無義道」とも書く。非道であること。『職人鑑』

没蹤跡　もっしょうせき
仏教で、迷いや痕跡などを残さずに悟りきった境地。

沐　あぶ
「浴びる」に同じ。『今昔物語集』

沐猴　もっこう
猿の類。

沃掛　いかけ
液体などを浴びせかけること。『源氏物語』

沃懸　いかけ・いっかけ
①「沃掛」とも書く。→沃掛。②器を銀や錫で縁取ること。③「沃懸地」の略。

沃懸地　いかけじ
蒔絵の技法の一つ。漆器に金・銀粉をかけて研ぎ出したもの。『平家物語』

〈犭部〉

狂れ人　たぶれびと
正気を失った人。『三代実録』

狂れ心　たぶれごころ
常軌を逸した心状。『日本書紀』

狂文　ひょうもん
「平文」とも書く。①漆工芸技法の一つ。金銀などを模様にして漆地に張り、さらに漆で塗り埋めてから平らにみがきあげたもの。『今昔物語』。②紋をさまざまな色で染めた装束。『下学集』

狂花　あだばな
「徒花」とも書く。実を結ばない花。

狂言　たわごと
「戯言」とも書く。ふざけた言葉。『万葉集』

狂言神楽　きょうげんかぐら
神子神楽の一つ。狂言に使用される曲。

狂俘　あこがれ
「憧れ」とも書く。人・物事に心を奪われること。

狂惑　おうわく
「誑惑・枉惑」とも書く。嘘をついて人をたぶらかすこと。

狃褻　ちゅうせつ
なれすぎて礼儀を欠くこと。

〈艹（艹・艸）部〉　艹は四画、艸は六画

花万燈　はなまんどん
造花で飾られた多くの燈火。法会の際などに使用される。

花子　こじき
「乞食」とも書く。金銭や食物を乞う者。

花仙　かいどう
「海棠・海紅」とも書く。バラ科の落葉低木。

花芝　とだしば
「戸田芝」とも書く。イネ科の多年草。

花足　けそく
「華足」とも書く。①机などの脚に彫刻をほどこしたもの。また、そのような脚をつけた器。『源氏物語』。②供物をのせる高坏（たかつき）。

花車　きゃしゃ
「華奢」とも書く。①容姿がほっそりして上品なこと。『鑓の権三重帷子』。②風流。優雅。『世間胸算用』。③頑丈でないこと。

花押　かおう・かきはん
「華押」とも書く。草書体の署名を様式化したもの。

花咲　はなえみ
「花笑」とも書く。花が咲くこと。『万葉集』

花客先　とくいさき
「得意先」とも書く。いつもよく買ってくれる客。『わかれ』

花柏　さわら
「椹・弱檜」とも書く。ヒノキ科の常緑高木。

花柳　くるわ
「廓」とも書く。遊廓。『当世書生気質』

花美　かび・はで
かび―「華美」とも書く。はなやかで美しいこと。『教訓雑長持』
はで―「派手」とも書く。服装・行動などがはなやかで、人目をひくこと。『此処やかしこ』

花風　こいわずらい
「恋煩い・恋患い」とも書く。恋愛の情があまりに強く、病人のようになった状態。

花香　けこう
「華香」とも書く。仏前に供える花と香。「香花・香華（こうげ）」に同じ。

花梅花皮　はなかいらぎ
「花梅花鮫」とも書く。刀剣の柄や鞘の装飾に用いられる鮫皮の地粒の中に、梅花の形をした大粒のものがまじっているもの。

花梅花鮫　はなかいらぎ
「花梅花皮」とも書く。『薬師通夜物語』→花梅花皮

花崗岩　みかげいし
「御影石」とも書く。花崗岩質石材の総称。

花梨　かりん
「花櫚」とも書く。マメ科の落葉高木。

花椰菜　はなやさい
カリフラワー。

花筥　げこ・けこ

「花籠・華筥」とも書く。法会の散華（さんげ）のときに、まき散らす花を入れる器。

花魁 おいらん・おやま

姉女郎。または上位の遊女。『古今廓奇談』

花潜り はなむぐり

ココガネムシ科ハナムグリ亜科の昆虫の総称。

花鎮 けち

「結鎮・気鎮」とも書く。近畿地方の村で正月に行われる弓を射る行事。

花蘇枋 はなずおう

「紫荊」とも書く。マメ科の落葉低木。

花櫚 かりん

「花梨」とも書く。→花梨

花鯡 むつ・もつ

「鯥・鰻」とも書く。ムツ科の海産硬骨魚。

花鶏 あとり・あつどり・あっとり きくいただき

あとり・あつどり・あっとり—「獦子鳥」とも書く。スズメ目アトリ科の小鳥。『万葉集』

きくいただき—「菊戴」とも書く。スズメ目ヒタキ科の小鳥。

花麗 かれい

「華麗」とも書く。はなやかで美しいこと。『日本永代蔵』

花蘘荷 はなみょうが

「花茗荷」とも書く。ショウガ科の常緑多年草。

花鬘草 けまんそう

「華鬘草」とも書く。ケシ科の多年草。

花籠 けこ

「華筥」とも書く。仏具の一つ。皿形の容器で、法会などの散華供養（さんげくよう）に用いる。『江家次第』

花鑢 はなやすり

ハナヤスリ科のシダ植物。

芥 くた・あくた

ごみ。ちり。

芥下 げげ

「下下」とも書く。①下下（身分の低い人々）が履く藁草履の異称。『平家物語』。②金剛草履の異称。

芥子 けし・からし

けし—「罌粟」とも書く。①ケシ科の二年草。②幼児の髪形「芥子坊主（けしぼうず）」の略。

からし—カラシナの種子を粉にした調味料。

芥子劫 けしごう

仏教で、「劫（ごう）」の長さを示すたとえ。

芥子泥 からしでい

からしの粉を湯で泥状にした薬。

芥子銀 けしがね

「芥子金」とも書く。江戸時代の貨幣の一朱銀、または二朱銀。

芥生 あくとう

あくたを捨て置く場所。ごみため。

芥虫 ごみむし

「歩行虫」とも書く。オサムシ科の中でオサムシ類以外の甲虫。

芥蔕 かいたい

ほんのわずかなこと。『神皇正統記』

芥銭 ごみせん

江戸時代、江戸市中の清掃のため、各家の土地の広さに応じて月々収集した銭。

芥藻屑 あくたもくた・あくたい もくたい

つまらないもの。『おらが春』

苅田狼藉 かりたろうぜき

他人の田の稲を無断で刈り取る不法行為。『室町幕府追加法』

苅旬 かりしゅん

「刈旬」とも書く。稲・麦の刈り入れにちょうどよい時。

芰 ひし

「菱・蔆」とも書く。ヒシ科の一年生水草。『万葉集』

芡 みずふぶき・オニバス

「水蕗」とも書く。スイレン科のオニバスの古名。『倭名類聚鈔』

芫菁 はんみょう

「斑猫」とも書く。コウチュウ目ハンミョウ科の昆虫の総称。

苾蒭 ひっしゅ

「比丘（びく＝修行僧）」の異称。

芭蕉旗魚 ばしょうかじき

「芭蕉梶木」とも書く。マカジキ科の海産硬骨魚。

芬芳 ふんぽう

香ばしい香りがするもの。『日葡辞書』

芳翰 ほうかん

手紙の尊敬語。差出人を敬った語。

芳躅 ほうたく

優れた行跡。また、古人の事跡の尊敬語。『源平盛衰記』

苆 すさ

「寸莎」とも書く。藁や紙を刻み、海草の煮汁を加えたもの。亀裂を防ぐため、壁土に混ぜる。『日葡辞書』

〈心（小）部〉

応 まさに・すべからく・いらう・いらえ

まさに—ちょうど。間違いなく。「…べし」と呼応。

すべからく—…することが必要である。「…べし」と呼応。

いらう—問いなどに答える。

いらえ—返答。

応化 おうげ

仏が衆生の前にさまざまな姿で現れること。「応現・応作」に同じ。

応作 おうさ

「応化」に同じ。→応化

応帝革 いんでんがわ

「印伝革」とも書く。羊や鹿のなめし皮。

応殿楽 おうてんらく

「応天楽」とも書く。雅楽の一つ。

忌 いもい

「斎」とも書く。ものいみ。斎戒。『源氏物語』

忌寸 いみき

「伊美吉」とも書く。天武天皇が制定した八色姓（やくさのかばね）の第四位。主に渡来系氏族に与えられた。『日本書紀』

忌及 いみがかり

「忌掛」とも書く。親族の中で喪に服するべき関係・範囲。

忌矢 いわいや

「斎矢」とも書く。古代、合戦の初めに、吉兆を祈って両軍が射交わした矢。『古事記』

忌地　いやち・いやじ
「嫌地・彌地」とも書く。毎年同じ土地に同一作物を作り続けると生育不良などが起こること。『砂川』

忌忌　ゆゆし
「由由」とも書く。①神聖で恐れ多い。『万葉集』。②忌まわしい。『源氏物語』。③甚だしい。『枕草子』。④立派である。『徒然草』。⑤気がかりである。『蜻蛉日記』

忌垣　いがき
「斎垣」とも書く。神社など神聖な領域を囲う垣根。『万葉集』

忌瓮　いわいべ
「斎瓮」とも書く。神酒（みき）を入れるかめ・壺。『古事記』

忌掛　いみがかり・いがかり
「忌及」とも書く。→忌及

忌御衣　いむみぞ
「斎御衣」とも書く。斎宮（いつきのみや）・斎院の着る清められた衣。

忌敷　いみじ
程度がはなはだしいことを表す語。『沙石集』

忌諱　きき・きい
いやがって嫌うこと。「きい」は慣用読み。『木戸孝允文書』

志　シリング・さかん
シリング—もとイギリスの通貨単位。一九七一年、十進法の移行にともない廃止。
さかん—律令制の四等官の第四位。官司によって字が異なり、「志」は兵衛府・衛門府の官を指す。

志志美　しじみ
「蜆」とも書く。ヤマトシジミ科の二枚貝の総称。

志槩　しがい
「志概」とも書く。志を高くもち、動じないこと。

忍　こみ
「小身・込・刀心」とも書く。刀身の柄（つか）の中に入る部分。「中子（なかご）」に同じ。

忍冬　すいかずら・にんどう
すいかずら—スイカズラ科の蔓性常緑木。
にんどう—スイカズラの漢名。また、その生薬の名。

忍辱　にんにく
仏教で、六波羅蜜（ろくはらみつ）の一つ。侮辱や迫害を耐えしのび、恨まないこと。『宇津保物語』

忘八　くつわ
「亡八」とも書く。①遊女屋。②仁・義・礼・智・忠・信・孝・悌の八徳を忘れた者。

〈戈　部〉

我　あ
われ。『古事記』

我毛香　われもこう
「地楡・吾木香・吾亦紅」とも書く。バラ科の多年草。

我家　わいえ・わいへん・わぎえ
①我が家。『催馬楽』。②催馬楽の曲名。

我執　がしゅう
①仏教で、自我に執着すること。②我を張ること。

我張者　がにはりもの
「強情者」に同じ。

我授　がさつ
「我雑」とも書く。あらっぽく雑なこと。『地方凡例録』

我許　わがり
私の居るところ。『万葉集』

我御前　わごぜ
「吾御前・和御前」とも書く。親愛の情を込めて女性を呼ぶ二人称。『平家物語』

我雑　がさつ
「我授」とも書く。→我授

戒文　かいもん
「誡文」とも書く。僧侶が守るべき戒律を書き連ねた条文。

戒行　かいあん
戒を授ける戒師に仕える者。「戒師行者」に同じ。

戒沙汰　いましめさた
罰を与えること。

戒定慧　かいじょうえ
仏教修行者が修学実践すべき三学。悪を防ぐ戒律、精神統一のための禅定、真理を証する智慧の三つをいう。

戒和上　かいわじょう
「戒和尚」とも書く。戒を授ける戒師。『大鏡』

戒飭　かいちょく
注意を与え、慎ませること。『復古記』

〈戸（戸）部〉

戻脚　わにあし
「鰐足・捲足」とも書く。足先が斜め前に出る歩き方。『文明本節用集』

〈支（攵）部〉

改悔文　かいげもん
浄土真宗で蓮如（れんにょ）が書いた文。改悔文は大谷派の呼称で、本能寺派では領解文（りょうげもん）。

改替　かいたい
規則や職務を改めかえること。『太平記』

改羅　カイロ
「海楼」とも書く。エジプト—アラブ共和国の首都。

攻城　つめのしろ
「詰城」とも書く。本丸。

攻衆　つめしゅう
「詰衆」とも書く。①室町時代、将軍の宿衛。②江戸時代、将軍の近侍。

〈日（曰）部〉

旱損　かんそん
日照りによる農作物の損害。『中臣能定質地去状』

旱稗　のびえ
「野稗」とも書く。イネ科の一年草イヌビエの異称。

更　こもごも・ふく
こもごも—「交交」とも書く。かわるがわる。入り交じって。互いに。
ふく—①夜遅くになる。②年を取る。『沙石集』

更米　ふけまい
「腐化米」とも書く。江戸時代、

年貢米を輸送する際に湿気や虫食いなどで傷んでしまった米。

更衣 ころもがえ
「衣更」とも書く。季節に応じて衣服を着替えること。『源氏物語』

更待月 ふけまちづき
「深待月」とも書く。陰暦二十日夜の月。

更科蕎麦 さらしなそば
さらしな粉で作った蕎麦。長野県更級郡付近が産地として知られる。

更格盧 カンガルー
「袋鼠・長尾驢」とも書く。フクロネズミ目カンガルー科の哺乳類の総称。

更紗 サラサ
「華布」とも書く。多彩でさまざまな模様を手描き・捺染した綿布。『犬子集』

更番 かわりばん
かわるがわる番にあたること。『地方凡例録』

〈月　部〉

肖ゆ あゆ
①似る。『日本書紀』。②あやかる。『源氏物語』

肖り者 あやかりもの
あやかりたいほどの幸せな人。果報者。また、同じような幸せを授かった者。

肖る あやかる
①揺れ動く。『拾遺和歌集』。②影響を受けて変化する。『鷹三百首和歌』。③影響を受け、それに似る。まねる。『堀河院百首聞書』

肖物 あえもの
「肖者」とも書く。あやかりたいと思う対象。お手本。『源氏物語』

肖者 あえもの
「肖物」とも書く。『宇津保物語』
→肖物

〈木　部〉

杆仔皮 ひめつばき
「姫椿」とも書く。ツバキ科の常緑高木サザンカの異称。

杞柳 こりやなぎ
「行李柳」とも書く。ヤナギ科の落葉低木。

杏子 あんず
「杏」とも書く。バラ科の落葉高木。

杏仁 あんにん・きょうにん
あんずの種子。薬として用いる。

杏林 きょうりん
①あんずの林。②「医師」の異称。

杏葉 ぎょうよう
あんずの葉形に似ているものを表す語。①唐様の鞍に付ける金属製の装飾。②胴丸・腹巻の肩に付ける鉄板。③紋所の一つ。あんずの葉を抱き合わせた形。「杏葉牡丹」に同じ。

杏葉牡丹 ぎょうようぼたん
牡丹の葉を杏葉形にあしらい、花とつぼみを配した紋所。

杠秤 ちぎばかり・ちぎ
「扛秤・杜斤」とも書く。一貫目以上の重いものを量るためのさおばかり。

杈 さらい
「杷」とも書く。播いた種に土をかけたり、地表の雑物を取り除いたりする農具。『倭名類聚鈔』

杈首 さす
「叉手・扠首」とも書く。①切妻屋根で、木材を二本、山形に組んだもの。『倭名類聚鈔』。②横木をかけるため、丸太の先が二股になっている丸太。『源平盛衰記』

杈椏 またぶり・またふり
二股になっている枝。『源氏物語』

杉天牛 すぎかみきり
カミキリムシ科の甲虫。

杉原 すいばら・すぎはら
兵庫県杉原谷で作られた杉原紙。

杉蘚 すぎごけ
「杉苔」とも書く。コケ植物の一つ。葉が杉に似る。

条 おちおち
「条条」とも書く。一つ一つの箇条。『新猿楽記』

条貫 ぶんまわし
「規」とも書く。円を描く道具。コンパス。

条播 すじまき
「筋播」とも書く。筋を決め、それに沿って種を播くこと。

杖挑燈 つえぢょうちん
長い柄のついたちょうちん。「ぶらちょうちん」に同じ。『男色大鑑』

村外 むらはずし
江戸時代、村人自身で行った制裁。村の秩序を乱した者の一家は交際を絶たれる。「村八分」に同じ。

村雨 むらさめ
「群雨・叢雨」とも書く。一時的に強く降る雨。にわか雨。驟雨。

村姥 むらじゅうと
「村舅」とも書く。村の事柄に通じた老人。

村渠 むらかれ
本村から分出した小部落。

村濃 むらご
「斑濃・叢濃」とも書く。ところどころを濃く染め、その周辺を薄くぼかしていく染め方。『枕草子』

杜 とじる・ふさぐ
「閉じる・塞ぐ」とも書く。出入口をしめる。

杜夫魚 かくぶつ
カジカ科の淡水産硬骨魚。

杜斤 ちぎばかり・ちぎ
「杠秤」とも書く。江戸時代、重いものを量る大桿秤（さおばかり）。『亡一千句』

杜氏 とうじ
酒を造る職人。また、その長（おさ）となる者。

杜父魚 かくぶつ・かじか
かくぶつ―「杜夫魚」とも書く。
→杜夫魚
かじか―カジカ科の淡水産硬骨魚。美味。

杜多 ずだ
「杜陀・杜荼・頭陀」とも書く。食べ物を乞いつつ僧侶が修行すること。また、その僧。

杜宇 ほととぎす
「杜鵑」とも書く。カッコウ科の鳥。

杜若 かきつばた・やぶみょうが
かきつばた―「燕子花」とも書く。アヤメ科の多年草。
やぶみょうが―「藪茗荷・藪蘘荷」とも書く。ツユクサ科の多年草。

杜松 むろのき・ねず

「室の木・天木香樹」とも書く。ヒノキ科の常緑針葉樹。

杜松子酒　ジン
蒸留酒の一つ。大麦・ライ麦・トウモロコシを発酵させ、杜松（ねず）の実で香りをつけたもの。

杜陀　ずだ
「杜多」とも書く。→杜多

杜茶　ずだ
「杜多」とも書く。→杜多

杜葉山　うばがねもち・うばがねそう
ヤブコウジ科の半蔓性常緑低木イズセンリョウの異称。

杜蒙　つくばねそう・ぬはり・ぬはりぐさ
「衝羽根草・王孫」とも書く。ユリ科の多年草。

杜漏　ずろう
ずさんで抜け落ちているところが多いこと。

杜衡　かんあおい
「寒葵」とも書く。ウマノスズクサ科の常緑多年草。

杜鵑　ほととぎす・とけん
ほととぎす—「杜宇」とも書く。→杜宇
とけん—ホトトギスの漢名。

杜鵑草　ほととぎす・つつじ・さつきつつじ
ほととぎす—ユリ科の多年草。花の模様が鳥のホトトギスの腹の紋様に似ていることから。
つつじ—ツツジ科の常緑・落葉低木の俗称。
さつきつつじ—ツツジ科の常緑低木。

杙草鞋　くいわらじ
「杭草鞋」とも書く。木杙を強固にするため、尖った先端にはめる金属製のカバー。

来目部　くめべ
「久米部」とも書く。大和朝廷の部民で、親衛軍の一つ。

来迎　らいごう
①仏教で、臨終に際して仏や菩薩に迎えられること。『末灯抄』。②日の出・日没時に、高山で太陽を背にすると自らの影が霧に映り、周囲に色のついた光環が現れること。

来海石　きまちいし
島根県来待から産出する凝灰岩。

来経　きふ
次々にやって来ては去る。年月が過ぎてゆく。

杣　そま
材木を得る目的で植林した山。『筆のまにまに』

〈水　部〉

求不得　ぐふとく
仏教で、求めても得られないこと。

求法僧　ぐほうそう
仏の教えを願い求める僧侶。

求肥　ぎゅうひ
「牛皮」とも書く。白玉粉と砂糖、水飴で作った菓子。「求肥飴」に同じ。

求食　あさる・くじき
「漁る」とも書く。食物を探し求める。『露小袖』

求道　ぐどう・きゅうどう
①仏教で、悟りを求めること。②転じて、真理を追究すること。

求聞持法　ぐもんじほう
仏教の修業の一つ。『太平記』

求願衣　ぐがんえ
仏教で、十種ある糞掃衣（ふんぞうえ）の一つ。

汞和金　アマルガム・こうわきん
水銀と他の金属との合金の総称。

汞粉　はらや
「軽粉」とも書く。近世、伊勢国の名産だったおしろい。「伊勢白粉」に同じ。

〈火　部〉

灸　やいと
お灸。『日本永代蔵』

灸羽太　やいとはた
ハタ科の海産硬骨魚。

灸傷　いぼい・いぼり・えぼい
「灸瘡」とも書く。灸のために皮膚がただれた傷痕。

灸瘡　いぼい
「灸傷」とも書く。→灸傷

灸饗　やいとぎょう・やいとけ
「灸行」とも書く。灸をすえるのを我慢した子供に与える菓子などの褒美。

災殃　さいおう
災い。災難。『地方凡例録』

災異　けち
縁起が悪いこと。前途不吉のきざし。

灼　いやちこ
「灼然」とも書く。神仏の霊験がすぐにあらわれること。

灼然　いやちこ
「灼」とも書く。『日本書紀』→灼

〈牛　部〉

牡丹　ぼたん・ほうたん
ボタン科の落葉低木。

牡牛　こというし・こといのうし
「特牛」とも書く。力強い牡牛。

牡蠣　かき
イタボガキ科の二枚貝の総称。

牢朽　ろうくたし
「牢腐」とも書く。死ぬまで罪人を牢に入れておくこと。またはその罪人。

牢脱　ろうぬけ
脱獄すること。また、脱獄した者。

牢腐　ろうくたし
「牢朽」とも書く。→牢朽

牢籠　ろうろう
①相手を自分の術中にはめること。「籠絡（ろうらく）」に同じ。『源氏物語』。②苦境におちいること。『金剛寺文書』

〈犬　部〉

状　らし・けこ
らし—推量を表す語。…のようだ。…らしい。
けこ—様子。ありさま。

〈用　部〉

甫めて　はじめて
「初めて」とも書く。新たに。『即興詩人』

〈田　部〉

男丁　よぼろ・よほろ・ようろ
「丁・臑」とも書く。古代、朝廷の土木工事に従事した成年男子。『日本書紀』

男伊達　おとこだて
強きをくじき、弱きを助け、信義を重んじること。また、その人。侠客。

男波　おなみ
「夭波」とも書く。高い波。『碧岩抄』

男房　なんぼう
局（つぼね）を与えられて宮中に仕える男子。蔵人。『保元物語』

男建　おたけび
「男健・雄詰・雄叫び」とも書く。雄々しさを誇示する振舞い。また、雄々しい叫び声。『日本書紀』

男為鳥　おしどり
カモ目の水鳥オシドリの音（おん）をしゃれ書きにしたもの。

男郎花　おとこえし
オミナエシ科の多年草。

男根　へのこ
「陰茎」に同じ。

男健　おたけび
「男建」とも書く。→男建

男娼　かげま
「陰間・蔭間・陰魔」とも書く。宴席で男色を売る少年。

〈白　部〉

皀色　くりいろ
「涅色」とも書く。水底に沈んだ黒土の涅（くり）で染めたような黒色。

皀莢　さいかち
「西海子」とも書く。マメ科の落葉高木。

皀角　さいかく
哺乳類のサイの角。漢方薬として用いた。『子孫鑑』

〈示（ネ）部〉

社跡米　やしろあとまい
会津藩で蓄えていた農民救済用の米。神社の跡を耕作し、そこから徴収した年貢米をいう。

社稷　すめらおおもとお・しゃしょく
①土地の神と五穀の神。②転じて、国家・朝廷。『山県有朋意見書』

〈禾　部〉

私　ひそか
「密か・窃か・秘か」とも書く。他人にこっそりとすること。『折たく柴の記』

私ケ間敷　わたくしがまし
自分勝手な。私利私欲に駆られた。

私出挙　しすいこ
古代、寺社や貴族らが行なった利子付きの稲・銭貨の貸付。国が稲を貸し付けた「公出挙（くすいこ）」に対する語。

私曲　しきょく
邪悪で不正こと。不公平。『地方凡例録』

私部　きさいちべ・きさいべ
古代、天皇が后妃のために置いた部。

私蓄　まつぼり
こっそり貯めた金。へそくり。『笈日記』

私語　ささめ・さざめ・さざめごと・さざめきごと・ささやき
「耳語」とも書く。ひそひそ話。『心中二枚絵草紙』

私語く　ささやく
「囁く」とも書く。ひそひそと話す。『竹取物語』

私覿　してき
私的に面会すること。『甲子夜話』

秀　ほ
①すぐれた部分。抜きん出た部分。『古事記』。②見た目に目立つもの。『万葉集』

秀才　すさい・しゅうさい
学才にすぐれた者。『宇津保物語』

秀手　ほつて
「最手」とも書く。すぐれた技。『万葉集』

秀枝　ほつえ
「上枝」とも書く。上のほうの枝。『古事記』

秀起　さきたつ
白い波頭が高く立つこと。『日本書紀』

秀樽　ほだり
「秀罇」とも書く。酒を杯に注ぐための背の高い容器。『古事記』

秀罇　ほだり
「秀樽」とも書く。→秀樽

秀鷹　ほつたか
すぐれた鷹。『万葉集』

〈穴　部〉

究尽　ぐうじん
仏教で、真理を究め尽くすこと。

究竟　くきょう・くっきょう
くきょう―①仏教における真理の究極。『色葉字類抄』。②非常に優れていること。『信長公記』。③非常に都合の良いこと。
くっきょう―①「くきょう」③に同じ。②結局。つまるところ。③「屈強」とも書く。非常に力が強い。

究竟一　くっきょういち
最上のもの。また、もっとも都合の良いこと。『絵本太功記』

究竟位　くきょうい
仏教で、惑いを脱し、悟りに至った最上の位。

究竟即　くきょうそく
天台宗で、悟りに至る六即の最後の段階。

究竟覚　くきょうかく
仏教で、仏果を得た悟りの境地。

〈糸　部〉

糺　ただす
「正す・質す」とも書く。①正しくする。②詮議（せんぎ）する。『源氏物語』。③たしかめる。

系書　つりがき
「釣書・連書」とも書く。系図。『新可笑記』

〈艮　部〉

良人　うまひと・うまびと・おっと
うまひと・うまびと―貴人。身分

の高い人。夫。『万葉集』
おっと—「夫」とも書く。男の配偶者。

良久　ややひさしく
少し長い時間がすぎて。

良久く　しばらく
「暫く」とも書く。『緑蓑談』

良候　ようそろ
「宜候」とも書く。①操船する際の掛け声。②操船で、「直進せよ」の意の命令語。

〈虫　部〉

虬　みつち・みずち
「蛟・鮫龍」とも書く。想像上の動物。水に棲み、四脚と角をもち、蛇に似ている。『類聚名義抄』

〈臣　部〉

臣　おみ・おおむ・やつこらま
おみ・おおむ—①朝廷に仕える臣下。『万葉集』。②古代、姓（かばね）の一つ。
やつこらま—「奴・僕」とも書く。「らま」は語調を整える接尾語。①臣下。『日本書紀』。②目下の者への呼称。『万葉集』。③身分の卑しい者。しもべ。『万葉集』

〈見　部〉

見　あらわる・あらわす・まみゆ
あらわる・あらわす—露見する。『椿説弓張月』
まみゆ—会う。『貞丈雑記』

見世清掻　みせすががき
江戸吉原で、張見世を開く合図として弾かれた三味線の曲。

見平　みならす
「見慣らす・見馴らす」とも書く。よく見る。見慣れるようにする。『算法地方大成』

見来　げんらい
①出現すること。『正法眼蔵』。②現世と来世。

見刷　みつくろう
「見繕う・見理」とも書く。①様子を見計らう。②適当なものを選び、整えること。

見参　げざん・けんざん・けざん
目下の者が目上の者に対面すること。『建武年中行事』

見性成仏　けんしょうじょうぶつ
禅宗で、自らの本性を見極め、悟りを開くこと。

見苦敷　みぐるし
「見苦しい」に同じ。『御触書宝暦集成』

見所　けんぞ・けんじょ・けんぞう
「見証」とも書く。蹴鞠・双六・囲碁等の勝負を見届け、判定すること。『源氏物語』

見風乾　あかしで
「赤四手・赤垂柳」とも書く。カバノキ科の落葉高木。

見消　みせけち
文章の字句を訂正するとき、字句に傍点を打ったり、線で囲んだりして、もとの文字が分かるようにして示す方法。

見脈　けんまく
「剣幕・見幕・権幕」とも書く。怒った顔つき・態度。『其面影』

見得　けんとく
「見徳」とも書く。①よい前触れ。②江戸時代に流行した富くじ。

見悪　みにくし
①見苦しい。②容貌が悪い。

見理　みつくろう
「見刷」とも書く。→見刷

見証　けんぞ・けんじょ・けんぞう・けそう・けしょう・けんそう
けんぞ・けんじょ・けんぞう—「見所」とも書く。→見所
けそう・けしょう・けんそう—「顕証」とも書く。あらわで際立っていること。『源氏物語』

見隠聞隠　みかくしききかくし
知っているのに、知らないふりをすること。

見課　みおおす
見届ける。『太平記』

見質　げんじち
抵当。担保。『鎌倉幕府追加法』

〈角　部〉

角て　かくて
「斯くて」とも書く。このように。『太平記』

角力　すまい・すもう
「相撲・角觝」とも書く。土俵の中で二人が組み合う競技。

角子　みずら
「角髪・髻」とも書く。①古代における男子の髪の結い方。『古事記』。②平安時代以降は、少年の髪形。

角水　すみず・しみず
土台などに置き、水平かどうかを量る用具。「水盛」に同じ。『身楽千句』

角行燈　かくあんどん
四角形の行燈。

角用　かけろく・かくろく
角と用の字が似ていることから、互いに似ていること。

角前髪　すんま・すみまえがみ
男子の元服前の髪形。

角度　のり
「矩」とも書く。勾配。

角書　つのがき
歌舞伎などの名題や書名の上に、二行に割書きしてある部分。

角筈　つのはず
斎宮（いつきのみや）の忌言葉で、在俗の男子の仏教信者。

角觝　すまい・すもう
「角力」とも書く。→角力

角黍　ちまき
「粽・茅巻」とも書く。米・米粉などを笹の葉などで包み、蒸した食べ物。

角榛　つのはしばみ
カバノキ科の落葉低木。

角髪　みずら
「角子」とも書く。→角子

角鴟　つく・ずく・みみずく
「木菟・鴟鵂」とも書く。フクロウ科のうち、頭部に耳状の長い羽毛をもつ鳥の総称。

角鷲　くまたか
「角鷹」とも書く。タカ目タカ科の鳥。

角鷹　くまたか
「角鷲」とも書く。→角鷲

〈言 部〉

言 もうす
「申す」とも書く。「言う」の謙譲語。『今昔物語集』

言上 ごんじょう
申し上げること。『六角氏式目』

言古 ことふり
「言旧・事旧・事古」とも書く。言い古されたこと。

言旧 ことふり
「言古」とも書く。→言古

言伝汁 ことづてじる
「とろろ汁」の異称。

言別 ことわく
「辞別」とも書く。特別に言葉を改めて言う。『祝詞』

言寿 ことほぎ・ことほがい
「言祝」とも書く。言葉で祝福すること。

言柄 いいぐさ
「言い草」とも書く。ものの言い方。『緑蓑談』

言祝 ことほぎ・ことほがい
「言寿」とも書く。→言寿

言逆い いさかい
「諍い」とも書く。言い争い。口論。『こころ』

言痛 こちたし
「言痛し（こといたし）」の転。①人の噂で煩わしい。『万葉集』。②煩雑。『源氏物語』。③分量が非常に多い。『宇津保物語』。④程度が度を越している。『塵添壒嚢鈔』

言解 いいわけ
「言い訳・言い分け」とも書く。①弁解。②物事の筋道を立てて説明すること。『わかれ』

言詮 いいがい
「言い甲斐」とも書く。言うだけの価値。

言種 ことぐさ
①口にする事柄。口ぐせ。口実。言葉のあや。『伊勢物語』。②噂のたね。『心中天の網島』

言縁 ことよせ
言い寄ること。『万葉集』

言縁妻 ことよせづま
自分の妻や恋人であると噂されている女。『万葉集』

言離 ことさか
「事解」とも書く。①解決すること。『古事記』。②離縁。『日本書紀』

〈谷 部〉

谷 くらたに
谷間。暗く深い谷。『万葉集』

谷溲疏 たにうつぎ
「楊櫨・谷空木」とも書く。スイカズラ科の落葉低木。

谷蟆 たにぐく
ヒキガエルの古称。『万葉集』

〈豆 部〉

豆汁 あめ
「灝」とも書く。味噌・醤油の製造過程で、大豆を蒸したり煮たりしたときに出る汁。

豆生 まめふ
「豆田」とも書く。豆を植えた田。『倭名類聚鈔』

豆田 まめふ
「豆生」とも書く。→豆生

豆油 ご
「豆汁」とも書く。大豆を水に浸してすりつぶした汁。

豆板醤 トウバンジャン
「豆瓣醤」とも書く。ソラマメを原料とする中国の味噌。

豆娘 いとどんぼ
「糸蜻蛉」とも書く。イトトンボ亜目のトンボの総称。

豆滓汁 からじる
「雪花菜汁・殻汁」とも書く。おからを入れた味噌汁。

豆腐 ずふ
豆腐の古称。

豆腐皮 ゆば
「湯葉・湯波・油皮」とも書く。豆乳を煮立てた際に上面に生じる薄皮をすくい上げて作った食品。

豆瓣醤 トウバンジャン
「豆板醤」とも書く。→豆板醤

〈貝 部〉

貝 ばい
「陀螺・海螺・貝独楽」とも書く。エゾバイ科の巻貝バイの殻で作る独楽（こま）で、紐で回す。のち、殻に鉛などを溶かし込んで作るようになった。『日葡辞書』

貝子 うまのくぼがい・うまのつぼがい
「馬陰貝」とも書く。タカラガイ科の巻貝の異称。

貝尻 ばいじり
「螺尻」とも書く。巻貝バイの殻のような形の笠。

貝母 ばいも
ユリ科の多年草。

貝伽 ばいてぎ
「海螺撃」とも書く。貝独楽（ばいごま）を打ち合って、はじき出す遊び。『日次紀事』

貝独楽 ばいごま・べいごま
「貝」に同じ。→貝

貝状形 かいなりがた
貝の形をした笄（こうがい）。

〈赤 部〉

赤 あから
顔が赤くなることから、酒の異称。『本朝二十不孝』

赤上戸 あかみじょうご
酒豪の顔が赤らんでいるさま。『酒譜式』

赤土 はに
「埴」とも書く。黄赤色の粘土。ねばつち。

赤孑孑 あかぼうふら
「赤棒振」とも書く。ユスリカ類の幼虫。

赤小豆 あずき
「小豆・紅小豆」とも書く。マメ科の一年生作物。『古事記』

赤小豆鼠 あずきねず・あずきねずみ
「小豆鼠」とも書く。小豆色を帯びた鼠色。

赤丹 あかに
①赤色を出す土。②赤土の色。『祝

詞』

赤少女　あからおとめ
血色が良く、美しい少女。

赤引　あからひき・あからひく
あからひき—練る前の糸。
あからひく—日・君・朝などにかかる枕詞。『万葉集』

赤毛布　あかゲット
①都会見物に地方から出てきた人。②また、洋行に慣れぬ人をいう。

赤毛雲雀　あかげひばり
馬の毛色の一。

赤目　あかべ・あかんべ・あかべい
下まぶたを指で引き下げて赤目の部分を見せ、拒否・軽蔑の意を示す仕草。

赤目魚　めなだ
「眼奈太」とも書く。ボラ科の海産硬骨魚。

赤古里　チョゴリ
朝鮮族が着る丈の短い上衣。朝鮮語。

赤舌日　しゃくぜつにち
暦注の一つ。凶とされる日。『徒然草』

赤舌神　しゃくぜつじん
陰陽道で極悪・憤怒の神。

赤辛螺　あかにし
アクキガイ科の巻貝。

赤卒　あかえんば・あかとんぼ
あかとんぼ—「赤蜻蛉」とも書く。アカトンボ属のトンボの総称。
あかえんば—アカトンボの古称。

赤垂柳　あかしで
「見風乾・赤四手」とも書く。カバノキ科の落葉高木。

赤狗母魚　あかえそ
「赤狗魚」とも書く。エソ科の海産硬骨魚。

赤狗魚　あかえそ
「赤狗母魚」とも書く。→赤狗母魚

赤海星　あかひとで
「赤人手」とも書く。アカヒトデ目のヒトデ。

赤柏　あからがしわ
「紅柏」とも書く。葉が赤みがかった柏。『万葉集』

赤疱瘡　あかもがさ・あかがさ
「赤斑瘡」とも書く。「麻疹（はしか）」の古称。『栄花物語』

赤啄木鳥　あかげら
日本でもっとも一般的なキツツキの種。

赤菜　とさかのり
「鶏冠海苔・鶏冠菜・紅菜」とも書く。紅藻類スギノリ目の海藻。

赤栴檀　ひめしゃら
「姫娑羅・姫沙羅・姫紗欏」とも書く。ツバキ科の落葉高木。

赤埴　あかに・あかばね
赤土。「あかばね」は方言。

赤梔子　あかくちなし
染色の一つ。紅と梔子出染めた色。

赤魚　あこう
フサカサゴ科の海産硬骨魚アコウダイの異称。

赤魚鯛　あこうだい
「阿候鯛」とも書く。フサカサゴ科の海産硬骨魚。

赤麻　あかそ
「赤苧・紫苧」とも書く。イラクサ科の多年草。

赤黄楊　あかつげ
①ミカン科の落葉低木コクサギの異称。②スイカズラ科の落葉低木、ハコネウツギの異称。

赤御真魚　あかおまな
女房詞で「鮭」の古語。

赤棒振　あかぼうふら
「赤孑孑」とも書く。→赤孑孑

赤斑　あかふ・あかぶち
赤いまだら。

赤痢　あかなめ
「赤痢（せきり）」の異称。

赤蛤　あかがえる・あかひき
「赤蛙・山蛤」とも書く。①背中が暗褐色・赤褐色のカエルの総称。②アカガエル科の両生類の総称。

赤飯　あかのまんま・あかまんま
タデ科の一年草イヌタデの異称。

赤幹　あかがら
赤みがかった芋がら。

赤楊　はんのき
「榛木」とも書く。カバノキ科の落葉高木。

赤楝蛇　やまかがし
「山楝蛇」とも書く。ヘビの一種。

赤蛺蝶　あかたては
タテハチョウ科のチョウ。

赤詰草　あかつめくさ
「赤漆姑草」とも書く。マメ科の多年草。「レッド・クローバー」に同じ。

赤漆姑草　あかつめくさ
「赤詰草」とも書く。→赤詰草

赤熊　しゃぐま
①ウシ科の哺乳類ヤクの尾の毛を赤く染めたもの。それに似た毛髪。②縮毛で作った入れ髪。

赤熊柴胡　しゃぐまさいこ
キンポウゲ科の多年草オキナグサの異称。

赤翡翠　あかしょうびん
カワセミの一種。

赤蜻蛉　あかとんぼ
「赤卒」とも書く。→赤卒

赤酸塊　あかすぐり
ユキノシタ科の落葉果樹。

赤酸漿　あかかがち・あかがち
「赤酸醤」とも書く。ホオズキの古称。また、その赤く熟した実。『古事記』

赤酸醤　あかかがち
「赤酸漿」とも書く。→赤酸漿

赤銅　しゃくどう
少量の金・銀を含む銅の合金。

赤熟　あかひき・あかじゅく
「赤引」とも書く。蚕の一つ。

赤箭　かみのやがら・おにのやがら
「天幹・鬼矢柄」とも書く。ラン科の腐生植物。

赤鴇毛　あかつきげ
「赤月毛・赭黄馬・紅桜月毛・柿月毛」とも書く。馬の毛色の一つ。

赤壁蝨　あかだに
「赤蜱」とも書く。ハダニの異称。

赤檮　いちい
「櫟・石櫧」とも書く。ブナ科の

常緑高木。「イチイガシ」に同じ。

赤顔 あからがお
「赭顔」とも書く。日焼け・酒酒焼けで赤みがかった顔。

赤驃 あかかげ
「赤鹿毛」とも書く。馬の毛色の一つ。

〈走 部〉

走井 はしい・はしりい
清水の湧き出る泉。『万葉集』

走汁 はしらかしじる
簡単に作った汁。また、実のないみそ汁。『西鶴織留』

走馬燈 まわりどうろう・そうまとう
「回灯籠」とも書く。枠を二重にし、内枠が回るようにした灯籠。

走絆 はしりほだし
馬が歩けないように前脚をつなぎとめる縄。

走野老 はしりどころ
「莨菪」とも書く。ナス科の多年草。

走童 はしりわらわ
「走孺」とも書く。①斎王の車に徒歩で従う女の童。②寺院の走り使いの子。

走孺 はしりわらわ
「走童」とも書く。→走童

〈足（⻊）部〉

足 あ
足（あし）の古語。『万葉集』

足下 そっか・そこ・あなた・きさま
二人称の代名詞。
そっか―同等の相手を敬う語。あなた。
そこ―「そっか」に同じ。『雨月物語』
あなた―『薄命すゞ子』
きさま―『西洋道中膝栗毛』

足切 あぎれ
足指の切り傷。あかぎれ。『俚言集覧』

足日 たるひ
満ち足りた良い日。『祝詞』

足代 あじろ・あししろ
高所へ上る際、木材を組み立てて作った足がかり。「足場」に同じ。

足半 あしなか・あんなか
「足中」とも書く。かかとの部分がなく、足裏の半ばくらいまでの短い草履。

足占 あうら・あしうら
古代の占法の一つ。歩数などで占ったといわれる。『万葉集』

足末 あなすえ
①足先。『宇津保物語』。②子孫。

足白 あしがる
「足軽」とも書く。武家で、普段は雑役に従事し、戦時は兵卒として働いた者。

足乳女 たらちめ
母親。『千載和歌集』

足乳根 たらちね
「垂乳根」とも書く。①母親。『金葉和歌集』。②父母。両親。『今鏡』。③父親。『拾玉集』

足音 あなおと・あのと
あしおと。『万葉集』

足悩 あなゆみ
足が痛むこと。歩き悩むこと。東国の方言。『万葉集』

足恭 すうきょう・すきょう・しゅきょう
「足敬」とも書く。おもねり、へつらうこと。度が過ぎた敬い方。

足高 たしだか
江戸幕府の制度の一つ。役職に就く場合、一定の家禄が必要とされていたが、家禄の低い者に対し、在職中に限りその差額を支給する制度。『御触書宝暦集成』

足袋 たび
「単皮・沓皮」とも書く。親指と他の指が分かれる袋状の履物。『宇治拾遺物語』

足敬 すうきょう
「足恭」とも書く。→足恭

足結 あゆい
「脚結・足纏」とも書く。古代、動きやすいように、男子が袴の上から膝下あたりを結んだ紐。『古事記』

足掻 あがき・あかが
あがき―①馬が脚で地面を掻いて前進すること。『万葉集』。②もがくこと。
あかが―「足ずり」の古語。

足裏 あなうら・あのうら
「蹠」とも書く。足の裏。『倭名類聚鈔』

足銭 たしぜに
江戸時代、大名の支払い不足があった旅籠屋に、宿駅が給付した補助金。『地方凡例録』

足蹈 あしみ
歩むこと。

足纏 あゆい・あよい
「足結」とも書く。→足結

〈身 部〉

身 むくろ
「軀」とも書く。①身体。②「骸」とも書く。首のない胴体。③転じて、なきがら。死骸。

身共 みども
私。われわれ。『夏祭浪花鑑』

身肉 みしし
身体。

身形 みなり
①体の形。『源氏物語』。②衣服を身に着けた姿。

身舎 もや
「身屋・母屋」とも書く。①寝殿造りの家屋で、中央の間。『枕草子』。②住居で、日常起居する建物。

身屋 もや
「身舎」とも書く。→身舎

身柱 ちりけ
「天柱」とも書く。灸点の一つ。うなじの下。『鷹筑波』

身柱元 ちりけもと
「天柱本」とも書く。身柱のあたり。首筋。

身慎莫 みじんまく
①身支度。身じまい。『浮世風呂』。②秘かに金銭を貯めること。へそくり。

身慄 みぶるい
「身戦・身震い」とも書く。寒さ・恐ろしさ・緊張などで体がふるえること。『上田敏全訳詩集』

身戦　みぶるい
「身慄」とも書く。『武蔵野』→身慄

身暇　みのいとま
①辞職すること。②休暇。『関東下知状』

身熟し　みごなし
身のこなし方。物腰。

〈車　部〉

車軋　くるまきしろい
車に乗るときに、共に乗る人などを選ぶことで言い争うこと。『栄花物語』

車前　おおばこ
「大葉子」とも書く。オオバコ科の多年草。

車前葉　かたくり
「片栗・山慈姑」とも書く。ユリ科の多年草。

車借　しゃしゃく
中世、荷車を用いた輸送業者兼商人。

車匿　さのく
馬丁。

車竜胆　くるまりんどう
紋所の一つ。

車帷　したすだれ
「下簾」とも書く。牛車のすだれの内側に垂らす絹のとばり。二筋を並べ掛け、すだれの下から外へ長く出す。『伊勢物語』

車渠　しゃこ
「硨磲」とも書く。シャコガイ科の二枚貝の総称シャコガイの略。『宇津保物語』

車蝗蚸　くるまばった
「車飛蝗・車蝗虫」とも書く。バッタの一種。

〈辛　部〉

辛　かのと
十干（じっかん）の第八。

辛夷　こぶし
モクレン科の落葉高木。

辛辛　かながな・からがら
かろうじて。やっと。『曾我物語』

辛螺　にし
小さめの巻貝の総称。『倭名類聚鈔』

〈辵（⻍・⻌）部〉　⻍は四画、⻌は三画

近仗　きんじょう
宮中の付近で警護にあたる者。『権記』

近処　きんじょ
「近所」とも書く。自宅の近く。近いところ。『地方凡例録』

近江生平　おうみきびら
滋賀県野洲地方の麻布。「近江晒（おうみさらし）・野洲晒（やすさらし）」に同じ。

近事女　こんじにょ
在家の仏教信者の女性。

近事男　こんじなん
在家の仏教信者の男性。

近流　きんる
律令制で定められた三種の流罪の一つ。近国に流すこと。

近曾　ちかごろ・さいつころ・さいつごろ
ちかごろ—「近頃・近比」とも書く。このあいだ。先日。
さいつころ・さいつごろ—「去頃・先つ頃」とも書く。「ちかごろ」に同じ。

近勝　ちかまさり
遠くから見るより、近くで見るほうがすぐれて見えること。

迎合　あど
相づちをうつこと。『大鏡』

迎合談　あどがたり
相づちをうちながら語り合うこと。『宇津保物語』

迎買　むかえかい
市場へ運ばれる途中や、生産地で直接ものを買うこと。『鎌倉幕府追加法』

迎講　こうこう・むかえこう
阿弥陀如来の来迎を演ずる法会。

返抄　へんさ・へんしょう
中世の受取書や証拠の文書。『権記』

返返　かえすがえす
①本当に。かさねがさね。『源氏物語』。②何度もくりかえすさま。『増鏡』。③丁寧に。『今昔物語集』

返事　かえりごと
返事の手紙。『竹取物語』

返忠　かえりちゅう
味方を裏切り、敵方に内通すること。『今川仮名目録』

返拳　かえるこ
鷹の外指の爪。『日葡辞書』

返魂香　はんごんこう
「反魂香」とも書く。焚くと死者の魂がよみがえり、姿を映すという香。

〈邑（阝〈右〉）部〉　阝は三画

那処　あすこ
「あそこ」の転。場所を示す代名詞。

那謨　のうまく
「曩謨・曩莫」とも書く。仏教で「南無」の意。

邪気　ざけ
「じゃき」の転。たたり。もののけ。『源氏物語』

邪蒿　いぶきぼうふう
「伊吹防風」とも書く。セリ科の多年草。

〈里　部〉

里曲　さとみ
「里廻」とも書く。人里のあたり。『万葉集』

里神楽　さとかぐら
「郷神楽」とも書く。①禁中ではなく、民間で行なわれる神楽。②村落で行なわれるひなびた神楽。『猿蓑』

里斯本　リスボン
ポルトガル共和国の首都。

里廻　さとみ
「里曲」とも書く。↓里曲

〈阜（阝〈左〉）部〉　阝は三画

防人　さきもり
律令制で、筑紫・壱岐・対馬などの警護に従事した兵士。『万葉集』

防士 ますらお

「益荒男・丈夫」とも書く。①立派な男性。朝廷に仕えた官僚。『万葉集』。②強く雄々しい男性。

防壁 かべしろ

「壁代」とも書く。貴族の住宅などで仕切りとして使われたとばり。『源氏物語』

防鴨河使 ぼうかし

平安時代、賀茂川の堤防修復に従事した職務。

〈麥（麦）部〉麦は七画

麦奴 くろぼ・くろんぼ

担子菌類クロボキン目の菌・黒穂菌。黒色の胞子で麦類などに寄生し、黒穂病を引き起こす。

麦李 さもも

「早桃・青房」とも書く。桃の品種の一。また、早生の桃。

麦門冬 やぶらん・ばくもんとう

「薮蘭」とも書く。ユリ科の多年草。

麦哈黙教 マホメットきょう

「摩哈麦教・摩哈墨教」とも書く。ムハンマド（マホメット）が創始したイスラム教の異称。回教。

麦索 むぎなわ

「麦縄」とも書く。①小麦粉と米の粉を練って作る細長い菓子。②うどん、または冷麦。

麦黒子 むぎのくろみ

麦類に発生する病害。黒穂病。『倭名類聚鈔』

麦葱 あさつき

「浅葱・糸葱」とも書く。ユリ科の多年草。

八画

〈丿部〉

乖 そむく・たがう
そむく―「背く」とも書く。たがう―①一致しない。相違する。『源氏物語』。②そむく。『万葉集』。③尋常ではなくなる。『源氏物語』

乖巧 わるがしこい
「悪賢い」とも書く。悪事について頭がよく働く。狡猾（こうかつ）である。

〈乙（乚）部〉

乳母 うば・めのと・まま・おんば・ちうば・ちおも
母親に代わり、子に乳を与え、養育する女性。『古今著聞集』

乳茸刺 ちだけさし
ユキノシタ科の多年草。

乳脂 バター
乳製品の一つ。『緑蓑談』

乳橘 うんしゅうみかん
「温州蜜柑」とも書く。ミカンの品種の一つ。

〈亅部〉

事切 ことぎれ
①決着がつくこと。②死ぬこと。

事代主神 ことしろぬしのかみ
日本神話で、大国主命の子ども。

事古 ことふり
「事旧」とも書く。言い古されたこと。

事旧 ことふり
「事古」とも書く。→事古

事在実者 ことじちあらば
古文書の慣用句。調べてみて事実ならば。

事行 ことゆく
物事が順調に進むこと。『経覚私要鈔』

事成草 ことなしぐさ
シダ植物シノブグサの異称。『後撰和歌集』

事体 ことのてい
事のしだい。

事事敷 ことごとし
大げさである。

事実者 ことじつたらば・ことじちならば
事実ならば。『後白河天皇綸旨』

事若実者 こともしじちならば
調べてみて事実ならば。『鎌倉将軍家政所下文』

事知 ことしろ
神のお告げ、託宣を伝えること。『日本書紀』

事無酒 ことなぐし
無事を祈る酒。『古事記』

事解 ことさか
「事離・言離」とも書く。①解決すること。『古事記』。②離縁すること。『日本書紀』

事離 ことさか
「事解」とも書く。→事解

〈二部〉

亟 すみやか
「速やか」とも書く。手間取らず、早いさま。

些と ちと
「少と」とも書く。①少し。『右京大夫集』。②しばらく。『宇治拾遺物語』

些少 すこし
「少し」とも書く。数量などがわずかなさま。『内地雑居未来之夢』

些些 ささ
わずか。

些細 ささい・いささか
ささい―「瑣細」とも書く。取るに足らない小さなこと。いささか―「些か・聊か」とも書く。「些少」に同じ。『魔風恋風』→些少

〈亠部〉

京師 けいし
みやこ。帝都。『木戸孝允日記』

京格子 きょうごうし
竪桟（たてざん）が密に配された格子。

京着 きょうちゃく
京都に到着すること。

卒 ついに・しゅっす
ついに―とうとう。結局。しゅっす―律令制で、四位・五位の人が死ぬ。

卒忽 そこつ
「粗忽」とも書く。①軽率。『軽口露がはなし』。②あわただしい。③失礼。

卒度 そっと・そつど
①少し。わずか。②静かに。ひそかに。『西郷隆盛集』

卒倒 めまい
「目眩・眩暈」とも書く。目がくらくらして倒れそうになること。『魔風恋風』

卒根 ぞっこん
心底。

卒都婆 そとば
①仏舎利などを安置する建造物。②死者を供養するために建てる塔形の板。『徒然草』

卒然 ふいに
「不意に」とも書く。だしぬけに。突然。『浮城物語』

卒爾 そつじ
「率爾」とも書く。①かんたんに。突然。『古今著聞集』。②「卒爾ながら」と用いる。失礼ながら。『東海道中膝栗毛』

卒魂 ぞっこん
「底根」の転。心の底から。『妹背見』

〈人部〉

依 よりて・まにま・まにまに
よりて―「因りて・仍りて」とも書く。よって。それゆえ。まにま・まにまに―「随・随意」とも書く。そのままに。成り行きに任せて。『万葉集』

依代 よりしろ

「憑代」とも書く。神霊がのりうつる物体。樹木や岩石などが代表的。

依怙 えこ
①頼りにすること。『法華経』。②えこひいき。『平家物語』

依怙地 えこじ・いこじ
些細なことに意地を張ること。かた意地。『辰巳婦言』

依怙贔屓 えこひいき
特定の人をひいきすること。『内沙汰』

依的児 エーテル
①二個の炭化水素基が酸素原子と結合した有機化合物の総称。②エチルエーテル。③光を伝える媒質として仮想された物質。

依知爾亜爾箇保児 エチルアルコール
アルコールの一種類。酒精。

依知爾依的児 エチルエーテル
エーテル類の一つ。

依違 いい・いえ
①前例や慣習にならわないこと。②はっきりしない態度をとること。

依網 よさみ
「依羅」とも書く。川波と海波が寄せ合うところ。

依蘭苔 ええらんたい・えらんたい
地衣類のイスランド苔。

依羅 よさみ
「依網」とも書く。↓依網

価直 けじき・かちょく
価額。値段。古代から中世、土地売買の際に代価として支払われる稲などの量を表すのに用いられた語。『紀伊国在田郡司解』

佳例 かれい
よい前例。

侃侃諤諤 かんかんがくがく
意見を曲げることなく、遠慮せずに論議するさま。「侃諤」に同じ。

侃諤 かんがく
「侃侃諤諤」に同じ。↓侃侃諤諤

佶屈い ぎこちない
動作などが不自然である。『其面影』

供仏 くぶつ
仏を供養すること。

供米 くめ・くまい・くま
「久米」とも書く。神仏に供える米。『古事談』

供米田 くまいでん
神仏に供える米を作る田地。

供花会 くげえ
「供華会」とも書く。仏前に花を供える法会。

供奉 ぐぶ
お供。奉仕すること。『公事根源』

供奉僧 ぐぶそう
本尊に奉仕する僧侶。「供僧（ぐそう）」に同じ。

供物 くもつ
神仏に供える物。おそなえ。

供屋 ぐや
神仏に供えるものを調理するところ。

供華会 くげえ
「供花会」とも書く。↓供花会

供帳 くちょう
僧尼の名称・得度などを記す僧籍簿。

供祭 くさい・ぐさい
神仏に供え物をすること。『古今著聞集』

供御 くご・ぐご
天皇の食事。将軍や貴人の食事をもいう。『宇津保物語』

供御所 ぐごどころ・くごしょ
室町時代に、将軍の膳部を作ったところ。

供過行者 くかあんじゃ
禅宗で、調理場その他の雑務を担った者。「供頭行者」に同じ。

供僧 ぐそう
本尊に仕える僧。『今昔物語集』

供養 くよう・たむけ
くよう―三宝や死者の霊に供物を捧げること。
たむけ―「手向・手酬」とも書く。とくに仏に香・花などを供えること。

供頭 くじゅう・きゅうじゅう
くじゅう―仏前に供物を捧げる者。
きゅうじゅう―調理場などの仕事を司る役。

供頭行者 きゅうじゅうあんじゃ
「供過行者」に同じ。↓供過行者

供講 くこう
法華経などを書写したのち、講義・説明し讃えること。

供饗 くぎょう
「公饗」とも書く。供物・食器をのせる衝重（ついがさね）のうち、台に穴のないもの。

使主 おみ
古代、姓（かばね）の一つ。

使真 つかいざね
複数の使者のうち、主たる者。『伊勢物語』

侍 はべる・さぶらう
目上の人などのそばに控える。『貞丈雑記』

侍気質 さむらいかたぎ
武士特有の気性。

侍衣 じえ
高僧に仕え、衣服や金銭などをつかさどる役。

侍医 おおとくすし・おもとくすし
律令制で、天皇の医務に当たった医師。

侍所 さむらいどころ
侍の詰め所。『貞丈雑記』

侍従 おもとびと・まちぎみ
律令制で、天皇に近侍した職員。中務省に属し、明治以降は宮内省、宮内庁の職員。

侍烏帽子 さぶらいえぼし・さむらいえぼし
武士が好んで使用した烏帽子。

侍宿 とのい
「殿居・宿直」とも書く。①禁中・役所などに宿泊して警備に当たること。『万葉集』。②天皇と添い寝をすること。『源氏物語』

侍婢 まかたち
「侍女」とも書く。貴人に付き添う女。『古事記』

侍読 じとく
天皇に学問を教えること。『貞丈雑記』

舎 はなつ
「放つ」とも書く。①鳥獣などを自由にする。②矢などを発射する。③放火する。

舎人 とねり
①天皇や皇族の近くに仕え、雑務や警護にあたった者。『古事記』。②牛車の牛飼。『源氏物語』。③旧宮内省式部職の判任名誉官。

舎利 さり・しゃり
①聖者の遺骨。②米粒・米飯。

舎屋 やかす
「家屋」に同じ。『大唐西域記』

舎奠 おきまつり・せきてん
「釈奠」とも書く。孔子を祀る儀式。

侏儒 ひきうど・いっすんぼうし・ひきびと
背丈の低い人。『宇治拾遺物語』

侏離 しゅり
外国語など、音声としては聞こえるが、意味が通じないこと。『航米日録』

侘傺 たてい・たくさい
「佗傺」とも書く。失意。困窮。『大内氏掟書』

佻佻し かるかるし
「軽々しい」に同じ。『こがね丸』

佩 おぶ・はく
「帯ぶ・佩く」とも書く。身につける。刀などを腰につける。『甲子夜話』

佩刀 はかせ
貴人の帯びている刀に対する尊敬語。

佩立 はいだて
「佩楯・膝甲・脛楯」とも書く。股（もも）と膝を守るために、鎧の下に身につける防具。

佩物 おもの・おんもの・おびもの
身に帯びる装飾などのこと。『毛詩抄』

佩盾 はいだて
「佩立」とも書く。→佩立

佩袋 おびぶくろ
腰に付ける袋。古代の旅行具。『倭名類聚鈔』

侮蔑 さげすみ
「蔑み・貶み」とも書く。軽蔑。蔑視。『上田敏全訳詩集』

併 しかしながら
「然し乍ら・併し乍ら」とも書く。①すべて。全部。②しかし。『雲州消息』

命婦 ひめとね・みょうぶ
五位以上の位階を有する女官。また、五位以上の位階を有するものの妻。

佯為ける とぼける
「惚ける・恍ける」とも書く。知っているのに知らないふりをする。『郊外』

例令 たとえ
「縦え・仮令・縦令」とも書く。「たとい」の転。①もし。仮に。『日本書紀』。②たとえそうであったとしても。よしんば。『古今和歌集』

佷し ひずかし・ひすかし
「嚚し」とも書く。愚かで口やかましいこと。

〈儿　部〉

兎口 すぐち・いぐち・みつくち
「欠唇・欠脣・兎唇・三つ口」とも書く。上唇の先天性裂で縦に裂けているもの。『浦島年代記』

兎欠 いぐち・うぐち・みつくち
「兎脣」とも書く。①「兎口」に同じ。→兎口。②不揃いなこと。ちぐはぐ。

兎脣 いぐち・うぐち・みつくち
「兎欠」とも書く。→兎欠

兎褐 とかち
「科褐」とも書く。綿糸に兎の毛を交ぜた織物。『倭名類聚鈔』

免 ゆるす
「許す・赦す・聴す」とも書く。とがめだてしないことにして解放してやる。

免助 めんじょ
「免除」とも書く。役目などを果たさなくてもよいとすること。『地方凡例録』

免直 めんなおり
江戸時代、荒廃から回復しきっていない田畑に対し、新たに以前より低い租率を設定すること。

〈八　部〉

其元 そこもと
「其方許・其処許・其許」とも書く。①そこ。その辺。②武士や文人らの用語で、男性が使用した代名詞。貴公。そなた。おまえ。『川渡甚太夫一代記』

其文字 そもじ
女房詞の代名詞。そなた。あなた。『をこぜ』

其方 そち・そっち・そなた
そちら。①相手に近い場所や人を指す代名詞。『万葉集』。②目下の者を指す二人称。『脱殻』

其方此方 そちこち
①あちこち。②かれこれ。『浮世風呂』

其方退け そちのけ
問題にせず、放っておくこと。

其方許 そこもと
「其元」とも書く。→其元

其方等 そちとら・そちら
目下の相手を指す二人称の複数形。『心中宵庚申』

其方様 そなたざま・そなたじま
そちらの方。『源氏物語』

其代 そんだい
そのかわり。『村雀』

其処彼処 そこかしこ
あちらこちら。ほうぼう。

其処所 そこどころ
①そこ。②それどころ。下に打ち消しの語を伴う。『源氏物語』

其処許 そこもと
「其元」とも書く。『蜻蛉日記』→其元

其処等 そこら
①その辺り。②その程度。

其奴 そやつ・すやつ・そいつ
そいつ。『源氏物語』

其所其所 そこそこ
「其処其処」とも書く。①どこそこ。『徒然草』。②至る所に。『氷朔日』

其所等 そこいら
その辺。『永日小品』

其許 そこもと
「其元」とも書く。→其元

具 よろい
家具・調度など、そろいのものを数えるときの語。「そろい」に同じ。

具さに つぶさに
①詳細に。『次郎経高』。②備わる。『百姓分量記』

具足る そだる
足りそなわる。『仏足石歌』

具者 ぐさ
従者。『宇津保物語』

典 さかん・そうかん
律令制の四等官の第四位。官司によって字が異なり、「典」は太宰府の官を指す。

典工帖 てんぐじょう
「天具帖・典具帖」とも書く。上質の楮（こうぞ）の繊維で作った薄い和紙。

典侍 すけ
①律令制で、内侍司の次官。ないしのすけ。②上級女官。

典故 わけ
「訳」とも書く。理由。『柳橋新誌』

典座 てんぞ
禅寺で、食事などを司る僧侶。

典厩 てんきゅう
左右の馬寮（めりょう）とその長官の唐名。

典鋳 いもじ
「鋳物師」とも書く。溶かした金属を鋳型に流し込んで器物を作る職人。

典薬頭 くすりのかみ・てんやくのかみ
律令制で、医薬などを司った典薬寮の長官。

典鎰 てんやく
「典鑰」とも書く。律令制で、中務省に属し、倉庫の鍵を管理した役人。「鑰取（かぎとり）」に同じ。

〈几 部〉

凭れる もたれる
「靠れる」とも書く。①よりかかる。②食べたものが胃で消化せず、重く感じる。

〈凵 部〉

画指 かくし
古代、字を書けない者が人差指を書面に置き、指先と各関節の位置に点を打って署名のかわりとしたもの。

画舫 ゴンドラ
イタリアの港湾都市ヴィネツィアの交通に用いられている平底船。『三四郎』

函迫 はこせこ
「筥迫」とも書く。女性が着物の懐に挟む装身具。江戸時代は紙入れとして使用。

〈刂 部〉

刮ぐ きさぐ
こそぐ。けずる。『古事記』

刳る しゃくる・えぐる
「刔る・剔る」とも書く。
しゃくる—「決る」とも書く。①中身をすくうように掘り取る。②すくうように動かす。③そそのかす。
えぐる—①刃物などで中をくりぬく。②「しゃくる」③に同じ。③独特なやり方で相手の意表をつく。④相手の弱点をつく。

刻 きざみ・みぎり
きざみ—刃物で細く切ること。『常盤屋之句合』
みぎり—「砌」とも書く。そのとき。その折。『浮世風呂』

刻刻 きざきざ
①凸凹が交互に並んでいること。②切り刻むさまを表す語。

刷 つくろう・かいつくろう・あつかう
つくろう・かいつくろう—「繕う・掻い繕う」とも書く。①物事を処理する。『上杉定実書状』。②身なりを整える。『平家物語』
あつかう—「扱う」とも書く。『結城氏新法度』

刷毛序で はけついで
ついでに他のことも済ませることのたとえ。事のついでに。『東海道中膝栗毛』

刺刀 さすが
①腰や小柄（こづか）に差す短刀。『竹斎』。②小刀。

刺虫 いらむし
イラガ科の蛾の幼虫。多数の毒針をもつ毛虫。

刺草 いらくさ
「蕁麻」とも書く。イラクサ科の多年草。

刺捕 さいとり
「刺鳥」とも書く。先端に鳥もちをつけた竿で鳥を捕獲すること。また、その人。

刺高 いらたか
「苛高」とも書く。かどが尖っているもの。『葵上』

刺部重部 ささえかさなえ・さしべかさねべ
刺したり、重ねたり。『万葉集』

刺鳥 さいとり
「刺捕」とも書く。→刺捕

刺亀虫 さしがめ
「刺椿象」とも書く。カメムシ目サシガメ科の昆虫。

刺楸 はりぎり
「針桐」とも書く。ウコギ科の落葉高木。

刺椿象 さしがめ
「刺亀虫」とも書く。→刺亀虫

刺蛾 いらが
イラガ科のガの総称。

刺鉄 さすが
鐙（あぶみ）を留める金具。『伊勢物語』

刺酸漿 いがほおずき
ナス科の多年草。

刺鯊 つのざめ
「角鮫」とも書く。ツノザメ科の海産軟骨魚の総称。

制る かどる
「主る」とも書く。統御する。『大唐西域記』

制吒迦 せいたか
「制多迦」とも書く。八大童子の第八。

刹利 せつり
「刹帝利」の略。インドの四種姓（バルナ）の第二身分。クシャトリヤ。

利那　せちな・せつな

きわめて短い時間。瞬間。

〈十　部〉

卓布　クロース

テーブルクロス。『其面影』

卓香炉　しょくごうろ

卓上に飾る香炉。『山の井』

卓袱　しっぽく・ちゃぶ

しっぽく—①中国風の食卓。②そばやうどんを煮て、かまぼこや椎茸、野菜などを入れた料理。『即席耳学問』

ちゃぶ—明治初期の語で、食事。

卓袱台　ちゃぶだい

短い四脚のついた食卓。

〈卜　部〉

卦算　けさん・けいさん

「圭算」とも書く。文鎮。

〈厶　部〉

参　サンチーム

フランス・スイスなどの補助通貨の旧単位。一フランの百分の一。

参内　さんだい

宮内に参上すること。『御堂関白記』

参叩　さんこう

「参扣」とも書く。身分の高い人のもとに参上すること。『相良家文書』

参扣　さんこう

「参叩」とも書く。→参叩

参到る　まいたる

「参りいたる」の約。

参差　しんし・かたたがい・まじわる

しんし—そろわないさま。食い違うさま。『御成敗式目』

かたたがい—「しんし」に同じ。『類聚名義抄』

まじわる—「交わる」とも書く。道・枝など、線状のものが交差する。『離れ鵞』

参頭　さんじゅう

仏家で、行者の中の主たる者。

参議　おおまつりごとびと

奈良時代、太政官に設けられ、朝議に参与した官職。

〈又　部〉

取出　とりで

「砦」とも書く。『信長公記』

取劣　とりおとり

江戸時代、年貢米が予定額より下回ること。

取次筋斗　しどろもどろ

話の筋が通らず、乱れたさま。

取沙汰　とりざた・とりさた

①取り上げて処理すること。『太平記』②うわさ。『春色梅児誉美』

取約　とりつづめ

節約。短縮。

取食　とりばみ

「鳥食」とも書く。宴会の料理の残り物を庭に投げ、下賤の者に与えること。また、その下賤の者。『今昔物語集』

取啝　とりさばく

「取り捌く」とも書く。処分する。取り扱う。

取箇　とりか

江戸時代、田畑に課した年貢。『御触書宝暦集成』

受領　ずりょう・ずろう・じゅりょう

平安中期以降、任国に赴任し、実務にあたった国司の長官。『枕草子』

〈口　部〉

呵　ためいき

「ため息」とも書く。心配事があったり、感心したとき、思わず出てしまう大きな息。

呵法　かほう

「苛法」とも書く。厳しい法。容赦のない掟。『鎮西裁許状』

咎　とが

「科」とも書く。①とがめるべき行為。過失。欠点。『源氏物語』。②とがめること。非難。『源氏物語』。③罪となる行為。④罪に科せられる罰。

咎咎し　とがとがし

「科科し」とも書く。とげとげしい。理屈っぽく小うるさい。『堤中納言物語』

咎落　とがおとし

①罪を償うこと。『日葡辞書』。②酒席で何らかの決まりを設け、破ると罰則として酒を飲ませる余興。

咎徴　きゅうちょう

悪いしるし。『源平盛衰記』

呼素　おぎなわ

「喚縄・招縄」とも書く。鷹匠が大鷹を馴らすために脚に結ぶ縄。

呼鈴　よびりん

人を呼んだり、合図として鳴らす鈴。

呱哇　ジャワ

インドネシア共和国の中心をなす島。

呷呷　がぶがぶ

大量の液体を勢いよく飲むさま。また、その音。

咋　あからさま

「白地・明様」とも書く。隠さず、ありのままに。

呪呪し　のろのろし

いまわしい。相手を呪いたい気持である。『栄花物語』

呪詛　じゅそ・ずそ

「呪咀」とも書く。呪うこと。『椿説弓張月』

呪師　のろんじ

平安時代から鎌倉時代にかけて行なわれた芸能の一つ。

呪禁　じゅごん・ずごん

「咒禁」とも書く。まじないにより、霊のたたりを払うこと。

呪禁師　じゅごんし・じゅごんのし

①陀羅尼により加持祈祷を行なう法師。②律令制で、まじないにより治療に当たった典薬寮の職員。

呪願　じゅがん

法会などで唱えられる短い祈り。『権記』

周　めぐる・あまねし

めぐる—「回る・廻る・巡る」とも書く。周囲をぐるりとまわる。『今昔物語集』

あまねし—「遍し・普し」とも書く。すみずみまでいきわたっている。『教行信証』

周囲 ぐるり・まわり

「周（ぐるり）・周り・回り・廻り」とも書く。物のまわり。

周章 しゅしょう・あたふた

しゅしょう—慌てること。『保元物語』

あたふた—慌てるさま。『其面影』

周章つ あわつ

「慌つ」とも書く。慌てること。『沙石集』

周章者 あわてもの

「慌て者・狼狽者」とも書く。うろたえやすい人。そそっかしい人。

周章狼狽 あわてふためく・どぎまぎ

あわてふためく—慌てて立ち騒ぐ。『こがね丸』

どぎまぎ—うろたえ慌てるさま。『浮雲』

周落 ぐるりおとし

女性の髪の結い方の一つ。鬢（びん）と髱（たぼ）を一つにして垂れ下げたもの。

呻吟う さまよう

嘆きうめく。『万葉集』

呶呶 くどくど

同じことを何度も繰り返し、わずらわしいさま。『黒い目と茶色の目』

咄咄 とつとつ

①舌打ちする音。『太平記』。②驚いたり怒ったりする声。

咄哉 とっさい・いでや

とっさい—禅宗で、人を叱咤するときに用いる語。

いでや—「乙」とも書く。さらば。それでは。いやもう。

咄嗟 とっさ

ほんの少しの間。瞬間。『易林節用集』

味酒 うまさけ・うまざけ

「旨酒・甘酒」とも書く。①味の良い酒。②「餌香・鈴鹿・三輪・三室」にかかる枕詞。『万葉集』

味眠 うまい

「旨寝・熟寝」とも書く。熟睡。『万葉集』

味漬 あまづけ

「淡漬」とも書く。①浅漬の漬物。②甘塩の漬物。

味噌水 みそうず

「糝」とも書く。味噌汁で作る雑炊。『古今著聞集』

味醤 みそ

「味噌」とも書く。大豆を蒸し、麹・塩を加えて発酵させた調味料。

和 にき・にぎ・にご・なぎ・やわらか・あまなう・にっこり

にき・にぎ・にご—「熟」とも書く。柔らかなさま。おだやかなさま。『万葉集』

なぎ—「凪」とも書く。風が止み、波がおさまった海面の状態。『雨月物語』

やわらか—「柔らか」とも書く。ふっくらしているさま。『風流志道軒伝』

あまなう—和解する。仲良くする。同意する。

にっこり—うれしそうに笑うさま。

和え物 あえもの

「和物・韲物」とも書く。野菜や魚介などを、味噌・酢・ゴマ・辛子などであえた料理。

和与 わよ

中世、財産分与。『吾妻鏡』

和手 にこで

「柔手」とも書く。やわらかな手。『日本書紀』

和毛 にこげ

鳥獣などのやわらかな毛。やわらかな毛。『倭名類聚鈔』

和市 わし

古代・中世に、双方の合意のもとに行われた市場での売買。また、その売買価格。『相良氏法度』

和布 にきめ・わかめ

「和海藻・若布・稚海藻・裙蔕菜」とも書く。「にきめ」はやわらかい海藻。ワカメの異称。『万葉集』

和布刈 めかり

「藻刈」とも書く。海藻を刈り取ること。

和布蕪 めかぶら・めかぶ

①ワカメなどの海藻の根。『日葡辞書』。②神頭（じんとう）の鏃（やじり）の一つ。

和妙 にきたえ・にぎたえ

「和栲・和幣」とも書く。細かく織った布。また、打って柔らかくした布。『祝詞』

和和 にこにこ

嬉しげで声を出さず素直に笑うさま。

和尚 おしょう・かしょう・わじょう

①高僧。②寺の住職。一般に、僧侶。③武術などの師範。④上級の遊女。『そぞろ物語』

和尚菜 のぶき

「野蕗」とも書く。キク科の多年草。

和物 にきもの・にぎもの・にこもの・あえもの

にきもの・にぎもの・にこもの—柔らかいもの。『祝詞』

あえもの—「和え物」とも書く。→和え物

和炭 にこすみ・にこずみ・にぎすみ・かちずみ

鍛冶に用いられるやわらかい質の木炭。『類聚名義抄』

和海藻 にきめ

「和布」とも書く。『万葉集』→和布

和草 にこぐさ・ぬえくさ

にこぐさ—葉や茎がやわらかい草。『万葉集』

ぬえくさ—「萎草」とも書く。しなやかな草。しおれている草。『古事記』

和郎 わろ

①子ども。②野郎。人をののしる語。『南総里見八犬伝』

和栲 にきたえ

「和妙」とも書く。『万葉集』→和妙

和野紙 やわらのがみ・やわらがみ

「和良紙」とも書く。もと奈良県吉野で産した「吉野紙」の異称。

和御前 わごぜ

「吾御前・我御前」とも書く。親しみを込めて女性を呼ぶ二人称。『平家物語』

和御魂 にきみたま・にぎみたま

「和魂・和霊」とも書く。柔和な

どの徳を備えた神霊。『日本書紀』

和買　あいたいがい
当事者の合意が成立したうえで行う売買。

和順　にこやか
「和やか・柔やか」とも書く。ものやわらかなさま。

和煦　わく
春の日のあたたかなこと。

和節　にごよ
宮中で行われる折節（おりよ）の儀式で、天皇の身長を測る竹。

和解　わげ
外国語を日本語に翻訳すること。また、翻訳された文書。

和稲　にきしね・にぎしね・にこしね
籾（もみ）を取り去った米。『祝詞』

和雑膾　かぞうなます
数種類の魚の刺身を混ぜ、蓼酢（たです）であえた夏の料理。

和魂　にきたま・にぎたま・にきみたま・にぎみたま
「和御魂」とも書く。『万葉集』→和御魂

和幣　にきたえ・にぎたえ・にきて・にぎて
にきたえ・にぎたえ―「和妙」とも書く。→和妙
にきて・にぎて―①「にきたえ」に同じ。②神に供える布。『日本書紀』

和膚　にきはだ・にこはだ
「柔膚」とも書く。柔らかな肌。柔肌。『万葉集』

和霊　にぎたま・にぎみたま
「和御魂」とも書く。→和御魂

和諭　あつかい
もめごとの間に入り、調停すること。

和蘭　オランダ
「和蘭陀・阿蘭陀」とも書く。ヨーロッパ西部に位置する立憲王国。

和蘭陀　オランダ
「和蘭」とも書く。→和蘭

和蘭苺　オランダいちご
バラ科の多年草。

和蘭海芋　オランダかいう
サトイモ科の多年草。

和儺　なごし
「夏越」とも書く。「夏越の祓（はらえ）」の略。陰暦六月晦日に神社で行なわれる祓の行事。

和讒　わざん
一方に取り入るために、他方を悪く言っておとしいれること。『愚管抄』

〈口部〉

固　もとより
「固有・元・素」とも書く。元来。初めから。もちろん。

固有　もとより
「固」とも書く。『西洋道中膝栗毛』→固

固法華　かたほっけ・かたぼっけ
法華宗に固執している者。

固陋奴　へんくつもの
「偏屈者・偏窟者」とも書く。性質がねじけている者。頑固者。『西洋道中膝栗毛』

固疾　こしつ
長く患っている病気。長いあいだ治らない病気。『算法地方大成』

国中　くぬち
「くにうち」の略。国内。『万葉集』

国司　くにのみこともち
「国宰」とも書く。古代、朝廷から諸国に臨時に派遣され、その国の統治を行った官。『日本書紀』

国母　こくも・こくぼ
①天皇の母。皇太后。『平家物語』。②国民の母。皇后。『宇津保物語』

国忌　こき
天皇・皇后などの忌日。『江談抄』

国秀　くにのほ
国の中で、景観の秀でた場所。高山に囲まれた平野との説もある。『古事記』

国府　こう
律令制下で置かれた国司の役所。また、その所在地。「国府（こくふ）」に同じ。

国宰　くにのみこともち
「国司」とも書く。→国司

国栖奏　くずのそう
大和国（奈良県）吉野郡にあったとされる村落の人々による歌笛の演奏。

国栖紺紙　くずこうがみ
奈良県吉野郡国栖から産する和紙で青色のもの。

国栖魚　くずいお・くずうお
大和国吉野郡国栖産のアユ。『国栖』

国造　くにのみやつこ・くにつこ・こくぞう
古代における世襲の地方官。

国覓　くにまぎ
神が鎮座するのにふさわしい土地を探し求めること。また、天皇が都とするのにふさわしい土地を探し求めること。『万葉集』

〈土部〉

坩堝　るつぼ
①金属やガラスなどを溶かすための耐火性の容器。②その灼熱状態から、興奮・熱狂のたとえ。③また、溶け合うことから、さまざまなものが入りまじった状態のたとえ。

坤　ひつじさる
「未申」とも書く。十二支であらわした方位の一つ。南西の方角。

坤風　ひかた
南西の方角から吹いてくる風。

坤軸　こんじく
大地の中心を貫いて支えとなっていると考えられた軸。地軸。『太平記』

垂　しで
「四手」とも書く。①玉串やしめ縄などに垂れ下げる紙。②槍の柄につけて槍印とするヤクの毛。

垂水　たるみ
垂れ落ちる水。滝。『万葉集』

垂尼　さげあま
「下尼」とも書く。在家のまま尼になった女性の、肩の辺りで切り揃えた髪形。『新撰六帖』

垂氷　たるひ
つらら。『源氏物語』

垂乳女　たらちめ
「足乳女」とも書く。母親。『金葉和歌集』

垂乳男　たらちお
「足乳男」とも書く。父親。『元輔集』

垂乳根　たらちね
「足乳根」とも書く。①母親。『金葉和歌集』。②両親。『今鏡』。③父親。『拾玉集』

垂柳　しだれやなぎ
ヤナギ科の落葉高木。

垂桜　しだりざくら・しだれざくら
バラ科の落葉高木。エドヒガンの変種の一つ。

垂迹　すいじゃく
「垂跡」とも書く。衆生を救うために、仏や菩薩などが仮の姿となってこの世に現れること。『本朝文粋』

垂準　さげすみ
「下墨」とも書く。①大工が黒縄をさげて柱などの傾きを確かめること。『談林俳諧批判』。②見積ること。

垂跡　すいじゃく
「垂迹」とも書く。→垂迹

垂髪　すべらかし・すべしもとどり・うない・すべしがみ・はなり・おはなり
すべらかし・すべしもとどり・うない・すべしがみ―「垂髻・辷髻」とも書く。女性の髪形の一つ。髪を肩の辺りで束ねて背後に長くさげたもの。『日本書紀』
はなり・おはなり―「振分髪・放り」とも書く。結ばずにさげた少女の髪。『万葉集』

垂髻　すべしもとどり
「垂髪」とも書く。→垂髪

坦　たいら
「平ら」とも書く。高低・傾斜がないさま。

坪移　つぼなおし
自分の田地と他人の田地を取りかえること。隠田（おんでん）の一種。

〈夕　部〉

夜叉五倍子　やしゃぶし
カバノキ科の落葉小高木。

夜干　からすおうぎ・ひおうぎ
アヤメ科の多年草ヒオウギの異称。

夜不寝講　よねんこう
大晦日の夜に徹夜をすること。

夜白　よるひる
「夜昼」とも書く。夜も昼も。

夜交　よまぜ
一夜おき。『古今和歌六帖』

夜合銭　あげせん
「揚銭・上げ銭」とも書く。遊女を買う費用。芸娼妓を招く費用。

夜尿　よばり
寝小便。『日葡辞書』

夜尿放　よばりこき
寝小便をすること。また、その人。

夜更　よくだち
「夜降」とも書く。夜更け。『万葉集』

夜来節　よさこいぶし
土佐国（高知県）の民謡。

夜盲　とりめ
「鳥目・雀目・鶏盲」とも書く。夜間に視力が低下する病。

夜発　やほち・やほつ
夜間、街頭に立って売春する女性。

夜衾草　よぶすまそう
キク科の多年草。

夜降　よくだち
「夜更」とも書く。→夜更

夜須礼祭　やすらいまつり
「安楽祭」とも書く。四月第二日曜日、京都市北区紫野にある今宮神社で催される疫神を鎮める祭礼。

夜須美　やすみ
「休み」とも書く。斎宮（いつきのみや）の忌み言葉で、病気。

夜聡　よざと
夜中に目がさめやすいこと。

夜興引　よこひき・よこびき
冬の夜明け、ねぐらへ帰る獣を犬を伴って狩猟すること。

夜離れ　よがれ
男が女のもとへ通ってこなくなること。『源氏物語』

〈大　部〉

奄羅　あんら
「菴羅」とも書く。ウルシ科の常緑高木マンゴー。おもに果実をいう。

奇　あやし
「怪・異・奇敷」とも書く。疑わしく不思議なこと。珍しいこと。

奇び　くしび
「霊び」とも書く。不思議な霊力があること。『日本書紀』

奇御珠　くしみたま
「奇御魂・奇魂」とも書く。不思議な力をもつ神霊。また、そのような神霊が宿るもの。『日本書紀』

奇御魂　くしみたま
「奇御珠」とも書く。→奇御珠

奇魂　くしみたま
「奇御珠」とも書く。→奇御珠

奈何　いかん
「如何・若何」とも書く。①どのように。②ことのなりゆき。次第。

奈保留　なおる
「直る」とも書く。斎宮（いつきのみや）の忌詞で、死ぬこと。

奈梨　ないり
「泥犂・泥梨」とも書く。地獄。『梁塵秘抄』

奉行　ぶぎょう
①上命により公務を担うこと。また、その人。『徒然草』。②鎌倉時代以降の武士の職名。

奉伺　ほうし
目上の人の機嫌、状態を伺うこと。『復古記』

奉為　おんため・おおんため
「御為」とも書く。相手を敬う語。

奉射　ぶしゃ
「歩射」とも書く。祓（はらえ）・豊作祈願のため、神社で大的を弓で射る行事。

奔波　ほんぱ
多くの人がひしめいて争うこと。『亀山天皇宸翰御消息』

奔竄　ほんざん
走って逃げ隠れること。

〈女　部〉

委　つぶさに・くわし

「曲・具・悉・備」とも書く。詳細に。

委曲　いきょく・つぶつぶ
いきょく―詳細なこと。『算法地方大成』。
つぶつぶ―ことこまかなさま。『蜻蛉日記』

委曲か　つばらか
くわしいこと。『万葉集』

委陸菜　かわらさいこ・かわらざいこ
「川原柴胡」とも書く。バラ科の多年草。

委頓　のたくる・ぬたくる
体をくねらせて這い回る。『もしや草紙』

委敷　くわし・くわしい
「委・精・詳・悉敷」とも書く。詳細である。

姑耶山　こやさん
「姑射山」とも書く。①中国で仙人の住むという山。②転じて、仙洞御所。

姑娘　クーニャン
中国語で、娘。若い女性。

姑射山　こやさん
「姑耶山」とも書く。→姑耶山

姑護鳥　うぶめ・うぶめどり
「姑獲鳥・射姑鳥・産婦鳥・孕女鳥・産女鳥・産女」とも書く。出産時に死亡した女性の幽霊。『今昔物語集』

妻　めあわす
結婚させる。妻にする。

妻子　めこ
①妻と子。『万葉集』。②妻。『宇津保物語』

妻夫　めお・めおと・みょうと
「女男・女夫・妻夫・夫婦」とも書く。妻と夫。『今昔物語集』

妻衣　つまぎぬ
妻を親しんでいう語。『蘆刈』

妻料　めがね
妻にすると心に決めた人。妻とすべき女性。『宇津保物語』

妻隠　つまごみ
夫婦が共に住むこと。『古事記』

妻敵　めがたき
「女敵」とも書く。自分の妻と密通した敵。「姦夫」に同じ。『六角氏式目』

始冠　ういこうぶり
「初冠」とも書く。①男子が元服してはじめて冠をつけること。『伊勢物語』。②はじめて官位につくこと。『今昔物語集』

姉娘　えむすめ
「大女・兄娘」とも書く。あねむすめ。年上の娘。

妾　てかけ
「手懸・手掛・妾女」とも書く。めかけ。そばめ。『書言字考』

妾女　てかけ
「妾」とも書く。→妾

姓　そう
「姓（せい）」の古語。かばね。『宇津保物語』

妬刃　ねたば
復讐する相手を傷つけるときに用いる刃物。

妬視　とし
ねたみを抱いて見ること。「嫉視（しっし）」に同じ。

妹背　いもせ・いもとせ
①愛し合う男女。②兄と妹。姉と弟。『後撰和歌集』。③夫婦。『祝詞』

妹許　いもがり
恋人や妻など親しい女性がいるところ。『万葉集』

〈子　部〉

学柱　まなばしら
スズメ目セキレイ科の鳥セキレイの古名。『古事記』

季　すえ
「末」とも書く。ある期間の終わり。また、終わりに近い頃。『太平記』

孤　みなしご
「孤子」とも書く。孤児。『類聚名義抄』

孤子　みなしご
「孤」に同じ。→孤

孤本　こほん
資料の内容が一つしか伝わっていない作品。

孥　つかさやっこ・かんぬ
「官奴」とも書く。為政者が所有する奴婢（ぬひ）。『日本書紀』

孟浪　まんらん
①放浪すること。②まとまりのないこと。

孟買　ボンベイ
インド中部西海岸の都市。

〈宀　部〉

宛も　あたかも
「恰も」とも書く。①まるで。『万葉集』。②ほぼ。③まさしくそのとき。

宛ら　さながら
「宛然」とも書く。①あたかも。『絹粥』。②そのまま。『源氏物語』。③残らずすべて。『宇津保物語』

宛下　あてくだす
「充下」とも書く。①上位の役所から下位の役所へ文書を通達すること。②貢租を割り当てること。『鎌倉遺文』

宛用　あてもちいる
「充用」とも書く。収納物を特定の目的に充当すること。

宛行　あておこない・あてがい
「充行」とも書く。所領の知行を認可すること。賦役を課すること。『地方凡例録』

宛行扶持　あてがいぶち
雇用者が使用人に与える扶持米や金品。

宛然　まるで・さながら
まるで―「丸で」とも書く。あたかも。『其面影』
さながら―「宛ら」とも書く。→宛ら

宛徴　あてちょうす
「充徴」とも書く。貢租などを課して徴収すること。『平安遺文』

官奴　つかさやっこ
「孥」とも書く。『日本書紀』→孥

官奴司　かんぬのつかさ・かんぬし
律令制の宮内省で、官戸や官奴婢の名籍等を担当した役所。

官底　かんてい
太政官の役所で、文書や記録を保管しておく場所。『北山抄』

官家 みやけ
「屯倉・屯家・三宅・三家」とも書く。大和朝廷直轄領で収穫された米の倉庫。また、朝廷直轄領。『日本書紀』

官途 かんと・かんど
官吏の仕事・地位。仕官。『御成敗式目』

官掌 かじょう
太政官の下級役人で雑役の任にあたった者。『権記』

官幣 かんぺい
新嘗祭などのとき、特定の神社に幣帛（へいはく）をたてまつること。『公事根源』

官爵 かんしゃく
官職と位階。『権記』

宜 よろし・よろしく…べし・うべ・むべ
よろし—肯定する言葉。よろしい。『地方凡例録』
よろしく…べし—当然。ぜひとも。『御成敗式目』
うべ・むべ—なるほど。もっともである。『椿説弓張月』

宜処 よろしく
「宜しく」とも書く。①挨拶の言葉。『塩原多助一代記』。②適当に。

宜し むべむべし
①もっともである。②格式ばっている。「うべうべし」に同じ。

宜哉 むべなるかな
もっともなことである。『太平記』

宜祢 きね
「巫覡」とも書く。神に仕える人。『太平記』

宜候 ようそろ
「良候」とも書く。①操船する際の掛け声。②操船で、「直進せよ」の意の命令語。

宜陽殿 ぎようでん
内裏の殿舎名。紫宸殿の東側に位置する。『三代実録』

実しやか まことしやか
「真しやか」とも書く。いかにも本当のことのようにいうさま。『伊曾保物語』

実し顔 まことしがお
いかにも本当らしい顔つき。真実をよそおうさま。「実顔（まことがお）」に同じ。

実子 さなご
「核子」とも書く。①瓜の種。②米の粉のかす。

実以 まことにもって
「真にもって」とも書く。「まことに」を強めた語。じつに。はなはだ。

実布的利亜 ジフテリア
「実扶的里」とも書く。ジフテリア菌による伝染病。

実犯 じっぽん
犯罪を犯していること。『保元物語』

実正 じっしょう
まちがいなく確かであること。『源平盛衰記』

実生 みばえ・みしょう
植物の種子から芽が出ること。「実生い（さねおい）」に同じ。『戴恩記』

実生い さねおい
「実生」に同じ。→実生

実目 じちめ
実直で真面目なこと。『日葡辞書』

実竹 しゅろちく
「棕櫚竹」とも書く。ヤシ科の常緑低木。

実体 じってい
実直で真面目なこと。『御触書天明集成』

実否 じっぷ・じっぴ
是と非。真実と虚偽。『平家物語』

実扶的里 ジフテリア
「実布的利亜」とも書く。→実布的利亜

実芰答里斯 ジギタリス
ゴマノハグサ科の多年草。

実乗 みのり
「実り・稔り」とも書く。植物が実を結ぶこと。『地方凡例録』

実儀 じちぎ・じつぎ
「実義」とも書く。①親切な気持ち。『太平記』。②真実。

定 しかと
「確と・聢と」とも書く。①たしかに。②びっしりと。『太平記』

定夫 ありき
近世、名主・庄屋で、夫役や寄合などを村民に伝達する役目の者。

定引 じょうひけ
自然災害などで耕作不能となった田畑の年貢を免除すること。

定文 さだめのふみ・さだめぶみ
取り決めた事項を記した文書。『中右記』

定式 じょうしき
定まった方式や儀式。『地方凡例録』

定考 じょうこう・こうじょう
朝廷で、六位以下の官人の昇進を決めること。「こうじょう」は「上皇」との同音を避けて読んだもの。『権記』

定免 じょうめん
江戸時代の年貢の収納法の一つ。作物の豊凶にかかわらず一定の年貢を納めさせること。一般に、災害で耕地の三割以上の収穫がないときは定免が停止された。『地方凡例録』

定法 じょうほう
定まった方式。『算法地方大成』

定兼 さだめかね
決められないこと。『好色一代男』

定額 じょうがく・ていがく
定まった金額。『徒然草』

宝陀落伽 ふだらく
「補陀落・普陀落」とも書く。観世音菩薩が住むという山。

宝相花 うしざきばら
バラ科の常緑低木。「庚申薔薇（こうしんばら）」に同じ。

宝倉 ほくら
「神庫」とも書く。①神宝をおさめる倉。『日本書紀』。②やしろ。神社。『拾遺和歌集』

宝恵駕籠 ほえかご・ほいかご
大阪の今宮戎（えびす）神社の祭礼に、芸妓が乗って参拝する駕籠。

宝幢 はたほこ・はたぼこ
「幢・幡幢」とも書く。小さい旗をつけた鉾（ほこ）。法会（ほうえ）などのとき寺の庭に立てる。『万葉集』

宝螺 ほら
「法螺・螺」とも書く。①法螺貝。②虚言。③予想より巨大であること。『日本永代蔵』

〈小　部〉

尚生　やはり
「矢張り」とも書く。他と同様に。『今の女』

尚侍　しょうし・しょうじ・ないしのかみ
宮中の女官の最高位の職で、内侍司の長官。『御堂関白記』

尚尚　なおなお・まだまだ
なおなお―①いちだんと。②書簡文で「さらに加えて」の意。まだまだ―「未だ未だ」とも書く。「まだ」を強調する語。『内地雑居未来之夢』

尚酒　さけのつかさ
律令制で、後宮十二司の一つ。酒司（さけのつかさ）の長官。

尚殿　とのものかみ・とのもりのかみ・とのもりづかさのかみ
律令制で、後宮十二司の一つ。主殿寮（とのものつかさ）の長官。

尚縫　ぬいのかみ
律令制で、後宮十二司の一つ。縫司（ぬいのつかさ）の長官。

〈尸　部〉

居　すう・あたる
すう―据える。『今昔物語集』
あたる―「適る」とも書く。適合する。

居士　こじ
死亡した男子の法名の下につける称号。

居公文　いなりくもん
室町幕府が禅僧に与えた許可状。

居正判　すえしょうはん
検地の際、実際に使った間竿（けんざお）に押した印判。

居立就　いちゃつき
男女が戯れあうこと。

居休屋　こくや
浄土宗の寺院に置かれた僧侶の休憩所。

居米　すえまい
江戸時代、札差（ふださし）と同様の商売をした米商人。

居判　すえはん
文書にしるす花押。「書判・押字・花書・平章」に同じ。

居村　いむら
当人が住んでいる村。『算法地方大成』

居屋敷　いやしき
主人が住んでいる屋敷。『相良氏法度』

居浦　すえうら
江戸時代、他藩からきた入漁者に、藩が使用期間を定めて貸し与えた居住地。

居湯　おりゅ
「入湯・坐湯」とも書く。釜のない風呂桶に他で沸かした湯を入れて入浴すること。『言継卿記』

居諸　きょしょ・きょそ
「日居月諸」の略。月日。光陰。『観世音寺三綱等解案』

屈請　くっしょう
①法会などに僧を招くこと。②神仏の来迎を祈願すること。

屈輪　ぐり・ぐりん・ぐりぐり
蕨（わらび）の形の渦巻を連続させた文様。寺院建築などの意匠として用いる。

屈輪玉　ぐりんだま
屈輪で作られた丸い香料の容器。

〈山　部〉

岳父　めのちち
妻の父親。

岳樺　だけかんば
カバノキ科の落葉高木。

岸破と　がばと
勢いよく起き上がったり、伏せたりするさま。『こがね丸』

岸然　のっそり
にぶくて動きがのろいさま。『金色夜叉』

岩戸神楽　いわとかぐら
①天照大神の岩戸隠れの神話を題材とした里神楽。②歌舞伎の囃子（はやし）の一つ。

岩冬青　いわもち
①ツツジ科の常緑低木アセビの異称。②ヤマグルマ科の常緑高木ヤマグルマの異称。

岩石華　いわのせい
フジツボ目の甲殻類カメノテの異称。

岩団扇　いわうちわ
イワウメ科の常緑多年草。

岩沢瀉　いわおもだか
「鳳了草」とも書く。ウラボシ科のシダ。

岩垂氷　いわつらら
鍾乳石の異称。

岩座　いわくら
「磐座」とも書く。①神霊が鎮座する場所。『日本書紀』②山の中の大きな岩場。

岩莨　いわたばこ
「岩煙草」とも書く。イワタバコ科の多年草。

岩根草　いわがねそう
「蛇眼草・了鳳草」とも書く。イノモトソウ科のシダ。

岩粔籹　いわおこし
岩のように堅いおこし（糯米や粟などを蒸して乾燥させ、炒ったものを水飴と砂糖で固めた菓子）。

岩魚　いわな
「嘉魚」とも書く。サケ科の淡水魚。

岩黄耆　いわおうぎ
マメ科の多年草。

岩棠子　いわなし
「岩梨」とも書く。ツツジ科の落葉低木。

岩雲雀　いわひばり
スズメ目イワヒバリ科の小鳥。

岩緑青　いわろくしょう
孔雀石で作る緑色の顔料。

岩樟船　いわくすぶね
「磐楠船」とも書く。樟（くす）の材で造られた堅牢な船。

岩蟇　がんまく
「眼膜」とも書く。自分勝手で乱暴なこと。強欲であくどいこと。『鸚鵡集』

岩躑躅　いわつつじ
①ツツジ科の落葉低木。『古今和歌集』②岩間に生えるツツジ。③ヒ

カゲツツジ・レンゲツツジの異称。④襲（かさね）の色目の一つ。

帖 けなしやま・はだかやま
「毛無山」とも書く。木がはえていない山。『鹿袋』

岡士 こうし
外国領事。『五代友厚伝記資料』

岡傍 おかび
岡のほとり。『万葉集』

岫 くき
「洞」とも書く。『新撰字鏡』。①山中の洞窟。②山の頂。『新撰字鏡』

岨 そば
切り立った山の斜面。崖。

岨道 そばみち
けわしい山道。「岨路（そわじ・そばじ）」に同じ。『太平記』

岨路 そわじ・そばじ
「岨道」に同じ。↓岨道

〈巾　部〉

帙子 ちす・ぢす
「帙簀」とも書く。巻物を包むための覆い。

帙簀 ちす・ぢす
「帙子」とも書く。↓帙子

帖丁 でっちょう
糊だけで綴じた書物。「胡蝶装（こちょうそう）」に同じ。『色葉字類抄』

帖紙 たとうがみ・たとう
「畳紙」とも書く。①和紙を横二つ、縦四つに折ったもの。鼻紙やメモなどに用いる。「ふところがみ」に同じ。②渋や漆を塗った和紙を四つ折りにしたもの。結髪の道具・和服などをしまうのに用いる。

帛紗 ふくさ
「袱紗・服紗」とも書く。①進物などを包む方形の絹布。②茶の湯で用いる絹布。③糊を引かない絹布。『枕草子』

帕子 ハンケチ
小形で正方形の手ふき布。ハンカチーフ。

〈干　部〉

幸 さい・さき・さち・ちおう・さちおう・さきおう
さい・さき・さち—幸い。『万葉集』ちおう・さちおう・さきおう—神が幸いを与えること。

幸田 さきだ
神の恩恵により、よく実る田。『神楽歌』

幸矢 さつや・さきや
「猟矢・得物失」とも書く。狩猟に使う矢。

幸先 さいさき
①吉兆。②前兆。『史記抄』

幸貰い さいもらい
漁村で、地引網などを手伝った人が漁獲の一部を貰うこと。またその魚。

幸鉤 さちち・さちじ
魚がよく釣れる釣針。『日本書紀』

幸魂 さきみたま・さきたま
「幸御魂」とも書く。幸福を与えてくれる霊魂。『日本書紀』

〈广　部〉

庚 かのえ
十干（じっかん）の第七。

庚申薔薇 こうしんばら
バラ科の常緑低木。

底事 なにごと
「何事」とも書く。①どんなこと。②なんとしたこと。③なにもかも。

底根 ぞっこん
「卒根」とも書く。心の底から。すっかり。『日葡辞書』

底凝 そこり
「底り」とも書く。干潟となること。潮が引いて船底が現れること。

底翳 そこひ
「内障」とも書く。眼球内の病気。『日葡辞書』

店子 たなこ
借家人。

店者 たなもの
商家に働く人。番頭・手代・丁稚など。

店請 たなうけ
借家人の保証をすること。

〈廴　部〉

延り ほどこり
「播り」とも書く。①はびこること。②ふやけること。『新撰字鏡』

延引 えんいん
遅れること。『地方凡例録』

延手形 のべてがた
江戸時代、商取引に用いられた振出手形。

延斗 のびと
通常のものより一辺が長い長方形の斗（ます）。

延米 のべまい
年貢の不足を補うための付加税。『算法地方大成』

延売 のべうり
①江戸時代、前年の年貢を翌年に金銭で納めること。『御触書寛保集成』。②商品を延勘定で売ること。

延高 のべだか
江戸時代、知行地を変更されたとき、租税率の違いによって増加する知行高。『算法地方大成』

延縄 はえなわ
漁具の一つ。一本の長い縄に、浮縄・釣針をつけた多数の枝縄をつけたもの。

延縮 のべしじめ
「伸縮」とも書く。伸ばしたり縮めたりすること。駆け引き。『落窪物語』

〈弓　部〉

弦召 つるめそ
「弦売僧」とも書く。中世、京都の八坂神社に属し、通常は弓の弦などを行商した者。「犬神人（いぬじにん）」に同じ。

弦売僧 つるめそ
「弦召」とも書く。↓弦召

弦走 つるばしり・つりはしり
①大鎧（おおよろい）の胴の正面部分。『太平記』②弓の弦が切れること。

弦掛 つるかけ
「絃掛」とも書く。①弦を弓筈（ゆはず）にかけること。②弓を作る職人。③樹木の伐採法。④枡に弦を張り渡すこと。『日本永代蔵』

弧燈　アークとう
アーク放電を活用した電灯。

弩瓢空穂　どひょううつぼ
「土俵空穂」とも書く。矢を入れる空穂の一つ。

弥　いよいよ・いや・いよ・いよよ
「愈・弥弥・愈愈」とも書く。ますます。『古今著聞集』

弥の明後日　やのあさって
①あさっての次の日。②しあさっての次の日。

弥久　びきゅう
長きにわたること。

弥日異　いやひけに
日増しに。毎日続いて。『万葉集』

弥代　やつよ
「弥つ世」とも書く。幾代。多くの年。『万葉集』

弥占　やうら
「八占」とも書く。数多く占うこと。また、その占い。『万葉集』

弥生　やよい・いやおい
やよい―陰暦三月の異称。いやおい―①草木が生い茂ること。『新撰和歌六帖』②「やよい」に同じ。

弥立　よだつ
寒さや恐ろしさのために身の毛が立つ。『平家物語』

弥先　いやさき
「最前」とも書く。いちばん先。

弥次次に　いやつぎつぎに
つぎつぎに続いて絶えないことの形容。『万葉集』

弥地　いやち・いやじ
「嫌地・忌地」とも書く。連作すると耕地が痩せ、収穫が減少すること。『砂川』

弥年に　いやとしに
毎年毎年変ることなく。『万葉集』

弥年毎　いやとしのは
毎年。年ごとに。『万葉集』

弥弥　いよいよ
「弥」とも書く。『浮雲』→弥

弥果　いやはて
「弥終・最極」とも書く。最後。

弥栄　やがはえ・いやさか・やさか
やがはえ―木がますます生い茂るさま。『古事記』
いやさか・やさか―いよいよ栄えること。

弥重　いやしく
「弥頻く」とも書く。さらに重なる。いよいよしきりになる。

弥従兄弟　いやいとこ
親同士が従兄弟の関係にある子。またいとこ。『倭名類聚鈔』

弥書　いやがき
同じ内容を二度書きすること。『六角氏式目』

弥速に　いやはやに
ますます早く。『万葉集』

弥猛心　やたけごころ
いよいよ勇み立つ心。

弥終　いやはて
いちばん最後。『古事記』

弥遍　やたび
いくたび。『万葉集』

弥歯　いやは
「八重歯」に同じ。

弥増　いやまし・いやます
ますます多く。いよいよまさって。『信長公記』

弥撒　ミサ
①ローマ・カトリック教会で行なわれる祈りの儀式。②ミサ曲。

〈彳部〉

往昔　おうじゃく・おうせき・そのかみ
そのむかし。いにしえ。『梁塵秘抄』

往前　いむさき
「曾・去前」とも書く。往時。そのむかし。『日本書紀』

往時来時　ゆくさくさ
行く時と帰る時。『万葉集』

往還　おうかん
①ゆきかえり。「往復」に同じ。②街道。

征矢　そや
「征箭」とも書く。戦闘に用いる実戦用の矢。『倭名類聚鈔』

征衣　たびごろも
「旅衣」とも書く。旅で着る衣服。『緑蓑談』

征蕃　せいばん
未開の異民族を征伐すること。明治期、台湾侵攻の際に使われた語。

征箭　そや
「征矢」とも書く。→征矢

彼の子　あのこ
「彼の娘」とも書く。①こども。②遊里の禿（かむろ）を呼ぶときの呼称。『錦之裏』

彼の世　あのよ
死後の世界。

彼の様　あのさん
①あのかた。あのお人。『冥土飛脚』。②このおかた。

彼方　あちら・おちかた・あなた・かなた・あっち・おち
「遠方」とも書く。むこうのほう。遠く離れたところ。

彼方此方　あちこち・あちら　こちら・おちこち・かなたこなた・あなたこなた
①「彼処此処・彼辺此辺・彼地此地・彼此」とも書く。あちらこちら。『万葉集』。②あべこべ。③将来と現在。『万葉集』

彼方面　おても
あちらのほう。

彼処　あそこ・かしこ
「彼見・彼所」とも書く。遠く離れたところ。『平家物語』

彼処此処　あちこち
「彼方此方」とも書く。『浮雲』→彼方此方

彼奴　あいつ・きゃつ・くやつ
親しさ・侮蔑などの気持を表す三人称。『保元物語』

彼奴奴　きゃつめ
あいつめ。あの奴ども。

彼奴原　きゃつばら
あいつら。「きゃつ」の複数。『太平記』

彼辺此辺　あちらこちら
「彼方此方」とも書く。『牡丹灯籠』→彼方此方

彼地此地 あちこち
「彼方此方」とも書く。『多情多恨』↓彼方此方

彼式 あれしき
たかがこの程度のこと。『掘出し物』

彼此 かれこれ・おちこち・あちこち
かれこれ―①あの人この人。『土佐日記』。②とやかく。『御成敗式目』
おちこち・あちこち―「彼方此方」とも書く。『雨月物語』↓彼方此方

彼見 かしこ
「彼処」とも書く。『椿説弓張月』↓彼処

彼所 かしこ・あすこ・あこ・あそこ
「彼処」とも書く。↓彼処

彼者誰星 かわたれぼし
かわたれ時（明け方）に見える金星。明けの明星。

彼者誰時 かわたれどき・あれはたれどき
（薄暗くて誰なのか判別できない）明け方。『万葉集』

彼某 かがし
だれそれ。『大鏡』

彼面此面 おてもこのも・おものこのも
あちこち。『万葉集』

〈忄部〉

怡怡 いい
よろこび楽しむさま。

怪 あやし・け
あやし―「奇・異・怪敷」とも書く。疑わしい。不思議である。
け―①あやしいこと。怪異。②もののけ。

怪士 あやかし
①船が難破するとき、海上に現れるという怪物。『船弁慶』。②あやしいもの。③能面の一つ。④コバンザメ科の海産硬骨魚コバンザメの異称。

怪我 けが
①過失。そそう。『水掛聟』。②負傷。『傾城反魂香』

怪異 けい・かいい
不思議で怪しいものごと。わざわい。『徒然草』

怪鳥 けちょう
「化鳥」とも書く。あやしい鳥。怪鳥。『禁野』

怪訝 けげん
不思議で理解しがたいさま。

怪敷 あやし
「怪」とも書く。↓怪

怪鴟 よたか
「夜鷹」とも書く。ヨタカ目ヨタカ科の鳥。

怪顚 けでん
「化転」とも書く。はなはだしく驚きあきれること。『文明本節用集』

怯 きたなし
「汚し・穢し」とも書く。①心が汚れている。②卑怯である。

怯弱 ひわず
「繊弱」とも書く。弱々しいさま。『源氏物語』

怯鯨波 おびえどき
「怯え鬨」とも書く。おびえながらもあげる鬨の声。

怕明 まばゆし
「目映し・眩し」とも書く。まぶしい。てれくさい。

怕痒樹 さるすべり
「百日紅・猿滑り・紫薇花」とも書く。ミソハギ科の落葉高木。

怖気 おぞけ・おじけ
こわいと思う気持ち。恐怖心。

〈扌部〉

押付 おっつけ
「追付」とも書く。①そのうちに。②今すぐ。

押圧 おっぺす
「押しへす」の転。押しつけてつぶす。

押圧折 おっぺしょる
「追しへしおる」の転。へしおる。

押立人足 おったてにんそく
軍事物資運搬や土木工事のために徴用された人足。

押年魚 おしあゆ
「押鮎」とも書く。重しで押して塩漬けにした鮎。

押妨 おうぼう
「横妨」とも書く。不当で乱暴に他の所有権を犯すこと。『六角氏式目』

押尾 おうび
文書の継ぎ目に署名し、証拠とすること。

押取刀 おっとりがたな
刀を腰にささず、急いで手に取ったままであること。取るものも取りあえず大急ぎで駆けつけるさま。

押移 おしうつる
時間が経過し、事態が変化する。

押掠 おしかすめ
不当に収奪すること。

押買 おしがい
売り手が望まないのに、強引に物品を買い取ること。『鎌倉幕府追加法』

押領 おうりょう
力づくで領地などを奪い取ること。『平家物語』

押樌 おしつめ
「押し詰め」とも書く。おしつまること。年末が近くなること。

押縫 おうほう
文書の継ぎ目に花押や印章を記し、証拠とすること。

拗 すね・ねじけ
ひねくれている。よじれている。

拗者 すねもの
ひねくれもの。『浮世物語』

拗拗 ひしひし
「緊緊・犇犇」とも書く。身に強くせまるさま。

拐賊 すり
「掏摸・掏児」とも書く。他人の金品をかすめとる者。『当世書生気質』

拒捍 こかん・きょかん
拒絶すること。『平安遺文』

拠所 よんどころ
よって立つべきところ。『臨済録抄』

拠無い よんどころない

やむをえない。

拘泥り　こだわり
気にしなくてもいいような細かいことが気なること。『暗夜行路』

拘枳羅　くきら
「拘耆羅・倶伎羅」とも書く。①インドにいる黒い鳥。②ホトトギスの異称。

拘耆羅　くきら
「拘枳羅」とも書く。↓拘枳羅

拘惜　こうじゃく・こうしゃく
惜しんで手放さないこと。

拘置　かかえおく・かかわりおく
むりやりに留め置く。『南禅寺文書』

招縄　おきなわ
鷹匠が大鷹を訓練するため、脚につないでおく縄。小鷹につなぐ縄は綜緒（へお）という。

招餌　おきえ
鷹匠が鷹を呼び寄せるための餌。『拾遺和歌集』

拙老婆　うそ・おそ
「鷽」とも書く。スズメ目アトリ科の鳥。

拆釧　さくくしろ
鈴をつけた古代の腕輪。「五十鈴（いすず）」にかかる枕詞。

拆鈴　さくすず
古代の鈴の呼称。割れ目のある鈴。「五十鈴（いすず）」にかかる枕詞。『日本書紀』

担桶　たご
水や肥料を入れて担う桶。『和漢通用集』

抽　ぬきんず
他より力を発揮する。『葉隠』

抽んでる　ぬきんでる
「擢んでる・抜きん出る」とも書く。①ずば抜けている。『平家物語』。②抜けて出る。『保元物語』

抽匣　ひきだし
「引出し・抽出し・抽筐」とも書く。机などの、出し入れできるようになっている箱。『五重塔』

抽筐　ひきだし
「抽匣」とも書く。↓抽匣

抵梧　ていご
「牴牾」とも書く。くいちがうこと。

抵牾　もどき
「擬き・牴牾」とも書く。①模造品。②非難すること。『源氏物語』。③古典芸能で主役を揶揄する滑稽役。

拈る　ひねる
「捻る・撚る」とも書く。①指先でつまんで曲げる。②工夫する。

拈華微笑　ねんげみしょう
禅宗で、以心伝心によって法が伝えられること。釈迦が蓮華をひねって人々に見せた際、摩訶迦葉（まかかしょう）だけが意を解して微笑し、法が伝えられたとの故事による。

拈紙　こより
「紙縒・紙捻・紙撚」とも書く。細い紙をひねって紐状にしたもの。『仮名読新聞』

拈語　ねんご
禅僧が参禅者にしめす禅の法語。

拝所　うがんじゅ
沖縄で、神に拝礼する場所。

拝門　むこいり
「婿入り」とも書く。結婚した男が妻の姓を名乗ること。

拝舞　はいぶ・はいむ
叙位や禄を賜ったとき、感謝の意を示す礼。『権記』

拝瞻　はいせん
拝み見ること。『甲子夜話』

拍子　ひゃくし
「百師・百子」とも書く。奈良時代の打楽器。拍板（びんざさら）の異称。

拍板　びんざさら
「編木」とも書く。竹や板を綴って打ち合わす打楽器。『洛陽田楽記』

披見　ひけん
手紙や書状などを開いて見ること。「披閲・披覧」に同じ。

披麻皴　ひましゅん
水墨画で、山や岩の襞を表す技法。

披陳　ひちん
思っていることを隠さずに言うこと。『江藤文書』

披閲　ひえつ
「披見」に同じ。『平家物語』↓披見

披覧　ひらん
「披見」に同じ。『太平記』↓披見

抱　うだく
「懐・拱」とも書く。「いだく」に同じ。『大唐西域記』

抱屋敷　かかえやしき
江戸時代、屋敷地の中に建てた家屋。『御触書宝暦集成』

抱相撲　かかえずもう
江戸時代、諸大名がひいきにし、召し抱えた力士。

抱惜　くじゃく・こうじゃく
かばうこと。

抛　なげうつ
「擲つ」とも書く。投げすてる。

抛射　ほうしゃ
投げうつこと。投げとばすこと。

抛銀　なげがね
「投銀」とも書く。①江戸初頭、海外交易に投資するため、日本の豪商が外国人や海外へ行く日本人に貸付た資金。②投資。『好色一代男』

抛擲　ほうてき
「放擲」とも書く。投げすてること。『日葡辞書』

抹額　もこう・まっこう
「末額」とも書く。下級武官が冠の縁に結んだ紅の布。

拉　とりひしぐ
相手に飛びかかって押さえ込む。『椿説弓張月』

拉薩　ラサ
中国チベット自治区の区都ラサ。

拉麺　ラーメン
中華そば。

〈氵部〉

沿海草　じゃのひげ
「蛇の髭」とも書く。ユリ科の常緑多年草。

沿階草　りゅうのひげ
「竜の髭」とも書く。ユリ科の常緑多年草ジャノヒゲの異称。

河内　こうち

「川内」とも書く。①川の中流域に沿った平地。『万葉集』。②川が曲がりくねっているところ。

河曲 かわわ・かわわた・かわくま

「川曲・川隈」とも書く。川が折れ曲がって流れるところ。『日本書紀』

河伯 かわろう

「河郎・川郎・川童」とも書く。河童の異称。『伊京集』

河貝子 かわにな・にな

「川蜷」とも書く。カワニナ科の巻貝。

河岸 かし

①川岸。とくに荷の積み下ろしをする場所。②魚市場。

河岸端 かしっぱた

東京の方言。河岸のはた。「河岸縁」に同じ。

河岸縁 かしっぷち

「河岸端」同じ。→河岸端

河骨 こうほね・かわほね

「川骨」とも書く。スイレン科の多年草。

河豚 ふぐ・ふく・ふぐと

「鰒・海牛・河魨」とも書く。フグ目フグ科の海産硬骨魚の総称。

河童 かっぱ

①水陸両生の想像上の動物。②水泳が上手な人。③キュウリの異称。

河童瞞 かっぱのだまし

リンドウ科の多年性水草アサザの異称。

河鼓 ひこぼし・かわつづみ

「彦星」とも書く。牽牛星。鷲座のアルファ星アルタイルの和名。

河漏 そばきり

「蕎麦切」とも書く。蕎麦粉をこねて薄く伸ばし、線状に切った食品。

河蝦 かわず

「蛙」とも書く。①カエルの一種カジカガエルの異称。『万葉集』。②カエルの異称。

河魨 ふぐ

「河豚」とも書く。→河豚

河鱶 なまず

「鯰・鉄魚」とも書く。ナマズ科の淡水産硬骨魚。

泔 ゆする

頭髪を洗う水。米のとぎ汁を使用したという。『源氏物語』

泔坏 ゆするつき

鬢（びん）かき水を入れる器。

泔浴 ゆするあみ

頭髪を洗うこと。『日本書紀』

泣吃逆 なきじゃくり

しゃくりあげて泣くこと。「泣く」に同じ。『其面影』

泣噦 ないじゃくり

「泣吃逆」に同じ→泣吃逆

況 いわんや・まして・たとい

いわんや・まして―いうまでもなく。『ひらかな盛衰記』

たとい―「譬・喩・例」とも書く。他を引き合いに出して説明すること。

況乎 いわんや・いわんや…をや

「況於」とも書く。まして。いうまでもなく。『大久保利通文書』

況於 いわんや…をや

「況乎」に同じ。『沙石集』→況乎

泫然 げんぜん

涙を流して泣くさま。『椿説弓張月』

沽却 こきゃく

売却すること。『平治物語』

沽価 こか

「估価」とも書く。律令制で、市などで売買する際の価格。

沽渡 うりわたす

売却する。「沽進」に同じ。『鎌倉遺文』

沽進 うりまいらす・こしん・うりしんずる

「沽渡」に同じ。→沽渡

治 つくろう

「繕う」とも書く。装う。飾る。『町人嚢』

治下 じげ

①支配下。②支配下にある村。『伊曾保物語』

治田 はりた・はりだ

「墾田」とも書く。新しく開墾した田。新田。『日本書紀』

治安和楽 じゃんがら

「自安我楽」とも書く。念仏踊りの系譜をひく民俗舞踊。

治定 ちてい・じてい・じじょう・しかと

ちてい・じてい・じじょう―国を治めること。『毛利家文書』

しかと―確かに。

沼縄 ぬなわ

「蓴」とも書く。スイレン科の多年生水草ジュンサイの異称。

沾ち ひち

「漬ち」とも書く。びしょ濡れになること。『万葉集』

沾衣 ぬれぎぬ

「濡れ衣」とも書く。①濡れた着物。②根拠のないうわさ。『源氏物語』。③無実の罪。『伊勢物語』

沮洳 しょじょ

①湿地。②牢屋。

沮喪 そそう

「阻喪」とも書く。落胆すること。

泝り さかのぼり

「遡り・溯り」とも書く。①上流に向かって進むこと。『万葉集』。②過去や本質に立ち返ること。

注す さす

「点す」とも書く。①注ぐ。②点火する。『万葉集』。③しるしをつける。

注連 しめ

「標」とも書く。①土地の領有や聖域を示す標識。②「注連縄」に同じ。『甲子夜話』

注連飾 しめかざり

「七五三飾」とも書く。門や神棚などに飾る注連縄。

注連縄 しめなわ・しめくりなわ

「標縄・七五三縄」とも書く。不浄なものの進入をふせぐために張る縄。『万葉集』

泥 とどこおる・なずむ・ひじりこ

とどこおる―物事が予想した通りに進まない。『太政官日誌』

なずむ―「昵」とも書く。なれ親しむ。執心する。

ひじりこ―どろ。『海道記』

泥土 ういじ

「泥（どろ）」の古語。うひじ。『日本書紀』

泥洹　ないおむ・ないおん
「涅槃（ねはん）」に同じ。

泥洹双樹　ないおんそうじゅ
「沙羅双樹（さらそうじゅ）」に同じ。

泥炭　うに
でいたん。伊勢・伊賀（三重県）の方言。

泥描　でいがき
「泥書」とも書く。金泥・銀泥で描くこと。

泥梨　ないり
「泥犂・奈梨」とも書く。地獄。『梁塵秘抄』

泥犂　ないり
「泥梨」とも書く。→泥梨

泥湖菜　きつねあざみ
「狐薊」とも書く。キク科の越年草。

泥溝　どぶ
下水を流すみぞ。「溝」に同じ。『心』

泥障　あおり
「障泥」とも書く。馬の左右の腹につけた泥よけ。『ひらかな盛衰記』

泥濘　ぬかるみ・ぬかりみ・みぞろ
泥深いところ。『上田敏全訳詩集』

泥鰌　どじょう
「鰌」とも書く。ドジョウ科の淡水産硬骨魚の総称。

波及失　とばっちり
「迸り」とも書く。まきぞえになること。『西洋道中膝栗毛』

波士敦　ボストン
アメリカ合衆国北東部、マサチューセッツ州の州都。

波文　ひきはだ
「蟇肌・蟇皮・引膚・皺文」とも書く。①ヒキガエルの背のように皺のよった「蟇肌皮（ひきはだがわ）」の略。②蟇肌皮で作った刀の鞘袋。『日本永代蔵』

波止　はと
「波戸・馬頭」とも書く。陸から海中に向けて、土石で細長く築いた場所。波止場。埠頭。

波布　はぶ
「飯匙倩」とも書く。クサリヘビ科の毒ヘビ。沖縄・奄美諸島に生息。

波折　なおり
波が何十にも折り重なっていること。また、その箇所。『古事記』

波波迦　ははか
バラ科サクラ属の落葉高木ウワミズザクラの古称。『古事記』

波座　なぐら
①波のうねり。②高波。

波斯　ペルシア
イラン共和国の旧称。

波斯菊　ハルシャぎく
「春車菊」とも書く。キク科の一年草。

波蘭　ポーランド
「波羅泥亜」とも書く。ヨーロッパ東部の共和国。

泊木　はつき
二本の木の枝に竿などを渡した物干し。『宇津保物語』

泊泊　さざなみ・さざらなみ
「細波・小波・漣」とも書く。細かい波。

沸　にえ
「錵」とも書く。日本刀で、地肌と刃との境にそって銀砂のように輝いているもの。

沸騰り　にえくりかえり・たぎり
にえくりかえり―「煮え繰り返り」とも書く。ひどく立腹すること。『此処やかしこ』
たぎり―「滾り」とも書く。沸湯。『大和物語』

法　のり
「則・典・範・矩」とも書く。①掟。法令。②仏法。③堤などの斜面。『地方凡例録』

法古鳥　ほほきどり
ヒタキ科の鳥ウグイスの古称。『出雲風土記』

法会　ほうえ
①法を説く会合。②死者を供養する会合。『日本霊異記』

法衣　ほうえ・ほうい
僧侶が着る衣服。

法体　ほったい
剃髪し、法衣を着た姿。「僧形（そうぎょう）・僧体（そうたい）」に同じ。

法声　ほうしょう・のりのこえ
読経の声。

法花　ほっけ
「日蓮宗・法華経」の略。『信長公記』

法身　ほっしん・ほうしん
仏教で三身の一つ。仏の永遠の真理そのものとしての仏のあり方。

法性　ほっしょう
仏教で、あらゆるものの真の本性。

法度　はっと
掟。法令。禁令。中世・近世の用語。『御触書寛保集成』

法師　ほっし・ほうし
①仏道に通じた僧侶。『万葉集』②法体をした俗人の男子。『好色万金丹』③幼児の男子。『法師が母』④他の語に付けて「人」の意を表す。

法華　ほっけ
①「法華経」の略。②「法華宗（天台宗・日蓮宗）」の略。

法華経　ほけきょう
大乗仏教の経典。一般に、「妙法蓮華経」の略。

法朗西　フランス
「仏蘭西」とも書く。ヨーロッパ西部に位置する共和国。

法被　はっぴ
「半被」とも書く。①江戸時代、下級武士や中間が着た上着。②印半纏（しるしばんてん）。③禅宗の僧が座る椅子の背にかける布。『庭訓往来』④能衣裳の一つ。

法眷　はっけん
同じ法を学ぶ弟子同士。『太平記』

法跡　はっせき
法令。禁令。『夏祭浪速鑑』

法雑作　むぞうさ
「無造作」とも書く。技巧のないこと。『今の女』

法燈　ほっとう・ほうとう
①仏教で、闇を照らす燈火を法にたとえていう語。②仏前の燈火。『平家物語』③もっとも優れた僧侶。『徒然草』

法臈　ほうろう
「法臘」とも書く。比丘・比丘尼になってからの年数。

法螺　ほら
「宝螺・螺」とも書く。①法螺貝。

②虚言。③予想より巨大であること。『日本永代蔵』

法螺貝　ほらがい
「吹螺・梭尾螺」とも書く。①フジツガイ科の大形巻貝。②①の殻項に穴を開けて、吹き鳴らすようにしたもの。『梁塵秘抄』

泡沫　うたかた
水に浮ぶ泡。『方丈記』

泡沫草　うたかたぐさ
サトイモ科の多年草ショウガの異称。

泡銭　あぶくぜに
労せずして、また不正な方法で得た金銭。

泡糖　カルメル・カルメラ
「浮石糖」とも書く。氷砂糖を主材料に製した菓子。

沫雪　はだらゆき・はだれゆき
「斑雪」とも書く。①まばらに降る雪。②まだらに残った雪。

沫緒　あわお
すぐほどけるように結んだ紐。『万葉集』

油皮　ゆば
「湯葉・湯波・豆腐皮」とも書く。豆乳を煮立て、表面にできた薄皮をすくい上げて作った食品。

油身魚　いたちうお
「鼬魚」とも書く。アシロ科の海産硬骨魚。

油点草　ほととぎすそう・ほととぎす
「杜鵑草」とも書く。ユリ科の多年草。

油胡蘆　えんまこおろぎ
「閻魔蟋蟀」とも書く。コオロギの一種。

油瀝青　あぶらちゃん
クスノキ科の落葉低木。

〈犭部〉

狗　えのこ
「犬子・犬児」とも書く。子犬。『平家物語』

狗兄　ぐひん
「狗賓・狗品」とも書く。天狗の異称。『正章千句』

狗母魚　えそ
「鱛」とも書く。エソ科の海産硬骨魚の総称。

狗児　えのころ・いぬころ・えぬころ・いぬのこ・えぬのこ
「狗」に同じ。→狗

狗児草　えのころぐさ・えぬのこぐさ・えのこぐさ
「狗尾草」とも書く。イネ科の一年草。

狗吠　くはい・こうはい
不審な者を見た犬が吠えること。

狗尾草　えのころぐさ・えぬのこぐさ・えのこぐさ
「狗児草」とも書く。→狗児草

狗品　ぐひん
「狗兄」とも書く。→狗兄

狗背　おおかぐま
オシダ科のシダ・イヌワラビの異称。

狗柳　えぬころやなぎ
ヤナギ科の落葉低木カワヤナギの異称。

狗椒　いぬざんしょう
「犬山椒・崖椒」とも書く。ミカン科の落葉低木。

狗筋蔓　なんばんはこべ
「南蛮繁縷」とも書く。ナデシコ科の多年草。

狗賓　ぐひん
「狗兄」とも書く。→狗兄

狐　きつ・くつに・くつね
きつ―イヌ科の哺乳類キツネの古称。
くつに・くつね―「キツネ」の転。『出雲風土記』

狐日和　きつねびより
晴れたり雨が降ったりして定まらない天気。

狐牡丹　きつねのぼたん
キンポウゲ科の越年草。

狐狗狸　こっくり
憑依（ひょうい）による占いの一つ。三本の交叉させた竹棒に盆をのせて、三人が右手で軽く押さえ、盆や竹の動きで占う。

狐茅花　きつねのつばな
イネ科の多年草チカラシバの異称。

狐剃刀　きつねのかみそり
ヒガンバナ科の多年草。

狐眄鼠顧　びくびく
恐れおののくさま。『柳橋新誌』

狐臭　わきが
「腋臭」とも書く。腋臭（えきしゅう）症の俗称。わきの下から特有な臭気を放つ症状。『西洋道中膝栗毛』

狐格子　きつねごうし
①入母屋造りなどの装飾とする、裏に板を張った格子。②縦横に組んだ格子。

狐提燈　きつねのちょうちん
「狐火」に同じ。闇夜に見える鬼火・燐火。

狐疑　こぎ
事にあたって疑いためらうこと。『常山紀談』

狐饂飩　きつねうどん
甘辛く煮た油揚げと葱を具としたかけうどん。

狎　なる
親しむ。馴れる。『雨月物語』

狎妓　なじみ
「馴染・狎客」とも書く。①なれ親しむこと。②長く連れ添った夫・妻。③同じ遊女に通いなれた客。『柳橋新志』

狎客　なじみ
「狎妓」とも書く。『当世書生気質』→狎妓

狙詐　そさ
狙い欺くこと。

狒狒　ひひ
①オナガザル科の大形のサルの総称。②淫欲な人に対する蔑称。

〈艹（艹・艸）部〉
艹は四画、艸は六画

英寸　インチ
「吋」とも書く。ヤード・ポンド法の長さの単位。

英尺　フィート
「呎」とも書く。ヤード・ポンド法の長さの単位。

英吉利　イギリス
ヨーロッパ大陸西方、太平洋上に

位置する立憲連合王国。

英倫　イングランド
イギリス連合王国のグレートブリテン島の中・南部地方。

苑蔚　わらふき
「苑」とも書く。シソ科の越年草メハジキの異称。

苛　さいなむ・さきなむ
「嘖」とも書く。苦しめ悩ますこと。

苛法　かほう
「呵法」とも書く。苛酷な掟や法令。『石清水文書』

苛苛　こせこせ
余裕や落ち着きのない卑屈なさま。

苛星　いらぼし・いがぼし
兜の鉢に打ちつけてある鋲の頭（星）が尖っているもの。

苛甚　いらけし・いらなし
いらいらしい（じれったい）・ことごとしい（大げさ）などの古語。

苛高　いらたか
「刺高」とも書く。角がとがっているもの。『葵の上』

苛高数珠　いらたかじゅず・いらたかずず
「刺高数珠」とも書く。珠が平たく角のある数珠。『太平記』

苛察　かさつ
細部にわたって厳しく詮索すること。『折たく柴の記』

芽子　はぎ
①「萩」とも書く。マメ科小低木の総称。『万葉集』。②襲（かさね）の色目の一つ。③紋所の名。

芽先　めんざい
①穀物の胚芽。②くず米。

苦　さえ
「冴え」とも書く。さえわたること。澄みわたる。『和漢朗詠集』

苦力　クーリー
十九世紀、東南アジア植民地で肉体労働に従事した下層の中国・インド人労働者。

苦丹　くたに
「苦胆」とも書く。竜胆（りんどう）または牡丹（ぼたん）の異称という。『源氏物語』

苦汁　にがり
製塩後に残る液体。苦塩。

苦汁取　にがとり
醤油の醸造で、食塩の苦汁（にがり）を除去すること。

苦瓜　つるれいし
「蔓茘枝・錦茘枝」とも書く。ウリ科の蔓性一年草。

苦竹　かわたけ・まだけ・にがたけ
竹の一種、マダケの異称。

苦何首烏　にがかしゅう
ヤマノイモ科の蔓性多年草。

苦低草　めはじき・やくもそう
めはじき—「目弾」とも書く。やくもそう—「益母草」とも書く。シソ科の越年草。「メハジキ」の異称。

苦参　くらら
マメ科の多年草。

苦味丁幾　くみチンキ
リンドウ科の多年草リンドウの根や皮を原料とした健胃薬。

苦胆　くたに
「苦丹」とも書く。→苦丹

苦荳苔　いわたばこ・いわぢしゃ
「岩煙草」とも書く。イワタバコ科の多年草。

苦菜　のげし
「野芥子」とも書く。キク科の一年草。

苦患　くげん
苦しみわずらうこと。『今昔物語集』

苦楝樹　にがき
「苦木」とも書く。ニガキ科の落葉高木。

苦賈菜　やくしそう
「薬師草」とも書く。キク科の越年草。

苦蘇　クッソ
バラ科の高木。

茎立　くくたち・くくだち
①青菜の苗。『倭名類聚鈔』。②大根や菜類がつぼみをつけた状態で成長したもの。

茎韮　くくみら
「みら」は韮（にら）の古称。茎が伸び育った韮。『万葉集』

苟も　いやしくも
「偸も」とも書く。①かりにも。『太平記』。②ふさわしくないこと。不相応にも。『平家物語』。③まことに。

苟且　かりそめ・こうしょ
「仮初」とも書く。①はかないこと。一時限りのこと。『即興詩人』。②なおざりなこと。③偶然なこと。『奥の細道』

若　もし・したがう・ごとし
もし—①「もし…ならば」と用いる。『今昔物語集』。②あるいは。『土佐日記』
したがう—①後についていく。②（相手の）言う通りにする。『新猿楽記』
ごとし—…のようだ。

若子　みずこ・みずご
「水子・稚子」とも書く。①生まれて間もない赤子。『運歩色葉集』。②流産した胎児。

若干　そこばく・そきばく・そくばく
①多少。『徒然草』。②たくさん。『太平記』

若月　みかづき
「三日月」の当て字。陰暦で月の三日目前後に出る細長い月。

若布　わかめ
「和布・稚海藻・裙帯菜」とも書く。海産の褐藻。『万葉集』

若返水　おとみ
若返りの水。『祝詞』

若若　ほのぼの
かすかに。わずかに。『太平記』

若俗　にゃくぞく
「若族」とも書く。若者たち。『風姿花伝』

若為　いかばかり
「如何許り・若箇」とも書く。どれほどに。

若魚子　わかなご
アジ科の海産硬骨魚ブリの若魚。『物類称呼』

若族　にゃくぞく
「若俗」とも書く。→若俗

若湯坐 わかゆえ
古代、貴人の子を入浴させるときに世話をした女。『古事記』

若楓 わかかえで
①カエデ科の落葉樹カエデの若木。『源氏物語』。②若葉が出た楓。③襲（かさね）の色目の一つ。

若榴 ざくろ
「石榴・柘榴」とも書く。ザクロ科の落葉高木。

若爾 かくのごとし
「斯くの如し・如此・如斯」とも書く。このようである。

若箇 いかばかり
「若為」とも書く。→若為

若鶏冠木 わかかえるで
「若楓」に同じ。『万葉集』→若楓

苴 かいしき
「掻敷・皆敷」とも書く。食物をのせる器。また、神に供える食物の下に敷く木の葉や紙。『類聚雑要抄』

苫 とば
①船や家屋の屋根に用いる茅や菅の覆い。②「衣裳」の俗語。

苔莎 すげ
「菅」とも書く。カヤツリグサ科スゲ属の草本の総称。

苔竜胆 こけりんどう
「石竜胆」とも書く。リンドウ科の二年草。

苔菜 もずく
「水雲・海雲・海蘊」とも書く。褐藻類の一年生海藻。

苔脯 のり
「海苔・海羅」とも書く。紅藻類・藍藻類で水中の岩などに固着する苔状のものの総称。食用。

苧 からむし・お
「苧麻・枲」とも書く。イラクサ科の多年草。『倭名類聚鈔』

苧垂衣 むしたれぎぬ・むしのたれぎぬ
「帔」とも書く。平安時代から鎌倉時代にかけて、女性が笠の周囲に垂らした苧（からむし）の薄布。

苧屑頭巾 ほくそずきん
イラクサ科の多年草カラムシの茎で作った切妻屋根のような形の頭巾。

苧桛 おがせ
「麻桛」とも書く。①苧（お）を巻きとる道具。②心が乱れること。『丹波与作』

苧衾 むしぶすま
イラクサ科の多年草カラムシの繊維で作った寝具。『古事記』

苧桶 おごけ・おぼけ
「麻小笥」とも書く。紡いだ麻を入れる容器。『色葉字類抄』

苧笥 おけ
「麻笥」とも書く。紡いだ麻を入れる容器。『万葉集』

苧麻 からむし・まお
「苧」とも書く。→苧

苧麻頭巾 からむしずきん
「苧頭巾」とも書く。目だけ出るようにした「強盗頭巾（がんどうずきん）」。もと苧で織ったことによる。

苧綱 かがそ
「加賀苧」とも書く。イラクサ科の多年草カラムシの茎の繊維で作った船用の大綱。『文明本節用集』

苧環 おだまき
①キンポウゲ科の多年草。②紡いだ麻糸を巻いたもの。『古今和歌集』。③枝葉のない立木。『狭衣物語』

苧績 おみ
「麻績」とも書く。麻を紡ぐこと。

苳 ふき
「蕗・款冬・菜蕗」とも書く。キク科の多年草。

苗籠 のうご
「野籠」とも書く。農具の一つ。苗などを入れる籠。

苹果 りんご・へいか・ひょうか
「林檎」とも書く。バラ科の落葉高木。また、その果実。『本草和名』

苞 つと
「苞苴・裹」とも書く。①藁などで物を包んだもの。②土産。『万葉集』

苞苴 つと・みやげ・あらまき・ほうしょ・にえ
つと・みやげ—「苞」に同じ。『即興詩人』→苞
あらまき—「荒巻・新巻」とも書く。わらや竹などで魚を巻いたもの。『今昔物語集』
ほうしょ—①つと。あらまき。②みやげもの。③賄賂。『色葉字類抄』
にえ—「贄」とも書く。神に捧げる供物。貢物。『万葉集』

茅茨 ぼうし
茅葺きの屋根。『太平記』

茅茸 こうたけ
「茅蕈・革茸・香茸」とも書く。担子菌類ヒダナシタケ目のきのこ。

茅栗 しばぐり
「柴栗」とも書く。栗の一品種。

茅渟魚 ちぬ
「海鯽魚」とも書く。タイ科の海産硬骨魚クロダイの異称。『倭名類聚鈔』

茅蜩 ひぐらし・かなかな
「蜩」とも書く。セミの一種。『万葉集』

茅蕈 こうたけ・かわたけ
「茅茸」とも書く。『古今和歌集』→茅茸

茉莉 まつり
モクセイ科の蔓性常緑小低木マツリカの異称。

茉莉花 まつりか・もうりんか
まつりか—「茉莉」に同じ。→茉莉
もうりんか—「マツリカ」の異称。

茂 しみ・しみみ・しみら
「繁森」とも書く。しきりに。何度も。『万葉集』

茂竹 いくみだけ
「い組竹」とも書く。枝葉の生い茂った竹。

茂進 しみさぶ
木々が生い茂る。

茂御世 いかしみよ
「厳御世」とも書く。勢いが盛んな時代。『祝詞』

茂槍 いかしほこ
「厳矛」とも書く。威厳ある矛。

茂穂 いかしほ
「厳穂」とも書く。よく実った稲穂。『祝詞』

苜蓿 うまごやし・まごやし
「馬肥」とも書く。マメ科の越年草。

〈心（⺗）部〉

忽　ゆるがせ・たちまち・にわかに
ゆるがせ―①おろそかにするさま。『源平盛衰記』。②ゆったりとかまえること。『地方凡例録』
たちまち・にわかに―急に。すぐに。『梁塵秘抄』

忽比烈　フビライ
「忽必烈」とも書く。元帝国の初代皇帝。

忽必烈　フビライ
「忽比烈」とも書く。→忽比烈

忽地　たちまち
「忽」とも書く。『当世書生気質』→忽

忽然　こつねん・こつぜん
急に。『正法眼蔵』

忽然　すずろ
「漫ろ」とも書く。①突然に。②心のおもむくままに何かを行うさま。③理由などがないさま。④心外であるさま。

忽滑　ぬめる
「滑る」とも書く。ぬるぬるしてすべる。

忽爾　こつじ
にわかなさま。急なさま。『正法眼蔵』

忽緒　こっしょ
「忽諸」とも書く。軽んずること。軽視すること。『平安遺文』

忽諸　こっしょ
「忽緒」とも書く。→忽緒

忠　じょう
律令制の四等官の第三位。官司によって字が異なり、「忠」は弾正台の官を指す。

忠実　まめ・まめやか
①誠実である。『伊勢物語』。②実用的で役に立つ。『大和物語』。③よく働く。④健康で元気なこと。

忠実やか　まめやか
忠実なさま。『宇津保物語』→忠実

忠実忠実しい　まめまめしい
大いに忠実なさま。→忠実

忠実事　まめわざ
実利的な仕事。『栄花物語』

忠忠し　まめまめし
「忠実忠実しい」に同じ。『上田敏全訳詩集』→忠実忠実しい

忝　かたじけなし・おおけなし
かたじけなし―「辱」とも書く。①面目ない。『日本霊異記』。②感謝にたえない。『源氏物語』。③もったいない。恐れ多い。『保元物語』
おおけなし―①だいそれている。『今昔物語集』。②身の程をわきまえない。『源氏物語』

忝涙　かたじけなみだ
「辱涙」とも書く。ありがたい気持ちで流す涙。

念比　ねんごろ
「念頃・懇・苦」とも書く。①たがいに親しいさま。『三河物語』。②親切なこと。

念珠　ねんず・ねんじゅ・ロザリオ
ねんず・ねんじゅ―数珠（じゅず）のこと。『日葡辞書』
ロザリオ―ローマ教会の数珠（じゅず）。『上田敏全訳詩集』

念頃　ねんごろ
「念比」とも書く。→念比

念誦　ねんじゅ・ねんず
心に仏の姿を思い描きながら経などを唱えること。『平家物語』

忿忿　むつむつ
むっつりしていること。『更科紀行』

忿怒　ふんど・ふんぬ
激しく怒ること。『地方凡例録』

〈戈部〉

戕賊　しょうぞく
人を殺害すること。

〈戸（戶）部〉

所　ど・と
「処」とも書く。他の語に付けて場所を表す。

所化　しょけ
①仏教で教化される者の意から、衆生の民。②修業中の僧侶。僧侶の弟子。③変化（へんげ）。怪物。

所以　ゆえん・ゆえ
わけ。理由。『文明本節用集』

所当　しょとう
年貢。公事。『御成敗式目』

所行　しょぎょう
行ったこと。しわざ。『六角氏式目』

所有　あらゆる
すべての。

所耳　うけあう
「請け合う」とも書く。ひきうける。

所作　しょさ・そさ
しぐさ。仕事。「そさ」は「しょさ」の古語。『貞丈雑記』

所労　しょろう
つかれ。病気。『玉葉』

所念行　おもほす
「所思行」とも書く。「思う」の尊敬語。お思いになる。

所思　おもわく
「思惑」とも書く。①思うこと。②思うところ。意図。③評判。④恋しく思うこと。恋人。⑤投機。

所思行　おもほす
「所念行」とも書く。→所念行

所為　しょい・しわざ
①行ったこと。②原因。理由。『教行信証』

所帯　しょたい・そたい
①中世で個人の所領や地位。身代。『東大寺百合文書』。②「世帯」とも書く。暮らし向き。『仁勢物語』

所勘　しょかん
「所堪」とも書く。管轄。管理。『高野山文書』

所務　しょむ
①職務。担当する役割。②年貢の徴収と所領の管理。『六角氏式目』

所望　しょもう
望むこと。願うこと。『結城氏新法度』

所堪　しょかん
「所勘」とも書く。→所勘

所詮　しょせん
結局。『大内氏掟書』

所縁　ゆかり
「縁」とも書く。①関係があること。『露小袖』。②赤ジソの葉を粉末にした食品。

所謂 いわゆる
一般に言われている。いうところの。『鳥羽天皇宣旨』

〈手 部〉

承足 つぎあし
「継足」とも書く。踏台。『江家次第』

承和菊 そがぎく
黄色い菊。承和の帝（仁明天皇）が愛したことによる。『拾遺和歌集』

承届 うけたまわりとどく
承知する。『島津義久・忠恒連署起請文』

承香殿 そきょうでん・しょうきょうでん
平安京の内裏における殿舎の一。

承雷 とい
「樋」とも書く。家の軒で雨を受ける装置。

承塵 なげし
「長押」とも書く。柱と柱をつなぐために横に渡した木材。『太平記』

承塵挽 なげしびき
「長押挽」とも書く。製材で、断面を台形になるようにする挽き方。

承漿 くちのした
①「下顎（したあご）」に同じ。②水を受けること。

承鞚 みずつき・みずき
「七寸・水付」とも書く。馬具の轡（くつわ）の手綱を結びつける引手（ひきて）。金具。『平家物語』

〈攴（攵）部〉

放 ひる・まる
排泄する。『宇治拾遺物語』

放き こき
「扱き」とも書く。①むしりとる。『万葉集』②打つ。③吐き出す。『類聚名義抄』。④ぬかす。

放下 ほかす・ほうか・ほうげ
ほかす—投げ捨てる。『教訓雑長持』。
ほうか—「放家」とも書く。手品や曲芸を演じる芸能。『閑吟集』
ほうげ—禅宗で、悟道に入り、あらゆる迷いや執着を捨てること。また、その僧侶。『徒然草』

放心放心 うかうか
落ち着かないさま。『浅尾よし江の履歴』

放召人 はなしめしうど
中世、罪人を一箇所に拘置したこと。また、その囚われ人。『太平記』

放生 ほうじょう
仏教の慈悲行で、捕らえた生き物を山野川池などに逃がしてやること。『今昔物語集』

放生会 ほうじょうえ
放生の儀式。→放生

放屁 へひり
屁をはなつこと。『今昔物語集』

放状 はなちじょう
中世、所領の譲渡などの内容を記した文書。『言継卿記』

放言題 でたらめ
「出鱈目」とも書く。いいかげん。『西洋道中膝栗毛』

放免 ほうべん
刑を免れ、検非違使庁で使われた下役。

放券 ほうけん
不動産の権利を譲渡すること。『六角氏式目』

放居 さかいいり
離れて住むこと。「離居（りきょ）」に同じ。

放春花 ぼけ
「木瓜・鉄脚梨」とも書く。バラ科の落葉低木。

〈斤 部〉

斧質 ふしつ
①斧と処刑台。②転じて、処刑。

〈方 部〉

於山 おやま
「女形」とも書く。①歌舞伎のおんながた。②遊女の総称。

於此 そこで
「其所で」とも書く。それゆえ。『魔風恋風』

於何 なにより
「何より」とも書く。①最上であること。②この上なく。もっとも。

於事実者 ことじちにおいては
そのことが事実であるならば。『実相院文書』

於菟 おと
虎、猫の異称。

於期海苔 おごのり
「海髪」とも書く。紅藻類スギノリ目の海藻。

於福蜈蚣 おふくむかで
正月初寅の日に、毘沙門天で売られた生きた蜈蚣（むかで）。毘沙門天の使者という。

〈日（曰）部〉

易簡 いかん
手軽であること。『百姓分量記』

昂子手 ごすで
悪筆。中国の能筆家「趙子昂（ちょうすごう）」の逆であるという洒落。『祇園誹諧』

杲 ひので
「日の出」とも書く。字形より、木の上から朝日がのぼること。

杲杲 こうこう
日の光などが明るいさま。

昏 いき・くらます
いき—「息」とも書く。『椿説弓張月』
くらます—見えないようにする。『子孫鑑』

昏昏 うとうと
眠気をもよおし、ほんの短時間、浅く眠るさま。『其面影』

昏愚 とんちんかん
「頓珍漢」とも書く。①つじつまが合わないこと。②まぬけな人。『西洋道中膝栗毛』

昏鼓 こんく
夕暮れに寺院で打つ太鼓。

昏鐘時 こしじ
「黄昏時（たそがれどき）」に同じ。『本朝神社考』

昏鐘鳴 こじみ
夕方に時刻を示す鐘を鳴らすこと。『伊京集』

昆布辛　みずから
「不見辛」とも書く。山椒を昆布で巻いた茶菓子。『見聞愚案記』

昆孫　ぞぞりこ・こんそん
「累孫」とも書く。六代後の人。曾孫の曾孫。『合類節用集』

旻天　びんてん
大空。『蘭学事始』

昉　はじまる
「始まる」とも書く。『甲子夜話』

明太刀　あかりだち
儀式の際に身につける太刀。

明太魚　めんたい
タラ科の海産硬骨魚スケトウダラの異称。

明方　あきのかた
その年の福を司る歳徳神（としとくじん）のいる方角。「吉方・恵方（えほう）」に同じ。

明申　あきらめもうす
弁解する。『東寺百合文書』

明白さま　あからさま
「偸閑・白地・明明地・明様・明詳」とも書く。①かくさずはっきりと。『門』。②たちまち。③ちょっと。

明白り　はっきり
あいまいなところがないさま。『郊外』

明衣　あかは・あかはとり
天皇が大嘗祭にまとう白い衣。また、天皇の御湯殿に仕える蔵人が身につける白絹の衣。

明妙　あかるたえ
「明栲」とも書く。神への奉納物に用いる光沢のある織物。『祝詞』

明床　あかりどこ・あがりどこ
床の間の傍ら、造り付けの机を設けた出窓。付書院（つけしょいん）。

明沙汰　あきらめさた
①中世、売主が不動産の売買契約を証明すること。『反町文書』。②中世、訴訟者が理由を弁明すること。

明和幣　あかるにぎて
神に供える布、和幣（にぎて）でつやのあるもの。

明店　あきだな
「空店」とも書く。住む人のいない家。空き家。

明所　あきどころ・あきど・あかるみ
あきどころ・あきど—空き地。『朽木文書』
あかるみ—明るいところ。また、一般の人に見える所。おおやけ。

明明地　あからさま
「明白さま」とも書く。↓明白さま

明松　たいまつ
「松明・炬・炬火」とも書く。松の割り木などを束ねて火をつけ、照明としたもの。

明盲　あきじい・あきめくら
①目は開いていても視力の低い人。②文字の読めない人。

明後日　あさって
明日の次の日。

明後後日　しあさって
明後日（あさって）の翌日。

明星　あかぼし
明けの明星（金星）。『倭名類聚鈔』

明神　あきつかみ
「現神・現津神・明津神」とも書く。天皇の尊称。あらひとがみ。

明釣　あかし
かがり火などを焚いて寄せ集めた魚を釣ること。

明暗　あけぐれ
夜明け前のまだ薄暗い頃合い。未明。『源氏物語』

明詳　あからさま
「明白さま」とも書く。『西洋道中膝栗毛』↓明白さま

明障子　あかりそうじ
明かりをとるために薄紙を張った現在の障子。

明髪　ブロンド
金髪。『観音岩』

明様　あからさま
「明白さま」とも書く。↓明白さま

明檜　あすなろ・あすなろう・あすは
「翌檜・羅漢柏」とも書く。ヒノキ科の常緑高木。

明櫃　あかびつ
祭礼に用いた白木の櫃。

明鏡　めいけい・めいきょう
①明白な証拠。『美濃国大井荘預所下文』。②くもりがなく、良くうつる鏡。

杳乎　ようこ
①深くて広いさま。②遠いさま。

杳杳　ようよう・はるばる・はろばろ
ようよう—①暗くて不明瞭なさま。②はるかに遠いさま。
はるばる・はろばろ—「遥遥」とも書く。「ようよう」②に同じ。

杳眇　ほのぼの
「仄仄」とも書く。①かすか。②こころあたたまるさま。

杳然　ようぜん
はるかに遠いさま。

〈月部〉

育親　しとねおや
里親。

肩巾　ひれ
「領巾」とも書く。①古代、波を起すなど呪力をあらわすとされた布。『古事記』。②古代、女性が首にかけた布の装身具。『日本書紀』

肩白　わたしろ
鎧の札（さね）をつづる緘（おどし）の一つ。肩の部分の上二段を白糸でおどしたもの。

肩形　かたなり
肩つき。

肩衝　かたつき
茶入れ。『酒茶論』

肩癖　けんぺき・けんべき・けんびき
「痃癖」とも書く。①かたこり。②あんまの術。『新版歌祭文』

股肱　ここう
①股（もも）と肱（ひじ）。②転じて、頼りになる部下。『太平記』

股栗　こりつ
「股慄」とも書く。恐怖で股（もも）が震えること。

股慄　こりつ

「股栗」とも書く。↓股栗

肯えにす かえにす

…することができない。…することが許されない。

肱 かいな

「腕」とも書く。①肩から肱（ひじ）までの部位。②舞の手の数。『源平盛衰記』

肱巫 ひじかんなぎ

巫（かんなぎ）が米や竈（かまど）の占いをすること。また、その人。『古語拾遺』

肫 ももき

「鳥臟」とも書く。鳥の内臓。『類聚名義抄』

肥人 くまひと

古代、九州南部の球磨地方の住人の呼称。『万葉集』

肥後芋茎 ひごずいき

「肥後芋苗」とも書く。肥後（熊本県）産の蓮芋の茎を乾燥させたもの。

肥後芋苗 ひごずいき

「肥後芋茎」とも書く。↓肥後芋茎

服 ぶく・まつろう

ぶく—①喪服。「服衣（ぶくえ）」に同じ。『源氏物語』。②喪に服し、引きこもること。また、その期間をいう。『後撰和歌集』

まつろう—「順・服従」とも書く。服従する。服従させる。『万葉集』

服衣 ぶくえ

喪服。『経信卿母集』

服物 ふくしもの

「肴」とも書く。さかなの古語。

服従 まつろう

「服」とも書く。『万葉集』↓服

服解 ぶくげ

家族の喪に際し、官職を解かれること。

服殿 はたどの

「機殿・織殿」とも書く。機織りを行う家。

〈木　部〉

枉 まぐ・まげて

まぐ—曲げる。

まげて—無理に。しいて。『貞丈雑記』

枉げて まげて

「枉」に同じ。『古今著聞集』↓枉

枉枉 まがまがし

「禍禍し・曲曲し」とも書く。いまわしい。

枉惑 おうわく・わやく

おうわく—「横惑・誑惑・狂惑」とも書く。①めちゃくちゃなこと。ごまかしたり、だましたりすること。「無法」に同じ。『今昔物語集』。②いわれのないこと。『文明本節用集』

わやく—「おうわく」に同じ。

果李木 かりんぼく

マメ科の高木カリンの木材。

果実蝿 みばえ

「実蝿」とも書く。ミバエ科のハエ。

果取り はかどり

「捗り」とも書く。物事が順調に進むこと。『門』

果哉 いかさま

「如何様」とも書く。①いんちき。『椿姫』。②どのように。

果敢 はかばかし

「捗捗し」とも書く。物事が順調に進むこと。

果敢無 はかな

「果無・儚」とも書く。むなしい。はかない。『古今和歌集』

果蜜 シロップ

果汁に砂糖を加えて濃縮したもの。また、濃厚な砂糖液。

杭地形 くいじぎょう

建築で、地盤を固めるために杭を打つこと。

采女 うねめ・うねべ

古代、天皇・皇后の身辺の雑用にあたった女官。『紫式部日記』

采女肩巾田 うねめのひれだ

采女を出す地域に支給された田。「采女田（うねめでん）・采女養田（うねめようでん）」ともいう。

采体 とりなり

みぶりそぶり。『難波物語』

枝尺蠖 えだしゃくとり

シャクガ科のガの幼虫の総称。

杵 しもく・しゅもく

「撞木」とも書く。鐘を打ち鳴らす棒。『職人鑑』

松上寄生 まつぐみ

「松胡頽子・松茱萸」とも書く。ヤドリギ科の寄生小低木。

松手火 まつだい

「松明」に同じ。↓松明

松江魚 すずき

「鱸・紫鰓魚」とも書く。スズキ科の海産硬骨魚。

松明 たいまつ・ついまつ

「明松・炬・続松・火把」とも書く。松や竹などを束ねて火をつけて、灯としたもの。『伊勢物語』

松茱萸 まつぐみ

「松上寄生」とも書く。↓松上寄生

松胡頽子 まつぐみ

「松上寄生」とも書く。↓松上寄生

松容 しょうよう

「従容・縦容」とも書く。①ひまなこと。『小右記』。②貴人との談話。『小右記』。③機嫌。

松毬 まつふぐり・まつかさ

「松陰嚢」とも書く。松の果実。

松陰嚢 まつふぐり

「松毬」とも書く。↓松毬

松魚 かつお

「鰹・堅魚」とも書く。サバ科の海産硬骨魚。

松斑天牛 まつのまだらかみきり

カミキリムシ科の甲虫。

松楊 ちさ・ちしゃ・ちさのき・ちしゃのき

「萵苣」とも書く。①ムラサキ科の落葉高木。②エゴノキの異称。

松蘿 さるおがせ

「猿麻桛・女蘿・普賢線」とも書く。サルオガセ属の地衣植物の総称。

枢 とまら・くるる

とまら—開き戸の回転軸を受ける穴。『倭名類聚鈔』

くるる—敷居の穴に差し入れて戸の開きを止める桟。

枢機 すうき

①かなめ。②重要なまつりごと。

柄　ほぞ
二つの部材の接合部で一方の材の突起している部分。『日葡辞書』

杼投げ　ひなげ
織機で緯糸（ぬきいと）を経糸（たていと）に通すこと。

枕　まく
①枕とする。『古事記』。②共寝する。『宇治拾遺物語』

枕席　ちんせき
寝床。

東人　あずまうど・あずまど
東国の人。『万葉集』

東北風　ならい
冬の強風。『与謝野晶子歌集』

東司　とうす
便所。『かたこと』

東西　ひたたし
「日の縦（ひのたたし）」の字義から、東西に通じる道。

東西南北　あなたこなた
「彼方此方（あちらこちら）」に同じ。あっちもこっちも。

東南風　いまぎ
南東の風。

東風　あゆ・こち・あいのかぜ
東の風。『万葉集』

東宮　はるのみや
「春宮」とも書く。皇太子のこと。東宮（とうぐう）。

東雲　しののめ
①明け方の東の雲。②夜明。『古今和歌集』

東寧　たかさご
「高砂」とも書く。台湾の異称。

東端折　あずまばしょり
着物の裾をまくり上げて帯にはさむこと。「東絡げ・東紮げ（あずまからげ）」に同じ。

東豎子　あずまわらわ
「東孺」とも書く。内侍司（ないしのつかさ）の女官。

東孺　あずまわらわ
「東豎子」とも書く。→東豎子

杷　さらい
「杈・欋」とも書く。土や木の葉をかきならす農具。『倭名類聚鈔』

杯　つき
「坏」とも書く。古代に使用された飲食物を盛る器。

柿板　こけらいた
屋根を葺（ふ）く薄板。

柿経　こけらきょう
細長く削った板に写経をしたもの。「笹塔婆・木簡写経」に同じ。

柿葺　こけらぶき
こけら板で葺いた屋根。

柿落し　こけらおとし
新築・改築をした劇場の初興業。

柿鮓　こけらずし
「柿鮨」とも書く。①鮭の押し鮨。『料理物語』。②魚肉・野菜などの薄切りをこけらのように飯にのせた押鮨。『宗静日記』

板山葵　いたわさ
板付きのカマボコを切ってワサビを添えた料理。

板決　いたじゃくり
梁（はり）などの一部を切り欠いて板の端を支えること。また、その欠いた部分。板欠（いたがき）。

板書　いたか
「移他家」とも書く。卒塔婆（そとうば）に供養の文字を書いて川に流すことを勧め歩いた乞食僧。『七十一番歌合』

板粃　いたじいら
十分に熟していない籾（もみ）。

杪　すわえ
「楚・楉」とも書く。①若枝。『枕草子』。②むち。笞（しもと）。『宇津保物語』

枌板　そぎいた
そいで作った薄い木の板。

枌楡　ふんゆ
①ニレ属の落葉高木ニレ。②神聖な領域。『平家物語』。③故郷。

枚手　ひらで
「葉手・葉盤」とも書く。柏の葉で作った器。『古事記』

枚文　ひらぶみ
一枚の紙に記した文書。

枚鉄　ひらくろがね
平たくした鉄。

林檎　りんご・りゅうご・りゅうごう
バラ科の落葉高木。また、その果実。『倭名類聚鈔』

〈欠　部〉

欧羅巴　ヨーロッパ
六大州の一つ。

欣求浄土　ごんぐじょうど
極楽浄土へ往生することを願うこと。『太平記』

欣欣　にこにこ
うれしそうに声を立てずにわらうさま。『浮城物語』

欣悦　きんえつ
喜ぶこと。『上杉家文書』

欣楽　ごんぎょう
喜んでこいねがうこと。

〈止　部〉

武士　もののふ
「武夫・物部」とも書く。①朝廷に仕えた官吏。『万葉集』。②ぶし。『宇津保物語』

武夫　もののふ
「武士」とも書く。→武士

歩　かち
「徒・歩行・徒歩」とも書く。①徒歩。②徒歩で従う下級武士。

歩人　かちんど
歩く人。

歩士目付　かちめつけ
「歩行目付」とも書く。江戸幕府の職名。目付の配下で探索などに従事した。『山鹿素行年譜』

歩弓　かちゆみ
「歩射・徒弓」とも書く。馬上からではなく、徒歩で弓を射ること。

歩立　かちだち
「徒立・歩行立」とも書く。①徒歩。②歩兵戦。『太平記』

歩行　かち・あるき・ありき
かち―「歩」とも書く。→歩
あるき・ありき―①徒歩。②男性が女性のところへ通うこと。『万葉集』

歩行目付 かちめつけ
「歩士目付」とも書く。↓歩士目付

歩行立ち かちだち
「歩立」とも書く。『保元物語』↓歩立

歩行虫 ごみむし・おさむし
「芥虫」とも書く。オサムシ科のオサムシ類以外の甲虫の総称。

歩兵 かちつわもの
徒歩で戦う兵士。ほへい。

歩具足 かちぐそく
雑兵がつける粗末な具足。

歩者 かちもの
①徒歩で戦う下級武士。②行列を徒歩で先導する武士。『甲陽軍艦』

歩軍 かちいくさ
「徒歩軍・歩兵」とも書く。徒歩で戦う兵士、軍勢。またその合戦。

歩風 あるきぶり
「歩き振り」とも書く。歩くさま。『浮雲』

歩射 かちゆみ
「歩弓」とも書く。『源氏物語』↓歩弓

歩射部領 かちことり
古代、東宮の護衛に当たった帯刀（たちはき）のうち、射芸の長。「歩射腋（かちわき）」に同じ。

歩射腋 かちわき
「歩射部領（かちことり）」に同じ。↓歩射部領

歩荷 ぼっか
山小屋に荷物を運んだりすることを職とする者。

歩渡 かちわたり
「徒渡」とも書く。船を使わず、徒歩で川を渡ること。

歩靫 かちゆき・かちゆぎ
徒歩で弓を射る者が背負う靫（うつぼ＝矢を入れる籠）。『日本書紀』

歩詰 ぶつめ
検地で、一間に満たない部分をはかる数値。六寸を一歩とした。『算法地方大成』

〈毋 部〉

毒 ぶす
「醜女」とも書く。容貌のみにくい女性に対する蔑称。

毒鼓 どっく
涅槃経で、毒を塗った鼓（つづみ）。

〈水 部〉

沓不穿 くつはかず
俳句で、下五文字が意味をなさず無用の語であること。

沓手鳥 くつてどり・ほととぎす
「沓代鳥・杜鵑・霍公鳥・時鳥・子規・杜宇・不如帰・蜀魂」とも書く。カッコウ科の鳥ホトトギス。

沓代鳥 くつてどり
「沓手鳥」とも書く。↓沓手鳥

沓皮 たび
「足袋・単皮」とも書く。親指と他の指が分かれる袋状の履物。

沓直 くつて
沓を買う金。『寛平后宮歌合』

沓冠 くつこうぶり・くつかむり・くつかぶり
和歌の折句の一つ。ある語句を一文字ずつ、各句の最初と最後に詠み込んだもの。

〈火 部〉

炎浮提金 えんぶだごん
「閻浮提金・閻浮檀金」とも書く。インドの閻浮樹（えんぶじゅ）の大森林の河水にあるという砂金。

炙 あぶる
火にあてて薄くこげ目をつけるくらいに焼く。『信長公記』

炊 かしく
飯を炊く。『浮世物語』

炉置台 ろくだい
「炉工台」とも書く。関西などで竈（かまど）のこと。

〈爿（丬）部〉丬は三画

牀敷 ゆかしく
「床しく・懐しく」とも書く。上品である。

〈片 部〉

版位 へんい・へんに
朝廷の儀式で、群臣が居並ぶ順序を示すために置いた木の板。『九条年中行事』

版図 みずちょう
検地帳。「御水帳」に同じ。

〈牛 部〉

物多に ものさわに
物が多い。『日本書紀』

物体 もったい
「勿体」とも書く。①ものものしいこと。『国性爺合戦』②偉そうにすること。『好色一代女』

物忌 もっき
「物忌み（ものいみ）」の音読。①一定期間、飲食・行為を慎み、心身を清浄に保つこと。斎戒。②陰陽道でその日の凶となる方角を忌み避け、家にこもること。③②の際、それを示す「物忌」と記した札。④不吉な物事を忌み避けること。

物肖 ものあえ
何か別の事柄にあやかること。『栄花物語』

物怪 もののけ・もっけ
もののけ—人に取り憑いて害を与える霊。『源氏物語』
もっけ—「勿怪」とも書く。①異変。『今昔物語集』②意外なこと。『女殺油地獄』

物抵牾 ものもどき
なにかにつけて過失などをとがめること。『紫式部日記』

物忩 ぶっそう
「物怱・物噪・物総・物騒」とも書く。①危険なさま。『沙石集』②あわただしいさま。『保元物語』

物怱 ぶっそう
「物忩」とも書く。↓物忩

物相 もっそう
「盛相」とも書く。飯の量を量り、各人に分けるための器。

物食 ものはみ
鳥の胃袋。『倭名類聚鈔』

物真似 ものまね
他人や動物の声・動作などをまねること。『柿山伏』

物部　もののふ
「武士・武夫」とも書く。①朝廷に仕えた官吏。②武人。

物遠　ものどお
便りや訪問がとだえること。疎遠になること。

物種　ものぐさ
物事の種となるもの。材料。『拾遺和歌集』

物総　ぶっそう
「物忩」とも書く。↓物忩

物噪　ぶっそう
「物忩」とも書く。↓物忩

牧束　ばいそく
薪を束ねたもの。『色道大鑑』

〈玉（王）部〉　王は四画

玫瑰　まいかい・はまなす
まいかい―①中国産の玉の一種。②バラ科の落葉小低木ハマナシの異称。
はまなす―「浜茄子」とも書く。「まいかい」②に同じ。

〈瓦　部〉

瓩　キログラム
「基瓩」とも書く。質量の単位。

瓩米　キログラムメートル
仕事の単位。一キログラムの物を一メートル上げるのに必要な仕事量。

〈疒　部〉

疝　しらたみ・あたはら
しらたみ―急に腹痛をもよおす病気。疝気（せんき）。『倭名類聚鈔』
あたはら―①「しらたみ」に同じ。②急に怒ること。『日葡辞書』

〈白　部〉

的　ひとし
同じさま。『教行信証』

的列並油　テレビンゆ
「松脂油」とも書く。松などから得られるテレビンチナを水蒸気蒸留して得られる精油。

的所　いくはどころ
弓の的を掛けるため、盛り土をしたところ。「垜（あずち）」に同じ。

的便　てきびん
①都合の良い便り。②速くてまちがいのない使者。

的鞢　まとゆがけ
弓を射るときに用いる革の手袋。親指の部分の強度を高めたもの。

的鯛　まとうだい
マトウダイ科の海産硬骨魚。

〈皿　部〉

盂蘭盆会　うらぼんえ
陰暦七月十三日から十五日、祖先の霊を供養する仏事。「盂蘭盆」に同じ。

〈目　部〉

直　ひった・ただちに・すぐ・すぐろ・じきに・あたい・ね・とのい・なおす
ひった―全面的に。
ただちに・すぐ・すぐろ―「直地」とも書く。あまり時間をおかずに『愚管抄』
じきに―①直接に。②すぐに。『地方凡例録』
あたい・ね―代価。『東大寺文書』
とのい―当直。『今昔物語集』
なおす―①まちがいなどを正す。②地位などをもとにもどす。『御触書天明集成』

直さ麻　ひたさお
まじりけのない純正の麻。『万葉集』

直と　ひたと
「頓と」とも書く。①密着して。じかに。『今昔物語集』。②ひたすらに。『金々先生栄花夢』。③突然。

直丁　じきちょう
律令制下、諸司に仕えた仕丁で、宿直等に従事した者。

直人　ただうど・ただびと
「徒人」とも書く。①凡人。『古今著聞集』。②位の低い人。『枕草子』。③俗人。『日本書紀』

直也事　ただなること
なにごともないこと。

直土　ひたつち
地べた。『万葉集』

直処　ただか
「直香」とも書く。まさにその人自身。また、そのありさま。『万葉集』

直左右　じきそう
「直接に状況を」の意。『西郷隆盛全集』

直打ち　ひたうち
①たえまなく打つこと。『源平盛衰記』。②叩いて平に伸ばすこと。『増鏡』

直甲　ひたかぶと
「直兜」とも書く。全員が甲冑を身に付けること。『平家物語』

直白　ひたじろ
全体が白いこと。『宇津保物語』

直礼　なおらい・のうらい
「直会」とも書く。神事の後に神前の供物をおろして飲食する宴会。

直会　なおらい・のうらい
「直礼」とも書く。『祇園執行日記』↓直礼

直伝　じきでん
師から直接伝えられる演技や技能。

直地　ただちに
「応・直・径」とも書く。すぐに。間をおかずに。

直米　じきまい
農民に一年間土地を貸つけて耕作させ、貸付代として納めさせる米。『讃岐多和文庫文書』

直衣　のうし・なおし・ひたたれ
のうし・なおし―「直衣の袍（ほう）」の略。平安時代以降、天皇や貴族が日常に着た服。『枕草子』
ひたたれ―「直垂」とも書く。↓直垂

直利　すらり
背が高く、姿形が良いさま。

直走る　ひたはしる
休むことなく走る。

直足の馬　ひたしのうま
「常足の馬」とも書く。通常の馬足の運び方。

直身　ひたみ
全身。

直使　ひたづかい
「頓使」とも書く。①催促などで

頻繁に出される使い。②帰らぬ使い。従者を伴わない単独の使い。

直垂 ひたたれ
平安時代は労働着。鎌倉時代は武士の出仕着。江戸時代は武士の礼服。『御触書天明集成』

直物 ひたもの
「頓」とも書く。ひたすら。『好色一代男』

直物具 ひたもののぐ
全軍勢が甲冑を身に付けること。『太平記』

直青 ひたあお
全体が青いこと。『今昔物語集』

直乗 じきのり
「直乗船頭」の略。江戸時代、船頭として船に乗船し、廻船業を営んだ船主。

直冑 ひたかぶと
「混冑・直甲」とも書く。全員、甲冑を身につけること。また、その人々。

直屋隠り ひたやごもり
「直屋籠り」とも書く。ひたすらに家に隠ること。『蜻蛉日記』

直屋籠り ひたやごもり
「直屋隠り」とも書く。『和泉式部日記』→直屋隠り

直度 ずんど
際立って。非常に。

直待 ねまち
価格が高騰するまで待つこと。

直柄 ひたえ
「混柄」とも書く。つくりつけの柄。また、真っ直ぐな柄。

直段 ねだん
価格。『日本山海名物図会』

直逃げ ひたにげ
ひたすらに逃げること。

直面 ひためん
能の演技で面をつけないこと。『風姿花伝』

直香 ただか
「直処」とも書く。→直処

直捌 じきさばき
幕府の蝦夷地支配で、直接漁業や交易経営をすること。

直粉成 じきこなし
江戸時代、佐渡奉行が奉行所取分の金銀について、選鉱を直接行ったこと。

直兜 ひたかぶと
「直甲」とも書く。『平家物語』→直甲

直務 じきむ
中世、荘園の領主が代理を立てないで直接支配管理すること。『石清水八幡宮文書』

直黄 ひたき
全体が黄色であること。『実方朝臣集』

直達 じきたつ
江戸時代、役所で下級の者に直接指示命令を通達すること。

直道 ひたみち
一筋の道をひたすら進むこと。『源氏物語』

直路 ただじ
「正道・直道」とも書く。まっすぐな道。

直違 すじかい
斜めに交わった状態。『太平記』

直綴 じきとつ
「直裰」とも書く。腰から下にひだのある僧衣。

直銭 じきせん・あたいのぜに
売買の代金。

直縫い ひたぬい
全体に縫い取りをすること。

直頭 ひたがしら
頭を隠さないで全部出すこと。『源平盛衰記』

直濡れ ひたぬれ
全身が濡れること。

直饒 たとい
「饒使」とも書く。かりにやらせてみること。

〈矢 部〉

知母 やまし
ユリ科の多年草ハナスゲの異称。『倭名類聚鈔』

知辺 しるべ
知人。

知更雀 こまどり
「駒鳥・知更鳥」とも書く。スズメ目ヒタキ科の鳥。

知更鳥 こまどり
「知更雀」とも書く。→知更雀

知客 しか・いこ
禅寺で来客の応対をする役目の僧侶。『正法眼蔵』

知音 ちいん
①親友。②知人。『軽口露がはなし』

知食 しろしめす
①お知りになる。②ご統治なさる。③お世話なさる。

知歟 しったか
知らないこと。自分には関係がないこと。「知ったことか」。

〈石 部〉

矼 いわばし
「岩橋」とも書く。川を渡れるように、石を並べたもの。

矻矻 こつこつ
「兀兀」とも書く。少しずつ努力して着実に実績を積み重ねるさま。

〈示（ネ）部〉

祈 のむ・なむ
「禱」とも書く。①神仏に祈願する。『万葉集』。②こいねがう。『万葉集』

祈年祭 としごいのまつり
陰暦二月四日、豊作や国家安寧を願い、神祇官などで執り行われた祭り。

祈雨 あまごい
「雨乞」とも書く。日照りの際、雨が降るよう神仏に祈ること。

祈狩 うけいがり
神に祈って狩猟をすること。その獲物で吉凶を占う。『古事記』

祈事 ねぎごと
祈願をすること。『古今和歌集』

祈誓 うけい
「誓約・祈請」とも書く。占いの一種。神意を伺うこと。

祈請　うけい
「祈誓」とも書く。『日本書紀』↓祈誓

〈禾　部〉

秉払　ひんぽつ・ひんほつ
禅宗で、住職に代って上位の僧侶（首座）が説法すること。また、その首座。『正法眼蔵随聞記』

秉燭　ひょうそく・へいしょく・ひんそく
ひょうそく―灯火を点火する椀状の器。
へいしょく・ひんそく―灯火をともす時刻。夕刻。『玉葉』

秉彝　へいい
天意にしたがうこと。

〈穴　部〉

空　うつほ・うつけ・うつお
うつほ―①中身がからであること。『類聚名義抄』。②下に重ねる衣服がないこと。『源氏物語』。③古木などにできた穴。『宇津保物語』
うつけ―「虚け」とも書く。①愚か者。ふぬけ。②空虚。
うつお―①「うつほ」に同じ。②空草（うつおぐさ＝ネギの異称）。

空かす　すかす
「透かす」とも書く。①すけて向こう側が見えるようにする。『平家物語』。②物の量などを減らす。『太平記』。③腹をすかせる。④音をたてないで屁（へ）をする。

空け　うつけ
「空」とも書く。↓空

空人　うつじん
「虚人」とも書く。愚か者。『男色十寸鏡』

空大名　からだいみょう
「虚大名」とも書く。①名ばかりで実力のない大名に対する蔑称。②外見は裕福だがじつは貧乏であることのたとえ。『玉江草』

空五倍子　うつぶし
「空柴」とも書く。ウルシ科の落葉小高木ヌルデの若葉などに虫が寄生してできたこぶ。「付子（ふし）」に同じ。

空五倍子染　うつぶしぞめ
五倍子(ふし)で染めた薄墨色。『古今和歌集』

空木　うつぎ・うつおぎ
うつぎ―「卯木」とも書く。ユキノシタ科の落葉低木。『倭名類聚鈔』
うつおぎ―中が腐って空洞になった木。うつろ木。『宇治拾遺物語』

空尻　からじり
「軽尻」とも書く。江戸時代、積む荷物のない馬の形容。空尻馬。『雑兵物語』

空白　あきしろ
文字が書かれていない紙面。余白。

空石花貝　うつせがい
「空貝・虚貝」とも書く。①空になった貝殻。むなしさのたとえ。『後拾遺和歌集』。②タマガイ科の巻貝ツメタガイの古称。

空地　うつけち・くうち
①耕地に適さない地。②空き地。『算法地方大成』

空有　くうう
仏教で、あらゆるものは実態を持たないとする「空」と、現象は実在するとする「有」のこと。

空衣　うつおごろも
素絹の衣。

空言　そらごと
「虚言・空事」とも書く。根拠のない事。

空車　むなぐるま
①物品や人を乗せていない空の車。②覆いのない輿。『今昔物語集』

空事　そらごと
「空言」とも書く。↓空言

空店　あきだな
「明店・明棚」とも書く。使われていない商店や貸家。

空草　うつおぐさ
ユリ科の多年草ネギの異称。

空柱　うつおばしら
雨水を流すために中を空洞にした柱。清涼殿にある。『平家物語』

空炷　そらだき
「空薫」とも書く。どこで焚いているのかわからないように香を焚くこと。また、そのかおり。『今物語』

空華　くうげ
仏教で、本来は実体がないものをあるように誤り、執着すること。

空柴　うつぶし
「空五倍子」とも書く。↓空五倍子

空菜　ばいも
「貝母」とも書く。ユリ科の多年草。

空船　うつおぶね
大木をくりぬいて建造した船。

空御　くうぎょ
「死去」の尊敬語。『吾妻鏡』

空覚　うろおぼえ・おろおぼえ
「疎覚」とも書く。ぼんやり覚えていること。不明確な記憶。

空閑　こかん・くかん・くげん
田として開墾されていない土地。『伊勢光明寺文書』

空腹　すきはら・からっぱら
腹が減っていること。

空馳　むなばせ
競馬（くらべうま）で敗北すること。

空嘔　からえずき
吐き気がするのに何も吐けない状態。『日葡辞書』

空敷　むなしく
①はかない。②この世にいない。③内容が充実していない。『西郷隆盛全集』

空穂　うつぼ
「靫」とも書く。矢を入れて腰に携帯する道具。『古今著聞集』

空嘯　そらうそ
①口笛。『日葡辞書』。②素知らぬふりをすること。

空薫　そらだき
「空炷」とも書く。↓空炷

空穂草　うつぼぐさ
「靫草・滁州夏枯草」とも書く。シソ科の多年草。

空蟬　うつせみ
①蟬の抜け殻。『古今和歌集』。②魂の抜けたさま。③『源氏物語』の巻名。

突厥雀　べにましこ
「紅猿子・紅増子」とも書く。スズメ目アトリ科の鳥。

突盔 とっぱい

「頭盔」とも書く。兜（かぶと）の鉢のいただきの尖った部分。

突鼻 とつび

けん責を受けること。主君の不興をかうこと。『吾妻鏡』

〈网　部〉

罔極 もうきょく

極まりないこと。『後二条師通記』。

〈老（耂）部〉 耂は四画

者 てえり・てえれば・は

てえり—「と言えり」の約。書簡・日記などで用いる語。…と言っている。

てえれば—「と言えれば」の約。書簡・日記などで用いる語。…と言っているので。

は—助詞の「…は」。『百姓分量記』

〈耳　部〉

耵聹 みみだれ・みみだり

「耳垂・耳漏」とも書く。外耳道からうみなどが流れ出る症状。

〈虍　部〉

虎子 まる

病人や子供の大小便を受ける携帯用便器。おまる。『日葡辞書』

虎列刺 コレラ

コレラ菌の経口感染による急性伝染病。

虎耳草 ゆきのした

「雪の下・金糸荷」とも書く。ユキノシタ科の多年草。

虎尾蘭 ちとせらん

「千歳蘭」とも書く。リュウゼツラン科の多年草サンセベーリアの異称。

虎杖 いたどり

タデ科の多年草。『枕草子』

虎刺 ありどおし

「蟻通し」とも書く。アカネ科の常緑小低木。

虎茄 はしりどころ

「走野老・莨菪」とも書く。ナス科の多年草。

虎狼痢 コロリ

「古呂利」とも書く。急性伝染病コレラの異称。

虎魚 おこぜ・おこじ

「鰧」とも書く。オニオコゼ科の海産硬骨魚。

虎落 もがり・やらい

①「強請り」とも書く。言いがかりをつけてゆするすこと。『西鶴織留』。②戦陣などで、先端を斜めに切った竹を筋違いに編んだ柵。『筆のまにま』。③枝のついた竹で作った物干し。『徳元千句』

虎落笛 もがりぶえ

冬、強風が竹垣などに吹きつけて発する笛のような音。

虎掌 うらしまそう

「浦島草」とも書く。サイトモ科の多年草。

虎斑木菟 とらふずく

フクロウ目フクロウ科の鳥。

虎頭 おおつぼ

小便をするのに使う器。「溲瓶・尿瓶（しびん）」に同じ。

虎頭鯊 ねこざめ

「猫鮫」とも書く。ネコザメ科の海産軟骨魚。

〈虫　部〉

虯 みずち

「蛟・虬・螭」とも書く。四脚をもつ蛇に似た想像上の動物。『日本書紀』

〈衣　部〉

表衣 うえのきぬ

衣冠束帯などで着る上衣。「袍（ほう）」に同じ。

表屋 おもや

「母屋・母家・面屋・主家」とも書く。①家の中央部。『竹取物語』。②主人の住む部屋。③本家。『多聞院日記』

表珍 いやめずらし

不思議なことだ。

表挿袋 うわざしぶくろ

「上刺袋・上差袋」とも書く。外出時に衣服などを入れた袋。

表航 おもてがわら

船の船首の底板。

表袴 うえのはかま

束帯で、大口袴（おおぐちばかま）の上に身につけたはかま。

表鳴 うわなり

「上鳴」とも書く。笙などの楽器で、本来の正音に伴って発せられるかすかな高音。

〈車　部〉

軌條 レール

車輪の道筋を定める細長い鋼材。

軋轢 あつれき

①車輪がきしむこと。②転じて、不仲になること。

〈辵（⻌・⻍）部〉 ⻌は四画、⻍は三画

迚 とて・とても

①どのようにしても。『信長公記』。②ともかく。『関寺小町』

述懐 しゅっかい・じゅっかい

自分の思いを述べること。『上杉家文書』

迫出 せりだし

①上に押し上げること。②俳優や大道具を奈落から舞台に押し上げること。また、その装置。

迫世帯 かせじょたい

「悴所帯」とも書く。貧乏な世帯。

迫地 かせじ・かせち

「悴地」とも書く。痩せた土地。

迫門 せと

「瀬戸」とも書く。①幅の狭い海峡・川峡。『日本書紀』。②瀬戸際。『重井筒』

迫持 せりもち

建築で、門や窓の上部を石や煉瓦で曲線になるように築いたもの。アーチ。

迫間 はざま

「狭間・間」とも書く。①山あい。谷あい。『日本書紀』。②隙間。『伊勢物語』。③物と物の間。『宇治拾遺物語』

〈邑（阝〈右〉）部〉 阝は三画

邪 よこしま
「横しま・邪曲」とも書く。正しくないこと。邪悪。『日本書紀』

邪曲 ひがみ・よこしま
ひがみ―「僻み」とも書く。ひねくれること。自分に不利であると解釈すること。
よこしま―「邪」とも書く。→邪

邪許 やこ
掛け声の「ヤッホウ」。

邸屋 つや
「津屋」とも書く。平安時代、船舶の貨物を取り扱った運送業者。

〈金部〉

金口入 かねくにゅう
「銀口入」とも書く。金銭の貸し借りの斡旋。『胆大小心録』

金山 しいら
「鱰・鱪・鰍・寄魚・鬼刀」などとも書く。シイラ科の海産硬骨魚。

金巾子 きんこじ
冠の後部、巾子（こじ）の部分に挟む巾子紙で金箔を塗ったもの。また、それを付けた冠。

金毛織 きんモール
金糸と絹糸で織った織物。

金牛児 こがねむし
「黄金虫・金亀子・金亀虫」とも書く。コガネムシ科の昆虫の総称。

金平牛蒡 きんぴらごぼう
細切りのゴボウを油で炒め、唐辛子・醤油・砂糖で味付けした食べ物。

金打 きんちょう・かねうち
①約束を守るため、武士が刀の鍔や刃を打ち合わせること。『鴉鷺合戦物語』。②堅い約束。

金瓜 ひめうり
「姫瓜・金鶩蛋」とも書く。マクワウリの品種の一つ。

金光 きんぴか
金色にぴかぴか光ること。また、その物。

金団 きんとん・きっとん
「橘飩」とも書く。①サツマイモや豆を煮て裏ごしし、砂糖を加えたものに、甘く煮た栗・豆を混ぜた食品。②ゴマ・豆の粉をまぶした団子。③餡（あん）や求肥（ぎゅうひ）に餡のそぼろを付けた生菓子。

金字塔 ピラミッド
エジプトなどで建造された四角錐の遺跡。

金糸荷 ゆきのした
「雪の下・虎耳草」とも書く。ユキノシタ科の多年草。

金糸桃 びようやなぎ
「未央柳」とも書く。オトギリソウ科の半落葉低木。

金糸雀 カナリア
「金雀」とも書く。アトリ科の小鳥。

金糸魚 いとうお・いとくりうお・いとより・いとよりだい・いとめうお
「糸縒鯛・糸撚鯛・金線魚」などとも書く。イトヨリダイ科の海産硬骨魚。

金伽羅 こんがら
「矜羯羅」とも書く。不動明王の八大童子の第七。『平家物語』

金吾 きんご
皇居諸門の護衛などをつかさどった衛門府の唐名。『権記』

金花 きびたき
「黄鶲」とも書く。スズメ目ヒタキ科の鳥。

金花虫 はむし
「葉虫」とも書く。コウチュウ目ハムシ科の昆虫の総称。

金沸草 おぐるま
「小車・旋覆花」とも書く。キク科の多年草。

金狗児 きんえのころ
「金狗尾」とも書く。イネ科の一年草。

金狗尾 きんえのころ
「金狗児」とも書く。→金狗児

金英草 はなびしそう
「花菱草」とも書く。ケシ科の多年草。

金松 こうやまき
「高野槇・傘松」とも書く。スギ科の常緑針葉樹。日本特産。

金屏風 きんびょうぶ
地紙全面に金箔を貼った屏風。

金海鼠 きんこ
「光参」とも書く。キンコ目のナマコ。

金星 ゆうずつ
「長庚・夕星」とも書く。宵の明星。金星。

金柑頭 きんかあたま
はげ頭。金柑（きんかん）のように光ることによる。

金剛纂 やつで
「八手・八角金盤」とも書く。ウコギ科の常緑低木。

金翅雀 ひわ
「鶸」とも書く。スズメ目アトリ科の一群の鳥の総称。『枕草子』

金蚉 かなぶん
コガネムシ科の甲虫。

金彩 きんだみ
金箔や金泥で彩色すること。また、その物。

金袋子 きんたいし
「錦袋子」とも書く。漢方の丸薬。『飛梅千句』

金雀 カナリヤ
「金糸雀」とも書く。アトリ科の小鳥。

金雀児 エニシダ
「金雀枝」とも書く。マメ科の落葉低木。

金雀枝 エニシダ
「金雀児」とも書く。→金雀児

金魚蝨 ちょう
淡水魚に寄生するチョウ目の甲殻類。

金亀子 こがねむし
「金牛児」とも書く。→金牛児

金亀虫 こがねむし
「金牛児」とも書く。→金牛児

金椀 かなまり
「鋺」とも書く。金属製の椀。『枕草子』

金栗蘭 ちゃらん
「茶蘭」とも書く。センリョウ科の常緑小低木。

金蓮花 のうぜんはれん
「凌霄葉蓮」とも書く。ノウゼンハレン科の多年草。

金鉏　かなすき
農具の一つ。鉄製のすき。『古事記』

金鼓　ごんぐ・こんく・こんぐ
平たい円板状の仏具。鰐口（わにぐち）や鉦（かね）。

金漆　こしあぶら
「漉油」とも書く。ウコギ科の落葉高木。

金縢纏　きんはばき
「金鎺」とも書く。金色の金属を使ったはばき。『太平記』

金銀菊　なつぎく
「夏菊」とも書く。夏にかけて咲く菊の総称。

金銀蓮花　ががぶた・きんぎんれん
リンドウ科の水草。

金銭豹　つるぎきょう
「蔓桔梗」とも書く。キョウチクトウ科の多年草ツルニチニチソウの異称。

金鳳花　ほうせんか・つまくれない・きんぽうげ
ほうせんか・つまくれない―「鳳仙花」とも書く。ツリフネソウ科の一年草。
きんぽうげ―「毛茛」とも書く。キンポウゲ科の多年草。

金瘡　きりきず
「切り傷・切り疵・金創」とも書く。刃物等で切った傷。

金瘡小草　きらんそう
シソ科の多年草。

金橘　きんかん
「金柑」とも書く。ミカン科キンカン属の常緑低木。

金線草　みずひきそう・みずひき
タデ科の多年草。

金線魚　いとよりだい・いとより
「糸縒鯛・糸搓鯛・金糸魚」などとも書く。イトヨリダイ科の海産硬骨魚。

金線蛙　あおがえる・とのさまがえる
「青蛙・殿様蛙」とも書く。青蛙は背が緑色のカエルの総称。殿様蛙は無尾目の両生類で、背面が緑色または褐色のカエル。

金襖子　かじかがえる・かじか
「河鹿蛙」とも書く。無尾目の両生類。カエルの一種。

金縷梅　まんさく
「満作・万作」とも書く。マンサク科の落葉低木。

金鍍金　きんめっき
金の薄い層を他の金属の表面にかぶせること。

金鎗魚　まぐろ
「鮪」とも書く。サバ科マグロ属の海産硬骨魚の総称。

金鶯蛋　ひめうり
「姫瓜・金瓜」とも書く。マクワウリの品種の一つ。

金鱉　まるこ
「丸子」とも書く。金魚の一種、蘭鋳（らんちゅう）の異称。

〈長　部〉

長　とこ・とわ・とこしえ・とこしなえ・とこしなえに・おとなし
とこ・とわ・とこしえ・とこしなえ・とこしなえに―永久に。『奥の細道』
おとなし―従順に。『浮世風呂』

長刀香薷　なぎなたこうじゅ
「薙刀香薷」とも書く。シソ科の一年草。

長女　おさめ
「専領」とも書く。平安時代、雑用に従事した下級の女官。『枕草子』

長五百秋　ながいおあき
限りなく年月が長いこと。「千五百秋（ちいほあき）」「五百秋（いおあき）」などともいう。

長凶会日　ながくえにち
万事に凶とされる凶会日（くえにち）が何日も続くこと。

長吁　ためいき・ちょうく
「溜息」とも書く。『多情多恨』

長百姓　おさびゃくしょう・おとなびゃくしょう
村落で長となる百姓。『日暮硯』

長寿花　きずいせん
「黄水仙」とも書く。ヒガンバナ科の多年草スイセンの一種。

長局　ながつぼね
宮中や大奥などで、女房の部屋である「つぼね」が続いた棟。

長尾鶏　さざなみ・ながおどり
にわとりの品種の一。「ちょうびけい」ともいう。オナガドリの異称。

長尾驢　カンガルー
「袋鼠・更格盧」とも書く。フクロネズミ目カンガルー科の哺乳類の総称。

長床犂　ちょうしょうり
牛馬に牽かせて田をすき起こす農具。

長辛螺　ながにし
「長螺」とも書く。イトマキボラ科の巻貝。

長官　かみ
律令制の四等官の第一位で、「かみ」は「上」の意。官司によって字が異なり、「長官」は使の長官を指す。

長官の殿　こうのとの
「督の殿・頭の殿・守の殿」とも書く。皇居の各役所の長官や国守の敬称。『宇治拾遺物語』

長庚　ゆうずつ
「金星」とも書く。↓金星。

長押　なげし
柱と柱をつなぐ横板。『倭名類聚鈔』

長面　つれなし
「難面・強顔」とも書く。無関心で情がないさま。

長息　ためいき
「溜息」とも書く。『牡丹灯籠』

長脚鑽　さすまた
「刺股・指叉」とも書く。江戸時代の罪人を捉える道具の一。長い柄にU字型の金具を付けたもの。

長道　ながて・ながち
「長手」とも書く。遠い道。長い道のり。『万葉集』

長閑　のどのど・のどか・のどらか
のどのど――「閑長」とも書く。ゆったりしたさま。『更級日記』。のどか・のどらか―①のんびりと静かなさま。②空が晴れておだやかなさま。『宇津保物語』

長精進　ながそうじ・ながしょうじ・ながしょうじん
長期間の日数を定めて継続する精進。『蜻蛉日記』

長嘯き　うそぶき
「嘯き」とも書く。とぼけること。『浮城物語』

長薯　ながいも
「長芋」とも書く。ヤマノイモ科の蔓性多年草。

長螺　ながにし
「長辛螺」とも書く。↓長辛螺

〈門部〉

門跡　もんぜき
①皇族や摂関家が住持となる寺。②一門を統括する寺。『仁和寺文書』

門跡方　もんぜきがた
「門跡」に同じ。『地方凡例録』↓門跡

〈阜（阝〈左〉）部〉　阝は三画

阜　つかさ・ゆたか
つかさ—「高処」とも書く。小高い場所。おか。『古事記』
ゆたか—「豊」とも書く。『雲州消息』

阜螋　おかばみ
大蛇。

阿　おもねる
こびる。『太平記』

阿六櫛　おろくぐし
木曾街道の薮原宿名産の黄楊（つげ）のくし。お六という女性が作ったという。

阿世　あせ
血液。

阿母　おも
母。または、乳母。

阿礼　あれ
神霊を迎える榊の木で、絹や鈴などで飾ったもの。京都の賀茂祭で使われた。

阿礼少女　あれおとめ
京都賀茂神社の斎院。

阿礼引　あれひき・あれびき
京都賀茂祭で阿礼（あれ）の鈴を鳴らすのに綱を引くこと。『貫之集』↓阿礼

阿礼幡　あれはた
平安時代、正月十七日、弓を競う射礼（じゃらい）の時に立てた幡（はた）。

阿列布　オリーブ
「阿利布」とも書く。①モクセイ科の常緑小高木。②オリーブ色（黄色がかった緑色）。

阿多福　おたふく
①おたふく面の略。②おたふく面に似た器量の悪い女性。女性をののしる語。

阿利布　オリーブ
「阿列布」とも書く。↓阿列布

阿吽　あうん
「阿呍」とも書く。「阿傴・阿優（あう）」に同じ。①物事の最初と最後。密教で、万物の根源と最終的に帰着する智徳。②仁王や狛犬の二つの相。③吐く息と吸う息。

阿尾羅吽欠　あびらうんけん
「阿毘羅吽欠・阿味羅吽欠」とも書く。密教で、胎蔵界大日如来の真言。地水火風空を意味する。

阿花独楽　おはなごま
①こまの一種。六角の各面に絵を描いたこま。②①を用いた賭博。

阿良木　あらき
「樸」とも書く。樹皮つきの丸太。

阿良良岐　あららぎ
斎宮（いつきのみや）の忌言葉。塔。『延喜式』

阿味羅吽欠　あびらうんけん
「阿尾羅吽欠」とも書く。↓阿尾羅吽欠

阿拉斯加　アラスカ
アメリカ合衆国の州名。

阿候鯛　あこうだい
「赤魚鯛」とも書く。フサカサゴ科の海産硬骨魚。

阿剌吉　アラキ
江戸時代にオランダから渡来した酒の名。『桃青三百韻』

阿茶蘭漬　あちゃらづけ
「阿茶羅漬」とも書く。大根・蕪など根菜類を醤油・酒・酢・砂糖などに漬けた食品。

阿毘羅吽欠　あびらうんけん
「阿尾羅吽欠」とも書く。↓阿尾羅吽欠

阿祇尼　あぐに・あぎに
「阿耆尼・阿擬尼」とも書く。古代インドの火神アグニ。

阿祇利　あじゃり
「阿闍梨」とも書く。①密教で修行が一定段階に達し、伝法灌頂を受けた僧。②天台・真言宗の僧の職位。③高徳の僧。

阿党う　かたちはう
「儻ふ」とも書く。えこひいきをする。『大唐西域記』

阿容阿容　おめおめ
不名誉で恥ずべきことでも気弱に受け入れてしまうさま。『浮雲』

阿爹　あちゃ
「阿茶」とも書く。長崎で唐の人（中国人）を指して言った語。

阿素洛　あしゅら・あすら
「阿修羅・阿須倫」とも書く。古代インドの神の一族。悪神とされる。

阿菊虫　おきくむし
「螠虫」とも書く。アゲハチョウ類の蛹（さなぎ）の俗称。

阿曾祇　あそぎ・あそうぎ
「阿僧祇」とも書く。①無数・無量。②数の単位で、十の五十六乗もしくは六十四乗。

阿須倫　あしゅら・あすら
「阿素洛」とも書く。↓阿素洛

阿傴　あう
「阿優」とも書く。「阿吽」に同じ。↓阿吽

阿虞　あぎ
「阿魏」とも書く。セリ科の多年草。

阿練若　あらんにゃ・あれんにゃ
「阿蘭那・阿蘭陀・阿蘭攘」とも書く。仏教で、修行に適切な閑静な場所。転じて、寺院を指す。

阿諛　おべっか・おもねり
人にこびること。またその言葉。『春雨物語』

阿盧漢　あらかん
「阿羅漢・阿羅訶」とも書く。小乗仏教で修行により到達する最高位。また、それに到達した人。

阿優　あう
「阿傴」とも書く。↓阿傴

阿擬尼 あぐに・あぎに
「阿祇尼」とも書く。↓阿祇尼

阿闍梨 あじゃり・あざり
「阿祇利」とも書く。『大鏡』↓阿祇利

阿蘭那 あらんにゃ・あれんにゃ
「阿練若」とも書く。↓阿練若

阿蘭陀 あらんにゃ・あれんにゃ
「阿練若」とも書く。↓阿練若

阿蘭攘 あらんにゃ・あれんにゃ
「阿練若」とも書く。↓阿練若

阿羅訶 あらかん
「阿盧漢」とも書く。↓阿盧漢

阻し うじはやし
「劇し」とも書く。情勢が激しく危険なさま。『続日本紀』

陀螺 ばい
「海螺・貝」とも書く。エゾバイ科の巻貝で作った独楽（こま）。『日葡辞書』

附 つけたり
付け加えたもの。『葉隠』。

附子 とりかぶと・ぶす・ぶし
とりかぶと―「鳥兜」とも書く。キンポウゲ科の多年草。
ぶす・ぶし―トリカブトの根から製した生薬。猛毒。「烏頭（うず）」に同じ。『今昔物語集』

附子鉄漿 ふしかね
「付子鉄漿」とも書く。おはぐろ。

附木 マッチ
「燐寸」とも書く。発火用具。『浪華新聞』

附争 つけずまい
「付け争い」とも書く。馬が乗せることを嫌い、跳ねること。

附会 ふかい・こじつけ
ふかい―付け加えること。『地方凡例録』
こじつけ―「牽強付会・牽強附会」とも書く。都合よく無理に理屈をつけること。

〈雨（⻗）部〉

雨久花 みずあおい
「水葵」とも書く。ミズアオイ科の一年草。

雨山 あめやま
「天山」とも書く。①雨をもたらす天や山のように、とほうもなく大きいこと。②転じて、「おおいに・こころから」などの意。

雨打 ゆた
「雪打」とも書く。建物の軒下に庇（ひさし）のようにさしかけた部分。『黒本本節用集』

雨安吾 うあんご
雨期に僧侶が一室にこもり、修行すること。「安吾（あんご・夏安吾（げあんご）」に同じ。

雨虎 あめふらし
「雨降」とも書く。アメフラシ科の腹足類。

雨雨 さめざめ
涙を流しながら泣き続けるさま。

雨粒 あまつび
「あまつぶ」の古語。

雨疏 あまはけ
雨水がたまらずに流れること。また、その箇所。

雨蛤 あまがえる
「雨蛙」とも書く。アマガエル科の小型のカエル。

雨隠 あまつつみ・あまづつみ・あまごもり
あまつつみ・あまづつみ―「雨障」とも書く。↓雨障
あまごもり―笠にかかる枕詞。『万葉集』

雨障 あまつつみ
雨降りのため、外出できないこと。『万葉集』

雨謹 あまづつみ
「雨障」に同じ。↓雨障

〈青（靑）部〉

青一 あざ
「阿座・青虫」とも書く。めくりカルタの青札の「一」。役のある強い札。

青丹 あおに
①青黒い土。岩緑青の古称。『常陸風土記』。②濃い青色に黄色を入れた染色。③襲の色目。

青反吐 あおへど
吐き出して時間の経っていない汚物。『竹取物語』

青水無月 あおみなづき
陰暦六月の異称。草木が青々とすることによる。

青白橡 あおしらつるばみ
①染色の一つ。淡い黄緑色。麹塵（きくじん）の異称。②襲（かさね）の色目の一つ。

青石竜子 あおとかげ
「青蜥蜴」とも書く。背中が青藍色に光るトカゲ。『好色五人女』

青芋 さといも
「里芋」とも書く。サトイモ科の一年生作物。

青羽木菟 あおばずく
「青葉木菟・青葉梟」とも書く。フクロウの一種。

青虫 あざ
「青一」とも書く。『仁勢物語』↓青一

青虫天下 あざてんか
めくりカルタの「青一」の札の強さの呼称。『江戸広小路』↓青一

青串魚 さんま
「秋刀魚」とも書く。サンマ科の海産硬骨魚。

青扶 せいふ
「青蚨」とも書く。銭の異称。『多田院文書』

青沙魚 あいざめ
「藍鮫」とも書く。ツノザメ科の海産硬骨魚。

青花魚 さば
「鯖・青魚」とも書く。サバ科サバ属の海産硬骨魚の総称。

青角髪 あおみずら
「依網（よさみ）」にかかる枕詞。『万葉集』

青侍 あおさぶらい・なまざむらい
官位の低い新米の若侍。『宇治拾遺物語』

青和幣 あおにぎて
麻で作った白色でない幣帛（へいはく）。『古事記』

青苧 あおそ・あおお
「青麻」とも書く。イラクサ科の多年草カラムシの茎皮の繊維。

青茅　かりやす
「刈安」とも書く。イネ科の多年草。『倭名類聚鈔』

青房　さもも
「早桃・麦李」とも書く。①スモモの品種の一つ。②早生の桃。

青海波　せいがいは
①波形の模様。『教言卿記』。②雅楽の曲名。「青海破・青海楽」に同じ。『浜出草紙』

青海苔　あおのり
「緑苔・海苔菜」などとも書く。緑藻類の一属である海藻の総称。

青柴垣　あおふしがき
青柴で造った垣。『古事記』

青剛樹　いまめがし・うばめがし
「姥目樫」とも書く。ブナ科の常緑高木。

青華瓷　あいそめつけ
「藍染付」とも書く。①藍色の染め付け。②色の染め付けた布・衣類。③呉須絵（ごすえ）の磁器。

青莢葉　はないかだ
「花筏」とも書く。ミズキ科の落葉低木。

青蚨　せいふ
「青扶」とも書く。『三教指帰』→青扶

青竜蝦　しゃこ
「蝦蛄」とも書く。シャコ目の甲殻類。

青啄木鳥　あおげら・あおきつつき
「緑啄木鳥」とも書く。キツツキ目キツツキ科の鳥。

青梧桐　あおぎり
「青桐・梧桐」とも書く。アオギリ科の落葉高木。

青梗菜　チンゲンサイ
アブラナ科の中国野菜。

青瓷　せいじ
「青磁」とも書く。青緑色の釉（うわぐすり）をかけた磁器。『文明本節用集』

青眼狗母魚　あおめえそ
アオメエソ科の海産硬骨魚。

青魚　さば・かど・にしん
さば―「青花魚」とも書く。→青花魚
かど・にしん―「鰊・鯡」とも書く。ニシン科の海産硬骨魚。

青鹿　あおしし・あおじし
ウシ科の哺乳類カモシカの異称。

青葱　ねぎ
「葱」とも書く。ユリ科の多年草の野菜。

青葉梟　あおばずく
「青羽木菟」とも書く。→青羽木菟

青葙　うまさく
ヒユ科の一年草ノゲイトウの異称。

青斑猫　あおはんみょう
ツチハンミョウ科の甲虫。

青鈍　あおにび・あおにぶ
①青みのある薄い墨色。喪服の色にも使用される。『源氏物語』。②襲（かさね）の色目の一つ。

青葛籠　あおつづらこ
「葛藤・防已（つづらふじ）」で編んだ籠。『夫木和歌抄』

青皀　せいふ
「青扶」とも書く。『多田院文書』→青扶

青精　さかき
「榊・賢木・楊桐」とも書く。①常緑樹の総称。神事に用いられる。『万葉集』。②ツバキ科の常緑小高木。③ツバキ科の常緑小高木ヒサカキの異称。

青蜥蜴　あおとかげ
「青石竜子」とも書く。→青石竜子

青銅　からかね
「唐金」とも書く。銅と錫（すず）との合金。亜鉛・鉛なども加えて用いられた。

青銅鏡　ますみかがみ
「真澄鏡・真十鏡・真寸鏡」とも書く。「ますみのかがみ」の転。①くもりなく澄んだ鏡。②「見る・照る・清き・向かふ・蓋・面・影」などにかかる枕詞。

青蕃椒　あおとうがらし
「青唐辛子」とも書く。熟していない青いトウガラシ。

青熟　あおひき・あおじゅく
蚕の品種の一。成熟すると体が青みがかる。

青箭魚　さごし
サバ科の海産硬骨魚サワラの小さいもの。関西以西での呼称。『西鶴織留』

青蝦　しばえび
「芝蝦」とも書く。クルマエビ科のエビ。

青嶺　あおねろ
木々が青々と茂っている青い山。「ろ」は接尾語。『万葉集』

青黛　せいたい
①青く書いた眉。『源平盛衰記』。②濃い青色。『恨の介』。③役者が舞台化粧で使う藍色の顔料。『江戸生艶気樺焼』

青瓊玉　あおぬのたま
青い色の玉。

青蠅　きんばえ
「金蠅」とも書く。クロバエ科のハエで、金属光沢をもつもの。「ギンバエ・クソバエ」に同じ。

青鵐　あおしとど
ホオジロ科の小鳥アオジの異称。『日葡辞書』

青饅　あおぬた
ホウレンソウなど青野菜をすり込んだ酢味噌で魚や野菜をあえた料理。また、ホウレンソウ・アサツキなどを茹でて酢味噌で和えた料理。

青驪　あお・あおげ
馬の毛色の一つ。

〈非　部〉

非拠　ひきょ
①実力以上の地位にいること。『六角氏式目』。②いわれのないこと。『平家物語』

非点　あら
「粗」とも書く。欠点。『黴』

非時　ひじ・ときじく
ひじ―①僧が食事をしてはいけない時間帯。②葬儀の参列者に出す食事。『御堂関白記』
ときじく―時節はずれである。その時でない。『万葉集』

〈齊（斉）部〉斉は八画

斉魚　えつ

カタクチイワシ科の海産硬骨魚。

九　画

〈ノ　部〉

乗込み　つけこみ
機会に乗じてつけ入る。『椿姫』

〈亠　部〉

亭　てい・ちん
亭主。『重清日記』

亮　まこと・さえる・はるけし
「洵」とも書く。
まこと—約束を固く守ること。
さえる—光・色・音などが澄みわたる。
はるけし—はるかだ。遠い。

亮か　さやか
「分明」とも書く。①際立ってはっきりしていること。『源氏物語』。②さえてはっきり見えるさま。『源氏物語』

〈人　部〉

俄頃　しばらく
「暫・須臾・霎・霎時」とも書く。①わずかの間。しばし。『大唐西域記』。②ひさしぶり。③にわかに。④かりそめ。『徒然草』

俄然　にわか
不意に変化が起こるさま。『郊外』

俄羅斯　オロス・オロシャ
ロシアの異称。

侠　きゃん
①勇み肌でいきなさま。②女のおてんばなさま。

侠客　おとこだて
「男伊達・男達」とも書く。権勢に媚びず、仁義を重んじ、弱きを助け、強気をくじく気概を持ち、そのためには命も惜しまないこと。また、そういう人。仁侠道をつらぬく人。

係　かく
かける。引っ掛ける。『菅江真澄随筆集』

係念　けねん
「懸念・繫念・掛念」とも書く。①仏教で、執着・執念。②心配。心掛かり。

係蹄　わな
鳥獣を捕らえる猟具の総称。『椿姫』

俟　まつ
「待つ」とも書く。①人・時・物事が来ることを望む。②もてなす。③結果が出るのを期待する。『木戸孝允文書』

俏し事　やつしごと
歌舞伎の和事の一つ。勘当された金持ちの息子などがみすぼらしい姿で行なう演技。

俏し書　やつしがき
字画を略して書くこと。また、その文字。「俏し字」ともいう。

俏す　やつす
「窶す」とも書く。①目立たぬよう、みすぼらしい姿に変える。『源氏物語』。②出家する。『源氏物語』。③やせるほどに悩む。『狂言歌謡』

俏字　やつしじ
「俏し書」に同じ。→俏し書

信　あかし・かたみ・のぶ・まかす・まめ・まめやか
あかし—「左・証・験」とも書く。証拠、証明。
かたみ—死者や別れた人を思い出す品物。
のぶ—伸びる。『風来六部集』
まかす—人にまかせる。ゆだねる。『椿説弓張月』
まめ・まめやか—誠心誠意であるさま。

信天翁　あほうどり
「阿房鳥」とも書く。ミズナギドリ目アホウドリ科の海鳥。

信楽　しんぎょう
阿弥陀仏十八願の三信の一つ。疑うことなく教えを信じ、願うこと。『唯信鈔文意』

信楽焼　しがらきやき
信楽（滋賀県甲賀市）で製造される陶器。

侵掠　しんりゃく
「侵略」とも書く。一方的に他国に侵入し、領土・財物を奪い取ること。

俎槃　まないた
「俎・俎板・真魚板」とも書く。調理するとき魚野菜などの食材を切り裂くときに使用する板。

促　つづむ・はたる
つづむ—短縮する。『今昔物語集』
はたる—「徴」とも書く。催促する。

促使　はたりづかい
「徴使」とも書く。租税を徴収する使い。

促装　いでたち
「出立ち」とも書く。よそおい。身づくろい。

促綿　うなぎわた
白・浅黄色・鬱金色の綿で作った年寄り向けの綿帽子の一種。『鷹筑波』

促織　しょくしょく
コオロギの異称。

俗耳　ぞくに
世間一般に。世間では。『百姓分量記』

俗衣　ぞくえ
普段に着る着物。普段着。『貞丈雑記』

俘　とらう
敵を生け捕りにすること。

便　すなわち・たずき・たより・よすが
すなわち—「乃・則・即・迺・輒」とも書く。①すぐに。即座に。『源氏物語』。②つまり。言い換えれば。とりもなおさず『古今和歌集』。③そうなるときは。『論語古訓』
たずき—「方便・活計」とも書く。①暮しの手段。『椿説弓張月』。②物事を始めたり、何かを知るための手段。『万葉集』
たより—①「頼」とも書く。手づる。『ひらかな盛衰記』。②知らせ。消息。手紙。『古今和歌集』
よすが—「縁・因」とも書く。①頼り。ゆかり『万葉集』。②夫・妻・近親者など頼りにする相手。『源氏物語』。③物事をするための手がかり。『徒然草』

便乱坊　べらぼう

「可坊」とも書く。①寛文年間に見世物に出た猿のような人間。転じて「ばか・たわけ」の意。『日本永代蔵』。②人をののしりあざけっていう語。『燕石雑志』。③「箆棒」とも書く。程度がはなはだしく、信じがたいさま。『浮世床』

便門 かってぐち
「勝手口」とも書く。台所の出入り口。裏口。

便直 てだて
「手立て」とも書く。手段。方法。『南総里見八犬伝』

便室 かってのま
台所。炊事場。

便追 びんずい
「木鷚」とも書く。スズメ目セキレイ科の鳥。

保 たもつ・ほう・まもる
たもつ―養い世話をする。『算法地方大成』
ほう―①中国にならい、律令制で五戸を一単位とした隣保組織。②平安京の行政区画の一つ。
まもる―「守・護・衛・戍・鎮」とも書く。現状をたもちまもる。

保食神 うけもちのかみ
日本神話で五穀をつかさどる食物の神。

保能保能 ほのぼの
ほのかに明るいさま。『古今著聞集』

保都米 ほつめ
「最勝海藻」とも書く。ワカメの一種で、もっともすぐれた食用の海草。

俚言葉 さとびことば
いなかことば。いやしいことば。

俤 おもかげ
「面影」とも書く。①思い出に残るその人の顔、姿や物のありさま。『根南志具佐』

俣水松 またみる
海産の緑藻ミルの異称。幹が二股に分岐することから。『万葉集』

〈儿　部〉

兗州巻柏 かたひば
「片檜葉・堅檜葉」とも書く。イワヒバ科のシダ植物。

〈冖　部〉

冠木門 かぶきもん
門柱の上部に横木をつらぬき渡した屋根なしの門。

冠者 かんじゃ・かじゃ
①元服をすませ、冠をつけた男子。『今昔物語集』。②若者。『椿説弓張月』『貞丈雑記』。③六位で無官の者。『十訓抄』

冠帽 シャッポ
帽子。『讀賣新聞』

〈刂　部〉

剋 こく・とき
時。時間。『甲子夜話』

剋期い いのごい
じりじりと攻め寄ること。『古事記』

削刀 ならし
「鑢」とも書く。木・鉄などを削って平らにする道具。やすり。『倭名類聚鈔』

前 すすむ
①前進する。②「舟」とも書く。舟が行くさま。

前夫 したお
「下夫」とも書く。かつて夫だった男。先夫。『名義抄』

前生 さきしょう
この世に生まれる前の世。「前世」に同じ。『伊賀越道中双六』

前状 さきじょう
「先状」とも書く。前もって送られてくる通知状。案内状。

前妻 こなみ
「嫡妻」とも書く。①一夫多妻の時代に先に妻とした女。『古事記』。②死別・離別した妻。先妻。『倭名類聚鈔』

前栽 せざい・せんざい
庭前の草木の植込み。『伊勢物語』

前笄 さきこうがい・さっこう・さっこうがい
「先笄」とも書く。近世、上方の新婦のあいだで流行った髷の結い方の一つ。

前張 さいばり
①神楽歌の一つ。②公家の童子が着用した袴（はかま）の一種。

前廉 まえかど
①まえまえ。先だって。②前もって。あらかじめ。

前業 ぜんごう
前世に行った善悪の業。「先業」に同じ。

前話休題 そはおきて
そのことはさておき。そのことは別にして。『浅尾よし江の履歴』

前駆 ぜんく・せんぐ・ぜんぐ
騎乗するなどして先導すること。また、その人。『権記』

則 すなわち
「便」とも書く。『関東下知状』→便

剃刀 こうぞり
「かみそり」の転。『殿暦』

剃刀砥 かみそりど
剃刀をとぐための砥石。

剃刀感 かみそりかぶれ
剃刀で剃った後の皮膚にできる小さなはれ物。

剃手 とこや
「床屋」とも書く。理髪店。『即興詩人』

刺麻教 ラマきょう
「喇嘛教」とも書く。チベット仏教の異称。

〈力　部〉

勅定 ちょくじょう
天皇・天子が直接定めること。『伊曾保物語』

勅許 ちょっきょ
天皇の許可。勅命による免許。『権記』

勅答 ちょくとう
天皇が臣下に回答すること。また、その答え。『御堂関白記』

勃乎 むらむら
「勃然」とも書く。激しい感情が急にこみ上げてくるさま。『離れ鶯』

勃然 むらむら
「勃乎」とも書く。→勃乎

勃磎　ぼっけい
相争うこと。『玉塵抄』

勃嚕唵　ぼろん・ぼろおん
①山伏が吹く法螺貝の音を表す語。『柿山伏』。②密教で唱える真言の一つ。『参語集』

勇肌帯　いかたおび・いわたおび・ゆわたおび
「岩田帯・結肌帯・繦帯」とも書く。妊婦が五カ月目より母体の保護のため腹に巻く帯。

勇魚　いさな
「鯨」とも書く。クジラの古称。

勇魚取り　いさなとり
「鯨取り」とも書く。「イサナ」はクジラの古称。①鯨を取ること。②鯨を取る場所の意から「海・浜・灘」にかかる枕言葉。『万葉集』

〈勹 部〉

匍匐　ほうほう
「這這」とも書く。やっとの思いで歩くさま。あわてふためくさま。『浮世物語』

匍匐の体　ほうほうのてい
「這這の体」とも書く。今にも逃げ出さんばかりに、かろうじて逃げ出すさま。『椿姫』

匍匐　ほふく
①はらばうこと。②貴人の前などでひざまずき、膝で進退する礼。『日本書紀』

〈十 部〉

南五味子　さなかずら・さねかずら
①「真葛・美男葛」とも書く。モクレン科の常緑蔓性低木。②「絶えず・会う」などに掛かる枕詞。『万葉集』

南天竹　なんてん
「南天・南天燭」とも書く。メギ科の常緑低木。

南天燭　なんてん
「南天竹」とも書く。→南天竹

南木　なぎ
「梛・竹柏」とも書く。マキ科の常緑高木。神木とされ、葉が災難よけになるとの俗信により熊野道者がこれを売り歩いた。『平治物語』

南瓜　カボチャ・ぼうぶら
カボチャ—ウリ科の一年生果菜。十六世紀ころカンボジアから伝来したからいう。
ぼうぶら—秋田県・九州地方などでニホンカボチャ。

南芥菜　はたざお
「旗竿」とも書く。アブラナ科ハタザオ属植物の総称。

南旺府　プノンペン
カンボジアの首都。

南風　ようず
「羊頭・陽吹」とも書く。①南東から吹く風。春に雨をもたらす風。『三藐院記』。②愚か者。『評判』

南椒　さんしょう
「山椒・秦椒・蜀椒」とも書く。ミカン科の落葉低木。

南蛮繁縷　なんばんはこべ
「狗筋蔓」とも書く。ナデシコ科の多年草。

南殿　なでん
①紫宸殿の異称。②サクラの栽培種の一種。

南燭　しゃしゃんぼ
「小小ん坊」とも書く。ツツジ科の常緑小高木。

卑　ひくし
官位・地位が低いこと。

卑行　めした・ひこう
じぶんより目下の親族。

卑佞　ひねい
身をかがめて人にへつらうこと。

卑吝　けち
金品などを必要以上に惜しむこと。『椿姫』

卑見　ひがみ
「僻み」とも書く。卑屈な考え方。ねじけた心。『緑蓑談』

卑草　いやしきくさ
イネ科の一年草ヒエの異称に比定。稗の字体を分解したものと。『沙石集』

卑胸　ひきょう
「卑怯」とも書く。①臆病なこと。②卑劣なこと。

〈卩（㔾）部〉

卻走　きゃくそう
「却走」とも書く。逃げ帰ること。

卻退　きゃくたい
「却退」とも書く。あとへさがること。「退却」に同じ。

卸　ぬぐ
帽子や着物など、身に着けていたものを取る。

〈厂 部〉

厚木　ほお・ほおのき・ほおがしわ
「朴・厚朴」とも書く。モクレン科の落葉高木。

厚皮　ほお・ほおのき・ほおがしわ
「厚木」とも書く。→厚木

厚皮香　もっこく
「木斛」とも書く。ツバキ科の常緑高木。

厚朴　ほお・ほおのき・ほおがしわ
「厚木」とも書く。→厚木

厚染紙　こぜんし
「濃染紙」とも書く。紫色に濃く染めた紙。『紫式部日記』

厚情　こうせい
思いやりのある気持ち。

厚様　あつよう
鳥の子紙の異称。一般に厚手の和紙。

〈又 部〉

叙用　じょよう
任用する。承知する。『六波羅下知状』

叛逆　はんぎゃく・ほんぎゃく
「反逆」とも書く。権威・権力・国家などに逆らうこと。『ひらかな盛衰記』

〈口 部〉

哀　あっぱれ
「天晴・適」とも書く。ほめたたえるときにいう語。「あっぱれ」に同じ。『太平記』

哀愍心衆生 あいみんしんしゅじょう
「哀愍衆生」とも書く。神仏にあわれみを請う言葉。寺社の棟札などに書かれる。

咳き しわぶき
①咳。『源氏物語』。②訪問のしるしの咳払い。

咥煙草 くわえたばこ
「銜煙草」とも書く。手を添えないで口にくわえたままで煙草を吸うこと。

咥煙管 くわえぎせる
「銜煙管」とも書く。手を添えないで煙管口にくわえたままで煙草を吸うこと。

咬牙 はがみ
歯ぎしり。

咬𠺕吧 ジャガタラ
インドネシアの首都ジャカルタの古称。

咬𠺕吧水仙 ジャガタラずいせん
ヒガンバナ科の多年草。

哄堂 どっとわらう
その場にいる者がそろって笑い声をあげること。

哉 かな・や・か
かな—詠嘆の意を表す終助詞。『伊勢物語』
や—反語の意を表す係助詞。『三河物語』
か—疑問の意を表す係助詞。『御成敗式目』

咫 あた・た
「尺」とも書く。上代の長さの単位。手首から中指の先端までの長さ。『古事記』

咫尺 しせき
①距離が非常に近いこと。『閑吟集』。②貴人に会うこと。『平家物語』

哆 あつかい・あつかう・たらす
あつかい—「曖・扱」とも書く。①評判、調停。近世ではとくに訴訟の仲裁。②薩摩藩の地方職名。
あつかう—「扱う」に同じ。
たらす—女を言葉たくみにだます。

哆状 あつかいじょう
「曖状・扱状」とも書く。近世の訴訟で、調停で和談が成立したことを証明する文書。

咲容 えまい
「咲・笑」とも書く。①笑顔。②花が開くこと。

品字梅 ざろんうめ・やつぶさうめ
「座論梅・八房梅」とも書く。梅の一品種。

品位 ほんい
律令で定められた親王・内親王の一品から四品までの位階。

品封 ほんぷ
律令で定められた親王・内親王の位に応じて賜った封戸（ふこ）。

品題 みたて
見て選定すること。『浮雲』

品藻 ひんじも
「品字藻」とも書く。ウキクサ科の多年草。

〈土　部〉

垣 くべ・くべがき
「柵」とも書く。垣・柵の古称。『万葉集』

垣下 かいもと・えんが・えが
饗宴の際に主人を補佐して正客に陪席し、同様に饗応を受ける人。『左経記』

垣内 かいと・かきつ
「垣戸・貝戸・海道」とも書く。①屋敷。『無名抄』。②集落の最小単位。『法隆寺衆分成敗引付』

垣外 かいと
①江戸時代の大坂で、町内の祝儀・法事などの折に長吏に従って雑役を引き受け、祝儀を受けた垣外番。②乞食。ものもらい。

垣矢間 かいやざま
敵に対して身を隠す垣を作り、そのすき間から矢を射る造り。

垣衣 しのぶぐさ
「忍草」とも書く。①ノキシノブなどのシダ植物。②慕い思う要因。心配ごと。『万葉集』

垣面 かきも
垣の外。『太平記』

垣越 くべごし
垣根ごし。

型録 カタログ
商品目録。

垢結 くけつ
煩悩の異称。

垢穢 こうあい・くえ
垢がついて汚れていること。『今昔物語集』

垢膩 くに
垢と脂。『卒都婆小町』

垢離 こり
冷水を頭から浴びて穢れを浄化し、神仏に祈願をすること。「水垢離」に同じ。

城玄 やさかた
「八坂方・屋坂方・屋佐方」とも書く。琵琶法師の一派。

城柵 きかき
「柵」の古称。

城殿扇 きどのおうぎ
京都産の扇の一種。

城楼棚 せいろうだな
①茶道で用いる棚物の一種。「宗及棚・半切棚」に同じ。②違い棚の一種。

垜 あむつち・あずち
「堋・安土」とも書く。弓の的を立てるために、土を山形に盛ったところ。『出雲風土記』

〈夊（夂）部〉

変化 へげ・へんげ
①形が変化すること。②神仏が人の姿となって現れること。『竹取物語』。③動物などが姿を変えて妖怪などとして現れること。『宇津保物語』

変改 へんかい・へんがい
変え改めること。変わり改まること。『関東御教書案』

変若 おち・おつ
「復」とも書く。①もとの状態にもどること。『万葉集』。②若返ること。『万葉集』

変若水 おちみず
「復水」とも書く。月神がもっているとされる若返りの水。

変易生死 へんにゃくしょうじ

仏教で、迷いの世界を離れた聖者の生死。体形・状態を自在に変化させることができ、仏となるときは身体を捨てるとされた。

変替　へんがえ
「変改（へんがい）」の訛り。一度決めたことを変更すること。『日暮硯』

〈大　部〉

奕葉　えきよう
世を重ねること。代々。

契丹　きったん・きたい
四世紀頃、内モンゴルにいたツングース系の民族。

契情　けいせい
「傾城」とも書く。①美女。『平家物語』。②遊女。

契経　かいきょう
仏教用語。①仏教経典。またその総称。②十二部経の一つ。修多羅（しゅたら）。

契短　けんたん
「間短」とも書く。下等な娼婦。夜鷹より少し格が上とされた。『世間子息気質』

奏風　にしかぜ
秋風。

〈女　部〉

威尼斯　ベネチア
イタリア北東部の都市ヴェネツィア。

威所　かしこどころ
「賢所」とも書く。①宮中で八咫鏡（やたのかがみ）を模した神鏡を祀ってあるところ。②神鏡。『平家物語』

威徳　みいつ
「御稜威」とも書く。威光。徳の高いこと。

威藹　いあい
いかめしさの中になごやかな雰囲気がこもること。

姦し　かだまし
「奸し」とも書く。①心がねじまがっているさま。『日本書紀』。②無精である。怠慢である。

姦心　かたみごころ
ねじけた心。

姦曲　わるぢえ
「悪知恵」とも書く。悪事にかけての知恵。よこしまな知恵。

奸し　かだまし
「姦し」とも書く。『平家物語』↓姦し

奸む　かだむ
「佞む」とも書く。①心がねじまがる。いつわる。『続日本紀』。②姦通する。『日本書紀』

奸偽　かんぎ
邪悪な心をもってするいつわりの行為。『東寺供僧方公文円信奉書案』

奸謀　かんぼう
わるだくみ。『甲州法度之次第』

奸濫　かんも・かんらん
整然としておらず、乱れていること。『東大寺衆徒申状案』

〈子　部〉

孩嬰　がいえい
二、三歳の子供。

〈宀　部〉

客　まろうど
「賓」とも書く。まれに来る人の意。来客。客人。『日本書紀』

客人　まらうと・まろうど
「客」に同じ。『今昔物語集』↓客

客月　かくげつ
先月・前月。

客会釈　きゃくあしらい
①客のもてなし。また、その仕方。②江戸時代、奥女中の役。

客行　かあん
「知客行者」の略。禅宗寺院の職名の一つ。

客作　かくさく
賃金をもらって働く者。

客神　まろうどがみ
①異国から渡来した神。②従属的な神として神社の一隅に祀られている外来の神。

客家　ハッカ
中国の広東省を中心に、古く華北から移住した漢民族の一支派。独特の習俗・方言をもつ。

客桟　かくざん
中国で、おもに商品取引や商談を行なう地方商人相手の旅館。

客窓　かくそう
①旅宿の窓。②旅の宿。

客寓　かくぐう
①客として身を寄せること。またその家。②旅の宿。仮の宿り。

客裡　かくり
「客裏」とも書く。①旅行中。旅に出ているあいだ。『日葡辞書』。②まだ住持ではない行脚中の僧。

客遇　かくぐう
客人として迎えもてなすこと。

客歳　かくさい
去年。昨年。

客裏　かくり
「客裡」とも書く。『日葡辞書』↓客裡

客臘　かくろう
去年の十二月。「旧臘」に同じ。

室寿ぎ　むろほぎ
新築の部屋や家の落成の祝い。『日本書紀』

室鰺　むろあじ
「鯥」とも書く。アジ科ムロアジ属の海産硬骨魚。

宣ち　のりごち
「令ち」とも書く。おおせになる。命令する。『日本書紀』

宣旨書　せじがき
①宣旨の文書。②代書すること。『源氏物語』

宣言　のりごと
「告言・詔」とも書く。みことのり。おおせ。『日本書紀』

宣童　のりわら
福島県の葉山の祭りで、神懸りになって託宣を告げる男性。

宥　なだむ・ゆるす
なだむ―①寛大に扱う。『源氏物語』。②荒立てないように穏やかにとりなす。『平家物語』。③機嫌をとる。『十訓抄』

宥免 ゆうめん

ゆるす—①許容。②釈放。

①罪を許すこと。『平家物語』。②年貢を免除すること。『浮世物語』

宥恕 ゆうじょ

「優恕」とも書く。大目にみて罪を見逃すこと。非法に目をつぶること。『島津家文書』

〈寸 部〉

専 おさおさ・とうめ・ほしいまま

おさおさ—下に打ち消しの語をともなって、ほとんど。まったく。『源氏物語』

とうめ—「くため」の転。もっぱら。『日本書紀』

ほしいまま—「恣・擅・縦」とも書く。自分の思うとおりに勝手気ままにふるまうさま。

専女 とうめ

①老女。『土佐日記』。②老狐の異称。『百錬抄』

封 つちづく・ふ

つちづく—土を高く築く。

ふ—封戸（ふこ）の略。『栄花物語』

→封戸

封戸 ふこ

古代、皇族や高官の位階に応じて支給した俸禄としての戸。

封度 ポンド

①ヤードポンド法による質量の単位。②イギリスの貨幣単位。

〈⺍ 部〉

単于 ぜんう

古代、中国を脅かした北方の遊牧民族である匈奴の首長の称号。

単皮 たび

「足袋」とも書く。足を包む袋状の履物。親指と他の指が分かれる。『宇治拾遺物語』

単吟 ソロ・アリア

ソロ—独唱・独奏。『即興詩人』

アリア—オペラなどの詠嘆曲。『即興詩人』

単情 かたおもい

「片思い」とも書く。一方だけが恋い慕うこと。

単寧 タンニン

ウルシ科の落葉小低木ヌルデなどに生じる五倍子（ふし）などより得た液体を蒸発させ得た黄色の粉末。インクの製造などに用いられる。

〈尸 部〉

屋外 やど

「屋前」とも書く。①家の戸口辺。②庭先。『万葉集』

屋布 やしき

「屋舗・屋鋪・屋敷・邸」とも書く。家屋が建っている土地の一区画。また、その中のとくに大きな家。『芭蕉書簡』

屋坂方 やさかた

「城玄・八坂方・屋佐方」とも書く。琵琶法師の流派の一つ。

屋形 やかた

「館」とも書く。『太平記』

屋前 やど

「屋外」とも書く。→屋外

屋後 やじり

「家尻」とも書く。家・蔵などの裏手。

屋端 やづま

①家の端。軒端。『栄花物語』。②家。『胡蝶』

屋舗 やしき

「屋布」とも書く。『ひらかな盛衰記』。→屋布

屋鋪 やしき

「屋布」とも書く。『甲子夜話』。→屋布

屍諫 しかん

「尸諫」とも書く。身命を捨てて主君をいさめること。

屍骸 しにかばね・しかばね

死んで魂がぬけてしまった肉体。「なきがら」に同じ。『日本霊異記』

屍櫃 からひつ・からと

「辛櫃」とも書く。遺体を納めて葬る箱。「棺・ひつぎ」に同じ。『宇津保物語』

屎戸 くそへ

「糞戸」とも書く。糞など汚いものをまきちらすこと。『祝詞』

屏中門 へいじもん・へいじゅうもん

「屏中門・平地門（へいじもん）・屏重門（へいじゅうもん）」とも書く。表門と庭の間に位置する中門。扉は二枚開き。

屏風 びょうぶ

「屛風」とも書く。室内に立てる仕切りや装飾の具。

〈山 部〉

峙 そばだつ・そびゆ

山・岩などがひときわ高くそびえ立つ。『太平記』

峙ち そばだち

「喬立ち」とも書く。①角張ってそびえ立つ。『今昔物語集』。②斜めに立つ。『玉塵抄』。③かどが立つ。『妹背山』

〈己 部〉

巻子 まかご・へそ

まかご—「白薇」とも書く。ゼンマイ科の大形多年生シダ、ゼンマイの異称。『新撰字鏡』

へそ—「綜麻」とも書く。紡いだ麻をつなぎ、環状に幾重にも巻いたもの。『古事記』

巻子本 かんすぼん・けんすぼん

絹や紙を横長に貼り合わせ、端に軸をつけて巻き込んだ形式の書物。「巻物・巻本」に同じ。

巻曲 うねり

波の山と山の間が長い大波。『上田敏全訳詩集』

巻舌 したをまく

感嘆のあまりものもいえないさま。『東大寺三綱等陳状』

巻柏 いわひば・くさひば

「岩檜葉」とも書く。イワヒバ科のシダ植物。「イワマツ」に同じ。

巻莨 シガー

葉巻。『緑蓑談』

巻蒸 けんちん

「巻繊・巻煎」とも書く。①黒豆のもやしをゴマ油で炒め、湯葉で巻いて醤油味などで煮浸しにした料理。②千切りにした大豆や牛蒡・椎茸などを油で炒め、くずした豆腐とともに湯葉で巻いて油であげたもの。③けんちん汁の略。

巻数　かんじゅ・かんず
仏教で、僧が祈祷・供養などのために読誦した経典などの名と読誦回数を記した目録で、寺院が願主に贈る。『源氏物語』

巻緒　まきお
巻物や掛軸などの巻頭につけてある紐。巻き上げてからほどけないよう固定するのに用いる。

巻餅　けんぴん・けんびん
小麦粉・白砂糖・クルミ・黒ゴマを混ぜ、銅の平鍋で醤油をつけながら焼き、棒状に巻いて小口切にした餅菓子。『日葡辞書』

巻繊汁　けんちんじる
千切り野菜とくずした豆腐を油でいためたものを具にしたすまし汁。

巷説　こうせつ
世の中のうわさ。『藤原定家書状』

〈巾　部〉

帟　ひらばり
「平張」とも書く。仮屋をつくるときに、日覆いや屋根がわりに平らに張る幕。

帥　そち・そつ
大宰府の長官。『源氏物語』

帥親王　そちのみこ
大宰府の長官である親王。『源氏物語』

帝料　みかどがね
「御門料」とも書く。将来天皇となるべき方。

〈幺　部〉

幽　かすか・はるか
かすか―物の形・色などがかろうじて認められるさま。『おくのほそ道』
はるか―「遥か」とも書く。距離が非常に遠く隔たっているさま。『今昔物語集』

幽谷響　こだま
やまびこ。

幽味浩渺　ゆうまいこうびょう
奥深くほの暗いさま。『根南志具佐』

〈广　部〉

度　たし・たび・どす・はかる・わたる
たし―「…したい」。『近世法制史料集』
たび―とき。折。『今昔物語集』
どす―仏教用語。仏のおしえによって迷いから救う。正式に僧・尼として認められる。『今昔物語集』
はかる―推しはかる。見当をつける。『折たく柴の記』
わたる―超える。過ぎていく。『左経記』

度会県　わたらいけん
一八六八（慶応四）年に旧伊勢神宮領・幕府領を所管するために設置された度会府を、一八六九（明治二）年に県に改称。一九七一（明治四）年、行政区域再編にともない廃止されるが、旧久居・鳥羽の二件を併合して再置。一八七六（明治九）年、三重県に併合される。

度度　よりより
①時々。『三蔵法師伝』。②ひとりごと。

度遍　たびまねし
「遍数多」とも書く。度数が多いこと。

度縁宣旨　どえんせんじ
貴人が得度して僧尼になるとき、太政官が交付した許可の宣旨。

〈廴　部〉

廻み　たみ
「訛み」とも書く。①ぐるっと曲がる。『万葉集』。②なまりがある。『源氏物語』

廻毛　つむじ
①「旋風」とも書く。渦を巻いて吹き上がるかぜ。つむじかぜ。『日本書紀』。②「旋毛」とも書く。人の髪の毛で、頭頂の渦を巻いている部分。『名義抄』

廻文　かいぶん・かいもん・まわしぶみ
「回文」とも書く。回覧用の文書。『北条氏政書状』

廻向　えこう
「回向」とも書く。仏教で、自らが積んだ善根功徳を他者に向けたり、供養・寄進をすること。転じて、死者の成仏を祈ること。『かたこと』

廻米　かいまい
「回米」とも書く。江戸時代、諸国の米を江戸・大坂へ回送したこと。また、その米。『地方凡例録』

廻状　かいじょう
「回状」とも書く。①多くの人に回覧されるように作成された文書。『諸藩留守居組合廻状』

廻拵　まわりかせぐ
戦の場で奮闘すること。『上杉政虎感状』

廻転鳥　うぐいす
「鴬」とも書く。スズメ目ヒタキ科ウグイス亜科の鳥。

建す　おざす
北斗星の斗柄が十二支のいずれかの方角をさす。陰暦の正月は寅、二月は卯で、順次一年間で十二の方角をさす。『和訓栞』

建日別　たてひわけ
古代、九州南部の熊襲国の異称。

建水　みずこぼし・けんすい
「水翻・水覆」とも書く。点茶で茶器をすすいだ水や湯を捨てる器。

建部　たけるべ
古代の軍事的部民の一つ。『日本書紀』

建蘭　するがらん
「駿河蘭」とも書く。ラン科の多年草。

廼　すなわち
「乃・則・即・便・輙」とも書く。①すぐさま。即刻。②そうなると。それゆえ。『関東下知状』

廼日　このごろ
「此頃・此比・頃日・頃者」とも書く。ちかごろ。

廼刻　ないこく・のうこく・のこく
手紙文の末尾に日付のかわりに書く語。即刻の意。

廼時　ないじ
「乃時」とも書く。「即刻・即時」に同じ。

〈彳　部〉

衍文　えんぶん
文中に誤って書き込まれた不要の文。

衍衍　えんえん

水があふれて流れるさま。

後 ゆり
のち。今より後。『万葉集』

後夫 うわお
「上夫」とも書く。後でつれそった夫。『倭名類聚鈔』

後方 しりえ・あとべ
「後」とも書く。①うしろの方。うしろ。『万葉集』。②皇后などの住居。

後毛 おくれげ
ほつれて下がった髪の毛。おくれ髪。

後世善所 ごせぜんしょ
来世には極楽に生まれ変わること。「後生善処・後生清浄」に同じ。『栄花物語』

後生楽 ごしょうらく・ごしょうらく
①後世は安楽と思って安心すること。『平家物語』。②後のことを苦に思わないで呑気なこと。『浮世床』

後目 しりめ
「尻目」とも書く。①顔は動かさず、目だけを動かして後ろの方を見ること。『源氏物語』。②「…をしりめに」のかたちで、…を無視して事を行なうさま。

後目痛 うしろめた・うしろべた
①あとのことが気掛かりである。『古今和歌集』。②良心に恥じることがあるので、気が引ける。

後早 しりばや
動きのすばやいさま。『落窪物語』

後住 ごじゅう
後任の住職。『御触書天明集成』

後言 かげごと・しりうごと・しりゅうごと
かげごと―「陰言・影言」とも書く。その人がいないところで言う悪口。『仮名草子』
しりうごと・しりゅうごと―その人がいないところで悪口を言ったりうわさをしたりすること。『枕草子』

後取 しんどり
新年に宮中で、天皇から屠蘇のお流れをちょうだいする役。『中右記』

後夜 ごや
①夜を初・中・後と三つに区分けしたものの最後の時間帯。夜半から明け方。『狭衣物語』。②寅の刻。現在の午前四時ころ。その時刻に行なう勤行。『源氏物語』

後妻 うわなり
「次妻」とも書く。後からめとった妻。第二夫人や妾など。『御伽草子』

後果て しりはて
最後。『軽口露がはなし』

後信 こうしん
あとから書き送る書状。『上杉家文書』

後巻 しりまき
「尻巻」とも書く。最後。おわり。『今昔物語集』

後退 あとずさり・あとじさり
①前を向いたまま後ろへしりぞくこと。②ウスバカゲロウの幼虫アリジゴクの異称。③クモ科カニムシ科の節足動物カニムシの異称。

後音 こういん
あとから書き送る書状。文末に「後音を期候」と書くことが多い。『徳川家康書状』

後音信 あといしん
婚礼の翌日に嫁の実家から送ってくる餅。「音信餅」に同じ。

後風 しりぶり
うしろ姿。「後振」に同じ。『万葉集』

後振り しりぶり
「後風」とも書く。→後風

後挙歌 しらげうた
「志良宜歌」とも書く。末節を高くあげて歌う上代の歌謡。『古事記』

後真風 おくれまじ
「送真風」とも書く。晩夏から初秋に吹く風。

後陣痛 しりはら
「児枕痛」とも書く。出産後の腹痛。『倭名類聚鈔』

後朝 きぬぎぬ
「衣衣」とも書く。①脱いだ衣を重ねて共寝をした男女が、翌朝、それぞれの着物を着て別れること。また、その朝。『古今和歌集』。②転じて、男女が離別すること。離縁。『箕被』。③離れ離れになること『武道伝来記』

後番 のちつがい
歌合せが終わってから、ほぼ同じ顔ぶれで引き続き行なわれる歌合せ。

後塞双矢 のちふたぎなみや
賭射で、最後に射る双矢。

後詰 ごづめ
籠城戦の戦法の一つ。城を攻められたとき、背後から攻城軍を攻めてくれるよう援軍を求めること。また、その軍勢。『太平記』

後盤 しりざら
杯を据える台。『倭名類聚鈔』

後輪 しづわ
馬具の一つ。鞍橋の後ろの、馬の背にまたがる部分。『源平盛衰記』

後轅 しりながえ
牛車の後ろに出ている二本の短い棒。「とみのお・こながえ」に同じ。

徇 となう
広く触れ回る。告げ知らせる。

待坐 じざ
貴人のそばにつき従って坐っていること。

律儀 りちぎ
「律義」とも書く。仏陀が定めた禁戒を守り、礼儀正しく実直であること。

〈忄 部〉

悔過 けか
仏教用語。①三宝に己の罪を懺悔すること。また、その儀式。『今昔物語集』。②謝罪。『梁塵秘抄』

悔還 くいかえし
一度譲与した所領などを取り戻すこと。『御成敗式目』

恪勤 かくご・かくごん
①忠実に任務や職務にはげむこと。②平安時代、禁中・貴族などに仕え、警護や雑役を勤めた下級武士。『宇治拾遺物語』

恟恟 きょうきょう
「洶洶」とも書く。恐れおののくさま。『緑蓑談』

恒河 ガンジス
インドの大河。西部ヒマラヤ山脈に発し、ベンガル湾に注ぐ。

恒規 こうき
不変の法則。恒例。『後鳥羽上皇院宣案』

恰も　あたかも
「宛も」とも書く。①ちょうど。まるで。『万葉集』。②十中八九。『撰集抄』。③ちょうどその時。まさに。『社会百面相』

恍け　とぼけ
「惚け」とも書く。①頭の働きが鈍くなる。おいぼれる。『海上物語』。②知らぬふりをする。しらばくれる。『日葡辞書』

恃怙　たのみ
「田面・田実」とも書く。近世、八月一日の贈答の行事。米を折敷などに入れて人に贈り、これに対して返礼して豊作の喜びを交わした。

恤民　じゅつみん
人民をあわれみめぐむこと。

恤救　じゅっきゅう
困っている人々を救い、恵むこと。ほどこし。「救恤」に同じ。

恬淡　てんたん
「恬澹」とも書く。無欲であっさりしていること。物に執着せず、心が安らかなこと。↓恬澹

恬然　てんぜん
①安らかでのんびりとしているさま。②何も感じず、平気なさま。物に動じないさま。

恬静　てんせい
心安らかで静かなさま。

恬熙　てんき
①安らかに喜ぶこと。②国家が太平無事なこと。

恬澹　てんたん
「恬淡」とも書く。↓恬淡

〈扌部〉

按司　あんず・あんじ
古代、琉球国の官名。領主。王家の近親。

按配　あんばい
「塩梅・按排」とも書く。①料理の味加減。②物事の具合。とくに健康状態。『真景累ヶ淵』。③ほどよく物事を処理すること。物をほどよく並べること。『草枕』

按排　あんばい
「按配」とも書く。↓按配

按察　あぜち
「按察使」とも書く。奈良時代の地方行政監察官。

按察使　あぜち・あんさつし・あんざつし・あぜつし
「按察」とも書く。↓按察

按覆　あんぷく
①調べて明らかにすること。②律令制の刑事訴訟用語。初審裁判所が作成した調書・判決文を再審裁判所が再度取り調べ、最終決定をくだすこと。

挌護　かくご
「格護」とも書く。①扶養・保護すること。②守備すること。③保有すること。『相良家文書』

拱く　たむだく・うだく
たむだく―「手抱く」とも書く。腕を組む。手をこまねいている。『万葉集』
うだく―「抱く・懐く」とも書く。だく。かかえる。

挂　かく
掛ける。引っ掛ける。『甲子夜話』

挂搭　かた
「掛搭」とも書く。禅宗で、寺院に入った新しい僧が、衣鉢や錫杖などを僧堂に置き、安住すること。『正法眼蔵』

挂錫　かしゃく
「掛錫」とも書く。仏教で、行脚中の僧が他の寺院に長期滞在すること。転じて、僧堂に籍をおいて修行すること。

拷　たぐる
「手繰る」とも書く。両手を交互に使って手元へ引き寄せる。

拷訊　ごうじん
古代・中世の拷問の一つ。杖・鞭で肉体に苦痛を与え、問い正すこと。『保元物語』

拶双魚　さっぱ
ニシン科の海産硬骨魚。

拶当　さっとう・さっと
「撮当」とも書く。違法行為をとがめて正すこと。

指　および
「ゆび（指）」の古称。『源氏物語』

指子　さしこ
「指袴」とも書く。裾口をくくらない、足首までの短い袴。模様のない平絹で作り、近世、公家が指貫代わりに用いた。

指艾　さしもぐさ・させもぐさ
「指焼草」とも書く。①キク科の多年草ヨモギの異称。『枕草子』。②観世音菩薩に救われるべき一切衆生。この世に生きるすべての人。『和訓栞』

指合　さしあい
「差合」とも書く。①さしさわり。②あたりさわり。『宗全書状』。③連歌・俳諧で一巻の中に類似した詞などを続けて用いたり、近くに用いるのを嫌うこと。④二人で力を合わせて事を行うこと。『野菊之墓』

指声　さしごえ
「差声」とも書く。中世芸能の用語。声明・平曲などで、文章の内容を伝えることを主眼として単純な節で謡われる部分。

指肘　さすかいな
「指肱」とも書く。舞楽の舞の型の一つ。左右の手をひろげ、手の先をはね上げる所作。

指事　さしたること・させること
これというほどの。とりたてて言うほどの。それほどの。

指肱　さすかいな
「指肘」とも書く。↓指肘

指物　さしもの
「差物・挿物」とも書く。①室町時代末期から江戸時代にかけて、武士が戦場で鎧の背などにさしたり、従者に持たせたりした目印の小旗や飾り物。『常山紀談』。②木の板を細かくさしあわせて作った家具や箱など。

指矩　さしがね
「差金」とも書く。大工が使う直角に折れ曲がった形の銅または黄銅製の物差し。「曲尺」に同じ。

指紙　さしがみ
「差紙」とも書く。①江戸時代、日を指定した役所などの召喚状。『丹波与作』。②江戸時代、蔵米の落札人が便宜的に米商に発行した一種の貨物証券。③揚屋から置屋へ遊女を指名して呼びにやる書状。また、芸者・芸妓がひろめのとき、名や容姿などを記して茶屋・揚屋に配る細長い紙。『傾城禁短気』

指袴 さしこ
「指子」とも書く。→指子

指貫 さしぬき・およびぬき
さしぬき―幅がたっぷりと広く、裾に通した紐をしぼって足首で結ぶ袴。貴族が直衣や狩衣などのときに着用した。
およびぬき―裁縫で針の頭を押すときに指にはめる「ゆびぬき」の古称。

指焼草 さしもぐさ・させもぐさ
「指艾」とも書く。→指艾

指間 たなまた
「手股」とも書く。指と指の間。『古事記』

指置 さしおく
「差置」とも書く。①「置く」を強めていう語。②ほかのことをするために、今していたことをそのままに捨ておく。『源氏物語』。③でしゃばる。

指麾 しき
「指揮」とも書く。さしずすること。『甲子夜話』

持成 もてなし
待遇。とりなし。『平家物語』

持相 もあい・もやい
「催合・最合」とも書く。ほかの人と共同で物事を行うこと。また、その組織。『算法地方大成』

持傾頭者 きさりもち
古代、死者を埋葬するとき、供御を持って従う者。

拾謁 しゅうえつ
貴人や目上の人にお目にかかること。「謁見・拝顔」に同じ。

拭篦 のごいの
褐色半透明の漆をうすく塗った矢柄。

拵 かこう・こしらえ
かこう―「囲う」とも書く。①外部の力がおよばないように周囲をとりまく。『金葉和歌集』。②こっそり養う。③野菜などを蓄えておく。
こしらえ―あれこれと取り計らうこと。『梁塵秘抄』

挑文師 あやのし・ちょうもんし
古代、織部司（おりべのつかさ）に属し、織物の技術を教えた役。

挑灯 ちょうちん
「提灯・提燈」とも書く。『ひらかな盛衰記』

拤 かせぐ
「稼ぐ」とも書く。

〈氵部〉

洟 つきばな
鼻水。『枕草子』

洟垂 はなだら
馬鹿。間抜け。はなたれ。『日葡辞書』

洿田 くぼた
「凹田・窪田」とも書く。低地にある水田。

海人 あま
①「海士・海夫・泉郎・蜑」とも書く。漁夫。②海女。

海人女 あまめ
「蜑女」とも書く。女の漁人。

海人草 まくり
「海仁草」とも書く。①海産の紅藻。②①に甘草などを加えた虫下し。『五人女』

海人焼残 あまのたきさし
名笛の名。塩焼きの余煙の中から得た竹で作られたという笛。

海仁草 まくり
「海人草」とも書く。『五人女』→海人草

海月 くらげ
「水母・海舌」とも書く。①海にすむミズクラゲなど鉢虫綱の刺胞動物の総称。『古事記』。②クラゲには骨がないことから、確固とした考えがなく、ころころと意見を変える人。

海月桶 くらげおけ
食用のクラゲを塩漬けにするための曲物（まげもの）の桶。『日本永代蔵』

海牛 ふぐ
「河豚・鰒」とも書く。フグ科とその近縁の硬骨魚の総称。『倭名類聚鈔』

海布 め
ワカメ、アラメなど食用の海藻の総称。『万葉集』

海未通女 あまおとめ
「海少女」とも書く。年若い海女。

海石 いくり
①海中の岩。暗礁。『古事記』。②石。『匠材集』

海石榴 つばき
「山茶・椿」とも書く。ツバキ科の常緑高木。『古事記』

海石榴市 つばいち
「海柘榴市・椿市」とも書く。古代、奈良県桜井市三輪付近にあった市（いち）。『万葉集』

海辺 うなべ・うなばた・うなべた・あまはた
海のほとり。

海会 かいえ
仏教で、聖なる人の会合。とくに仏や菩薩などをいう。『源平盛衰記』

海州常山 くさぎ
「臭木」とも書く。①クマツヅラ科の落葉小高木。②ミカン科の落葉低木のコクサギの異称。

海老田麩 えびでんぶ
「蝦田麩」とも書く。蒸した海老の身を細かく砕き味付けした食品。

海老束 えびづか
「蝦束」とも書く。違棚の上下を支える短い柱。

海老殻具足 えびがらぐそく
簡便な縅（おどし）をつけた低級の甲冑。

海老鞘巻 えびざやまき
「蝦鞘巻」とも書く。鞘に蝦の甲羅に似た加工を施し朱塗りにし、鞘尻を反らした刀。

海老鰭盥槽 えびのはたぶね
大嘗祭で手を洗う具。

海舌 くらげ
「海月」とも書く。→海月

海参 いりこ・きんこ・ほしこ
「煎海鼠」とも書く。ナマコの腸を取り除き、煮て干したもの。「ほしこ」に同じ。『庭訓往来』

海狗 あしか
「海馬・葦鹿・海驢」とも書く。①アシカ科の哺乳類の総称。『倭名類聚鈔』。②アシカはよく眠ることから、眠たがってばかりいる新造。『川傍柳』

海若　わたつみ
「海神・海童・綿津見」とも書く。①海を支配する神。『万葉集』。②海。『万葉集』

海苔菜　あおのり
「青海苔・緑苔・石髪海苔・乾苔」とも書く。食用となる緑藻類の一属。『新撰字鏡』

海苔搦　のりがらみ
魚のすり身に青海苔を加えて湯引きし、あぶり焼きしたもの。

海松　みる・ちょうせんまつ・かんしょう
みる―「水松」とも書く。海産の緑藻で食用。『万葉集』
ちょうせんまつ・かんしょう―マツ科の常緑高木チョウセンゴヨウの異称。

海松布　みるめ
「水松布・海松和布」とも書く。「海松」に同じ。『古今和歌集』↓海松

海松和布　みるめ
「海松布」とも書く。↓海松布

海松食　みるくい
「水松食」とも書く。バカガイ科の二枚貝。「ミルガイ」に同じ。『国性爺合戦』

海金砂　つるしのぶ・かにくさ
カニクサ科の多年草シダの異称。

海門　うなと
港の入口。瀬戸。海峡。

海星　ひとで
「人手・海盤車」とも書く。ヒトデ綱の棘皮動物の総称。

海胆　うに
「海栗・雲丹」とも書く。ウニ綱の棘皮動物。『本草和名』

海柘榴市　つばいち
「海石榴市」とも書く。『枕草子』↓海石榴市

海神　わたつみ・わだつみ
「綿津見」とも書く。①海をつかさどる神。『万葉集』。②海。『万葉集』

海神祠　ポセイドン
ギリシャ神話の海神。『即興詩人』

海里　ノット
船舶・海流の速度の単位。一ノットは一時間に一海里（一八五二メートル）の速度。

海狸　らっこ
「海猟・海獺・猟虎・獺猢」とも書く。イタチ科の哺乳類。海面を背泳しながら生息。海草にくるまって眠る。

海扇　ほたてがい
「帆立貝」とも書く。イタヤガイ科の二枚貝。

海桐花　とべら
トベラ科の常緑低木。

海栗　うに
「海胆」とも書く。『本草和名』↓海胆

海索麺　うみぞうめん
①アメフラシ・タツナミガイなどの卵。②海産の紅藻類。

海豹　あざらし
食肉類アザラシ科の哺乳類の総称。

海馬　あしか
「海狗」とも書く。↓海狗

海猟　らっこ
「海狸」とも書く。↓海狸

海豚　いるか
小形種の歯クジラ類の総称。

海部　あまべ
大和朝廷で、直接統治の海浜で採れる海産物を監理し、朝廷に納めた役の部民。『日本書紀』

海鹿　あしか
「海狗」とも書く。↓海狗

海棠　かいどう
バラ科の落葉小高木。

海童　わたつみ
「海若」とも書く。↓海若

海筍　うみたけ
「海茸・海笋」とも書く。「海筍貝」の略。ニオイガイ科の二枚貝。『日葡辞書』

海筍熨斗　うみたけのし
「海茸熨斗」とも書く。ニオイガイ科の二枚貝ウミタケで製した熨斗。

海蛤　うむき
「白蛤」とも書く。マルスダレガイ科の二枚貝ハマグリの古称。『日本書紀』

海象　せいうち
「海馬」とも書く。セイウチ科の哺乳類。

海雲　もずく
「水雲・海蘊」とも書く。海産の一年生褐藻。『倭名類聚鈔』

海路　うなじ・うみじ
船の通る路。航路。『万葉集』

海鼠　なまこ
①「生子・生海鼠」とも書く。ナマコ綱の棘皮動物の総称。②溶かした銑鉄を型で固めたもの。③「なまこ板・なまこ壁・なまこ餅・なまこ形」の略。

海酸漿　うみほおずき
「竜葵」とも書く。巻貝の角質の卵嚢（らんのう）。ホオズキと同じように口中で鳴らして遊ぶ。

海髪　うご・いぎす・おごのり
海産の紅藻オゴノリの異称。刺身のつまに用いる。

海髪祭　おごまつり
四月吉日に行なわれる海髪（おご）採り解禁の行事。

海盤車　ひとで
「海星」とも書く。↓海星

海鼠子　このこ
ナマコの卵巣を乾燥させた食品。

海鼠腸　このわた
ナマコのはらわたの塩辛。

海嘯　つなみ
「津波・津浪」とも書く。海底地震などの原因で起こる波。湾内の奥などに大災害をもたらすことがある。『もしや草子』

海燕　たこのまくら
「蛸枕」とも書く。ウニ綱の棘皮動物。「まんじゅうがい」に同じ。

海糠　あみ
「醤蝦・綿蝦・糠蝦」とも書く。アミ目の甲殻類の総称。

海鞘　ほや
「老海鼠」とも書く。ホヤ目の尾索類の総称。『土佐日記』

海螺　つぶ・つび・ばい
つぶ・つび―「螺」とも書く。螺（にし）類の総称。
ばい―「陀螺・貝」とも書く。紐

で回す独楽（こま）。「ばいごま」に同じ。『日葡辞書』

海螺撃　ばいてぎ
「貝伽」とも書く。子供の遊び。ばいごまを打ち合せて勝負する。「ばいまわし・ばいうち」に同じ。『日次紀事』

海藤　しおう
①オトギリソウ科の常緑高木トウオウの異称。②トウオウの樹皮から採れる黄赤色の樹脂。

海獺　らっこ・あしか
らっこ―「海狸」とも書く。→海狸
あしか―「海驢・葦鹿・海馬」とも書く。アシカ科の哺乳類の総称。

海蘊　もずく
「海雲」とも書く。→海雲

海羅　のり
「海苔」とも書く。①紅藻・緑藻などの水生の苔状のものの総称。②アサクサノリなどの乾海苔。

海贏回し　ばいまわし
「貝回し」とも書く。「海螺撃（ばいてぎ）」に同じ。『好色一代男』→海螺撃

海鏡　つきひがい
「月日貝・日月蠔」とも書く。イタヤガイ科の二枚貝。

海鶏　えい
「鱏・鱝・海鷂魚」とも書く。エイ目の軟骨魚の総称。

海鰕　いせえび
「伊勢海老・伊勢鰕・竜鰕」とも書く。イセエビ科のエビの総称。

海鰌　くじら
「鯨・小八梢魚」とも書く。哺乳類クジラ目の海獣で大形のものの総称。

海鯽魚　ちぬ
「茅渟魚」とも書く。海産の硬骨魚クロダイの異称。『倭名類聚鈔』

海鰱　ぶり
「鰤」とも書く。アジ科の海産硬骨魚。

海鷂　とびえい
「鳶鱝・鳶鱏」とも書く。トビエイ科の海産軟骨魚。

海鷂魚　えい
「鱏・鱝」とも書く。エイ目の海産軟骨魚の総称。

海蘿　ふのり
「布海苔」とも書く。海産の紅藻類の一種。煮て糊（のり）にする。『倭名類聚鈔』

海鰻　はも
「鱧」とも書く。ハモ科の海産硬骨魚。

海驢　あしか・みち
あしか―「海狗」とも書く。→海狗
みち―アシカの古称。『日本書紀』

洄　かい
川。『地方凡例録』

活才者　はたらきもの
「働き者」とも書く。『其面影』

活水　ぶどうしゅ
「葡萄酒」とも書く。ブドウの果汁を発行させてつくった酒。『西洋道中膝栗毛』

活行　はやり
「流行」とも書く。その時代の人々の好み。『此処やかしこ』

活計　なりわい・くらし
①生活。②贅沢。奢侈。『太平記』

活着　たつき
「活業・活計・方便」とも書く。生活の手段。『緑蓑談』

活業　たつき
「活着」とも書く。『離れ鴦』→活着

活餌　いきえ
「生餌」とも書く。鳥獣や釣りの餌にする生きたままの動物や虫など。

泊夫藍　サフラン
「泊芙蘭」とも書く。アヤメ科の多年草。

泊芙蘭　サフラン
「泊夫藍」とも書く。→泊夫藍

洶洶　きょうきょう
①波がさかまく音。また、そのさま。『即興詩人』。②大勢の人が集まって騒ぎ立てるさま。『三酔人経綸問答』

洪牙利　ハンガリー
「匈牙利」とも書く。中部ヨーロッパに位置する共和国。

洪輝殿　こきでん・こうきでん
「弘徽殿・弘毅殿」とも書く。平安京内裏の殿舎一つ。皇后・中宮の常御殿。そこに住む皇后・中宮・女御などの呼称。『大鏡』

洽　あまねし
広くすみずみまで行き渡ること。『松菊木戸公伝』

洒　こぼつ・さらす・そそぐ
こぼつ―「毀つ」とも書く。壊す。『西鶴織留』
さらす―「晒す・曝す」とも書く。広く人目に触れるようにする。『春色梅児誉美』
そそぐ―「注ぐ・灌ぐ」とも書く。水が激しく流れる。『航米日録』

洒水　しゃすい
「灑水」とも書く。①水をそそぐこと。②密教で、香水（こうずい）を注いで体や法具を清めること。

洒洒　さっぱり
清らかなさま。『浮城物語』

洒唖洒唖　しゃあしゃあ
「洒蛙洒蛙」とも書く。無頓着で言動があつかましいさま。『草枕』

洒掃　さいそう
掃除。『貞丈雑記』

洒落　しゃれ
①気が利いている。いきである。『金々先生栄花夢』。②文句をもじって他の意味をきかせる滑稽な表現。『世上洒落見絵図』。③たわむれ。④着飾る。

洒然　さらり
物事にこだわらないさま。気負わず淡白に事を行なうさま。『其面影』

洒落臭　しゃらくさい
生意気。『新色五巻書』

洒蛙洒蛙　しゃあしゃあ
「洒唖洒唖」とも書く。『緑蓑談』→洒唖洒唖

洵　まこと
「固・孚・苟」とも書く。言動が食い違わないこと。誠実なこと。

津　おくる
人の旅立ちを見送る。

津液　しんえき
「唾液」に同じ。

津湿 じめじめ
多湿で不快なさま。『多情多恨』

津渡 しんと
わたし。渡し場。

津綟子 つもじ
津市付近で生産された麻織物。夏羽織などに用いた。

津駅 しんえき
船着場。

津頭 わたしば
「渡場・渡頭」とも書く。渡船場。

浅支子 あさくちなし
「浅梔」とも書く。くちなしと紅花で染めた染色の一つ。

浅水 あさんず
「朝津」とも書く。催馬楽（さいばら）の律の曲の一つ。

浅瓜 しろうり・あさうり
「白瓜」とも書く。ウリ科の一年生果菜。

浅皿 あせりざら
浅い皿。

浅茅生 あさじう
浅茅が一面に生い茂ったところ。「浅茅原」に同じ。『源氏物語』

浅浅敷 あさあさし
軽々しい。あさはかだ。『ひらかな盛衰記』

浅葱 あさつき
「糸葱」とも書く。ユリ科の多年草で食用。ネギ類でもっとも細い。『倭名類聚鈔』

浅間敷 あさまし
「浅増・浅猿」とも書く。①意外だ。『竹取物語』。②あまりのことにあきれかえる。『枕草子』。③はなはだしい。『今昔物語集』。④なさけない。見苦しい。『結城氏新法度』。⑤品性がいやしい。

浅傷 あさで
「浅手」とも書く。軽い傷。

浅増 あさまし
「浅間敷」とも書く。『保元物語』↓浅間敷

浅滅紫 あさけしむらさき
染色の一つ。薄い紫。

浅猿 あさまし
「浅間敷」とも書く。『太平記』↓浅間敷

浅墓 あさはか
「浅慮・浅謀」とも書く。軽薄なさま。『春色梅美婦禰』

浅蜊 あさり
「蛤仔」とも書く。マルスダレガイ科の二枚貝。

浅緋 あさあけ
染色の一つ。緋色の薄い色。

浅慮 あさはか
「浅墓」とも書く。『牡丹灯籠』↓浅墓

浅謀 あさはか
「浅墓」とも書く。『春色梅美婦禰』↓浅墓

浅甕 さらげ・さらけ
底の浅いかめ。『日本書紀』

洗歪 ひすまし
「樋清・樋洗」とも書く。平安時代以降、宮中で便所の清掃に当った下級女官。『源氏物語』

洗流 ながし
台所や井戸端などに設けた洗い物をするところ。『邪宗門』

洗桃衣 あらぞめごろも
「桃染布・桃花染衣」とも書く。薄紅色に染めた衣。

洗鍋羅 へちま
「糸瓜・天糸瓜」とも書く。ウリ科の蔓性一年草。

洞 くき・うつろ
くき—①山の洞穴。『日本書紀』。②山のいただき。『新撰字鏡』
うつろ—戦国時代、一族一門を示す語。『伊達家文書』

洞中 うつろじゅう
一族。一門。

洞沙魚 うろはぜ
ハゼ科の汽水魚。

洞忍 ほらしのぶ
イノモトソウ科の常緑多年草のシダ。

洞然 ぱっちり
大きく目を見開いたさま。『多情多恨』

洞道 トンネル
「隧道（すいどう）」に同じ。『緑蓑談』

洞察き みぬき
表面にあらわれていないものを見てとること。見透かすこと。『浮雲』

洞漏 つつぬけ
隠しごとがたちまち外に漏れてしまうこと。

洋犬 かめ
洋犬（ようけん）。幕末・明治期に外来の英米人が犬に come here と呼んだことばを洋犬（カメヤ）と誤解したことからの語。『西洋道中膝栗毛』

洋冊 ブック
本。書物。『西洋道中膝栗毛』

洋玉蘭 たいざんぼく
「泰山木・大山木」とも書く。モクレン科の常緑高木。

洋机 テーブル
「洋卓」とも書く。洋家具の卓。食卓。『三四郎』

洋杖 ステッキ
洋風の杖。『浅尾よし江の履歴』

洋車 ヤンチョ
東洋車の略。人力車。

洋卓 テーブル
「洋机」とも書く。『門』↓洋机

洋股 ズボン
「洋袴」とも書く。両脚を別々に入れる洋服。

洋杯 コップ
「洋盃・骨杯」とも書く。ガラスの飲み物用の器。『門』

洋盃 コップ
「洋杯」とも書く。『観音岩』↓洋杯

洋剣 サーベル
西洋風の刀剣。『浪華新聞』

洋脂 ペンキ
「番瀝青」とも書く。「ペイント」に同じ。『ひかえ帳』

洋酒 ジン
ライ麦などを原料とし、杜松（ねず）の実で香りをつけた蒸留酒。『西洋道中膝栗毛』

洋袴 ズボン・パンツ
「洋股」とも書く。『門』→洋股

洋琴 ピアノ
鍵盤楽器の一つ。『夢十夜』

洋筆 ペン
筆記用具の一つ。『三四郎』

洋墨 インキ
「インク」に同じ。『当世書生気質』

洋髪頭 ざんぎりあたま
「散切り頭」とも書く。元結を結ばず、髪を切り下げたままにしておくこと。明治初年の文明開化の象徴とされた。『西洋道中膝栗毛』

洋燈 ランプ
「洋灯」とも書く。石油などを燃料とし、灯心に火を点じ、ほやをかぶせて照明に用いる器具。『浮雲』

洋燧 マッチ
「燐寸」とも書く。細い軸木の先に摩擦によって発火する薬剤を塗った用具。『当世書生気質』

洛叉 らくしゃ
「落叉」とも書く。仏教の数の単位で、十万・一億（諸説あり）のこと。

洛陽花 かわらなでしこ・せきちく
かわらなでしこ―「河原撫子」とも書く。河原に多く見られるナデシコ科の一群の草本。
せきちく―「石竹」とも書く。ナデシコ科の多年草。

〈犭部〉

狢 むじな
「貉」とも書く。イタチ科の哺乳類アナグマの異称。『日本書紀』

狭 さみす・せ・さ
さみす―「褊」とも書く。①狭くする。②軽んじる。けなす。
せ―狭いさま。
さ―「狭い・細い」に冠する接頭語。

狭小輿 ささごし
京都貴船神社の祭礼の子供御輿。

狭田 さだ・さなだ
狭い田。『日本書紀』

狭夜降 さよくだつ
「小夜降」とも書く。夜が更けること。

狭匙 せっかい
「切匙」とも書く。①すり鉢の内側などについたものを掻き落すのに用いる具。②鉾または薙刀の小さいもの。『日葡辞書』

狭間 はざま・さま
はざま―「迫間・間」とも書く。①谷あい。『日本書紀歌謡』。②物と物とのあいだの狭くなったところ。『伊勢物語』。③間の時間。『宇治拾遺物語』。④城壁に開けた銃眼。
さま―格子のすきまや小窓。『好色一代男』

狭間潜 さまくぐり
城中の狭間（城壁に開けた小窓）を潜って逃れること。転じて逃亡者。

狭筵 さむしろ
「狭席」とも書く。①幅の狭い、また短い筵。②筵。『古今和歌集』

狭隘 けち
必要以上に金品を惜しむこと。また、そのような人。しみったれ。『五重塔』

狭隘しい せせこましい
①ゆとりがなくて窮屈である。『其面影』。②度量がせまい。

狭織 さおり
幅を狭く織った倭文布（しずぬの＝古代の織物）。『万葉集』

狡猾い わるがしこい・ずるい
わるがしこい―「悪賢い」とも書く。悪いことに頭がよく働く。『こがね丸』
ずるい―「狡い」とも書く。自分の利益のためにうまく立ち回る性格である。『三四郎』

狩衣 かりぎぬ
平安時代の公家の平常の略服。鎌倉時代以後は公家・武家の正装。『御触書天明集成』

狩胡簶 かりやなぐい
遊猟のとき、狩猟用の野矢を入れて携帯する容器。

狩座 かりくら
「狩倉・狩競」とも書く。①狩場。②狩猟。狩猟を競うこと。『曾我物語』

独 ひとり
「一人」とも書く。『今川仮名目録』

独参湯 どくじんとう
①漢方処方のせんじ薬で、気つけ薬。『折りたく柴の記』。②狂言などで、いつ演じても評判をとる出し物のたとえ。『山水十百韻』

独活 うど・つちだら・ししうど・いぬうど
ウコギ科の多年草。

独逸 ドイツ
中部ヨーロッパに位置する連邦共和国。

独寝 まろね
①ひとり寝。②着物を着たまま寝ること。『万葉集』

独楽 こま・こまつぶり・こまつくり
「こま」は「こまつぶり」の略。「つぶり」は円の意。子供の玩具。円または円錐形の胴に通した心棒を回転させて遊ぶ。『大鏡』

独鈷 とっこ・どっこ
「独股」とも書く。①密教で用いる仏具の一つ。中央に握り部分があり、両端がとがっている金剛杵（こんごうしょう）。②独鈷の形を連ねた図形を織り出した厚地の織物。③僧家で鰹節（かつおぶし）の隠語。

独語き つぶやき
「呟き」とも書く。『五重塔』

独螯蟹 てほうがに・てんぼうがに・てんぼがに
はさみが片方だけしかない蟹。

独繭 ひきまゆ
「匹繭」とも書く。一匹の蚕が作った繭。『後撰和歌集』

〈艹（艹・艸）部〉
艹は四画、艸は六画

茵 しとね
「褥」とも書く。敷物。敷布団・座布団など。『源氏物語』

茵芋 につつじ
「深山樒」とも書く。ミカン科の常緑小低木ミヤマシキミの異称。

茴香 ういきょう
セリ科の多年草。

茴香酒 アブサン
キク科の多年草ニガヨモギを香味料にした洋酒。『邪宗門』

茖葱 ぎょうじゃにんにく
「行者葫・行者忍辱・行者韮」とも書く。ユリ科の多年草。

荊棘　おどろ
「棘」とも書く。①草木が乱れ茂っているところ。また、乱れ茂っている草木。『源氏物語』。②髪などが乱れもつれているさま。『薄命のすず子』

荒び　すさび
「進び・遊び」とも書く。「すさみ」に同じ。心のおもむくままにすること。遊びごと。『源氏物語』

荒ぶ　すさぶ
「進ぶ・遊ぶ」とも書く。「すさむ」に同じ。①心のおもむくままにすること。②はなはだしくなる。

荒手結　あらてつがい
「荒手番」とも書く。平安時代、相手をさだめて競射を行うとき、前日に行う練習をいう。

荒丘　あらお
荒れた丘。

荒布妹　あらめのいもと
海産の褐藻ヒジキの異称。

荒衣　さびごろも
古びた衣。

荒声　さびごえ
「錆声・寂声」とも書く。老熟した調子の低い声。

荒走り　あらばしり
「新走り」とも書く。①暴風の中を航海すること。『日葡辞書』。②陰暦八月ころにできあがる、その年のもっとも早い新酒。『日葡辞書』

荒和祓　あらにこのはらえ
毎年六月晦に神社で行われる邪神を和める行事の夏越の祓（なごしのはらえ）の異称。

荒城　あらき
「殯」とも書く。貴人を埋葬するとき、本葬の前に仮の祭をすること。また、その場所。『万葉集』

荒奏　あらそう
田が荒れて耕作ができなくなったことを国司文書で朝廷に奏上すること。

荒海　あるみ
波の荒い海。『万葉集』

荒場　あれば
年貢を徴収できない荒れた耕地。『地方凡例録』

荒開　あらき
「新墾・新開」とも書く。新たに開墾した地。『万葉集』

荒猿　あらまし
「荒増」とも書く。およそ。大体。

荒増　あらまし
「荒猿」とも書く。『太平記』↓荒猿

荒魂　あらみたま
「荒神魂・荒御魂」とも書く。あらぶる神。荒く猛々しい神霊。

荒璞　あらたま
「粗玉・荒玉・璞」とも書く。掘り出したままで、まが磨かれていない玉。『倭名類聚鈔』

荒鮎　さびあゆ
「宿鮎」とも書く。秋の鮎。「落鮎（おちあゆ）」に同じ。

荒磯　ありそ
荒波の打ち寄せる磯。『万葉集』

荒磯回　ありそわ・ありそみ
「荒磯廻」とも書く。荒磯のほとり。荒磯をめぐること。『万葉集』

荇菜　あさざ
「莕菜」とも書く。リンドウ科の水生多年草。

茱萸　ぐみ
「胡頽子」とも書く。グミ科の落葉または常緑低木の総称。

苟　かりそめ
「仮初・且・初」とも書く。その場かぎりであること。

荏胡麻　えごま
シソ科の一年草。

茜草　あかね
「茜・赤根・地血」とも書く。①アカネ科の蔓性多年草。②セイヨウアカネの根から製した暗赤色の染料。

荐　しきり・しきりに
しばしば。たびたび。『甲子夜話』

草山火口　はばやまぼくち
キク科の多年草。

草片　くさびら
「茸」とも書く。①野菜。青物（あおもの）。『倭名類聚鈔』。②きのこ。『宇津保物語』

草本葳霊仙　くかいそう
「九蓋草・九階草」とも書く。ゴマノハグサ科の多年草。

草生水　くそうず
「草水・臭水」とも書く。石油の古称。『大和本草』

草石蚕　ちょろぎ
「甘露児」とも書く。シソ科の多年草。

草伏　くたびる
「草臥」とも書く。疲れ果てること。『太平記』

草合歓　くさねむ
「合萌」とも書く。マメ科の一年草。

草労れ　くたびれ
「草臥」とも書く。疲れ。『観音岩』

草苞　くさづと
①旅のみやげ。『草根集』。②賄賂（わいろ）。『甲陽軍鑑』

草者　くさのもの
戦国時代、敵国を偵察し、攪乱した隠密のような者。乱波（らっぱ）・透波（すっぱ）とも呼ばれた。

草臥　くたびれ・くたびる
「草労れ・草伏」とも書く。『徒然草』↓草労れ・草伏

草烏頭　とりかぶと
「鳥兜・附子・烏頭・鴛鴦菊」とも書く。キンポウゲ科の多年草。

草連玉　くさレダマ
サクラソウ科の多年草。

草鹿　くさじし
弓の的で、伏した鹿の形に作り、草むらに置いたもの。「草鹿的」に同じ。

草鹿的　くさじしまと
「草鹿」に同じ。↓草鹿

草黄　くさのおう
ケシ科の二年草。

草雲雀　くさひばり
バッタ目クサヒバリ科の昆虫。

草賊　ごまのはい
旅人のようなふりをして、旅人をだましたり脅したりして金品をまき上げる盗賊。『塩原多助一代記』

草綿　わた・きわた
「綿・棉・生綿」とも書く。①ア

オイ科の一年草または木本。②もめん・わた・木綿・絹綿などの総称。

草蜻蛉 くさかげろう
「草蜉蝣」とも書く。アミメカゲロウ目クサカゲロウ科の昆虫の総称。

草酢漿 くさかたばみ
「草酸漿」とも書く。紋所の名称。カタバミの茎葉をデザインしたもの。

草潜 かやくぐり・かやぐき・くさぐき
かやくぐり・かやぐき―「茅潜り」とも書く。スズメ目イワヒバリ科の小鳥。『倭名類聚鈔』
くさぐき―鳥などが草の間に潜り入ること。『万葉集』

草蝦 てながえび
テナガエビ科の淡水産のエビ。

草鞋 そうあい・そうかい・わらじ・わらんじ
履物の一種。『太平記』

草薢 ところ
「野老・黄独」とも書く。ヤマノイモ科の蔓性多年草。

草螽 くびきりぎす・くびきりばった・つゆむし
「首切蟋蟀・露虫」とも書く。バッタ目ササキリ科の昆虫。

茶毒 とどく
害毒を与えること。

茶梅 さざんか
「山茶花」とも書く。ツバキ科の常緑小高木。

茶通 さつう
「茶桶」とも書く。薄茶をたてるときに抹茶を入れておく、おもに漆塗りの容器。『日葡辞書』

茶桶 さつう
「茶通」とも書く。→茶通

茶鼓 さく
仏教で、開祖に献茶するときや茶礼・湯礼のときに鳴らす鼓。

茶頭 さじゅう・さどう
禅寺で茶湯をつかさどる役僧。

茯苓 ぶくりょう・まつほど
松の根に寄生するサルノコシカケ科の菌類。『倭名類聚鈔』

茫漠 ぼんやり
色・形などがよく見えないさま。『門』

茗荷児 えぼしがい
「烏帽子貝」とも書く。フジツボ目の甲殻類で、エボシガイ・ヒメエボシガイ科の総称。

茘枝 れいし
「茘支」とも書く。①ムクロジ科の常緑高木。②ウリ科の一年生蔓草。「苦瓜（にがうり）」に同じ。

茘支 れいし
「茘枝」とも書く。→茘枝

茘枝魚 まつかさうお
「松毬魚」とも書く。マツカサウオ科の海産硬骨魚。

〈心（⺗）部〉

怨鳥 ほととぎす
カッコウ目カッコウ科の鳥。

急文字 いそもじ
いそがしいこと。『生玉』

急立て せきたて
催促して急がせること。『武蔵野』

急忙しい せわしい
「忙しい」とも書く。ひまがない。『門』

急度 きっと・きと
「屹度・忿度・屹与・吃度」とも書く。①すばやく。とっさに。『平家物語』。②表情などが厳しいさま。きりっと。『ひらかな盛衰記』。③かならず。まちがいなく。『保元物語』

急度馬鹿 きっとばか
見かけは立派だが、実は愚かな者。

急料 はやりょう
飛脚の速さによる料金。速達料金。『西郷隆盛全集』

急勝 せっかち
性急なこと。『草枕』

急就草 つわぶき
「槖吾・石蕗」とも書く。キク科の常緑多年草。

急須 きびしょ・きゅうす
茶だしの小さな土瓶。

急遽 せわし
「急忙しい」に同じ。『不言不語』→急忙しい

思い宥らめ おもいなだらめ
寛容に考える。『源氏物語』

思い擬え おもいなずらえ
①内心…と同類だと思う。『源氏物語』。②比較して考える。『源氏物語』

思召 おぼしめす
「思食」とも書く。お考えになる。お思いになる。『宇津保物語』

思食 おぼしめす・おぼしめし
おぼしめす―「思召」とも書く。
おぼしめし―お考え。お気持ち。→思召

思郷病 ノスタルジア
故郷をなつかしみ、寄せる思い。ノスタルジー。『即興詩人』

怎麼に いかに
「怠麼に・如何に」とも書く。どのように。『こがね丸』

怎麼生 そもさん
「作麼生」とも書く。疑問の意をあらわす語。いかに。さあ、どうじゃ。『雨月物語』

怱用 そうよう
あわただしく用いること。『平安遺文』

怱怱 そうそう
「悤悤」とも書く。①あわただしいさま。『沙石集』。②簡略にするさま。『宇津保物語』

怱劇 そうげき
「忩劇」とも書く。戦乱などが起こり、忙しくあわただしいさま。『上杉家文書』

怠生 どうぞして
いかんとも。工夫して。

怠地 どうじゃ
どうだ。これでもか。

怠状 たいじょう
平安後期から鎌倉時代の詫状（わびじょう）。『保元物語』

怠麼に いかに
「怎麼に」とも書く。『こがね丸』
→怎麼に

怒物作 いかものづくり
「厳作物・嗔物造」とも書く。い

かめしく見える作りの太刀。『平治物語』

〈戸（戸）部〉

扃　とぼそ
①開き戸の軸受けの穴。『名義抄』。②転じて、扉。『源氏物語』

扁木喰虫　ひらたきくいむし
ヒラタキクイムシ科の甲虫。

扁柏　ひのき
「檜木・檜」とも書く。ヒノキ科の常緑高木。

扁桃　アメンドウ
バラ科の落葉高木アーモンドの異称。

扁虻　ひらたあぶ
ハナアブ科の昆虫で、腹部が扁平なものの総称。

扁螺　きさご・きゃしゃご
「細螺・喜佐古」とも書く。ニシキウズガイ科の巻貝。

〈攴（攵）部〉

故　ことさらに・ゆえ・ゆえに・かるがゆえに・わざと・もと・もとより
ことさらに—公文書の書き止めに用いる語。
ゆえ・ゆえに・かるがゆえに—そのために。そういうわけで。『大内氏掟書』
わざと—「故と・態と」とも書く。あらためて。故意に。
もと—昔。かつて。
もとより—「素・固・旧・従前・元来」とも書く。最初から。言うまでもなく。

故と　わざと
「故」とも書く。『金色夜叉』↓故

故下　ことさらにくだす
公文書の書き止めに用いる語。「故（ことさらに）」に同じ。『東大寺百合文書』

故上　こうえ
貴族の未亡人。『源氏物語』

故是　かれこれ
「左右・給恰」とも書く。あれこれ。

故紙　ほご
「反故・反古」とも書く。書画などを書き損ねた紙。『緑蓑談』

政　まつりごと・まさに
まつりごと—①祭祀を行なうこと。『源氏物語』。②政治。『蜻蛉日記』
まさに—まっすぐに。

政所　まんどころ・まどころ
①平安時代、親王・公卿などの家政、とくに荘園の事務処理をつかさどった機関。②鎌倉・室町幕府の財政機関。③摂政関白の奥方の尊称。

〈日（曰）部〉

昱　ひかり
昼の太陽の光。

昱昱　いくいく
光り輝くこと。

映山紅　つつじ
「躑躅・杜鵑花」とも書く。ツツジ科の常緑または落葉低木の総称。

映日果　イチジク
「無花果・一熟」とも書く。クワ科の落葉小高木。食用とする部分は花床。

映合　はいあい
「栄合」とも書く。映えあうこと。調和しあうこと。『麻生』

曷　いずくんぞ・なんぞ
いずくんぞ—「安んぞ・焉んぞ」とも書く。疑問・反語表現をみちびく語。どうして。なぜ。『倭漢朗詠集』
なんぞ—なにごとであるか。

曷若　いずれぞ
どれ。どの。いずれにしても。『雲州消息』

昨夕　よんべ・よべ・ゆんべ・ゆうべ・さくのせき・きぞのよ
「昨夜」とも書く。昨日の夕方。前夜。

昨日　きのう・きそ・きず・さくじつ
①今日の前の日。②近い過去。

昨夜　よんべ・よべ・ゆんべ・ゆうべ・さくのせき・きぞのよ
「昨夕」とも書く。↓昨夕

昨宵　さくしょう
「昨夕」に同じ。↓昨夕

昨葉荷草　つめれんげ
「爪蓮華」とも書く。ベンケイソウ科の常緑多年草。

昵　なずむ・なじむ
「泥」とも書く。なれ親しむ。

昵近　じっこん・じっきん
じっこん・じっきん—「昵懇」とも書く。親密なこと。親しんで近づくこと。『甲子夜話』
じっきん—「昵近衆・直近衆（じっきんしゅう）」の略。将軍が上洛したときの接待役。『地方凡例録』

昵契　ちけい
情人どうしが戯れながらかわすふざけた話。「痴話（ちわ）」に同じ。『昨日は今日』

昵話　ちわ
「痴話・千話」とも書く。①「昵契（ちけい）」に同じ。『俳諧初学抄』↓昵契。②情事。『色道大鏡』

昵親　じっしん
仲がよいこと。

春心　さかり
獣類が発情すること。『西洋道中膝栗毛』

春伐　はるごり
「春樵」とも書く。春、薪にするため柴木を伐採すること。また、その薪。『実方集』

春青　しゅんしょう
「春宵」とも書く。春の宵。『軽口露がはなし』

春首　ねんし
「年始」とも書く。『柳橋新誌』

春宮　とうぐう
「東宮」とも書く。①皇太子の尊称。『椿説弓張月』。②皇太子の宮殿。

春盤　くいつみ
「喰摘・食摘」とも書く。正月の賀客に供する料理。三方の盤上に載せる。

春蘭　ほくろ
ラン科の常緑多年草。

是　ここに
「此・爰・茲・粤」とも書く。さて、そこで。『中世法制史料集』

是斗　こればかり
これっぽっち。たったこれだけ。『かたこと』

是亦 かならず
「必ず」とも書く。①きっと。まちがいなく。『日本山海名産図会』。②決して。

是当 いでそよ
そう、そのことよ。いやもうそれよ。

是式 これしき
たかがこれくらい。これっぽっち。『浮世風呂』

星天牛 ほしかみきり
「星髪切・齧桑」とも書く。カミキリムシ科の昆虫ゴマダラカミキリの異称。

星月夜 ほしづくよ
星が月のように明るく輝いて見える夜。

星宿 ほとほりぼし
二十八宿の一つ。宿（しゅく）は星座のこと。

星霜 せいそう
歳月。『醍醐寺解案』

昼夜朝暮 ちゅうやちょうぼ
つねに。いつでも。『浮世物語』

昼破籠 ひるわりご
昼食用の折り詰め弁当。『宇治拾遺物語』

昼御座 ひのおまし
清涼殿の母屋。天皇の昼間の御座所。『御堂関白記』

冒額 まこう
「末額」とも書く。鉢巻。『色葉字類抄』

昧爽 あさまだき・よのひきあけ
夜がまだ明けきらないころ。夜が明けようとするころ。『浮城物語』

〈月　部〉

胃加答児 いカタル
「胃炎」に同じ。

胡 いずくんぞ
「曷」とも書く。→曷

胡瓜 そばうり
ウリ科の一年生果菜キュウリの古名。『倭名類聚鈔』

胡乱 うろん
「烏乱」とも書く。いかがわしいこと。怪しいこと。『菅原伝授手習鑑』

胡乱座 うろんざ
禅宗の法会で、席次の順にのっとることなく座席につくこと。

胡坐 あぐら・あしぐら
「胡床・呉床」とも書く。①足がある高い座。腰掛け。『古事記』。②「間架」と書く。高いところへのぼるために材木を組んだ足場。『竹取物語』。③「趺坐」とも書く。脚を組んで座ること。

胡床 あぐら・あしぐら
「胡坐」とも書く。→胡坐

胡床居 あぐらい
腰掛の上に座ること。『古事記』

胡枝子 はぎ
「萩」とも書く。マメ科ハギ属の小低木の総称。

胡孫眼 さるのこしかけ
担子菌類サルノコシカケ科の木質のキノコ。

胡為 なんすれぞ
「何為・執為」とも書く。どうして。『古今著聞集』

胡荽 コエンドロ・こにし
コエンドロ―セリ科の一・二年草。こにし―コエンドロの異称。

胡桃 くるみ
「山胡桃」とも書く。クルミ科の落葉高木の総称。また、その食用果実。『倭名類聚鈔』

胡桃和 くるみあえ
クルミの実をすり潰して和えた料理。

胡菫菜 えぞすみれ・えいざんすみれ
「蝦夷菫」とも書く。スミレの一種。

胡菫草 えぞすみれ・えいざんすみれ
「胡菫菜」とも書く。→胡菫菜

胡脚蜂 きばち
「樹蜂」とも書く。ハチ目キバチ科のハチの総称。

胡黄蓮 せんぶり・こおうれん
「千振・当薬」とも書く。リンドウ科の二年草。

胡散 うさん
「胡乱」に同じ。→胡乱

胡飲酒 こんじゅ・こいんす・こいんじゅ
舞楽の一つ。胡国の王が酒に酔って舞うさまを写したものとされる。『古今著聞集』

胡盞 うさん
「烏盞」とも書く。黒色の釉（うわぐすり）をかけて焼いた天目茶碗の一種。

胡銅器 さはり
「響銅」とも書く。銅に錫・鉛を加えた合金。また、それで作った器。

胡蝶花 しゃが
「著莪・射干」とも書く。アヤメ科の常緑多年草。

胡黎 きやんま・きえんば
「黄蜻蛉」とも書く。「精霊蜻蛉」に同じ。黄色や赤色のトンボの俗称。

胡燕子 あまつばめ
「雨燕」とも書く。アマツバメ科の鳥。

胡盧 ものわらい
「物笑い」とも書く。笑いぐさ。嘲笑。

胡頽子 ぐみ・こたいし・もろなり
ぐみ―「茱萸」とも書く。グミ科の常緑または落葉低木。こたいし―グミ、ナワシログミの漢名。もろなり―グミの異称。『倭名類聚鈔』

胡獱 とど
アシカ科の哺乳類。『出雲風土記』

胡蘆 ひょうたん
「瓢箪」とも書く。ウリ科の蔓性一年草。

胡簶 やなぐい・えびら
「胡籙」とも書く。矢を入れて背負うための筒状の容器。『倭名類聚鈔』

胡蘿蔔 にんじん・こらふ
①セリ科の二年草。②ウコギ科の多年草チョウセンニンジンの異称。

胡籙 やなぐい・えびら
「胡簶」とも書く。『太平記』→胡簶

胛骨 かりがねぼね・かいがね・かいがらぼね
肩甲骨。

胙　ひもろき・ひもろぎ
「神籬」とも書く。神の宿る神聖なところの意の「神籬（ひもろぎ）」に供える物。神に供える米・餅・肉など。『堀河百首』

胎　のこす
後に残す。

胎貝　いがい
イガイ科の二枚貝。

胆　い
胆嚢。『倭名類聚鈔』

胆八樹　ほるとのき・もがし
①ホルトノキ科の常緑高木。②オリーブの異称。

肺肝　こころのうち・はいかん
①心の中。『浮城物語』。②肺臓と肝臓。

背　そ・そびら
背中。うしろ。『古事記』

背比　せいころ
「背頃」とも書く。①身長。『四河入海』。②人並みの身長があること。『備後表』

背向　そがい
①背中合わせ。『万葉集』。②うしろの方角。後方。『万葉集』

背汗　はいかん
恥じ入るさま。

背美鯨　せみくじら・せびくじら
「背乾鯨」とも書く。クジラの一種。

背負子　しょいこ
荷物を背負うときに用いる梯子（はしご）状の木枠。

背面　そとも
①北の方角。『万葉集』。②家のそと。『能因法師集』

背梅花皮　せかいらぎ
「背鰄」とも書く。鮫皮（さめがわ）の一種。背筋にそって梅の花に似た形の粒があるもの。また、この革で鞘・柄（つか）を巻いた刀剣。『歌軍法』

背乾鯨　せみくじら・せびくじら
「背美鯨」とも書く。→背美鯨

背梁　せつか・せみね
「背柄」とも書く。家畜などの背骨。『倭名類聚鈔』

背頃　せいころ
「背比」とも書く。『名語記』→背比

背撓　せたお・せたら
馬の背がくぼみゆがんでいること。

背撓負い　せたらおい
近世、上方の語で、背負う。『底抜臼』

背鰄　せかいらぎ
「背梅花皮」とも書く。→背梅花皮

胞衣　えな
胎児を包んでいる膜と胎盤。『徒然草』

〈木部〉

栄合　はいあい
「映合」とも書く。『麻生』→映合

栄螺　さざえ・さざい
「拳螺」とも書く。リュウテンサザエ科の巻貝。『出雲風土記』

栄蘭　たこのき
「蛸木・露兜樹」とも書く。タコノキ科の常緑高木。

栄耀　えよう・えいよう
権力を手にし、栄えおごること。『邯鄲』

架木　ほこぎ
①高欄（こうらん）の最上部の横木。『宇治拾遺物語』。②鷹の止まり木。

架衣　ほこぎぬ
鷹狩用の鷹の止まり木に掛ける布。「架垂」に同じ。

架垂　ほこだれ
「架衣」に同じ。『日葡辞書』→架衣

柯　ふる
斧の柄。『倭名類聚鈔』

枴　おうご・おうこ
「朸」とも書く。天秤棒。『蜻蛉日記』

柑子　こうじ
①ミカン科の常緑低木コウジミカンの異称。②ミカンの異称。③襲（かさね）の色目の一つ。濃い朽葉色。

柑子蜜柑　こうじみかん
「柑子」①に同じ。→柑子

柬蒲塞　カンボジア
インドシナ半島南西部に位置する立憲君主国。

枳　からたち
「枳殻・枸橘・枳柑」とも書く。ミカン科の落葉低木。『万葉集』

枳柑　からたち
「枳」とも書く。→枳

枳殻　からたち
「枳」とも書く。『万葉集』→枳

枳椇　けんぽなし・けんぼなし
「玄圃梨」とも書く。クロウメモドキ科の落葉高木。

枸杞　くこ・ぬみくすね
くこ—ナス科の落葉小低木。ぬみくすね—クコの古称。『本草和名』

枸骨　ひいらぎ
「柊・疼木・紅谷樹」とも書く。モクセイ科の常緑小高木。

枸橘　からたち
「枳」とも書く。→枳

枸櫞　まるぶしゅかん・こうち
まるぶしゅかん—「丸仏手柑」とも書く。ミカン科の常緑低木シトロンの異称。
こうち—「まるぶしゅかん」に同じ。

柧棱　そばのき
「鬼箭」とも書く。ニシキギ科の落葉低木ニシキギの古称。『蜻蛉日記』

枯山　からやま
草木の枯れた山。「かれやま」の古語。『古事記』

枯木　からき
枯れた木。「かれき」の古語。『日本書紀』

枯草　かるも
枯れた草。「かれくさ」の古語。『夫木和歌抄』

枯露柿　ころがき
「転柿」とも書く。渋柿の皮をむき、半乾きにしてから樽につめてねかせ、さらに干したもの。

枯髏　されこうべ

「髑髏」とも書く。風雨にさらされて白くなった頭骨。『即興詩人』

柵 くべ

「垣」とも書く。鹿・猪などが入らないように設けた垣。『万葉集』

柵戸 きのへ・きへ・さっこ

古代、蝦夷（えぞ）・隼人（はやと）に備えて城柵（じょうさく）を設け、その中に土着させた民戸。屯田兵の一種。当初は公民が派遣されたが、奈良時代中期以降は、犯罪者や浮浪人などが強制的に移住させられた。『日本書紀』

柞 いすのき・いす・ゆす・ひょんのき・ははそ

いすのき・いす・ゆす―「蚊母樹」とも書く。マンサク科の常緑高木。

ひょんのき―「蚊母樹」とも書く。「いすのき」の異称。葉に生じる虫癭（ちゅうえい＝昆虫が寄生・産卵したために異常発育した部分）を吹くときに鳴る音による。

ははそ―コナラ・クヌギ・オオナラなどの総称。

柞木 いぬつげ

「犬黄楊」とも書く。モチノキ科の常緑低木。印材や櫛などの細工物の材料となる。

柞灰 いすばい

マンサク科の常緑高木イスノキの樹皮の灰。磁器の釉（うわぐすり）にまぜる。

柿木菟 かきずく

フクロウの一種のコノハズクで、羽が赤褐色を帯びたもの。

枲 からむし

「苧」とも書く。イラクサ科の多年草。茎皮からとる繊維は、木綿栽培以前の代表的な織物材料であった。「苧麻（まお・ちょま）・草真麻（くさまお）」に同じ。『倭名類聚鈔』

柘 はりぐわ・つみ

「針桑」とも書く。クワ科の落葉低木。桑の代用として蚕の飼料となった。『万葉集』

柘植 つげ

「黄楊」とも書く。ツゲ科の常緑小高木。印材・版木・櫛・将棋の駒などの材料となる。『万葉集』

柘榴 ざくろ・じゃくろ

「石榴・若榴」とも書く。ザクロ科の落葉高木。『名義抄』

柊 ひいらぎ

「疼木」とも書く。①モクセイ科の常緑小高木。節分の夜、この枝にイワシの頭をつけたものを門の戸にさし、悪鬼を払う。『古事記』。②モチノキ科の常緑小高木。クリスマスの装飾に用いる。「セイヨウヒイラギ」に同じ。③紋所の名の一つ。

柊棒 さいぼう

「撮棒・材棒」とも書く。「真木棒（さきぼう）」の音便。堅い木で作った人をなぎ倒す武器。「尖棒（せんぼう）」に同じ。『古今著聞集』

柔手 にこで

「和手」とも書く。やわらかな手。『日本書紀』

柔草 にこぐさ

「和草」とも書く。生えそめたやわらかい草。『万葉集』

柔術 やわら

柔道。

柔魚 するめいか

「鯣烏賊」とも書く。アカイカ科のイカ。「マツイカ・ムギイカ」に同じ。

柔膚 にこはだ・にきはだ

「和膚」とも書く。やわらかな肌。『万葉集』

染木綿 しめゆう

楮（こうぞ）の樹皮の繊維を蒸してから水にひたし、裂いて糸状にした木綿（ゆう）を染めたもの。『万葉集』

染衣 ぜんえ

①墨染めの衣。『太平記』。②僧・尼の着用する衣服。

染指甲 ほうせんか・つまくれない

「鳳仙花・金鳳花」とも書く。ツリフネソウ科の一年草。「つまくれない（爪紅）」は、花で爪を染めたところからの名。

柱舞 つくまい

「突舞」とも書く。曲芸の一つ。雨蛙の面をつけた舞人が「つくはしら」と呼ばれる高い柱の上で舞う。千葉県野田市に残る。

柏殿 かえどの

平安時代、朱雀院に置かれた皇后の御所。『源氏物語』

柏槇 びゃくしん

「柏槙」とも書く。ヒノキ科の常緑高木イブキの一品種。横に這うため、龍・虎などに形造ったり、糸状の葉を観賞する。『文明本節用集』

枹 ばち

「桴」とも書く。①太鼓などの楽器を打ち鳴らす棒。『倭名類聚鈔』。②舞楽の舞具。

柄 つく

艪（ろ）の上端の部分。艪を漕ぐとき把手とする。

某 それがし・なにがし

それがし―①不定称。名がわからない、あるいは名を明かさずに人・事物をさす語。「某（ぼう）・なにがし」に同じ。『古今著聞集』。②一人称。武士の自称。『菅原伝授手習鑑』

なにがし―「それがし」①に同じ。『地方凡例録』

柚柑 ゆこう

ミカン科の常緑低木。『倭名類聚鈔』

柚餅子 ゆべし・ゆびし

米粉や小麦粉に砂糖・味噌・柚（ゆず）の皮・果汁などをまぜ、こねて蒸した菓子。

柳条布 しまふ

新潟県小千谷地方で製される縞織の上布。

柳葉菜 あかばな

「紅花・赤花」とも書く。アカバナ科の多年草。

柳葉魚 ししゃも

キュウリウオ科の海産硬骨魚。アイヌ語。

柳筥 やないばこ・やないば

「柳箱」とも書く。「ヤナギハコ」の音便。細い三角形に削った柳の枝で作った文房具箱。

柳瀬縄 やながせなわ

和歌山県で産する棕櫚製の縄。

栂 つが・とが

マツ科ツガ属の常緑高木。

栂椹 とがさわら

マツ科の常緑針葉樹。日本特産で、四国と紀伊半島のみに分布。「サワラトガ」に同じ。

柾 まさき

「正木」とも書く。ニシキギ科の常緑低木。『温故知新書』

柾目　まさめ
「正目」とも書く。材木で、年輪が平行した木目としてあらわれているもの。

柃　ひさかき
「野茶」とも書く。ツバキ科の常緑低木。

〈止　部〉

歪頭菜　なんてんはぎ
「南天萩」とも書く。マメ科の多年草。

〈歹　部〉

殃　わざわい
「災い・禍」とも書く。病気・天災など、人を不幸にするできごと。「災難・災禍・殃禍」に同じ。『関東御教書案』

殃禍　おうか
「殃」に同じ。『満済准后日記』→殃

殆　ほとほと
「幾」とも書く。①もう少しのところで。すんでのことに。『万葉集』。②ほとんど。大体。『源氏物語』。③大変。非常に。まったくもう。

殆し　ほとほとし
「幾し」とも書く。①もう少しで…である。ほとんど…しそうだ。『土佐日記』。②危篤である。『宇治拾遺物語』。③きわめて危うい。無事に済みそうにない。『源氏物語』

殄戮　てんりく
皆殺し。

殄殲　てんせん
滅ぼし根絶やしにすること。

〈殳　部〉

段　きだ
①きれめ。②布帛（ふはく）の長さの単位。『日本書紀』。③地積の単位。『日本書紀』

段半　きだなか
田畑の面積で、一段（たん）の半分。およそ六アール。『筑紫の奥』

段段　きざきざ・きだきだ
「刻刻」とも書く。①「ぎざぎざ」に同じ。②ずたずたに切るさま。『日本書紀』

段階　きざはし・きだはし
「階」とも書く。昇降するための梯子段。『平家物語』

〈水　部〉

泉　せん・ぜに
「孔方兄」とも書く。銭。『菅江真澄随筆集』

泉海魚　うなぎ
「鰻・鱓・鰻鱺」とも書く。ウナギ科の硬骨魚。

泉郎　あま
「海人・海士・蜑」とも書く。漁師。

泉真人　ぜに
「泉」に同じ。→泉

泉門　よみど
「黄泉戸・黄泉門」とも書く。黄泉（よみ）への入口。『日本書紀』

〈火　部〉

炬　たいまつ
「松明」とも書く。松・竹などの割り木や枯れ草などを束ね、火を点じて野外の照明とするもの。『子孫鑑』

炬火　たてあかし
「立て明し」とも書く。薪（まき）などを束ねて立て、火を点じて照明とするもの。『倭名類聚鈔』

炬燵　こたつ
「火燵」とも書く。暖房器具の一つ。炭火などをやぐらで囲い、布団（ふとん）をかけて暖をとるもの。

炷物　たきもの
「薫物」とも書く。種々の香（こう）を練り合わせた練香（ねりこう）。また、これをたくこと。『源氏物語』

炷継香　たきつぎこう
御家流の用語で、香遊びの一つ。室町時代末期に流行。

炭斗　すみとり
「炭取」とも書く。炭を小出しに入れて置く籠などの容器。

炭団　たどん
①石炭や木炭の粉に布海苔（ふのり）を混ぜ、球状に固めた燃料。②転じて、相撲の黒星の俗称。

炭焚　すたき
踏鞴（たたら）者とよばれる和鉄精錬作業の職人。

炭櫃　すびつ
①いろり。②火桶。『枕草子』

炳焉　へいえん・あきらか
明白なこと。明らかなさま。『東寺百合文書』

炳然　へいぜん
「炳焉」に同じ。『伊賀国古文書』→炳焉

炳誡　へいかい
はっきりとしたいましめ。『吾妻鏡』

炮烙　ほうろく
「焙烙」とも書く。素焼きの浅い土鍋。穀物や茶などを炒ったりするのに用いる。『日葡辞書』

炮烙火矢　ほうろくびや
「焙烙火矢」とも書く。戦国時代の爆弾。銅製の玉に火薬をつめ、布で包んで漆を塗ったもの。火をつけて敵陣に投げ込んだ。

炮烙頭巾　ほうろくずきん
「焙碌頭巾・焙烙頭巾」とも書く。炮烙の形をした頭巾で、僧侶が用いた。

〈灬　部〉

為人　ひととなり
①背丈。身長。『宇治拾遺物語』。②もちまえの性質。天性。『日本霊異記』

為不知　しらばくれ
知っていながら知らないふりをすること。『其面影』

為手　して
「仕手」とも書く。①何かを行う人。『八句連歌』。②「シテ」と書く。能・狂言の主役。③株取引で投機目的の売買をする人。

為方　せんかた・たづき・たどき
やりかた。行うべき方法。『浮世風呂』

為全　まっとうせんがため
まっとうするために。『御成敗式目』

為当 はた・はたと・はったと
はた―「将」とも書く。①ひょっとして。『万葉集』。②そうはいうものの。『源氏物語』。③はたして。思っていたとおり。『源氏物語』
はたと・はったと―「礚」とも書く。①急に物を打ったりするさま。②状況などが急変するさま。『大友義鎮書状』。③しっかりと。きちんと。『史記抄』。④にらむさま。

為成し しなし
「為做し」とも書く。①心配りをして作る。『栄花物語』。②とりはからう。『和泉式部日記』。③仕向ける。『栄花物語』。④行い。所作。『本福寺跡書』

為体 ていたらく
「為躰・為體・体たらく」とも書く。①様子。ありさま。『太平記』。②(非難の意をこめて)ざま。

為拗らす しこじらす
病気・感情などをこじらせる。『道草』

為来 しきたり
「仕来」とも書く。昔からそうしてきたこと。ならわし。先例。

為事実者 ことじちならば・ことじちたらば
それが事実であるならば。『東寺百合文書』

為侘ぶ しわぶ
どのようにすればよいのか分からず、途方にくれる。『大和物語』

為実者 じちならば・じちたらば
「為事実者」に同じ。『東寺百合文書』→為事実者

為宗 むねとなす
「為旨」とも書く。重んじる。第一とする。『平安遺文』

為便 すべ
「術」とも書く。手段。てだて。『万葉集』

為為 すす
…しながら。…しつつ。『万葉集』

為将 はたして
「果して」とも書く。①思っていたとおりに。推測どおりに。②(疑問の意で)まことに。

為悦 いえつ
楽しみ喜ぶこと。『吾妻鏡』

為做し しなし
「為成し」とも書く。→為成し

為做せ振り しなせぶり
「仕為せ振り」とも書く。遊女などがなまめかしく媚びるさま。嬌態(きょうたい)。『東海道名所記』

為得 しえ
①会得すること。『源氏物語』。②やってのけること。『今昔物語』

為設け しもうけ
準備する。『宇治拾遺物語』

為落 しおち
手落ち。手抜かり。『知恵鑑』

為登米 のぼせまい
江戸時代、四国から大坂に運ばれた米。

為登糸 のぼせいと
江戸時代、京都西陣に運ばれた和糸。

為躰 ていたらく
「為体」とも書く。『上杉家文書』→為体

為過す しそす
うまくやりとげる。『落窪物語』

為業 わざとなす
あることに専心する。『鎌倉遺文』

為體 ていたらく
「為体」とも書く。『初恋』→為体

点 ちょぼ・なかで
ちょぼ―しるしとして打つ点。『倭訓栞』。②「チョボ」と書き、歌舞伎で地の部分を浄瑠璃で語ること。また、その浄瑠璃。『東海道中膝栗毛』
なかで―「中手」とも書く。①囲碁で相手の地の中に石を打ち込むこと。②両者のあいだに割って入ること。また、その人。『東海道名所記』

点す さす・とぼす
さす―「注す・差す」とも書く。①ある物に何かを少量くわえる。『万葉集』。②少量の液体をそそぎこむ。『日葡辞書』
とぼす―「差す」とも書く。①点火する。『万葉集』。②色をつける。『女鏡』。③男女が交合する。

点手 てんじゅ
「転手・天柱・伝手」とも書く。琵琶や三味線の頭部にある糸を巻き付ける棒。

点火茎 とぼしがら
イネ科の二年草。

点札 てんさつ
年貢滞納にともなう差し押さえ。そのために田畑に立てた稲などの刈取禁止の札。『行瑜書状』。

点合 てんあい
承諾すること。『鍋島勝茂書状』

点役 てんやく
「天役」とも書く。室町・戦国時代の臨時の雑税の一種。『太平記』

点定 てんてい・てんじょう
①係争中の領地・財産を一方的に差し押さえること。『延暦寺政所下文』。②文章などの点検をして定めること。『将門記』。③「点札」に同じ。→点札

点茶 たてちゃ・てんちゃ・てんさ
「立茶」とも書く。抹茶をたてること。また、その茶。

点点 ちょぼちょぼ
①点をまばらに打ったさま。②ところどころに少しずつあるさま。『鱸包丁』。③小さいさま。『節分』。④二者とも大したことがないさま。

点首く うなずく
「点頭く」とも書く。承諾・了解などのしるしに首を縦に振る。『今の女』

点滴 しずく
「滴・雫」とも書く。水滴。『五重塔』

点頭く うなずく
「点首く」とも書く。『露小袖』→点首く

〈爪（爫・⺤）部〉

爰 ここに
「此・是・茲・粤」とも書く。①さて。そこで。『玄奘表啓』。②会話のはじめの呼びかけの言葉。『枕草子』

爰元 ここもと
「爰許」とも書く。①ここ。この近く。『源氏物語』。②一人称の謙称。わたくし。『源氏物語』

爰許 ここもと
「爰元」とも書く。『源氏物語』→爰元

爰等 ここら
「此所等」とも書く。このあたり。これくらい。このへん。『四河入海』

〈牛　部〉

牴牾 もどき・ていご
もどき―「擬き・抵牾」とも書く。①似せて作ったもの。まがいもの。②非難。とがめること。『源氏物語』。ていご―「抵牾」とも書く。互いにくいちがうこと。『明六雑誌』

〈玉（王）部〉王は四画

珊 センチ
「センチメートル」の略。

珊米 センチメートル
「糎」とも書く。長さの単位。一メートルの百分の一。

玳瑁 たいまい
「瑇瑁」とも書く。ウミガメ科のカメ。甲は鼈甲（べっこう）細工の材料として珍重される。『倭名類聚鈔』

珍 うず
神や天皇に対して用い、物を賛美する語。『万葉集』

珍ない うずない
貴重なものとして取り扱う。『万葉集』

珍珠花 こごめばな
「小米花」とも書く。①バラ科の落葉低木シジミバナの異称。②バラ科の落葉低木ユキヤナギの異称。

珍珠菜 とらのお
「虎尾」とも書く。ルリトラノオ（ゴマノハグサ科）・オカトラノオ（サクラソウ科）・ミズトラノオ（シソ科）・トラノオシダ（チャセンシダ科）・クガイソウ（ゴマノハグサ科）・テンナンショウ（サトイモ科）の異称。

珍機 うずはた
貴く立派な織物。

玻璃 ビードロ・ガラス・ギヤマン
ビードロ―ガラスの異称。ガラス―「硝子」とも書く。ギヤマン―①江戸時代、ダイアモンドのこと。『蘭語訳撰』。②ガラス・ガラス細工の旧称。

玻璃盃 コップ
「玻璃盞・洋盃・骨杯」とも書く。液体を飲むためのガラス製の容器。『其面影』

玻璃盞 コップ
「玻璃盃」とも書く。『不言不語』→玻璃盃

玻璃器 グラスき
ガラス製のうつわ。『上田敏全訳詩集』

玻璃燈 ランプ
「洋灯」とも書く。①石油などを燃料とした照明器具。燃料容器に灯心を立てて点火し、周囲をガラス製のほやでおおったもの。『不言不語』。②電灯。

〈瓦　部〉

瓮 もたい
「甕」とも書く。水や酒を入れる容器。『播磨風土記』

瓲 トン
「噸」とも書く。①質量の単位。メートル法では一トンは一〇〇〇キログラム。②船舶の積載能力の単位。

瓱 ミリグラム
質量の単位。一グラムの千分の一。

瓫 ほとき・ほとぎ
「缶」とも書く。胴が太く、口の小さい土器で、湯などを入れるのに用いた。『今昔物語集』

〈甘　部〉

甚三紅 じんざもみ
「甚左紅」とも書く。江戸時代、京都の桔梗屋甚三郎が染め出した紅梅色の絹布。『好色酒呑童子』

甚左紅 じんざもみ
「甚三紅」とも書く。→甚三紅

甚雨 ひさめ
「大雨」とも書く。豪雨。『日本書紀』

甚振らし いたぶらし
心が激しく動揺しているさま。落ち着かない。『万葉集』

甚振る いたぶる
①激しくゆれる。『万葉集』。②脅迫してゆする。『浮世風呂』。③生意気な者をいじめる。

甚深 じんしん
きわめて意味が深いこと。『藤原兼実自筆願文』

甚麼 いずれ
「何れ」とも書く。①どうせ。どのみち。②どれ。どちら。

〈田　部〉

畏入 かしこまりいる
恐縮する。おそれいる。『大内政弘推挙状』

畏存 かしこまりぞんず
恐縮に思います。『浅野吉長領知配分状』

畏所 かしこどころ
「賢所・威所・恐所・尊所」とも書く。①宮中で八咫鏡（やたのかがみ）に模した神鏡を祀ってあるところ。②神鏡。

畏悦 いえつ
「怡悦」とも書く。喜ぶ。

畏胼胝 かしこまりだこ
長時間座っているために、足にできる胼胝（たこ）。すわりだこ。

畏顔 かしこがお
相手の顔色をおそるおそるうかがうさま。『平家物語』

〈疒　部〉

疫 え
はやり病。伝染病。『大鏡』

疫草 えやみぐさ
「瘧草・疫病草」とも書く。①キク科の多年草オケラの異称。②リンドウ科の多年草リンドウの古称。

疫病 えやみ
①「疫」に同じ。→疫。②「瘧（おこり＝多くはマラリアのこと）」の異称。『倭名類聚鈔』

疫癘 えきれい
はやり病。『公事根源』

疥 はだけ・はたけ
皮膚病の一種。『豊後風土記』

疣取 いぼた
「水蠟」とも書く。①モクセイ科の半落葉低木イボタノキの略。②「疣取蠟（いぼたろう）」の略。→疣取

疣取木 いぼたのき
「疣取」に同じ。→疣取

疣取蠟 いぼたろう
「水蠟樹蠟・虫白蠟」とも書く。イボタロウムシの雄の幼虫が分泌した蝋で作ったもの。光沢剤・薬品の材料となる。

疣毟虫 いぼじりむし
カマキリの異称。

〈癶 部〉

発心 ほっしん
①仏教で、菩提心を起すこと。仏門に入ること。『日本霊異記』。②思い立つこと。

発句 ほっく・ほく
①和歌の初句。『万葉集』。②連歌・俳諧の第一句。③俳句。

発向 はっこう
出発。『祇園執行日記』

発条 ぜんまい・ばね
「撥条」とも書く。
ぜんまい—時計・玩具などに用いる渦巻き状の動力。
ばね—①機械部品の一つ。鋼などの弾性を利用してエネルギーを蓄積・吸収させる。②転じて、弾力性。③飛躍・発展などのきっかけ。

発赤 ほっせき・はっせき
炎症などで局部が赤く腫れること。

発哀い ねつかい
「哭い」とも書く。喪中で悲しみ泣く。『日本書紀』

発意 ほち
「発心」に同じ。→発心

発端 ほったん
①物事の始まり。端緒。①心の底。

発嚇 びくり
驚いて小さく動くさま。

発露 ほろり
①涙がこぼれるさま。ほろっと。②酒に軽く酔うさま。③軽く散るさま。はらりと。

〈白 部〉

皆式 かいしき
「皆色」とも書く。まったく。少しも。『文明本節用集』

皆曲り かいまがり
急角度に曲がること。また、そのように曲がっているところ。『藤の実』

皆色 かいしき
「皆式」とも書く。→皆式

皆折釘 かいおりくぎ・かいおれくぎ
「掻折釘」とも書く。和船用で頭部が鉤（かぎ）状になっている釘。『算法地方大成』

皆免 かいめん
「改免」とも書く。幕府が一定期限の売買・貸借などの契約の権利・義務を破棄せよとの政令を出すこと。「徳政」に同じ。『新可笑記』

皆具 かいぐ
道具一式。『義経記』

皆済 かいさい・かいざい・かいせい
年貢などを全納すること。また、借金などを完済すること。『地方凡例録』

皆済目録 かいさいもくろく
江戸時代の地方三帳の一つ。年貢の納期を守った村に交付される領収書の一種。『地方凡例録』

皆焼 ひたつら
刀身の平（ひら）一面に刃文様の焼刃があるもの。

皆敷 かいしき
「苴・掻敷」とも書く。食物を器に盛る際に、その下敷きにする南天の葉や紙。『兵範記』

皇 すめら・すべら・すめ・すべ・すべらぎ・すめらぎ・すめろぎ・すべらき・すめらき・すめろき
すめら・すべら・すめ・すべ—天皇や皇統の神を尊びたたえる意をあらわす語。天皇が自分自身をいう場合にも用いる。『万葉集』
すべらぎ・すめらぎ・すめろぎ・すべらき・すめらき・すめろき—天子。天皇。『古今和歌集』

皇大神 すべらおおかみ・すめらおおかみ・すべらおんかみ・すめらおんかみ・すめおおかみ・こうたいじん
最高神の尊称。多く天照大神を讃えていう語。『後拾遺和歌集』

皇太后宮 おおきさいのみや・おおいきさいのみや・こうたいごうぐう
①皇太后の御殿。②皇太后の称。

皇代 すべらよ
天皇在位の代。『隠岐院』

皇辺 すめらべ
天皇のそば近く。『万葉集』

皇后宮職 きさいのみやのつかさ・こうごうぐうしき
古代、皇后宮をつかどった役所。

皇神 すめかみ・すめがみ・すべがみ・すべらがみ・すめらがみ
①皇室の祖先の神。天照大神（あまてらすおおみかみ）。『万葉集』。②ある地域の最高位の神。『万葉集』

皇神国 すめらみくに
「皇御国」とも書く。天皇の統治する国。日本国。皇国。

皇祖 すめろき
「天皇」とも書く。①ある地域の首長。『万葉集』。②天皇。『万葉集』。③天皇の祖先。『万葉集』

皇軍 みくさ
「御軍」とも書く。天皇の軍隊。『万葉集』

皇孫 すめみま・すめみこ
「天孫」とも書く。①天照大神（あまてらすおおみかみ）の孫の瓊瓊杵尊（ににぎのみこと）。『日本書紀』。②天照大神の子孫。皇統の子孫。

皇尊 すめらみこと
「天皇」とも書く。①もっとも尊敬されるべき者。『常陸風土記』。②天皇の敬称。『日本書紀』。③天皇の父・皇太子の父への追号称。

皇御祖 すめみおや
①天皇の祖先。②天皇の祖母と、それ以上の女性尊属の称。『日本書紀』

皇御孫 すめみま
「皇孫」とも書く。→皇孫

皇睦 すめむつ・すべむつ
むつまじい存在である神漏伎命（かむろきのみこと）・神漏弥命（かむろみのみこと）の形容語。

〈皿　部〉

盈　みつ・えい
満ちる。満たす。『九条年中行事』

盈旬　とうか
「十日」とも書く。一旬。

盈虚　えいきょ
①月の満ち欠け。②転じて、栄枯盛衰。「盈虧（えいき）」に同じ。③損益。

〈目　部〉

看　みる
「見る」とも書く。見る。見まもる。『算法地方大成』

看一　ちょっと
「一寸・鳥渡」とも書く。①きわめて時間が短いさま。『内地雑居未来之夢』。②程度・量などがわずかなさま。③しばらく。（呼びかけにも使う）

看麦娘　すずめのてっぽう
「雀鉄砲」とも書く。イネ科の二年草。

看惚　みとれ
「見蕩」とも書く。我を忘れて見る。うっとりと見入る。『春色梅児誉美』

看経　かんきん
①経文を黙読すること。『ひらかな盛衰記』。②読経。

看督長　かどのおさ
平安時代、検非違使の属官として、牢獄の管理などにあたった役人。『宇治拾遺物語』

県主　あがたぬし
大和朝廷時代の県を治める長官。『古事記』

県令　えたち・けんれい
えたち―「代官」の異称。『菅江真澄随筆集』
けんれい―①県の長官。②旧制で、県知事の発令。

県召　あがためし
「県召除目（あがためしのじもく）」の略。平安時代以降、毎年、正月から二月中に行なわれる地方官の任命式。『栄花物語』

県召除目　あがためしのじもく
「県召」に同じ。『古今著聞集』→県召

県行　あがたありき
「県歩行」とも書く。田舎まわり。律令制で、地方官勤務。また、その地方官。『蜻蛉日記』

県見　あがたみ
地方見物。律令制で、地方官の巡視。『古今和歌集』

県造　あがたのみやつこ
律令制で、国造（くにのみやつこ）の下で県を治めた役職。

省　まびく
「間引く」とも書く。①畑の作物を間をおいて抜きとること。『日葡辞書』。②子が多くて生活が苦しいときに、親が嬰児を殺すこと。

省充　はぶきあつ
分配する。『御成敗式目』

省沽油　みつばうつぎ
「三葉空木・三葉溲疏」とも書く。ミツバウツギ科の落葉低木。

省略り　はしょり
「端折り」とも書く。①省略。短く縮めること。『観音岩』。②動きやすくするために、和服の褄などを帯に差込むこと。「おはしょりにする」などという。『誹風柳多留』

省銭　めぬけぜに
江戸時代、九十六枚の一文銭を百文として通用させたこと。また、その銭。『三国塵滴問答』

省籐　とう
「籐・紫籐」とも書く。ヤシ科トウ属の植物の総称。

相　こもごも
「交・更」とも書く。かわるがわる。入り混じって。『地蔵十輪経』

相半相半　ごぶごぶ
「五分五分」とも書く。たがいに優劣などがないこと。互角。『西洋道中膝栗毛』

相伴　しょうばん
①正客の相手をして共にご馳走になること。また、その人。『庭訓之鈔』。②連れ立つこと。③便乗して利益を得ること。

相応　ふさわしい
似合っている。つりあっている。『落窪物語』

相良布　さがらめ
静岡県相良地方で採れる海藻のノロカジメ。

相店　あいだな
一つの店をともに借りて商売をすること。「相借家（あいじゃくや）」に同じ。

相城　あいしろ
敵の城を攻めるとき、対峙して築く砦。『吉川家文書』

相思　しゃんす
恋人。情人。『東海道中膝栗毛』

相思螺　しただみ
「小螺・細螺・小嬴子」とも書く。ニシキウズガイ科の巻貝キサゴの異称。

相殺　そうさい
互いに同じだけ差し引いて損得をなくすこと。

相盛　あわせもり
「合盛」とも書く。数種類の料理を一つの器に盛ること。

相盗　あいずり
「相掏」とも書く。悪事をなす仲間。

相博　そうはく・そうばく
①田畑・家地などの不動産を交換すること。『鎌倉遺文』。②職務などを交代すること。

相給　あいきゅう
江戸時代、一つの村を複数の領主に分給すること。また、その土地。『御触書宝暦集成』

相間剪　あいまぎり
「間間剪」とも書く。ある樹木の成長を促進させるために間伐すること。また、枯れ木などを伐採すること。

相催　あいもよおす
「催」に接頭語「相」がついた語。集める。戦の軍勢を集める。『少弐頼尚奉書』

相携ぶ　うつからぶ
手をたずさえる。『日本書紀』

相殿　あいどの・あいでん
「会殿・合殿」とも書く。一つの社殿に二柱以上の神を合祀すること。また、その社殿。『神皇正統記』

相舅　あいやけ

「相親家」とも書く。嫁と婿双方の親どうしの関係。『慈光寺本承久記』

相触 あいふる
「触」に接頭語「相」がついた語。法令を出す。通達する。『春日執行正預祐継廻文』

相嘗 あいなめ・あいむべ・あいにえ
あいなめ—①「鮎並・愛魚女」とも書く。アイナメ科の海産硬骨魚。②「相嘗祭」に同じ。→相嘗祭
あいむべ・あいにえ—「相嘗祭」に同じ。→相嘗祭

相嘗祭 あいんべのまつり・あいなめのまつり・あいにえのまつり
古代、十一月に行なわれる新嘗祭（にいなめさい）の前に、七十一座の神に天皇が新穀を奉献する祭。

相嘗魚 あゆなめ・あいなめ・あぶらめ
「相嘗」に同じ。→相嘗①

相総 あいくくり・あいくくる
とりまとめること。『具志川村史』

相聞 したしみうた・あいぎこえ
『万葉集』の分類で恋歌。

相撲 すまい・すもう
「角力・角觝」とも書く。土俵ないで二人が組み合い、相手を土俵外に押し出すか、倒す勝負。

相親家 あいやけ
「相舅」とも書く。→相舅

眉刀自女 まゆとじめ
昔は、成人した女は眉を落したが、眉を落さない女をいう。『催馬楽』

眉引 まゆびき・まよびき
筆で眉を作ること。また、その筆。『万葉集』

眉目 みめ
「見目」とも書く。①見た目。②顔の様子。『枕草子』。③ほまれ。『堤中納言物語』

眉白 まみじろ
スズメ目ヒタキ科の鳥。

眉尖刀 なぎなた
「長刀・薙刀」とも書く。刀剣の一種。長い柄（つか）の先に刃先が広く反りかえった刀をつけたもの。『平家物語』

眉庇 まびさし
「目庇」とも書く。①額を守るために、兜の鉢の前部から庇のように出ている部分。『日葡辞書』。②帽子のひさし。③家の窓のひさし。

眉根 まよね・まゆね
眉のねもと。また、眉。『万葉集』

眇み すがみ
①斜視。やぶにらみ。『今昔物語集』。②流し目。

眄形 みめかたち
「見目形」とも書く。外見。容貌。『太平記』

〈矛　部〉

矜羯羅 こんがら
「金伽羅」とも書く。仏教用語。八大童子の第七で、不動明王の左側に立つ。『平家物語』

〈矢　部〉

矧や ましてや
もちろん。言うにおよばず。『即興詩人』

〈石　部〉

研 みがく
「磨」とも書く。①こすって光沢をだす。②美しく飾る。③錬磨する。④いっそう映える。

研革 とぎかわ
刃物を研ぐときに用いる革。

砂子 いさご
「砂・沙」とも書く。小石。砂。「まさご」に同じ。『日本書紀』

砂滑 すなめり
①ネズミイルカ科のイルカ。②ベラ科の海産硬骨魚キュウセンの異称。

砂漏計 すなどけい
「砂時計・砂土圭」とも書く。一定量の砂のしたたりで時間をはかる具。

砕米薺 たねつけばな
「種付花・種漬花」とも書く。アブラナ科の越年草タガラシの異称。

砌 みぎり・いぬき
みぎり—①そのおり。そのころ。そのさい。『権記』。②階下の石畳。『新撰字鏡』。③水ぎわ。『性霊集』。④庭。『太平記』。⑤所。『今昔物語』
いぬき—「みぎり」②に同じ。

砭 いしばり
「石針」とも書く。①石で作った針で、中国の鍼術（しんじゅつ）で用いられた。②骨身にしみること。『関八州繋馬』

〈示（ネ）部〉

祇 まさに
ちょうど今。今にも。

祇今 ただいま
「只今・唯今」とも書く。たったいま。ほんの少し前。

祇候 しこう
「伺候」とも書く。①おそばに仕えること。②ご機嫌うかがいに参上すること。

祝 はふり・ほぎ・ほがい
はふり—禰宜（ねぎ）の次位の神職。『建内記』
ほぎ・ほがい—「寿」とも書く。よい結果が出るように祝いの言葉を述べること。賀辞。『日本書紀』

祝う ほがう
「寿う」とも書く。祝いの言葉を述べる。言葉で祝福する。『続詞花和歌集』

祝ぐ ほぐ
①よい結果が出るように祝いの言葉を述べる。『万葉集』。②悪い結果が出るように呪う言葉を述べて神意をうかがう。『日本書紀』

祝の者 しゅくのもの
「夙の者・宿の者」とも書く。近世、畿内で賤民視された民。『世間胸算用』

祝子 はふりこ
①「祝」に同じ。→祝。②巫女（みこ）。『拾遺和歌集』

祝言 ほぎごと・ほきごと
祝いごと。祝詞。

祝酒 ほぎさけ・ほきさけ
祝い酒。

祝著 しゅうちゃく・しゅうじゃく
「祝着」とも書く。①喜び祝うこと。『大江山』。②満足すること。また、そのさま。『徳川家康御内書』

祝着　しゅうちゃく・しゅうじゃく
「祝著」とも書く。→祝著

祝詞　のりと・ほぎごと
のりと―祭祀のときに神前で唱える神聖な詞。『延喜式』
ほぎごと―「寿言・寿詞」とも書く。よい結果が出るように唱える祝いの詞。

祝歌　ほぎうた
「寿歌」とも書く。上代の大歌（おおうた）の一つ。祝い、たたえる歌。『古事記』

神子　よりまし
「憑坐」とも書く。祈祷師が神意をうかがうとき、神霊を乗り移らせる女性や童子。

神子口　みこぐち
煙管の吸い口。

神今食　じんごじき・じんごんじき・じんこんじき
古代、六月・十二月の十一日の夜に、神嘉殿に天照大神を祭り、天皇が自らが調理した料理を供え、自らも食し、神と共寝をする儀式。

神戸　かむべ・かんべ
神社に租庸調を納め、神社の経済を支えた民。

神仙菜　あまのり
「甘海苔・紫菜」とも書く。紅藻類の海藻の一属。

神寿詞　かむよごと
古代、出雲の国造（くにのみやつこ）が天皇に奏上した祝詞。

神実　かむざね
「主神」とも書く。神体。『日本書紀』

神宝　ほくら
「神庫・宝倉」とも書く。①神宝を納めておくところ。②小さな神社。ほこら。

神河　みわかわ
神社のそばを流れている河。

神服部　かんはとり・かむはとり
伊勢神宮で、神御衣（かむみそ）を織る者。『大神宮儀式帳』

神皇産霊神　かみむすひのかみ
「神産巣日神」とも書く。記紀神話で、天地開闢（かいびゃく）のときに高天原（たかまがはら）に出現したと伝える三神の一柱。

神祝　かむほき・かむほぎ・かむほざき
「神寿・神賀」とも書く。神の祝福。

神神しい　こうごうしい
気高くおごそかである。『源氏物語』

神祖　かむおや
祖先の尊称。神として祀られている祖先。『万葉集』

神食薦　かみのすごも
「神の簀薦」とも書く。神に供える物をのせる竹製のすだれ。『江家次第』

神庫　ほくら
「神宝」とも書く。→神宝

神酒　みき
「御酒」とも書く。①神に供える酒。②「酒」の尊称。『御触書天明集成』

神馬　しんめ・じんめ
神社に奉納する馬。

神馬藻　ほんだわら・なのりそ
ほんだわら―「馬尾藻」とも書く。ホンダワラ科の海産の褐藻。
なのりそ―「莫告・莫告藻」とも書く。ホンダワラの古称。『万葉集』

神産巣日神　かみむすひのかみ
「神皇産霊神」とも書く。→神皇産霊神

神税　かむちから
神にささげる稲。『日本書紀』

神御衣　かむみそ・かむみぞ
神がお召しになる衣服。また、神にささげる衣服。『日本書紀』

神無月　かみなづき・かんなづき
陰暦十月の異称。「神去月」に同じ。

神賀　かむほぎ
「神祝」とも書く。→神祝

神随　かんながら・かみながら
「惟神」とも書く。①神として。『日本書紀』②神慮のまま。『万葉集』

神楽　かぐら
①「御神楽（みかぐら）」の略。宮廷にかかわる神社で奏する歌舞。『源氏物語』②「里神楽（さとかぐら）」の略。民間の神社で奏する歌舞。③能・狂言などの舞事の一つ。

神楽月　かぐらづき
陰暦十一月の異称。

神楽虫　かぐらむし
マイマイ目の陸生有肺類巻貝のカタツムリの異称。

神楽舎人　かぐらとねり
神楽に奉仕する近衛の舎人。

神楽桟　かぐらさん
「神楽算」とも書く。船を動かすなど重いものを牽引する轆轤（ろくろ）。

神遣　かむやらい・かみやらい
神の意思で仲間から追放すること。『古事記』

神嘗祭　かんなめまつり・かんなめさい・しんじょうさい
新穀でつくった御酒（みき）と御饌（みけ）を伊勢神宮に献ずる祭。

神漏伎　かむろき
「神漏岐」とも書く。男の皇祖神。また、「男神」の敬称。『祝詞』

神漏美　かむろみ・かぶろみ
女の皇祖神。また、「女神」の敬称。『祝詞』

神慮　しんりょ
神の御心。『法印棟清契状』

神箭　かみや
「神矢」とも書く。神が射るという不思議な矢。『保元物語』

神憑板　かみよりいた
神降ろしに用いる杉板。たたき鳴らして神を迎える。『万葉集』

神籠石　こうごいし
古代の山城の遺跡。北九州・中国・四国地方に分布。

神饌　みけ
「御食」とも書く。神に供える食物。『祝詞』

神籤　みくじ
「御鬮」とも書く。神前に祈願し、吉凶禍福を占うために引く籤。「おみくじ」に同じ。

神籬　ひもろき・ひもろぎ・ひぼろぎ
ひもろき―「胙」とも書く。①上代、神霊を迎えるために作った場所。『日本書紀』②神に奉る供物。『蜻蛉日記』
ひもろぎ・ひぼろぎ―上代、神霊

が宿ると信じられた山・森などの周囲に常磐木（ときわぎ）を植えて神座とした場所。『万葉集』

祖父　じじ・じじい・おおじ・そふ
父母の父。

祖母　ばば・ばばあ・おおば・うば・そぼ
父母の母。

祖母子　おばこ
「姨子」とも書く。「祖母子結」の略。幕末の頃の女の結髪の一つ。

祖母虫　おばむし
イソメ科の多毛類イワムシの異称。「岩磯目・岩虫」に同じ。

祐筆　ゆうひつ
「右筆」とも書く。①武家の職名。貴人に仕えて文書を書くことを専門にする者。②文筆に長じた者。『平家物語』

〈内　部〉

禺谷　ぐこく
日の沈むところ。

〈禾　部〉

科　とが
「咎」とも書く。①あやまち。『源氏物語』。②非難されるような点。短所。『徒然草』。③とがめ。『源氏物語』。④罰されるべき行い。罪。『祝詞』。⑤処罰。『保元物語』

科人　とがにん
罪人。『六角氏式目』

科木　しなのき
シナノキ科の落葉高木。

科戸の風　しなとのかぜ
「級長戸の風」とも書く。風の異称。『祝詞』

科白　せりふ
「台詞」とも書く。①俳優が劇中で述べる言葉。②言いぐさ。③決まり文句。『浮世風呂』。④談判。交渉。『東海道中膝栗毛』。⑤支払いをすること。『五大刀恋緘』

科怠　かたい
「過怠」とも書く。あやまち。過失。『武田勝頼血判起請文』

科科し　とがとがし
「咎咎し」とも書く。とげとげしい。理屈っぽい。『堤中納言物語』

科革縅　しながわおどし
「品革縅」とも書く。鎧の縅の一つ。藍地にシダの葉の形を白く染め抜いた革を細く切った緒で縅したもの。「歯朶革縅（しだがわおどし）」に同じ。『平家物語』

科葱　わけぎ
「分葱」とも書く。ユリ科の多年生葉菜。

科褐　とかち
「面褐」とも書く。兎の毛と木綿糸をまぜて紡いだ織物。

秋　ひややか
①ひえびえとしているさま。『太平記』。②冷淡なさま。

秋入梅　あきついり
「秋黴雨」とも書く。秋の長雨。また、その季節に入ること。『猿蓑』

秋刀魚　さんま
「三摩・青串魚」とも書く。サンマ科の海産硬骨魚。

秋沙　あいさ・あきさ
カモ科アイサ属の鳥の総称。

秋波　ながしめ・しゅうは
①秋の澄んだ水波。②涼しげな目。③「流し目」とも書く。媚びていることがあらわな目つき。『上田敏全訳詩集』

秋茱萸　あきぐみ
「秋胡頽子」とも書く。グミ科の落葉低木。

秋胡頽子　あきぐみ
「秋茱萸」とも書く。→秋茱萸

秋宮　きさいのみや
「后の宮」とも書く。皇后の宮。『古今和歌集』

秋毫も　すこしも・ちっとも
「些とも」とも書く。①（下に打ち消しの語をともなって）まったく。ちっとも。『当世書生気質』。②わずかでも。ちょっとでも。

秋葵　とろろ・とろろあおい
「黄葵・黄蜀葵・一日花」とも書く。アオイ科の一年草。

秋遅草　あきちぐさ
マメ科ハギ属の小低木ハギの異称。

秋黴雨　あきついり
「秋入梅」とも書く。→秋入梅

〈穴　部〉

窃　ひそかに
「密・偸・潜」とも書く。人に知られないよう、こっそり事を行うさま。『文書紛失状』

窃衣　すなびきそう・やぶじらみ
すなびきそう―「砂引草」とも書く。ムラサキ科の多年草。やぶじらみ―「藪虱」とも書く。セリ科の越年草。

窃窃　こそこそ
人に知られてはまずいことを気づかれないように行うことの形容。『其面影』

窃聞　たちぎき
「立聞き」とも書く。立ち止まって他人の話を盗み聞くこと。『牡丹灯籠』

穿子　ほりこ
江戸時代の炭鉱労働者。「掘子（ほりご）」に同じ。

穿沓　うけぐつ
履き古して穴があいたはきもの。『万葉集』

穿鑿　せんさく・せんざく
①どこまでも追求すること。『廻船大法』。②問題。『浮世親仁形見』。③なりゆき。『御存商売物』

〈立　部〉

竓　ミリリットル
容量の単位。一リットルの千分の一。

〈ネ　部〉

衵　あこめ
「袙」とも書く。①中古、男女の内着。単（ひとえ）の上に着る衣服。『源氏物語』。②中古、女童が着た袿（うちぎ）の小形のもの。『源氏物語』

衽　おおくび・おくみ
おおくび―「大領」とも書く。狩衣（かりぎぬ）・直衣（のうし）などの重なり合う前襟。『平家物語』
おくみ―「袵」とも書く。「大領」の転。

衲子　のっす・のうす
「納子」とも書く。衲衣（のうえ）を着た僧。禅僧。『正法眼蔵随聞記』

衲衣　のうえ
「納衣」とも書く。①僧の着る法衣。②法衣を着て行脚する僧。

〈竹　部〉

竿迦　さおはずれ
沖縄で、竿入（田畑の測量）の対象にならなかった土地。『琉球資料』

〈米　部〉

粁　キロメートル
メートル法で長さの単位。

〈糸　部〉

紆　ぬたくる
①泥の上でもがくさま。のたくる。②ごてごてと塗る。

紈袴　がんこ
①昔、中国の貴公子が着用した白い練絹の袴（はかま）。②貴族の子弟。

級長戸の風　しなとのかぜ
「科戸の風」とも書く。→科戸の風

級長戸辺神　しなとべのかみ
風をつかさどる級長津彦神（しなつひこのかみ）の異称。

級長津彦神　しなつひこのかみ
「級長戸辺神」に同じ。→級長戸辺神

糺判　きゅうはん
「糾判」とも書く。事実を究明して是非を判定すること。

糾返　あざがえす
①何度も綿密に調べる。『拾遺古徳伝』。②物を下からひっくりかえす。『日葡辞書』

紅　もみ
「紅絹」とも書く。紅（べに）で無地に染めた薄手の絹地。

紅小豆　あずき
「小豆・赤小豆」とも書く。マメ科の一年生作物。

紅毛　オランダ
「和蘭・阿蘭陀」とも書く。西ヨーロッパに位置し、北海に面した立憲王国。

紅古魚　いとよりだい・べにざこ
「糸縒鯛・紅魚・紅雑魚・金糸魚・金線魚」とも書く。イトヨリダイ科の海産硬骨魚。

紅玉　ルビー
鋼玉の一つ。宝玉の一つ。「紅宝石」に同じ。

紅羊歯　べにしだ
オシダ科の常緑シダ。

紅花　くれのあい
「呉藍・紅藍」とも書く。キク科の一年草ベニバナの異称。『倭名類聚鈔』

紅谷樹　ひいらぎ
「柊・疼木・枸骨」とも書く。モクセイ科の常緑高木。

紅姑娘　あけび
「木通・山女・通草・丁翁・蔔子・葍藤」とも書く。アケビ科の蔓性落葉低木。

紅茄　あかなす・トマト
「赤茄子・蕃茄」とも書く。ナス科の一年生果菜。

紅南瓜　きんとうが・あかだうり
「金冬瓜」とも書く。ウリ科の一年草。

紅柏　あからがしわ
「赤ら柏」とも書く。①赤く色づいた柏の葉。供物を盛りつける具とした。②京都北野天満宮の十一月一日の祭の呼称。

紅紅葉　くれないもみじ
襲（かさね）の色目の一つ。女房装束で、紅・山吹・黄・青・濃紅・淡紅の順に重ねたもの。

紅娘　てんとうむし
「天道虫・瓢虫」とも書く。テントウムシ科の甲虫の総称。

紅紙　こうし
鳥の子紙などの和紙を紅花で染めたもの。

紅菰　べにたけ
「紅茸・臙脂茸・赫茸」とも書く。担子菌類のキノコのドクベニタケの異称。

紅菜　とさかのり
「鶏冠海苔・鶏冠菜・赤菜」とも書く。海産の紅藻。

紅殻　ベンガラ
「弁柄・榜葛剌」とも書く。熱帯産の樹皮から製する帯黄赤色の顔料。

紅魚　べにざこ・いとよりだい・あかえい
べにざこ・いとよりだい―「紅古魚」とも書く。→紅古魚
あかえい―「赤鱏・赤鱝」とも書く。アカエイ科の海産軟骨魚。

紅葉　したび・もみじ
「黄葉」とも書く。①秋に黄変する木の葉。『万葉集』。②カエデ科の落葉高木。③襲（かさね）の色目の一つ。④鹿の肉。

紅溲疏　べにうつぎ
「紅空木」とも書く。スイカズラ科の落葉低木。

紅猿子　べにましこ
アトリ科の小鳥。

紅蓮　ぐれん
①紅色の蓮（はす）の花。猛火の炎の色にいう語。②紅蓮地獄の略。『歌占』

紅蜀葵　もみじあおい
「紅葉葵」とも書く。アオイ科の多年草。

紅絹　もみ
「紅」とも書く。『浅尾よし江の履歴』→紅

紅蓮華　ぐれんげ
「紅蓮」に同じ。→紅蓮

紅蕉　ひめばしょう
「姫芭蕉」とも書く。①バショウ科の多年草。②クズウコン科の多年生観葉植物カラテアの異称。

紅蕪菁　べにかぶら・べにかぶ
赤い蕪。

紅樹　ひるぎ
「蛭木」とも書く。ヒルギ科のオヒルギ・メヒルギなどの総称。

紅樹皮　たんがら
「丹殻」とも書く。①ヒルギ科の常緑低木オヒルギの異称。②オヒルギの樹皮を煎じてつくった汁。赤茶色の染色剤となる。

紅糟 うんぞう
「温糟」とも書く。十二月八日の夜に禅寺で食した「温糟粥（かゆ）」に同じ。『庭訓往来』

紅藍花 くれない・くれのあい・べにばな
キク科の一年草ベニバナ。「末摘花（すえつむはな）」の異称もある。

紅藷 さつまいも
「薩摩芋・甘藷・蕃藷」とも書く。ヒルガオ科の一年生作物。

紅繡毬 さんたんか
「山丹花・三丹花・三段花・壳子木」とも書く。アカネ科の観賞用常緑低木の異称。

紅鶴 つき
「鴇」とも書く。トキ科の鳥トキの異称。『名義抄』

紅躑躅 やまつつじ・あかつつじ・くれないつつじ
やまつつじ・あかつつじ―ツツジ科の落葉低木。
くれないつつじ―襲（かさね）の色目の一つ。オモテは紅、裏は薄紅。

約まる つづまる
①小さくなる。短くなる。『今昔物語集』。②簡潔になる。『好色万金丹』

約め つづめ
短くすること。要約すること。『上田敏全訳詩集』

〈羊（⺶）部〉

美 うるわし・ほむ
うるわし―美しい。きれいだ。『折たく柴の記』
ほむ―「称・誉・褒」とも書く。賞讃する。『平家物語』

美い うつつい
「うつくしい」の転。きれいだ。かわいい。『誹風柳多留』

美人局 つつもたせ
①詐欺。『塵芥集』。②女が夫と共謀して他の男と姦通し、夫が相手の男を脅して金銭をゆすり取ること。『難波千句』

美人草 ひなげし
「雛罌粟・麗春花・錦被花・虞美人草」とも書く。ケシ科の一年草。

美女 くわしめ
「細女」とも書く。美しい女。『古事記』

美女桜 バーベナ・びじょざくら
クマツヅラ科の園芸植物。

美作 みまさか
岡山県北部の旧国名。「作州」に同じ。

美児 まさずこ
美しい娘。いとしい娘。『古事記』

美国 うましくに・アメリカ
うましくに―「可怜国」とも書く。美しく良い国。『万葉集』
アメリカ―アメリカ合衆国の略。

美妹 くわしいも
「細妻」とも書く。美しい妻。『万葉集』

美飯 うまいい
「甘飯・味飯」とも書く。味の良い飯。

美織 うまこり・うまごり
美しい織物の意で、「あや」にかかる枕詞。『万葉集』

〈耳部〉

耶父華 エホバ
イスラエル人が崇拝した神。万物の創造主ヤーウェ。

耶悉茗 ジャスミン
「素馨」とも書く。①モクセイ科ジャスミン属の植物の総称。②ジャスミンの花から採った精油。

耶路撒冷 エルサレム
イスラエルの首都。

耶蘇基督 イエス＝キリスト
キリスト。

耶蘇降誕祭 クリスマス
基督（キリスト）降誕を祝う祭。

〈自部〉

臭水 くそうず
「草生水」とも書く。石油の古称。『大和本草』

臭草子 くさぞうし
「草双紙」とも書く。江戸時代の絵入りの通俗読み物。再生紙のため一種の臭気があったところから。

臭亀 くさがめ
「草亀」とも書く。①カメの一種。②カメムシ科の昆虫カメムシの異称。

臭椿 にわうるし
「庭漆」とも書く。ニガキ科の落葉高木。

臭橙 かぶち・かぶす
かぶち―①ミカン科の常緑低木ダイダイの異称。イチイ科の常緑高木カヤの異称。
かぶす―ダイダイの一変種。

〈虍部〉

虐ぐ しえたぐ
「冤ぐ」とも書く。①虐待する。『徒然草』。②無実の罪に落とす。『続日本紀』。③征服する。『類聚名義抄』

虐げ せたげ
①虐待する。『尚書抄』。②きびしくせきたてる。『応仁記』

〈襾（覀）部〉

要 かならず・さえぎる・はく・ぬみ・ぬま
かならず―「会」とも書く。たしかに。きっと
さえぎる―見えないようにする。邪魔をする。
はく―「佩・帯」とも書く。帯刀する。
ぬみ・ぬま―①要害。『日本書紀』。②要点。大切なこと。『日本書紀』

要次 ようす
「様子」とも書く。①人の姿。②ものごとのありさま。③わけ。

要枢 ようすう
なくてはならないもの。『神皇正統記』

〈臣部〉

臥し こいふし
「反側し」とも書く。倒れ伏す。『万葉集』

臥伸 ねのひ
「子の日」とも書く。十二支の子にあたる日。

臥床 ふしど・ソファー
①寝床。寝る所。②背もたれつきで、すわり心地がよい長椅子。『内

地雑居未来之夢』

臥房　ふしど
「臥所」とも書く。寝るところ。寝室。『鳥追阿松海上新話』

臥長　ふしたけ
うずくまっているときの体高。蛇などにいう。『今昔物語集』

臥烟　がえん
「臥煙・臥筵」とも書く。①江戸城見付の警備にあたった奴（やっこ）。②火消し人足。③無頼の徒。

臥処　ふしど
「臥房」とも書く。『西洋道中膝栗毛』→臥房

臥猪　ふすい
寝ている猪。

臥転ぶ　こいまろぶ
倒れ転げる。『万葉集』

臥機　くつびき
「沓引」とも書く。織機の付属具。麻縄で作り、一端を織る人の足にかけ、足の屈伸によって綜（あぜ）を繰るのに用いる。『倭名類聚鈔』

臥籠　ふせご
「伏籠」とも書く。衣類の乾燥や香をたきしめるため、火鉢などの上にかぶせる籠。

〈角部〉

觔斗　とんぼがえり
「蜻蛉返り」とも書く。①宙返り。②歌舞伎の所作の一つ。③目的地に到着して、すぐに引き返すこと。『浮城物語』

〈言部〉

計　ばかり・はからい
ばかり―「斗・許」とも書く。程度や範囲を示す語。①…だけ。『源氏物語』。②おおよそ…くらい。『土佐日記』
はからい―①処置。とりはからい。②考え。分別。『歎異抄』

計沙汰　はからいざた
制度にしたがって事を処理すること。『吾妻鏡』

計校　けいきょう
推し量って比べること。

計帳　はかりちょう・けいちょう
①江戸時代、年貢米などの計算や納入状況などの明細をしるした帳簿。②律令制で、課税のための帳簿。

訇　ののしる
大声で騒ぐ。非難する。『保元物語』

〈貝部〉

負公事　まけくじ
公事（訴訟）に負けること。

負方　おおせかた
「課方」とも書く。貸方。債権者。『日本永代蔵』

負気無　おおけなし
①身分不相応である。『源氏物語』。②大胆である。『今昔物語集』

負征矢　おいそや
箙（えびら）に挿して、身に付けた軍陣用の征矢（そや。戦闘に用いる矢）。『万葉集』

負荷　うっか・おっか
「内負荷」とも書く。沖縄方言で借金。

〈車部〉

軍荼利明王　ぐんだりみょうおう
五大明王の一つ。南方を守り、煩悩を取り除くという。

軍配団扇　ぐんばいうちわ
①武将が軍陣で指揮に用いた具。②相撲の行司が用いた具。③家紋の名称。

軍鶏　シャモ
ニワトリの一品種。

軍鶏入　シャモいり
罪人を仮牢に入れること。

〈辵（辶・辶）部〉
辶は四画、辶は三画

迤衍　いえん
ゆるやかに傾斜し、平らに広がっている地形。

迦　はずる
目標からそれる。『太平記』

迦具土　かぐつち
「火神・軻遇突智」とも書く。記紀神話で火の神。『日本書紀』

迦葉　かしょう
釈尊十大弟子の一で、十六羅漢の一。

迦楼羅　かるら
仏法の守護神。口から火を吐く大鳥。

迨　およぶ
達する。いたる。『歴代古案』

逆上目　のぼせめ
目が充血する病気。

逆公事　さかくじ
訴えられる者が、逆に訴えるべき者を訴えること。

逆心　ぎゃくしん
謀反の心。『十訓抄』

逆木　さかもぎ
「尺木・逆茂木」とも書く。敵の兵馬を防ぐために茨（いばら）の枝を束ねて垣に結ったもの。「逆虎落（さかもがり）」に同じ。

逆沢瀉　さかおもだか
鎧（よろい）の縅（おどし）の一つ。逆沢瀉縅の略。さまざまな色糸でオモダカの葉の形におどす沢瀉縅を逆にしたもの。

逆杈椏　さかまたぶり
逆立ち。『閑居友』

逆虎落　さかもがり
「逆木」に同じ。→逆木

逆昇　ぎゃくじょう
「逆上」とも書く。怒りや悲しみのあまり興奮して取り乱すこと。『近世法制史料集』

逆退　げきたい
「鷁退」とも書く。古代、六位の蔵人が上位に叙せられるとき、上位に定員がない場合、上位を辞して、蔵人の末席の新蔵人となること。

逆流　ぎゃくる
仏教で、生死・流転の迷いを振り切って正道に向かうこと。

逆浪　げきろう
①さかまく波。②乱世のたとえ。『平家物語』

逆旅　さらたび・げきりょ
宿屋。『いろは字』

逆強請 さかねだり
ねだられるはずの人が逆にねだること。ゆすられるべき者が逆にゆすること。『俳諧三部抄』

逆戟 さかまた
「逆叉」とも書く。歯クジラの一種シャチの異称。

逆焼 ほそけ
「火退・燹」とも書く。野火など、燃えてくる火に向かってこちらからも火を放ち、火勢を弱めること。『倭名類聚鈔』

逆蜻蛉 さかとんぼ
「逆蜻蛉返り」の略。①頭を下にしてひっくりかえること。②まっさかさま。

逆頬 さかつら
①毛並みを逆立てた毛皮。『今昔物語集』。②「逆頬箙（さかつらえびら）」の略。③逆立っている頬髯。

逆類 げきるい・ぎゃくるい
反逆した者たち。『平家物語』

逆鰐 さかわに・さかね
「逆鰐口（さかわにぐち）」の略。槍や小刀の束の先端を包んで保護する金物。

逆鱗 げきりん
天子が怒ること。また、目上の人が怒ること。『菅原伝授手習鑑』

送行 そうあん
陰暦七月十五日に、夏安居（げあんご）を終えた僧が寺に帰ること。

送別 みたてぶるまい
「離筵」とも書く。娘が嫁ぐ日に、親戚・知己に花嫁姿を披露する式。

送真風 おくりまぜ
陰暦の七月の盂蘭盆会が過ぎたころに吹く南風。「後真風（おくれまぜ）」に同じ。『物類称呼』

退 そき・そく
そき—遠く離れたところ。『万葉集』
そく—①遠く離れる。『古事記』。②除く。『万葉集』

退引 のっぴき
逃れること。引き下がること。下に打ち消しの語をともなって用いる。『浅尾よし江の履歴』

退方 そきえ・そくえ
遠く離れたところ。『万葉集』

退出音声 まかでおんじょう
「罷出音声」とも書く。雅楽で、舞人が退場するときの音楽。

退没 たいもつ
仏教で、苦界に落ちること。『源平盛衰記』

退紅 あらいぞめ・あらぞめ
「洗染・荒染・桃花染」とも書く。うす紅色の染色。『新撰字鏡』

追 おって
「逐」とも書く。①まもなく。いずれすぐに。②（手紙の追伸などで）なお。

追付 おっつけ
「押付」とも書く。ほどなく。まもなく。『伊文字』

追而書 おってがき
「追書」とも書く。書状を書き終えてからつけ加えて書くこと。また、その文章。「追伸」に同じ。

追咎 ついきゅう
事が終ってから糾弾すること。

追物射 おんものい・おいものい
「御物射・馳射」とも書く。騎馬で獣を追って背後から矢を射ること。『平家物語』

追捕使 ついぶし・ついふくし・ついほし
平安時代、犯罪者を逮捕するために補任した令外官（りょうげのかん）。

追書 おってがき
「追而書」とも書く。→追而書

追掩 ついえん
敵を背後から襲い、追うこと。

追落 おいおとす
追い払う。『平家物語』

追厳 ついごん
死者の冥福を祈って仏事を営むこと。追善。

追懸 おいかけ
①通行人から略奪すること。『鎌倉幕府追加法』。②かまをかけること。『色道大鏡』

追儺 なやらい・ついな・おにやらい
「鬼遣」とも書く。宮中の年中行事の一つ。大晦日の夜に行う悪鬼・疫病を追い払うための儀式。『紫式部日記』

逃亡 ちょうもう
中世・近世、重い年貢などに耐えかねた農民が土地・家屋を捨てて逃亡すること。「逃脱・逃散・迯散」に同じ。『阿氏河荘上村百姓等申状』

逃脱 ちょうだつ
「逃亡」に同じ。→逃亡

逃散 ちょうさん
「迯散」とも書く。「逃亡」に同じ。『地方凡例録』→逃亡

逃毀 ちょうき・とうき・にげこぼつ
逃亡した者の遺財を破壊し、または、没収する行為。『御成敗式目』

迯散 ちょうさん
「逃散」とも書く。『大山村史』。「逃亡」に同じ。→逃亡

迷迭香 まんねんろう・まんるそう
シソ科の常緑小低木ローズマリーの異称。

〈邑（阝〈右〉）部〉 阝は三画

郁子 むべ・うべ
「野木瓜・牟閉」とも書く。アケビ科の常緑蔓性低木。

郁李 にわうめ・いくり
「庭梅・棠棣」とも書く。バラ科サクラ属の落葉低木。

郎女 いらつきみ・いらつめ
①天皇または皇族を父に、皇族にゆかりがある女を母にもつ女子。『古事記』。②女子の愛称。『万葉集』

郎子 いらつこ
①天皇または皇族を父に、皇族にゆかりがある女を母にもつ男子。『古事記』。②若い男子の愛称。『万葉集』

郎君 いらつきみ・いらつぎみ
「郎子」に同じ。→郎子

郎姫 いらつひめ
「郎女」に同じ。→郎女

〈里　部〉

重一 でっち
「畳一」とも書く。双六（すごろく）

で二つのさいころを振り、そろって一の目が出ること。『平治物語』

重五　でっく
「畳五」とも書く。双六（すごろく）で二つのさいころを振り、そろって五の目が出ること。

重皮　ほおぐすり
モクレン科の落葉高木ホオの樹皮より製した風邪薬。『栄花物語』

重代　じゅうだい
①代を重ねること。代々。『平家物語』。②先祖伝来の宝物。『源平布引滝』

重色　じゅうしき
他よりも重要な財産・土地。

重言　じゅうごん・じゅうげん
①同意の語を重ねた言い回し。「日にち」などの類。『かたこと』。②同字を重ねた熟語。「堂堂」などの類。

重波　しきなみ
①「頻浪」とも書く。つぎからつぎへと打ち寄せる波。『万葉集』。②「頻並・敷並」と書く。転じて、立て続け。しきりに続くこと。『太平記』

重波草　しきなみぐさ
「頻浪草」とも書く。イネ科の多年草ススキの異称。

重重　しくしく
「頻頻」とも書く。絶え間なく打ちつづくさま。しきりに。『万葉集』

重食み　ちょうばみ
双六（すごろく）で二つのさいころを振り、そろって同じ目が出ること。「重目（ちょうめ）」に同じ。

重荷尉　おもにじょう
能楽の面の一つ。「重荷悪尉」に同じ。

重書　じゅうしょ
重要な文書。『三浦家文書』

重祚　ちょうそ
一度退位した天皇がふたたび即位すること。「再祚（さいそ）」に同じ。『貞丈雑記』

重菰　まいたけ
「舞茸」とも書く。担子菌類のキノコ。

重葉梅　やつぶさうめ・みざろん
「八房梅」とも書く。ウメの一品種。「座論梅」に同じ。

重畳　じゅうじょう・ちょうじょう
①幾重にも重なり合うこと。『平家物語』。②（よいことが重なり）大変喜ばしい。この上なく満足。『子盗人』

重過　じゅうか
「重科」とも書く。重罪。重い刑罰。『権記』

重播　しきまき
「頻播」とも書く。素戔嗚尊（すさのおのみこと）が高天原（たかまがはら）で犯した罪の一つ。他人が播いた穀物の種の上にまた播いて、その成長をさまたげること。『日本書紀』

重縁　しけぶち
①船の荷轄（にくさび＝波のあたりを和らげる物）の上にうつ押縁。「四五（しご）」に同じ。②縁にたがを多く使った容器。

重頭　がさつ
言動がぞんざいなさま。粗暴なさま。『旅籠屋仲間規定窺書』

〈門　部〉

閂　かんぬき
「貫木」とも書く。①門扉の左右に取り付けた金具に射し通して、門が開かないようにするための横木。②相撲の技の一つ。

〈阜（阝〈左〉）部〉　阝は三画

限棒　ませぼう
「笆棒」とも書く。仕切りのため横たえる棒。

限無し　きりなし
際限がないこと。

陋宅　ろうたく
①だらしなく汚ない家。②自分の家をへりくだっていう語。

陋風　ろうふう
よくない風習。下品な風習。

陋態　ろうたい
見苦しい姿。いやしいさま。

〈面　部〉

面　まのあたり
「目の当り・眼の当り」とも書く。①眼前。『宇津保物語』。②直接。

面上　めんじょう
①対面の上。『反故集』。②身分・地位が高い人にお目にかかること。③顔面。

面子　メンツ
①面目。②マージャンの競技者。

面火照り　おもほてり
「面熱」とも書く。気持ちがあらわれて顔が熱くなること。『日本霊異記』

面地　おももち
「面持ち・面容」とも書く。内面の感情があらわれた顔つき。『此処やかしこ』

面拝　めんぱい
「面上」に同じ。→面上

面明　つらあかり
「電灯照明のない時代、芝居で役者の顔を観客に良く見せるように、柄につけた燭台で照したこと。

面屋　おもや
「母屋・表屋・主家」とも書く。①家の中央部分。『竹取物語』。②屋敷内で主人の家族が住む部分。『万葉集』。③本家。本店。『多聞院日記』

面容　おももち・おもて
おももち―「面地」とも書く。『浅尾よし江の履歴』→面地
おもて―「面」とも書く。顔面。『浅尾よし江の履歴』

面差　おもざし
顔つき。『沙石集』

面書　おもてがき
「表書」とも書く。①文書の表（おもて）の本文。また、その文字。②手紙のあて名。「上書」に同じ。

面皰　にきび・にきみ
顔面の毛孔部の炎症。顔にできる小さな腫れ物。『栄花物語』

面桶　めんつう・めんつ
①飯を盛る曲げ物のうつわ。『正法眼蔵』。②茶道で用いる曲げ物の湯こぼし。

面黒子　おもわはくそ
顔にあるほくろ。

面毀　おもてをこぼつ
文書を無効にするために一部の文字を抹消すること。『僧俊成畠地譲状』

1 2 3 4 5 6 7 8 9 10 11 12 13 14 15 16 17 18 19 20 21 22

面貎 おもえり
「面地」に同じ。『続日本紀』→面地

面熱 おもほてり
怒りなどで顔が火照ること。

面親 まのあたり
①目の前。②親しく。

面額 めんこう
「面向」とも書く。額の真ん中。「真向」に同じ。

面繋 おもがい
「面懸」とも書く。馬具の一つ。馬の頭からかけて轡（くつわ）をとめる紐。『古今著聞集』

面繋助 たちぎき・おもがいだすけ
「立聞き」とも書く。馬の轡（くつわ）の頭の輪。

面懸 おもがい
「面繋」とも書く。→面繋

〈革 部〉

革茸 こうたけ
「茅蕈」とも書く。担子菌類ヒダナシタケ目のキノコ。

革亀 おさがめ
「長亀」とも書く。海産のカメ。

〈韋 部〉

韋絮 あしわた
「葦絮・葦綿」とも書く。綿のようにみえる葦の穂。

〈韭 部〉

韭 くくみら
「茎韮」とも書く。①ユリ科ネギ属の多年草ニラ類。その茎の生い茂ったさま。『万葉集』

〈音 部〉

音声 おんじょう・おんぞう
①人の発する声。『軽口露がはなし』。②雅楽で管弦の音。

音声吹 おせふき
「音声」②に同じ。→音声

音呼 いんこ
「鸚哥」とも書く。オウム目のオウム類以外の鳥の総称。

音物 いんもつ・いんぶつ
「引物」とも書く。贈り物。進物。賄賂。『菅原伝授手習鑑』

音信 おとずれ・いんしん
おとずれ―消息。便り。『保元物語』
いんしん―①消息。便り。『沙石集』。②贈り物。『本福寺門徒記』

音問 いんもん
便りを書いたり来訪すること。

音頭 おんど
①多人数で歌うとき、調子をとるため、歌の初句を最初に歌い出すこと。また、その人。『日葡辞書』。②多人数で歌い踊る民俗舞踊の一つ。

音箇 いんかん
「音信」におなじ。『榊原家所蔵文書』→音信

〈頁 部〉

頁 ページ
書籍や帳簿などの紙の見開きの半面。また、その順番を示す番号。

〈風 部〉

風呂吹 ふろふき
輪切りにして茹でた蕪や大根に、味噌をつけた料理。

風来風来 ぶらぶら
①垂れ下がっているものが揺れているさま。②のんびり歩くことの形容。③無為に時を過ごしているさま。『緑簑談』

風見草 ヒヤシンス
「風信子」とも書く。ユリ科の秋植え球根植物。「錦百合（にしきゆり）」に同じ。

風招 かざおぎ・かざおき・かぜおぎ・かざおき
風を招きおこすこと。『日本書紀』

風采 とりなり・ものごし
とりなり―「風姿」とも書く。姿。『高野聖』
ものごし―身のこなし方。『観音岩』

風炉 ふろ・ふうろ
茶の湯で、席上に置いて湯を沸かすための炉。

風信子 ヒヤシンス
「風見草」とも書く。→風見草

風姿 とりなり
「風采」とも書く。『浮雲』→風采

風巻 しまき
激しく吹く風。『中務集』

風度 なりふり
身なりとそぶり。

風候 かざなみ・かざみ
①風向き。風の吹く様子。②気候。

風流 みやび
「雅・風雅」とも書く。上品で優美なこと。『万葉集』

風致 おもむき
「趣」とも書く。①心のあり方。②趣旨。③事情。『保元物語』。④味わい。『緑簑談』

風記 ほのき
儀式などを取り行なう前に、期日を占って上申する文書。

風情 ふぜい
①おもむき。『方丈記』。②表情。容姿。『日葡辞書』。③それらしいもの。『徒然草』

風琴 オルガン
鍵盤楽器の一つ。『邪宗門』

風雅 みやび
「風流」とも書く。→風流

風説 うわさ
「噂」とも書く。①ある人の身の上などを陰で話すこと。②根拠もないことを世間で言いふらすこと。「風聞」に同じ。

風聞 ただか
「直処・直香」とも書く。①その人自身。②噂。『万葉集』

風領 えりまき
「襟巻」とも書く。防寒具の一つ。「首巻」に同じ。

風濤 ふうとう
波風。『椿説弓張月』

〈飛 部〉

飛札 ひさつ
急ぎの手紙。『御触書天明集成』

飛生虫 かぶとむし
「兜虫・甲虫」とも書く。コガネムシ科の大形甲虫。

飛白 かすり
「絣」とも書く。輪郭がかすれたような文様を織り出した織物。また、その文様。『塩原多助一代記』

飛行夜叉 ひぎょうやしゃ
空中を飛行する夜叉。

飛香舎 ひぎょうしゃ
平安京内裏の五舎の一つ。中宮・女御などの在所。

飛馬始 ひめはじめ
「姫始」とも書く。①暦の用語。新年になってはじめて馬に乗る日、衣の縫い初めの日などの説がある。②新年にはじめて男女が交合する日。『好色一代男』

飛竜 ぺーロン
「剗竜・划竜・白竜」とも書く。中国から渡来した競漕用の船。また、その行事。

飛竜頭 ひりょうず・ひりゅうず
「飛竜子」とも書く。①同量の粳米（うるちまい）と糯米（もちごめ）の粉を練り合わせ、油で揚げたもの。②関西で、「がんもどき」の異称。

飛廉 ひれあざみ・そそき・やはず あざみ
「鰭薊」とも書く。ヒレアザミキク科の二年草。

飛蝗 ばった
「蝗虫」とも書く。バッタ上科の昆虫の総称。

飛燕草 ちどりそう
「千鳥草」とも書く。①ラン科の多年草テガタチドリの異称。②キンポウゲ科の二年生観賞用植物ヒエンソウの異称。

飛螻 はあり
「羽蟻・飛蟻」とも書く。交尾期に現れる有翅のアリ類。

飛螻蟻 とびけら
「飛螻蛄」とも書く。トビケラ目の昆虫の総称。

飛簷棰 ひえんだるき
「飛簷垂木」とも書く。仏寺建築などで、地垂木の上方につけた垂木。

飛蟻 はあり
「飛螻」とも書く。→飛螻

飛礫 つぶて
「礫」とも書く。①小石。②小石をなげること。『宇津保物語』。③石合戦。

〈食（𩙿・飠）部〉

食 け・たぶ・とうぶ・おす・おし
け―「饌」とも書く。飲食物。食事。『万葉集』
たぶ・とうぶ―食べる。『宇津保物語』
おす・おし―①「飲む・食う・着る」の敬語。『古事記』。②「治める」の敬語。『万葉集』

食み はみ
「噬み」とも書く。①口にくわえる。『名義抄』。②噛んで飲み込む。『万葉集』。③飲む。『万葉集』。④「食物」の略。『伊曾保物語』

食国 おすくに
天皇が統治なさる国。『万葉集』

食物 おしもの
めしあがりもの。『日本書紀』

食封 じきふ
皇族・高位者・社寺などに収入源として給した封戸（ふこ）。

食単 すこも・すごも・すこめ
「食薦・簀薦」とも書く。食卓や机の下に敷く敷物。薦と竹などを編んで生絹（すずし）をつけたもの。

食茱萸 からすざんしょう・おおたら
「烏山椒」とも書く。ミカン科の落葉高木。

食稲魂 うかのみたま
「宇迦御魂・稲魂」とも書く。食物、とくに稲の神。『日本書紀』

食薦 すこも・すごも・すこめ
「食単」とも書く。『倭名類聚鈔』→食単

食蟻獣 ありくい
「蟻食」とも書く。アリクイ目アリクイ科の哺乳類の総称。

食籠 じきろう
①食物を入れる容器。多くは蓋がある。②茶道具の一つ。暖かい饅頭などを盛る竹製の容器。

〈首部〉

首 おびと・はじめ
おびと―①上代、部民の長。『古事記』。②姓（かばね）の一つ。③敬称。『日本書紀』
はじめ―戦場で真っ先に敵陣に駆け込んで戦うこと。一番駆け。

首打 こぶち・くびち
「機」とも書く。鳥獣の首を挟んで捕らえる罠（わな）。

首状 はくじょう
「首露・白状」とも書く。①自分が犯した罪などを申し述べること。②自白を記した文書。

首肯 うなずき
「頷」とも書く。①首を下に動かすこと。②了解・同意のしるしに首を縦に振ること。『二人比丘尼色懺悔』

首長 ひとごのかみ
「魁帥」とも書く。古代、一群の人々の長（おさ）。かしら。『日本書紀』

首唐櫃 くびかろうど
討ち取った首を入れる容器。

首座 しゅそ
禅寺で修行僧の首位に立つ者。「首衆」に同じ。

首途 かどで
「門出」とも書く。①旅などでわが家を出ること。『万葉集』。②新しい生活をはじめること。

首露 はくじょう
「首状」とも書く。→首状

〈香部〉

香 こうばし
「芳」とも書く。①香がよい。『源氏物語』。②心ひかれる。『保元物語』

香車 きょうす・きょうしゃ・やり
①将棋の駒の一つ。幾升目も前に進むことができるが、後退はできない駒。②遊廓の遣手の異称。

香具師 やし
「野師・弥四・野士」とも書く。縁日・祭礼など、人の集まるところで見世物などを興行したり、粗製の商品などを言葉たくみに売りつけることを業とする者。②露天商の世話を取り仕切る人。

香実 かぐのみ・かぐのこのみ・か

くのこのみ

「香菓」とも書く。タチバナの実。

香茶菜 あきちょうじ

「秋丁子」とも書く。シソ科の多年草。

香炭団 こうたどん

香をまぜた小さな炭団。香会などに用いる。

香匙 こうすくい・きょうじ

香をすくう匙（さじ）。

香菓泡 かくなわ

「結果」とも書く。①揚げ菓子の一種。『江家次第』。②太刀さばきの一つ。『平家物語』。③思い乱れるさま。『古今和歌集』

香魚 あゆ

「鮎・年魚」とも書く。アユ科の硬骨魚。

香散見草 かざみぐさ

「風見草」とも書く。バラ科サクラ属の落葉高木ウメの異称。

香焼 こりたき

斎宮（いつきのみや）の忌言葉で、仏堂・寺。『沙石集』

香紫羅欄花 においあらせいとう

「匂紫羅蘭花・匂紫羅欄花」とも書く。アブラナ科の多年草。

香壺 こうご・こうごう

香を入れる壺。『源氏物語』

香蒲 かま・がま・かば・こうほ

ガマ科の多年草。

香椿 チャンチン

センダン科の落葉高木。

香奩 こうれん

①香・化粧品・化粧道具などを入れる箱。②神仏に供える香を入れる箱。

香褐 ひょんかつ

「飄勝」とも書く。①沈香とならなかった下等の香。②くせのある香。

香蕈 しいたけ

「椎茸」とも書く。①マツタケ科の食用キノコ。②歌舞伎の鬘（かつら）の一つで、「椎茸髱（しいたけたぼ）」の略。

香盤 ずいた・こうばん

ずいた—①「図板」とも書く。大工が使う板に書いた図面。②劇場の観客席の配置図。③興業で俳優の出番と役柄を書いたもの。

こうばん—①香炉の一種。②「ずいた」②③に同じ

香橙 くねんぼ

「九年母」とも書く。ミカン科の常緑低木。

香燃 こうたき・こりたき

こうたき—①頭や腕に香をのせて焚く物もらい。②「香焼」に同じ。

こりたき—「香焼」とも書く。『延喜式』→香焼

香薷散 こうじゅさん

漢方薬の一つ。『実隆公記』

香螺 ながにし

「長螺・長辛螺」とも書く。イトマキボラ科の巻貝。

香欒 ザボン

「朱欒」とも書く。ミカン科の常緑高木。

十画

〈人部〉

倚傍　よりそう
「寄り添う」とも書く。触れるほど近くに寄る。『太平記』

倚綵　いちゃいちゃ
男女が人前で体を寄せ合い、仲良くふざけあうさま。

倚廬　いろ
天子が父母の喪に服すときにこもる仮の住まい。『徒然草』

倶　とも・ともに
一緒に。『菅原伝授手習鑑』

倶伎羅　くきら
「拘耆羅・拘枳羅」とも書く。①インドに住むという姿は醜いが声が美しいというホトトギスに似た鳥。②ホトトギスの異称。

倶会一処　くえいっしょ
仏教用語。阿弥陀仏の浄土に往生（おうじょう）した者は、そこで多くの人々に出会うことができるということ。『阿弥陀経』

倶舎　くしゃ・くさ
①仏教の基礎的教学書『阿毘達磨倶舎論』の略。『続後撰和歌集』。②南都六宗の一つで、「倶舎宗」の略。

倶論甲序　くろがんしょ
高麗より伝来したとされる雅楽の一つ。

個　つ・ち
「箇」とも書く。数詞に添えて数をあらわす語。『古事記』

候　まつ・ぞう
まつ―望む。
ぞう―…であります。『烏帽子折』

候人　こうにん
①中世、殿上で宿直を勤めた者。②比叡山の門跡（もんぜき）に仕えた妻帯僧形の侍者。

候半　そうらわん
今日の「ます・ございます」に当たる。「候（そうろ）う」に同じ。『葉隠』

候間　そろま
「曾呂間」とも書く。①曾呂間（そろま）人形の一つ。②愚鈍な人。『新撰大阪詞大全』

倥侗人　うつけもの
「空け者・呆気者」とも書く。ぼんやりしている者。うっかり者。『日葡辞書』

借　さがり・たとい
さがり―借金。『根南志具佐』
たとい―「借如」とも書く。①仮に。②もしもそういうことだとしても。

借下　かしさげ
中世、金銭の貸し借り。

借如　たとい
「借」とも書く。→借

借染　かりそめ
「仮初・苟且」とも書く。①はかないこと。『更級日記』。②なおざり。『古今和歌集』。③偶然。『奥の細道』

借被下　かりくだされ
借りっぱなしで返さずに、自分のものにすること。

倡　いざなう・となう
いざなう―「誘う」とも書く。案内する。『今昔物語集』
となう―「唱う」とも書く。唱える。『西洋紀聞』

倡佯　しょうよう
「倘佯・倘佯」とも書く。ぶらつくこと。歩き回ること。

倘佯　しょうよう
「倡佯」とも書く。→倡佯

倩　つらつら・やとう
つらつら―よくよく。つくづく。『徒然草』
やとう―「雇う」とも書く。人手を買う。

倉稲魂　うかのみたま
「宇迦御魂・稲魂」とも書く。稲をつかさどる神。『日本書紀』

倉廩　そうりん
穀物などを保管しておく倉。『公事根源』

値遇　ちぐ
①出会うこと。めぐり合うこと。『日本永代蔵』。親しくすること。

倒　さかしま
道理にそむくこと。『根南志具佐』

倒木　さかぎ
「逆木」とも書く。逆木柱の略。材木の根元の方（元口）を上にして立てた柱。『三所世帯』

倒木柱　さかぎばしら
「倒木」に同じ。→倒木

倒物　たおれもの
①行き倒れ。②破産者。『都鄙問答』

俳優　わざおぎ・わざびと
①「俳人」とも書く。役者。『神皇正統記』。②滑稽な演技で歌い舞うこと。また、その人。『日本書紀』

倍　ます・かさ・ひとえに・ますます
ます―勝る。『雲州消息』
かさ―「嵩」とも書く。相手より有利な立場。『ひらかな盛衰記』
ひとえに―「偏に」とも書く。いちずに。『信長公記』
ますます―以前よりもなおいっそう。『島津義久起請文』

俾倪　へいげい
「睥睨」とも書く。横目でにらむこと。

俵子　とうらご・ひょうす
とうらご―西日本でナマコのこと。
ひょうす―米だわら。

俵巻　とらまき
北九州地方で、十二月十三日に行なう神棚の煤払いに用いる藁箒（わらぼうき）。

俵胡頽子　たわらぐみ
「俵茱萸」とも書く。①グミ科の落葉低木ナツグミの異称。②グミ科の常緑低木ナワシログミの異称。

俯便　あおむけ
「仰向け」とも書く。上を向いた状態。『鉄仮面』

俯向き　うつむき
「俯き」とも書く。顔を下に向けること。『城の崎にて』

俯倒　のめり
前に倒れること。『緑蓑談』

俯荷　みょうが
「茗荷」とも書く。ショウガ科の多年草。

倫 ともがら・なみ
ともがら―「輩」とも書く。同輩。『鶴岡事書日記』
なみ―「並」とも書く。普通であること。『雨月物語』

倫敦 ロンドン
イギリス連合王国の首都。

倭文 しず・しつ
古代の日本の織物。「倭文織」に同じ。『万葉集』

倭文の苧環 しずのおだまき
古代の織物である倭文を織るのに用いる苧環（おだまき）。苧環は紡いだ麻糸を中が空洞になるように球状に巻いたもの。『伊勢物語』

倭文手纏 しずたまき・しつたまき
古代の織物である倭文で作った腕輪。「いやしき・数ならぬ」にかかる枕詞。『万葉集』

倭文布 しどり・しずぬの
「倭文」に同じ。→倭文

倭文幣 しつぬさ
古代の織物である倭文で作った幣。『万葉集』

倭文機 しずはた・しつはた
①古代の織物である倭文を織るための機。『万葉集』。②心の乱れるさま。『貫之集』

倭文織 しずおり・しつおり
「倭文」に同じ。→倭文

倭建命 やまとたけるのみこと
「日本武尊」とも書く。記紀神話に描かれている古代伝説上の英雄。

倭傀 わかい
容貌のみにくい女。

倭鉛 とたん
亜鉛でめっきした薄い鉄板。『根南志具佐』

〈八 部〉

兼日 けんじつ・けんじち
あらかじめ。前もって。『大内氏掟書』

兼而 かねて
「兼日」に同じ。→兼日

兼官 かけづかさ
「懸職」とも書く。本官と共に他の官職も兼務すること。『宇津保物語』

〈冖 部〉

冤ぐ しえたぐ
「虐ぐ」とも書く。①虐待する。『徒然草』。②道理をまげて無実の罪に陥れる。『続日本紀』。③征服する。『平家物語』

冤枉 えんおう
無実の罪。「冤罪」に同じ。

冤凌 えんりょう
「冤陵」とも書く。無実の人を陥れること。『平安遺文』

冤陵 えんりょう
「冤凌」とも書く。『仁和寺法親王庁下文』→冤凌

冢中 ちょうちゅう
つかの中。墳墓の中。

冢社 ちょうしゃ
地神の祠（ほこら）。

冥火 みょうか
地獄の火。冥界の火。

冥加 みょうが
①「冥加金」の略。江戸時代、商人たちが営業権を得るために納めた税。『かたこと』。②神仏が授ける目に見えない助力。『今昔物語集』。③お礼。『日本永代蔵』

冥官 したへ・したべ
「下方・下辺」とも書く。黄泉（よみ）。『万葉集』

冥理 みょうり
知らぬ間に神仏から与えられた利益や恩恵。『ひらかな盛衰記』

冥罰 みょうばつ
死後の罰。神仏が下す罰。

冥慮 みょうりょ
目に見えない神仏の思慮。『平家物語』

〈冫 部〉

准 なずらう・なぞらう・じゅんず・なずらい・なずらえる
「準・擬」とも書く。
なずらう・なぞらう・じゅんず―ほぼ同じ価値などをもつ。類する。『北山抄』
なずらい―類すること。匹敵。『源氏物語』
なずらえる―同類と見なす。似せる。『源氏物語』

准三宮 じゅさんぐう
皇后ではない天皇の生母・皇族・上級公卿に給付された経済的優遇法。『大鏡』

准拠 じゅんきょ
「準拠」とも書く。よりどころ。『紀伊阿氏河荘雑掌従蓮申状案』

准備 ようい
「用意」とも書く。準備。したく。『浅尾よし江の履歴』

凋 しぼみおつ・しぼむ
草花が生気を失ってしおれる。『椿説弓張月』

凍 こい
「寒い」とも書く。こごえる。『三蔵法師伝』

凍物 こよしもの
魚などの煮汁が固まったもの。にこごり。『名義抄』

凍原 ツンドラ
一年の多くが氷に覆われた原野。

凍餒 とうたい
寒さにこごえ、食料がとぼしくて飢えること。『徒然草』

凌 しのぎ
困難などに耐え忍ぶこと。『地方凡例録』

凌晨 しののめ
明け方。

凌兢 ものすさまじ
荒涼としたさま。

凌霄花 のうぜんかずら
ノウゼンカズラ科の蔓性落葉樹。『文明本節用集』

凌霄葉蓮 のうぜんはれん
ノウゼンハレン科の多年草。

凌礫 りょうれき
無実の者に暴力をふるうこと。『古事談』

〈刂 部〉

刔浮 えぶ・えんぶ

「閻浮」とも書く。①「閻浮堤（えんぶだい）」の略。仏教で、須弥山の南方にあるとする島。②閻浮堤にはえている樹木「閻浮樹」の略。③「閻浮堤金（えんぶだごん）」の略。閻浮堤を流れる水からとれる砂金。

剞劂り　けずり
「削り・梳り」とも書く。薄くそぎ取ること。『長者鑑』

剞劂氏　はんほり
版木を彫る人。『西洋道中膝栗毛』

剣木瓜　けんもっこう
マツムシソウ科の多年草マツムシソウの異称。

剣橋　ケンブリッジ
①イギリス連合王国のケンブリッジ州の州都。②アメリカ合衆国マサチューセッツ州東部の都市。

剣頭　たがみ・ぎんざめ
たがみ―「手束」とも書く。剣の柄（つか）。
ぎんざめ―「銀鮫」とも書く。ギンザメ科の海産硬骨魚。

剛吟　つよぎん
「強吟」とも書く。謡曲の発声法の一つ。祝意・勇壮な場面の表現に用いられる、ときに強い発声。

剗海　せのうみ
「石花湖」とも書く。富士山麓の西北方にあった湖。

剗竜　ペーロン
「飛竜・划竜・白竜」とも書く。中国から渡来した競漕用の船。また、それを使った競技。

剔る　えぐる
「抉る・刳る」とも書く。①刃物などを突き刺して回し、くり抜く。『女殺油地獄』。②独特のやり方で人の意表を突く。『安愚楽鍋』。③相手の弱点などを容赦なく突く。

剔出　てきしゅつ
えぐり出すこと。ほじくり出すこと。

剔抉出し　ほじくりだし
「剔出」に同じ。『三四郎』→剔出

剔黄　てきおう
彫漆の一種である堆朱（ついしゅ）で黄色の漆を用いたもの。

剝切り　すきぎり
薄くそぐように切ること。『宇治拾遺物語』

剝皮魚　はぎ
カワハギ科の海産硬骨魚カワハギの異称。

剝折敷　へぎおしき
「折折敷」とも書く。杉などの材を薄くそいだ板で作った縁のある角盆。

剝板　へぎいた
「折板」とも書く。杉などの材を薄くそいだ板。「へぎ」に同じ。

剝焼　すきやき
「鋤焼」とも書く。牛・鳥肉に豆腐・野菜を添えて鉄鍋で煮焼きした料理。

〈力　部〉

勉　まぬかる
災いなどをこうむらずに逃れる。「免れる」に同じ。『教行信証』

〈匚（匸）部〉

匿穴　くけあな
「漏穴」とも書く。抜け穴。『太平記』

匿路　くけじ
「漏路」とも書く。逃げ道。抜け道。『太平記』

匪　あらず
「非ず」とも書く。文末について否定の意をあらわす語。そうではない。違う。『東寺雑掌申状』

匪啻　ただに……あらず
単に…ばかりではない。『東寺雑掌申状』

〈厂　部〉

原　たずぬ・もと
たずぬ―物事の先例などをさぐって明らかにする。
もと―起源。『万葉集』

原名　はるな・ばるな
沖縄の小字（こあざ）名。『琉球資料』

〈口　部〉

員子　いんつう
「銀子」とも書く。中国から渡来した金銀。転じて金銭。『好色一代男』

員刺　かずさし
「数差」とも書く。相撲・歌合などの勝負ごとで、勝った側が数取りの串（くし）などを数立てにさし入れること。また、その人や用具。『栄花物語』

員数　いんず・いんずう・いんじゅ
人や物の数。『算法地方大成』

哥木哈牙　コペンハーゲン
デンマーク王国の首都。

哥薩克　コザック・コサック
ロシア東南部の民族。ロシアのシベリア征服に重要な役割を担った。

哮　たけび
「誥」とも書く。叫び。

哽　むせぶ
「噎・咽」とも書く。①煙・涙などで息がつまりそうになる。『類聚名義抄』。②息をつまらせながら激しく泣く。『万葉集』。③水などがむせび泣きのような音を立てる。『源氏物語』

哭い　ねつかい
「発哀い」とも書く。喪中で悲しみ泣く。『日本書紀』

哨吶　チャルメラ
近世、中国から伝来した管楽器の一つ。『国性爺合戦』

唐木香　もっこう
「木香」とも書く。①キク科の多年草。『本草和名』。②バラ科の蔓性常緑低木モッコウバラの略。

唐水母　とうくらげ
ビゼンクラゲ目の鉢虫類ビゼンクラゲの異称。『好色一代女』

唐臼　からうす・かるうす
「碓」とも書く。横木の端につけた杵をテコのようにして操作し、地に埋めた臼の穀類などをつく装置。『万葉集』

唐狭間　からざま
寺院の本堂の巻障子と天井の間の部分で、多く、彫刻などが施される。

唐破風　からはふ
神社・仏閣などの建築様式。屋根などのそり曲がった曲線状の破風をいう。

唐豇　とうささげ

マメ科の一年生作物インゲンマメの異称。

唐菖蒲 グラジオラス
アヤメ科の球根類。

唐黄楊 からつげ
ツゲ科の常緑小高木ツゲの異称。

唐葵 からあおい
「蜀葵」とも書く。アオイ科の観賞用多年草タチアオイの古称。『枕草子』

唐棣 はねず
「棠棣」とも書く。①今のモクレン・ニワザクラとする説と、庭梅とする説がある。『万葉集』。②「はねず色」の略。

唐黍 もろこし
「蜀黍」とも書く。イネ科の一年草。『物類称呼』

唐網 とあみ
「投網・撒網」とも書く。漁網の一つ。円錐形で、下部にオモリをつけた投げ網。

唐撫子 からなでしこ
「唐瞿麦」とも書く。①ナデシコ科の多年草セキチクの異称。『枕草子』。②鎧の襲(かさね)の色目。『栄花物語』

唐櫃 からびつ・からうず・からうど
「韓櫃・辛櫃」とも書く。四本から六本の脚のついた櫃。『源氏物語』

唐瞿麦 からなでしこ
「唐撫子」とも書く。→唐撫子

哩 マイル
ヤードポンド法の長さの単位。

哯吐 つだみ
乳児がいったん飲んだ乳を吐くこと。『源氏物語』

〈土　部〉

埃及 エジプト
アフリカ北東部に位置する共和国。

埃所 ごんど
ごみなどの捨て場。掃溜め。

埃宮 えのみや
神武天皇東征のとき、行宮(あんぐう)が置かれたとされる地。

埆 そね
「确」とも書く。石の多いやせ地。『日本書紀歌謡』

埋伏 したまち
待ち伏せ。『南総里見八犬伝』

埋炭 いけずみ
「活け炭」とも書く。火力を長くもたせるために灰に埋め込んだ炭火。

埋葬虫 しでむし
シデムシ科の甲虫の総称。

埋種 うめくさ
「埋草」とも書く。城を攻めるとき、堀などを埋める草。

埒 らち
「埓」とも書く。馬場の周囲にめぐらした柵。『倭名類聚鈔』

埒明 らちあけ
ものごとをうまく処理すること。また、その人。『折紙聟』

〈夂(夊)部〉

夏日斑 そばかす
「蕎麦滓・雀斑」とも書く。顔面にできる茶褐色の小斑点。

夏石 なつこく
江戸時代、九州地方で、麦で納めた畑年貢。

夏安居 げあんご
仏教で、僧侶が夏九十日間を籠って修行すること。「安居」に同じ。

夏行 げぎょう
「夏安居」に同じ。→夏安居

夏坐 げざ
「夏安居」に同じ。→夏安居

夏居 げご
「夏安居」に同じ。→夏安居

夏沸瘡 なつぶし・なつぼし
夏にできる子供の頭瘡。

夏胡頽子 なつぐみ
「夏茱萸」とも書く。グミ科の落葉低木。

夏書 げがき
夏安居(げあんご)中に写経をすること。また、その写経した経文。『心中天の網島』

夏書納 げがきおさめ
夏書した経文を七月十六日の夏解(げあき)に寺塔に納めること。

夏断 げだち
僧侶が夏安居(げあんご)をして、飲酒・肉食を断つこと。

夏満 げまん
夏安居(げあんご)が満了すること。また、その日。

夏越 なごし
「夏越祓(なごしのはらえ)」の略。→夏越祓

夏越月 なごしのつき
陰暦六月の異称。夏越祓(なごしのはらえ)の行われる月。

夏越祓 なごしのはらえ
毎年六月の晦日、神社で行われる邪神を祓う行事。「六月祓(みなづきのはらえ)」・荒和祓(あらにごのはらえ)」に同じ。

夏間 げあい
天台宗・日蓮宗の僧が真夏と真冬に勉学を中止し、休息すること。

夏解 げあき
夏安吾(げあんご)の最終日で、陰暦七月十五日。「解夏(げげ)」に同じ。

夏端月 なつはづき
「夏初月」とも書く。陰暦四月の異称。

〈大　部〉

奚焉 いずくんぞ
「胡・盍」とも書く。どうして。なんで。『三蔵法師伝』

套言 とうげん
①古くさい言葉。②ありきたりの言葉。「常套句・套語」に同じ。

套例 あたりまえ
「当たり前」とも書く。①当然。②普通。『緑蓑談』

套堂 さやどう
「鞘堂」とも書く。建造物の保護のため、外側に覆いをかけるように建てられた堂。

〈女　部〉

姫女菀　ひめじょおん
キク科の越年草。

姫石南花　ひめしゃくなげ
ツツジ科の常緑小低木。

姫夜叉五倍子　ひめやしゃぶし
カバノキ科の落葉高木。

姫射干　ひめしゃが
アヤメ科の多年草。

姫莎草　ひめくぐ
カヤツリグサ科の多年草。

姫秧鶏　ひめくいな
クイナの一種。

姫靫　ひめゆぎ
矢を入れて背負う筒状の具をヒノキで作り、表に錦を張ったもの。『大神宮式』

姫榁　ひむろ
「檜杉」とも書く。ヒノキ科の常緑小高木サワラの園芸品種。

娑婆訶　そわか
「蘇婆訶」とも書く。密教で真言陀羅尼の最後につける語。「功徳・成就」などの意。

娘娘　ニャンニャン
中国の民間信仰の女神。

娓娓　くどくど
同じことをしつこく繰り返して言うさま。『多情多恨』

〈子　部〉

孫店　まごだな
母屋にさしかけて作った店。

〈宀　部〉

家人　けにん
①律令制で五賤の一つ。②平安時代以降、貴族や武士の従者。③「御家人」に同じ。④家来。また、奉公人。

家刀自　いえとうじ
一家の主婦。「家刀自女（いえとじめ）」に同じ。『源氏物語』

家刀自女　いえとじめ
「家刀自」に同じ。→家刀自

家子　けご
家族・召使いなど、家に属する者。『竹取物語』

家父入　やぶいり
「養父入・薮入」とも書く。奉公人が正月・盆の十六日に一日だけ暇をもらって親もとなどに帰ること。また、その日。『好色一代女』

家礼　けらい
「家来・家頼」とも書く。①貴人に礼をつくすこと。『今昔物語集』。②摂家などに出入りして公事（くじ）・故実の作法を習う者。『太平記』。③主君などに忠誠を誓って仕える者。

家司　けいし・けし・いえのつかさ
①親王・内親王をはじめ、三位以上の家で家政の事務をつかさどる職。『源氏物語』。②鎌倉・室町幕府の政所（まんどころ）などの職員。

家芋　いえついも・いえのいも
サトイモの古称。『倭名類聚鈔』

家来　けらい
「家礼」とも書く。『庭訓往来』→家礼

家抱　けほう
江戸時代、まだ完全に自立せず、主家から耕地・住居をあたえられ、主家の雑用をしながら小作をした百姓。「門百姓（かどびゃくしょう）」に同じ。『地方凡例録』

家苞　いえづと
「家裹」とも書く。自宅へ持ち帰る土産。『万葉集』

家産奴　いえのこ
その家に生まれた者。

家笥　かっけ・かけ
竹で編んだ茶碗などを入れる具。

家累　やっかい
「厄介」とも書く。①家を継ぐ長男以外の弟・姉妹。②他家に嫁がない姉妹や家を出て独立せず生涯生家にいる弟・姉妹。

家鳥　いえつどり・いえつとり
①「鶏」の古称。②「鶏（かけ）」にかかる枕詞。『万葉集』

家猪　ぶた
「豚・豕」とも書く。ウシ目の家畜。イノシシを家畜化したもの。

家牒　けちょう
諸家の政所（まんどころ）が宮司や僧に発した文書。

家貲　かし
家の宝。『甲子夜話』

家裹　いえづと
「家苞」とも書く。→家苞

家頼　けらい
「家礼」とも書く。『町人考見録』→家礼

家鴨　あひる
「鶩」とも書く。カモ目カモ科の家禽。

害易に　めったに
「滅多に」とも書く。①むやみに。やたらに。『西洋道中膝栗毛』。②（下に打消しの語をともなって）まれにしか。

宮売　みやのめ
「宮咩」とも書く。「宮咩祭」の略。正月・十二月の初午に不吉を祓い吉祥を得るために高御魂神（たかむすびのかみ）などを祭ること。

宮社　ぐうしゃ
鹿島神宮、香取神宮など「宮号」をもつ、通常の神社より格式の高い神社。

宮毘羅　くびら
十二神将の一つ。「金比羅（こんぴら）」に同じ。

宰　みこともち
「司」とも書く。古代、天皇の命を受けて地方へ赴任し、政務をつかさどった者。『日本書紀』

宸筆　しんぴつ
天皇の筆跡。『古経題跋』

宸裁　しんさい
「親裁」とも書く。君主がみずから裁決を下すこと。『明六雑誌』

宸影　しんえい
「真影」とも書く。本当の肖像。とくに天皇の画像・写真。

宸襟　しんきん
天子の心。『ひらかな盛衰記』

容　かんばせ
「顔」とも書く。①顔つき。②面目。名誉。『太平記』

容気　かたぎ
「気質・形気」とも書く。ある地域・身分・職業などに特有の気風。『日本永代蔵』

容花 かおばな
「貌花」とも書く。ヒルガオとする説、アサガオ、カキツバタなどとする説、また美しい花のこととする説など諸説がある。『万葉集』

容易し たやすし
「輙し」とも書く。①簡単だ。『万葉集』。②軽率だ。『古今和歌集』

容鳥 かおとり・かおどり
「顔鳥・貌鳥」とも書く。カッコウとする説、アオバト、キジ、オシドリなどとする説、美しい鳥とする説など諸説がある。『万葉集』

容喙 ようかい
他人の話に割り込んでものを言うこと。『坊ちゃん』

容儀 すがた
「姿」とも書く。①風体。『万葉集』。②全体の様子。③詩歌の表現のさま。

容嘴 くちだし
「容喙」に同じ。→容喙

〈寸 部〉

尅 みぎり・こく
そのとき。『貞丈雑記』

射干 ひおうぎ・しゃが・やかん
ひおうぎ―「檜扇」とも書く。アヤメ科の多年草。
しゃが―「著莪」とも書く。アヤメ科の常緑多年草。
やかん―「野干」とも書く。①キツネの異称。野狐。『平家物語』。②狐に似て木登りがうまく、鳴き声は狼に似るという中国の悪獣。『日本霊異記』。③アヤメ科の多年草ヒオウギの異称。『色葉字類抄』

射干玉 ぬばたま・うばたま
アヤメ科の多年草ヒオウギの種子。

射礼 じゃらい
古代、朝廷の儀式。正月十七日に建礼門前で官人らが弓を射た。『権記』

射垜 あずち
「安土・垜・堋」とも書く。弓術の練習の的を置く山形に盛り土したところ。

射場殿 ゆばどの
「弓場殿」とも書く。古代、宮中で天皇が射芸を見るための殿舎。『北山抄』

射翳 まぶし
①猟師がえものを射るときに身を隠す枝などのこと。『散木奇歌集』。②待ち伏せ。伏兵。

将 まさに・ひきいる・はた・はたまた
まさに―「正・当・応・方」とも書く。間違いなく。たしかに。『春色梅児誉美』
ひきいる―「率いる」とも書く。従えて行く。『雑談集』
はた―あるいは。もしくは。『小右記』
はたまた―「将又・将亦」とも書く。「はた」に同じ。

将又 はたまた
「将」とも書く。『方丈記』→将

将亦 はたまた
「将」とも書く。『今川仮名目録』→将

将指 おやゆび
「敏・親指」とも書く。足の第一指。

将将 いでいで
どれどれ。さあさあ。『雑談集』

将監 しょうげん・じょう
近衛府で四等官の第三位に位置する職。

〈戸 部〉

屐子 げきし・けいし・けいち
木製のはきもの。足駄（あしだ）のようなもの。『枕草子』

屑計 ちとばかり
わずかな。ほんの。

展臥 こいふす
「臥す・臥伏す」とも書く。寝ころぶ。ふしまろぶ。

〈山 部〉

峨峨 がが
けわしい山がそそり立つさま。『信長公記』

峻 たかし・さがし
たかし―高い。『今昔物語集』
さがし―けわしい。『菅江真澄随筆集』

島廻 しまみ
①島の周囲。『万葉集』。②島をめぐること。『万葉集』

峰 お
「丘・尾」とも書く。①山の稜線。『万葉集』。②山の小高いところ。『古事記』

〈工 部〉

差日 さしび
近世、役所から召喚された指定日。

差池 しち
「此地」とも書く。ふぞろい。ちぐはぐ。

差米 さしまい
「指米・刺米」とも書く。江戸時代、米の良し悪しを検査するために、米刺（こめさし）を俵に入れて抜き取った米。

差羽 さしば
「鸇」とも書く。タカ科の鳥。

差別 しゃべつ
①さべつ。『東海道中膝栗毛』。②分別。『好色一代男』

差声 さしごえ
「指声」とも書く。中世芸能の用語。声明（しょうみょう）や平曲などで、単純な節回しで詞章を唱する部分。

差応 さしいらえ
①応答。返事。『源氏物語』。②相手をすること。『源氏物語』

差枌 さしぐれ
「差榑」とも書く。敷居と平行に細長い板を並べて張った縁側を榑縁（くれえん）といい、その細長い板を榑板（くれいた）という。この榑板をさしかえること。『世間胸算用』

差急 さしいそぐ
急ぐこと。『本願寺光佐書状』

差紙 さしがみ
「指紙」とも書く。近世、召喚状の総称。『御触書天明集成』

差宿 さしやど
江戸時代、長崎で貿易にたずさわった唐人の宿泊施設。

差略 さりゃく
「作略」とも書く。①状況によって適切に処置すること。『東海道中膝栗毛』。②策略。『春色辰巳園』

差袴　さしこ
「差籠・指子・指袴」とも書く。無地の平絹（ひらぎぬ）で作った短い袴。

差渡　さしわたす
①一方から他方へかけわたす。『更級日記』。②棹（さお）さして舟を向こう岸へ行かせる。『増鏡』

差詰　さしつまる
①まずい状況に追い込まれて窮する。『曾我会稽山』。②さしせまる。『世間胸算用』

差榑　さしぐれ
「差枌」とも書く。→差枌

差縄　さしなわ
「指縄」とも書く。①馬の口につけて引く布または糸の撚り縄。『太平記』。②捕縄（とりなわ）。『富樫』

差錯　さしあやまり
謝罪する。

差籠　さしこ
「差袴」とも書く。→差袴

〈巾　部〉

帰仏　おさらぎ
陰暦二月の異称。

帰去来　いざいなん
「かえりなんいざ」に同じ。『帰去来辞』

帰伏　きふく・きぶく
「帰服」とも書く。①同じ宗派内で別の門派に改めること。②支配下に入ること。『古今著聞集』

帰忌　きこ
凶星がつかさどる忌日。旅行・出陣・結婚などを避けた日。「帰忌日」に同じ。

帰命　きみょう
仏教で、自己の身命をささげて仏陀・三宝に帰依すること。「南無」に同じ。

帰服　きふく・きぶく
「帰伏」とも書く。→帰伏

帰鞍　きあん
戦などが終り、馬で城や根拠地などに帰ること。『大友親治書状』

師兄　すひん
禅家で法兄。兄弟子。『明応本節用集』

師資相承　ししそうじょう
師から弟子へと仏法・技法が受け継がれていくこと。

席次　ざなみ・ついで
ざなみ—「座並」とも書く。座順。『古今著聞集』
ついで—「序で」とも書く。よい機会。『新潟新聞』

席巻　せっけん
「席捲」とも書く。片っ端から征服すること。転じて、圧倒的に自分の勢力範囲に取り込むこと。

席捲　せっけん
「席巻」とも書く。→席巻

帯刀　たちはき・たてわき
①太刀を帯びること。②皇太子の警護にあたった役人。『今昔物語集』。③鎌倉・室町時代、刀を帯びて将軍を警護した者。『問はず語り』。④ナタマメの異称。『物類称呼』

帯副　はきそえ
「佩添」とも書く。小太刀。『平治物語』

〈广　部〉

庫下　くか
「庫裡」に同じ。→庫裡

庫子　くす
禅家で、会計などをつかさどる部所。

庫司行者　くすあんじゃ
禅家で、まだ僧侶とならず、寺の給仕をする者。「庫堂行者」に同じ。

庫倫　クーロン
モンゴル国の首都ウラン・バートルの漢名。

庫堂行者　くどうあんじゃ
「庫司行者」に同じ。→庫司行者

庫裡　くり
「庫裏」とも書く。①寺の台所。②転じて、住職などが寝起きする建物。『義経記』

庫裏　くり
「庫裡」とも書く。『菅原伝授手習鑑』→庫裡

庫裏姥　くりうば
寺の台所で働く老女。『好色五人女』

庫質銭　くちせん
寺院で質物をとって金銭を貸して利益を得ること。

庫頭　くじゅう・こじゅう
仏教で都寺（つかんす）・監寺（かんす）を補佐して会計をつかさどる役。

座　なかれ
「流れ」とも書く。旗などの細長いものや、縦に並んでいるものを数える語。『平家物語』

座上　くらがみ
上座。また、上座の人。

座主　ざす
①大きな寺でもっとも高位の僧。『源氏物語』。②一座の上首たる高僧。

座布　ざしき
「座敷・座舗・座鋪」とも書く。『信長公記』

座次　ざなみ
「席次」とも書く。→席次

座作　ざさ
「坐作」とも書く。立ち振る舞い。動作。

座舗　ざしき
「座布」とも書く。『貞丈雑記』→座布

座鋪　ざしき
「座布」とも書く。『春色梅児誉美』→座布

庭婚　にわくなぎ・にわくなぶり
スズメ目セキレイ科のセキレイの古称。

庭常　にわとこ
「接骨木」とも書く。スイカズラ科の落葉低木。

庭潦　にわたづみ
「水潦」とも書く。①不意に激しく降る雨。『倭名類聚鈔』。②雨後、庭にできた水溜り。『拾遺和歌集』。③「川・ながる」などにかかる枕詞。『万葉集』

〈弓　部〉

弱竹 なよたけ
細くしなやかな竹。若竹。「なゆたけ」に同じ。『宇津保物語』

弱法師 よろぼうし
よろよろした乞食坊主。『猿蓑』

弱草 わかくさ
「若草・嫩草」とも書く。芽を出して間もない若い草。

弱檜 さわら
「椹・花柏」とも書く。ヒノキ科の常緑高木。『易林本節用集』

〈彡 部〉

修 つとむ・ながし
つとむ—つとめて。『雨月物語』
ながし—丈の長いこと。

修礼 しゅらい
儀式の下稽古。『妹背山婦女庭訓』

修法 ずほう・しゅほう
密教で、加持祈祷などの法。またそれを行うこと。『源氏物語』

修妬路 しゅたら
「修多羅・素怛纜」とも書く。①経文。②袈裟につける一種の飾り。

修羅 すら・しゅら
①阿修羅の略。『今昔物語集』。②闘争。『曾我物語』。③大石や丸太を運ぶ道具。

〈彳 部〉

従丁 ともよほろ
古代、采女（うねめ）につかえた男。

従女 めい・ともめわらわ・まかたち
めい—「姪」とも書く。自分の兄弟姉妹が生んだ女の子。
ともめわらわ—古代、采女（うねめ）につかえた女。
まかたち—「従婢・侍婢・侍女」とも書く。貴人につかえた女。

従兄弟煮 いとこに
小豆・牛蒡・大根・芋・豆腐など、煮えにくいものから順番に入れて煮込む料理。『日葡辞書』

従良 しょうりょう
遊女が身請けされること。

従姉妹 いとこ・いとこめ
父・母の兄弟姉妹の女児。

従前 もとより
最初から。言うまでもなく。

従為 むだ
「無駄・徒」とも書く。役に立たないこと。また、そのもの。

従神 みとものかみ
「御伴神」とも書く。尊貴の神につかえる神。

従祖父 おおおじ
「大伯父・大叔父」とも書く。祖父母の兄弟。『倭名類聚鈔』

従祖母 おおおば
「大伯母・大叔母」とも書く。祖父母の姉妹。『倭名類聚鈔』

従容 しょうよう・おもぶる
しょうよう—「縦容・松容」とも書く。①ゆったりと落ち着いているさま。②貴人の閑暇。『小右記』。③貴人と会話をすること。『小右記』。④貴人の機嫌。『吉記寿』
おもぶる—「徐」とも書く。ゆったりと落ち着いたさま。「おもむろ」に同じ。『日本書紀』

従婢 まかたち
「従女」とも書く。→従女

徐 おもぶる・おもむろ
「従容」とも書く。『色葉字類抄』→従容

徐長卿 すずざいこ・すずさいこ
「鈴柴胡」とも書く。ガガイモ科イケマ属の多年草。

徐徐 やくやく
「稍・漸漸」とも書く。だんだんに。そろそろ。

徒 かち・あだ・いたずらに
かち—「徒歩」とも書く。①乗り物に乗らずに歩くこと。『万葉集』。②乗馬を許されない歩兵。『梅津政景日記』。③陸路を行くこと。『春雨物語』。④「徒士」とも書く。中世・近世、徒歩で行列の先導をつとめた下級の侍。『好色一代女』
あだ—「空・不実」とも書く。①誠意がないこと。『伊勢物語』。②粗末にすること。『源氏物語』。③はかないさま。『後撰和歌集』。④無用。無駄。『堤中納言物語』
いたずらに—「悪戯」とも書く。意味もなく。むやみやたらに。

徒人 ただうど・ただびと・あだびと
ただうど—「直人」とも書く。普通の人。『源氏物語』
ただびと—「直人」とも書く。①特異な能力などをもたない普通の人。『日本書紀』。②臣下。天皇・皇后に対していう。『伊勢物語』。③官位の低い者。『枕草子』
あだびと—「他人」とも書く。不実な人。浮気者。『宇津保物語』

徒口 あだくち・むだぐち・ただぐち
あだくち—口先だけの役に立たないおしゃべり。『宗門葛藤集』
むだぐち—「無駄口」とも書く。「あだぐち」に同じ。
ただぐち—口を動かさないこと。沈黙していること。『天草本平家物語』

徒士 かち
「徒」④に同じ。→徒

徒弓 かちゆみ
「歩射」とも書く。馬に乗らず、徒歩で弓を射ること。『源氏物語』

徒口念仏 あだぐちねぶつ
信仰心の見られない口先だけの念仏。『孚常磐』

徒心 あだごころ
「他心」とも書く。浮ついた気持ち。『竹取物語』

徒付 あだつく
浮気心が起きる。『遊子方言』

徒矢 むだや・すや
むだや—「無駄矢」とも書く。的を外れた矢。
すや—「素矢」とも書く。①「むだや」に同じ。②当てがはずれること。『誹風柳多留』

徒立ち かちだち
「歩行立ち」とも書く。①馬に乗らず徒歩であること。『平家物語』。②歩兵戦。『保元物語』

徒同心 かちどうしん
「足軽」に同じ。

徒名 あだな
①浮いた噂。『源氏物語』。②事実とは異なる噂。『俳諧三部抄』

徒字 むだじ
「無駄字」とも書く。書かなくてもよいのに書いてある文字。よけいな文字。

徒行縢　かちむかばき
徒歩に用いる行縢（むかばき＝腰から脚にかけて覆う毛皮）。

徒肌者　かちはだもの
甲冑を着けず、徒歩で戦場に出る者。

徒有り　ただあり
飾ったところがないさま。なにげないさま。『枕草子』

徒死　むだじに・いたずらじに
「無駄死に」とも書く。無益に死ぬこと。「犬死に」に同じ。

徒衣　ただぎぬ
染めるなど、特別な加工がほどこされていない衣（きぬ）。『宇津保物語』

徒狂　あだぐるい
情欲におぼれること。

徒花　あだばな・いたずらばな
あだばな—①咲いても実を結ばない花。『閑吟集』。②季節はずれに咲く花。『日葡辞書』。③遊女などに祝儀として紙花（かみはな）だけやり、後で現金に換えてやらないこと。『椀久二世の物語』
いたずらばな—「あだばな」①に同じ。

徒男　あだしおとこ
①薄情な男。②情夫。

徒言　ただこと・ただごと・むだごと・あだこと・あだごと
ただこと・ただごと—普通の言い方。『枕草子』
あだこと・あだごと—①冗談。『宇津保物語』。②意味のない言葉。無駄な言葉。『宗門葛藤集』
むだごと—「無駄言」とも書く。「徒口」に同じ。↓徒口

徒足　むだあし
「無駄足」とも書く。足を運んだ意味がないこと。

徒事　ただこと・ただごと・あだこと・あだごと
ただこと・ただごと—「只事・唯事」とも書く。当たり前のこと。普通のこと。『竹取物語』
あだこと・あだごと—①ちょっとした戯れごと。『源氏物語』。②色事。浮気。『源氏物語』。③ちょっとした余技。『源氏物語』

徒医者　かちいしゃ
乗り物に乗らず、徒歩で患者の家をまわる貧乏な医者。『日本永代蔵』

徒居　ただい
「只居」とも書く。仕事もしないで遊んでいる。『好色一代男』

徒波　あだなみ
いたずらに立ち騒ぐ波。『古今和歌集』

徒歩　かち・かちあるき・かちありき
「徒」とも書く。↓徒

徒物　むだもの・あだもの
むだもの—「無駄物」とも書く。あっても役に立たない無用のもの。
あだもの—はかないもの。『古今和歌集』

徒者　いたずらもの
「悪戯者」とも書く。①役立たず。『古今著聞集』。②不義をする女。『平家女護島』。③ならず者。『伊曾保物語』。④ネズミの異称。

徒金　むだがね
使った意味がない金銭。「死に金」に同じ。

徒前　ただざき
鷹狩で、鷹をのせた左手。『運歩色葉』

徒契　あだしちぎり
むなしい約束。

徒食　むだぐい
「無駄食い」とも書く。①必要もないのに食べること。②仕事もせずに食うだけは食うこと。

徒党　ととう
強訴や一揆を起すために集まった群衆。『怪談牡丹灯籠』

徒徒　つれづれ
「徒然」とも書く。何もすることがなく、退屈なこと。『今昔物語集』

徒荷　かちに
人足が荷物をかついで運ぶこと。また、その荷。

徒書　むだがき
「無駄書き」とも書く。無意味な絵や文字を書くこと。いたずら書き。

徒骨　むだぼね
「無駄骨」とも書く。「むだぼねおり」の略。骨折り損。『吉野山独案内』

徒情け　あだなさけ
「仇情け」とも書く。きまぐれな恋。

徒組　かちぐみ
「徒士組」とも書く。乗馬を許されない歩兵で編成された隊。

徒野　あだしの
「仇野・化野」とも書く。①京都の小倉山の麓の野。はかないものの象徴。『源氏物語』。②転じて、火葬場あるいは墓場。『父の終焉日記』

徒然　つれづれ・つくねん
つれづれ—「徒徒」とも書く。『今昔物語集』↓徒徒
つくねん—何もせずにぼんやりしているさま。『浮雲』

徒疎　あだおろそか
いいかげんなこと。『浮世風呂』

徒雲　あだぐも
はかなく漂う雲。「浮き雲」に同じ。『夫木和歌抄』

徒飯　むだめし
「無駄飯」とも書く。働かずに食う飯。

徒寝　あだね
①独り寝。『古今和歌六帖』。②かりそめの契り。『今宮心中』

徒業　あだわざ
無益なこと。『源氏物語』

徒罪　みつかうつみ
上代、罰として労役に使われる罪。『日本書紀』

徒跣足　かちはだし
「徒跣」とも書く。はだしで歩くこと。

徒遣　あだづかい・むだづかい
「無駄遣」とも書く。金銭などを浪費すること。

徒銀　あだがね
無駄使いした金銭。『西鶴織留』

徒頭　かちがしら
江戸幕府・諸大名の徒組（かちぐみ）の長。

徒顔　ただがお
化粧をしていない顔。「素顔」に同じ。『浜松中納言物語』

〈忄部〉

悦哉 えっさい
「雀鷂」とも書く。小形のタカの一種ツミの雄の俗称。『倭名類聚鈔』

悦楽無 すがなし・すかなし
たよりなく思う。おもしろくない。『万葉集』

悍し おずし
恐ろしい。強情で勝気だ。『源氏物語』

悃 こん
心遣いがこまやかなさま。まごころ。親切。『信長公記』

悃意 こんい
誠意。親切。まごころ。『徳川家光御内書』

悃篤 こんとく
「懇篤」とも書く。まごころがこもっていて手厚いこと。

悚悸 しょうき
ぞっとして胸騒ぎがすること。

悚懼 しょうく
「聳懼」とも書く。おそれおののくこと。びくびくすること。

悄悄 しおしお・すごすご
しおしおーがっかりしてうなだれるさま。しょんぼり。『吾輩は猫である』
すごすごー気落ちしてその場を立ち去るさま。『浮雲』

悄乎 しょんぼり
「悄悄」に同じ。『高野聖』→悄悄

悄気る しょげる
気落ちして元気がなくなる。意気消沈。『傾城買二筋道』

悖反 はいはん
「背反」とも書く。①相容れないこと。『西国立志編』。②そむいて従わないこと。『花柳春話』

悖政 はいせい
道理に反した政治。

悖逆 はいげき・はいぎゃく
道理にそむき、君主に反逆すること。「謀叛（むほん）」に同じ。『神皇正統記』

悖然 ぼつぜん
「突然」に同じ。『太平記』

悖徳 はいとく
「背徳」とも書く。道徳に反すること。

悋惜 りんじゃく
「吝惜」とも書く。『日葡辞書』。①物惜しみをすること。②「嫉妬」に同じ。

〈扌部〉

捍言 いいはる
「言い張る」とも書く。自分の意見をあくまで通そうとする。一歩も退かない。

捃摭 くんせき
拾い集めること。転じて、書物の要所を抜粋すること。

捆意 こんい
心をこめること。「誠意」に同じ。

振分髪 はなり・おはなり
「垂髪」とも書く。少女の髪を結ばないで振り分けて垂らしたもの。『万葉集』

振作 しんさ・しんさく
振い起すこと。振興。『明六雑誌』

振放 ふりさく
①遠くより振り向く。②はるか遠くを仰ぎ見る。『万葉集』

振振 ぶりぶり
近世、正月の男の子の玩具。『松の葉』

振矩師 ふりがねし
近世、鉱山付きの測量技術者。

振鉾 えんぶ・えぶ
「厭舞・振舞」とも書く。舞楽で最初に奏する楽。

振舞 えんぶ・えぶ
「振鉾」とも書く。→振鉾

振飄石 ふりずんばい
竿の先端につけた縄に小石をはさみ、礫（つぶて）として投げつける道具。『碧岩抄』

挿替 すげかえ
「嵌替」とも書く。つけかえること。すげかえること。

挿頭し かざし
①草木の花・枝などの髪飾り。『万葉集』。②手に持って小手にかかげるもの。『風姿花伝』。

梃子 てこ
「木梃・手子・手木」とも書く。①大きくて重たい物を動かすときに用いる木の棒。『日葡辞書』。②梃子を用いて働く石工などの下級労働者。『大坂独吟集』

挺然 しゃっきり
気持ちなどがしっかりしているさま。『魔風恋風』

捏 つくねる
①手でこねて作る。『女殺油地獄』。②乱雑に積み重ねる。

捏芋 つくねいも
「仏掌薯」とも書く。ヤマノイモの栽培変種。

捏飯 つくねめし
にぎりめし。

捌 さばく
「唀」とも書く。①手でたくみに扱う。『発心集』。②からまったりくっついたりしているものを解き分ける。『日葡辞書』。③仲裁する。④魚などを切り開き、肉を骨からはずす。⑤商品を売りこなす。

捌筆 さばきふで
穂をフノリで固めず、散毛状にしたもの。「散毛筆」に同じ。

挽入合子 ひきれごうし・ひきいれごうし
「引入合子」とも書く。轆轤（ろくろ）で細工した入子の椀。

捕押 とりおさう
取り押さえる。

挵る せせる
①ほじくる。『日葡辞書』。②小さい虫などが刺す。『伊曾保物語』。③あさる。『日葡辞書』。④からかう。『今昔物語集』

〈氵部〉

涓 えらぶ
複数の中から基準・目的に合うものを取り出すこと。「撰・選・択」に同じ。

涓埃 けんあい
滴と塵。転じて、ごくわずかなことのたとえ。

浤 たぎる
「滾」とも書く。①水などがさかまく。②煮え立つ。

消化れ　こなれ
「熟れ」とも書く。「消化」に同じ。『上田敏全訳詩集』

消光　くらし
「暮らし」とも書く。『上田敏全訳詩集』

消息　ふみ・おとずれ・しょうそく・しょうそこ
音信。手紙。『雨月物語』

消残　けのこり
消え残ること。『万葉集』

消梨　みずなし
「水梨・雪梨」とも書く。ナシの栽培品種で、汁気が多い。

消魂しい　けたたましい
やかましい。騒がしい。『今の女』

浹洽　きょうこう・きょうごう
広くすみずみまで行き渡ること。『西周全集』

涅　くり
染料に用いる水底の黒土。『沙石集』

涅染　くりそめ
黒く染めること。『日本書紀』

涅歯　ねっし・でっし
鉄漿（かね）で歯を黒く染めること。また、その歯。

浜刀豆　はまなたまめ
「浜鉈豆」とも書く。マメ科の大形蔓性多年草。

浜万年青　はまおもと
ヒガンバナ科の常緑多年草。

浜寸莎　はまずさ
「浜苆」とも書く。古綱などを用いたすさ。「すさ」は亀裂を防ぐために壁土に混ぜる繊維質の材料。

浜木綿　はまゆう
ヒガンバナ科の常緑多年草ハマオモトの異称。『万葉集』

浜払子　はまぼっす・はまほっす
サクラソウ科の越年草。

浜苆　はまずさ
「浜寸莎」とも書く。↓浜寸莎

浜忍辱　はまにんにく
「浜蒜」とも書く。イネ科の多年草。

浜旋花　はまひるがお
「浜昼顔」とも書く。ヒルガオ科の蔓性多年草。

浜棗　はまなつめ
クロウメモドキ科の落葉低木。

浜靫　はまうつぼ
「浜空穂」とも書く。ハマウツボ科の多年草。

浜蒜　はまにんにく
「浜忍辱」とも書く。↓浜忍辱

浮子　あば・いわ・あんば・うけ・うき
あば・いわ・あんば―「綱端」とも書く。漁師が用いる網の周囲につけ、水面に浮かせる浮き。
うけ・うき―「浮け・泛子」とも書く。釣糸につけて水に浮かべ、魚の釣針に食いつく反応を見る小さな木片。『万葉集』

浮田　うきた・うきんた
うきた―泥の深い田。『夫木和歌抄』
うきんた―メダカ科の淡水産硬骨魚メダカの異称。

浮石　かるいし
「軽石」とも書く。火山砕屑物の一つ。急速に冷える際に内部のガスが吹き出た小さい穴が多数ある。

浮石糖　カルメラ・カルメル
砂糖に重曹または卵の白身を加えて、泡立たせ、煮立てて固まらせた菓子。

浮沙　うきまなご
水に浮くほど細かい砂。『万葉集』

浮宕　ふとう
「浮逃」とも書く。公民が課役を逃れて本貫から流出すること。

浮岩　あこがれ
「憧れ・憬れ」とも書く。理想とするものに強く心がひかれること。

浮海布　うきめ
水面に漂う海藻。『源氏物語』

浮萍　うきくさ
「浮草」とも書く。①ウキクサ科の多年草。②水面に浮かんでいる草の総称。『古今和歌集』

浮船渠　うきドック
船舶の修理などを行う船の構造に似た鋼鉄の巨大な箱。

浮屠　ふと
「浮図・仏図」とも書く。①仏。『開目抄』②寺。僧。③塔。卒塔婆。

浮評　うわさ
「噂」とも書く。根拠もなく世間で言われている話。「風説」に同じ。『武蔵野』

浮雲し　あぶなし
危険なさま。『鉄仮面』

浮腫　むくみ
病気の症状で、手足などに体液がたまり、ふくらむこと。

浮塵子　うんか
ウンカ科の昆虫の総称。

浮薄　うわき
薄情なこと。『春色梅児誉美』

浦山敷　うらやまし
「羨ましい」に同じ。『沙石集』

浦曲　うらま・うらみ・うらわ
海の浦の曲がって入り込んだところ。『万葉集』

浦和　うらなぎ
「浦凪」とも書く。浦波のおだやかなこと。『万代和歌集』

浦極　うらぎめ
「浦究・浦決」とも書く。江戸時代、漁村の住民が取り決めた村法。

浦塩斯徳　ウラジオストク
ロシア連邦の日本海沿岸の港町。

浦触　うらぶれ
江戸時代、海辺の事件を浦々に伝える書付。また、それを持って回る者。『地方凡例録』

涌魚　わきな
「湧魚」とも書く。魚の大群が押し寄せること。

浴衣　ゆかた
①入浴時、また入浴後に着る「湯帷子（ゆかたびら）」の略。『日葡辞書』②夏に着る木綿の単衣（ひとえ）。

浴桶　たらい
「盥」とも書く。水や湯を入れ、洗顔などに用いる器の総称。『もしや草紙』

浴頭　よくじゅう
禅家で、浴室の当番。

浬 ノット

「節」とも書く。一ノットは一時間に一海里（一八五二メートル）の速度。

流人 るにん

流罪となった人。『日葡辞書』

流石 さすが

①能力にふさわしいさま。②そうはいってもやはり。『伊勢物語』。③期待したほどには。

流行神 はやりがみ

一時的に熱狂的な信者を集める宗教。

流行病 はやりやまい

伝染病。

流作場 りゅうさくば・ながれさくば

河川の近くにあり、水害の被害を受けやすい耕地。『地方凡例録』

流俗 りゅうしょく・りゅうぞく

①世俗。風俗。『拾遺和歌集』。②俗人。『伊沢蘭軒』

流盻 ながしめ

「流眸・流し目」とも書く。①横目で見ること。『其面影』。②異性である相手に関心がある目付き。「色目」に同じ。

流記 るき

寺院の財産や所領などの記録。

流眸 ながしめ

「流盻」とも書く。『黒い目と茶色の目』→流盻

流転 るてん

①仏教で、生まれ変わりと死に変わりがやむことなくつづくこと。六道に輪廻すること。②うつり変わること。『栄花物語』

流雲 けだかし

「気高し」とも書く。品格が高い。『浮城物語』

流罪 るざい

配流。島流しの刑。『日本霊異記』

流謫 るたく

律（りつ）の五刑の一つ。辺地に流すこと。「流（る）・流罪」に同じ。

流離 さすらい

定まることなく流浪すること。『大唐西域記』

流鏑馬 やぶさめ

騎射の一つ。方形の板を串にさして三ヵ所に立てて的とし、馬を走らせながら順に射る。多く神事・祭事の際に行われる。『多門院日記』

流離人 さすりびと

さすらう人。身を寄せるところのない人。

浪 みだり・みだりに

『猥・妄・漫・濫』とも書く。①秩序を乱すさま。②いいかげん。

浪子 ろうし

放蕩者。また、定職もなくぶらぶらしている者。

浪残 なごり

風が吹き止んでも波が静まらないこと。『万葉集』

浪漫的 ロマンチック

①空想的。伝奇的。夢や冒険に富んでいるさま。②雰囲気が甘美なさま。

〈犭部〉

狷 そねむ

自分より優れている者や恵まれている者をうらやみ嫉妬する。『椿説弓張月』

狼牙 おおかめのき

「大亀木」とも書く。スイカズラ科の小高木ムシカリの異称。

狼尾草 ちからしば

「力芝」とも書く。イネ科の多年草。

狼戻 ろうれい・ろうるい

①心がねじけていること。『承久記』。②乱暴。狼藉。『太平記』

狼芽菜 あけぼのそう

「曙草」とも書く。リンドウ科センブリ属の二年草。

狼狽 うろたえ・うろたえる

驚きあわてまごまごすること。『浮世風呂』

狼狽き まごつき

まごまごすること。

狼狽者 あわてもの

「慌て者」とも書く。事を急いでたびたび失敗する人。そこつ者。

狼煙 のろし

「烽火」とも書く。①火急を知らせる合図として上げる煙。『運歩色葉集』。②大きな事を起こすきっかけとなる行動。

狼藉 ろうぜき・ろうじゃく

ろうぜき―①乱暴な行為。『鉄火面』。②乱雑なさま。『平家物語』 ろうじゃく―①「ろうぜき」に同じ。②「狼藉日」の略。陰陽道で、すべてのことが凶である日。

〈艹（艹・艸）部〉

艹は四画、艸は六画

荷包牡丹 けまんそう

「華鬘草・魚見牡丹」とも書く。ケシ科の観賞用多年草。

荷用 かよい・かよう

宮中で配膳や給仕をつかさどる者。『沙石集』

荷向 のさき

「荷前」とも書く。古代、諸国から届く貢物の初物。

荷足 にたり

近世、和船の一種。

荷担 かたん

①荷物をかつぐこと。『太平記』。②「加担」とも書く。味方となって力添えをすること。『六角氏式目』

荷担人 かたうど

助力するひと。

荷前 のさき・のざき

「荷向」とも書く。『万葉集』→荷向

華布 サラサ

「更紗」とも書く。近世、インド・シャム・中国から伝来した綿布。

華足 けそく

「花足・華飾」とも書く。机・台・盤などの脚で、先端を外側に反らせて彫刻を施したもの。『源氏物語』。②仏前に供える物を盛る高坏（たかつき）。『証如上人日記』

華押 かきはん・かおう

「書判・花押」とも書く。署名の下に印のかわりに自書するもの。

華表 とりい

「鳥居」とも書く。神社の参道の入口に立て、その神域をあらわす門の一種。

華香 けこう

「花香」とも書く。仏に供える香と花。「香華」に同じ。

華瓶　けびょう
「花瓶」とも書く。仏具の一つ。仏前に花を供える瓶。

華盛頓　ワシントン
①アメリカ合衆国の首都。②アメリカ合衆国北西部、太平洋岸の州。③アメリカ合衆国の初代大統領。

華奢　きゃしゃ
「花車」とも書く。①容姿がほっそりとして上品であること。『鑓の権三重帷子』②優雅。『世間胸算用』③よわよわしいさま。こわれやすいさま。

華蓋　きぬがさ
「衣笠・絹傘」とも書く。絹張りの柄の長い傘。古代、貴人が外出した際にさしかけた。『万葉集』

華筥　けこ・けご
「花籠」とも書く。散華の花を入れる仏具。もとは竹籠であったが、のちに金属製の皿形となった。『江家次第』

華飾　けそく
「華足」とも書く。→華足

華厳　けごん
①仏教で、菩薩が万行・万徳を修めた徳を華にたとえ讃えること。②華厳経・華厳宗の略。

華鬘草　けまんそう
「花鬘草・荷包牡丹」とも書く。ケシ科の観賞用多年草。

華鬘結　けまんむすび
紐の結び方の一つ。仏具や袈裟などの装飾に用いる。

莞　ふとい
「太藺」とも書く。カヤツリグサ科の多年草。

莞花　ふじもどき
「藤擬」とも書く。山地に自生するサクラのチョウジザクラの異称。

莞爾　にこにこ・にこやか・にこよか
にこにこ―うれしそうに声を立てずに笑うさま。『浅尾よし江の履歴』にこやか―うれしそうににこにこしているさま。『今の女』にこよか―「にこやか」に同じ。『万葉集』

莧　ひゆ
「人莧」とも書く。ヒユ科の一年草。

莧草　かるかや
「刈萱・刈草」とも書く。屋根を葺くために刈り取ったチガヤ、スゲ、ススキなどの茅。

莟　つぼみ
「蕾・噤・窄」とも書く。花が芽生えてまだ開かないもの。

莢蒾　がまずみ
スイカズラ科の落葉低木。

莎木麪　さもめん
ヤシ科の常緑高木サゴヤシの異称。

莎草　かやつりぐさ・ささめ・くぐ
かやつりぐさ―「蚊帳吊草」とも書く。カヤツリグサ科の一年草。ささめ―イネ科のチガヤに似た野草。『山家集』くぐ―カヤツリグサ科の多年草。『倭名類聚鈔』

莎縄　くぐなわ
「莎草縄」とも書く。カヤツリグサ科の多年草クグでよりあわせた縄。

莎鶏　すげのにわとり
バッタ目キリギリス科の昆虫キリギリスの古称。

荼毘　だび
「荼毗」とも書く。火葬。

荼毗　だび
「荼毘」とも書く。→荼毘

菟糸子　ねなしかずら
「根無葛」とも書く。ヒルガオ科の一年生蔓性寄生植物。

菟芽子　うはぎ
「嫁菜（よめな）」に同じ。キク科の多年草。『万葉集』

菟葵希　いそぎんちゃく
「磯巾着・菟葵」とも書く。イソギンチャク目の花虫類の総称。

莫大小　メリヤス
布地の一種。『不信不語』

莫目　まくも
「莫牟」とも書く。古代、高麗楽・百済楽に用いた楽器の一つ。

莫告藻　なのりそ
「神馬藻・莫告」とも書く。海産の褐藻ホンダワラの古称。『万葉集』

莫臥児　モンゴル・モール
モンゴル―アジア北東部、モンゴル高原に位置する国家。モール―織物の一種。モール織。『和漢三才図会』

莫逆　ばくげき・ばくぎゃく
きわめて親しい間柄。親友。

莫斯科　モスクワ
現在のロシア連邦の首都。

莩　ひより
蘆の茎の内側の薄い皮膜。

莩虫　くだむし
「管虫」とも書く。バッタ目クツワムシ科の昆虫クツワムシの異称。

莩巻　くだまき
「管巻」とも書く。①「莩虫」に同じ。→莩虫。②管に緯糸をまきつけること。

莠　はぐさ
「稂」とも書く。水田の雑草。『夫木和歌抄』

莅　のぞむ
「臨む」とも書く。その場所に出向く。『東寺百合文書』

莨菪　はしりどころ・たばこ
はしりどころ―「走野老」とも書く。ナス科の多年草。たばこ―「煙草・莨」とも書く。ナス科の大形一年草。

莨菪花　アカンサス
キツネノマゴ科の大形多年草。

荇菜　あさざ
「荇菜」とも書く。リンドウ科の多年生水草。

茵麻　いちび・いちぶ・いちべい
「黄麻」とも書く。アオイ科の一年草。

茵麻稈　いちびがら・いちべいがら
アオイ科の一年草イチビの茎の皮を剥いだものを焼いて炭とし、火口（ほくち）としたもの。

〈心（⺗）部〉

恚み　ふつくみ
「憤み」とも書く。腹を立てる。『大

唐西域記』

恚る　ふしこる
「恚み」に同じ。『文徳実録』→恚み

恩愛　おんない・おんあい
①いつくしみ。②仏教で、親子・兄弟・夫婦などの間の愛情。

恩頼　みたまのふゆ
神や天皇の加護・恩恵の尊敬語。『日本書紀』

恩顧　おんこ
かわいがること。『湯浅宗親陳状案』

恭仁都　くにのみやこ
七四〇～七四四年の間、京都府相楽郡に聖武天皇がおいた都。

恭敬　くぎょう・きょうけい
つつしんで敬うこと。『今昔物語集』

恐所　かしこどころ
「賢所・威所・畏所」とも書く。宮中で、天照大神の御霊代として八咫鏡（やたのかがみ）を模した神鏡を祀ったところ。

恐美恐美　かしこみかしこみ
宣命・祝詞などで神仏に敬意をあらわす常套句。『続日本紀』

恐持　こわもて
「強面」とも書く。人を恐がさせる顔つき。強引なさま。

恐恐謹言　きょうきょうきんげん
手紙の末尾に記して敬意をあらわす。おそれながらつつしんで申し上げます。「恐惶謹言・恐戦謹言」に同じ。『雲州消息』

恐惶　あなかしこ
「穴賢」とも書く。①ああ、おそれ多い。『竹取物語』。②丁寧な呼びかけの語。おそれいりますが。『紫式部日記』。③（下に禁止の語をともなって）ゆめゆめ。決して。『今昔物語集』。④手紙の文末に用いる挨拶の語。おそれ多いことですが。

恐惶謹言　きょうこうきんげん
「恐恐謹言」に同じ。『平家物語』→恐恐謹言

恐戦謹言　きょうせんきんげん
「恐恐謹言」に同じ。『雲州消息』→恐恐謹言

恣　ほしいまま・ほしきまま
「擅・縦・専」とも書く。自分の思うとおりにふるまうさま。『平家物語』

恁麼　いんも・こんな・いかに
いんも—いかなる。いかに。このような。『道元法語』
こんな—このような。『椿姫』
いかに—どのように。どれほど。

息　おき・やすむ・むすこ・そく
おき—「沖」とも書く。『今昔物語集』
やすむ—休息する。『今昔物語集』
むすこ・そく—「子息」に同じ。『信長公記』

息長足媛命　おきながたらしひめのみこと
神功（じんぐう）皇后の名。『日本書紀』

息長鳥　しながどり
①水鳥の一種。カイツブリの異称。②イノシシの異称。『日葡辞書』。③地名「猪名（ゐな）・安房（あは）」にかかる枕詞。『万葉集』

息嘯　おきそ
ため息。『万葉集』

恙　つつが・つつみ・やまい
つつが・つつみ—災難。『椿説弓張月』
やまい—「病」とも書く。病気。『小右記』

恙まい　つつまい
災難が重なる。『万葉集』

恙む　つつむ
「障む」とも書く。さしつかえる。災難にあう。『蜻蛉日記』

恙无　つつがなし
「恙無し」とも書く。無事に。息災に。「恙無し」に同じ。『今昔物語集』

恙無し　つつみなし・つつがなし
「恙无」に同じ。『万葉集』→恙无

〈戸（戸）部〉

扇骨木　かなめもち
「要黐・金目黐」とも書く。バラ科の常緑小高木。古来、扇の骨などに用いた。

〈手　部〉

挙　こぞる・こぞりて
①いっせいに…する。『折たく柴の記』。②大勢の人間が一ヵ所に集まる。『古活字本保元物語』

挙止　ふるまい
「挙動」とも書く。おこない。『浅尾よし江の履歴』

挙母藩　ころもはん
三河加茂郡挙母（愛知県豊田市）にあった藩。

挙申　あげもうす
ことごとく申し上げる。『美濃船木荘文書紛失状案』

挙示　こじ
「挙似」とも書く。挙げ示すこと。

挙似　こじ
「挙示」とも書く。→挙示

挙告　あげのり
申し上げる。

挙尾虫　しりあげむし
①シリアゲムシ科の昆虫の総称。②ハサミムシの俗称。

挙哀　こあい
死者に哀悼の意を表すること。

挙動　ふるまい
「挙止」とも書く。『内地雑居未来之夢』→挙止

挙銃　ピストル・けんじゅう
小形の銃。

挙螺　さざえ
「栄螺」とも書く。リュウテンサザエ科の巻貝の総称。

拿捕　だほ
捕らえること。「拿獲・捕獲」に同じ。

拿獲　だかく
「拿捕」に同じ。→拿捕

〈攴（攵）部〉

敏　おやゆび・とし
おやゆび—「将指」とも書く。手足の五指の一つ。もっとも太い指。
とし—すばやい。はやい。『徒然草』

敏魚　あら
「鯇・阿羅」とも書く。スズキ科の海産硬骨魚。

〈斗部〉

料 かて
材料。素材。『源氏物語』

料らず はからず
「図らず・計らず」とも書く。思いがけず。『南総里見八犬伝』

料足 りょうそく
料金。金銭。『太平記』

料所 りょうしょ
特定の用途のために料物（材料など）を徴収する領地。『源平盛衰記』

料物 りょうもつ
特定の用途のために用いるもの。特定の用途にあてるもの。

料脚 りょうきゃく
事を行う際の費用。

料簡 りょうけん
「了見・了簡・量見」とも書く。①考え。気持ち。『信長公記』。②よく考えて判断すること。『金色夜叉』

〈方部〉

旁 かたがた・あまねし
かたがた―①あれこれ。なにやかやと。『源氏物語』。②どのみち。『平家物語』
あまねし―「遍し・普し」とも書く。すみずみまで広く行きわたっている。『解体新書』

旁及 どこともなし
はっきりしたところがなく、たよりにならない。

旁以 かたがたもって
いずれにしても。どのみち。『大和国平田荘荘官請文』

旁徑 よこみち
「横道」とも書く。『西洋道中膝栗毛』

旅 もろもろ
「諸・諸々」とも書く。多くのもの。すべてのもの。

旅籠 はたご
①宿屋。「旅籠屋」に同じ。②旅のとき、馬の飼料を入れて持ち運んだ籠。『倭名類聚鈔』。③旅に必要な食物・身の回りの品などを入れる器。また、その食物。『宇津保物語』。

〈旡（无・旡）部〉 旡は五画

既 すでに
①とっくに。『万葉集』。②すんでのことに。今にも。『平家物語』。③あまねく。すっかり。『万葉集』。④まちがいなく。『平家物語』

〈日（曰）部〉

晏 おそし
「遅し」とも書く。『町人嚢』

晏駕 あんが
天子が崩御したことを悼（いた）んでいう語。『古事談』

晃晃 こうこう
「煌煌・耿耿」とも書く。きらきら光るさま。光の明るいさま。『源平盛衰記』

晒木綿 さらしもめん
白く晒した木綿。

晒布 さらし
「晒木綿」の略。→晒木綿

時下食 じげじき・ときげじき
暦注で、伐採・栽植・沐浴を凶とする日時。

時分 おりふし
「折節」とも書く。おりおり。その折その折。『太平記』

時気 しけ
「時化」とも書く。暴風雨のために海が荒れること。『菅原伝授手習鑑』

時花 はやり・はやる・はや
はやり・はやる―「流行」とも書く。もてはやされること。『好色一代男』
はや―「早」とも書く。もはや。『百姓分量記』

時卒 じしゅつ
「冬」に同じ。

時宜 じぎ・しぎ
じぎ―①ちょうどよい時期。『葉隠』。②適切な挨拶。『二人女房』
しぎ―事の次第。『夏祭浪花鑑』

時服 じふく
①朝廷から賜った衣類。年に二度下賜された。『御触書宝暦集成』。②時候に合った服。『傾城反魂香』

時戻雀 カナリア
「金糸雀・金雀・加奈利亜」とも書く。スズメ目アトリ科の鳥。

時雨月 しぐれづき
陰暦十月の異称。

時剋 じこく
「時刻」とも書く。『足利尊氏軍勢催促御教書』

時時 よりより
「時々（ときどき）」に同じ。『雲州消息』

時偶 ときたま
「時時」に同じ。『未刊詩集』→時時

時鳥 ほととぎす
「杜鵑・霍公鳥・時鳥・子規・杜宇・不如帰・沓手鳥・蜀魂」とも書く。①カッコウ科の鳥。『万葉集』。②地名「飛幡（とばた）」にかかる枕詞。『万葉集』

時勢粧 ばさら
「婆娑羅」とも書く。①華美で派手な服装でみえを張ること。『太平記』。②勝手気ままにふるまうこと。「狼藉」に同じ。

時簡 ときのふだ
平安時代、天皇の御座所に設けられた時刻を示す札。『讃岐典侍日記』

書下 かきくだし
中世の文書で、守護などが命令を下達するために出すもの。『鎮西下知状』

書上 かきあげ
上位の者に差し出す文書。上申書。『地方凡例録』

書出 かかで
古代、朝廷で公事のあるとき、参考資料として、旧記などから書き抜いて添えること。

書司 ふみのつかさ・ふんのつかさ
①律令制の書司（しょし）。後宮十二司の一つ。②律令制の図書寮（ずしょりょう）。図書の書写・保管などをつかさどった役所。③和琴（わごん）の異称。

書立 かきたて
箇条書きにしたもの。『石田三成書状』

書衣 ちつ

「帙」とも書く。書冊を保護するために包む覆い。厚紙に布を貼ったものが多い。

書呈 しょかん
「書簡・書翰」とも書く。「書状」に同じ。『椿説弓張月』

書副 かきそえ
書き添えること。『太平記』

書逸 かきすさび
「書き荒び・書き遊び」とも書く。気の向くままに書くこと。気慰みに書くこと。

書博士 ふんのはかせ
「ふみのはかせ」の音便。律令制の大学寮で書法を教える先生。

書肆 しょし
本屋。書店。『東海道中膝栗毛』

書籍 しょじゃく
「書物」に同じ。『貞丈雑記』

〈月 部〉

胸別 むなわき
胸と脇腹のあいだ。『出雲風土記』

胸前 こころさき
胸のあたり。「胸先・胸前（むなさき）」に同じ。『古事記』

胸臆 くおく・きょうおく
くおく―曖昧ではっきりしない言葉。『関東下知状』
きょうおく―①胸。②心の中。『舞姫』

脇士 きょうじ・わきじ
「脇侍・夾侍・挟侍」とも書く。本尊の両脇または周囲に安置されている仏像。「脇立（わきだち）」に同じ。

脇付 わきづけ
手紙の宛名の左下に書き添えて敬意を表す語。

脇侍 きょうじ
「脇士」とも書く。→脇士

脇往還 わきおうかん
本街道以外の街道。『地方凡例録』

脇息 きょうそく
座ったときに肘を掛け、体をもたせかける道具。『源氏物語』

脇書 わきがき
本文の脇に書き添えた文字・文章。『地方凡例録』

脇掛ける わいがける
荷物などを一方の肩から他方の脇へ斜めに背負い、胸元で結ぶ背負い方。『義経千本桜』

胯座 またぐら
「股座」とも書く。両腿のあいだの部分。「股間」に同じ。

朔 ついたち
「朔日・一日」とも書く。①月の第一日。『蜻蛉日記』②月の上旬。『伊勢物語』③正月一日。元旦。『紫式部日記』

朔日 ついたち
「朔」とも書く。→朔

朔平門 さへいもん・さくへいもん
平安京内裏の外郭門の一つで、北正面の門。

脂下がる やにさがる
①雁首（がんくび）を上に向けて煙管（きせる）をくわえる。『社会百面相』②気取って構える。にやにやする。

脂茶 やんちゃ
わがままな子供。いたずらっ子。

脂燭 しそく・ししょく
「紙燭」とも書く。松の木を用いた小形の照明具。『紫式部日記』

脊黄青鸚哥 せきせいいんこ
オオム目インコ科の鳥。

胴金独楽 どうがねごま
「胴鉄独楽」とも書く。胴に厚い鉄の環をはめ、軸の太い独楽。

胴掏摸 どうずり
①すり。どろぼう。②他人を罵っていう言葉。『曾根崎心中』

胴陰嚢 どうふぐり
宝引・福引などの綱につけた木製の小槌や橙の実。これを引き当てた者を当たりとした。

胴鉄独楽 どうがねごま
「胴金独楽」とも書く。→胴金独楽

能化 のうげ・のうけ
①仏・菩薩。『今昔物語』②諸宗派の学頭・長老。『信長公記』

能引 よっぴく
弓をひきしぼる。『平治物語』

能平 のっぺい
「濃餅」とも書く。豆腐や野菜を実にし、葛でとろみをつけたすまし汁。「のっぺい汁」に同じ。

能依 のうえ
仏教語で、他の物をたよりとする関係性。大地をたよりとする植物など。

能能 よくよく
「善善」とも書く。①十分に気をつけて。念には念を入れて。『大鏡』②極度に。『沙石集』③よっぽど。『丹波与作待夜の小室節』

脈窠 すかり
鉱脈内の空洞。

〈木 部〉

案子細 しさいをあんずるに
事のくわしい事情を考えると。『官宣旨』

案山子 かかし・かがし・そおず
「鹿驚」とも書く。田畑に立てる鳥獣よけの人形。『住吉法楽何船百韻』

案文 あんもん
文書の下書き。『御堂関白記』

案内 あない
過去の文書の内容などを参考にすること。先例。『権記』

案主 あんじゅ・あんず
先例を参考に文書を作成する者。

案摩 あま
「安摩」とも書く。雅楽の一つ。壱越（いちこつ）調の舞楽の曲。

案摩面 あまづら
①雅楽の一つである案摩の「二の舞」に使われる腫面（はれおもて）の女面。②腫面に似るところから器物の環の取手。

桜皮 かにわ
「樺」とも書く。カバノキ科のシラカバの古称か。『万葉集』

桜桃 さくらんぼう・ゆすらうめ
さくらんぼう―「桜ん坊」とも書く。①サクラの果実の総称。②セイヨウミザクラの果実。
ゆすらうめ―「山桜桃・梅桃」とも書く。バラ科の落葉低木。

桜濁　さくらだみ
桜色に彩ること。

格　きゃく・こ
きゃく—古代、律令を部分的に改めるとき発布した臨時の勅令・官符。こ—①梯子の横木。『古今著聞集』。②障子の骨。③碁盤・将棋盤に引いた縦横の線。④格天井（ごうてんじょう）の竿材。

格天井　ごうてんじょう
「合天井」とも書く。角材を格子形に組んで、上に板を張り付けた天井。

格式　きゃくしき
①律令の補助法。格は律令の修正。式は施行の細目。②身分や儀式などの決まり。

格狭間　こうざま
建築用語で、唐戸や露盤・器具などに施した刳形（くりかた）の装飾。

格魯謨　クロム
鉄族の金属元素の一つ。

格蘭　コーラン
イスラム教の聖典。

格護　かくご
事実上の支配。『相良氏法度』

核子　さなご
①瓜の種。『和訓栞』。②米粉をふるいにかけたときに出るかす。『俚言集覧』

核太　さねぶと
「核太棗（さねぶとなつめ）」の略。クロウメモドキ科の落葉高木。

核太棗　さねぶとなつめ
「酸棗」とも書く。「核太」に同じ。→核太

栝楼　きからすうり
「黄烏瓜」とも書く。ウリ科の蔓性多年草。

桔梗　きちこう・ききょう
①キキョウ科の多年草。②襲の色目の一つ。③紋所の名称。

桔梗結　ききょうずき
網の縫い方。桔梗の花を逆さにしたような形にする編み方。

桔槹　はねつるべ
「撥釣瓶」とも書く。竿の一端につけた重石を利用して水をくみ上げる仕掛け。『中華若木詩抄』

桔橋　はねばし
「刎橋」とも書く。城門などに設ける橋で上げ下げできるもの。

栩板　とちいた・とくさいた
能舞台などの屋根を葺（ふ）くのに用いる薄板。

栩葺　とちぶき
栩板（とちいた）で葺（ふ）いた屋根。

校木　あぜき
校倉（あぜくら）を組む材木。

校正　こうせい
文字や文章を照合し、訂正すること。『東海道中膝栗毛』

校合　きょうごう・こうごう
「挍合」とも書く。写本などで、元の本や原稿と照合すること。

校倉　あぜくら
部材を横に組んで壁にした倉。

校書　きょうしょ・こうしょ・げいしゃ
きょうしょ—「校合」に同じ。→校合
こうしょ—①「きょうしょ」に同じ。②文才のある妓女に校書（きょうしょ）をさせた故事から、芸妓のこと。
げいしゃ—「こうしょ」②に同じ。『柳橋新誌』

校量　きょうりょう・こうりょう
「較量」とも書く。①比較して考えること。②推察。推量。

栲　たく
「栲」とも書く。クワ科の落葉低木コウゾの古名。『豊後風土記』

栲領巾　たくひれ
①クワ科の落葉低木コウゾの繊維で製した布帛。②「栲領巾の」で、「しろ・さぎ」などにかかる枕詞。

根柵　ねだな
「根棚」とも書く。和船の船体の最下部にある棚板。「加敷（かじき）」に同じ。

根拵網　ねこさいあみ
伊豆・相模地方で行われた大形の定置網の一つ。

根掘　ねこじ
樹木などを根つきのまま掘り上げること。『古事記』

根蓴菜　ねぬなわ
スイレン科の多年生水草ジュンサイの古称。『梁塵秘抄』

柴芝　まんねんたけ
担子菌類のキノコ。「霊芝（れいし）」に同じ。

柴灯　さいとう
「斎灯」とも書く。神仏の前で焚く柴。『古今著聞集』

柴胡　さいこ
ミシマサイコ属の植物の根を乾燥させた生薬（しょうやく）。

柴染　ふしぞめ
「柎染」とも書く。クロモジの木で作った染料で染めた染色。

柴漬　ふしづけ・しばづけ
ふしづけ—①柴を束ねて川などに沈め、魚などを捕る漁法。『堀河百首』。②罪人を簀巻（すまき）にして水の中に投げ入れること。『源平盛衰記』
しばづけ—ナスやキュウリに唐辛子・赤ジソなどを加えた塩漬け。京都名産。

柴棍　サイゴン
ベトナム社会主義共和国ホーチミン市の旧称。

柴頭　さいじゅう
禅家で、柴や薪を管理する者。

柴嚊　しばかか
「柴嬶」とも書く。柴売りの女。『ほのぼの立』

柴嬶　しばかか
「柴嚊」とも書く。→柴嚊

桟　しき・えつり
しき—牛車（ぎっしゃ）の乗降に用いる梯子。
えつり—①草葺屋根の葺下地の材。②壁の下地の木舞（こまい＝竹や木の組み渡し）。

桟手　さで
江戸時代、木材を山から下ろすときの滑道（かつどう）の一種。

桟俵法師　さんだらぼっち
米俵の両側にあてる藁製のふた。「桟俵（さんだわら）」に同じ。

桟留　サントメ
「聖多黙」とも書く。インド産の美しい綿布。『二葉集』

株 くいぜ
「杭」とも書く。木の切り株。『日本霊異記』

栖袋 すぶくろ
「寸袋」とも書く。脇差の鞘袋。『日葡辞書』

栓住 しめくくり
「締め括り」とも書く。結末。

桑天牛 くわかみきり
カミキリ科の甲虫。

桑門 そうもん・よすてびと
そうもん—僧侶。『方丈記』よすてびと—遁世者。隠者。『五重塔』

桑港 サンフランシスコ
アメリカ合衆国西岸、カリフォルニア州の港湾都市。

桑鳫 いかるが
「斑鳩・鵤」とも書く。スズメ目アトリ科の鳥イルカの異称。

桑覆盆子 くわいちご
「桑苺」とも書く。クワ科の落葉高木クワ類の実。

桃生柵 もものうのき
奈良時代、蝦夷（えぞ）に備えて築かれた城柵。

桃花毛 つきげ
「月毛・鴇毛・豬毛・鴾毛」とも書く。馬の毛色で、葦毛の赤みのあるもの。

桃花心木 マホガニー
センダン科の常緑高木。

桃花染 つきそめ・あらぞめ・あらいぞめ
桃色に染めること。また、染めたもの。『万葉集』

桃花鳥 とき・つき
とき—「朱鷺・鴇」とも書く。コウノトリ目トキ科の鳥トキ。つき—トキの異称。

桃金嬢 てんにんか
「天人花」とも書く。フトモモ科の常緑低木。

桃染布 あらぞめごろも
「洗桃衣・桃花褐」とも書く。うす紅に染めた衣。

桃葉珊瑚 あおき
「青木」とも書く。ミズキ科の常緑低木。

桃葉衛矛 まゆみ
「檀・衛矛」とも書く。ニシキギ科の落葉小高木。

桃燈 ちょうちん
「提灯・提燈」とも書く。移動式の照明具。

桐谷 きりがやつ
サクラの一品種。鎌倉桐ケ谷で産したことに由来。

梅花皮 かいらぎ
「鰄・梅華皮」とも書く。①魚の背面中央部の皮。アカエイに似た魚といわれる。刀の柄（つか）や鞘の装飾に用いる。『太平記』②井戸茶碗の特徴の一つ。釉薬のあらわれ方が①に似ているところから。

梅花溲疏 ばいかうつぎ
「梅花空木・山梅花」とも書く。ユキノシタ科の落葉小低木。

梅花蠣 いそがき
「磯牡蠣」とも書く。磯に付着する小形のカキ。

梅豆 あきまめ
「秋豆・半夏黄」とも書く。ダイズの異称。

梅華皮 かいらぎ・かいらげ
「梅花皮」とも書く。→梅花皮

梅桃 ゆすらうめ・ゆすら
「桜桃・山桜桃」とも書く。バラ科の落葉低木。

梅鼠 うめねず
染色の一つ。ねずみ色がかったあずき色。

梅霖 ばいりん
「梅雨」に同じ。

梅擬 うめもどき
モチノキ科の落葉低木。

栗金団 くりきんとん
「栗橘飩」とも書く。金団に栗の実をまぜた食品。

栗毬 いが
「毬・梂・彙毬」とも書く。栗の実の棘のある外皮。

栗鼠 りす
リス科の哺乳類の総称。『日葡辞書』

桛 かせ
「綛」とも書く。一定の長さの糸を一定の枠に巻いてから束ねたもの。

桛ぎ かせぎ
「稼ぎ」とも書く。仕事に精を出す。『梁塵秘抄』

桛鱝 かせぶか
海産軟骨魚シュモクザメの異称。『毛吹草』

〈歹 部〉

残多 のこりおおし
なごりおしい。

残稲 のこりしね
籾殻を舂いて、皮がとれずに残っているもの。

殊舞 たつずまい
「殊儛」とも書く。古代の舞の一つ。『日本書紀』

殊儛 たつずまい
「殊舞」とも書く。→殊舞

殉 となう
殉死。『類聚名義抄』

〈殳 部〉

殺声 さいせい
力のない声。

殺屋 そぎや
「削屋」とも書く。①皮などをはぐ職業の者。②香具師（やし）に売れ残り品・不良品・返品などを卸す問屋。

殺陣 たて
芝居などで大勢の敵を相手に太刀打ちする演技。『三十石艠始』

殺接ぎ そぎつぎ
「殺継ぎ」とも書く。①木材の接合方法の一つ。『室町殿日記』②不統一。『四河入海』

殺継ぎ そぎつぎ
「殺接ぎ」とも書く。→殺接ぎ

〈水 部〉

泰吉了 さるか
スズメ目ムクドリ科のキュウカンチョウの異称。

〈火　部〉

烟　けぶ
「煙」に同じ。『春色梅児誉美』

烟草　たばこ
「煙草・莨・天仙草」とも書く。①ナス科の大形一年草。②タバコを加工した喫煙用の嗜好品。

烟管　キセル
「煙管・幾世留」とも書く。刻みタバコを吸う具。

烘餻　カラメル・カルメル
「浮石糖・泡糖」とも書く。氷砂糖やざらめ糖に卵の白身または重曹を加え、泡立たせて固めた菓子。

〈灬　部〉

烏木　こくたん
「黒檀」とも書く。カキノキ科の常緑高木。

烏毛虫　かわむし
「皮虫」とも書く。毛虫。『堤中納言物語』

烏牛　まい
毛色が黒い牛。『倭名類聚鈔』

烏牛王　からすごおう
熊野三社が出す牛王宝印。「熊野牛王」に同じ。

烏皮　くりかわ・くれかわ・くろかわ
黒土で染めた皮。

烏芋　くろぐわい
「黒慈姑」とも書く。カヤツリグサ科の多年草。

烏竹　くろちく・くろたけ
「黒竹」とも書く。ハチクの一変種。「紫竹」に同じ。

烏糸欄　うしらん
墨で引いた罫。

烏臼　なんきんはぜ
「南京黄櫨」とも書く。トウダイグサ科の落葉高木。

烏衣　つばめ
「玄鳥・乙鳥・燕」とも書く。ツバメ科の小鳥。

烏形幢　うぎょうどう・うぎょうとう
朝廷で、即位礼などのときに紫宸殿に立てた幢（はた）。「胴烏幢（どううのとう）」に同じ。

烏草樹　さしぶ・さしぶのき・させぶのき・させほのき
シャクナゲ科の常緑小高木シャシャンボの古称。『古事記』

烏柿　あまつし・ふすべがき
あまつし—柿の甘干し。ふすべがき—「燻柿」とも書く。渋柿の実の皮をむいて、竈などの上に干して甘くしたもの。

烏梅　うばい・ふすべうめ・うめ
うばい・ふすべうめ—梅の実の果皮をいぶして干した生薬・染料。『倭名類聚鈔』　うめ—「梅」に同じ。

烏骨鶏　うこっけい・おこっけい
ニワトリの一品種。皮・骨・肉とも暗紫色であるところからの名称。「絹糸鶏・絹羽鶏」に同じ。

烏竜茶　ウーロンちゃ
中国茶の一種。褐色で特殊な香りをもつ。

烏菟　おと
「於菟」とも書く。トラの異称。

烏帽子　えぼし・えぼうし
元服した男子のかぶりもの。『宇治拾遺物語』

烏帽子直衣　えぼしのうし
烏帽子を被り直衣を着た姿。『源氏物語』

烏装　くろづくり
「黒作」とも書く。①黒漆を塗ったもの。②イカの墨袋をまぜた塩辛。

烏瑟　うしち・うしつ
「烏瑟膩沙（うしつにしゃ）」の略。仏の三十二相の一つ。肉髻（にっけい）。『栄花物語』

烏賊　いか
ツツイカ目とコウイカ目の海産軟体動物の総称。『播磨風土記』

烏賊索麺　いかそうめん
素麺のように細く切った烏賊の刺身。

烏賊幟　いかのぼり
①「紙鳶・凧」とも書く。上方で凧（たこ）。『破提守子』。②遊里で金を使い果たし、巾着（きんちゃく）が空っぽのこと。『茶屋調方記』

烏滸　おこ
「痴・尾籠」とも書く。ばかばかしい。愚か。『古事記』

烏滸がまし　おこがまし
①ばかげていてみっともない。『源氏物語』。②さしでがましい。『青砥稿花紅彩画』

烏滸言　おこごと
「痴言」とも書く。冗談。笑い話。『源氏物語』

烏滸絵　おこえ
「痴絵」とも書く。ざれ絵。戯画。『今昔物語集』

烏銅　にぐろめ
「煮黒目」とも書く。①銅の合金の一つ。②胆礬（たんばん）・緑青（りょくしょう）・梅酢などを混合した塗料。

烏樟　くろもじ
「黒文字・鉤樟」とも書く。クスノキ科の落葉高木。楊枝や箸の材料となる。②爪楊枝の異称。

烏頬魚　くろだい
「黒鯛・彪魚」とも書く。タイ科の海産硬骨魚。

烏頭　とりかぶと・うず・くれゆき・からすがしら
とりかぶと—「烏兜」とも書く。キンポウゲ科の多年草。うず—ヤマトリカブトの根茎。生薬となる。『本草和名』　くれゆき・からすがしら—馬の後ろ足の外に向かった節。『平家物語』

烏頭芽　うどめ
ウコギ科の落葉小高木タラノキの若芽。

烏覆　あけび
「木通・通草・丁翁・山女・蔔子・葍藤」とも書く。アケビ科の蔓性落葉低木。

烏蘞苺　やぶがらし
「藪枯らし」とも書く。ブドウ科の多年生蔓草。

〈父　部〉

爹児　タール
石炭や木材を乾留するときにできる黒色の油状物質。防腐塗料などとなる。

〈牛　部〉

特牛　ことい・こってい・ことぃうし・ことぃのうし・こっとい・こて
「特負」とも書く。力の強い牡牛。『万葉集』

特牛の　ことぃうしの
「みやけ(三宅)」にかかる枕詞。『万葉集』

特負　ことい
「特牛」とも書く。→特牛

特筆　とくひつ
とくに目立つように強調して書くこと。

特鼻褌　ふんどし
男子の陰部を覆い隠すための細長い布。『西洋道中膝栗毛』

〈玄　部〉

玆　ここに
「此・是・爰・粤」とも書く。さて。そこで。『鎌倉幕府追加法』

〈玉(王)部〉王は四画

珠鶏　ほろほろちょう
ホロホロチョウ科の鳥。

班ち　あかち
分配する。『名義抄』

班田　あかちだ・あがちだ
「頒田」とも書く。律令制で、耕作のために朝廷が公民に分け与えた田。「班田(はんでん)」に同じ。『日本書紀』

班濃　むらご
「叢濃・村濃」とも書く。染色で、ぼかし染めの一つ。『枕草子』

〈田　部〉

畔　くろ・あ
①水田の境界。畔(あぜ)。『倭名類聚鈔』。②道路などの周囲の盛り土。『称名院追善千句注』。③人などが密集しているところ。『田植草紙』

畔竿　くろさお
田畑の面積を測量し、改めること。

畔鍬　くろくわ
「黒鍬」とも書く。①戦国時代、築城などに従事した人夫。②江戸城内の警備・防火などに携わった者。③九六鍬(きゅうろくぐわ)。

畝歩　せぶ
田畑の面積をあらわす単位。

畝引　せびき
収穫の不足額に応じて租税を減らすこと。

畚　いしみ・ふご
いしみ―竹で編んだ籠。『夫木和歌抄』
ふご―①竹や藁で編んだ運搬用具。もっこ。『好色二代男』。②釣った魚を入れる籠。びく。

留　ルーブル
ロシア連邦の貨幣の単位。

留書　とめがき
①書き留めておくこと。また、その文書。『地方凡例録』。②書簡の末尾に添える語。

留贈　おきみやげ
立ち去るとき、あとに残してくる贈り物。

〈疒　部〉

痂　かさぶた
「瘡蓋」とも書く。外傷が治りかけにできる皮。『日葡辞書』

痀僂　せむし・くぐせ・くる
「傴僂」とも書く。背骨が後方に弓なりに歪曲する病気。

痀瘻病　くるびょう
「佝僂病」とも書く。ビタミンD不足による子供の骨の形成異常。

痃癖　けんぺき・けんべき・けんびき・うちかた
けんぺき・けんべき・けんびき―「肩癖」とも書く。①頸から肩にかけて筋がひきつること。『運歩色葉集』。②肩が凝るほどの心配事。『誹風柳多留』。③按摩(あんま)。『新版歌祭文』
うちかた―肩が充血して激痛におそわれ、気絶状態となる病気。「早打肩(はやうちかた)」に同じ。

疾風　はやて
「早手」とも書く。①突然はげしく吹く風。『竹取物語』。②疫痢(えきり)の異称。

疼木　ひいらぎ
「柊」とも書く。モクセイ科の常緑小高木。『古事記』

疲り　だり
「倦り」とも書く。疲れる。くたびれる。『文明本節用集』

病　いたつき・いたずき
平安時代には「いたつき」と清音。①病気。『古今和歌集』。②苦労。骨折り。『大和物語』

病葉　わくらば
「嫩葉」とも書く。①樹木の若葉。『易林本節用集』。②病気で枯れた葉。

疱瘡　もがさ
天然痘の古称。『栄花物語』

〈皿　部〉

益母草　やくもそう
シソ科の越年草メハジキの異称。

益荒男　ますらお・ますらおのこ
「大夫・丈夫」とも書く。①立派な男。『万葉集』。②強く勇敢な男。『万葉集』。③猟師。『日葡辞書』

益送　やくそう
「役送」とも書く。①神や天皇などの食物を陪食(ばいしょく)者に届ける役目の者。陪食は貴人と食事をともにすること。②元服のとき、冠を運ぶ役目の者。

盍　いずくんぞ
「胡・奚焉」とも書く。どうして。なんで。

盌　もい
①水を入れる器。『日本書紀』。②転じて、飲み水。『催馬楽』

〈目　部〉

眤敷　むつまじ
「入深」とも書く。仲良く。親しく。

眩　まくれ
目がくらむこと。

眩暈　めまい
「目眩」とも書く。目が回ること。『卒都婆小町』

真十見鏡　まそみのかがみ
よく澄んで明るく見える鏡。『万葉集』

真十鏡　まそかがみ
「真澄鏡・真寸鏡」とも書く。①「真十見鏡」に同じ。→真十見鏡。②枕詞。「清き・照る・見る」などに掛かる。『万葉集』

真寸鏡　ますかがみ・まそかがみ
「真十鏡」とも書く。→真十鏡

真山　みやま
「真」は美称。山。『万葉集』

真中　ただなか・まんなか
「只中・正中」とも書く。①まんなか。『平家物語』。②心髄。『杜詩抄』。③まっさいちゅう。『紀子大矢数』

真丸　まんまる
「真円」とも書く。①完璧に丸いこと。『四河入海』。②円満なこと。『耳底記』

真円　まんまる
「真丸」とも書く。→真丸

真手結　まてつがい
「真手番」とも書く。平安時代、弓を射て競う行事で、本番の勝負。

真手番　まてつがい
「真手結」とも書く。→真手結

真日長く　まけながく
日数が長い。『万葉集』

真木　まき
①「柀・槙」とも書く。スギの古称。また、ヒノキの美称。②立派な木。多くヒノキをいう。『御触書宝暦集成』

真水　さみず
「素水」とも書く。塩分などがまじっていない淡水。『東海道中膝栗毛』

真正　まろく・まんろく
「真陸」とも書く。①まっ平らなこと。『両国訳通』。②完全なこと。『太平色番匠』

真田織　さなだおり
たて糸を細く、よこ糸を太く織った巾の狭い織物の一つ。帯地などとなる。

真名本　まなぼん
「真字本」とも書く。仮名本に対して、漢字だけで書かれた書物。

真如　しんにょ
仏教用語で、宇宙万物の真のすがた。永劫不変の真理。

真字　まな・まなじ・まんな
①漢字の楷書。『源氏物語』。②仮名に対する漢字。『枕草子』

真字本　まなぼん
「真名本」とも書く。→真名本

真成　ほんに
「本に」とも書く。まことに。じつに。

真汝鹿　まなか
「真名鹿」とも書く。鹿の美称。

真坂　みさか
「御坂」とも書く。坂の美称。『万葉集』

真忌　まいみ
神事のとき、とくに謹んで行う潔斎。『和泉式部集』

真秀　まほ
「真面」とも書く。①完全なさま。『落窪物語』。②真正面に向き合うこと。『狭衣物語』。③正式。本格的。『源氏物語』

真秀ら　まほら
すぐれた立派な場所。『万葉集』

真秀ろば　まほろば
「真秀ら」に同じ。『古事記』→真秀ら

真赤土　まはに
「真埴」とも書く。赤土。『万葉集』

真赤丹　まかに
赤丹の美称。赤土。

真東風　まこち
「正東風」とも書く。真東（まひがし）から吹いてくる風。『永久百首』

真直中　まっただなか
「真只中」とも書く。①まんなか。『平家物語』。②真っ最中。

真青　さお・まっさお
「真（さ）」は接頭語。まったく青いこと。

真面　まほ
「真秀」とも書く。→真秀

真風　まじ
南風、または南寄りの風。おもに瀬戸内海沿岸でいう。

真婚　さよばい
「真（さ）」は接頭語。求婚。男女が情を通じ合うこと。夜這い。

真章魚　まだこ
「真蛸」とも書く。マダコ科のタコ。

真陸　まろく・まんろく
「真正」とも書く。→真正

真魚咋　まなぐい
「真魚食」とも書く。魚の料理。『古事記』

真魚始　まなはじめ
「魚味始」とも書く。幼児にはじめて魚肉などを食べさせる儀式。『平家物語』

真魚食　まなぐい
「真魚咋」とも書く。『古事記』→真魚咋

真魚箸　まなばし
「魚箸」とも書く。魚を料理するときに用いる箸。『今昔物語集』

真麻　さお
「真（さ）」は接頭語。「麻」の古称。『万葉集』

真麻木綿　まそゆう
麻で製した木綿（ゆう）。『万葉集』

真麻群　まそむら
「真（ま）」は接頭語。①麻の茂ったところ。『万葉集』。②ひとかたまりになった麻。『万葉集』

真葛　さねかずら
モクレン科の蔓性常緑低木。

真誠　まんまこと
「満真」とも書く。真実。『真歇拈古鈔』

真鉏　まさい
「真刀」とも書く。鋭利な小刀。『日本書紀』

真旗魚　まかじき
マカジキ科の海産硬骨魚。

真蜱　まだに
大型吸血性のダニの総称。

真澄鏡　ますかがみ・まそかがみ
ますかがみ—「十寸鏡」とも書く。「真十鏡（まそかがみ）」に同じ。『古今和歌集』→真十鏡
まそかがみ—「真十鏡」とも書く。→真十鏡

真蕊　しんずい

大事なところ。『貞丈雑記』

真賢木 まさかき
「真榊」とも書く。榊（さかき）の美称。『日本書紀』

真緒 まそほ
「赭（そほ）」の美称。①赤土。『万葉集』。②赤い色。『散木奇歌集』

真鵐 ましとと
ホオジロ科の鳥ホオジロの異称。『古事記』

真霧 みぎり
「霧」の美称。

眚 わざわい
目を病むこと。身体に起こるわざわい。

〈矢　部〉

矩 かね
①直角に曲がった鉄製のものさし。かね尺。『壒嚢鈔』。②直角。『平家物語』

矩尺 かねじゃく
「曲尺」とも書く。①「矩」①に同じ。→矩。②長さの単位の一つ。尺ともいう。

矩計り かなばかり
①建物各部の高さを正確に定めるための断面図。②見地などで長さを測るために用いる竿。『和訓栞』

矩差 かねざし
「矩尺」に同じ。→矩尺

〈石　部〉

砥草 とくさ
「木賊」とも書く。シダ類トクサ科の常緑多年草。

砥茶 とのちゃ
「礪茶」とも書く。染色の名。赤黒い茶色。『雀子集』

砧木 だいぎ
「台木」とも書く。①接木（つぎき）をするとき、根があるほうの植物。②物の台にする材木。

砧杵 ちんしょ
きぬたと、それを打つ槌（つち）。また、それを打つ音。

破子 わりご
「破籠・樏・割子・割籠」とも書く。ヒノキの薄板で作った弁当箱。また、それに入れた食物。『土佐日記』

破反古 やりほぐ
破って捨てた反古紙。『狭衣物語』

破天連 バテレン
「伴天連」とも書く。①キリスト教の日本伝来時の司祭の称号。『対治邪執論』。②キリスト教の俗称。

破瓜 はか
①女の十六歳。②男の六十四歳。

破帆 ばはん
「八幡」とも書く。①倭寇（わこう）。②密貿易。③海賊。海賊船。『大職冠』

破却 はきゃく
破壊すること。『僧有慶寄進状』

破免 はめん
「免」は江戸時代の地租率。凶作の年にかぎって検見取（けみとり）をしてもらい、減免してもらうこと。『地方凡例録』

破風 はふ
「搏風」とも書く。切妻屋根の装飾板。『今昔物語集』

破提宇子 はだいうす
ハビアン著の書名。キリシタンの教理を批判したもの。一六二〇年刊。

破落戸 ごろつき
ならずもの。無頼漢。

破精 はぜ
麹（こうじ）をつくるとき、蒸米の上に生じる白色の斑点。

破隙 われめ
「破目・割れ目」とも書く。『武蔵野』

破壊 はえ
打ち壊すこと。『今昔物語集』

破籠 わりご
「破子」とも書く。→破子

〈示（ネ）部〉

祠堂金 しどうきん
先祖の供養をするときに寺に喜捨する金銭。『御触書天明集成』

祇承 しぞう
奈良・平安時代、貴人の左右に仕えた者。『伊勢物語』

祇候 しこう
「伺候」とも書く。①謹んで貴人のおそばに仕えること。『権記』。②謹んでご機嫌伺いに参上すること。『浮雲』

祥 さが
前兆。『日本書紀』

〈禾　部〉

秧鶏 くいな
「水鶏」とも書く。ツル目クイナ科の渡り鳥の総称。『徒然草』

称 かなう・たたう・ほむ・しょうす・となう・いわく
かなう―つりあう。『今昔物語集』
たたう・ほむ―ほめる。『椿説弓張月』
しょうす―となえる。言う。『今昔物語集』
となう―呼ぶ。称する。『菅江真澄随筆集』
いわく―「曰く」とも書く。言うことには。『雲州消息』

称唯 いしょう
貴人に召されたとき「おお」と答えること。儀式の記録などに書く語。『貞観儀式』

秦艽 つがりぐさ
キンポウゲ科の多年草レイジンソウの異称。

秦皮 とねりこ
「梣」とも書く。モクセイ科の落葉高木。

秦椒 さんしょう
「山椒・蜀椒・南椒」とも書く。ミカン科の落葉低木。

秩然 ちんまり
小さくまとまっているさま。『多情多恨』

秘色 ひそく
①中国唐・五代の時代に浙江省の越州窯で産した青磁器。『宇津保物語』。②秘色色（ひそくいろ＝瑠璃色）の略。

秘計 ひけい
①秘密の計略。『宇都宮家式条』。②なかだち。周旋。『平家物語』

秘錦 ひごん
「緋金」とも書く。「緋金錦（ひごんき）」の略。金を織り込んだ錦。

秘露 ペルー

南アメリカ北西部、太平洋岸に位置する共和国。

秣　まぐさ
「馬草」とも書く。牛馬などの飼料とする草。かいば。『算法地方大成』

秣場　まぐさば
牛馬などの飼料とする草を刈り取る野原。転じて、入会地（いりあいち）。『地方凡例録』

〈穴　部〉

窄り　すばり
①意気消沈する。『日葡辞書』。②「窄若衆（すばりわかしゅ）」の略。陰間（かげま）。

窄若衆　すばりわかしゅ
「窄り」②に同じ。→窄り

窈窕　ようちょう
しとやかで美しいさま。『世路日記』

窅然　ようぜん
深遠なさま。『奥の細道』

〈罒　部〉

罠網　わなみ
「羂網」とも書く。鳥獣などを捕らえる罠に使う網。

〈衤　部〉

裺　ふき
「䘡」とも書く。着物の袖口や裾の裏地を表に少し出して折り返し、縁のように縫い付けたもの。『賀古教信』

袖手　しゅうしゅ
①ふところ手。②転じて、自ら手を下すことを嫌い、何もしないでいること。

袖時辰儀　そでどけい
「袖時計」とも書く。明治前期に用いられた語で、懐中時計の異称。

袖築地　そでついじ
門の両側に沿ってある築地。

袒　ぬぐ
「脱ぐ」とも書く。身に着けているものを取り去る。『信長公記』

袒ぎ　かたぬぎ
「肩脱ぎ」とも書く。①衣服の腰から上の部分を脱いで下衣の肩を見せる。『源氏物語』。②衣服の腰から上の部分を脱いで肌を見せる。「肌脱ぎ」に同じ。『今昔物語集』

袒裼　はだぬぎ・たんせき
「肌脱ぎ」とも書く。「袒ぎ」②に同じ。『古事談』

衵　あこめ
「袙」とも書く。公家の男女の内着。上の衣（きぬ）と下の単（ひとえ）のあいだに着る衣。『源氏物語』

袢衣　はんこ
「半纏（はんてん）」に同じ。

袢纏　はんてん
「半纏」とも書く。①羽織に似た丈の短い上着。脇に襠（まち）がなく、胸紐・襟の折り返しもない。②「印（しるし）半纏」の略。

被　ふすま
「衾」とも書く。夜具。『古事記』

被き　かずき
「被衣」とも書く。①頭にかぶること。『玄々集』。②「衣被（きぬかずき）」に同じ。③だまされること。転じて、損失。『胆大小心録』

被下　くだされ
相手に懇願することば。手紙文に多く用いられる。「御出で被下度（おいでくだされたく）」など。

被仰り　おっしゃり
「仰り」とも書く。「言う」の尊敬語。『今の女』

被成下　なしくだされ
「被下」のより丁寧なことば。→被下

被衣　かずき・かずきごろも
「被き」とも書く。→被き

被衣初　かずきぞめ
江戸時代、京都で十一月の吉日に、五～七歳の少女が被衣（かずきごろも）を着る儀式。→被衣

被官　ひかん
「被管」とも書く。鎌倉・室町時代、御家人・守護・大名などに仕えた下級武士。『室町幕府追加法』

被物　かずけもの・かつげもの
①労をねぎらうために賜る衣類などの褒美。『大和物語』。②芸人への祝儀。

被為入　いらせられ
「居る・来る・在る・行く」などの丁寧語。手紙文に多く用いられる。

被為在　あらせられ
「居る・在る」の尊敬語。手紙文に多く用いられる。

被為渡　わたらせられ
「被為在」に同じ。→被為在

被許顔　ゆるされがお
許されたような顔つき。『蜻蛉日記』

被綿　きせわた・かずけわた
きせわた―「着せ綿」とも書く。①「菊の被綿」に同じ。②シソ科の多年草。③海産の巻貝。
かずけわた―御仏名（おぶつみょう）の際、僧侶に与えられた綿。

〈竹　部〉

笈　おい
修験者などが背負う箱。『地方凡例録』

笈内　しはいした
領内。

笈牛　おいうし
丸太などで作った治水具の一種。『地方凡例録』

笈摺　おいずる・おいずり
巡礼者などが着物の上に羽織る、袖のない薄い衣。『ひらかな盛衰記』

笄曲　こうがいぐる
江戸時代の結髪の一つ。笄（こうがい）の周囲に毛を巻きつけたもの。

笏　しゃく・さく
①束帯着用のときに手に持つ板。『倭名類聚鈔』。②帯の間にはさむ板。『権記』

笋　たけのこ
「竹の子・筍」とも書く。①竹の若芽で、食用。②「筍医者」の略。

笋干　しゅんかん
「笋羹・筍干」とも書く。①干したタケノコをアワビ・鶏肉などと煮合わせた中国伝来の料理。②食器の一種。

笋羹 しゅんかん
「笋干」とも書く。↓笋干

笑爾笑爾 にこにこ
声を立てずにうれしそうに素直に笑うさま。『浮雲』

笊蕎麦 ざるそば
①盛蕎麦の上に海苔をふりかけたもの。②売春婦の異称。

笊籬 いかき
竹製の籠・ざる。『正法眼蔵随聞記』

笆 ませ
「籬・架」とも書く。目が粗く、低い垣根。『源氏物語』

笆棒 ませぼう
「限棒」とも書く。仕切りをするために横たえる棒。

〈米　部〉

粋倒し すいごかし
「帥ごかし」とも書く。相手を粋人とおだてあげ、うまく事を運ぶこと。『世間胸算用』

粃 みよさ・しいな
「秕米」とも書く。熟していない穀物。

粃米 しいな
「粃」とも書く。↓粃

粉米 こごめ
玄米を搗（つ）いて精米するときにくだけた米。

粉走 こばしり
大嘗祭（だいじょうさい）のとき、篩（ふるい）で御酒（みき）の滓（かす）をとったりする女。

粉粥 ふずく・ふんずく
「粉熟」とも書く。米・麦・大豆・胡麻などの粉で作った唐菓子の一種。『宇津保物語』

粉溜 ふんだみ
「鈖溜」とも書く。金粉や銀粉で塗りつぶすこと。

粉熟 ふずく・ふんずく
「粉粥」とも書く。『宇津保物語』↓粉粥

粉頭 けいせい
「傾城・契情」とも書く。遊女・芸妓。

粉糞 こくそ
「木屎」とも書く。木粉などを漆で練ったもの。漆器の合わせ目などを埋めるのに用いる。『名語記』

粍 ミリメートル
メートル法の長さの単位。

〈糸　部〉

紗綾 さや
卍や菱垣の模様を浮織にした絹織物。

索混 あえまぜ
質のことなるものを混ぜ合わせること。「ないまぜ」に同じ。『安愚楽鍋』

索寞 さくばく
「索漠・索莫」とも書く。心を慰めるものもなくものさびしいさま。荒涼としたさま。

索餅 さくべい・たつが・そうべい・むぎなわ
「手束」とも書く。小麦粉と米粉を練って縄のようにねじり、油であげた菓子。『倭名類聚鈔』

索麺 そうめん
「素麺」とも書く。小麦粉を食塩水でこね、植物油を塗って細くのばした麺の一種。

紙寸莎 かみすさ・かみつた
紙を材料とした寸莎（壁土のつなぎとなるもの）の一つ。

紙戸 ふすま
「襖」とも書く。和室の建具の一つ。木の骨組みに両面から紙や布を張ったもの。からかみ。『安愚楽鍋』

紙手 こうで
書状をさしておく状差しの異称。

紙白粉 かみおしろい
白粉を紙に塗って乾かしたもので携帯用の白粉として使用するもの。

紙立 こうだて
「甲立」とも書く。正式な饗膳で、盛り物の回りにたてる折り紙。「饗立（きょうだて）」に同じ。

紙合羽 かみがっぱ
桐油紙（とうゆがみ）で作った合羽。『曾我山稽山』

紙羽 カッパ
「合羽」とも書く。雨天の外出時に着る外套（がいとう）の一種。『河船付徳万歳』

紙衣 かみこ
「紙子」とも書く。紙で仕立てた衣服。『奥の細道』

紙門 からかみ・ふすま
「紙戸」に同じ。『魔風恋風』↓紙戸

紙屋紙 こうやがみ・かいやがみ・かみやがみ・かんやがみ
平安時代、京都の紙屋院で製した上質な紙。「宿紙・薄墨紙・水雲紙（すいうんし）・綸旨紙」などとも呼ばれた。『枕草子』

紙窓 あかりまど
室内に光を取り入れるための窓。「明り取り」に同じ。『薄命すゞ子』

紙捻 こより・こうより
「紙縒・紙撚」とも書く。細長く切った和紙によりをかけて紐状にしたもの。『もしや草子』

紙袋 かんぶくろ
「かみぶくろ」の音便。紙で製した袋。

紙魚 しみ
「衣魚・蠹魚」とも書く。シミ科の原始的な昆虫の総称。『源氏物語』

紙御襁褓 かみおむつ
紙製の使い捨ておむつ。

紙鳶 いか・いかのぼり
「凧・烏賊幟」とも書く。①上方で凧（たこ）のこと。『好色二代男』②遊里で金銭を使い果たし、巾着（きんちゃく）が空っぽなこと。『茶屋調方記』

紙撚 こより・こうより
「紙捻」とも書く。『今の女』↓紙捻

紙縒 こより・こうより
「紙捻」とも書く。『日葡辞書』↓紙捻

紙襖 ふすま
「紙戸」とも書く。『浮雲』↓紙戸

紙雛 かみびな・かみひいな
紙で作った雛。

紙纏 かみばな
「紙花」とも書く。遊里で祝儀に渡す紙。あとで換金する。『二枚絵』

純 もっぱら

「専・一」とも書く。そのことだけをするさま。いちずにするさま。

純子　どんす
「緞子」とも書く。紋織物の一種。光沢のある絹織物。『露小袖』

純裏　ひつら
裏と表が同色の布。また、その布で仕立てた衣服。『万葉集』

素　もとより・す
もとより—「固・旧・従前・元来」とも書く。はじめから。本来。す—①生地のままで飾らないこと。②そのまま。『浴泉記』。③平凡な。

素子　すご
卑賤なもの。卑しい身分の者。『拾遺愚草』

素水　さみず
「真水」とも書く。塩分などがまじっていない淡水。『東海道中膝栗毛』

素矢　すや
「徒矢」とも書く。的をはずした矢。

素地　きじ
「生地」とも書く。①陶磁器の釉薬をかけない前のもの。②染色などの加工を施す前の布地。③素肌。『少年』。④焼き上げる前のパンの生地。⑤素質。『ひとりね』

素声　しらごえ
「白声」とも書く。①謡曲で、節のない詞の部分。『申楽談儀』。②うわずった声。『鷹筑波』

素花　そけ
葬具の一つ。白紙を切って沙羅双樹に模したもの。

素見　ひやかし
「冷やかし」とも書く。①からかうこと。②買うつもりがないのに値段を聞いたりすること。『安愚楽鍋』

素怛纜　しゅたら
「修多羅・修妬路」とも書く。①仏書・経典。②袈裟に付ける多色の結び紐の装飾。

素波　すっぱ
「透波・水波・水破」とも書く。①戦国時代、敵陣を偵察・攪乱した野武士。間者。『蒙求抄』。②詐欺師。『和漢通用集』。③盗賊。『加沢記』

素面　しらふ
「白面」とも書く。酒を飲んでいない状態。『東海道中膝栗毛』

素袍　すおう
「素襖」とも書く。もと、庶民の着物。江戸時代、陪臣（ばいしん）・平士（ひらざむらい）の礼服。『御触書宝暦集成』

素描　デッサン
木炭や鉛筆などを用い、単色の線や塗りで物を描いたもの。

素魚　しろうお
「白魚」とも書く。ハゼ科の海産硬骨魚。

素湯　さゆ
「白湯」とも書く。なにも交ぜない湯。

素意　そい
平素から願っていること。『日本書紀』

素絹　そけん
粗末な絹織物。『庭訓往来』

素懐　ほんい
「本意」とも書く。「本懐」に同じ。『浮城物語』

素馨　ジャスミン
「耶悉茗」とも書く。モクセイ科ソケイ属の植物の総称。

紐育　ニューヨーク
アメリカ合衆国北東部、大西洋岸に位置する州および都市。

紐釦　ぼたん
「釦・扣鈕」とも書く。①洋服などの合わせ目を留める具。②器具などを操作するための突起状の具。

納子　のっす
「衲子」とも書く。禅僧。『正法眼蔵随聞記』

納止　おさめやむ
中止する。『算法地方大成』

納札　おさめふだ・のうさつ
①江戸時代、幕府に納めた金・米に対して、奉行が交付した受領書。②代官が奉行に交付した金・米の受領書。『地方凡例録』。③寺社に参拝した記念に貼る札。

納衣　のうえ
「衲衣」とも書く。①僧侶の着る法衣。「納袈裟（のうげさ）」に同じ。②僧侶。

納所　なっしょ
年貢などを納める場所。『日葡辞書』

納音　なっちん
運命判断の一つ。

納涼　すずみ
涼をとること。

納庫砥　なぐらど
「名倉砥」ともいう。静岡県鳳来寺付近に産する砥石。

紕い　まゆい
布が古び、縦糸・横糸の間にすきまができること。『万葉集』

紕繆　ひびゅう
まちがい。誤り。『御成敗式目』

紊す　みだす
「乱す」とも書く。①きちんとしているものを混乱した状態にする。『三代実録』。②ばらばらにする。『義経記』。③わずらわせる。『源氏物語』

紊乱　ぶんらん
乱れること。乱すこと。『福翁百話』

紛糾り　こぐらかり
もつれ乱れること。『其面影』

紛紜　ごたごた
「紛擾」とも書く。もめごと。『浪華新聞』

紛擾　ごたごた・ふんじょう
「紛紜」とも書く。『花柳春話』→紛紜

紡錘鰤　つむぶり
アジ科の海産硬骨魚。

紋甲烏賊　もんごういか
コウイカ科の海産軟体動物。

〈羽（羽）部〉

翁行燈　おきなあんどん
方形の行燈。往時、芝居の顔見世興業で舞台左右の柱にかけたもの。

翁格子　おきなごうし
模様の一つ。太い格子の中に細い格子が入ったもの。

翅斑蚊　はまだらか
「羽斑蚊」とも書く。カ科ハマダラ亜目の総称。

〈老（耂）部〉 耂は四画

耆那教　ジャイナきょう
紀元前六世紀頃、インドで、ヴァルダマーナの興した宗教。

耆徳　きとく
年をとって徳が高く、人望がある人。

耄　ほうく
「惚」とも書く。知覚が鈍くなる。ぼんやりする。

耄ける　ほうける
「惚ける」とも書く。①「耄」に同じ。『宇治拾遺物語』。②夢中になる。『古今著聞集』

耄言　くりごと
「繰言」とも書く。同じことを何度も繰り返してくどくど言うこと。また、その言葉。

耄期　ぼうき
老齢。

〈耒部〉

耘　くさきる
田畑の雑草を除去する。『地方凡例録』

耕　ちびる
「禿」とも書く。筆の先などがすり切れる。

耗　ついえ・へる・へぐ
ついえ―失費。『世間胸算用』
へる―「減る」とも書く。『浮世物語』
へぐ―かすめ取る。『浮世物語』

耗入　へこむ
穀物などの軽量で分量が足りなくなる。

〈耳部〉

耿耿　こうこう
①光が明るいさま。ひかり輝くさま。『和漢朗詠集』。②心が安らかでないさま。『天うつ浪』

〈至部〉

致斎　まいみ
「真忌」とも書く。神祭のとき、神事にたずさわる者が潔斎をすること。

致仕　ちし
隠居すること。また、七十歳の異称。『権記』

致瑰珠　ロザリヨ
ローマ教会で用いる数珠状のもの。「ロザリオ」に同じ。

〈舌部〉

舐　ねぶる
しゃぶる。なめる。『椿説弓張月』

舐子　おしゃぶり
赤ん坊に持たせてしゃぶらせる玩具。『山羊の歌』

舐粳　しこう
反逆。『古事談』

舐犢　しとく
親が自分の子を深く愛すること。『百姓分量記』

〈舟部〉

般若面　はんにゃづら
①般若に似た顔。②嫉妬ぶかい女の顔の形容。

般若湯　はんにゃとう
仏家の隠語で「酒」。

舫　もやう
船と船を並べてつなぎ合わせる。『甲子夜話』

〈虫部〉

蚜虫　あぶらむし・ありまき
あぶらむし―「油虫」とも書く。①カメムシ目アブラムシ科の昆虫の総称。②「蜚蠊」とも書く。ゴキブリの異称。③ヒナコウモリ科のコウモリのアブラコウモリの異称。④他人にたかる者の蔑称。⑤遊廓のひやかし客。
ありまき―「蟻巻」とも書く。「あぶらむし」①の異称。

蚕衣の　ありきぬの
「三重・宝」などにかかる枕詞。『万葉集』

蚕豆　そらまめ
「空豆」とも書く。マメ科の二年生作物。

蚕屋払　こやばらい
正月初子（はつね）の日に、子（ね）の日の松をつけた箒で蚕屋を掃くこと。

蚕種　さんしゅ
カイコの卵。『御触書天明集成』

蚕飼　こがい
養蚕。『日本書紀』

蚕霊　こだま
「蚕玉」とも書く。蚕（かいこ）の神。養蚕の守護神。

蚕繭草　さくらたで
「桜蓼」とも書く。タデ科の多年草。

蚕簿　えびら・まぶし
糸を吐くまでに成長した蚕に繭を作らせるための道具。

蚩吻　しふん
「鴟吻・鵄吻」とも書く。古代の瓦葺宮殿や仏殿の大棟の両端に据えた沓形（くつがた）の装飾。

蚩尾　しび
「鴟尾・鵄尾」とも書く。「蚩吻」に同じ。→蚩吻

蚩慢　しまん
人をあなどり、高慢な態度をとる。

蚋　ぶゆ
「蟆子」とも書く。ブユ科の昆虫の総称。

蚤　つとに・はやし
つとに―「夙・晋・旦」とも書く。①早朝に。②以前から。
はやし―早く。『甲子夜話』

蚤休　きぬがさそう
「衣笠草」とも書く。ユリ科の多年草。

蚍蜉　ひふ
大きなアリ。

蚊不死　かしなず
痘痕面（あばたづら）の蔑称。

蚊母草　むしくさ
ゴマノハグサ科の多年草ゴマノハグサの異称。

蚊母鳥　ぶんぼちょう・かすいどり
ヨタカ科の鳥ヨタカの異称。「かすいどり」は「蚊吸鳥」とも書く。

蚊母樹　ひょんのき・いすのき・

いす・ゆす
「柞」とも書く。マンサク科の常緑高木イスノキ。

蚊蛇　ぶんもう・ぶんぼう・もんもう
ぶんもう・ぶんぼう―蚊と虻（あぶ）。弱小なもののたとえ。『日葡辞書』
もんもう―「文盲」とも書く。文字が読めない人。『無名抄』

蚊飛白　かがすり
「蚊絣」とも書く。細かい十文字模様の絣（かすり）。

蚊雷　ぶんらい
無数の蚊の羽音を雷鳴にたとえた語。

蚊蜻蛉　うすばかげろう・かとんぼ
うすばかげろう―「薄羽蜉蝣」とも書く。アミメカゲロウ目ウスバカゲロウ科の昆虫の総称。
かとんぼ―ガガンボ科の昆虫ガガンボの異称。『倭名類聚鈔』

蚌　はまぐり
「蛤・文蛤」とも書く。マルスダレガイ科の二枚貝。

蚌貝　からすがい
「烏貝・蚌」とも書く。①イシガイ科の二枚貝。②イガイ科の二枚貝イガイの異称。

〈衣　部〉

衾　ふすま
「被」とも書く。夜具。『古事記』

衾宣旨　ふすまのせんじ
重罪人を捕らえよとの天皇の命を伝える公文書。『勘仲記』

衰日　すいにち・すいじつ
陰陽道で不吉とされる日の一つ。『御堂関白記』

〈言　部〉

訑訑　いい
自らの知恵に満足し、他人の意見に耳を傾けないこと。

記月魚　あゆ
「鮎・年魚・香魚」とも書く。アユ科の硬骨魚。

訖　おわんぬ・ついに
おわんぬ―終わる。終わった。『折たく柴の記』
ついに―「終・遂・卒・竟・畢」とも書く。結局。とうとう。

訓諭　くんゆ
教えさとすこと。『此一戦』

訐揚　けつよう
私事をあばくこと。

訕吠　さばめく
やかましく騒ぎ立てること。

託け　ことづけ
「言付け」とも書く。①伝言。『枕草子』。②口実。『源氏物語』

託ける　かこつける
言い訳にする。『蒙求抄』

託つ　かこつ
①ほかのことを口実にする。『続千載和歌集』。②ぐちを言う。恨みつらみを言う。『源氏物語』

託言　かこと・かごと・たくげん
かこと・かごと―①言い訳。口実。『源氏物語』。②言いがかり。『源氏物語』。③愚痴。『源氏物語』
たくげん―①口実。②伝言。

討手　うって
罪人などを捕らえたり、敵軍を討伐するために遣わされる者。『法元物語』

〈豆　部〉

豈　あに
①（下に打消の語を伴って）決して。『万葉集』。②（反語の表現を導いて）どうして。『正法眼蔵』

豈夫　まさか・よもや
（下に打消・反語などの語をともなって）いくらなんでも。まさか。『緑蓑談』

豇豆　ささげ
「大角豆」とも書く。マメ科の蔓性一年生作物。『日本書紀』

〈豸　部〉

豺　やまいぬ
「山犬」とも書く。①日本産オオカミの異称。『名語記』。②山野に生息する野犬の異称。

豺狼　さいろう
①ヤマイヌとオオカミ。②貪欲で無慈悲な人のたとえ。

豹脚蚊　やぶか
「藪蚊」とも書く。ヤブカ属のカの総称。

〈貝　部〉

貢金　くきん
黄金を献納すること。

貢馬　くめ
貢物として朝廷に献上する馬。『吾妻鏡』

貢税　ぐぜい
租税。みつぎ物。

〈走　部〉

起返　おこしかえす
荒れてしまった田畑を耕地として再生すること。『算法地方大成』

起居　たちい
「立ち居」とも書く。①日常の動作。『今昔物語集』。②立ち現れてそのままそこにあること。『雨月物語』

起座　きざ
「起坐」とも①起き上がって座ること。『世路日記』。②席を離れること。『源平盛衰記』

起破風　むくりはふ
破風の一種。

起請文　きしょうもん
事を企ててその実行を主君などに願い出て誓う文書。『徒然草』

起請失　きしょうしつ
起請の効力が消失すること。『吾妻鏡』

起請継　きしょうつぎ
紙を左前に重ねて糊で接ぎ合せること。『貞丈雑記』

〈車　部〉

軒廊　こんろう
紫宸殿南庭の回廊。『御堂関白記』

軒輊　けんち
①上下。②軽重。『即興詩人』

〈辰 部〉

辱い かたじけない
「忝い」とも書く。①恥かしい。『日本霊異記』。②身にしみてありがたい。『源氏物語』。③おそれおおい。『源氏物語』

辱号 ぞくごう
「辱詬」とも書く。恥辱を受けた名。『大鏡』

辱涙 かたじけなみだ
「忝涙」とも書く。ありがたなみだ。

辱詬 ぞくごう
「辱号」とも書く。→辱号

辱鎧 にくがい
袈裟。

〈辵（辶・辶）部〉 辶は四画、辶は三画

廻 めぐらす
「廻・巡」とも書く。①囲ませる。『万葉集』。②回状で知らせる。『今昔物語集』。③工夫する。『平治物語』

廻踵 きびすをめぐらす
引き返す。『摂政御教書』

迹 あと
「跡」とも書く。①足跡。②足元。

這坊子 はいぼこ
「這坊子」とも書く。①はいはいをするころの乳児。②地中から出て脱皮する前のセミの幼虫。

這箇 しゃこ
これ。これら。この。

造 みやつこ
古代、朝廷または地方で部民を統括した伴造（とものみやつこ）。

造次 しばし
「暫し」とも書く。すこしのあいだ。『牡丹灯籠』

造物所 つくもどころ
「作物所」とも書く。平安時代、宮中などで調度品などを製作したところ。

造酒司 みきのつかさ
「酒司」とも書く。律令制で、皇室で使用する酒や酢などを醸造した役所。

造酒児 さかつこ
「造酒童女」とも書く。大嘗祭で御神酒を醸（かも）す少女。

造酒童女 さかつこ
「造酒児」とも書く。→造酒児

造意 ぞうい
悪事を企てること。『法元物語』

速香 すこう
すぐに燃えつきてしまう品質の悪い香。『日葡辞書』

速蔵 かくれんぼ
子供の遊びの一つ。「隠れん坊」に同じ。

逐 おって
「追」とも書く。①やがて。まもなく。②（手紙などで）なお。

逐索 おいもとむ
「追い求む」とも書く。追いかけて探す。『甲子夜話』

逐電 かけおち・ちくてん・ちくでん
かけおち―①「駆落ち・駈落ち」とも書く。ゆくえをくらまして姿を隠すこと。②「欠落」とも書く。逃散（ちょうさん）。失踪。③愛し合う男女がひそかに他の地へ逃げ失せること。『塩原多助一代記』
ちくてん・ちくでん―「かけおち」①②に同じ。『今川仮名目録』。

通条花 きぶし
キブシ科の落葉高木。

通夜 よもすがら
「終夜」とも書く。一晩中。夜通し。『太平記』

通草 あけび
「木通」とも書く。アケビ科の蔓性落葉低木。『新撰字鏡』

通泉草 さぎごけ
「鷺苔」とも書く。ゴマノハグサ科の多年草。

通馬 とおしうま
江戸時代、宿駅で馬を替えないで、目的地まで同じ馬を使うこと。『好色一代女』

通牌 タブレット
鉄道で、衝突を予防するための通票。

通障子 つしょうじ
中央に長方形の簾（すだれ）を掛けた衝立障子。

逓 たがいに
「互いに」とも書く。交互に。『大隅守護名越時章裁許下知状』

逓与 わたす
「渡す」とも書く。手渡しする。『椿説弓張月』

途次 みちすがら
道を歩きながら。『黒い目と茶色の目』

途傍 みちばた
「道端」とも書く。『戸隠山紀行』

透与 すきと
すっきりと。さっぱりと。

透波 すっぱ
「素波・水波・水破」とも書く。①戦国時代、敵陣を偵察・攪乱した野武士。間者。「乱波（らっぱ）」に同じ。『蒙求抄』。②詐欺師。『和漢通用集』。③盗賊。『加沢記』

透垣 すいがい
あいだを透かして作った竹や板の垣根。『源氏物語』

透笠 すいがさ
透けて見えるように粗く編んだ網代笠。

透頂香 とうちんこう
外郎（ういろう）の異称。『三条家薫物書』

透渡殿 すきわたどの・すいわたどの
平安時代の貴族の住宅に見られた左右に壁がなく、手すりと簾を下げた廊下。『今昔物語集』

透間 すきま
①「隙間」とも書く。間のあいているところ。『源氏物語』。②ひま。『浮雲』。③好機。『源氏物語』

透綾 すきや
薄地の絹織物。『坊ちゃん』

逢期 おうご
「会期」とも書く。人にあう機会。

連玉 レダマ・つれだま
マメ科の落葉低木。

連枝草 うまごやし・まごやし
「馬肥・苜蓿」とも書く。マメ科の越年草。

連枷 からさお

「穀竿」とも書く。豆類などの脱穀に用いる農具。『梁塵秘抄』

連書　つりがき
「系書・釣書」とも書く。系図。『新可笑記』

連連　れんれん・つらつら
連なっているさま。絶え間のないさま。『御触書天明集成』

連属　やから
「族」とも書く。①一門。氏族。②仲間。③口論をしかける者。不平をいう者。

連銭草　かきどおし
「垣通し」とも書く。シソ科の蔓性多年草。

連翹　れんぎょう・はたけぐさ
れんぎょう―モクセイ科の落葉低木。『書言字考節用集』　はたけぐさ―「レンギョウ」の異称。

〈邑（阝〈右〉）部〉　阝は三画

郢曲　えいきょく
①流行曲。俗曲。②催馬楽（さいばら）・朗詠など、歌謡の総称。『平家物語』

郡司　ぐんじ・こうのつかさ・こおりのつかさ
律令制で、国司の下にあって郡を治めた役職。また、その役所。『拾遺和歌集』

郡司解　ぐんじげ
郡司が国司に上申する文書。『平安遺文』

郡家　ぐうけ・ぐんけ
律令制で、郡司が政務を行った役所。『倭名類聚鈔』

郤句　けっく
「結句」とも書く。とどのつまり。ついに。『北条氏印判状』

郤行　あとずさり
「後退り」とも書く。前を向いたまま後ろへさがること。

〈酉　部〉

酒　き
酒（さけ）の古称。『続日本紀』

酒手　さかて
①酒の代金。「酒代（さかしろ・さかだい）」に同じ。『千鳥』。②車夫・人夫などに渡す心づけの金銭。

酒代　さかて・さかしろ
「酒手」に同じ。→酒手

酒司　みきのつかさ
「造酒司」とも書く。律令制で、皇室で使用する酒や酢を醸造した役所。

酒呑童子　しゅてんどうじ
「酒顛童子・酒天童子」とも書く。丹波国大江山や近江国の伊吹山に住んでいたという鬼神・盗賊。

酒寿　さかほかい・さかほがい
「酒祝」とも書く。酒宴を開いて祝うこと。『日本書紀』

酒杜氏　さかとうじ
「酒刀自」とも書く。酒造家で酒造りの長（おさ）。また、酒を醸造する人。「杜氏（とうじ）」に同じ。

酒事　ささごと
酒宴。さかもり。

酒保　とうじ
「杜氏」とも書く。酒造りの長（おさ）。

酒祝　さかほかい・さかほがい
「酒寿」とも書く。→酒寿

酒神　くしのかみ
酒をつかさどる神の少彦名神（すくなひこなのかみ）。

酒造児　さかつこ
「造酒児・造酒童女」とも書く。大嘗祭のとき、斎場で酒をかもす者。

酒望子　さかばやし
「酒林」とも書く。酒屋の看板。杉の葉をたばねて球状にし、軒先に掛けたもの。「酒箒（さかぼうき）」に同じ。『河原新市』

酒場　バー
カウンターのある洋酒を飲ませる酒場。

酒壺　みわ
酒をかもす壺。

酒湯　ささゆ
「笹湯」とも書く。疱瘡（ほうそう）が治癒したのち、酒を入れた湯でゆあみをすること。また、その湯。『おらが春』

酒筒　ささえ・ささづつ
酒をいれる竹製の酒器。

酒箒　さかぼうき
「酒望子」に同じ。→酒望子

酒精　アルコール
エチルアルコール。

酒幣　さかまい
豊明節会（とよのあかりのせちえ）などの賜宴の際にいただく贈り物。『続日本紀』

酒機嫌　ささきげん
酒に酔って気分がよくなったさま。

酒頬　さかつら
「酒面」とも書く。酒に酔って赤くなった顔。

酒醤　さかしお
「酒塩」とも書く。料理の調味料として酒を加えること。

〈金　部〉

針孔　みぞ・みず・めど
「針眼」とも書く。針の糸を通す穴。

針牛尾魚　はりごち
「針鯒」とも書く。ハリゴチ科の海産硬骨魚。

針魚　さより・はりお
さより―「細魚・鱵」とも書く。サヨリ科の海産硬骨魚。はりお―サヨリの古称。『倭名類聚鈔』

針眼　みぞ・みず・めど
「針孔」とも書く。→針孔

針槐　はりえんじゅ
マメ科の落葉高木。

針鼴鼠　はりもぐら
「針土竜」とも書く。カモノハシ目ハリモグラ科の哺乳類の総称。

釘　とじる
①「閉じる」とも書く。開いた本をとじる。②「綴じる」とも書く。重ねてつづり合わせる。製本する。

釜揚饂飩　かまあげうどん
釜からあげたての饂飩をつけ汁をつけて食べる料理。

釜殿　かないどの・かなえどの・かまどの

「鼎殿」とも書く。古代の宮廷内、また、江戸時代の大奥にあった湯殿の名称。また、そこに従事する人。『増鏡』

鈨弓 つくゆみ
矢こぼれのないように折釘を打った弓。

〈阜（阝〈左〉）部〉 阝は三画

院本 まるほん
「丸本」とも書く。謡曲・浄瑠璃などで全篇を掲載した一冊本。『音曲五音』

陥句 はめく
「入句・塡句」とも書く。歌などを作る際に、古歌などの一部を作品中にはめ込むこと。また、雑俳で他人の句をあてはめること。

陥穽 おとしあな
「落穴・陥穴」とも書く。①獣などをだまし落すための穴。②人をだます計略。

降つ くだつ
①盛りが過ぎる。『万葉集』。②日が傾く。『色葉字類抄』。③夜がふける。『万葉集』

降巫 いちこ
巫女。『初音草咄大鑑』

降魔の相 がまのそう・ごうまのそう
不動明王などが悪魔を降伏させるときの形相。『梁塵秘抄』

除甲 のけかぶと
「仰兜」とも書く。被っている兜の緒がゆるんで、後方に傾いていること。

除目 じもく
春秋に大臣以外の新官を任命する儀式。『古今著聞集』

除服 じょぶく
喪があけて喪服を脱ぐこと。『嵯峨実愛日記』

除真 のきしん
「退真」とも書く。生け花で、立花真（りっかのしん）の枝が花器の中心線上の右か左に出ること。

陞任 しょうにん
「昇任」とも書く。昇進すること。

陣定 じんのさだめ
平安時代、陣座（じんのざ）で政務を討議すること。『江談抄』

〈隹　部〉

隼人 はやと・はいと・はやひと
古代、大和政権の対抗勢力として九州の大隅・薩摩地方にいた一族。のち服属して宮門の守護などの任についた。『万葉集』

隻腕 かたうで
「片腕」とも書く。腕が一本しかないこと。『上田敏全訳詩集』

〈馬　部〉

馬刀貝 まてがい
「馬蛤貝・蟶貝」とも書く。①マテガイ科の二枚貝の総称。②ナタマメガイ科の二枚貝アゲマキガイの市場での呼称。

馬刀葉椎 まてばしい
「全手葉椎」とも書く。ブナ科の常緑高木。

馬口労 ばくろう
「博労・馬喰・伯楽」とも書く。馬の良し悪しを鑑定する人。また、馬の売買や周旋をする人。『文明本節用集』

馬士 まご
「馬子」とも書く。馬をひいて人や物を運ぶ人。馬方。

馬手 めて
「右手」とも書く。①右手。『今昔物語集』。②右側。『平家物語』。

馬毛 す
①馬の毛を細工物に使うときの呼称。②馬の毛などを目を透かせて編んだもの。

馬甲 うまよろい
「馬鎧・馬革」とも書く。軍馬に着ける鎧。布に革札や鉄札を縫い付けたものが一般的。

馬守 ままんぶり
岩手県で、放牧の見張り番。

馬耳塞 マルセイユ
フランス南部の地中海を望む都市。

馬伯楽 うまばくろう
「馬博労」とも書く。馬の売買をする者。

馬克 マルク
ドイツのかつての貨幣単位。

馬尾毛 ばす
馬の尻尾の毛。

馬尾藻 ほんだわら
「神馬藻」とも書く。ホンダワラ科の海藻。

馬芥 うまぜり
「馬芹」とも書く。セリ科の多年草トウキの異称。『本草和名』

馬来 マレー
東南アジアの半島。

馬泊六 くつわ
「忘八」とも書く。遊女屋。

馬杷 うまぐわ・まぐわ
「馬鍬」とも書く。馬や牛に牽かせて耕作する鉄製の歯をもつ農具の一つ。

馬長 あげうま
「上馬・揚馬」とも書く。①神事に用いる馬。②流鏑馬などで人が乗って最後に走る馬。

馬勃 ほこりたけ・ほこりだけ
「埃茸」とも書く。担子菌類のキノコ・キツネノチャブクロの異称。

馬独活 うまうど
セリ科の大形多年草シシウドの異称。

馬革 うまよろい
「馬甲」とも書く。→馬甲

馬莧 うまのひゆ
スベリヒユ科の一年草スベリヒユの異称。

馬兜鈴 ばとうれい・うまのすずくさ
ウマノスズクサ科の多年草ウマノスズクサの漢名。『書言字考』

馬巣織 ばすおり
たて糸に綿糸・麻糸を用い、よこ糸に馬尾毛（ばす）を用いて織ったもの。弾力にとみ洋服の襟心などに用いられる。

馬酔木 あせび・あしび・あせみ・あしみ・あせも・あせぼ
ツツジ科の常緑低木アセビ。『万葉集』

馬陰貝 うまのくぼがい

タカラガイ科の巻貝コヤスガイの異称。「宝貝」に同じ。

馬陸　やすで
ヤスデ綱の節足動物の総称。

馬喰　ばくろう
「馬口労」とも書く。→馬口労

馬渡節　まだらぶし
佐賀県の馬渡（まだら）島に起こった船乗唄。

馬棘　こまつなぎ・うまつなぎ
「駒繋ぎ」とも書く。マメ科の低木状草本コマツナギ。

馬楝　ばれん
①「馬連」とも書く。木版刷で、版木の上に当てた紙をこすって色をつける道具。②「馬簾・幡連」とも書く。纏の回りに長く垂らすかざり。

馬蛤貝　まてがい
「馬刀貝」とも書く。→馬刀貝

馬歯莧　すべりひゆ
「滑莧」とも書く。スベリヒユ科の一年草スベリヒユ。

馬塞　うませ・うまふせぎ・ませ
うませ・うまふせぎ―馬を囲う柵。『万葉集』
ませ―①「うませ・うまふせぎ」に同じ。②馬屋の入口に差し渡す棒。

馬鈴薯　ジャガいも・ジャガタラいも・ばれいしょ
ナス科の一年生作物ジャガイモ。

馬徳里　マドリード
スペインの首都。

馬蓼　いぬたで・あかのまんま
「犬蓼・赤飯」とも書く。タデ科の一年草イヌタデ。

馬銜　くつわ・くつばみ・はみ
くつわ・くつばみ―「轡・銜・鑣」とも書く。手綱をつけるために馬にくわえさせる金具。
はみ―轡（くつわ）の馬にくわえさせる部分。

馬銭　マチン
「番木鼈」とも書く。フジウツギ科の常緑高木。『日葡辞書』

馬槽　うまぶね
馬のかいば桶。『古事記』

馬蹄急就草　つわぶき
「橐吾・石蕗」とも書く。キク科の常緑多年草。

馬頭　めず・はと
めず―馬頭・人身の地獄の獄卒。
はと―「波止・波戸」とも書く。防波堤のこと。

馬鮫魚　さわら
「鰆」とも書く。サバ科サワラ属の海産硬骨魚。

馬餞　うまのはなむけ
旅に出る人に贈る餞別。「餞（はなむけ）」に同じ。

馬鞭草　くまつづら
「熊葛」とも書く。クマツヅラ科の多年草。『蜻蛉日記』

馬藺　ばりん
アヤメ科の多年草ネジアヤメの異称。『日葡辞書』

〈骨　部〉

骨杯　コップ
「洋盃」とも書く。飲物用のガラス製の器。『和蘭問答』

骨骨し　こちごちし
①無骨で洗練されていない。『源氏物語』。②気が利かない。『源氏物語』

骨張　こっちょう
「骨頂」とも書く。①意地を通すこと。『吾妻鏡』。②張本人。『源平盛衰記』。③この上ないこと。『生玉心中』

骨頂　こっちょう
「骨張」とも書く。→骨張

骨牌　カルタ
「歌留多」とも書く。遊びや博打（ばくち）の用具の一つ。『長宗我部氏掟書』

〈高　部〉

高巾子　こうこじ
冠の一種。『源氏物語』

高処　つかさ
「阜」とも書く。小高い場所。『古事記』

高田　あげた
「上田」とも書く。高い場所にある水はけの良い田。『古事記』

高辻　たかつじ
年貢高の合計。『地方凡例録』

高坏　たかつき・たかすき
「高杯」とも書く。食物を盛る脚のついた器。

高免　たかめん
年貢の割合が多いこと。『地方凡例録』

高卓　たかじょく
花器をのせる丈の高い台。「懸崖台（けんがいだい）」に同じ。

高東風　たかごち
春に吹く東風。『白山万句』

高杯　たかつき
「高坏」とも書く。→高坏

高直　こうじき・たかね
①価格が高いこと。『末広がり』。②貴く価値あること。『傾城反魂香』

高咲　たかえみ
馬鹿笑い。

高持　たかもち
江戸時代の本百姓。『地方凡例録』

高座　たかくら
高い位置に設けた座席。『万葉集』

高御蔵　たかみくら
①天皇の位。天位。『万葉集』。②天皇の玉座。『大鏡』

高陽院　かやのいん
「賀陽院」とも書く。①桓武天皇の皇子、賀陽親王の邸宅。②鳥羽上皇の皇后泰子の院号。

高粱　コーリャン
中国産のイネ科の一年草。モロコシの一種。

高機　たかはた・たかばた
手織機の一種。

高襟　ハイカラ
「灰殻」とも書く。①西洋風を気取ったもの・人。②西洋風の女の髪形。

高麗　こま・こうらい
①高句麗の略。『倭名類聚鈔』。②高麗から伝わった物の意。

〈鬼　部〉

鬼山芹菜　おになべな
マツムシソウ科の越年草ラシャカ

キグサの異称。

鬼会 おにだまり
鎧の胸板。

鬼灯 ほおずき
「酸漿」とも書く。ナス科の多年草。『本草和名』

鬼油麻 ひきよもぎ
「引艾」とも書く。ゴマノハグサ科の一年草。

鬼海星 おにひとで
トゲヒデ目のヒトデ。

鬼野老 おにどころ
ヤマイモ科の蔓性多年草トコロの一種。

鬼筆 きつねのえふで・きつねのえかきふで・きつねのたいまつ
「狐の絵筆・狐炬火」とも書く。担子菌類のキノコ。

鬼遣い おにやらい
陰暦大晦日の夜に行われる宮中の儀式。「追儺（ついな）」に同じ。『蜻蛉日記』

鬼綟 おにもじ
綿撚糸や太い麻糸で目を粗く織った布。『日本永代蔵』

鬼蜻蛉 おにやんま
「鬼蜻蜓」とも書く。オニヤンマ科のトンボ。

鬼蜻蜓 おにやんま
「鬼蜻蛉」とも書く。→鬼蜻蛉

鬼箭 そばのき
「柧棱」とも書く。ニシキギ科の落葉低木ニシキギの古称とする説、バラ科の常緑小高木カナメモチの異称とする説がある。『蜻蛉日記』

鬼頭刀 しいら
「鱰・寄魚」とも書く。シイラ科の海産硬骨魚。

鬼醜草 おにのしこくさ・おにのしこぐさ
キク科の多年草シオンの異称とも。『藻塩草』

鬼籠 こころにくし・きごむ
こころにくし―「心憎し」とも書く。強く心をひかれること。きごむ―「気籠」とも書く。意気込む。

鬼罌粟 おにげし
ケシ科の多年草。

《龍（竜）部》 竜は十画

竜爪稗 しこくびえ
「四国稗・田桂」とも書く。イネ科の一年生作物。

竜胆 りんどう
リンドウ科の多年草。『枕草子』

竜珠 はだかほおずき
「裸酸漿」とも書く。ナス科の多年草。

竜骨 かわら・まぎりがわら
和船や洋船の船底の船首から船尾を貫く全体を支える材。

竜骨車 みずくるま・りゅうこし・りゅうこつしゃ
水をくみ上げて田にそそぐ揚水機。『碧流』

竜眼木 さかき
ムクロジ科の常緑高木リュウガンの異称。

竜葵 うみほおずき・いぬほおずき・こなすび
うみほおずき―「海酸漿」とも書く。巻貝の角質の卵嚢。いぬほおずき・こなむすび―「犬酸漿」とも書く。ナス科の一年草イヌホオズキ。

竜蝨 げんごろうむし
「源五郎虫」とも書く。ゲンゴロウ科の水生甲虫の総称ゲンゴロウ。

竜髭菜 アスパラガス
ユリ科の多年草。

竜鰕 いせえび
「伊勢蝦・伊勢海老」とも書く。イセエビ科のエビの総称。

十一画

〈乙（乚）部〉

乾反　ひぞり
「干反」とも書く。①乾いてそっていること。また、その物。『今宮の心中』。②すねること。怒ること。『新版歌祭文』。③貧乏。

乾反独楽　ひぞりごま
「干反独楽」とも書く。よじるように回るこま。

乾肉　ほしし・ほしじし・ほじし
「脯」とも書く。鳥獣の肉を干したもの。『倭名類聚鈔』

乾乳　からちち
乳が出ない乳房。乳が出ない女性。

乾坤　あめつち
天と地。

乾苔　あおのり
「青海苔・緑苔・海苔菜」とも書く。緑藻類の一属の海藻の総称。

乾海鼠　ほしこ
「干海鼠」とも書く。はらわたを抜いたナマコを茹（ゆ）でて干したもの。「いりこ」に同じ。

乾風　からかぜ・からっかぜ
「空風」とも書く。冬季、雨や雪を伴わずに吹く強風。

乾梅雨　からつゆ
「空梅雨」とも書く。あまり雨の降らない梅雨期。

乾船渠　かんドック
船渠（ドック）の一つ。掘割を設け、船舶を入れてから海水を排出するようにしたもの。

乾葉　ひば
「干葉」とも書く。大根の葉を陰干しにしたもの。『炭俵』

乾飯　かれいい
携帯用に飯を干したもの。『類聚名義抄』

乾酪　チーズ
乳製品の一種。『安愚楽鍋』

乾瘡　はたけ
「疥」とも書く。顔などにできる皮膚病の一つ。白色で乾燥した病変。『倭名類聚鈔』

乾薑　くれのはじかみ
「呉椒」とも書く。ショウガ科の多年草ショウガの古名。

乾鮭　からざけ
「干鮭」とも書く。サケのはらわたを抜き、塩を用いずに干したもの。『今昔物語集』

乾鰛　ほしか
「乾鰯・干鰛」とも書く。脂を抜いて干したイワシ。江戸時代、農業用肥料となった。

乾鰯　ほしか
「乾鰛」とも書く。↓乾鰛

〈亠部〉

商人　あきうど・あきんど
「あきびと」の音便。商売をする人。『三蔵法師伝』

商失計　あきじこり
「商誤」とも書く。商売の失敗。『万葉集』

商布　たに
奈良・平安時代、租税としてではなく、自家用・交易用にあてた布地。『色葉字類抄』

商州厚朴　ほお・ほおのき
「朴・朴の木・厚木・厚朴」とも書く。モクレン科の落葉高木。

商皐花　ばいも
「貝母・空菜」とも書く。ユリ科の多年草。

商変　あきかへし・あきがわり
売買契約のあとで、取引内容を変更したり取り消したりすること。『万葉集』

商柏　あきがしわ
「秋柏」とも書く。「潤和川（うるわがわ）」にかかる枕詞。『万葉集』

商陸　やまごぼう
「山牛蒡」とも書く。ヤマゴボウ科の多年草。

率　いざ・あどもう
いざ—人を誘ったり、事をし始めようとするときに発する語。さあ。どれ。
あどもう—伴う。率いる。『万葉集』

率土　そっと・そつど
国の果て。地が続くかぎり。『ひらかな盛衰記』

率塔婆　そとば
「卒塔婆・卒都婆」とも書く。①塔。聖遺物を祀る建造物。②細長い板の上方を塔の形にしたもの。墓に立てる。

率爾　そつじ
「卒爾」とも書く。①予期せぬことが突然起こること。にわか。『平家物語』。②思慮を欠くこと。軽率。③失礼。無礼。

〈人部〉

偓促　あくせく
「齷齪」とも書く。①心が狭く、ささいなことにこだわること。②休むことなく気ぜわしく仕事などをすること。

偃　のいふす
倒れ伏す。『大鏡』

偃月　えんげつ
①半月。『国性爺合戦』。②額骨が中高で、半月の形の人。貴女の相といわれる。『甲陽軍艦』

偃松　はいまつ
「這松」とも書く。マツ科の常緑低木。

偃息　えんそく
横になって休むこと。「休息」に同じ。

偃息図の絵　おそくずのえ
春画（しゅんが）。『古今著聞集』

偃塞　えんそく
「堰塞」とも書く。水の流れをせき止めること。

偃蹇　えんけん・のさばる
えんけん—①高くそびえるさま。②おごりたかぶるさま。③舞うさま。
のさばる—①はびこる。②横柄な態度をとる。

偃曝　ひなたぼこり
「日向ぼっこ」に同じ。『上田敏全

訳詩集』

偕老 かいろう
夫婦仲が良く、老いるまで連れ添うこと。『椿説弓張月』

偽 いつわり・うそ
いつわり—「詐り」とも書く。真実ではないこと。『御触書天明集成』
うそ—「嘘」とも書く。「いつわり」に同じ。

偽引 おびく
だまして誘う。

偽引出 おびきいだす
嘘をいって誘い出す。「おびきだす」に同じ。『かたこと』

偽瓢虫 てんとうむしだまし
テントウムシダマシ科の甲虫の総称。

偶 たまたま・たまさか
たまたま—「適・会・偶偶」とも書く。①思いがけないさま。偶然に。『椿説弓張月』
たまさか—「邂逅」とも書く。①「たまたま」に同じ。②めったにないこと。『源氏物語』。③万一。『竹取物語』

偶と ひょっと
①不意に。突然に。②万一。『椿姫』。③物が突き出るさま。にゅっと。『世間胸算用』

偶人 でこのぼう・にんぎょう
土や木で作った人形。「木偶坊（でくのぼう）」に同じ。『甲子夜話』

偶中 まぐれあたり
「紛れ当り・紛れ中り」とも書く。思いがけずうまく当たること。『当世書生気質』

偶日 ちょうび
二・四・六の日などの偶数日。

偶偶 たまたま
「偶」とも書く。『暗夜行路』→偶

偶爾 ふと
「不図」とも書く。①何かの拍子に。不意に。『椿姫』。②たちまち。『竹取物語』。③動作がすばやいさま。『和泉式部日記』

健 すくよか・すくやか
①健康なさま。『源氏物語』。②愛嬌の乏しいさま。③決然としたさま。④なめらかでないさま。『堤中納言物語』

健か したたか
「強か」とも書く。①強くて手ごわいさま。②いかめしいようす。『社会百面相』。③確かなさま。しっかりしているさま。『源氏物語』。④大げさなさま。はなはだしいさま。『源氏物語』

健安 たっしゃ
「達者」とも書く。①あることに熟達している人。達人。②体が丈夫なこと。『浮城物語』。③したたかで抜け目がないさま。

健気 けなげ
①勇ましいさま。武勇にすぐれているさま。『義経記』。②心がしっかりしているさま。毅然。③感心なさま。殊勝（しゅしょう）。『菅原伝授手習鑑』

健児 こんでい
①奈良・平安時代、地方に配された兵士。『続日本紀』。②「健児童（こんでいわらわ）」に同じ。③武家時代、中間・足軽などの称。『平家物語』

健者 すくやかもの・けなもの
すくやかもの—身体が丈夫な人。『信長公記』
けなもの—感心な者。殊勝な者。

健黠 けんかつ
悪賢い者。

做麽生 そもさん
「作麽生」とも書く。いかが。いかに。『正法眼蔵』

偖 さて
「扨」とも書く。それから。そうして。『地方凡例録』

偖亦 さてまた
そうしてまた。それからまた。『葉隠』

側 かたわら・ほのか・そばだてる・ほとり
かたわら—「傍ら」とも書く。①物の側面。『日本書紀』。②物や人のすぐ横。『菅江真澄随筆集』。
ほのか—「側か・仄か」とも書く。①光・色などがわずかに感じられるさま。『宇津保物語』。②明瞭でないさま。かすか。『雲州消息』。③ほんの少し。『源氏物語』
そばだてる—「側てる・欹てる」とも書く。傾ける。一方の端を持ち上げる。『西洋紀聞』
ほとり—「辺」とも書く。①あたり。そば。『源氏物語』。②水ぎわ。『今昔物語集』

側女 そばめ
「側妻」とも書く。①本妻以外の妻。②貴人のそば近くに仕える女。

側子 ぞぞりこ
「累孫・曩孫・昆孫」とも書く。①ひ孫のひ孫。『合類節用集』。②子芋。『芋洗』

側目 わきめ
「脇目」とも書く。①よそ見をすること。『こがね丸』。②よそから見ること。傍観。

側妻 そばめ
「側女」とも書く。→側女

側柏 てがしわ・このてがしわ
てがしわ—ヒノキ科の常緑低木コノテガシワの異称。
このてがしわ—「児手柏」とも書く。

側航 そばがわら
和船で、船底にある棚板の加敷（かじき）に接する部分。

停止 ちょうじ
差し止めること。止めさせること。『御触書天明集成』

停止木 ちょうじぼく
江戸時代、伐採を禁止されていた樹木。「留木（とめぎ）」に同じ。

停立み たたずみ
「佇み」とも書く。しばらくそこに立ち止まること。『わかれ』

停車場 ステーション
駅。

停任 ちょうにん
過失などを犯した国司が一時的に任を解かれること。『平家物語』

停廃 ちょうはい・ていはい
中止。『六波羅下知状案』

偸 いささか・かりそめ・ひそかに・ぬすむ
いささか—「権・聊か・些か」とも書く。ほんの少し。わずか。
かりそめ—「仮初・苟且」とも書く。その時かぎり。『小右記』
ひそかに—「密・潜」とも書く。こっそりと。人知れず。『平家物語』
ぬすむ—「盗む・竊む」とも書く。①人に知られぬよう、こっそり…する。『栄花物語』。②他人のものをひそかに自分のものにする。『伊勢物語』。③他人の技芸・作品などを無断でまねる。『方丈記』

偸も　いやしくも
「苟」とも書く。①身分不相応にも。『平家物語』。②かりそめにも。『太平記』

偸安　とうあん
一時しのぎの安楽をむさぼること。『岩倉具視関係文書』

偸物　とうもつ
盗品。『伊達氏蔵方之掟』

偸食　とうしょく
仕事をせず、ただ食べて遊び暮らすこと。「徒食」に同じ。

偸盗　とうとう・ちゅうとう
とうとう—盗人。
ちゅうとう—①「とうとう」に同じ。『古今著聞集』。②仏教で五悪・十悪の一つ。他人の物を盗むこと。『宝物集』

偸閑　あからさま
「白地」とも書く。①たちまち。『日本書紀』。②一時的に。しばらく。『宇津保物語』。③(否定の語をともなって)ほんの少しでも。かりそめにも。『古今著聞集』

偏　ひとえに・かたかた
ひとえに—ひたすら。いちずに。『保元物語』
かたかた—片方。『日本山海名産図会』

偏む　こずむ
①心が明朗さを失う。②馬がつまずいて倒れかかる。『古今著聞集』。③大勢が一ヵ所にぎっしり集まる。『行平磯馴松』

偏る　かたよる
①傾く。『万葉集』。②見方する。『蜻蛉日記』

偏心　ひとえごころ
一方的に思い込む心。『源氏物語』

偏名　かたな
①二字名の一方の字。「偏諱(へんき)」に同じ。『源平盛衰記』。②二字以上の名を略して一字だけ書くこと。③名を略して呼んだり書いたりすること。④「肩名」とも書く。「あだ名」に同じ。

偏陂　へんぱ
考え方などがかたよっていること。不公平なこと。『東大寺公文所勘状』

偏降　かたぶり
雨の日が何日も続くこと。

偏寝　かたね
「片寝」とも書く。①どちらかの体側ばかりを下にして寝ること。②鳥屋(とや)で羽が一度抜け替わった鷹。

偏愛　えこひいき
「依怙贔屓・依怙贔負」とも書く。不公平なこと。気に入った者だけにとくに目をかけること。『内地雑居未来之夢』

偏照　かたでり
日照りの日が何日も続くこと。

偏頗　へんぱ・へんば
「偏愛」に同じ。『公事根源』↓偏愛

〈儿　部〉

兜巾　ときん
「頭巾・頭襟」とも書く。①修験者(しゅげんじゃ)がかぶる小さい布製の頭巾。『根南志具佐』。②野ざらしにする柱の上部にかぶせる金物。③丸太を運搬する際に、両端の破損を防ぐために①の形に尖らせること。

兜鍪　とっぱい
「突盔・頭盔」とも書く。かぶとの頂がとがったもの。

兜羅綿　とろめん
「兎羅綿・堵羅綿」とも書く。中国から渡来した織物。綿に兎の毛を交えて織ったもの。『和漢三才図会』

兜櫨樹　のぶのき・のぐるみ
「野胡桃・化香樹」とも書く。クルミ科の落葉高木。

〈刀　部〉

剪刀　はさみ
「鋏」とも書く。①物を切る道具の一つ。『倭名類聚鈔』。②節足動物カニなどの脚で、①のような部分。③じゃんけんで二本の指を伸ばした形。

剪夏羅　がんぴ・おうさかそう
「岩菲・逢坂草」とも書く。ナデシコ科の多年草。

〈刂　部〉

剰　あまつさえ・あまさえ
その上にさらに。それどころか。『平家物語』

副下　そえくだす
もう一通そえて下す。『下諏訪神社文書』

副司　ふうす
「副寺」とも書く。禅寺で会計をつかさどる僧。

副寺　ふうす
「副司」とも書く。↓副司

副状　そえじょう
「添状」とも書く。①物を送ったり人を遣わすときなどに、その旨を記して添える手紙。『日蓮遺文種種御振舞御書』。②近世、為替手形の異称。『冥土飛脚』

副進　そえまいらす
添えてさしあげる。『守覚法親王御教書』

剳青　いれずみ
「入墨・刺青・天墨・黥刺」なとも書く。①肌に墨などで絵・文字を彫りつけること。②刑罰の一つ。前科者のしるしとして、顔や腕に墨を入れたもの。

〈力　部〉

勘　こうがえ
「考」とも書く。先例を調べて事を決定すること。

勘文　かんもん・かもん
諸事についての問いに対し、吉凶などを調べて上申する文書。『御堂関白記』

勘弁　かんべん・かんじべんず
物事の善悪などを熟考する。『御触書宝暦集成』

勘申　かんしん(す)・かんじもうす
朝廷の儀式などの際に、先例を調べ、吉凶を占うこと。『北山抄』

勘合　かんごう
考え合わせること。『室町幕府追加法』

勘気　かんき
主君など、目上の人からのとがめ。勘当。『椿説弓張月』

勘気由　かげゆ

「勘解由」とも書く。「勘解由使（かげゆし）」の略。平安初期以降、地方官の交代の際に、引継文書を審査した職。

勘糺 かんきゅう
法律を照合し、物事の理非などを見きわめること。『権記』

勘返 かんへん
鎌倉時代。評定所（ひょうじょうしょ）で否決されたことを引付衆が再審議すること。『鎌幕府追加法』

勘事 こうじ・かんじ
子供・弟子などと縁を切ること。勘当。

勘定 かんじょう
①物の数量や金銭などを数えること。『地方凡例録』。②代金を支払うこと。③見積もり。④熟慮した上での結論。

勘料 かんりょう
中世の雑税の一つ。

勘進 かんしん
①よく考え、調べてから申し上げること。②「勘申（かんじん）」に同じ。『玉葉』

勘落 かんらく
土地などを没収されたり横領されたりすること。『六角氏式目』

勘過 かんか
関所などで、通行する者をよく調べてから通すこと。『判物証文写』

勘解由 かげゆ
「勘気由」とも書く。『十訓抄』→勘気由

勘解由使 かげゆし
「勘気由」に同じ。『類聚国史』→勘気由

勘籍 かんじゃく
戸籍に記載されている身分を再確認すること。『山君等勘籍』

動 はたらく・はたらき・ややもすれば
はたらく・はたらき―働く。とくに戦場で活躍すること。
ややもすれば―どうかすると。なにかにつけて。『太平記』

動乎と どっかと
①重々しく腰を下ろすさま。『離れ蕎』。②重い物を下に下ろすさま。

動揺 ゆくら・ゆくらか
揺れ動き、不安定なさま。ゆったりしたさま。『万葉集』

動搖き どよめき
「響動めき」とも書く。①響き渡ること。②大声で騒ぎ立てること。『牡丹灯籠』

動搖ぎ ゆらぎ
「揺らぎ」とも書く。揺れ動くこと。『こがね丸』

〈勹 部〉

匐枝 ふくし
蔓状に伸びて地上をはい、節から根や茎を出して繁茂する枝。「匍匐茎（ほふくけい）・匍匐枝（ほふくし）」に同じ。

〈匕 部〉

匙沢瀉 さじおもだか
「水沢潟」とも書く。オモダカ科の多年草。『物類称呼』

〈匚（匸）部〉

匭中 きちゅう
箱の中。『航米日録』

〈厂 部〉

厠 くそふく・かわや
便所。「くそふく」は「かわや」の古語。『古事記』

〈口 部〉

啄木鳥 きつつき・けら
きつつき―キツツキ目キツツキ科の鳥の総称。
けら―キツツキの異称。

啓 けいし
皇后・春宮・院などに申し上げる。

啓行 いでたち
「出立ち」とも書く。旅立ち。『即興詩人』

售 うる
「売る」とも書く。『甲子夜話』

唱更 はやと・はいと
「隼人」とも書く。古代、薩摩（鹿児島県）などに住んでいた人々。大和朝廷に反抗したが、のちに服属。

唱門師 しょうもんじ
「唱聞師・声聞師」とも書く。中世、下級の陰陽師。『惟房公記』

唱聞師 しょうもんじ
「唱門師」とも書く。→唱門師

啜 すする
液体を少しずつ吸い込む。

問丸 といまる
中世、港湾などで倉庫業・舟人宿などを営んだ者。

問屋 どひや・といや・とんや
江戸時代、荷主の委託を受けて仲買人に売りさばく業者。中世の問丸（といまる）の後進。『算法地方大成』

唯 お・おう・おい・はい・おいや
応答の語。『古今著聞集』

唯称 いしょう
宮中などで召されて「おお」と声高く答えること。『九暦』

唯唯諾諾 いいだくだく
何事にも「はいはい」と盲従するさま。他人のいいなりになるさま。

〈囗 部〉

圊房 せいぼう
便所。

〈土 部〉

基 キロ
①単位に付けて千倍を示す語。②キログラム・キロメートルなどの略。

基瓦 キログラム
「瓩」とも書く。質量の単位。

基米 キロメートル
「粁」とも書く。長さの単位。

基督 キリスト
イエスの敬称。

基者教 キリストきょう
「基督教」とも書く。イエスをキリストとし、その行動と教えをもとにした宗教。

執 とらう
罪を犯した者を取り押さえる。

執申　とりもうす
①中世、仲介する。取り次ぐ。②取り次いで申し上げる。『北条義時書状』

執行　しぎょう
①執り行うこと。しっこう。『伊曾保物語』。②寺の業務を行なう長。③総検校（そうけんぎょう）の下の職務。

執成　とりなし
間にたってその場をうまくまとめること。『石倉新五左衛門』

執柄　しっぺい
①政権を掌握すること。『保元物語』。②摂政・関白の異称。『平家物語』

執著　しゅじゃく・しゅうちゃく・しゅうじゃく
深く思い込んで頭から離れないこと。『雑談集』

執翳　はとり
大礼の際、翳（さしは）をかざして天皇の顔をおおう女官。

埴　へな・はに
へな―「粘土」とも書く。粘り気のある水底の泥土。
はに―粒子の細かい黄赤色の粘土。

埴土　はにつち・へな・へなつち
粘土。『日本書紀』

埴生　はにもの
「土物」とも書く。埴輪（はにわ）のたぐい。

埴瓮　はにべ
「埴瓮」とも書く。埴で製した瓶。『日本書紀』

埴振　へなぶり
「夷曲（ひなぶり）」をもじった狂歌。

埴破　はんなり
雅楽曲の一つ。

埴瓶　はにべ
「埴瓮」とも書く。↓埴瓮

堂堂回　どうどうめぐり
「堂堂巡」とも書く。①祈願のために社寺の周囲を巡ること。②大勢で手をつなぎ、円陣を作ってぐるぐる回る遊び。③同じ議論の繰り返しだけで、少しも前に進まないこと。

堂堂巡　どうどうめぐり
「堂堂回」とも書く。↓堂堂回

堂頭　どうちょう
禅宗で、寺の住職。また、住職が居住する方丈。

培塿　つむれ
小高い土地。『倭名類聚鈔』

堋　あづち
「垜」とも書く。弓の的を立てるために土を山形に盛ったところ。『文明本節用集』

埜地　のじ
水はけの悪い低地の田。『算法地方大成』

埦飯　おうばん
「椀飯」とも書く。盛大な宴会。

〈女　部〉

婀娜　あだ
①女の容姿がたおやかで美しいさま。『玉造小町壮衰書』。②色っぽいさま。『酒・玉の牒』

婀娜っぽい　あだっぽい
女が美しくなまめかしいさま。

婀娜めき　あだめき
あでやかにふるまう。『紹巴等山百韻』

婀娜めく　あだめく
色っぽいと感じさせる。『源氏物語』

婀娜者　あだもの
粋な女。『義血侠血』

婚　よばい・くながい
よばい―①男が求婚すること。『古事記』。②「夜這」とも書く。夜、男が恋人の寝所に忍び込むこと。
くながい―「婚合」とも書く。男女の交わり。

婚合　くながい
「婚」とも書く。『日本霊異記』↓婚

婚星　よばいぼし
「夜這星」とも書く。流れ星の異称。

婥約　しゃくやく
「綽約・淖約」とも書く。姿がしなやかでやさしいさま。

娵菜　よめな
「嫁菜」とも書く。キク科の多年草。

娼交　よねまじり
遊女を揚げて遊ぶこと。

娼柄　よねづか
遊女を意のままに扱う権力。

娼嫉　ぼうしつ
「冒疾」とも書く。ねたみ憎むこと。『報徳記』

婆伽梵　ばぎゃぼん・ばがぼん
「薄伽梵」とも書く。世尊。仏。特に釈迦の尊称。『栄花物語』

婆婆納　いぬのふぐり・いぬふぐり
「犬陰嚢」とも書く。ゴマノハグサ科の二年草。

婆爺　ばんじ
熊手の異称。

婆裟羅絵　ばさらえ
扇や団扇などに描かれた大ざっぱな絵。

〈子　部〉

孰若　いずれぞや
「孰与」とも書く。どれなのか。

孰与　いずれぞや
「孰若」とも書く。↓孰若

〈宀　部〉

寄える　よそえる
「比える」とも書く。①かかわりをもたせる。『万葉集』。②かこつける。『古今和歌集』。③たとえる。『古今和歌集』

寄人　よりうど・よりんど
平安時代以降、和歌所・記録所などに勤務した職員。

寄方　よるべ
「寄辺」とも書く。①たのみとして身を寄せるところ。『万葉集』。②たのみにできる親戚縁者。『源氏物語』

寄生　ほや・ほよ・やどりぎ
「寄生木」とも書く。ヤドリギ科の常緑低木ヤドリギの古名。『倭名類聚鈔』

寄生木　ほや・やどりぎ
「寄生」とも書く。↓寄生

寄生鳥 ほやどり
スズメ目の鳥レンジャクの異称。

寄生蝦 やどかり
「宿借り・寄居虫」とも書く。エビ目ヤドカリ亜目の甲殻類で巻貝の空殻に入るものの総称。

寄辺 よるべ
「寄方」とも書く。→寄方

寄肉 あまじし・こくみ
「瘜肉」とも書く。「いぼ・こぶ」。

寄事於 ことを…によせ
…を口実にして。『宇都宮家式条』

寄事於左右 ことをさうによせ
なんだかんだと理由をつけて応じない。『関東御教書案』

寄居 かむな
ヤドカリの古称。→寄生蝦

寄居子 ごうな
「寄生蝦」に同じ。『枕草子』→寄生蝦

寄居虫 かみな・ごうな・やどかり
「寄生蝦」に同じ。『本草和名』→寄生蝦

寄特 きとく・きどく
「奇特」とも書く。①行いなどが感心なさま。②不思議なさま。③霊験。『徒然草』

寄進 きしん
寺社などに金銭・物品を寄付すること。『御触書天明集成』

寄魚 しいら
「鱰・鱪・鰍・金山・鬼刀」なども書く。シイラ科の海産硬骨魚。

寇 あた・あだ
「仇（かたき）」に同じ。『椿説弓張月』

寇なう あたなう
敵対する。『日本書紀』

寂光土 じゃっこうど
常寂光土の略。天台宗の四土の一つ。仏のいるもっとも高位の浄土。

宿 よんべ・あらかじめ
よんべ―昨夜。
あらかじめ―「予め」とも書く。前もって。『万葉集』

宿の者 しゅくのもの
「夙の者」とも書く。近世、下層民のうちで最上位のもの。『大乗院雑事記』

宿月毛 さびつきげ
「宿鴾毛」とも書く。馬の毛色の一つ。『平家物語』

宿世 すくせ
①前世。②前世の因縁・宿命。『源氏物語』

宿申 とのいもうし
「宿直中・宿奏・宿直申」とも書く。宮中で宿直の者が夜間定刻に氏名を述べたこと。『源氏物語』

宿石 ねばま
「寝石・寝浜」とも書く。①囲碁で、不当な利を得るために石を隠し持つこと。また、その石。『甲陽軍鑑』。②他人は知らない隠し財産。『元禄太平記』

宿直 とのい
①宮中・役所に宿泊して警戒にあたること。『徒然草』。②夜間、女が貴人の寝所に奉侍すること。夜伽（よとぎ）。『源氏物語』

宿直申 とのいもうし
「宿申」とも書く。→宿申

宿直蟇目 とのいひきめ
宿直の者が夜間、警戒のために蟇目を射て音をたてたこと。『太平記』

宿星菜 ぬまはぎ・ぬまとらのお
「沼萩・沼虎尾」とも書く。サクラソウ科の多年草。

宿鳥 ねとり
「寝鳥」とも書く。①ねぐらで寝ている鳥。『孔雀楼筆記』。②歌舞伎囃子（はやし）の一つ。幽霊などが出現する場面で吹く淋しげですごみを帯びた笛。「寝鳥の笛」に同じ。

宿意 しゅくい
以前からのうらみ。『平家物語』

宿業 すくごう・しゅくごう
前世における善悪の所業。

宿腐 ねぐさる
「寝腐」とも書く。いつまでもだらしなく寝る。寝ている者をののしっていう語。

宿鮎 さびあゆ
「荒鮎・錆鮎」とも書く。秋の鮎。「落鮎（おちあゆ）」に同じ。

宿鴾毛 さびつきげ
「宿月毛」とも書く。→宿月毛

宿曜 すくよう・しゅくよう
星の運行で運勢などを占う天文暦学。『権記』

宿禰 すくね
①重臣の敬称。②八色の姓の一つ。

宿願 しゅくがん
①前世でおこした願。②かねてから抱いていた強い願い。『平家物語』

〈寸部〉

尉面 じょうめん
能面で、翁の相のものの総称。

尉鶲 じょうびたき
ヒタキ科の鳥。

〈⺍部〉

巣沙蚕 すごかい
ナナテイソメ科の多毛類の一種で、釣餌にする。

〈山部〉

崖石榴 いたびかずら
クワ科の蔓性常緑低木。

崖椒 いぬざんしょう
「犬山椒」とも書く。ミカン科の落葉低木。

崖路 ほきじ
山腹などのけわしい山道。『加茂保憲女集』

崑崙 こんろん
すべて。ことごとく。

崑崙八仙 くろはせ・こんろんはっせん
雅楽の一つ。

崑崙方 くろぼう
「黒方」とも書く。薫物（たきもの）の一つ。『源氏物語』

崔嵬 さいかい
①山の、岩がごつごつした険しいさま。『国性爺合戦』。②殿舎などが高くそびえるさま。『太平記』

1 2 3 4 5 6 7 8 9 10 11 12 13 14 15 16 17 18 19 20 21 22

崇　あがむ
この上ないものとして扱う。うやまう。『今昔物語集』

崇ち　かたち
たっとぶ。あがめる。『日本書紀』

崩岸　あず
「崩崖」とも書く。①崖の崩れているところ。『万葉集』。②崖の崩れやすい危険な箇所。

崩垣　くえがき
くずれた垣。『新撰六帖』

崩崖　あず
「崩岸」とも書く。→崩岸

密　ひそかに
「偸・潜・窃」とも書く。①人知れず。こっそり。②公的なものを自分のものにすること。

密夫　まおとこ
「密男・間男」とも書く。①夫をもつ女が他の男と密通すること。また、その相手。『古今著聞集』。②情夫をもつこと。

密男　まおとこ
「密夫」とも書く。→密夫

密事　みそかごと
①秘密のこと。『六諭衍義大意』。②男女の密通。『大鏡』

密懐　みつかい
ひそかに思い、考えること。『子孫鑑』

〈巾　部〉

帷　かたびら・とばり
かたびら—「帷子」とも書く。①几帳（きちょう）などに用いる絹布。『枕草子』。②裏をつけない衣服。単（ひとえ）。『宇津保物語』。③「経帷子（きょうかたびら）」に同じ。
とばり—「帳」とも書く。室内を隔てるのに用いる垂れ布。

帷子　かたびら
「帷」とも書く。→帷

帷幄　いあく
作戦計画をたてる本営・本陣。『太平記』

常　とこ・とこしなえ・とこしえ・とわ
変わることなく永遠・永久であること。『古事記』

常山　こくさぎ
「小臭木」とも書く。ミカン科の落葉低木。

常世物　とこよもの
垂仁天皇のとき、田道間守（たじまもり）が常世の国から持ち帰ったと伝えられることから、橘の異称。『万葉集』

常初花　とこはつはな
常に初花のように生き生きと感じられること。また、その花。『万葉集』

常足の馬　ひたしのうま
「直足の馬」とも書く。馬の足運びの一つ。

常国　とこつくに
死の世界。「黄泉（よみ）の国」に同じ。『日本書紀』

常若　とこわか
いつまでも若々しいこと。『林葉集』

常松　とこまつ
常緑の松。『日本書紀』

常春藤　きづた
「木蔦」とも書く。ウコギ科キヅタ属の蔓性常緑木本。

常珍　とこめずら
いつまでも新鮮で古びていないさま。『躬恒集』

常夏　とこなつ
①一年中、夏のような気候であること。②ナデシコの古名。『源氏物語』。③セキチクの園芸変種。④襲（かさね）の色目の一つ。『栄花物語』。⑤紋所の名。⑥『源氏物語』の巻名。

常宮　とこみや
①永久に変わらない宮殿。『万葉集』。②御陵（みささぎ）。『万葉集』

常習　ならい・ならわし
①しきたり。『源氏物語』。②世の常（つね）。『方丈記』

常葉木蓮　ときわもくれん
モクレン科の常緑高木タイサンボクの異称。「常磐白蓮」に同じ。

常磐白蓮　ときわはれん
「常葉木蓮」に同じ。→常葉木蓮

常滑焼　とこなめやき・とこなべやき
愛知県常滑市付近より産する陶器。

常節　とこぶし
「床伏」とも書く。ミミガイ科の巻貝。

常蔭　とかげ
「常陰」とも書く。つねに日陰の部分。山陰。『万葉集』

常磐　ときわ・とわ
①不変の岩。②永久に変わらぬこと。『万葉集』。③常緑樹の葉が常に緑であること。『万葉集』

帳　とばり
「帷」とも書く。→帷

〈广　部〉

庵木瓜　いおりもっこう
紋所の一つ。曾我兄弟の紋として知られる。

庶　もろもろ
「諸・諸々」とも書く。多くのもの。『万葉集』

庶兄　あらめいろね・ままあに
異母兄。『和訓栞』

庶妹　あらめいも・ままいも
異母妹。『古事記』

庶幾　こいねがう・こいねがわくは
「羨・希くは・庶幾くは・冀くは」とも書く。頼みごと・願いごとをするときの慣用句。なにとぞ。『新撰字鏡』

庸丐　ようかい
役に立たないもの。

庸医　やぶいしゃ
「藪医者」とも書く。医師としての能力が劣る者。

庸詎　なにをもって
どうして。どうしたら。

〈弓　部〉

強　すね・あながち・しいて
すね—熟す。実がいった。
あながち—①一概に。かならずしも。②むやみに。必要以上に。『竹取物語』
しいて—「強而」とも書く。①無理をおして。『源氏物語』。②どこまでも。ひたすら。『源氏物語』

強か したたか
①一筋縄ではいかないさま。②いかめしいようす。『源氏物語』。③大げさなさま。『源氏物語』

強て たって
「達て」とも書く。無理を承知で希望・要求などを実現しようとするさま。『魔風恋風』

強市 ごうし
平安時代、市で行われた強引な売買。

強而 しいて
「強」とも書く。→強

強盛 がんじょう
「頑丈・岩丈・岩乗」とも書く。堅固で非常に丈夫なさま。

強盗 がんどう
①ごうとう。②強盗返し（がんどうがえし）・強盗提燈の略。→強盗返し・強盗提燈

強盗返し がんどうがえし
舞台の大道具を回転させて倒し、場面を転換すること。また、その仕掛け。

強盗提燈 がんどうぢょうちん
「龕頭提燈」とも書く。回転する蝋燭を金属製で釣鐘型の枠で囲い、一方だけを照らすようにしたもの。

強盗頭巾 がんどうずきん
目だけ出すようにした頭巾。

強面 こわもて
こわい顔つき。また、強硬な態度に出るさま。

強訴 ごうそ
「慠訴」とも書く。①平安・室町時代、寺社の僧徒・神人が仏力・神威をかざして朝廷に大訴した集団行為。『室町幕府追加法』。②江戸時代、百姓一揆の一種。『御触書宝暦集成』

強飯 こわいい
糯米（もちごめ）を蒸した飯。『宇津保物語』

強請り もがり・ねだり・ゆすり
「虎落り・強談り」とも書く。ゆすりねだること。かたり。『門』

強談 ごたつき
もめごと。『塩原多助一代記』

強談り ゆすり
「強請り」とも書く。『塩原多助一代記』→強請り

強顔なし つれなし
冷淡だ。思いやりがない。『浮雲』

張本 ちょうほん
①悪事の原因。②前もって準備をしておくこと。伏線。③「張本人」に同じ。

張行 ちょうぎょう
①容赦なく事を行うこと。『平家物語』。②連歌の会などを興行すること。『連理秘抄』

張紙 はりこ
「張子・張児」とも書く。木型に紙を貼り、あとで木型を抜いたもの。また、木や竹の芯に紙を貼ったもの。

張訴 はりそ
「貼訴」とも書く。江戸時代、老中などの門前にひそかに訴状を張り出すこと。『武蔵国下小鹿野村文書』

〈彑（彐）部〉

彗星 ほうきぼし・ははきぼし
「箒星」とも書く。すいせいの異称。

〈彡部〉

彩う いろう
「色う・艶う」とも書く。美しく色が映える。『和泉式部集』。②飾る。

彩絵 だみえ
「濃絵」とも書く。桃山時代を中心に流行した極彩色の絵。『とはずがたり』

彩漆 いろうるし
「色漆」とも書く。種々の顔料をまぜて調合した漆。

彬彬 ひんぴん
「斌斌」とも書く。①外形と実質がともに備わっているさま。『町人嚢』。②文物が盛んに興るさま。

〈彳部〉

衒 かたる・かやき
かたる—「騙る」とも書く。①だまして金品を取る。②身分・名前などを偽る。詐称。かやき—詐欺。『曾根崎心中』

衒う てらう
知識などをひけらかす。誇示する。『日本書紀』

衒そう てらそう
見せびらかす。

衒気 げんき
見せびらかして自慢したい気持ち。

衒学 げんがく
学問があることを自慢し、ひけらかすこと。

衒商 てれん
「衒術」とも書く。近世、権力者と結託して不正な商売を行った御用商人。

衒術 てれん
「衒商」とも書く。→衒商

衒鬻 げんいく
ほめちぎって高く売ろうとすること。

徒 うつる・うつす
移り行く。

術無し ずちなし
なすすべがなく困り果てたことだ。なんともしようがない。『枕草子』

徜徉 しょうよう
「倘佯・倡佯」とも書く。歩き回ること。『明六雑誌』

得代 とくたい
「得替」とも書く。官職・領主の交替。律令制ではとくに四年ごとの国司の交替をいう。

得物矢 さつや
「猟矢・幸矢」とも書く。狩猟用の矢。

得度 とくど
①悟りを得て、彼岸に渡ること。②剃髪して仏門に入り、僧になること。『御触書天明集成』

得鳥羽月 えとりはのつき・とことわのつき・えとりはづき
陰暦四月の異称。

得替 とくたい・とくだい
「得代」とも書く。『更級日記』→得代

得撫草 ウルップそう
ゴマノハグサ科の多年草。

徘徊る たもとおる

同じところを歩き回る。徘徊する。『万葉集』

〈忄部〉

惟みる　おもんみる
よく考えてみる。『大唐西域記』

惟神　かむながら・かんながら・かみながら
「随神」とも書く。①神でおいでになるままに。神として。『祝詞』。②神慮のまま。『万葉集』

悸く　こころつごく
心がおどる。『万葉集』

悸動　どきどき
運動・期待・恐怖・不安などで心臓が激しく鼓動するさま。『牡丹灯籠』

悸然と　ぎょっと
恐怖や驚きのあまり、不意に緊張するさま。『其面影』

惚　ほうく・とぼける
ほうく―「耄」とも書く。①知覚がにぶってぼんやりする。ぼける。『宇治拾遺物語』。②夢中になって…する。『いさなとり』
とぼける―「恍」とも書く。①知っているのに知らないふりをする。②わざと間の抜けたことをする。③「ほうく」①に同じ。

惚土　ほけつち
「壚土」とも書く。粘り気がなく、植物に適さない土。

惨　むごたらしい
「酷」とも書く。いかにもひどい。残酷である。

情夫　いろ・いろおとこ
夫のいる女性の愛人男性。また、内縁関係にある男性。

情事　いろごと
「色事」とも書く。男女間の恋愛に関わる事柄・行為。

情婦　いろ・いろおんな
妻のいる男性の愛人女性。また、内縁関係にある女性。

情強　じょうごわ
頑固。「強情」に同じ。『文明本節用集』

悴け　かしけ
「瘁け」とも書く。①生気を失う。やつれる。『枕草子』。②凍えて縮まる。『寛永十三年熱田万句』

悴せ　かせ
①やせ衰える。『撰集抄』。②やせた・貧しい・賤しい意をあらわす接頭語。

悴人　かせにん
身分の低い者。『夫婦宗論物語』

悴地　かせち・かせじ
「悴地・迫地」とも書く。不毛な土地。「痩地（やせち）」に同じ。

悴者　かせもの・かせきもの・かせぎもの・こもの
「忰者」とも書く。
かせもの・かせきもの・かせぎもの―室町時代、武家に仕えた従者。侍身分の最下位。
こもの―琉球王朝時代、首里王府の地頭層によって使役されていた百姓。

惜う　たばう
「庇う・貯う」とも書く。①大切に守る。『源平盛衰記』。②大切にしまっておく。『文明本節用集』

惕然　てきぜん
恐れ慎むさま。びくびくするさま。『佳人之奇遇』

惘　あきる
「呆」とも書く。あきれる。『夏祭浪花鑑』

惘然　ぼうぜん
「呆然」とも書く。①気抜けしてぼんやりしているさま。『義経記』。②あきれはててものも言えないさま。

〈扌部〉

掛毛畏支　かけまくもかしこき・かけまくもかしこし
「掛畏・懸けまくも畏き・掛けまくも畏き」とも書く。宣命・祝詞の書き出しに用いられる慣用句。心にかけるだけでもおそれ多い。言葉に出して言うのももったいない。『九条家本延喜式』

掛向　かけむかい
二人だけで向かい合っていること。「さしむかい」に同じ。

掛行燈　かけあんどん
家の入口や店先、廊下などに掛けておく行燈。

掛念　けねん
「懸念・繋念・係念」とも書く。①仏教で、執念。執着。②気がかり。心配。

掛畏　かけまくもかしこし
「掛毛畏支」とも書く。→掛毛畏支

掛搭　かた
「掛塔」とも書く。禅僧が修行のために僧堂にこもること。

掛落　から
「掛絡・掛羅」とも書く。①禅僧が普段用いる小形の略式の袈裟（けさ）。『太平記』。②根付け。また、根付けがある巾着（きんちゃく）・煙草入れなど。『好色一代男』

掛絡　から
「掛落」とも書く。→掛落

掛錫　かしゃく・けしゃく
「挂錫」とも書く。①行脚中の僧が他の寺に長く逗留すること。②転じて、僧堂に籍を置いて修行すること。

掛羅　から
「掛落」とも書く。→掛落

掘串　ふくし
竹製・木製の土を掘る道具。『万葉集』

掲焉　けちえん・けいえん・いちじるし
①派手に目立つさま。『源氏物語』。②きっぱりとした態度。『源氏物語』。③はっきりとわかること。顕著。『今昔物語集』

捲　まくり
屏風（びょうぶ）・襖（ふすま）などの画をはがし、そのままになっているもの。また、まだ表装していない画。

捲足　わにあし
「鰐足・戻脚」とも書く。爪先が外向き、あるいは内向きになる歩き方。『文明本節用集』

捨白　すてぜりふ
「捨台詞」とも書く。→捨台詞

捨台詞　すてぜりふ
「捨白」とも書く。①去り際に言い捨てる言葉。②芝居でアドリブの言葉。

捨曲輪　すてぐるわ

「捨郭」とも書く。本城の外に築いた土や石の囲い。攻撃を受けたとき、敵の侵入を防ぐ拠点とする。『北条五代記』

捨郭 すてぐるわ
「捨曲輪」とも書く。↓捨曲輪

捨訴 すてそ
江戸時代、訴状が目に触れるよう、役所などの門前にひそかに捨て置くこと。

捨罪 すてばち
「捨鉢」とも書く。思うようにならないので、どうなってもいいと思うこと。やけになること。『春色梅児誉美』

授刀舎人 じゅとうとねり
「授刀資人」とも書く。天皇の親衛の舎人。授刀舎人寮に所属。

授刀資人 じゅとうとねり
「授刀舎人」とも書く。↓授刀舎人

捷径 そうけい・しょうけい
手っ取り早い方法。『算法地方大成』

推当 てっきり
①まず確実であると考えられるさま。たしかに。きっと。②思ったとおりであるさま。『好色一代女』

推鞠 すいきく
「推鞫」とも書く。罪状を調べ、容疑者に問いただすこと。「訊問」に同じ。『本朝文粋』

推鞫 すいきく
「推鞠」とも書く。↓推鞠

捶 うつ
田を耕す。

接子 はぎこ
つぎはぎをした衣服。つぎをあてた部分。

接松 つぎまつ
トクサ科の多年生シダ植物スギナの異称。

接骨木 にわとこ
「庭常」とも書く。スイカズラ科の落葉大低木。

接続草 すぎな
「杉菜」とも書く。トクサ科の多年生シダ植物。

接靿 せひえ
「摂腰」とも書く。打掛を着るときに用いる帯。『色葉字類抄』

掃守 かにもり・かもん
「掃部・蟹守」とも書く。平安時代の掃部寮（かにもりのつかさ）の略。宮中の掃除などをつかさどった。『古語拾遺』

掃帚菰 ははきだけ・ねずみたけ
「帚茸・箒茸・鼠茸」とも書く。担子菌類のキノコ。

掃掛 はっかけ
刀の刃紋の一種。

掃部司 かもんづかさ・かにもりのつかさ
「掃守」に同じ。↓掃守

掃部寮 かもんづかさ・かにもりのつかさ
「掃守」に同じ。『枕草子』↓掃守

掃墨 はいずみ
ごま油や菜種油の油煙。墨の材料となる。

探湯 くかたち・くが・くがだち
「盟神探湯・誓湯」とも書く。古代、神に誓って熱湯に手を入れ、事の正邪を判じた神明裁判の一つ。『日本書紀』

探湯瓮 くかえ・くかべ
神明裁判の一つである探湯（くかたち）に用いた釜。『古事記』

掏児 すり
「掏摸」とも書く。人ごみなどで、他人が身につけている金品などを巧みにかすめ取ること。また、その者。巾着（きんちゃく）切り。

掏摸 すり・ちぼ
「掏児」とも書く。↓掏児

捻子 ねじ
「螺子・捩子・螺旋」とも書く。①物を締めつけるのに用いるらせん状の溝がある具。②ぜんまいを巻くための装置。

捻文 ひねりぶみ
「拈文・撚文・短籍」とも書く。占いの一つ。異なる事柄を記した細長い紙を複数作り、ひねって「くじ」とし、それをひいて占いとしたもの。『日本書紀』

排香草 かわみどり
「川緑」とも書く。シソ科の多年草。

描地 かきじ
地模様を肉筆で描いたもの。『新続犬筑波』

捧呈 ほうてい
「奉呈」とも書く。つつしんで差し上げること。『公議所日誌』

掠 かすむ
①他人のものをすばやく奪い取る。『日本書紀』。②人目をあざむく。『世継曾我』

掠り筆 かすりふで
文字をかすらせて書く筆法。「渇筆（かっぴつ）」に同じ。

掠手 かすで
かすり傷。『当代記』

掠成 かすめなす
嘘を言って手に入れる。『東寺百合文書』

掠奪 りゃくだつ
「略奪」とも書く。力づくで奪い取ること。

掠領 りゃくりょう
他人の所領を奪い取ること。

掠籠 りょうろう
奪い取って自分のものとすること。『東大寺東南院文書』

捩り捩り よじりすじり
もだえて身をよじること。考え出そうとして苦労するさま。『宇治拾遺物語』

捩子 ねじ
「捻子」とも書く。↓捻子

捩木 ねじき
ツツジ科の落葉低木。

捩菖蒲 ねじあやめ
「蠡実」とも書く。アヤメ科の多年草。葉のねじれるものが多い。

捩断 ちぎる
手で細かく切り取る。

〈氵部〉

淫羊藿 いかりそう・いかりぐさ・やまとりぐさ
「碇草」とも書く。メギ科の多年草。

淫哇 みだら
「淫ら・猥ら」とも書く。男女の関係が性的に乱れているさま。ふしだらであること。『浮雲』

淫哇しい　いやらしい
「嫌らしい」とも書く。①態度などが好ましくない。不愉快である。②性的に不潔な感じだ。『浮雲』

淫淫　さめざめ
しきりに涙を流して泣くことの形容。

液雨　しぐれ
「時雨」とも書く。秋の末から初冬にかけて、降ったりやんだりする雨。『根南志具佐』

淤能碁呂島　おのころじま
「磤馭廬島」とも書く。記紀神話で伊弉諾（いざなぎ）・伊弉冉（いざなみ）二神の矛先から滴った潮でできたという島。転じて、日本。

涯分　がいぶん
分相応なこと。『石河基国着到軍忠状』

渇仰　かつごう
仏が説いた道を深く信仰すること。『大隅国府案』

渇命　かつみょう・かつめい
飢えや渇きのために命を落としそうになること。

淦　あか
「涻」とも書く。船の底にたまる水。

淦水間　あかま
「淦間・涻間」とも書く。和船で「あか（淦）」のたまる箇所。

淦抉　あかくり
船の底にたまった水をくみ取ること。

渓蓀　あやめ
「菖蒲」とも書く。アヤメ科の多年草。

涸　つき
「尽」とも書く。手持ちの物をすべて使い切る。

涸魚　かれうお
天日に干した魚のこと。干物。『太平記』

混　ひた
じかに。直接。『大久保利通文書』

混血児　あいのこ
「間の子・合の子」とも書く。人種・民族が異なる男女のあいだに生まれた子。

混冑　ひたかぶと
「直冑」とも書く。全員が甲冑を身につけること。

混柄　ひたえ
「直柄」とも書く。つくりつけの柄。また、真っ直ぐな柄。

混混　ひたひた
物がちょうど漬かるくらいの液体の分量。

混雑煮　ごったに
肉や野菜などさまざまな食材をいっしょに煮たもの。『安愚楽鍋』

混凝土　コンクリート
建築資材の一つ。セメント・砂・砂利に水を加えてこね、固めたもの。

済　すくう・わたる・ひとし・すます・すむ
すくう―「救う」とも書く。『今昔物語集』
わたる―「渡る」とも書く。『甲子夜話』
ひとし―「等し」とも書く。『教行信証』
すます・すむ―①なしとげる。『平家物語』。②決着をつける。『春色梅児誉美』

済方　すみかた
事が終わること。『地方凡例録』

済物　さいもつ
平安・鎌倉時代、納入しなければならない賦課物。

済済　せいせい・なみなみ
せいせい―①量などが多く、盛んなさま。『江談抄』。②多忙なこと。『日葡辞書』
なみなみ―液体があふれるほどになっているさま。

渋土　さびつち
「銹土」とも書く。茶室の壁土などに用いる茶色がかった橙（だいだい）色の土。『梅津政景日記』

淑景舎　しげいさ・しげいしゃ
平安京、内裏の五舎の一つ。『源氏物語』

淳良　すなお
「素直」とも書く。①性格がひねくれておらず、人にさからったりしないこと。柔和。『柳橋新誌』。②癖がないさま。③正直。④とどこおりないさま。

渚鳥　すどり
「洲鳥」とも書く。①シギ・チドリなどの洲にいる鳥。『万葉集』。②タカ科の鳥ミサゴの異称。

渉疑人　うろんもの
「胡乱者」とも書く。怪しい者。うさんくさい者。

深山苧環　みやまおだまき
キンポウゲ科の多年草。

深山梅桃花　みやまとべら
「深山梅桐花・山豆根」とも書く。マメ科の常緑小低木。

深山酢漿草　みやまかたばみ
カタバミ科の多年草。

深切　しんせつ
「親切」とも書く。『地方凡例録』

深田　ふけた・ふけだ・ふかだ・ぶかた
「耽田」とも書く。泥水の深い田。湿田。沼田。

深行　ふけゆく
「更けゆく」とも書く。夜が深くなる。『平家物語』

深更　しんこう・しんごう
深夜。夜更け。『中右記』

深海松　ふかみる
深い海底に生えている海松。『万葉集』

深除　ふかそぎ
「深曾木」とも書く。三歳の髪置きの儀式のあと、のびた髪を五歳までに肩のあたりで切りそろえること。また、その祝い。「髪削（かみそ）ぎ」に同じ。

深野　ふけぬ
深野（ふかの）の古語。『万葉集』

深傷　ふかで
「深手」とも書く。大けが。重傷。

深戯　ふかざれ
ひどくたわむれること。『鑓の権三重帷子』

清土器　きよがわらけ
神への供物などに用いる清い土器（かわらけ）。

清山　すがやま
清らかで美しい山。

清旦　しののめ

「東雲・凌晨」とも書く。明け方。暁。

清白 すずしろ
「蘿蔔」とも書く。アブラナ科の多年草ダイコンの異称。

清盲 あきじい
「明盲」とも書く。目は開いていても視力の低い人。②文字の読めない人。

清洒 さっぱり
「淡然」とも書く。①あっさりとしたさま。『妹背見』②清らかなさま。

清爽 かわらか
さっぱりしているさま。さわやかなさま。『源氏物語』

清笛 しんてき
中国の清代の音楽に用いる笛。

清規 しんぎ
僧堂での生活規則。

清搔 すががき
①江戸吉原で、遊女が張見世に出るときに弾く歌をともなわない三味線曲。②歌舞伎の下座（げざ）音楽の一つ。③和琴（わごん）の基本奏法の一つ。『源氏物語』。④「菅掻」とも書く。雅楽の箏の奏法。⑤「菅垣」とも書く。尺八の古典本曲で題名に接尾語的に用いられる語。

清澈る すみきる
「澄み切る」とも書く。一点の曇りもなく澄みわたる。『其面影』

清箱 しのはこ
「尿の箱」とも書く。おまる。便器。『倭名類聚鈔』

淅し かし
①水にひたす。『古今和歌集』。②米をとぐ。『正法眼蔵』

淅水 かしみず
米のとぎ汁。『国性爺合戦』

淅米 かしごめ
水にひたした米。『日葡辞書』

淡竹 はちく
中国原産の大型の竹。

淡柿 さわしがき・あわしがき
「醂柿」とも書く。渋を抜いた柿。『易林本節用集』

淡菜 いがい
「貽貝」とも書く。イガイ科の二枚貝。

淡然 さっぱり
「清洒」とも書く。『五重塔』→清洒

淡漬 あまづけ
「味漬」とも書く。浅漬けの漬物。

淡薄 あじなき・たんぱく
濃厚な味ではなく、あっさりしていること。『根南志具佐』

添水 そうず
「僧都」とも書く。中央を支店にした竹筒に水を受け、水の重みで反転した竹筒が石に当って音を立てるようにした装置。「ししおどし」に同じ。『下学集』

添札 そえふだ
江戸時代、訴状に添付した口上書・承諾書。

添翰 そえかん
「添簡」とも書く。江戸時代、訴えを認めたことを示す書付。『地方凡例録』

添簡 そえかん
「添翰」とも書く。→添翰

淘板 ゆりいた
玄米に混じる籾殻・砕け米を選別する農具。

淘金 ゆりがね
砂金が混じる土砂を水中でゆり動かして砂金を選別すること。またその砂金。

淘屋 よなげや
川底やゴミ捨て場から金目の物を回収することを業とする者。

淘輪 ゆりわ
盆のような形の農具。穀類を入れて水平にゆすり回すと屑だけが中心に集まる。

淖約 しゃくやく
「綽約・婥約」とも書く。たおやかな姿。

涼炉 ちんからり
琉球から渡来したコンロの一種。『好色五人女』

涼傘 ひがさ
「日傘」とも書く。夏の強い日差しをさえぎるための傘。『即興詩人』

涼燠 りょういく
寒いことと暖かいこと。

淋滲 つつげ
生まれたばかりの鳥のやわらかな羽毛。『倭名類聚鈔』

淮南子 えなんじ
漢の淮南（わいなん）王、劉安が撰した思想書。

〈犭部〉

猜 そねむ
うらみ憎む。嫉妬する。『御成敗式目』

猜忌 そねみ
「猜妬み」とも書く。うらみ憎むこと。嫉妬すること『五重塔』

猜妬み そねみ
「猜忌」とも書く。『此処やかしこ』→猜忌

猖獗 しょうけつ
悪者が勢力を振るうこと。『太政官日誌』

猪 みずたまり
猪が水溜りで体に泥を塗りつけることを好むことからいう。

猪田 ししだ
「鹿田」とも書く。猪や鹿などが踏み荒らす田。『万葉集』

猪矢 ししや
「猟矢・鹿矢」とも書く。狩猟用の矢。『日本書紀』

猪牙舟 ちょきぶね
細長くて屋根のない、舳先（へさき）がとがった和船。江戸で用いられた。

猪肝赤 だいなごんあずき
「大納言小豆」とも書く。アズキの品種の一つ。

猪道 ししみち
「鹿道」とも書く。猪や鹿などが通る山中の獣道（けものみち）。『彌兵衛鼠』

猪籠草 うつぼかずら
「靫葛・靫蔓」とも書く。ウツボカズラ科の多年草蔓性食虫植物。

猫四手 ねこしで
カバノキ科の落葉高木ウラジロカンバの異称。

猫糞 ねこばば
悪事を隠して素知らぬ顔をすること。とくに、拾い物を自分のものにすること。『浮世床』

猛火 みょうか
激しく燃え上がる炎。『天草本伊曽保物語』

猛可 にわか
「俄」とも書く。急に物事が起こるさま。『浅尾よし江の履歴』

猛者 もさ・もうざ
勇敢で荒々しい者。また、体力・技量にすぐれ、活躍している人。

猟子鳥 あとり・あつどり・あっとり
「獦子鳥・花鶏・蠟觜鳥・臈止鳥・臘子鳥」とも書く。スズメ目アトリ科の鳥。『万葉集』

猟弓 さつゆみ
①狩猟に用いる弓。『万葉集』。②威力がある弓。『万葉集』

猟夫 さつお
「猟男」とも書く。猟師。『万葉集』

猟矢 さつや・ししや・さちや
①狩猟に用いる矢。『万葉集』。②威力がある矢。『万葉集』

猟男 さつお
「猟夫」とも書く。→猟夫

猟虎 らっこ
「海獺・海猟・獺猢」とも書く。イタチ科の哺乳類。『文明本節用集』

〈艹（艹・艸）部〉

艹は四画、艸は六画

菴羅 あんら
「菴羅」とも書く。ウルシ科の常緑高木マンゴー。仏典では美味の代表とされる。

萎女王 あまどころ
「甘野老・萎蕤・百萎甤・玉女萎」などとも書く。ユリ科の多年草。

萎竹 なよたけ・なゆたけ
「弱竹」とも書く。①細くしなやかな竹。②女竹(めだけ)の異称。『宇津保物語』

萎草 ぬえくさ
「和草」とも書く。しおれた草。『古事記』

萎原小菅 ねやわらこすげ
「根柔小菅」とも書く。根が柔らかい小菅。『万葉集』

萎蕤 あまどころ
「萎女王」とも書く。→萎女王

菊石 みっちゃ
「痘痕」とも書く。あばた。『日葡辞書』

菌 くさひら
獣の肉の忌詞。『延喜式』

菫菜 つぼすみれ
「坪菫」とも書く。①スミレ科の多年草。『万葉集』。②襲（かさね）の色目の一つ。

菎蒻 こんにゃく
「蒟蒻」とも書く。サトイモ科の多年草。

菜瓜 つけうり
「漬瓜」とも書く。瓜の漬物。

菜豆 いんげん・いんげんささげ
「隠元豆」とも書く。マメ科の一年生作物インゲンマメ。

菜鳴菜 ななりそ
「莫告藻・神馬藻（なのりそ）」に同じ。褐藻類の海藻ホンダワラの古名。

菜蕗 ふき
「蕗・苳・款冬」とも書く。キク科の多年草。

菖蒲 あやめ
「渓蓀」とも書く。①アヤメ科の多年草。②サトイモ科の多年性草本ショウブの異称。『伊勢物語』。③襲（かさね）の色目の一つ。

菘 すずな
「鈴菜・菁」とも書く。アブラナ科の一年生または二年生の根菜カブの異称。

菘藍 たいせい・くるくさ・はとくさ
「大青」とも書く。アブラナ科の越年草。

菹 にらぎ
ニレの樹皮の粉末を入れた塩を用いた菜の漬物。『倭名類聚鈔』

著けく しるけく
はっきりしていること。『万葉集』

著長 きせなが
「着背長」とも書く。大将が着用する鎧(よろい)の美称。『平家物語』

著莪 しゃが
「射干」とも書く。アヤメ科の常緑多年草。

著羅絹 ちょろけん
オランダもしくは中国渡来の絹織物。『好色一代男』

菟角 とやかく
「兎哉角」とも書く。あれやこれや。なんのかのと。

菟芽子 うはぎ
キク科の多年草ヨメナの古名。

菟原処女 うないおとめ
伝説で、兵庫県芦屋あたりに住んでいた娘。『万葉集』

菟葵 いそぎんちゃく・いえにれ
いそぎんちゃく―「磯巾着・菟葵希」とも書く。イソギンチャク目の花虫類の総称。
いえにれ―「家楡」とも書く。キンポウゲ科の多年草セツブンソウの古名。『倭名類聚鈔』

菟道雅郎子 うじのわきいらつこ
応神天皇の皇太子。仁徳天皇の弟。

菠薐草 ほうれんそう
「法蓮草・鳳蓮草」とも書く。アカザ科の一年生または二年生の葉菜。『好色一代男』

菲沃斯 ヒヨス
ナス科の越年草。ヨーロッパ原産の薬用植物。

萍桂 へいけい
太陽と月。『延慶本平家物語』

萌葱 もえぎ
「萌黄」とも書く。①青色と黄色の中間の色。②襲（かさね）の色目の一つ。

莱草 しば・しばくさ
雑草。『倭名類聚鈔』

莱菔 だいこん・だいこ
「大根・蘿蔔」とも書く。アブラナ科の一年生または二年生根菜。

菱垣船 ひがきぶね
「檜垣船」とも書く。江戸時代、江戸と大坂を定期的に運航した廻船。「菱垣廻船・檜垣廻船」に同じ。

菱蝗虫 ひしばった
ヒシバッタ科の昆虫の総称。

〈心（⺗）部〉

悪 いずくんぞ・そしる・にくむ・ああ
いずくんぞ―「焉・焉胡」とも書く。どうして。なんとして
そしる―「謗る・誹る・譏る」とも書く。悪くいう。あしざまにいう。
にくむ―「憎む」とも書く。ひどくいやがる。
ああ―感嘆したときに発する語。

悪水 あくすい
汚水。『地方凡例録』

悪布 あしく
「悪敷」とも書く。物事の状態などが悪いこと。

悪名 あくみょう・あくめい
①悪いうわさ。『重清日記』。②悪事。

悪行 あくぎょう
悪い行為。悪事。

悪言 いやがる
いやだ。きらいだ。

悪足掻き わるあがき
①過度に大騒ぎすること。『公事新発意』。②どうしようもないのに、何とかしようと焦り、あれこれむだなことを試みること。

悪怯る わるびる
卑屈な態度をとる。

悪阻 つわり
「択食」とも書く。妊娠二か月から四か月頃に起こる悪心・嘔吐感など消化器官の症状。

悪相 にくそう
「憎相」とも書く。憎らしい顔つき。『太平記』

悪計 わるだくみ
「悪巧み」とも書く。悪事をくわだてること。またそのくわだて。『春色梅児誉美』

悪核 しいね
「瘤」とも書く。こぶ。『倭名類聚鈔』

悪尉 あくじょう
能面の一つ。

悪業 あくごう
悪い行為。とくに前世の悪行。『今昔物語集』

悪様 あしざま
悪いように。悪意をこめて。

悪戯 いたずら・いたずらに・わるじゃれ
いたずら―「徒」とも書く。わるさ。悪ふざけ。
いたずらに―「徒」とも書く。意味もなく。むやみやたらに。『鎮守八幡宮仕等連署結番請文』
わるじゃれ―「悪洒落」とも書く。①たちの悪いいたずら。『心中天の網島』。②だじゃれ。

悪戯小僧 いたずらこぞう
よくいたずらをする子供。悪童。

悪戯者 いたずらもの
「徒者」とも書く。①役に立たない者。②不義密通をする女。③無頼漢。④ネズミの異称。

悪敷 あしく
「悪布」とも書く。→悪布

悪趣 あくしゅ
悪行の果てに落ちる死後の世界。

患難 かんなん・かんだん
「困難」に同じ。『地方凡例録』

悉 ことごとく・つぶさに
ことごとく―「尽」とも書く。①残らず。すべて。②はなはだ。まったく。
つぶさに―「具・曲・委・備」とも書く。①完全に。もれなく。②詳細に。

悉に ふつくに
すっかり。残らず。『日本書紀』

悉之 これをつくせ
寄進状の書き止めの文言（もんごん）。

悉地 しっち
密教で、修行によって妙果を成就すること。『三代実録』

悉皆 しっかい・すっかり
しっかい―①すべて。『奇異雑談集』。②まるで。『三百集』。③真実。
すっかり―「しっかい」①に同じ。『牡丹灯籠』。②見栄えのするさま。すっきり。きりり。③思い切ってするさま。きっぱり。

悉敷 くわし
「委・委敷」とも書く。詳しい。

悉曇 しったん
梵字の字母。転じて、インドの音声に関する学問の総称。『文明本節用集』

悤行 ぞめきあるく
「騒き歩く」とも書く。浮かれ騒ぎながら歩く。

悤悤 そうそう
「怱怱」とも書く。①あわただしいさま。『沙石集』。②物事を簡略にするさま。『宇津保物語』

〈戸（戶）部〉

扈従 こしょう・こじゅう
身分が上の人の供をすること。『好色一代男』

〈支（攵）部〉

救生 ぐしょう
仏教で、あらゆる衆生を済度すること。

救恤 きゅうじゅつ
為政者が困窮している民を救うこと。「救済・救援・援助」に同じ。

救脱菩薩 ぐだつぼさつ
菩薩の一つ。

救霊 ぐれい
極楽往生を遂げること。

教化 きょうげ・きょうけ
①仏教で、衆生を教え導くこと。②法要で唱えられる歌。

教外 きょうげ
禅宗で、心から心へと仏の悟りが伝えられること。「教外別伝（きょうげべつでん）」に同じ。

敖放 おてんば
「於転婆・御転婆」とも書く。しとやかさがなく、きわめて活発な少女や若い娘。『団々珍聞』

敖惰 ごうだ
思い上がって、するべきことをしないこと。『町人嚢』

敗醤 おみなえし・おみなべし
「女郎花・美妾・佳人部為」とも書く。オミナエシ科の多年草。

〈斗部〉

斛 こく・さか
「石」とも書く。体積の単位。おもに米穀を測るのに用いた。「さか」は古語。『菅江真澄随筆集』

斜子 ななこ
「魚子・魚々子・七子」とも書く。①彫金技法の一つ。『日葡辞書』。②帯・羽織用の絹織物の一つ。『花洛六百韻』

斜交い はすかい
ななめ。

斜眼 ながしめ・にくむ
ながしめ―「流し目」とも書く。①横目で見ること。『内地雑居未来之夢』。②色目。
にくむ―冷ややかに対面する。

斜視 やぶにらみ
「藪睨み」とも書く。①斜視（しゃし）。『内地雑居未来之夢』。②転じて、見方などが見当違いであること。

〈斤部〉

断断 ちぎれちぎれ
いくつにも千切れたさま。『多情多恨』

断腸花 しゅうかいどう
「秋海棠」とも書く。シュウカイドウ科の多年草。

〈方部〉

旌旗 せいき
多くの旗。『椿説弓張月』

旋て やがて
ほどなく。そのうち。『多情多恨』

旋毛 つじ・つむじ・ぎりぎり
つじ―①頭髪の渦巻き状に巻いている部分。『好色二代男』。②笠などの頂。『織留』
つむじ―①「つじ」①に同じ。②「旋風（つむじかぜ）」の略。③辻。『今昔物語集』
ぎりぎり―「つじ」①に同じ。『珍重集』

旋花 ひるがお
「昼顔・鼓子花」とも書く。ヒルガオ科の蔓性多年草。

旋風 つじかぜ・つむじかぜ・つむじ
つじかぜ・つむじかぜ―「辻風」とも書く。渦のように巻きながら吹き上がる風。
つむじ―「旋毛」②に同じ。↓旋毛

旋覆花 おぐるま
「小車・金沸草」とも書く。キク科の多年草。

族 やから・うから
「輩」とも書く。一族。同輩。『吾妻鏡』

族父 ふたいとこおじ
父の再従兄弟（はとこ）。

族姑 ふたいとこおば
父の再従姉妹（はとこ）。

〈日（日）部〉

晦 つごもり・つきごもり・つもごり・つもご・くらます
つごもり・つきごもり・つもごり・つもご―「晦日」とも書く。①陰暦の月の下旬。『蜻蛉日記』。②月の最後の日。『源氏物語』
くらます―ごまかす。分からないようにする。『雲州消息』

晦乞 いとまごい
別れの挨拶。『新色五巻書』

晦日 つごもり・みそか
つごもり―「晦」とも書く。↓晦
みそか―「三十日」とも書く。月の最後の日。末日。

晞 あわれ
「哀れ」とも書く。①かわいそうなさま。みじめなさま。②立派だ。感心だ。

晨 あした
朝。『浮世物語』

晨朝 じんじょう
①卯（う）の刻。現在の午前六時ころ。②また、その時刻に行なう勤行（ごんぎょう）。『今昔物語集』

曹白魚 ひら
ニシン科の海産硬骨魚。

曹冑謨 ソジウム
ナトリウムの英語名の音訳。アルカリ金属元素の一つ。

曹達硝子 ソーダガラス
一般的に使用されているガラス。

晡時 ほじ
申（さる）の刻。現在の午後四時ころ。暮れ方。

曼陀羅 まんだら・まだら
「曼荼羅・満荼羅」とも書く。諸仏や菩薩らを特定の形式で描いた図。

曼珠沙華 まんじゅしゃげ
「曼殊沙華」とも書く。①仏教で、天上に咲くという花。②ヒガンバナ科の多年草ヒガンバナの異称。『日葡辞書』

曑孫 ぞぞりこ
「累孫・昆孫」とも書く。曾孫の曾孫。こんそん。『合類節用集』

〈月部〉

脚半 きゃはん
「脚絆・脛巾」とも書く。旅行などのとき、脛に巻きつける布。『源平盛衰記』

脚布 きゃふ
腰に巻く布。とくに女性の腰巻をいう。『日葡辞書』

脚立 きゃたつ
「脚榻・脚踏」とも書く。短いはしごを八の字に合わせ、上部に板を取りつけた高い踏み台。

脚気 かっけ
栄養失調症の一つ。ビタミンB1の欠乏により、足のしびれ・むくみがみられる。『色葉字類抄』

脚枋 ねた・ねだ
「根太」とも書く。床板を支える横木。

脚帯 あゆい・あよい
「足結・脚結」とも書く。床板を支える横木。

脚病 ちあなき
馬の病気の一つ。『倭名類聚鈔』

脚絆 きゃはん
「脚半」とも書く。↓脚半

脚結 あゆい
「足結・脚結・足纏」とも書く。上代、動きやすいように、男子が袴の上から膝下あたりを結んだ紐。『古事記』

脚榻 きゃたつ

「脚立」とも書く。→脚立

脚踏 きゃたつ
「脚立」とも書く。『文明本節用集』→脚立

脛巾 はばき・きゃはん
はばき—「行纏・脛衣」とも書く。「脚半」に同じ。→脚半
きゃはん—「脚半」とも書く。→脚半

脛衣 はばき
「脛巾」とも書く。→脛巾

脛楯 はいだて
「佩盾・膝甲」とも書く。鎧(よろい)の下に着用し、股(もも)と膝を防御するもの。

脱衣 だつえ
江戸時代の刑罰の一つ。僧尼を僧籍から除くこと。

脱空 はなあかす
「鼻明かす」とも書く。だしぬいて、あっと言わせる。

脱屣 だっし
帝王が位を退くこと。『神皇正統記』

脯 ほしし
「乾肉」とも書く。干した鳥獣の肉。『倭名類聚鈔』

脬 いおのふえ
「魚鰾」とも書く。魚のうきぶくろ。『倭名類聚鈔』

望子 もとで
「望姓・元手」とも書く。資本金。

望年 もちどし
旧暦の正月十五日。または正月十四日から十六日まで。小正月。

望江南 はぶそう
「波布草・蛇滅草」などとも書く。マメ科の一年草。

望姓 もとで
「望子」とも書く。→望子

望粥 もちがゆ
「餅粥」とも書く。正月十五日に食べる小豆粥(あずきがゆ)。

望潮 しおまねき
「潮招き」とも書く。スナガニ科の甲殻類。

望潮魚 いいだこ
「飯蛸・章花魚」とも書く。マダコ科のタコ。

望請 のぞみこうらくは
望み、お願いすることは。『三条家本北山抄裏文書』

〈木　部〉

桷 はえき・ずみ
はえき—「榱・椽橑」とも書く。「垂木(たるき)」に同じ。『倭名類聚鈔』
ずみ—「酸実・棠梨」とも書く。バラ科の落葉小高木。

梟 さけ・ふくろう
「鴞・鵋鴞・鵂鶹」とも書く。フクロウ目フクロウ科の鳥。

梟入 ずくにゅう
僧や坊主頭の者をののしっていう語。『西洋道中膝栗毛』

梟首 きょうしゅ
さらし首。江戸時代には獄門といわれた。『塩嚢鈔』

梟師 たける
異種族の勇猛なかしら。『古事記』

梟悪 きょうあく
極悪でたけだけしいこと。暴虐。『保元物語』

梟罪 きょうざい
さらし首の刑。また、その刑に処すること。

桾染 ふしぞめ
「柴染」とも書く。黒味がかった淡紅色。クロモジの木で作った染料で染める。

梧桐 あおぎり
「青桐・梧桐子」とも書く。アオギリ科の落葉高木。

梧桐子 あおぎり
「梧桐」とも書く。→梧桐

梏 てかし
「杻・手械」とも書く。手にはめて自由を拘束する刑具。

梱 こうり
「行李」とも書く。①使者。②旅。③旅行用の荷物入れ。④軍隊の補給部隊。

梭子魚 かます
「魳・梭魚・魣」とも書く。カマス科の海産硬骨魚の総称。

梭尾螺 ほらがい
「法螺貝・吹螺」とも書く。①フジツガイ科の大形巻貝。②①の大形のものの殻頂を切って金具をつけ、吹き鳴らすようにしたもの。『梁塵秘抄』

梭貝 ひがい
ウミウサギガイ科の巻貝。

梭魚 かます
「梭子魚」とも書く。→梭子魚

梭魚子 いかなご
「玉筋魚・如何児・鮊子」とも書く。イカナゴ科の海水魚。

梓巫女 あずさみこ
「梓神子」とも書く。梓弓を鳴らして霊を呼び寄せるみこ。

梓客 はんもと
「版元・板元」とも書く。図書の出版元。『西洋道中膝栗毛』

梓神子 あずさみこ
「梓巫女」とも書く。→梓巫女

梔 はじ・はぜのき
「櫨・黄櫨」とも書く。①ウルシ科の落葉高木。『平家物語』②ヤマウルシの異称。

梔子 くちなし
「卮子・山梔子」とも書く。①アカネ科の常緑低木。②梔子色の略。

梔匂 はじにおい
「櫨匂・黄櫨匂」とも書く。鎧の縅(おどし)の一つ。

梢の秋 こずえのあき
陰暦九月の異称。

梳り くしけずり
櫛で髪をとかす。『二十四孝抄』

梳歯魚 あわがら
ヤガラ科の海水魚ヤガラの異称。

梯姑 でいこ・でいご
マメ科の落葉高木。

桶 こが
大型のおけ。東北地方の語。

梛 なぎ
「竹柏」とも書く。マキ科の常緑高木。『平治物語』

梛筏 なぎいかだ
ユリ科の小低木。

梶懸鉤子　かじいちご
「梶苺」とも書く。バラ科の落葉小低木。

桴　ばち
「枹」とも書く。太鼓や銅鑼（どら）などの打楽器を打ち鳴らす棒。

梵唄　ぼんばい
声明（しょうみょう）。

梵論　ぼろ
「暮露」とも書く。虚無僧（こむそう）。

梨餻　かせいた
「橙糕」とも書く。梨の実と砂糖で作った菓子。

梻　しきみ
シキミ科の常緑小高木。『万葉集』

梣　とねりこ
「秦皮」とも書く。モクセイ科の落葉高木。

〈欠部〉

欸乃　あいだい・あいない・おうあい
漁夫が船をこぎながら歌う歌。舟唄。

〈殳部〉

殻切　からっきし
少しも。まったく。『草枕』

殻竿　からさお
「連枷・唐棹」とも書く。竿の先に回転する短い竿をとりつけた農具。脱穀に用いる。『梁塵秘抄』

〈毛部〉

毬斗　いがと
「毛毬斗」とも書く。社寺などの建築で、別の木材を受ける受け木、斗（ます）の一つ。「鬼斗（おにと）・隅斗（すみと）」に同じ。

毬打　ぎっちょう
「毬杖」とも書く。毬（まり）を打つ柄の長い槌。また、その遊び。『平家物語』

毬杖　ぎっちょう・ぎちょう・きゅうじょう
「毬打」とも書く。→毬打

毬果　きゅうか
「球果」とも書く。針葉樹の果実。松ぼっくりのたぐい。

毬栗　いがぐり
「毛毬栗」とも書く。①いがに包まれた栗の実。②いがぐり頭の略。短く刈った頭。

毬彙　いが
「毛毬・栗毬・梂」とも書く。栗などの実を包むとげのある外皮。

毬酸漿　いがほおずき
「刺酸漿」とも書く。ナス科の多年草。

〈火部〉

烽　とぶひ
「飛火・烽燧」とも書く。山頂などで火を焚いて変事を知らせること。「烽火（のろし）」に同じ。『豊後風土記』

烽火　のろし
「狼煙」とも書く。「烽」に同じ。『運歩色葉集』→烽

烽燧　とぶひ
「烽」とも書く。→烽

〈灬部〉

焉　いずくんぞ・これ・ここに
いずくんぞ—「悪・胡」とも書く。疑問・反問をあらわす語。どうして…だろうか。『宗像氏事書』
これ—自分がいま話題にしている事物や人。『井伊家公用方秘録』
ここに—ここにおいて。すなわち。

烹調　ほうちょう
料理すること。「割烹（かっぽう）」に同じ。

烹鮮　ほうせん
民を治めること。国政。『太平記』

〈爻部〉

爽立つ　さわだつ
さっぱりする。さわやかになる。『宇津保物語』

爽爽　さわさわ
①さっぱりとして気持ちのよいさま。『源氏物語』。②すらすら。『愚管抄』

爽塏　そうかい
見晴らしのよい高所。

〈牛部〉

牽牛子　けにごし・けんごし・けごし
①ヒルガオ科の蔓性一年草アサガオの異称。『古今和歌集』。②アサガオの種子を乾燥させた生薬。

牽牛花　あさがお
「朝顔」とも書く。ヒルガオ科の蔓性一年草。

牽牛星　ひこぼし・いぬかいぼし
「彦星・河鼓」とも書く。鷲座のアルファ星アルタイル。

牽強附会　こじつけ
「附会」とも書く。都合よく無理に理屈をつけること。

犂頭魚　しゅもくざめ
「撞木鮫・双髻鮫」とも書く。シュモクザメ科の海産硬骨魚。

犂頭鯊　さかたざめ
「坂田鮫」とも書く。サカタザメ科の海産硬骨魚。

〈犬部〉

倏　たちまち
思いがけず。すぐに。『航米日録』

倏忽　しゅっこつ・たちまち
しゅっこつ—にわかに。さっそく。『航米日録』
たちまち—「忽ち」とも書く。「しゅっこつ」に同じ。『源氏物語』

〈玉（王）部〉 王は四画

現人　うつせみ
「空蝉」とも書く。①この世に生存している人間。『万葉集』。②この世。また、世間の人。『万葉集』

現人神　あらひとがみ
「荒人神」とも書く。①天皇の尊称。『日本書紀』。②時に出現して霊験を示す神。『万葉集』

現大身　うつしおみ
天皇の尊称の古語。

現世　うつしよ

この世のこと。げんせ。

現世後生 げんしょうごしょう
この世とあの世。現世と来世。

現行 げぎょう・げんぎょう
「現形」とも書く。①形をあらわすこと。また、その形。『大友義統感状』。②現在の形。

現形 げぎょう・げんぎょう
「現行」とも書く。→現行

現身 うつしみ
現世に生きている身。

現時 まさか
目の前の時。現在。目前。『万葉集』

理 ことわり・ただす・つくろう
ことわり—①道理。『観世音寺三綱等解案』。②「断り」とも書く。辞退すること。『岩倉具視関係文書』
ただす—「糺」とも書く。真相を究明する。詮議(せんぎ)。『源氏物語』
つくろう—「繕う」とも書く。修繕する。『源氏物語』

〈瓜　部〉

瓠 ふくべ
「瓢」とも書く。①ヒョウタンの果実を器にしたもの。②ウリ科の一年草。

〈瓦　部〉

瓷器 じのうつわもの
土器(かわらけ)。

瓶水 びょうすい
師から弟子に伝え教えること。『源平盛衰記』

瓶爾小草 はなやすり
「花鑢」とも書く。ハナヤスリ科の落葉性シダ。

〈甘　部〉

甜瓜 まくわうり
「真桑瓜」とも書く。ウリ科の蔓性一年草。メロンの変種の一つ。

甜言 ねこなでごえ
「猫撫で声」とも書く。相手を手なずけようとするときのやさしい声。

甜酒 たむさけ・たむざけ
味のよい酒。美酒。『日本書紀』

甜菜 てんさい・さとうだいこん
アサガオ科の二年生作物サトウダイコンの異称。

〈生　部〉

産土 うぶすな
①生まれた土地。『日本書紀』。②「産土神(うぶすながみ)」の略。『広義門院御産愚記』

産土神 うぶすながみ
その人が生まれた土地の守護神。「産神(うぶがみ)」に同じ。

産女 うぶめ
「孕女」とも書く。①産婦。②「産女鳥・産婦鳥・姑護鳥」とも書く。出産時に死亡した女性が化すという想像上の鳥、または幽霊。『今昔物語集』

産子 うぶこ
①産土神(うぶすながみ)を同じくする人。氏子。②生まれたばかりの子。

産井 うぶい
うぶ湯の水を汲む井戸。

産毛 うぶげ
生まれた時から赤ん坊に生えている毛。また、薄く柔らかい毛。『日葡辞書』

産立の祝 うぶだちのいわい
誕生後七日目の祝い。お七夜。

産衣 うぶぎ
「産着」とも書く。誕生した子供に着せる着物。『日葡辞書』

産声 うぶこえ・うぶごえ
子供が生まれて最初の泣き声。『日葡辞書』

産屋 うぶや
①出産のために新たに建てた建物。『日本書紀』。②出産のための部屋。『宇津保物語』。③出産を祝う儀式。『源氏物語』

産神 うぶがみ
「産土神」に同じ。『十輪院内府記』→産土神

産婦鳥 うぶめどり
「産女」②に同じ。→産女

産湯 うぶゆ
誕生した子を初めて入浴させること。また、その湯。『源氏烏帽子折』

産飯 うぶめし
出産直後に炊いて、その土地の守護神にそなえる飯。

産霊 むすひ・むすび
天地万物を生み成す不思議な神霊。『日本書紀』

産霊祭 うむすびまつり
産霊(むすび)の神を祀ること。

産籠手 うぶごて
鎧(よろい)の籠手(こて)の一つ。

〈田　部〉

異 あやし
「奇・怪・怪敷」とも書く。①異様だ。②正体不明で気味が悪い。えたいが知れない。③「妖」とも書く。神秘的な力がある。④いぶかしい。疑わしい。⑤信用できない。⑥よくない結果になりそうだ。

異心 ことごころ
ほかの人に惹かれる心。『伊勢物語』

異同胞 ことはらから
ほかの兄弟姉妹。『源氏物語』

異体 いてい・いたい
風変わりなさま。他と異なるさま。『御触書宝暦集成』

異見 いけん
異なる意見。『日本永代蔵』

異儀 いぎ
「異見」に同じ。『島津龍伯書状』→異見

異議 ことたばかり
異なる計略。異なる工夫。『宇津保物語』

畦手 うなて
「溝」とも書く。田に水を引く溝。『夫木和歌抄』

畢 おう・おわる・おわんぬ・ついに
おう・おわる・おわんぬ—「終・竟・章」とも書く。①続いていたものが終る。終了する。『東海道中膝栗毛』。②死ぬ。『源氏物語』
ついに—「終・遂・卒・訖・竟」とも書く。とうとう。結局。

畢竟 ひっきょう
「必竟」とも書く。結局。つまる

ところ。『地方凡例録』

略人　かどわかす
「勾引」とも書く。誘拐する。

略押　りゃくおう
簡略な花押（かおう）。

略取し　かどわかし
誘拐。『塩原多助一代記』

〈白　部〉

皎皎　こうこう
「皓皓」とも書く。①白いさま。清いさま。『平家物語』。②光などが明るいさま。『緑簑談』。③むなしく広いさま。『吾輩は猫である』

皐月　さつき
「五月・早月」とも書く。陰暦五月の異称。

〈皿　部〉

盖　けだし
①まさしく。たしかに。『地蔵十輪経』。②ひょっとすると。もしかすると。『雲州消息』

盛相　もっそう
「物相」とも書く。飯の量を量り、各人に分けるための器。

盗汗　ねあせ
「寝汗」とも書く。寝ているあいだにかく汗。『温故知新書』

〈目　部〉

眼子菜　ひるむしろ
「蛭蓆・牙歯草」とも書く。ヒルムシロ科の多年性水草。

眼仁奈　めじな
メジナ科の海産硬骨魚。

眼見　まみ
目つき。『今昔物語集』

眼指　まなざし
「眼差」とも書く。目の表情。

眼間　まなかい
「目交」とも書く。目と目のあいだ。眼の前。『万葉集』

眼旗魚　めかじき
「眼梶木」とも書く。メカジキ科の海産硬骨魚。

眶　まかぶら
目の周囲のくぼみ。『宇治拾遺物語』

眷属　けんぞく
親族。身内。『今昔物語集』

眷愛　けんあい
目をかけること。かわいがること。『世路日記』

眷養　けんよう
いつくしみ育てること。『太平記』

眴す　めくわす
目くばせする。目つきで知らせる。『源氏物語』

眥　まなじり
「眦」とも書く。①目尻。『倭名類聚鈔』。②流し目で見る。『男色大鑑』

眥み　いきぎみ
歯をむき出す。『日本霊異記』

眦　まなじり
「眥」とも書く。→眥

眸子　ぼうし
瞳。瞳孔。

〈石　部〉

硃砂根　まんりょう
「万両」とも書く。ヤブコウジ科の常緑小低木。

〈示（ネ）部〉

祭文　さいもん
祭祀の際、神に奏上する中国風の祝詞（のりと）。

〈禾　部〉

移他家　いたか
「板書・居鷹」とも書く。供養のために卒塔婆に経文・戒名を書いて川に流し、読経して金銭を乞う乞食坊主。『七十一番歌合』

移徙　わたまし・いしとも
「渡座」とも書く。転居の意の尊敬語。『沙石集』

移菊　うつろいぎく
襲（かさね）の色目の一つ。

〈穴　部〉

窓帷　カーテン
窓にかけて日射しをさえぎる布。『金色夜叉』

窒　つかえる
「叉・痞」とも書く。途中でつかえて順調に進まない。とどこおる。

窒扶斯　チフス
腸チフス菌による伝染病、腸チフスの通称。

窕　くつろぐ
「甘・寛」とも書く。のんびりする。休息する。『上杉氏老臣連署条目』

〈立　部〉

竟　ついに
「畢」とも書く。とうとう。結局。

章る　おわる
「終る・畢る」とも書く。①終了する。『万葉集』。②死ぬ。『源氏物語』

章花魚　いいだこ
「飯蛸・望潮魚」とも書く。マダコ科のタコ。

章断　しとだち・しとたち
「注連縄（しめなわ）」に同じ。『倭名類聚鈔』

章魚　たこ
「蛸」とも書く。頭足類タコ目の軟体動物の総称。

〈ネ　部〉

袿　うちき
「褂」とも書く。①平安時代の貴族女性の上衣。『源氏物語』。②男子が直衣（のうし）などの下に着用した衣。『宇津保物語』

袷恰　かれこれ・とにもかくにも
かれこれ—「左右・故是」とも書く。あれこれ。『御成敗式目追加』
とにもかくにも—「兎にも角にも」とも書く。何事につけても。何にも。『蜻蛉日記』

衽　おくみ
「衽」とも書く。和服で、前部の左右の襟（えり）から褄（つま）までの部分に用いる半幅の布。

袱紗　ふくさ
「服紗・帛紗」とも書く。①糊をつけない柔らかい絹布。『枕草子』。

②茶の湯で茶器を拭い、茶碗を受けるのに用いる布。『独吟廿歌仙』。③物を包む方形の布。『好色一代男』

裄丈　ゆだけ
着物の裄（ゆき）の丈（たけ）。『枕草子』

〈竹　部〉

笥　け
うつわ。いれもの。『万葉集』

笥子　けこ
「笥籠」とも書く。食物を盛る器。『伊勢物語』

笥籠　けこ
「笥子」とも書く。→笥子

笘　せん
竹の札。『御触書宝暦集成』

第　ついで
「序・次・次第・次而」とも書く。①ちょうどよい機会に。②順番。

第宅　ていたく
「邸宅」とも書く。屋敷。大きな家。

笠時雨　かさしぐれ
笠に降る時雨（しぐれ）。

笠符　かさじるし・かさしるし
「笠標」とも書く。①戦場で同士討ちを避けるために兜（かぶと）につけた目印。『太平記』②標識。標的。

笠雪洞　かさぼんぼり
手燭（てしょく）におおいをかけたもの。「雪洞（ぼんぼり）」に同じ。

笠置燈籠　かさぎどうろ
京都府南端、笠置山の道標としたものをかたどったもの。「笠置形灯籠」に同じ。

笠標　かさじるし
「笠符」とも書く。→笠符

笹叩　ささばたき
笹の葉を用いた神事の一つ。また、それを行なう巫女。「湯立」に同じ。『誹風柳多留』

笹竜胆　ささりんどう
①紋所の名の一つ。②リンドウ科の多年草リンドウのうち花の白いもの。③ショウガ科の常緑多年草ハナミョウガの異称。

笹稜　ささひだ
「笹襞」とも書く。袴（はかま）の相引（あいびき）の上にある、斜めにたたんだ笹の葉形の襞。

笹篊　ささひび・ささひみ
漁の仕掛けの一つ。干潟に笹を立てかけて並べた垣。

〈米　部〉

粔米　おこしごめ
「興米」とも書く。もち糯米（もちごめ）などを蜜で用いた菓子。おこし。『古今著聞集』

粔籹　おこし
「興し」とも書く。「粔米」に同じ。→粔米

粗　ほぼ・あらあら
おおよそ。ざっと。『正法眼蔵』

粗目　ざらめ
①粗目糖の略。②粗目雪の略。

粗金　あらがね
「鉱」とも書く。山から掘り出し、まだ精錬していない鉱石。

粗絵図　あらえず
概略図。『地方凡例録』

粗榧　いぬがや
「犬榧」とも書く。イヌガヤ科の常緑低木。

粘土　へな
「埴」とも書く。粒子の細かい水底の黒土。荒壁に塗る。

粘魚鬚　やまかしゅう
「山何首烏」とも書く。ユリ科の蔓性多年草。

粘葉装　でっちょうそう
和本の製本方の一つ。「胡蝶装（こちょうそう）」に同じ。

粘穀　もちあわ
「糯粟・餅粟」とも書く。粟（あわ）の一品種で、粘りがある。

〈糸　部〉

経く　わなく
「絞・縊」とも書く。①首をくくる。『日本書紀』。②罠にかかる。

経水止　ひどまり
「火留り」とも書く。月経がとまること。妊娠すること。『鸚鵡集』

経衣　きょうかたびら
「経帷子」とも書く。仏教で、死者着せる着物。

経回　けいかい
「経廻」とも書く。①めぐり歩くこと。『平家物語』。②生きて歳月を経ること。『源平盛衰記』

経始　なわばり・けいし
「縄張」とも書く。①縄を張って境界を定めること。②城の堀や石垣などの配置。③博徒（ばくと）などの親分の勢力範囲。

経廻　けいかい
「経回」とも書く。→経回

経師　きょうし・きょうじ
きょうし―経文を読み、説明することに長けた師僧。
きょうじ―①経文の書写を職業とする人。②経巻の表装をする職人。③転じて、屏風や襖の表具師。

経案　きょうづくえ
「経机」とも書く。経文をのせる机。

経帷子　きょうかたびら
「経衣」とも書く。→経衣

経塚　きょうづか
仏教の経典を後世に残し、極楽往生などを願って、経筒におさめた経典などを埋めた塚。

経緯　たてぬき・よこたて
機（はた）のたて糸とよこ糸。『三四郎』

経錦　たてにしき
錦の一種。

経籤　きょうせん
多量の経文を収蔵する際につける付箋。

絃掛　つるかけ
「弦掛」とも書く。①弓筈（ゆはず）に弦をかけること。②弓弦を作る職人。③上部に鉉（つる）をわたした枡。『日本永代蔵』。④半円形の取手（とって）がついている鍋。『日葡辞書』。⑤樹木の伐採方の一つ。

紺屋　こうや
「紺屋（こんや）」の音便。藍染屋。後には一般に染物屋。

紺飛白　こんがすり
「紺絣」とも書く。紺地に白いかすり模様のある織物。また、その模

様。

紺掻　こうかき
布を藍（あい）色に染めること。また、それを業とする者。『源平盛衰記』

細女　くわしめ
「美女」とも書く。美しい女性。『古事記』

細子草　くそかずら
「糞葛・女青」とも書く。アカネ科の蔓性多年草ヘクソカズラの異称。

細小　いささ・いさら
「細少」とも書く。ほんの少しの。ほんの小さな。いささかの。『平家物語』

細小細小に　いさらいさらに
少しずつ。『永久百首』

細小蟹　ささがに
①クモの異称。『源氏物語』。②クモの巣。『源氏物語』

細川　いささがわ・ささらがわ
「細小川」とも書く。細い川。小川。

細少　いささ
「細小」とも書く。→細小

細戈千足国　くわしほこちたるのくに・くわしほこのちだるくに
日本国の美称。『日本書紀』

細布　さいみ
「貲布」とも書く。織目のあらい麻布。『類聚名義抄』

細石　さざれ・さざれいし・さざらいし
「小石・礫石」とも書く。小さい石。『万葉集』

細形　ささらがた
細かい模様。また、その織物。『日本書紀』

細男　せいのお
「才男」とも書く。①奈良春日大社の若宮祭に登場する六人の男。②八幡宮などの祭を飾る人形。

細妹　くわしいも
「美妹」とも書く。美しい妻。『万葉集』

細波　さざなみ・さなみ・さざらなみ・さざれなみ
さざなみ―「小波・漣」とも書く。①細かく立つ波。②琵琶湖の南西岸地方。また、近江国の古称。

細杷　こまざらい
「細攫い・钁」とも書く。農具の一つ。土をならしたり、落ち葉などをかき集めるのに用いる。『漢書竺桃抄』

細草　さざれぐさ
イネ科の多年草アシの古称。

細射　ままき・ままきゆみ
ままきは「継木・真巻」、ままきゆみは「継木弓」とも書く。竹と木をはりあわせて作った弓。また、それに用いる矢。『宇治拾遺物語』。

細流　せせらぎ
浅瀬を流れる水音。また、その小川。『太平記』

細袴　ズボン
両脚を別々におおう形で下半身にはく外衣。『内地雑居未来之夢』

細雪　ささめゆき・さざめゆき
細かく降る雪。

細魚　さより・うるりこ
さより―「針魚・鱵」とも書く。サヨリ科の海産硬骨魚。うるりこ―①「さより」の異称。②小さな魚。

細結び　こまむすび
紐の結び方の一つ。

細雑魚　こまいじゃこ
メダカ科の淡水魚メダカの異称。

細鳴　さなり
小さくなる音。『運歩色葉集』

細濁り　ささにごり
「小濁り・薄濁り」とも書く。水が少し濁ること。

細螺　きさご・しただみ・きしゃご
きさご―「扁螺・喜佐古」とも書く。ニシウズガイ科の巻貝。『易林本節用集』
しただみ・きしゃご―「小螺・小嬴・小嬴子」とも書く。「きさご」に同じ。『古事記』

細攫　こまざらい
「細杷」とも書く。→細杷

紮げる　からげる
「絡げる」とも書く。①縛って束ねる。『平家物語』。②着物の裾（すそ）や袂（たもと）をたくしあげて落ちないようにとめる。

絁　あしぎぬ・ふとぎぬ・ふとおり・たつ
あしぎぬ・ふとぎぬ・ふとおり―「太織」とも書く。太く粗い糸で平織にした絹織物。『類聚名義抄』
たつ―立ちのぼる。『雑談集』

絁綿　きぬわた
「絹綿」とも書く。①絹や綿。『万葉集』。②屑繭（くずまゆ）のけばに木綿の綿を混ぜたもの。『文反古』。③「真綿（まわた）」に同じ。

終　ついに
「遂・卒・訖・竟・畢」とも書く。結局。とうとう。

終日　ひねもす・ひめもす
一日中。朝から晩まで。『椿説弓張月』

終尾　おしまい・みな
おしまい―「御仕舞・御終い」とも書く。①続いていたことが終わること。②物がぜんぶなくなること。売り切れ。③決まりをつけること。みな―「皆」とも書く。ぜんぶ。すべてのもの。『其面影』

終夜　よもすがら・よすがら・すがら
一晩中。『土佐日記』

紲革　はながわ
「鼻革」とも書く。馬の鼻に掛ける革製の紐。

組押　くみおそい
強風に備え、屋根を抑えるために置く井桁にくんだ木材。『下学集』

組亀甲　くみきっこう
模様の一つ。亀甲形を組み合わせたもの。

絆し　ほだし
①馬の脚などをつなぐ綱。『類聚名義抄』。②手かせや足かせ。『日蓮遺文』。③情にひかされて行動のさまたげとなるもの。『古今和歌六帖』

絆綱　はづな
馬の轡（くつわ）につけて引く綱。『地方凡例録』

累孫　ぞぞりこ
「昆孫・晜孫」とも書く。曾孫の曾孫。『合類節用集』

〈羊（⺷）部〉

羞明 まばゆし

「眩し・目映し・怕明」とも書く。①光が強すぎてよく見えない。②気恥ずかしい。てれくさい。

羚羊 かもしか・かもしし

「氈鹿」とも書く。
かもしか—ウシ科の哺乳類。
かもしし—カモシカの古称。『拾玉集』

〈羽（羽）部〉

習礼 しゅらい

礼儀作法を習うこと。『貞丈雑記』

翌檜 あすなろ・あすなろう・あすは

「羅漢柏」とも書く。ヒノキ科の常緑高木。

〈耳　部〉

聊け業 いささけわざ

ちょっとしたこと。わずかなわざ。『土佐日記』

聊爾 りょうじ

①粗忽なこと。失礼なこと。『甲州法度之次第』。②軽はずみなこと。

〈聿　部〉

粛慎 みしはせ

古代、中国東北地方の民族。一説に、樺太地域にいた民族。『日本書紀』

〈臼（臼）部〉 臼は七画

舂法 ついほう

江戸時代の検地で、収穫量を確認するため、稲を籾にして検査をすること。『地方凡例録』

〈舟　部〉

舸 はやぶね

「早船」とも書く。①早く進む船。②軍船の一種。③「関船」の異称。

舸子 かこ

「水主・水夫・船手・船子・船夫・楫子・櫂子・加子・鹿子」とも書く。船乗り。

舸子浦 かこうら

「水主浦・加子浦」とも書く。水主役をいいつかった漁村。

船子 かこ

「舸子」とも書く。→舸子

船夫 かこ

「舸子」とも書く。→舸子

船手 かこ

「舸子」とも書く。→舸子

船印 ふなじるし

「船標」とも書く。船の所属や所有者などを示す標識。

船尾座 ともざ

「艫座」とも書く。南天に位置する星座名。

船茹 のま・のみ・のめ

「絅・袽・衣袽」とも書く。「槇皮・槇肌（まいはだ）」に同じ。ヒノキなどの内皮を繊維とし、漏水防止に船などの接ぎ目をふさぐもの。

船枻 ふなだな・せがい

「船棚」とも書く。大型の和船で、舟子が棹をさしたりする張り出しに渡した板。『万葉集』。②香炉の内壁の灰に埋もれていない部分。

船將 カピタン

①船長。隊長。『西洋道中膝栗毛』。②江戸時代、長崎のオランダ商館長。③カピタン織と呼ばれた渡来の織物。

船暈 ふなよい

「船酔い」に同じ。『暗夜行路』

船標 ふなじるし

「船印」とも書く。→船印

舵 たいし・たぎし

船のかじ。『倭名類聚鈔』

舶 つぐのふね

航海用の大型船。『椿説弓張月』

〈色　部〉

艴然と むっと

怒り抑えた不機嫌な顔。『多情多恨』

〈虍　部〉

虚 うろ・うつろ

「空・洞」とも書く。空洞。ほらあな。

虚け うつけ

「空け」とも書く。①中がからになっている。②まぬけ。気が抜けてぼんやりしている状態。『好色一代男』

虚人 うつじん

「空人」とも書く。まぬけ。ばかもの。『男色十寸鏡』

虚口 すくち・すぐち

「素口」とも書く。空腹。『源平盛衰記』

虚大名 からだいみょう

「空大名」とも書く。①名ばかりで、武力も財力もない大名。『身楽千句』。②転じて、裕福に見えても内実は貧しい者。『玉江草』

虚手 そらで

「空手」とも書く。神経痛などで起こる手の痛み。『好色一代女』

虚木立 からきだて

「空木建」とも書く。柱だけが立っている建築中の家。『鸚鵡集』

虚木綿の うつゆうの

「こもる・まさき」にかかる枕詞。『万葉集』

虚仮 こけ

①内面と外面が一致しないこと。『歎異抄』。②うわべだけで中身がないこと。『無名抄』。③愚かなこと。『可笑記』

虚仮威 こけおどし

見せかけだけで内容のないこと。見えすいたおどし。

虚妄 こもう

①偽り。事実に反すること。②金品をごまかし、横領すること。『伊賀越乗掛合羽』

虚抜 うろぬく・おろぬく

間引き。

虚言 そらごと

「空言・空事」とも書く。根拠のないうわさ。

虚家 からいえ

「空家」とも書く。生活用具もなく居住者のいない家。『江戸両吟』

虚栗 みなしぐり

「実無し栗」とも書く。殻だけで中に実のない栗。『堀河百首』

虚起請　そらぎしょう
「空起請」とも書く。偽りの起請文。『春日神社文書』

虚偽　こぎ・きょぎ
うそ。いつわり。「虚妄」に同じ。『雑談集』

虚宿　とみてぼし
星座の名前。水瓶座の中央部。

虚腕　そらうで
「空腕」とも書く。①実力もないのに腕前を誇示すること。『文明本節用集』

虚無僧　こむそう
普化宗の有髪の托鉢僧。『仮名手本忠臣蔵』

虚腹　そらばら
「空腹」とも書く。①怒ったふりをすること。②切腹をするふり。③腹痛のふり。『三世相』

虚疑い　そらうたがい
「空疑い」とも書く。根拠がないのに疑うこと。『今昔物語集』

虚誕　でたらめ・いつわり
でたらめ―「出鱈目」とも書く。いいかげん。筋が通らないこと。『其面影』
いつわり―うそ。

〈虫　部〉

蚶子　はいがい
「灰貝」とも書く。フネガイ科の二枚貝。

蚯蚓　みみず
ミミズ綱の環形動物の一種。『類聚名義抄』

蛍蛆　つちぼたる
「地蛍」とも書く。ホタルの幼虫。また翅のない雌の成虫。

蛄蟖　けむし・いらむし
けむし―蝶や蛾の幼虫で長毛のものの総称。
いらむし―「刺虫」とも書く。イラガ科のガの総称イラガの幼虫。

蚱蟬　なわせみ・なわぜみ・なわせび
①雌の蟬。鳴かない蟬。『蜻蛉日記』②クマゼミ・ヤマゼミの異称。

蛇不登　へびのぼらず
メギ科の落葉小低木。

蛇牀木　はまぜり
「浜芹」とも書く。セリ科の越年草。「ハマニンジン」に同じ。

蛇虺　だき
蛇。「虺」にはマムシの読みあり。

蛇菰　つちとりもち・つちもち
「土鳥黐」とも書く。ツチトリモチ科の多年草。

蛇眼草　いわがねそう
「岩根草・了鳳草」とも書く。イノモトソウ科の常緑性シダ植物。

蛇麻　からはなそう
「唐花草」とも書く。クワ科の多年草。

蛇葡萄　のぶどう
「野葡萄」とも書く。ブドウ科の落葉蔓性多年草。

蛇滅草　はぶそう
「波布草・望江南」とも書く。マメ科の一年草。

蛇舅母　かなへび
「金蛇」とも書く。カナヘビ科のトカゲ。

蛇覆盆子　くちなわいちご・へびいちご
「蛇苺」とも書く。バラ科の多年草。

蛋白石　オパール
含水珪酸を主成分とする鉱石。宝石の材料となる。『上田敏全訳詩集』

蛁蟟　くつくつぼうし・つくつくぼうし
セミの一種のツクツクボウシ。『倭名類聚鈔』

蚰蜒　げじげじ
①ゲジ目の節足動物ゲジの俗称。②嫌われ者。③現職でない非職の官吏。「非」の字がゲジに似ているところからの名。

蛤仔　あさり
「浅蜊」とも書く。マルスダレガイ科の二枚貝。

〈衣　部〉

袋鼠　カンガルー
「更格盧・長尾驢」とも書く。フクロネズミ目カンガルー科の哺乳類の総称。

〈見　部〉

規　ぶんまわし
「分廻し」とも書く。コンパス。『毛詩抄』

規尼涅　キニーネ
キナの樹皮から作るマラリアの薬。

規定　ぎじょう
合議して決めた約束。『地方凡例録』

規那丁幾　キナチンキ
キナの樹皮をアルコールに浸して作る薬。強壮剤となる。

視告朔　こうさく
「告朔」とも書く。古代、官吏の出席簿を天皇が閲覧する儀式。『続日本紀』

〈角　部〉

觘　ぬたはた・ぬたはだ
鹿の角の表面にある波紋。『倭名類聚鈔』

觘目　ぬため
「觘」に同じ。『平家物語』→觘

觘目の鏑　ぬためのかぶら
表面に波紋がある鹿の角で作った鏑矢。『平家物語』

觘筈　ぬたはず
表面に波紋がある鹿の角で作った矢筈（やはず）。

〈言　部〉

訛　よこなまる・あやまり・あやまる
よこなまる―なまること。『菅江真澄随筆集』
あやまり・あやまる―誤ること。『町人嚢』

訛み　たみ
「廻み」とも書く。①ぐるりと巡る。『万葉集』②言葉がなまること。『源氏物語』

訛声　だみごえ
「濁声」とも書く。がらがら声。また、なまった声。

訛言 かたこと
「片言」とも書く。①言葉の一部分。②たどたどしい言葉。③なまりのある言葉。

許 ばかり
「計・斗」とも書く。程度や範囲を示す。①…ぐらい。『土佐日記』。②…だけ。

許多 きょた・こた・そこばく・そこらく・そこら・あまた
数が多いこと。
きょた・こた―「巨多」とも書く。『鎌倉幕府追加法』
そこばく―『正法眼蔵』
そこらく―『万葉集』
そこら―『竹取物語』
あまた―『雨月物語』

許嫁 いいなずけ
婚約者。

設 たとい
「設使・設令・設若・縦い・仮令・縦令」とも書く。①もしそうだとしても。②かりに。

設い しつらい
設置すること。『竹取物語』

設令 たとい
「設」とも書く。→設

設使 たとい
「設」とも書く。→設

設若 たとい
「設」とも書く。→設

設弦 うさゆずる
「儲弦」とも書く。①予備の弓弦。②「絶え間継がむ」にかかる枕詞。『古事記』

訥言 とつげん
①重苦しい言葉。滑らかでない言葉。②どもる言葉。

訥訥 とつとつ
「吶吶」とも書く。口ごもりながら話すさま。

訪 とぶらう・おとなう
訪問すること。『甲子夜話』

訳合 わけあい
理由。事情。『地方凡例録』

訳語 おさ
外国語を通訳すること。「通事」に同じ。

訳語田幸玉宮 おさだのさきたまのみや
敏達天皇の皇居。

〈豆　部〉

豉 くき
調味料の一つ。醤油のたぐいという。『倭名類聚鈔』

豉虫 みずすまし・あめんぼう・まいまい
①「水澄・魚豉」とも書く。ミズスマシ科の甲虫の総称。②「水馬」とも書く。カメムシ目アメンボ科の昆虫アメンボの異称。

〈貝　部〉

貫入 ぬきれ
数珠（じゅず）の異称。

貫木 かんぬき
「閂」とも書く。①門戸を閉ざすための横木。②相撲で、相手の諸差し（もろざし）の手を両腕でしめあげて攻める技。

貫衣 つんぬき・つんのき
袖なしの半纏（はんてん）。

貫衆 やぶそてつ
「薮蘇鉄」とも書く。オシダ科の常緑シダ植物。

貫緡 かんざし
「貫差」とも書く。銭一貫をさし通す銭さし。

貫籍 かんじゃく
本籍。「本貫（ほんがん）」に同じ。

貪 ぼる
非常識な代価をとる。不当な利益をむさぼる。

貪吏 たんり
強欲で、民の財産をむさぼる役人。『史記抄』

貪汚 たんお
強欲で心がきたないこと。役人などが賄賂をむさぼることに用いる語。

貪利 たんり
利益をむさぼること。

貪婪 どんらん・たんらん
きわめて欲深いこと。

貪惜 とんじゃく
「貪着・貪著」とも書く。仏教で、物に執着すること。『浮世風呂』

貪著 とんじゃく
「貪惜」とも書く。『雑談集』→貪惜

貪着 とんちゃく・とんじゃく
「貪惜」とも書く。『甲子夜話』→貪惜

貪瞋痴 とんじんち
仏教で、三つの根本的な煩悩。貪欲・怒りある瞋恚（しんい）、愚痴。『太平記』

販女 ひさぎめ
「販婦・鬻女」とも書く。行商する女性。『倭名類聚鈔』

販婦 ひさぎめ
「販女」とも書く。→販女

貧報 びんぼう
「貧乏」に同じ。『信長公記』

貧道 せっそう・ひんどう
僧侶の謙称。

貧鉤 まじち
持つ者が貧しくなるという呪いがかかっている釣針。『日本書紀』

貧敷 ともし
「乏し」とも書く。①不足している。②貧しい。③ひもじい。

貶める おとしめる
さげすむ。『源氏物語』

貶斥 へんせき
官位を下げて遠ざけること。

貶遷 へんせん
官位を下げて遠地に追いやること。

貶謫 へんたく
「貶遷」に同じ。→貶遷

〈足（⻊）部〉

跂 くわだて
「企」とも書く。計画。もくろみ。

跐獺 かわうそ・かわおそ・おそ
「獺・川獺・水獺」とも書く。イタチ科の哺乳類。

跌　あぐみ
「足組み」とも書く。あぐらをかくこと。『古事記』

跌坐　あぐみ・あぐら
あぐみ―「趺」とも書く。↓趺
あぐら―「胡座・趺・安坐」とも書く。↓趺

跌居　あぐみい
「趺」に同じ。↓趺

〈身　部〉

躮　せがれ
「倅・悴」とも書く。息子。

〈車　部〉

転　うたた・まろぶ
「漸」とも書く。
うたた―①事態の展開がはなはだしく不愉快である。『古今和歌集』。②（事態の展開が）いよいよ。ますます。『和漢朗詠集』
まろぶ―ころがす。ころぶ。『貞丈雑記』

転き　かいろき
不安定なこと。『枕草子』

転人　うたてびと
いとわしい人。不愉快な人。『伊勢集』

転心　うたたごころ
うつろいやすい心。

転手　てんじゅ
「天柱・点手・伝手」とも書く。三味線や琵琶の頭部にある、糸を巻き付ける棒。糸巻。転軫（てんじん）。

転本人　ころびほんにん
転びキリシタン。

転柿　ころがき
「枯露柿」とも書く。干し柿の一種。「白柿」に同じ。

転流し　ころながし
材木を川の流れで運搬すること。

転側　ねがえり
「寝返り」とも書く。①寝ている状態で姿勢を変えること。『多情多恨』。②味方を裏切ること。

転寐　うたたね・ごろね
うたたね―「転寝・仮寝」とも書く。なんとなく寝入ってしまうこと。『春色梅児誉美』
ごろね―「転寝」とも書く。寝衣を着ないで横になって寝ること。『露小袖』

転筋　からすなめり・からすなえり・からすなべり・こぶらがえり
「腓返り」とも書く。
からすなめり・からすなえり・からすなべり―ふくらはぎが痙攣すること。『類聚名義抄』
こぶらがえり―「からすなめり」に同じ。『饅頭屋本節用集』

転楽し　うたたのし
楽しくてたまらない。「うた」は「うたた」の転。『古事記』

転読　てんどく
法会で大部の経文を部分的に読み、全部を読んだことにする読み方。『仁和寺御室入道々助親王庁下文』

転蓬　てんぽう
①旅人の身の上。『懐風藻』。②運にまかせること。『知連抄』

転輪聖王　てんりんじょうおう
古代インド神話における理想的な国王。「転輪王」に同じ。

軟条桃　しだれもも
「垂桃」とも書く。桃の品種の一つ。枝がしだれるもの。

軟障　ぜじょう
寝殿造の殿上で用いる垂れ絹の壁代（かべしろ）。『源氏物語』

〈辵（⻌・⻍）部〉　⻌は四画、⻍は三画

這杜松　はいねず
ヒノキ科の常緑低木。

這柏心　はいびゃくしん
「這柏槙」とも書く。ヒノキ科の常緑低木。

逌　ようよう
①やっと。かろうじて。『三河物語』。②だんだんと。③おもむろに。

逋竄　ほざん
逃げ隠れること。

逸　はやる
①あせる。②勇みたつ。『神霊矢口渡』

逸物　いちもつ
群を抜いてすぐれているもの。『古今著聞集』

逸者　はやもの・はやお
「早者」とも書く。血気にはやる者。『曾我物語』

逸逸　いちいち
「一一」とも書く。一つ一つ。一つ残らず。一人一人。『地方凡例録』

進　たてまつる・まいらす・じょう
たてまつる・まいらす―してさしあげる。さしあげる。『沙石集』
じょう―律令制の四等官の第三位。官司によって字が異なり、「進」は職（しき）と坊の官を指す。

進士　しじ
「進士（しんし）」に同じ。①中国、科挙の科目の一つ。②律令制における試験の一つ。③平安時代における②の試験の合格者。『宇津保物語』

進筶　しんどう
揺れ動くこと。『三河物語』

逮　およぶ
追いつく。捕らえる。『大内氏掟書』

逮夜　たいや
忌日（いみび）の前夜。また葬儀の前夜。『御触書天明集成』

〈邑（⻖〈右〉）部〉　⻖は三画

郭　さと
遊廓。

郭公　ほととぎす
「不如帰・杜鵑・子規・霍公鳥・時鳥・杜宇・沓手鳥・蜀魂」とも書く。カッコウ目カッコウ科の鳥。カッコウと読む場合は別の鳥。

郷次　ごうなみ
郷村ごとに分けること。

郷長　さとおさ
「五十戸長」とも書く。郷の長。村長。

郷神楽　さとかぐら
「里神楽」とも書く。①禁中ではなく、民間で行なわれる神楽。②村落で行なわれるひなびた神楽。

都　すべて・かつて
すべて―「凡」とも書く。みな。ことごとく。『大久保利通日記』
かつて―「曾・嘗・曾而」とも書く。①ぜんぜん。すこしも。いままで一

度も。『室町幕府追加法』。②以前。

都て かつて
「嘗て・曾て」とも書く。「都（かつて）」に同じ。『平家物語』↓都

都万麻 つまま
クスノキ科の常緑高木タブノキの異称に比定。『万葉集』

都方流 いちかたりゅう
「一方流」とも書く。平曲（平家物語を琵琶で伴奏しながら語る）の流派の一つ。

都母碑 つものいしぶみ
「壺の碑（つぼのいしぶみ）」ともいう。坂上田村麻呂が建てたとされる青森県にあった石碑。

都合 つごう
合計。『算法地方大成』

都寺 つす・つうす・とす・とうす
禅寺で事務を司る役職。六知事の第一位。「都監寺（つかんす）」の略。

都而 すべて
合計すると。

都鄙 とひ・とび
都と田舎。『信長公記』

都監寺 つかんす
「都寺」に同じ。↓都寺

部 はまる
決心する。心を定める。『葉隠』

部曲 かきべ
「民曲」とも書く。大化改新の後、大部分が公民とされた豪族の私有民の総称。『日本書紀』

部良 べら
「遍羅・倍良」とも書く。スズキ目ベラ科の海水魚の総称。

部領 ことり
①部族の長。『日本書紀』。②春宮（とうぐう）坊の帯刀（たちはき）の陣の役人。③遊女を率いる者。

〈酉　部〉

酔人 よたんぼ
よいどれ。酔っ払い。

酔魚草 ふじうつぎ
「藤空木」とも書く。フジウツギ科の落葉小低木。

酖毒 ちんどく
「鴆毒」とも書く。鴆という毒鳥の羽に含まれている毒。『太平記』

酖殺 ちんさつ
「鴆殺」とも書く。鴆という毒鳥の毒を飲ませて殺すこと。毒殺。

〈釆　部〉

釈典 おきまつり
「釈奠（せきてん）」に同じ。↓釈奠

釈菜 せきさい
「釈奠（せきてん）」の略式のもの。↓釈奠

釈奠 せきてん
孔子と孔門十哲を祭る儀式。『懐風藻』

釈褐 せっかつ
仕官すること。

〈里　部〉

野 ぬ
「野」の古語。また東国の方言。『万葉集』

野口啄木鳥 のぐちげら
キツツキ科の鳥の一種。

野山薬 やまのいも
「山芋・薯蕷」とも書く。ヤマノイモ科の蔓性多年草。

野夫 やぼ
「野暮」とも書く。①洗練されていないこと。②人情の機微にうといこと。『西洋道中膝栗毛』。③遊里に通じていないこと。

野木瓜 むべ・うべ
「郁子」とも書く。アケビ科の常緑蔓性低木。

野丘 のづかさ・ぬづかさ
「野阜」とも書く。野原の小高い箇所。野の丘。

野出頭 のしゅっとう
鷹狩りなどの際、つねに侍する家臣。『心中宵庚申』

野艾蒿 ひめよもぎ
「姫艾」とも書く。キク科の多年草。

野伏 のぶせり
「野臥」とも書く。①「野武士」に同じ。南北朝・室町時代、落ち武者を襲った農民の武装集団。②山野に野宿すること。また、その人。『本朝二十不孝』。③山賊。

野芝麻 おどりこそう
「踊子草・続断」とも書く。シソ科の多年草。

野老 ところ・ののおきな
ヤマイモ科の蔓性多年草。『本草和名』

野呂松 のろま
①「鈍い間」とも書く。愚鈍なこと。気のきかないこと。『鹿の子餅』。②「のろま人形」の略。

野阜 のづかさ・ぬづかさ
「野丘」とも書く。『万葉集』↓野丘

野茶 ひさかき
ツバキ科の常緑小高木。

野胡蘿蔔 ながじらみ
セリ科の多年草ヤブニンジンの異称。

野臥 のぶせり
「野伏」とも書く。↓野伏

野面 のもせ
野のおもて。『新古今和歌集』

野晒 のざれ
生まれて三カ月までに捕らえられた若鷹。

野蚕 くわご
「桑蚕」とも書く。①カイコガ科のガ。②「桑子（くわこ）」に同じ。蚕。『万葉集』

野猪 くさいなぎ
「野猪黄」とも書く。イノシシの古称。『倭名類聚鈔』

野猪黄 くさいなき
「野猪」とも書く。↓野猪

野菰 なんばんきせる・なんばんぎせる
「南蛮煙管」とも書く。ハマウツボ科の一年生寄生植物。

野幇間 のだいこ
「野太鼓」とも書く。素人の幇間（ほうかん）。素人のたいこもち。

野萵苣 のじしゃ
オミナエシ科の一年草。

野葛 つたうるし

「蔦漆」とも書く。ウルシ科の蔓性落葉樹。

野稲　のしね
陸稲の一種。『和訓栞』

野豌豆　はまえんどう
「浜豌豆」とも書く。マメ科の多年草。

野鶏冠　のげいとう
「野鶏頭」とも書く。ヒユ科の一年草。

野鶏班　やくすぎ
「屋久杉・夜久杉」とも書く。鹿児島県屋久島に自生するスギ。

野鶏頭　のげいとう
「野鶏冠」とも書く。→野鶏冠

野蘿蔔　はまだいこん
「浜大根」とも書く。海岸の砂地に自生した野生の大根。

野蘿藦　のかがみ・のかがむ・のかがも
のかがみ・のかがむ―ガガイモ科イケマ属の多年草スズメノオゴケの異称。
のかがも―キツネノマゴ科の一年草キツネノマゴの異称。

野鶲　のびたき
ヒタキ科の鳥。

〈金　部〉

釦　ボタン
「鈕」とも書く。足袋の合わせ目をとめる爪形の具（こはぜ）。

釵子　さいし
簪（かんざし）の類。『紫式部日記』

釵子股　ぼうらん
「棒蘭」とも書く。ラン科の多年草。

釧　くしろ
古代の腕輪。『万葉集』

釣井楼　つりせいろう
「吊蒸籠」とも書く。軍中で敵状偵察のために用いた道具。櫓を組み、人を入れた箱を滑車で上下させることができるようにしたもの。

釣洋燈　つりランプ
「吊洋燈」とも書く。吊り下げて使用するランプ。

釣責　つるしぜめ
「吊責」とも書く。江戸時代の拷問の一つ。罪人を梁に吊るすもの。

釣撞木　つりしゅもく
釣り鐘を打ち鳴らす棒。

釻　つく
「銑」とも書く。①弓の弦をかける部分。弭（はず）。また、弭にかぶせる金具。②担い棒の両端の突起物。

〈門　部〉

閉目　とじめ
「閇目」とも書く。経路。

閇　たてる・つめる
たてる―戸をたてる。しめる。
つめる―話を決着させる。

閇目　とじめ・へいもく
①経路。②目をとじること。

閊　つかえ
さしさわり。

〈阜（阝〈左〉）部〉　阝は三画

陰　ほと・ひそかに・かぎ
ほと―「陰所」とも書く。①女性の陰部。『古事記』。②山間のくぼんでいるところ。
ひそかに―「竊・密」とも書く。こっそり行動すること。
かぎ―「かげ」の転。上代の東国方言。『万葉集』

陰田　おんでん
「隠田」とも書く。隠れて米を作り、年貢を納めない田。

陰地　おんち
「隠地」とも書く。隠れて耕作し、年貢を納めない耕地。

陰地蕨　はなわらび
「花蕨」とも書く。ハナヤスリ科の多年生シダの総称。

陰坊　おんぼう
「御坊・御房・隠亡」とも書く。①僧侶の敬称。②身分の低い墓守僧。『さごろも』。③死骸の火葬をする賎民。④遊里で、遣手（やりて）の異称。『吉原雀』

陰言　かげごと
「影言・後言」とも書く。陰で悪口を言うこと。『犬枕』

陰妻　かげめ
隠し妻。『狭衣物語』

陰所　ほと・ほとどころ
「陰」とも書く。→陰

陰虱　つびじらみ・つぶじらみ
「陰蝨」とも書く。ヒトジラミ科のシラミ・ケジラミの異称。

陰核　へのこ
①睾丸。陰嚢の核。『倭名類聚鈔』。②陰茎。

陰陽　おんよう・おんみょう
「陰陽道」の略。天文・暦学などを研究すること。

陰陽頭　うらのかみ
「陰陽寮（うらのつかさ）」の長官。→陰陽寮

陰陽寮　うらのつかさ・おんみょうりょう・おんようりょう
律令制下、天文・気象・卜占などを司った役所。

陰蝨　つぶじらみ
「陰虱」とも書く。ヒトジラミ科のシラミ・ケジラミの異称。

陰顕　ちらつき
見る対象が見えたり消えたりするさま。『多情多恨』

陰嚢　ふぐり
睾丸。『倭名類聚鈔』

陬遠　すうえん
片田舎。都から離れたところ。

陳　ひね
「老成」とも書く。①晩稲。②古びていること。③おとなびていること。

陳耳　ひねみみ
聞き古した事柄。『伊勢正直集』

陳者　のぶれば
手紙の候文のことば。申し上げますと。『中御門文書』

陳臭い　ひねくさい
古くさい。

陶人　すえひと
「陶工（すえつくり）」に同じ。『万葉集』→陶工

陶工　すえつくり
陶器を作る人。「陶人（すえひと）」

に同じ。

陶部 すえつくりべ
須恵器を大和朝廷に納めた品部(しなべ)。

陶硯 とうけん
陶器の硯。

陪臣 いやつこ
臣下の臣下。又家来(またげらい)。

陪卒 またもの
「又者」とも書く。家来の家来。『浅井三代記』

陪冢 ばいちょう・ばいづか
「陪塚」とも書く。大きな古墳の脇塚。

陪従 べいじゅう・ばいじゅう
①貴人の供としてつき従うこと。『雑談集』。②石清水八幡宮などの楽人。『源氏物語』

陪堂 ほいとう・ほいと
①禅宗などで、堂の外で食事を受けること。②食事を施すこと。また、その食事や飯米。『日葡辞書』。③乞食。『仁勢物語』

陪塚 ばいちょう
「陪冢」とも書く。→陪冢

陪膳 はいぜん・ばいぜん
宮中や武家の儀式などで、貴人の給仕を務めること。また、その人。『源氏物語』

陸 くが・くにが・くぬが・りく・ろく
くが・くにが・くぬが・りく―陸地。『源氏物語』。
ろく―くつろいで座る。

陸すっぽ ろくすっぽ
「碌すっぽ」とも書く。物事の程度が不十分なさま。

陸尺 りくしゃく・ろくしゃく
「六尺・漉酌」とも書く。①近世、力仕事をする人足。『御触書宝暦集成』。②小間物の行商人。『日葡辞書』

陸方 くがざま
陸のほう。『宇治拾遺物語』

陸水 ろくみず
水平を計る水準器。

陸地 ろくじ・ぐがじ
陸地。平地。「ぐがじ」は古語。

陸寄居虫 おかやどかり
「陸宿借」とも書く。オカヤドカリ科のヤドカリ。

陸宿借 おかやどかり
「陸寄居虫」とも書く。→陸寄居虫

陸梁 ろくばり
小屋組の最下部にある梁。

陸陸 ろくろく
「碌々」とも書く。①十分に。②ろくに。②満足できるさま。

陸鹿尾菜 おかひじき
アカザ科の一年草。

陸路 くがじ
陸上の道。『太平記』

陸稲 おかぼ・おかしね
「岡稲」とも書く。畑で収穫できる稲。「おかしね」は古語。

陸離 ばらり
跳びはねるさま。

隆汙 りゅうお
世の中の盛衰。

隆準 りゅうせつ
高い鼻。

陵 みささぎ
天皇や皇后など皇族の墓所。『日本書紀』

陵苕 まかやき・のうしょう・のしょう
ノウゼンカズラの古称。『本草和名』

陵遅 りょうち
物事の力や勢いが衰えていくこと。「陵夷」に同じ。『平家物語』

陵霄花 のうぜんかずら
「凌霄花」とも書く。ノウゼンカズラ科の蔓性落葉樹。

陵轢 りょうれき
「凌轢」とも書く。①あなどってさげすむこと。②仲が悪くなること。

〈隹　部〉

雀女 うすめ
「舂女・碓女」とも書く。祭祀のとき、神に供える米を搗き白米にする役目の女。

雀目 とりめ
「鳥目・雀盲」とも書く。夜盲症。

雀担桶 すずめたご
アカネ科の蔓性多年草ヘクソカズラの異称。

雀河豚 すずめふぐ
ハコフグ科の海産硬骨魚。「海雀(うみすずめ)」に同じ。

雀苧桶 すずめのおごけ
「雀の苧小笥・白前」とも書く。ガガイモ科イケマ属の多年草。

雀盲 とりめ
「雀目」とも書く。→雀目

雀斑 そばかす
「蕎麦滓」とも書く。顔にできる茶褐色の斑点。『雁』

雀踊 こおどり
「雀躍・小躍り」とも書く。喜んで踊りあがるさま。『浅尾よし江の履歴』

雀頭 じゃくとう
筆の一種。『後光厳院御返勘尊円親王御消息』

雀鳶 えっさい
「悦哉」とも書く。小形の鷹ツミの雄の呼称。

雀躍 こおどり
「雀踊」とも書く。『太平記』→雀踊

雀鷂 つみ・すずみだか・すずめだか
タカの一種。『倭名類聚鈔』

〈雨（⻗）部〉

雩 あまごい
「雨乞」とも書く。ひでりのとき、神仏に降雨を祈ること。

雪打 ゆた
「雨打」とも書く。建物の軒下壁面に造られたひさし状のもの。「裳階(もこし)」に同じ。

雪花菜 きらず・うのはな・から
「切らず」とも書く。豆腐のしぼりかす。おから。『功用群鑑』

雪花菜汁 からじる
「豆滓汁・殻汁」とも書く。おからを入れた味噌汁。

雪垂　ゆきしずり
木の枝などに積もった雪がくずれ落ちること。また、その雪。

雪消　ゆきげ
①雪が消えること。また、その時、その場所。『万葉集』。②雪解け水。

雪梨　みずなし・こがなし
みずなし―「水梨・消梨」とも書く。汁気が多い梨の一種。
こがなし―「久我梨・古河梨・空閑梨」とも書く。梨の一品種。

雪隠　せついん・せっちん
便所。『伊京集』

雪隠黄金　せんちこがね
「雪隠金亀子」とも書く。センチコガネ科の甲虫の総称。

雪駄　せった
「雪踏」とも書く。竹皮草履の裏に牛革をはりつけたもの。『かたこと』

雪踏　せった
「雪駄」とも書く。→雪駄

〈革部〉

勒　ろくす・そろえる
①書き記す。整える。『北山抄』。②兵を揃えること。

勒魚　しいら
「鰯・鱰・鰍・寄魚・金山・鬼頭刀」などとも書く。シイラ科の海産硬骨魚。

〈頁部〉

頃　あいだ・このごろ・しばらく・しばらくして・けい
あいだ―間。『雑談集』
このごろ―最近。『遁花秘訣』
しばらく・しばらくして―少しの間。『航米日録』
けい―面積の単位。一頃は一〇〇畝（ほ）。

頃日　けいじつ・きょうじつ・このごろ
①このごろ。最近。『葉隠』。②先日。

頃立　ときたつ
一定期間が経過すること。『御触書宝暦集成』

頃年　けいねん・きょうねん
近年。『大内義隆大府宣』

頃刻　しばらく・けいこく・きょうこく
すこしの間。『高野聖』

頃者　このごろ
このごろ。近ごろ。

頃剋　しばらく・きょうこく
「頃刻」に同じ。『大東日報』→頃刻

頃歳　ちかごろ
「近頃」に同じ。『柳橋新誌』

頂辺　てっぺん
「天辺」とも書く。①かぶとの頂上。頭の上。②頂上。③最高。絶頂。

頂相　ちんぞう
禅僧の高僧の肖像画。

〈食（飠・𩙿）部〉

飣餖　ていとう
虹の異称。

〈魚部〉

魚叉　やす
「魚扠」とも書く。漁具の一つ。長い柄の先の金具で魚を刺して捕るもの。

魚子　ななこ
「斜子・七子」とも書く。①彫金技法の一つ。『信長公記』。②絹織物の技法の「魚子織（ななこおり）」の略。『花洛六百韻』

魚目　さめ
「白眼」とも書く。馬や牛の両目の周りが白いもの。『太平記』

魚扠　やす
「魚叉」とも書く。→魚叉

魚児牡丹　けまんそう
「華鬘草・荷包牡丹」とも書く。ケシ科の多年草。

魚杈　ひし
漁具の一つ。棒の先にひし形の鉄槍をつけて魚をさして捕る漁具。

魚条　すわやり
「楚割」とも書く。魚の肉を細く裂いて干したもの。『倭名類聚鈔』

魚味始　まなはじめ
「真菜始・真魚始」とも書く。小児にはじめて魚肉などを食べさせる儀式。『平家物語』

魚店　うおだな
さかな屋。

魚狗　かわせみ・かわせび・しょうびん
「川蝉・翡翠」とも書く。ブッポウソウ目カワセミ科の鳥。

魚虎　はりせんぼん
「針千本」とも書く。ハリセンボン科の海産硬骨魚。

魚屋　ととや・なや
ととや―「斗斗屋」とも書く。抹茶茶碗の一つ。
なや―「さかな屋」の古語。

魚屋場　なやば
「納屋場」とも書く。ニシン漁の漁場。『松前主水広時日記』

魚軒　さしみ
「刺身」とも書く。魚肉などの生の状態のものを切り身にして食べるもの。『おぼえ帳』

魚豉　みずすまし・あめんぼ・まいまい
みずすまし―「水澄・豉虫」とも書く。ミズスマシ科の甲虫の総称。
あめんぼ―「水黽・水馬」とも書く。アメンボ科の昆虫アメンボの異称。
まいまい―「ミズスマシ」の異称。

魚壺　なつぼ
北海道松前地方で、ニシンを貯蔵するための壺。砂を掘って埋めた。

魚揆　なづち
漁場でサケやサメなどの頭を叩いて殺す棒。

魚鼓　ぎょく
仏具の一つ。魚形で内部をくりぬいた木製のもの。知らせるときに打ち鳴らす。「魚板（ぎょばん）」に同じ。

魚群　なむら・なぶら・なぐら・ふむら
海中の魚群。

魚膠　にべ
①「鮸膠・鰾膠」とも書く。ニベ科の海産硬骨魚ニベの浮き袋で作ったにかわ。②粘着力が強力であることから、親密感の強さを表現する「愛敬・世辞」の意に用いられる。否定的な意で「にべもない」などと用い

られることが多い。

魚箸 まなばし　「真魚箸」とも書く。魚を料理するときに用いる箸。『今昔物語集』

魚鮞 うおのこ・いおのこ　「鮞」とも書く。魚の腹の中にある卵。「真子（まこ）」ともいう。

魚鰾 いおのふえ　「脬」とも書く。魚の浮き袋。『倭名類聚鈔』

〈鳥　部〉

鳥与 ちょっと　「一寸・鳥渡・鳥兎」とも書く。①ほんのすこし。②ほんのついで。③かなり。④しばらく。

鳥子 とのこ　「鳥の子餅」の略。卵形をした紅白の祝儀用の餅。

鳥目 あし・ちょうもく　①銭の異称。②金銭の異称。『地方凡例録』

鳥立 とだち　①狩で、鳥が驚き飛び立つこと。②狩のため、草地などを設けて鳥を呼び寄せるようにした場所。『堀河百首』

鳥名子舞 となごまい　六月十七日に伊勢神宮で執り行われた舞。

鳥茎 とくき　①鳥の羽の羽軸。②「鳥茎の矢」の略。

鳥冠 とさか　「鶏冠」とも書く。ニワトリやキジなどの頭頂にある紅色の肉質冠状突起。

鳥屋 とや　①鳥小屋。『肥前風土記』。②鷹の羽が夏の終りに抜けかわること。『傾城禁短気』

鳥屋場 とやば　網を張って鳥を捕獲する場所。とくに鷹を捕る場所。

鳥狩 とがり　鷹を使った鳥の狩。『万葉集』

鳥食 とりばみ　「取食」とも書く。大饗（たいきょう＝盛大な饗宴）のときの料理の残りを庭に投げ、下賤の者に分け与えること。『今昔物語集』

鳥座 とぐら　「鳥栖・塒」とも書く。鳥のねぐら。鳥小屋。『類聚名義抄』

鳥柴 としば　鷹狩の獲物を人に贈るとき、獲物を結びつける枝。「鳥付柴短気（とりつけしば）」に同じ。

鳥栖 とぐら　「鳥座」とも書く。→鳥座

鳥翅 つばさ　「翅・翼」とも書く。飛翔するための鳥類の器官。『万葉集』

鳥馬 つぐみ　「鶫・鶇」とも書く。スズメ目ヒタキ科ツグミ亜科の鳥。

鳥渡 ちょっと・さしわたし　ちょっと―「鳥与」とも書く。→鳥与
さしわたし―「差渡し」とも書く。①直径。②直接。③血縁。

鳥飼 とがい　鷹が鳥を捕えた褒美に餌を多く与えること。

鳥像幢 とりがたのはた　天皇即位の際に立てられた幢（はた）の一種。上部に金属製の鳥が据えられたもの。

鳥総 とぶさ　①梢や枝葉の茂った先。『堀河百首』。②木を伐ったとき、その下の梢を切株に立てて山神を祀ること。『万葉集』

鳥網 となみ　鳥を捕る網。『万葉集』

鳥磐櫲樟船 とりのいわくすぶね　鳥のように速く走る堅牢なクスノキ製の丸木船。『日本書紀』

鳥臓 ももき　「肶」とも書く。鳥の内蔵。『類聚名義抄』

〈鹵　部〉

鹵莽 ろもう　軽はずみで不用心なこと。

鹵掠 ろりゃく　奪い取ること。

鹵瘠 ろせき　痩せ地。

鹵簿 ろぼ　行幸や行啓の行列。『甲子夜話』

〈鹿　部〉

鹿 かせき　「しか」の古語。『玉葉和歌集』

鹿子 かこ　「水主・水夫・船手・船子・船夫・楫子・櫂子・加子・舸子」とも書く。船乗り。

鹿毛 かげ　馬の毛色の一つ。『信長公記』

鹿田 ししだ　「猪田」とも書く。猪や鹿が踏み荒らした田。『万葉集』

鹿矢 ししや　「猟矢・猪矢」とも書く。狩猟用の矢。『日本書紀』

鹿児矢 かくや　鹿狩りに用いる矢。『古事記』

鹿尾菜 ひじき　「羊栖菜」とも書く。ホンダワラ科の海藻。

鹿杖 かせづえ　①先が叉になっている杖。『宇治拾遺物語』。②頭がT字形になっている杖。③鹿の角を頭につけた杖。

鹿角菜 つのまた・ふのり　つのまた―「角叉」とも書く。紅藻類スギノリ目の海藻。
ふのり―「布海苔」とも書く。紅藻類カクレイト目の海藻。

鹿苑 かせきのその　釈迦が初めて法を説いたというインドにあった鹿野苑（ろくやおん）の雅語。『古今著聞集』

鹿垣 ししがき　鹿などの進入を防ぐため、枝つきの竹や木で作った垣根。『信長公記』

鹿茸 ろくじょう・ふくろづの　①鹿の袋角。②また、それを陰干しにした強壮剤。『徒然草』

鹿棚 かせき

鹿の角を並べたような棚。

鹿柴　ろくさい
「鹿砦」とも書く。「鹿垣」に同じ。
→鹿垣

鹿特担　ロッテルダム
オランダの首都。

鹿砦　ろくさい
「鹿柴」とも書く。「鹿垣」に同じ。
→鹿垣

鹿笛　ししぶえ
猟師が鹿を呼び寄せるために用いる笛。『菟玖波集』

鹿葱　なつずいせん
「夏水仙」とも書く。ヒガンバナ科の多年草。

鹿道　ししみち
「猪道」とも書く。山中の獣道（けものみち）。『彌兵衛鼠』

鹿踊　ししおどり
江戸時代初期に流行した小唄の一種。『小町踊』

鹿鳴草　しかなぐさ
マメ科ハギ属の小低木ハギの異称。

鹿薬　ゆきざさ
「雪笹」とも書く。ユリ科の多年草。

鹿獣　かのしし
①鹿。『曾我物語』。②鹿の肉。『伊勢物語』

鹿蹄草　いちやくそう
「一薬草」とも書く。イチヤクソウ科の多年草。

鹿藿　たんきりまめ
「痰切豆」とも書く。マメ科の蔓性多年草。

鹿驚　かかし・かがし
「案山子」とも書く。①鳥獣を追い払うために田畑に立てる獣肉の串焼き。②田畑に立てる鳥獣よけの人形。『物類称呼』。③見かけ倒しの者。

〈麻（麻）部〉

麻　お・そ
お―「苧」とも書く。①麻（あさ）の古称。②麻などで作った糸。『日本霊異記』
そ―麻（あさ）の古称。

麻小笥　おごけ
「苧桶」とも書く。細く裂いて長くより合わせた麻を入れておく容器。『色葉字類抄』

麻姑　まご
「摩姑」とも書く。孫の手。『運歩色葉集』

麻実　おのみ
麻の実。

麻沓　おぐつ・いわぐつ
「麻鞋」とも書く。麻で作ったわらじ。

麻柱　あななない
高いところへ登るための足がかり。『竹取物語』

麻偪涅叟母　マグネシウム
金属元素の一つ。

麻原　おう
「麻生・苧生」とも書く。麻が生えているところ。『万葉集』

麻桛　おがせ
「苧桛」とも書く。「苧」は麻の繊維で作った糸。①苧を巻き付けるための枷（かせ）。②心が乱れる様子のたとえ。『文明本節用集』

麻疹　はしか
おもに子供がかかる麻疹ウィルスによる急性伝染病の一つ。『浮世物語』

麻笥　おけ・まけ
「桶」とも書く。①麻を入れておく容器。②貯水・漬物用などに用いる木製の円筒形容器。『倭名類聚鈔』

麻魚　しびれえい
「痺鱝・痺鱏」とも書くシビレエイ科の海産硬骨魚。

麻黄　かつねぐさ
マオウ科の常緑小低木マオウ。

麻葉繡毬　こでまり
「小手毬」とも書く。バラ科の落葉小低木。

麻幹　おがら・あさがら
「苧殻」とも書く。皮をはいだ麻の茎。

麻鞋　おぐつ
「麻沓」とも書く。→麻沓

麻績　おみ
麻を紡ぐこと。また、それを業とする人。『万葉集』

〈黄（黃）部〉　黄は十二画

黄下翅　きしたば
ヤガ科のガ（蛾）。

黄口　あくち
①雛鳥のくちばし。『日葡辞書』。②幼児の口にできるはれ物。『日葡辞書』

黄大豆　だいず
「大豆」とも書く。マメ科の一年生作物。

黄心樹　おがたまのき
「小賀玉木」とも書く。モクレン科の常緑高木。『古今和歌集』

黄牛　あめうし・あめうじ
「飴牛」とも書く。①暗黄色の牛。『枕草子』。②牝牛。

黄牛簾　あめすだれ
柩車（ひつぎぐるま）をひかせる牛。

黄瓜菜　にがな
「苦菜」とも書く。キク科の多年草。『本草和名』

黄生絹　きすずし
黄色味をおびたきなりの絹。『枕草子』

黄杜鵑　れんげつつじ
「蓮華躑躅・羊躑躅・老虎花」とも書く。ツツジ科の落葉低木。

黄参　ちだい
「血鯛」とも書く。タイ科の海産硬骨魚。

黄茅　あぶらがや
「油茅・油萱」とも書く。カヤツリグサ科の大形多年草。

黄昏　たそがれ・こうこん
①夕暮れどき。『源氏物語』。②物事の終焉どき。

黄金　くがね・こがね
「くがね」は奈良時代の古語。①おうごん。きん。『万葉集』。②金貨。③こがねいろ。『宇津保物語』

黄変　におう
秋に木の葉が色づくこと。

黄独　にがしゅう・にがかしゅう・ところ
にがしゅう・にがかしゅう―「苦

何首烏」とも書く。ヤマノイモ科の蔓性多年草。
ところ―「野老・萆薢」とも書く。ヤマノイモ科の蔓性多年草。

黄草 かいな・かりやす
かいな―①イネ科の一年草コブナグサの異称。②刈安（かりやす）の異称。
かりやす―「刈安・青茅」とも書く。①イネ科の多年草。②「かいな」①に同じ。

黄枯茶 きがらちゃ
染色の名の一つ。朽葉色。『日本永代蔵』

黄泉 したえ・よみ・よみじ
「下方」とも書く。死後に魂が行くと信じられたところ。死者の国。『万葉集』

黄泉戸喫 よみへぐい
あの世のかまどで煮炊きしたものを口にすると、現世に戻れないという話。『古事記』

黄泉苞苴 よみづと
あの世へのみやげ。『栄花物語』

黄泉門 よみど
黄泉への入口。『日本書紀』

黄泉鳥 よみじどり・よみつどり
ヒタキ科の鳥トラツグミの異称。

黄孫 ぬはりぐさ
「王孫」とも書く。ユリ科の多年草ツクバネソウの異称。

黄桃花毛 きつきげ
馬の毛色の一つ。

黄粉 きなこ
大豆を炒ってひいた粉。

黄啄木鳥 きげら
キツツキ科の鳥。「緑啄木鳥（あおげら）」に同じ。

黄菜 さわやけ
ダイコンのもやし。『宇津保物語』

黄雀 にゅうないすずめ
「入内雀」とも書く。スズメ目ハタオリドリ科の鳥。

黄鳥 うぐいす・こうちょう
①ウグイスの異称。②コウライウグイス科の鳥コウライウグイスの異称。

黄麻 いちび・つなそ
いちび―「茵麻」とも書く。アオイ科の一年草。
つなそ―「綱麻」とも書く。シナノキ科の一年草。

黄麻寸莎 いちびすさ
「茵麻苆・市皮寸沙」とも書く。壁材の一つ。イチビで作った綱を活用した苆（すさ）。

黄黄 きおう
雌黄（しおう）の異称。硫化水素を中心とした鉱物。

黄葵 とろあおい
「黄蜀葵」とも書く。アオイ科の一年草。

黄葉 もみじ・もみじば
「紅葉」とも書く。①秋、木の葉が色づくこと。また、その葉。『万葉集』②カエデの異称。③鹿の肉。④襲（かさね）の色目の一つ。

黄紫茸 きむらたけ
ハマウツボ科の寄生植物オニクの異称。

黄蒲公英 きたんぽぽ
キク科の多年草コウゾリナの異称。

黄楊 つげ
「柘植」とも書く。ツゲ科の常緑小高木。

黄瑞香 おにしばり・みつまた
おにしばり―「鬼縛り」とも書く。ジンチョウゲ科の落葉低木。
みつまた―「三椏・三叉・結黄」とも書く。ジンチョウゲ科の落葉低木。

黄蜀葵 とろろあおい・とろろ
「黄葵」とも書く。→黄葵

黄蓮花 くされだま
「草蓮玉」とも書く。サクラソウ科の多年草。

黄精 やまえみ・なるこゆり
「山笑・鳴子百合」とも書く。ユリ科の多年草。

黄精葉鉤吻 なべわり
「鍋破・鍋割」とも書く。ビャクブ科の多年草。

黄鳳蝶 きあげは・きあげはちょう
「黄揚羽」とも書く。アゲハチョウ科の蝶。

黄槿 はまぼう
アオイ科の落葉低木。

黄鴾毛 きつきげ
「黄桃花毛」とも書く。馬の毛色の一つ。『平治物語』

黄錮魚 わたか・わたこ
「腸香・黄鯛魚・黄鯝魚」とも書く。コイ科の淡産硬骨魚。琵琶湖・淀川水系の特産。

黄檗 きはだ
「黄蘗」とも書く。ミカン科の落葉高木。

黄螺 ばい
「貝・海贏・海螺」とも書く。エゾバイ科の巻貝。

黄鯊 かすざめ
「糟鮫・扁鯊」とも書く。カスザメ科の海産硬骨魚。

黄鼬 てん
「貂」とも書く。イタチ科テン属の哺乳類の総称。

黄顙魚 ぎぎ・かわばち
「義義」とも書く。ギギ科の淡水産硬骨魚。

黄鯛魚 わたか・わたこ・わたうお
「黄錮魚」とも書く。『日葡辞書』→黄錮魚

黄鯝魚 わたか・わたこ・わたうお
「黄錮魚」とも書く。→黄錮魚

黄鶏 かしわ
①羽が茶褐色のにわとり。②鶏肉の異称。

黄蘗 きはだ
「黄檗」とも書く。→黄檗

黄櫨 はぜのき・はじ
「櫨・梔・黄櫨樹」とも書く。①ウルシ科の落葉高木。②ウルシ科の落葉小高木ヤマウルシの異称。

黄櫨匂 はじにおい
「櫨匂・梔匂」とも書く。鎧の縅（おどし）の一つ。

黄櫨漆 はじうるし
「黄櫨」の異称。→黄櫨

黄櫨樹 はじ・はぜ・はぜのき
「黄櫨」とも書く。→黄櫨

黄鶲 きびたき

ヒタキ科の鳥。

黄鶺鴒　きせきれい
セキレイ科の鳥。

黄鸝　こうり
ヒタキ科ウグイス亜科ウグイスの異称。

〈亀　部〉

亀甲半纏　かめのこばんてん
「亀の子半纏」とも書く。袖がなく、亀の形に似た子供用の綿入れ半纏（はんてん）。

亀甲把藁　かめのこだわし
「亀の子束子」とも書く。棕櫚（しゅろ）などの繊維を用いて作ったタワシ。

亀甲縛　かめのこしばり
亀甲形に似た菱形ができるようにする縛り方。

亀鏡　きけい
「亀鑑」とも書く。規範となるもの。『摂津勝尾寺文書』

亀鑑　きけい
「亀鏡」とも書く。→亀鏡

〈黑（黒）部〉　黒は十一画

黒子　ほくろ・ほくそ・ははくそ・ははくろ・くろご
ほくろ・ほくそ・ははくそ・ははくろ—皮膚にできる黒い小斑。くろご—「黒巾・黒衣」とも書く。歌舞伎などで後見が着る黒い衣服。また、その人。

黒巾　くろご
「黒子」とも書く。→黒子

黒内障　そこひ・くろそこひ
「底翳・黒底翳」とも書く。外見の異常なく視力を喪失する疾病。

黒布　くろめ
「黒菜」とも書く。褐藻類の多年生海藻アラメの異称。

黒母衣　くろほろ
「黒保呂」とも書く。黒色の鷲の保呂羽（ほろば）を用いた矢羽。『平治物語』

黒生　くろお・くろふ
野焼きの跡に生える草。

黒白　あやめ・こくびゃく
あやめ—「文目」とも書く。①物の区別。『観音岩』。②色合い。こくびゃく—①黒と白。明暗。②正邪。是非。

黒死病　ペスト
「百斯杜」とも書く。ペスト菌による伝染病。

黒衣　くろご
「黒子」とも書く。→黒子

黒参　ごまのはぐさ・ごまのくさ・ごまくさ・きしくさ
「胡麻葉草・玄参」とも書く。ゴマノハグサ科の多年草。

黒桃花毛　くろつきげ
「黒月毛」とも書く。馬の毛色の一つ。

黒梅擬　くろうめもどき
「鼠李」とも書く。クロウメモドキ科の落葉低木。

黒酒　くろき
クサギの灰を入れて黒くした白酒（しろき）。

黒菜　あらめ
「荒布・滑海藻」とも書く。褐藻類の多年生海藻。

黒曹以　くろそい
フカカサゴ科の海産硬骨魚。

黒甜　ひるね
「昼寝」に同じ。

黒魚　はこねさんしょううお
「箱根山椒魚」とも書く。サンショウウオの一種。本州・四国の山間に生息。

黒貂　ふるき
イタチ科の哺乳類クロテンの古称。『倭名類聚鈔』

黒慈姑　くろぐわい
「烏芋」とも書く。カヤツリグサ科の多年草。

黒縄　こくじょう
地獄の責めの一つ。『孝養集』

黒縄地獄　こくじょうじごく
「黒縄」に同じ。→黒縄

黒麪包　くろパン
ライ麦を主原料とした黒褐色のパン。

〈齊（斉）部〉　斉は八画

斎　いつき・とき・いもい
いつき—①潔斎して神に仕える人。『三代実録』。②斎王（いつきのみこ）の略。『源氏物語』。③大切に育てること。とき—仏家の午前中の食事。いもい—「忌」とも書く。ものいみ。斎戒。

斎女　いつきめ・いつきむすめ・いち
「傅娘」とも書く。神に仕える未婚の娘。『宇津保物語』

斎子八女　いむこやめ
大嘗祭（だいじょうさい）で稲春歌（いねつきうた）を歌う童女八人のこと。『中務内侍日記』

斎川浴み　ゆかわあみ
身を清めるために川で沐浴をすること。『日本書紀』

斎木　ゆき・ゆぎ
神事に用いる榊・松などの常緑の木。

斎火屋　いむこや・いむびや
斎み清めた斎火（いむび）を切り出し、神饌を調理する伊勢神宮の殿舎。

斎王　いつきのみこ
伊勢神宮、賀茂神社に仕える未婚の内親王。

斎田　いわいだ
①神饌にする米を作る田。②大嘗祭で神に供える神饌や神酒の材料となる稲などを作る田。

斎会　さいえ
寺で僧尼に食事を供する法会。また、法会の総称。

斎米　ときまい
寺や僧侶に施す米。『談林十百韻』

斎串　いくし・いぐし・いみぐし
「五十串」とも書く。神に捧げる榊や竹。『万葉集』

斎児　いわいご・いつきご
大切に育てる子供。『万葉集』

斎坊　ときぼん
檀家に呼ばれる僧侶。「斎坊主」に同じ。『懐子』

斎忌　ゆき

「悠紀・由基」とも書く。大嘗祭（だいじょうさい）の祭壇。

斎妻 いわいづま
潔斎して夫の留守を守る妻。『万葉集』

斎居 いもい
①ものいみ。『竹取物語』。②ものいみの食事。

斎服殿 いみはたどの・いむはたどの
「忌機殿」とも書く。神衣を織る機殿（はたどの）。『日本書紀』

斎非時 ときひじ
僧侶の食事。

斎垣 いがき
「忌垣」とも書く。神社など神聖な領域を囲う垣根。『万葉集』

斎屋 ゆや
斎戒するための小屋。『蜻蛉日記』

斎庭 ゆにわ
「斎場」とも書く。斎（い）み浄めた場所。『日本書紀』

斎瓮 ゆか・いわいべ・いむべ・いつべ
ゆか——「斎甕・由加」とも書く。
①祭事に用いる甕(かめ)。『延喜式』。②神に供える生贄（いけにえ）。『延喜式』
いわいべ・いむべ・いつべ——「ゆか」①に同じ。

斎食 さいじき・とき
①仏教で午前中の食事。②法会などで出す食事。③精進料理。

斎宮 いつきのみや
①大嘗祭（だいじょうさい）の神殿。②伊勢・賀茂の斎王（いつきのみこ）の住居。『伊勢物語』。③伊勢神宮。『万葉集』

斎庭 さにわ
①神霊を招請する場所。『古事記』。②神命を受ける人。『日本書紀』

斎料 ときりょう
①僧侶の食費。『宇治拾遺物語』。②行脚の僧侶に与えられる施米や金銭。『ひらかな盛衰記』

斎院 いつきのいん・さいいん
賀茂神社に奉仕した未婚の皇女。

斎笹 ゆざさ
神事に用いる笹。『万葉集』

斎場 ゆにわ
「斎庭」とも書く。→斎庭

斎御衣 いむみぞ
「忌御衣」とも書く。斎（い）み浄めた衣。斎宮・斎院（いつきのみや・いつきのいん）が着用する衣。

斎童 いつきわらわ
神に仕える子供。

斎鉏 いみすき
地鎮祭などの神事で用いる斎（い）み浄めた鋤。『祝詞』

斎種 ゆだね
神聖な種。おもに稲の種。『万葉集』

斎墩果 えごのき
エゴノキ科の落葉小高木。

斎槻 いつき・ゆつき
「五十槻」とも書く。神木の槻。『万葉集』

斎鍬 ゆくわ
地鎮祭などの神事で用いる斎（い）み浄めた鍬。『皇太神宮儀式帳』

斎甕 ゆか
「斎瓮」とも書く。→斎瓮

十二画

〈人部〉

傀儡　くぐつ・かいらい
①操り人形。また、それを操る人。『倭名類聚鈔』。②転じて、その人の意のままに手先となって行動する者。③遊女。『詞花和歌集』

傀儡坊　でくのぼう・でくるぼう
「木偶坊」とも書く。①人形。『臨済録抄』。②役に立たない者。

傔従　つかいびと
「資人」とも書く。高官の警護や雑役を行う者。『万葉集』

傘松　こうやまき
「高野槇・金松」とも書く。スギ科の常緑針葉樹。日本特産。

傘茸　からかさたけ
ハラタケ科のキノコ。

備　つぶさ・つぶさに
「曲・具・委・悉」とも書く。詳細に。『教行信証』

備さに　つぶさに
「備」に同じ。→備

備由　ことのしさい
その事柄のくわしい事情。

傅　かしずく
①子どもを大事に育てる。②世話をする。『椿説弓張月』

傅娘　いつきむすめ
「斎娘」とも書く。大切に育てた娘。『宇津保物語』

傍　かたわら・あたり・そう・はた
「側」とも書く。
かたわら—わき。そば。『平家物語』
あたり—付近。『菅原伝授手習鑑』
そう—人や物に添ったところ。脇。『日本霊異記』
はた—当事者から距離をおいて見る。わきから見る。『こころ』

傍片　かたへら
一対になっているものの一方。

傍目　あからめ・はため・わきめ
あからめ—①わき見。よそ見。傍観。『今昔物語集』。②ちょっとだけ心や関心事を他に移すこと。『大鏡』
はため—当事者から距離をおいて見ること。
わきめ—「あからめ」①に同じ。『浮雲』

傍示杭　ぼうじくい
境界を示す標識として立てる杭。

傍耳　かたみみ
聞くともなしに聞くこと。『源氏物語』

傍役　わきやく
「脇役」とも書く。演劇や映画などで主役の助け役。転じて、補佐役。

傍例　ぼうれい
ならわし。しきたり。慣例。『東大寺文書』

傍屋　かたや
母屋のそばに建つ建造物。

傍迷惑　はためいわく
周囲の人がこうむる迷惑。近所迷惑。

傍訓　ふりがな
「振り仮名」とも書く。漢字に添える読み仮名。『此処やかしこ』

傍視　わきみ
「脇見」とも書く。見るべき方向ではなく、別の方向を見ること。

傍焼き　おかやき
「岡焼き」とも書く。自分とは何の関係もないのに、仲良くしている人たちをねたむこと。

傍痛　かたわらいたい
①傍らにいても心が痛む。気の毒。『枕草子』。②いたたまれない。恥ずかしい。『源氏物語』

傍輩　ほうばい
同僚。転じて、仲間。『三河物語』

傍題　ほうだい
「放題」とも書く。自由勝手なさま。『かたこと』

〈刂部〉

割木瓜　われもこう
「地楡」とも書く。バラ科の多年草。『源氏物語』

割出　さいで
①布の小切れ。『枕草子』。②漆を拭う布。『嬉遊笑覧』

割瓜　カップリ
江戸時代に渡来したオランダの小型のナイフ。『華夷通商考』

割糸機　かっしき
くず糸を綿にもどす機械。

割松　さいまつ
「裂松」とも書く。たいまつ。『宇津保物語』

割符　さいふ・わっぷ・わりふ
中世の為替手形。『潮崎稜威主文書』

割榛　さいばり・さきばり
「榛・辟榛」とも書く。榛の木（はんのき）の皮をはいだときに出る樹液。染料にする。

割褌　わりふんどし
「割犢鼻褌」とも書く。長さ四尺の布を途中まで縦にさき、さいた部分を腰に回して着用する。

割犢鼻褌　わりふんどし
「割褌」とも書く。→割褌

〈力部〉

勤仕　ごんじ
国役などを負担すること。職務をつとめること。『山城国庁宣』

勤求　ごんぐ
仏教で、勤めて仏の善法を求めること。

勤要　むりとり
奪い取ること。

勤修　ごんしゅう
①修行にはげむこと。②転じて、法要を営むこと。

勤策　ごんさく
仏教で、比丘（びく）になるために修行すること。

勝　すぐる・まさる・あげて・あぐ
すぐる・まさる—優れていること。『源氏物語』
あげて・あぐ—全部。すべて。『東海道中膝栗毛』

勝公事　かちくじ

訴訟に勝つこと。

勝角力 かちずもう
角力（すもう）に勝つこと。また、その角力。

勝事 しょうじ・しょうし
人の注意をひく異常なこと。善悪両方の意に用いる。『鎌倉幕府追加法』

勝計 あげてかぞう・しょうけい
具体的に一つ一つ取り立てること。『吾妻鏡』

勝軍木 ぬるで・ぬりで・ぬで
「白膠木」とも書く。ウルシ科の落葉小高木。

勝場 せりば
江戸時代、鉱山の精練所。

〈十 部〉

博労 ばくろう
「馬口労・馬喰・伯楽」とも書く。①馬の善し悪しを鑑定し、売買や周旋を業とする者。『文明本節用集』。②馬の病気をなおす人。

博奕 ばくえき・ばくち・ばくよう
賭事。『地方凡例録』

博陸 はくろく
関白の唐名。『玉葉』

〈卩（㔾）部〉

卿 まえつぎみ・まえつきみ・まちぎみ・もうちぎみ
「公卿・大夫・卿大夫」とも書く。天皇の御前に伺候する人。朝廷に仕える高官。『日本書紀』

卿大夫 まえつきみ
「卿」とも書く。→卿

〈口 部〉

喝火 かっこ
禅寺で夜間に出火を警戒すること。火の用心。

喝食 かっしき・かしき
①禅寺で、食事を大声で知らせる役割の僧。②髪を後ろに結んで垂らす「喝食姿（かっしきすがた）」の略。『太子集』

喝食行者 かっしきあんじゃ
①「喝食」①に同じ。②髪を後ろに結んで垂らした禅寺の侍童（さぶらいわらわ）。

喝道 さきばらい
「先払」とも書く。外出時、貴人の前を行って通行人を追い払い、道中を警護すること。

喔咿 あくい
へつらって笑うこと。

喀剌昆崙 カラコルム
「哈剌和林・哈喇和林」とも書き、「和林」とも略す。十三世紀中頃のモンゴル帝国の首都。

喚縄 おぎなわ
「呼索・招縄」とも書く。鷹の訓練で脚につなぐ太い縄。

喜怡 きい
「熙怡」とも書く。喜ぶこと。

喜馬拉 ヒマラヤ
インド・中国などの国境地帯につらなる世界最大の山脈。

喜望峰 ケープタウン
南アフリカ共和国南端の都市。

喬立ち そばだち
「峙ち」とも書く。①ひときわ高くそびえる。『今昔物語集』。②斜めに立つこと。『玉塵抄』。③尖っていること。

喧 かまびすし
「嚻」とも書く。やかましいこと。『地方凡例録』

喧しい かまびすしい
「嚻しい」とも書く。「喧」に同じ。→喧

喉急 いきせき
ひどく急いでいることの形容。

啻 ただに・つとに
ただに―もっぱら。『甲子夜話』つとに―「夙・蚤・啻・旦」とも書く。①朝早く。②以前から。

啻事 ただごと
「徒事・只事・直事」とも書く。あたりまえのこと。

啾啾 しゅうしゅう
鳥や虫が低い声で鳴くさま。また、すすり泣くさま。

喞筒 ポンプ
圧力で液体を吸い上げたり送ったりする装置。

善友 ぜんぬ
仏教で、七つの善事を備える善き友。

善知鳥 うとう・うとうどり・うとうやすかた
ウミスズメ科の海鳥。『ゆみつき』

善哉 ぜんざい
①仏教で、善を讃え、喜び祝う語。善きかな。『白髭』。②汁粉の一つ。

善逝 ぜんぜい
仏教で、悟りの彼岸に行き、真理の境界に至った者。『平家物語』

善業 ぜんごう
果報を得られる善き行為。

善様 よさま
「好様」とも書く。良いさま。『源氏物語』

喃喃 のうのう
①人に呼びかけるとき発する語。もしもし。『隅田川』。②ああ。やれやれ。

喩 たとえ・たとい
「譬・例・仮令」とも書く。事例。

喇叭 らっぱ
①金管楽器の総称。②拡声器。③「らっぱのみ」の略。

喇竿 らお
「羅宇」とも書く。煙管（きせる）の竹管。

喇嘛 ラマ
チベット仏教の僧侶。

〈土 部〉

堰塞 えんそく
「偃塞」とも書く。水の流れを塞き止めること。

堪忍 かんにん・かに
①堪え忍ぶこと。『太平記』。②我慢して許すこと。勘弁。『石神』。「かに」は俗語で「かんにん」の略。

堪能 たんのう
①十分に満足すること。『悪太郎』。②「かんのう」の慣用読みで、技能に長けること。

堪察加 カムチャッカ

ロシア東端の、太平洋に突出する半島。

堅岩　かたしわ
「堅磐」とも書く。堅い岩。『古事記』

堅香子　かたかご
ユリ科の多年草カタクリの古称。『万葉集』

堅魚　かつお・かつかつ
かつお―「鰹・松魚」とも書く。①サバ科の海産硬骨魚。『万葉集』。②かつお節のこと。『醒睡笑』。③「堅魚木（かつおぎ）」の略。→堅魚木
かつかつ―鰹（かつお）の女房詞。

堅魚木　かつおぎ
「鰹木」とも書く。神社などの棟木の上に並べる鰹節に似た装飾の木材。

堅塩　きたし
精製されていない固形の塩。『日本書紀』

堅磐　かたしわ・かきわ
かたしわ―「堅岩」とも書く。→堅岩
かきわ―堅固な岩の意で、永遠に不変であることを祝す語。『祝詞』

場騎　にわのり
「庭乗」とも書く。庭や馬場で馬を乗りならすこと。

堕俔　だげい
仕事を怠って、他人の財物をうらやむこと。

堕馬　たわけ
「戯け」とも書く。愚か者。ばかもの。

塔中　たっちゅう
「塔頭」とも書く。→塔頭

塔主　たっす
「塔司」とも書く。禅宗で塔頭（たっちゅう）の主管者をつとめる僧侶。

塔司　たっす
「塔主」とも書く。→塔主

塔柿　はちやがき
「蜂屋柿」とも書く。カキの品種の一つ。岐阜県美濃加茂市蜂屋町の原産。

塔舞　あららぎまい
古代の舞の一つ。

塔頭　たっちゅう
「塔中」とも書く。大寺の山内にある別坊。

堡砦　ほうさい
「堡塞」とも書く。砦。城塞。

堡塞　ほうさい
「堡砦」とも書く。→堡砦

〈士　部〉

壺胡簶　つぼやなぐい
「壺胡籙」とも書く。長い筒状の携帯用の矢入れ。『枕草子』

壺装束　つぼそうぞく・つぼしょうぞく
平安・鎌倉時代、中流の女性が徒歩で外出する際の服装。

〈大　部〉

奥方　おきべ
「沖方」とも書く。沖のほう。『万葉集』

奥処　おくか・おくが
①奥まったところ。『万葉集』。②将来。『万葉集』

奥行　おういく
さらに遠くへ行く。『枕草子』

奥津辺　おきつべ
「沖津辺」とも書く。沖のほう。

奥津城　おくつき
墓。墓所。『万葉集』

奥津荒磯　おきつありそ
「沖津荒磯」とも書く。沖のほうの岩がある荒磯。『万葉集』

奥津御年　おきつみとし
稲の異称。また、晩稲（おくて）。『祝詞』

奥津棄戸　おくつすたへ・おきつすたへ
①棺・墓所。『日本書紀』。②床を高く上げて作った寝所。また、床を高くした家。

奥津潮騒　おきつしおざい
「沖津潮騒」とも書く。沖のほうの波音。

奥寄　おうよる
①奥のほうへ寄る。『枕草子』。②古めかしい。『源氏物語』。③老いる。『蜻蛉日記』

奥無　おうなし
考えが浅いこと。『源氏物語』

奢侈ヶ間敷　おごりがましく
身分に似合わず贅沢なこと。

奠　くま
「糘久真」とも書く。神や仏に供える洗い清めた米。「奠稲・糈米」に同じ。『倭姫世紀』

奠茶　てんちゃ
神や仏に備える茶。『太平記』

奠都　てんと
都を別な地に定めること。

奠稲　くましね
「糈米」とも書く。「奠」に同じ。『俊忠集』→奠

〈女　部〉

媮し　こころよし
「快し」とも書く。①愉快である。『枕草子』。②気立てが良い。『源氏物語』。③具合が良い。④病が直って気分が良い。

媒　なかだち
「仲立」とも書く。男女の仲をとりもつこと。『日本書紀』

媒鳥　おとり
「囮」とも書く。①他の鳥獣を誘い寄せて捕らえるために使う飼いならした同類の鳥獣。『新撰字鏡』。②人の心を誘い寄せるためのいろいろな手段。

媚し　こばし
①物事に面白さを添えてきわだたせること。②高尚で奇異な話し方。

媚諛　びゆ
こび、へつらうこと。

〈子　部〉

孳尾　つるび・つるむ
「交尾・遊牝」とも書く。動物が交尾すること。『倭名類聚鈔』

〈宀　部〉

寒い　こい
「凍い」とも書く。凍えること。『三蔵法師伝』

寒心　ぞっと

寒さや恐怖などで心身が急に縮むような感覚になること。『浮城物語』

寒気立 そうけだつ
①さむけがする。②恐ろしく感じる。『日葡辞書』

寒念仏 かんねぶつ
仏教の修行の一つ。寒の三十日間、山野で念仏を唱えること。また、寒夜に参詣し巡業すること。

寒凝 こよしもの
「凍物」とも書く。にこごり。『類聚名義抄』

寒蟬 つくつくぼうし・くつくつぼうし・くつくつほうし
「つくつく法師・蛁蟟」とも書く。セミの一種。『倭名類聚鈔』

寓木 やどりぎ・ほや・ほよ
やどりぎ—「宿木・寄生木」とも書く。他の樹木に寄生する木。ほや・ほよ—ヤドリギの古称。

寐 い・ぬ
①眠る。『古今和歌集』。②横になる。『万葉集』

寐浸 いびたり・いびたれ
寝小便。

寐惚 ねぼけ
「寝惚」とも書く。①目覚めてなおぼんやりしていること。②覚醒せずに起き上がり、奇妙な行動をとること。③色などが不鮮明なこと。

寐腐髪 ねくたれがみ
「寝腐髪」とも書く。起きたばかりの寝乱れた髪。『拾遺和歌集』

富士籠 ふじこ
「伏籠（ふせご）」の転。火桶の上にかぶせる籠。その上に衣類を乗せ、乾かしたり香をたきしめたりする。

富豪た たいした
「大した」とも書く。褒める意で、おどろくべき。『塩原多助一代記』

〈寸 部〉

尋 つぎて・ついで・ひろ
つぎて・ついで—つづいて。『甲子夜話』ひろ—長さの単位。両手を左右に伸ばした長さ。『算法地方大成』

尋究 たずねきわむ
「尋極」とも書く。細部まで糾明する。『北条氏直弁疏状』

尋明 たずねあける
物事の所在・状態を詮索する。『鎌倉幕府追加法』

尋極 たずねきわむ
「尋明」とも書く。→尋明

尊札 そんさつ
他人の手紙に対する敬語。お手紙。『東寺百合文書』

尊行 めうえ
自分より地位や年齢が上の人。

尊所 かしこどころ
「賢所・畏所」とも書く。①宮中で八咫鏡（やたのかがみ）を祀る所。内侍所（ないしどころ）。

尊慮 そんりょ
相手の考えに対する尊敬語。お考え。

尊簡 そんかん
「尊翰」とも書く。「尊札」に同じ。→尊札

〈⺌ 部〉

営 いそぐ・いとなむ
いそぐ—早くやろうとする。いとなむ—生活をする。

〈尢（尣・兀）部〉

就中 なかんずく
とりわけ。とくに。『平家物語』

就令 たとい
「就使・仮令」とも書く。かりに言って見れば。

就地 いずち
「何方」とも書く。どちら。どっち。

就使 たとい
「就令」とも書く。→就令

就版 へんにつく
朝廷の儀式に参列する者の着席場所。『九条年中行事』

〈尸 部〉

孱顔 さんがん
山が高く険しいさま。『幻住庵記』

属目 しょくもく
「嘱目」とも書く。①注目。②目に触れること。③俳諧で目に触れたものを即興的に吟ずること。

属託 そくたく
①金品をもって味方に誘うこと。『源平盛衰記』。②賞金をかけて罪人をさがすこと。『私可多咄』

属輩 めした
「目下」とも書く。自分より地位や年齢が下の者。『五重塔』

〈山 部〉

嵌る はまる
「塡」とも書く。①穴などに落ちること。『日葡辞書』。②夢中になって身動きがとれなくなること。『日葡辞書』。③だまされること。④女の色香に溺れること。『好色一代男』

嵌合 はめあい
軸が穴にはまる具合。

嵌替 すげかえ
「挿替」とも書く。つけかえること。

〈巾 部〉

幄 あげばり
神事などの際、参列者のために庭に設ける仮屋。「幄屋」に同じ。『倭名類聚鈔』

幄屋 あくのや
「幄」に同じ。→幄

幅 の
布幅を数える単位。

幇間 たいこもち・ほうかん
「太鼓持」とも書く。遊客の機嫌をとり、楽しませることを仕事とする者。『石倉新五左衛門』

帽額 もこう
①すだれの上部に張る装飾用の横幕。『徒然草』。②染色などの文様「窠文」（かもん）」の異称。『増鏡』

〈幺 部〉

幾 いくばく・ほとんど・ほとほと
いくばく—「幾許・幾何」とも書く。どれほど。どんなにか。『今昔物語集』ほとんど・ほとほと—おおかた。いますこしのところで。すんでの事に。『膽大小心録』

幾し　ほとほとし
「殆し」とも書く。①いま少しのところで。『万葉集』。②もう少しで死にそうなくらいである。『宇治拾遺物語』。③ひじょうにあぶない。『源氏物語』

幾人　いくたり
何人。『貞丈雑記』

幾入　いくしお
何度も染めること。『蜻蛉日記』

幾十　いくそ
どのくらい。また、数の多いこと。どれほど多数。『拾遺和歌集』

幾十入　いくそしお
数多く何十度も染めること。

幾十許　いくそばく
「幾許」に同じ。→幾許

幾日　いくか
何日。『算法地方大成』

幾多　いくばく・いくだ
「幾」とも書く。『沙石集』→幾

幾年　いくとせ
どれほどの年数。また、多くの年。『狭衣物語』

幾何　いくばく・いくだ
「幾」とも書く。『仁勢物語』→幾

幾度　いくたび・いくど
何回。何度。『正法眼蔵』

幾星霜　いくとしつき
「幾年月」とも書く。多くの年月。『こがね丸』

幾許　いくばく・いくだ・ここだ・ここら・こきし・こきだ・いくそばく・いくばくばかり・そこばく・いくそばく・こきだく・こきばく・ここだく
いくばく・いくだ・ここだ・ここら・こしき・こきだ・いくそばく・いくばくばかり・そこばく・いくそばく・こきだく・こきばく・ここだく―こんなに多く。どれほど。どんなにか。いくばく・いくだ―なにほども。そんなに…ない。『万葉集』

〈弋　部〉

弑　しいす
主君など、目上の者を殺すこと。『地方凡例録』

〈弓　部〉

弾正台　ただすつかさ・だんじょうだい
①律令制で、綱紀粛正や犯罪の取り締まりを司った役所。②明治時代の警察機関。

弾碁　たぎ
二人が盤に対面して行う中国渡来の遊び道具。盤上の白黒の石を指で弾いて当てた方が勝ちとする。『源氏物語』

〈彳　部〉

弼　うつく
助けること。『字鏡集』

街渠　どぶ
「溝」とも書く。下水などを流す水路。『団々珍聞』

御刀代　みとしろ
「御戸代」とも書く。神に備える稲を作る田。『日本書紀』

御下問　ごかもん
天皇が議事所など必要な機関に問いはかること。

御上様　おかさま
①江戸時代に町人が用いた他人の妻の呼称。②女主人の呼称。

御弓　みたらし・おんたらし
「御執」とも書く。貴人が持つ弓。「たら」は弓の尊敬語。『日本書紀』

御弓奏　おんたらしのそう・おんだらしのそう
平安時代以降の行事の一つ。正月七日の白馬節会（あおうまのせちえ）の際、射礼（じゃらい）に用いる天皇の弓を兵部省から献じる儀式。

御五倍子水　おふしみず
御歯黒・鉄漿（おはぐろ）。五倍子（ふし）の粉を用いる。

御手洗　みたらし
①神社の入口にあって、参詣者が手を洗い、口をすすいで浄めるところ。『徒然草』。②「御手洗川」の略。

御水　みもい
水の尊敬語。『日本書紀』

御火焼　おおたき
「御火焚」とも書く。十一月、神社の庭先で焚き火をする行事。『毛吹草』

御火焚　おおたき
「御火焼」とも書く。→御火焼

御出　ぎょしゅつ
貴人が外出すること。『九条年中行事』

御出木偶　おでこ
江戸時代の見せ物に使用された人形。また、それを用いた芝居。

御半下　おはした
貴人に仕える身分の低い女。『天理本狂言六義』

御台　みだい
「御台所・御台盤所」の略。貴人の妻に対する敬称。『御触書天明集成』

御左右　ごそう
御命令。御指示。『義経新高館』

御末男　ごみなん・おみなん
室町時代、将軍の雑役に従事した御末衆（おすえしゅう）の異称。

御正体　みしょうたい
神体や本尊に対する敬称。

御母　おかか
「御嬶」とも書く。母や妻・主婦などの愛称。

御母文字　おかもじ
母親。おかあさま。奥様。

御生　みあれ
「御阿礼」とも書く。神や貴人などの愛称。②京都の葵祭の三日前に行われる祭事。『貫之集』。③賀茂神社のこと。『源氏物語』

御田　おでん
①田楽豆腐。②コンニャク・はんぺんなどを醤油味で煮込んだ料理。

御白　おしろい
「白粉」とも書く。化粧品の一つ。

御目見　おめみえ
「御目見得」とも書く。①貴人にはじめてお目にかかること。②江戸幕府では、直参の内の将軍に謁見が許された者を御目見得以上とし、謁見ができない身分の者を御目見得以下とした。

御目見得　おめみえ
「御目見」とも書く。→御目見

御目通 おめどおり
①拝謁。②貴人などの面前。

御休所 みやすどころ
天皇の寝所。『古事談』

御宇 ぎょう
天皇が治めている期間。御代。『地方凡例録』

御気色 みけしき・ごきしょく
貴人のお気持ち。『公事根源』

御行 おんなり
将軍の外出。『貞丈雑記』

御衣 みけし・みぞ
衣服の尊敬語。お召し物。『古事記』

御衣木 みそぎ
仏像などを彫るときの材料となる木。『文明本節用集』

御衣姫 みぞひめ
「御衣編糅」とも書く。衣類に用いるひめ糊（飯で作った糊）。『枕草子』

御衣編糅 みぞひめ
「御衣姫」とも書く。→御衣姫

御衣筥 みぞばこ
衣類を入れておく箱。

御衣櫃 みぞびつ
「御衣筥」に同じ。『宇津保物語』→御衣筥

御衣懸 みそかけ
衣服を掛けておく家具。『倭名類聚鈔』

御体御占 ごたいのみうら
六月と十二月に行われる天皇の体が平安であるかどうかについて占う神祇官の行事。『朝野群載』

御判 ごはん
印判や花押などの尊敬語。『平家物語』

御呉物 おくりゃれもの
贈られた物。

御囲 おかこ
お囲い者の略。妾。

御坏物 みつきもの
「御膳」とも書く。朝夕の食事の尊敬語。『日本書紀』

御局 おつぼね
禁中や将軍家、大名家の奥向きに仕える女性の敬称。『多聞院日記』

御巫 みかんなぎ
①古代、神祇官に奉仕した未婚の女性。②明治期、神祇省に属し、祭典などの仕事をした職。

御形 おぎょう・ごぎょう
キク科の越年草ハハコグサの異称。

御杖代 みつえしろ
御杖となって、神や天皇に奉仕をする者。とくに伊勢神宮の斎宮（いつきのみや）にいう。『祝詞』

御角柏 みつのがしわ
「三角柏・三津野柏・御津柏」とも書く。①豊明節会（とよのあかりのせちえ）などで酒を盛るのに用いた木の葉。②伊勢神宮で占いに用いた三枚の柏の葉。

御乳人 おちのひと
貴人の乳母。貴人の子の乳母。

御乳母日傘 おんばひがさ
「乳母日傘」とも書く。乳母に抱かせ、日傘を用いるまでにして大切に育てること。

御供米 おくま
「奠稲・精米（くましね）」に敬称がついた語の略。神に供える米。

御舎 みあらか
「御殿」とも書く。宮殿の尊敬語。『日本書紀』

御佩刀 みはかし・みはかせ
貴人の帯刀に対する尊敬語。『日本書紀』

御画日 ぎょかくにち・おかくにち
詔勅の原案を承認したことを示すために天皇が書き入れる日付。

御画可 ぎょかくか
天皇が奏聞を承認したことを示すため書く「可」の文字。

御咎 おとがめ
犯罪に対する処罰。目上の者によるとがめ。

御国忌 みこき
「国忌（こき）」の尊敬語。皇祖・先皇などの忌日。『古今和歌集』

御妻 みめ
「妃」とも書く。妃や女御などへの敬称。『日本書紀』

御学始 おまなはじめ
皇族や貴人が学問を始めること。

御定 ごじょう
「御諚」とも書く。貴人の命令。おおせ。『吾妻鏡』

御居処 おいど
尻。女性が用いた語。

御幸 みゆき
天皇や上皇の外出。『中右記』

御河薬 おこうぐすり・おかわぐすり
天皇が沐浴の際に用いた薬。

御法 みのり
①法令。『万葉集』。②仏法。『東大寺要録』

御所 みと
ご寝所。

御青飯 ひじきおぼの
殯宮（もがりのみや）に供える食事。『日本書紀』

御炊殿 みかしぎどの
神に供える米を炊くところ。

御虎子 おまる
持ち運び可能な便器。

御門料 みかどがね
今後、天皇になるべき人。

御前 ごぜ
①御先追い（みさきおい）。『今昔物語集』。②貴婦人・女性の尊敬語。③「瞽女」とも書く。三味線と歌で生計を立てる盲目の女性。

御室令旨 おむろのりょうじ
仁和寺の門跡（もんぜき）の命令を伝える文書。

御昼成 おひんなる
「おひるなる」の音便。お目覚めになる。『誹風柳多留』

御神酒 おみき
神に供える酒。

御軍 みくさ
「皇軍」とも書く。天子の軍隊。『万葉集』

御食 みけ・みおし
「御饌」とも書く。①天皇の食事の材料。『祝詞』。②神に捧げる食事。

「神饌（しんせん）」に同じ。

御食人　みけびと
死者に供える供物を整える者。『古事記』

御食国　みけつくに
「御食津国・御調都国」とも書く。天皇の食料を献上する国。『万葉集』

御食物　みけつもの
「御食（みけ）」となるべき物。『日本書紀』→御食

御食津国　みけつくに
「御食国」とも書く。→御食国

御倚子　ごいし
儀式の折りに天皇が座った椅子。『栄花物語』

御哭　みね
声を出して泣くこと。葬儀に弔意を表わすために泣く儀式。『日本書紀』

御孫　みま
貴人の孫。子孫の尊敬語。『日本書紀』

御孫命　みまのみこと
天照大神の子孫、つまり天皇。『日本書紀』

御家様　おえさま
「おいえさま」の略。商家など、主人の妻、また他人の妻の尊敬語。『心中万年草』

御師　おし
「御詔刀師（おんのりとし）・御祈禱師（おいのりし）」の略。祈禱師に同じ。

御席　みまし
「御座」とも書く。天皇など貴人の御座所。『日本書紀』

御庫裏　おくり
浄土真宗で僧侶の妻の呼称。

御座　みまし・おわす・おわします
みまし―「御席」とも書く。→御席
おわす―①「居る・ある・来る・行く」の尊敬語。『土佐日記』。②動詞・形容詞に付いて尊敬の意を示す語。『源氏物語』
おわします―「おわす」の敬意を強めたもの。

御座子　おくらご
伊勢神宮などに仕える未婚の娘。『諸国咄』

御座所　おわしましどころ
貴人の居るところ。『源氏物語』

御修法　みしほ・みしゅほう・みずほう
密教の法会で、正月に宮中で行われた仏事。

御徒　おかち
①徒歩で供をする徒侍（かちざむらい）。徒組（かちぐみ）。②江戸時代の職の一つ、「御徒目付（おかちめつけ）」の略。

御息所　みやすんどころ
①皇太子などの妃。『古今和歌集』。②天皇の寵愛をうけた女性。『栄花物語』。③皇子・皇女を生んだ女御・更衣。

御祓　みそぎ
「禊」とも書く。①川や海で罪や汚れを洗い流し、身を浄めること。『万葉集』。②「禊祓（みそぎはらえ）」の略。

御秣　みまくさ
「御馬草」とも書く。まぐさ。『万葉集』

御蚕　おこ
蚕の敬称。

御記　ぎょき
天皇や貴人が書いた日記類。

御酒　みき
「神酒」とも書く。酒の尊敬語。『源氏物語』

御酒古草　みきこぐさ
バラ科の落葉小高木モモの異称。

御酒草　みきくさ
女房詞で桃の花。三月三日に酒に浮かべて用いることからの呼称。

御洒落　おしゃれ・おしゃらく
おしゃれ―身なりなどに気をつかうこと。また、その人。
おしゃらく―①「おしゃれ」に同じ。②遊女。③宿屋の下女。

御馬草　みまくさ
「御秣」とも書く。『万葉集』→御秣

御厠人　みかわやうど
宮中で便所の掃除をした身分の低い女官。『枕草子』

御執　みたらし・みとらし・おたらし・おんたらし
「御弓」とも書く。弓の尊敬語。貴人のもつ弓。『日本書紀』

御帳　おちょう
①公的機関で作成された帳簿の尊称。②江戸時代、前科者の罪状や所在を記録した帳簿。

御庵　おあん
尼僧、また尼僧の住居の尊敬語。『比丘貞』

御強　おこわ
赤飯。こわめし。

御強草　おこわぐさ
幼児語。タデ科の一年草イヌタデの異称。

御深井焼　おふけやき
尾張徳川家で焼かれた陶器。

御菩薩焼　みぞろやき
京焼の一つ。京都市御菩薩池（みぞろがいけ）付近で焼かれたもの。

御教書　みぎょうしょ
三位以上の公卿、のちに武家も下した公文書。

御梳　おかんあげ
「御髪上げ」とも書く。貴人の女性の髪を結うこと。『男色大鑑』

御紫　おむら
女房詞で鰯（いわし）。

御斎　おとき
「斎（とき）」の丁寧語。仏家の食事。

御厨　みくりや
神に供える食事を整える建物。『伊勢光明寺古文書』

御御　おごう・おご
娘や妻をいう愛称。

御御供　おごく
神饌の主食。

御無音　ごぶいん
「無音（ぶいん）」の丁寧語。手紙文に用いる「御無沙汰」。

御統　みすまる
玉を紐で輪にした上代の首飾り。『古事記』

御寝　ぎょし
「ぎょしん」の転。貴人が寝ることの尊敬語。『平家物語』

御溝水 みかわみず
宮中の庭を流れる溝の水。『古今和歌集』

御蒲鳥 おかまのとり
メジロ科の鳥メジロの異称。

御愛ぼい おいとぼい
女房詞で「かわいらしい」。

御感 ぎょかん
天皇や主君などが感心すること。『地方凡例録』

御殿 みあらか
「御舎」とも書く。宮殿の尊敬語。『日本書紀』

御殿油 おおとなぶら・おんとなぶら
「大殿油」とも書く。大殿（おおとの）、つまり宮殿や貴人の邸宅における燈火。『源氏物語』

御稜威 みいつ
「稜威・厳（いつ）」の尊敬語。強い威光・威勢。『祝詞』

御節 おせち
季節の変わり目である節句に食べる御馳走。

御零れ おこぼれ
人の得た利益の中から恩恵的に与えられるごく少量のもの。また、人の残り物。

御幘冠 おんさくのかむり
天皇が大嘗祭や神今食（じんごんじき）の神事に着用した冠。

御稲 みしね
稲の美称。神に供える稲。『神楽歌』

御綾 ぎょりょう
「魚綾・魚陵・魚竜」とも書く。綾織物の一種。『平家物語』

御隠 おんぎょう
「隠形」とも書く。呪術により身を隠すこと。

御髪上げ おかんあげ・おぐしあげ
貴人の女性の髪を結うこと。また、その髪を結う侍女。『男色大鑑』

御髪剃 おこうぞり
①「剃刀（かみそり）」の敬称。②剃髪し、仏門に入る儀式。

御鳴 おなら
屁（へ）。

御器噛り ごきかぶり
「蜚蠊」とも書く。ゴキブリ科の昆虫ゴキブリの異称。『和漢三才図会』

御幣 ごへい
神に供える幣帛（へいはく）の尊敬語。『世間胸算用』

御幣子 おへこ
①西陣の織物工。②京都今宮神社の氏子。『人倫重宝記』

御影供 おめいく・みえいぐ・みえいく・みえぐ・みえく
真言宗で、空海の画を掲げて行う法会。

御潮斎 おしおい
海水を神に供えること。

御調 みつぎ
「調・貢」とも書く。租税の総称。『万葉集』

御調都国 みけつのくに
「御食津国」とも書く。→御食津国

御諚 ごじょう
「御定」とも書く。→御定

御賓頭盧 おびんずる
十六羅漢の一人。賓頭盧尊者の尊敬語。『雑兵物語』

御霊会 ごりょうえ・みたまえ
怨霊などを鎮めるための祭り。

御霊屋 みたまや
先祖の霊などを祀るためのお堂。『御触書天明集成』

御薪 みかまぎ
「御竈木」とも書く。①社寺に奉納する薪。②律令時代、正月十五日に国司などから宮内省に献上される薪。『日本書紀』。③江戸時代、武家で正月十五日に割った薪に墨で一二本の横線を引いて門の脇に立てかけたもの。

御憑奉行 おんたのもぶぎょう
室町時代、贈答に関する御内書（ごないしょ）を扱った職。

御膳 みけ・おもの・みつきもの
「御食」とも書く。『紫式部日記』→御食

御頭 おつむ
幼児語で頭。

御嬶 おかか
「御母」とも書く。→御母

御贄 おんべ
「大嘗（おおにえ）」の転。朝廷や髪に献上する各地の産物。

御璽 ぎょじ
天皇の印。

御簾 みす
「簾」の尊敬語。すだれ。『紫式部日記』

御竈木 みかまぎ
「御薪」とも書く。→御薪

御饌 みけ
「御食」とも書く。→御食

復ち おち
「変若ち」とも書く。若々しい活力がよみがえること。『万葉集』

復水 おちみず
「変若水」とも書く。飲めば若返るという霊水。『万葉集』

復習 さらい
①繰り返し習うこと。②弟子たちに日頃学んだ芸・技を演じさせること。『浮世風呂』

復蛸 にしどち
アゲハチョウやスズメガのさなぎの異称。

徧 あまねし
すみずみまでいきわたっている。『正法眼蔵』

〈忄部〉

愀変 しゅうへん
心や態度を変化させること。『吉川家文書』

惻隠 ねもころ・ねもころごろ
「懇」とも書く。①こまやかな情のあるさま。『万葉集』。②懇意。『万葉集』

惰偸 だとう
軽々しいこと。

〈扌部〉

插秧婦 さおとめ
「早乙女・早少女」とも書く。田

植えをする女性。

挿鞋　そうかい・そうがい
天皇が束帯を着用するときの靴。「錦鞋（きんかい）」に同じ。

挿艾　さしもぐさ
「指焼草・指艾」とも書く。キク科の多年草ヨモギの異称。『後拾遺和歌集』

提月　たいげつ
晦日。

提宇子　ダイウス
「大臼・大宇須」とも書く。キリシタン用語。「デウス」の転訛。天主。『言経卿記』

提食籠　さげじきろう
手で提げて持ち運べる食籠（じきろう）。

提燈　ちょうちん
「提灯」とも書く。照明具の一つ。割竹の骨に紙を貼り、中にろうそくを入れたもの。

提駅　うまざし
「馬差」とも書く。江戸時代、街道宿場で馬や人夫を差配した宿の下役人。

揖　ゆうす・すすむ
ゆうす—挨拶すること。『権記』
すすむ—進めること。『左経記』

揚屋　あがりや・あげや
あがりや—江戸時代、江戸小伝馬町にあった牢屋敷の一つ。大名や旗本の家臣・下級の御家人・僧侶・山伏・医師などの未決囚を収容した。
あげや—置屋から遊女を揚げて遊ぶ家。

揚巻　あげまき
「総角」とも書く。①古代の少年の髪形。また、それを結った少年。『太平記』②紐の結び方の一つ。『源氏物語』

揚繰網　あぐりあみ
イワシやカツオなどを捕る網。

揺子　いりご
砕米（くだけまい）よりさらに細かく砕いた米。

揺振　ゆさぶる・ゆすぶる
①揺り動かす。②動揺させる。混乱を引き起こす。

揺揺　ゆたゆた
ゆるやかに揺れ動くさま。『色道大鏡』

揺蕩　たゆたい
ゆったりと揺れ動くこと。『万葉集』

揺糠　いろぬか
精米の際にでる砕けた米。

〈氵部〉

淵底　えんてい
徹底的に。残りなく。『御成敗式目』

温介　ぬくすけ
「温助」とも書く。のろまな者、お人よしな者の擬人名。『傾城禁短気』

温州柑　うんしゅうみかん
「温州蜜柑・雲州蜜柑・乳橘」とも書く。ミカンの一品種。

温州橘　うじゅきつ
柑橘類の一品種。中国産で温州蜜柑（うんしゅうみかん）とは別物。

温血　ぬくち
生きている動物の血。生血。『定家鷹三百首』

温助　ぬくすけ
「温介」とも書く。→温介

温坑　オンドル
「温突」とも書く。朝鮮半島で用いられる暖房装置。

温麦　ぬるむぎ
ぬるくして食べるうどん。

温突　オンドル
「温坑」とも書く。→温坑

温若　ぬくわか
親の資産を相続した愚かな若者を罵倒する語。『蛙合戦』

温泉躑躅　うんぜんつつじ
「雲仙躑躅」とも書く。ツツジ科の常緑小低木。

温鳥　ぬくめどり
①寒夜、鷹が小鳥を捕えて足を温め、翌朝逃がすこと。また、その小鳥。『後京極鷹三百首』②親鳥が雛を羽の下で温めること。『百合若大臣』

温温　ぬくぬく
①暖かいさま。②不自由のないさま。③平気なさま。④出来たて。

温雅　しとやか
「淑やか・温籍」とも書く。上品で落ち着いているさま。『観音岩』

温糟　うんぞう
「紅糟」とも書く。禅寺で食す粥の一種。『庭訓往来』

温籍　しとやか
「温雅・淑やか」とも書く。『浮雲』→温雅

渠　かれ
「彼」に同じ。『甲子夜話』

渠奴等　やつら
「奴等」とも書く。多人数の人をいう蔑称。『長者鑑』

渠帥　いさお
勇気のある男。『日本書紀』

渠等　かれら
「彼等」に同じ。あの人たち。『今の女』

減気　げんき
「験気」とも書く。病状が軽くなること。『島津家文書』

減殺　げんさい
減らすこと。少なくすること。

減張　めりはり
「乙張」とも書く。音声の抑揚。『闇の礫』

湖田　うえだし
湖や沼などに田を広げること。

渾発　こんぱつ
製図用の器具コンパス。『算法地方大成』

湿地　にた
水はけの悪い土地。「沼田（ぬた）」に同じ。

湿気　しけ
しっけ。しめりけ。

湿羊歯　しけしだ
オシダ科のシダ。

湫　くて・ぐて
水草の生えた低湿な土地。

湑む　したむ
「釃む」とも書く。①液をしたたらせる。酒を一滴残らず漉（こ）す。『山家集』②水を布にしみ込ませる。

『好色一代男』

湛 たんと
十分に。

湛浮 だぶだぶ
大きすぎてたるんでいるさま。ゆるゆる。

湍水 たんすい
早瀬の水。

湍門 せと
「瀬戸・瀬門・迫門」とも書く。陸地に挟まれた幅の狭い海峡。『万葉集』

湍瀬 せぜ
「瀬瀬」とも書く。多くの瀬。『万葉集』

渟足柵 ぬたりのき
大化改新時の大和朝廷が蝦夷（えぞ）に備えて造った城柵。

渟浪田 ぬなた・ぬなだ
水田。『日本書紀』

渡心 わたらいごころ
世渡りの心がけ。生活力。『宇津保物語』

渡座 わたまし
「移徙」とも書く。①転居。『十訓抄』。②神輿などの渡御（とぎょ）。

渡盞 とさん
「台盞」とも書く。盃をのせる台。『好色一代男』

渡頭 わたし
「津渡」とも書く。船で人などを対岸に移動させること。また、その場所。

湯女 ゆな
①温泉宿で客の世話をした女性。②江戸時代、湯屋にいた遊女。

湯母 ゆおも
上代、生まれたばかりの子に湯を飲ませた女性。『日本書紀』

湯坐 ゆえ
上代、貴人の乳児を入浴させた女性。『古事記』

湯注 ゆつぎ
「湯次」とも書く。注ぎ口と柄のある、湯や酒を注ぐための木製の器具。「湯桶（ゆとう）」に同じ。

湯婆 たんぽ
①中に湯を入れて寝床などに入れ、足や体を温める金属製または陶製の道具。湯たんぽ。②酒に燗をつける容器。『好色盛衰記』

湯帷子 ゆかたびら
入浴のときに着た単衣もの。ゆかた。『相模集』

湯湯婆 ゆたんぽ
「湯婆」に同じ。↓湯婆

湯煠で ゆゆで
入浴すること。『重之集』

渺茫 びょうぼう
広々として果てしないさま。『航米日録』

渺茫中 ぼんやり
①物や意識などが明瞭でないこと。②気が利かないこと。『浮城物語』

渺渺 びょうびょう
「渺茫」に同じ。『太平記』↓渺茫

満天星 どうだんつつじ
ツツジ科の落葉低木。

満尾 めでたしめでたし
結構だ。立派だ。上々だ。『春色梅児誉美』

満剌加 マラッカ
マレー半島南西部に位置する海峡。

満俺 マンガン
金属元素の一つ。

満真 まんまこと
「真誠」とも書く。まったく嘘のないこと。

湧魚 わきな
「涌魚」とも書く。魚の大群が押し寄せること。

〈犭部〉

猩猩 しょうじょう
想像上の中国の怪獣。『倭名類聚鈔』

猩熱り ほてり
「火照り・熱り」とも書く。のぼせて顔が赤くなること。『長者鑑』

猶子 ゆうし・ゆうじ
身分の低い者が、より高位の者と仮に結ぶ親子関係。『明月記』

猶太 ユダヤ
ユダヤ人によってつくられた古代王国の地。

猶且 やはり
「矢張り」とも書く。思った通り。『金色夜叉』

猶猶 なおなお
「尚尚」とも書く。①どうしても。②一段と。

猶預い たゆたい・ためらい
たゆたい―①船などがゆらゆら動くこと。『万葉集』。②不安で動揺すること。『万葉集』。③行動を決断しかねること。
ためらい―「たゆたい」③に同じ。『高野聖』

猥 みだり・みだりに
「浪・妄・漫・濫」とも書く。①秩序を乱す。②いいかげん。『沙石集』

猥ケ間敷 みだりがまし
①乱雑だ。②不作法だ。

猥言 わいげん
みだらなことば。

猥雑 わいざつ
下品な感じがすること。

猥敷 みだりかわし
「猥ケ間敷」に同じ。『朝倉孝景條々』↓猥ケ間敷

猥褻 みだら・わいせつ
性的にいやらしいこと。『緑簑談』

〈艹（艹・艸）部〉
艹は四画、艸は六画

葦田鶴 あしたず
鶴の異称。『万葉集』

葦芽 あしかび
「葦牙」とも書く。葦の若芽。『古事記』

葦剖 よしきり
「葦切・葭切」とも書く。ヒタキ科の鳥。

葦雀 よしきり
「葦剖」とも書く。↓葦剖

葦鹿 あしか
「海驢・海馬」とも書く。アシカ科の哺乳類の総称。

葦簀 よしず
「葭簀」とも書く。日除けなどに

用いる、葦を編んで作った簀（すだれ）。

葭莩　あしづつ
「葦筒」とも書く。葦の茎のあまがわ。『夫木和歌抄』

葭簀　よしず
「葦簀」とも書く。→葦簀

葛上亭長　まめはんみょう
「豆斑猫」とも書く。ツチハンミョウ科の甲虫。

葛行李　ふじごうり
「藤行李」とも書く。藤葛（ふじかずら）を編んでつづらのように作った旅行用の荷物入れ。

葛西念仏　かさいねんぶつ
①江戸時代、武蔵国（東京都）葛西の農夫が行なった念仏踊り。②囃子（はやし）の一つ。

葛豆　くずはのむし・くずかずらのむし
ツチハンミョウ科の甲虫マメハンミョウの異称。

葛松葉　あこう・あこのき
「赤秀・赤榕」とも書く。クワ科の亜熱帯性高木。

葛帷子　くずかたびら
葛の繊維を用いた布で製した帷子（かたびら）。

葛飾蕉門　かつしかしょうもん
江戸葛飾に住んだ山口素堂の流れをくむ俳諧の一派。「葛飾風」に同じ。

葛藤廻　つづらまわし
「葛籠回」とも書く。江戸の吉原で、葛籠（つづら）に遊女の夜具などを入れて持ち歩いた男性。

葛蘿　かずらかげ
ヒカゲノカズラ科の常緑多年生シダ植物ヒカゲノカズラの異称。

葵向　きこう
①アオイの花が太陽の方を向くこと。②君主などの徳を仰ぎ慕うこと。

葵藿　きかく
アオイの花などが太陽の方を向くように、人を慕うことのたとえ。『万葉集』

萱草　かんぞう
ユリ科の多年草。『枕草子』

萱野　かやぬ
「茅野」とも書く。茅の茂った野原。『万葉集』

葫　にんにく・ひる
にんにく―「大蒜」とも書く。ユリ科の多年草。
ひる―「蒜・葫」とも書く。ユリ科の多年草ネギ・ノビルなどの古称。

葬車　きくるま・きぐるま
「轜車」とも書く。貴人の棺を載せる車。

葬頭河の婆　しょうずかのばば
「三途河の婆」とも書く。三途（さんず）の川の川岸にいて、亡者の衣服をはぎ取る鬼婆。

葬物　はふりもの・はぶりもの
葬具。『日本書紀』

葱台　ひらきぼしら
「平葱柱」とも書く。橋の両端の擬宝珠（ぎぼし）がついている柱。『倭名類聚鈔』

葱青　あおやぐ
枯野がうっすらと緑色になってくることの形容。

葱頭　たまねぎ
「玉葱」とも書く。ユリ科の多年草。

葱鴨　ねぎとり
カモとネギを炊き合せた料理。『浮世床』

葱鮪　ねぎま
ネギとマグロを使った鍋料理。

葩煎　はぜ
「糅・爆米・葉是」とも書く。糯米（もちごめ）を炒ってはじけさせたもの。『日葡辞書』

葡萄　えび
①ブドウ科の蔓性落葉低木ヤマブドウの古称。②織色の名の一つ。③襲（かさね）の色目の一つ。

葡萄牙　ポルトガル
イベリア半島南西部に位置する共和国。

葡萄蔓　えびづる・えびかずら
えびづる―「蝦蔓」とも書く。ブドウ科の多年生蔓草。
えびかずら―「蒲陶」とも書く。①ブドウ科の蔓性落葉低木ヤマブドウの古称。『日本書紀』。②エビヅルの古称。『類聚名義抄』。③かもじ。添え髪のこと。『源氏物語』

葡萄蔓虫　えびづるむし
「蝦蔓虫」とも書く。スカシバガ科のブドウスカシバとムラサキスカシバの幼虫。ブドウやエビヅルにつく虫。

葉子　ひらで
「葉手・枚手・葉盤」とも書く。柏の葉で作った簡単な器。『古事記』

葉手　ひらで
「葉子」とも書く。→葉子

葉皮　えび・えい
「裛衣・裛被」とも書く。香の一つ。栴檀（せんだんの）葉や樹皮で作った「裛衣香（えいこう）」の略。

葉交　はがい
多くの葉が交わり接して生い茂ること。

葉是　はぜ
「葩煎」とも書く。→葩煎

葉胡蘿蔔　はにんじん
「葉人参」とも書く。秋季、葉を食用にする人参。

葉椀　くぼて
「窪手」とも書く。神に供えるものを盛る器。『宇津保物語』

葉蜱　はだに
「葉壁蝨」とも書く。ハダニ科のダニ。

葉盤　ひらで
「葉手」とも書く。→葉手

葉壁蝨　はだに
「葉蜱」とも書く。→葉蜱

葉衛矛　はまゆみ
ニシキギ科の常緑低木マサキの異称。

葉薦　すご
藁で編んだ入れ物。

落し　あやし
「零し」とも書く。こぼすこと。『宝物集』

落叉　らくしゃ
「洛叉」とも書く。古代インドの数の単位。十万、一億など諸説がある。

落文　おとしぶみ
①「落書」とも書く。権力者に対して批判と風刺をした匿名（とくめ

い）の文書。『愚管抄』。②オトシブミ科の甲虫の総称。

落行 おちゆく
①逃亡する。②帰着する。③おちぶれていく。

落忌 としみ
精進落とし。忌明け。『源氏物語』

落居 らっきょ
判決がでて裁判が終わること。『今川仮名目録』

落度 おっと・おつど・おちど
「越度・乙度」とも書く。おっと・おつど―律令制で、抜け道を通って関所を越すこと。おちど―失敗。あやまち。敗北

落脱 がっかり
落胆すること。『浮雲』

落雪 ぼっとり
愛敬のある女性の形容。『浮雲』

落葵 つるむらさき
「蔓紫」とも書く。ツルムラサキ科の蔓性一年草。

落葉松 からまつ
「唐松」とも書く。マツ科の落葉高木。

落慶 らくぎょう・らっきょう・らっけい
神社・寺院の落成を祝うこと。

落魄 おちぶる・らくたく
おちぶる―おちぶれる。零落する。『雨月物語』
らくたく―「楽託」とも書く。おちぶれること。

落霜紅 うめもどき
「梅擬」とも書く。モチノキ科の落葉低木。

落籍す ひかす
「引かす」とも書く。娼妓・芸妓を身請けすること。

葎草 かなむぐら
「金葎」とも書く。クワ科の一年草。

葎穂 ホップ
クワ科の蔓性多年草。ビールの原料となる。

葈耳 おなもみ
キク科の一年草。

〈心（⺗）部〉

惣中 そうちゅう・そうじゅう
室町時代、農民の自治組織。

惣而 そうじて
すべて。全部で。『奥の細道』

惣次 そうなみ
「惣並」とも書く。それら全部。『実隆公記』

惣別 そうべつ
「総別」とも書く。おおよそ。『甲州法度之次第』

惣並 そうなみ
「惣次」とも書く。→惣次

惣暗 つつくら
真っ暗闇。『今昔物語集』

惣領 そうりょう
平安時代、一族や軍団の統括者。『円覚寺文書』

悲母 ひも
慈母。慈悲深い母。『平家物語』

悶躁く もがく
「踠く」とも書く。①あがく。もだえくるしんで手足を動かすさま。『今の女』。②いらだつ。

惑突 むちゃくちゃ
でたらめ。筋や道理が通らないさま。「めちゃくちゃ」に同じ。

〈手部〉

掌印 ていん・しゅいん
「手印」とも書く。文書に押す手形。

掌侍 ないしのじょう
律令制で、内侍司（ないしのつかさ）の判官（じょう）。

掌客 しょうきゃく
「請客」とも書く。奈良・平安時代、外国の使節を接待する役目の者。『日本書紀』

掌酒 さかびと
「酒人」とも書く。酒の醸造をつかさどる人。『日本書紀』

〈支部〉

攲てる そばだてる
①斜めに立てる。『宇治拾遺物語』。②そびえたたせる。『古今著聞集』

〈攴（攵）部〉

敢無頼 あいなだのみ
あてにならない頼み。空頼み。分不相応の期待。

敢請 いびり
①さいなむこと。『西洋道中膝栗毛』。②火にあぶって焼くこと。

敬白 けいびゃく・けいはく
①仏事の趣旨や功徳を表わすもの。『朽木古文書』。②手紙の末尾に記す敬語。

敬礼 きょうらい
①敬い、礼拝すること。②祈願する際、仏の名に冠する語。『平治物語』

敬屈 きょうくつ
体をかがめて敬礼すること。『源平盛衰記』

散 ほろ
①ばらばらなさま。『万葉集』。②涙が落ちるさま。『平家女護島』

散く とらく
「蕩く・盪く」とも書く。①ばらばらになる。②溶ける。『沙石集』

散切 ざんぎり
明治初年、断髪令ではやった髪形。「散切頭（ざんぎりあたま）」の略。

散毛髪 はらけがみ
「散髪」とも書く。①乱れ髪。振り乱した髪。②江戸時代、役者が楽屋にいるときに結った簡単な髪形。

散位 さんに・さんい
律令制で、位階だけあって相応の官職に就いていない者。『今昔物語集』

散位寮 とねのつかさ・さんにりょう
律令制の役所の一つ。散位（さんに）を管理した。→散位

散更 さるごう
「散楽」とも書く。①「猿楽・散楽（さるがく）」。→散楽。②おどけ。『枕草子』

散供 さんぐ
①供養のため、銭や花などを散布すること。『曾我物語』。②供物を下げること。

散炭　ばらずみ
①バラで売る炭。②小枝で作った細い炭。

散点　つらなり
「連なり」とも書く。つらなっていること。『長者鑑』

散荷　ばらに
包装などされていないばらの荷物。

散華　さんげ
①供養のために花をまき散らすこと。②四個法要の一つ。法会で紙製の蓮華の花びらをまき散らすこと。

散書　ちらしがき
短冊や色紙などに行の長さや行間をそろえず、文字を散らして書くこと。

散鬼杖　さぎちょう
「左義長・三毬杖・三毬打」とも書く。小正月に無病息災を祈願して行なわれた火祭り。

散斎　あらいみ
「粗忌・荒忌」とも書く。祭祀の前後に、その関係者が行う簡単な斎戒。『和泉式部集』

散散時雨　さんさしぐれ・さんざしぐれ
①宮城県仙台地方の民謡で祝い唄。②ぬか雨。

散斯克　サンスクリット
インド・ヨーロッパ語族のインド・アーリア語派に属する古代語。梵語。

散飯　さば・さんば・さんばん・さんぱん
「生飯・三把・三飯」とも書く。鬼神などに供える少量の飯。『枕草子』

散楽　さるがく・さんがく・さるごう
さるがく・さんがく—①「猿楽・申楽」とも書く。平安時代の芸能。②能楽の古称。『折りたく柴の記』
さるごう—①「さるがく・さんがく」に同じ。②おどけ。

散銭　ばらせん
少額の金額。はした金。

散積　ばらづみ
石炭・鉱石・穀物などを袋などに入れずにそのまま積み込むこと。

散鮨　ばらずし
ちらし寿司。

敦圉　いきまく
①精力をふるう。②息が荒くなるほど激怒する。③まくしたてる。

敦謂　いかにして
「如何にして」とも書く。どのようにして。

〈文　部〉

斑　ふ・ほどろ・はだれ・まだら・ぶち
ふ・ほどろ・はだれ・まだら—まだらであること。散在しているさま。
ぶち—「駁」とも書く。毛色がまじっていること。

斑大豆　くらかけまめ・うずらまめ
「鞍掛豆・鶉豆」とも書く。インゲンマメの一品種。

斑犬　ぶち
毛色がまじっている犬。『緑簑談』

斑毛　ぶちげ
「駁毛」とも書く。馬の毛色の一つ。

斑気　むらき・むらぎ
気が変わりやすいこと。

斑杖　まむしぐさ
「蝮草」とも書く。サトイモ科の多年草。

斑枝花　パンヤ
「木綿」とも書く。パンヤ科の常緑高木。『日本永代蔵』

斑馬　しまうま
「縞馬」とも書く。ウマ科の哺乳類。

斑猫　はんみょう
「斑蝥」とも書く。ハンミョウ科の甲虫の総称。『真宗教要鈔』

斑雪　はだれゆき・はだれ・はだらゆき
①まばらに降る雪。②薄く降り積もった雪。③まだらな残り雪。『夫木和歌抄』

斑魚　さばふぐ
「鯖河豚」とも書く。フグ科の海産硬骨魚。

斑黄牛　あめまだら
「飴斑」とも書く。毛色が飴色で斑のある牛。

斑葉　いさは
斑（ふ）入りの葉。

斑斑し　むらむらし
色の濃淡がある。さまざまである。『馬内侍集』

斑替　ふがわり
「生替」とも書く。①鳥の毛や葉の色が変わっていること。『鷹聞書』。②物事が普通でないさま。

斑鳩　いかる・いかるが
「鵤」とも書く。アトリ科の鳥。『万葉集』

斑節蝦　くるまえび
「車海老・車蝦」とも書く。クルマエビ科のエビ。

斑雑毛　ふふき
白髪がまじっている髪。『日本書紀』

斑蝥　はんみょう・みちおしえ
はんみょう—「斑猫」とも書く。
→斑猫
みちおしえ—「道教・路導」とも書く。「はんみょう」の俗称。

斑濃　むらご
①「叢濃・村濃」とも書く。染色でところどころが濃く染まっているもの。『枕草子』。②鎧の縅（おどし）の一つ「斑濃の縅」の略。

斑霜　はだれしも
まだらにおりた霜。『万葉集』

斌斌　ひんぴん
「彬彬」とも書く。①外見と内容がともに備わっていること。②文物が盛んに起こること。

〈斤　部〉

斯　かく・この
「此」とも書く。このように。『地方凡例録』

斯許り　かばかり
①こんなにも。②これだけ。『徒然草』

斯斯　こうこう
このようにして。

斯須　ししゅ
しばしの間。暫時。

斯様 こうざま・かよう
このよう。かくあるさま。『源氏物語』

〈日（曰）部〉

暁 さとる・あさ
さとる―①物事の道理をきちんと知る。『甲子夜話』。②察知する。③仏教で涅槃を得る。
あさ―朝。『信長公記』

暁更 ぎょうこう
夜明けのまだ暗い頃。『中右記』

暁得 さとり
「暁」に同じ。『椿説弓張月』↓暁

景天 べんけいそう
「弁慶草」とも書く。ベンケイソウ科の多年草。

景迹 きょうじゃく・きょうしゃく・きょうざく
「還迹」とも書く。①日常の行い。『続日本紀』。②推測。『沙石集』

景従 えいじゅう
「影従」とも書く。影のようにつねにつき従うこと。

最 もう・いとど
もう―もはや。すでに。『春色梅児誉美』
いとど―ますます。

最中 さなか・もなか
さなか―さいちゅう。物事の真っ盛り。
もなか―①「さなか」に同じ。②真ん中。中心。『拾遺和歌集』。③和菓子の一つ。

最手 ほつて・ほて
「秀手」とも書く。
ほつて―上手。わざがすぐれていること。『万葉集』
ほて―平安時代、相撲（すまい）の節会（せちえ）で最上位の力士。のちの大関。

最手脇 ほてわき
相撲で、「最手（ほて）」に次ぐ力士。関脇。

最合 もやい・もあい
「催合・持相」とも書く。他人と共同で物事を行うこと。

最早 もはや
もう。すでに。『算法地方大成』

最花物 はつほもの
「初穂物・早穂物」とも書く。神仏に捧げる物。『義経記』

最前 いやさき
一番先。真っ先。『古事記』

最寄 もより
すぐ近く。『地方凡例録』

最惜 いとおしむ
大切に思う。かわいく思う。『椿説弓張月』

最勝海藻 ほつめ
「保都米」とも書く。①もっとも良質の海藻。②ワカメの一種。

最極 いやはて
「弥終」とも書く。一番終わり。最終。

最愛子 まなご
深く愛する子供。『万葉集』

最愛気 いたいけ
「幼気」とも書く。かわいらしいさま。

皛しい しらじらしい
「白々しい」とも書く。①みえすいている。『金色夜叉』。②興ざめ。

曾 かつて・いむさき
かつて―「嘗・曾而・都」とも書く。①全然。少しも。②いままで一度も。『万葉集』。③昔。以前。
いむさき―「往前」とも書く。「かつて」③に同じ。『日本書紀』

曾て かつて
「曾」に同じ。↓曾

曾而 かつて
「曾」に同じ。↓曾

曾布豆碓 そうずうす
水力による碓（うす）。「水碓（みずうす）」の異称。

替名 かえな
変名。『百姓分量記』

替米 かえまい
中世の為替で、米で決済をすること。

晩方 くれがた
夕暮れどき。『今昔物語集』

晩生 おくて
「奥手・晩稲」とも書く。①成長が比較的遅い植物の品種。『類聚名義抄』。②転じて、成長の遅い人。

晩稲 おくて・おしね
「晩生」とも書く。↓晩生

晩蟬 ひぐらし・かなかな
ひぐらし―「日暮・蜩・茅蜩」とも書く。セミの一種。
かなかな―「ひぐらし」の異称。

晩羹 まんかん
「饅羹」とも書く。昼間の間食。『饅頭屋本節用集』

普 あまねく
「遍・歴」とも書く。すみずみまでゆきわたって。広く。

普し あまねし
「遍し」とも書く。『古今和歌集』。
「普」に同じ。↓普

普化宗 ふけしゅう
禅宗の一派。江戸時代に広まり、虚無僧（こむそう）で知られる。

普洱茶 プーアルちゃ
中国茶の一種。

普請 ふしん・ぶしん
土木・建築工事。禅寺で、人々に堂塔・建設などの労役に服してもらうこと。『御触書宝暦集成』。

普請役 ふしんやく
普請奉行の役人。『地方凡例録』

普請所 ふしんしょ
幕府や国役が行う土木工事場。『地方凡例録』

普魯西 プロシア
ドイツ北東部に位置した王国プロイセンの英語名。

普賢線 さるおがせ
「猿麻桛・松蘿」とも書く。サルオガセ科サルオガセ属の地衣類の総称。

晬 にきらか
潤いがあってつややかなさま。

晬時 さいじ
一周年の誕生日。

〈月 部〉

腋戸 わきど
「脇戸」とも書く。正面の脇にある小戸。『今昔物語集』

腋臭　わきが
「狐臭」とも書く。わきの下からでる特有の臭いを発する汗。また、その症状。

期剋う　いのごう
相手に迫り恐れさせる。『古事記』

腊物　きたいもの
干した肉。「腊（きたい・ほじし）」に同じ。

腊葉　おしば・さくよう
「押し葉」とも書く。草木の葉などを紙に押し挟んで乾燥させたもの。

朝夕人　ちょうじゃくにん
①「朝夕雑色（ちょうじゃくぞうしき）」に同じ。↓朝夕雑色。②江戸時代、将軍外出の際、便器を携えて随行した者。「公人朝夕人（くにんちょうじゃくにん）」に同じ。

朝夕雑色　ちょうじゃくぞうしき
鎌倉時代、雑役に従事した下級役人。

朝召　ちょうしょう
朝廷が諸大名を召すこと。『復古記』

朝旦　あさなさな
「朝な朝な」の転。毎朝。『万葉集』

朝未来　あさまだき
夜が明け切らない頃。

朝参　みかどまいり
「御門参」とも書く。朝廷に参上すること。参内。『日本書紀』

朝所　あいたんどころ・あいたどころ
「朝食所・朝政所・朝膳所」とも書く。「あしたどころ」の転。太政官庁の東北に位置する建物。『枕草子』

朝明　あさけ
「朝開」とも書く。「朝明け」の略。明け方。『万葉集』

朝物　あさぶち
「朝扶持」とも書く。朝食前に食べる菓子類。

朝食　あさげ
「朝餉」とも書く。朝の食事。

朝朗　あさぼらけ
明け方の明るくなる頃。あけぼの。

朝鳥狩　あさとがり
朝に行なう鷹狩り。

朝勤　あさじ
「朝事」とも書く。浄土真宗で、①毎朝の読経。②早朝、寺に参ること。「朝事参り（ちょうじまいり）」の略。

朝御食　あさみけ
神や天皇の朝の膳部。『祝詞』

朝普茶　あさぶさ
「朝物」に同じ。『心中天の網島』↓朝物

朝開　あさけ
「朝明」とも書く。明け方。

朝寝　あさい
「あさね」の古語。『万葉集』

朝熊人参　あさまにんじん
ビャクブ科の多年草ナベワリの異称。

朝餉　あさがれい・あさげ
あさがれい—天皇の食事。また、その朝食。『公事根源』。
あさげ—「朝食」とも書く。↓朝食

朝膳　あさがしわ
「朝餉」に同じ。↓朝餉

朝霧隠り　あさぎりごもり・あさぎりがくり
朝霧に隠れること。『万葉集』

腓　くぶら・こむら・ふくらはぎ
すねの裏側のふくらんだ部分。「くぶら」は古語。

腓返り　こむらがえり
「転筋」とも書く。腓脛（ふくらはぎ）などの筋肉が急に痙攣（けいれん）すること。『饅頭屋本節用集』

腕弛　かいだゆし・かいだるし・かったるい
かいだゆし・かいだるし—「かいなだゆし」の略。肩がだるい。『清慎公集』
かったるい—転じて、①体がだるい。②もどかしい。

腕挙　かいなげ
「かいなあげ」の略。腕を上げること。『神楽歌』

〈木　部〉

椅　いいぎり・いぎり・いぬぎり
「飯桐」とも書く。イイギリ科の落葉高木。

極　きわまる・きわみ
「窮」とも書く。極限にたっすること。『長野藤定書状』

極下手　からっぺた
「空っ下手」とも書く。まったく下手で問題にならないこと。『牡丹灯籠』

極月　ごくげつ・しわす
陰暦十二月の異称。『地方凡例録』

極出し　きめだし
相撲の技の一つ。相手の差し手の関節をはさみ動かせないようにして寄り出す技。

極札　きわめふだ
書画・刀剣などの小札型の鑑定書。

極込　きめこみ
「木目込」とも書く。①押し絵。②鼻筋におしろいなどを塗って鼻を高く見せる化粧。

極印　ごくいん
江戸時代、金銀の貨幣や、幕府・藩産出の木材の焼印などに、品質の保証をするために押した影印や文字。『地方凡例録』

極事　きめごと
取り決め。

極倒し　きめたおし
相撲の技の一つ。相手の差し手の関節をはさみ動かせないようにしてひねり倒すこと。

極隅　きわずみ
限界。『玉塵抄』

極微　ごくみ
仏教で、物質の最小単位。

棘　おどろ
「荊棘」とも書く。①草木が乱れ茂る場所。『源氏物語』。②髪など乱れたさま。

棘の路　おどろのみち
公卿（くぎょう）の異称。『新古今和歌集』

棘路　きょくろ
「棘の路」に同じ。『本朝文粋』↓棘の路

棘鮀魚 とげうお
「棘魚」とも書く。トゲウオ科の淡水産硬骨魚の総称。

検 かんがう・さす
かんがう―考える。『教行信証』さす―調べる。『算法地方大成』

検勾 けんこう
①点検して間違いを正すこと。②取り締まること。

検夫爾 ケンペル
ドイツの博物学者。日本に来日。

検見 けみ
「毛見」とも書く。中世・近世の年貢収納法の一つ。

検非違使 けびいし
平安時代から京都の治安を勤めた役人。『古事談』

検案内 あんないをけんずるに
先例を調べると。『東大寺文書』

検校 けんぎょう
①平安・鎌倉時代は荘官の官名。②南北朝以後は盲人の官名。

椒 はじかみ
「薑」とも書く。ミカン科の落葉低木サンショウの古称。『古事記歌謡』。②ショウガ科の多年草ショウガの古称。『倭名類聚鈔』

森 もり
「銛（もり）」とも書く。魚などを刺して捕らえる漁具。『算法地方大成』

棲老 すみあらす
長いこと住んだ家が古びる。

椿 あべまき
ブナ科の落葉高木。

棕梠 しゅろ
「棕櫚・椶櫚」とも書く。ヤシ科シュロ属の常緑高木。

棕櫚 しゅろ
「棕梠」とも書く。→棕梠

棣棠 やまぶき
「山吹」とも書く。①バラ科の落葉低木。②山吹色。転じて、大判・小判。③鮒（ふな）の異称。

棟上 むねあげ
家を建てるとき棟木をあげる儀式。『御触書宝暦集成』

棟役 むねやく
家屋に科された税金。『算法地方大成』

棠梨 ずみ
「桷」とも書く。バラ科の落葉小低木。

棠棣 はねず・にわうめ
はねず―「唐棣」とも書く。モクレン・ニワザクラの古名。『万葉集』にわうめ―「庭梅・郁李」とも書く。バラ科の落葉低木。コウメ。

棚機津女 たなばたつめ
①機を織る女性。『万葉集』。②織女星の異称。

棒受網 ぼけあみ
漁業用の捕獲網の一種。

棒棒鶏 バンバンジー
中国四川料理の冷菜。茹でた鶏肉を細かく裂いたものに胡麻味噌たれをかけて和えたもの。

椋の木 むくのき
「樸樹」とも書く。ニレ科の落葉高木。

椋鳥 むくどり
①ムクドリ科の鳥。②田舎者に対する蔑称。

椀飯 おうばん
「垸飯」とも書く。①饗応のための宴。②椀に盛って相手にすすめる飯。『源氏物語』

椀飯振舞 おうばんぶるまい
①江戸時代、正月などに、一家の主が親戚縁者を招いてごちそうをふるまったこと。②転じて、盛大な饗応。

椚 くぬぎ
「櫟・橡・櫪」とも書く。ブナ科の落葉高木。

椨 たぶのき
クスノキ科の落葉高木。

楉 すわえ
「楚・杪」とも書く。①まっすぐにのびた若枝。『枕草子』。②刑罰に使う笞。『日本霊異記』

〈欠　部〉

款冬 やまぶき・ふき
やまぶき―「山吹」とも書く。①バラ科の落葉低木。『万葉集』。②山吹色であることから大判小判。③鉱石を溶かして金・銀・銅を分離させること。④鮒（ふな）の異称。『日葡辞書』。⑤女房詞で白酒。
ふき―「蕗・苳・菜路」とも書く。キク科の多年草。

款冬色 ふきいろ
①薄くくすんだ橙色。②襲（かさね）の色目の一つ。

款状 かんじょう
官位を望むときの嘆願書。

〈歹　部〉

殖 うまう
生み増やす。次々生む。『万葉集』

殖り うまわり
増え広がる。『日本書紀』

〈毛　部〉

毷 むくげ
「尨毛」とも書く。鳥獣の柔らかな毛。

毷毷しい けばけばしい
品がなく派手なさま。『心中重井筒』

〈水　部〉

淼淼 びょうびょう
水面がどこまでも広がっているさま。

淼漫 びょうまん
「淼淼」に同じ。→淼淼

〈火　部〉

焱 おびただし
①はなはだしい。②きわめて大きい。③非常に多い。

焠ぎ にらぎ
①刀を鍛えるときに鋼を焼いて水にくぐらすこと。『類聚名義抄』。②どもること。『三蔵法師伝』

焠児 さいじ
火種から火を移すつけ木。

焼 たく
燃やす。焚く。『浮世物語』

焼べる くべる

火に入れて燃やす。『方丈記』

焼売　シューマイ
中国料理の一つ。

焼松　たいまつ
「松明・炬火」とも書く。松や竹などを束ねて火をつけて、灯としたもの。

焼荒　たきすさむ
焚火が消えかかりながら燃えていること。『太平記』

焼過糖　たきかとう
琉球王府が専売のため貢糖・買上糖として収納した残りの黒糖で、販売を許されたもの。

焙炉　ほいろ
茶や薬を火にかざして乾燥させる道具。『文明本節用集』

焙烙　ほうろく
「炮烙」とも書く。素焼きの土鍋。『日葡辞書』

焙烙火矢　ほうろくびや
「炮烙火矢」とも書く。戦国時代の火器の一つ。

焙碌頭巾　ほうろくずきん
「炮烙頭巾」とも書く。僧侶・老人が用いた焙烙形の頭巾。『心中天網島』

焙籠　あぶりこ
「炙り子」とも書く。①火鉢の上で衣類などを乾燥させるときに用いる竹の籠。②餅などを焼く網。

〈灬部〉

煮御水　におもい
「漿」とも書く。湯をさまして飲用水にすること。湯ざまし。『倭名類聚鈔』

煮濃味　にこみ
「煮込み」とも書く。食材を煮込むこと。

煮麺　にゅうめん
そうめんを煮たもの。

焦点　やけど
「火傷」とも書く。火や熱湯などで皮膚が傷つくこと。『長者鑑』

焦慮　やきもき
物事が思い通りに進まないため、気がいらだつ。『其面影』

焦燥　やきもき
「焦慮」に同じ。『黴』→焦慮

焦燥ぐ　はしゃぐ
「噪ぐ」とも書く。浮かれ騒ぐ。『こころ』

焦燥さ　もどかしさ
思うようにならないこと。『其面影』

然　しか・しかも・しかれば・しからば・しかるに・しかり・さぞ・さて・しかと
しか—そのように。その通り。『今昔物語集』
しかも—なおそのうえに。『愚管抄』
しかれば・しからば—そうであるならば。『葉隠』
しかるに—それなのに。『公事根源』
しかり—そうである。『古今著聞集』
さぞ—きっと。『今昔物語集』
さて—それでは。『今昔物語集』
しかと—たしかに。『古事談』

然あらぬ　さあらぬ
①そうではない。『大鏡』。②なにげない。『はもち中将』

然で無い　そでない
①違う。②いけない。③尋常でない。

然云う　しかいう
「云爾」とも書く。文章の末尾に用い、上記の通りであることを示す言葉。

然乍　さりながら
しかしながら。それはそうであるが。

然共　しかれども・しかとも
しかれども—しかしながら。しかし。『平家物語』
しかとも—はっきりとは。『三河物語』

然有り　さあり
その通りである。『烏帽子折』

然迄　さまで
それほどまで。『源氏物語』

然者　しからば・しかれば
それならば。『沙石集』

然為れば　さすれば
①そうであるから。②そうであるとすれば。

然候　さんぞうろう
さようでございます。『平治物語』

然然　しかじか・しかしか・ささ
しかじか—「云云」とも書く。詳しい語を省略するとき用いる言葉。
しかしか—いかにもそのとおり。『大鏡』
ささ—「しかじか・しかしか」に同じ。『宇津保物語』

然程　さほど
それほど。『天草本伊曾保物語』

然様　さよう・しかさま
「左様」とも書く。そのとおり。『十訓抄』

無げの咎　なげのいらえ
おざなりな答え。『源氏物語』

無げの遊み　なげのすさみ
その場かぎりのたわむれ。『源氏物語』

無乃　むしろ
「寧・無寧」とも書く。どちらかといえば。

無二無三　むにむさん
①一途なさま。『甲陽軍艦』。②他に例を見ないこと。

無下　むげ
①まさにそうであること。『源氏物語』。②程度がひどく劣っていること。『徒然草』。③ひどくいやしいこと。『増鏡』

無分暁　むふんきょう
不明なこと。見当違いなこと。

無勿体　もったいなし
「無勿躰」とも書く。恐れ多い。かたじけない。

無勿躰　もったいなし
「無勿体」とも書く。→無勿体

無反　むぞり
刀の反りがないこと。直刀。

無戸室　うつむろ
四面の扉を塞いだ出入口のない部屋。『日本書紀』

無手　むて・むで
①手に何も持っていないこと。②転じて、方策のないこと。『結城氏新法度』

無月星　あじきなし

「嘸端」とも書く。①どうにもならない。②意味がない。

無止 やんごとなし
「無止事」とも書く。①やむを得ない。②格別である。③高貴である。重々しい。

無止事 やんごとなし
「無止」とも書く。→無止

無比 たぐいなし
比べるものがない。

無功用 むくゆう
自然のままでまったく手を加えないこと。

無四度計 しどけなし
「無四度回解」とも書く。だらしがない。分別がない。

無四度回解 しどけなし
「無四度計」とも書く。→無四度計

無失 むじつ
「無実」とも書く。罪のないこと。『根南志具佐』

無左 さなし
とくに問題のないこと。『御触書宝暦集成』

無用 いたずら
不要。無駄。

無目堅間 まなしかたま
「無目籠」とも書く。目を細かく堅く編んで塗料を塗り、舟の代わりに用いた竹籠。『日本書紀』

無目籠 まなしかたま
「無目堅間」とも書く。→無目堅間

無礼 なめる・なめ
なめる―頭から馬鹿にして無礼な態度をとる。みくびる。なめ―①ぶれいであること。『増鏡』②生意気。『当世嘘の川』

無礼言 なめりごと
ぶれい・不作法な言葉。『日本書紀』

無礼戯 なめざれ
ぶれい・不作法なたわむれ。

無礼顔 なめがお
人を馬鹿にしたような顔つき。『好色万金丹』

無仡 きつなし
寛容なである。

無何有 むかう・むこう
自然のまま。作為のないこと。また、そうした境地。

無作 むさ
仏教で、因縁により生じたものではないこと。

無花果 いちじく・いちじゅく
「映日果」とも書く。クワ科の落葉小高木。

無言 しじま
何も言わぬこと。沈黙。

無卦 むけ
陰陽道で、生まれ年の干支（えと）によって五年間不運が続く年回り。

無実 はしたなし
つつしみがない。心が浅い。

無底 そこはかとなく
さだかでない。どこがどうということもない。

無拠 よんどころなし・よんどころなく
それ以外どうしようもない。やむをえない。『算法地方大成』

無物草 なきものぐさ
ウキクサ科の多年草ウキクサの異称。

無長気 おとなげなし
おとならしくない。子供っぽい。

無品 むほん・むぼん
親王・内親王で、位階を持たない者。『源氏物語』

無単袴 ぶたご
①略式の装束。②不格好で品のないこと。『世話用文章』

無故 ゆえなし
根拠がないこと。『長宗我部氏掟書』

無為 ぶい・むい
何もしないでぶらぶらしていること。『宇治拾遺物語』

無為方 なすかたなし
どうしようもない。「無詮方（せんかたなし）」に同じ。

無計 はかなし
「果無し・果敢無し・儚し」とも書く。①消えてなくなりやすい。②とりとめがない。③頼りにならない。

無音 ぶいん・むいん
①長いあいだ音沙汰のないこと。『大友義鑑書状』②挨拶のないこと。『保元物語』

無射 ぶえき
①陰暦九月の異称。②中国音名の十二律の下から十一番目の音。

無差 むざと・むさと
①惜しげもなく。②軽率に。

無術 じゅつなし・すべなし
なすべき方法がない。仕方がない。『鎌倉遺文』

無惜気 おしげなし
気前がよい。惜しくない。

無患子 むくろじ・むく・もくげんじ
ムクロジ科の落葉高木。

無患子打 むくうち
遊びで穴一（あないち）の一種。無患子（むくろじ）の実を銭に代えたもの。

無剰 あますところなく
すべて。残らず。

無聊 たいくつ
「退屈」とも書く。興味がわかず嫌気がさすこと。あきあきすること。『浮城物語』

無覚束 おぼつかなし
「覚束無」とも書く。①ぼんやりしている。『僧長賀書状』②うまくいく見込みがない。③心もとない。

無越 こよなし
①この上ない。②格段に差がある。

無間 むげん・むけん
①間断ないこと。『古今著聞集』②無間地獄の略。『性霊集』

無間勝間 まなしかつま
「無目堅間」に同じ。→無目堅間

無塩 ぶえん
①塩気が足らないこと。②鮮魚。『平家物語』③人擦れしていないこと。④処女。『春色梅児誉美』

無墓 はかなし
「無計」とも書く。→無計

無碍 むげ
「無礙」とも書く。仏教で、何の障害もないこと。

無詮方　せんかたなし
どうしようもない。手のほどこしようもない。

無寧　むしろ
「無乃」とも書く。→無乃

無端　あじきなし
あじけない。つまらない。『太平記』

無慙　むぞう
①「むざん」の転。罪を犯して恥じることのないこと。『宇治拾遺物語』。②かわいらしいこと。『物類称呼』

無稽　むけい
何の根拠もないこと。でたらめなこと。『地方凡例録』。

無輪犂　むりんり・むりんすき
車のない犂（すき）。「犂」は「からすき」とも読む。→犂

無據　よんどころなし
「拠無し」とも書く。やむを得ない。『離れ鴦』

無礙　むげ
「無碍」とも書く。→無碍

〈牛部〉

犇き　ひしめき
混雑して押し合い騒ぐこと。『宇治拾遺物語』

犇与　ひしと
「緊と・犇と」とも書く。①しっかりと。②強く身に迫るさま。

犇犇　ひしひし・びしびし・ぴしぴし
「緊緊」とも書く
ひしひし—①物が押されて鳴るさま。②ぴったりと寄るさま。『古今著聞集』。③動きの激しいさま。『宇治拾遺物語』。④ゆるみなく迫るさま。『源平盛衰記』。⑤むち打つ音。⑥身に強く感じるさま。
びしびし—①鼻水をすすり上げる音。②「ひしひし」①④に同じ。
ぴしぴし—①激しく物を折る音。②「ひしひし」④に同じ。

犂　からすき
「唐鋤」とも書く。牛馬に引かせて田畑を耕すための農具。『浮世物語』

犂旦　れいたん
「黎旦」とも書く。夜明け。

〈玉（王）部〉王は四画

琴軋　ことさき
和琴（わじん）の琴爪。

琴柱　ことじ
「箏柱」とも書く。琴などの胴の上に立てて弦を支える「人」の字形の具。『源氏物語』

琴柱角叉　ことじつのまた
紅藻類スギノリ科の海藻。

琴瑟　きんしつ
①琴と瑟（おおごと）。『半蔀夕顔』。②夫婦仲がきわめて良いこと。『懐風藻』

琴頭　ことがみ
琴の頭部。『日本書紀』

琥珀　こはく・くはく
こはく—①地質時代の樹脂が地中で石化したもの。②琥珀織の略。
くはく—「こはく」の古語。『曾我物語』

琵牛漆　べくうるし
「可漆」とも書く。ミャンマーの古都ペグーから渡来した漆。

琵琶笛　びやぼん
「口琴」とも書く。口にくわえ、指で弾いて音を出すおもちゃの楽器。

琺瑯　ほうろう
金属の表面にガラスのうわぐすりを塗り、高温で焼き付けたもの。

〈瓦部〉

瓺　みか
「甕」とも書く。水や酒を貯え、また酒を醸造するために用いた大きなかめ。『祝詞』

〈田部〉

畳　たたむ
広げてあるものを折り返して重ね、小さくする。『地方凡例録』

畳一　でっち
「重一」とも書く。双六で二つの采（さい）の目がともに一になること。『太平記』

畳五　でっく
「重五」とも書く。双六で二つの采（さい）の目がともに五になること。

畳紙　たとう・たとうがみ
「帖紙」とも書く。①たたんで懐に入れる和紙。『枕草子』。②着物をたたんでしまうための厚手の和紙。

番　つがい・つがう・とのい
つがい—①二つのものが一対になっていること。②夫婦。③動物の雌雄一対。④関節。つなぎ目。『日葡辞書』。⑤きっかけ。『醒睡笑』。⑥都合。
つがう—「つがい」①に同じ。
とのい—「宿直」とも書く。夜間に宮廷や貴人を警固すること。『太平記』

番える　つがえる
①二つ以上のものを組み合せる。『日葡辞書』。②矢を弓の弦にあてる。『平家物語』。③堅く約束する。

番文　つがいふみ・ばんぶみ
武家政権で、幕府への出仕や宿直の組合せなどを記した帳簿。「番帳」に同じ。

番木鼈　まちん
「馬銭」とも書く。フジウツギ科の常緑喬木。『浮世物語』

番匠　ばんそう・ばんぞう
「番匠（ばんしょう・ばんじょう）」の転。①古代、諸国から京都に上って勤務した木工職人。②大工。『日葡辞書』

番南瓜　とうなす
「唐茄子・蕃南瓜」とも書く。①南瓜（かぼちゃ）の一品種。②東京地方で南瓜類の異称。

番紅花　サフラン
「泊夫藍・泊芙蘭」とも書く。アヤメ科の多年草。

番舶　ばばん
①倭寇の異称。②密貿易。

番瀝青　ペンキ
①ペイント。顔料と展色剤を混和した塗料の総称。②瀝青（ちゃん）。

〈疋（⻊）部〉

疏　さくり
「決・刳」とも書く。①畑の畝（うね）。②騎射で馬の走路を示すため

に最初の馬がつけた足跡。

疏瓦 つつみがわら
「包瓦・堤瓦」とも書く。棟を包むための半円筒形の瓦。

疏食 そし・そしい
「疎食」とも書く。粗末な食物・食事。「そしい」は「そし」の転。

疎早 そぞう
「粗相」とも書く。粗末なこと。『葉隠』

疎抜く うろぬく
密生している農作物を適当に抜き取ってまばらにする。「間引き」に同じ。

疎忽 おろそか
「疎か」とも書く。①十分でない。なおざり。『露小袖』。②すきまが多いさま。まばら。

疎忽かしい そそっかしい
落ち着きがなく軽率である。『永日小品』

疎降 おろぶり
（雨などの）小降り。

疎組 あまぐみ
「阿麻組・亞麻組」とも書く。日本建築で料栱（ときょう＝軒を支える部分）の配し方の一つ。柱の上にのみ料栱を組む。

疎疎し おれおれし
「愚愚し」とも書く。間が抜けている。愚かだ。『源氏物語』

疎懸 まばらがけ
進退に統制がとれておらず、各自勝手に戦うこと。『日葡辞書』

疎籬 あばらまがき
まばらに編んだ垣根。『夫木和歌抄』

〈疒部〉

痛入 いたみいる
人の好意に感謝し済まないと思う。『言継卿記』

痛矢串 いたやぐし
強く突き刺さり重症を負わせる矢。『古事記』

痛歯蹙 いたはじかみ
ミカン科の落葉低木サンショウの古名。

痛敷 いたわし
「労敷・労し」とも書く。①困難で労力がいる。②気の毒に思う。ふびんだ。『保元物語』

痘の神 いものかみ
天然痘を流行らせると考えられていた神。『泊船集』

痘痕 みっちゃ・あばた
「菊石」とも書く。あばた。『わたし船』

痘痕面 あばたづら
痘瘡（とうそう）の跡が残った顔。『吾輩は猫である』

痘痕顔 いもがお
「痘瘡面」に同じ。→痘瘡面

痘瘡 いもがさ・もがさ
痘瘡（とうそう）の古語。『栄花物語』

〈癶部〉

登年 ほうねん
穀物の稔りの多い年。とくに稲についていう。豊年。

登時 すなわち
「即・則・乃・迺」とも書く。名詞―①その時。②その頃。副詞―①すぐに。②つまり。接続詞―①言い換えれば。②その場合は。

〈白部〉

皓皓 こうこう
「皎皎」とも書く。①潔白なさま。清いさま。『根南志具佐』。②月光などが明るいさま。『万葉集』。③むなしく広いさま。

〈目部〉

着 いる・かくる・あらわす
いる―そこに存在すること。『今昔物語集』
かくる―身につける。『筆のまにまに』
あらわす―記述されている。『東海道中膝栗毛』

着衣 ちゃくえ
衣服を着ること。『貞丈雑記』

着衣始 きそはじめ
江戸時代、正月の吉日に新しい着物を着始めること。

着到 ちゃくとう
①「到着」に同じ。『北条氏印判状』。②役所の出金簿。

着剥 きせはぎ
①興業主が興行中のみ役者に衣裳を貸与すること。また、その衣裳。②奉公人に着物を貸与すること。また、その着物。

着背 きせなが
「着背長・著長」とも書く。大型の鎧の美称。特に大将が着用するもの。『平家物語』

着装 きそう
「着襲」とも書く。着物を重ねて着る。『万葉集』

着襲 きそう
「着装」とも書く。→着装

睇ち めかりうち
ちらっと見ること。流し目。「秋波（しゅうは＝いろ目）を送る」に同じ。『日本霊異記』

〈矢部〉

短人 ひきうど・ひきと・ひきびと
「矮人・低人・侏儒」とも書く。背の低い人。

短人舞 ひきどまい・ひきひとまい
「侏儒舞・低人舞」とも書く。平安時代の猿楽の一つで、侏儒の舞。

短山 ひきやま
「低山」とも書く。低い山。『祝詞』

短尺 たんざく
「短冊・短籍」とも書く。和歌や俳句を書く細長い紙。

短冊 たんざく・たんじゃく
「短尺」とも書く。→短尺

短息 たんぞく
力をつくして世話をすること。『宇都宮家式条』

短檠 たんけい
灯火具の一種。

短籍 たんざく・ひねりぶみ
たんざく―「短尺」とも書く。→短尺
ひねりぶみ―「捻文・拈文・撚文」とも書く。占いの一つ。異なる事柄を記した細長い紙を複数作り、ひねって「くじ」としたもの。

〈石　部〉

确　そね
「埆」とも書く。石のまじるやせ地。

硨磲　しゃこ
「車渠」とも書く。シャコ貝の略。『宇津保物語』→硨磲貝

硨磲貝　しゃこがい
シャコ貝科の二枚貝。

硝子　ガラス
石英などを原料とした、硬く透明でもろい物質。

〈禾　部〉

稈心　みご
藁の皮を取り除いた茎。また、稲穂の芯。

稀　まれ
「希」とも書く。珍しいさま。『地方凡例録』

稀代　きたい・けったい
「希代」とも書く。①世にまれなこと。『平家物語』。②あやしいこと。不思議なこと。「けったい」は②の意の俗語。『物くさ太郎』

稀有
「希有」とも書く。①めったにないこと。②不思議なこと。『源氏物語』

稀粥　おもゆ
「重湯」とも書く。水の量を多くして炊いた粥の上澄み液。

稍　やや・ようやく
「稍稍」とも書く。
やや―少し。『日本山海名産図会』
ようやく―やっと。かろうじて。『西洋紀聞』

稍稍　やや
「稍」とも書く。『木戸孝允文書』→稍

税　ちから・おろす
ちから―租税。『日本書紀』
おろす―荷物をおろすこと。

税所　さいしょ
「済所」とも書く。平安・鎌倉時代の役所の一つ。租税などの収納を司った。『太平記』

税倉　ちからぐら
上代、稲米をおさめておく倉。この稲米を租税とする説と貢物とする説がある。

税稲　ちからしね
租税とする稲。

程　こそ
あることをとくに強調する語。『川渡甚太夫一代記』

程無　ほどなく
「まもなく」に同じ。

稂　はぐさ
「莠」とも書く。水田に生えるエノコログサのたぐいの雑草。『夫木和歌抄』

〈穴　部〉

窘　きんす・くるしむ・こまる
①きんす・くるしむ―苦しむ。『甲子夜話』
②こまる―困難となる。『甲子夜話』

〈立　部〉

竢　まつ
「遅・須・徯」とも書く。「待つ」に同じ。

童子格子　どうしんごうし・どうじごうし
太い格子縞の文様。酒呑童子の着ていた服の模様とされる。

童衆　わらし
子供。

童謡　わざうた
「謡歌」とも書く。上代歌謡の一つ。風刺・社会的事件の前兆などを謡った流行歌。『日本書紀』

〈衤　部〉

裙帯　くんたい・くたい
女房装束のうち、裳の腰につけて左右に長く垂らした飾り紐。『枕草子』

裙帯菜　わかめ
「和布・若布・稚海藻」とも書く。海産の褐藻。『万葉集』

補陀落　ふだらく
「普陀落・宝陀落伽」とも書く。観世音菩薩が住むという山。

補理　しつらえ
ととのえ準備すること。「しつらい」に同じ。『御触書宝暦集成』

〈竹　部〉

筈刺　はんざし
「はずさし」の音便。弓の弦を受ける矢筈（やはず）の溝を彫り込むために使用する小刀。

筐　かたみ
編み目の細かい竹籠。『後撰和歌集』

筋斗　もんどり・とんぼがえり
①宙返り。『おぼえ帳』。②目的地に着いてすぐ引き返すこと。

筋目　きめ
「木目・肌理」とも書く。①木目。②皮膚などの表面の細かいあや。『多聞院日記』

筋違い　すじかい
「筋交い」とも書く。①斜めに交叉した状態。はすかい。②建築で、強度を高めるために挿入する斜材。

笄　こうがい
髪をかきあげるための道具。『御触書宝暦集成』

策　はかりごと
計略。『太平記』

筍　たかんな・たこうな
タケノコ。『古今著聞集』

筌　うえ・うえや・うくつ・うろ
徳利型の竹製の漁具の一種。

筑子　こきりこ
「小切子」とも書く。日本古来の民俗楽器の一つ。

答拝　たっぱい
「とうはい」の転。丁重な挨拶。『ひらかな盛衰記』

答謝　たっしゃ
①お礼に対する返事。②敵に矢を射返すこと。『雲州消息』

等　ともがら
「輩」とも書く。仲間。連中。『町人嚢』

等閑　なおざりがてら・なおざり・とうかん
①あまり関心や注意をはらわない

さま。『太平記』。②かりそめ。『源氏物語』

等様　などよう
例をあげていうときに用いる言葉。『源氏物語』

筒丸　どうまる
「胴丸」とも書く。歩兵用の鎧。

筒元　どうもと
「胴元」とも書く。①ばくちなどの親。②転じて、元締め。

筒木　どうぎ
「胴木」とも書く。①太い木材。②城壁から敵に落とす丸太。③石垣の基礎とする丸太。④船の長腰掛。

筒金　どうがね
「胴金・同金」とも書く。刀の柄や鞘、槍の柄などの留め金とされた環状の金具。

筒落米　つつおごめ
米刺（こめさし）の竹筒から落ちた米。『日本永代蔵』

筆舌　ひつぜつ
文章と言葉。『蘭学事始』

筆忠実　ふでまめ
おっくうがらずに筆をとって手紙や文章を書くこと。『好色五人女』

筆紙　ひつし
文章に書くこと。『性霊集』

筆格　ふでたて
「筆立て」とも書く。筆を立てておく文具。

筆様　ふんでよう
筆つき。書きぶり。『徒然草』

筆頭　ふでがしら
組頭。『地方凡例録』

筆頭菜　つくし・つくづくし
「土筆」とも書く。スギナの胞子茎。

筆檔　ふでがえし
筆などが転げ落ちるのを防止するために、棚などの端に取りつけた化粧縁。

筕篖　アンペラ
カヤツリグサ科の多年草アンペライの茎で編んだ筵（むしろ）。『博多小女郎』

〈米　部〉

粤　ここに
「此・是・爰」とも書く。さて。そこで。『鎌倉幕府追加法』

粢　しとぎ
「糈」とも書く。神に供える米粉ふえ作った餅。『倭名類聚鈔』

粢盛　しせい
神に供える穀物。

粧し込む　めかしこむ
おしゃれをする。

粧不知　とぼけ
「惚け・恍け」とも書く。知らないふりをする。『此処やかしこ』

粟粔籹　あわおこし
粟を蒸して炒り、水飴・砂糖で固めた菓子。

粟散　そくさん・ぞくさん
粟粒をばらまいたように小さなものが散らばっていること。『平家物語』

〈糸　部〉

絓糸　しけいと
繭の外皮から繰りとった太さにむらがある粗悪な絹糸。『倭名類聚鈔』

給孤独園　ぎっこどくおん・ぎっこどくおん
仏教で、祇樹給孤独園（ぎじゅぎっこどくおん）の略。釈迦が説法した祇園精舎の建てられた地。

結　すく
網を編む。『夫木和歌抄』

結ね　かたね
ひとまとめにする。『万葉集』

結句　けっく
とどのつまり。とうとう。『六角氏式目』

結肌帯　いわたおび・ゆわたおび
「岩田帯」とも書く。妊娠した女性が胎児保護のために腹に巻く帯。

結果　かくなわ・かくのあわ
「香菓泡」とも書く。①揚げ菓子の一種。『江家次第』。②刀を切り結ぶさま。『平家物語』

結政　かたなし
古代、政務の前に関係書類を読み上げる儀式。『公事根源』

結婚　よばい
「婚・夜這」とも書く。①男性が求婚すること。②男性が恋人のもとへ忍んで行くこと。また、寝所に忍び入ること。『古事記』

結黄　みつまた
「三椏・三叉・黄瑞香」とも書く。ジンチョウゲ科の落葉低木。

結番　けちばん・けつばん
順番・組を定めて任に当たること。『保元物語』

結跏趺坐　けっかふざ
仏教で、坐法の一つ。両足を組み、左右の足の甲をももの上に置くこと。『今昔物語集』

結解　けちげ・けつげ・けげ
古代から中世にかけて、年貢などの一年の収支を決算すること。『日次記事』

結縁　けちえん
将来、救われることを願い、仏道に入る機縁を得ること。『信長公記』

結繒　ゆはた
「纈」とも書く。染色法の一つ。くくり染め。しぼり染め。『日本書紀』

結鎮　けち・おけち・けいちん・けっちん
「結・花鎮・気鎮」とも書く。近畿地方で、正月に行われる弓を射る行事。

結願　けちがん
願をかけて修法するときの最終日。『権記』

結願文　けちがんもん
祈願が成就したときに唱える文。

結麗阿曹篤　クレオソート
薬品の一つ。ブナの木などから得られる油液。

絞　わなく
「縊・経」とも書く。首をくくる。

絞股藍　つるあまちゃ
ウリ科の蔓性多年草アマチャヅルの異称。

絎け　くけ
縫い目を表に出さない縫い方。『好色一代女』

絎台　くけだい

裁縫道具の一つ。「掛台」に同じ。

絖　ぬめ
繻子織（しゅすおり）の絹布の一種。『独吟廿歌仙』

紫丁香花　むらさきはしどい
モクセイ科の落葉低木ライラックの異称。

紫地楡　はくさんふうろそう
フウロソウ科の多年草。

紫芋　とうのいも
「唐芋」とも書く。サトイモの一品種。

紫衣　しえ
紫色の法衣。高僧に認められた。

紫参　ちちのはぐさ
タデ科の多年草ハルトラノオの異称。

紫苑　しおん
「紫菀」とも書く。キク科の多年草。

紫苧　あかそ
「赤麻」とも書く。イラクサ科の多年草。

紫松　いちい
「一位・朱樹・櫟・水松樹」とも書く。イチイ科の常緑高木。杓（しゃく）の材料とされた。

紫金牛　やぶこうじ
「藪柑子」とも書く。ヤブコウジ科の常緑小低木。

紫荊　はなずおう
「花蘇芳」とも書く。マメ科の落葉低木。

紫宵　ししょう
大空。『保元物語』

紫桃葉衛矛　むらさきまゆみ
「紫檀」とも書く。マメ科の常緑高木シタンの異称。

紫菀　しおん・しおに
「紫苑」とも書く。→紫苑

紫萁　ぜんまい
「薇」とも書く。ゼンマイ科の大形多年草シダ。

紫菜　あまのり
「甘海苔」とも書く。紅藻類の海藻の一属。

紫菘　あかかぶら
「赤蕪」とも書く。紫赤色をしたカブ。

紫葳　のうぜんかずら
「凌霄花」とも書く。ノウゼンカズラ科の蔓性落葉樹。

紫陽花　あじさい
ユキノシタ科の落葉灌木。『万葉集』

紫雲英　げんげ・げげ・げげばな
「翹揺」とも書く。マメ科の二年草レンゲソウの異称。

紫雲菜　すずむしそう
「鈴虫草」とも書く。キツネノマゴ科の多年草。

紫銅　からかね
「唐金」とも書く。青銅。

紫磨忍辱　しまにんにく
紫磨金（しまごん＝紫がかった黄金）の仏身には、あらゆる困難をも耐える忍辱の相があること。

紫萼　ぎぼし
ユリ科の多年草ギボウシの異称。

紫薇　さるすべり
「百日紅・猿滑り・紫薇花」とも書く。①ミソハギ科の落葉高木。②ツバキ科の落葉高木ヒメシャラの異称。

紫薇花　さるすべり
「紫薇」とも書く。→紫薇

紫薇織　ぜんまいおり
「薇織り」とも書く。緯糸（よこいと）に薇（ぜんまい）の若葉の綿毛を用いた織物。

紫蘭　はらん
「葉蘭」とも書く。ユリ科の常緑多年草。

紫羅傘　いちはつ
「一八・鳶尾・鳶尾草・紫羅蘭」とも書く。アヤメ科の多年草。

紫羅蘭　いちはつ・かきつばた
いちはつ―「紫羅傘」とも書く。→紫羅傘
かきつばた―「杜若・燕子花」とも書く。アヤメ科の多年草。

紫羅欄花　あらせいとう
アブラナ科の多年草。

紫鰓魚　すずき
「鱸・松江魚」とも書く。スズキ科の海産硬骨魚。

絶妻之誓　ことど
離別するときの呪いの言葉。『日本書紀』

統　すぶ
統治する。支配する。『今昔物語集』

絡げる　からげる
「紮げる」とも書く。①しばって束ねる。『平家物語』。②着物の裾をたくし上げて落ちないようにする。

絡石　ていかかずら
「定家葛」とも書く。キョウチクトウ科の常緑木質の蔓植物。

絡垜　たたり・ささり
糸がもつれないように綛（かせ）を掛ける道具。『万葉集』

絡海鼠　からこ
ナマコの腸を抜き、茹でて干したものを、藤蔓で束ねたもの。

絡縄　あぜなわ
よりあわせた縄。『日本書紀』

絡繹　ぞろぞろ・らくえき
人通りの絶えないさま。『其面影』

絡繰　からくり
「機関・柄繰」とも書く。①糸やゼンマイなどの仕掛けで動く装置。『誹風柳多留』。②転じて、たくらみ。計略。『心中天の網島』

〈羽（羽）部〉

翔らう　かけらう
空を飛び回る。『万葉集』

翔鳥　かけどり
①空を飛ぶ鳥。②飛ぶ鳥を射ること。『平家物語』

〈耳　部〉

聒聒虫　くつわむし
「轡虫」とも書く。バッタ目クツワムシ科の昆虫。

〈舌　部〉

舒茸　のしぶき
「熨斗茸・伸茸」とも書く。檜皮葺き（ひわだぶき）の一種。

〈虫　部〉

蛙楽　あがく
蛙の鳴き声。『筑波問答』

蛙黽　あまがえる
「雨蛙・雨蛤」とも書く。アマガエル科の小型のカエル。

蛞蝓　なめくじ・なめくじり・なめくじら
マイマイ目の有肺類。『新撰字鏡』

蛟　みずち
「螭・虬・虯・鮫龍」とも書く。四脚があり、蛇に似た想像上の動物。毒気を吐いて人を害するとされる。『倭名類聚鈔』

蛤仔　あさり
「浅蜊」とも書く。マルスダレガイ科の二枚貝。

蛭子　ひる・ひるこ・ひるご・えびす
ひる―「蛭」とも書く。ヒル綱の環形動物の総称。
ひるこ・ひるご・えびす―伊弉諾（いざなぎ）・伊弉冉（いざなみ）二神の第一子。三歳まで足が立たず海に流されたが、中世以後「恵比須（えびす）」として崇められた。『古事記』

〈血　部〉

衆　もろもろ
「庶」とも書く。多くのもの。いろいろ。

衆生　しゅじょう
仏教で、生命をもつすべてのもの。『今昔物語集』

衆道　しゅどう
男色の道。『好色一代男』

衆議判　しゅぎはん
歌合わせで、判者ではなく、左右の方人（かたうど）の評議で歌の優劣を決めること。『徒然草』

〈衣　部〉

裁刀　さすが
「刺刀・小刀」とも書く。①腰に差す短刀。②近世、小柄（こづか）に差す小刀。③細工用の小刀。

裁著　たちつけ・たっつけ
「裁着」とも書く。袴の一種。江戸時代にはもっぱら旅装として用いられた。『毛利家文書』

裁許　さいきょ
近世の訴訟の判決。『地方凡例録』

裁弼　さいひつ
天皇を補佐する人。『岩倉具視関係文書』

裁着　たちつけ・たっつけ
「裁著」とも書く。→裁著

装背　うらうち
「裏打ち」に同じ。紙・布などの裏に別の紙・布などを貼って補強し、丈夫にすること。

裂妙　さいで
「割出・裂帛」とも書く。裁断後の布の切れ端。『宇治拾遺物語』

裂帛　さいで
「裂妙」とも書く。→裂妙

裂松　さいまつ
「割松」とも書く。たいまつ。

裂罅　れっか
割れ目。裂け目。

〈襾（西）部〉

覃　およぶ・ふかし
およぶ―「及ぶ」とも書く。達する。届く。『御成敗式目』
ふかし―「深い」に同じ。『古事談』

覃思　たんし
深く考えること。深慮。

〈見　部〉

覚束　おぼつか
「覚束無」の略。『愚管抄』→覚束無

覚束無　おぼつかなし
「無覚束」とも書く。物事が不確かな状態。『曽長賀書状』

覚期　かくご
「覚悟・覚語」とも書く。①決心する。『浮世風呂』②観念すること。

覚賀鳥　かくかのとり
タカ科の鳥ミサゴの古称。『日本書紀』

覚語　かくご
「覚期」とも書く。『信長公記』→覚期

覘　ねらう
あるものを手に入れようと機会をうかがう。『地方凡例録』

覘絡繰　のぞきからくり
「覗機関」とも書く。眼鏡を通して箱の中を覗くと、口上とともに何枚かの絵が転換するようにした装置。

〈言　部〉

詠草　えいそう
和歌や俳句の草稿。

詐り　いつわり
「偽り」とも書く。真実でないこと。つくりごと。『万葉集』

証　あかし
「左・信・験」とも書く。証拠。証明すること。

証人　そうにん
「しょうにん」の古語。『徒然草』

詔　みことのり・のりごと
「勅・告言・宣言」とも書く。天皇の言葉。『日本書紀』

詔旨　おおむこと・おおみこと
「詔」に同じ。→詔

詛戸　とごいど
人を呪詛するときに用いた品物。『古事記』

詛言　のろいごと
「詛事」とも書く。人を呪詛する言葉。『伊勢物語』

詛事　のろいごと
「詛言」とも書く。→詛言

訴陳　そちん
中世の裁判で、訴人（原告）の訴状と論人（被告）の陳状。『関東下知状』

詆欺　ていぎ
そしりあざむくこと。

詆誚　ししょう
他人をそしること。非難すること。

評文　ひょうもん
「平文」とも書く。①漆塗りの技法の一つ。②文様の一つ。さまざまな色で彩ったもの。

〈豕　部〉

象　きさ
象の古称。『日本書紀』

象牙　きさのき
「ぞうげ」の古称。『日本書紀』

象胥　つうじ
通詞。通訳。

象戯　しょうぎ
「将棋・象棋」とも書く。将棋盤を用いて行う室内遊戯の一つ。双方で二〇枚ずつ同種類の駒を並べ、相手の王将を先に詰ませた方を勝ちとする。

象頭河　そうずがわ
「三途川・葬頭川」とも書く。人が死んでから七日目に渡るとされる冥土の旅の途中にある川。

〈豸　部〉

貂　てん
「黄鼬」とも書く。イタチ科テン属の哺乳類の総称。『倭名類聚鈔』

〈貝　部〉

貽　のこす
「残す・遺す」に同じ。

貽貝鮨　いずし
イガイ科の二枚貝。イガイの肉の酢漬。『土佐日記』

貽鬱　いうつ
心が晴れないこと。『太田庄文書申出目録裏書』

賀茂別雷命　かもわけいかずちのみこと
京都の賀茂別雷神社の祭神。

賀詞　よごと
「寿詞・吉言」とも書く。①天皇の治世の安泰を祝って奉上する言葉。『日本書紀』②祈りの言葉。『竹取物語』

賀陽宮　かやのみや
旧宮家の一つ。

貴　あでやか
高貴で上品なさま。

貴はか　あてはか
「貴」に同じ。『源氏物語』→貴

貴人　あてびと・うまひと・うまびと
あてびと―身分の高い人。貴族。『源氏物語』
うまひと・うまびと―身分の高い人。家柄の良い人。徳の高い人。『万葉集』

貸　いらす
貸して利息を得る。『日本霊異記』

貸被下　かくしだされ
借りたものを返さないこと。

貸除　たいしゃ
掛買。代金後払い。

貯う　たばう
「庇う・惜う」とも書く。①大切に守る。『類聚名義抄』②貯える。『風姿花伝』

貼訴　はりそ
「張訴」とも書く。江戸時代、役所や老中の屋敷などの門に訴状をひそかに貼ったこと。

買弁　まいべん・ばいべん
「買辦」とも書く。清末以降の中国で、外国の領事館などが雇った中国人で、中国商人との取引の仲介にあたった者。

買米　かいよね
「糴」とも書く。買い入れて貯えておく米。

買辦　まいべん・ばいべん
「買弁」とも書く。→買弁

賁来　ひらい
他人が自分の家に訪ねて来ること。

〈赤　部〉

赧　はじ
恥じて顔を赤らめること。

〈走　部〉

越人　あだしびと
浮気な男。徒し男（あだしおとこ）。

越瓜　しろうり
「白瓜・浅瓜」とも書く。ウリ科の蔓性一年草。

越列吉的爾　エレキテル
電気。

越列幾　エレキ
「エレキテル」の略。電気。

越居　おっきょ
引っ越し。『織田信長制札』

越度　おっと・おつど・おちど
「落度・乙度」とも書く。①律令制で、関所を通らずに通過すること。関所破り。②敗北。③過失。失敗。『大内氏掟書』

越幾斯　エキス
①薬物や動植物の有効成分を抽出し、濃縮したもの。②精髄。エッセンス。

越訴　おっそ・おつそ
順序を踏まずに上級官司に訴えること。違法な訴訟。『信長公記』

越橘　こけもも
「苔桃」とも書く。ツツジ科の常緑小低木。

〈足（⻊）部〉

跏　うたぐみ
あぐらをかくこと。

距　あこえ・あごえ
「蹴爪・距（けづめ）」の古語。『日本書紀』

跌宕　てっとう
「跌蕩」とも書く。細事にこだわらず、ゆったりしていること。また、のびのびとして大きいこと。

跌蕩　てっとう
「跌宕」とも書く。→跌宕

跋　ばっと
①火がいきなり燃え上がるさま。②人や物が一時に四方へ広がるさま。

跋折羅　ばさら
「縛日羅・伐折羅」とも書く。金剛のこと。もっとも硬い金属。

〈身　部〉

躰　てい
「体」に同じ。『日本山海名産図会』

〈車　部〉

輌 あこがる
「憧れる」に同じ。『太平記』

軽木 かるか
「枷杖」とも書く。鉄砲に弾丸を詰めるための鉄製の細長い棒。

軽尻 からじり
「空尻」とも書く。①江戸時代、馬に積み荷のないこと。『雑兵物語』。②荷なしの馬に旅人が乗ること。

軽曳 たなびく
「棚引く」とも書く。雲や霞がうっすらと横に長く引く。

軽杉 かるさん
ポルトガル語で袴。

軽忽 きょうこつ
「軽骨」とも書く。①軽蔑すること。『正法眼蔵』。②軽々しく不注意なこと。『小右記』。③ひどくばかげたこと。『尚書抄』

軽服 きょうぶく
遠い親族の軽い喪に服すること。また、そのときに着る喪服。『九条年中行事』

軽粉 はらや
「水銀粉・汞粉」とも書く。塩化第一水銀の白い粉末。伊勢白粉の原料。『沙金袋』

軽骨 きょうこつ
「軽忽」とも書く。↓軽忽

軽率 そそくさ
落ち着きがなくあわただしいさま。

軽軽 きょうぎょう
軽々しいさま。『宇治拾遺物語』

軽鳧の子 かるのこ
カルガモの幼鳥。

軽羅 うすもの
「羅」とも書く。薄く織った織物。『此処やかしこ』

軫念 しんねん
①天子が心を痛めること。②心配。

軫宿 みつかけぼし
二十八宿の一つ。「宿（しゅく）」は星座。

〈辵（辶・辶）部〉 辶は四画、辶は三画

逶 たおやか
「嫋やか」とも書く。しなやかなさま。『今昔物語集』

逶迤 なよやか・いい・よろめく
なよやか―しなやかなさま。『好色一代女』
いい―つらなり続くさま。『甲子夜話』
よろめく―①誘惑に乗る。②足取りがしっかりしておらず、よろよろする。

運 めぐらす・めぐる
①円を描くように動かす。②運営する。『風流志道軒伝』

運上 うんじょう
①江戸時代、商・工・運送業などに課せられた税。『地方凡例録』。②中世、公物を京都に運送・上納すること。

運否天賦 うんぷてんぷ
運を天に任せること。『七番日記』

運雨 はこびあめ
降ったり止んだりする雨。

過 とが・あやまち・つみ・よぎる・すぐる
とが・あやまち・つみ―罪。失敗。『沙石集』
よぎる―通り過ぎる。避ける。「横切る」に同じ。『椿説弓張月』
すぐる―「優れる」に同じ。『三河物語』

過刀 まて
「馬蛤・馬刀・蟶」とも書く。マテガイ科の二枚貝マテガイの略。

過怠 かたい
「科怠」とも書く。①過失。あやまち。『地方凡例録』。②中世、過失に対する償い。『御成敗式目』

過差 かさ
度を越していること。贅沢。『鎌倉遺文』

過書 かしょ・かそ
奈良・平安時代以降、関所の通行許可書。『伊勢国木造城領覚書』

遂 ついに
「終・卒・訖・竟・畢」とも書く。結局。とうとう。

遂節 せつをとぐ
任務を遂行すること。

達引 たてひき
「立引」とも書く。①意地などを張り通すこと。②意地の張り合いから起こる争い。③遊女が客の遊興費を立て替えること『通言総籬』

達磨 だるま
①禅宗の祖、達磨大師。②達磨大師を模した張り子の玩具。③形が丸いもの、赤いもの。④売春婦の異称。

遅遅 ちち
ゆっくりと進行するさま。ぐずぐず。『御触書宝暦集成』

遅微遅微 ちびちび
物事を少しずつ行うさま。

道 てだて
「行・方便・手立・手達」とも書く。手段。方法。術策。『島津家文書』

道守 ちもり
①道を守るもの。②敵の様子を伺い歩く者。『倭名類聚鈔』

道次 みちすがら
道を行く途中。みちみち。

道治 みちはり
「路墾」とも書く。新たに道をつくること。また、その人。『伊呂波字類抄』

道法 みちのり
行程。道程。『葉隠』

道果 みちはか
「道捗」とも書く。道を行くときの進み具合。『東海道名所記』

道祖土焼 さいとやき
正月十五日に行う道祖神の火祭。

道祖神 さいのかみ・さえのかみ
「塞の神・障の神」とも書く。伊弉冉（いざなみ）を訪ねた伊弉諾（いざなぎ）が黄泉の国から逃げ帰る時、投げた杖から生じたとされる神。

道捗 みちはか
「道果」とも書く。↓道果

道理 ことわり
「理」とも書く。もっともなこと。どうり。

道陸神 どうろくじん
道路を往来する人を守護する神。「道祖神」に同じ。

道無 もっとも
「尤も」とも書く。至極とうぜん。

『椿姫』

道触の神　ちふりのかみ
陸路や海路を守護する神。『土佐日記』

道導　みちしるべ
「道標」とも書く。①道案内。②手引きとなるもの。③ハンミョウ科の甲虫。

道戯芝居　どうけしばい
「道化芝居」とも書く。滑稽な演技で笑わせる芝居。

道標　みちしるべ
「道導」とも書く。↓道導

遍　あまねく
「歴・普」とも書く。すみずみまで行き渡ること。『教行信証』

遍し　あまねし
「普し」とも書く。「遍」に同じ。『万葉集』↓遍

遍数多　たびまねし
「度遍し」とも書く。回数が多い。絶え間ない。『万葉集』

遍羅　べら
ベラ科の海産硬骨魚の総称。

遊　すさび・だるし
すさび—なぐさみ。だるし—手足など体がつかれるさま。

遊士　みやびお
風流人。『万葉集』

遊女　うからめ・うかれめ
「遊君」とも書く。遊女。『新猿楽記』

遊山　ゆさん
①野山に遊ぶこと。②行楽。『太閤書簡』。③禅宗で、修行を終えた僧が諸国を巡ること。④気晴らし。『文武五人男』

遊化　ゆけ
僧侶が諸国を巡り、衆生を教化（きょうけ）すること。

遊方　あんぎゃ
「行脚」とも書く。①僧侶が諸国を巡り修行すること。②徒歩で諸国を巡ること。

遊止　ゆじ
僧侶が遊行（ゆぎょう）ののち、その場に留まること。

遊牝　つるび
「交尾・孳尾」とも書く。雄と雌が交尾をすること。『倭名類聚鈔』

遊牝む　つるむ
「交尾む・孳尾む」とも書く。「遊牝」に同じ。↓遊牝

遊行　ゆぎょう
①僧が修行・布教のために各地をめぐり歩くこと。『高野山文書』②陰陽道で、神が他へ移ること。『玉葉』

遊行女婦　うかれめ
遊女。

遊君　うかれめ
「遊女」とも書く。↓遊女

遊船　ヨット
洋式の小帆船。『上田敏全訳詩集』

遊説　ゆうぜい
主義主張・意見を各地に解いて回ること。とくに政治家にいう。

遊戯　ゆげ
①ゆうぎ。『栄花物語』。②楽しく思うこと。『栄花物語』。③仏教で、修行者が自在に振る舞うこと。『沙石集』

遥宮　とおのみや
本宮とは別の場所にある別宮。『延喜式』

遥遥　はるばる
距離などがひどく隔たっているさま。『春色梅児誉美』

遥遠　ようえん
遥かかなた。『貞慶起請文』

〈酉部〉

酣　たけなわ
「闌」とも書く。①一番の盛り。②盛りを少し過ぎたさま。

酢牡蠣　すがき
牡蠣（かき）の酢の物。

酢辛　すはじかみ
「酢薑」とも書く。ショウガの酢漬。『日葡辞書』

酢答　うまのたま
「馬玉」とも書く。牛馬・猪・鹿などの腹の中にできる結石。

酢憤　すむつかり
古くは、おろし大根に炒り大豆を加え、酢醤油をかけた郷土料理。現在は栃木県地方に残る。

酢漿草　かたばみ
カタバミ科の多年草。『枕草子』

酢薑　すはじかみ
「酢辛」とも書く。↓酢辛

〈釆部〉

釉　うわぐすり
「上薬・釉薬」とも書く。陶磁器にかけて素焼きの表面をガラス質にするもの。

釉薬　うわぐすり
「釉」とも書く。↓釉

〈里部〉

量　はかり・はかる・はからう
はかり・はかる—物事の量を計量すること。『今昔物語集』はからう—考慮する。相談する。『今昔物語集』

量見　りょうけん
「了見・料簡・了簡」とも書く。あれこれ考えをめぐらし、判断をくだすこと。『軽口露がはなし』

〈金部〉

釿鍬　ておのくわ
田畑に播種や追肥のための筋切りなどをする農具。

鈐印　けんいん
封印。割印。『法規分類大全』

鈕　つぼがね・ボタン
つぼがね—「壺金」とも書く。開き戸に用いる環状の金具。ボタン—「釦」とも書く。足袋を止める爪形の具（こはぜ）。

鈍　おそ
「遅」とも書く。①にぶいこと。『万葉集』。②のろいこと。『万葉集』

鈍刀　なまくらがたな
切れ味の悪い刀。

鈍丸　なまる
台がやや丸みを帯びている鉋（かんな）。

鈍子　どんす

「緞子」とも書く。繻子（しゅす）の表裏を用いて文様を織りだした絹織物。

鈍甲 どんこ
ハゼ科の淡水産硬骨魚。

鈍色 にびいろ・にぶいろ・どんじき
にびいろ・にぶいろ—濃いネズミ色。『源氏物語』
どんじき—①「にびいろ」に同じ。②法衣の「鈍色衣」の略。

鈍者 にちゅう
未熟なさま。

鈍間 のろま
「野呂松」とも書く。愚鈍で気が利かないこと。また、そのような者。『椿姫』

鈍遅 どじ
まぬけ。失敗。『五重塔』

〈門 部〉

開口 あぐち
足袋などで足を入れる口。

開市 かいし
外国との商取引を開始すること。

開平 かいへい
数学で平方根を求めること。『地方凡例録』

開申 かいしん
官へ意見を申し立てること。「上申」に同じ。『法規分類大全』

開白 かいびゃく
①法会の開始を本尊に述べること。『左経記』。②数日にわたる供養の初日。

開白文 かいびゃくもん
法会を始める際、本尊に述べる文書。

開発 かいほつ
荒地を開墾すること。『地方凡例録』

開啓 かいきん
禅宗で、法会の第一日目。

開闔 かいこう・かいごう
平安時代以降、記録所などに置かれた下級官吏。『貞丈雑記』

開闢 かいびゃく
天地の始め。物事の始め。『地方凡例録』

間 いとま・ひま・まま・はさむ・はざま・ひそかに
いとま—ひまなとき。『地方凡例録』
ひま—すきま。とぎれた状態。『算法地方大成』
まま—しばしば、たびたび。『算法地方大成』
はさむ—人と人のあいだ・物と物のあいだに入れる。
はざま—「狭間・迫間」とも書く。①山と山のあいだ・物と物のあいだのせまいところ。『伊勢物語』。②事と事のあいだ。『宇治拾遺物語』
ひそかに—他人に知られないよう、隠れてするさま。こっそり。

間一 あいいち
蒔絵の梨子地に使う金粉。

間人 まうと・もうど
「亡人・亡士・門人」とも書く。荘園の下層民。『東寺百合文書』

間の子 あいのこ
「合の子」とも書く。混血児。

間切生 あいきりゅう
矢羽の一つ。下半分が切斑（きりふ）になっているもの。「撫生・反生（かえりふ）」に同じ。

間太 けんた
六尺の丸太。

間水 けんずい
「硯水・建水」とも書く。①おやつ。②大工の隠語で酒。『物類称呼』

間半 まなか
一間（いっけん）の半分の長さ。

間叶 まかない
「賄い」とも書く。世話をすること。『信長公記』

間布 まじ・まじく
「間敷・間舗」とも書く。否定的な意思を表わす語。…しないつもりだ。きっと…ないだろう。『地方凡例録』

間札 けんふだ
検地に用いる具。一間・二間と順番に立てる札。

間合 まやい
「まあい」の転。①頃合い。②わずかな間。③距離。

間言 なかごと
①「中言」とも書く。自分とある人の間にいる第三者の言葉。おもに中傷。『万葉集』。②仲たがい。

間恬 しずかなり
静かなさま。

間荒 まばら
「疎ら」とも書く。間があいていること。密でないこと。

間怠い まだるい
「目弛い」とも書く。①手間取ってのろい。『東海道中膝栗毛』。②野暮ったい。『御前義経記』

間竿 けんざお
検地で田畑の広さを測量するときに使用した竹竿。『算法地方大成』

間食卓 ビュッフェ
列車などの簡易食堂。

間怠こい まだるこい
じれったい。手間がかかって遅い。『其面影』

間宿 あいのしゅく
江戸時代、本宿と本宿のあいだに設けられた休憩所。

間断無 のべつ
絶え間のないこと。『此処やかしこ』

間然 かんぜん
非難すべき欠点があること。『地方凡例録』

間短 けんたん
「契短」とも書く。下等な私娼。『虎が磨』

間道烏木 すじくろき・すじこくたん
「間道黒檀」とも書く。→間道黒檀

間道黒檀 すじこくたん
「筋黒檀・間道烏木」とも書く。白い筋が入った黒檀。

間間剪 あいまぎり
「相間剪」とも書く。必要な樹木を育成するため周囲の樹木を伐採すること。

間数 けんすう
六尺を一単位とした長さ。『地方凡例録』

間隔無 あいだちなし

わけへだてがない。

間銀　あいぎん
手数料。「間銭（あいせん）」に同じ。

間敷　まじ・まじく
「間布」とも書く。→間布

間縄　けんなわ
検地に用いる測量用の縄。

間鋪　まじ・まじく
「間布」とも書く。→間布

間頭　けんとう
田畑の四隅に立てた検地用具。

間鴨　あいがも
「合鴨」とも書く。カモ科の鳥。

閑　いとま・しずか
いとま―ひま。やることがない時間。『雨月物語』
しずか―「静か」とも書く。うるさくないこと。『平家物語』

閑長　のどのど
「長閑」とも書く。ゆったりとしてのどかなさま。『更級日記』

閑閑　しずしず
きわめて静かに動くさま。『太平記』

閑適　かんてき
「間適」とも書く。心静かに過ごすこと。『神皇正統記』

閔　かなし
「悲しい」に同じ。

〈阜（阝〈左〉）部〉　阝は三画

階　きざはし
階段。『古今著聞集』

隍　ほりき
「塹」とも書く。①地面を掘って作った穴。『類聚名義抄』。②城の周囲にめぐらした堀。

随　したがう・まま・まにま・まにまに
したがう――後についていく。『玉葉』
まま・まにま・まにまに―「随意・随意随意」とも書く。事の成行きにまかせるさま。『万葉集』

随分　のうさのうさ・ずいぶん
①分相応に。『和漢朗詠集』。②可能なかぎり。『算法地方大成』

随事之体　ことのていにしたがい
ことの様子に従う。『建武記』

随神　かむながら
「惟神」とも書く。①神として。『祝詞』。②神慮のままに。『万葉集』

随逐　ずいちく
従うこと。「随身」に同じ。

随意　まにまに
「随」とも書く。『万葉集』→随

随意随意　まにまに
「随」とも書く。『浮雲』→随

陽吹　ようず
「羊頭・南風」とも書く。①近畿などで春夏の夕方に吹く南風。『三藐院記』。②愚か者。

陽炎　かぎろい・かげろう・かげろい
「火光」とも書く。①夜明け前の暁光。『万葉集』。②かげろう。『古今和歌集』。③炎。

陽面　おもてむき
「表向き」とも書く。表面上は。『内地雑居未来之夢』

陽遂足　くもひとで
「蜘蛛人手」とも書く。クモヒトデ綱の棘皮動物の総称。

隈処　くまと・くまど・くみど
くまと―「曲処」とも書く。陰になっているところ。『万葉集』
くまど・くみど―男女がひそみ寝る場所。

隈辺　くまび
道や川などが湾曲して入り組んだところ。「隈回（くまみ）」に同じ。『万葉集』

隈回　くまみ・くまわ
「隈辺（くまび）」に同じ。『万葉集』→隈辺

〈隹　部〉

雁皮　がんぴ・かにひ
ジンチョウゲ科の落葉低木。「かにひ」は古語。

雁来紅　はげいとう
「葉鶏頭」とも書く。ヒユ科の一年草。

雁草　かりがねそう
「雁金草」とも書く。クマツヅラ科の多年草。

集　すだく
①多く集まる。②虫が集まって鳴く。『閑吟集』。③集まってさわぐ。『万葉集』

集礼　しゅらい
諸経費。『好色一代男』

雄誥　おたけび
「男健・雄叫び」とも書く。①雄々しさを誇示するふるまい。『万葉集』。②勇ましく叫ぶ。また、その声。

雄鷹　しょう
「兄鷹」とも書く。雄の鷹。『倭名類聚鈔』

〈雨（⻗）部〉

雲丹　うに
「海胆」とも書く。ウニ綱の棘皮動物の総称。

雲丹起し　おにおこし
ウニをとるために道具。「おに」は「うに」のなまり。「海栗起（がぜおこし）」に同じ。

雲母　きらら・きら
花崗岩中に含まれる珪酸塩鉱物の結晶。雲母（うんも）の古称。『倭名類聚鈔』

雲母引　きららびき・きらびき
雲母を貼り付けた紙。おもに料紙として用いられる。

雲母虫　きらむし・きららむし
「雲母魚」とも書く。シミ科の昆虫シミの異称。

雲母魚　きらむし・きららむし
「雲母虫」とも書く。→雲母虫

雲母絵　きらえ・きららえ
役者絵や美人画などの背地に雲母（うんも）を刷り込んだ錦絵（にしきえ）。

雲州橘　うじゅきつ
「温州橘」とも書く。柑橘類の一品種。中国産。

雲呑　ワンタン
「餛飩」とも書く。中華料理の一種。

雲和 うんか
琴の別称。

雲実 じゃけついばら
「蛇結茨」とも書く。マメ科の落葉低木。

雲泥万里 うんてんばんてん・うんでんばんでん・うってんばってん
「うんでいばんり」の転。非常にかけ離れていること。『浮世風呂』

雲客 うんかく
昇殿を許された位の高い者。「殿上人（てんじょうびと）」に同じ。

雲脂 ふけ
「頭垢」とも書く。おもに頭の皮膚腺の分泌物が乾燥したもの。皮膚に付着あるいは剥落する。『倭名類聚鈔』

雲珠 うず
唐鞍（からくら）の緒が交わるところにつける宝珠のかたちの飾り。『類聚名義抄』

雲雀 ひばり
「告天子」とも書く。ヒバリ科の鳥。『万葉集』

雲葉 ふさざくら・やまぐるま
ふさざくら—「総桜」とも書く。フサザクラ科の落葉高木。
やまぐるま—「山車」とも書く。ヤマグルマ科の常緑高木。

雲腸 くもわた
タラ科の海産硬骨魚タラの白子（しらこ）。

雲踏 あぶなし
危険がある。危険だ。

雲錦 うんげん・うげん
「繧繝・暈繝」とも書く。唐代の中国で完成した彩色法。『色葉字類抄』

〈革部〉

靫 うつぼ・ゆぎ
「空穂」とも書く。矢を入れて腰につける用具。『古今著聞集』

靫負 ゆげい・ゆぎえ
古代、靫（うつぼ）を身につけ宮廷の門衛を守護した官人。『源氏物語』

〈頁部〉

項 うなじ
首のうしろの部分。『宇津保物語』

項垂れ うなだれ
首を垂れること。うつむくこと。『拾遺和歌集』

項根 うなね
「項」に同じ。『祝詞』→項

項着き うなつき
子供の髪先が首のうしろの部分に触れること。また、そうした年齢。『万葉集』

項傾す うなかぶす
うなだれる。『古事記』

須 すべからく・すべて・もちう
「応」とも書く。
すべからく—……することが必要である。「すべからく……べし」と用いられる。『古今著聞集』
すべて—全部。
もちう—使用する。『教行信証』

須弥山 しゅみせん
仏教で、世界の中心にあるとされる山。

須弥壇 しゅみだん
仏教で、中国の須弥山（しゅみせん）にならって作られた本尊安置の台座。

須陀洹 しゅだおん
小乗仏教で、悟りの四段階の第一。

須臾 しゅゆ・しばらく
しゅゆ—①短期間。しばしのあいだ。『梁塵秘抄』
しばらく—「暫く」とも書く。①「しゅゆ」に同じ。②かりに。『徒然草』

順の和歌 ずんのわか
座にいる人が順番に詠む和歌。『宇津保物語』

順の舞 ずんのまい
座にいる人が順番に舞うこと。『宇津保物語』

順化 じゅんげ
僧侶の死。

順良 すなお
「素直」とも書く。質朴で心正しいこと。『わかれ』

順流る ずんながる
順番に事が進む。『源氏物語』

〈風部〉

颪 おろし
山から吹き下ろす風。「山颪」に同じ。

〈食（飠・𩙿）部〉

飲茶 ヤムチャ
点心（中国料理で食事がわりの軽い食品）を食べながら中国茶を飲むこと。

飲食 おんじき
飲み食い。『宇津保物語』

飲喫 やらえ
「飲食」に同じ。『日本書紀』→飲食

飯事 ままごと
子供が炊事や飲食のまねごとをする遊び。

飯借り ままかり
ニシン科の海産硬骨魚サッパの異称。

飯飢年 いいえどし
飢饉の年。凶作の年。

飯匙 いいがい
飯を器に盛る杓子（しゃもじ）。『伊勢物語』

飯匙倩 はぶ
「波布」とも書く。クサリヘビ科の猛毒のヘビ。『椿説弓張月』

飯桶 はんがい・はんどう
はんがい—飯びつの一つ。
はんどう—台所の水甕（みずがめ）。中国・九州地方の語。

飯笥 いいけ
飯を盛る器。

飯粒 いいぼ
めしつぶ。『日本書紀』

飯綱使 いづなつかい
「飯縄使」とも書く。狐を使った術。また、その術を使う人。長野県飯綱山（いいづなやま）に発するという。

飯櫃 いびつ
「いいびつ」の略。飯びつ。

飯縄使 いづなつかい

「飯綱使」とも書く。↓飯綱使

〈黍　部〉

黍魚子　きびなご

「吉備奈仔」とも書く。ニシン科の海産硬骨魚。

〈齒（歯）部〉　齒は十二画

歯肉　はじし

「齗・齦」とも書く。歯茎。『倭名類聚鈔』

歯刷子　はぶらし

歯を磨くブラシ。『在りし日の歌』

歯振　あさり

「目振」とも書く。鋸（のこぎり）の歯先の左右の振れ。

十三画

〈人　部〉

傴僂 せむし・くぐせ・くつせ・くつまくる
「痀瘻・瘻」とも書く。背骨が後方に弓なりに湾曲する病気。また、その病気の人。

僅 わずか・わずかに
「纔」とも書く。①わずか。ごく少ない。『算法地方大成』。②辛うじて。『源氏物語』。③みすぼらしいこと。『好色五人女』

傾城 けいせい
「契情」とも書く。①美人。『平家物語』。②近世では遊女・女郎などの意味としてのみ使われる。『浮世物語』

傾城柄 いろづか
「色柄」とも書く。遊里での遊興に通じている人。『野白内証鑑』

傾曦 いりひ
沈んでいく太陽。「曦」は太陽の色。

催合 もやい・もあい
「最合・持相」とも書く。他人と共同で事を行うこと。また、その組織。『遊還窟烟之花』

催馬楽 さいばら
雅楽の歌物（うたいもの）の一つ。民謡を編曲したもので、舞をともなわない歌と楽器のみでおこなわれる。

傷 そこなう・やぶる
そこなう—①傷つける。②殺傷する。『航米日録』
やぶる—①くだく。②犯す。

僉押 せんおう
禅宗で花押（かおう）のこと。

僉義 せんぎ
「僉儀・僉議」とも書く。①多人数で評議すること。衆議。②「詮議」とも書く。取り調べ。『好色一代男』

僉儀 せんぎ
「僉義」とも書く。『算法地方大成』
→僉義

僉議 せんぎ
「僉義」とも書く。『平家物語』→僉義

僧形 そうぎょう
剃髪をして僧衣を着た僧侶の姿。「僧形・法体（ほったい）」に同じ。

傭 かせぎ
「稼」とも書く。働いて収入を得ること。

僂背 ろうはい
背が前にかがみ曲がること。

〈刂　部〉

剽 ひょっと
不意に。突然に。

剽男 ひょっとこ
片目が小さく、口の尖った滑稽な男の面。「火男」とも書き、火を吹く時の顔つきからとも。『鉄仮面』

剽盗 おいはぎ
「追剥」とも書く。辻強盗。江戸時代は「追落し」といった。『塩原多助一代記』

剽眺 はやわざ
「早業・早技」とも書く。すばやく巧みな技術。『こがね丸』

剽軽 かるはずみ・ひょうきん
かるはずみ—①言動が軽率なこと。②気軽で明るく軽妙なこと。
ひょうきん—「かるはずみ」②に同じ。『浮雲』

〈力　部〉

勧化 かんげ
①人に仏教を勧め、教化すること。②寺社の堂塔や仏像の建立・修復のために金品の寄付をつのること。「勧進・勧募・奉加」に同じ。『御触書宝暦集成』

勧進 かんじん
「勧化」に同じ。『古今著聞集』→勧化

勧縁疏 かんえんしょ
多くの人から浄財を得るため、仏・菩薩の霊験などをわかりやすくあらわした文章。「勧進状」に同じ。

勧請 かんじょう
神仏の分霊をほかの場所に移し祀ること。『島津義久記請文案』

勧賞 げんしょう・けんじょう
功労に対し、官位・所領・品物を賜与すること。『後醍醐天皇綸旨』

勢子 せこ
「列卒」とも書く。狩場などで鳥獣を駆り立てたり、逃げるのを防いだりする人夫。かりこ。『夫木和歌抄』

勢汰 せいぞろい
「勢揃」とも書く。①軍勢が一同の揃うこと。転じて、多くの人や物が一つの場所に集まること。②すべてが揃うこと。『吉野都女楠』

勢獅子 きおいじし
①常磐津の「勢獅子劇場花罾（きおいじしかぶきのはなかご）」の略。また、そのなかで演じられる振事の一つ。②勇み立つ獅子。

勦屠 しょうと
敵を皆殺しにする。ほろぼす。

〈口　部〉

嗚呼 ああ・おこ
ああ—ものに感じて発する声。応答の声。『好色萬金丹』
おこ—「烏滸・尾籠・烏呼」とも書く。おろかなこと。ばか。『今昔物語集』

嗅茶 かぎちゃ
「聞茶」とも書く。茶の香りを嗅いで良否を鑑定すること。『尤の草紙』

嗅煙草 かぎたばこ
鼻にすりつけて香りをかぐ粉煙草。

嗟 なげく
深く感動して「ああ」と出る声。

嗟歎 なげかわし
「歎敷」とも書く。嘆きたいほど情けない。

嗄み かればみ
声がしわがれること。『枕草子』

嗜 たしなむ
「耆」とも書く。①日ごろから心がける。身を慎む。②精をだしてうちこむ。『毎月抄』。③好んで楽しむ。

嗤斬　しきん
あざけり、はずかしめる。

嗣法　しほう
仏教で、師から弟子へと法統・法脈が受け継がれること。

嗔物造　いかものづくり
「厳物作・怒物作」とも書く。見るからにいかめしい作りの太刀。『平治物語』

嗔恚　しんい
仏教で三毒の一つ。怒り。『今昔物語集』

〈囗　部〉

園生　そのう
庭園。『徒然草』

園囿　えんゆう
「苑囿」とも書く。草木を植え、鳥獣を飼うところ。『地方凡例録』

〈土　部〉

塩土老翁　しおつちのおじ・しおつつのおじ
海幸彦から借りた釣針をなくして困っていた山幸彦を海神の宮へ行かせ、また、天武天皇東征のとき東方が統治するのによい土地であると教えた神。

塩汁　しょっつる
「醢汁」とも書く。調味料の一種。イワシ・ハタハタなどを生のまま塩漬けにして発酵・熟成させ、自然にしみ出た上水（うわみず）を濾（こ）したもの。秋田地方の特産品。

塩胆汁　にがり
「苦汁」とも書く。塩が空気中の湿気を吸い、溶けるときにできる苦い汁。豆腐を作るときに用いる。

塩剝　えんぽつ・えんぼつ
塩素酸カリウムの俗称。

塩莎草　しおくぐ
カヤツリグサ科の多年草。

塩梅　あんばい
「按排・按配」とも書く。①塩と梅酢で調味すること。料理の味加減を調えること。②物事のかげん。③ほどよく処理すること。

塩膚木　ぬるで・ぬりで・ぬで・ふし・ふしのき
「白膠木」とも書く。ウルシ科の落葉小高木。

塊打　くるうち・くれうち・くれち
鍬で掘り起こした土塊を塊割（くれわり）などの農具で砕くこと。

塊芋　ほど
「土芋」とも書く。①マメ科の蔓性多年草。②担子菌類のキノコ松露（しょうろ）の異称。

塞　せく・そこ
せく―「堰」とも書く。①さえぎりへだてる。『落窪物語』。②男女の仲を遠ざける。『日本書紀』
そこ―国境の要害の地の砦。『日本書紀』

塞板　せきいた
「関板」とも書く。中世・近世に民家の屋根を葺いた板。

塞金　せきがね
「関金」とも書く。戸が敷居の一定のところで止まるように鴨居に取りつける金具。

塞神　さえのかみ
「障神・道祖神」とも書く。邪霊の侵入をさえぎる神。伊弉冉尊（いざなみのみこと）を追って黄泉の国に行った伊弉諾尊（いざなぎのみこと）が、この世に戻るとき、追いかけてきた黄泉醜女（よもつしこめ）をさえぎるために投げた杖から生じた神。『今昔物語集』

塞敢　せかえ
さえぎりとどめること。『万葉集』

塒　とぐら・とぐろ
とぐら―「鳥栖・鳥座」とも書く。鳥の巣。鳥小屋。とや。『類聚名義抄』
とぐろ―「蜷局」とも書く。蛇などが体を渦巻状にすること。またその状態。

塡る　はまる
「嵌る」とも書く。①川や池などに落ちる。『浮雲』。②夢中になって身動きがとれなくなる。③だまされる。④女色に惑う。『好色一代男』

塡草　つめくさ
「詰草」とも書く。マメ科の多年草シロツメクサ。「クローバ」に同じ。

塡湯　うめゆ
水をたしてぬるくした湯。

塡詞　はめこみ
はめこむこと。はめこむもの。『安愚楽鍋』

塗泥障　ぬりあおり
漆塗りの障泥（泥よけの馬具）。『明月記』

塗香　ずこう
行者が香を体に塗って身を清めること。また、その香。

塗籠　ぬりごめ
寝殿造りの母屋（もや）の角に設けられた、厚い板壁で囲まれた部屋。『古事談』

墓无　はかなし
「果無・果敢無・儚」とも書く。①消えてなくなりやすい。②あっけない。③あてにならない。④愚かである。⑤卑しい。⑥無益である。

墓戸　はかべ
平安時代、朝廷が功臣の墓を守護させるためにおいた戸。

墓所　むしょ
墓。墓場。『大覚寺文書』

墓屋　つかや
「塚屋」とも書く。墓。また、墓守が住む家。『夜の寝覚』

〈夕　部〉

夢後　ぼうご
死後。後世。『東鑑』

〈大　部〉

奨　そやす
①そそのかす。②おだてる。③はやしたてる。

〈女　部〉

嫁鳥　とつぎどり
セキレイ科に属する小鳥セキレイの異称。

媿　はじ
「恥」とも書く。面目を失うこと。

嫌地　いやち
「彌地・忌地・厭地」とも書く。同じ土地での連作は収穫量が減るということ。『砂川』

嫌風　いやふう
「否風」とも書く。感じが好まし

くない様子。『男色大鑑』

嫋嫋 じょうじょう
①風がそよそよと吹くさま。②しなやかなさま。③音や声が細く長く続くさま。

〈宀 部〉

寛宥 かんゆう・かんにゅう
寛大な心で罪などを許すこと。「寛恕・宥恕」に同じ。『石清水文書』

寝 なし・ぬ
なし―「寝る」の尊敬語。おやすみなさいまし。
ぬ―寝る。『万葉集』

寝刃 ねたば
切れ味の悪い刀の刃。

寝目 いなのめ
枕詞「いなのめの」が「明け」に掛かることから、転じて、あけぼの、あけがたの意。『書言字考』

寝石 ねばま
「寝浜・宿石」とも書く。①囲碁で、隠しもった石で勝ち利を得ること。またその石。『甲陽軍鑑』②隠しもっている財産。『元禄太平記』

寝唾 ねつ
寝ているときに垂らすよだれ。『日葡辞書』

寝惚 ねぼけ
「寐惚」とも書く。眠りから覚めて意識が鮮明でない状態。

寝覚 いざめ
眠りから覚めること。『古今和歌六帖』

寝筵 いなむしろ
「稲筵・稲席」とも書く。①稲稈（いねわら）で作った筵。『新古今和歌集』②稔った稲が乱れ伏したさま。③「川・敷く」に掛かる枕詞。

寝腐れ ねくたれ
身なりなどが寝乱れること。『枕草子』

寝聡し いざとし
①目覚めが早い。②めざとい。『源氏物語』

寝穢い いぎたない
眠りをむさぼっている。「寝坊」に同じ。『宇津保物語』

寖 ひたす・やや
じりじりしみていくこと。

〈干 部〉

幹竹 からだけ
①ハチク（淡竹）の異称。②マダケ（真竹）の異称。③竹の幹。

幹竹割 からたけわり
幹竹を割るように垂直に切ること。刀で人を斬るときの表現に用いられる。

幹螺 つめたがい
「津免多貝・玉螺」とも書く。タマガイ科の巻貝。『書言字考』

〈广 部〉

廉 かど
理由として取り上げる事柄。いわれ。『大徳寺文書』

廉直 れんちょく
①心が清く正直なこと。『地方凡例録』②安価。

廉限 かどかぎり
「廉」は箇条。諸文書で当該記事とは別件で述べるときに用いる語。

廉廉 かどかど
①それぞれの個所。②おりおり。③物語や話のすじ。

〈彳 部〉

徯 まつ
待ち望む。

微けなし かすけなし
ごく小さいこと。微小。『山の井』

微温 ぬるま・ぬるみ
①のろま。お人よし。②ぬるま湯の略。③河などのよどみ。『源平盛衰記』

微温い ぬるい
①ややあたたかい。『万葉集』。②ゆるやかだ。『源氏物語』。③厳しさが足りない。『源氏物語』

微温火 ぬるび
「緩火」とも書く。火力が弱い火。「とろび」に同じ。

微温湯 ぬるゆ
「ぬるま湯」に同じ。

微睡む まどろむ
うとうとして少しだけ眠る。『源氏物語』

〈忄 部〉

慨 なげく
意気さかんで抑えがたいこと。

慨たし うれたし
①相手の仕打ちがいまいましい。『古事記歌謡』。②相手の無情なふるまいに不平を言いたい気がする。『源氏物語』

愧 はじ
「恥」とも書く。

慄然 ぶるぶる
①体が小刻みに震えるさま。②振動する音。『浮雲』

慄然と ぞっと
恐ろしさにおののくさま。『浮雲』

〈扌 部〉

携 ひっさぐ
手にさげて持つこと。

搆 かまい・しぼる
かまい―「構」とも書く。江戸時代、ある地域から追放する刑罰。『御触書宝暦集成』。
しぼる―しめつけて水分を出す。『今昔物語集』

搾木 しめぎ
胡麻・菜種などから油を絞りとる木製の道具。『大坂独吟集』

搦 からむ
まといつく。からみつく。『小右記』

搦手 からめて
①城の裏手や敵の背面。『平家物語』。②相手の弱点。

搦出 からめいだす
罪人などを捕らえて官に身柄を渡す。「搦進」に同じ。

搦地 からみち
川や海岸などの埋立地。またそこにできた新田畑。

搦捕 からめとる
「搦取」とも書く。捕らえて縛る。『鎌倉幕府追加法』

搦進 からめまいらす

「搨出」に同じ。→搨出

摂 やしなう
養生。摂生。

摂政直盧 せっしょうじきろ
宮中で叙位や除目などの儀を行ったところ。『権記』

摂腰 せひえ
律令制で、武官が礼服の打掛（うちかけ）を着用するときの腰帯。『色葉字類抄』

搔上匣 かかげのはこ・かきあげばこ
「搔上箱・搔上筥」とも書く。平安時代頃、髪結道具をいれた箱。『源氏物語』

搔上筥 かかげのはこ・かきあげばこ
「搔上匣」とも書く。→搔上匣

搔平 かいならし
穀物などを計量するとき、枡の盛山を平らにする具。「斗搔・概（とかき）」に同じ。

搔取 かいどり
①小袖の褄を手でもちあげること。②婦人の礼服の打掛。

搔練 かいねり
「皆練」とも書く。①練って柔らかくした絹。『宇津保物語』。②襲（かさね）の色目の一つ。表裏が紅色。

搔敷 かいしき
「搔敷・皆敷・苴」とも書く。食物を盛る器に敷く杉の葉・紙などのこと。『類聚雑要抄』

搔燈 かいともし
清涼殿の夜御殿（よるのおとど）にともした燈火。『徒然草』

損毛 そんもう
損失。『御触書宝暦集成』

損色 そしき
「麁色」とも書く。室町時代、建築修理の見積書。『宮寺縁事抄』

搗布 かちめ・かじめ
「搗藻」とも書く。①褐藻類のノロカジメ。『倭名類聚鈔』。②褐藻類の多年草アラメの異称。

搗栗 かちぐり
「勝栗」とも書く。栗の実を乾燥させ、殻と渋皮を取り除いたもの。出陣のときなどに祝って食べた。『古今著聞集』

搗飯 かちいい
「交飯」とも書く。餅。『今昔物語集』

搗稲 かちしね
脱穀していない米。『倭名類聚鈔』

搗精 とうせい
玄米を搗（つ）いて種皮などを取り除いて、白くすること。

搗餅 かちん
餅。つき交ぜた飯の意。

搗藻 かちめ
「搗布」とも書く。→搗布

搯巻 くるまき
回転させる器械。「ろくろ」に同じ。『太平記』

搏風 はふ
「破風」とも書く。日本建築で、屋根の切妻にある合掌形の装飾板。『今昔物語集』

〈氵部〉

溢月 こぼれづき
「翻月」とも書く。連歌で月を詠むべき定座（句の位置）で、月を詠み込むことができないとき、次の定座に延ばすこと。

滑子 なめこ
担子菌類の食用きのこ。

滑中尾魚 ぬめりごち
「滑鯒」とも書く。ネズッポ科の海産硬骨魚。「鼠鯒・鼠牛尾魚（ねずみごち）」に同じ。

滑革 ぬめかわ
「靴」とも書く。タンニンで柔らかくした牛革。

滑滑 ぬめぬめ・ぬるぬる・すべすべ
滑りやすいさま。なめらかなさま。

滑瓢 ぬらりひょん
①漫然としてしまりのないこと。②瓢箪鯰（ひょうたんなまず）のようにつかみどころのない化物。

漢人 あやひと
「綾人・阿夜毗登」とも書く。①古代の中国系の渡来人の通称。②古代、東漢直（やまとのあやのあたい）の祖である阿知使主（あちのおみ）に率いられて渡来したとされ、手工業に従事した氏族。

漢女 あやめ
古代、大陸から渡来した女性で、機織（はたおり）に従事した者。『万葉集』

漢才 からざえ
中国の学問や詩文にたけた才能。『愚管抄』

漢竹 からたけ
①中国渡来の竹。②真竹（まだけ）、苦竹（にがだけ）の異称。

漢竹台 かわたけのうてな
清涼殿の東庭に植えた漢竹。『徒然草』

漢姆列徳 ハムレット
シェークスピアの作品『ハムレット』の主人公。

漢島 からしま
赤色の地に、格子または鹿子（かのこ）模様などがある古代の帛。

漢椒 あさくらざんしょう
ミカン科の落葉低木サンショウの一品種。

漢織 あやはとり
雄略天皇のとき、中国から渡来したとされる機織の技術者。『日本書紀』

溘焉 こうえん
にわかであるさま。

溝三歳 みそさざい
「鷦鷯・溝鷦鷯・三十三才」とも書く。スズメ目ミソサザイ科の鳥。

溝竹 かわたけ
「川竹」とも書く。①川辺に生える竹。②清涼殿東庭の御溝水（みかわみず）のほとりに植えた竹。『枕草子』

溝洫 こういき
田と田の間にある溝。『地方凡例録』

溝蕎麦 みぞそば・たそば
タデ科の一年草。

溷六 どぶろく・ずぶろく
泥酔した者。

溷濁 こんだく
「混濁」とも書く。①にごること。②混乱すること。

滓面　かすも
「飼面」とも書く。そばかす。『倭名類聚鈔』

溲結　ばりけつ
小便が出なくなる馬の病気。『日葡辞書』

準い　なずらい
「准い・擬い」とも書く。本物に類すること。また、似ていること。『源氏物語』

準える　なずらえる
「准える・擬える」とも書く。同じたぐいと見なす。似せる。『源氏物語』

準縄　みずはかり
「水準」とも書く。検地用具の一つ。細長い角材に溝を掘って水を入れた水準器。『倭名類聚鈔』

滁州夏枯草　うつぼぐさ
「靫草・空穂草」とも書く。シソ科の多年草。

滄　いじる
「弄」とも書く。その必要もないのに、やたらと手でなでまわしたりする。もてあそぶ。

滂　ながす
「流す」とも書く。『三河物語』

滂沱　ぼうだ
①雨が激しく降るさま。『明月記』②涙がとどめなく流れるさま。③水や汗が激しく流れるさま。

滅甲　めりかり
「乙甲」とも書く。①音の高低。②邦楽で音の抑揚を微妙につけること。

滅金　めっき
「鍍金」とも書く。①金属に他の金属の薄層を張り付けること。②中身の悪さを隠してうわべだけ上等に見せること。

滅鉤　ほろびち
これを自分の物にすると滅びるという釣針。

〈犭部〉

猿　ましら・まし
サルの異称。『古今和歌集』

猿子　ましこ
①「猿」に同じ。→猿。②スズメ目アトリ科マシコ類の鳥の総称。

猿麻桛　さるおがせ
サルオガセ属の地衣類の総称。『倭名類聚鈔』

獅子吼　ししく
「師子吼」とも書く。①仏教で、説法の威光を、獅子が吼えて百獣を恐れさせるさまに譬えたもの。②邪道を排して正道を行うこと。③熱弁をふるうこと。

〈艹（艹・艸）部〉
艹は四画、艸は六画

蓋　けだし・おおう・きぬがさ
けだし—①まさしく。ほんとうに。『平家物語』。②もしかして。ひょっとすると。『万葉集』
おおう—他のものを表面全体にかぶせ、外部と遮断すること。『今昔物語集』
きぬがさ—絹布を張った長柄の傘。『万葉集』

蒿雀　あおじ・あおしとど
「青鵐」とも書く。ホオジロ科の小鳥。

蒟蒻　こんにゃく
「菎蒻」とも書く。サトイモ科の多年性植物。

蒟醬　キンマ
コショウ科の蔓性半低木。

蓑笠　さりつ・さりゅう
①蓑と笠。②蓑を着て笠をかぶること。

蒜藜蘆　こばいけい・ばいけいそう
「梅蕙草」とも書く。ユリ科の大形多年草。

蓍　めどき
占いに用いる細い棒。『諸艶大鑑』

蓍草　のこぎりそう
「鋸草」とも書く。キク科の多年草。

蓍萩　めどはぎ
マメ科の低木状の多年草。

蒺梨轡　うばらぐつわ・うまらぐつら
「蒺藜轡」とも書く。轡（くつわ）の一種。菱形の鏡板がウバラ（ハマビシ科の一年草ハマビシの異称）の実に似ているところからの名称。

蒐立　かりたつ
①追い立てる。②行動するように気持を追い込む。

蒐集　しゅうしゅう
「収集」とも書く。①広くあちらこちらからよせ集めること。②目的をもって集めること。

蒸気喞筒　じょうきポンプ
蒸気を動力にしたポンプ。

蒸籠　せいろう・せいろ
鍋などの上にのせ、下から湯気を通して食料を蒸す道具。

蓁栗　はしばみ
「榛」とも書く。カバノキ科の落葉低木。

蒼朮　われもこう・おけら・うけら・そうじゅつ
「朮」とも書く。キク科の多年草。

蒼鷺　あおさぎ・みとさぎ
「青鷺」とも書く。①コウノトリ目サギ科のサギの一種。②淡青色の馬の毛色。

蓖麻子　ひまし
トウダイグサ科の一年草トウゴマの種子。

蒲公英　たんぽぽ
キク科タンポポ属の多年草の総称。

蒲伏　ほふく
「匍匐」とも書く。腹ばいになり、進むこと。

蒲団　ふとん
①蒲の葉で編んだ座禅に用いる円座。②「布団」とも書く。綿や羽毛などを入れた夜具。また、防寒・保温用具。

蒲団扇　がまうちわ
蒲の葉で編んだ作った団扇。

蒲坊　かまっぽう
江戸時代、奴などが生やした鎌形にはね上げた髭。「鎌髭・奴髭」に同じ。

蒲差縄　かもさしなわ・かまさしなわ
「鎌差縄」とも書く。馬をひく白い手綱（たづな）。

蒲桃　ほとう・ふともも
テンニンカの常緑中高木。

蒲脛巾　かまはばき

蒲の葉で編んだ脛巾。「蒲脚布（かまきゃふ）」に同じ。

蒲笥　かまけ
①藁むしろを二つ折りにして作った袋。もとは蒲の葉で作ったもの。『日本書紀』。②刻み煙草などを入れる油紙または皮製の袋。

蒲陶　えびかずら
「葡萄葛」とも書く。①ブドウの古称。『日本書紀』。②ブドウ科の蔓草エビヅルの古称。『類聚名義抄』。③かもじ（そえ髪）。『源氏物語』

蒲魚　かまとと
なにも知らないふりをして上品ぶること。世慣れていないふりをすること。またその人。

蒲黄　かまのはな
ガマ科の多年草ガマの茎の先端につく、ろうそく形の茶色の花。『日本書紀』

蒲葵　びろう・あじまき・びりょう
「檳榔」とも書く。ヤシ科の常緑高木。

蒲蘆　ひょうたん
「瓢箪・胡蘆」とも書く。①ウリ科の蔓性一年草。②ヒョウタンの実から作った酒器・花器などに用いる器。

蒙古　むくり
「蒙古」の古称。蒙古人。『増鏡』

蒙古里　むくり
「蒙古」に同じ。『日蓮遺文』↓蒙古

蓏　くさくだもの
「草果物」とも書く。草の実で食用となるもの。『倭名類聚鈔』

蓮華衣　れんげえ
袈裟。蓮の花のように清らかなことから。

蓬壺　ほうこ
①蓬莱山の異称。『六百番歌合』。②上皇の御所。

蒴藋　そくず
スイカズラ科の多年草。

〈心（⺗）部〉

愛子　まなご
「愛児・真名子」とも書く。最愛の子。『万葉集』

愛児　まなご
「愛子」とも書く。↓愛子

愛妻　はしづま
かわいい妻。いとしい妻。『古事記』

愛姉　なね
女性を親しんで呼ぶ語。『万葉集』

愛娘　まなむすめ
「真名娘」とも書く。いとしい娘。最愛の娘。『宇津保物語』

愛流　あいる
仏教で食物が人の心を溺れさせること。

愛執　あいしゅう
仏教で、欲望にとらわれること。とくに愛欲の情に執着すること。

愛惜　あいじゃく・あいせき
惜しんで大切にすること。

愛著　あいじゃく
①仏教で、欲望にとらわれ追い求めること。②「愛着」とも書く。人や物への思いに執着すること。『徒然草』

愛逢月　めであいづき
愛し合っている織女星と牽牛星が逢える月。陰暦七月の異称。

愛眼　あいげん
仏教で仏の慈悲の眼。

愛魚女　あいなめ
「鮎並・相嘗」とも書く。アイナメ科の海産硬骨魚。

愛敬　あいぎょう・あいきょう
①かわいらしいこと。『宇津保物語』②相手へのなさけがあること。『落窪物語』。③愛しうやまうこと。

愛楽　あいぎょう
①愛し好むこと。『教行信証』。②仏法などを願い求めること。『日本霊異記』。③欲望。『菅家後集』

愛潤　あいにん
人の死が親しい者に恩愛・煩悩の念を起こさせ、業の種がつくられること。

愛褻　なつかし
なれ親しむこと。

愛蘭　アイルランド
イギリス本国大ブリテン島の西方に位置する島。

愛繋　あいけ
仏教で恩愛にしばりつながれること。

意地拗　いじくね
心がねじけている。素直でない性格。『よせだいこ』

意気沮喪　いきそそう
「意気阻喪」とも書く。物事を行おうとする気力を失ってしまうこと。「意気消沈」に同じ。

意気阻喪　いきそそう
「意気沮喪」とも書く。↓意気沮喪

意得　こころえ
「心得」とも書く。①理解。考え方。②承知しておくこと。『狭衣物語』。③計らい。④用心すること。⑤技能などのたしなみがあること。

意銭　あないち・ぜにうち
あないち―「穴一・投胡」とも書く。子供の遊戯の一つ。地面に穴をあけ、一メートルほど離れたところから銭を投げ、穴に入れたものを所得するもの。
ぜにうち―「銭打」とも書く。子供の遊戯の一つ。地面に線をひき、そこに銭を置き、相手が指定した銭を、離れたところから別の銭で打ち当てたのを勝ちとする。

意趣　いしゅ
①考え。②意地。③恨み。『地方凡例録』。④理由。『保元物語』

感　ほむ
ほめること。『今昔物語集』

感け　かまけ
①一つのことだけに心が奪われ、他のことをかえりみる余裕がないこと。②こだわること。『万葉集』

感佩　かんぱい
ありがたいと感謝すること。深く感じて忘れないこと。『大久保利通日記』

愚札　ぐさつ
自分が書いた手紙の謙譲語。『玉葉』

愚身　ぐしん
自分の身の謙称。

愚昧　ぐまい
愚かで道理をわきまえないこと。『御触書天明集成』

愚覚 おろおぼえ
確実でない記憶。「うろおぼえ」に同じ。

愚愚し おれおれし
愚かだ。間が抜けている。『源氏物語』

慈 みかた
「御方・味方」とも書く。①賊軍に対する官軍。②敵に対し、自分の方に組する仲間。

慈姑 くわい
オモダカ科の水生多年草。

慈烏 はしぼそがらす
「嘴細鴉・觜細烏」とも書く。カラスの一種。

慈眼 じげん
仏・菩薩の慈悲の眼。

愁吟眉 しゅうきんのまゆ
心細いこと。心配なこと。『東寺百合文書』

愁訴え うれえ
「憂え」とも書く。①嘆き訴えること。『万葉集』。②心配。③困りごとを打ち明ける。『源氏物語』。④頼む。『源氏物語』。⑤不平をいう。⑥悲しみ。⑦災い。『源氏物語』

愁歎 しゅうたん
嘆き悲しむこと。『大音文書』

愁憤 しゅうふん
悲しみ、いきどおること。『高野山文書』

想像 おもいやる
想像する。推察する。『太平記』

愍 あわれび・あわれむ
あわれみ。あわれに思うこと。『今昔物語集』

愈 いよいよ
「弥」とも書く。ますます。より一層。『梁塵秘抄』

〈戈 部〉

戦慄 わななき・わななく・おののき
怒りや恐怖などのために体がふるえること。『邪宗門』

戦戦 わなわな
怒りや恐怖などのためにわななきふるえること。『其面影』

〈攴（攵）部〉

数 あまた・しばしば
あまた—「数多・許多」とも書く。数量が多い。程度がはなはだしい。
しばしば—何度も。しきりに。

数多 あまた
「数」とも書く。『御触書宝暦集成』↓数

数次 しばしば
「数」とも書く。『観音岩』↓数

数尿 しばゆばり
「屡尿」とも書く。「淋病（りんびょう）」の古称。『倭名類聚鈔』

数奇 すき
「数寄」とも書く。趣味や風流の道。とくに茶の湯などに心を寄せること。『信長公記』

数差 かずさし
競馬・歌合などの勝負で勝った方の数立（かずたて）に串などを挿し入れ、回数を数える。『亭子院歌合』

数寄 すき
「数奇」とも書く。↓数奇

数間 すあい
「牙儈・牙婆・仲」とも書く。室町時代以降、売買を仲介して手数料をとった業者。『七十一番歌合』

〈斗 部〉

斟酌 しんしゃく
①相手の気持などを考慮したうえで事を行うこと。『信長公記』。②比較して取捨てること。

斟量 しんりょう
「斟酌」に同じ。↓斟酌

〈斤 部〉

新 さら・あら
新しいこと。

新木 にゅうぎ
一月十五日の小正月の飾りに用いる割木。

新地 さらち
「更地」とも書く。①新たに開墾した土地。②建造物のない土地。

新西蘭 ニュージーランド
オーストラリアの東方、南太平洋上に位置する島国。

新走り あらばしり
「荒走り」とも書く。①暴風の中を航海すること。②収穫したばかりの米で醸造した新酒。『筑紫の海』

新身 あらみ
新しく鍛えた刀。新力。

新治 にいばり
新しく開墾すること。また、その地。『万葉集』

新治道 にいばりみち
新たに開いた道。

新注連 あらしめ
「新標」とも書く。新しい注連縄（しめなわ）。『拾玉集』

新松子 しんちぢり
今年にできた松かさ。青松笠（あおまつかさ）。

新栄 あらさか
新しく、精が満ちていること。神酒をほめていう語。『常陸風土記』

新発意 しぼち・しんぼち・しんぼっち・おもいつき
①新たに菩提心を起こすこと。②出家して間もない者。『かたこと』③剃髪したばかりの小坊主。

新湯 あらゆ・さらゆ
「更湯」とも書く。まだ誰も入浴していない風呂の湯。『絵本太功記』

新開 あらき
「新墾・荒開」とも書く。新しく開墾すること。また、その地。『万葉集』

新嘉坡 シンガポール
マレー半島最南端に位置する共和国。また、その首都。

新嘗 にわない
新穀を神に捧げて祭る行事。『日本書紀』

新標 あらしめ
「新注連」とも書く。↓新注連

新墾 あらき
「新開」とも書く。↓新開

新饗　にいやい
初漁の鰹を持ち帰り、舟宿に居合わせた全員に分けること。

〈日（曰）部〉

暗　あんに・そらむ・くらます・やみ
あんに―それとなく。
そらむ―暗唱する。『筆のまにまに』
くらます―ごまかす。『百姓分量記』
やみ―暗闇。『今昔物語集』

暗んじ　そらんじ
暗記。暗唱。『三四郎』

暗太郎　あんだら
おろか者。『若輩抄』

暗争解　だんまりほどき
だんまり劇で、無言であった演技者が、次の幕で互いに名乗って語り合うこと。

暗物　くらもの
「闇物」とも書く。①にせもの。②江戸時代の私娼。『人倫訓蒙図彙』

暗鈍者　たわけもの
ばか者。『日暮硯』

暗暗　ぐずぐず
「愚図愚図」とも書く。①のろまなさま。②くずれてしまりがないこと。③不平不満をだらだらというさま。『多情多恨』。④幼児がむずかるさま。

暈　かさ
太陽や月の周囲にあらわれる光の輪。

暈取る　くまどる
「隈取る」とも書く。①着色して濃淡をつける。②歌舞伎役者が墨や紅などで顔に様式的な筋などを描く。

暈瀜　うんおう・うんのう
ぼかし。地図の表現様式。

暇　いとま
①仕事などのない時間。ひま。②時間のゆとり。③休暇。④喪に引きこもること。⑤辞めること。⑥離婚。⑦離別。

暇乞　いとまごい
①別れの挨拶をすること。『平治物語』。②辞任を願いでること。『傾城禁短気』。③休暇を願いでること。

暇文　いとまぶみ・けもん
①病気などの理由で退職を請う願書。辞表。②離縁状。

暇申　いとまもうす
「仮申」とも書く。「暇乞」に同じ。→暇乞

暉　かがやく
「輝く」とも書く。『神霊矢口渡』

暖寺　のんじ
①禅宗で、新しく入寮する僧が在住の者に茶菓子などをふるまうこと。②新しく入寮した人を賀すること。「暖寮・暖席」に同じ。

暖気　のんき
「呑気・暢気」とも書く。①気晴らし。なぐさみ。『日葡辞書』。②のんびりした気分や性格。

暖帘　のれん
「暖簾」とも書く。→暖簾

暖寮　のんりょう
「暖寺」に同じ。『建武式目追加』→暖寺

暖簾　のんれん・のうれん・のれん
①日よけのために軒先に張る布。『地方凡例録』。②商家における格式や信用。

暖簾裁　のれんきり
江戸時代、吉原の遊廓で、繁盛していない娼家が、繁盛している娼家の暖簾の端をひそかに切り取って、自分の暖簾に縫い付けたもの。

暘谷　ようこく
東方の日の出るところ。

〈月 部〉

腮　あぎ・あぎと
「顎門・顎・鰓」とも書く。①顎（あご）。『倭名類聚鈔』。②魚のえら。『新撰字鏡』。③「鐖（あぐ）」に同じ。

腎　むらと
「村戸」とも書く。腎臓の古称。転じて心をいう。

腥し　なまぐさし
①生の魚や獣肉、生血などのにおいがすること。②不穏な気配がすること。『今昔物語集』。③戒律を守らず、僧として不品行だ。④生意気だ。『細川忠興文書』

腸持　わたもち
①内蔵を抜き取っていないこと。②転じて、生身。生きている身体。

腸香　わたか・わたこ
「黄鯝魚」とも書く。コイ科の淡水産硬骨魚。

腸窒扶斯　ちょうチフス
腸チフス菌による伝染病。

腸樽　わただる
魚類の内蔵を入れる樽。

腸繰　わたくり
鏃（やじり）の一種。

腹赤　はらか
①サケ科の硬骨魚サクラマスの異称。②ニベ科の海産硬骨魚ニベの異称。

腰礼　こしうや
腰をかがめてする礼。『体源抄』

腰鼓　くれつづみ
「呉鼓」とも書く。伎楽の一種の呉楽（くれがく）で用いる鼓。

腰輿　たごし・えうよ
「手輿」とも書く。腰のあたりまで長柄を持ち上げて運ぶ輿。『平家物語』

〈木 部〉

楽車　だんじり・だし
「檀尻・檀帳・山車」とも書く。祭礼の曳物。『物類称呼』

楽官　うたまいのつかさ
雅楽寮（うたづかさ）・大歌所（おおうたどころ）・楽所（がくしょ）・内教坊（ないきょうぼう）の総称。『日本書紀』

楽府　がふ・がくふ
漢詩の一体。

楽所　がくそ・がくしょ
①古代、宮中の桂芳坊で雅楽をつかさどった所。『古今著聞集』。②音楽を演奏する所。

楽屋銀杏　がくやいちょう
①江戸時代の役者の結髪の一つ。鬘（かつら）をつけるため、鬢（びん）を低く、髷（まげ）を小さくしたもの。②江戸時代の婦人の結髪。銀杏返（いちょうがえし）の低いもの。

楽浪 さざなみ・ささらなみ・さざれなみ・らくろう
さざなみ・ささらなみ・さざれなみ―「漣・小波・細波」とも書く。小さな波。
らくろう―前漢の武帝が朝鮮半島の平壌付近に置いた郡。

楽欲 ぎょうよく
仏教で願い望むこと。欲望。『徒然草』

棄捐 きえん
捨てる。破棄する。『御触書天明集成』

棄破 きは
「毀破」とも書く。破り捨てること。転じて、契約を解消すること。「破棄」に同じ。

業人 わざびと
すぐれた技術をもつ者。

業苦 ごうく
仏教で、前世の悪業によって受ける苦しみ。『源平盛衰記』

業所 なりどころ
「田宅」とも書く。田と宅地。『日本書紀』。②古代の豪族の私有地。③古代に荘園を管理するため、その地に建てた別宅。『日本書紀』

業物 わざもの
①名工が鍛えた切れ味の鋭い刀剣。②技量を必要とするむずかしい曲。『風姿花伝』

業突張 ごうつくばり
「強突張」とも書く。強情で欲張りなこと。また、そういう人。

業病 ごうびょう
悪業の報いによって罹る病気。『保元物語』

業腹 ごうはら
非常に腹立たしいこと。怒りに堪えないこと。

業障 ごっしょう・ごうしょう
仏教で、悪業が正道を妨げること。『太平記』

業繋 ごうけ
仏教で、悪業が苦を招くこと。「業垢（ごうく）・業縛（ごうばく）」に同じ。

楂魚 うきき
マンボウ科の海産硬骨魚マンボウの異称。

楸 きささげ・ひさぎ・ひさき
きささげ―「木豇豆」とも書く。ノウゼンカズラ科の落葉高木。
ひさぎ・ひさき―①トウダイグサ科の落葉高木アカメガシワの異称。②「きささげ」の異称。

楫子 かこ
「水手・水主」とも書く。船をこぐ者。船乗り。『万葉集』

楫取 かいとり・かとり・かんどり・かじとり
「舵取」とも書く。①櫂（かい）や艫（ろ）を使って船を漕ぐ人。②舵で船の進む方向を定めること。③転じて、物事を円滑に進行させること。また、その人。

楚 すわえ
「楉・杪」とも書く。①細長く伸びた若枝。『枕草子』。②刑罰に用いる杖（じょう）などの一種。『宇津保物語』

楚忽 そこつ
「粗忽」とも書く。①あわただしいこと。『軽口露がはなし』。②ぶしつけなこと。

楚割 すわやり
「魚条」とも書く。魚肉を細く裂いて干したもの。『倭名類聚鈔』

椶櫚 しゅろ
「棕櫚・棕梠」とも書く。シュロ属の常緑高木の総称。

楤木 たらのき
ウコギ科の落葉小高木。

椴 とど
マツ科の常緑高木トドマツの略。

楮の木 かじのき
「梶の木・構の木・穀の木」とも書く。クワ科の落葉高木。『新撰字鏡』

楮高 こうぞたか
江戸時代の課税基準の一つ。紙の原料である楮の採れ高に課した税金。『地方凡例録』

楪子 ちゃつ・ちゃつう
菓子などを入れる漆塗りの木皿。「銘々盆（めいめいぼん）」に同じ。

楪津宇 ちゃつう
「茶通」とも書く。餅菓子の一種。小麦粉に砂糖・卵・挽茶などを交ぜてこね、餡を包んで、上に胡麻や煎茶などをつけて焼いたもの。

椿市 つばいち
「海柘榴市」とも書く。奈良県桜井市三輪付近にあった古代の市場。平安時代長谷寺参詣の入口として栄えた。『枕草子』

椿事 ちんじ
「珍事」とも書く。意外なできごと。

椿桃 つばいもも
「光桃・油桃」とも書く。バラ科の落葉小高木モモの一品種。

椿象 かめむし・くさがめ
「亀虫」とも書く。カメムシ科の昆虫の総称。

椿餅 つばいもち・つばきもちい
甘葛（あまずら）をかけ、椿の葉二枚でくるんだ餅。『源氏物語』

椹 さわら
ヒノキ科の落葉高木。

椽 たるき・はえき
「垂木・榱・架・棰」とも書く。屋根板を支えるため、棟から軒に架けわたす材。

椽鼻 たるきばな
垂木の端の部分。またそこの装飾。

楣 まぐさ
「目草」とも書く。門や出入口の扉の上に渡した横木。『倭名類聚鈔』

楓 ふう・かえで
ふう―マンサク科の落葉高木。カエデとは別種。
かえで―カエデ科の落葉高木の総称。「カエルデ」の転。

楓蚕 ふうさん
ヤママユ科の蛾。

楓蛾 しらがたろう
「白髪太郎・樟蚕蛾」とも書く。ヤママユガ科のクスサンの幼虫。

楓樹 もみじ
「紅葉・黄葉・椛・槭・槭樹」とも書く。①カエデ科の落葉高木の総称。②秋に紅葉する木々の葉。『万葉集』。③襲（かさね）の色目の一つ。

榔楡 あきにれ
「白楡・秋楡」とも書く。ニレ科の落葉高木。

楡 はるにれ

「春楡」とも書く。ニレ科の落葉高木。

楊柳　やなぎ
「柳」とも書く。ヤナギ科ヤナギ属植物の総称。②襲（かさね）の色目の一つ。

楊桐　さかき
「榊・賢木」とも書く。①常緑樹の総称。②ツバキ科の常緑小高木。③ツバキ科の常緑小高木ヒサカキの異称。

楊梅　やまもも
「山桃」とも書く。ヤマモモ科の常緑高木。

楊梅皮　ももかわ
「桃皮」とも書く。ヤマモモ科の常緑高木ヤマモモの樹皮。

楊櫨　たにうつぎ
「谷空木・谷溲疏」とも書く。スイカズラ科の落葉低木。

楝　おうち
「樗」とも書く。①センダンの古称。『万葉集』。②襲（かさね）の色目の一つ。

榀　こまい
「木舞」とも書く。①屋根の裏板を受けるため、軒の垂木に渡す細長い材。『宇治拾遺物語』。②壁の下地にして使用する竹や木。『日葡辞書』

楾　はんぞう
「匜・半挿」とも書く。柄に湯・水の通路があり、ここから湯や水を注ぐ仕組みとなっている容器。『宇津保物語』

楾盥　はんぞうだらい
「楾」におなじ。↓楾

槭殿　ひどの
「樋殿」とも書く。便所。かわや。

〈欠　部〉

歃血　そうけつ
誓いの証に生贄（いけにえ）の血を口に塗ること。

〈止　部〉

歳殺神　さいせつじん
陰陽道の方位の神。暦の八将神の一つ。金星の精で、婚姻や普請などを忌む方角とされる。

〈殳　部〉

毀　こぼつ・そしり・そこなう
こぼつ―「壊」とも書く。①壊す。破壊する。②証文の一部を無効にする。『地方凡例録』
そしり―「謗・譏・誹」とも書く。悪くいう言葉。『徒然草』
そこなう―「害う」とも書く。『折りたく柴の記』

毀戒　きかい
仏道の戒律を破ること。

毀面　おもてをこぼつ
文書を無効のものにするとき、書面に抹消の符号を記すこと。

毀破　きは
「棄破」とも書く。文書などを破り捨てること。「破棄」に同じ。

殿　みのたおさえ
大木の配置を決めること。

殿戸　とのんど・とのど
御殿の戸。『催馬楽』

殿主　でんず・てんしゅ
でんず―「殿司」とも書く。禅寺で仏殿の掃除。
てんしゅ―「天主・天守・殿守」とも書く。城の本丸の最上階の物見櫓。「天守閣・天守櫓」に同じ。

殿馳　おくればせ
「遅れ馳せ」とも書く。①遅れてかけつけること。②時機を逸すること。

〈火　部〉

煙火　はなび
「花火」とも書く。黒色火薬に発色剤を混ぜて松脂（まつやに）などで固め、筒型や玉にし、点火して破裂・燃焼させ、音・色・光や形などを観賞するもの。

煙管　キセル
①刻み煙草をつめて点火し、その煙を吸う道具。②「煙管乗り」の略。

煙管貝　キセルがい
キセルガイ科の陸生巻貝の総称。

煢然　ぽつねん
一人で寂しそうにしているさま。『椿姫』

煌　きら・きらめく・きらやか
きらきらと光ること。

煌煌　こうこう
「晃晃」とも書く。きらきらと光り輝くさま。『源平盛衰記』

煖　あたたか
「暖・温」とも書く。①暑からず寒からずで肌にぬくもりを感じるほどのちょうどよい気温。『源氏物語』。②愛情やおもいやりがあること。③経済状態が良いこと。『六論衍義大意』。④おだやかであること。⑤ずうずうしいさま。

煖遼　なんりょう
「南鐐」とも書く。①良質の銀。②江戸時代の貨幣の二朱判銀。③銀の異称。

煩　わずらい
「煩累」とも書く。①悩み苦しむこと。『地方凡例録』。②病気になること。『栄花物語』

煩冗がり　うるさがり
めんどうくさく思うこと。『門』

煩苛　こせがましい
ゆとりがなく、せっかちなこと。

煩悩　ぼんのう
仏教で衆生を悩ませる一切の妄念。

煩累　わずらい
「煩」とも書く。『上田敏全訳詩集』↓煩

〈灬　部〉

煨　おき
「燠・熾」とも書く。①灰の中に埋まった炭火。『菅江真澄随筆集』。②薪を炭火にしたもの。

照鑒　しょうかん
神仏や天皇が御覧になること。

煎汁　いろり
「色利」とも書く。かつおぶしや大豆の煮出し汁。『倭名類聚鈔』

煎豆湯　コーヒー
「珈琲」とも書く。コーヒー豆を煎って粉に挽いたもの。

煎海鼠　いりこ・きんこ・ほしこ
「海参」とも書く。ナマコの腸を取り去り、煮て干したもの。『庭訓往来』

〈牛　部〉

犍把　かんじ
「犍椎・犍槌」とも書く。仏教で、木魚・木板・鐘など打ち鳴らして信を表わす具。

犍椎　かんじ
「犍把」とも書く。↓犍把

犍槌　かんじ
「犍把」とも書く。↓犍把

〈犬　部〉

献替　けんたい・けんてい
主君に事の善悪、可否を言上すること。

献歳菊　ふくじゅそう
「福寿草」とも書く。キンポウゲ科の多年草。

献遣す　たてまだす
①使いを参上させる。『日本書紀』。②さしあげる。『宇津保物語』

〈玉（王）部〉王は四画

瑕瑾　かきん
①きず。②欠点。短所。『徒然草』。③恥。『合類節用集』

瑞西　スイス
中部ヨーロッパ、アルプス山脈の北に位置する連邦共和国。

瑞典　スウェーデン
北ヨーロッパ、スカンディナビア半島東部に位置する立憲君主国。

瑞垣　みずがき
神社や宮殿の周囲にめぐらした垣根。『古事談』

瑞香　じんちょうげ
「沈丁花」とも書く。ジンチョウゲ科の常緑低木。

瑞御舎　みずのみあらか
壮麗で美しい御殿。『祝詞』

瑞歯　みずは
「稚歯」とも書く。①若々しくみずみずしい歯。②老人の歯が抜け落ちて、再び生える歯。長寿のしるしとされた。③たいへん年老いていること。『為忠百首』

瑞穂　みずほ
「水穂」とも書く。みずみずしい稲穂。『神皇正統記』

瑇瑁　たいまい
「玳瑁」とも書く。ウミガメ科のカメ。『倭名類聚鈔』

瑜伽　ゆが
①古代インドから伝わる宗教的実践法のヨーガ。②密教で、呼吸・瞑想・座法などの修行によって高度な心身を実現すること。

瑜伽振鈴　ゆがしんれい
密教の修法。

〈疒　部〉

瘁け　かしけ
「悴け」とも書く。①やつれること。生気を失うこと。『枕草子』。②手足がこごえて思うように動かなくなること。かじかむこと。

瘁やし　おやし
毒気や妖気などで人をまどわすこと。『類聚名義抄』

痴　おこ
「烏滸・尾籠」とも書く。①おろかなこと。『日本書紀』。②ふとどきなさま。

痴言　おこごと
「烏滸言」とも書く。ふざけた言葉。冗談。『源氏物語』

痴絵　おこえ
「烏滸絵」とも書く。おどけ絵。戯画。『今昔物語集』

痴話　ちわ
「千話・眤話」とも書く。①愛し合う男女が戯れながらする談話。②情事。『色道大鑑』

痲疹　はしか
「麻疹」とも書く。麻疹ウィルスによる急性伝染病。

〈皿　部〉

盞結　うきゆい
酒杯をかわしておたがいの誠意を誓い合うこと。『日本書紀』

盞歌　うきうた
「宇岐歌」とも書く。古代、杯を捧げるときの寿歌（ことほぎうた）。

盟神探湯　くかたち・くがたち
「探湯・誓湯」とも書く。古代、熱湯に手を入れさせ、そのただれ方で事の正邪を判断した神明裁判の一つ。『日本書紀』

盟酒　うけいざけ
他村と争いごとが起きたとき、村中の人々が神社に集まって結束を誓うためにかわす神酒。

〈目　部〉

睢鳩　みさご
「鶚」とも書く。タカ目タカ科の鳥。

睨　にらむ・のぞく
にらむ―鋭い目でじっと見つめる。『菅原伝授手習鑑』
のぞく―のぞき見る。『日本永代蔵』

睡　ねぶり・ねむり・まどろむ・ゆめむる
ねぶり・ねむり―眠る。『徒然草』
まどろむ―うとうと眠る。『菅原伝授手習鑑』。
ゆめむる―夢をみているようにぼんやりしている。『風来六部集』

睡蓮　ひつじぐさ
「未草」とも書く。スイレン科の多年生水草。

督　かみ
律令制の兵衛府などの長官。

督の殿　こうのとの
「長官の殿・頭の殿・守の殿」とも書く。衛門府・兵衛府・馬寮などの長官や国守の敬称。『宇治拾遺物語』

睥睨　へいげい
①にらみつけて威圧すること。②横目でじろりと見ること。

〈矢　部〉

矮人　ひきうど
「低人・侏儒」とも書く。身の丈が低い人。『宇治拾遺物語』

矮狗　べいか
犬の一種である狆（ちん）の異称。「べか犬」に同じ。『毛吹草』

矮柏　ちゃぼひば・はいびゃくしん
ちゃぼひば―「矮鶏檜葉」とも書く。ヒノキの園芸品種。
はいびゃくしん―「這柏槙・矮檜」とも書く。ヒノキ科の常緑低木。

矮樹　わいじゅ
丈の低い樹木。

矮檜　はいびゃくしん
「矮柏」とも書く。→矮柏

矮鶏　チャボ
愛玩用の鶏の一品種。

〈石　部〉

碁子麪　きしめん
「棊子麺」とも書く。①小麦粉を水でこねて平らにのばし、竹筒で碁石形に押し切り、茹でて炒豆の粉をかけた食品。②平打ちした饂飩（うどん）。

碁笥　ごけ
「碁家」とも書く。碁石を入れる器。

碓女　うすめ
「舂女・雀女」とも書く。祭のとき神前に供える米をついて白米にした役目の女。

碌すっぽ　ろくすっぽ
「陸すっぽ」とも書く。物事を満足になしとげないさま。ろくに。

〈示（ネ）部〉

禁色　きんじき
位階により着用を禁じられた色。また、禁じること。『権記』

禁忌　いまいましい
①しゃくにさわる。②不吉なこと。縁起が悪い。

禁掖　きんえき
御所。宮廷。『古事談』

禁野　きんや
天皇の猟場として、一般人の狩猟が禁じられた野。『三代実録』

禁鳥　とどめどり
ウグイスの異称。

禁裏　きんり
①宮中。皇居。御所。『吾妻鏡』。②禁裏様（天皇）の略。

禁遏　きんあつ
禁止してやめさせること。『御成敗式目』

禁厭　まじない
「呪・厭勝」とも書く。神秘的な力を借りて災いを免れたり起こしたりする術。呪術。

禍言　まがこと
「禍事」とも書く。凶事。不吉な言葉。『祝詞』

禍事　まがこと
「禍言」に同じ。→禍言

禍神　まがつみ
災いや祟りを起こす邪神。

禍禍　まがまがし
「曲曲・枉枉」とも書く。いまわしい。縁起が悪い。

禍霊　まがつい
①災害や不吉なことを起こす霊力。②「禍津日神（まがつひのかみ）」の略。

禅衣　ぜんえ
①禅僧の着る衣。②笈摺（おいずり。袖無し羽織に似た薄衣）。

禅和　ぜんな
参禅している人。「禅和子（ぜんわず）」に同じ。

禅定　ぜんじょう
①禅の奥義に入ること。転じて、高僧の死。②修験道で高山に入って修行すること。③霊山の頂上。

禅師　ぜじ
「ぜんじ（禅師）」の略。①禅定を極めた高僧。②高僧が朝廷から賜る称号。③法師。『伊勢物語』

〈禾　部〉

稚　いとけなし・いわけなし
①幼い。あどけない。『梁塵秘抄』。②おろかなこと。

稚子　みずこ・みずご
「若子・水子」とも書く。①生まれて間もない子。「赤子」に同じ。『今昔物語集』。②流産または堕胎した胎児。

稚気甚　いわけなし
「稚」とも書く。→稚

稚児　ややこ
赤ん坊。

稚児車　ちんぐるま
バラ科の落葉小低木。

稚海藻　わかめ・にきめ
「若布・和布・裙帯菜」とも書く。褐藻類コンブ科の海藻。『万葉集』

稚姫君　いとひめぎみ
「幼姫君」とも書く。①幼い姫君。②一番末の姫君。『栄花物語』

稚歯　みずは
「瑞歯」とも書く。①若々しくみずみずしい歯。②老人の歯が抜け落ちて、再び生える歯。長寿のしるしとされた。③たいへん年老いていること。『為忠百首』

稚鰤　わらさ
アジ科の海産硬骨魚ブリの未成魚。『物類称呼』

稠　きびし・おおう
きびし―容赦のないこと。厳格なこと。『葉隠』
おおう―①つつみかくす。『信長公記』。②物の上や外部を他の物ですきまなくかぶせること。③全体に広がって包むこと。

稠密　ちゅうみつ
多く集まって混雑している。『航米日録』

稠畳　ちゅうじょう
重なること。しばしば。『島津家文書』

稠敷　きびし・きびしく
「厳敷」とも書く。きびしい。厳重。

稟請　りんせい
上役に申し出て要請すること。

稜　そば
①物のかど。『宇治拾遺物語』。②指貫（さしぬき）や袴の股立（ももだち）や衣の端。『宇治拾遺物語』

稜威　いつ
「厳」とも書く。①神霊の尊厳な威力。『日本書紀』。②植物などが勢いよく成長すること。『万葉集』。③神聖であること。『祝詞』

稜威樫　いつかし
「厳樫・厳橿」とも書く。よく繁茂していて荘重さのある樫の木。『古事記』

稜稜し　そばそばし
①角ばっている。『宇津保物語』。②態度がよそよそしい。『源氏物語』

稜鏡　プリズム
光の分光を起こさせるガラスなどの三角柱。『上田敏全訳詩集』

〈穴 部〉

窠文 かもん
公家の装束・調度品などに用いられる有職文様の一つ。鳥の形とも、瓜を輪切りにした形ともいわれる。

窠宿 とや
「鳥屋」とも書く。①鳥小屋。②飼っている鳥の羽毛が抜けかわること。とくに夏の末に鷹の羽毛が抜け替わること。

〈罒 部〉

罨法 あんぽう
炎症などをおさえたり、痛みをやわらげるために、水・湯・薬にひたした布などで患部を温めたり冷やしたりする療法。

罪業 ざいごう
仏教で罪となる行い。『太平記』

置火燵 おきごたつ
「置炬燵」とも書く。櫓（やぐら）の内に炉を入れた移動ができるこたつ。

置苞 おきづと
立ち去るときに置いていく贈物。置きみやげ。『八重むぐら』

置炬燵 おきごたつ
「置火燵」とも書く。→置火燵

〈衤 部〉

褂 うちき
「袿」とも書く。①平安時代の女房装束。婦人の重ね上衣。『源氏物語』。②平安時代、男子が狩衣（かりぎぬ）や直衣（のうし）の下に着用した衣服。『宇津保物語』

裾濃 すそご
衣服の染色法の一つ。上の方を淡く、下の方にゆくにつれて濃く染めたもの。

裸背 はだせ
「肌背・膚背」とも書く。①鞍を置かない馬の背中。『曾我物語』。②肌。『赤染衛門集』

裸酸漿 はだかほおずき
「竜珠」とも書く。ナス科の多年草。

裲襠 うちかけ
「両襠・両当」とも書く。①律令制で、武官の礼服の貫頭衣。②舞楽の装束の一つ。③江戸時代の婦人の礼服の一つ。丈（たけ）の長い小袖。

褄外れ つまはずれ
「爪外れ」とも書く。身のこなし。所作。振る舞い。『当世書生気質』

〈竹 部〉

筵道 えどう
貴人の通路に敷くむしろ。『枕草子』

筥迫 はこせこ
「函迫・筥狭子」とも書く。江戸時代、奥女中や中流以上の武家の娘などがもった鼻紙入れ。

筥狭子 はこせこ
「筥迫」とも書く。→筥迫

筮 めどき
「筮木・蓍」とも書く。占いに用いる細長い棒。筮竹（ぜいちく）。

筮木 めどき
「筮」とも書く。『諸艶大鑑』→筮

筮書 ぜいしょ
卜筮（ぼくぜい）の結果を書いて依頼者にさし出す文書。後の鑑定書の書式に近いもの。

節 せち・よ・ふ・ノット
せち—①季節。時。②「節会・節句」の略。『蜻蛉日記』。③「節振舞」（正月の饗応など）の略。
よ—竹・葦などの節と節の間。『竹取物語』
ふ—「ふし（節）」の略。①竹・葦などの茎の節目。②垣や敷物などの編み目。『万葉集』
ノット—船の速度の単位。一時間に一海里（一八五二メートル）の速さ。

節分 せちぶ
「せつぶん（節分）」の略。立春・立夏・立秋・立冬の前日。とくに立春の前日。『源氏物語』

節会 せちえ
朝廷で節日などに行われた宴会。『貞丈雑記』

節竹 よだけ
節の多い竹。節の部分を入れて切った竹。『日本書紀』

節折 よおり
宮中で六月・十二月の晦日に行った祓式。

節供 せちく・せっく
「節句」とも書く。①節日（せつじつ）に用いる供物。②端午・七夕・重陽などの節日。

節季候 せきぞろ
歳末から新年にかけて門付けした物乞い。『桜川』

節東風 せちごち
旧暦の正月に何日も吹きやまない東風。

節振舞 せちぶるまい
正月など節日の饗応。「節（せち）」とも略す。

節御 せちご
正月の節のお祝いの舞に着用した綿服。「節着（せつぎ）」に同じ。

節榾 せちほだ
正月などの節日に炉で焚く薪。

〈米 部〉

粳米 うるごめ
うるち米。炊き上がりがもち米のように粘り気の少ない普通の米。

粳稲 うるしね
うるち米となる稲。『倭名類聚鈔』

粳餅 うるもち・うるのもち・うる
糯米（もちごめ）に粳米（うるごめ）をまぜてついた餅。

粮物 ろうぶつ・ろうもつ
旅行用の食料。

〈糸 部〉

継しい ままし い
継父・継母・継子など、血のつながらない関係。『落窪物語』

継子冬青 ままこもち
ミズキ科の落葉低木ハナイカダの異称。

継木 まき
「真巻・細射」とも書く。「真巻弓・真巻矢」の略。木と竹とをはり合わせて作った弓。またそれに用いる矢。『宇治拾遺物語』

継足 つぎあし
「承足」とも書く。踏台。踏継ぎ。『江家次第』

継場　つぎば

街道で人馬の継ぎ替えをするところ。宿場。問屋場（といやば）。宿駅。『地方凡例録』

継煙管　つぎキセル

二つを継ぎ合わせるように作った長煙管。『好色一代女』

絹紬　けんちゅう

「繭紬」とも書く。ヤママユガ科の蛾サクサンの糸で織った織物。『和漢三才図会』

綏　ほおすけ・ほおすげ

武官の冠の左右につけた馬の毛で作った飾り。「おいかけ（老懸・緌）・冠の緒」に同じ。『倭名類聚鈔』

綏定　すいてい

安泰になるよう定めること。

綏寧　すいねい

世の中が平和なこと。

綏撫　すいぶ

①しずめおさめること。②いたわり安心させること。

続松　たいまつ・ついまつ

たいまつ―「松明・炬・火把」とも書く。松の枝や竹の割り木などを束ねて火をつけ、屋外の照明とするもの。

ついまつ―①「たいまつ」に同じ。②歌がるた。『色道大鑑』

続紙　つぎがみ

「継紙」とも書く。長い文書を書くとき、二枚以上の紙を継ぎ合わせて用いること。また、その紙。

続断　なべな・おどりこそう

「山芹菜」とも書く。マツムシソウ科の二年草。

続随子草　ホルトそう

トウダイグサ科の二年草。

続飯　そくい

飯粒をつぶして練った糊。『宇津保物語』

続歌　つぎうた

「継歌」とも書く。①歌会で和歌を詠む方法の一つ。一定数の題が用意され、歌会の参加者がそれを次々と詠むもの。②継節（つぎぶし）の異称。

絽縮緬　ろちりめん

絽のように薄織にした透き間のある縮緬。

綛　かせ

「桛」とも書く。①糸を、周囲が一定の枠に、一定の回数で巻とりたばねたもの。「綛糸」に同じ。

綛買　かせかい

「綛糸」を買い集める行商人。『好色一代男』↓綛

〈羊（⺶）部〉

義塚　むえんづか

「無縁塚」とも書く。弔う縁者のない死者を葬った墓。

群来　くき

産卵のために押し寄せてくる魚群。とくにニシンの産卵群。

群集　ぐんじゅ

「群衆」とも書く。人々が群がり集まること。

羨　こいねがう・ねがう

「庶幾・乞願」とも書く。せつに希望する。願い事を強く頼む。『雲州消息』

羨道　せんどう・えんどう

横穴式石室・横穴墓の玄室と外部をつなぐ通路。

〈耒部〉

耡　うない

耕作すること。

〈耳部〉

聖多黙　サントメ

「棧留」とも書く。近世、インドのサントメから渡来したさまざまな模様のある美しい綿布。『二葉集』

聖経　バイブル

聖書。

聖衆　しょうじゅ

極楽浄土を願う人の臨終に来迎する諸菩薩。

聖道　しょうどう

天台宗・真言宗などの顕密（顕教と密教）仏教。『天狗草紙』

聖霊蜻蛉　しょうりょうとんぼ

「精霊蜻蛉」とも書く。赤色の蜻蛉の俗称。

聘え　あとえ

「誂え」とも書く。①誘う。『日本書紀』②求婚をする。妻にする。『日本書紀』③あつらえる。

〈聿部〉

肆　いちくら・いちぐら

「市座」とも書く。古代、市で交換・売買のために物品を並べたところ。『類聚名義抄』

肆宴　とよのあかり

「豊明」とも書く。①宴会。②酒に酔って顔が赤くなること。③「豊明（とよのあかり）の節会（せちえ）の略。

肆曇　しったん

「悉曇・悉旦・悉檀・悉談」とも書く。①梵語の母音。②梵字。梵語。

〈舟部〉

艀下　はしけ

「艀」とも書く。「はしけぶね（艀舟・艀船）」の略。本船と波止場の間を旅客や荷物をのせて往復する小舟。『御触書宝暦集成』

艀舟　はしけ

「艀下」とも書く。『与謝野晶子歌集』↓艀下

艀船　はしけぶね

「艀下」に同じ。↓艀下

〈虍部〉

虞芮　ぐぜい

虞と芮。ともに中国周代にあった国の名。『太平記』

虞美人草　ひなげし・ぐびじんそう

「雛罌粟・麗春花・美人草」とも書く。ケシ科の一年草。『運歩色葉集』

〈虫部〉

蛾　ひひる・あり

蛾の古称。とくに蚕の蛾。『倭名類聚鈔』

蛺蝶　たてはちょう・ひおどしちょう

「立羽蝶」とも書く。タテハチョウ科のチョウの総称。

蜈蚣 むかで
「百足」とも書く。ムカデ綱節足動物の総称。

蜀葵 からあおい
「唐葵」とも書く。アオイ科の観賞用多年草。タチアオイの古称。『枕草子』

蜀椒 なるはじかみ・ふさはじかみ
サンショウの一品種アサクラザンショウの異称。『倭名類聚鈔』

蜀黍 もろこし
「唐黍」とも書く。イネ科の多年草。

蜀魂 ほととぎす
「時鳥・杜鵑・不如帰・子規・杜宇・沓手鳥・霍公鳥」とも書く。①カッコウ科の鳥。②「とばた(地名)」にかかる枕詞。

蜃楼 かいやぐら
「貝櫓」とも書く。蜃気楼。『書言字考』

蛻 ぬけがら・もぬけ
「抜殻」とも書く。
ぬけがら―狂言の一つ。
もぬけ―①脱皮すること。②転じて、他にぬきんでる。

蜒蜿り のたくり
うねりまわること。『牡丹灯籠』

蜉蝣 かげろう・かぎろい・ふゆう
「蜻蛉」とも書く。①トンボの古称。『源氏物語』。②カゲロウ目の昆虫の総称。③人生のはかないことのたとえ。『曾我物語』

蜂腰 ほうよう
①(女性の)蜂のようにくびれた腰。②腰折歌(こしおれうた＝下手な歌)。歌の出来栄えを謙遜していう語。③「蜂腰病」(腰折歌に同じ)の略。

〈衣　部〉

裔神 えだがみ
「枝神」とも書く。末社に祀られている神。

裘 けごろも・かわごろも・かわぎぬ
「毛衣」とも書く。①毛皮で作った衣服。『源氏物語』。②鳥の羽毛で作った衣服。『色葉類聚抄』

裛衣 えい
「衣被」とも書く。栴檀(せんだん)を材料とする裛衣香の略。『源氏物語』

裏甲 うらごう
日本建築で軒先の茅負(かやおい)の上につける化粧板。

裏曲 うらがね
「裏矩」とも書く。曲尺(かなじゃく)の裏に目盛りがある尺度。

裏店 うらだな
裏通りに建てられた住居や店。

裏表 うらうえ
①うらとおもて。②反対。③うらはら。

裏海 カスピかい
中央アジア西部に位置する世界最大の湖。

裏矩 うらがね
「裏曲」とも書く。→裏曲

裏菅原 うらす
花ガルタの役。梅・松・桜の短冊をそろえること。

〈角　部〉

解 ぬがす・げす・とぐ
ぬがす―脱がすこと。『太平記』
げす―理解する。『地方凡例録』
とぐ―遂げる。『沙石集』

解し銘仙 ほぐしめいせん
解し織で文様をつけた絹織物。

解し織 ほぐしおり
絣(かすり)の織物の一種。

解す ほぐす
①結んであるものをほどく。②もつれて固まったものをといてもとにもどす。

解り はつり
絹布などをほぐして縫糸として再使用するもの。『宇津保物語』

解る はつる
編んだ糸や束ねた物の端などがほつれること。『古今和歌集』

解れる ほぐれる
①もつれたものがほどけてもとにもどる。②しそびれる。『三河物語』。③(気持ちが)おだやかになる。

解れ髪 ほつれがみ
「乱れ髪」に同じ。

解文 もうしぶみ・げぶみ
「申文」とも書く。下位の者が上位の者に出す文書の様式。『雲州消息』

解由 げゆ
律令制で、官の任期交替のとき、引き継ぎをすべて終了した証明として後任者が前任者に交付する文書。

解却 げきゃく
免職させること。『九条年中行事』

解状 げじょう・けじょう
律令制で、官庁から太政官などに提出する公文書。『十訓抄』

解官 げかん
官職を解くこと。『椿説弓張月』

解虎錫 げこのしゃく
仏教の修行者がもつ錫杖(しゃくじょう)。

解夏 かいげ・げげ・げあき
①禅僧が夏の一定期間籠って修業すること。「夏安居(げあんご)・夏行(げぎょう)・夏籠(げごもり)・夏断(げだち)」に同じ。②安居が明けて自由になる日。

解悟 げご
仏教で迷いを去り、真理を悟ること。「解脱(げだつ)」に同じ。

解除 げじょ
①けがれを清めること。②喪があけること。『御堂関白記』

解脱 ときゆるす・げだつ
ときゆるす―解き放つ。『太平記』
げだつ― 仏教で悟りを開くこと。「解悟(げご)」に同じ。

解釈 げしゃく
経文の解釈。

解斎 げさい
斎戒(ものいみ)を解くこと。

解間 げあい
仏教で、一回目の夏安居が終わって次の安居が始まるまでの間。

解頤 いをとく・おとがいをとく
顎がはずれるほど大笑いすること。『小右記』

觜宿 とろきぼし

二十八宿の一つ。宿（しゅく）は星座のこと。

触　ふる・ふれ
①布告する。通達する。②係わる。『御触書宝暦集成』

触口　ふれくち
通達や布告を知らせる人。『貞丈雑記』

触礼　そしらい
仏家で、座具を前にして、頭を額ずく礼。

触当　ふれあて
役所が村落に対して行う金品や人足召集の割り当て。『地方凡例録』

触杖　そくじょう
砂雪隠（すなせっちん）で、糞を掻き出す木片。『日葡辞書』

触事　ふれごと
広く人々に告げ知らせること。『東大寺文書』

触面　ふれめん
江戸時代、幕府が一般の人に公布した文書の文面。

触流　ふれながし
触書・通達などを広く知らせること。『地方凡例録』

触桶　そくつう
水肥（みずごえ）などを入れる担桶（たご）のような容器。『日葡辞書』

触達　ふれたつ
布告し知らせること。『地方凡例録』

触穢　しょくえ
穢れに触れること。喪中。『慈円譲状案』

〈言　部〉

詰肴　つまりざかな
①宴会で肴がなくなり、残りの肴で間に合わすこと。②窮してほどこす愚かな策略。

詰城　つめのしろ
「攻城」とも書く。①本丸。②根城（ねじろ）。

誇言　ほたきこと
「談笑」とも書く。①誇らしげに話すこと。『日本書紀』②おおげさに言うこと。

詬　はじ
人に悪口をいわれて恥ずかしがること。

詬罵　こうば
ののしりはずかしめること。

試尾　あとをしたう
①先に行く人を追いかける。②去った人をしのぶ。

試馬　あてうま
「当馬」とも書く。①牝馬の発情を促す牡馬。②相手を牽制するために推したてる者。

試饌　おしつけ
女房詞で毒味のこと。

詳　つまびらか
「審」とも書く。①細部までよく行き届いているさま。②くわしいこと。『算法地方大成』

誠恐謹言　せいきょうきんげん
敬意をあらわす語。上奏文などの文末に記す。『後光厳天皇綸旨』

詮　かい
「甲斐」とも書く。行為に値する値打ち。ききめ。効果。『竹取物語』

詫語　たご
偽りの言葉。自慢。

誅う　つみなう
「罪なう」とも書く。罪に処する。処刑する。『日本書紀』

誅戮　ちゅうりく
罪人を殺すこと。『信長公記』

誂　あつらう・あつらえ
①人に頼んで思うようにしてもらう。『古今和歌集』②注文して作らせる。『宇治拾遺物語』

誂え　あとえ
「聘え」とも書く。①誘う。『日本書紀』。②求婚する。『日本書紀』。③あつらえる。

誂歌　そぞろうた
「漫歌」とも書く。わけもない歌。『太平記』

誉号　よごう
浄土宗の称号。

誄辞　るいじ
死者の生前の孝徳讃えて哀悼の意をあらわす言葉。「誄詞」に同じ。

誄歌　るいか
死者の生前の孝徳を讃える詩歌。「誄詩」に同じ。

〈豆　部〉

豊日別　とよひわけ
古代九州の「豊の国」。豊前・豊後地方（福岡・大分県）。

豊明節会　とよのあかりのせちえ
大嘗祭・新嘗祭の翌日に行われる節会。

豊御幣　とよみてぐら
幣帛（へいはく）の美称。『後拾遺和歌集』

豊斟渟神　とよくむぬのかみ
天と地ができるのとき国常立神（くにのとこたちのかみ）に続いて高天原に現れたという神。

豊聡耳命　とよとみみのみこと
聖徳太子の異称。『日本書紀』

豊禱　とよほき
ほめたたえ祝うこと。『日本書紀』

〈豸　部〉

貉　むじな
「狢」とも書く。イタチ科の哺乳類アナグマの異称。『倭名類聚鈔』

〈貝　部〉

資人　つかいびと
「傔従」とも書く。官位の高い人の警護や雑役を行う人。『万葉集』

貲布　さよみ・さいみ
「細貲」とも書く。織りが粗い麻布。『類聚名義抄』

〈足（⻊）部〉

跬歩　かたしきり
片足でとび歩くこと。けんけん。『宇津保物語』

跟　つく・あなうら
つく―そばに離れずに。いっしょに。『南総里見八犬伝』
あなうら―足の裏。『浮世物語』

跟随　こんずい

人の後につき従うこと。「跟従」に同じ。

跡目 あとめ
家督。遺産。「跡職・跡式・跡敷」に同じ。『毛利家文書』

跡状 たずき・たどき
「方便」とも書く。①手がかり。手段。『万葉集』。②様子。ありさま。『万葉集』

跡見 とみ
狩猟で、鳥獣の通った跡を見て、その居所を推察すること。また、それを見る人。『万葉集』

跡職 あとしき
「跡式・跡敷」とも書く。「跡目」に同じ↓跡目

跣足 はだし
「跣・裸足」とも書く。①履物をはかない素足のままの状態。②相手に力が及ばないこと。

路次 ろじ
①道中。道すがら。『信長公記』。②人家の間の細い道。『春色梅児誉美』

路伴 みちづれ
同行する人。同伴者。『緑蓑談』

路導 みちおしえ
「道教え」とも書く。コウチョウ目ハンミョウ科の甲虫ハンミョウの俗称。

路墾 みちはり
「道治」とも書く。新しく道を開くこと。また、その人。『色葉字類抄』

〈身　部〉

躱す かわす
身体をすばやく動かして避ける。

〈車　部〉

較 やや
比較すること。

較量 きょうりょう
「校量」とも書く。①比較して考えること。②ある物事を基準にして他の物事をおしはかること。推察。

軾 ひざつき
「膝突・膝衝」とも書く。①宮中で公事などで、地にひざまずくとき、地上に敷いた敷物。②芸事で、入門するとき師匠に贈る礼物。

〈辛　部〉

辞 いなぶ・ことば
いなぶ—断る。嫌う。『今昔物語集』
ことば—言葉。言質。『町人嚢』

辞び いなび
「否び」とも書く。①辞退する。『源氏物語』。②拒否する。『今昔物語集』

辞別 ことわけ・ことわく・ことわき
「事別・別辞・詞別」とも書く。宣命や祝詞などで言葉を改めて言うこと。『続日本紀』

辞竟へ奉る ことおえまつる
祝詞の中の表現。すべての言葉を用いて讃えたてまつる。『祝詞』

辟支仏 びゃくしぶつ
仏教用語。縁の法によって悟った人。「縁覚（えんがく）」に同じ。

辟榛 さいばり
「榛・割榛」とも書く。カバノキ科の落葉高木ハンノキの樹液を染料にしたもの。『神楽歌』

〈辰　部〉

農桑 なりわいくわ
養蚕のために植えられている桑。

〈辵（⻎・⻌）部〉 ⻎は四画、⻌は三画

遏伽 あか
「閼伽・阿迦」とも書く。仏前に供えるもの。とくに水。

遏絶 あつぜつ
物事をやめて、以降絶えること。『九条家文書』

遐邇 かじ
遠近。遠い場所と近い場所。

遑 いとま
「暇」とも書く。①休む時間。②時間のゆとり。③休暇。④辞職。⑤喪に服してひきこもること。⑥別れを告げること。

遒勁 しゅうけい
書画や文章などの運筆が力強いこと。

遄 すみやかに・たちまちに
早く。早速に。『葉隠』

遉 さすが
そうはいってもやはり。

遁 のがる
①逃げる。②不都合なことから遠ざかること。

逼 せまる
①さしせまる。②脅迫する。

逼念仏 せめねんぶつ
「責念仏」とも書く。高い声で早口に繰り返す念仏。『日本永代蔵』

逼塞 ひっそく
刑罰の一つで、謹慎刑。『地方凡例録』

逼逼 つまりつまり
要所。『太平記』

適 あっぱれ
「天晴」とも書く。人の行為がすぐれて見事で、称賛に値すること。でかした。

違犯 いぼん
「違反」とも書く。命令や法に背くこと。「違背」に同じ。『御成敗式目』

違拗る すねる
「拗ねる・違捩」とも書く。①ひねくれている。②自分の思い通りにならないため、わざと逆らった態度をとること。『妹背見』

違背 いはい
「違犯」に同じ。『算法地方大成』↓違犯

違捩 すねる
「違拗る」とも書く。↓違拗る

違期 いご
期限を守らないこと。『二階堂文書』

違越 いおつ
法などに背くこと。違反。『高野山文書』

違濫 いらん
「違乱・異乱」とも書く。法や秩序を乱すこと。『賀茂別雷神社文書』

遠つ神祖 とおつかむおや
遠い祖先の神。『万葉集』

遠夫 とおづま
①なかなか逢えない夫。②牽牛星。

遠方 おちかた
「彼方」とも書く。あちらの方。遠方。『古事記歌謡』

遠行 えんこう
①遠くに行くこと。②死ぬこと。

遠忌 おんき
仏教の各宗派で宗祖などの忌日。また、その法要。

遠志 ひめはぎ
「姫萩」とも書く。ヒメハギ科の多年草。

遠近 おちこち
「彼方此方」とも書く。①遠い所と近い所。『万葉集』。②将来と現在。『万葉集』

遠珍 とおめずら
非常にまれで珍しいこと。『夫木和歌抄』

遠皇 とおすめろぎ
天皇の先祖。

遠射 とおなげ
「遠投」とも書く。遠くにあるものを矢で射ること。『倭名類聚鈔』

遠流 おんる
罪人を遠地に流す刑。遠・中・近流のうちもっとも重い刑。

遠淡海 とおつおうみ
①浜名湖。②遠江（とおとうみ）の古称。

遠御食 とおみけ
天皇や上皇などの飲食物を讃えていう言葉。『祝詞』

遠隔 そくえ
「退方」とも書く。遠く離れたところ。『万葉集』

遣 つかわす
①使いとしてお遣りになる。②お召しになる。③お与えになる。④追い払う。『地方凡例録』

遣戸 やりど
「引き戸」に同じ。『徒然草』

遣外 けんがい
外国へ派遣すること。

〈金　部〉

鉗 かなき
「金木」とも書く。①馬などに使う堅い木の首かせ。『日本書紀』。②刑罰の道具で鉄製の首かせ。『倭名類聚鈔』

鉗む つぐむ
口を閉じる。だまる。『太平記』

鉗口 かんこう
「箝口」とも書く。①口をつぐみ、ものを言わないこと。②発言させないこと。

鉗忌 けんき
慈悲心がなくむごいこと。邪慳。

鉉 つる
鉱脈。鉱脈にぶつかること。

鉤素 はりす
錘（おもり）の下から釣針までの間に使う細い糸。

鉤笥 ちげ
漁師が漁に出るときに持っていく釣具を入れる手箱。または弁当箱。「沖箱・海箱・枕箱」に同じ。

鉤樟 くろもじ
「黒文字・烏樟」とも書く。①クスノキ科の落葉低木。②①で作った爪楊枝（つまようじ）。

鉏耘 しょうん
①鋤（すき）で雑草を刈り取ること。②転じて、悪人を排除すること。

鉏鋙 そご
「齟齬」とも書く。食い違うこと。

鉦叩 かねたたき
①鉦を叩いて念仏を唱えること。②鉦を叩き経などを唱えて物を乞い歩く乞食僧。『宗長手記』。③バッタ目カネタタキ科の昆虫。

鉄刀木 たがやさん
マメ科の高木。

鉄丹 ベンガラ
「弁柄・榜葛剌」とも書く。熱帯産の樹皮から作った赤黒色の顔料。

鉄木 かなぎ
「鉗」とも書く。刑具の一つ。鉄製や木製のくびかせ。

鉄木真 テムジン
ジンギス汗の名。

鉄行燈 かなあんどん
「鉄行灯・金行燈・金行灯」とも書く。鉄の枠に金網をはった行燈。

鉄気 かなけ
「金気・銀気」とも書く。①鍋を火にかけたときなどにでる赤黒いしぶ。『庭訓抄』。②鉄分。③金貨や銀貨。『諸艶大鑑』

鉄臼 かなうす
鉄製の臼。香を搗くのに用いる。

鉄判 かねばん・かなばん
鉄の棒を斜めに渡した枡。

鉄床 かなとこ
「鉄砧」とも書く。鍛冶が金属を打ち鍛える台。「鉄碪（かなしき）」に同じ。『臨済録抄』

鉄床落 かなとこおとし
鉄床から取りだしたままで、仕上げをほどこしていない、でき上がったばかりの金属。

鉄把 つくぼう
「突棒・狼牙棒」とも書く。江戸時代、刺股（さすまた）・袖搦（そでがらみ）と共に罪人を捕らえる三道具の一つ。

鉄杴 シャベル
砂や砂利、土などをすくう道具。

鉄枷 かなほだし
鉄で作った足かせ。『新撰字鏡』

鉄軌 レール
電車などの車輪を乗せ走らせる細長い鋼材。『郊外』

鉄面 かなめん
「金面」とも書く。武具の一つ。顔面を防備する鉄製の仮面。

鉄面皮しい あつかましい
ずうずうしい。厚顔である。『浮雲』

鉄梃親爺 かなてこおやじ
「鉄梃親父」とも書く。頑固おやじ。

鉄砧 かなとこ・かなしき
「鉄床」とも書く。→鉄床

鉄掃帚 めどはぎ
「蓍萩」とも書く。マメ科ハギ属の小低木状の多年草。

鉄渋 かなしぶ
金属の錆が水にまじった状態のもの。

鉄脚梨 ぼけ
「木瓜・放春花」とも書く。バラ科の落葉低木。

鉄雪橇 かなかんじき
「鉄樏」とも書く。鉄で作った樏（かんじき）。

鉄搭 くまで
「熊手」とも書く。①長い柄の先に熊の爪形の鉄爪をつけた武器。『即興詩人』。②落葉や穀物などをかき集める農具。③竹製の熊手に小判などを飾った福徳を招く縁起物。

鉄葉 ブリキ
「錻刀」とも書く。メッキした薄い鉄板。『朝野新聞』

鉄棒曳 かなぼうひき
①鉄棒（上部に六個の鉄輪つけ、地に突き鳴らす武器）を鳴らしながら警固をすること。また、その人。②些細なことをおおげさにふれまわる人。

鉄槌 かなづち
叩く部分が鉄の槌。

鉄鉢 かなばち
「金鉢」とも書く。①兜の鉢が鉄製のもの。②金属製の鉢。

鉄碪 かなしき
「鉄敷」とも書く。「鉄床」に同じ。→鉄床

鉄撮棒 かなさいぼう
武器の一種。多くのいぼをつけた鉄棒。

鉄蕉 そてつ
「蘇鉄・鳳尾松・鉄樹」とも書く。ソテツ科の常緑裸子植物。

鉄敷 かなしき
「鉄床」に同じ。『倭名類聚鈔』→鉄床

鉄樏 かなかんじき
「鉄雪橇」とも書く。→鉄雪橇

鉄漿 おはぐろ・はぐろめ・かね
鉄片を酢などに浸して作った褐色の液。また、それを使って歯を黒く染めること。『紫式部日記』

鉄漿始 かねはじめ
初めてお歯黒で歯を染める儀式。「鉄漿付」に同じ。

鉄漿杯 かねつき
鉄漿（かね）を入れる金属製の小さな器。

鉄漿附蜻蛉 かねつけとんぼ
カワトンボ科のトンボのハグロトンボの異称。「御歯黒蜻蛉」に同じ。

鉄漿倍良 おはぐろべら
ベラ科の海産硬骨魚。

鉄漿黒 かねくろ・かねぐろ
歯をお歯黒で黒く染めること。『太平記』

鉄漿親 かねおや・おはぐろおや
はじめてお歯黒をするとき、福徳の女子が親となってつかさどること。

鉄質 ふしつ
「斧質」とも書く。斧と人を斬る台の意で、転じて処刑の意。

鉄輪女 かなわおんな
能面の一つ。嫉妬で怨霊と化した女の面。

鉄嘴 ピンセット
小さな物をつまむ金属製の器具。『鉄仮面』

鉄鎚論 かなづちろん
鉄鎚で釘を打つように、同じことを繰り返して持論を押し通そうとすること。『鷹筑波』

鉄鞭 かなむち
①鉄製の鞭。②室町時代、走衆（はしりしゅう）が携えた鉄棒。

鈹鍼 はばり
①外科用の小さく先が尖っている刃物。②中国の鍼の一種。

鈴 りん
①すず。②ベル。③仏教で読経のときにならす小さな椀形の仏具。

鈴子香 じゃこうそう
「麝香草」とも書く。シソ科の小低木。

〈門　部〉

閙敷 さわがし
「騒敷」とも書く。騒々しい。不穏。

〈阜（阝〈左〉）部〉 阝は三画

隘し すぶし
先が狭く細くすぼまること。『大唐西域記』

隔 へなる
へだたる。『万葉集』

隔心 きゃくしん・かくしん
心がうちとけないこと。『十訓抄』

隔生即忘 きゃくしょうそくもう
人がこの世に生まれるときには、前世のことをすべて忘れるということ。『源平盛衰記』

隔紙 からかみ
唐紙障子。『春色梅暦児誉美』

隙会 げきかい
機会。おり。

隙明 ひまあき
「暇明」とも書く。仕事がなく暇であること。『厳島神社文書』

〈隹　部〉

雅典 アテネ
ギリシア共和国の首都。

雅素 もとより
①はじめから。②言うまでもなく。

雅致 ふうりゅう
「風流」とも書く。みやび。風雅。『柳橋新誌』

雅意 がい
「我意」とも書く。①自分の考えを貫こうとする気持。②平素からの考え。かねてから抱いていた思い。

雅楽寮 うたづかさ
律令制で、宮廷の歌舞に関することをつかさどった役所。『源氏物語』

雅楽頭 うたのかみ
雅楽寮（うたづかさ）の長官。『宇津保物語』

雎 みさご
「鶚・雎鳩」とも書く。タカ科の猛禽。『古今著聞集』

雎鳩 みさご
「雎」とも書く。→雎

雉子 きぎす・きじ
「雉」とも書く。キジ目キジ科の鳥。

雉子莚 きじむしろ
「雉蓆」とも書く。バラ科の多年草。

雉子隠 きじかくし・きじがくれ

「雉隠」とも書く。ユリ科の多年草。

雉経 ちけい
首をくくること。縊死。

〈雨（⻗）部〉

電電木 きささげ・きささぎ
「木豇豆・木角豆・木大角豆」とも書く。ノウゼンカズラ科の落葉高木。

電鯰 しびれなまず
「痺鯰」とも書く。ナマズ科の水産硬骨魚。

電鰻 しびれうなぎ
「痺鰻」とも書く。シビレウナギ科の淡水産硬骨魚。

雷 いかずち
かみなり。『日本書紀』

雷豇豆 かみなりささげ
ノウゼンカズラ科の落葉高木キササゲの異称。

雷粔籹 かみなりおこし
「雷興」とも書く。おこしを梅の実ほどの球形や長方形に固めた菓子。浅草の雷門で売られたことからの名称。

零 こぼる
「溢」とも書く。①涙などがあふれ出る。②花などが散る。物があり余ってはみだす。

零し あやし
「落し」とも書く。落とす。はみだす。こぼす。したたらす。『宝物集』

零余子 ぬかご・むかご
ヤマイモなどの葉の根元にできる長円形の芽。『宇津保物語』

零余子蕁麻 むかごいらくさ
イラクサ科の多年草。

零烏豆 がんくいまめ
「雁食豆・雁喰豆」とも書く。大豆の一品種。

零畝 うちだし
検地で以前より多く出た高（たか）。増分（ましぶん）。

〈革部〉

靴刷毛 くつはけ
靴の汚れを落とすブラシ。

〈頁部〉

頑 かたくな
①正しい判断力がないさま。②はげしく思い込むさま。『源氏物語』。③偏屈である。

頑子 がんす
すなおでなく愚かなこと。

頑白者 わんぱくもの
いうことを聞かず、いたずらずきで活発な者。多く子どもの表現に使う。『妹背見』

頑狂 くなたぶれ
異常なまでに偏屈なこと。また、その人。『続日本紀』

頑癬 たむし
「田虫」とも書く。白癬菌（はくせんきん）による皮膚病の一種。

頌 ほむ
人の徳行などを詩歌にしてたたえる。

頓 ひたすら・ひたぶる・ひった・ひたもの
ひたすら・ひたぶる―「一向」とも書く。「ひたすら」は「只管」とも書く。①ただそればかり。『徒然草』。②すっかり。『増鏡』。③乱暴なさま。『源氏物語』
ひった―「直」とも書く。全面的に。
ひたもの―「直物」とも書く。一途に。

頓と ひたと
「直と」とも書く。①へだてなくじかに。『今昔物語集』。②ひたすら。③突然に。

頓丘 ひたお
丘だけが続く地形。『日本書紀』

頓而 やがて
「軈而」とも書く。まもなく。そのうちに。

頓坐り しくじり
失敗。『黴』

頓使 ひたづかい
①催促のためたびたび遣わされる使い。②帰らない使い。役に立たない使い。

頓著 とんじゃく・とんちゃく
気にかけること。心配すること。『地方凡例録』

頓証菩提 とんしょうぼだい
修行を重ねないでいっきに悟りを得ること。『平家物語』

頓儲 どかもうけ
いちどきに巨大な利益を得ること。『世間子息気質』

頒下 あがちくだす
公布する。『折りたく柴の記』

頒田 あがちだ
「班田」とも書く。古代、人民に与えた耕作地。『日本書紀』

預所 あずかっそ・あずかりどころ
領家に代って荘園の管理を行う職。『久我家文書』

〈食（飠・𩙿）部〉

飪 にばな
煎じたばかりの香りのある茶。『教訓雑長持』

飼面 かすも
「滓面」とも書く。そばかす。『倭名類聚鈔』

飼部 みまかい
「御馬飼」とも書く。馬飼の美称。『日本書紀』

〈馬部〉

馴良 じゅんりょう
なれていて素直なこと。

馴鹿 トナカイ
シカ科の哺乳類。

馴養 じゅんよう
動物を飼いならして育てること。

馳向 はせむかう
目的の場所へ急いで走って行く。『太平記』

馳射 おんものい
「御物射・追物射」とも書く。騎馬で獣を追い、弓で射ること。

馳落 かけおち
「駆落・駈落・欠落・闕落」とも書く。①武士が戦場などから逃亡すること。②愛し合う男女がひそかに逃げて行方をくらますこと。

〈髟部〉

髪 かもじ

「髪文字」とも書く。①女房詞で髪。②女性が用いる添え髪。③和船の舳（みよし）に垂れるさがり。

〈魚　部〉

魞 えり

定置漁具の一つ。魚の通り道に竹の簀（す）をたて、魚を中央部に誘い込むもの。『曾丹集』

〈鳥　部〉

鳩合 きゅうごう

「糾合」とも書く。一つにまとめること。

鳩尾 きゅうび・みぞおち

胸の中央前面のくぼんだところ。

鳩首 きゅうしゅ

人々が集まり、額を寄せ合って相談すること。

鳩槃荼 くばんだ

人の精気を吸い取り、すばやく変化する悪神。「鳩槃茶夜叉神」の略。

鳩酸草 かたばみ

「酢漿草・酸漿草」とも書く。カタバミ科の多年草。

鳩鞞羅 くびら

「宮毘羅・宮比羅」とも書く。仏法の守護神の一つ。「金毘羅」に同じ。

鳬 けり

チドリ科の鳥。

鳬葵 あさざ

「莕菜・荇菜」とも書く。リンドウ科の多年生水草。

鳬鐘 ふしょう

①日本音楽の音名。十二律の一。②鉦鼓（中国の伝説で鳬氏が作ったという鐘）。

鳰 にお

カイツブリ科の水鳥カイツブリの古称。『宇津保物語』

〈鹿　部〉

麁匆 ぞんざい

いいかげん。無礼。『浮雲』

麁末 そまつ

「麁抹・粗末・麤末」とも書く。軽はずみなふるまい。『甲子夜話』

麁田 そでん

「麤田」とも書く。荒れている田。『算法地方大成』

麁色 そしき

「損色」とも書く。社殿などの建築修理の見積もり。『宮寺縁事抄』

麁呂間 そろま

「候間」とも書く。①江戸時代の道化人形遣いの曾呂間七郎兵衛のこと。②「曾呂間人形」の略。③愚鈍な者。

麁妙 あらたえ

①「荒妙・麁栲」とも書く。織り目の荒い布。『祝詞』。②麻布。

麁抹 そまつ

「麁末」とも書く。→麁末

麁忽 ぞんざい・そこつ

ぞんざい―「麁匆」とも書く。『長者鑑』→麁匆

そこつ―「粗忽」とも書く。軽はずみなふるまい。『神霊矢口渡』

麁物 そぶつ

「衣物」とも書く。奉公人に与える衣服などのこと。「惣物」に同じ。『宇治拾遺物語』

麁相 そそう

「粗相・疎相」とも書く。①そまつなこと。『ひらかな盛衰記』。②軽率。『浅井三代記』。③あやまち。④大小便をもらすこと。

麁悪 そあく

「粗悪」とも書く。品質が悪いこと。『御成敗式目』

麁略 そりゃく

「粗略・疎略」とも書く。おろそかなこと。なげやりなこと。『算法地方大成』

麁綺羅 そきら

みすぼらしい着物。

〈黽　部〉

黽勉 びんべん

努力すること。励むこと。『蘭学事始』

〈鼓　部〉

鼓 かなでる・ひく

琴や鼓を奏すること。『江談集』

鼓子花 ひるがお

「昼顔・旋花」とも書く。ヒルガオ科の蔓性多年草。

鼓楼 くろう

寺で時を告げる太鼓を懸けた楼。

鼓槌 くつい

鼓をうつ撥（ばち）。

〈鼠　部〉

鼠牛尾魚 ねずみごち

「鼠鯒」とも書く。ネズッポ科の海産硬骨魚。

鼠坊 ねずっぽ

①ネズッポ科の海産硬骨魚の総称。③ネズッポ科の海産硬骨魚ネズミゴチの異称。

鼠尾草 みそはぎ・あきのたむらそう

みそはぎ―「溝萩」とも書く。ミソハギ科の多年草。

あきのたむらそう―「秋田村草」とも書く。シソ科の多年草。

鼠李 くろうめもどき

「黒梅擬き」とも書く。クロウメモドキ科の落葉低木。

鼠姑 わらじむし

「草鞋虫」とも書く。ワラジムシ目の甲殻類。

鼠梓木 ねずみもち

「鼠黐・女貞」とも書く。モクセイ科の常緑低木。

鼠舞 ねずまい

鼠が巣穴から首を出し入れするさま。転じて、まごまごすること。ためらうこと。

鼠頭魚 きす・あおぎす

きす―キス科の硬骨魚の総称。

あおぎす―キス科の海産硬骨魚。

十四画

〈人　部〉

僥倖　まぐれ
「紛れ」とも書く。偶然。『塩原多助一代記』

僭　ひところい
①自分の身分をわきまえずに上位の者のまねをしたり、勝手なふるまいをすること。『太平記』。②同等くらいのものを比較する。『日本書紀』

像　かたち・すがた
①外見。『笈の小文』。②造形。

僮竪　しとべわらわ
「竪童」とも書く。従者の童子。『日本書紀』

僕　やつがれ・やっこ・でっち
やつがれ—自ら・己（おのれ）の謙称。『菅原伝授手習鑑』
やっこ—下僕。『神皇正統記』
でっち—少年。『日本永代蔵』

僎人　とりもちにん
媒酌人。

〈儿　部〉

兢兢　きょうきょう
「恟恟」とも書く。恐れてびくびくするさま。

〈匚（匸）部〉

匱　まずし
物が尽きようとしていること。

〈厂　部〉

厭勝　まじない
「呪・禁厭」とも書く。神秘的な力を借りて禍いを免れたり、起こしたりする術。

〈口　部〉

嘔吐　へど・たまい
「反吐」とも書く。飲み食いしたものを吐きもどすこと。または吐いた汚物。『日葡辞書』

嘔吐う　たまう
嘔吐する。『日本書紀』

嘉定　かじょう
陰暦六月十六日、将軍から家臣に菓子を下賜する儀式。『御触書宝暦集成』

嘉魚　いわな
「岩魚」とも書く。サケ科の淡水産硬骨魚。

嘘唏　しゃくりなき・さくりなき・すすりなき
「歔欷・啜り泣き」とも書く。しゃくりあげて泣くこと。

嘐　ほたく
自慢げにいう。『新撰字鏡』

嗷訴　ごうそ
「強訴」とも書く。大挙して徒党を組み、公に強硬に訴えること。『吾妻鏡』

嗷嗷　ごうごう
騒がしいさま。口やかましいこと。『平家物語』

嗷嗷之沙汰　ごうごうのさた
力にまかせて強引に決着をつけること。

嘖　ころい
叱ること。責めること。『日本書紀』

嘖嘖　さくさく
口々にはやしたてるさま。

嘗て　かつて
「都て・會て・會而」とも書く。①以前。昔。『大唐西域記』。②けっして。ぜんぜん。『平家物語』。③すべて。みな。『類聚名義抄』

嘗屋　にえや
「贄屋」とも書く。贄（朝廷や神に奉る食料などの物産）を納めて置く、また、調理する建物。「贄殿（にえどの）」に同じ。

嘈囃　むねやけ
「胸焼け」とも書く。胃酸過多や胃潰瘍などで胸に鈍い痛みのような感覚が起こること。

嘈嘈　わやわや
騒がしいさま。

嗾ける　けしかける
①犬などに掛け声をかけて勢いづかせ、相手を威嚇・攻撃するために向かわせる。②人をそそのかす。扇動。『糸瓜草』

嗹馬　デンマーク
ヨーロッパ北部に位置する王国。

〈土　部〉

境迎え　さかむかえ
「坂迎え」とも書く。①平安時代、新任の国司が任地の国境に着いたとき、赴任先の官人が出迎えて饗応する儀式。『今昔物語集』。②旅先から郷里に帰ってきた者を村境に出迎えて酒宴を催すこと。「酒迎い（さかむかい）」に同じ。

境場　きょうえき
国ざかい。境界。

境節　おりふし
「折節」とも書く。①そのおりおり。『太平記』②たまたま。

塹　ほりき
「隍」とも書く。地面を掘って作った穴や溝。『類聚名義抄』

塵虫　うしばえ
「牛蠅」とも書く。ウシバエ科のハエ。

塵泥　ちりひじ
①塵と泥。『古今和歌集』。②転じて、取るに足らないもの。『宇津保物語』

塵壺　じんこ
「塵籠」とも書く。唾を吐き入れたり、ゴミや果物の皮などを捨て入れる壺。『訓蒙図彙』

塵籠　じんこ
「塵壺」とも書く。→塵壺

増助郷　ましすけごう
「助郷」は、江戸時代に宿場で不足した人馬を提供するよう命じられた付近の郷。「増助郷」は交通量の増加にともない、あらたに追加された助郷。「加助郷」に同じ。『地方凡例録』

増倍　そうばい
倍の強調語。『地方凡例録』

墨斗 やたて・すみつぼ・すみつも
やたて—「矢立」とも書く。「矢立の硯」の略。武士が携帯した小さな硯箱。『長者鑑』
すみつぼ・すみつも—「墨壺」とも書く。大工が墨で直線をひくのに用いる道具。『新撰字鏡』

墨曲尺 すみがね
「墨金」とも書く。直角に曲がっているものさし。「曲尺（かねじゃく）」に同じ。

墨西哥 メキシコ
北米大陸南部に位置する合衆国。

墨西哥銀 メキシコぎん
メキシコ産出の銀貨。「墨銀」と略称された。

墨魚 いか
「烏賊・鰾鮹魚・鰂」とも書く。ツツイカ目とコウイカ目の軟体動物の総称。

墨墨 まじまじ
ひんぱんにまばたきするさま。『多情多恨』

〈夕 部〉

夤縁 いんえん・いんねん
①木の根や岩角に手をかけて登ること。②蔓草がものに巻き付いて生えること。③縁故を利用して地位を求めること。

夥に ふすさに
「多に」とも書く。十分に。豊かに。『万葉集』

夥伴 かはん
仲間。連れ。

夥敷 おびただし
「夥鋪」とも書く。程度がはなはだしい。ものすごい。

夥鋪 おびただし
「夥敷」とも書く。→夥敷

〈大 部〉

奪衣婆 だつえば
死後に赴く三途の川の岸辺にいて、亡者の着物をはぎ取る鬼婆。

奪販 ばはん
「八幡」とも書く。①倭寇（わこう）の異称。②戦国時代の海賊。③江戸時代、国禁を犯して外国へ行き密貿易を行うこと。

〈女 部〉

嫗伏孕鬻 うふよういく
鳥獣が生育すること。

嫣然 にっこり・たおやか
にっこり—嬉しそうに笑むこと。『浮雲』
たおやか—しとやか。しなやか。『浮城物語』

嫡妻 こなみ・むかいめ
「前妻」とも書く。①一夫多妻制の時代に先に妻とした者。本妻。『日本書紀』。②離縁または死別した妻。『倭名類聚鈔』

嫩芽 どんが
草木の新芽。

嫩草 どんそう・わかくさ
「若草」とも書く。①芽を出してまもない頃の草。『源氏物語』。②若い女の形容。『源氏物語』

嫩葉 わくらば・わかば・どんよう
①樹木の若葉。『源氏物語』。②病気の葉。『書言字考』

〈宀 部〉

寡 やもめ・やまめ
「寡婦・孀・屋守女」とも書く。夫を失った女。未亡人。

寡男 やもお
「鰥夫・鰥男」とも書く。妻を失った男。男やもめ。『日本書紀』

寡婦 やもめ
「寡」とも書く。→寡

寤寐 ごび
寝ても覚めても。『春日大社文書』

察 あきらむ
明らかにする。『雨月物語』

察当 さっとう・さっと
「撮当」とも書く。違法な行為を糾明する。とがめる。『地方凡例録』

寧 むしろ・いずくんぞ・ねんごろ
むしろ—「無寧・無乃」とも書く。どちらかといえば。
いずくんぞ—どうして。なぜ。
ねんごろ—親しいさま。『今昔物語集』

寥落 ものすごし
「物凄」とも書く。①なんとなく気味がわるい。②はなはだしい。

寥寥 すくすく
元気に成長するさま。

〈尸 部〉

屢 しばしば
「数・亟」とも書く。何度も。しきりに。

屢尿 しばゆばり
「数尿」とも書く。淋病の古称。『倭名類聚鈔』

屢鳥 しばどり
「屢鳴鳥（しばなきどり）」の略。しきりに鳴くにわとり。『山家集』

〈彳 部〉

徴 はたる
「促・債」とも書く。徴収する。催促。

徴使 はたりづかい
「促使」とも書く。租税を徴収する使。

徳利 とっくり・とくり
酒を注ぐ器。「銚子」に同じ。

〈忄 部〉

慥 たしか
①確実なこと。②信用できること。

慥慥 しかじか
「然然・云云・爾・樫樫」とも書く。これこれ。うんぬん。

慢 あなずる・あなどる
「侮る」とも書く。相手を見下げて軽く見る。『今昔物語集』

〈扌 部〉

摧ける くだける
「砕ける」とも書く。①物が壊れてこなごなになる。『源氏物語』。②思い悩む。『万葉集』。③整わない。曲折する。『八雲御抄』。③粗雑になる。

摧心 さいしん
「砕心」とも書く。あれこれと気を使って苦労すること。

摧身 さいしん
「砕身」とも書く。身を砕くほど非常に苦労すること。

摧直 ねだる
「強請る」とも書く。①欲しい物を何とかして手に入れようとする。②強引に金品を要求する。

摭 ひろう
幅広く拾い集める。

摘む つまむ
「撮む・抓む」とも書く。①指先で挟んで持つ。『日葡辞書』。②指先や箸などで取って食べる。③要点をあげる。④あざける。『日葡辞書』。⑤狐や狸が人をばかす。

〈氵部〉

演史 ぐんしょよみ
「軍書読み」とも書く。軍記の講釈をする人。講談師。

漁 すなどり
魚介類をとること。『折りたく柴の記』

漁子 すなどり
「漁」とも書く。『上田敏全訳詩集』
↓漁

漁夫定め かこぎめ
「水夫極め」とも書く。漁師と船主の雇用契約。また、その際に行う飲食。

漁父 むらぎみ
「村君・漁翁」とも書く。漁夫の長。漁労長。『宇津保物語』

漁捕 すなどり
「漁」とも書く。『日本山海名産図会』↓漁

滾る たぎる
①水などが湧きかえるさま。『後拾遺和歌集』。②煮え立つ。『大和物語』。③怒りや悲しみなどの感情が激しく発露すること。④他に比べてすぐれていること。

漬ち ひち
「沾ち」とも書く。ぐっしょり濡れること。『古今和歌集』

漬柿 あおさ・あわしがき
「淡柿」とも書く。渋味を抜いた柿。『易林本節用集』

漬淖 どろまぶれ
「泥塗」とも書く。泥だらけ。

漆姑草 つめくさ
「爪草」とも書く。ナデシコ科の一年草・多年草。

漆柳 とうだいぐさ
「灯台草・燈台草・沢漆」とも書く。トウダイグサ科の越年草。

漸 ようやく・うたた
ようやく―「稍」とも書く。すこしずつ。やっとのことで。『大久保利通文書』
うたた―「転」とも書く。①ますます。『和漢朗詠集』。②不愉快なさま。『古今和歌集』

漸う ようよう
①しだいに。『枕草子』。②静かに。『宇治拾遺物語』。③やっと。『宇治拾遺物語』

漕回 こぎたむ
こぎまわす。『万葉集』

滴 したみ
「湑」とも書く。「したみ酒（枡などからたれてたまった酒）」の略。

滴滴金 おぐるま
「小車・旋覆花・金沸草」とも書く。キク科の多年草。

漂う つたよう
「蕩う」とも書く。さまよう。流浪する。『日本書紀』

漂白粉 さらしこ
「晒し粉」とも書く。①消石灰に塩素を混入した漂白・消毒剤。②水にさらして白くした米。

漫 みだり
①秩序をみだすさま。②いいかげん。

漫ろ そぞろ・すずろ
①なんとなく気持ちがひかれること。『伊勢物語』。②理由もないさま。『愚管抄』。③不本意ながら事を行うさま。④関係がないこと。⑤むやみ。『大鏡』。⑥浮き足立つさま。

漫ろ言 そぞろごと・すずろごと
つまらない言葉。『源氏物語』

漫ろ歩き そぞろありき・そぞろあるき・すずろありき
あてどもなくぶらぶらと歩くこと。

漣 さざなみ
「細波・小波」とも書く。①こまかく立つ波。②小さな争いごと。③近江国の古称。琵琶湖の南西地域の古称。

滷汁 にがり
「苦汁」とも書く。製塩でできる液状の苦味物質。主成分は塩化マグネシウム。

滷汁取 にがとり
「苦汁取」とも書く。醤油の製造で、食塩の苦汁を分離すること。

漏斗 じょうご・ろうと
酒・醤油などを、徳利や壺など口の細い容器に注ぎ込むのに用いる器具。

漏穴 くけあな
「匿穴」とも書く。「抜け穴」に同じ。『太平記』

漏路 くけじ
「匿路」とも書く。逃げ道。抜け道。『太平記』

漏蘆 ひごたい・ありくさ・くろくさ
ひごたい―「平江帯」とも書く。キク科の大形多年草。
ありくさ・くろくさ―①ゴマノハグサ科の一年草ヒキヨモギの異称。②ガガイモ科の多年草フナバラソウの異称。

漉函 すくはこ
紙漉きに用いる函。

漉酌 ろくしゃく
「六尺・陸尺」とも書く。下男。とくに酒造屋で働く下男。『文明本節用集』

〈犭部〉

獄 ひとや
「人屋・囚獄」とも書く。牢獄。牢屋。『宇治拾遺物語』

獐耳細辛 すはまそう・すはまさいしん
「州浜草」とも書く。キンポウゲ科の小形多年草ミスミソウの異称。

〈艹（艹・艸）部〉
艹は四画、艸は六画

蔚然 うつぜん
「鬱然」とも書く。①草木が勢いよく茂っているさま。②物事が盛んなさま。③心が晴れないさま。

蔚薈 いわい
草木が勢いよく茂るさま。

蔭子 おんし
律令制で、親王や五位以上の者の子。位階を授けられる子。『今昔物語集』

蔭引 こさひけ・こさひき
江戸時代、往還道の樹木のために耕地が影になり、作物の生育が悪い場合に、その面積を差し引いて租税を減免すること。「小蔭引・木陰引・木障引・木影引」に同じ。

蔭位 おんい
律令制で、皇親や五位以上の者などの子が二十一歳になると位階を授けられる制度。

蔭補 おんふ・おんぽ
父祖の功績により、その子孫が官に任ぜられること。

蓴 ぬなわ
スイレン科の多年生水草ジュンサイの異称。『万葉集』

蓴菜 じゅんさい
「蓴」に同じ。『色葉字類抄』↓蓴

蔕 ほぞ
瓜や果実のへた。

蔔子 あけび
「木通・通草・丁翁・山女・蔔藤・烏覆」とも書く。アケビ科の蔓性落葉低木。

蔔藤 あけび
「蔔子」とも書く。↓蔔子

蓬子菜 かわらまつば
「川原松葉」とも書く。アカネ科の多年草。

蓬髪 おぼとれがみ
ひどく乱れた髪。『色葉字類抄』

蓬頭 おぼとれがしら
ひどく髪の毛の乱れた頭。『類聚名義抄』

蔓荊 はまごう
クマツヅラ科の落葉低木。

蔓胡頽子 つるぐみ
グミ科の蔓性常緑低木。

蔓竜胆 つるりんどう
リンドウ科の多年草。

蔓落霜紅 つるうめもどき
「蔓梅擬」とも書く。ニシキギ科の落葉蔓性低木。

蔓斑 つるぶち
「鶴斑」とも書く。馬の斑毛が連なっていること。

蔓椒 ほそき
ミカン科の落葉低木のイヌザンショウの異称。『日本書紀』

蔓蕺菜 つるどくだみ
タデ科の多年生蔓草。

蔓覆盆子 つるいちご
①バラ科キイチゴ属の木本状多年草クサイチゴの異称。②バラ科常緑小低木フユイチゴの異称。③バラ科の多年草ヘビイチゴの異称。

蔆 ひし
「菱・芰」とも書く。①ヒシ科の一年生水草。『万葉集』。②菱の実の形に似た刃をもった鉄製の武器。③兜の「菱縫（ひしぬい）」の略。

〈心（⺗）部〉

慇懃 いんぎん
①礼儀正しく丁寧なこと。『かたこと』。②親しい交際。

態と わざと
「故と」とも書く。①ことさらに。②きわだって。『蜻蛉日記』。③本格的に。『大鏡』。④意図的に。⑤ここころばかり。

態態 わざわざ
ことさらに。とりたてて。『長者鑑』

〈戈部〉

截留 せつりゅう
国司が宮廷への上納分の一部をせしめること。

〈手部〉

搴 たくる
奪い取る。

搴束り はしょり
和服の褄（つま）などを帯に挟んであげること。『柳橋新誌』

〈斗部〉

斡旋 あっせん
①物事が進捗するように、人と人を関係づけること。②労働争議の解決法の一つ。

〈方部〉

旗袍 チーパオ
中国の清朝時代に着用された衣服。立襟でワンピース型とツーピース型がある。

旗魚 かじき
「梶木」とも書く。マカジキ科とメカジキ科の海産硬骨魚。

〈日（⽈）部〉

暢月 ちょうげつ
陰暦十一月の異称。

暢気 のんき
「暖気・呑気」とも書く。①性格がのんびりしていて楽天的であること。②気晴らし。『日葡辞書』

暢然 ゆるり
①くつろいでいるさま。『多情多恨』。②ゆっくり。

暮新月 くれしづき
陰暦正月の異称。

暮鴉 ぼあ
夕刻のカラス。「晩鴉（ばんあ）」に同じ。

〈月部〉

膃肭臍 オットセイ
「膃肭獣」とも書く。アシカ科の海生哺乳類。

膏肓 こうこう
「膏」は心臓の下部、「肓」は横隔膜の上部。近世、ここに病が入るとなかなか回復しないとされた。

膏薬 とうやく
「膏薬（こうやく）」の忌言葉。膏（あぶら）で練った貼り薬。『紫式部日記』

膀胱 ゆばりぶくろ
「膀胱（ぼうこう）」の古称。

膂肉 そじし
「膂宍」とも書く。背筋の肉。

膂宍 そじし・そしし

「脣肉」とも書く。『源平盛衰記』
→脣肉

〈木　部〉

榲桲　まるめろ
「木瓜」とも書く。バラ科の落葉高木。

樺　かにわ
「桜皮」とも書く。樹皮を刀や弓の柄に巻いたり、舟や器物に巻いて補強した植物。カバノキ科の落葉高木シラカバに比定。『倭名類聚鈔』

樺太　カラフト
「唐太・柄太・柯太」とも書く。オホーツク海と間宮海峡の間に位置するサハリンの日本名。

樺木　しらかんば・しらかば
「白樺」とも書く。カバノキ科の落葉高木。

樺海苔　かばのり
紅藻類の海藻。

槐　えんじゅ・えにす
「槐樹」とも書く。マメ科の落葉高木。

槐葉柄　はぶそう
「波布草・望江南」とも書く。マメ科の低木状多年草。

槐葉蘋　さんしょうも
「山椒藻」とも書く。サンショウモ科の水生シダ。

槐樹　えんじゅ
「槐」とも書く。→槐

概　とかき・おおむね
とかき―「斗掻」とも書く。枡に入れた穀類を枡の縁と平行にならす短い棒。「ますかき」に同じ。
おおむね―おおよそ。

概高　ならしだか
村単位の年貢高を統一し、藩の石高の増収のために改められた村高（むらだか）。

構　かまい・かじのき
かまい―①支障。②関与。③江戸時代、一定の地域への立ち入り・居住を禁じた刑罰。『地方凡例録』
かじのき―「構の木」とも書く。
→構の木

構の木　かじのき
「梶の木・楮の木・穀の木」とも書く。クワ科の落葉高木。『新撰字鏡』

構事於左右　ことをそうにかまえ
何かと干渉すること。『鎌倉幕府追加法』

榼　たる
フタ付きの酒樽。『東大寺百合文書』

榼藤子　もだま
「藻玉」とも書く。マメ科の蔓性木本。

榾　ほた・ほだ
燃料とするための木株や朽木などの切れ端。『山家集』

榾木　ほたぎ
①「榾」に同じ。→榾。②シイタケ栽培に用いる椎や栗などの木。

榾火　ほたび
榾（ほた）を焚く火。

榾杙　ほたぐい
①燃え尽きずに残った木。『日本書紀』。②「榾」に同じ。→榾

榾柮　ほた・ほだ
「榾」とも書く。→榾

榛　はしばみ・はり
カバノキ科の落葉低木。『新撰字鏡』

榛木染　はりのきぞめ
榛の樹皮で布を染めること。また、染めた布。

榛莽　もさ
やぶ、くさむら。『観音岩』

榱　はえき
「桷」とも書く。屋根の裏板などを支えるため、棟から軒先に渡す長い木材。「垂木(たるき)」に同じ。『倭名類聚鈔』

槍薬煉　やりぐすね
手に唾をつけて槍を握ること。

槙皮　まいはだ
「槙肌」とも書く。ヒノキやマキの内皮で作った繊維で、船や桶の水漏れ防止用に用いた。

槙肌　まいはだ
「槙皮」とも書く。→槙皮

榻　しじ
①牛車（ぎっしゃ）の轅（ながえ）を乗せる台。②腰掛と寝台兼用の床（とこ）。

榻の役　しじのやく
牛車の乗り降りに用いる踏み台（榻）を持って牛車に従う役。

榻子　こしかけ
「腰掛」とも書く。『緑嚢談』

榻背　とうはい
椅子の背もたれの部分。

榜葛剌　ベンガラ
「弁柄・紅殻・鉄丹」とも書く。熱帯産の樹皮より作った赤黒色の塗料。

榠樝　かりん
「榠櫨・花梨・花櫚」とも書く。バラ科の落葉高木。

榠櫨　かりん
「榠樝」とも書く。→榠樝

模　かたぎ
「形木」とも書く。①染付けに用いる物の形を彫った板。『枕草子』。②版木。③定型や規範。『風姿花伝』

模合　もやい・もあい
「催合」とも書く。共同で仕事をすること。また、一種の相互扶助組織。

模斯結　モスク
イスラム教の礼拝堂。

様　かたへ・ためし・ためす
かたへ―ある方向へ。
ためし―先例。『沙石集』
ためす―刀の切れ味をためす。試し斬り。

様体　ようてい・よてい・ようたい
「様躰」とも書く。物事の様子。ありさま。『信長公記』

様物　ためしもの
江戸時代の刑罰の一つで、刀の切れ味を試すために斬首のあとの死体を使用させたもの。

様斬　ためしぎり
①刑罰の斬首の後の死体で刀の切れ味を試すこと。②辻斬り。

様場　ためしば
「試場」とも書く。将軍所有の刀で罪人を試し斬りにした場。

様躰　ようてい・よてい・ようたい
「様体」とも書く。→様体

様様 ようよう・ためしよう
①ようやく。『川渡甚大夫一代記』。②さまざま。いろいろ。『算法地方大成』

榕樹 ガジュマル
クワ科の常緑高木。

榊 さかき
「賢木」とも書く。①常緑樹の総称。とくに神事に用いる木。『古事記』。②ツバキ科の常緑小高木。

槖 つわぶき
「槖吾」とも書く。キク科の常緑多年草。

槖吾 つわぶき
「槖」とも書く。→槖

〈欠 部〉

歌留多 カルタ
「骨牌」とも書く。一組が数十枚で、小さな長方形の厚紙に歌や絵などを記したもの。遊戯・または賭博に用いる。『本朝二十不孝』

歌骨牌 うたガルタ
カルタの一種。五十音の和歌の上の句と下の句を別々にしたもの。現在の百人一首カルタの原型。『山の井』

歌繇斯 うたきりぎりす
バッタ目コオロギ科の昆虫コオロギの異称。

〈止 部〉

歴 あまねく
「遍・普」とも書く。広くすみずみまで。

歴木 くぬぎ
「櫪・櫟・椚・椽」とも書く。ブナ科の落葉高木。

歴回 へめぐり
遍歴すること。あちらこちらをめぐり歩くこと。『太平記』

歴草 そふき・そぼろ・そぶき
牛馬などの胸前（むなさき）。草をわけて進む部分。または、わきの骨。『倭名類聚鈔』

歴踪 れきそう
遍歴した史跡など。

〈火 部〉

熅る いきる
「熱る」とも書く。①ほてる。『類聚名義抄』②りきむ。いきまく。

熅蟬 いきれぜみ
夏の騒がしく鳴く蟬。

熒惑 けいごく
火星の異称。『日本書紀』

熒惑星 ひなつぼし
「火夏星」とも書く。火星の異称。『夫木和歌抄』

熇尾蛇 ひばかり
「日計・竹根蛇」とも書く。ヘビの一種。

煽 あおち
風があおり吹くこと。『女殺油地獄』

煽眉 あおちまゆ
操り人形の眉。

〈灬 部〉

熊胆 くまのい
①胆汁を含んだ熊の胆嚢を乾燥したもの。腹痛・強壮剤となる。②薬用人参の古称。『新撰字鏡』

熊神籬 くまひもろき
仏像などを安置する厨子に似て、神体が見えないように覆い囲んだもの。『日本書紀』

熊啄木 くまげら・くまきつつき
キツツキの一種。

熊啄木鳥 くまげら・くまきつつき
「熊啄木」とも書く。→熊啄木

熊経鳥申 ゆうけいちょうしん
仙術で、不老不死となるための鍛練の法。

熊野牛王 くまのごおう
熊野三社で配付される護符の牛王宝印。

熊野権現 ゆやごんげん
熊野三所権現の異称。

熊掌 ゆうしょう
熊の手のひら。

熊襲 くまそ
古代、九州南部に居住した民族。『日本書紀』

〈爻 部〉

爾 しかじか
「然然・云云・偖偖・樫樫」とも書く。長い話を省略して代用する語。かくかく。うんぬん。

爾汝 じじょ
①相手を軽んじて呼び捨てにすること。②また、親しい間柄。

〈片 部〉

牓示 ぼうじ
土地の境界を示すための杭や石柱。『今川仮名目録』

〈牛 部〉

犒ぐ ねぐ
「労ぐ」とも書く。①神などの心を安め和らげ、加護を祈る。②ねぎらう。慰労する。『万葉集』

犒労 こうろう
ねぎらい、いたわること。

犖犖 らくらく
人に比べてすぐれていること。

〈玉（王）部〉王は四画

瑣細 ささい
「些細」とも書く。わずかなこと。取るに足らないこと。『風流志道軒伝』

瑣瑣 ささ
こまかなさま。

瑪利亜 マリヤ・サンタマリヤ
聖母マリア。

瑪理花 あじさい
「紫陽花・紫陽草・八仙花」とも書く。ユキノシタ科の鑑賞用落葉低木。

瑪瑙 めのう
石英の結晶の集合体で、色や透明度の違いにより層状の縞模様をもつもの。『倭名類聚鈔』

瑪爾哥波羅 マルコポロ
マルコ・ポーロ。イタリアの旅行

家。『東方見聞録』の著者。

〈瓦　部〉

甄録　けんろく
明確に記録すること。『吾妻鏡』

甃　しきがわら・いしだたみ
しきがわら―「敷瓦」とも書く。①石畳。また、石畳のように土間などに敷き詰めた平たい瓦。『太平記』。②茶道で、風炉（ふろ）の下に敷く瓦。③石段。④地紋の名。
いしだたみ―①板石を敷きつめた場所や道。②石段。③紋所の名。

甃石　しきいし
「敷石・舗石」とも書く。庭や通路などに敷き並べた石。

𤭯　はんぞう・はにぞう
「楾・匜・半挿」とも書く。湯や水を注ぐのに用いる器。『宇津保物語』

〈疋　部〉

疑無　うつなし
疑いはない。確かである。

〈疒　部〉

瘧　おこり
一、二日の間隔をおいて発熱が起こる熱病の一種。『多聞院日記』

瘧病　ぎゃくへい・ぎゃへい
「瘧」に同じ。『色葉字類抄』↓瘧

〈皮　部〉

皹　あかがり・ひみ・ひび
あかぎれ。『神楽歌』

〈目　部〉

睿智　えいち
「叡知・叡智・英知」とも書く。すぐれた知恵。すぐれた才知。

〈石　部〉

碣　けつ
人の手を加えない自然石。自然石の墓石。

磁頭　じんどう
鏃（やじり）の一種。『太平記』

〈示（ネ）部〉

禊月　はらえづき
「祓月」とも書く。陰暦三月の異称。

〈禾　部〉

穀の木　かじのき
「梶の木・構の木・楮の木」とも書く。クワ科の落葉高木。『新撰字鏡』

穀酒　ビール
「麦酒」とも書く。麦芽を原料とした醸造酒の一種。

穀精草　みずたまそう・ほしくさ
みずたまそう―①「水玉草」とも書く。アカバナ科の多年草。②ホシクサ科の一年草ホシクサの異称。
ほしくさ―「みずたまそう」②に同じ。

種　くさ
①物事を起こすもと。たね。『万葉集』。②種類。『源氏物語』。③いろいろ。『万葉集』

種姓　すじょう
「素生・素性・素姓」とも書く。血筋。

種種　くさぐさ
いろいろ。種類の多いこと。『今昔物語集』

稲交　いなつるび
稲妻。『日本書紀』

稲城　いなぎ
①家の周囲に矢防ぎのため稲を積んだもの。②稲束を貯蔵する小屋。

稲架　はさ・はざ
刈り取った稲を乾かすために、束ねた稲を穂を下向きにして掛けておくもの。竹や木を組んで作る。稲掛。

稲負鳥　いなおおせどり
『古今和歌集』に詠まれている、秋に田に来て鳴く三種類の渡り鳥の一つ。何鳥かは不明。近世ではセキレイのことといわれている。

稲孫　ひつじ
「穭」とも書く。刈株から伸びた稲。結実しない。

稲株圧　いなしびおし
前年に刈り取った稲株を踏んで田の土に埋め込む作業。

稲麻竹葦　とうまちくい
稲・麻・竹・葦が密生しているさまから、転じて、多くのものが入り乱れているさま。『平家物語』

稲椿象　いねかめむし
カメムシ目カメムシ科の昆虫の異称。

稲置　いなぎ
①大和朝廷時代、国造に属した地方官。②八色姓（やくさのかばね）の第八位。

稲槎菜　こおにたびらこ
「小鬼田平子」とも書く。キク科の越年草タビラコの異称。

稲魂　うかのみたま
「倉稲魂・宇迦御魂」とも書く。食物、とくに稲をつかさどる女神。後世、福の神の意となった。『日本書紀』

稲魂女　うかのめ
女神であることを強調した呼称。「稲魂」に同じ。『日本書紀』↓稲魂

稲熱病　いもちびょう
いもち病菌が寄生して起きる植物の病害。

稲贄　いなべ
神に献納する稲の初穂。

稭箒　しべぼうき
「蕊箒」とも書く。ワラで作った簡易な手箒。『好色一代男』

〈穴　部〉

窩主　かいず・けいず
「買窩」とも書く。①盗賊の宿。②盗品を購入する者。

窩主買　けいずかい
盗品と知りながら買うこと。また、買う人。

窪　いまし
「窳」とも書く。物に疵や歪みのあること。また、その疵をいう。『太平記』

〈立　部〉

竭きる　つきる
「尽きる」とも書く。①終わってしまう。『万葉集』。②なくなる。消え失せる。『源氏物語』

竭命　けつめい
全力で事にあたること。

竪　いよたつ
「弥立つ」とも書く。寒さや恐怖などで体毛が逆立つ。『今昔物語集』

竪子　たてご
格子や障子などの縦方向の組子（くみこ）。

竪者　りっしゃ
「立者」とも書く。仏教用語で、仏法の議論の際に質問者に答える役目の僧。『金綱集』

端　へた
「辺」とも書く。①へり。②海辺。『万葉集』

端匂　つまにおい
「妻匂」とも書く。「褄取縅・妻取縅（つまどりおどし）」の略。鎧の袖と草摺の端を薄色にして、その他をさらに薄色にしたもの。

端反笠　はぞりがさ
端が上や外側に反った陣笠。

端白　つまじろ
「妻白」とも書く。①ふちが白いこと。②動物の足先が白いこと。『日葡辞書』。③矢羽の端が白いもの。

端声　つまごえ
自分が言うべきことを他の者に言わせ、ときどき端から口出しをすること。『源氏物語』

端折　つまおり
「爪折」とも書く。端（はし）を折ること。また、その折った部分。

端折る　はしょる
①和服の褄（つま）など折って帯に挟む。②省略する。

端折傘　つまおりがさ
「妻折傘」とも書く。骨の先端を内側に曲げた柄の長い立傘（たてがさ）。

端社　つまやしろ
「妻社」とも書く。小さなやしろ。『夫木和歌抄』

端侍　はざむらい
「葉侍」とも書く。取るに足らない武士。「端武者（はむしゃ）」に同じ。

端板　はたいた
「鰭板」とも書く。板囲い。壁。

端紅　つまべに・つまくれない
「爪紅」とも書く。
つまべに―①指の爪に紅を塗ること。また、それに用いる紅。②ツリフネソウ科の一年草ホウセンカの異称。この花で爪を染めた。③扇や巻紙などの端を紅で染めること。
つまくれない―「つまべに」②③に同じ。

端食　はしばみ
「端喰」とも書く。扉などの板が乾燥して反ることを防止するため、木口にとりつけた細板。

端拵　はしぜせり
①端の方を突き掘ること。②端女郎（はしたじょろう＝下級の遊女）を買いあさること。

端黒　つまぐろ
「褄黒・爪黒」とも書く。縁が黒いこと。『源平盛衰記』

端喰　はしばみ
「端食」とも書く。→端食

端番　はなばん
①最初の当番。②歌舞伎の劇場で、木戸の前に出て客を場内に案内する者。

端裾濃　はたすそご
鎧の威（おどし）の一つ。左右両端を濃く、中央を淡い色でおどしたもの。

端艇　はしぶね
「端舟」とも書く。①大船に付属し、貨物などの陸揚げに用いる小舟。②小さな舟。

端摺　つまずり
「褄摺」とも書く。衣の裾に摺模様をつけること。『堀河百首』

端榑　はなぐれ
「鼻榑」とも書く。木材の切れ端。

端端　はつはつ・つまづま
はつはつ―①わずか。『万葉集』。②辛うじて。
つまづま―物事のはしばし。『源氏物語』

〈衤部〉

褐　かちん
①濃い紺色。『十訓抄』。②魚が群れた時の海面の色。

褌　たふさぎ・ふんどし
たふさぎ―「犢鼻褌」とも書く。陰部をおおう布。ふんどし。『万葉集』
ふんどし―①「たふさぎ」に同じ。②腰巻。

褌親　へこおや
へこ祝い（成人式の祝い）のとき後見人になってもらう仮親。

褊　すずし・さみす
すずし―練らない生糸で織られた単衣。『太平記』
さみす―狭いと感じる。卑しめる。

褊衫　へんさん
「偏衫」とも書く。僧衣の一種。『太平記』

褊急　せわしなく
「忙しなく」とも書く。いそがしくて落ち着かない気分で事を行うさま。

褊裰　へんてつ
「褊綴」とも書く。江戸時代に医師などが着用した羽織。『鷹筑波』

褊綴　へんてつ
「褊裰」とも書く。→褊裰

〈竹部〉

箇様　かよう
このような。『地方凡例録』

管待　もてなし
①接待。『南総里見八犬伝』。②待遇。

管弦楽　オーケストラ
管弦楽器・打楽器などを集団で合奏すること。

箝口　かんこう
「鉗口」とも書く。①ものを言わないこと。②人にものを言わせないこと。

箕帚　きしゅう
「箕箒」とも書く。ちりとりと箒。掃除をすること。

箕宿　みぼし
二十八宿の一。宿（しゅく）は星座のこと。

箕裘　ききゅう
父が成し遂げてこの世に残した仕事。『平家物語』

箕箒　きしゅう
「箕帚」とも書く。→箕帚

算 かぞう
数える。計算する。『地方凡例録』

算用 さんにょう
「散用」とも書く。①計算。勘定。『日本永代蔵』。②見積り。『世間胸算用』。③支払い。

算盤 そろばん
「十呂盤・十露盤」とも書く。計算用具。

箏柱 ことじ
①「琴柱」とも書く。箏や和琴などの胴の上に立てて弦を支える「人」の字形の具。②紋所の名

箙 えびら
武具の一つ。矢を入れて背負う容器。『平家物語』

篦車前 へらおおばこ
「篦大葉子」とも書く。オオバコ科の多年草。

篦被 のかずき
鏃（やじり）が矢竹に接する部分。

篦撓 のため
「篦矯」とも書く。矢の篦の反りを矯正すること。また、その具。

篦矯 のため
「篦撓」とも書く。↓篦撓

箬竹 くまざさ
「熊笹・隈笹」とも書く。ササの一種。

〈米　部〉

精げ しらげ
「白げ」とも書く。①玄米を搗いて精米すること。『宇津保物語』。②磨いて仕上げること。『出世景清』

精好 せいごう
つくりが美しいこと。『貞丈雑記』

精悍し かいがいし
「甲斐甲斐し」とも書く。骨身を惜しまず物事を行うさま。『緑蓑談』

精進 そうじ・そうじん・しょうじ
①仏道修行に励むこと。②努力すること。『正法眼蔵』。③心身を清め慎むこと。『平家物語』。④肉食をしないで菜食すること。

精霊蜻蛉 しょうりょうとんぼ
「聖霊蜻蛉」とも書く。体色が赤色のトンボの通称。

〈糸　部〉

維也納 ウイーン
「維納」とも書く。オーストリアの首都。

維納 ウイーン
「維也納」とも書く。↓維也納

綺 いろい・かにはた・かんはた
いろい―干渉する。『沙石集』
かにはた・かんはた―錦に類似した帯などにする絹織物。『華厳音義私記』

綺う いろう
「弄う」とも書く。干渉する。『源氏物語』

綺申 いろいもうす
干渉すること。『東寺百合外』

綺羅 きら
①美しい衣服。『平家物語』。②華やかであること。『曾我物語』。③威光。栄華。『日本永代蔵』

綱竦縮 つなすくみ
「綱竦み」とも書く。手綱を引いても馬がすくんで進まないこと。

緇白 しはく
僧と俗人。「道俗」に同じ。

緇衲 しとう
①僧衣。②僧侶の異称。

緇素 しそ
「緇白」に同じ。『色葉字類抄』↓緇白

綽約 しゃくやく
「淖約・婥約」とも書く。姿・形のよいこと。

綽然 ゆっくり・しゃくぜん
ゆったりとしているさま。『多情多恨』

綽綽 しゃくしゃく
ゆとりがあり、おちついているさま。

綟草 ねじばな
「捩花」とも書く。ラン科の多年草。

緌 ほおすけ
武官の正装の冠につけて顔の左右を覆う飾り。「老懸（おいかけ）」に同じ。『倭名類聚鈔』

綫帛 かかわ
「幓」とも書く。破れた絹布。

総仕廻 そうしまい
「総仕舞」とも書く。すべてを終えること。全部片づけること。『地方凡例録』

総角 あげまき・チョンガー
あげまき―「揚巻」とも書く。①古代の少年の髪の結い方。頭髪を左右に分けて角状に形づくったもの。『万葉集』。②明治時代の女性の髪形の一つ。③「揚巻結び」の略。『源氏物語』。④歌舞伎の女形の髪形の一つ。『根南志具佐』
チョンガー―①朝鮮で壮年過ぎの独身者への蔑称。②独身者の呼称。

総角結 あげまきむすび・いいなずけ
あげまきむすび―紐の結び方の一つ。輪を左右に作って、その中を石だたみに組み結んだもの。
いいなずけ―「許嫁」とも書く。子供が幼いうちから双方の親が結婚させる約束をしておくこと。婚約者。『浅尾よし江の履歴』

総国 ふさのくに
上総（かずさ）・下総（しもうさ）・安房（あわ）を含む旧国名。

総塗 べたぬり
一面にすき間なく塗ること。

綜 へそ
「綜麻・巻子」とも書く。つむいだ麻をつなぎ、輪状に巻いたもの。

綜竹 あぜたけ
「綜絖」とも書く。機（はた）の経糸（たていと）の間に挟んで、糸の乱れを防ぐための竹。

綜麻 へそ
「綜」とも書く。『日本書紀』↓綜

綜麻石 へそいし
紡錘車の異称。

綜麻繰 へそくり
「臍繰り」とも書く。内緒で少しずつためた金。

綜絖 あぜたけ
「綜竹」とも書く。↓綜竹

綢繆 ちゅうびゅう
①巻くように包むこと。②からめて結ぶこと。③なれ親しむこと。

綴五 よつめごろし

「四目殺」とも書く。相手の碁石を四方から囲んで碁石を取り、その数を競う遊戯。

綴術 てつじゅつ
和算の計算法の一つ。円や弧の長さなどを無限級数で展開する。

綴葉装 てっちょうそう
和本の製本様式の一つ。「列帖装」に同じ。

絢交 ないまぜ
多種類の色糸をより合わせて組紐を作ること。『好色一代男』

緋衣 あけごろも
「緋袍」とも書く。①平安時代、五位の貴族が宮中で着た緋色の袍（ほう＝上着）。②五位の異称。

緋金巾 ひガナキン
緋色の金巾（上質な薄地の綿布）。

緋金錦 ひごんき
金を織り込んだ錦。『源氏物語』

緋秧鶏 ひくいな
ツル目の渡り鳥。クイナの一種。

緋袍 あけごろも
「緋衣」に同じ。『頼政集』→緋衣

綿天鵞絨 めんビロード
ビロードのように織った綿織物。

綿馬 おしだ
「雄歯朶」とも書く。オシダ科の大形多年生シダ。

綿棗児 つるぼ
「蔓穂」とも書く。ユリ科の多年草。

綿筒 あめ
糸車で糸を引き出すために筒状にした木綿のわた。

網子 あご・あびこ
地引網を引く者。『万葉集』

網子別れ あごわかれ
漁期が終わり、網漁師の仲間が解散すること。

網引 あびき
①網を引いて魚をとること。『万葉集』。②大膳職（だいぜんしき）の品部。

網代 あじろ
①竹や葦などを斜めに格子状に編んだもの。②竹や木を編んで作り、その端に簀（す）をあてて魚をとる装置。『源氏物語』

網所 あど・あんど
網漁業で、沿岸近くの好漁場。

網端 あば
「浮子・網錘」とも書く。漁網の周縁部に取り付ける浮き。

網錘 あば
「網端」とも書く。→網端

網操網 あぐりあみ
「揚操網」とも書く。巻網の一つ。

網懸 あがけ
今年生まれた鷹を網にかけて捕獲すること。『新撰和歌六帖』

綾子 りんず
「綸子」とも書く。紋織物の一つ。滑らかで光沢と粘りのある染め絹生地。『舜旧記』

綾羅 りょうら
あやぎぬとうすぎぬ。美しい衣服。『問わず語り』

緑大豆 あおまめ
「青豆」とも書く。大豆の一品種。

緑内障 あおそこひ
「青底翳」とも書く。眼病の緑内障の俗称。

緑豆 やえなり
「八重生」とも書く。マメ科の一年生作物リョクトウの異称。

緑苔 あおのり
「青海苔・乾海苔・海苔菜」とも書く。緑藻類の一属。

緑衫 ろうそう
平安時代、六位の貴族が宮中で着た緑色の袍（ほう＝上着）。『枕草子』

緑門 アーチ
祝賀のときなどに建てる常緑樹の葉で包んだ弓形の門。『魔風恋風』

緑青 ろくしょう
銅の表面に生じる緑色の錆び。

緑啄木鳥 あおげら
キツツキ科の鳥。キツツキの一種。

緑礬 ろうは・りょくばん
硫酸第一鉄。『書厳字考』

綸子 りんず
「綾子」とも書く。→綾子

綸旨 りんじ・りんし
蔵人（くろうど）が書く天皇の仰せを伝える書札様式の文書。『大徳寺文書』

綸言 りんげん
天子のいわれること。みことのり。

練気者 ねれけもの
熟練者。玄人。

練者 ねれもの
「練気者」に同じ。→練気者

練麻 ねりそ
薪などを束ねるため、細い木をねじって柔らかくしたもの。

練墨 こねずみ
「捏炭」とも書く。眉を描くのに用いる練った墨。黛（まゆずみ）。

綰く たく
①髪をかきあげる。『万葉集』。②馬の手綱を操る。③舟をこぐ。『万葉集』

綰ぐ わぐ
たわむようにして曲げること。『堤中納言物語』

綰げ わげ
①たわめ曲げて輪にすること。『和漢通用集』。②髷（まげ）。『色道大鑑』

綰げ溜る わげたまる
とぐろを巻く。体を曲げて動かない。『天草本伊曾保物語』

綰ねる たがねる
ひとまとめにする。束にする。『万葉集』

綰物 わげもの
「曲物」とも書く。薄く削ったスギやヒノキなどを円形に曲げ、合わせ目をカバ・サクラなどの樹皮で縫うように閉じて作った容器。

〈羽（羽）部〉

翠黛 すいたい
緑色の眉墨。『菅家文草』

翠簾 みす
「御簾」とも書く。簾（す）の敬称。

翡翠 かわせみ・かわせび・しょうびん・ひすい
「川蟬」とも書く。カワセミ科の鳥。「しょうびん」はカワセミの異称。

〈耳　部〉

聚聚　むらむら
「叢叢・群群」とも書く。あちらこちらにむらがっているさま。『源氏物語』

聞　きこえ・かぐ
きこえ—うわさ。評判。『鎌倉幕府追加法』
かぐ—香りをきくこと。

聞召　きこしめす
①お聞きになる。②お許しになる。③お考えになる。④召し上がる。『公事根源』

聞茶　かぎちゃ
「嗅茶」とも書く。香りを嗅いで茶の良否を鑑別すること。『尤の草紙』

聞食　きこしめす・きこしおす
「聞召」とも書く。「聞く・食う」の敬語。『御成敗式目』→聞召

聞道　きくならく
「聞説」とも書く。聞くところによれば。

聞説　きくならく
「聞道」とも書く。→聞道

聞戯　ききざれ
いいかげんに聞くこと。聞きかじり。

聢　しかと・たしかに
「聢与・確・然与」とも書く。①しっかりと。たしかに。完全に。『御触書宝暦集成』②びっしりと。『平家物語』

聢与　しかと
「聢」とも書く。→聢

〈聿　部〉

肇国　はつくに・ちょうこく
「初国」とも書く。①はじめてつくった国。②国を開くこと。『出雲風土記』

肇始　ちょうし
はじめ。はじまり。

肇造　ちょうぞう
はじめて造ること。創造。

肇基　ちょうき
物事の基礎を開くこと。「開基」に同じ。

〈肉　部〉

腐　くたす・やくざ
くたす—①だめにする。『万葉集』②けなす。③（名を）よごす。『源氏物語』
やくざ—だらしのないこと。また、そういう人。

腐草　くちくさ
ホタル科の甲虫ホタルの異称。ホタルは腐草より生まれたという俗説より。

腐藻　くたも
①腐った藻。②海人（あま）の家。

腐鶏　くたかけ
朝早く鳴く鶏を罵っていう語。「くたかけ鳥」に同じ。

〈虫　部〉

蜾蠃　すがる・さそり
すがる—①ジガバチ科のジガバチの古称。『日本書紀』②スズメバチ科のクロスズメバチの異称。③鹿の異称。『古今和歌集』
さそり—「すがる」①に同じ。『新撰字鏡』

蜷　にな
「蜷螺」とも書く。①巻貝類。②カワニナ科の巻貝のカワニナ。『色葉字類抄』

蜷局　とぐろ
「塒」とも書く。蛇などが身体を渦巻状に巻いている状態。

蜻蛉　あきず・かげろう・とんぼ
あきず—「秋津」とも書く。トンボ目の昆虫の古称。『新撰字鏡』
かげろう—「蜉蝣」とも書く。「あきず」に同じ。→あきず
とんぼ—「蜻蜓」とも書く。①「あきず」に同じ。→あきず。②蜻蛉魚（とんぼう＝トビウオの異称）の略。③「とんぼがえり」の略。④図面などの位置を示す印。

蜻蛉羽　あきつは
トンボの羽。

蜻蛉草　とんぼぐさ
①クマツヅラ科の多年草カリガネソウの異称。②カタバミ科の多年草カタバミの異称。③カヤツリグサ科の一年草カヤツリグサの異称。④スベリヒユ科の一年草スベリヒユの異称。

蜻蛉領巾　あきつひれ
トンボの羽のような薄く美しい領巾。

蜻蜓　とんぼ
「蜻蛉」とも書く。→蜻蛉

蜘蛛　ささがに
「細蟹」とも書く。クモ目の節足動物クモの異称。

蜘蛛抱蛋　はらん
「葉蘭」とも書く。ユリ科の常緑多年草。

蜘蛛網　いかき
クモの巣。『小大君集』

蜩　ひぐらし
「茅蜩」とも書く。セミの一種。『万葉集』

蝃蝀　ていとう
①食物を並べるだけで食べないこと。②成語成句を空疎に綴り合わせること。

蜚蠊　ごきぶり・ごきかぶり
「御器噛り」とも書く。ゴキブリ科の昆虫の総称。

蜱　だに
「壁蝨」とも書く。ダニ目の節足動物の総称。『倭名類聚鈔』

〈衣　部〉

裹　つと・くぐつ
つと—「苞・苞苴」とも書く。①ワラなどで包んだもの。②贈物。『万葉集』。③前もって用意するべきもの。『類聚名義抄』
くぐつ—①カヤツリグサ科の多年草クグで編んだ袋。『万葉集』。②網袋。『宇津保物語』

裹飯　つつみいい
「包飯」とも書く。強飯（こわいい）を握り固めて卵形にしたもの。また木の葉に包んだもの。『皇太神宮儀式帳』

裳着　もぎ
平安時代、公家の女子が成人したしるしにはじめて裳をつける儀式。

〈見　部〉

覡　かんなぎ
「巫」とも書く。神に仕える者。神楽（かぐら）を奏したり、神意をうかがい、神おろしなどを行う人。『古今著聞集』

〈言　部〉

誡文　かいもん
「戒文」とも書く。僧侶が守るべき戒律を書いた条文。

誑言　おうげん
でたらめな言葉や話。『沙石集』

誑惑　おうわく・きょうわく・わやく
「狂惑・枉惑」とも書く。おうわく―①うそ。②いわれのないこと。『文明本節用集』きょうわく―人を惑わして迷惑をかけること。『日本風俗備考』わやく―むちゃくちゃなこと。『荘子抄』

誑惑し　たぶらかし
人をあざむくこと。『内地雑居未来之夢』

誑詐　きょうさ
人をだましあざむくこと。『鎌倉遺文』

語部　かたらいべ・かたりべ
古代、朝廷で儀式などの時に神代・旧辞を語ることを職とした者。

誌す　しるす
「記す」とも書く。①記録する。『平家物語』。②記憶する。

誦　よむ
①書物を見ずにそらんじてよむ。②声をあげ、節をつけてよむ。

誦経　ずきょう
①経文を読み上げること。『源氏物語』。②誦経物の略。

誓文払　せいもんばらい
「誓文祓」とも書く。江戸時代、京都の商人・遊女が日頃の駆引の罪をつぐなうため、四条京極の官者殿に参詣したこと。

誓状　せいじょう
神仏に誓ったことを書き記した書状。『山城神護寺文書』

誓狩　うけいがり
獲物によって吉凶を占うため行う狩。『古事記』

誓約　うけい
「祈請」とも書く。神に祈り物事の成否や吉凶を占うこと。『日本書紀』

誓湯　うけいゆ・くかたち・くがたち
「盟神深湯・深湯」とも書く。古代、熱湯に手を入れさせ、事の正邪を判断した神明裁判の一つ。

説道　いうならく
言うこと。言うには。

読誦　どくじゅ・どくず
仏教で、経文を声を出して詠むこと。

認　したたむ
①書きしるす。②準備する。『算法地方大成』

誣告　ぶこく
うそを申告して他人をおとしいれること。『意見十二箇条』

誣言　しいこと
事実をまげて作り事をいうこと。『類聚名義抄』

誘　こしらう・おこずる
こしらう―①なだめる。機嫌をとる。『今昔物語集』。②調える。おこずる―だましてさそいだす。『宇治拾遺物語』

誘る　おこつる・わかつる
「機巧る」とも書く。「おこつる」は「わかつる」の転。①誘惑する。『日本書紀』。②機をあやつる。『類聚名義抄』

誘わし　かどわし
「勾引し」とも書く。誘拐する。『今昔物語集』

誘竿　おこずりざお
他人を欺く計画。誘惑。

誘唆　おだて
「煽て」とも書く。何かをさせようとしてことさらに褒めること。『もしや草紙』

誘率　あどもい
「率」とも書く。軍勢などを率いる。『万葉集』

〈豕　部〉

豨薟　めなもみ
キク科の一年草。『徒然草』

豪宕　ごうとう
豪放で小事にかかわらないこと。

豪猪　やまあらし
「山荒らし」とも書く。ヤマアラシ科の哺乳類の総称。

〈豸　部〉

貌花　かおばな
「顔花・容花」とも書く。ヒルガオ科の蔓性多年草ヒルガオのこと。また、美しい花のことともいう。『万葉集』

貌佳草　かおよぐさ
①「貌花」に同じ。→貌花。②アヤメ科の多年草カキツバタの異称。③ボタン科の多年草シャクヤクの異称。

貌佳鳥　かおよどり
「顔鳥・貌鳥・容鳥」に同じ。①美しい鳥。②カッコウ科の鳥カッコウの異称に比定。

貌鳥　かおとり
「貌佳鳥」に同じ。『万葉集』→貌佳鳥

〈貝　部〉

賖　はるか
「遙」とも書く。距離・年月が隔たっているさま。

賖る　おきのる
①掛けで買う。『類聚名義抄』。②質に入れる。

賑恤　しんじゅつ
貧者や罹災者などを救済するために金品を施すこと。『延喜式』

賑給　しんごう・しんきゅう
律令制で、貧者などを救済するために米などを給付したこと。『続日本紀』

賑給田　しんごうでん
平安時代、天災などによる難民救済のために諸国に置かれた田地。『日本後紀』

賑貸　しんたい・めぐみがし

律令時代における官営の無利子の貸付制度。

〈赤　部〉

赫　そほ
古代、塗料に用いた赤色の土。

赫く　かがやく
「輝く・耀く」とも書く。①まぶしい光をはなつ。『竹取物語』。②恥ずかしがって顔を赤らめる。③生き生きとしている。『枕草子』

赫奕　かくやく・かくえき
光輝くさま。『太平記』

赫茸　べにたけ
「紅茸・紅菰」とも書く。担子菌類のキノコのドクベニタケの異称。

赫船　そほぶね
赤く塗った船。『万葉集』

〈足（⻊）部〉

跼まり　せくぐまり
背中を丸めてかがむこと。『類聚名義抄』

跼蹐　きょくせき
「局蹐」とも書く。「跼天蹐地」の略。世をおそれはばかり、身を縮めて暮すこと。自重すること。『建武式目』

踊躍　ゆやく
①踊り上がって喜ぶこと。②信仰を得て喜ぶさま。『日葡辞書』

〈車　部〉

輒時　ちょうじ
「輙時」とも書く。すぐに。即刻。

輓杷　ひきざらえ
土をかきならす熊手に似た農具。

輔　つらがまち・かまち・かばち
①上下のあごの骨。頬骨。『下学抄』。②顔つき。

輔棒　くるるぼう
穀粒を落とすための回転棒。「麦打棒・殻竿」に同じ。

〈辛　部〉

辣韮　らっきょう
「薤」とも書く。ユリ科の多年草。

辣腕　らつわん
物事を処理する能力にすぐれていること。「敏腕」に同じ。

〈辵（⻌・⻍）部〉　⻌は四画、⻍は三画

遙遙　はろばろ・はるばる
①非常に隔たっているさま。『土佐日記』。②ずっと。より以上に。

遘合　みとのまぐわい
男女の交合。『日本書紀』

遜る　へりくだる
「謙る」とも書く。謙遜すること。『日本書紀』

遮　さえぎる・とどめて
さえぎる―妨げる。邪魔をする。『太平記』
とどめて―押しとどめる。

遮而　さえぎって
①妨げる。②先立って行動すること。

遮莫　さもあればあれ
どうであろうとも。『新猿楽記』

遮遺　しゃゆい
「闍維」とも書く。火葬。『源平盛衰記』

適　まさに・たまたま・たまさか
「偶」とも書く。
まさに―ちょうど。
たまたま・たまさか―偶然。ときおり。『古今著聞集』

適間　たまひま
①朝。『秘蔵抄』。②偶然。

適意　あっぱれ
「天晴・遖」とも書く。褒めたり、感動したりしたときにいう言葉。『緑蓑談』

〈邑（⻏〈右〉）部〉　⻏は三画

鄙女　ひなつめ
田舎娘。『日本書紀』

鄙袒　ひたん
肌着。汗取り。

〈酉　部〉

酷　はなはだ・むごたらし
はなはだ―ひどく。きわめて。
むごたらし―「惨」とも書く。残酷である。

酷列棘　コレラ
「酷烈辣」とも書く。コレラ菌の感染で激しい下痢と嘔吐を起こす急性伝染病。

酷肖　そっくり
よく似ていること。『観音岩』

酷烈辣　コレラ
「酷列棘」とも書く。→酷列棘

酸実　ずみ
「桷」とも書く。バラ科リンゴ属の落葉小高木。

酸茎　すぐき
蕪菁（かぶら）の一種の酸茎菜の漬物。

酸葉　すいば・あかぎしぎ
タデ科の多年草。若葉・若芽は食用となる。酸模（すかんぽ）に同じ。

酸棗　さねぶとなつめ
「核太棗」とも書く。クロウメモドキ科の落葉高木。

酸塊　すぐり
ユキノシタ科の落葉低木の総称。

酸模　すかんぽ・すいば
①「酸葉」に同じ。→酸葉。②タデ科のイタドリの異称。

酸鼻み　なみだぐみ
涙ぐむこと。『緑蓑談』

酸漿　ほおずき・ぬかずき
ほおずき―「鬼灯」とも書く。ナス科の多年草。
ぬかずき―「ほおずき」の異称。

酸漿草　かたばみ
「鳩酸草・酢漿草」とも書く。カタバミ科の多年草。

酸橘　すだち
ミカン科ユズ類の常緑低木。

〈金　部〉

銜　くつわ
「轡・馬銜・鑣」とも書く。①馬具で、馬の口にくわえさせて手綱をつける道具。『新撰字鏡』。②紋所の名。③遊女屋。

銜む　くくむ
口の中に含む。

銀口入 かねくにゅう
「金口入」とも書く。金銭の貸借の仲介。『胆大小心録』

銀子 いんつう
「員子」とも書く。ぜに。かね。『好色一代男』

銀毛織 ぎんモール
①絹糸を経糸（たていと）、銀糸を緯糸（よこいと）に織った織物。②銀メッキの細い線。

銀気 かなけ
「金気・鉄気」とも書く。①土中に含まれている鉄分。『庭訓抄』。②金貨。銀貨。『諸艶大鑑』

銀杏 いちょう
「公孫樹・鴨脚樹」とも書く。①イチョウ科の落葉高木。②江戸時代の男性の髪形。「銀杏頭（いちょうがしら）」の略。

銀杏返し いちょうがえし
江戸中期から行われた女性の結髪の一つ。

銀河 あまのがわ
「天河・天川・天漢・河漢・銀漢」とも書く。銀河系が天球に投影されたもの。

銀彩 ぎんだみ
銀泥・銀箔でいろどること。

銀魚 しらうお・ひお・ひうお
しらうお—「白魚・鱠残魚」とも書く。シラウオ科の硬骨魚シラウオ。ひお・ひうお—「氷魚」とも書く。アユ科の硬骨魚アユの稚魚。

銀漢 あまのがわ
「銀河」とも書く。→銀河

銀蜻蛉 ぎんやんま
「銀蜻蜓」とも書く。ヤンマ科のトンボ。

銀鍍金 ぎんめっき
銀でメッキすること。

餃子 ギョーザ
中国料理の一つ。小麦粉の皮に挽肉・野菜などを包んで、焼いたり茹でたりしたもの。

鉸具 かこ
①革帯（かくたい）などの留め鉤（かぎ）。『大鏡』。②馬具の鐙（あぶみ）をつける金具。

銭 ちゃん・ちゃんころ・ちゃんころり・ちゃんから
銭貨。

銭貝 ぜぜがい
「膳所貝」とも書く。ニシキウズガイ科の巻貝キサゴの異称。

銑押 ずくおし
中国地方の山地で行われていた「たたら製鉄」の一つ。砂鉄から鉄を精製する方法。

銚子 さしなべ・さすなべ・ちょうし
柄と注ぎ口のついた鍋。酒などを温めるのに使用する。『万葉集』

銚釐 ちろり
酒などを温める錫（すず）または真鍮製の道具。『後撰夷曲集』

銅公事 あかがねくじ
中世、京都の銅座に課せられた税（公事銭）の一種。

銅錫鉄 ブリキ
薄い鋼鉄に錫（すず）をメッキしたもの。

鉾楯 むじゅん
①「矛盾」とも書く。相互の考えが食い違ってつじつまがあわないこと。『聖廟縁起』。②戦争。

〈門　部〉

閣 さしおく
「指置・差置」とも書く。他のことをするために、今していることを後回しにする。『保元物語』

関 あずかる
物事にかかわりあう。関係する。『日本山海名産図会』

閨房 つまや
「妻屋・嬬屋」とも書く。夫婦の寝室。

〈阜（阝〈左〉）部〉 阝は三画

隠世 かくりよ
死後の世。あの世。

隠田 おんでん
中世・近世に、公に隠して耕作し、年貢などの租税を納めない田地。『算法地方大成』

隠地 おんち
「陰地」とも書く。「隠田」に同じ。→隠田

隠形 おんぎょう
呪術を使って身を隠すこと。「隠身」に同じ。

隠見 ちらつき
見え隠れする。ちらちらする。『浮雲』

隠身 おんしん
「隠形」に同じ。→隠形

隠妻 こもりづま
①人目をしのぶ仲の女。②ひそかに恋しいと思う女。『万葉集』

隠沼 かくれぬ・こもりぬ
草木などで隠れてみえない沼。『蜻蛉日記』

隠翅虫 はねかくし
「羽隠虫」とも書く。ハネカクシ科の昆虫の総称。

隠婆 おんば
産婆。

隠袋 ポケット
洋服につけた物を入れる小さな袋の部分。『三四郎』

隠野 なばりぬ
隠れた野。『万葉集』

際目 さいめ
「境目」とも書く。境界。

障 さやる
①さわる。『古事記』。②支障がある。『万葉集』

障む つつむ
「恙む」とも書く。さしさわる。事故にあう。『蜻蛉日記』

障泥 あおり
「泥障」とも書く。毛皮や皺皮製で、鞍の下から馬の腹の両側を覆い、泥をよける馬具。『倭名類聚鈔』

障泥板 あおりいた
家の棟の両わきにある雨押えの板。

障泥烏賊 あおりいか
ジンドウイカ科のイカ。

障神 さえのかみ
「塞神」とも書く。伊弉冉尊（いざなみのみこと）に会いに黄泉の国に行った伊弉諾尊（いざなぎのみこ

と）が、追ってきた黄泉津醜女（よもつしこめ）に投げた杖から生じた邪霊の侵入を防ぐ神。

障碍　しょうげ
「障礙」とも書く。妨げる。障害。『天狗草紙』

〈隹　部〉

雑加　かててくわう
そのうえになお。おまけに。

雑式　ぞうしき
「雑色」とも書く。蔵人所や摂関家の下級職員。『菅原伝授手習鑑』

雑色　ぞうしき・ざっしき
「雑式」とも書く。→雑式

雑作　ぞうさ
「造作」とも書く。面倒なこと。手間がかかること。『醒睡笑』

雑兵　ぞうひょう
身分の低い兵。足軽。

雑言　ぞうごん
ざったな悪口。

雑免　ぞうめん
さまざまな課役を免除すること。

雑炊　ぞうすい
大根や葱などの野菜を刻んで入れ、味付けをして炊いた粥。

雑物　ぞうもつ
①雑多な物。さまざまな財物。②中世、年貢以外に賦課された雑税。『御成敗式目』

雑矧　まぜはぎ
矢羽をつくるとき、走羽（はしりば）・弓摺羽（ゆすりば）・外懸羽（とかげば）をちがった羽ではぐこと。

雑魚　ざこ
「雑喉」とも書く。①さまざまな小魚。『梁塵秘抄』。②転じて、大物に対する小物。

雑魚寝　ざこね
「雑居寝」とも書く。①入り交じって寝ること。②民間習俗の一つ。年越しの夜などに、神社などで男女が集まって寝ること。③客と芸妓達が一部屋で寝ること。④遊里言葉で鮨の異称。

雑魚場　ざこば
「雑喉場」とも書く。江戸時代、大坂の代表的な魚市場。また魚市場の通称。魚河岸。

雑喉　ざこ
「雑魚」とも書く。→雑魚

雑喉場　ざこば
「雑魚場」とも書く。→雑魚場

雌日芝　めひしば
「女日芝」とも書く。イネ科の一年草。

雌宝香　めたからこう
キク科の一年草。

雌鯒　めごち
①コチ科の海産硬骨魚。②ネズッポ科の海産硬骨魚ネズミゴチの異称。

〈青（靑）部〉

静と　そっと
①静かに行動するさま。『初恋』。②人に気がつかれないように行動するさま。

静静　しずしず
①静かに動作をするさま。『源氏物語』

静謐　せいひつ
①世の中が平穏無事に治まること。『東大寺百合文書』。②静かであること。

〈革　部〉

鞅掌　おうしょう
仕事がいそがしく暇のないこと。

〈頁　部〉

頗　すこぶる
とても。『権記』

領る　しる・うしはく
しる―「知る」とも書く。①統治する。支配する。『日本書紀』。②土地などを領有する。③物を占有する。④妻や妾などの面倒を見る。
うしはく―「しる」①～③に同じ。

領巾　ひれ
「肩巾」とも書く。①古代、害虫や毒蛇などの難をのがれたり、波を起こしたりする呪力があると信じられた布。『古事記』。②奈良・平安時代、女性が首からかけた布帛。『日本書紀』

領掌　りょうしょう
①領有して支配すること。『相良氏法度』。②了承すること。

領解文　りょうげもん
蓮如の宗法を守るための戒律を記した文。「改悔文」に同じ。

〈風　部〉

颯と　さっと
①急に風が吹いたり雨が降ったりするさま。②すばやく物事が行われるさま。

颯颯　さっさつ・ざわざわ
さっさつ―あっさりとしたさま。『正徹物語』
ざわざわ―風などが吹くさま。『浮雲』

〈食（飠・𩙿）部〉

飴牛　あめうじ・あめうし
「黄牛」とも書く。①赤味を帯びた黄色い牛。上等な牛とされた。『枕草子』。②牝牛。

〈馬　部〉

駅　はゆま・はいま・うまや
①「駅馬」とも書く。律令制で、宿駅に置かれた公用の早馬。『万葉集』。②宿駅。馬継場。

駅使　はゆまづかい
駅馬に乗って急ぐ公用の使者。『古事記』

駅家　やけ・うまや
律令制で主要な公道に設置された公用の宿駅。

駅馬　はゆま・はいま
「駅」とも書く。→駅

駅馬駅　はゆまうまや
駅馬（はゆま）を継ぎ立てる駅。『万葉集』

駅路　はゆまじ・うまやじ
駅家のある街道。『万葉集』

駅館　えきかん
律令制で、人馬を用意し、駅使（えきし）に宿舎や食糧を提供した施設。

「うまや（駅・駅家）」に同じ。

駆 つかう
「使う」とも書く。『今昔物語集』

駆率 くそつ
率いられること。指示されるままに行動すること。また、その人。『建武式目』

駆催 かけもよおす
「駈催」とも書く。①あちこち駆け回って多くの人を集める。②戦いなどで、あらかじめ味方になるよう誘って回る。『御成敗式目』

駆儺 くだ
年の暮れに鬼を追い払う儀式。鬼やらい。

駄枘 だぼ
「太枘」とも書く。木材や石材をつぎ合わせるとき、ずれを防ぐために両材を埋め込む小片。

駄袋 だんぶくろ
「段袋」とも書く。①布製の大形の袋。②幕末、洋式訓練で兵士がはいた袴を改良したズボン。

駄餉 だしょう
弁当。旅行の食糧。

駁毛 ぶちげ
「斑毛」とも書く。馬の毛色の一つ。馬体に大きな白色のぶちのあるもの。

〈骨　部〉

骰子 さいころ・さい
「賽子・骰子転」とも書く。双六（すごろく）などの用具。小さな立方体の各面に、反対側の面との合計が七になるように一から六までの点を記したもの。

骰子転 さいころ
「骰子」とも書く。→骰子

〈髟　部〉

髪上 くしあげ
髪を結うこと。

髪文字 かもじ
「髢」とも書く。①女房詞で髪。②女性が用いる添え髪。③和船の舳（みよし）に垂れるさがり。

髪月代 かみさかやき
髪を結って月代を剃ること。

髪束 こうづか
毛髪を束ねた部分。もとどりの先。『太平記』

髪剃 こうぞり
カミソリの音便。①剃刀（かみそり）。②仏門に入り、僧侶となること。また、死者に戒をさずけて髪をそること。

髪剃菜 こうぞりな
キク科の多年草。

髪菜 いぎす・いぎすのり
「海髪」とも書く。海産紅藻類の一属。

髪際 こうぎわ
「かみぎわ」の音便。髪の生え際。『宇治拾遺物語』

髪頬 びんづら
古代の男性の髪形。頭頂の髪を中央から左右に振り分け、耳の辺で結んで輪にして垂らしたもの。

髪頭 ばとう
「抜頭・撥頭」とも書く。雅楽の一つ。唐楽に属する古楽で、長い髪のついた面をつけ、髪を振り乱して舞う。『枕草子』

〈鬼　部〉

魁帥 ひとごのかみ
「首長」とも書く。古代の集落や一群の人の長。『日本書紀』

魂打 たまうち
驚きのあまり肝をつぶすこと。

魂呼 たまよび
死者の魂を呼び戻す儀式。おもに産死や若年死の場合に行われた。「魂呼（たまよ）ばい」に同じ。

魂消 たまげる
びっくりする。『心中宵庚申』

魂棚 たまだな
先祖の霊をまつる棚。

〈鳥　部〉

鳶尾 いちはつ
「一八」とも書く。アヤメ科の多年草。

鳶肩 えんけん
鳶（とび）に似た高く角張った肩。いかり肩。

鳳了草 いわおもだか
「岩沢瀉」とも書く。ウラボシ科のシダ。

鳳仙花 つまくれない・ほうせんか・つりふねそう
つまくれない・ほうせんか—「金鳳花・染指甲」とも書く。ツリフネソウ科の一年草。
つりふねそう—「釣船草」とも書く。ツリフネソウ科の一年草。

鳳尾松 もみ・そてつ
もみ—「樅」とも書く。マツ科の常緑針葉樹。
そてつ—「蘇鉄・鉄蕉・鉄樹」とも書く。ソテツ科の常緑裸子植物。

鳳尾草 いのもとそう
「井口辺草」とも書く。イノモトソウ科の多年生常緑シダ。

鳳梨 パイナップル・あななす
パイナップル科の常緑多年草。

鳳銜 ほうがん
勅命。『御成敗式目追加』

鳳蝶 あげはちょう
「揚羽蝶」とも書く。アゲハチョウ科のチョウの総称。

鳳輦 ほうれん
①即位・大嘗祭などの行幸に使用する天皇の乗り物。②天皇の乗り物の総称。『平家物語』

鳴弭 なりはず
射るときに弭の音が高く鳴る弓。「はず」は弓の両端の弦をかけるところ。『万葉集』

鳴鳥狩 ないとがり
①山中に泊まって狩猟すること。②山中に泊まって雉の鳴声を確認して夜明けに鷹狩りをすること。

鳴蜩 あぶらぜみ
「油蝉」とも書く。セミの一種。

〈麻（麻）部〉

麼什 いんも
「恁麼」とも書く。このように。いかに。禅僧の間で使われる言葉。中国の口語表記に由来。

〈鼻　部〉

鼻竹篦　はなじっぺい
人差指と中指で相手の鼻をはじくこと。

鼻茎　はなみね
「鼻梁」とも書く。おもに牛馬の鼻筋。「鼻筋」に同じ。『倭名類聚鈔』

鼻梁　はなみね
「鼻茎」とも書く。↓鼻茎

鼻塞　はなひせ
鼻がつまること。『倭名類聚鈔』

十五画

〈人 部〉

億劫 おっくう
面倒で気が進まないこと。

儀定 ぎじょう
「議定」とも書く。合議して約束事などを決めること。『伊曾保物語』

儀勢 ぎせい
「擬勢・義勢」とも書く。①つよがり。虚勢。②意気込んで相手を威嚇すること。『軽口御前男』。③動物が身を守るため、体の一部の色を変えるなどして威嚇すること。

僻 ひがむ・くせ
ひがむ—①ゆがめる。まげる。『沙石集』。②ひねくれる。すねる。
くせ—習慣。『航米日録』

僻み ひがみ
①物事に見方や判断がかたよっていること。『源氏物語』。②ひねくれること。すねること。『源氏物語』。③正気をうしなうこと。④おいぼれること。『源氏物語』

僻目 ひがめ
見まちがい。『太平記』

僻言 ひがこと・ひがごと
「僻事」とも書く。①道理に合わないこと。まちがい。『枕草子』。②心得違い。覚え間違え。『枕草子』。③書き違え。④調子はずれ。⑤根拠のないことを言って人を傷つけること。中傷。⑥愚痴。『源氏物語』

僻事 ひがこと・ひがごと
「僻言」とも書く。→僻言

僻者 ひがもの
ひねくれ者。変人。『源氏物語』

僻案 へきあん
①偏見。中正でない考え。②自分の考えの謙譲語。

僻眼 ひがら
「瞟眼」とも書く。「ひがらめ」の略。やぶにらみ。

僻陬 へきしゅう・へきすう
へき地。片田舎。『太政官日誌』

僻業 ひがわざ
誤った考えによる行為。『源氏物語』

僻聞き ひがぎき
聞き間違い。『古今著聞集』

儚 はかな・はかなし
「果無・果敢無」とも書く。①心細い。②あっけない。③かりそめである。『古今和歌集』。④あどけない。

〈刀 部〉

劈く つんざく
引き裂く。破る。『類聚名義抄』

劈頭 のっけ・へきとう
まっさき。はじめに。『観音岩』

〈刂 部〉

劇し うじはやし
「阻し」とも書く。いちじるしく形勢が悪く危険である。『続日本紀』

〈口 部〉

噎ぶ むせぶ
「咽ぶ・哽ぶ」とも書く。①飲食物などで喉がつまりそうになるさま。『類聚名義抄』②息をつまらせて泣く。むせび泣き。『万葉集』

器量 いかめし
「厳し」とも書く。①近寄りがたいと思うほど威厳がある。②激しい。猛烈だ。③ものものしい。厳重な。④盛大だ。すばらしい。

嘱請 くつしょう
「屈請・嘱請」とも書く。僧侶などを招くこと。『小塊記』

嘶 いばゆ
馬がいななく。『万葉集』

嘶咽く ころろく
ころころと音を立てる。声がしわがれて喉が鳴る。『古事記』

嘲笑い せせらわらい
「冷笑い」とも書く。あざけって笑うこと。

嘲哂坊 ちょうさいぼう
「嘲斎坊」とも書く。①人をあなどってからかうこと。②人にそそのかされて無駄骨をおる人をあざけっていう語。

嘸 さぞ
①さぞかし。②そのように。

嘸かし さぞかし
①もっともであろう。『枕草子』。②さだめし。

嘸端 あじけなし
「無月星」とも書く。①どうにもならない。②無意味である。おもしろくない。

嘖 さきなむ・ことばとがめ
さきなむ—「さいなむ」の古語。苦しめ悩ますこと。
ことばとがめ—人のことばじりをとらえること。

噴筒 じょうろ
「如雨露・如露・噴壺」とも書く。植木などに水をかけるのに用いる道具。

〈土 部〉

舗 しき
鉱山の坑内。縁起をかついで「あな」といわず「しき」といった。

墝埆 こうかく
「磽确」とも書く。石の多い痩せた土地。

墜子 いわ
「錘・沈子」とも書く。①漁網を水中に沈めるための金属や石製のおもり。②石製の碇（いかり）。

墳 うごもつ・うぐもつ
土が高く盛り上がる。『大唐西域記』

〈女 部〉

嬋娟 せんけん・せんげん
「嬋妍」とも書く。あでやかで美しいさま。『和漢朗詠集』

嬋媛 おそよか
うるわしいさま。つややかなさま。『新撰字鏡』

〈宀　部〉

審　あきらか・つまびらか・しんすらくは
あきらか・つまびらか―物事の細部まで明確であること。『今昔物語集』
しんすらくは―詳しく調べる。よく考える。『正法眼蔵』

審に　つぶさに
「具に・悉に・備に」とも書く。①周到に。完全に。『日本書紀』。②もれなく。③くわしく。

審糺　しらべ
吟味。糾明。『内地雑居未来之夢』

〈巾　部〉

幢　はたほこ・はたぼこ
「幢鉾」とも書く。上部に小旗をつけた鉾。『太平記』

幢相　どうそう
はたじるし。『天狗草紙』

幡連　ばれん
「馬簾」とも書く。①厚紙・革などを細長く切って纏いの周囲に垂れ下げること。②歌舞伎で四天が着る長襦袢の裾につけてある房糸。

幡幢　はたほこ
「幢・宝幢」とも書く。『万葉集』
→幢

幣　みてぐら・にきて
みてぐら―神への供物の総称。『日本書紀』
にきて―「和幣・幣帛」とも書く。神に供える麻の布。『日本書紀』

幣帛　みてぐら・にきて・へいはく
「幣」に同じ。『菅原伝授手習鑑』
→幣

〈广　部〉

廡　つけだし
母屋から突き出ている片流れの屋根の部分。

〈廾　部〉

弊　やぶる
①衣類などが古びて破れる。②転じて、戦いに敗れる。

〈彡　部〉

影向　ようごう・えごう
「影嚮・影響」とも書く。神仏などが何らかの形で現れること。神仏の降臨。『名語記』

影言　かげごと
「陰言・後言」とも書く。陰口。話題になっている人がいないところで言う悪口。『犬枕』

影供　えいぐ
神仏や故人の絵姿などに供物を供えて祭ること。

影面　かげとも
①太陽に向かう方向。南方。『万葉集』。②「影面道（山陽道の古称）」の略。

影面道　かげとものみち
「山陽道」の古称。『日本書紀』

影嚮　ようごう
「影向」に同じ。→影向

影護たし　うしろめたし
「後ろめたし」とも書く。①後のことが気にかかる。②悪いという意識があるので気が引けること。『即興詩人』

影響　ようごう
「影向」に同じ。→影向

〈彳　部〉

衝母衣　ついほろ
戦場で流れ矢よけに用いた母衣の一種。鎧の背につけた。

衝立　ついたて
「衝立障子（ついたてそうじ）」の略。ふすま障子に木の台をつけたような作りで、室内の間仕切りや風を防ぐために用いる移動可能な家具。

衝羽根　つくばね
①羽根つきの羽根。②ビャクダン科の半寄生の落葉低木。

衝羽根草　つくばねそう
ユリ科の多年草。

衝羽根溲疏　つくばねうつぎ
「衝羽根空木」とも書く。スイカズラ科の落葉低木。

衝突入り　つといり
近世、伊勢の宇治山田地方で、陰暦七月十六日に、自由に他人の家に上がり込んで、妻女や、秘蔵の器物などを遠慮なく見ることが許された風習。

衝重　ついがさね
供物や食器をのせるヒノキの白木で作った膳の一種。『徒然草』

〈忄　部〉

慳　かだまし
「奸し」とも書く。①心がねじけている。ひねくれている。『雨月物語』。②無精である。

慳貪　けんどん
①欲張りでけちなこと。『日本霊異記』。②愛想のないこと。③江戸時代、ソバ・ウドン・飯・酒などを一杯ずつの単位で盛切りにして売ったもの。④下級の遊女をいう隠語。

憔　すわす
拭う。

憚入　はばかりいる
恐れ入る。『醍醐寺文書』

憫然　ふびん
「不憫・不愍・不便」とも書く。①かわいそうに思うこと。『門』。②不都合。③かわいがること。

憤　ふずく
「恚」とも書く。憤慨する。

憤み　ふつくみ
「恚み」とも書く。憤慨すること。腹を立てること。『類聚名義抄』

憤怒　けんまく
「剣幕・見幕・権幕」とも書く。怒った怖い顔つき。『牡丹灯籠』

憤酒　やけざけ
「自棄酒・焼酒」とも書く。自暴自棄になって飲む酒。『当世書生気質』

憐愍　れんみん・れんびん
「憐憫」とも書く。かわいそうに思う。哀れに思う。『教行信証』

〈扌　部〉

撮む　つまむ
「摘む・抓む」とも書く。①指先ではさんで持つ。『日葡辞書』。②指先や箸で取って食べる。③要点をあげる。④あざける。『日葡辞書』。⑤キツネやタヌキに化かされる。

撮当 さっとう・さっと
「察当」とも書く。違法な行為を咎めること。糾明。監視。

撒児沙 サルサ
「撒爾沙」とも書く。ユリ科の落葉低木。

撒馬児干 サマルカンド
ウズベキスタン共和国の都市。

撒爾沙 サルサ
「撒児沙」とも書く。→撒児沙

撒網 とあみ
「投網・唐網」とも書く。漁網の一種。円錐状で、上部は手網で、周囲に錘があり、投げると水面を覆うようにして沈む。

撕 ひっさぐ
「挈・携」とも書く。手にさげて持つ。

撰出 えらみいだす
選び出す。

撞木 しゅもく・しもく
しゅもく―「鐘木」とも書く。仏具の一つ。鐘・鉦(たたきがね)・磬(けい)・などをたたいて打ち鳴らす丁字形の棒。『文明本節用集』
しもく―「杵」とも書く。「撞木」の訛。

撞賢木 つきさかき
神事に用いる常緑樹。『日本書紀』

撓垂れ しなだれ
①しなやかに垂れる。②人にこびたり甘えたりして寄りかかる。『好色一代男』

撓革 いためがわ
膠(にかわ)をといた水に浸し、金槌などでたたいて堅くした皮革。『太平記』

撓塩 いためじお
「炒め塩」とも書く。焼き塩。『枕草子』

撓撓 しわしわ
物が手ごたえなくしなうさま。しなしな。へなへな。『当麻中将姫』

撚る ひねる
「捻る・拈る」とも書く。①指先でつまんでまげる。②身体の一部をまげる。

撚文 ひねりぶみ
「捻文・拈文・短籍」とも書く。①数枚の細紙や短冊に事を記し、これをひねって籤として、そのうち一つを取って占うもの。『日本書紀』。②書状の一形式。「立文(たてぶみ)」に同じ。

播り ほどこり
「延り・被り」とも書く。①はびこること。延び広がること。『日本書紀』。②ふやけること。『新撰字鏡』

撥米 はねまい
「刎米」とも書く。江戸時代、年貢米納入の際に不良米を取り除いたこと。また、その不良米。

撥条 ぜんまい・ばね
「発条」とも書く。
ぜんまい―鋼を渦巻状に巻いて、その反発力を玩具・時計などの動力に用いるもの。
ばね―①鋼などの弾力性を利用し、エネルギーを蓄えたり、衝撃を吸収する作用をするもの。②転じて、はねたり、飛躍することの形容。

撥胼胝 ばちだこ
三味線などを弾く人の指の、撥(ばち)があたる部分にできるたこ。

撥釣瓶 はねつるべ
「桔槹」とも書く。井戸や池から水を汲むために、柱の上に横木を渡し、一端に石を、反対に釣瓶をとりつけ、石の重みで水の入った釣瓶をはね上げる仕掛け。

撥銭 はねせん
「刎銭」とも書く。①上前(うわまえ)をはねること。勝手に手数料をとること。②江戸時代、渡し場の代金や馬賃の一部を徴収して、宿場問屋場の助成のためにあてたもの。

撥頭 ばとう
「抜頭・髪頭」とも書く。雅楽の一つ。舞は一人の走舞(はしりまい)で、長い髪のついた仮面をつけて舞う。『枕草子』

撥欅 はねだすき
「刎欅」とも書く。芯を入れ、結び目の先を跳ね上げるようにした欅。歌舞伎などで用いる。

撫 なず
①「撫でる」に同じ。②斎宮(いつきのみや)の忌詞で「打つ」。『延喜式』

撫子 なでしこ・くばく
なでしこ―「瞿麦」とも書く。①ナデシコ科の多年草。②襲(かさね)の色目の一つ。
くばく―①ナデシコ科の多年草セキチクの漢名。②ナデシコ科の多年草ナデシコの異称。

撫民 ぶみん
人民を慈しむこと。『高野山文書』

撫生 かえりふ
「反生」とも書く。矢羽の一種。上半分が黒く、下半分が切斑(きりふ)になっているもの。

撫恤 ぶじゅつ
いつくしみ、あわれむこと。『法令全書』

〈氵部〉

澗主 まぬし
船曳揚場の持主。

澆季 ぎょうき
道徳心や人情の薄れた末世の世。『太平記』

潔斎 けさい
潔斎(けっさい)の略。神事・仏事をする前に、肉食や酒を慎み、沐浴などをして身心を清めること。『今昔物語集』

潢潦 こうろう
地面に溜った雨水。

澌尽 しじん
あとかたもなく消え去ること。

潤びる ほとびる
①水分を含んでふやける。『伊勢物語』。②水や湯などにつかる。③増長する。

潤目鰯 うるめいわし
ニシン科の海産硬骨魚。

潜 ひそかに
「密・窃・偸」とも書く。人目につかないようにするさま。こっそりと。『金剛寺文書』

潜く かずく
①水中にもぐる。『古事記』。②水中にもぐって貝などを採る。『万葉集』

潜然 さめざめ・はらはら
さめざめ―①静かに泣き続けるさま。『露小袖』。②しみじみと言うさま。

はらはら—①物と物がふれあうさま。②涙や木の葉などが落ちるさま。『こがね丸』

潺　せざらき
小川。「せせらぎ」に同じ。『太平記』

澄徹　ちょうてつ
「澄澈」とも書く。澄み渡る。透きとおる。

澄澈　ちょうてつ
「澄徹」とも書く。→澄徹

潮干珠　しおひのたま・しおふるたま
「潮乾珠」とも書く。海水に浸すと潮が引くという呪力をもつ珠。『日本書紀』

潮曲　しおわた
海が陸地に湾入したところ。

潮界　しおざかい
「潮境」とも書く。異なる潮流の境目。

潮盈珠　しおみちのたま・しおみつたま
「潮満珠」とも書く。海水に浸すと潮が満ちるという呪力をもつ珠。『日本書紀』

潮乾珠　しおひのたま・しおふるたま
「潮干珠」とも書く。→潮干珠

潮騒　しおざい・しおさい
上げ潮の時に、波が音をたてて響くこと。『万葉集』

潑頼人　ごろつき
「破落戸」とも書く。ならずもの。『巷説児手柏』

潦　にわたずみ
雨が降って地上にたまり、急に流れ出す水。『万葉集』

潦水　いさらみず・ろうすい
「細小水・水潦」とも書く。いさらみず—少量のあふれこぼれでる水。『日本書紀』ろうすい—たまった水。『航米録』

〈犭部〉

獦子鳥　あとり・あつどり・あっとり
「花鶏」とも書く。アトリ科の渡り鳥。『万葉集』

〈艹（艹・艸）部〉

艹は四画、艸は六画

蕎麦　そば・そばむぎ
①タデ科の一年生作物。②蕎麦粉・小麦粉を主材料に練って細切りにした食品。

蕎麦葉貝母　うばゆり
「姥百合」とも書く。ユリ科の大形多年草。

蕁麻　いらくさ・じんま
「刺草」とも書く。イラクサ科の多年草。

蕁麻疹　じんましん
急性皮膚病の一つ。急にかゆくなって、紅色の浮腫を生じる発疹。

蕊箒　しべぼうき
「稭箒」とも書く。ワラで作った粗末な手箒。『好色一代男』

蔵む　きすむ
物を大切にしまっておく。『播磨国風土記』

蕩う　つたよう
「漂う」とも書く。さまよう。さすらう。『日本書紀』

蕩かす　とらかす
「盪かす」とも書く。①ばらばらにする。②溶かす。『類聚名義抄』。③迷わせて本心を見失わせる。『今昔物語集』

蕩く　とらく
「盪く・散く」とも書く。「蕩かす」に同じ。→蕩かす

蕩ける　とろける
「盪ける」とも書く。①溶ける。『今昔物語集』。②怒りがおさまり気持が安らぐ。『源平盛衰記』。③気持のしまりがなくなる。異性に魅了されてだらしなくなる。『童蒙抄』

蕩し　とろし
頭脳の回転が遅く愚鈍である。

蕃瓜樹　ばんかじゅ・パパイア
パパイア科の常緑高木。

蕃石榴　ばんじろう
フトモモ科の常緑高木グアバの異称。

蕃杏　つるな
「蔓菜」とも書く。ツルナ科の一年草。

蕃南瓜　とうなす
「唐茄子」とも書く。①ニホンカボチャの異称。②カボチャの一品種で、ヒョウタン形のもの。ナンキン。

蕃茘枝　ばんれいし
バンレイシ科の常緑低木。「仏頭果」に同じ。

蕃椒　とうがらし
「唐芥子・唐辛子」とも書く。ナス科の一年草。

蕃殖る　うまわる
繁殖する。増える。『日本書紀』

蕃藷　さつまいも
「薩摩芋・甘藷・紅薯」とも書く。ヒルガオ科の一年生作物。

蕪し　しけし
荒れて、汚いさま。『新撰字鏡』

〈心（⺗）部〉

慰斗　のし
「熨・熨斗」とも書く。①「熨斗鮑（のしあわび）」の略。②方形の色紙を細長く折りたたみ、中に熨斗鮑の細片を張ったもの。祝儀などの進物に添える。『信長公記』

慶讃文　きょうさんもん・けいさんもん
①仏教で、祖師の徳を讃える文。②仏像・経巻・堂塔などの完成を祝う儀式で読み上げる文章。

慙　はじ
恥じる。『甲子夜話』

憂え　うれえ
「愁訴え」とも書く。①訴える。②不平をいう。③悩みを打ち明ける。『源氏物語』。④依頼する。『源氏物語』。⑤心配する。『正法眼蔵』

慮る　おもんぱかる・おもんばかる
あれこれと考える。思案する。『神皇正統記』

慮外　おもいのほか・りょがい
物事が予想していたことと大きく違っていること。『ひらかな盛衰記』

〈戈部〉

戯　あじゃら・たわけ

あじゃら―じょうだん。ふざけたこと。
たわけ―愚かなこと。ばか者。

戯える　そばえる
①甘える。ふざける。『枕草子』。②動物がじゃれる。③晴れているのに雨が降ること。『俚言集覧』。④風が静かに吹く。『山家集』

戯つく　じゃらつく
①硬いものが触れ合ってじゃらじゃら音を立てる。②異性にいやらしくふざけかかる。『好色一代女』。③たわむれる『色道大鏡』

戯れ　たわむれ
①遊び。②ふざけること。③異性と遊ぶこと。浮気。

戯女　たわれめ
「遊女」とも書く。遊びめ。うかれめ。『頼政集』

戯句　ざれく
ふざけて詠んだ発句。

戯奴　わけ
①己（おのれ）を卑下していう語。『万葉集』。②親しみを込めて目下の者を呼ぶ語。おまえ。『万葉集』

戯合　ざれあい
互いに戯れあうこと。

戯作　げさく
①戯れに詩文を書くこと。②江戸時代の俗文学。

戯言　たわごと・ざれごと
まともな人の言うこととは思えないばかげた言葉。『万葉集』

戯事　たわごと・じょうだん・ざれごと・たわわざ
ばかげたおこない。ふざけた行状。『今の女』

戯房　がくや
「楽屋」とも書く。役者が出演の前に控える部屋。『安愚楽鍋』

戯者　ざれもの
滑稽な者。ふざける人。『日葡辞書』

戯射　さいだて
弓を射る遊戯。『倭名類聚鈔』

戯筆　ざれふで
軽い気持で書いた書画。

戯絵　ざれえ
①おどけ絵。②略画。

戯歌　ざれうた
①おどけ歌。②狂歌。

戯講　あじゃらこう
おどけた行いをする講。無礼講。

〈手　部〉

撃刀　たちかき
刀を空中で振ること。『日本書紀』

撃柝　ひょうしぎ
「拍子木」とも書く。手に持って打ち鳴らす四角い一対の柱形の木。劇場の開閉や夜警などに使用される。『椿姫』

摩姑　まご
「麻姑」とも書く。棒の先を曲げて手先の形に作った道具。背中などを掻くのに用いる。『運歩色葉集』

摩哈麦教　マホメットきょう
「摩哈墨教・麦哈黙教」とも書く。イスラム教の異称。

摩哈墨教　マホメットきょう
「摩哈麦教」とも書く。↓摩哈麦教

摩洛哥　モロッコ
「馬羅哥・莫羅格」とも書く。アフリカ北西部端に位置する王国。

〈攴（攵）部〉

敷細布　しきたえ
「敷妙・敷栲・布細布」とも書く。①寝床に敷く布帛。『万葉集』。②女房詞で枕。

敷銭　しきせん
①中世、荘園の代官職につくための身元保証金。②中世、不動産を担保として借金をしたときの買い戻し金。③江戸時代の手付金。『甲州法度次第』

〈日（曰）部〉

暫時　しばらく・しばし
「暫・須臾」とも書く。①少しの間。②ひさしぶり。③かりに。『徒然草』

暴　にわかに・さらす
にわかに―「俄に」とも書く。物事が急に起こるさま。『今昔物語集』
さらす―「晒・曝」とも書く。風雨や日光があたるままにしておく。『日本山海名産図会』

暴利屋　ぼりや
不当に高額なものを売りつけて暴利をむさぼる者。

暴殄　ぼうてん
①天の物を傷つけ損なうこと。天を冒瀆すること。『甲子夜話』。②転じて、物を粗末に扱うこと。

暴風　はやて・はやちかぜ・あかしまかぜ・あからしまかぜ
「疾風・早手」とも書く。激しく吹き起こり、短時間でやんでしまう風。『神霊矢口渡』

〈月　部〉

膕　よほろ・よぼろ・ひかがみ
①膝の裏側のくぼんだところ。『類聚名義抄』。②古代、官が徴発して使役された二一～六〇歳の男子。『日本書紀』

膕撓　よぼろたわ
装束などの膕（よぼろ）にあたる部分のところにできるたわみ。

膠　にべ
「鰾」とも書く。ニベ科の海産硬骨魚ニベの浮袋で作る粘着力の強力なにかわ。

膠着き　こびりつき
かたく接着されていること。『其面影』

膠鯉煎　きょうりせん
鯉のうろこを煮詰めて作った鬢付（びんつけ）油の一種。『犬筑波』

膝下　しっか
①ひざもと。②父母や庇護者のもと。③手紙の脇付（わきづけ）の一つ。

膝甲　はいだて
「佩楯・脛楯」とも書く。鎧（よろい）の付属具。腰から左右の股（もも）に下げ、ひざ頭までを守るもの。

膝皿貝　ひざらがい
「石鼈貝」とも書く。クサズリガイ科の軟体動物の総称。

膝行　しっこう・いざり
しっこう―膝頭で進んで拝礼し、膝頭のままで退く座礼。『平家物語』
いざり―「躄」とも書く。膝をついたまま進むこと。『建武年中行事』

膝[骨冋]　ひざのかわら・ひざかわら

「髕」とも書く。「膝蓋骨（しつがいこつ）」の異称。ひざこぞう。『倭名類聚鈔』

膝衝　ひざつき　「膝突・軾」とも書く。宮中で公事の際、地にひざまづくときに敷いた敷物。

膝膕　しっかく　「膕」に同じ。→膕

〈木部〉

横　よこさま・ほしいまま　よこさま—ひどく。『教行信証』　ほしいまま—無理を押し通すさま。

横艾　おうがい　十干（じっかん）の一つ。「壬（みずのえ）」。

横妨　おうぼう　「押妨」とも書く。中世の訴訟用語。正当な権利がないにもかかわらず、力をもって他の所有や収穫物を奪うこと。

横笛　ようじょう・おうじょう・おうじょう・おうてき　横吹きの笛。『更級日記』

横竪　おうじゅ　①よことたて。②時間と空間。③仏教で他力と自力。④能や声明（しょうみょう）の発声用語。『申楽談儀』

横褌　よこみつ　相撲のまわしを締めたとき、脇腹にくる部分。

槻弓　つくゆみ・つきゆみ　槻で作った丸木の弓。『日本書紀』

槿　むくげ　「木槿」とも書く。アオイ科の落葉低木。『下学集』

槿花　きんか　アオイ科の落葉低木ムクゲの花。

権帥　ごんのそち　「大宰権帥（だざいのごんのそち）」の略。太宰府の長官。

権柄　けんぺい　①政治の実権。②権力をかさにきて人を威圧すること。『地方凡例録』。③尊大なさま。

権高　けんだか　「見高」とも書く。傲慢。尊大。『地方凡例録』

権萃　ごんずい　ミツバウツギ科の落葉高木。

権殿　かりどの　「仮殿」とも書く。社殿の修復や改築などのとき、御神体を仮に安置する臨時の社殿。

権衡　からばかり　「柄秤・唐秤」とも書く。秤（はかり）。

権輿　けんよ・さきがけ　最初。物事のはじまり。『かたこと』

槲　かしわ　「檞・柏」とも書く。ブナ科の落葉高木。『万葉集』。②食物や酒を盛る器。『日本書紀』。③「かしわもち」の略。

樝子　くさぼけ・しどみ・しどめ　くさぼけ—バラ科の落葉小低木。しどみ・しどめ—「くさぼけ」の異称。

樟　くすのき　「楠」とも書く。クスノキ科の常緑高木。

槭樹　かえで・かえるで　「楓」とも書く。カエデ科の落葉高木の総称。

樗　おうち　「楝」とも書く。①センダン科の落葉高木センダンの古称。『平家物語』。②襲（かさね）の色目の一つ。『栄花物語』

樗蚕　しんじゅさん　「神樹蚕」とも書く。ヤママユ科のガ。

樗蒲　かりうち・ちょぼ　かりうち—賭博の一種。四個の木片を投げて出た面に描かれている黒・白・犢（こうし）・雉（きじ）の組み合せで勝負を決める。『倭名類聚鈔』　ちょぼ—①「かりうち」に同じ。②「樗蒲一」に同じ。→樗蒲一

樗蒲一　ちょぼいち　①賽（さい）を一個用いる賭博。目を予測して賭け、予測が当たれば賭け金の四倍を得るが、はずれれば胴親に賭金をとられる。②「樗浦」に同じ。→樗浦

樋代　ひしろ　伊勢の皇大神宮の御神体の神鏡を納める黄金製の器。

樋洗　ひすまし　「樋清・洗歪」とも書く。平安時代以降、宮中で便所の掃除に当たった身分の低い女官。『紫式部日記』

樋清　ひすまし　「樋洗」とも書く。『源氏物語』→樋洗

樋螺鈿　ひらでん　蒔絵の中に細長いみぞをつくり、飾りとしてその中に貝を摺り込んだもの。

樊噲草　はんかいそう　キク科の多年草。

標　しめ　「注連」とも書く。①土地の所有を示したり、場所を限ったりするために、木を立てたり縄を張ったりすること。また、その標識。『万葉集』。②「注連縄（しめなわ）」の略。

標の内　しめのうち　神社の境内や宮中など「注連（しめ）」を張って出入りを禁じている特定の区域の内側。『源氏物語』

標の外　しめのほか　神社の境内や宮中など、「注連（しめ）」を張って出入りを禁じている特定の区域の外。『道綱母集』

標草　しめくさ　草刈場などの占有を標示するために、竿の先にワラなどを結びつけたもの。

標致　きりょう　「縹緻・器量」とも書く。①容姿が優れていること。『塩多助一代記』。②才能。力量。③人柄。

標野　しめの・しめぬ　皇室や貴人の所有地で、一般の人が立ち入れない野。『万葉集』

標縄　しめなわ　「注連縄・七五三縄」とも書く。神前または神事の場に、不浄のものが侵入しないように張る縄。「標」に同じ。『万葉集』→標

樒　しきみ　シキミ科の常緑小高木。『源氏物語』

樏　かんじき・わりご　かんじき—「檋」とも書く。雪の

上を歩くときに足がもぐらないよう、沓（くつ）の下につける木の枝などを輪にしたもの。『太平記』

わりご―「破子・破籠」とも書く。ヒノキの薄い白木で作った弁当箱。また、それに入れた食物。『土佐日記』

〈欠　部〉

歎ケ敷　なげかわしく

なさけなく、たいへん悲しむべきさま。

歎息　たんぞく

けんめいに世話をすること。『鍋島勝茂文書』

歎敷　なげかわし

「歎ケ敷」に同じ。↓歎ケ敷

〈水　部〉

漿　におもい・こみず

におもい―「煮御水」とも書く。湯冷まし。『倭名類聚鈔』

こみず―「濃水」とも書く。おもゆ。『新撰字鏡』

〈火　部〉

熨　のし

「熨斗」とも書く。①「火熨斗（ひのし）」の略。『今昔物語集』。②「熨斗鮑（のしあわび）」の略。↓熨斗鮑。③方形の紙を六角形に折り、その中にのしあわびを切って入れ、進物に添えるもの。

熨斗　のし

「熨」とも書く。『貞丈雑記』↓熨

熨斗目　のしめ

①江戸時代、武家の礼服で、麻裃（あさがみしも）の下に着るもの。『御触書宝暦集成』。②能楽衣装の一つ。『虎寛本狂言』

熨斗葺　のしぶき

「伸葺・舒葺」とも書く。①檜皮葺の一つ。②榑縁（くれえん）の板を釘打ちにして葺くこと。

熨斗鮑　のしあわび

「熨鮑・引鮑」とも書く。アワビの肉を薄く切って干したもの。儀式用の肴として用いたが、後には進物品に添えるようになった。『庭訓往来』

熨鮑　のしあわび

「熨斗鮑」とも書く。↓熨斗鮑

熛火　ほほ

火の粉をあげて燃えさかる火。『日本書紀』

〈灬　部〉

熬乾　いりぼし

「炒干」とも書く。炒って干した小魚。

熟　にき・にぎ・にご・つらつら

にき・にぎ・にご―「和」とも書く。おだやかな。やわらかな。こまかい。

つらつら―よくよく。『雨月物語』

熟艾　やいぐさ

艾（もぐさ）の古称。

熟瓜　ほぞち・ほそち

よく熟したまくわ瓜。『倭名類聚鈔』

熟田　こなた

「水田」とも書く。よく耕されて土の細かい田。『新撰字鏡』

熟蚕　ひきこ・あがりこ

繭を作る時期に成育した蚕。

熟寝　うまい

「旨寝」とも書く。ぐっすりと眠ること。『日本書紀』

熟鮨　なれずし

「馴鮨」とも書く。魚を塩漬けにし、飯を腹の中に詰めたり、魚と飯を交互に重ね、重石で圧して発酵させた鮨。

熱り　ほとぼり・いきり・ほてり

ほとぼり―①熱気。余熱。興奮などが尾をひいていること。②事件後の世間の関心やうわさ。『日本書紀』

いきり―①熱くなる。『類聚名義抄』。②勢いづく。③怒りで息が荒くなる。④激しく言いつのる。『徒然草』

ほてり―「火照り」とも書く。①のぼせて顔が赤らむ。②夕焼け。『新撰六帖』。③風が吹く前に海面が赤く光るさま。

熱沸瘡　あせも・あせぼ・あせぶ

「汗疹」とも書く。汗で皮膚にできる小さい湿疹。

熱衷せ　のぼせ

「逆上」とも書く。上気すること。『長者鑑』

〈牛　部〉

犛牛　ヤク

ウシ科の哺乳類。

〈玉（王）部〉王は四画

瑩貝　ようがい

紙・絹などをこすって光沢を出すのに用いる貝殻。金属や竹などで作ったものもいう。

〈田　部〉

畾地　らいち・らいじ

余っている土地。空地。『虎明本狂言』

〈疒　部〉

瘡掻　かさかき

皮膚病にかかっている人。とくに梅毒患者。『可笑記』

瘡蓋　かさぶた

「痂」とも書く。はれ物や傷が治る際にできる皮。『日葡辞書』

瘡鉢　かさばち

幼児などの頭にできる細菌性の化膿症。

瘦ける　こける

①体のある部分の肉が落ちること。やつれる。②老成する。

瘤　しいね

「悪核」とも書く。こぶ。『倭名類聚鈔』

〈皮　部〉

皺文　ひきはだ

「引肌・蟇肌・引膚」とも書く。①「蟇肌革」の略。ヒキガエルの背のようなしわがある革。『類聚名義抄』。②蟇肌製の鞘袋。『日本永代蔵』

皺文革　ひきはだ

黒や茶褐色の染め革で作った腰刀をおさめる鞘袋。

皺烏帽子　さびえぼし

装飾のためのしわを多くつけた烏帽子。『梁塵秘抄』

皺腐　しわくた・しわくちゃ

全体にしわがひどく寄っているさ

ま。しわだらけ。『沙金袋』

〈皿　部〉

監守　かんす・かんず
禅寺で住職に代って寺務や監督にあたる役。

盤坐　あぐら
「胡坐・胡床・安坐・趺・趺坐」とも書く。①足を組んで座ること。②腰掛。③足場。

盤秤　さらばかり
「皿秤」とも書く。皿に載せて計量する秤。

盤渉調　ばんしきちょう
雅楽の六調子の一つ。

盤領　まるえり・くびかみ
「丸襟」とも書く。袍や狩衣など、首のまわりを囲むように円形に仕立てた襟。

〈目　部〉

瞋恚　しんい・しんに
①仏教で三毒の一つ。いかり、うらみなどの増悪の感情。『今昔物語集』。②煩悩。情欲。『好色五人女』

瞑眩　めんけん・めいげん
目がくらむこと。めまい。

〈石　部〉

磈磊　かいらい
①石が積み重なって平らでないさま。②転じて、不満があること。

磕磕　かちかち
物が石にあたる音。

確　しかと
「聢・聢与・然与」とも書く。はっきりと。たしかに。しっかりと。『太平記』

確乎　しっかり
「確り・聢り・確然」とも書く。ゆるぎのないさま。気力が充実しているさま。『五重搭』

確拠　かくきょ
たしかな証拠。『折りたく柴の記』

確然　しっかり
「確乎」とも書く。→確乎

確確　しかしか
はっきりと。しっかりと。『反故集』

磋　みがく
訓練を重ね、技能などを上達させること。

磔木　クルス
①十字架。②十字架のある紋章。

碾米　ひきごめ
米を臼でひくこと。また、そのひいた米。

碾茶　ひきちゃ
ひいて粉にした茶。抹茶。

碾磑　あつうす
「厚臼」とも書く。穀物や豆を製粉する具。

磐座　いわくら
「岩座」とも書く。①神の御座所。『日本書紀』。②山中の巨岩や崖。

磐靫　いわゆき
「靫（うつぼ）」の美称。矢を入れて携帯する容器。『日本書紀』

磐橡樟船　いわくすぶね
楠（くす）材で造られた堅牢な船。『日本書紀』

磅　ポンド
イギリスの貨幣単位。『永日小品』

碼　ヤード
ヤード・ポンド法で長さの基本単位。

磊落　らいらく
心が広く快活で、小さなことにこだわらないさま。

磊磊　らいらい
①多くの石が積み重なっているさま。②心が広く快活で、小さなことにこだわらないさま。

〈禾　部〉

稼　かせぎ
生活の資を得るために仕事に励むこと。『歴代古案』

稼穡　かしょく
作物を植えつけることと取り入れること。農業。『町人嚢』

稽失　けいしつ
失敗すること。物事がとどこおってしまうこと。『鳥羽院庁下文』

稽首　おじぎ
「御辞儀」とも書く。①頭を下げて礼をすること。『浮城物語』。②辞退。

稷　きび
「黍」とも書く。イネ科の一年生作物。

穂絮　ほわた
「穂綿」とも書く。茅花や葦などの植物の穂を綿の代用としたもの。

穂待　ほまち
「外待・帆待」とも書く。①所有者に内緒で開墾した田畑。②臨時の所得。役得。『浮世風呂』

〈穴　部〉

窮　きわまる・まずし
きわまる―「極」とも書く。動きのとれない状態。極限の状態。まずし―欠乏のきわみ。

窮い　たしない
「足し無い」とも書く。物が乏しい状態。

窮子　ぐじ・ぐうじ
困窮している子。法華経の信解品に比喩として説かれる。『栄花物語』

窮奇　かまいたち
「鎌鼬」とも書く。体を物にぶつけても触れてもいないのに、突然皮膚が裂けて、鋭利な鎌で切ったような切傷ができること。昔は鼬（いたち）のしわざと考えられていた。

窮理　こじつけ
無理に関係づけること。無理じい。『西洋道中膝栗毛』

窳　いしま
「窪」とも書く。器物などに傷や歪みなどがあること。『太平記』

〈罒　部〉

罵詈　ばり
きたない言葉で悪口をあびせること。ののしること。

罷出音声　まかでおんじょう
「退出音声」とも書く。雅楽で、舞人が退場するときの音楽。

罷在 まかりあり
己の存在などに謙遜の意を込めた表現。『地方凡例録』

罷居 まかりおる
「罷在」に同じ。『地方凡例録』→罷在

罷物所 はぶしょ
死者を埋葬する場所。

罷越 まかりこし・まがりこし
「行く」の謙譲語。『地方凡例録』

罷道 まかりじ
冥土の道。『万葉集』

〈ネ部〉

褞袍 どてら
普通よりやや長く大きく仕立て、厚く綿を入れた広袖の着物。防寒や寝具として使用する。

褥 しとね
「茵」とも書く。座ったり寝たりするときに敷く物。『源氏物語』

〈竹部〉

篋 あまはこ
竹で編んで作った箱。『日本霊異記』

箱根溲疏 はこねうつぎ
「箱根空木・錦帯花」とも書く。スイカズラ科の落葉低木。

箴疵 はりふぐ
「針河豚」とも書く。ハリセンボン科の海産硬骨魚。

箭 や・さ
「矢」とも書く。①武具・狩猟具の一つ。弓につがえ、弾力を利用して射るもの。『椿説弓張月』。②石などを割るときに用いるくさび。③紋所の一つ。

箭竹 やだけ
「矢竹」とも書く。①矢に用いる竹。矢柄（やがら）。②イネ科の大型のササ。

箭柄 やがら
「矢柄・矢幹・簳」とも書く。矢の幹の部分。『今昔物語集』

箭竿白 ながかぶら
「長蕪」とも書く。アブラナ科の一・二年生根菜カブの一品種。

箭魚 えそ
「狗母魚・鱠」とも書く。エソ科の硬骨魚の総称。

箭鋒 やさき
「矢先・矢前」とも書く。①矢の先端部分。やじり。『保元物語』。②弓の弦を受ける矢の上端部分。矢筈（やはず）。③矢が飛んでくる正面。『義経記』。④的（まと）。⑤物事がまさに始まろうとしているとき。

箯輿 あんだ・あうだ・あみいた・あおた
長方形の板を床にし、竹で編んだ縁をつけただけの、屋根のない粗末な駕籠。病人や罪人を運ぶのに用いた。

〈米部〉

糊り附き こびりつき
しっかりついていること。かたくくっついていること。『二郎経高』

糊空木 のりうつぎ
「糊溲疏・糊樹」とも書く。ユキノシタ科の落葉低木。

糊塗し ごまかし
「誤魔化し」とも書く。だまして人の目をあざむくこと。『其面影』

糊溲疏 のりうつぎ
「糊空木」とも書く。→糊空木

糊樹 のりうつぎ
「糊空木」とも書く。→糊空木

糅て かて
①主食の量を増やすために、米などに混ぜて炊くもの。加薬（かやく）。②「糅飯（かてめし）」の略。『類聚名義抄』

糅飯 かてめし
他のものをまぜた飯。炊込みご飯。

糈 しとぎ
「粢」とも書く。神前に供える米粉で作った長楕円形の餅。『倭名類聚鈔』

糈米 くましね・しょまい・かしよね・あらいよね
「奠稲」とも書く。神仏に供える洗い清めた米。『倭名類聚鈔』

糂汰 じんだ
①ぬかみそ。『運歩色葉集』。②「五斗味噌（ごとみそ）」に同じ。③枝豆をすりつぶして作った餡（あん）。

糎 センチメートル
メートル法で長さの単位。

〈糸部〉

縁 よすが
「因・便」とも書く。①ゆかり。えん。『万葉集』。②頼みとする人。『源氏物語』。③事を行う場合の手がかり。『徒然草』

縁底 なにによりてか
どのようにして。いかにして。

緩 なみ・ゆっくり
なみ—飛脚で急がないこと。飛脚には「緩・急（はや）・大急（おおはや）」の三段階があった。『西郷隆盛全集』。
ゆっくり—急がないさま。余裕のあるさま。『浮雲』

緩火 ぬるび
「微温火」とも書く。火力の弱い火。

緩怠 かんたい
①なまけること。おこたること。『醍醐寺文書』。②過失。③不作法。

緩褌 ゆるふん
①ふんどしの締め方がゆるいこと。②転じて、気がゆるんでいること。

緩緩 ゆるゆる
①くつろいださま。『葉隠』。②急がないさま。

緘目 とじめ
「綴目」とも書く。①結び目。②目じり。

緊乎と しっかりと・しかっと
①ゆるぎのないこと。②気力が充実しているさま。『当世書生気質』

緊地 いかなこと
困った気持の表現。いったいどうしたことだ。

緊唇 あくち
「口頭瘡」とも書く。①ひな鳥のくちばし。『日葡辞書』。②幼児の口元にできる湿疹。『日葡辞書』

緊緊 びしびし・ひしひし・ぴしぴし
びしびし—①物が圧迫されて鳴るさま。②手厳しいさま。③物を強く打つ音。④鼻水をすする音。『万葉集』

ひしひし―①「びしびし」①②③に同じ。②すきまなく寄りつくさま。③動きの激しいさま。④身に強く感じるさま。

ぴしぴし―激しく物を折る音。②物を強く打つ音。③「びしびし」③に同じ。

緦麻　しま

古代中国の喪服の一つ。五服のうちでもっとも軽い麻製のもの。三ヶ月の喪に着用した。

縄弛　なわだるみ

検地で縄を張ってもできるたるみをあらかじめ想定して総間数から差し引くこと。

線虫　はりがねむし

「針金虫」とも書く。①ハリガネムシ目の袋形動物の総称。②コメツキムシ科の昆虫の幼虫。

線柱　たたり

「絡垜」とも書く。四角い台に柱を立て、そこに綛（かせ）を掛けて糸のもつれを防ぎ、手繰りをするための道具。『万葉集』

線蝦　あみ

「醤蝦・海糠・糠蝦」とも書く。アミ目甲殻類の総称。

緞子　どんす

「鈍子」とも書く。紋織物の一種。光沢のある絹織物で、帯などに用いる。室町時代に中国から渡来。

緡　さし

「繦」とも書く。銭の穴に通して一束にするための縄。

緡売　さしうり

①江戸時代、「銭緡（ぜにさし）」を売り歩いた人。武家の中間（ちゅうげん）などが内職として作り、商店などに持参して押売することが多かった。②転じて、押売。

編木　びんざさら

「編木子・拍板」とも書く。田楽などで用いる打楽器の一つ。木または竹製で数十枚の短冊形の板を紐でつづり合わせ、両端の取っ手をもって打ち鳴らす。

編木子　びんざさら

「編木」とも書く。↓編木

編席　あむしろ

竹で編んだむしろ。

編綴　へんてつ

文章などをまとめること。

緬甸　ビルマ

「緬甸・尾留満」とも書く。東南アジア、インドシナ半島西部に位置するミャンマー連邦の旧称。

〈羊（⺶）部〉

羯布羅　カンフル

樟脳を精製したもの。呼吸循環の興奮剤となる。

〈羽（羽）部〉

翫　もてあそぶ

「玩・弄」とも書く。①手で持って遊ぶ。『今昔物語集』。②繰り返し愛でる。『徒然草』。③人をなぐさみものにする。

〈耒部〉

耦合　ぐあい

「具合」とも書く。調子。加減。『浮世風呂』

耦刺　ぐうし

相手と差し違えて死ぬこと。

〈舛（舛）部〉　舛は七画

舞　かなずる

舞を舞う。『公事根源』

〈虫部〉

蝘蜓　やもり

「守宮・壁虎・蝘蜓」とも書く。トカゲ目ヤモリ科の爬虫類の総称。

蝘蜓　やもり・とかげ

やもり―「蝘蜓」とも書く。↓蝘蜓

とかげ―「蜥蜴・石竜子」とも書く。トカゲ目トカゲ亜目の爬虫類の総称。

蝦夷　えぞ・えみし・えびす

①古代、関東以北に住んだ大和朝廷に服属しなかった勢力。②北海道の異称。

蝦夷鼬　えぞいたち

イタチ科の哺乳類オコジョの異称。

蝦虎魚　はぜ

「沙魚・鯊」とも書く。ハゼ科の硬骨魚の総称。『日葡辞書』

蝦索麪　えびそうめん

「蝦素麺」とも書く。エビの肉をすりつぶし裏漉し、小麦粉とあわせて索麺にしたもの。

蝦蛄　しゃこ

「青竜蝦」とも書く。シャコ目甲殻類の総称。

蝦雑魚　えびざこ・えびじゃこ

小エビの中に小魚が交じっているもの。

蝦蟇　がま・もみ

「蝦蟆」とも書く。

がま―ヒキガエルの異称。『日葡辞書』

もみ―アカガエルの異称。また、それを料理したもの。『日本書紀』

蝦蟇禅　がまぜん

ガマはただ跳ねるだけで他の術をもたないという譬えから、一知半解の不十分な悟りで禅をすることを諌めた言葉。

蝦蟆　がま

「蝦蟇」とも書く。↓蝦蟇

蝦蟋蟀　えびこおろぎ

バッタ目カマドウマ科の昆虫のカマドウマの異称。

蝌蚪　かと・おたまじゃくし

かと―「蝌斗」とも書く。①カエルの幼生オタマジャクシの異称。②古体篆字（てんじ）の「「蝌蚪文字（かともんじ）」の略。

おたまじゃくし―「御玉杓子」とも書く。「かと」①に同じ。

蝸牛　かたつむり・かたつぶり・でんでんむし・ででむし

マイマイ目の陸生有肺類巻貝の総称。『倭名類聚鈔』

蝸牛被　まいまいかぶり

「舞舞被」とも書く。オサムシ科の甲虫。

蝸涎　かせん

かたつむりが這ったあとに残る涎（よだれ）のような粘液。

蝸螺　にな

「蜷」とも書く。①巻貝の一群の総称。②カワニナ科の巻貝カワニナの略。『色葉字類抄』

蝗虫　ばった

「飛蝗」とも書く。バッタ目の昆虫。『書言字考』

蝤蛑 かざみ・がざみ・がさみ・かざめ
ワタリガニ科のカニ。

蝶番 ちょうつがい
①開き戸・蓋などを支え、開閉できるように取り付ける金具。②二つの物事をつなぎとめるもの。

蝮 くちはみ
マムシの古称。『徒然草』

蝮蛇 はみ
「蝮」に同じ。↓蝮

蝙蝠 かわぼり・かわほり
①コウモリの古称。『拾玉集』。②「蝙蝠扇（かわほりおうぎ）」の略。『源氏物語』

蟒蛇 うわばみ・やまかがち
「蟒」とも書く。①大蛇。②大酒飲みの譬え。

蝲蛄 ざりがに
ザリガニ科のエビ。

〈衣　部〉

褒貶 ほうへん
ほめることとけなすこと。相手の言動などを正しく評価したり、低く評価したりすること。『地方凡例録』

〈言　部〉

課 おおす
「負」とも書く。①責任などを引き受けさせる。『折りたく柴の記』。②背に負わせる。『万葉集』。③こうむらせる。『徒然草』。④名をもたせる。

課方 おおせかた
「負方」とも書く。貸主。債権者。『日本永代蔵』

誼 よしみ
「好」とも書く。①親しく交わること。『平治物語』。②ゆかり。ちなみ。『義経記』

諄諄 くどくど・ぐずぐず
くどくど—話や文などがまわりくどくわずらわしいこと。『其面影』
ぐずぐず—のろまなさま。『緑蓑記』

諸 かたえ・もろもろ
かたえ—かたわら。『今昔物語集』
もろもろ—多くのもの。さまざま。『古今著聞集』

諸大夫 しょだいふ・しょだいぶ
①四位、五位の地下人（じげにん＝低い身分の者）。②近世、親王・摂関家などの家司（けいし＝事務職）の職名。『権記』

諸子 もろこ
コイ科タモロコ属などの淡水産硬骨魚の総称。『名語記』。②ハタ科の海産硬骨魚クエの成魚の異称。

諸白 もろはく
米麹にも掛米（かけまい）にも精白米を用いて醸（かも）した上質の酒。『結城秀康書状』

諸成 もろなり
「胡頽子」とも書く。グミ科の落葉・常緑低木グミの異称。『倭名類聚鈔』

諸彦 しょげん
男性が手紙などで多数の男性に向かって呼びかけるときに用いる語。みなさん。『木戸孝允文書』

諸善し わけよし
「分良し」とも書く。①都合がよい。『好色一代女』。②粋である。

諸葛 もろかずら
①ウマノスズクサ科の多年草フタバアオイの異称。②賀茂の祭のとき髪飾りにする、桂（かつら）の枝に葵（あおい）をつけたもの。『大鏡』

諸越月 もろこしづき
陰暦八月の異称。

諸蔓 もろかずら
「諸葛」とも書く。↓諸葛

誰彼時 たそがれどき
「黄昏時」とも書く。夕暮れどき。『当世書生気質』

誰某 たれがし・たれそれ
だれそれ。なにがし。『弁内侍日記』

誰哉行燈 たそやあんどん
江戸時代、吉原の名技楼の前に立てた行燈。

請人 うけにん
中世・近世で種々の契約の保証人。

請印 しょういん
律令制で、国が発給する文書に印を押す儀式。『権記』

請合 うけあい
「受合」とも書く。保証すること。『心中宵庚申』

請所 うけしょ・うけどころ
中世、地頭や名主などが一定の年貢納入を請け負う代りに、領主からその荘園の支配を委任されること。『鎌倉幕府追加法』

諍 あらそう・あらがう
①さからう。抵抗する。『今昔物語集』。②言い争う。言い張る。

諍乱 じょうらん
あらそいみだれること。「騒乱」に同じ。

諾 うべなう・せ
うべなう—①もっともであると思って同意する。②服従する。『日本書紀』。③謝罪する。『日本書紀』
せ—承知して「うん」返事をする声。『後撰和歌集』

諾威 ノルウェー
ヨーロッパ北西部、スカンジナビア半島西部に位置する立憲君主国。

談笑 ほたきこと
「誇言」とも書く。誇らしげに語ること。『日本書紀』

調 みつぎ・ととのう・たつる
みつぎ—「御調・貢」とも書く。古代の租・庸・調などの租税の総称。
ととのう—ととのえる。調整する。『算法地方大成』
たつる—茶をたてる。

調の布 つきのぬの
租税の調（ちょう）として献上する布。『倭名類聚鈔』

調五 でっく
「重五・畳五」とも書く。二個のサイコロを振って賽の目がいずれも五の数がでること。

調布 たづくり
「手作」とも書く。①手織りの白布。②朝廷に納めた布。『夫木和歌抄』

調伏 ちょうぶく
①密教で怨敵（おんてき）・魔物を降伏（ごうぶく）すること。『鎌倉遺文』。②人をのろい殺すこと。

調色板 パレット
絵具を調合する板。『三四郎』

調弄い　からかい
「調戯」とも書く。冗談などを言って人を揶揄すること。『椿姫』

調弄し　はぐらかし
問題をそらす。焦点をはずす。『椿姫』

調略　ちょうりゃく
敵に内通させるなど、策略をめぐらせること。『柳沢文書』

調戯　からかい
「調弄い」とも書く。『其面影』↓調弄い

諂い　へつらい
相手に気に入られようとして、取り入る行為。こびること。おもねること。『源氏物語』

諂曲　てんごく
①己の意思を曲げておもねること。『大鏡』。②よこしまなこと。『今昔物語集』

諂言　おべっか
「諂諛」とも書く。へつらうこと。また、その言葉。『安愚楽鍋』

諂笑　てんしょう
へつらって愛想笑いをすること。

諂諛　てんゆ・おべっか
へつらうこと。『甲子夜話』

誹謗　ひぼう
他人の悪口をいうこと。『山城海住山寺文書』

諒闇　りょうあん
「亮陰」とも書く。天子が父母の死にあたって喪に服する期間。『徒然草』

〈貝　部〉

質　てだて
方法。手段。『太平記』

質明　あかつき
夜明けどき。あけがた。

賙急田　しゅうきゅうでん
奈良・平安時代に、窮民救済のために諸国に設けられた田租の徴納を免除された田。

賓　まろうど
「賓客・客・客人」とも書く。訪れて来た人。『土佐日記』

賓頭盧　びんずる
十六羅漢の第一。神通力をみだりに用いて釈迦に呵責（かしゃく）され涅槃（ねはん）を許されず釈迦入滅後も衆生（しゅじょう）の救済にあたった。日本ではこの像をなでて病の快癒を祈る。

賦　くばり・つもり
くばり―中世の訴訟手続きの一つ。また、訴状を受理する役人・役所。つもり―事前の考え。予測。『西郷隆盛全集』

賦物　ふしもの
連歌・俳諧で事物などの名を句の中に詠み込むもの。『連理秘抄』

賦算　ふさん
時宗独自の行事で、念仏を記した紙の札を配ること。「御化役・おふだくばり」に同じ。

賦斂　ふれん
重税を取り立てること。『神皇正統記』

〈走　部〉

趣致　しな
①事物の品格・品質。『ひかえ帳』。②地位や身分。

〈足（⻊）部〉

踝　くるぶし・つぶなぎ・つぶふし
足首と脛（すね）との接合部の両側にある突起部分。

踝蠃　すがる・すがり
「蜾蠃」とも書く。①ジガバチ科のハチのジガバチの異称。『万葉集』。②スズメ科のハチのクロスズメバチの異称。③鹿の異称。

踞げ　しりうたげ
①中腰でいること。『類聚名義抄』。②腰掛けること。『日本書紀』

踏勘　とうかん
現場におもむいて調査をすること。『折りたく柴の記』

踏雪　よつじろ
「蹄白・四白」とも書く。馬や犬の膝から下が四本とも白いこと。

踏鞴　たたら
「蹈鞴」とも書く。①足で踏んで風を送る大型のふいご。『日本書紀』。②「踏鞴吹き」の略。炉に砂鉄と木炭を入れてたたらで送風する鉄の精練法。

踏懸　ふがけ
雅楽の舞に用いる脛巾（はばき）。赤地の大和錦で作った脚絆（きゃはん）のようなもの。

〈車　部〉

輒　すなわち
「及・則・即・便・廼」とも書く。①すぐに。②即座に。③いいかえれば。④そこで。

輒し　たやすし
「容易し」とも書く。①簡単である。容易である。『万葉集』。②軽率である。『古今和歌集』

輒時　ちょうじ
「輙時」とも書く。今すぐに。即座に。『雲州消息』

輩　やから
「族」とも書く。連中。手合い。おもに悪い意で用いる。『宇津保物語』

輪子　りゅうご
「輪鼓」とも書く。①鼓のように胴の中ほどがくびれたかたち。また、その形のもの。「立鼓」に同じ。②平安時代の散楽の曲芸。鼓形の具のくびれた部分に緒を巻き付け、回しながら投げ上げたり受けたりする。③糸巻きの心棒。④紋所の一つ。『梁塵秘抄』

輪鼓　りゅうご
「輪子」とも書く。↓輪子

輪樏　わかんじき
木・竹などを曲げて輪形に作ったかんじき。

輪縄　わな
「罠・羂」とも書く。①鳥獣と捕らえる仕掛け。②紐などを輪状にしたもの。③策略。

輦台　れんだい
「連台・蓮台」とも書く。江戸時代、人を乗せて川を渡らせるのに用いた台。『東海道中膝栗毛』

輦形　こしかた
「輿形」とも書く。輿の形をした祓（はらえ）の道具。『貞観儀式』

輦車　れんじゃ・れんしゃ・てぐ

るま
屋形に車をつけ、前後に突き出ている轅（ながえ）を人の手で引く乗物。『今昔物語集』

〈辵（辶・辶）部〉 辶は四画、辶は三画

遺告 ゆいごう
遺言。とくに僧侶のものをいう。

遺形 ゆいぎょう
①遺骸。②仏舎利の異称。

遺偈 ゆいげ
高僧が末期（まつご）に臨んで、自己の思いや信仰の根幹、門弟・後世への教訓などを四言四句、七言絶句などにしてのこしたもの。

遺教 ゆいきょう
①後世に遺した教訓。②釈迦が遺した教え。仏教。『太平記』

遺誡 ゆいかい・いかい
「遺戒」とも書く。故人が子孫のためにいさめの言葉を残すこと。また、その言葉。『沙石集』

遵行 じゅんぎょう
中世、将軍の命を受けた守護が判決などを下達すること。『室町幕府追加法』

遷化 せんげ
仏教で、高僧が死去すること。『信長公記』

遷御 せんぎょ
①天皇・上皇・皇太后が他の居所に移ること。②神社・神体・神霊を移転すること。『左経記』

〈酉　部〉

醋大 そだい
「措大」とも書く。①書生の美称。秀才。②貧乏書生。

醇酒 かたざけ
濃い濁り酒。『和名類聚抄』

醇粋 いっぽんぎ
「一本気」とも書く。一途な性格。純粋で混じり気のないこと。『五重塔』

醇醨 じゅんり
①味の濃い酒と薄い酒。②転じて、人情があついことと薄いこと。

醂柿 さわしがき・あわしがき
「淡柿・漬柿」とも書く。渋を抜いた柿。『易林本節用集』

〈金　部〉

鋤簾 じょれん
土砂やごみなどをかき寄せる用具。長い柄の先に竹で編んだ箕（み）のようなものや、浅い歯をきざんだ鉄板を取り付けたもの。

銷服 ちょろけん
「著羅絹・猪羅絹・長羅絹」とも書く。江戸時代、京阪で、五人一組で目鼻を描いた籠をかぶり、黒塗りの大傘をさし、太鼓やびんささらなどで囃した、異風姿の物ごい。江戸では福禄寿に扮したものが多かった。

鋳物師 いもじ
鋳物を作る人。『宇津保物語』

鋪石 しきいし
「敷石・甃石」とも書く。通路・庭先などに敷き並べた平らな石。

錵 にえ
「沸」とも書く。日本刀の重要な所見の一つ。刃と地肌との境に現れる、銀沙をまいたように輝いて見えるもの。

〈門　部〉

閲 けみす
①目を通す。②過ぎ去る。『教行信証』

閾 とさい・しきみ
「閫」とも書く。①門の内外を仕切るために、門柱と門柱の間に敷く横木。『黒本本節用集』。②「敷居」に同じ。『今昔物語集』

閫外 こんがい
しきみの外側。家の外。『金剛寺文書』

閭巷 りょこう
村里。また、ちまた。民間。『太平記』

〈雨（⻗）部〉

震動雷電 しだらでん
①大雨・大風の形容。②大声で騒ぐさま。『仮名手本忠臣蔵』

霆 はたたがみ
「霹靂・霹靂神」とも書く。強烈な雷鳴。『源平布引滝』

霊び くしび
「奇び」とも書く。霊妙なこと。神秘的な力を持っていること。『日本書紀』

霊山浄土 りょうぜんじょうど
法華経にもとづき、霊山（霊鷲山）を釈迦の浄土とする考え方。→霊鷲山

霊天蓋 されこうべ
「髑髏」とも書く。野ざらしで白骨となった頭蓋骨。

霊用う ちあう
霊力を発揮して守ってもらう。

霊気 りょうげ
もののけ。憑き物。『宇津保物語』

霊具 りょうぐ
霊前に供えるもの。

霊屋 たまや・れいや・れいおく
「霊廟」とも書く。①遺骸を葬送まで納めておく建物。『栄花物語』。②死者の霊がまつってある建物。

霊倖う たまちあう
人の心に感応して霊が不思議な作用をすること。『万葉集』

霊時 まつりのにわ
「祭場」とも書く。祭壇。『日本書紀』

霊廟 たまや
「霊屋」とも書く。→霊屋

霊鷲山 りょうじゅせん
古代インドのマガダ国の首都の北東にあり釈迦が説法をしたとされる山。『今昔物語集』

〈非　部〉

靠れる もたれる
「凭れる」とも書く。①寄りかかること。『空善記』。②食物が消化されずに重く感じる。

〈革　部〉

鞋底魚 したびらめ
「舌平目・舌鮃」とも書く。ウシノシタ科の海産硬骨魚。

鞍几 くらぼね・あんが
「鞍瓦・鞍橋」とも書く。鞍の骨

組み。『倭名類聚鈔』

鞍瓦　くらぼね・あんが
「鞍几」とも書く。→鞍几

鞍橋　くらぼね
「鞍几」とも書く。→鞍几

鞍鞘　かれいづけ
「餉付」とも書く。鞍の後輪（しずわ）の居木の端から左右に垂らした長い紐。『倭名類聚鈔』

鞐　こはぜ
「小鉤」とも書く。①足袋・手甲・書物の帙（ちつ）などの合わせ目につける爪形の留め具。②金属板で屋根を葺くときの板のつなぎ方。

鞔　ぬめかわ
「滑革」とも書く。牛皮をタンニンでなめした、柔らかく弾力のある革。

〈食（飠・飠）部〉

養　おなり
①西日本で、田植えのときに田植飯を運ぶ女。②南島で、姉妹。

養父入　やぶいり
「薮入・家父入」とも書く。正月と盆に奉公人が暇をもらい、実家などに帰ること。

養花天　はなぐもり
桜が咲くころの薄曇り。

養屋　かいこや
八丈島で、台所。

養徳　やまと
「倭・日本」とも書く。①旧国名（現在の奈良県）。②日本国の異称。

餅南蛮　かちんなんば
葱を入れた雑煮。『東海道中膝栗毛』

餓莩　がひょう
餓死した者。『太平記』

〈馬部〉

駒隙　くげき
月日がまたたく間に過ぎてしまうように、人生も短いこと。

駈子　かりこ
江戸時代、大坂新町の女郎屋で雑用に使った少女。

駈仕　くし
「駆使」とも書く。①人を追い立てて使うこと。②意のままに使いこなすこと。

駔儈　そうかい
仲買人。

〈髟部〉

髯虜　ぜんりょ
ひげずらの恵比寿（外国人）。西洋人の蔑称。

髫髪　うない
①髪をうなじで束ねる子供の髪型。また、髪をうなじのあたりで切りそろえた髪型。『万葉集』。②髪を①にしている子供。『宇津保物語』

髫髪放　うないはなり
「髫髪」に同じ。→髫髪

髱　つと
女性の日本髪で、左右と後ろに張り出した部分。『色道大鏡』

〈魚部〉

魦　いさざ
ハゼ科の淡水産硬骨魚。

魳　かます
「梭子魚・梭魚・魣」とも書く。カマス科の海産硬骨魚の総称。

魴鮄　ほうぼう
「竹麦魚」とも書く。ホウボウ科の海産硬骨魚。『書言字考』

魯西亜　ロシア
ロシア連邦。

魶子　ななこ
「魚子・斜子」とも書く。①彫金で金属表面にあわ粒のような細粒を突起させること。②絹織物の「ななこ織」の略。

魥　よじおざし
竹串で刺した魚。『倭名類聚鈔』

〈鳥部〉

鴉片　あへん
「阿片」とも書く。ケシの未熟な果実からとれる乳液を乾燥させたもの。代表的な麻薬の一つ。

鴆毒　ちんどく
「酖毒」とも書く。鴆という鳥の羽にあるとされる猛毒。『太平記』

鴆殺　ちんさつ
「酖殺」とも書く。猛毒があるとされる酖の羽をひたした酒を飲ませて殺すこと。

鴇　とき・つき・のがん
とき・つき―「朱鷺」とも書く。コウノトリ科の鳥。『類聚名義抄』のがん―ツル目ノガン科のノガンの異称。

鴇母　やりて
「遣手」とも書く。妓楼で遊女を取り締まり、管理する老婦。

〈麥（麦）部〉麦は七画

麩　ふすま
「麬」とも書く。小麦を粉にしたときに残る皮くず。牛馬の飼料などに用いる。

麪包　パン
「麺麭・麪麭」とも書く。①小麦粉をおもな材料とし、水とイーストなどを加えてよくこね、発酵させてから焼き上げた食品。②転じて、生活の糧。『邪宗門』

麨　はったい
「糗」とも書く。麦または米を炒って粉にしたもの。砂糖を加えたり、水で練って食べる。『本朝食鑑』

〈麻（麻）部〉

麾く　さしまねく
「差し招く」とも書く。①手まねきする。②向かう方向を指示する。『三蔵法師伝』

麾下　きか
①将軍直属の家臣。旗下。②ある人物の指揮のもとに属していること。部下。『地方凡例録』

〈黑（黒）部〉黒は十一画

黙止　もだす
①黙っている。②何もしない。黙過する。『雲州消息』

十六画

〈人 部〉

儕 おのれ・ともがら
おのれ—お前。貴様。『菅原伝授手習鑑』
ともがら—なかま。

儒艮 じゅごん
ジュゴン科の哺乳類。子を抱いて授乳をすることから、古来より人魚に擬せられた。

儘 まま
「任・随」とも書く。①なりゆきにまかせること。『上杉家文書』。②そっくりなこと。『枕草子』。③状態が同じように続いていること。『源氏物語』

儔 たぐい
「類・比」とも書く。①同じ程度のもの。②同類。

〈八 部〉

冀 もがな
…でありたい。…であるといいなあ。

冀くは こいねがわくは
「希くは・庶幾くは」とも書く。切に望む。なにとぞ。『三蔵法師伝』

冀望 きぼう
「希望」とも書く。願う気持。期待すること。また、その事柄。

〈冫 部〉

凝 こらす・こごし
こらす—①一ヵ所に集中させる。『沙石集』。②物が集まって固まるようにする。『御伽草子』
こごし—険しい。ごつごつしている。『万葉集』

凝当 ぎょうどう
「凝濁・魚道」とも書く。飲酒の作法で、自分が口をつけた個所をすすぐため、杯に少し酒を残すこと。また、飲み残した酒を捨てること。『徒然草』

凝眸 みとれ
「見蕩れ・見惚れ」とも書く。我を忘れて見てしまうさま。『団々珍聞』

凝然と じっと
①物事を目を凝らして見るさま。『魔風恋風』。②耐えるさま。③動かずにいるさま。

凝濁 ぎょうどう
「凝当」とも書く。→凝当

〈刂 部〉

劓 そぐ・はなきり
刑罰の一つで、鼻をそぐこと。

〈又 部〉

叡聞 えいぶん
天子がお聞きになること。『太平記』

叡慮 えいりょ・みこころ
天子のお考え。御心。『雨月物語』

〈口 部〉

噯 おくび・あつかい
おくび—「噯気」とも書く。げっぷ。『類聚名義抄』
あつかい—「哆・扱」とも書く。もめごとの仲裁。調停。

噯気 おくび
「噯」とも書く。→噯

噯状 あつかいじょう
「哆状・扱状」とも書く。近世、訴訟の内済証文の一つ。

噦り しゃくり・しゃっくり・さくり
「吃逆・呃」とも書く。①横隔膜の急な痙攣で空気を吸うときに発する音。『文明本節用集』。②声を引き込んで泣く。『好色敗毒散』

噲噲 こころよし
①気持が良い。②気分がよい。

噤 つずしり・つぼみ
つずしり—「嘰」とも書く。口ごもるさま。
つぼみ—「蕾・莟・窄」とも書く。花の開く前のもの。

噤む つぐむ
「鉗む」とも書く。ものを言わない。黙っている。『太平記』

嘯く うそぶく
①とぼけて知らないふりをする。②偉そうに大きなことをいう。③鳥獣が鳴いたり吠えたりする。『懐風藻』。④口をすぼめて息や声をだす。『日本書紀』。⑤詩歌をくちずさむ。『浜松中納言物語』

噬み はみ
「食み」とも書く。①ものを口にくわえこむこと。『類聚名義抄』。②口を動かして食べること。

噸 トン
「瓲」とも書く。①質量の単位。②容積の単位。③船舶の積載能力の単位。

〈土 部〉

墺地利 オーストリア
「墺地利亞・墺太利」とも書く。中部ヨーロッパに位置する共和国。永世中立国。

壊 やぶる・こぼつ
やぶる—そむく。破る。『今昔物語集』
こぼつ—「毀」とも書く。こわす。破却する。証文などを無効にする。『信長公記』

壊了し だいなし
「台無し」とも書く。①物事がすっかりだめになる。②まるで。

墾田 はりた
新たに開墾した田。『常陸風土記』

墾道 はりみち
新たに開通した道。『万葉集』

壌 つちくれ
「土塊」とも書く。斎宮（いつきのみや）の忌詞で墓・墳墓。『延喜式』

壁千代絽 かべちょろ
「壁著羅」とも書く。緯糸（よこいと）に太い壁糸を用いたもの。縮緬の一種。『藪香物』

壁虎 やもり
「守居・守宮」とも書く。トカゲ目ヤモリ科の爬虫類の総称。

壁透綾 かべすきや
透綾（薄地の絹織物）の一種。た

て糸を細く、よこ糸を太くして、普通のものより、より密にして壁千代紹（かべちょろ）のように織ったもの。

壁骨　こまい
「木舞・小舞」とも書く。屋根や壁の下地として、細く割った竹などを格子状に組んだもの。

壁著羅　かべちょろ
「壁千代紹」とも書く。→壁千代紹

壁銭　ひらぐも・ひらたぐも
「平蜘蛛・平蜘・扁蜘蛛」とも書く。ヒラタグモ科のクモ。「壁銭」は壁などに作る白い巣。『倭名類聚鈔』

壁蝨　だに
「蜱」とも書く。クモ綱ダニ目の節足動物。

壁縮緬　かべちりめん
「壁千代紹」に同じ。→壁千代紹

壅　くやし・ふさぐ
くやし—沖縄で肥料・こやし。『近世地方経済史料』
ふさぐ—つかえてふさがること。

〈女　部〉

嬢さん　とうさん
関西で良家の娘を呼ぶときの言葉。お嬢さん。「いとさん」の転。

嬖人　へいじん
主君が気に入っている家臣。寵愛する女性。

嬖臣　へいしん
主君が気に入っている家臣。

嬖妾　へいしょう
主君が気に入っている妾（めかけ）。

嬖幸　へいこう
主君に寵愛されること。また、その人。

嬖惑　あやし
「怪し」とも書く。①異様だ。②疑わしい。③霊妙である。④めずらしい。⑤不気味である。

〈山　部〉

嶮　さがし
「険」とも書く。①けわしい。『今昔物語集』。②危険である。『源氏物語』

嶮幕　けんまく
「剣幕・権幕」とも書く。怒った荒々しい顔つきや態度。『勝国和尚再吟』

〈广　部〉

廩米　りんまい
「稟米」とも書く。江戸時代、幕府や大名の蔵にたくわえられた米。②扶持米の異称。

廩粟　りんぞく
「廩米」に同じ。『西洋紀聞』→廩米

〈彳　部〉

衛　まもる
他から侵入されないように防ぐこと。

衛矛　にしきぎ・まゆみ・くそまゆみ
「錦木」とも書く。ニシキギ科の落葉低木。

〈忄　部〉

憶意　おくい
「奥意」とも書く。心の奥にある考え。『伊達家文書』

懐孕　かいよう
妊娠すること。『御成敗式目追加』

懐抱　かいほう
①抱きしめること。『今昔物語集』。②心に思うこと。『太平記』。③ふところ。『太平記』

懐香　くれのおも
「呉の母」とも書く。セリ科の多年草ウイキョウの古称。

懈　おこたる・たゆみ
おこたる—「怠」とも書く。おろそかにする。『御触書寛保集成』
たゆみ—「弛」とも書く。①油断。『源氏物語』。②事を遂行する途中で放棄する。③一時的に衰える。『保元物語』

懈怠　けたい・けだい・げたい
①なまけること。おこたること。『紫式部日記』。②仏教で、全力で修業に励んでいないこと。『沙石集』

〈扌　部〉

擇捉島　エトロフとう
「江捉島・恵登呂府島」とも書く。北海道東端からカムチャッカ半島の南端に達する千島列島中、最大の島。

擒　とらう
「禽」とも書く。戦勝して捕虜にすること。

撿校　けんぎょう
「検校」とも書く。①寺社の総務を総監し、僧や尼を監督する役職。『貞丈雑記』。②荘園の役人。③盲官の最高級の官名。

擅　ほしきまま・ほしいまま
「恣・縦・専」とも書く。心に思うまま。好き勝手。『平家物語』

擂茶　すりちゃ・るいざ
すりちゃ—「磨茶」とも書く。①石臼ですった茶。『日葡辞書』。②茶入の一種。
るいざ—「檑茶」とも書く。「すりちゃ」②に同じ。『日葡辞書』

擂粉木　すりこぎ
「擂子木」とも書く。①擂鉢でものをすりつぶすときに用いる棒。②人（とくに僧）をののしっていう語。『誹風柳多留』

擂鉢　すりばち
擂粉木で味噌や胡麻などをすりつぶすのに用いる鉢。

擂蜜　すりみつ
砂糖を煮溶かしてかきまぜたもの。

擌　はが
「黐擌」とも書く。ワラや木の枝に鳥もちを塗り、おとりを使って鳥を捕らえるもの。『倭名類聚鈔』

擋　とても
「迚」とも書く。どのようにしても。とうてい。

〈氵　部〉

激瀾　おおなみ
「大波」とも書く。大きな波。『邪宗門』

濁世　じょくせ
仏教で、汚れ乱れた世をいう。末世。

濁声 だみごえ
「訛声」とも書く。にごったような声。なまった声。

濁酒 どぶろく
「濁醪」とも書く。濾過していない日本酒。にごり酒。もろみ酒。

濁醪 どぶろく
「濁酒」とも書く。→濁酒

濃 こまやか・だみ
こまやか―「細」とも書く。①小さい。②くわしい。『源氏物語』。③色が濃い。
だみ―「彩」とも書く。金泥や銀泥で彩色すること。『信長公記』

濃水 こみず
「濃漿・白飲・漿」とも書く。水の量を多くして炊いた米。おもゆ。『倭名類聚鈔』

濃絵 だみえ
「彩絵」とも書く。桃山時代に流行した、金銀極彩色の装飾的な障壁画の様式。『信長公記』

濃漿 こみず・こんず
こみず―「濃水」とも書く。『倭名類聚鈔』→濃水
こんず―①「濃水」に同じ。②美酒のこと。

濃漿汁 こくしょうじる
芋、大根、干瓢、椎茸、苞豆腐を味噌汁で煮込んだもの。

濃餅 のっぺい
「能平」とも書く・油揚・椎茸・大根など多くの野菜を入れたすまし汁に葛粉でとろみをつけたもの。のっぺい汁。

濃濃 こまごま
「細細」とも書く。①こまかいものが多くあるさま。②くわしいさま。

澪 みお
「水脈」とも書く。川や海の中で、船が通れるだけの深さがある水路。『万葉集』。②航跡。

澪木 みおぎ
①通行する船に航路を知らせるため立てた杭。「澪標（みおつくし）」に同じ。→澪標。②神事のとき、僧尼の立ち入りを禁じるしるしとして立てる木。

澪標 みおつくし
「澪木」に同じ。『万葉集』→澪木

濩略 もごよか・もこよか
龍や蛇がくねりながら進むさま。『日本書紀』

〈犭部〉

獲麟 かくりん
①絶筆。『古事記』。②孔子の死。転じて、臨終。

〈艹（⻌・艸）部〉 艹は四画、艸は六画

薤 らっきょう・ききみら
「辣韮」とも書く。ユリ科ネギ属の多年生作物。

薑 しょうが・はじかみ
しょうが―「生姜」とも書く。ショウガ科の多年草。
はじかみ―「椒」とも書く。ミカン科の落葉低木サンショウの古称。

薫衣香 くのえこう・くぬえこう
衣服にたきしめるための香。『源氏物語』

薫物 たきもの
「炷物」とも書く。種々の香を調合してつくった練香（ねりこう）。また、それをたくこと。

薫掛け たきかけ
「焚掛け」とも書く。①衣類に香をたきこめること。また、その香り。『浮世草子』。②髪に香をたきこめるために、香炉を入れて枕とする箱。『雅遊漫録』

薫陸 くんろく・くろく
イランなどで、熱帯産の樹木の樹脂が流れでて凝固したもの。薬剤・香料の原料になる。

薫藁 そらし
「藁本」とも書く。セリ科の大形多年草アギの異称。『本草和名』

薫燎 くんりょう
かがり火。

薨 こうず
皇族など、身分の高い人の死をいう。『中右記』

薨逝 こうせい
「薨」に同じ。『古事談』→薨

薨御 こうぎょ
親王・女院・摂関・大臣の死をいう。『御触書宝暦集成』

蕺草 どくだみ
ドクダミ科の多年草。

薄氷 うすらい
薄くはった氷。

薄皮繭 うすまゆ
「薄繭」とも書く。外皮の薄い繭で不良なもの。

薄行 ふじつ
①軽薄。②事実でないこと。

薄羽蜉蝣 うすばかげろう
「蚊蜻蛉」とも書く。アミメカゲロウ目ウスバカゲロウ科の昆虫の総称。

薄伽梵 ばがぼん・ばぎゃぼん
「婆伽梵」とも書く。①釈迦牟尼の尊称。『栄花物語』。②インドで神仏・貴人の尊称。

薄葉 うすよう
「薄様」とも書く。ごく薄く漉いた鳥の子紙。

薄荷 はっか
シソ科の多年草。

薄情 うたてし
「転てし」とも書く。①情けない。気にくわない。『太平記』。②気の毒である。

薄痘痕 うすあばた・うすいも
疱瘡（とうそう）などが治ったあとに残る小さなくぼみ。

薄鈍 うすのろ
知能が劣り、動作がにぶいこと。また、その人。

薄様 うすよう
「薄葉」とも書く。→薄葉

薄濁り ささにごり
「小濁り・細濁り」とも書く。水が少し濁ること。

薇 ぜんまい
「紫萁」とも書く。ゼンマイ科の大形多年草シダ。

薬玉 くすだま
①端午の節句に、不浄や邪気を払うために簾や柱にかけた飾りもの。②式典などで用いる飾りもの。

薬師 くすし

「医」とも書く。医者。

薬煉　くすね
「天鼠子」とも書く。松脂と油を混ぜ合わせたもの。補強のため糸・弓弦などに塗られる。『松脂』

薬籠　やろう
①薬を入れて携帯した重ね箱。②挽茶を入れる壷。『日葡辞書』。③越後地方で腰から下げるタバコ入れ。『物類称呼』

臈止鳥　あとり・あつどり・あっとり
「花鶏・獦子鳥・猟子鳥・蠟觜鳥」とも書く。スズメ目アトリ科の鳥。『万葉集』

臈次　らっし
「臈（ろう）」は僧の出家後の年数。その多少によって定められた席次。転じて、物事の順序。『日葡辞書』

〈心（⺗）部〉

憖　なまじいに・つつしむ
なまじいに―①なまじ。中途半端に。うかつに。『椿説弓張月』。②しなくてもいいことをするさま。『万葉集』
つつしむ―①用心する。②ひかえめにする。

憑　たのみ
「田実」とも書く。近世、八月朔日に、米などを贈答しあって豊作を祝った民間行事。

憑子　たのもし・よりまし
たのもし―「頼母子」とも書く。「頼母子講」の略。互助的な金融組織。『文明本節用集』
よりまし―「憑坐・神子・寄呪」とも書く。祈祷師が神霊や死霊を招き寄せ、乗り移させる霊媒としていての童子や女性。『平家物語』

憑代　よりしろ
「依代」とも書く。木・岩石・御幣など、神霊が乗り移るもの。これを神霊の代りに祭る。

憑体　よりがら
物の怪や狐などに取り憑かれた人。

憑坐　よりまし
「憑子」とも書く。↓憑子

憑依　ひょうい
①頼みにすること。②霊などが乗り移ること。

憑書　ひょうしょ
証拠となる書類。『法規分類大全』

憑証　ひょうしょう
「憑書」に同じ。↓憑書

憑敷　たのもし
「頼もし」とも書く。たよりになること。

〈日（曰）部〉

暹羅　シャム
インドシナ半島中央部に位置する王国。タイの旧称。

曈曈　とうとう
朝日の明るく輝くさま。

曇華　だんとく
「檀特花」とも書く。カンナ科の多年草。

〈月　部〉

膳　かしわで
「膳夫」とも書く。①飲食の饗膳。『色葉字類抄』。②料理人。③大和朝廷の品部（しなべ）で天皇の食事係をつとめた官人。膳部（かしわべ）に同じ。

膳夫　かしわで
「膳」とも書く。↓膳

膳司　かしわでのつかさ
①古代、宮中で饗膳をつかさどった役所。②律令制の後宮十二司の一つ。食事や酒・菓子などをつかさどった。③斎宮十二司の一つ。食事をつかさどった。

膳所貝　ぜぜがい
「銭貝」とも書く。ニシキウズガイ科の巻貝キサゴの別称。殻がおはじきの材料となった。

膳所焼　ぜぜやき
大津市膳所で作られる陶器。

膳部　かしわべ
「膳」③に同じ。↓膳

〈木　部〉

橄欖　かんらん
カンラン科の常緑高木。

機　わかつり・たもつ
わかつり―「機巧」とも書く。ものを動かすしかけ。からくり。『西大寺最勝王経』
たもつ―和弓などで、弓をかまえてから放つまでの時間。

機巧　わかつり
「機」とも書く。↓機

機巧る　わかつる
「誘る」とも書く。①機（はた）を操作する。『類聚名義抄』。②誘惑する。惑わす。『日本書紀』

機殿　はたどの
「服殿」とも書く。機織りの家。

機遣　きづかい
「気遣」とも書く。気を配ること。心配。懸念。

機関　からくり
「絡繰」とも書く。①糸や水のしかけで物を動かすこと。また、その装置。『瓜盗人』。②たくらみ。計略。③からくり人形。『軽口露がはなし』。④からくり眼鏡。⑤やりくり算段。『誹風柳多留』

機織虫　はたおりむし
キリギリス・バッタなどの異称。

機躡　まねき・かざり
まねき―「躡木」とも書く。機織で、縦糸を上下させるために足で踏む板。『万葉集』
かざり―機織で、たて糸をまとめる綜糸（あぜいと）。

橘皮　きがわ
「黄皮」とも書く。タチバナの果実の皮。『倭名類聚鈔』

橘飩　きんとん・きっとん
「金団」とも書く。①甘藷や隠元豆を茹でて裏ごししたものに砂糖を加え、甘く煮た栗や隠元豆を入れた食品。②胡麻や豆粉をまぶした菓子。

橇　かんじき
「樏」とも書く。雪の上を歩きやすくするために、靴などの下につける木の枝などを輪状にした用具。『太平記』

樹透　こすき
樹木と樹木の間のすきま。『源平盛衰記』

樹梯　はしだて
「梯立」とも書く。梯子を立てか

けること。『日本書紀』

樹蛤 あまがえる
「雨蛙・雨蛤・蛙黽」とも書く。アマガエル科のカエル。

樹懶 なまけもの
アリクイ目ナマケモノ科の哺乳類の総称。

橡 とちのき・つるばみ・くぬぎ
とちのき―「栃」とも書く。トチノキ科の落葉高木。
つるばみ―①「どんぐり」の古称。『枕草子』。②どんぐりのかさを煮た汁で染めた濃いねずみ色。『万葉集』
くぬぎ―「櫟・椚・櫪」とも書く。ブナ科の落葉高木。

橡染 つるばみぞめ
トチノキ科のトチノキの毬（かさ）の煎汁で染めること。

樽 そ
「樽（そん）」の略。酒だる。『宇津保物語』

橙糕 カセイタ
ナシの実と砂糖で作った南蛮菓子。

樸 あらき・こはだ
あらき―「阿良木」とも書く。樹皮つきの丸太。
こはだ―木の皮。

樸樹 むくのき
「椋の木」とも書く。ニレ科の落葉高木。

樫樫 しかじか
「然然・云云」とも書く。これこれ。

〈欠部〉

歔欷き すすりなき
「啜り泣き」とも書く。すすりなくこと。『其面影』

〈歹部〉

欻 たちまち
「忽・倏」とも書く。急に。にわかに。

殫精 たんせい
「丹精・丹誠」とも書く。①まごころ。②誠実に物事を行うこと。『甲子夜話』

〈火部〉

燈心蜻蛉 とうしみとんぼ
「灯心蜻蛉」とも書く。イトトンボの異称。

燈守 あぶらもり
「油守」とも書く。古代、宮中の中務省で灯火をつかさどった女官。

熾 さかん
勢いが盛んなさま。『航米日録』

熾火 おきひ・おきび・おき
火勢が強く赤く熱した炭火。『新撰字鏡』

熾盛 しじょう
火が燃え上がるように勢いが強いこと。『今昔物語集』

燎 にわび
かがり火。『太平記』

燎船 たてぶね
船を陸に上げて、船底に付着した舟虫を焚殺すること。

燐寸 マッチ
摩擦によって点火する具。

〈灬部〉

燕万年青 つばめおもと
ユリ科の多年草。「ササニンドウ」ともいう。

燕子花 かきつばた
「杜若」とも書く。①アヤメ科の多年草。『万葉集』。②襲（かさね）の色目の一つ。『栄花物語』

燕麦 からすむぎ・えんばく
「烏麦」とも書く。イネ科の一年草または多年草。

燕巣 えんず
「燕窩・燕窩菜・燕菜」とも書く。海ツバメの巣で作った食品。中国料理で用いられる。

燕魚 とびえい
「鳶鱝・鳶鱏・海鷂」とも書く。トビエイ科の海産軟骨魚。

燕頷虎頸 えんがんこけい
ツバメのようなあごと、虎のような頭をしている人相。将来、遠くの国で諸侯となる運命の人。「燕頷虎頭」に同じ。

〈犬部〉

獣田 ししだ
「猪田・鹿田」とも書く。猪や鹿などが踏み荒らした田畑。『万葉集』

〈玉（王）部〉王は四画

璞 あらたま
「粗玉・荒玉・新玉」とも書く。掘り出したままで磨いていない玉。『倭名類聚鈔』

璞玉 はくぎょく
「璞」に同じ。→璞

〈瓜部〉

瓢 ふくべ
「瓠」とも書く。①ウリ科の一年生ヒョウタン。②ユウガオの変種。熟果の外果皮で炭入れや花器などを作る。

瓢虫 てんとうむし
「紅娘・天道虫」とも書く。テントウムシ科の甲虫の総称。

〈疒部〉

瘴癘 しょうれい
湿度・気温が高い気候や風土から起こる熱病や伝染病。

瘴霧 そぶ
①急に来て農作物に冷害を与える霧。②田などのたまり水に鉄錆びのように光って浮かぶもの。「地渋（じしぶ）」に同じ。

〈皿部〉

盧橘 なつみかん
「夏蜜柑」とも書く。ミカン科ダイダイ類の常緑低木。「ナツダイダイ」ともいう。

〈目部〉

瞟眼 ひがら
「僻眼」とも書く。「ひがらめ」の略。斜視。やぶにらみ。『日葡辞書』

〈石部〉

磬 ひかう・ひかえる
①ひかえる。『太平記』。②準備を

して出番がくるのを待つ。

磚子苗　くぐ・いぬくぐ
「莎草」とも書く。①カヤツリグサ科の多年草。②カヤツリグサ科のシオクグの異称。③カヤツリグサ科のハマスゲの異称。

磚茶　たんちゃ・だんちゃ
紅茶か緑茶を蒸し、薄い板状に圧し固めた茶。中国西部の少数民族地区・中央アジアで飲用される。

〈禾　部〉

穎割り　かいわり
「卵割り・貝割り」とも書く。二枚貝が開いた形。卵が二つに割れた形。また、それに似た形。③アジ科の海産硬骨魚。

穎割れ　かいわれ
「貝割れ」とも書く。「貝割れ菜」の略。植物の発芽したばかりの双葉。

穏　おだし・やすらか・おだい
①平穏なこと。『沙石集』。②心が平和なこと。

穏便　おんびん
①無理なく、おだやかなこと。『山城仁和寺文書』。②都合の良いこと。③表沙汰にならないよう、内々に処理すること。

穏座　おんざ
①正式な宴が終わったあとに設けられるくつろいだ席。『権記』。②食事で最後に出る料理。③時期遅れのとれる野菜や果物。

積丹竹　しゃこたんちく
根まがり竹の一変種。煙管や筆軸などの材料となる。「硨胡斑竹（しゃこばんちく）・瑇瑁竹（たいまいちく）」に同じ。

積塔　しゃくとう
「石塔」とも書く。①供養などのため、石を積んで塔の形にしたもの。②「積塔会（しゃくとうえ）」の略。『玉塵抄』

〈穴　部〉

窺見　うかみ
「斥候」とも書く。敵のようすを探ること。間諜。『日本書紀』

窶す　やつす
「俏す」とも書く。①目だ立たない姿に変える。②出家する。『伊勢物語』。③痩せるほど熱中し、思い悩む。④打ち解ける。『好色一代男』。⑤一部を省略する。⑥化粧する。『浪花聞書』

〈衤　部〉

襁褓　むつき・おしめ
①産着。『源氏物語』。②おしめ。『百姓分量記』。③ふんどし。

褶　ひらび・うわみ
「ひらおび（平帯・牧帯）」の転。古代、礼服（らいふく）着用の際に男は袴の上に、女は唐衣（からごろも）の上に重ねて着けた裳（も）。『倭名類聚鈔』

〈竹　部〉

築土　ついじ
土塀。『枕草子』

築地　ついひじ・ついじ
①屋根を葺いた土塀。②古代、禁中や公卿などの屋敷を囲った土塀。

築垣　ついがい・ついがき
「築牆」とも書く。「築地」に同じ。→築地

篤　とくと
じっくりと。念を入れて。よくよく。『地方凡例録』

篤實　まじめ
「真面目」とも書く。①誠実なこと。『西洋道中膝栗毛』。②真剣な様子。

篤癃人　あつびと・あつえびと
危篤の病人。『日本書紀』

篦代　のしろ
鏃（やじり）の矢柄（やがら）の中に差し込まれている部分。『今昔物語集』

篦竹　のだけ
矢柄にする竹。『梁塵秘抄』

篦被　のかずき
鏃（やじり）が矢柄の口と接する部分。

篦深　のぶか
矢を深く射込むこと。『筆のままに』

篦撓　のため
「篦矯」とも書く。曲がった矢柄を撓め直す道具。『梁塵秘抄』

篦矯　のため
「篦撓」とも書く。→篦撓

〈米　部〉

糗　はったい
「麨」とも書く。米または麦の新穀を炒り、ひいて粉にしたもの。麦こがし。『本朝食鑑』

糖花　コンペイトー
「金平糖・金米糖」とも書く。周囲に角状の突起がある小粒の砂糖菓子。

糖酒　ラム
サトウキビの糖蜜や絞り汁を発酵させ、蒸留した酒。

糒　ほしいい
「乾飯・干飯」とも書く。蒸した米を乾燥させ、保存用にしたもの。『宇津保物語』

〈糸　部〉

縊く　わなく
「経く・絞く」とも書く。首をくくる。

縕袍　おんぽう・おんぼう
綿入れ。どてら。『伊曾保物語』

縑　かとり
「固織（かたおり）」の転。細い糸で織り目を密に固く織った絹布。『倭名類聚鈔』

縞啄木鳥　しまげら
羽に縞模様のあるキツツキ類の総称。

縞栗鼠　しまりす
リス科の哺乳類。

縡　こと
ことがら。事故。『鎌倉幕府追加法』

縦　ほしいまま・ほしきまま・たとえ・たとい・たたさま・より
ほしいまま・ほしきまま―「恣・擅」とも書く。心のまま。勝手放題。『日本書紀』
たとえ・たとい―「仮令・縦令」とも書く。もし。かりに。『平家物語』
たたさま―「縦方」とも書く。まっすぐなさま。『枕草子』
より―…から。

縦し縦し よしよし
どうなろうとも。『源氏物語』

縦す ゆるす
①固く締めてあるものをゆるくする。②気をゆるす。

縦令 たとい
「縦」とも書く。↓縦

縦容 しょうよう
「従容・松容」とも書く。①ゆったりとして動じないさま。②貴人と談話すること。『小右記』。③貴人の機嫌。『源氏物語』

縢る かがる
布の裁ち目がほつれないよう、糸で巻くようにして縫うこと。『日本書紀』

縛日羅 ばさら
「跋折羅・伐折羅」とも書く。仏教で、金剛。

繁 しみ・しじ
「茂」とも書く。ぎっしりと。すきまなく。草木の繁る形容に多く用いられる。『万葉集』

繁吹 しぶき
①液体が飛び散る。『上田敏全訳詩集』。②雨風が吹きつける。

繁雨 しばあめ
「屢雨」とも書く。はげしく降る雨。「村雨」に同じ。

繁桟 こみざん
反りを防ぐため、細い桟（さん）をたくさん入れてある板。『南総里見八犬伝』

繁貫く しじぬく
船べりから多くの楫（かじ＝櫂〈かい〉・櫓〈ろ〉の類）を突き出す。『万葉集』

繁凝 しこり
「凝・痼」とも書く。①筋肉がこりかたまること。②事が終わってもわだかまりが残ること。

繁繁 しげしげ・しけじけ・しけしけ
①しきりに。②つくづく。『御触書宝暦集成』

繁縟 はんじょく
①「繁文縟礼（はんぶんじょくれい）」の略。（規則・礼儀などがこまごまとしていて）わずらわしいこと。②さまざまな彩り。

縫部司 ぬいべのつかさ
古代、大蔵省に属し、官給の衣服の裁縫をつかさどった役所。

縫腋袍 まとわしのうえのきぬ・まつわしのうえのきぬ・ほうえきのほう
両脇を縫い、裾に襴（らん）をつけた袍。

縫殿寮 ぬいどののつかさ
古代、中務省に属し、宮人の名帳や衣服の裁縫などをつかさどった役所。

縫殿頭 ぬいのかみ・ぬいどののかみ
縫殿寮の長官。↓縫殿寮

縨 ほろ
①「母衣・幌・保侶」とも書く。鎧の背につけて流れ矢を防いだ幅広の布。『平家物語』。②車にかけるおおい。

〈臼（臼）部〉 臼は七画

興米 おこしごめ
「粔米・粔籹米」とも書く。蒸した糯米（もちごめ）を炒ってから、水飴と砂糖で固めた菓子。おこし。『古今著聞集』

興宴 きょうえん
おもしろい宴。『徒然草』

〈舟部〉

艙口 にごりぐち
船の貨物を出し入れするための開口部。

〈虫部〉

螢蛆 つちほたる・つちぼたる
「土螢・地螢」とも書く。螢の幼虫。

螠 ゆむし
ユムシ綱に属する海産の環形動物の総称。

螠虫 おきくむし
「阿菊虫」とも書く。アゲハチョウ類、とくにジャコウアゲハのさなぎの俗称。

螇蚸 はたはた
バッタの異称。『倭名類聚鈔』

螟虫 ずいむし
「髄虫」とも書く。草木の茎・枝の内部に食い入る昆虫の幼虫の総称。

蟇 ひき・ひきがえる
「蟾蜍」とも書く。ヒキガエル科の両生類の総称。『倭名類聚鈔』

蟇皮 ひきはだ
「蟇肌・引膚・皺文・波文」とも書く。①「蟇肌革（ヒキガエルの背のようなシワのある革）」の略。②蟇肌革製の刀の鞘袋。

蟇股 かえるまた・かりまた
「蛙股」とも書く。①社寺建築などで、荷重を支えるために置かれる山形の部材。②簪（かんざし）の足が蛙の股のような形をしているもの。③網地の結び目の一つ。

蟇額草 ひきのひたいぐさ
ウマノスズクサ科の多年草ウスバサイシンの異称。

蟆子 ぶゆ・ぶと・ぶよ
「蚋」とも書く。ブユ科の昆虫の総称。

〈衣部〉

褰帳 けんちょう
即位の儀や朝賀のとき、高御座（たかみくら）の御帳をかかげること。また、その役にあたる女官。『古事談』

〈見部〉

親 みずから・まのあたり・むつぶ
みずから—自分自身から。『日本山海名産図会』
まのあたり—目の前で。近くで。『今昔物語集』
むつぶ—馴れ親しむ。『新猿楽記』

親仁 おやじ
①父親。『菅原伝授手習鑑』。②老人。③親方。棟梁。

親父 しんぶ・しんぷ
父親。『保元物語』

親沢 むさわ
小渓谷が数多くある渓谷。

親昵 しんじつ
親しみ馴染むこと。『看聞御記』

親家 あいやけ
「相舅」とも書く。婿と嫁双方の

親同士。『仮名手本忠臣蔵』

親属　やから
「族」とも書く。①一家一門。氏族。②「輩」とも書く。仲間。『宇津保物語』

親親　しみじみ
「染み染み・沁み沁み」とも書く。静かに落ち着いているようす。心に深く感じるさま。『緑蓑談』

親闈　しんい
親が寝起きする部屋。『二十四孝』

〈角　部〉

覯　みる
「見る」とも書く。自分の目で確かめること。『甲子夜話』

觱篥　ひちりき
「篳篥」とも書く。雅楽の管楽器の一つ。

〈言　部〉

諳んじ　そらんじ
暗誦する。『文明本節用集』

謂えらく　おもえらく
「思えらく・以為えらく」とも書く。思っているのには。『大唐西域記』

諧　ととのう
「整える」に同じ。『吾妻鏡』

諫暁　かんぎょう
①仏教で、相手の誤りをいさめ、正しい道へと導くこと。②日蓮宗の宗徒が、権力者に日蓮宗への帰依をすすめること。

諮詢　しじゅん
「咨詢」とも書く。参考として意見を求めること。

謚　おくりな・いみな
「諡号・贈名」とも書く。人の死後、生前の徳行をたたえて贈る称号。『百錬抄』

謚号　おくりな
「謚」とも書く。→謚

諦　つまびらか
「詳・審」とも書く。詳しいさま。『遠西観象図説』

諦諦　つくづく
「熟・熟熟」とも書く。①念をいれて見聞きし、考えたりするさま。『長者鑑』。②深く感じるさま。③物さびしげなさま。

諷言　そえこと・そえごと
言いにくいことを、ものにたとえて上手に言い表すこと。『宇津保物語』

諷経　ふぎん・ふきょう
声をそろえて読経すること。『庭訓往来』

諷頌　ふじゅ
仏教で、経典・経文中にある仏徳や教理を韻文で述べたもの。「偈・偈頌」に同じ。

諷歌　そえうた
『古今和歌集』の序に記されている和歌六義（りくぎ）の一つ。ある事物に思いを寄せて詠んだ歌。

諷誦　ふうず・ふうじゅ・ふじゅ
「諷経」に同じ。『中右記』→諷経

諷諫　ふうかん
遠回しにいさめること。『御成敗式目』

謀る　たばかる
①思案する。『源氏物語』。②相談する。『伊勢物語』。③だます。『こがね丸』

謀反　むほん・むへん
「謀叛」とも書く。①国家・主君にそむくこと。『今昔物語集』。②ひそかにはかって事をおこすこと。

謀叛　むほん
「謀反」とも書く。→謀反

諛　へつらう
「諂」とも書く。気に入られるようにふるまう。機嫌をとる。

〈豆　部〉

豎　しとべ
「主人の後に従う者。従者。『日本書紀』

豎子　じゅし
「孺子」とも書く。①子ども。わらべ。②未熟者。青二才。『太平記』

豎童　じゅどう
従者の少年。

豎義　りゅうぎ
「竪義・立義」とも書く。薬師寺・興福寺などで行われた学僧の試験。問者の出す論題に答えること。また答えるひと。『権記』

〈貝　部〉

賢木　さかき
「榊」とも書く。①常緑樹の総称。とくに神事に用いる木。②ツバキ科の常緑小高木。『日本書紀』

賢所　かしこどころ
①宮中で天照大神の御霊代（みたましろ）である神鏡を安置してあるところ。『栄花物語』。②神鏡。『平家物語』

賭弓　のりゆみ
「賭射」とも書く。①賞品を賭けて弓を射ること。②弓の技を競う平安時代の宮中行事。『権記』

賭射　のりゆみ
「賭弓」とも書く。→賭弓

〈赤　部〉

赭　そほ
「赫」とも書く。古代、塗料に用いた赤土。『万葉集』

赭土　あかつち
「赤土」とも書く。①鉄分に富んだ赤褐色の粘土。②赤黒色の岩絵具。

赭山　しゃざん
草木の生えていない山。

赭面　あかつら・あかづら・あかっつら
「赤面」とも書く。①真っ赤な顔。②歌舞伎で敵役。

赭船　そほぶね
「赫船」とも書く。赭（そほ）を用いて赤く塗った船。『万葉集』

赭顔　しゃがん
あからがお。

赬桐　とうぎり・ひぎり
「唐桐・緋桐」とも書く。クマツヅラ科の落葉小低木。

〈足（⻊）部〉

踵　くぼ・くびす・きびす
かかと。足の裏の後部。『類聚名義抄』

蹄白 よつじろ
「四白・踏雪」とも書く。馬・犬などで足の先が四本とも白いもの。

蹄角粉 ていかくふん
角などを蒸して乾燥させ、粉砕した肥料。

蹄窪 ていあ
牛馬の蹄のあとの窪み。面積がきわめて狭い土地のたとえ。

〈車　部〉

輻 や
車輪のこしきとまわりの輪をつないで放射状に並ぶ細い棒。『倭名類聚鈔』

輹 とこしばり
「床縛」とも書く。牛車の屋形を軸に結びつけて固定する縄。

輸 いたす
①運ぶ。納める。『雲州消息』。②出し尽くす。

輸贏 しゅえい
負けることと勝つこと。

〈辵（辶・辶）部〉 辶は四画、辶は三画

遶仏 にょうぶつ
「繞仏」とも書く。読経しながら仏像のまわりを右まわりに三回めぐって敬意を表すこと。

遶堂 にょうどう
読経しながら仏堂を右まわりに歩くこと。

遼可 いんこ
「鸚哥・音呼」とも書く。オウム目のオウム類以外の鳥の総称。

還 かえって
「反・却」とも書く。逆に。反対に。

還生 げんしょう
①涅槃界から現世に復活すること。②戒律を破った者が懺悔してもとの生活にもどること。

還向 げこう
「下向」とも書く。神仏に参詣して帰ること。『枕草子』

還住 げんじゅう
以前に住んでいたところへ帰り住むこと。『信長公記』

還昇 げんじょ・げんじょう・かんじょ
昇殿を禁止されていた者がふたたび許されること。

還俗 げんぞく
僧侶が俗人に戻ること。『平家物語』

還相回向 げんそうえこう
仏教で、浄土からこの世に戻って、衆生を済度すること。

還御 かんぎょ
天皇・皇后・皇太后などが出先から帰ることの尊敬語。『中右記』

還補 げんぷ・げんぽ・かんぽ
もとの職に復すること。『大内家掟書』

還饗 かえりあるじ
古代、賭弓（のりゆみ）や相撲などの節会で勝った方の大将が配下の者たちをもてなしたこと。『源氏物語』。②賀茂祭や春日祭が終わってから舞人などの演者が還ってきてする饗宴。『宇津保物語』

避 のがる
のがれる。退却する。『久保田の落穂』

避与 さりあたう
公権力の強制によって土地や権利を手放すこと。『飯野文書』

避文 さけぶみ
譲り状。『豊後到津文書』

避役 カメレオン
カメレオン科の爬虫類の総称。

避渡 さりわたす
自分の権益を放棄し、相手に渡すこと。『大中臣光基避状』

避道 よきみち
「避路」とも書く。人目などを避けて行く道。まわり道。

〈金　部〉

錏 しころ
「錣・鞠」とも書く。①兜などの左右・後方に下げて首筋をおおうもの。『平家物語』。②「錏庇（しころびさし）」の略。

鋺 かなまり・まがり
「金椀」とも書く。金属製の椀。『徒然草』

錦茘枝 つるれいし
「蔓茘枝・苦瓜」とも書く。ウリ科の一年性蔓草。「ゴーヤ」に同じ。

錦帯花 はこねうつぎ
「箱根空木・箱根溲疏」とも書く。スイカズラ科の落葉低木。

錦被花 ひなげし
「雛罌粟・美人草・虞美人草」とも書く。ケシ科の一年草。

錦袋子 きんたいし
「金袋子」とも書く。中国から伝来したとされる万病に効くという秘薬。『飛梅千句』

錦熟黄楊 あさまつげ
「朝熊黄楊」とも書く。唐黄楊の異称。ツゲ科の常緑喬木。

錮す こす
禁錮する。つなぎとめる。

錯簡 さっかん
①簡を結ぶ紐が切れてばらばらになった竹簡（ちくかん）や木簡（もっかん）。②転じて、書物の綴じ違いや文章が前後すること。

錙銖 ししゅ
きわめて少ない目方（めかた）。わずかなこと。

錫杖 しゃくじょう
僧侶や修験者が持つ杖。また、それを小形にした仏具。『今昔物語集』

錫蘭 セイロン
インド半島南東に位置する民主社会主義共和国スリランカの旧称。

錠 たがに
はさみ。『新撰字鏡』

錘 いわ
「沈子・墜子」とも書く。漁網を水中に沈めるためのおもり。②碇（いかり）。『千載和歌集』

錘綱 いわづな
「岩綱・石綱・沈子綱」とも書く。裾に錘（おもり）をつける綱。

錣 しころ
「錏」とも書く。→錏

錬し ねやし
練りこねてねばりをだすこと。『老人雑話』

錨酢漿　いかりかたばみ
紋所の一つ。カタバミの葉と三つの錨を組み合わせたもの。

〈門　部〉

閼伽　あか
仏に供えるもの。一般には仏に供える水。また、それを入れる容器。『捨玉集』

閼伽井　あかい
閼伽の水（仏前に供える水）を汲む井戸。『新古今和歌集』

閼伽坏　あかつき
閼伽の水（仏前に供える水）を入れる銅製の器。『源氏物語』

閼伽振鈴　あかしんれい
密教で、閼伽（あか）を供え、鈴を鳴らしながら行う勤行の式。『夫木和歌抄』

閼伽桶　あかおけ
仏に供える水を入れる桶。

閼伽棚　あかだな
仏に供える水などを置く棚。『徒然草』

閾　しきみ・とさい
「閫」とも書く。①門戸の内外の仕切りをしめすために敷く横木。②敷居。『徒然草』

閻浮　えぶ・えんぶ
①「閻浮提（えんぶだい）」の略。仏教の世界観で、須弥山の南方にあるという島。のち、人間界を指すようになった。②「閻浮樹（えんぶじゅ）」の略。閻浮提の北方にあるという巨大な樹木。

閻浮果報　えんぶかほう
仏教で、現世で享受できる果報。

閻浮提　えんぶだい・えんぶだ
「閻浮」①に同じ。→閻浮

閻浮提金　えんぶだごん・えんぶだんごん
「閻浮檀金・炎浮提金」とも書く。仏教で、閻浮樹の下を流れる川でとれる砂金。

閻魔蟋蟀　えんまこおろぎ
「油胡蘆」とも書く。コオロギの一種。

閹人　こんじん
宮殿の門番。

閹寺　こんじ
「閹侍」とも書く。宮廷の後宮に奉仕する宦官（かんがん）。

閹侍　こんじ
「閹寺」とも書く。→閹寺

〈阜（阝〈左〉）部〉　阝は三画

隩　くむしら
深く入り込んだところ。『新撰字鏡』

〈雨（⻗）部〉

霍公鳥　ほととぎす
「不如帰・杜鵑・時鳥・子規・杜宇・沓手鳥・蜀魂」とも書く。カッコウ科の鳥。

霍乱　かくらん
夏季に激しい下痢や嘔吐を起こす急性の胃腸炎の古称。『明恵伝記』

霎時　しばらく
「霎・俄頃・須臾」とも書く。①にわかに。②わずかなとき。しばし。

霏霏　ひひ
①雪や雨などが降りしきるさま。②話が続いて絶えないさま。③雲が浮かぶさま。『菅家文章』

霖　ながめ
「長雨」とも書く。①長く降り続く雨。『万葉集』。②五月雨。

霖雨　ながめ・ながあめ・りんう
長く降り続く雨。

〈革　部〉

鞘平　さやひらめ
「鞘扁」とも書く。刀剣の鞘で、平たく作ったもの。

鞘扁　さやひらめ
「鞘平」とも書く。→鞘平

鞍　しおで
「四方手」とも書く。馬具の一つ。鞍の前輪（まえわ）・後輪（しずわ）の左右につけて鞅（むながい）・鞦（しりがい）をとめる革紐。『源平盛衰記』

[illegible]　しころ
「錏」とも書く。→錏

〈頁　部〉

頤　おとがい
①したあご。『吾妻鏡』。②へらずぐち。『心中天の網島』

頤使　いし
「頤指」とも書く。人をあごで使うこと。

頤指　いし
「頤使」とも書く。→頤使

頤頭巾　おとがいずきん
あごに紐をかけるようにしてある頭巾。

領可　がんか
承知。合点。

領脚　えりあし
「襟足」とも書く。えり首の髪の生え際部分『高野聖』

頬打　つらうち
「面打」とも書く。憎いと思う相手の前で、わざと皮肉や悪口をいうこと。「面当て」に同じ。

頬恥　つらはじ
「面恥」とも書く。面目を失うほどの大恥。赤恥。『玉塵抄』

頬貫　つらぬき
「貫」とも書く。①縁に緒（お＝紐）を貫き、足の甲の上で結ぶ毛皮製の浅沓（あさぐつ）。乗馬・狩猟用。②白革製で雪や雨のときに用いる沓（くつ）。③「田沓（たぐつ）」に同じ。

頬輔　ほおがまち
ほおぼね。ほおげた。『心中天の網島』

頬櫛　つらぐし
「面櫛」とも書く。前髪に櫛を挿すこと。『大和物語』

頸　あかえ
頸（くび）の古称。

頸根　うなね
首筋の付け根。くびねっこ。『祝詞』

頸骨　くぼね・くびぼね
料理用語で雉の骨。

頸窩　ぼんのくぼ
「盆窪」とも書く。①うなじの中央の窪んだ部分。②江戸時代の髪風俗で、産髪（うぶがみ）を盆の窪の部分のみ切り残すこと。

頭鎧 あかえのよろい
大和朝廷のころの甲冑。「あかえのかぶと」ともいう。

頽 なだれ
くずれ落ちること。

頽然 ぐたり
①体力・気力が落ち立ち上がれないほど弱くなること。『其面影』。②植物などが生気を失って弱るさま。

頭の殿 こうのとの
「長官の殿・督の殿・守の殿」とも書く。衛門府・兵衛府・馬寮などの長官や国司の敬称。『宇治拾遺物語』

頭上花萎 ずじょうけい
天人といえども臨終は免れないという衰相の一つ。

頭巾 ときん
「兜巾・頭襟」とも書く。①修験者が用いる布製のかぶりもの。②雨ざらしになる方の柱の先端を方錐形に削ったもの。③丸太の両端をとがらせること。

頭巾草 ときんそう
「兜巾草」とも書く。キク科の一年草。

頭巾薔薇 ときんいばら
バラ科落葉低木。

頭甲下し ずこうくだし
人の言い分を十分に聞かず、最初から一方的に決めつけること。「あたまごなし」に同じ。『伊勢俳諧新発句帳』

頭立 ずだて
兜の頂上に差し込んで立てる立物(たてもの)。

頭陀袋 ずだぶくろ
①僧侶が頭陀行(ずだぎょう＝食を乞いながら修業に歩くこと)をするとき、経巻・僧具・食器お布施などを入れて首にかける袋。『泣尼』。②死者を棺に納めるとき、六道銭などを入れて首にかける袋。『毛抜』

頭垢 ふけ
「雲脂」とも書く。皮脂腺の分泌物が乾燥し、皮膚に付着するもの。頭部に多い。『草枕』

頭屋次第 とうやしだい
祭祀の準備や進行方向を書いた文書。

頭迦 ずはずれ
沖縄・薩摩地方で、五十一歳以上は公役を免除されたこと。また、その者。『久米具志川間切公事帳』

頭風 ずふう
頭痛。『日葡辞書』

頭病 かみやみ
「頭風」に同じ。『十本扇』↓頭風

頭盔 とっぱい
「突盔」とも書く。鉢の頂がとがっている兜。

頭椎 くぶつち・くぶつつい・かぶつち
「頭椎の太刀」の略。『日本書紀』↓頭椎の太刀

頭椎の大刀 かぶつちのたち
「頭槌の大刀」とも書く。古墳時代の刀剣で、柄頭(つかがしら)が槌形・卵形になっているもの。

頭槌の大刀 かぶつちのたち
「頭椎の大刀」とも書く。↓頭椎の大刀

頭燃 ずねん
「頭然」とも書く。頭髪が燃えること。危急のたとえ。『太平記』

頭襟 ときん
「頭巾」とも書く。↓頭巾

頼母子 たのもし
「憑子」とも書く。鎌倉時代から近世まで行われた互助的な金融組合。「頼母子講」に同じ。『文明本節用集』

頼母子講 たのもしこう
「頼母子」に同じ。↓頼母子

頼效 たのみがい
頼んだ効果がある。『金色夜叉』

頻 しきりに
「連」とも書く。たびたび。しばしば。『高山寺本古往来』

頻年 しきりのとし
毎年。ここ数年。「頻(しき)んの年」に同じ。『平家物語』

頻吹 しぶき
「繁吹」とも書く。①液体が飛び散ること。②風雨が吹きつけること。

頻浪 しきなみ
「重波」とも書く。①つぎつぎと打ち寄せてくる波。『万葉集』。②たてつづけ。『水谷蟠龍記』

頻頻 しくしく
「重重」とも書く。絶えず。しきりに。打ちつづいて。『万葉集』

〈食(食・飠)部〉

餗 こなかき
「糝」とも書く。①米の粉を煮立てた吸い物。『倭名類聚鈔』。②雑炊。『下学集』

〈馬　部〉

駭く いわく
驚きあわてて息せくさま。『日本書紀』

駭然と ぎょっと
急に予期しないことに遭遇しておどろくさま。『浮雲』

〈骨　部〉

骼油馬 かわらげかすげ
「川原毛糟毛」とも書く。馬の毛色の一つ。薄茶色。

骸炭 コークス
石炭を高温で乾留し、揮発分を取り除いた発熱量の大きい燃料。『邪宗門』

〈髟　部〉

髻 みずら
「角髪・角子・鬟」とも書く。古代の男性の髪型。頭頂から左右にわけ、耳のあたりで輪にして結び束ねたもの。『源氏物語』

髻華 うず
古代、冠や髪にさした草木の花や枝などの飾り。『日本書紀』

〈門　部〉

鬨 とき
「時・鯨波」とも書く。①合戦のはじめに、士気を鼓舞するために全軍で発する叫び声。『太平記』。②転じて、大勢が一度にあげる声。

〈魚 部〉

鮓荅 さとう
「鮓答」とも書く。馬・牛・羊・豚などの胆石や腸内の結石で、生薬やまじないに用いた。

鮓答 さとう
「鮓荅」とも書く。→鮓荅

鮎並 あいなめ
「鮎魚女・相嘗」とも書く。アイナメ科の海産硬骨魚。

鮎魚女 あいなめ
「鮎並」とも書く。→鮎並

鮃 ひらめ
「平目・比目魚」とも書く。ヒラメ科の海産硬骨魚。

鮑魚 ほうぎょ
開いて塩漬けにした魚。また、そのような臭(くさ)みを放つもの。『今昔物語集』

鮑醬 あわびしお
アワビを細く切った食品。

鮗 このしろ
「鱅・鰶・鯯」とも書く。ニシン科の海産硬骨魚。

鮊子 いかなご
「玉筋魚」とも書く。イカナゴ科の海産硬骨魚。

〈鳥 部〉

鴛鴦 おしどり・えんおう・おし
①カモ目の水鳥。②夫婦・男女のむつまじいさま。③女性の結髪の一つ。

鴛鴦梅 はなざろん
「花品字梅・花座論梅」とも書く。座論梅（ざろんうめ）の一品種。

鴛鴦菊 とりかぶと
「鳥兜・鳥頭・附子・草烏頭」とも書く。キンポウゲ科の多年草。塊根を乾燥させたものは烏頭（うず）・附子（ぶし）と呼ばれ、猛毒であり、生薬ともなる。『書言考節用集』

鴨舌草 こなぎ
「小水葱」とも書く。①水葱（なぎ）の異称。②ミズアオイ科の一年草。

鴨児芹 みつば
「三葉」とも書く。セリ科の多年草。

鴨脚草 ゆきのした
「雪下・虎耳草・金糸荷」とも書く。ユキノシタ科の常緑多年草。

鴨脚樹 いちょう
「銀杏・公孫樹」とも書く。①イチョウ科の落葉高木。②「銀杏頭（いちょうがしら）」の略。③紋所の一つ。

鴨跖草 つきくさ
「鴨頭草」とも書く。→鴨頭草

鴨嘴獣 かものはし
カモノハシ目の哺乳類。

鴨頭草 つきくさ
「鴨跖草・月草」とも書く。①ツユクサ科の一年草ツユクサの古称。『万葉集』②襲（かさね）の色目の一つ。

鴟 とび
「鳶・鵄」とも書く。①タカ科の鳥。②「鳶の者」の略。③「鳶口」の略。④「鳶色」の略。⑤江戸時代、売買の仲買をして手数料を取った者。

鴟吻 しふん
「蚩吻」とも書く。古代の宮殿などの大棟の両端のすえた沓（くつ）形や魚尾形の飾り。

鴟尾 しび・とびのお・とみのお
「鵄尾」とも書く。
しび—「蚩尾」とも書く。「鴟吻」に同じ。→鴟吻
とびのお・とみのお—①牛車（ぎっしゃ）の後方に出た二本の棒。②「鴟吻」に同じ。→鴟吻

鴟尾草 いちはつ
「鳶尾・一八」とも書く。アヤメ科の多年草。

鴟梟 しきょう
①フクロウ科の鳥フクロウの異称。②奸悪な者。

鴟鴞 ふくろう
「梟・鴞・母喰鳥」とも書く。フクロウ科の鳥。『本草和名』

鴟鵂 みみずく・つく・ずく
「木菟・角鴟」とも書く。フクロウ科の鳥で、頭に長い羽角（はねづの）をもつものの総称。『倭名類聚鈔』

〈鹿 部〉

麈尾 しゅび
払子（ほっす）のこと。獣の長い毛を束ね、柄をつけた法具。

〈麥（麦）部〉 麦は七画

麩 ふすま
「麬」とも書く。小麦をひいて粉にしたあとに残る皮。

〈龍（竜）部〉 竜は十画

龍胆 りんどう
「竜胆」とも書く。①リンドウ科の多年草。『枕草子』②襲（かさね）の色目の一つ。『栄花物語』③紋所の一つ。

龍骨 かわら
船の底部を縦に貫く船を支える材。『平家物語』

十七画

〈人　部〉

優 ゆたか
①優れていること。②豊かなこと。『折たく柴の記』

優良雄 ますらお
「益荒男・大夫・丈夫」とも書く。①強く勇ましい立派な男。『内地雑居未来之夢』。②猟師。

優容 しとやか
「淑やか」とも書く。上品でたしなみのあるさま。『魔風恋風』

優恕 ゆうじょ
「宥恕」とも書く。寛大な心でゆるすこと。犯罪や不法行為などをとがめないこと。『島津家文書』

優婆夷 うばい
在家のまま正式な仏教信者となった女性。『日本霊異記』

優婆塞 うばそく
在家のまま正式な仏教信者となった男性。『源氏物語』

優循 ゆたかに
「豊かに」とも書く。『雲州消息』

優曇華 うどんげ
①クワ科の常緑高木。②きわめて稀なことのたとえ。③クサカゲロウの類が産み付けた卵。

優優敷 ゆゆし
恐れ多いこと。『保元物語』

〈口　部〉

嚔 くさめ
①「くしゃみ」に同じ。②くしゃみをしたときに唱えるまじないの言葉。『名語記』

嚔草 はなひりぐさ
①セリ科の多年草チドメグサの異称。②キク科の一年草トキンソウの異称。

嬶 かか・かかあ
「嬶」とも書く。庶民が妻や母を親しんでよぶ称。

嬶天下 かかあでんか
一家の中で妻の権力が強く夫の力が弱いこと。

嬶衆 かかし
妻。女房。『浮世床』

〈女　部〉

嬰ぐ うなぐ
うなじに掛ける。『万葉集』

嬥歌会 かがい
「嬥合」とも書く。古代、若い男女が集まって歌を詠み交わし、舞踏して遊んだこと。一種の求婚方式で、集団見合い的な性格をもっていた。「歌垣」に同じ。『古事記』

〈子　部〉

孺嬰 じゅえい
赤子。乳児。

〈⺍　部〉

厳 いつ
「稜威」とも書く。①おごそかな威光。『古事記』。②斎（い）み清められていること。『祝詞』。③勢いがある。『万葉集』

厳物作 いかものづくり
「怒物作・嗔物造」とも書く。大きく、いかめしく見えるように作った太刀。『平治物語』

厳瓮 いつへ
「厳瓫」とも書く。祭祀などに用いる酒を入れる、神聖な土器。『日本書紀』

厳瓫 いつへ
「厳瓮」とも書く。→厳瓮

厳幣 いつぬさ
①神聖なささげ物。②神事を行う者が頭にかぶる木綿鬘（ゆうかずら）。『祝詞』

厳敷 きびし
「稠敷」とも書く。厳重である。

厳穂 いかしほ
「茂穂」とも書く。よく稔った稲穂。『祝詞』

厳樫 いつかし
「稜威樫・厳橿」とも書く。神威のある、よく繁った樫の木。『古事記』

〈弓　部〉

彌地 いやち・いやじ
「忌地・厭地・嫌地」とも書く。作物の連作で成育が悪くなり、収穫が少なくなった耕地。

彌早 いやはや
「弥速」とも書く。①いよいよ早いさま。急ぐさま。『壬二集』。②驚いたり、あきれたときに発する語。いやもう。

彌書 いやがき
重複して書き記すこと。「重ね書き」に同じ。『清原宣賢式目抄』

彌終 いやはて
一番あと。最後。『古事記』

〈忄　部〉

懦弱 だじゃく
「惰弱」とも書く。①体力のないこと。『百姓分量記』。②いくじがないこと。

〈扌　部〉

擱 さしおく
そのままにしておく。捨ておく。

擱筆 かくひつ
「閣筆」とも書く。文書を書き終えること。文字を書くことを止めること。『相良家文書』

擬 あてがい・もどき・はからい・なずらい
あてがい—①割り当てること。②転じて、対策。
もどき—「抵牾」とも書く。①真似をする。また、似せて作ったもの。『宇津保物語』。②非難する。『源氏物語』
はからい—処置。相談。
なずらい—「準・准」とも書く。並ぶ。匹敵。

擬える なずらえる
「準える・准える」とも書く。同類とみなすこと。「なぞらえる」に同じ。『源氏物語』

擬宝珠　ぎぼうし・ぎぼし
ぎぼうし―ユリ科の多年草。
ぎぼし―①欄干などの柱の上端につける宝珠形の装飾。②ネギの花。③「ぎぼうし」の略。

擬鳳蝶　あげはもどき
「揚羽擬」とも書く。アゲハモドキ科の蛾。

擬瓢虫　てんとうむしだまし
「偽瓢虫」とも書く。①テントウムシダマシ科の甲虫の総称。②ニジュウヤホシテントウなど作物害虫の異称。

擬蠍　かにむし
カニムシ目の節足動物の総称。

擦屑　おろす
大根などをすりおろすこと。

擢んでる　ぬきんでる
「抽んでる・抜きんでる」とも書く。①抜き出る。逃れる。『太平記』②人並みはずれて優れていること。『平家物語』

擣衣　うちぎぬ
「打衣」とも書く。砧（きぬた）で打ち、つやを出した衣（ころも）。女房装束で、袿（うちき）の上に着用した。

擯出　ひんじゅつ・ひんしゅつ・ひんずい
①しりぞけること。『源平盛衰記』②追放すること。

〈氵部〉

濠太剌利亜　オーストラリア
「濠太刺利」とも書く。オーストラリア大陸を占める連邦国家。

濡ち　そぼち
ひどく濡れること。『匠材集』

濡娼　ぬらしよね
①好色な遊女。②嫉妬深い遊女。

〈艹（艹・艸）部〉　艹は四画、艸は六画

藁本　かさもち・そらし
セリ科の多年草。

藁沓　わろうず
草鞋（わらじ）。『宇治拾遺物語』

藁蓋　わろうだ
「円座・藁座」とも書く。ワラ縄を渦巻状にして作った円座。

藁稭　わらみご・わらしべ
稲穂の芯。わらくず。

藁藉　つかなみ
「束並」とも書く。ワラで編まれた畳くらいの広さの敷物。『散木奇歌集』

藁籠　つぶら
藁などで作った子供をいれておく籠。

薩沙富拉斯　サッサフラス
クスノキ科の落葉高木。

薩哈連島　サガレンとう・サワリンとう・サワレンとう
樺太の古称「サハリン」。

薩埵　さった
①命あるもの。衆生。②「菩提薩埵」の略。『根南志具佐』

薩婆訶　そわか
「蘇婆訶・娑婆訶」とも書く。密教で陀羅尼呪文の最後につける語。仏への賛嘆の語。

藉使　たとい
「借・借如」とも書く。かりに。

薯蕷　うも・やまいも・やまのいも・とろろ
うも―「芋」とも書く。イモの古称。「里芋・山芋」に同じ。『新撰字鏡』
やまいも・やまのいも―「山芋」とも書く。ヤマノイモ科の蔓性多年草。
とろろ―「薯蕷汁（とろろじる）」の略。

薯蕷酒　いもざけ
「芋酒」とも書く。ヤマイモをすってまぜた薬用酒。『言国卿記』

薯蕷粥　いもがゆ
「芋粥」とも書く。①薄く切ったヤマノイモにアマズラの汁、水あめなどを加えて炊いた粥。②サツマイモを切り入れて炊いた粥。

薯蕷軽羹　いもかるかん
「芋軽羹」とも書く。すりおろしたヤマイモに米粉や砂糖などを練り合わせて蒸した菓子。

薺苨　そばな・さきくさな・みのは
キキョウ科の多年草。

薺蒿　うはぎ
キク科の多年草ヨメナの古称。『万葉集』

藐姑射の山　はこやのやま
中国で仙人が住むとされる想像上の山。『万葉集』②上皇の御所を祝していう語。『千五百番歌合』

藐焉　ぼんやり
①形・記憶・意識などが明瞭でなく漠然としているさま。『浮城物語』②気が利かないさま。

〈心（⺗）部〉

懃懇　ねもころごろ
「懇」に同じ。→懇

懇　ねんごろ・ねもころ
「惻隠」とも書く。①親切なさま。心のこもっているさま。『保元物語』②むつまじいさま。③念入りに見るさま。『万葉集』

懇切　こんせつ
①細かいところまで心が行き届いていて、この上なく親切なこと。②しきりに願い求めること。『権記』

懇志　こんし
①親切にゆきとどいた心づかい。『富士谷文書』②信徒などがすすんで寺に納める金銭など。

懇祈　こんき
神仏に熱心に祈ること。『源平盛衰記』

懇望　こんもう
いちずに望むこと。『讃岐善通寺文書』

懇懇　くれぐれ
「呉呉」とも書く。繰り返し念を入れるさま。『ばアや』

〈戈部〉

戴星　うびたい
「戴星の馬」の略。額に白い斑紋のある馬。『倭名類聚鈔』

戴勝　やつがしら
ブッポウソウ目の鳥。

〈月部〉

臆め臆め　おめおめ
恥である、不名誉であると思いな

がらもそのまま受け入れるさま。『保元物語』

臀呫 となめ
交尾のために、トンボの雌雄が尾をくわえ合い、輪になって飛ぶこと。『日本書紀』

〈木　部〉

檜皮 ひわだ
①檜の樹皮。②「ひわだぶき」の略。③襲（かさね）の色目の一つ。

檜杜杉 ひむろ
「姫榁」とも書く。ヒノキ科の常緑小高木。

檜柏 びゃくしん
「白身・白心・柏槇」とも書く。ヒノキ科の常緑高木イブキの異称。

檜破子 ひわりご
ヒノキの薄い白木で折箱のように作った弁当箱。『古事談』

檞 かしわ
「槲・柏」とも書く。①ブナ科の落葉高木。②飲食物を盛るのに用いた木の葉。『古事記』。③紋所の一つ。④「柏餅」の略。

檀 まゆみ
「真弓」とも書く。①ニシキギ科の落葉小高木。『万葉集』。②マユミの木で作った弓。『古事記』。③襲（かさね）の色目の一つ。

檀弓 まゆみ
「檀」②に同じ。→檀

檀尻 だんじり
「台尻・山車・楽車・檀帳」とも書く。関西以西の祭礼の練り物の一つ。屋台のうえに飾り物をし、囃子ながら引き回す。関東の「山車（だし）・屋台」に同じ。『言経卿記』

檀帳 だんじり
「檀尻」とも書く。→檀尻

檀越 だんおち・だんおつ
寺や僧に布施をする信者。施主。

檬果 マンゴー
ウルシ科の常緑高木。果実を食用とする。

〈欠　部〉

歟 か
文末につけて疑問・推測・詠嘆などの意をあらわす助辞。『鎌倉幕府追加法』

〈歹　部〉

殭蚕 あがりこ・あがりかいこ
①成熟した蚕。②病気で死んだ蚕。

〈毛　部〉

氈 かも
獣毛で織った敷物。『倭名類聚鈔』

氈瓜 かもうり
「冬瓜（とうが・とうがん）」の古称。

氈鹿 かもしか・かもしし
「羚羊」とも書く。ウシ科カモシカ属の哺乳類の総称。

氈鹿革 かもしかがわ
「羚羊皮」とも書く。カモシカのなめし皮。

氈鹿織 かもしかおり
「羚羊織」とも書く。カモシカの毛を糸にまぜて織ったもの。

氈褥 せんじょく・せんぞく
毛織物の敷物。『枕草子』

〈火　部〉

燬出 もえいず
焼き尽くす。『甲子夜話』

燭魚 はたはた
「鰰・鱩」とも書く。ハタハタ科の海産硬骨魚。

燧石 ひうちいし
「火打石」とも書く。火打道具。石英の一種で、これと火打ち金を打ち合わせて火をおこす。

燧袋 ひうちぶくろ
「火打袋」とも書く。火打道具をいれて携帯した袋。

燥立 いらだち
「苛立ち」とも書く。思うようにならないので落ち着かず、いらいらする。『鉄仮面』

燥急ぐ はしゃぐ
「燥ぐ」とも書く。①調子にのって浮かれる。『門』。②乾燥する。

〈玉（王）部〉王は四画

環餅 まがりもち・まがりもちい
「曲餅・糫餅」とも書く。糯米の粉をこねてさまざまな形にし、油で揚げた菓子。

璫 こじり
「鐺」とも書く。①垂木の端の部分。また、そこにつけた飾り。『今昔物語集』。②「小尻」とも書く。刀の鞘尻（さやじり）。また、その部分の装飾。

〈瓦　部〉

甑 こしき
蒸器。せいろ。『徒然草』

〈疒　部〉

癈北 はいぼく
「敗北」とも書く。争いに負けること。『信長公記』

癈目 しいれめ
視力を失った目。『類聚名義抄』

癋見 べしみ・べっしみ
天狗や鬼などを演じるときに用いる能面。

〈皿　部〉

盪かす とらかす
「蕩かす」とも書く。①ばらばらにする。『類聚名義抄』。②溶かす。③迷わせて本心を失わせる。『今昔物語集』

盪け とろけ
「蕩け」とも書く。①溶解するさま。『今昔物語集』。②怒りなどがとけ、気持が安らぐさま。『源平盛衰記』。③気持が柔軟になるさま。異性にだらしなくなるさま。『童蒙抄』

〈目　部〉

瞳 どう
どっと。いっきに。『信長公記』

瞥 ちらっと
一瞬、わずかに見えたり、光ったりするさま。「ちらりと」に同じ。

瞥一 ちょっと
「一寸・鳥渡」に同じ。①少し。『内地雑居未来之夢』。②かなり。③ほんのついでに。

〈矢部〉

矯めつ眇めつ　ためつすがめつ
いろいろの方向から念入りに見るさま。

矯飾　きょうしょく
うわべを偽り飾り立てること。『経国美談』

矯餝　きょうもう・きょうしょく
うそ。虚偽。『高野山文書』

矰繳　いぐるみ・いくるみ
「弋」とも書く。鳥をからめて落すため、矢に糸や網などを取り付けたもの。「糸弓」に同じ。『論語抄』

〈石部〉

磯回　いそわ・いそみ・いそま
磯のほとり。磯辺。『万葉集』

磯牡蠣　いそがき
「梅花蠣」とも書く。磯に付着する小形のカキ類。

磯城　しき
「城」とも書く。①石積みをした堅固な城。『日本書紀』。②石で築いた祭場。

磯城島　しきしま
「敷島」とも書く。①大和国（奈良県）にあった旧都。②大和国の異称。③日本国の異称。

磯触　いそぶり
「磯振」とも書く。磯にうちよせる波。磯波。『土佐日記』

磯馴　そなれ
①海岸の木が海からの風によって磯を這うような姿になること。『散木奇歌集』。②「磯馴松」の略。③ヒノキ科の常緑低木ハイビャクシンの異称。

磯馴木　そなれぎ
①磯辺に傾き生えた木。『千載和歌集』。②海浜の木屑。

磯馴松　そなれまつ
磯辺に傾いて生えている松。『散木奇歌集』

磽确　こうかく
「墝埆」とも書く。石などが多いやせた土地。

磷ぎ　ひすらぎ
すれて薄くなること。うすらぐ。『類聚名義抄』

〈竹部〉

簀走　すばしり
「洲走」とも書く。ボラ科の硬骨魚ボラの幼魚。

篳篥　ひちりき
雅楽で用いる穴が九つある管楽器の一つ。中国より伝来。『源氏物語』

簏袋　すりぶくろ
旅行用の竹製の箱とする説、火打（ひうち）を入れる袋とする説など諸説がある。『万葉集』

簓　ささら
①日本の民俗楽器の一つで、長さ二〇センチほどの竹の先を細く割って束ねたもの。二本を打ち合わせて調子をとる。②細く割った竹を束ねた鍋などを洗う道具。③物の先が細かに砕かれたもの。壊れてしまったもののたとえ。

〈米部〉

糠の物　こうのもの
「香の物」とも書く。野菜を糠・塩・味噌・酒粕などに漬けたもの。「漬け物」に同じ。『見聞愚案記』

糠蝦　あみ
「海糠・線蝦・醬蝦」とも書く。アミ目の甲殻類の総称。

糝　こなかき・みそうず
こなかき—「餗」とも書く。米粉に熱湯を注いだ吸物。『新撰字鏡』。②雑炊。『下学抄』
みそうず—「味噌水」とも書く。味噌味の雑炊。『古今著聞集』

糟交　かすごめ
「醅」とも書く。にごり酒。

糟底良　カステーラ
小麦粉に卵・砂糖・水飴を加えた焼菓子。カステラ。

糟童　かすわっぱ
子供を罵っていう言葉。「糟小僧」に同じ。『用明天王職人鑑』

糞戸　くそへ
「屎戸」とも書く。古代、天つ罪の一つ。神聖な場所に汚物を散らすこと。『祝詞』

糞堆　あくとう
「芥生」とも書く。ごみため。

糞掃衣　ふんぞうえ
捨てられた布を縫い合わせて作った粗末な僧衣。『正法眼蔵随聞記』

〈糸部〉

縮緬　ちりめん
煮沸して表面にこまかい皺（しぼ）を作った絹織物。

縮緬海参　ちりめんいりこ・ちりめんざこ
琉球（沖縄）で産する海参（ナマコ）の腸を取り去り、茹でて干した食品。

縮緬雑魚　ちりめんじゃこ
①イワシ類の稚魚またはハゼ科のシラウオを煮て干したもの。②ハゼ科の淡水魚イサザの異称。

縮皺　ちぢら・しゅくすう
繭の外皮の皺。

縮縫　いせ
①裁縫で、布を縫い縮めてふくらみや丸みを出す技法。②漁網の網地の長さと縁網の長さの差。「よせ・いさり」に同じ。

縮羅　しじら
「縬」とも書く。たて方向に皺（しぼ）を表わした「しじら織」の略。また、そのしぼ。

績苧　うみお
「績麻」とも書く。つむいだ麻糸。『万葉集』

績麻　うみお
「績苧」とも書く。↓績苧

繊　そびか
細いこと。『大般若経音義』

繊沙　まなご
真砂（まさご）。砂。『万葉集』

繊弱　ひわず・ひわやか
「怯弱」とも書く。弱々しいさま。ひ弱なさま。『源氏物語』

縻　はなづら
「鼻蔓・牛縻」とも書く。牛の鼻に通す輪。『雑談集』

縹 はなだ
①色の名。うすい藍色。『源氏物語』。②襲（かさね）の色目の一つ。③ナマコ綱の棘皮動物の総称ナマコの異称。

縹致 きりょう
「器量」とも書く。①顔立ち。『浅尾よし江の履歴』。②才能があること。人の価値。

縹紙 はなだがみ
藍や縹色に染めた紙。伊勢神宮への宣命や位記に用いられる。

縹椀 あさぎわん
「浅葱椀・浅黄椀」とも書く。黒い漆塗りの椀に浅葱や赤・白の漆で花鳥を絵付けしたもの。

縵面形 なめかた
賭博の一種。投げた銭の表か裏かを当てる。

縷紅 るこう
ヒルガオ科の蔓性一年草ルコウソウの略。

縷紅草 るこうそう
「縷紅」に同じ。→縷紅

縅 しじら
「縮羅」とも書く。→縮羅

〈缶　部〉

罅口 はぜぐち
「爆口」とも書く。はじけて開いた口。「ざくろぐち」に同じ。

罅裂け はじけ
「弾け」とも書く。裂けて開くこと。『在りし日の歌』

〈羽（羽）部〉

翳 さしは・さしば
貴人が外出するとき、従者がさしかけて顔を覆う、薄絹などで作った長柄の団扇（うちわ）。『万葉集』

翳詞 かざしことば
俳諧などで忌言葉（いみことば）に言い換えて用いる語。

〈耳　部〉

聳 そびゆ
そびえる。たなびく。『古事談』

聳懼 しょうく
「悚懼」とも書く。恐れてびくびくすること。

聴叫 ちきょ
長老に仕える童子。

聴牌 テンパイ
マージャンで、あと一枚欲しい牌が入れば上がれる状態になること。

聯袂 つるみ
「連み」とも書く。連れ立つこと。『其面影』

〈虍　部〉

虧 かく
欠ける。減る。『町人嚢』

〈虫　部〉

蟋蟀 こおろぎ・きりぎりす
「螽斯」とも書く。①コオロギ科の昆虫の総称。古くは「きりぎりす」といった。②古くは秋に鳴く虫の総称。『万葉集』

蟋蟀丸 きりぎりすまる
江戸時代、遊廓の吉原に遊客を運んだ屋形船。

蟋蟀草 きりぎりすぐさ
イグサ科の多年草イ（藺）の異称。

蟋蟀船 きりぎりすぶね
「蟋蟀丸」に同じ。→蟋蟀丸

螽斯 きりぎりす・しゅうし
きりぎりす―「蟋蟀」とも書く。①コオロギ科の昆虫コオロギの古称。②キリギリス科の昆虫。③「蟋蟀丸」に同じ。→蟋蟀丸
しゅうし―①キリギリスの異称。②バッタ科イナゴ属の昆虫の総称イナゴの異称。③子孫が繁栄すること。

蟀谷 こめかみ
「顳顬」とも書く。目じりと髪の生えぎわ間の、物を噛むと動くところ。『暗夜行路』

螭 みずち
「蛟・虬・虯」とも書く。蛇に似るが角と四肢をもち、毒気を吐くという想像上の生物。『日本書紀』

螳螂 かまきり・とうろう・いぼうじり
「鎌切・蟷螂」とも書く。
かまきり―①カマキリ目の昆虫の総称。『梁塵秘抄』。②カジカ目の川魚。
とうろう―カマキリの漢名。
いぼうじり―「疣毟」とも書く。カマキリの異称。

螺 つぶ・ほら
つぶ―「海螺」とも書く。①巻貝の一般名称。②エゾバイ科の食用巻貝の総称。
ほら―「法螺・宝螺」とも書く。①フジツガイ科の大形巻貝ホラガイの略称。②ホラガイで作った吹き鳴らす具。③大げさな話。『日本永代蔵』

螺子 ねじ
「捻子・捩子・螺旋」とも書く。①物を締め付けて固定する具。②ぜんまいを巻く装置。

螺尻 ばいじり
「貝尻」とも書く。上部がとがって、貝殻を逆さにしたような形の笠。

螺回 ばいまわし
「貝回・海贏回・黄螺回・海螺回」とも書く。貝独楽（ばいごま）を回して遊ぶこと。『好色一代男』

螺旋 ねじ
「螺子」とも書く。→螺子

螺髪 らほつ・らはつ
仏像の髪の形式。縮れて右巻きの螺（ら＝巻貝）状になった髪。

螺鞍 かいぐら
「貝鞍」とも書く。螺鈿（らでん）で花の模様などをちりばめた鞍。『平治物語』

螺髷 ばいわげ
「貝髷・海螺髷・黄螺髷」とも書く。巻貝の形に似せた結髪。

螺髻 らけい
①束ねたもとどりがほら貝のような形をした童子などの髪形。②梵天・婆羅門の異称。

螺贏 さそり
ジガバチ科のハチのジガバチの異称。

螻 けら
「螻蛄」とも書く。バッタ目ケラ科の昆虫。

螻才 けらさい・けらざい
「螻蛄才」とも書く。多芸だが、上手なものがひとつもないこと。『塵

袋』

螻羽　けらば
切妻造りの家の軒の部分。

螻蛄　おけら・けら
「螻」とも書く。①→螻。②無一文になること。

螻蛄才　けらさい・けらざい
「螻才」とも書く。→螻才

螻蛄芸　けらげい
「螻才」に同じ。→螻才

螵蛸　おおじふぐり・おおじがふぐり
カマキリの卵塊。

〈衣　部〉

褻　け
特別でないこと。日常。『今昔物語集』

褻衣　せつい・けごろも・なれぎぬ
着なれた着物。普段着。『神楽歌』

褻形　けなり
平生の身なり。平服。

褻事　けごと
普段のこと。平常のこと。『無名抄』

褻居　けい
主人が普段いる部屋。居間。『沙石集』

褻晴　けはれ
褻の時と晴の時。平常の時と儀式ばった時。私的なことと公式なこと。『徒然草』

褻稲　けしね
自家用の穀物。

褻器　せっき
小便器。おまる。

褻瀆　せっとく
尊いものを汚すこと。

〈見　部〉

覬覦　きゆ
分不相応な願いや目的をもつこと。

〈言　部〉

謹請敬供　きんせいけいぐ
神文の書き出しに使われる語。

謙　ひげ・へりくだる
ひげ―「卑下」とも書く。謙遜すること。『町人嚢』
へりくだる―「遜」とも書く。「ひげ」に同じ。→ひげ

謗法　ほうぼう・ぼうほう
①仏法をそしること。②転じて、不可能なこと。

謎語　めいご
謎めいた語。難語。『欺かざるの記』

〈貝　部〉

賽　かえりもうず・さい
「帰り詣ず」とも書く。神仏へのお礼参り。『太平記』

賽子　さいころ
「骰子」とも書く。双六などに用いる具。小さな立方体の六面に反対側と合わせると七になるように、一から六の点を記したもの。

賸　あまつさえ・あまっさえ
「剰」とも書く。それどころか。しかも。『三河物語』

〈足（⻊）部〉

蹉跎　あしずり・さだ
あしずり―「足摺」とも書く。①地団駄を踏むこと。②つまづくこと。
さだ―①「あしずり」に同じ。②のろのろしていて時機を失うこと。

蹉過　しゃか
見当違い。

蹌踉　よろけ
「蹣跚」とも書く。①よろけること。足がふらつくこと。②珪肺（けいはい）の異称。

蹌踉蹌踉　ひょろひょろ
①足がふらついてよろめくこと。②細長く弱々しいさま。『牡丹灯籠』

蹋木　まねき
「機躡」とも書く。機織で、縦糸を上下させるために足で踏む板。『万葉集』

〈車　部〉

轅　ながえ
馬車や牛車などの前に長く突き出ている二本の棒。『御触書宝暦集成』

轄　くさび
「楔」とも書く。①刃形の木材や金属で、物を割ったりつなぎとめたりするもの。②車軸の端にさして車輪の脱落をふせぐもの。③物と物をつなぎ、また、物と物にはさまれるもの。

轄石　くさびいし
「要石」に同じ。①常陸国（茨城県）の鹿島神宮にある地震鎮めの霊石。②アーチなどの建造物の最上部で他の石を固定する楔形の石。③ある事象をなりたたせる主要素。

轂　こしき
車輪の中央の太い部分で、周囲に輻（や）をさしこんであるところ。『新撰字鏡』

〈辵（辶・⻌）部〉　辶は四画、⻌は三画

邂逅に　たけそかに・たまさかに・わくらばに
①偶然に出会うこと。『万葉集』。②思いがけないさま。『東大寺風誦文稿』。③めったにないこと。『梁塵秘抄』

〈酉　部〉

醞醸　うんじょう
①酒を醸造すること。②手をかけて仕上げること。③ある感情や雰囲気がすこしづつ生まれること。『不如帰』

醢　ししびしお・ひしお
「肉醬」とも書く。①魚や肉を麹に漬けたもの。『新撰字鏡』。②人体を塩漬けにする刑罰。『太平記』

醢汁　しょっつる
「塩汁」とも書く。イワシ・ハタハタなどを発酵させて作る調味料の一種。秋田地方の特産。

〈金　部〉

鍋破　なべわり
ビャクブ科の多年草。

鍰　からみ
鉱石を製錬する際に生ずる非金属

性の残りかす。

鍬丁 くわよぼろ
古代、夫役（ぶえき）で農作業に出た男子。

鍬下年季 くわしたねんき
「鍬下年期」とも書く。江戸時代、荒地の開墾に要する期間。この間は年貢を免除された。『地方凡例録』

鍛処 かたしどころ
鍛冶をする所。

鍛冶 かじ・かぬち
金属をきたえて加工し、道具などを造ること。また、その人。

鍍金 めっき
「滅金」とも書く。①金属の薄い膜で他のものの表面をおおう技術。または、それを施したもの。②外面だけを飾り立て、中身をいつわること。

〈門　部〉

闇物 くらもの
「暗物」とも書く。①にせもの。『人倫訓蒙図彙』。②江戸時代の私娼。

闋 おわる
「終」とも書く。しまいになる。『甲子夜話』

闍婆 ジャワ
「爪哇」とも書く。インドネシア共和国の中心をなす島。

闍維 しゃゆい
「遮遺」とも書く。火葬。仏教で、荼毘。

闌 たけなわ・たく
「酣」とも書く。①物事がもっとも盛んに行われているとき。『根南志具佐』。②少し盛りを過ぎたさま。『沙石集』

〈雨（⻗）部〉

霜黒葛 しもつづら
霜にあたった葛の実が黒いことから、「くる」にかかる枕詞。『出雲風土記』

〈革　部〉

鞠足 きくそく
蹴鞠（けまり）が上手な人。

鞠訊 きくじん
「鞫訊」とも書く。罪を問いただすこと。

鞠躬 きくきゅう
身をかがめて敬いかしこまること。『大久保利通文書』

鞠養 きくよう
育て養うこと。「鞠育」に同じ。

〈韋　部〉

韓土 からくに
「唐国・韓国」とも書く。中国・朝鮮の異称。

韓玉 からたま
「唐玉」とも書く。舶来品の玉。『万葉集』

韓衣 からころも
「唐衣」とも書く。①外国風の着物。②着物の縁で、「着る・裁つ・袖」などにかかる枕詞。『万葉集』

韓藍 からあい
①ヒユ科の一年草ケイトウの古称。『万葉集』。②美しい藍色のこと。『続古今和歌集』

〈食（飠・𩙿）部〉

餡転餅 あんころもち
外面に餡をぬりつけた餅。

餡麺麭 あんぱん
中に餡をいれたパン。

餛飩 こんとん・ワンタン
「雲呑」とも書く。ひき肉などを小麦粉で作った薄皮に包み、蒸したもの。また、その包んだものをゆでてスープをかけた中華料理。

餞 はなむけ
「贐」とも書く。旅立つ人への詩歌・金品などの贈り物。『太平記』

〈馬　部〉

駿河問 するがどい
江戸初期の拷問の一つ。手足を後ろに縛り、背に石をのせて空中で回すもの。

騁 はす
①まっすぐに走る。②思いのままに行う。

〈鬼　部〉

醜女 しこめ
①容貌のみにくい女。②黄泉の国いるという鬼女。『古事記』

醜手 しきて
汚れた手。『万葉集』

醜名 しこな
①あだ名。②自分の名をいう謙称。『大鏡』。③力士の呼び名。

醜男 ぶおとこ
容貌のみにくい男。

醜草 しこぐさ
雑草。きたない草。『万葉集』

醜悪い みっともない
「見とうもない」の転。見るにたえない。外聞がよくない。『此処やかしこ』

醜御楯 しこのみたて
防人が自分を卑下していう語。天皇の楯となる意。

〈魚　部〉

鮟鱇 あんこう
①アンコウ科の海産硬骨魚の総称。②サンショウウオの異称。

鮠 はや
①関東地方でウグイの異称。②関西地方でカワムツの異称。

鮫人 こうじん
中国で、南海にすむという人魚に似た想像上の生物。

鮫氷 さめすが
サメ皮の革質部分を乾燥させた食品。宮城県地方の特産。

鮫龍 みずち・みつち
「蛟・虯・虬・螭」とも書く。蛇に似るが角と四肢をもち、毒気を吐くという想像上の生物。

鮞 はららご
魚類の産卵前の卵塊。また、それを塩漬けなどにしたもの。『再昌草』

鮮 すくなし
とぼしい。「少ない」に同じ。『日本山海名産図会』

鮲　こち
「鯒」とも書く。コチ科の海産硬骨魚。

鮴　ごり
①カジカ科の淡水硬骨魚カジカの金沢方言。②ハゼ科の硬骨魚チチブの高知方言。③ハゼ科の淡水硬骨魚ヨシノボリの琵琶湖地方の方言。

〈鳥部〉

鴻　ひしくい
「菱食」とも書く。カモ科の水鳥でガンの一種。

鴿　はと
「鳩」とも書く。①ハト科の鳥の総称。②紋所の一つ。

鵄　とび
「鳶・鴟」とも書く。①タカ科の鳥。②「鳶口・鳶職」の略。③「鳶色」の略。④江戸時代に問屋と仲買人の間に入って手数料を取った者。

鴾毛駮　つきげぶち
「月毛駮」とも書く。月毛（やや赤みのある毛）で斑のある馬の毛色。

鵄尾　とびのお・しび
「鴟尾」とも書く。
とびのお—①宮殿などの大棟の両端に据えた沓（くつ）形や魚尾形の飾り。②牛車（ぎっしゃ）の後方に出た二本の短い棒。
しび—「蚩尾」とも書く。「とびのお」に同じ。

鴾毛　つきげ
「月毛」とも書く。馬の毛色。やや赤みを帯びた葦毛。また、その毛色の馬。

〈鹿部〉

麋角羊歯　びかくしだ
ウラボシ科の着生シダ。

〈黹部〉

黻冕　ふつべん
礼服。祭服。『甲子夜話』

〈鼻部〉

鼾ち　くつち
①いびきをかく。『落窪物語』。②癲癇（てんかん）の古称。『沙石集』

〈齊（斉）部〉　斉は八画

齋蒿　うはぎ
キク科の多年草ヨメナの古称。『万葉集』

十八画

〈人　部〉

儲　もうけ
「設」とも書く。①利益。『日葡辞書』。②用意。『源氏物語』。③ごちそう。たべもの。『徒然草』

儲君　ちょくん
皇位を継承する皇子・皇女。世継ぎ。

儲弦　うさゆづる・おさゆづる
「設弦」とも書く。①予備として用意した弓弦。②「絶え間継がむ」にかかる枕詞。『日本書紀』

儲溝　まけみぞ
池などの水が溢れたときを考慮して、排水のためにもうけた溝。『万葉集』

〈又　部〉

叢平　こんもり
①物が盛り上がっているさま。②植物が繁っているさま。『離れ鴦』

叢雨　むらさめ
「村雨」とも書く。一時的に強く降る雨。にわか雨。『万葉集』

叢雨紋殻　むらさめもんがら
モンガラカワハギ科の海産硬骨魚。

叢濃　むらご
「斑濃・村濃」とも書く。染色の名。ところどころが濃く、その周辺を薄くぼかしたもの。『枕草子』

叢叢　むらむら
「群群」とも書く。①あちらこちらに群がっているさま。②群れをなして勢いよく動いたり集合したりするさま。『古今和歌集』

〈尸　部〉

屩靪　たちはめ
裏に牛皮を張ったぞうり。『倭名類聚鈔』

〈扌　部〉

擾乱　じょうらん
乱すこと。入り乱れて騒ぐこと。「騒擾」に同じ。

擾擾　じょうじょう
ごたごたと乱れているさま。

攄　のぶ
①述べる。『伊達家文書』。②のびる。③気分をゆったりさせる。

擲る　なぐる
「殴る」とも書く。①こぶしで打つ。②投げやりにする。手抜きをする。『江戸生艶樺焼』

擽る　くすぐる
①相手を笑わせるために体の一部を刺激する。②言葉やしぐさで他人を笑わせる。③相手をいい気にさせる。

〈氵　部〉

濫　みだり・みだりに
「浪・猥・妄・漫」とも書く。①秩序を乱すさま。無分別なこと。②いいかげん。

濫行　らんぎょう
乱暴な行為。みだらな行い。『大和国古文書』

濫吹　らんすい
能力のない者が才能があるように装うこと。転じて、秩序を乱すこと。『大内氏掟書』

濫觴　らんしょう
物事の始まり。起源。『公事根源』

〈艹（艹・艸）部〉　艹は四画、艸は六画

藕木刀　はすぼくとう
レンコンで作った刀の意で、外見は立派だが、役に立たないもののたとえ。『浮世物語』

藤溲疏　ふじうつぎ
「藤空木」とも書く。フジウツギ科の落葉小低木。

藍海松茶　あいみるちゃ
染色の名。藍色がかった暗い茶色。

藍蓼　あたて・あいたで
タデ科の一年草アイの異称。『古事記』

藍靛　あいだま
「藍玉」とも書く。藍の葉を発酵させ、乾して固めた染料。

藜　あかざ
「藜藋」とも書く。アカザ科の一年草。『倭名類聚鈔』

藜豆　はっしょうまめ
「八升豆」とも書く。マメ科の一年生作物。

藜藋　れいじょう
「藜」に同じ。『平家物語』→藜

藜蘆　しゅろそう
「棕櫚草・椶櫚草」とも書く。ユリ科の多年草。

藜羹　れいこう
①アカザ科の一年草アカザを入れた熱い吸い物。②転じて、粗末な食事。

〈心（⺗）部〉

懲　きたむ
「鞠」とも書く。罰する。こらしめる。

〈攴（攵）部〉

斃仆　へいふ
倒れて死ぬこと。「斃死」に同じ。

斃馬　へいば
死んだ馬。『地方凡例録』

〈日（曰）部〉

曜　かがやく
「輝く」とも書く。『今昔物語集』

〈月　部〉

臍　ほぞ・ほそ
①へそ。『日本書紀』。②計画。

臍帯　へそのお・ほぞのお・さいたい
「臍緒」とも書く。胎児と母体をつなぐ器官。

臍落　ほぞち・ほぞおち
①へその緒が取れること。②熟した果実が自然に落ちること。③機が熟すること。④納得すること。

臏　あわたこ
膝の皿の部分。膝蓋(しつがい)骨。『倭名類聚鈔』

〈木　部〉

櫂子　かこ
「水主・水夫・船手・船子・船夫・楫子・加子・舸子・鹿子」とも書く。船乗り。

檸檬　レモン
ミカン科の常緑低木。

檳榔　びろう・あじまさ
びろう―「蒲葵」とも書く。ヤシ科の常緑高木。
あじまさ―シュロ科の常緑高木ホキの古称。『日本書紀』

檳榔子　びんろうじ
①ヤシ科の常緑高木ビンロウジュの種。『小右記』。②染色の一つ。檳榔樹の種の煎汁で染めた暗黒色。

檳榔毛車　びろうげのくるま
牛車の一つ。ヤシ科の常緑高木ビロウの葉で車箱を覆い飾ったもの。上皇や貴人・高僧の乗物。

檳榔樹　びんろうじゅ
ヤシ科の常緑高木。

〈歹　部〉

殯　かりもがり・もがり・あがり・あらき
正式な埋葬をするまで、しばらくのあいだ遺骸を棺に安置しておくこと。『今昔物語集』

〈火　部〉

燻る　くゆる
①火がよく燃えず煙だけが立つ。②わだかまりが解けず、心の中で思い悩む。『源氏物語』

燹　ほそけ
「火退・逆焼」とも書く。野火などの燃える火に向かって、こちらからも火を放ち、火勢を弱めること。『倭名類聚鈔』

〈玉（王）部〉王は四画

瓊矛　ぬほこ
玉で飾った矛。『日本書紀』

瓊音　ぬなと
玉の触れ合う音。『日本書紀』

瓊脂　ところてん
「心太」とも書く。紅藻類の海藻。テングサの煮汁を冷やし固めた食品。

瓊瓊杵尊　ににぎのみこと
「邇邇芸命」とも書く。日本神話で天照大神の孫。国を統治するため、高天原から高千穂峰に降臨したとされる。

〈瓦　部〉

甕　みか・もたい
「瓺」とも書く。水・酒を貯え、また、酒を醸造するために用いた大きなかめ。『祝詞』

〈疒　部〉

癒瘡木　ゆそうぼく
ハマビシ科の常緑高木。

〈目　部〉

瞿麦　くばく・なでしこ
くばく―①ナデシコ科の多年草セキチクの漢名。②ナデシコ科の多年草ナデシコの異称。
なでしこ―「撫子」とも書く。①「くばく」②に同じ。②襲（かさね）の色目の一つ。

瞿然　きょろきょろ
せわしく周囲を見回すさま。『青葡萄』

瞽女　ごぜ
三味線を弾き唄いながら家々を回った盲目の女芸人。

瞬　まじろく・まなじり
まじろく―まばたく。『今昔物語集』
まなじり―「眥・眦・睚」とも書く。目じり。『保元物語』

瞻　まもる
見上げる。ながめる。『椿説弓張月』

瞻視　まなざし
「目差・眼指」とも書く。目つき。『即興詩人』

〈石　部〉

礑　はたと・はったと
「為当」とも書く。①不意に思いあたるさま。②状況が急に変化するさま。③急に物を打ったりするさま。④にらむさま。⑤きちんと。『大友義鎮書状』

〈禾　部〉

穢土　えど
①仏教で不浄の世界。この世。娑婆。『梁塵秘抄』。②糞の異称。『宇治拾遺物語』

穢衣　なれごろも
「馴衣・褻衣」とも書く。着古した着物。『万葉集』

〈穴　部〉

竄　のがる
逃げ隠れする。

〈罒　部〉

羂網　わなみ
「罠網」とも書く。鳥獣を捕らえるための網。

〈衤　部〉

襖　あお
①古代の衣服で、両腋の開いた上着。②綿入れ、袷の衣。『伊勢物語』

襖子　あおし
袍（ほう）・襖（あお）などの下に着た内着。『宇津保物語』

襖袴　あおはかま
狩衣（かりぎぬ）を着用するときの袴（はかま）。

襟白粉　えりおしろい
襟首につける濃い白粉。

〈竹　部〉

簡　えらぶ
選択する。『教行信証』

簀 あじか
竹や葦などで作った土や野菜などを運ぶための籠。『新撰字鏡』

簟 たかむしろ
「竹席」とも書く。竹で編んだ夏用の敷物。『言経卿記』

〈糸部〉

緇 さし
「緡」とも書く。「ぜにさし」の略。銭を束ねる細い縄。

繭紬 けんちゅう
「絹紬」とも書く。ヤママユガ科の蛾サクサンの糸で織った織物。『和漢三才図会』

繞 めぐる
とりかこむ。まわりを回る。『椿説弓張月』

繞仏 にょうぶつ
「遶仏」とも書く。読経しながら仏堂を右回りに回って歩くこと。

繞堂 にょうどう
「繞仏」に同じ。→繞仏

織女 たなばたつめ・あやめ
たなばたつめ―①機織り女。②織女星。
あやめ―「漢女」とも書く。機織り女。『万葉集』

織女祭 たなばたまつり
「七夕祭・棚機祭」とも書く。陰暦七月七日の牽牛・織女の二星をまつる行事。

繕草 つくろいぐさ
キク科の多年草ヨモギの異称。

繚繚 ふさふさ
「多多・総総」とも書く。多く集まって垂れ下がるさま。『多情多恨』

〈羽（羽）部〉

翹揺 げんげ
「紫雲英」とも書く。マメ科の二年草レンゲソウの異称。

翻車魚 まんぼう
「飜車魚」とも書く。マンボウ科の海産硬骨魚。

翻板 いたがえし
「板返し」とも書く。①板葺き屋根の板を裏返し、また、補充もして葺きかえること。『宗長手記』。②かわりばえしないこと。

翻筋斗 もんどり・もどり・とんぼがえり
空中で体を回転させること。宙返り。『即興詩人』

〈耳部〉

聶え ひえ
肉などを薄く切ること。『古事記』

職封 しきふ
律令制で、身分に応じて支給された封戸。

職掌人 しきそうにん
技能をもって特定の仕事につく人。『八坂神社文書』

〈虫部〉

蟪蛄 にいにいぜみ・なつぜみ・つくつくぼうし
にいにいぜみ―「にいにい蟬」とも書く。セミ科の昆虫。
なつぜみ―「夏蟬」とも書く。「にいにいぜみ」に同じ。
つくつくぼうし―「つくつく法師・寒蟬」とも書く。セミ科の昆虫。

蟠 わだかまる
①不満などの感情が消えず、心の中に残る。『甲子夜話』。②渦状に巻く。③横領する。

蟠車 まいのは
糸巻き具。「舞羽」に同じ。

蟠屈り わだかまり
「蟠り」とも書く。①「蟠」①に同じ。→蟠。②悪意がある。『日葡辞書』

〈襾（西）部〉

覆盆子 いちご
「苺・莓・覆瓫」とも書く。バラ科の小低木。一般にはバラ科多年草のオランダイチゴをいう。

覆堂 さやどう
「鞘堂・套堂」とも書く。社殿や仏堂などを保護するために、その上に覆い設けた堂宇。

〈臣部〉

臨摹 りんも・りんぼ
「臨模」とも書く。書画で、手本を見て書くことと、透き写しにすること。

臨瀝 したてゆばり
尿が少しずつもれる病気。『倭名類聚鈔』

〈角部〉

觴 さかずき
「盃」とも書く。『町人嚢』

〈言部〉

謫す たくす
流罪にする。左遷する。『史記抄』

謫居 たくきょ・たっきょ
罪を犯したことにより、自宅で謹慎すること。または遠方へ流されること。『太平記』

謫落 たくらく
罪を犯したことにより、官職を追われること。

〈貝部〉

賾 おぎろ・おぎろなし
①広大無辺。『日本書紀』。②はなはだしいこと。『太平記』

贄 にえ
「苞苴・牲」とも書く。①新穀を神に供える行事。また、その供物。『万葉集』。②天子に献上する魚・鳥などの食物。『日本書紀』。③贈り物。『大鏡』

贄の魚 ねのよ
「新饗（にいやい）」の異称。初漁の鰹を船宿で居合わせた人に分配すること。

贅幣 むこひきで
「婿引出」とも書く。婚礼で、舅から婿に贈る引き出物。

贈名 おくりな・いみな
「諡・諡号」とも書く。人の死後、生前の徳行をたたえて贈る称号。

〈足（⻊）部〉

蹙まい しじまい
進退きわまる。『日本書紀』

躄まる　しじかがまる
ちぢこまる。『古今著聞集』

躄踖　しゅくせき
①小股に歩くこと。そっと歩くこと。②恐れるさま。

蹤血　はかり
傷ついた獣の血痕。『倭名類聚鈔』

蹤跡　しょうせき
①足跡。『太政官日誌』。②ゆくえ。③前例。

蹠　あしうら
「足裏」とも書く。足のうら。

蹢　うぐつく
「驟く」とも書く。馬が速く走り回る。『三蔵法師伝』

蹣零　はねおとす
馬が嫌がって背の荷物などを振り落とすこと。

蹣跚　よろけ・まんさん・ばんさん
よろけ—「蹌踉」とも書く。①よろけること。②「珪肺（けいはい）」の異称。
まんさん・ばんさん—よろけるさま。

〈身　部〉

軀　むくろ
「身」とも書く。①身体。②「骸」とも書く。首のない胴体。なきがら。

軀籠　むくろごめ
身体のすべて。『枕草子』

〈車　部〉

轆轤　ろくろ
①「轆轤台」の略。陶工が用いる回転台。②「轆轤鉋（ろくろがな）」の略。木地細工などで丸いものを挽くときに用いる工具。③重いものを引き上げるときなどに用いる滑車。

〈辵（辶・辶）部〉　辶は四画、辶は三画

邇邇芸命　ににぎのみこと
「瓊瓊杵尊」とも書く。日本神話で天照大神の孫。国を統治するため高天原から高千穂峰に降臨したとされる。

〈酉　部〉

醤　ひしお
「醢」とも書く。古代の嘗味噌（なめみそ）の一種。現代の味噌・醤油の原形。

醤蝦　あみ
アミ科の甲殻類の総称。

〈里　部〉

釐付　りんづけ
「厘付」とも書く。江戸時代、石高に一定の租率を乗じて年貢を計算したこと。

釐務　りむ
国政。

釐等具　れいてんぐ
ごく少量のものをはかるのに用いた小型の精密な秤。

〈金　部〉

鎰役　かぎやく
中世・近世に、農村の所帯を単位に課せられた賦役。『算法地方大成』

鎬　しのぎ
①刀剣の刃とみね（背）との中間の縦に小高い部分。②建築で、角材を山形に削った背峰。

鎖　チェーン
①くさり。②ヤードポンド法の長さの単位。一チェーンは二二ヤード。

鎖る　つがる
「連る・綴る」とも書く。連なって続いている。『万葉集』

鎖服　チョロけん
「著羅絹・チョロ絹」とも書く。木目模様の上質な絹織物。

鎖帷子　くさりかたびら
「鏁帷子」とも書く。帷子に小さい鎖を繋ぎ合わせてとじつけた防具。鎧や衣服の下に着衣する。

鎗柔魚　やりいか
「槍烏賊」とも書く。ジンドウイカ科のイカ。

鎮　とこしなえに・まもる
とこしなえに—常に。いつも。『平家物語』
まもる—力づくで守る。

鎮子　しず・ちんし
おもり。おもし。『伽羅先代萩』

鎮木　ちぎ
「千木・知木」とも書く。社殿の屋根の上で、両妻の破風板が突き出て交差した部分。『祝詞』

鎒　さいずえ
草刈りに用いる農具の一種。『宇津保物語』

鎌豇豆　かまささげ
マメ科の一年草作物インゲンマメの異称。

鎌箆　かまの
鎌で刈り取った矢竹。

鎹　かすがい
①建材をつなぎとめるための両端が尖った大釘。『正倉院文書』。②戸締まりのための掛け金。『多聞院日記』。③二つをつなぎとめるもの。

鎺　はばき
刀剣・薙刀（なぎなた）の鍔元（つばもと）にはめて、刀身が抜けないようにする金具。『太平記』

〈門　部〉

闕　かく
「欠く」とも書く。①そろっているべきものが足りない。『古今著聞集』。②損じる。

闕如　けつじょ・けつにょ
「欠如」とも書く。不完全なさま。『東大寺百合文書』

闕字　けつじ
「欠字」とも書く。①文章で、天皇または高貴の人の名などを書くとき、その上に一字か二字分の空白を置くこと。②あるべき文字が抜けていること。

闕画　けっかく
「欠画」とも書く。天子や貴人の名と同一の漢字を用いるのを恐れ多いとし、故意にその一画を省くこと。

闕国　けっこく
国守がいない状態（欠員）となっている国。『平家物語』

闕所　けっしょ
「欠所」とも書く。①全財産を永久に没収する刑罰。『浮世物語』。②没収された所領。

闕怠 けたい・けったい
おこたること。なおざりにすること。『東大寺文書』

闕落 かけおち
「欠落」とも書く。ひそかに逃げること。姿を隠すこと。『北条氏康朱印状写』

闘舌 いさかう
「諍う」とも書く。口論。言い争い。『西洋道中膝栗毛』

闘草 くさあわせ
「草合」とも書く。平安時代、五月五日の節句などで、いろいろな草を出し合って、その優劣を競った遊び。

闘諍 とうじょう・とうそう
戦い争うこと。「闘争」に同じ。『徒然草』

〈隹 部〉

雛奴 おしゃく
「御酌」とも書く。①お酌をする女。「酌婦」に同じ。『暗夜行路』。②舞妓（まいこ）。③半玉（＝半人前の芸妓）。

雛妓 すうぎ
「雛奴」③に同じ。→雛奴

雛錫杖 ひなのしゃくじょう
ヒナノシャクジョウ科の多年草。

雛罌粟 ひなげし
ケシ科の一年草。

難 なずむ
「泥む」とも書く。行きなやむ。妨害するものがあってなかなか進まない。

難化 なんけ
仏教で、なかなか仏道へ導くことができないこと。

難有 ありがたく
感謝の言葉。手紙文に多く用いられる。

難有迷惑 ありがためいわく
ありがたいようで、当事者にとって、実は迷惑なこと。

難計 はかりがたし
考えにくい。よくわからない。

難面い つれない
薄情である。『其面影』

難渋 なんじゅう
①物事がすらすらと進まないこと。②苦しむこと。「難儀」に同じ。『地方凡例録』。③しぶること。

難堪 なんがん・なんかん
「難艱」とも書く。困難なこと。『六角氏式目』

〈雨（⻗）部〉

霤 あましだり
「雨滴」とも書く。「雨だれ」に同じ。『倭名類聚鈔』

〈革 部〉

鞫訊 きくじん
「鞠訊」とも書く。罪を問いただすこと。

鞦 しりがい
「尻繫」とも書く。①牛車（ぎっしゃ）を引く牛の尻にかける紐。『枕草子』。②馬の尾から鞍や車にかける紐。『信長公記』

鞦韆 ぶらここ・しゅうせん
「秋千」とも書く。遊具の「ブランコ」。

〈頁 部〉

額紫陽花 がくあじさい
ユキノシタ科の落葉低木。

額間 がくのま
清涼殿などの正面中央にある二本の柱のあいだ。『権記』

額溲疏 がくうつぎ
「額空木」とも書く。ユキノシタ科の落葉小低木。

顎 あぎ・あぎと
「顎門・鰓・腮」とも書く。①あご。『倭名類聚鈔』。②魚のえら。『新撰字鏡』

顎門 あぎと
「顎」とも書く。→顎

顔 かんばせ
「容」とも書く。「かほばせ」の音便形。①顔つき。容貌。②面目。『太平記』

顔佳花 かおよばな
アヤメ科の多年草カキツバタの異称。

顔佳草 かおよぐさ
①アヤメ科の多年草カキツバタの異称。「顔佳花」に同じ。②ボタン科の多年草シャクヤクの異称。

顕形 げぎょう
「現形」とも書く。神仏が形となって顕れること。『伊勢物語』

顕然 ありあり・まざまざ・けんぜん
①現実にあるかのように見えること。②実態が外面に現れるさま。明らかな様子。『太政官日誌』

顕証 けそう・けしょう
いちじるしいこと。『源氏物語』

顋沙魚 あごはぜ
ハゼ科の海産硬骨魚。

顋門 ひよめき・ひよむき
「顖門・囟門」とも書く。幼児の頭蓋骨が接合し終らないときに、動いて見える頭部の一部分。

類 たぐい
「比」とも書く。①同程度のもの。②つり合い。③兄弟・姉妹。④仲間。

類える たぐえる
「比える」とも書く。①ならばせる。『古今和歌集』。②比較する。比べる。③なぞらえる。

〈風 部〉

颺炎 かげろう・かげろい・かぎろい・いとゆう
「陽炎・糸遊・遊糸」とも書く。①太陽の光で暖められた空気により光が屈折して、ものが揺らいでみえる現象。②転じて、ものごとがはかないさま。

〈食（⻝・⻞）部〉

餬 くちもらう
「口貰う」とも書く。人に養わせてもらう。寄宿する。『雨月物語』

餬口 なりわい・ここう
生活のための仕事。家業。『露小袖』

〈馬 部〉

騎尻 のりじり
「乗尻」とも書く。①競馬の乗り手。

『宇津保物語』。②乗馬の巧者。③馬に乗って行列の最後尾で供奉する騎手。④江戸時代、馬一頭に人一人と二十貫目の荷物を積んだこと。

騎射　うまゆみ・まゆみ
「馬弓」とも書く。馬上から弓を射ること。『日本書紀』

験　あかし・あらた
「左・信・証」とも書く。①真偽などをたしかめるための証拠。②神仏の霊験が現れること。『源氏物語』

騒立　さわだつ・さだつ
①騒ぎ立てる。②徒党を組んで騒ぎをおこす。

騒気　げんき
「滅気」とも書く。病気が快方に向かっているきざしがある。『言経卿記』

騒屑　とりみだす
物をとりちらかす。

騒敷　さわがし
「閙敷」とも書く。不穏なこと。騒々しいこと。

騒擾　そうゆう・そうじょう
集団で騒ぎを起こし、秩序を乱すこと。『後堀河天皇宣旨』

騒騒　さいさい・ざわざわ
さいさい―動揺し、騒ぐさま。『万葉集』
ざわざわ―①草などがこすれ合う音。②多数の人声などが入り混じった音。③嫌悪感で気持が乱れること。

〈骨　部〉

髀骶　しりだこ
サルの尻の毛のない部分。

〈髟　部〉

鬆　す
①大根などの内部にできた細い空洞。②鋳物など金属中に生じた空洞。

鬆入り　すいり
鬆が生じること。↓鬆

〈魚　部〉

鯇魚　あめ・あめのうお
「江鮭・雨魚」とも書く。サケ科の淡水産硬骨魚ビワマスの異称。琵琶湖の固有種。

鮸　にべ
ニベ科の海産硬骨魚。

鯒　こち・まごち
「鮲」とも書く。コチ科の海産硬骨魚。

魠　ほっけ
アイナメ科の海産硬骨魚。

〈鳥　部〉

鵝目　がもく
銭の異称。

鵝眼　ががん
①「鵝眼銭」の略。②銭の異称。穴あき銭。

鵞口瘡　したとぎ・がこうそう
「鵝口瘡」とも書く。舌の表面が白くなる口内炎。『日葡辞書』

鵞毛玉鳳花　さぎそう
「鷺草」とも書く。ラン科の多年草。

鵞耳櫪　さわしば
「沢柴」とも書く。カバノキ科の落葉高木。

鵞梅　ぶんごうめ
「豊後梅・鶴頂梅」とも書く。ウメの一変種。

鵞観草　かもじぐさ
「髢草」とも書く。イネ科の越年生雑草。

鵟　のすり
タカ科の鳥。

鵙　もず
「百舌・百舌鳥」とも書く。モズ科の鳥。

鵠　くぐい・くげ
カモ科の大形の水鳥ハクチョウの古名。『倭名類聚鈔』

鵜松明　うだいまつ・うたいまつ
雨天の鵜飼で用いる白樺の皮を燃料とする松明。

鵜松明樺　うだいかんば
カバノキ科の落葉高木。

鵐　しとど
「巫鳥」とも書く。①ホオジロ科のホオジロの異称。②ホオジロ科の小鳥アオジ・クロジなどの総称。

鵤　いかる
「斑鳩」とも書く。アトリ科の鳥。

〈黑（黒）部〉　黒は十一画

黠奴　かつど
悪賢いやつ。悪知恵にたけたやつ。

黠恵　こざかし
①利口ぶってなまいきだ。②ずるい。ずる賢い。

〈鼠　部〉

鼬　いたち
「鼬鼠」とも書く。イタチ科の哺乳類。

鼬鼠　いたち
「鼬」とも書く。↓鼬

十九画

〈口 部〉

囂 ひずかし・ひすかし
「佷し」とも書く。愚かで口やかましいこと。『色葉字類抄』

嚬み ひそみ
「顰み」とも書く。眉間にしわを寄せたり、口元をゆがめて、不愉快な気持をあらわすこと。『源氏物語』。

嚬む くちひそむ
にがにがしい思いで口をゆがめる。『源氏物語』

〈土 部〉

壚土 ほけつち
ねばりけがなく、保水性にとぼしい、植物の成育に不向きな土。

壟段 ろうだん
「隴断・龍断」とも書く。①利益を独り占めすること。『太平記』。②絶壁。

〈女 部〉

嬾惰 らんだ
「懶惰」とも書く。なまけること。

〈宀 部〉

寵人 うつくしびと
寵愛を受けている人。『播磨風土記』

寵児 めづこ
可愛い子。

〈忄 部〉

懶 ものぐさ
「物臭」とも書く。」①不精なこと。また、そういう人。②「懶草履（ものぐさぞうり＝短くかかとのない草履）」の略。『一遍上人語録』

懶い ものうい
「物憂い」とも書く。①憂鬱（ゆううつ）である。『源氏物語』。②つらい。『保元物語』

懶惰 らんだ
「嬾惰」とも書く。→嬾惰

〈扌 部〉

攏人 くちとり
「口取」とも書く。牛・馬のくつわを持って引くこと。また、その引く人。

〈氵 部〉

瀛鰆 おきさわら
「沖鰆」とも書く。①クロタチカマス科の海産硬骨魚。②サバ科のカマスサワラの異称。

瀝青 チャン
①天然アスファルト・コールタール・石油アスファルトなどをいう。②桐油・松脂から作る防水用塗料。江戸時代に多く使われた防水用の塗料。

〈犭 部〉

獺祭 だっさい
①カワウソが捕った魚を並べる習性を、祭で人が物を供えることにたとえたもの。②転じて、詩文などを作るときに多くの参考書を並べ広げること。

獺猢 らっこ
「猟虎・海獺・海猟・臘虎」とも書く。イタチ科の哺乳動物。

〈艹（艹・艸）部〉 艹は四画、艸は六画

藹然 あいぜん
「靄然」とも書く。①植物が盛んに茂るさま。②雲のあつまるさま。また、たなびくさま。③おだやかなさま。

藹藹 あいあい
「藹然」に同じ。→藹然

蘇方 すおう
「蘇芳・蘇枋」とも書く。①マメ科の小高木。②染料の一つ。③襲（かさね）の色目の一つ。『紫式部日記』

蘇西 スエズ
①エジプトの地中海と紅海の間にある地峡。②エジプトのスエズ運河南端に位置する都市。

蘇芳 すおう
「蘇方」とも書く。→蘇方

蘇波訶 そわか
「蘇婆訶・薩婆訶・娑婆訶」とも書く。密教で、真言陀羅尼の最後にとなえる仏徳を讃える言葉。

蘇枋 すおう
「蘇方」とも書く。→蘇方

蘇門答剌 スマトラ
インドネシア共和国の一部を形成する、赤道直下に位置する島。

蘇迷盧 そめいろ
「須弥山（しゅみせん）」に同じ。『拾玉集』

蘇格蘭 スコットランド
イギリス、グレート・ブリテン島北部の地域。

蘇婆訶 そわか
「蘇波訶」とも書く。『雑談集』→蘇波訶

藻刈 めかり
「和布刈」とも書く。海藻を刈ること。

藻火 すくもび
海辺で海人が藻屑を焚く火。『散木奇歌集』

藻石 すくもいし
石炭の古称。

藻雑魚 もじゃこ
アジ科の海産硬骨魚ブリの幼名。

蘋 でんじそう
「田字草」とも書く。デンジソウ科の多年生水生シダ。

蘭 あららぎ・オランダ
あららぎ―ユリ科の多年草ノビルの古称。『日本書紀』
オランダ―西ヨーロッパに位置する立憲王国。

蘭貢 ラングーン
ミャンマー連邦（ビルマ）の首都。「ヤンゴン」の旧称。

蘭葱 あさつき

「浅葱・糸葱」とも書く。ユリ科の多年草。

蘆虎　けけし
ヒタキ科の鳥ヨシキリの異称。

蘆粟　ろぞく
イネ科の一年生作物サトウモロコシの漢名。

蘆鶴　あしたず
「蘆田鶴」とも書く。鶴。葦辺に多くいるところから。『万葉集』

〈手部〉

攀折　つづらおり
「葛折・九十九折」とも書く。葛（つづら）の蔓のようにくねくねと幾重にも折れ曲がっている坂道。『太平記』

攀縁　はんえん
①たよってよじ登ること。②世俗の縁にかかわりあうこと。『栄花物語』。③憤慨すること。『今昔物語集』

〈日（曰）部〉

曠刧　こうごう
仏教で、非常に長い時間・年月。『平家物語』

曠蕩　こうとう
広大なさま。『町人嚢』

曠敷　はれがまし
「晴れがましい」に同じ。

曝布　さらし
「晒・晒布」とも書く。水洗いし、日にあてて白くした布。『日本永代蔵』

曝貝　されがい
日光・風雨などにさらされた貝殻。

曝松　されまつ
枝葉が多く、丈（たけ）の低い古木のような松。盆栽とされることが多い。

曝書　ばくしょ
書物を虫干しすること。

曝涼　むしぼし
「虫干し」とも書く。夏の土用の頃に防虫のために衣類や書籍を日に当て、風を通すこと。

曝頭　されこうべ
「髑髏」とも書く。風雨にさらされて白くなった頭骨。『今昔物語集』

〈月部〉

臘子　からすみ
「鱲子」とも書く。ボラ・サワラなどの卵巣を塩漬け・乾燥した食品。

臘子鳥　あとり・あつどり・あっとり
「花鶏・獦子鳥」とも書く。スズメ目アトリ科の鳥。

臘虎　らっこ
「獺猢」とも書く。→獺猢

〈木部〉

櫲樟　くすのき
「楠・樟」とも書く。クスノキ科の常緑高木。

檻　おばしま
「欄」とも書く。欄干。『倭名類聚鈔』

櫑子　らいし
「罍子」とも書く。①高坏（たかつき）に似た酒器の一つ。『倭名類聚鈔』。②食物を盛る器。「破籠（わりご）」に同じ。『源氏物語』

櫟　くぬぎ・いちい
くぬぎ—「椽・櫪・枘」とも書く。ブナ科の落葉高木。
いちい—「石櫧」とも書く。ブナ科の常緑高木イチイガシ。

〈火部〉

爍爍　しゃくしゃく
「灼灼」とも書く。光り輝くさま。

爆丸　はぜだま
「爆弾」とも書く。①火薬を入れ爆発させる兵器。②粗悪な焼酎。③米・とうもろこしを加熱・加圧して破裂させた食品。④突然で、意表をついたり、恐怖を与えるようなもののたとえ。

爆口　はぜぐち
「罅口」とも書く。はじけて開いた口。

爆竹　どんど
「左義長」とも書く。小正月の火祭り。宮廷では吉書を焼く。民間では正月の門松やしめ飾りなどを焼き、その火で焼いた餅を食べると年中の病を祓えるとされた。「どんどやき」に同じ。

爆栗　はぜぐり
クリの一種。皮が縦に裂けて種子がむきだしになるもの。

爆弾　はぜだま
「爆丸」とも書く。→爆丸

〈片部〉

牘　とく
文書。手紙。書状。

牘箋　とくせん
手紙を書いたり、詩歌を書きとめたりする用紙。「用箋」に同じ。

〈牛部〉

犢　こうし
「子牛」とも書く。牛の子。

犢鼻褌　ふんどし・たふさき・たふさぎ
「褌」とも書く。①男子の陰部をおおい隠す長い布。②腰巻。

〈田部〉

疇昔　ちゅうせき
①昔日。先日。②昨日。『大内義隆書状』

〈疒部〉

癡　たくらた・かたくな
たくらた—「痴」とも書く。愚か者。『法華経直談鈔』
かたくな—「頑」とも書く。①判断力がないさま。②はげしく思い込むさま。『源氏物語』。③偏屈。

〈石部〉

礪茶　とのちゃ
「砥茶」とも書く。染色の一つ。赤黒い茶色。

〈示（ネ）部〉

禰宜　ねぎ
①神職の総称。②古くは神主の下の職。③伊勢神宮では少宮司の下の職。④バッタ科の昆虫イナゴの異称。

〈罒部〉

羅宇 らお・らう
「喇竿」とも書く。①煙管の竹管。②煙管の異称。

羅竿 らお
「喇宇」とも書く。→喇宇

羅脊板草 らせいたそう
イラクサ科の多年草。

羅馬 ローマ
イタリア共和国の首都。

羅馬文字 ローマじ
ラテン語を表記する文字。現在は英語の二六文字。

羅馬尼亜 ルーマニア
東ヨーロッパの黒海に面した国。

羅馬書 ロマしょ
新約聖書で、パウロがローマの信徒に宛てた手紙。「ローマ人への手紙」に同じ。

羅斎 ろさい
①托鉢すること。②乞食の異称。

羅漢松 いぬまき
「犬槙」とも書く。マキ科の常緑高木。

羅漢柏 あすなろ
「翌檜」とも書く。ヒノキ科の常緑高木。

〈ネ部〉

襪 しとうず・したうず
「下沓」とも書く。平安時代以降、束帯着用のときに履く絹製の足袋に似たもの。

〈竹部〉

簷馬 ふうりん
「風鈴」とも書く。風に吹かれて鳴る音を楽しむ鈴。鐘形で内側に舌が下がっている。『浮雲』

簸 ひる
箕（み）で穀物などの屑を除くこと。『新撰字鏡』

〈糸部〉

繋縛 けいばく・けばく
縛ること。自由を奪うこと。

繡眼児 めじろ
「目白」とも書く。スズメ目メジロ科の鳥。

繡線菊 しもつけ
「下野」とも書く。バラ科の落葉小低木。

繰鬢 くりびん
「刳鬢」とも書く。①江戸時代、月代（さかやき）を長く下げて剃った髪型。おもに奴の髪形。②鬢を大きく張った女性の髪形。

〈羊（⺶）部〉

羸れ みつれ・やつれ
疲れ果て、やつれること。また、その姿。『多情多恨』

羸弱 るいじゃく
身体がひ弱なこと。『実隆公記』

〈色部〉

艶う いろう
「色う・彩う」とも書く。美しく色が映える。『和泉式部集』。②飾る。

艶書合 えんぞあわせ・えんしょあわせ
恋文や恋歌を作りその優劣を競い合う遊び。「懸想文合せ」に同じ。

艶飾 おめかし
「お粧し」とも書く。おしゃれをすること。『今の女』

艶隠者 やさいんじゃ
自然や詩歌を楽しみながらひっそりと市中に住む人。

〈虫部〉

蟹文字 よこもじ
横書きで書く文字。おもに西洋文字。『西洋道中膝栗毛』

蟹胥 かにびしこ・かにびしお
「蟹醢」とも書く。蟹の塩辛。

蟹眼 かいがん
茶釜の湯が小さな泡をたてて煮え立つこと。

蟹漬 がんづけ
カニの塩辛の一種。佐賀地方の特産。

蟹糞 かにばば・かにくそ
①赤ん坊が生まれて最初にする大便。②水辺の葦などにつく魚の卵。

蟹醢 かにびしこ・かにびしお
「蟹胥」とも書く。→蟹胥

蠍擬 さそりもどき
クモ綱サソリモドキ目の節足動物の総称。

蟻門渡 ありのとわたり
①蟻が一列で行くさま。②転じて、やっと通れる細道。③会陰（哺乳類の陰部と肛門の間の呼称）。④信濃国（長野県）戸隠山の難所。

蟻垤 ありづか
「蟻塚・垤・蟻封・丘垤」とも書く。塚状の蟻の巣。

蟻封 ありづか
「蟻垤」とも書く。→蟻垤

蟻蚕 けご
「毛蚕」とも書く。孵化したばかりの蚕。

蠁子 さし
①釣餌用に人工的に繁殖させたキンバエの幼虫。②ぬかみそなどにつくショウジョウバエの幼虫。

蟾蜍 ひきがえる・ひき
「蟇」とも書く。カエルの一種。『色葉字類抄』

蟶貝 まてがい
「馬刀貝・馬蛤貝」とも書く。①マテガイ科の二枚貝の総称。②アゲマキガイの市場での呼称。

蟷螂 かまきり・とうろう
「鎌切・螳螂」とも書く。
かまきり―①カマキリ目の昆虫の総称。②カジカ目の川魚。
とうろう―カマキリの漢名。『平家物語』

蠅虎 はえとりぐも
「蠅捕蕋・蠅豹子・蠅蝗」とも書く。ハエトリグモ科のクモの総称。

蠅捕蕋 はえとりぐも
「蠅虎」とも書く。→蠅虎

蠅豹子 はえとりぐも
「蠅虎」とも書く。→蠅虎

蠅蝗 はえとりぐも
「蠅虎」とも書く。→蠅虎

〈襾（覀）部〉

覇王樹　サボテン
「仙人掌」とも書く。サボテン科の植物の総称。

〈言　部〉

譌字　かじ
誤字・異字など正字ではない文字。

警策　きょうざく・けいさく・きょうさく
きょうざく―①驚くほど詩文にすぐれていること。『源氏物語』。②性格や容姿がきわだって立派なこと。『源氏物語』
けいさく―①馬に用いるむち。また、むちを打つこと。②文章を生かすすぐれた句。③座禅中に使用する打つための板。
きょうさく―「けいさく」③に同じ。

警蹕　けいしつ・けいひつ・けいひち
天子や貴人の出入りなどに、先払いが声をかけてあたりに注意をうながすこと。また、その声。『権記』

譖　しこず
事実をいつわり、他人の名誉を傷つける。讒言（ざんげん）する。『日本書紀』

〈足（⻊）部〉

蹶然と　むっくと
急に起き上がるさま。『浮雲』

蹴え　くえ
蹴る。『類聚名義抄』

蹴転　けころ
「けころばし」の略。江戸時代、江戸にいた売春婦をいう隠語。

蹴然　しゅくぜん
慎むさま。また、恐れるさま。

蹲　つくばい・うずい
つくばい―「蹲踞」とも書く。①うずくまること。②茶庭に据える手水鉢（ちょうずばち）。
うずい―①「つくばい」①に同じ。②無作法で横柄なこと。

蹲踞　つくばい
「蹲」とも書く。→蹲

蹲踞み　しゃがみ
うずくまって動かないさま。『暗夜行路』

〈車　部〉

轍鮒　てっぷ
わだちにある水たまりで苦しむ鮒の意で、転じて、困窮が極まるのたとえ。

〈辵（辶・辶）部〉辶は四画、辶は三画

邌牛　ねりうし
「練牛」とも書く。牛のあゆみがゆっくりであること。また、その牛。

邌供養　ねりくよう
「練供養」とも書く。①来迎会（らいごうえ）の俗称。②仏事の行列。

邌踊　ねりおどり
「練踊」とも書く。列になって踊りながら行くこと。また、その踊り。

〈金　部〉

鏨　たがね
①鋼製の鏨（のみ）。②鍛冶で使う刃物。

鏨菜　きせわたそう・きせわた
「着綿草・着綿・被綿」とも書く。シソ科の多年草。

鏝　こて・ぬめ
こて―壁土などを塗る道具。『倭名類聚鈔』
ぬめ―銭の裏側。

〈隹　部〉

離方　かれがた
おもに男女の間で、訪れが途絶えがちになるころ。『古今和歌集』

離宮　とつみや
「外つ宮」とも書く。宮城の外に設けられた宮殿。

離筵　みたてぶるまい
「送別」とも書く。娘が嫁ぐ日、縁故者に花嫁姿を披露すること。

離増　かれまさる
離れてますます足が遠のくこと。『源氏物語』

離離　すずなり・かれがれ
すずなり―「鈴生り」に同じ。果実などがたわわに稔るさま。
かれがれ―離れて遠ざかること。『源氏物語』

〈革　部〉

鞴　ふいごう・ふいご
「吹革・韛」とも書く。鍛冶屋などで、金属の精錬加工に用いる火力を強めるための送風器。

〈韭　部〉

韲物　あえもの
「和物」とも書く。野菜や魚介類などを酢・味噌・胡麻などと混ぜ合わせた料理。

〈頁　部〉

願文　がんもん
神仏に願を立てるときや法会のとき、その趣旨を書き表した文。

願以此功徳　がんにしくどく・がんいしくどく
①法会の終りに唱える言葉。転じて、最後、終りの意。『日本永代蔵』

顛沛　てんばい・てんぱい
①とっさのとき。②つまずき倒れること。『信長公記』

顛倒　てんとう
「転倒」とも書く。①ひっくり返る。②さかさになること。③あわててうろたえること。『大和大東家文書』

顖門　ひよめき・ひよむき
「顋門」とも書く。幼児の頭蓋骨が接合しないとき、頭の一部が呼吸するたびに動いて見えるさま。

〈食（飠・𩙿）部〉

饋　おくる
食物を贈ること。

饂飩　うどん・うんどん
小麦粉で作った麺類の一つ。

〈馬　部〉

騙り　かたり
口上手に人をだまし、金品を取り

上げること。また、その人。

〈骨部〉

髄虫 ずいむし
「螟虫」とも書く。草木の茎・枝の内部に食い入る昆虫の幼虫の総称。

〈髟部〉

髾 すずしろ
頭頂の髪を少しだけ残して剃った幼児の髪形。江戸では「芥子坊主」といった。『倭名類聚鈔』。

〈魚部〉

鯣 するめ
①イカの内蔵などを取り去って乾かしたもの。②アカイカ科の軟体動物スルメイカの略。

鯣烏賊 するめいか
「鯣」②に同じ。→鯣

鯨声 とき・ときのこえ
「鬨・時・鯨波」とも書く。①合戦のはじめに、士気を鼓舞するため に全軍で発する叫び声。『三河物語』。②大勢の人が一度にどっとあげる声。

鯨取り いさなとり
「勇魚取り」とも書く。「いさな」は「鯨」の古称。鯨をとること。鯨を取る場所の意から「海・浜・灘」にかかる枕詞。『古事記』。

鯨波 とき・ときのこえ・げいは
「鯨声」に同じ。『太平記』→鯨声

鯨熨斗 くじらのし
クジラの筋肉を精製した食品。博多の名産。

鯨鯢 げいげい
①雄のクジラと雌のクジラ。②悪党の首領。

鯢 はんざき
「半割・半裂・鯢児」とも書く。サンショウウオ科、オオサンショウウオ科などの両生類の総称。半分にしても命を保つ意ともいう。

鯢児 はんざき
「鯢」とも書く。→鯢

鯢波 けいは
「鯨声」に同じ。『太平記』→鯨声

鯤鵬 こんほう
想像上の大魚「鯤」と大鳥「鵬」。転じて、巨大なもののたとえ。

鯔 ぼら・なよし
「鰡」とも書く。
ぼら―ボラ科の硬骨魚。海水・淡水両水域に生息。
なよし―「名吉」とも書く。ボラまたはその幼魚イナの異称。

鯔背 いなせ
粋で男気のある若者。また、その容姿や気風。江戸っ子の特徴の一つとされた。

鯔背銀杏 いなせいちょう
江戸時代、江戸日本橋の魚河岸の若者たちの髪形。形が鯔の背に似たもの。

鯧 まながつお
「真魚鰹」とも書く。マナガツオ科の海産硬骨魚。

鯖河豚 さばふぐ
「斑魚豚」とも書く。フグ科の海産硬骨魚の総称。

鯯 このしろ・つなし
このしろ―「鮗・鱅・鰶」とも書く。ニシン科の海産硬骨魚。『出雲風土記』
つなし―コノシロの幼魚。『万葉集』

鯱鉾立 しゃちほこだち・しゃっちょこだち・さっちょこだち
逆立ち。

鯥 むつ
ムツ科の海産硬骨魚。

鯥五郎 むつごろう
ハゼ科の海産硬骨魚。

鰙 わかさぎ
「若鷺・公魚」とも書く。キュウリウオ科の硬骨魚。汽水域・淡水域に生息。「アマサギ・サクラウオ」に同じ。

鯝 いおのわた
「魚の腸」の古称。

鯘 あざる
肉の鮮度が落ちていること。腐敗。『倭名類聚鈔』

〈鳥部〉

鶏 かけ・くたかけ・にわつとり
ニワトリの古称。『古事記』

鶏日 けいたん
「鶏旦」とも書く。元日。

鶏舌 けいぜつ・けいぜち
薫香の一つ。「鶏舌香」の略。『栄花物語』

鶏児腸 よめな
「嫁菜」とも書く。キク科の多年草。

鶏盲 とりめ
「鳥目・雀目・夜盲」とも書く。夜盲症。『倭名類聚鈔』

鶏冠 とさか・さか
ニワトリなどの頭にある肉冠・毛冠。『色葉字類抄』

鶏冠木 かえで・かえるでのき
「槭樹・槭・楓」とも書く。「蛙手」の転。カエデ科の落葉高木の総称。『万葉集』

鶏冠菜 とさかのり
「鳥坂苔・鶏冠海苔」とも書く。紅藻類ミリン科の海藻。

鶏桑 やまぐわ
①「山桑」とも書く。クワ科の落葉高木。②ミズキ科の落葉高木のヤマボウシの異称。

鶏婚 とりたわけ
上代の罪の一つ。人と家禽の交わり。『日本書紀』

鶏眼草 やはずそう
「矢筈草」とも書く。マメ科の一年草。

鶏魚 いさき・きす
いさき―「伊佐木・伊佐機」とも書く。イサキ科の海産硬骨魚。
きす―「鱚」とも書く。キス科の硬骨魚の総称。

鶏麻 しろやまぶき
「白山吹」とも書く。バラ科の落葉小低木。

鶏腸草 はこべ・はこべら
「繁縷・蘩蔞」とも書く。ナデシコ科の越年草。

鶏蜱 わくも
ワクモ科のダニ。

鵼 ぬえ
「鵺」とも書く。①ヒタキ科の渡

り鳥トラツグミの異称。『古事記』。②怪鳥の名。『平家物語』。③転じて、あやしい人物。

鵼子鳥　ぬえこどり
「鵼」に同じ。↓鵼

鵼鳥　ぬえどり
「鵼」に同じ。↓鵼

鵲　かささぎ
①カラス科の鳥。『日本書紀』。②サギ（鷺）の一種。『源氏物語』

鵲豆　ふじまめ
「藤豆」とも書く。マメ科の一年生作物。『物類称呼』

鶉　うずら
①キジ科の鳥。②芝居小屋で、桟敷（さじき）の下段の席。

鶉居　じゅんきょ
きまった巣を持たない鶉（うずら）のように、住居が定まらないこと。

鶉格子　うずらごうし
遊廓で、遊女がいる場所に設けられた鶉籠のような格子。

鶉斑　うずらふ
①ウズラの羽で、茶褐色のなかに黒白の斑紋のある模様。②①に似た羽をもつ鷹。

鶉縮緬　うずらちりめん
皺（しぼ）の大きな縮緬の一つ。「鎖縮緬・鬼縮緬」に同じ。

鶇　つぐみ
「鶫」とも書く。ヒタキ科の渡り鳥。

鵯　ひよどり
「白頭鳥」とも書く。ヒヨドリ科の鳥。

鵺　ぬえ
「鵼」とも書く。↓鵼

鶍　いすか
「交喙」とも書く。アトリ科の渡り鳥。『文明本節用集』

〈鹿　部〉

麗春花　ひなげし
「雛罌粟・美人草・虞美人草・錦被花」とも書く。ケシ科の一年草。

麗爾　きらびやか
美しく、はなやかなさま。

〈麥（麦）部〉　麦は七画

麴塵　きくじん・きじん
袍（ほう）の色の名。淡い黄色を含んだ青。天皇の袍の色で禁色の一つ。『太平記』

〈齒（歯）部〉　歯は十二画

齗　はじし
「歯肉・齦・齗」とも書く。歯茎。『今昔物語集』

二十画

〈女部〉

孀 やもめ
「寡・寡婦」とも書く。夫を亡くした女。未亡人。

〈山部〉

巌桂 きんもくせい
「金木犀」とも書く。モクセイ科の常緑小高木。

〈忄部〉

懺法 せんぼう・せんぼう
①仏教で、罪を懺悔する修行。『栄花物語』。②懺悔の作法を書いた書。

懺悔 さんげ・ざんげ
罪を神仏や他人に告白して悔い改めること。

〈扌部〉

攘 ぬすみ
自分のところへまぎれ込んできた他人のものを盗み、わがものとすること。

攘災 じょうさい
災いを払いのけること。『神皇正統記』

〈氵部〉

瀰漫る はびこる
「蔓延る」とも書く。①いっぱいに広がること。『野末の菊』。②草木が広がり茂ること。③増長する。

瀲 ひる
「葫・蒜」とも書く。ユリ科の多年草ネギ・ノビルなどの古称。

瀲波 さざなみ・さざらなみ
①「細波・小波・漣」とも書く。小さく細くたつ波。②「細浪・楽浪」とも書く。「近江国」の古称。

〈犭部〉

獼猴桃 さるなし・こくわ・しらくち
さるなし—「猿梨」とも書く。マタタビ科の蔓性落葉低木。
こくわ・しらくち—「さるなし」の古称。『倭名類聚鈔』

〈艹（艹・艸）部〉 艹は四画、艸は六画

蘖 ひこばえ・なばえ
切株から生えてきた芽。『新撰字鏡』

蘗木 きはだ
「黄蘗」とも書く。ミカン科の落葉高木。

蘚書 せんしょ
岩石の上に生えているコケが文字のようになっていること。

蘩蔞 はこべ
「繁縷」とも書く。ナデシコ科の越年草。春の七草の一つ。

蘩縷 はこべ
「蘩蔞」とも書く。→蘩蔞

蘞い えぐい
①あくが強く、のどに刺激を感じる味がする。『倭名類聚鈔』。②気が強い。冷酷だ。

蘞辛っぽい えがらっぽい
「蘞い」に同じ。→蘞い

〈心（⺗）部〉

懸久真 くま
「奠」とも書く。神前に供える洗い清めた米。「奠稲・糈米（くましね）」に同じ。

懸合 かけあい
①かけあうこと。『御触書天明集成』。②交互にことを行うこと。

懸念 けんね・けねん
①仏教で、執念。②気掛かり。心配。

懸疣 さがりふすべ
垂れ下がった疣（いぼ）。『倭名類聚鈔』

懸魚 げぎょ
棟木（むなぎ）や桁（けた）の先端を隠すため、破風（はふ）に取り付ける装飾の板。

懸猴 くもざる
「蜘蛛猿」とも書く。オマキザル科の哺乳類。

懸税 かけちから
古代、青竹にかけて神前に奉納した稲の初穂。『祝詞』

懸想 けそう
恋い慕うこと。『源氏物語』

懸鉤子 きいちご
「木苺」とも書く。バラ科の落葉小低木。

〈月部〉

臙脂白粉 べにおしろい
「紅白粉」とも書く。①紅と白粉。転じて化粧。②紅と白粉を合わせた化粧品。

臙脂蕈 べにたけ
「紅茸・紅菰・赫茸」とも書く。担子菌類のキノコ・ドクベニタケの異称。

臚句 ろこう
間に立って双方の意向を取り次ぐこと。通訳。

朧めき おぼめき
①不明瞭。ぼんやりしている。『蜻蛉日記』。②ほのめかす。③とぼける。知らないふりをする。『源氏物語』

朧朧し おぼおぼし
①ぼんやりしている。『源氏物語』。②よそよそしい。③たどたどしい。『増鏡』

〈木部〉

欄手 おばしま・てすり
おばしま—「欄」とも書く。欄干。『倭名類聚鈔』
てすり—「おばしま」に同じ。

櫪 くぬぎ
「椚・橡・櫟」とも書く。ブナ科の落葉高木。

櫪飼 いたがい
「板飼」とも書く。馬を板敷や板囲いの厩で飼育すること。また、その馬。

櫨　はじ・はぜのき
「黄櫨・梔」とも書く。①ウルシ科の落葉高木。『平家物語』。②ウルシ科の落葉小高木ヤマウルシの異称。

櫨村濃　はじむらご
「黄櫨村濃」とも書く。はじ色（赤みがかった黄色）のむらご（＝染色の一つ。濃淡とぼかしを使って染めたもの）。

櫨緂　はじだん
①花・紅葉などの模様を縫い物にデザインしたもの。『紫式部日記』。②はじ色（赤みがかったにぶい黄色）に染めること。

〈目部〉

矍鑠　かくしゃく
年老いても健康ではつらつとしているさま。『甲子夜話』

〈石部〉

礬水　どうさ
「礬砂」とも書く。膠（にかわ）に明礬（みょうばん）を少量入れたもの。紙や絹にぬって墨などのにじみ止めとする。

礬砂　どうさ
「礬水」とも書く。→礬水

礫瓦　たびしかわら
取るに足らない下賤の者。『枕草子』

礫石　さざれ・さざれいし・さざらいし
「細石」とも書く。小さい石。小石。『万葉集』

〈禾部〉

穭　ひつじ・ひつち・おろかぼ・おろかおい
「稲孫」とも書く。刈り取ったあとの株から伸びた結実しない稲。「蘖（ひこばえ）」に同じ。

穭豆　くわしまめ
豆科の蔓性多年草タンキリマメの異称。

穭穂　おろかぼ・ひつじぼ
「穭」に同じ。『夫木和歌集』→穭

〈立部〉

競合　せらい
熊野で、海上で風がぶつかり合ったとき海が荒れること。志摩では、風がないが波が立つ気象をいう。

競取　せどり
「糴取」とも書く。売買の仲介で報酬を受取ること。また、その人。

競馬　きおいうま・きそいうま・くらべうま・けいば
馬を走らせて勝敗を競うもの。古くは二頭で行った。『枕草子』

競望　けいぼう・けいもう
一つのものをめぐって他人と取り合うこと。『醍醐寺文書』

〈衤部〉

襤褸　ぼろ・らんる・かかふ
ぼろ・らんる—①使い古した布。ぼろきれ。②着古してむさくるしい着物。③未熟。失敗。短所。
かかふ—「㡜」とも書く。「ぼろ・らんる」に同じ。

襤褸衣　ぼろそ
着古して破れた着物。

〈竹部〉

籌　はかりごと
「謀」とも書く。①もくろみ。計略。『保元物語』。②心構えをする。また、その人。

籌策　ちゅうさく
①計略。謀略。②仲裁。『三人法師』

〈米部〉

糲　ひらしらげ
「平精」とも書く。くろ米。玄米。『倭名類聚鈔』

〈糸部〉

繻子　サテン・しゅす
繻子織の織物。

〈缶部〉

罌子桐　けしぎり・あぶらぎり・いぬぎり
「油桐」とも書く。トウダイグサ科の落葉高木。

罌粟　けし
「芥子」とも書く。①ケシ属の植物の総称。②アブラナ科の一・二年草カラシナの古称。③きわめて小さなことのたとえ。④幼児の髪形。⑤鎧の飾り。

〈羽（羽）部〉

耀く　かがやく
「輝く・赫く」とも書く。①まぶしいほどきらきらと光る。②恥ずかしがる。『今昔物語集』。③はればれしい。生き生きとしている。

〈虫部〉

蠑螈　いもり
「井守」とも書く。イモリ科の両生類。『新撰字鏡』

蠐螬　すくもむし
土中に生息する昆虫の総称。「地虫」に同じ。

蠕蠕　むずむず
①虫が這いずりまわるようなむずがゆい感覚。②やりたい気持があるのにできないはがゆい気持。『多情多恨』。③しっかりするさま。

〈言部〉

護田鳥　うすべ・うすめ・おすめどり
サギ科の鳥ミゾゴイ・ゴイサギの古名。『倭名類聚鈔』

護田鳥尾　うすべう・うすべお
「薄部尾黶」とも書く。矢羽の一つ。薄墨色のまだらのある尾白鷲の尾羽で作ったもの。『源平盛衰記』

護謨　ゴム
ゴム植物や石油などを原料に製造した、弾性にとむ物質。

譫言　うわごと
「囈語」とも書く。①高熱などのために無意識に発する言葉。②理屈に合わない言葉。たわごと。『魔風恋風』

譬　たとい
「喩・例・況・仮令」とも書く。事例。

〈貝　部〉

贏輸　えいゆ・えいしゅ
勝ち負け。『甲子夜話』

〈車　部〉

轗軻　かんか
「坎坷」とも書く。よい機会にめぐまれず不遇なこと。『舞姫』

〈酉　部〉

釀酒　かみさけ
「嚙酒」とも書く。古代、米を嚙み砕いてつくったという酒。

醴　こさけ・こざけ
米と麹と酒をまぜ、一夜で醸造した酒。ひとよざけ。『倭名類聚鈔』

〈金　部〉

鐚　びた
「鐚銭」の略。『算法地方大成』↓鐚銭

鐚半銭　びたひらなか
ごくわずかな銭。「鐚一文（びたいちもん）」に同じ。

鐚銭　びたせん・びたぜに
①粗悪な銭。②室町時代から江戸初期にかけて通用した永楽銭以外の銭。②江戸時代、寛永通宝後の鉄銭。

鏗鏘　こうこう
①金属や石がぶつかり合う音。②鐘の鳴り響くさま。

鐘木　しゅもく
「撞木」とも書く。仏具。鐘・鉦などを打ち鳴らす丁字形の棒。『文明節用集』

鐘楼　しゅろう・すろう・しょうろう
寺院の鐘つき堂。『栄花物語』

鐙冠　つぼこうぶり
「壺冠」とも書く。古代の「壺鐙（つぼあぶみ）」に似た形をした冠。

鐙靼　みずお
「水緒」とも書く。馬具の一つ。鐙（あぶみ）をつる皮の紐。『保元物語』

鐙靼鉄　みずおがね
「水緒金」とも書く。馬具の鐙（あぶみ）の上にある金具。「鉸具頭（かこがしら）」に同じ。

鐃鈸　にょうばち・にょうはち・にょうばつ
仏教で、法会に用いる銅製のシンバルのような打楽器。二枚を打ち合わせる。

〈門　部〉

闢　ひらく
広める。繁栄させる。『建武式目』

闡提　せんだい
「一闡提」の略。仏教で、苦悩・迷いから解放されず、成仏できない者。『和語燈録』

〈雨（⻗）部〉

霰星　あられぼし
茶釜・鉄瓶などの外面にある小さなつぶ状の突起。

霰弾　さんだん
「散弾」とも書く。発射すると多数の細かい弾（たま）が飛び散る弾丸。

霰蕎麦　あられそば
バカガイの貝柱と、もみ海苔を入れたかけそば。

〈音　部〉

響矢　かぶら・かぶらや
「鏑矢」とも書く。数個の穴をあけた鏑を矢先につけた矢。この矢が空中に飛ぶと音がでる。矢合せのときなどに用いた。

響尾蛇　がらがらへび
クサリヘビ科マムシ亜科の毒ヘビ。

響動む　とよむ
①鳴り響く。『万葉集』。②大声で騒ぐ。『源氏物語』。③ずきずきと痛む。

響動めく　どよめく
①鳴り響く。②大勢の人が大声で騒ぎ立てる。『平家物語』

響銅　さはり
「胡銅器」とも書く。銅に錫・鉛を加えた合金。また、それで作った器。

〈風　部〉

飄石　ずんばい・ずばい
①石打ち。その石・道具。②石合戦。

飄掌す　たひろかす
手をひらひらと振るしぐさ。『日本書紀』

〈食（⻞・⻟）部〉

饅和え　ぬたあえ
「饅韲」とも書く。野菜や魚介類の酢味噌あえ。

饅韲　ぬたあえ
「饅和え」に同じ。↓饅和え

〈馬　部〉

騰馬　あがりうま
はねあがるくせのある馬。はねうま。『古今著聞集』

驀地　ましぐら・まっしぐら
「驀直・驀然」とも書く。勢いよく進んでいくさま。『こがね丸』

驀直　まっすぐ・まっしぐら
「驀地」とも書く。『風流仏』↓驀地

驀然　ましぐら
「驀地」とも書く。『邪宗門』↓驀地

〈魚　部〉

鱥　かいらぎ
「梅花皮」とも書く。①粒状の突起のあるアカエイに似た魚の背皮。刀剣の鞘・柄などの飾りに用いる。『太平記』。②焼物で、表面が①の仕上りに似た井戸茶碗の見どころの一つ。

鰕虎魚　はぜ
「沙魚・鯊」とも書く。ハゼ科の硬骨魚の総称。

鰐足　わにあし
「戻脚・捲足」とも書く。爪先を外側に向けるか、内側に向けるかして歩く歩き方。『文明本節用集』

鰉　ひがい

コイ科の淡水産硬骨魚。

鰓 あぎと
「顎門・顎・腮」とも書く。①あご。②魚のえら。③鐖（あぐ＝釣針の先かぎ）。

鰓蚕 えらこ
ホヤ目の尾索類の総称ホヤの異称。

鰌 どじょう
「泥鰌」とも書く。ドジョウ科の淡水産硬骨魚。

鰍 かじか・いなだ
かじか—「杜父魚」とも書く。カジカ科の淡水産硬骨魚。いなだ—アジ科の海産硬骨魚ブリの若魚の名。

鰆 さわら
サバ科の海産硬骨魚。

鯷 ひしこ・ひしこいわし
「鯷魚」とも書く。カタクチイワシ科の海産硬骨魚カタクチイワシの異称。『文明本節用集』

鯷魚 ひしこいわし
「鯷」とも書く。『倭名類聚鈔』↓鯷

鰒 ふぐ
「河豚」とも書く。フグ科の海産硬骨魚の総称。

鰊 かど
ニシン科の海産硬骨魚ニシンの異称。

鰊鰯 かどいわし
サンマ科の海産硬骨魚サンマの異称。

鯥 むろあじ
「室鯵」とも書く。アジ科ムロアジ属の海産硬骨魚の総称。

鰙 あら
スズキ科の海産硬骨魚。

鰖 たかべ
タカベ科の海産硬骨魚。

〈鳥　部〉

鶤鶏 とうまる
「唐丸・蜀丸」とも書く。①長鳴鶏（ながなきどり）の一種。『世間胸算用』。②「唐丸籠（唐丸を飼育する籠。また、罪人の護送用の籠）」の略。

鶚 みさご
「雎鳩」とも書く。タカ科の鳥。

鶫 つぐみ
「鶇」とも書く。ヒタキ科の渡り鳥。

〈鹵　部〉

鹹し しわはゆし・しおはゆし
塩辛い。しょっぱい。『正法眼蔵随聞記』

鹹草 あしたば
「明日葉」とも書く。セリ科の多年草。

鹹蓬 まつな
「松菜」とも書く。アカザ科の一年草。

〈麥（麦）部〉麦は七画

麵包 パン
「麵麭・麪包」とも書く。小麦粉などにイースト菌を加え、発酵させ焼き上げた食品。『上田敏全訳詩集』

麵碼 メンマ
中国産の麻竹（まちく）の筍をゆでて発酵させて作った食品。「しなちく」に同じ。

麵麭 パン
「麵包」とも書く。『文鳥』↓麵包

〈黑（黒）部〉黒は十一画

黥み めさききざみ
刑罰として、目尻などに入墨をすること。『日本書紀』

黥刺 いれずみ
「入墨・天墨・文身・刺青」とも書く。①江戸時代の刑罰の五刑の一つ。前科の印として腕などに墨汁を刺し入れて着色すること。②肌に顔料などで絵・文様・文字を掘り込むこと。

黧む つじむ
「黰む」とも書く。肌に青黒い斑点がつくこと。『藁集類抄』

〈鼠　部〉

鼯鼠 ももんが・むささび・もみ
ももんが—リス科の哺乳類。ムササビに似るが、小形で目が大きい。むささび—リス科の哺乳類。リスよりやや大きく、木から木へと滑空する。『万葉集』
もみ—モモンガ・ムササビ類の古称。『本草和名』

〈齒（歯）部〉歯は十二画

齣 くさり
「齣」とも書く。音曲や遊芸・講談などの段落・切れ目。

齝み にれかみ
牛などが反芻すること。『徒然草』

二十一画

〈人部〉

儺火 なび
①小正月の一月十五日に正月の門松や飾物を焼き、邪気を祓った行事。『蜻蛉日記』。②大晦日の夜に行われる宮中の厄払いの行事。「追儺（ついな）」に同じ。

〈口部〉

囂し かしまし・かしかまし
「姦し」とも書く。とてもやかましい。うるさい。『万葉集』

囂しい かまびすしい
「喧しい」とも書く。やかましい。さわがしい。『方丈記』

囂囂 ごうごう
人の声ががやがやと騒がしいさま。

囈語 うわごと
「譫言」とも書く。①高熱などのために無意識に発する言葉。②理屈に合わない言葉。

〈山部〉

巍巍 ぎぎ
高く大きいさま。おごそかなさま。『今昔物語集』

〈日（曰）部〉

曩に さきに
「先に」とも書く。以前に。かつて。

〈木部〉

櫺子 れんじ・れいし・れにし
「連子」とも書く。窓や欄間などに設けた格子。『宇津保物語』

〈火部〉

爛缶 ランプ
「洋灯」とも書く。①石油などを燃料とした照明器具。②電灯。

爛柯 らんか
①囲碁に夢中になって時を忘れること。②転じて、遊びに夢中になること。

爛壊 らんえ
「乱壊」とも書く。肉が腐ってくずれること。『日葡辞書』

〈疒部〉

癩葛 かったいかずら
ウリ科の一年性蔓草レイシの異称。

〈穴部〉

竈炭 へすみ
「竈墨」とも書く。かまどの煤。

竈食い へぐい
かまどで炊いた物を食べること。『日本書紀』

竈馬 かまどうま・おかまこおろぎ・いいぎり
「御竈蟋蟀・御釜蟋蟀」とも書く。バッタ目カマドウマ科の昆虫の総称。

竈墨塗 へそびぬり
人の顔にかまどの煤墨を塗り付ける年末や正月の行事。

〈衤部〉

襯衣 シャツ
上半身に着る洋風の下着。また、ワイシャツなどの中着。

〈糸部〉

纈 ゆはた
「結繒」とも書く。しぼり染。くくり染。『日本書紀』

纈草 かのこそう
「鹿子草・甘松」とも書く。オミナエシ科の多年草。

纈帯 いわたおび・ゆわたおび
「岩田帯・勇肌帯」とも書く。妊婦が胎児の保護のため、妊娠五カ月ごろより腹に巻く帯。

纏袋 てんたい
胴巻。

纏綿に むつまかに
仲良く打ち解けている。むつまじく。『日本書紀』

纏頭 てんとう
①演技者への祝儀。かずけもの。②祝儀として与える金品。『権記』

纏繞 てんじょう
①まつわりつくこと。②からまりついてじゃまをすること。

纐纈 こうけち
「交纈」とも書く。奈良時代に行われたしぼり染の一つ。『今昔物語集』

〈缶部〉

罍子 らいし
「櫑子」とも書く。①高坏（たかつき）に似た酒器の一つ。『倭名類聚鈔』。②食物を盛る器。『源氏物語』

〈虫部〉

蠢 うごめく・むくめく
うごめく—少しずつ絶えず動く。『海道記』。むくめく—「蠢蠢」とも書く。『宇津保物語』→蠢蠢

蠢動 しゅんどう
①虫などがうごめくこと。②取るに足らないものがこそこそと動くこと。

蠢笨漢 べらぼう
「可坊・蠢漢」とも書く。愚か者。たわけ。

蠢漢 べらぼう
「蠢笨漢」とも書く。→蠢笨漢

蠢爾 しゅんじ
①小さい虫などがうごめくさま。②転じて、愚か者が騒ぐさま。

蠢蠢 むくむく・うごうご
むくむく—①もぞもぞとうごめくさま。②雲などが重なり合ってわき出るさま。③やわらかいものがふくらんで見えるさま。④感情が盛りあがるさま。うごうご—①「むくむく」①に同じ。②活気がなく、ぐずぐずしているさま。『多情多恨』

蠡測　れいしき・れいそく
①物事の本質を見通す力がないこと。『百姓分量記』。②貝殻で海水を計ること。転じて、不可能なことのたとえ。

蠟觜鳥　あとり・あつどり・あっとり
「花鶏・獦子鳥」とも書く。スズメ目アトリ科の鳥。

蠟嘴　しめ
「鴲」とも書く。スズメ目アトリ科の鳥。

〈言　部〉

譴責　けんせき
「鑓責」とも書く。①不正や過失をきびしく叱責すること。『興福寺別当請文』。②年貢や借金の督促。

囂　やかましい・かしましい
騒がしい。うるさい。

〈貝　部〉

贐　はなむけ
「餞」とも書く。旅立つ人への詩歌・金品などの贈り物。『太平記』

〈足（⻊）部〉

躋　よじのぼる
物につかまってのぼる。

躊躇う　いさよう・ためらう
①高ぶる気持などを抑える。②状況を見て待つ。『保元物語』。③迷って決心がつきかねる。『徒然草』

〈車　部〉

轟　がらがら
かたく重い物が崩れたり、ころがり落ちるさまを表す語。

轟轟　ごうごう
物音がとどろきわたるさま。

轜車　きぐるま・きくるま・じしゃ
「輀車」とも書く。貴人の棺をのせて運ぶ葬車。

〈金　部〉

鐸　ぬて
「ぬりて」の転。上代、合図に用いた、上方に長柄がある大形の鈴。『古事記』

鐺　こじり
「璫」とも書く。①垂木の先端。また、その飾り。『今昔物語集』。②「小尻」とも書く。刀の鞘尻（さやじり）。また、その飾り。

〈雨（⻗）部〉

霹靂　かむとけ・かみとき・へきれき・はたたがみ
突然の雷鳴。「はたたがみ」は「霹靂神」とも書く。『万葉集』

霹靂神　はたたがみ
「霹靂」とも書く。『源平布引滝』→霹靂

露西亜　ロシア
ヨーロッパ東部からアジアにおよぶ地域に位置する連邦国。

露兜樹　たこのき
「蛸の木」とも書く。タコノキ科の常緑高木。

露顕　ろけん
「露見」とも書く。秘密事や悪事などがばれること。『御成敗式目』

〈頁　部〉

顧眄　こめん・こべん
①ふりかえって見ること。②周囲を見ること。

顧視　ふりむき・こし
ふりかえって見ること。「振り向き」に同じ。『離れ鶯』

〈風　部〉

飆　つじかぜ
「旋風・辻風」とも書く。渦まいて吹き上げる風。つむじ風。『かたこと』

〈飛　部〉

飜白草　つちぐり
「土栗」とも書く。①バラ科の多年草。②担子菌類のキノコ。

飜車魚　まんぼう
「翻車魚」とも書く。マンボウ科の海産硬骨魚。

〈食（飠・𩙿）部〉

饑歳　きさい
「飢歳」とも書く。農作物が不作の年。『地方凡例録』

饒使　たとい
許可して、やらせてみる。

饌　け
「食」とも書く。食事。飲食物。

〈鬼　部〉

魑魅　すだま・ちみ
①山林・木石の精気から生じるといわれる人面鬼身の怪物。『倭名類聚鈔』。②人のたましい。

魑魅魍魎　ちみもうりょう
さまざまな怪物。化け物。『風流志道軒伝』

〈魚　部〉

鰥　やもお
「鰥夫・寡男」とも書く。妻のいない男。男やもめ。

鰥夫　やもお
「鰥」とも書く。『日本書紀』→鰥

鰥寡　かんか
妻を失った男と、夫を失った女。『算法地方大成』

鰭　はた
魚のひれ。『祝詞』

鰭の広物　はたのひろもの
ひれの大きな魚。『祝詞』

鰭の狭物　はたのさもの
ひれの小さな魚。『古事記』

鰭手　はたで
①ひれ（鰭）。また、袖。②脇。『古事記』

鰭板　はたいた
「端板」とも書く。囲いや壁に用いる幅の広い板。また、その板囲い・板塀など。『古事談』

鰭裾濃　はたすそご
「端裾濃」とも書く。鎧の縅（おどし）の一つ。両端を濃く、中央を淡い色でおどしたもの。

鰣 はす
コイ科の淡水産硬骨魚。

鰧 おこぜ
「虎魚」とも書く。①オニオコゼ科の海産硬骨魚の総称。①オニオコゼの異称。

鰰 はたはた
「鱩・燭魚」とも書く。ハタハタ科の海産硬骨魚。

鰡 ぼら
「鯔」とも書く。ボラ科の硬骨魚。海水・淡水両水域に生息。

〈鳥　部〉

鶪鴽 かやぐき・かやくぐり
「茅潜り・草潜り」とも書く。スズメ目イワヒバリ科の小鳥。

鶯織柳 れだま
「連玉・鷹爪」とも書く。マメ科の落葉低木。

鶲 ひたき
「火焼」とも書く。ヒタキ科の一部の鳥の総称。『枕草子』

鸐雉 やまどり
「山鳥・山鶏」とも書く。①山に生息する鳥。②キジ目キジ科の鳥。③キジ目のエゾライチョウの異称。

鶴子餅 とりのこもち・つるのこもち
「鳥子餅」とも書く。卵形をした紅白の餅。祝儀用につかう。

鶴頂梅 ぶんごうめ
「豊後梅・鵞梅」とも書く。ウメの一変種。

鶸 ひわ
「金翅雀」とも書く。アトリ科の鳥の一群の総称。『枕草子』

鶺鴒 せきれい・にわくなぶり・まなばしら
せきれい—スズメ目セキレイ科の小鳥セキレイ。
にわくなぶり・まなばしら—スズメ目の小鳥セキレイの古称。『古事記歌謡』

鷂 はいたか・はしたか
タカの一種。『梁塵秘抄』

〈鹿　部〉

麝香 ざこう・じゃこう
ジャコウジカの麝香嚢から製した香料。漢方薬としても用いる。

〈黑（黒）部〉 黒は十一画

黰み つしみ
「黧み」とも書く。肌に青黒い斑点がつくこと。『薫集類抄』

〈鼓　部〉

鼙鼓 へいこ
戦のとき、馬上で打つ鼓。

〈齒（歯）部〉 歯は十二画

齧 かぶる
①かむ。かみつく。『仁勢物語』。
②腹がいたむ。

齧膝 けっしつ・げっしつ
良馬。

齦 はじし
「歯肉・斷」とも書く。歯茎。

二十二画

〈人　部〉

儻　たまたま・もしくは
たまたま—偶然。『和漢朗詠集』
もしくは—あるいは。『根南志具佐』

儻う　かたちはう
「阿党う」とも書く。えこひいきをする。『大唐西域記』

〈口　部〉

囉斎　ろさい
「邏斎」とも書く。①僧が托鉢して米などを請うこと。②乞食の異称。『玉海集』

〈女　部〉

孌童　れんどう
美少年。若衆（わかしゅ）。『孔雀楼筆記』

〈子　部〉

孿子　れんし
「ふたご」に同じ。

〈扌　部〉

攤打　だうち・だうつ
①銭を使う賭事。②さいころを用いる遊び。『宇津保物語』

攤飯　たはん
「打飯」とも書く。僧が食事をとること。また、その食事。『玉塵抄』

〈氵　部〉

灑水　しゃすい
「洒水」とも書く。①水を注ぐこと。②密教で香水（こうずい）を注いで身体・法具を浄めること。

〈艹（艹・艸）部〉

艹は四画、艸は六画

蘿蔔　すずしろ
「清白」とも書く。アブラナ科の一・二年生根菜ダイコンの異称。

蘿藦　がかいも・かがみ
ガガイモ科の蔓性の多年草。

〈木　部〉

欋　さらい
「杷・杁」とも書く。農具の一つ。横板に短い歯を並べ、長柄をつけたもので、播いた種に土をかけたり、地表の雑物を取り除いたりする。『倭名類聚鈔』

〈穴　部〉

竊み　ぬすみ
「盗み・偸み」とも書く。ぬすむこと。

〈衤　部〉

襴衣　すそつけのころも
貴人の平服、直衣（のうし）の異称。

〈竹　部〉

籠　かたま・こ
目の細かい竹かご。『日本書紀』

籠山　こめやま
樹木を育てることだけを目的とした山。

籠舎　ろうしゃ
「牢舎」とも書く。①牢獄。②入牢。

籠居　ろうきょ
家に閉じこもっていること。また、その場所。『慈円書状案』

籠屑　ろうず
古くなったり、壊れてしまった商品。

籠飯　くはん・こはん
沖縄で祭礼時に出す一式の料理。

籠飼　こがい
虫などを籠に入れて飼育すること。

〈米　部〉

糴　かいよね
「買米」とも書く。貯えるために米を買い入れること。

糶取　せどり
「競取」とも書く。売買の仲介で報酬を受取ること。また、その人。

糵　もやし
「萌やし」とも書く。穀類などの種を水に浸し、光を当てずに発芽させたもの。『本草和名』

〈缶　部〉

罎　フラスコ
ガラス製の徳利形の容器。水入れや科学実験用の用具。『西洋道中膝栗毛』

罎子　ボトル
瓶。洋酒の瓶。『もしや草紙』

〈耳　部〉

聾桟敷　つんぼさじき
①江戸時代の劇場で、二階席の最後部の席。②情報を知らされないでいる人。

〈舟　部〉

艫座　ともざ
「船尾座」とも書く。三月中旬、南の空にある星座。

艫綱　ともづな
「纜」とも書く。船尾から出して船をつなぎとめる綱。『夫木和歌抄』

〈虫　部〉

蠹毒　とどく
①虫食いがあること。②物事に害を与えること。

蠹魚　とぎょ・しみ
とぎょ—①紙魚（しみ）の異称。②転じて、本ばかり読むが、活用するすべを知らない者。
しみ—「紙魚・衣魚」とも書く。シミ科の原始的な昆虫の総称。

〈衣　部〉

襲着　おそぎ・おそき

上着。着物。『万葉集』

〈見　部〉

覿面　てきめん
①目の前で。まのあたり。『太平記』。②結果・効果などが即座にあらわれること。

〈貝　部〉

贖る　つのる
代償にする。つぐなう。『宇治拾遺物語』

贖児　あがちご
人の罪を代ってあがなう人形（ひとかた）。大祓に用いた。

贖労　ぞくろう
官位を得たり昇進するため、財物を納めること。

贖物　あがもの
①人に代ってけがれや災難などを背負わせる人形（ひとかた）や装身具。②罪のつぐないとして出す財物。

〈足（⻊）部〉

躑躅　てきちょく
①少し進んでは止まり、ためらうこと。②ツツジ科の常緑または落葉低木ツツジの漢名。

〈車　部〉

轡　くつわ・くつばみ
くつわ—「銜・鑣・馬銜」とも書く。①馬具の一つ。馬の口にくわえさせて手綱を付けるのに用いる。『徒然草』。②紋所の一つ。③遊女屋。また、その主人。『色道大鏡』
くつばみ—「鑣・馬銜」とも書く。「くつわ」に同じ。

轡格子　くつわごうし
轡の形を組み合せたような形式の格子。書院の障子などに多く用いられる。

轡葛　くつわずら
「轡蔓・轡鞚」とも書く。馬の手綱。

轡絡旋毛　くつわがらみのつむじ
馬の口のそばにある毛。

〈金　部〉

鑓責　けんせき
「譴責」とも書く。①不正や過失などを厳しくとがめること。『六角氏式目』。②年貢や借金の督促。

〈雨（⻗）部〉

霽れ　はれ
「晴れ」とも書く。①天気がよいこと。『万葉集』。②悩みなどが解消すること。『古今和歌集』。③ひろびろとしていること。『源氏物語』。④はれがましいこと。『古今著聞集』。⑤あらたまった場合。『源平盛衰記』。⑥疑いをはらすこと。

〈食（⻞・𩙿）部〉

饗立　こうだて・きょうだて
「紙立・甲立」とも書く。供物などの膳で盛物まわりに立てる折紙。

饗設　あるじもうけ
主人として客を饗応するために準備すること。『伊勢物語』

饘　かたがゆ
「固粥」とも書く。固く煮たかゆ。現在の飯にあたる。『類聚名義抄』

〈馬　部〉

驚破　すはや
「須波哉」とも書く。「すわ」に同じ。相手に気づかせる掛け声。それ。さあ。

驕逸　きょういつ
「驕佚」とも書く。わがままな行動をとること。

〈髟　部〉

鬚籠　ひげこ
竹籠などで、編み残した端が鬚のように出ているもの。

〈魚　部〉

鰶　このしろ
「鰤・鮗・鯯」とも書く。ニシン科の海産硬骨魚。『倭名類聚鈔』

鰻鱺　あなご
「穴子」とも書く。アマナゴの通称。

鰾　ふえ
魚類の浮き袋。『倭名類聚鈔』

鰾膠　にべ・にべにかわ
ニベ科の海産硬骨魚ニベの浮き袋で作る接着剤の「にかわ」。

鰾鮹魚　いか
「烏賊・墨魚・鰂」とも書く。イカ綱ツツイカ目とコウイカ目の軟体動物の総称。

鰱魚　れんぎょ
コイ科の淡水産硬骨漁。

鱅　このしろ
「鰶」とも書く。→鰶

鱁鮧　なれもの
塩辛の一種。

〈鳥　部〉

鷓鴣　しゃこ
キジ科の鳥のうち、ウズラとキジの中間の体形のものの総称。

鷓鴣菜　まくり
「海人草・海仁草」とも書く。①海産の紅藻。②回虫駆除薬。

〈鹿　部〉

麞牙　しょうが・しょうげ
①シカ科の哺乳類キバノロの雄の牙。②上等な白米。『紀伊粉河寺衆徒愁状案』

〈鼠　部〉

鼴鼠　うごろもち
モグラ目の哺乳類モグラの異称。『倭名類聚鈔』

〈龍（竜）部〉竜は十画

龕燈返　がんどうがえし
「龕灯返・強盗返」とも書く。舞台で大道具を九十度倒し、その底部分が別の場面に転換させる仕掛け。

龕燈提燈　がんどうぢょうちん
「龕灯提灯・強盗提灯」とも書く。釣鐘形の提灯で、中の蝋燭が自由に動き、懐中電灯のように一方向だけを照すことができる仕組みとなっている提灯。

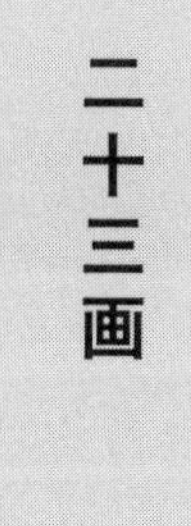

二十三画

〈扌部〉

攫徒 すり
「掏摸・掏児」とも書く。人込みなどで気づかれないように、てぎわよく他人の金品を盗み取る者。『雁』

攪てる ほだてる
①ほこりなどを立てる。②かき混ぜる。③火などをかき散らす。

攩網 たも
魚をすくう小形の網「たも網」の略。

〈木部〉

欒樹 もくげんじ
「木槵子」とも書く。ムクロジ科の落葉高木。

〈竹部〉

籤 くじ
「鬮・鬮子・孔子」とも書く。勝敗・順番などを決定する方法の「くじ引き」の略。また、それに使用する紙片・竹片など。

〈糸部〉

纔 わずか
「僅」とも書く。①ほんの少し。②かろうじて。③みすぼらしいさま。

纔着 さいじゃく
「細着」とも書く。衣服の着丈を着る人の背丈と同じにし、わずかに地につくほどに仕立てること。

〈虫部〉

蠱事 まじわざ
まじない。呪い。『宇治拾遺物語』

蠱物 まじもの
「妖物」とも書く。①災いが人におよぶように祈祷すること。その法術。『祝詞』。②魔物。『雨月物語』

〈言部〉

讎校 しゅうこう
文章などの誤りを考え正すこと。

〈足(⻊)部〉

躙 にじがき
筆圧が強く、墨がにじむようにして文字を書くこと。

躙上り にじりあがり
茶室の小さな出入口。「にじり口」に同じ。『利休客之次第』

〈辵(⻌・⻍)部〉 ⻌は四画、⻍は三画

邏斎 ろさい
「囉斎」とも書く。①僧が托鉢して米などを請うこと。『三国伝記』。②「乞食」の異称。

〈金部〉

鑚地風 いわがらみ
「岩絡」とも書く。ユキノシタ科の蔓状低木。

鑚鉄 エメリー
研磨用に用いられる細粒状の鋼玉。「金剛砂」に同じ。

鑣 くつわ・くつばみ
くつわ—「銜・轡・馬銜」とも書く。①馬具の一つ。馬の口にくわえさせて手綱を付けるのに用いる。②紋所の一つ。③遊女屋。また、その主人。
くつばみ—「轡・馬銜」とも書く。「くつわ」①に同じ。

〈面部〉

靨 えくぼ
①笑うと頬にできる小さなくぼみ。『倭名類聚鈔』。②ほくろ。『新撰字鏡』

〈骨部〉

髑髏 されこうべ・しゃれこうべ・どくろ
「曝頭」とも書く。風雨にさらされて白くなった頭骨。『今昔物語集』

〈髟部〉

鬟 みずら
「角髪・角子・髻」とも書く。古代の男性の髪形の一つ。髪を項(うなじ)で左右に分け、両耳の横で輪にして結んだもの。『源氏物語』

〈魚部〉

鱏 えい
「鱝・海鷂魚」とも書く。エイ目の海産軟骨魚の総称。

鱓 ごまめ・うつぼ
ごまめ—「小鯯・古女」とも書く。素干をしたカタクチイワシ。『毛吹草』
うつぼ—ウツボ科の海産硬骨魚。

鱗 うろくず・こけ
①うろこ。『日葡辞書』。②転じて、魚。『沙石集』

鱛 えそ
「狗母魚」とも書く。エソ科の海産硬骨魚の総称。

〈鳥部〉

鷉子 つぶり
カイツブリ目カイツブリ科の水鳥カイツブリの異称。

鷸蚌 いつぼう・いっぽう
チドリ目の鳥シギとマルスダレガイ科の二枚貝ハマグリ。また、シギとイシガイ科の二枚貝ドブガイ。

鷲山 じゅせん・じゅぜん
「霊鷲山(りょうじゅせん)」の略。古代インドで、釈迦が教えを説いたとされる山。マガダ国の都の北東にあるとされる。

鷦鷯 みそさざい・さざき
みそさざい—ミソサザイ科の鳥。
さざき—ミソサザイの古称。『日本書紀』

〈黍部〉

黐擌 はが・はご
「擌」とも書く。木の枝などに鳥もちを塗り、鳥を捕らえる仕掛け。『倭名類聚鈔』

黐躑躅 もちつつじ

「餅躑躅」とも書く。ツツジ科の常緑低木。

〈黑（黒）部〉 黒は十一画

黴雨　ばいう・つゆ
「梅雨」とも書く。六月ごろに降る長雨。また、その季節。

〈鼠　部〉

鼹鼠　もぐら・むぐら
「土竜」とも書く。モグラ科の哺乳類。

鼷鼠　はつかねずみ
「二十日鼠」とも書く。ネズミの一種。

二十四画

〈彳　部〉

衢総　つじぶさ
「辻総」とも書く。牛馬につける総鞦（ふさしりがい）の一つ。

〈疒　部〉

癲狂　くつちかき
癲癇（てんかん）。また、癲癇の症状を起こすこと。

癲癇　くつち・てんかん
くつち—①いびき。『類聚名義抄』。②「てんかん」の古称。『日葡辞書』
てんかん—発作的に痙攣や意識障害を起こす疾患。

〈言　部〉

讒　ざんす
事実をまげて中傷し、他人をおとしいれること。『今昔物語集』

讒じ　しこじ
「讒」に同じ。『新撰字鏡』→讒

讒佞　ざんねい
他人の悪口を言って、目上の人にこびること。『百姓分量記』

讒言　ざんげん・よこす
「讒」に同じ。『今川仮名目録』→讒

讒者　ざんしゃ
事実をまげ、中傷し、他人をおとしいれる者。『相良氏法度』

讒訴　つげぐち
「告げ口」とも書く。人の秘密や過失を他人に話すこと。『牡丹灯籠』

讒謀　ざんぼう
事実をまげ、中傷し、他人をおとしいれる計画。『今昔物語集』

讖文　しんぶん・しんもん
将来を予言した文書。

〈身　部〉

軈而　やがて
「頓而」とも書く。まもなく。そのうちに。すぐに。『両森和泉書状』

〈雨（⻗）部〉

靄然　あいぜん
「藹然」とも書く。①雲があつまるさま。また、たなびくさま。②植物が勢いよく繁茂すること。③おだやかなさま。

靄靄　あいあい
「靄然」に同じ。→靄然

〈頁　部〉

顰み　ひそみ
「嚬み」とも書く。眉間にしわを寄せたり、口元をゆがめて、不愉快な気持をあらわすこと。『源氏物語』

顰蹙　ひんしゅく
眉をひそめること。不快な気持で顔をしかめること。

〈馬　部〉

驟　はす・にわか
はす—①馬などを走らせる。②広く世に知らせる。
にわか—突然。だしぬけ。

驟き　うぐつき
「蹢き」とも書く。①馬が速く走り回る。『万葉集』。②早口でしゃべる。『新撰字鏡』

〈骨　部〉

髕　ひざのかわら
「膝[illegible]」とも書く。膝頭の骨。『倭名類聚鈔』

〈髟　部〉

鬢枇　びんそぎ
「鬢除・鬢削・鬢曾木」とも書く。女子が一六歳になったとき、成人のしるしとして鬢の先を切る儀式。

鬢削　びんそぎ
「鬢枇」とも書く。→鬢枇

鬢除　びんそぎ
「鬢枇」とも書く。→鬢枇

〈鬼　部〉

魘される　うなされる
恐ろしい夢などを見て苦しそうな声をあげる。

〈魚　部〉

鱠残魚　しらうお
「白魚・銀魚」とも書く。シラウオ科の硬骨魚。

鱟魚　かぶとがに
「兜蟹・鱟蟹」とも書く。カブトガニ目の節足動物の総称。

鱮　たなご
コイ科の淡水産硬骨魚。

鱧　はも

ハモ科の海水産硬骨魚。

鱧腸　たかさぶろう
「高三郎」とも書く。キク科の一年草。

鱪　しいら
「鱰」とも書く。シイラ科の海水産硬骨魚。

鱩　はたはた
「鰰・燭魚」とも書く。ハタハタ科の海産硬骨魚。

鱝　えい
「鱏・海鷂魚」とも書く。エイ目の海産軟骨魚の総称。

〈鳥　部〉

鷽　うそ
①アトリ科の鳥。『文明本節用集』。②鷽替（うそかえ）の神事に用いる木製の鳥。

鸇　さしば
「差羽」とも書く。タカ科の渡り鳥。

鸊鷉　かいつぶり
カイツブリ科の水鳥。

鷹爪　れだま
「連玉」とも書く。マメ科の落葉低木。

鷹居　たかすえ・たかじょ
「鷹匠」に同じ。鷹を飼いならし、鷹狩りに従事する者。『信長公記』

鷹護田鳥尾　たかうすべお・たかうすびょう
「高薄部尾」とも書く。矢羽の一つ。薄黒色のまだらのある尾白鷲の尾羽で作ったもの。『平家物語』

〈黽　部〉

鼇頭　ごうとう
①書物の本文上部の空欄。またその書込み。②中国の官吏登用試験科挙の首席合格者。

〈齒（歯）部〉　歯は十二画

齷齪　あくせく
「偓促」とも書く。①小さなこと、ささいなことにこだわること。②気ぜわしく仕事などをすること。

二十五画

〈竹　部〉

籭　したみ
下方が四角錐で上が丸い大形のザル。『今昔物語集』

籬豆　かきまめ
「垣豆」とも書く。マメ科のフジマメ、ササゲマメ、ダイズ、エンドウマメなどの俗称。

〈米　部〉

糶売　せりうり
「競り売り」とも書く。①複数の買い手に値を競わせて、最高値をつけた者に売ること。②売り手が高値をつけてから徐々に値を下げ、買い手がついた値で売ること。③商品を持ち歩いて売ること。また、その人。

糶糴　ちょうてき
①売手が一人で複数の買手に競争させ、価格をきめる方法。②買手が一人で複数の売手が競争し、価格をきめる方法。「糶売買（せりばいばい）」に同じ。③米の売買。

〈肉　部〉

臠　ししむら
「肉叢」とも書く。肉体。また、肉の塊。『日本霊異記』

〈足（𧾷）部〉

躡　ふむ
「履・践」とも書く。①追う。従う。②履物をはく。③ふみつける。

〈金　部〉

鑰取　かいどり・かぎとり
「鍵取・鎰取」とも書く。寺社などの倉庫の鍵を管理する人。また、その役職。『宇津保物語』

鑵子　かんす
①青銅・真鍮製の湯を沸かす器。『太平記』。②茶釜。『喫茶往来』

〈雨（⻗）部〉

靉靆　あいたい・めがね
あいたい―①雲が厚いさま。②眼鏡。遠眼鏡。
めがね―「あいたい」②に同じ。

〈魚　部〉

鱰　しいら
「鱪」とも書く。シイラ科の海産硬骨魚。

〈鳥　部〉

鸍　たかべ
「沈鳧」とも書く。カモ科の水鳥コガモの古称。『万葉集』

〈黽　部〉

鼈　すっぽん
①スッポン科の淡水産のカメ。②歌舞伎で、花道の七三（しちさん）にある切り穴。役者が花道に出る所。③船底の淦水（あかみず）を排水するポンプ。

鼈亀　とちがめ
「鼈」とも書く。→鼈

鼈羹　べっかん
禅家で食する餅菓子の一つ。山芋に小麦・小豆粉・砂糖などを練り合わせて蒸し、亀甲形に切ったもの。

二十六画

〈酉部〉

釃む したむ

「湑む」とも書く。①水をしたたらせる。『山家集』。②布などに液体をしみこませる。『好色一代男』。③漉す。

〈金部〉

鑷子 けぬき

「毛抜」とも書く。毛やとげなどを抜く道具。

〈馬部〉

驢馬 ろば

ウマ科の哺乳類。

〈門部〉

鬮 くじ

「籤・鬮子・孔子」とも書く。勝敗・順番などを決定する方法の「くじ引き」の略。また、それに使用する紙片・竹片など。『高野山文書』

鬮子 くじ

「鬮」とも書く。→鬮

〈魚部〉

鱶 ふか

①大形のサメ類の異称。『倭名類聚鈔』。②いびきをかいて眠る人のたとえ。

鱵 さより

「針魚・細魚」とも書く。サヨリ科の海産硬骨魚。

鱲子 からすみ

ボラ・サワラなどの卵巣を塩漬けにし、乾燥させた食品。

〈黑（黒）部〉 黒は十一画

黶 うすべお

「護田鳥尾・薄部尾」とも書く。矢羽の一つ。薄黒色のまだらのある尾白鷲の尾羽で作ったもの。

二十七画

〈言部〉

讜議 とうぎ

正しい議論。また、正論。

〈金部〉

鑽り火 きりび

「切り火」とも書く。①摩擦熱を使った古代からの発火法。板と木の棒をすり合わせ、石と金属を打ち合わせる。②旅立つ人や仕事に向かう芸人などに無事を祈る意で打ちかける浄めの火。

〈頁部〉

顳顬 こめかみ・しょうじゅ

「蟀谷」とも書く。耳の上部と目尻の間の、物をかむと動く部分。『倭名類聚鈔』

〈馬部〉

驥 き

一日に千里も走るというすぐれた馬。『徒然草』

驥尾 きび

①すぐれた馬の尾。②転じて、すぐれた先達、才能ある人の後ろ。

驤 はねる

馬がはねる。また、首をふりあげる。

〈魚部〉

鱸 すずき

スズキ科の海産硬骨魚。『万葉集』

〈鳥部〉

鸕鷀 う・うのとり

「鵜」とも書く。ペリカン目ウ科の水鳥の総称。

〈黑（黒）部〉 黒は十一画

黷職 とくしょく

役人・政治家などが、私欲のために地位を利用して不正を行うこと。汚職。

二十八画

〈糸部〉

纜 ともづな

「艫綱」とも書く。船尾の方から出して船をつなぎ止めるための綱。『倭名類聚鈔』

〈金部〉

钁 こまざらい・こまざらえ

「細杷・細攫」とも書く。農具の一つ。長柄の先に細い歯がついたもの。土をならしたり、落葉などをかき集めたりするのに用いる。『漢書竺桃抄』

鑿 いりほが

「入穿」とも書く。①和歌などで、趣向をこらしすぎて嫌みになること。『八雲御抄』。②詮索しすぎること。

鑿井 さくせい

①地下水・鉱床探査などのために

井戸を掘ること。②とくに深い掘り抜き井戸をいう。

〈鳥　部〉

鸚哥　いんこ
「音呼」とも書く。オウム目のうち、オウム類以外の鳥の総称。『色葉字類抄』

鸚鵡　おうむ
①オウム科の鳥の総称。『枕草子』。②「鸚鵡盃（おうむさかずき）」の略。

鸚鵡螺　おうむがい
「鸚鵡貝」とも書く。オウムガイ科の原始的な頭足類の総称。

二十九画

〈火　部〉

爨炊　さんすい
飯をたくこと。炊事。

〈馬　部〉

驪山　りざん
中国陝西（せんせい）省臨潼（りんどう）県の南東に位置する山。温泉で名高い。

驪宮　りきゅう
驪山（りざん）にあった華清宮（かせいきゅう）の異称。唐の玄宗が楊貴妃と歓楽におぼれた宮殿。驪山宮。

〈鬯　部〉

鬱金　うこん
①ショウガ科の多年草。②「鬱金色（濃い鮮黄色）」の略。

鬱金木綿　うこんもめん
鬱金染めの木綿。

鬱金香　うこんこう・うっこんこう
ユリ科の球根植物チューリップの異称。

鬱金粉　うこんこ
ショウガ科の多年草鬱金の根茎を粉末にした黄色の染料。

鬱悒し　いぶせし
①うっとうしい。ゆううつだ。『源氏物語』。②見苦しい。『平家物語』。③気味が悪い。『沙石集』

鬱陶　うっとう
さっぱりしないこと。心が晴れないこと。『東南院文書』

鬱陶敷　うっとうし
「鬱陶しい」とも書く。①重苦しい気分である。②じゃまでうるさい。

鬱陵　うるま
①朝鮮半島東方海上にある「鬱陵島（うつりょうとう）」のこと。『公任集』。②琉球の古称「宇流麻」と同じともいう。

鬱陵島　ウルルンド
「鬱陵」に同じ。→鬱陵

鬱塁　うつりつ
中国で、百鬼を支配するという神。

三十画

〈馬　部〉

驫驫　ひゅうひゅう
風の激しく吹き続けるさま。

〈鳥　部〉

鸞　らん
①中国における想像上の鳥で、鳳凰の一種。赤を主体とした五色の羽を持ち、声は五音という。②中国で、天子の乗る車に付けた鈴。

鸞翮　らんかく
鸞の翼。技芸や人生の物事に通じた人をたとえていう語。

鸞鏡調　らんけいじょう
音楽で、十二律の下から九番目の音である鸞鏡（らんけい）を主音とする調子。『徒然草』

三十一画

〈氵　部〉

灩　ただよう
①水・波がかさなり動いているさま。②水が満ちているさま。

灩灩　えんえん
①水が満ちているさま。②さざなみが揺れ動くさま。③月光が水面に映ってきらきら輝くさま。④風が木の葉などをそよそよ揺らすさま。

三十三画

〈雨（⻗）部〉

靇　おかみ
水・雨・雪をつかさどる神霊。龍神。『万葉集』

〈鹿　部〉

麤枝大葉　そしたいよう
①あらく大きな枝と葉。②転じて、細かい規則にとらわれず、自由大胆に書いた文章。

麤笨　そほん
あらっぽく、がさつなこと。粗雑。

麤蝦夷　あらえぞ・あらえみし
「荒蝦夷」とも書く。朝廷に服属しない蝦夷。『日本書紀』

頭字部首別総画索引

一、この索引は、本辞典に収録の難訓難語の第一字目の漢字を部首別に配列し、その収録頁を示した。
二、部首および同一部首内の漢字は総画順に配列した。

一画

【一部】
一画　一　一
二画　七　五　丁　五
三画　下　一一　三　一二　上　一四　丈　一五　万　一五　与　一五
四画　不　三〇
五画　丘　五八　且　五八　世　五八　丕　五八
六画　丞　八一　両　八一

【丨部】
四画　中　三二
五画　丱　五八
七画　串　一〇三

【丶部】
三画　之　一五
五画　主　五八

【丿部】
二画　乃　六　〆　六
三画　久　一五　及　一六
四画　乏　三二
五画　乎　五八　乍　五八
八画　乖　一二七
九画　乗　一六三

【乙（乚）部】
一画　乙　四
二画　九　六
三画　丸　一六　乞　一六
七画　乱　一〇三
八画　乳　一二七
十二画　乾　二三一

【亅部】
二画　了　六
四画　予　三二
六画　争　八一
八画　事　一二七

二画

【二部】
二画　二　六
三画　于　一六
四画　云　三二　五　三二　井　三四
七画　亜　一〇三
八画　亟　一二七　些　一二七

【亠部】
三画　亡　一六
六画　交　八一
八画　京　一二七　卒　一二七
九画　亭　一六三　亮　一六三
十一画　商　二三一　率　二三一

【人部】
二画　人　七
三画　个　一六
四画　化　三四　介　三四　仇　三四　今　三四　什　三四　仍　三五　仁　三五　仆　三五　仏　三五　仂　三五
五画　以　五八　仡　五九　仕　五九　仔　五九　仗　五九　仙　五九　他　五九　代　五九　付　五九　令　五九
六画　伊　八一　仮　八一　会　八二　伎　八二　休　八二　仰　八二　件　八二　伉　八二　全　八二　仲　八二　伝　八二　任　八三　伐　八三　伏　八三
七画　佚　一〇三　何　一〇三　伽　一〇四　佝　一〇四　估　一〇四　佐　一〇四　作　一〇四　伺　一〇四　似　一〇四　伸　一〇四　佗　一〇四　体　一〇五　但　一〇五　佇　一〇五　低　一〇五　佃　一〇五　佞　一〇五　伯　一〇五　伴　一〇五　佑　一〇五　余　一〇五
八画　依　一二七　価　一二八　佳　一二八　侃　一二八　佶　一二八　供　一二八　使　一二八　侍　一二八　舎　一二九　侏　一二九　侘　一二九　佻　一二九　佩　一二九　侮　一二九　併　一二九　命　一二九　侔　一二九　例　一二九　佷　一二九
九画　俄　一六三　侠　一六三　係　一六三　侯　一六三　俏　一六三　信　一六三　侵　一六三　俎　一六三　促　一六三　俗　一六三　俘　一六三　便　一六三　保　一六四　俚　一六四　俤　一六四　俣　一六四
十画　倚　一九九　倶　一九九　個　一九九　候　一九九　倥　一九九　借　一九九　倡　一九九　倘　一九九　倩　一九九　倉　一九九　値　一九九　倒　一九九　俳　一九九　倍　一九九　俾　一九九　俵　一九九　俯　一九九　倫　二〇〇　倭　二〇〇
十一画　偓　二三一　偃　二三一　偕　二三二　偽　二三二　偶　二三二　健　二三二　做　二三二　偖　二三二　側　二三二　停　二三二　偸　二三二　偏　二三三
十二画　傀　二六五　傔　二六五　傘　二六五　備　二六五　傅　二六五　傍　二六五
十三画　傴　二九六　僅　二九六　傾　二九六　催　二九六　傷　二九六　僉　二九六　僧　二九六　傭　二九六

僂 二九六
十四画
僥 三一七
僣 三一七
像 三一七
僮 三一七
僕 三一七
僎 三一七
十五画
億 三三四
儀 三三四
僻 三三四
僾 三三四
十六画
儕 三四八
儒 三四八
儘 三四八
儔 三四八
十七画
優 三六〇
十八画
儲 三六八
二十一画
儺 三八四
二十二画
儻 三八七

【儿部】
二画
兀 一六
四画
允 三五
元 三五
五画
兄 六〇
六画
光 八三
充 八三
先 八三
七画
児 一〇五
禿 一〇六
八画
兔 一二九
免 一二九
九画
兗 一六四
十一画
兜 二三三
十四画
兢 三一七

【入部】
二画
入 七

【八部】
二画
八 八
四画
公 三五
六 三六
六画
共 八三
七画
兵 一〇六
八画
其 一二九
具 一三〇
典 一三〇
十画
兼 二〇〇
十六画
冀 三四八

【冂部】
四画
円 三六
内 三七
五画
冊 六〇
冉 六〇
六画
再 八四
同 八四

【冖部】
四画
冗 三七
九画
冠 一六四
十画
冤 二〇〇
冢 二〇〇
冥 二〇〇

【冫部】
七画
冷 一〇六
十画
准 二〇〇
凋 二〇〇
凍 二〇〇
凌 二〇〇
十六画
凝 三四八

【几部】
二画
几 九
三画
凡 一六
五画
処 六〇
凧 六〇
六画
凩 八四
八画
凭 一三〇

【凵部】
四画
凶 三七
五画
出 六〇
凸 六一
八画
画 一三〇
函 一三〇

【刀部】
二画
刀 九
刁 九
三画
刃 一七
四画
切 三八
分 三八
七画
初 一〇六
十一画
剪 二三三
十五画
劈 三三四

【刂部】
四画
刈 三八
六画
划 八四
刑 八四
刎 八四
列 八四
七画
刪 一〇六
判 一〇六
別 一〇六
利 一〇七
八画
刮 一三〇
刳 一三〇
刻 一三〇
刷 一三〇
刺 一三〇
制 一三〇
刹 一三〇
九画
剋 一六四
削 一六四
前 一六四
則 一六四
剃 一六四
剌 一六四
十画
剡 二〇〇
剞 二〇一
剣 二〇一
剛 二〇一
剗 二〇一
剔 二〇一
剝 二〇一
十一画
剰 二三三
副 二三三
剳 二三三
十二画
割 二六五
十三画
剽 二九六
十五画
劇 三三四
十六画
劓 三四八

【力部】
二画
力 九
五画
加 六一
功 六一
幼 六一
七画
劫 一〇七
劬 一〇七
助 一〇七
努 一〇七
労 一〇七
九画
勅 一六四
勃 一六四
勇 一六五
十画
勉 二〇一
十一画
勘 二三三
動 二三四
十二画
勤 二六五
勝 二六五
十三画
勧 二九六
勢 二九六
勦 二九六

【勹部】
四画
勾 三八
勿 三八
匂 三九
五画
匆 六一
包 六一
七画
甸 一〇七
九画
匍 一六五
十一画
匐 二三四

【匕部】
二画
匕 九
五画
北 六一
十一画
匙 二三四

【匚(匸)部】
四画
区 三九
匹 三九
五画
巨 六二
匝 六二
六画
匡 八四
七画
医 一〇七
匣 一〇七
十画
匿 二〇一
匪 二〇一
十二画
匭 二三四
十四画
匱 三一七

【十部】
二画
十 十
三画
千 一七
四画
午 三九
五画
半 六二
八画
卓 一三一
九画
南 一六五
卑 一六五
十二画
博 二六六

【卜部】
二画
卜 一〇
五画
占 六三

八画　卦 一三一

【卩（㔾）部】
五画　卯 六三
六画　印 八五　危 八五
七画　却 一〇七　即 一〇七　卵 一〇七
九画　卻 一六五　卸 一六五
十二画　卿 二六六

【厂部】
四画　仄 三九　厄 三九
九画　厚 一六五
十画　原 二〇一
十一画　厠 二三四
十四画　厭 三一七

【厶部】
二画　厶 一〇
五画　去 六三
八画　参 一三一

【又部】
二画　又 一〇
三画　叉 一七
四画　収 三九　双 三九　反 三九　友 四〇
八画　取 一三一　受 一三一
九画　叙 一六五　叛 一六五
十六画　叡 三四八
十八画　叢 三六八

三画

【口部】
三画　口 一七
五画　可 六三　句 六三　古 六三　叩 六四　号 六四　史 六四　司 六四　只 六四　召 六四　台 六四　叮 六四　叵 六四　右 六四　叺 六四
六画　吉 八五　吃 八五　向 八五　后 八五　合 八五　吊 八六　吐 八六　名 八六　吏 八六
七画　吽 一〇八　含 一〇八　吟 一〇八　听 一〇八　君 一〇八　呉 一〇八　吾 一〇八　吭 一〇八　吼 一〇八　告 一〇八　吹 一〇九　呎 一〇九　吮 一〇九　吶 一〇九　吠 一〇九　否 一〇九　呆 一〇九　呂 一〇九　吝 一〇九
八画　呵 一三一　咎 一三一　呼 一三一　呱 一三一　呷 一三一　咋 一三一　呪 一三一　周 一三一　呻 一三一　呶 一三一　咄 一三一　味 一三一　和 一三一
九画　哀 一六五　咳 一六六　咥 一六六　咬 一六六　哄 一六六　哉 一六六　咫 一六六　哆 一六六　咲 一六六　品 一六六
十画　員 二〇一　哥 二〇一　哮 二〇一　哽 二〇一　哭 二〇一　哨 二〇一　唐 二〇一　哩 二〇二　哯 二〇二
十一画　啄 二三四　啓 二三四　售 二三四　唱 二三四　啜 二三四　問 二三四　唯 二三四
十二画　喝 二六六　喔 二六六　喀 二六六　喚 二六六　喜 二六六　喬 二六六　喧 二六六　喉 二六六　啻 二六六　啾 二六六　喞 二六六　善 二六六　喃 二六六　喩 二六六　喇 二六六
十三画　嗚 二九六　嗅 二九六　嗟 二九六　嗄 二九六　嗜 二九六　嗤 二九七　嗣 二九七　嗔 二九七
十四画　嘔 三一七　嘉 三一七　嘘 三一七　嘐 三一七　嗷 三一七　嘖 三一七　嘗 三一七　嘈 三一七　嗾 三一七　嗹 三一七
十五画　噎 三三四　器 三三四　嘱 三三四　噺 三三四　嘲 三三四　嘸 三三四　噴 三三四　舗 三三四
十六画　噯 三四八　嚇 三四八　噲 三四八　噤 三四八　嘯 三四八　噬 三四八　噸 三四八
十七画　嚔 三六〇　嚊 三六〇
十九画　嚚 三七四　嚬 三七四
二十一画　囂 三八四　囈 三八四
二十二画　囉 三八七

【囗部】
五画　四 六四　囚 六五
六画　因 八六　回 八六　囟 八七　団 八七
七画　囲 一〇九　囮 一〇九　困 一〇九　図 一〇九
八画　固 一三三　国 一三三
十一画　圏房 二三四
十三画　園 二九七

【土部】
三画　土 一八
五画　圧 六五　圦 六五
六画　圭 八七　在 八七　地 八七
七画　坎 一〇九　坐 一〇九　坏 一一〇　坂 一一〇　坊 一一〇
八画　坩 一三三　坤 一三三　垂 一三三　坦 一三四　坪 一三四
九画　垣 一六六　型 一六六　垢 一六六　城 一六六　垜 一六六
十画　埃 二〇二　埆 二〇二　埋 二〇二　埒 二〇二
十一画　基 二三四　執 二三四　埴 二三五　堂 二三五　培 二三五　堋 二三五　埜 二三五　埦 二三五
十二画　堰 二六六　堪 二六七　堅 二六七　場 二六七　堕 二六七　塔 二六七

堡 二六七
十三画
塩 二九七
塊 二九七
塞 二九七
塒 二九七
塡 二九七
塗 二九七
墓 二九七
十四画
境 三一七
塹 三一七
塵 三一七
増 三一七
墨 三一八
十五画
墝 三三四
墜 三三四
墳 三三四
十六画
墺 三四八
壊 三四八
墾 三四八
壌 三四八
壁 三四八
壅 三四九
十九画
壚 三七四
壟 三七四

【士部】
三画
士 一九
六画
壮 八八
七画
壱 一一〇
声 一一〇
売 一一〇
十一画
壺 二六七

【夂(夊)部】
五画
冬 六五
九画
変 一六六
十画
夏 二〇二

【夕部】
三画
夕 一九
五画
外 六五
六画
多 八八
八画
夜 一三四
十三画
夢 二九七
十四画
夤 三一八
夥 三一八

【大部】
三画
大 一九
四画
夬 四〇
太 四〇
天 四〇
夫 四二
夭 四二
五画
失 六六
六画
夷 八八
七画
夾 一一〇
八画
奄 一三四
奇 一三四
奈 一三四
奉 一三四
奔 一三四
九画
奕 一六七
契 一六七
奏 一六七
十画
奚 二〇二
套 二〇二
十二画
奥 二六七
奢 二六七
奠 二六七
十三画
奨 二九七
十四画
奪 三一八

【女部】
三画
女 二三
五画
奴 六六
六画
奸 八八
好 八八
如 八八
妃 八九
妄 八九
七画
妥 一一〇
妒 一一〇
妊 一一〇
妖 一一〇
八画
委 一三四
姑 一三五
妻 一三五
始 一三五
姉 一三五
妾 一三五
姓 一三五
妬 一三五
妹 一三五
九画
威 一六七
姦 一六七
姧 一六七
十画
姫 二〇三
娑 二〇三
娘 二〇三
娓 二〇三
十一画
婀 二三五
婚 二三五
婥 二三五
娵 二三五
娼 二三五
婆 二三五
十二画
媮 二六七
媒 二六七
媚 二六七
十三画
嫁 二九七
媿 二九七
嫌 二九七
嫋 二九八
十四画
嫗 三一八
嫣 三一八
嫡 三一八
嫩 三一八
十五画
嬋 三三四
十六画
嬢 三四九
嬖 三四九
十七画
嬰 三六〇
嬥 三六〇
十九画
嬾 三七四
二十画
孀 三八〇
二十二画
孌 三八七

【子部】
三画
孑 二三
子 二三
四画
孔 四二
五画
孕 六六
六画
存 八九
七画
孛 一一〇
孚 一一〇
八画
学 一三五
季 一三五
孤 一三五
孥 一三五
孟 一三五
九画
孩 一六七
十画
孫 二〇三
十一画
孰 二三五
十二画
孳 二六七
十七画
孺 三六〇
二十二画
孿 三八七

【宀部】
六画
安 八九
宇 八九
字 八九
守 八九
宅 九〇
七画
完 一一〇
宍 一一〇
八画
宛 一三五
官 一三五
宜 一三六
実 一三六
定 一三六
宝 一三六
九画
客 一六七
室 一六七
宣 一六七
宥 一六七
十画
家 二〇三
害 二〇三
宮 二〇三
宰 二〇三
宸 二〇三
容 二〇三
十一画
寄 二三五
寇 二三六
寂 二三六
宿 二三六
十二画
寒 二六七
寓 二六八
寐 二六八
富 二六八
十三画
寛 二九八
寝 二九八
寖 二九八
十四画
寡 三一八
寤 三一八
察 三一八
寧 三一八
寥 三一八
十五画
審 三三五
十九画
寵 三七四

【寸部】
三画
寸 二四
六画
寺 九〇
七画
寿 一一〇
対 一一一
九画
専 一六八
封 一六八
十画
尅 二〇四
射 二〇四
将 二〇四
十一画
尉 二三六
十二画
尋 二六八
尊 二六八

【小部】
三画
小 二四
四画
少 四二
六画
当 九〇
八画
尚 一三七

九画 単 一六八
十一画 巣 二三六
十二画 営 二六八
十七画 厳 三六〇

【尢（尣・兀）部】
四画 尤 四三
七画 尨 一二一
尪 一二一
十二画 就 二六八

【尸部】
三画 尸 二六
四画 尺 四三
五画 尻 六六
尼 六六
六画 尽 九〇
七画 局 一二一
尿 一二一
屁 一二一
尾 一二一
八画 居 一三七
屈 一三七
九画 屋 一六八
屍 一六八
屎 一六八
屏 一六八
十画 屐 二〇四
屑 二〇四
展 二〇四
十二画 孱 二六八
属 二六八
十四画 屢 三一八
十八画 屬 三六八

【屮（屮）部】
四画 屯 四三

【山部】
三画 山 二六
六画 屹 九〇
七画 岐 一二一
岌 一二一
八画 岳 一三七
岸 一三七
岩 一三七
岵 一三八
岡 一三八
岫 一三八
岨 一三八
九画 峙 一六八
十画 峨 二〇四
峻 二〇四
島 二〇四
峰 二〇四
十一画 崖 二三六
崑 二三六
崔 二三六
崇 二三七
崩 二三七
密 二三七
十二画 嵌 二六八
十六画 嶮 三四九
二十画 巌 三八〇
二十一画 巍 三八四

【巛（川）部】
三画 川 二八

【工部】
三画 工 二八
五画 巧 六七
左 六七
七画 巫 一二一
十画 差 二〇四

【己（已・巳）部】
三画 己 二八
已 二八
四画 巴 四三
七画 巵 一二一
九画 巻 一六八
巷 一六九

【巾部】
三画 巾 二八
五画 市 六七
布 六七
七画 希 一二一
八画 帙 一三八
帖 一三八
帛 一三八
帕 一三八
九画 帟 一六九
帥 一六九
帝 一六九
十画 帰 二〇五
師 二〇五
席 二〇五
帯 二〇五
十一画 帷 二三七
常 二三七
帳 二三七
十二画 幄 二六八
幅 二六八
幇 二六八
帽 二六八
十五画 幢 三三五
幡 三三五
幣 三三五

【干部】
三画 干 二九
五画 平 六七
六画 年 九〇
八画 幸 一三八
十三画 幹 二九八

【幺部】
九画 幽 一六九
十二画 幾 二六八

【广部】
五画 広 六八
庁 六八
六画 庄 九一
七画 序 一二二
床 一二二
庇 一二二
八画 庚 一三八
底 一三八
店 一三八
九画 度 一六九
十画 庫 二〇五
座 二〇五
庭 二〇五
十一画 庵 二三七
庶 二三七
庸 二三七
十三画 廉 二九八
十五画 廡 三三五
十六画 廩 三四九

【廴部】
八画 延 一三八
九画 廻 一六九
建 一六九
廼 一六九

【廾部】
四画 升 四三
五画 弁 六八
七画 弄 一二二
十五画 弊 三三五

【弋部】
三画 弋 二九
六画 式 九一
十二画 弑 二六九

【弓部】
三画 弓 二九
四画 引 四三
五画 弘 六八
弗 六八
六画 弛 九一
七画 弟 一二二
八画 弦 一三八
弧 一三九
弩 一三九
弥 一三九
十画 弱 二〇六
十一画 強 二三七
張 二三八
十二画 弾 二六九
弼 二六九
十七画 彌 三六〇

【彑（彐）部】
十一画 彗 二三八

【彡部】
七画 形 一二二
十画 修 二〇六
十一画 彩 二三八
彬 二三八
十五画 影 三三五

【彳部】
三画 彳 二九
六画 行 九一
七画 彷 一二二
役 一二二
八画 往 一三九
征 一三九

彼 一三九
九画
衍 一六九
後 一七〇
徇 一七〇
待 一七〇
律 一七〇
十画
従 二〇六
徐 二〇六
徒 二〇六
十一画
衒 二三八
徙 二三八
術 二三八
徜 二三八
得 二三八
徘 二三八
十二画
街 二六九
御 二六九
復 二七二
徧 二七二
十三画
徯 二九八
微 二九八
十四画
徴 三一八
徳 三一八
十五画
衝 三三五
十六画
衛 三四九
二十四画
衢 三九〇

【忄部】
七画
快 一一二
忻 一一二
忸 一一二
忰 一一二
八画
怡 一四〇
怪 一四〇
怯 一四〇
怕 一四〇
怖 一四〇
九画
悔 一七〇
恪 一七〇
恂 一七〇
恒 一七〇
恰 一七一
恍 一七一
恃 一七一
恤 一七一
恬 一七一
十画
悦 二〇八
悍 二〇八
悃 二〇八
悚 二〇八
悄 二〇八
悖 二〇八
悋 二〇八
十一画
惟 二三九
悸 二三九
惚 二三九
惨 二三九
情 二三九
悴 二三九
惜 二三九
惕 二三九
惘 二三九
十二画
愀 二七二
惻 二七二
惰 二七二
十三画
慨 二九八
愧 二九八
慄 二九八
十四画
慥 三一八
慢 三一八
十五画
慳 三三五
憔 三三五
憚 三三五
憫 三三五
憤 三三五
憐 三三五
十六画
憶 三四九
懐 三四九
懈 三四九
十七画
懦 三六〇
十九画
懶 三七四
二十画
懺 三八〇

【扌部】
三画
才 二九
五画
打 六八
払 六九
六画
扛 九二
扣 九二
扠 九二
扱 九二
托 九二
扨 九二
七画
技 一一三
抉 一一三
抒 一一三
抄 一一三
折 一一三
抓 一一三
投 一一三
把 一一三
抜 一一三
扶 一一三
抃 一一三
抑 一一三
八画
押 一四〇
拗 一四〇
拐 一四〇
拒 一四〇
拋 一四〇
拘 一四一
招 一四一
拙 一四一
拆 一四一
担 一四一
抽 一四一
抵 一四一
拈 一四一
拝 一四一
拍 一四一
披 一四一
抱 一四一
抛 一四一
抹 一四一
拉 一四一
九画
按 一七一
挌 一七一
拱 一七一
挂 一七一
拷 一七一
拶 一七一
指 一七一
持 一七二
拾 一七二
拭 一七二
拵 一七二
挑 一七二
挵 一七二
十画
捍 二〇八
捃 二〇八
捆 二〇八
振 二〇八
挿 二〇八
挺 二〇八
捏 二〇八
捌 二〇八
挽 二〇八
捕 二〇八
拼 二〇八
十一画
掛 二三九
掘 二三九
掲 二三九
捲 二三九
捨 二三九
授 二四〇
捷 二四〇
推 二四〇
捶 二四〇
接 二四〇
掃 二四〇
探 二四〇
掏 二四〇
捻 二四〇
排 二四〇
描 二四〇
捧 二四〇
掠 二四〇
捩 二四〇
十二画
插 二七二
提 二七三
揖 二七三
揚 二七三
揺 二七三
十三画
携 二九八
搆 二九八
搾 二九八
搦 二九八
摂 二九九
搔 二九九
損 二九九
搗 二九九
搯 二九九
搏 二九九
十四画
摧 三一八
摭 三一九
摘 三一九
十五画
撮 三三五
撤 三三六
撕 三三六
撰 三三六
撞 三三六
撓 三三六
撚 三三六
播 三三六
撥 三三六
撫 三三六
十六画
擇 三四九
擒 三四九
撿 三四九
擅 三四九
擂 三四九
擈 三四九
擋 三四九
十七画
擱 三六〇
擬 三六〇
擦 三六一
擢 三六一
擣 三六一
擯 三六一
十八画
擾 三六八
攄 三六八
擲 三六八
擽 三六八
十九画
攏 三七四
二十画
攘 三八〇
二十一画
攤 三八七
二十二画
攫 三八九
攪 三八九
攬 三八九

【氵部】
五画
汀 六九
六画
汚 九二
汗 九二
江 九二
汝 九三
汐 九三
汎 九三
七画
汲 一一三
決 一一三
沙 一一四
汰 一一四
沢 一一四
冲 一一四
沈 一一四
沛 一一四
泛 一一四
汾 一一四
没 一一五
沐 一一五
沃 一一五
八画
沿 一四一
河 一四一
泔 一四二

泣 一四二
況 一四二
泫 一四二
沽 一四二
治 一四二
沼 一四二
沾 一四二
沮 一四二
泝 一四二
注 一四二
泥 一四二
波 一四三
泊 一四三
沸 一四三
法 一四三
泡 一四四
沫 一四四
油 一四四

九画
洟 一七二
洿 一七二
海 一七二
洄 一七四
活 一七四
洎 一七四
洶 一七四
洪 一七四
洽 一七四
洒 一七四
洵 一七四
津 一七四
浅 一七五
洗 一七五
洞 一七五
洋 一七五
洛 一七六

十画
涓 二〇八
浤 二〇八
消 二〇九
浹 二〇九
涅 二〇九
浜 二〇九
浮 二〇九
浦 二〇九
涌 二〇九
浴 二〇九
浬 二一〇
流 二一〇
浪 二一〇

十一画
淫 二四〇
液 二四一
淤 二四一
涯 二四一
渇 二四一
涂 二四一
渓 二四一
涸 二四一
混 二四一
済 二四一
渋 二四一
淑 二四一
淳 二四一
渚 二四一
渉 二四一
深 二四一
清 二四一
淅 二四二
淡 二四二
添 二四二
淘 二四二
淖 二四二
涼 二四二
淋 二四二
淮 二四二

十二画
淵 二七三
温 二七三
渠 二七三
減 二七三
湖 二七三
渾 二七三
湿 二七三
湫 二七三
湑 二七三
湛 二七四
湍 二七四
渟 二七四
渡 二七四
湯 二七四
渺 二七四
満 二七四
湧 二七四

十三画
溢 二九九
滑 二九九
漢 二九九
溘 二九九
溝 二九九
溷 二九九
滓 三〇〇
溲 三〇〇
準 三〇〇
滁 三〇〇
滄 三〇〇
滂 三〇〇
滅 三〇〇

十四画
演 三一九
漁 三一九
滾 三一九
漬 三一九
漆 三一九
漸 三一九
漕 三一九
滴 三一九
漂 三一九
漫 三一九
漣 三一九
滷 三一九
漏 三一九
漉 三一九

十五画
澗 三三六
澆 三三六
潔 三三六
潢 三三六
澌 三三六
潤 三三六
潛 三三六
潺 三三七
澄 三三七
潮 三三七
潑 三三七
潦 三三七

十六画
激 三四九
濁 三四九
濃 三五〇
澪 三五〇
濩 三五〇

十七画
濠 三六一
濡 三六一

十八画
濫 三六八

十九画
瀛 三七四
瀝 三七四

二十画
瀰 三八〇
瀲 三八〇

二十二画
灑 三八七

三十一画
灩 三九三

【犭部】

五画
犯 六九
犰 六九

七画
狂 一一五
狃 一一五

八画
狗 一四四
狐 一四四
狎 一四四
狙 一四四
狒 一四四

九画
狢 一七六
狭 一七六
狡 一七六
狩 一七六
独 一七六

十画
狷 二一〇
狼 二一〇

十一画
猜 二四二
猖 二四二
猪 二四二
猫 二四二
猛 二四三
猟 二四三

十二画
猩 二七四
猶 二七四
猥 二七四

十三画
猿 三〇〇
獅 三〇〇

十四画
獄 三一九
獐 三一九

十五画
獦 三三七

十六画
獲 三五〇

十九画
獺 三七四

二十画
獼 三八〇

【艹（艹・艸）部】
艹は四画、艸は六画

六画
芋 九三
芎 九三
芝 九三
芒 九三

七画
花 一一五
芥 一一六
苅 一一六
芰 一一六
芡 一一六
芫 一一六
芯 一一六
芭 一一六
芬 一一六
芳 一一六
茐 一一六

八画
英 一四四
苑 一四五
苛 一四五
芽 一四五
苦 一四五
茎 一四五
苟 一四五
若 一四五
苴 一四六
苫 一四六
苔 一四六
苧 一四六
苳 一四六
苗 一四六
苹 一四六
苞 一四六
茅 一四六
茉 一四六
茂 一四六
苜 一四六

九画
茵 一七六
茴 一七六
茖 一七六
荊 一七七
荒 一七七
荇 一七七
茱 一七七
荀 一七七
茬 一七七
茜 一七七
荐 一七七
草 一七七
茶 一七八
茯 一七八
茫 一七八
茗 一七八
茘 一七八

十画
荷 二一〇
華 二一〇
莞 二一一
莧 二一一
莟 二一一
莢 二一一
莎 二一一
荼 二一一
莵 二一一
莫 二一一
莩 二一一
莠 二一一
莅 二一一
莨 二一一
莕 二一一
莤 二一一

十一画
菴 二四三
萎 二四三
菊 二四三
菌 二四三
菫 二四三
菎 二四三
菜 二四三
菖 二四三

菘 二四三
菹 二四三
著 二四三
菟 二四三
菠 二四三
菲 二四三
萍 二四三
萌 二四三
萊 二四三
菱 二四三
十二画
葦 二七四
葭 二七五
葛 二七五
葵 二七五
萱 二七五
葫 二七五
葬 二七五
葱 二七五
葩 二七五
葡 二七五
葉 二七五
落 二七五
葎 二七六
菓 二七六
十三画
蓋 三〇〇
蒿 三〇〇
蒟 三〇〇

蓑 三〇〇
蒜 三〇〇
蓍 三〇〇
蒺 三〇〇
蒐 三〇〇
蒸 三〇〇
蓁 三〇〇
蒼 三〇〇
蓖 三〇〇
蒲 三〇〇
蒙 三〇一
蓏 三〇一
蓮 三〇一
蓬 三〇一
蒴 三〇一
十四画
蔚 三一九
蔭 三二〇
蓴 三二〇
蔕 三二〇
蔔 三二〇
蓬 三二〇
蔓 三二〇
蔆 三二〇
十五画
蕎 三三七
蕁 三三七
蕊 三三七
蔵 三三七

蕩 三三七
蕃 三三七
蕪 三三七
十六画
薤 三五〇
薑 三五〇
薫 三五〇
薨 三五〇
蕺 三五〇
薄 三五〇
薇 三五〇
薬 三五〇
藒 三五一
十七画
藁 三六一
薩 三六一
藉 三六一
薯 三六一
薺 三六一
藐 三六一
十八画
藕 三六八
藤 三六八
藍 三六八
藜 三六八
十九画
藹 三七四
蘇 三七四
藻 三七四

蘋 三七四
蘭 三七四
蘆 三七五
二十画
蘖 三八〇
蘚 三八〇
蘗 三八〇
蘞 三八〇
二十二画
蘿 三八七

四画

【心（⺗）部】

四画
心 四四
五画
必 六九
七画
応 一一六
忌 一一六
志 一一七
忍 一一七
忘 一一七
八画
忽 一四七
忠 一四七
忝 一四七
念 一四七

忿 一四七
九画
怨 一七八
急 一七八
思 一七八
怎 一七八
怱 一七八
怠 一七八
怒 一七八
十画
恚 二一一
恩 二一二
恭 二一二
恐 二一二
恣 二一二
恁 二一二
息 二一二
恙 二一二
十一画
悪 二四四
患 二四四
悉 二四四
悤 二四四
十二画
惣 二七六
悲 二七六
悶 二七六
惑 二七六
十三画

愛 三〇一
意 三〇一
感 三〇一
愚 三〇一
慈 三〇二
愁 三〇二
想 三〇二
愍 三〇二
愈 三〇二
十四画
慇 三二〇
態 三二〇
十五画
慰 三三七
慶 三三七
慙 三三七
憂 三三七
慮 三三七
十六画
憖 三五一
憑 三五一
十七画
懃 三六一
懇 三六一
十八画
懲 三六八
二十画
懸 三八〇

【戈部】

四画
戈 四四
六画
戎 九三
成 九三
七画
我 一一七
戒 一一七
八画
戕 一四七
十三画
戦 三〇二
十四画
截 三二〇
十五画
戯 三三七
十七画
戴 三六一

【戸（戶）部】

四画
戸 四五
七画
戻 一一七
八画
所 一四七
九画
扁 一七九
扃 一七九
十画
扇 二一二
十一画
扈 二四四

【手部】

四画
手 四五
八画
承 一四八
十画
挙 二一二
拿 二一二
十二画
掌 二七六
十四画
搴 三二〇
十五画
撃 三三八
摩 三三八
十九画
攀 三七五

【支部】

四画
支 四六
十二画
敧 二七六

【攴（攵）部】

四画
攴 四六
七画
改 一一七
攻 一一七
八画
放 一四八
九画
故 一七九
政 一七九
十画
敏 二一二
十一画
救 二四四
教 二四四
敖 二四四
敗 二四四
十二画
敢 二七六
敬 二七六
散 二七六
敦 二七七
十三画
数 三〇二
十五画
敷 三三八
十八画
斃 三六八

【文部】

四画
文 四六
十二画
斑 二七七
斌 二七七

【斗部】

四画
斗 四七
十画
料 二一三
十一画
斛 二四五
斜 二四五
十三画
斟 三〇二
十四画
斡 三二〇

【斤部】

五画
斥 六九
八画
斧 一四八
十一画

断　二四五
十二画
斯　二七七
十三画
新　三〇二

【方部】
四画
方　四七
八画
於　一四八
十画
旁　二一三
旅　二一三
十一画
旌　二四五
旋　二四五
族　二四五
十四画
旗　三二〇

【旡（旡・无）部】　旡は五画
四画
无　四七
十一画
既　二一三

【日（曰）部】
四画
日　四八
曰　四八
五画
旧　六九
旦　六九
六画
曳　九三
曲　九三
旨　九四
旬　九四
早　九四
七画
旱　一一七
更　一一七
八画
易　一四八
昂　一四八
杲　一四八
昏　一四八
昆　一四九
旻　一四九
昉　一四九
明　一四九
杳　一四九
九画
昱　一七九
映　一七九
曷　一七九
昨　一七九
昵　一七九
春　一七九
是　一七九
星　一八〇
昼　一八〇
冒　一八〇
昧　一八〇
十画
晏　二一三
晃　二一三
晒　二一三
時　二一三
書　二一三
十一画
晦　二四五
晞　二四五
晨　二四五
曹　二四五
晡　二四五
曼　二四五
冕　二四五
十二画
暁　二七八
景　二七八
最　二七八
晶　二七八
曾　二七八
替　二七八
晩　二七八
普　二七八
晬　二七八
十三画
暗　三〇三
暈　三〇三
暇　三〇三
暉　三〇三
暖　三〇三
暘　三〇三
十四画
暢　三二〇
暮　三二〇
十五画
暫　三三八
暴　三三八
十六画
暹　三五一
曈　三五一
曇　三五一
十八画
曜　三六八
十九画
曠　三七五
曝　三七五
二十一画
曩　三八四

【月部】
四画
月　四八
六画
肌　九四
有　九四
肋　九五
七画
肖　一一八
八画
育　一四九
肩　一四九
股　一四九
肯　一五〇
肱　一五〇
肫　一五〇
肥　一五〇
服　一五〇
九画
胃　一八〇
胡　一八〇
胛　一八〇
胙　一八一
胎　一八一
胆　一八一
肺　一八一
背　一八一
胞　一八一
十画
胸　二一四
脇　二一四
胯　二一四
朔　二一四
脂　二一四
脊　二一四
胴　二一四
能　二一四
脈　二一四
十一画
脚　二四五
脛　二四六
脱　二四六
脯　二四六
脖　二四六
望　二四六
十二画
腋　二七八
期　二七九
腊　二七九
朝　二七九
腓　二七九
腕　二七九
十三画
腮　三〇三
腎　三〇三
腥　三〇三
腸　三〇三
腹　三〇三
腰　三〇三
十四画
膃　三二〇
膏　三二〇
膀　三二〇
膂　三二〇
十五画
膕　三三八
膠　三三八
膝　三三八
十六画
膳　三五一
十七画
臆　三六一
臀　三六二
十八画
臍　三六八
臏　三六九
十九画
臘　三七五
二十画
臙　三八〇
臚　三八〇
朧　三八〇

【木部】
四画
木　四九
五画
札　六九
朮　六九
本　六九
末　七〇
未　七〇
六画
机　九五
朽　九五
朱　九五
朶　九五
朴　九五
朳　九五
朸　九五
七画
杆　一一八
杞　一一八
杏　一一八
杠　一一八
杈　一一八
杉　一一八
条　一一八
杖　一一八
村　一一八
杜　一一八
杙　一一九
来　一一九
杣　一一九
八画
枉　一五〇
果　一五〇
杭　一五〇
采　一五〇
枝　一五〇
杵　一五〇
松　一五〇
枢　一五〇
枘　一五一
杼　一五一
枕　一五一
東　一五一
杷　一五一
杯　一五一
杮　一五一
板　一五一
杪　一五一
枌　一五一
枚　一五一
林　一五一
九画
栄　一八一
架　一八一
柯　一八一
枴　一八一
柑　一八一
柬　一八一
枳　一八一
枸　一八一
柧　一八一
枯　一八一
柵　一八二
柞　一八二
柿　一八二
臬　一八二
柘　一八二
柊　一八二
柔　一八二
染　一八二
柱　一八二
柏　一八二
枹　一八二
柄　一八二
某　一八二
柚　一八二
柳　一八二
栂　一八二
柾　一八二
柃　一八三
十画
案　二一四
桜　二一四
格　二一五
核　二一五
栝　二一五
桔　二一五
栩　二一五
校　二一五
栲　二一五
根　二一五

柴 二一五
桟 二一五
株 二一六
栖 二一六
栓 二一六
桑 二一六
桃 二一六
桐 二一六
梅 二一六
栗 二一六
栫 二一六

十一画

桷 二四六
梟 二四六
梠 二四六
梧 二四六
梏 二四六
梱 二四六
梭 二四六
梓 二四六
梔 二四六
梢 二四六
梳 二四六
梯 二四六
桶 二四六
梛 二四六
梶 二四七
桴 二四七
梵 二四七
梨 二四七
梻 二四七
栲 二四七

十二画

椅 二七九
極 二七九
棘 二七九
検 二八〇
椒 二八〇
森 二八〇
棲 二八〇
棈 二八〇
棕 二八〇
棣 二八〇
棟 二八〇
棠 二八〇
棚 二八〇
棒 二八〇
椋 二八〇
椀 二八〇
椚 二八〇
椨 二八〇
楉 二八〇

十三画

楽 三〇三
棄 三〇四
業 三〇四
楂 三〇四
楸 三〇四
楫 三〇四
楚 三〇四
楼 三〇四
楤 三〇四
椴 三〇四
楮 三〇四
楪 三〇四
椿 三〇四
椹 三〇四
椽 三〇四
楣 三〇四
楓 三〇四
椰 三〇四
楡 三〇四
楊 三〇五
楝 三〇五
榀 三〇五
楾 三〇五
椷 三〇五

十四画

楹 三一一
樺 三一一
槐 三一一
概 三一一
構 三一一
榼 三一一
榾 三一一
榛 三一一
榱 三一一
槍 三一一
槇 三一一
榻 三一一
榜 三一一
榠 三一一
模 三一一
様 三一一
榕 三一二
榊 三一二
槖 三一二

十五画

横 三一九
槻 三一九
槿 三一九
権 三一九
槲 三一九
樝 三一九
樟 三一九
槭 三一九
樗 三一九
樋 三一九
樊 三一九
標 三一九
樒 三一九
樏 三一九

十六画

橄 三五一
機 三五一
橘 三五一
橇 三五一
樹 三五一
橡 三五二
樽 三五二
橙 三五二
樸 三五二
樫 三五二

十七画

檜 三六二
檞 三六二
檀 三六二
檬 三六二

十八画

櫂 三六九
檸 三六九
檳 三六九

十九画

櫞 三七五
檻 三七五
櫑 三七五
櫟 三七五

二十画

欄 三八〇
櫪 三八〇
櫨 三八一

二十一画

櫺 三八四

二十二画

欋 三八七

二十三画

欒 三八九

【欠部】

四画

欠 五一

六画

次 九六

八画

欧 一五一
欣 一五一

十一画

欸 二四七

十二画

款 二八〇

十三画

歃 三〇五

十四画

歌 三一一

十五画

歎 三四〇

十六画

歔 三五二
歙 三五二

十七画

歟 三六二

【止部】

四画

止 五一

五画

正 七〇

六画

此 九六

八画

武 一五一
歩 一五一

九画

歪 一八三

十三画

歳 三〇五

十四画

歴 三一一

【歹部】

六画

死 九六

九画

殃 一八三
殆 一八三
殄 一八三

十画

残 二一六
殊 二一六
殉 二一六

十二画

殖 二八〇

十六画

殫 三五二

十七画

殭 三六二

十八画

殯 三六九

【殳部】

四画

殳 五一

九画

段 一八三

十画

殺 二一六

十一画

殻 二四七

十三画

毀 三〇五
殿 三〇五

【毋部】

五画

母 七一

六画

毎 九六

八画

毒 一五二

【比部】

四画

比 五一

【毛部】

四画

毛 五一

十一画

毬 二四七

十二画

毳 二八〇

十七画

氈 三六二

【氏部】

四画

氏 五二

五画

民 七一

【气部】

六画

気 九六

【水部】

四画

水 五二

五画

永 七一
氷 七一

七画

求 一一九
汞 一一九

八画

沓 一五二

九画

泉 一八三

十画

泰 二一六

十二画

淼 二八〇

十五画

漿 三四〇

【火部】

四画

火 五四

六画

灰 九七
灯 九七

七画

灸 一一九
災 一一九
灼 一一九

八画

炎 一五二
炙 一五二
炊 一五二
炉 一五二

九画
炬　一八三
炷　一八三
炭　一八三
炳　一八三
炮　一八三
十画
烟　二一七
烘　二一七
十一画
烽　二四七
十二画
焱　二八〇
焠　二八〇
焼　二八〇
焙　二八一
十三画
煙　三〇五
煢　三〇五
煌　三〇五
煖　三〇五
煩　三〇五
煨　三〇五
十四画
熅　三三二
熒　三三二
熇　三三二
煸　三三二
十五画
熨　三四〇
熛　三四〇
十六画
燈　三五二
熾　三五二
燎　三五二
燐　三五二
十七画
燬　三六二
燭　三六二
燧　三六二
燥　三六二
十八画
燻　三六九
燹　三六九
十九画
爍　三七五
爆　三七五
二十一画
爛　三八四
二十九画
爨　三九三

【灬部】
九画
為　一八三
点　一八四
十画
烏　二一七
十一画
焉　二四七
烹　二四七
十二画
煮　二八一
焦　二八一
然　二八一
無　二八一
十三画
照　三〇五
煎　三〇五
十四画
熊　三三二
十五画
熬　三四〇
熟　三四〇
熱　三四〇
十六画
燕　三五二

【爪（⺥・⺤）部】
四画
爪　五五
九画
爰　一八四

【父部】
四画
父　五五
十画
爹　二一七

【爻部】
十一画
爽　二四七
十四画
爾　三三二

【爿（丬）部】
丬は三画
八画
牀　一五二

【片部】
四画
片　五五
八画
版　一五二
十四画
牓　三三二
十九画
牘　三七五

【牙（牙）部】
牙は五画
五画
牙　七一

【牛部】
四画
牛　五六
六画
牝　九七
七画
牡　一一九
牢　一一九
八画
物　一五二
牧　一五三
九画
牴　一八五
十画
特　二一八
十一画
牽　二四七
犁　二四七
十二画
犇　二八三
犂　二八三
十三画
犍　三〇六
十四画
犒　三三二
犖　三三二
十五画
犛　三四〇
十九画
犢　三七五

【犬部】
四画
犬　五六
七画
状　一一九
十一画
倏　二四七
十三画
献　三〇六
十六画
獣　三五二

五画

【玄部】
五画
玄　七一
十画
玆　二一八

【玉（王）部】
王は四画
四画
王　五七
五画
玉　七二
八画
玫　一五三
九画
珊　一八五
玳　一八五
珍　一八五
玻　一八五
十画
珠　二一八
班　二一八
十一画
現　二四七
理　二四八
十二画
琴　二八三
琥　二八三
琵　二八三
琺　二八三
十三画
瑕　三〇六
瑞　三〇六
瑇　三〇六
瑜　三〇六
十四画
瑣　三三二
瑪　三三二
十五画
瑩　三四〇
十六画
璞　三五二
十七画
環　三六二
璫　三六二
十八画
瓊　三六九

【瓜部】
五画
瓜　七二
十一画
瓠　二四八
十六画
瓢　三五二

【瓦部】
五画
瓦　七二
八画
瓩　一五三
九画
瓮　一八五
瓲　一八五
瓱　一八五
瓫　一八五
十一画
瓷　二四八
瓶　二四八
十二画
瓺　二八三
十四画
甄　三三三
甆　三三三
[illegible]　三三三
十七画
甑　三六二
十八画
甕　三六九

【甘部】
五画
甘　七二
九画
甚　一八五
十一画
甜　二四八

【生部】
五画
生　七二
十一画
産　二四八

【用部】
五画
用　七四
七画
甫　一一九

【田部】
五画
田　七四
甲　七四
申　七五
由　七五
七画
男　一二〇
九画
畏　一八五
十画
畔　二一八
畝　二一八
畚　二一八
留　二一八
十一画
異　二四八
畦　二四八
畢　二四八
略　二四九
十二画
畳　二八三
番　二八三
十五画
畾　三四〇
十九画
疇　三七五

【疋（⺪）部】
十二画
疏 二八三
疎 二八四
十四画
疑 三一三

【疒部】
八画
疝 一五三
九画
疫 一八五
疥 一八五
疣 一八五
十画
痂 二一八
疴 二一八
痃 二一八
疾 二一八
疼 二一八
疲 二一八
病 二一八
疱 二一八
十二画
痛 二八四
痘 二八四
十三画
瘁 三〇六
痴 三〇六
痳 三〇六
十四画
瘧 三一三
十五画
瘡 三四〇
瘦 三四〇
瘤 三四〇
十六画
瘴 三五二
十七画
癈 三六二
癋 三六二
十八画
癒 三六九
十九画
癡 三七五
二十一画
癩 三八四
二十四画
癲 三九〇

【癶部】
五画
発 七五
九画
発 一八六
十二画
登 二八四

【白部】
五画
白 七五
六画
百 九七
七画
皀 二一〇
皂 二一〇
八画
的 一五三
九画
皆 一八六
皇 一八六
十一画
皎 二四九
皐 二四九
十二画
皓 二八四

【皮部】
五画
皮 七七
十四画
皹 三一三
十五画
皺 三四〇

【皿部】
五画
皿 七七
八画
盂 一五三
九画
盈 一八七
十画
益 二一八
盍 二一八
盌 二一八
十一画
盖 二四九
盛 二四九
盗 二四九
十三画
盞 三〇六
盟 三〇六
十五画
監 三四一
盤 三四一
十六画
盧 三五二
十七画
盪 三六二

【目部】
五画
目 七七
八画
直 一五三
九画
看 一八七
県 一八七
省 一八七
相 一八七
眉 一八八
眇 一八八
眄 一八八
十画
眤 二一八
眩 二一八
真 二一八
眚 二二〇
十一画
眼 二四九
眶 二四九
眷 二四九
眴 二四九
眥 二四九
眦 二四九
眸 二四九
十二画
着 二八四
睇 二八四
十三画
睢 三〇六
睨 三〇六
睡 三〇六
督 三〇六
睥 三〇六
十四画
睿 三一三
十五画
瞋 三四一
瞑 三四一
十六画
瞟 三五二
十七画
瞳 三六二
瞥 三六二
十八画
瞿 三六九
瞽 三六九
瞬 三六九
瞻 三六九
二十画
矍 三八一

【矛部】
九画
矜 一八八

【矢部】
五画
矢 七八
八画
知 一五四
九画
矧 一八八
十画
矩 二二〇
十二画
短 二八四
十三画
矮 三〇六
十七画
矯 三六三
矰 三六三

【石部】
五画
石 七八
八画
矼 一五四
矻 一五四
九画
研 一八八
砂 一八八
砕 一八八
砌 一八八
砭 一八八
十画
砥 二二〇
砧 二二〇
破 二二〇
十一画
硃 二四九
十二画
确 二八五
硨 二八五
硝 二八五
十三画
碁 三〇七
碓 三〇七
碌 三〇七
十四画
碣 三一三
磁 三一三
十五画
磈 三四一
磕 三四一
確 三四一
磋 三四一
磔 三四一
碾 三四一
磐 三四一
磅 三四一
碼 三四一
磊 三四一
十六画
磬 三五二
磚 三五三
十七画
磯 三六三
磽 三六三
磷 三六三
十八画
礌 三六九
十九画
礪 三七五
二十画
礬 三八一
礫 三八一

【示（礻）部】
五画
礼 七九
七画
社 二一〇
八画
祈 一五四
九画
祇 一八八
祝 一八八
神 一八九
祖 一九〇
祐 一九〇
十画
祠 二二〇
祗 二二〇
祥 二二〇
十一画
祭 二四九
十三画
禁 三〇七
禍 三〇七
禅 三〇七
十四画
禊 三一三
十九画
禰 三七五

【禸部】
九画
禺 一九〇

【禾部】
七画
私 二一〇
秀 二一〇
八画
秉 一五五
九画
科 一九〇
秋 一九〇
十画
秧 二二〇
称 二二〇
秦 二二〇
秩 二二〇
秘 二二〇
秣 二二一
十一画

移 二四九
十二画
稈 二八五
稀 二八五
稍 二八五
税 二八五
程 二八五
稂 二八五
十三画
稚 三〇七
稠 三〇七
稟 三〇七
稜 三〇七
十四画
穀 三一三
種 三一三
稲 三一三
稭 三一三
十五画
稼 三四一
稽 三四一
稷 三四一
穂 三四一
十六画
穎 三五三
穏 三五三
積 三五三
十八画
穢 三六九
二十画
穭 三八一

【穴部】
五画
穴 七九
七画
究 一二〇
八画
空 一五五
突 一五五
九画
窃 一九〇
穿 一九〇
十画
窄 二三一
窈 二三一
窅 二三一
十一画
窓 二四九
窒 二四九
窕 二四九
十二画
窘 二八五
十三画
窠 三〇八
十四画
窩 三三三
窪 三三三
十五画
窮 三四一
窳 三四一
十八画
竄 三六九
二十一画
竈 三八四
二十二画
竊 三八七

【立部】
五画
立 八〇
九画
竓 一九〇
十一画
竟 二四九
章 二四九
十二画
竢 二八五
童 二八五
十四画
竭 三三三
竪 三三四
端 三三四
十六画
親 三五三
窶 三五三
二十画
競 三八一

【罒部】
十画
罠 二三
十三画
罨 三〇八
罪 三〇八
置 三〇八
十五画
罵 三四一
罷 三四一
十八画
羂 三六九
十九画
羅 三七六

【衤部】
九画
袒 一九〇
衽 一九〇
衲 一九一
十画
袘 二三一
袖 二三一
袓 二三一
袙 二三一
袢 二三一
被 二三一
十一画
袿 二四九
袷 二四九
袵 二四九
袱 二四九
裄 二五〇
十二画
裙 二八五
補 二八五
十三画
褂 三〇八
裾 三〇八
裸 三〇八
裲 三〇八
褄 三〇八
十四画
褐 三一四
褌 三一四
褊 三一四
十五画
褞 三四二
褥 三四二
十六画
禨 三五三
褶 三五三
十八画
襖 三六九
襟 三六九
十九画
襪 三七六
二十画
襤 三八一
二十一画
襯 三八四
二十二画
襴 三八七

六画

【竹部】
六画
竹 九八
九画
竿 一九一
十画
笈 二三一
笄 二三一
笏 二三一
笋 二三一
笑 二三二
笊 二三二
笆 二三二
十一画
笥 二五〇
笘 二五〇
第 二五〇
笠 二五〇
笹 二五〇
十二画
筈 二八五
筐 二八五
筋 二八五
筓 二八五
策 二八五
筍 二八五
筌 二八五
筑 二八五
答 二八五
等 二八五
筒 二八六
筆 二八六
筕 二八六
十三画
筵 三〇八
筥 三〇八
筮 三〇八
節 三〇八
十四画
箇 三一四
管 三一四
箝 三一四
箕 三一四
算 三一五
箏 三一五
箙 三一五
箎 三一五
箸 三一五
十五画
篋 三四二
箱 三四二
箴 三四二
箭 三四二
篌 三四二
十六画
築 三五三
篤 三五三
篦 三五三
十七画
簀 三六三
篳 三六三
簏 三六三
簓 三六三
十八画
簡 三六九
簣 三七〇
簟 三七〇
十九画
簷 三七六
簸 三七六
二十画
籌 三八一
二十二画
籠 三八七
二十三画
籤 三八九
二十五画
籮 三九一
籬 三九一

【米部】
六画
米 九八
九画
籾 一九一
十画
粋 二三二
粃 二三二
粉 二三二
粍 二三二
十一画
粔 二五〇
粗 二五〇
粘 二五〇
十二画
粤 二八六
粢 二八六
粧 二八六
粟 二八六
十三画
粳 三〇八
粮 三〇八
十四画
精 三二五
十五画
糊 三四二
糅 三四二
糈 三四二
糂 三四二
糎 三四二
十六画
糗 三五三
糖 三五三
糒 三五三
十七画
糠 三六三
糝 三六三
糟 三六三
糞 三六三
二十画
糲 三八一
二十二画
糴 三八七
糵 三八七
二十五画
糶 三九一

【糸部】
六画
糸 九八
七画
糺 一二〇
系 一二〇
九画
紆 一九一

紈 一九一
級 一九一
糾 一九一
紅 一九一
約 一九二

十画

紗 二三三
索 二三三
紙 二三三
純 二三三
素 二三三
紐 二三三
納 二三三
紕 二三三
紊 二三三
紛 二三三
紡 二三三
紋 二三三

十一画

経 二五〇
絃 二五〇
紺 二五〇
細 二五一
紮 二五一
絁 二五一
終 二五一
紲 二五一
組 二五一
絆 二五一
累 二五一

十二画

絓 二八六
給 二八六
結 二八六
絞 二八六
絎 二八六
絖 二八七
紫 二八七
絶 二八七
統 二八七
絡 二八七

十三画

継 三〇八
絹 三〇九
綏 三〇九
続 三〇九
絽 三〇九
綛 三〇九

十四画

維 三三五
綺 三三五
綱 三三五
緇 三三五
綽 三三五
綬 三三五
綉 三三五
綫 三三五
総 三三五
綜 三三五
綢 三三五
綴 三三五
綯 三三六
緋 三三六
綿 三三六
網 三三六
綾 三三六
緑 三三六
綸 三三六
練 三三六
綰 三三六

十五画

縁 三四二
緩 三四二
緘 三四二
緊 三四二
緦 三四三
縄 三四三
線 三四三
緞 三四三
緡 三四三
編 三四三
緬 三四三

十六画

縊 三五三
縕 三五三
縑 三五三
縞 三五三
縡 三五三
縦 三五三
縢 三五四
縛 三五四
繁 三五四
縫 三五四
縨 三五四

十七画

縮 三六三
績 三六三
繊 三六三
縻 三六三
縹 三六四
縵 三六四
縷 三六四
縬 三六四

十八画

繦 三七〇
繭 三七〇
繞 三七〇
織 三七〇
繕 三七〇
繚 三七〇

十九画

繋 三七六
繍 三七六
繰 三七六

二十画

繻 三八一

二十一画

纈 三八四
纏 三八四
纐 三八四

二十三画

纔 三八九

二十八画

纜 三九二

【缶部】

六画

缶 九九

十七画

罅 三六四

二十画

罌 三八一

二十一画

罍 三八四

二十二画

罎 三八七

【网部】

八画

罔 一五六

【羊(⺶)部】

六画

羊 九九

九画

美 一九二

十一画

羞 二五二
羚 二五二

十三画

義 三〇九
群 三〇九
羨 三〇九

十五画

羯 三四三

十九画

羸 三七六

【羽(羽)部】

六画

羽 九九

十画

翁 二三三
翅 二三三

十一画

習 二五二
翌 二五二

十二画

翔 二八七

十四画

翠 三三六
翡 三三六

十五画

翫 三四三

十七画

翳 三六四

十八画

翹 三七〇
翻 三七〇

二十画

耀 三八一

【老(耂)部】 耂は四画

六画

老 九九

八画

者 一五六

十画

耆 二三四
耄 二三四

【而部】

六画

而 一〇〇

【耒部】

六画

耒 一〇〇

十画

耘 二三四
耕 二三四
耗 二三四

十三画

耡 三〇九

十五画

耦 三四三

【耳部】

六画

耳 一〇〇

八画

耵 一五六

九画

耶 一九二

十画

耿 二三四

十一画

聊 二五二

十二画

聒 二八七

十三画

聖 三〇九
聘 三〇九

十四画

聚 三三七
聞 三三七
聢 三三七

十七画

聳 三六四
聴 三六四
聯 三六四

十八画

聶 三七〇
職 三七〇

二十二画

聾 三八七

【聿部】

十一画

粛 二五二

十三画

肆 三〇九

十四画

肇 三三七

【肉部】

六画

肉 一〇〇

十四画

腐 三三七

二十五画

臠 三九一

【自部】

六画

自 一〇〇

九画

臭 一九二

【至部】

六画

至 一〇一

十画

致 二三四

【臼(臼)部】 臼は七画

十一画

舂 二五二

十六画

興 三五四

【舌部】

六画

舌 一〇一

十画

舐 二三四

十二画

舒 二八七

【舛(舛)部】 舛は七画

十五画

舞 三四三

【舟部】

六画

舟 一〇一

十画
般 二二四
舫 二二四
十一画
舸 二五二
船 二五二
舵 二五二
舶 二五二
十三画
艀 三〇九
十六画
艙 三五四
二十二画
艫 三八七

【艮部】
七画
良 一二〇

【色部】
六画
色 一〇一
十一画
艴 二五二
十九画
艶 三七六

【虍部】
八画
虎 一五六
九画
虐 一九二
十一画
虚 二五二
十三画
虞 三〇九
十七画
虧 三六四

【虫部】
六画
虫 一〇一
七画
虬 一二一
八画
虯 一五六
十画
蚜 二二四
蚕 二二四
蚩 二二四
蚋 二二四
蚤 二二四
蚍 二二四
蚊 二二四
蚌 二二五
十一画
蛆 二五三
蚯 二五三
蛍 二五三
蛄 二五三
蚱 二五三
蛇 二五三
蛋 二五三
蛁 二五三
蚰 二五三
蛉 二五三
十二画
蛙 二八八
蛞 二八八
蛟 二八八
蛤 二八八
蛭 二八八
十三画
蛾 三〇九
蛺 三〇九
蜈 三一〇
蜀 三一〇
蜃 三一〇
蛻 三一〇
蜒 三一〇
蜉 三一〇
蜂 三一〇
十四画
蜾 三一七
蜷 三一七
蜻 三一七
蜘 三一七
蜩 三一七
蝃 三一七
蜚 三一七
蜱 三一七
十五画
蝘 三四三
蝦 三四三
蝌 三四三
蝸 三四三
蝗 三四三
蝤 三四四
蝶 三四四
蝮 三四四
蝙 三四四
蟒 三四四
蝲 三四四
十六画
螢 三五四
螠 三五四
螇 三五四
螟 三五四
蟇 三五四
蟆 三五四
十七画
蟋 三六四
螽 三六四
蟀 三六四
螭 三六四
螳 三六四
螺 三六四
螻 三六四
螵 三六五
十八画
蟪 三七〇
蟠 三七〇
十九画
蟹 三七六
蠍 三七六
蟻 三七六
蠁 三七六
蟾 三七六
蟶 三七六
蟷 三七六
蠅 三七六
二十画
蠑 三八一
蠐 三八一
蠕 三八一
二十一画
蠢 三八四
蠡 三八五
蠟 三八五
二十二画
蠹 三八七
二十三画
蠱 三八九

【血部】
六画
血 一〇一
十二画
衆 二八八

【衣部】
六画
衣 一〇一
八画
表 一五六
十画
衾 二二五
衰 二二五
十一画
袋 二五三
十二画
裁 二八八
装 二八八
裂 二八八
十三画
裔 三一〇
裘 三一〇
裛 三一〇
裏 三一〇
十四画
裹 三一七
裳 三一七
十五画
褒 三四四
十六画
襄 三五四
十七画
褻 三六五
二十二画
襲 三八七

【襾（西）部】
六画
西 一〇二
九画
要 一九二
十二画
覃 二八八
十八画
覆 三七〇
十九画
覇 三七七

七画

【臣部】
七画
臣 一二一
九画
臥 一九二
十八画
臨 三七〇

【見部】
七画
見 一二一
十一画
規 二五三
視 二五三
十二画
覚 二八八
覘 二八八
十四画
覡 三一八
十六画
親 三五四
覩 三五五
十七画
覬 三六五
二十二画
覿 三八八

【角部】
七画
角 一二一
九画
觔 一九三
十一画
觘 二五三
十三画
解 三一〇
觜 三一〇
触 三一一
十六画
觱 三五五
十八画
觴 三七〇

【言部】
七画
言 一二三
九画
計 一九三
訇 一九三
十画
訑 二二五
記 二二五
訖 二二五
訓 二二五
訐 二二五
訕 二二五
託 二二五
討 二二五
十一画
訛 二五三
許 二五四
設 二五四
訥 二五四
訪 二五四
訳 二五四
十二画
詠 二八八
詐 二八八
証 二八八
詔 二八八
詛 二八八
訴 二八八
詆 二八八
評 二八八
十三画
詰 三一一
誇 三一一
詬 三一一
試 三一一
詳 三一一
誠 三一一
詮 三一一
詫 三一一
誅 三一一
誂 三一一
誉 三一一
誄 三一一
十四画
誡 三一八
誑 三一八
語 三一八
誌 三一八
誦 三一八
誓 三一八

説 三一八
読 三一八
認 三一八
誣 三一八
誘 三一八
十五画
課 三四四
誼 三四四
諄 三四四
諸 三四四
誰 三四四
請 三四四
静 三四四
諾 三四四
談 三四四
調 三四四
諂 三四五
誹 三四五
諒 三四五
十六画
諳 三五五
謂 三五五
諸 三五五
諫 三五五
諮 三五五
諡 三五五
諦 三五五
諷 三五五
諜 三五五

諛 三五五
十七画
謹 三六五
謙 三六五
謗 三六五
謎 三六五
十八画
謫 三七〇
十九画
譌 三七七
警 三七七
譖 三七七
二十画
護 三八一
譫 三八一
譬 三八一
二十一画
讃 三八五
讋 三八五
二十三画
讎 三八九
二十四画
讒 三九〇
讖 三九〇
二十七画
讜 三九二

【谷部】
七画
谷 一三二

【豆部】
七画
豆 一三二
十画
豈 二二五
豇 二二五
十一画
豉 二五四
十三画
豊 三一一
十六画
豎 三五五

【豕部】
十二画
象 二八九
十四画
豨 三一八
豪 三一八

【豸部】
十画
豺 二二五
豹 二二五
十二画
貂 二八九
十三画
貉 三一一
十四画
貌 三一八

【貝部】
七画
貝 一三二
九画
負 一九三
十画
貢 二二五
十一画
貫 二五四
貪 二五四
販 二五四
貧 二五四
貶 二五四
十二画
貽 二八九
賀 二八九
貴 二八九
貸 二八九
貯 二八九
貼 二八九
買 二八九
賁 二八九
十三画
資 三一一
貲 三一一
十四画
賒 三一八
賑 三一八
十五画
質 三四五
賙 三四五
賓 三四五
賦 三四五
十六画
賢 三五五
賭 三五五
十七画
賽 三六五
賸 三六五
十八画
賾 三七〇
贅 三七〇
贈 三七〇
二十画
贏 三八二
二十一画
贓 三八五
二十二画
贖 三八八

【赤部】
七画
赤 一二二
十二画
赧 二八九
十四画
赫 三一九
十六画
赭 三五五
赬 三五五

【走部】
七画
走 一二四
十画
起 二二五
十二画
越 二八九
十五画
趣 三四五

【足（⻊）部】
七画
足 一二四
十一画
跂 二五四
趾 二五四
趺 二五五
十二画
跚 二八九
距 二八九
跌 二八九
跋 二八九
十三画
跬 三一一
跟 三一一
跡 三一二
跣 三一二
路 三一二
十四画
踼 三一九
踊 三一九
十五画
踝 三四五
踞 三四五
踏 三四五
十六画
踵 三五五
蹄 三五六
十七画
蹉 三六五
蹌 三六五
蹋 三六五
十八画
蹙 三七〇
蹤 三七一
蹠 三七一
蹢 三七一
蹣 三七一
十九画
蹶 三七七
蹴 三七七
蹲 三七七
二十一画
躋 三八五
躊 三八五
二十二画
躑 三八八
二十三画
躙 三八九
二十五画
躡 三九一

【身部】
七画
身 一二四
十一画
躮 二五五
十二画
躰 二八九
十三画
躱 三一二
十八画
軀 三七一
二十四画
軈 三九〇

【車部】
七画
車 一二五
八画
軋 一五六
九画
軍 一九三
十画
軒 二二五
十一画
転 二五五
軟 二五五
十二画
軻 二九〇
軽 二九〇
軫 二九〇
十三画
較 三一二
軾 三一二
十四画
輒 三一九
輓 三一九
輔 三一九
十五画
輙 三四五
輩 三四五
輪 三四五
輦 三四五
十六画
輻 三五六
輹 三五六
輸 三五六
十七画
轅 三六五
轄 三六五
轂 三六五
十八画
轆 三七一
十九画
轍 三七七
二十画
轗 三八二
二十一画
轟 三八五
轜 三八五
二十二画
轡 三八八

【辛部】
七画
辛 一二五
十三画
辞 三一二
辟 三一二
十四画
辣 三一九

【辰部】
十画
辱 二二六
十三画
農 三一二

【辵（辶・辶）部】
辶は四画、辶は三画
五画
辷　八〇
辺　八〇
六画
巡　一〇二
七画
近　一二五
迎　一二五
返　一二五
八画
迚　一五六
述　一五六
迫　一五六
九画
迺　一九三
迦　一九三
迨　一九三
逆　一九三
送　一九四
退　一九四
追　一九四
逃　一九四
迸　一九四
迷　一九四
十画
迴　二二六
迹　二二六
這　二二六
造　二二六
速　二二六
逐　二二六
通　二二六
逓　二二六
途　二二六
透　二二六
逢　二二六
連　二二六
十一画
這　二五五
逍　二五五
逋　二五五
逸　二五五
進　二五五
逮　二五五
十二画
逶　二九〇
運　二九〇
過　二九〇
遂　二九〇
達　二九〇
遅　二九〇
道　二九〇
遍　二九一
遊　二九一
遥　二九一
十三画
遏　三一二
遐　三一二
遑　三一二
遒　三一二
遄　三一二
遉　三一二
遁　三一二
逼　三一二
遖　三一二
違　三一二
遠　三一二
遣　三一三
十四画
遙　三一九
遘　三一九
遜　三一九
遮　三一九
適　三一九
十五画
遺　三四六
遵　三四六
遷　三四六
十六画
遶　三五六
遼　三五六
還　三五六
避　三五六
十七画
邂　三六五
十八画
邇　三七一
十九画
邃　三七七
二十三画
邏　三八九

【邑（阝〈右〉）部】
阝は三画
七画
那　一二五
邪　一二五
八画
邪　一五七
邸　一五七
九画
郁　一九四
郎　一九四
十画
郢　二二七
郡　二二七
郤　二二七
十一画
郭　二五五
郷　二五五
都　二五五
部　二五六
十四画
鄙　三一九

【酉部】
十画
酒　二二七
十一画
酔　二五六
酖　二五六
十二画
酣　二九一
酢　二九一
十四画
酷　三一九
酸　三一九
十五画
醋　三四六
醇　三四六
醂　三四六
十七画
醞　三六五
醢　三六五
十八画
醤　三七一
二十画
醸　三八二
醴　三八二
二十六画
釃　三九二

【釆部】
十一画
釈　二五六
十二画
釉　二九一

【里部】
七画
里　一二五
九画
重　一九四
十一画
野　二五六
十二画
量　二九一
十八画
釐　三七一

八画

【金部】
八画
金　一五七
十画
針　二二七
釘　二二七
釜　二二七
釚　二二八
十一画
釦　二五七
釵　二五七
釧　二五七
釣　二五七
釻　二五七
十二画
釿　二九一
鈐　二九一
鈕　二九一
鈍　二九一
十三画
鉗　三一三
鉉　三一三
鉤　三一三
鉏　三一三
鉦　三一三
鉄　三一三
鈹　三一四
鈴　三一四
十四画
銜　三一九
銀　三三〇
鉸　三三〇
銭　三三〇
銑　三三〇
銚　三三〇
銅　三三〇
鉾　三三〇
十五画
鋤　三四六
銷　三四六
鋳　三四六
鋪　三四六
錵　三四六
十六画
錏　三五六
鋺　三五六
錦　三五六
錮　三五六
錯　三五六
錙　三五六
錫　三五六
錠　三五六
錘　三五六
錣　三五六
錬　三五六
錨　三五七
十七画
鍋　三六五
鍰　三六五
鍬　三六六
鍛　三六六
鍍　三六六
十八画
鎰　三七一
鎬　三七一
鎖　三七一
鎗　三七一
鎮　三七一
鎛　三七一
鎌　三七一
鎹　三七一
鎺　三七一
十九画
鏨　三七七
鏝　三七七
二十画
鐚　三八二
鏗　三八二
鐘　三八二
鐙　三八二
鐃　三八二
二十一画
鐸　三八五
鐺　三八五
二十二画
鑓　三八八
二十三画
鑚　三八九
鑣　三八九
二十五画
鑰　三九一
鑵　三九一
二十六画
鑷　三九二
二十七画
鑽　三九二
二十八画
钁　三九二
鑿　三九二

【長部】
八画
長　一五八

【門部】
八画
門　一五九
九画
閂　一九五
十一画
閉　二五七
閇　二五七
閊　二五七
十二画
開　二九二
間　二九二
閑　二九三
閔　二九三
十三画
閙　三一四
十四画
閣　三三〇
関　三三〇
閨　三三〇

十五画
閲 三四六
闔 三四六
閭 三四六
十六画
閼 三五七
闃 三五七
閻 三五七
闇 三五七
十七画
闈 三六六
闋 三六六
闍 三六六
闌 三六六
十八画
闕 三七一
闘 三七二
二十画
闡 三八二

【阜（阝〈左〉）部】 阝は三画

七画
防 一二五
八画
阜 一五九
阿 一五九
阻 一六〇
陀 一六〇
附 一六〇
九画
限 一九五
陋 一九五
十画
院 二一八
陥 二一八
降 二一八
除 二一八
陞 二一八
陣 二一八
十一画
陰 二五七
陬 二五七
陳 二五七
陶 二五七
陪 二五八
陸 二五八
隆 二五八
陵 二五八
十二画
階 二九三
隍 二九三
随 二九三
陽 二九三
隈 二九三
十三画
隘 三一四
隔 三一四
隙 三一四
十四画
隠 三三〇
際 三三〇
障 三三〇
十六画
隩 三五七

【隹部】

十画
隼 二一八
隻 二一八
十一画
雀 二五八
十二画
雁 二九三
集 二九三
雄 二九三
十三画
雅 三一四
雎 三一四
雉 三一四
十四画
雑 三三一
雌 三三一
十八画
雛 三七二
難 三七二
十九画
離 三七七

【雨（⻗）部】

八画
雨 一六〇
十一画
雩 二五八
雪 二五八
十二画
雲 二九三
十三画
電 三一五
雷 三一五
零 三一五
十五画
震 三四六
霆 三四六
霊 三四六
十六画
霍 三五七
霎 三五七
霏 三五七
霖 三五七
十七画
霜 三六六
十八画
霤 三七二
二十画
霰 三八二
二十一画
霹 三八五
二十二画
霽 三八八
二十四画
靄 三九〇
二十五画
靉 三九一
三十三画
龗 三九四

【青（靑）部】

八画
青 一六〇
十四画
静 三三一

【非部】

八画
非 一六一
十五画
靠 三四六

九画

【面部】

九画
面 一九五
二十三画
靨 三八九

【革部】

九画
革 一九六
十一画
勒 二五九
十二画
靫 二九四
十三画
靴 三一五
十四画
鞅 三三一
十五画
鞋 三四六
鞍 三四六
鞐 三四七
鞉 三四七
十六画
鞘 三五七
鞖 三五七
[illegible] 三五七
十七画
鞠 三六六
十八画
鞫 三七二
鞦 三七二
十九画
鞴 三七七

【韋部】

九画
韋 一九六
十七画
韓 三六六

【韭部】

九画
韭 一九六
十九画
韲 三七七

【音部】

九画
音 一九六
二十画
響 三八二

【頁部】

九画
頁 一九六
十一画
頃 二五九
頂 二五九
十二画
項 二九四
須 二九四
順 二九四
十三画
頑 三一五
頌 三一五
頓 三一五
頒 三一五
預 三一五
十四画
頗 三三一
領 三三一
十六画
頤 三五七
頷 三五七
頰 三五七
頸 三五七
頽 三五八
頭 三五八
頼 三五八
頻 三五八
十八画
額 三七二
顎 三七二
顔 三七二
顕 三七二
題 三七二
類 三七二
十九画
願 三七七
顚 三七七
顒 三七七
二十一画
顧 三八五
二十四画
顰 三九〇
二十七画
顳 三九二

【風部】

九画
風 一九六
十二画
颪 二九四
十四画
颯 三三一
十八画
颶 三七二
二十画
飄 三八二
二十一画
飆 三八五

【飛部】

九画
飛 一九六
二十一画
飜 三八五

【食（飠・𩙿）部】

九画
食 一九七
十一画
飣 二五九
十二画
飲 二九四
十三画
飪 三一五
飼 三一五
十四画
飴 三三一
十五画
養 三四七
餅 三四七
餓 三四七
十六画
餗 三五八
十七画
餡 三六六
餛 三六六
餞 三六六
十八画
餬 三七二
十九画
饉 三七七
饂 三七七
二十画
饅 三八二
二十一画
饑 三八五

饒　三八五
饌　三八五
二十二画
饗　三八八
饘　三八八

【首部】
九画
首　一九七

【香部】
九画
香　一九七

十画

【馬部】
十画
馬　二二八
十三画
馴　三一五
馳　三一五
十四画
駅　三三一
駆　三三二
駄　三三二
駁　三三二
十五画
駒　三四七
駈　三四七
駔　三四七
十六画
駭　三五八
駱　三五八
十七画
駿　三六六
騁　三六六
十八画
騎　三七二
験　三七三
騒　三七三
十九画
騙　三七七
二十画
騰　三八二
驀　三八二
二十二画
驚　三八八
驕　三八八
二十四画
驟　三九〇
二十六画
驢　三九二
二十七画
驥　三九二
驤　三九二
二十九画
驪　三九三
三十画
驫　三九三

【骨部】
十画
骨　二二九
十四画
骰　三三二
十六画
骸　三五八
十八画
髀　三七三
十九画
髄　三七八
二十三画
髑　三八九
二十四画
髕　三九〇

【高部】
十画
高　二二九

【髟部】
十三画
髢　三一六
十四画
髪　三三二
十五画
髯　三四七
髫　三四七
髱　三四七
十六画
髻　三五八
十八画
鬆　三七三
十九画
鬋　三七八
二十二画
鬚　三八八
二十三画
鬟　三八九
二十四画
鬢　三九〇

【門部】
十六画
鬨　三五八
二十六画
鬮　三九二

【鬯部】
二十九画
鬱　三九三

【鬼部】
十画
鬼　二二九
十四画
魁　三三二
魂　三三二
十七画
醜　三六六
二十一画
魑　三八五
二十四画
魘　三九〇

十一画

【魚部】
十一画
魚　二五九
十三画
魞　三一六
十五画
魦　三四七
魳　三四七
魴　三四七
魯　三四七
魶　三四七
魬　三四七
十六画
鮓　三五九
鮎　三五九
鮃　三五九
鮑　三五九
鮗　三五九
鮊　三五九
十七画
鮟　三六六
鮠　三六六
鮫　三六六
鮪　三六六
鮮　三六六
鮲　三六七
鮴　三六七
十八画
鯇　三七三
鮸　三七三
鯒　三七三
鯑　三七三
十九画
鯣　三七八
鯨　三七八
鯢　三七八
鯤　三七八
鯔　三七八
鯧　三七八
鯖　三七八
鯯　三七八
鯱　三七八
鯥　三七八
鯺　三七八
鯛　三七八
鯘　三七八
二十画
鰄　三八二
鰕　三八二
鰐　三八二
鰉　三八二
鰓　三八三
鰌　三八三
鰍　三八三
鰆　三八三
鯷　三八三
鰒　三八三
鰊　三八三
鰘　三八三
[illegible]　三八三
鰖　三八三
二十一画
鰈　三八五
鰭　三八五
鰣　三八六
鰧　三八六
鰰　三八六
鰡　三八六
二十二画
鰶　三八八
鰻　三八八
鰾　三八八
鰱　三八八
鱅　三八八
鱁　三八八
二十三画
鱏　三八九
鱓　三八九
鱗　三八九
鱛　三八九
二十四画
鱠　三九〇
鱟　三九〇
鱮　三九〇
鱧　三九〇
鱰　三九一
鱬　三九一
鱝　三九一
二十五画
鱪　三九一
二十六画
鱶　三九二
鱵　三九二
鱲　三九二
二十七画
鱸　三九二

【鳥部】
十一画
鳥　二六〇
十三画
鳩　三一六
鳧　三一六
鳰　三一六
十四画
鳶　三三二
鳳　三三二
鳴　三三二
十五画
鴉　三四七
鴆　三四七
鴇　三四七
十六画
鴛　三五九
鴨　三五九
鴎　三五九
十七画
鴻　三六七
鴿　三六七
鵄　三六七
鵆　三六七
十八画
鵝　三七三
鵞　三七三
鵟　三七三
鵑　三七三
鵠　三七三
鵜　三七三
鵐　三七三
鵤　三七三
十九画
鶏　三七八
鵼　三七八
鵲　三七九
鶉　三七九
鶇　三七九
鵯　三七九
鵺　三七九
鶍　三七九
二十画
鶤　三八三
鶚　三八三
鶫　三八三
二十一画
鶸　三八六
鶯　三八六
鶲　三八六
鶴　三八六
鷂　三八六
鶺　三八六
鷁　三八六
二十二画
鷗　三八八
二十三画
鷸　三八九
鷲　三八九
鷦　三八九
二十四画
鷺　三九一
鸇　三九一
鸜　三九一
鷹　三九一

二十五画
鸍　三九一
二十七画
鸕　三九二
二十八画
鸚　三九三
三十画
鸞　三九三

【鹵部】
十一画
鹵　二六〇
二十画
鹹　三八三

【鹿部】
十一画
鹿　二六〇
十三画
麁　三一六
十六画
麈　三五九
十七画
麋　三六七
十九画
麗　三七九
二十二画
麝　三八六
[illegible]　三八八
三十三画
麤　三九四

【麥（麦）部】
麦は七画
七画
麦　一一六
十五画
麩　三四七
麪　三四七
麨　三四七
十六画
麬　三五九
十九画
麴　三七九
二十画
麵　三八三

【麻（麻）部】
十一画
麻　二六一
十四画
麼　三三二
十五画
麾　三四七

【黃（黄）部】
黄は十二画
十二画
黄　二六一

【亀部】
十一画
亀　二六三

十二画

【黍部】
十二画
黍　二九五
二十三画
黐　三八九

【黑（黒）部】
黒は十一画
十一画
黒子　二六三
十五画
黙　三四七
十八画
黠　三七三
二十画
黥　三八三
黨　三八三
二十一画
黮　三八六
二十三画
黴　三九〇
二十六画
黶　三九二
二十七画
黷　三九二

【黹部】
十七画
黻　三六七

十三画

【黽部】
十三画
黽　三一六
二十四画
鼇　三九一
二十五画
鼈　三九一

【鼓部】
十三画
鼓　三一六
二十一画
鼙　三八六

【鼠部】
十三画
鼠　三一六
十八画
鼬　三七三
二十画
鼯　三八三
二十二画
鼴　三八八
二十三画
鼹　三九〇
鼷　三九〇

十四画

【鼻部】
十四画
鼻　三三三
十七画
鼾　三六七

【齊（斉）部】
斉は八画
八画
斉　一六二
十一画
斎　二六三
十七画
齋　三六七

十五画

【齒（歯）部】
歯は十二画
十二画
歯　二九五
十九画
齗　三七九
二十画
齣　三八三
齠　三八三
二十一画
齧　三八六
齦　三八六
二十四画
齷　三九一

十六画

【龍（竜）部】
竜は十画
十画
竜　二三〇
十六画
龍　三五九
二十二画
龕　三八八

日本難訓難語大辞典　終

遊子館の辞典

〔日本難字異体字大字典 — 文字編・解読編〕 揃定価 （本体 36,000 円＋税） ISBN978-4-86361-018-7
井上辰雄 監修
B5 判・上製箱入・総 840 頁
漢和辞典でも国語辞典でも引けない、難字・異体字を総覧し、解読を可能にした新しい机上字典の誕生！
見出し字 4600 余、難字・異体字 1 万 2600 余字、草字 9500 余字を収録。

〔日本文学地名大辞典 — 詩歌編（上・下）〕 揃価 （本体 36,000 円＋税） ISBN978-4-946525-17-9
大岡　信 監修
B5 判・上製・セット箱入・総 1200 頁
万葉から現代まで、北海道から沖縄まで日本の詩歌に詠まれた地名を解説。豊富な詩歌作品例による日本詩歌文学地名の実証資料辞典。収録地名 2500 余。和歌・連歌・短歌・俳句・近代詩 1 万 5000 余の作品を時代順に収録。都道府県別地名索引・歌枕地名（旧国名別）索引・俳枕地名索引完備。

〔日本文学地名大辞典 — 散文編（上・下）〕 揃価 （本体 36,000 円＋税） ISBN978-4-946525-34-6
井上辰雄 監修
B5 判・上製・セット箱入・総 800 頁
『古事記』から『街道を行く』まで、1800 余の作品例による文学地名表現辞典。収録地名 1200 余。日本文学の主要な散文・宴曲・歌謡・狂言・謡曲作品を分類して時代順に収録。400 図におよぶ歴史図絵収録。都道府県別地名索引完備。

〔日本文学史蹟大辞典〕 全 4 巻
井上辰雄・大 岡 信・太田幸夫・牧谷孝則 監修
各巻 A4 判・上製・セット箱入／地図編 172 頁・地名解説編 480 頁／絵図編（上・下）480 頁
史蹟地図＋絵図＋地名解説＋詩歌・散文作品により文学と歴史を統合した最大規模の文学史蹟大辞典。史蹟約 3000 余、詩歌・散文例約 4500 余。歴史絵図 1230 余収録。
〔日本文学史蹟大辞典 — 地図編・地名解説編〕 揃価 （本体 46,000 円＋税） ISBN978-4-946525-31-5
〔日本文学史蹟大辞典 — 絵図編（上・下）〕 揃価 （本体 46,000 円＋税） ISBN978-4-946525-32-2

〔短歌・俳句・狂歌・川柳表現辞典〈歳時記版〉〕 全 6 巻
大 岡 信 監修　各巻 B6 判 512 ～ 632 頁、上製箱入
万葉から現代の作品をテーマ別・歳時記分類をした実作者・研究者のための作品辞典。他書を圧倒する情報量。全項目 7300 余。全作品 3 万 7000 余。全時代の作品を年代順に収録。作品の出典明記。季語の検索に便利な「歳時記」構成。四季索引完備。
〔短歌俳句 植物表現辞典〕 定価 3,500 円＋税 ISBN978-4-946525-38-4
〔短歌俳句 動物表現辞典〕 定価 3,300 円＋税 ISBN978-4-946525-39-1
〔短歌俳句 自然表現辞典〕 定価 3,300 円＋税 ISBN978-4-946525-40-7
〔短歌俳句 生活表現辞典〕 定価 3,500 円＋税 ISBN978-4-946525-41-4
〔短歌俳句 愛情表現辞典〕 定価 3,300 円＋税 ISBN978-4-946525-42-1
〔狂歌川柳表現辞典〕 定価 3,300 円＋税 ISBN978-4-946525-43-8

井上　辰雄（いのうえ・たつお）

1928年生まれ。東京大学国史科卒業。東京大学大学院(旧制)終了。熊本大学教授、筑波大学教授を経て、城西国際大学教授。筑波大学名誉教授。文学博士

【著書等】『正税帳の研究』(塙書房)、『古代王権と宗教的部民』(柏書房)、『隼人と大和政権』(学生社)、『火の国』(学生社)、『古代よりみた常陸風土記』(学生社)、『古代王権と語部』(教育社)、『熊襲と隼人』(教育社)、『古代史研究の課題と方法』編著(国書刊行会)、『古代東国と常陸風土記』編著(雄山閣)、『古代中世の政治と地域社会』編著(雄山閣)、『日本文学地名大辞典〈散文編〉』監修(遊子館)、『天皇家の誕生—帝と女帝の系譜』(遊子館)、『古事記のことば—この国を知る134の神語り』(遊子館)など

日本難訓難語大辞典
2014年5月21日　第5刷発行

監修者	井上　辰雄
編　集	日本難訓難語編集委員会
	編集著作者　瓜坊　進
発行者	遠藤伸子
発行所	株式会社 遊子館
	152-0004　東京都目黒区鷹番3-4-11 グリーンヒル鷹番210
	電話　03-3712-3117　FAX　03-3712-3177
印刷製本	株式会社 シナノ
装　幀	中村豪志
定　価	外箱表示

ISBN978-4-946525-74-2